达　州　年　鉴

2010

达州市人民政府　主办

四川出版集团·四川科学技术出版社

图书在版编目(CIP)数据

达州年鉴 2010 / 达州市人民政府主办. - - 成都 :四川科学技术出版社, 2011
ISBN 978 - 7 - 5364 - 7137 - 5

Ⅰ. ①达… Ⅱ. ①达… Ⅲ. ①达州市 - 2010 - 年鉴Ⅳ. ①Z527.13

中国版本图书馆 CIP 数据核字(2011)第 005545 号

达州年鉴 2010

编　　者　达州市人民政府
责任编辑　张　蓉
封面设计　张维颖
责任出版　周红君
出版发行　四川出版集团・四川科学技术出版社
　　　　　成都市三洞桥路 12 号　邮政编码 610031
成品尺寸　285mm × 210mm
　　　　　印张 29.75　字数 800 千　插页 16
印　　刷　成都东江印务有限公司
版　　次　2011 年 2 月第一版
印　　次　2011 年 2 月第一次印刷
定　　价　180.00 元
ISBN 978 - 7 - 5364 - 7137 - 5

2009年8月8~9日，四川省委书记、省人大常委会主任刘琦葆深入达州城乡检查指导工作

（摄影　龚其明）

2009年5月20日，四川省委副书记、省长蒋巨峰在达州化工园区调研

2009年12月23日，达州市商业银行挂牌开业。四川省副省长黄小祥和市委书记李向志出席仪式

（摄影　谢　艳）

2010年2月5日,达州市第二届人大八次会议隆重开幕　（摄影　龚其明）

2010年2月4日,政协达州市第二届委员会第六次会议隆重开幕　（摄影　龚其明）

2009年3月28日“中国能源化工高峰论坛”在达州隆重召开 （摄影 龚其明）

2009年10月17日，达州投资促进说明会在蓉举行，成功签约85个项目，签约金额192.15亿元

（摄影 龚其明）

2010年5月21日，四川省达州市融入重庆对接合作暨投资促进推介会在重庆隆重举行。签订区域战略合作协议11个，总额近108亿元

（摄影 龚其明）

2009 年 1 月 21 日，总投资 15 亿元的达州海螺 2×5000 吨/天新型干法水泥项目在大竹县石河镇开工建设

（摄影　魏　华）

2009 年 2 月 2 日，达州新建落成的城市景观“凤凰楼”向市民开放

（摄影　龚其明）

2009 年 9 月 10 日，四川达州至重庆万州(川渝界)高速公路开工建设

（摄影　付勇）

2009 年 5 月 27 日，达州市绕城公路化工产业区段暨木瓜铺互通立交通车

（摄影　罗　丹）

2009年 9 月 28 日，中国中西部经济技术协作区第二十二届协调委员会全体会议暨第二届秦巴地区商品交易会在达州开幕

（摄影　刘晋江 张春华）

2010年3月19日，南充——大竹——梁平(川渝界)高速公路BOT项目签字仪式在蓉举行　（摄影　黄江涛）

2009年8月25日，中石油和雪佛龙中国能源公司合作的川东北天然气项目捐赠60万美金，用于改善达州医疗卫生条件

（摄影　龚其明）

2009年7月16日，"通洲杯"CBA全国篮球俱乐部青年(女子组)联赛在达州打响　（摄影　魏　华）

2010年1月1日，第五届迎新年健身长跑活动开跑，上万名群众以奔跑的形式迎接2010年到来　（摄影　龚　克）

2010 年 1 月 5 日，达州红军文化陈列馆在四川省达州市通川区罗江镇神剑园隆重开馆。成都军区副政委赵开增中将、四川省副省长张作哈为陈列馆揭牌，副省长张作哈宣布达州红军文化陈列馆开馆

（摄影　龚其明）

2010 年 3 月 29 日亚洲第一的国家“十一五”规划重大项目——川气东送工程建成投产。图为川气东送工程起点四川省达州市宣汉县普光气田天然气净化厂输气管道网

（摄影　龚其明）

2010年 4 月 6 日，达州钢铁集团化工产业迈出历史性一步，20 万吨甲醇装置产出国家优等品精甲醇

2009年10月31日襄渝二线通车

2009年6月1日，达县开通农村公交，达县农民圆了“公交梦”，二十辆公交正式营运 （摄影　蔡　纬）

2009年10月20日、22日，达州至成都、达州至重庆“蓝箭号”、“先锋号”快速列车开通运行。沿线主要城市之间构筑起3小时内互通的交通体系，达州正式跨入“风速之旅”城市 （摄影　龚其明）

2010年9月20日，达州至成都开通“和谐号”动车组，达州正式跨入高铁时代

达州市惠民帮扶中心

省委常委、副省长魏宏在市委书记、人大常委会主任李向志和市委副书记、市长何健的陪同下视察中心惠民超市并与困难群众亲切交谈

市委书记、市人大常委会主任李向志到中心服务大厅检查指导工作并慰问困难群众

市委常委、副市长何平陪同省政务服务中心领导到中心调研

达州市"情暖困难群众 共建和谐达州"暖冬行启动仪式在中心服务大厅举行

中心主任沈虹到通川区皂角垭社区丁敏、丁芯两姐妹家中看望慰问

困难群众廉租住房保障租赁补贴在中心服务大厅发放

中心在服务大厅开展"达州市城区惠民帮扶就业专场招聘会"活动

中心开展"惠民帮困助学"活动

中心组织惠民医院等深入社区上门帮扶困难群众

达州市文化局

元九登高的人们

市委书记李向志同志参观建国 60 周年暨建市 10 周年重大文化成果展

近年来，达州市文化局在市委、市政府的坚强领导和四川省文化厅的正确指导下，认真开展各项文化新闻出版工作，取得了优异成绩，2009 年被市委评为“四好”领导班子。

狠抓文艺精品工程。近年来，全市年均创作各类文艺作品 5 000 余件，其中精品力作不胜枚举。我市已连续 14 年荣获全省文艺创作一等奖，并且培养和扶持了像谭力、雁宁、贺享雍、罗伟章等在全国知名的一批作家。通过多年的打造，“巴山作家群”已成为全省、全国知名的文化品牌。由我市作家谭力、雁宁任主要编剧创作的《东方朔》、《特殊使命》、《特殊争夺》、《杀出绝地》、《远山的红叶》、《江姐》等长篇电视连续剧，在中央电视台 1 套、8 套黄金时段播出。

积极组织开展大型文化活动。近年来，全市年均组织开展各类群众文化活动 380 余场，受益群众 750 万余人次。特别是由我局牵头承办的中国·达州“元九”登高节，一举跨入了四川十大名节行列，并被四川省人民政府命名为四川省非物质文化遗产保护名录，在省内外产生了极大的影响。2008 年，承办了西部 9 省 22 市(州)图书情报协作网年会等重大文化活动。2009 年，代表市政府积极参加由联合国教科文组织、文化部、四川省政府举办的中国成都国际非物质文化遗产节，受到各国代表的一致好评，被授予全国文化遗产最高奖——太阳神鸟奖。我市历年的“送文化下乡”活动也走在全省前列，年年受到四川省文化厅的表彰。

何健市长检查指导全市重点民生工程——市博物馆建设情况

文化遗产保护成绩显著。达州作为全省的文化资源大市，文化遗产保护工作取得了很好的成绩。第三次全国文物普查走在了全省的前列，受到四川省人民政府表彰。非物质文化遗产保护位居全省前列，成功申报了 3 个国家级、25 个省级、47 个市级非物质文化遗产保护名录。加强了文物考古发掘工作，先后对罗家坝遗址进行了第一、二、三期和城坝遗址首期考古发掘，多项考古成果填补了国内考古空白。积极配合全市重大建设项目开展地下文物调查和发掘工作，先后为普光气田等 13 项全市重大建设项目进行了先期地下文物调查的发掘工作，确保了重大建设项目的实施。加强了文物安全工作，连续 14 年实现了文物工作安全无事故，在全省也是绝无仅有的市(州)之一。

在 5·12 周年之际慰问汶川玉龙小学师生

扎实推进文化惠民工程。近年来，我市文化惠民工程特别是文化基础设施建设取得了很好的成效。修建了达州博物馆、神剑园等一大批文化基础设施，改建了各县(市、区)文化馆、图书馆等文化单位。新建了 189 个乡镇综合文化站、1 205 个农家书屋、18 个农家书社，逐步健全和完善了市、县、乡、村四级文化惠民网络。

不断规范文化市场秩序。近年来，按照打扶结合的原则，努力促进文化市场繁荣健康发展。针对网吧监管难这个社会热点问题，文化部门就专门采取了建设网吧视频管理系统、建立网吧信用等级评定制度、聘请社会义务监督员、严格控制网吧总量、有效调控网吧合理分布、开展网吧专项整治等措施，对全市网吧进行规范管理。近年来，检查网吧经营场所 7 800 余家(次)，从严处罚违规接纳未成年人上网经营场所 64 家，罚款近 70 万元。同时，还加大了文化娱乐场所、音像出版物经营场所监管力度。我市 13 年来文化娱乐场所未出现安全责任事故，多次受到市政府和四川省文化厅的表彰。

扎实推动基层文化创建工作。目前，我市有 2 个全国文化先进县、2 个省级文化先进县、1 个市级文化先进县，有 4 个全国民间文化艺术之乡、19 个市级民间文化艺术之乡、62 个全省文化先进乡镇，无论在创建数量还是在活动开展上都名列全省前列。2009 年，达县、大竹县通过了文化部组织的全国文化先进县复查验收，巩固了创建成果。渠县经中国文物学会专家组考察、论证，该县被授予“中国汉阙之乡”称号。

切实履行新闻出版管理工作及“扫黄打非”职能。近年来，在新闻出版领域着重加强了编、印、发等环节的监管，同时，还积极开展了版权管理和执法工作。近年来，开展净化查缴政治性非法出版物、打击侵权盗版等"扫黄打非"专项治理行动 30 余次，收缴各类非法出版物 300 余万件、整治出版物经营单位 8 000 余家、检查各类印刷企业 5 000 余家(次)，处罚违规印刷企业、网站 100 余家(次)，取缔关闭印刷复印企业和非法网站 40 家，查办违规经营案件 120 余件，全力维护了出版物市场的稳定。

稳步推进文化体制改革。在推进文化体制改革中，市直文化单位内部三项制度改革正在稳步向纵深推进。同时，加快了文化综合执法改革步伐。

文化产业发展迅猛。三年来，全市文化市场份额逐步加大，文化资源开发力度不断加强，出版、报业和文化娱乐等文化产业健康发展，文化产品生产、文化消费市场显示出强劲的活力，基本满足了不同消费层次的文化需求。新建 500 万元以上文化产业实体 20 余个，解决新增就业岗位 6 000 余个，创税近亿元以上。引进市域外演出团体来我市演出 10 场次。截止 2009 年底，全市文化产业(大文化概念)总产值近 45 亿元，年增长 10%以上。

新的历程，新的起点，明天的达州文化一定会更加灿烂辉煌。

现任局领导班子

第三届达州市艺术节开幕式

丰富多彩广场文化活动

电教馆技术人员到各农村学校安装卫星接收系统

多彩的童年

专心致志

达州市教育局

达州市教育局机关内设办公室、人事科、计财科、基教科、职教科、政策法规与民办教育科、体卫艺科、监审科、督导团办、"9+3"及安全办公室、市教育工会。直属事业单位有达州市招生办、达州市自考办、达州市教科所、达州市电教馆、达州市勤工俭学服务中心，市直属学校有达州职业技术学院、达州电大·财贸校、四川省电子商务学校、达州市第一中学、达州市职业高级中学、达州市特殊教育学校。

全市有普通中小学2 628所（公办2003所、民办625所），其中：普通高完中42所（民办4所）、初中348所（民办28所）、小学1 714所（民办108所）、幼儿园516所（民办485所）、特殊教育学校8所；有中等职业教育学校34所，其中：职业高中16所、普通中等专业学校17所、成人中等专业教育学校1所。有在校生1 210 184人（公办学校1 098 091人，民办学校112 093人），其中：普高96 994人、初中302 607人、小学567 743人、幼儿145 280人、特教3 696人、职高48 288人、普通中专43 520人和成人中专2 056人。有在编教职工45 782人（含民办学校）。

局党委书记、局长杨大荣与小记者在一起

近年来，在市委市政府的高度重视和各级部门的大力支持下，达州市教育局按照"落实人才强教，实施素质教育，推进教育均衡，提升教育水平"的工作思路，大力实施"四百工程"，推进义务教育均衡发展；大力实施职业教育攻坚计划，加快职业教育特别是中等职业教育快速发展；大力实施教育民生工程，积极促进教育公平；大力实施素质教育，全面提升教育质量；大力实施教育重大项目建设，切实改善办学条件；大力加强队伍建设和教育行风建设，强化师德师风建设，强力规范办学行为，努力办好人民满意教育。

—达州市商务局—

2007秦巴地区商品交易会

达州市商务局成立于2005年3月，7月8日正式挂牌。局内设市场体系建设科、运行科、发改科、外经贸科等10个职能科室，是主管全市内外贸易和国际经济技术合作的政府组成部门。承担了原市财贸办公室、外经贸局、流通行业办、物资行业办、市食品协会的职能以及原经贸委、计委有关内外贸易的管理职能。一是研究我市商务发展战略，制定商务发展规划；二是市场建设规划与管理；三是市场运行监测；四是商务执法；包括餐饮、旅馆、美容美发业的行业管理，酒类、拍卖、典当、民爆、配材、报废汽车、旧机动车交易等特种行业的监督管理，屠宰市场的管理工作；五是推进流通创新和改革，负责特许经营、直销等监督管理，负责本系统的企业改革工作；六是进出口管理；七是外商投资的服务与监管；八是负责全市对外经济技术合作、执行国家对外援助任务，管理国际组织和外国政府对我市经济技术合作方面的无偿援助工作；九是指导管理监督以达州市名义在市内外举办的各种商品交易会、展览会、展销会等活动；十是指导我市食品工业的发展。

大型商业设施（通洲商厦、好一新商贸城、国美电器）

改造和发展中的达州宾馆业（通讯大厦、金融大厦、达州宾馆、凯悦酒店）

DAZHOUSHI
GUOTU
ZIYUANJU

达州市国土资源局

市委书记李向志(左四)陪同省国土资源厅厅长(左二)视察我市国土资源工作

邓斌局长(中)陪同市人大副主任熊清林(左)、市政府黄平林副市长(右)视察我市国土资源宣传工作

市委、市人大、市政府、市政协领导参加全市国土资源工作会议

邓斌局长(右一)在国土资源法律法规宣传活动启动仪式上致辞

邓斌局长(中)在农村村民中开展调研

农村群众向市国土资源局送来锦旗

农村群众在国土资源法律法规宣传活动上咨询

依法打击非法占地现场

达州市国土资源局职工在通川区农村开展送温暖活动

达州市农村广泛开展的红层找水打井工作

四川省福利彩票发行中心达州市分中心

四川省福利彩票发行中心达州市分中心成立于 2002 年，由四川省民政厅直属四川省福利彩票发行中心直接管理，接受达州市民政局协管和指导。现设市场一科、市二科及综合科，有职员 12 人。分中心下辖区域中心服务站 5 个、电脑彩票投注站 298 个、开乐彩销售厅 4 个、中福在线销售厅 1 个，共为 500 余人提供了就业岗位。2009 年共销售福利彩票 1.33 亿元，募集福彩公益金 4600 多万元。

市委书记、市人大主任李向志(前排右三)、市委常委、市政府常务副市长何平(前排左三)、市人大副主任熊清明(前排右二)、市政协副主席李国友(前排左二)等领导慰问福彩达州分中心职工

市委常委、常务副市长何平，市委常委、宣传部长杨娟，市人大常委会副主任廖继康出席福利彩票销售捐赠仪式

市民康医院简介

市民康医院院为非营利性国家二级乙等专科医院，是市和达县城镇职工基本医疗保险定点医疗机构、四川省三级民政福利医院。其达县总院和大竹分院共占地 11 630 平方米，建筑总面积 22 880 平方米，医疗业务用房 14 320 平方米，开放病床近 400 张，设有精神、临床心理、神经症、心理咨询和普通内、外、妇产等诊疗科室，承担着全市民政优抚对象康复治疗、周边县（市）精神病患者治疗的任务。

市长何健前排右二，副市长陈中华后排左二视察民康医院工作

市民康医院外观全景

市社会福利院和儿童福利院简介

市社会福利院和儿童福利院是市政府举办的公益性福利事业单位，承担着全市城市“三无”孤、老、残人员收养和全市无法定抚养人的孤残儿童、弃婴养育任务。始建于1951年，原位于大竹县，2009年6月迁至通川区龙泉路18号，占地17.316亩，建筑面积17 950平方米，设床位500张（老年人床位300张、儿童床位200张），分为成人居住、儿童育婴、饮食供给、学习教育、康复治疗、健身娱乐、洗涤保洁等七大功能区，现有“三无”老人100人、社会老人107人，有孤残儿童82人。

市委书记李向志(前左)向市福利院和儿童福利院授牌

市委书记、市人大主任李向志(中)，市委常委、常务副市长何平(后排左二)在市福利院亲切慰问入住老人

市委书记、市人大常委会主任李向志（中）到达州日报社检查指导工作。

市委副书记、市长何健（左三），市委副书记、市纪委书记胥健（左一）在《达州晚报》评报栏前。

市政协主席康莲英（左三）到报社检查指导工作。

市委副书记、纪委书记胥健，市人大党组书记、副主任邓宏志，市委常委、宣传部长杨娟，副市长杨佳鹏在达州日报社看望慰问干部职工。

花园式办公区

达州日报社

《达州日报》是中共达州市委机关报，1951 年 7 月 1 日创刊，原为《通川报》、《通川日报》，2001 年 1 月 1 日随达州市的建立而更名为《达州日报》，原国防部部长张爱萍将军题写报名。

《达州日报》始终坚持正确的舆论导向，为达州的改革开放和现代化建设营造良好的舆论环境。在办好正刊的同时，每周向读者推出一期《经济周刊》、《生活周刊》和《教育周刊》。日报每周 7 期对开 28 个版，日发行量 8 万份，是四川省发行量较大的地市党报之一。2001 年 1 月 1 日，《达州晚报》正式创刊出版，由达州日报社主管主办，周 6 期 72 个版，现平均期发行 5 万余份，深受读者喜爱。2006 年 7 月，作为达州主要传媒之一的《达州传媒网》正式开通，中外日点击率达 2 万人次。

近几年来，达州日报社坚持“深化改革、强化管理、提高素质，为办好报纸、经营发展提供保证”的工作方针，全社干部职工在报社党组的领导和带领下，团结一致，开拓进取，奋力拼搏，报社各项事业快速发展：2004 年，报社投资 400 多万元新购先进的彩印设备，实现报纸彩色印刷；2005 年，报社投资数十万元，把报社建成花园式办公区；2006 年，报社投资 100 万元，实现编采电脑化，创办开通了《达州传媒网》；广告收入每年都以 20% 以上的速度增长；印刷、发行、旅游等经营和各项工作都取得显著成效。

目前，全社职工 350 余人，拥有各类专业技术人员 159 人，其中正高 3 人，副高 38 人，中级 78 人。报社已集办报、广告、印刷、发行、旅游于一体，正向报业集团大步迈进。

团结奋进、求真务实的领导班子

达州日报社主办的三报一网，弘扬时代精神，放眼巴渠大地，主导全市新闻舆论。

办公实行电脑化。

◀达钢集团2009年5月投产的10万吨甲醇装置，填补了国内利用转炉和焦炉煤气生产甲醇的空白

四川省达州钢铁集团有限责任公司

达钢北大门及“创业颂”群雕

国内一流的连轧棒材生产线

达钢集团20万吨二甲醚生产基地

四川省达州钢铁集团有限责任公司（以下简称达钢集团）兴建于1958年，系全国大型工业企业，冶金行业重点骨干企业之一，中国制造业500强，四川省首批循环经济试点企业，四川省委、省政府重点培育的30户“迅速做强做大类”大企业大集团之一，达州市最大的工业企业和利税大户。

达钢集团位于川、渝、鄂、陕四省市结合部，毗邻三峡库区，地处襄渝铁路，达成铁路和达万铁路交汇的达州火车站侧，距达州机场6公里，紧靠210国道和达渝高速公路，交通运输十分便利。达钢集团现占地170万平方米，拥有资产总额72亿元，在岗员工8 000余人，其中工程技术人员1 200多人。达钢集团主要生产钢铁、煤化工、天然气能源化工三大系列产品，其中主导产品“巴山牌”热轧带肋钢筋系列（φ10~φ40mm系国家免检产品、四川名牌产品、全国用户满意产品）和热轧圆钢系列（φ10~40mm系四川省优质产品）获得了ISO9001：2000质量体系认证证书。

2004年3月，达钢集团在改革的进程中迈出了坚定的一步。按照省、市党委、政府的统一部署，经达州市人民政府批准，达钢集团实行产权制度改革，国有资本全部退出，由国有企业改制为民营企业，并按照现代企业制度要求，建立健全了法人治理结构，运作规范。改制以来，达钢集团始终以科学发展观为指导，树立清洁生产、循环经济理念，坚持走新型工业化道路，实行了一系列技术改造，不断淘汰能耗高、污染大、产能低的生产设备，建成了一批节能环保项目，企业取得了长足的进步和发展。改制前的2003年，达钢集团仅有年产铁、钢、材各50万吨，销售收入16亿元的规模。改制后的第一个3年，达钢集团生产能力成倍增长，铁、钢、材分别突破100万吨；第二个3年，达钢集团铁、钢、材又分别突破200万吨，销售收入跨越100亿元大关。

目前，达钢集团正全力推进总投资近40亿元，经国家发改委核准的“淘汰落后产能灾后重建重点技改项目”建设，该项目到2010年底将全部建成投产。届时，达钢集团将拥有国内冶金行业先进的工艺和装备，主要装备有：$80m^2$和$260m^2$烧结机各一套；430m³ 高炉一座，480m³ 高炉两座，1260m³ 高炉一座，25 万吨高炉喷装煤两套，铁水预处理装置三套；120t 顶底复吹转炉三座，R9 米六机六流高效小方坯连铸机两台，R12 米六机六流高小小方坯连铸机一台；30000m³/h、15000m³/h、6500m³/h、4000m³/h 制氧机组各一套；全连轧棒材生产线两条、高速线材生产线一条；JN4.3-804 型 65 孔、42 孔、36 孔机械焦炉各一座，JNDK55-07 型 45 孔捣固焦炉两座，30 万吨/年甲醇装置和 20 万吨/年二甲醚装置各一套，5 万吨/年苯加氢装置一套；12MW、15MW 高炉煤气综合利用余热发电机组各一套，6MW 高炉炉顶余压发电机组各一套，80m² 和 260m² 烧结机烟气脱硫装置各一套。

达钢集团采用国际先进技术的 R9 米六机六流连铸机

到 2010 年底，达钢集团将形成年产铁、钢、材各 350 万吨，机焦 210 万吨，煤化工产品 20 万吨，甲醇 50 万吨，二甲醚和新型燃汽油 40 万吨，余热余压发电量 22 000 万 kWh，煤炭 100 万吨，铁矿石精粉 30 万吨的综合生产能力，拥有 90 亿元资产的大型钢铁联合企业，2011 年销售收入即可突破 200 亿元、利税达到 16 亿元以上，成为西部地区重要的优质建筑钢材生产基地和大型煤焦化、新型天然气能源化工联合企业。

同时，达钢作为一家具有强烈社会责任感的大型民营钢铁企业，始终牢记自己应该承担的社会责任，在抓好企业自身发展的基础上，在抗震救灾、扶贫济困、捐资助学，以及新农村建设等方面都做出了自己应尽的较大贡献。特别是在重视节能减排、污染治理、工业三废综合利用等方面，达钢集团高度重视，舍得投入，既抓好节能新技术、新工艺的应用，又投入巨资治理污染源，并做好新上项目环保“三同时”，节能减排效果非常明显。在综合利用方面，变废为宝，更是走在同行的前列，一些自己研发的工艺技术还为同行业兄弟企业起到了良好的示范作用。

达钢集团“十二五(2011~2015 年)”期间的发展思路是：根据国家产业政策、节能减排政策和市场发展趋势，积极转变经济发展方式，充分利用各种有利条件，立足现有基础加快发展。在钢铁产业方面，主要是充分发挥现有生产能力和效益，做优做精建筑钢材，大力调整和优化产品结构，加快产品升级换代提升产品档次，大力开发技术含量和附加值高，市场适销对路的新产品，挖潜改造填平补齐，利用本省钒钛磁铁矿资源和省里优惠政策的支持，建设非传统工艺技术装备，大力发展钒钛钢铁。在煤化工和天然气化工产业方面，煤化工着力抓好机焦质量和煤化工产品深加工，提升产品档次和附加值；天然气化工以现有甲醇、二甲醚为基础，不断扩大规模，发展附加值高的产品；在矿产资源产业方面，充分利用国际国内两个市场、两种资源，进一步强化资源要素保障，大力开拓铁矿、煤矿资源，采取多种措施和方式，掌控更多的矿产资源，为企业发展提供可靠和有效的资源保障；在物流贸易产业方面，大力推进贸易物流与制造业的整合联动发展，将产品变成贸易，贸易推动物流，做大做强贸易物流，提高企业的核心竞争力，提高经济运行效益，促进经济发展方式的转变；主动融入重庆经济圈，借助重庆大发展的机遇加速自我发展。大力发展低碳经济和循环经济，进一步搞好节能减排、资源综合利用和清洁生产，最大限度地提高企业的经济效益，增强核心竞争力，再上新台阶，实现新跨越。到 2015 年，达钢集团将形成年产铁、钢、材各 350 万吨、球墨铸铁管 20 万吨，机焦 210 万吨，炭黑 4 万吨，焦油精加工产品 15 万吨，甲醇 50 万吨，二甲醚 20 万吨，甲醇汽油 30 万吨，60 万吨聚丙烯(含 60 万吨丙烯)，洗精煤 200 万吨，动力煤 200 万吨，高炉喷煤 50 万吨，铁精粉 200 万吨，石灰石矿 50 万吨的综合生产规模，年销售收入达到 460 亿元，利税 70 亿元，其中利润 36 亿元。

达州市天然气公司

现场调研指导帮扶工作

规划公司发展蓝图

市燃气总公司党委书记、总经理胡卫国

歌唱祖国，凝聚力量，隆重庆祝建国60周年大合唱

在建国60周年庆祝大会上讲话

编辑说明

一、《达州年鉴》是达州市人民政府公报性质的大型资料性工具书。由达州市人民政府主管，达州市人民政府地方志办公室主办，达州市各部、委、局、办、县（市、区）及驻达部队参与编纂供稿，《达州年鉴》编辑部主编。2002年创刊，2010年卷为总第6卷。该书全面、系统、翔实地记载了达州市经济和社会发展的新情况、新成就和新经验，保存和积累地方历史文献资料，为社会各界和海外人士了解、研究和认识达州传递信息，促进达州与国内外的经济、科技、文化交流，为达州的经济社会发展服务。

二、《达州年鉴》的结构按类目、分目、条目3个层次梯级设置。正文中的条目统一使用黑体字加【】表示，目录列至条目标题。

三、《达州年鉴》(2010)共设25个部类：(1)特载；(2)统计公报；(3)大事记；(4)达州概况；(5)政党；(6)民主政治；(7)群众团体；(8)法制建设；(9)军事；(10)公共事务管理；(11)经济管理；(12)工业；(13)天然气能源化工基地建设；(14)农业；(15)商贸流通；(16)交通运输；(17)信息、传媒；(18)城乡规划建设和管理、环保、旅游；(19)财政、税收、国资管理；(20)金融；(21)保险；(22)教育；(23)科学技术、文化、档案；(24)卫生、体育；(25)附录。

全书共210余个分目，1800多个条目，约80万字。所收录资料上自2008年1月1日，下至2009年12月31日。

四、《达州年鉴》(2010)的内容按编纂方案的要求，由各县（市、区）及市级各部门编写组供稿，并经供稿单位审核，《达州年鉴》编辑部编辑，年鉴编委会审定，其资料、数据具有准确性和权威性。因统计口径等原因，有关部门所用个别数据与“统计资料”中的数据不尽一致，以《达州市国民经济与社会发展统计公报》为准。

五、本卷年鉴所用统计资料由达州市统计局提供，正文中数据由各部门提供。

六、《达州年鉴》的编辑出版得到了中共达州市委、市人大、市政府、市政协领导的关心指导和全市各级各部门的大力支持，广大撰稿人员为此付出了辛勤的劳动，在此一并致以诚挚的谢意。本卷年鉴在编写过程中的疏漏、错误之处，恳请广大读者批评指正。

《达州年鉴》编辑部

2010年10月

目　录

特　载

统计公报

大事记

达州概况

政　党

民主政治

法制建设

军　　事

公共事务管理

经济管理

工　业

天然气能源化工基地建设

农业 农村

商贸流通

交通运输

信息 传媒

规划建设 环保 旅游

财政 税收 国资管理

金　融

保　险

教　育

科学技术 文化 档案

卫生 体育

附　　录

特 载

坚定信心，负重拼搏，奋力夺取抗震救灾和经济社会发展全面胜利

——在市委二届十一次全体会议上的报告（摘要）

2008年7月25日

市委书记 李向志

同志们：

这次市委全委会，是在抗震救灾和经济社会发展处于关键时刻，召开的一次重要会议。会议的主要任务是：贯彻落实省委九届五次全会精神，总结上半年工作，研究部署下半年任务，进一步动员和组织全市各级党组织和广大干部群众，统一思想，坚定信心，振奋精神，开拓进取，奋力夺取抗震救灾和经济社会发展全面胜利，努力开创达州加快发展、科学发展、又好又快发展的新局面。

下面，我受市委常委会委托，向全会报告工作。

一、迎难而上，团结拼搏，经济社会发展在克难攻坚中向前推进

今年以来，在省委的正确领导下，市委团结带领全市党员和干部群众，牢固树立科学发展观，深入贯彻党的十七大和省委九届四次全会精神，全面落实市委二届十次全会部署，紧紧围绕"打造一枢纽、两中心、三基地，建设秦巴地区经济文化强市"的跨越发展定位，按照"突出一条主线、加速三化进程、推进四大战略"的跨越发展路径，聚精会神抓发展，一心一意谋跨越，克服了雨雪冰冻灾害和地震灾害的不利影响，战胜了前进中的各种困难，经济建设、政治建设、文化建设、社会建设和党的建设取得了新的成绩，风正人和事业兴、思进图强促跨越的局面进一步形成。

（一）坚定不移促跨越，经济发展取得新成效。深入实施资源转化战略，积极转变经济发展方式，狠抓产业承接转移，联动推进农业产业化、新型工业化、新型城镇化，全市经济呈现又好又快发展的良好势头。发展步伐不断加快。1～6月，全市完成生产总值283.81亿元，同比增长14.8%，总量居全省第四位。小春获得丰收，总产达59万吨。规模以上工业增加值86.24亿元，增长31.8%。全社会固定资产投资192.98亿元，增长36.1%。社会消费品零售总额97.1亿元，增长21%。地方财政一般预算收入11.4亿元，增长39.5%。城镇居民人均可支配收入4 933元，增收606元。农民人均现金收入2 032元，增收279元。发展后劲切实增强。项目支撑有力，投资势头强劲，上半年新开工项目379个，同比增加120个，其中新签约、开工上亿元工业项目9个，总投资达74.2亿元。达州电厂第二台30万千瓦火电机组、大竹石河天然气脱硫厂、达钢制氧工程等项目竣工投产；齐鲁石化、汇鑫能源、达钢二甲醚、香港玖源等项目进入设备安装阶段；康泰化工双甘膦、华新渠县水泥、同达中央空调生产线等项目正式开工建设；一批重大产业项目正加快推进前期工作。市天然气能源化工产业区被列入全省20个重点推进项目，“二纵二横”主干道骨架加速形成，配套设施不断完善，入驻项目进展顺利；普光工业区产业规划和建设规划编制工作全面启动；大竹苎麻产业集中区、渠县建材产业集中区加速拓展。发展基础更加坚实。坚持城乡统筹发展，新农村建设示范工程扎实推进，上半年共投入资金4.3亿元。市级重点龙头企业达到68家。城镇体系建设不断完善，区域中心大城市主框架进一步形成，金龙大桥、金龙大道北延线和西北环线、长田坝隧道等工程加快建设，宣汉、大竹、万源、渠县等县城开始形成中等城市主骨架，南坝、普光、罗文等天然气开发重点小城镇加快建设。交通建设取得重大进展，达陕高速公路、襄渝二线、达成复线，以及地方重点公路和乡村公路加速建设，达万、大竹经渠县至南充高速公路抓紧进行前期工作。发展活力日益凸显。坚持实施开放带动战略，产业承接势头良好，成功举办全国硫化工科技论坛暨产业推进会，招商引资到位资金88.4亿元，增长118.7%。外贸出口1 551万美元，增长20.2%。企业改革纵深推进，农村综合改革、社会事业体制改革等不断深化。扩权强县试点工作扎实推进，县域经济活力不断增强。城乡市场繁荣，苏宁电器达州店正式营运，中石化川东北物资供应储备中心、沃尔玛购物广场等重点工程进展顺利，成功举办了“元九登高节”、第三届乡村旅游节、万源市首届茶文化节和渠县首届黄花节。

（二）以人为本建和谐，维护群众利益得到新加强。着力改善民生，扩大公共服务，加强社会建设，维护社会稳定，和谐达州建设开创新局面。民生工程取得成效。投入资金9.5亿元，加快实施就业促进、扶贫解困、教育助学、社会保障等“八大民生工程”。新增就业1.4万人，城镇登记失业率控制在4.1%，享受灵活就业社保6 800人。解决了1.8万农村绝对贫困人口温饱问题，改善了1.7万农村低收入贫困人口生产生活条件。1 425户农村特困无房户和受灾群众住房困难得以解决。社会事业蓬勃发展。办学条件有效改善，改造中小学D级危房5.2万平方米。教学水平不断提高，高考本专科上线30 971人，再创历史新高。职业教育改革加快步伐。新型农村合作医疗覆盖农业人口达538万人，社区卫生服务人口覆盖率达85%，市120指挥中心建成投入使用。大竹县、万源市文化馆被命名为全国一级文化馆。广播电视公共服务体系不断完善，“村村通广播电视”工程稳步推进。群众性体育活动广泛开展，达州市第一届运动会筹备就绪。节能减排和生态建设不断加强，环境质量进一步改善。社会政治保持稳定。坚持和完善人民代表大会制度、中国共产党领导的多党合作和政治协商制度，人大、政协工作充满活力。精神文明建设活动蓬勃开展，依法治市深入推进，农村社区建设试点启动实施，“迎奥运保稳定百日行动”扎实开展，“平安达州”建设取得成效。国防后备力量建设、计划生育、民族宗教、对台和外事侨务等工作进一步加强，工会、共青团、妇联等群团组织作用得到充分发挥。

（三）改革创新强党建，干部队伍建设呈现新气象。坚持以执政能力建设和先进性建设为主线，扎实推进党的建设新的伟大工程。班子队伍建设切实加强。坚持用马克思主义中国化最新成果武装党员干部，深入开展科学发展观学习实践活动。树立崇尚实干的用人导向，坚持“从实绩看德才、凭德才用干部”，健全和落实领导班子和领导干部综合考核评价体系，营造了风清气正的选人用人环境。加强领导班子配备，顺利实现“两会”人事选举。实施人才引进开发战略，“五支队伍”建设富有成效。基层组织建设扎实推进。大力开展创建“四强”基层党组织活动，“三村建设”、“三覆盖”和“三个网络建设”取得新的进展。“四评村官”受到中央、省委领导充分肯定，并在全国、全省推广。“同乡村”流动党建被列为全省构建城乡一体党员动态管理机制试点。党风廉政建设不断深入。全面落实党风廉政建设责任制，大力加强廉政文化建设，预防腐败试点工作扎实推进，第二轮巡视工作有序开展。加大对重点领域的整治力度，坚决纠正损害群众利益的突出问题。上半年，我们还在全省率先启动了机关效能建设活动，行政审批改革、政务中心建设、改进文风会风等工作取得积极进展，严肃查处了一批影响机关效能建设的人和事，取得了干部转变作风、机关提升效能、广大群众满意的初步效果。

今年以来，达州经历了极不平凡的历程，各级党组织和广大党员干部经受了严峻考验。面对历史罕见的雨雪冰冻灾害，在党中央、国务院和省委、省政府的坚强领导下，市委、市政府团结带领全市干部群众，万众一心抗灾救灾，全力以赴生产自救，迅速恢复了生产生活秩序，最大限度减少了灾害损失。面对突如其来的地震灾害，市委、市政府坚持把确保人民群众生命财产安全放在首位，迅速行动，科学应对，在第一时间里，紧急疏散转移群众，加强社会舆论引导，妥善安置受灾群众，全力组织抗震救灾，最大努力地保障了群众生命财产安全，确保了人心安定和社会稳定，取得了抗震救灾的阶段性胜利。在抗震救灾的关键时刻，我们大力弘扬“一方有难、八方支援”的光荣传统，组织人员迅速赶赴重灾区，调集资金、物资、车辆、机械支援抢险救灾，共派出各类援灾人员5 300余人次，调度车辆580 台、机械23 套，募捐资金6 584万元，交纳特殊党费1 470万元，向灾区献血15 万毫升。抗震救灾转入安置阶段后，迅速组织强有力的工作班子和队伍，及时启动对口支援绵阳市游仙区魏城镇恢复重建工作，赢得了社会各界的广泛赞誉。艰难困苦，玉汝于成；灾害愈重，斗志弥坚。在抗击自然灾害的特殊战斗中，全市人民万众一心、不屈不挠、友爱互助、自强不息，广大共产党员不畏艰险、挺身而出、英勇奋战、无私奉献，涌现出一大批可歌可泣的英雄人物和先进群体，谱写了一曲曲气壮山河的英雄赞歌。达州绿叶长途客运有限公司入选“全国抗击雨雪冰冻灾害先进事迹报告团”。市矿山救援大队党支部、万源市青花镇龙须坝村村主任吴三受到省委、省政府表彰。6 月 28 日，市委、市政府隆重表彰了全市 55 个抗震救灾先进集体、110 名抗震救灾先进个人。正是这些千千万万的优秀党员、干部和群众，极大地鼓舞着全市上下众志成城抗击自然灾害，奋力夺取抗灾救灾的全面胜利。

成绩来之不易，经验尤为宝贵。这些成绩的取得，是党中央、国务院和省委、省政府坚强领导的结果，是全市各级党组织、广大党员和干部群众团结拼搏的结果。实践昭示我们，有中国共产党的坚强领导，有中华民族的空前凝聚，有 650 万达州人民的同心同德，任何艰难险阻都阻挡不了我们奋勇前进的步伐。实践充分证明，市第二次党代会以来确立的跨越发展定位、目标和路径，符合科学发展要求，切合达州实际，顺应人民愿望。只要我们坚定信心，不懈进取，就一定能够不断谱写达州富民强市全面小康的崭新篇章！

二、把握大势，开拓奋进，奋力夺取抗震救灾和经济社会发展的全面胜利

今年是我国改革开放 30 周年、奥运百年梦想的实现之年，也是我们加快跨越发展的关键之年，扎实做好下半年工作，意义重大，任务繁重。我们一定要认真贯彻省委九届五次全会精神，紧紧围绕省委确立的“抓安民、保稳定、促重建、求发展”的重点任务，坚定不移落实市委二届十次全会各项部署，继续坚持一手抓抗震救灾、一手抓经济社会发展。特别是要按照省委关于“轻灾区多作贡献”的要求，加压奋进，负重拼搏，在确保全面完成年初确定目标的基础上，努力实现更好更快发展，力争全市生产总值增长14% 以上，规模以上工业增加值增长 35% 以上，全社会固定资产投资增长 35% 以上，社会消费品零售总额增长 18% 以上，地方财政一般预算收入增长 30% 以上，奋力夺取抗震救灾和经济社会发展全面胜利，为全省建设西部经济发展高地作出更大贡献。当前，要着力抓好以下工作。

*（一）以更大的决心抓好抗震救灾，全力支援重灾区。*当前，抗震救灾进入安置受灾群众和恢复重建的关键阶段。要按照省委的要求和部署，认真落实国家、省出台的支持灾后重建政策，全力以赴抓安置，加快恢复促发展。一要切实抓好受灾群众安置。继续做好受灾群众的生活保障工作，确保受灾群众“五有”，真正让受灾群众安居、安定、安心。加快推进住房重建，确保早日完成重建任务。二要着力抓紧恢复教学秩序。加强校舍安全鉴定，严防次生灾害发生。抓紧搞好受损校舍的除险加固和 D 级危房拆除重建，务必确保校舍安全。三要全力支援重灾区恢复重建。按照省委、省政府“轻灾区支援重灾区”的要求，举全市之力，全力支援魏城镇恢复重建。

*（二）以更快的速度推进项目建设，做强经济发展支撑。*毫不动摇地实施项目兴市战略，进一步增强经济社会发展后劲。一要加强项目策划引导。顺应国家宏观经济调控趋向，用好用足政策措施，积极引导投资方向，重点抓好资源转化产业、公共基础设施、社会事业发展项目的策划、包装、推介和争取工作，保持投资增长的强劲势头。二要加快项目建设

进度。按照“四个一批”的要求，抓好重点项目建设。普光气田两列装置、齐鲁石化、香港玖源、汇鑫能源、达钢二甲醚、500千伏变电工程及高压路网等项目要力争年内竣工投产；川投集团天然气发电、康泰化工双甘膦、舰船燃气轮机长试基地、利森大竹水泥、华新渠县水泥等项目要加快建设；海螺大竹水泥、华新万源水泥、川煤集团渠县龙门峡北矿、瓮福集团磷硫化工基地、优尼科川东北高含硫气田开发等项目要力争年内开工；中石化60万吨烯烃、地奥天府药业整体搬迁、垃圾焚烧发电、升达林板一体化等项目要尽快做好前期工作。三要加大项目落实力度。严格执行重点项目领导联系制度，加大综合协调力度，及时解决项目落实中的突出问题。对重点项目继续实行单项考核，坚持按旬抽查，每月通报，季度汇总，年终交账，考核到人。

（三）以更强的力度推进工业发展，加速新型工业化进程。达州大跨越，工业是关键。要深入实施资源转化战略，全面提升工业经济整体竞争力。一要全力抓好工业经济运行。抓住灾后重建带来的巨大需求，大力强化煤电油运和资金要素保障，突出抓好水泥、钢材、煤电、药品等行业的生产，支持达钢集团、天府药业、美好塑料、川东水泥等100户有超产潜力的企业，开足马力加紧生产，在支援灾后重建的同时加速企业发展。二要加快企业培育和产业集中区建设。围绕培育壮大煤电冶化建产业链，大力实施“百亿企业成长”工程，加快打造“百亿达钢”、“百亿普光”。大力发展民营经济，实施中小企业联合成长计划，着力扶持壮大35户成长型企业，全年新增规模以上企业30户以上。推进企业集约发展，全面落实政策措施，全力加快6大重点工业集中区建设，打造经济新的增长极。三要大力加强节能减排和安全生产工作。加强重点企业、重点行业的跟踪监控，突出抓好50户重点用能单位的节能监督，加大工业污染源限期整治力度。大力加强安全生产，加强隐患排查整治，严防安全事故发生。

（四）以更实的举措破解三农难题，提升农业产业化水平。进一步巩固和强化农业基础地位，大力发展现代农业，确保农业增产、农民增收和农村稳定，全年农业增加值增长5%以上，农民人均纯收入增长8%以上。一要扎实抓好农业生产。积极调整种植结构，加强大春田间管理，抓好晚秋生产，确保全年粮食增产。大力发展畜牧业，引导扶持标准化规模养殖，有效稳定肉食品市场。抓好农资供应，稳定农资价格。二要提高农业产业化水平。大力推进“一村一品”、“一乡一业”发展，扶持壮大加工型、营销型龙头企业，加快建设川东北特色农产品生产加工基地。力争全年市级重点龙头企业实现销售收入53亿元。三要做大做强劳务经济。加强农村劳动力培训，健全有序输出和信息服务平台，力争全年培训农民工14万人（次），劳务输转170万人，实现劳务收入110亿元。四要积极推进新农村建设。加快实施“1733”示范工程，着力抓好新农村建设示范片、现代农业示范园区、土地股份合作试点、省级新农村村庄示范村建设。加强农田水利基本建设，提高农业综合生产能力。加大扶贫开发力度，进一步改善贫困人口的生产生活条件。积极推进通川区统筹城乡发展示范区试点。

（五）以更快的步伐发展第三产业，提升现代服务业水平。要抓住大开放、大开发带来的机遇，积极构建秦巴地区商贸物流中心。一要加快构建现代市场体系。认真实施城市商业网点规划，加快培育壮大重点骨干流通企业，抓好再生资源、汽车、建材、农特产品等大型批发市场和专业市场建设。积极发展生产性服务业，着力抓好西外综合物流中心、中石化川东北物资供应储备中心、化工园区物流中心建设。二要全面拓展消费需求。扎实推进“万村千乡”、“双进社区”、“双百”市场工程和“家电下乡”试点工程，搞好节会活动，大力发展现代服务业，加快改造传统服务业，确保全年社会消费品零售总额突破200亿元。加强物资储备和价格监管，保持物价基本稳定。三要繁荣旅游文化产业。加快打造城市中心旅游区，办好第三届百里峡漂流节等活动，力争全年实现旅游收入35亿元以上。积极发掘地方特色文化，推动艺术演展、广播电视、体育、报刊等产业在秦巴地区领先发展。

（六）以更新的理念推进城市建设，加快新型城镇化步伐。要前瞻思考，科学谋划，充分考虑各类自然灾害的影响，走出一条适应未来发展的新型城镇化道路。一要着力提高抗震设防能力。抓紧编制城市抗震防灾专项规划，严格执行建筑工程抗震设计规范和工程建设强制性标准。加速西城区、北城区功能配套，严格控制容积率，逐步降低主城区人口密度。健全完善城市保障系统，构建全方位的城市应急宣传网络。二要加速构建大城市框架。进一步抓好城市关键性桥梁、道路等工程建设，加速推进野茅溪大桥、凤凰大道西延线建设，不断拓展"一城五区"城市空间布局。抓好朝阳路油化、安全饮水、截污干管等市政基础设施建设，提高城市综合承载能力。积极培育和规范房地产市场，着力抓好廉租住房和经济适用住房建设。同时，要加快村镇规划编制，抓好县城拓展和功能完善，积极推进天然气开发重点集镇和区域性集镇建设，力争今年城镇化率提高1.5个百分点。三要加快交通枢纽建设。抓好综合交通体系发展规划编制，加快达陕高速公路、环城公路建设，抓紧做好达万、达巴、大竹经渠县至南充高速公路前期工作。

（七）以更宽的视野加速改革开放，激发体制机制活力。要坚定不移抓改革，内外互动促开放，构建充满活力的体制机制。一要着力优化发展环境。深入推进机关效能建设，着力建立健全长效机制，切实提高工作效能和服务水平。深入开展创建国家级卫生城市、省级环保模范城市活动，抓好城乡环境综合整治，切实改善城乡环境。有针对性地加强灾后宣传，充分展示达州良好形象，坚定投资者信心。二要积极承接产业转移。把握产业转移的特点和经济一体化发展趋势，构筑对接优势，建立互动机制，搭建多层次合作平台。突出招大引强，提高产业配套水平，重点引进一批战略投资者。积极参加第九届西博会、第五届泛珠论坛等大型活动，办好"全国天然气化工产业发展高层论坛暨项目推进会"，扎实抓好赴沿海等地招商活动。力争招商引资到位资金突破150亿元，外贸自营出口突破4 000万美元。三要不断深化各项改革。加大国有企业改革、农村综合改革、行政管理体制和社会事业体制等改革力度。加强金融生态环境建设，积极创建金融安全区。搭建新型融资平台，鼓励支持企业上市融资。大力推进县乡财政管理体制改革，加快县域经济发展，尽快培育一批经济强县。

（八）以更高的要求维护群众利益，促进社会和谐稳定。坚持以人为本，把促进社会和谐放在更加突出的位置来抓，高度重视改善民生，深入实施"八大民生工程"，积极发展社会事业，大力加强民主法制建设，切实维护社会稳定，全力构建和谐达州。各级领导干部牢固树立民本思想，始终与群众同甘苦、共命运、心连心，多办顺民意、解民忧、谋民利的实事，对贫困地区群众、下岗人员、失地农民、受灾群众等要特别关心和帮助。扎实开展县（市、区）委书记、县（市、区）长大接访和"万名干部下访"活动，认真解决群众合理诉求，维护社会和谐稳定。当前，正处于主汛期，尤其要加强雨情汛情监测、预报和预警，落实防汛措施和工作责任，确保安全度汛。

三、振奋精神，奋发有为，形成凝心聚力抓发展保稳定促跨越的生动局面

夺取抗震救灾和经济社会发展全面胜利，关键在党，关键在人。要按照党的十七大和省委九届四次、五次全会、市委二届十次全会的要求和部署，以改革创新精神，坚持不懈地推进党的思想建设、组织建设、作风建设和廉政建设，为抗震救灾和跨越发展提供坚实的政治保证。当前，抗震救灾和经济社会发展正处在一个非常关键的时刻。各级党组织和广大党员干部，一定要特别讲大局、特别讲付出、特别讲实干、特别讲纪律，肩负使命、投身大局，攻坚克难、勇于担当，立足岗位、超常努力，充分发挥各级党组织的战斗堡垒作用、各级干部的模范带头作用、广大党员的先锋模范作用。

一要保持清醒头脑，增强驾驭全局的能力。要敏锐洞悉形势变化的新趋势，准确把握时代发展的新要求，善于从矛盾运动变化中明辨方向，居安思危，审时度势，不断提高把握全局和驾驭复杂局面的本领，做到大事面前堪担当、关键时刻有作为。坚持以人民的利益为重，以人民的期盼为念，敢于到困难最大、群众最需要的地方去，真正成为群众的主心骨。要正确对待组织和个人，一心为着工作和事业，始终稳得住心神、挡得住诱惑、经得住考验，永葆共产党人的政治本色。

二要大力解放思想，增强开拓创新的能力。领导干部要带头兴起解放思想的热潮，进一步增强发展意识、进取意识、忧患意识和责任意识。既要有敢于谋事的气魄，更要有善于成事的本领，真正做到敢想敢闯敢于突破，能谋善干干出实绩。要发扬敢啃"硬骨头"精神，直面矛盾，勇于负责，敢抓敢管，真正在禁锢思想的瓶颈上打开通道，在制约发展的环节上取得突破，在改革攻坚的工作中开创局面，在扩大开放的努力中后来居上，在跨越发展的实践中建功立业。

三要弘扬团结奋进，增强统筹协调的能力。各级领导干部要坚持以事业为重、以大局为重，求同存异，合作共事，相互支持，树立和谐的形象，带出奋进的队伍，拧成团结的力量。各级党组织要坚持“把方向、管全局”，充分发扬民主，加强综合协调，切实把各方面的积极性和创造引导好、保护好、调动好，努力形成同心同德干事业、群策群力促跨越的浓厚氛围。必须准确把握工作的重点、节奏和力度，多从战略上、全局上、长远上考虑问题，当前与长远相结合，重点与整体相协调，力求在事关全局的关键问题上取得突破，以重点突破推动全局发展。

四要坚持行必责实，增强务实落实的能力。执行看能力，落实见水平。要始终把重执行、抓落实作为推动工作的中心环节，每项工作都要做到定了就干、干就干好、干出成效。要始终保持奋发有为的精神锐气，多谋善干，踏实苦干，真正实干，真爬坡，敢破难，做到言必责实、行必责实、功必责实。特别是对事关大局的重大项目、重要事项、重点工作，一定要跟踪督查、跟踪管理、跟踪考核，确保责任落实、工作落实、目标落实。

同志们！奋斗伴随艰辛，艰辛孕育希望。我们一定要更加紧密地团结在以胡锦涛同志为总书记的党中央周围，在省委的正确领导下，牢记使命，肩负重托，坚定信心，开拓奋进，为夺取抗震救灾和经济社会发展的全面胜利，开创达州富民强市全面小康的美好明天而不懈奋斗！

在市委二届十二次全体会议上的讲话（摘要）

2008年12月29日

市委书记　李向志

会上，李向志发表了题为《迎难而上，爬坡上行，坚定不移推动达州加快发展》的重要讲话。李向志强调：2009年是新中国成立60周年、达州建市10周年，也是实施“十一五”规划、推进达州跨越发展的关键一年，做好明年工作，意义尤为重大。实现明年经济发展目标，关键在上半年，尤其是一季度。我们必须明确指向，突出重点，争分夺秒，集中发力，充分发挥投资、消费等方面的协同拉动作用，千方百计确保目标实现。一要强化投资拉动，把明年作为全市“项目会战年”，再掀大抓项目、多上项目、快建项目的热潮，务求项目建设取得更好成效；二要强化工业支撑，坚持走新型工业化道路，把扩大投资与培育特色优势产业、促进产业优化升级结合起来，加速打造中国西部天然气能源化工基地和秦巴地区冶金建材基地，务求工业发展迈出更大步伐；三要强化消费促进，大力改造提升传统服务业，积极发展现代服务业，加速建设秦巴地区商贸物流中心和文化旅游中心，务求现代服务业实现更快发展；四要强化开放带动，坚持实施充分的开放合作战略，推进关键环节和重点领域的改革，务求深化改革增添更强活力。

李向志强调：三农工作是达州经济社会发展的重中之重。全市上下要认真贯彻落实党的十七届三中全会和省委九届六次全会精神，立足农业大市实际，坚持工业反哺农业、城市支持农村和多予少取放活方针，突出农民增收，大力发展现代农业，加快建设社会主义新农村，构建城乡发展一体化新格局。确保到2012年，实现农业结构调整、现代畜牧业发展、农业产业化经营、农业基础建设、农业科技支撑和农民增收“六个上台阶”。

李向志要求，要坚持走新型城市化道路，突出抓好中心城区规划建设，加快优化城镇体系，着力提高城镇化水平，促进城乡经济社会跨越发展。要加快拓展城市空间，完善城镇体系，加强城乡环境综合整治，为广大市民创造良好人居环境。要尽最大努力、最大责任重视和改善民生，深入推进“八项民生工程”，切实关心困难群众的生产生活，让广大人民群众共享改革发展成果。要积极构建和谐文化，激励全民爬坡奋进；要加强民主政治建设，维护社会和谐稳定。

李向志强调：做好明年工作，任务十分艰巨。全市上下特别是各级领导干部，要牢固树立强烈的忧患意识、机遇意识、进取意识和责任意识，特别讲大局、特别讲付出、特别讲实干、特别讲纪律，坚决破除等靠要、怕风险、求保险的思想，坚决纠正和查处有令不行、有禁不止的行为，确保政令畅通。要大力弘扬求真务实、真抓实干的作风，创新工作方法，提高工作效率，说了就算，定了就干，干就干好。要大力弘扬清正廉洁、艰苦奋斗的作风，以良好的形象和作风引领全市干部群众投身大局、夺取胜利。

在市委二届十三次全体会议上的讲话(摘要)

2009 年 5 月 31 日

市委书记　李向志

2009 年 5 月 31 日，市委召开二届十三次全体会议。市委书记、市人大常委会主任、市委深入学习实践科学发展观活动领导小组组长李向志出席会议并作重要讲话。

李向志在讲话中着重指出：从 5 月开始，转入分析检查阶段。扎实做好分析检查阶段工作，必须突出重点，着力于查找和解决实际问题，真正在理论武装上求实效、在加快发展上求实效、在统筹城乡上求实效、在改善民生上求实效、在改进作风上求实效。

李向志强调，要突出三项工作：一是要在紧扣主题上下工夫，开好专题民主生活会。李向志指出，这次专题民主生活会是与 2009 年度民主生活会合并召开的，与过去最大的不同之处，是必须突出深入学习实践科学发展观，坚持“四个特别”，推进“两个加快”，强化“三个引领推动”的主题。各级领导班子要着重就推动科学发展、应对金融危机、加快灾后重建、树立良好作风等方面进行剖析，开展批评与自我批评。市委常委和各县市区委班子要把廉洁自律、反对腐败，提倡艰苦奋斗、反对奢侈浪费作为这次民主生活会的重点进行专题检查。各地各部门要贴近工作实际、符合发展需要，充分做好会前准备，重点开展“五查五看”，认真开展批评和自我批评并切实抓好整改提高。专题民主生活要重在分析问题、重在总结经验、重在明确方向，把民主生活会开成征求意见会、分析问题会、沟通思想会、明确方向会，努力做到对本地本单位科学发展现状有一个准确判断，对影响和制约科学发展的突出问题有一个清醒认识，对存在问题的原因特别是主观原因有一个深入剖析，对推动本地本单位科学发展有一个清晰思路。

二是要在注重结合上下工夫，扎实开展主题活动。李向志强调，鲜明的实践性，是这次学习实践活动的重要特色。开展“党性为魂、党风为生、党纪为绳”主题实践活动，是对“三个引领推动”的进一步深化，是市委学习实践活动领导小组总结前一阶段实践情况，针对达州市党员干部队伍建设中反映出来的问题，突出实践特色、适应形势任务变化要求作出的一项重要决策；是巩固和扩大学习调研阶段活动成果、转变机关作风的有力举措。李向志要求，开展主题实践活动，要与贯彻落实胡锦涛总书记在中纪委三次全会上以及来川视察和出席纪念汶川特大地震一周年活动时作的重要讲话精神结合起来，特别要深刻理解“六个着力、六个切实”的要求，忠实实践“八种良好风气”。要与坚持“四个特别”结合起来，坚持特别讲大局，始终保持对党忠诚、服务人民的坚定信念；坚持特别讲付出，始终保持艰苦奋斗、甘于奉献的公仆本色；坚持特别讲实干，始终保持坚韧执着、开拓进取的创业精神；坚持特别讲纪律，始终保持公道正派、清正廉洁的优良形象。要与解决党性党风党纪方面的突出问题结合起来，特别要开展好切合自身实际的主题实践活动，纪检系统要切实开展“做党的忠诚卫士，当群众贴心人”活动，组织系统要扎实开展“万名组织部长下基层”活动，其它地方和单位也要提出相应的活动要求，要从达州市近期发生的个别领导干部违纪违规案件中汲取深刻教训，认真开展自查自纠，让广大群众真切感受到学习实践活动带来的新变化。

三是要在群众满意上下工夫，认真抓好分析检查报告群众评议工作。李向志特别要求，各地各单位要抓住形成贯彻落实科学发展观的情况分析检查报告这一中心环节，重点检查分析问题、理清发展思路、明确改进措施。形成高质量的分析检查报告后，要合理确定参评人员，精心设计测评内容，尊重群众评议意见，搞好群众评议，使之成为体现科学发展观要求、贯彻中央和省委部署、反映群众新期待、指导推动加快发展的纲领性文件。要高度重视，加强组织领导；要广泛评议，扩大参与范围；要结果公开，监督落实到位。

李向志强调，各地各单位的主要领导要切实履行第一责任人的职责，深入查找个人和班子在深入贯彻落实科学发展观方面存在的突出问题，做到思想更加重视，领导力量更加到位，工作安排更加细致，活动成效更加明显。要把深入学习和解放思想贯穿始终，提高领导科学发展的能力；把群众参与、公开评价贯穿始终，充分尊重、认真听取、着力解决群众提出的问题；把转化成果、解决问题贯穿始终，促进经济社会又好又快发；把领导履责、转变作风贯穿始终，不断优化发展环境，提升党的执政形象。要通过学习实践的不断深入，促进干部作风、改革发展、城乡环境发生新变化，“两个加快”见到新成效，真正用科学发展观引领推动秦巴地区经济文化强市建设、引领推动经济平稳较快发展、引领推动和谐社会建设。

在市委二届十四次全体会议上的讲话（摘要）

2009年10月22日

市委书记　李向志

中国共产党达州市第二届委员会第十四次全体会议，于2009年10月22日在达州宾馆举行。

在第一次全体会议上，李向志受市委常委会委托作工作报告。他指出：今年以来，在省委的正确领导下，市委常委会团结带领全市干部群众，高举中国特色社会主义伟大旗帜，坚持以邓小平理论和“三个代表”重要思想为指导，深入贯彻落实科学发展观，全力以赴保增长，尽心尽力保民生，千方百计保稳定，各项工作在攻坚克难中取得了新的进展，呈现出经济较快发展、民生不断改善、社会和谐稳定的良好局面。报告从八个方面总结了今年以来的工作：一、扎实开展深入学习实践科学发展观活动，促进形成“三个引领推动”的生动格局；二、牢牢把握应对危机加快发展的主动权，努力推动全市经济平稳较快发展；三、强力推进项目建设，保持投资增长强劲势头；四、突出抓好产业发展，不断提升产业整体竞争力；五、着力深化改革开放，充分激发加快发展的活力；六、切实优化发展环境，着力营造良好发展氛围；七、扎实改善民计民生，维护社会和谐稳定；八、坚持以执政能力建设和先进性建设为主线，全面加强和改进党的建设。

李向志对当前全市工作作了安排部署。他指出：各地各部门要以学习贯彻党的十七届四中全会和省委九届七次全会精神为动力，切实按照市委二届十二次全会和上半年工作汇报会的要求，坚定目标再鼓干劲，集中精力攻坚克难，全力以赴抓好落实，确保圆满完成今年目标任务。在抓好当前工作的同时，要谋划长远，为明年乃至“十二五”发展打基础、作准备，努力为达州持续快速发展创造新动力、拓展新空间、增添新活力。要认清形势增信心，主动有为地做好当前工作；要全力以赴保增长，着力巩固止滑回升良好势头；要攻坚破难强基础，推进城乡统筹协调发展；要坚定不移促和谐，为跨越发展营造良好社会环境。

在第二次全体会议上，李向志代表市委常委会，就贯彻落实中央和省委全会精神、加强达州市党的建设作了重要讲话。李向志强调:一要深入推进思想解放,提高思想政治水平和解决实际问题的能力。始终高举中国特色社会主义伟大旗帜,坚定理想信念,加强理论武装,把解放思想贯穿改革发展的始终,不断适应新形势、探索新思路、破解新难题。二要坚持崇尚实干的用人导向,努力建设高素质干部队伍。坚持德才兼备、以德为先的用人标准,鲜明崇尚实干的用人导向,大力选拔人品正、干实事、真爬坡、敢破难的干部,加快建设一支政治坚定、勤政廉洁、奋发有为、干事创业的高素质干部队伍。三要大力加强作风建设,密切党同人民群众的血肉联系。要在全市上下大兴密切联系群众、求真务实、艰苦奋斗、批评与自我批评之风,大力倡导特别讲大局、特别讲付出、特别讲实干、特别讲纪律,以优良的党风促政风带民风,形成凝聚党心民心的强大力量。四要加强基层组织建设,筑牢为民执政的基石。更加重视党的基层基础工作,着力在"选好带头人、扩大覆盖面、增强凝聚力、推进一体化"上下工夫,努力扩大基层党组织覆盖面,选好配强基层党组织带头人,大力加强党员队伍建设,加快构建城乡统筹的基层党建新格局。五要加强党风廉政建设,不断完善惩治和预防腐败体系。要把反腐倡廉建设放在更加突出的位置,坚持标本兼治、综合治理、惩防并举、注重预防的方针,加快推进惩治和预防腐败体系建设,严格执行党风廉政建设责任制,不断取得党风廉政建设和反腐败斗争新成效。六要积极发展党内民主,保持党的旺盛生机和集中统一。要积极发展党内民主,坚持和完善党的领导,切实保障党员民主权利,不断完善党内选举制度和民主决策机制,充分发挥各级党组织和广大党员的积极性、主动性、创造性,坚决维护党的集中统一,以党内民主带动人民民主。

政府工作报告

——在达州市第二届人民代表大会第七次会议上

2009年2月20日

市长 何 健

各位代表:

现在,我代表市人民政府,向大会报告工作,请予审查,并请市政协各位委员提出意见。

2008年工作回顾

2008年是极不平凡的一年。面对历史罕见的低温雨雪冰冻、汶川特大地震等自然灾害,面对严峻复杂的国际国内经济形势,全市上下坚持以邓小平理论和"三个代表"重要思想为指导,深入贯彻落实科学发展观,在省委、省政府和市委的坚强领导下,在市人大、市政协的监督支持下,同心同德,克难奋进,经济社会发展取得了新的成绩。全市生产总值604亿元,增长14.1%;地方财政一般预算收入20.1亿元,增长26.9%;全社会固定资产投资418.7亿元,增长36.6%;社会消费品零售总额212.3亿元,增长21.2%;城镇居民人均可支配收入9 748元,增长14%;农民人均纯收入4 096元,增长14.1%;居民消费价格指数上涨4.7%;城镇登记失业率4.8%;人口自然增长率2.98‰。市二届人大五次会议确定的主要预期目标全面完成。

"三农"工作稳步推进。农业总产值306亿元,增长3.3%。全市财政用于农、林、水事务支出12.67亿元,增长31.5%。粮食总产量289.6万吨、增长4.5%,宣汉县荣获"全国粮食生产先进县"称号。出栏生猪606.5万头,增长2.5%;肉类总产量67万吨,增长2.9%;畜牧业产值占农业总产值的比重达到52.5%。农业产业化龙头企业发展到165家,农民专业合作经济组织达到1 658家，东柳醪糟有限责任公司被评为国家级农业产业化重点龙头企业。新增无公害农产品 11 种，农产品优质率达到 30%，开江县被确定为“全国绿色农业示范区”建设单位。投入农建资金 19.88 亿元，增长 81.5%。建成通乡油(水泥)路 840 公里、新增 91 个乡通油(水泥)路，建成通村公路2 390公里、新增 508 个村通公路，大竹、通川、开江、达县、渠县实现乡乡通油(水泥)路，宣汉、万源通油(水泥)路乡镇分别达到 91% 和 62%。整治病险水库 62 座，新建微水工程7 298处，解决 20.7 万人饮水安全问题。新建(改造)提灌设施 6 615台(套)51 462千瓦，新增有效灌面 3.67 万亩。改造中低产田土 8.8 万亩。新增农村户用沼气池 2.9 万口。新建“农户科学储粮示范工程”小粮仓 2 031个。启动建设新农村市级示范镇 7 个、市级示范村 30 个、县级示范村 100 个。劳务培训 11 万人(次)，劳务输转 172.6 万人(次)，实现劳务收入 116.5 亿元。

工业经济发展加快。工业对经济增长的贡献率达到 66.3%。规模以上工业企业完成增加值 194.1 亿元，增长 30%；实现销售收入 529.9 亿元，增长 49.8%；实现税金 17.5 亿元，增长 41%；实现利润 15.1 亿元，增长 33.7%。工业经济效益综合指数 273.79，提高 35.95 点。新增销售收入超亿元企业 51 户，总数达到 139 户。新增规模以上工业企业 71 户，总数达到 398 户。开工在建亿元以上工业项目 42 个，其中 10 亿元以上 8 个。完成工业投入 225.7 亿元，增长 37.3%。达州电厂第二台机组、大竹石河天然气净化厂、万源白杨溪水电站等重点项目竣工投产，齐鲁石化、汇鑫能源、普光天然气净化厂、开江舰船燃气轮长试基地等重点项目即将竣工，瓮福集团磷硫化工基地、康泰化工双甘膦、达州海螺水泥、渠县华新水泥、宣汉富钾卤水开发等重点项目加快建设。市天然气能源化工产业区完成基础设施投资 12.6 亿元，入驻项目 27 个，在建项目完成投资 23.8 亿元；大竹苎麻产业园区入驻项目 24 个，实现产值 32.3 亿元。渠县、宣汉、开江、万源等产业园区建设加快推进。培育省级高新技术企业 8 家、省级创新型企业 13 家、省级产学研创新联盟 2 个，“川环”商标荣获“中国驰名商标”。高新技术产业完成增加值 7 亿元，增长 30%。

服务业不断壮大。第三产业实现增加值 173.3 亿元，增长 11.3%。30 个商贸物流重点项目全面启动，大竹金利多农产品批发市场、宣汉九龙农贸超市、万源鑫朗成品油储运中心已竣工营运，达县洲河湾农贸超市、渠县百货公司改造、开江特色美食街、秦巴物流园区建设加快。“万村千乡”、“双百”和“新网”工程深入推进，新建标准农家店 443 个。“家电下乡”完成销售额 1.3 亿元，财政补贴农民1 473万元。骨干连锁企业不断壮大，苏宁电器成功入驻，沃尔玛购物广场建设顺利推进，特色商业街区加快建设。完成“农改超”10 个，改造乡镇农贸市场 20 个。全年销售收入超亿元的商品市场达 11 个，塔沱农副产品批发市场实现销售收入 15 亿元。房地产业完成投资 42.2 亿元，增长 6.8%；新开工商品房 228.1 万平方米，下降 0.6%。年末全市金融机构各项存款余额634.4 亿元、贷款余额 219.8 亿元，分别比上年末增长 25.7% 和 17.5%；保险机构实现保费收入 32.3 亿元，增长 77.1%。实现旅游总收入 30.5 亿元，增长 8.2%。凤凰山、五峰山、真佛山、八台山、百里峡、金山寺等景区建设加快，渠县龙潭成功创建国家3A 景区。第三届乡村旅游节、第三届百里峡漂流节、首届黄花节、首届富硒茶文化节成功举办。

城乡面貌明显改观。全市城镇化率达到 30.8%，提高 2 个百分点。达州市城市总体规划修编加快推进，中心城区控详规划覆盖率达到近期规划的 96%，各县(市、区)达到 87% 以上。城市框架加速拓展，中心城区功能不断完善。完成城市基础设施建设投资 16.5 亿元。金龙大桥、长田坝隧道、金龙大道北延线、西北环线、人民广场等建设工程加快推进，红塔路二期、朝阳路油化、凤凰大道小游园等41 个项目全面完工。县城和小城镇建设加快，村镇建设投资 23 亿元，完成村镇规划编制 65 个。城乡环境综合治理工程全面启动，市容环境卫生得到较大改善。达成铁路扩能、襄渝铁路二线即将竣工，达陕高速公路全线开工，城市过境公路建设进展顺利。

改革开放深入推进。国企改革进展顺利，川纺达棉等 16 户企业改革已基本完成，华兴机械厂等 11 户企业改革有序进行。国有资产监管不断加强。民营经济加快发展，占生产总值的比重达到 53.6%；民间资本投资活跃，占全社会固定资产投资的比重达到 39.1%。农村综合改革深入推进，乡镇机构改革基本完成。集体林权制度改革即将结束。投融资体制改革步伐加快，政府投资项目管理制度逐步完善，中小企业融资平台建设顺利启动，宣汉诚民村镇银行正式成立，信贷对经济的支持力度进一步增强。积极争取建立天然气资源开发补偿机制，资源转化“四就地”得到较好落实。组团参加西博会、感恩招商等重大经贸活动，成功举办硫化工科技论坛、经济金融和谐发展座谈会。招商引资签约项目165个，总投资310亿元；实际到位资金188.8亿元，增长58.3%。出口创汇4 558万美元，增长44.2%。外派劳务2 006人。

生态建设成效显著。单位生产总值能耗下降4.25%，化学需氧量、二氧化硫排放总量分别削减4.91%和12.15%，氨氮控制在3 000吨以内。矿产资源整合取得新进展。纳入省、市限期治理的19家重点污染企业和52家重点用能企业节能减排工作得到加强。城市环保基础设施建设加快推进，渠县、开江、万源垃圾处理厂和宣汉污水处理厂投入试运行，中心城区污水处理率、垃圾处理率分别达到50%和100%。

城市集中式饮用水源水质达标率100%，渠江出境断面水质稳定在Ⅲ类标准。第一次全国污染源普查工作顺利完成。深入开展全民义务植树及认捐认养植树活动，植树1 970万株。完成营造林面积27.7万亩，森林覆盖率达到38.4%。治理水土流失面积121平方公里。市城区空气质量不断改善，达标天数353天。实行最严格的耕地保护制度，“金土地”工程整理土地7.46万亩，新增耕地0.8万亩，基本农田面积稳定在536.1万亩，耕地保有面积保持在639.15万亩以上。

社会事业全面发展。拨付“两免一补”资金4.6亿元，3.5万名进城务工人员子女同等接受义务教育。普通高考上线人数创历史新高，职业教育攻坚计划有序推进，中小学生综合素质不断提高。维修加固中小学B、C级危房108万平方米，灾后重建校舍13.5万平方米。新建留守儿童寄宿制学校27所、“留守学生之家”88个。化解“普九”债务9.54亿元。工读学校建设顺利启动。《全民科学素质行动计划纲要》深入实施，6个县（市、区）再次被命名为“全国科普示范县”，新增“全国科普惠农先进集体”3个。申请专利190件、增长12%，省级重点实验室建设实现零的突破。新型农村合作医疗实现全覆盖，参合率95.2%。新建社区卫生服务机构6个，改造乡镇卫生院7个，改、扩建妇幼保健院5个。公共卫生体系不断完善，重点传染病防治卓有成效。中医药事业得到新发展。爱国卫生运动广泛开展。文化事业和文化产业发展加快，群众文化活动蓬勃开展。新建农家书屋263家，新（改）建乡镇综合文化站80个，放映农村公益性电影33 780场。宣汉川东土家族薅草锣鼓、渠县刘氏竹编工艺、渠县三汇彩亭会入选国家第二批非物质文化遗产保护名录，达县石桥、宣汉马渡、渠县三汇和临巴被命名为“中国民间文化艺术之乡”，“达州元九登高节”入选四川十大名节。颁发了首届达州市文艺创作政府奖。《达州市志》已交付印刷。体育事业全面发展，体育人口达到40%，成功创建国家高水平体育后备人才基地、国家级全民健身活动中心。圆满承办全国女子排球联赛，成功举办市一运会、市老运会。完成广播电视村村通建设工程3 200套，新增有线电视用户6.4万户，广播、电视综合覆盖率分别达到94.3%和94.4%。符合政策生育率达84.9%，落实计划生育家庭奖励扶助资金1 695万元。

民生问题得到较好解决。“八项民生工程”深入推进，投入建设资金26.6亿元，75个分项目标全面完成。新增就业2.89万人，下岗失业人员和失地无业农民实现再就业1.56万人，“4050”人员实现再就业0.44万人，分别增长15.8%、24.7%、24.5%。城镇基本养老保险覆盖人数46.9万人，新型农村养老保险试点新增覆盖人数0.6万人。城市低保14.1万人，人均月补差124元；农村低保28.8万人，人均月补助40元；城乡医疗救助3.9万人（次），发放医疗救助金3 827万元；10.8万城镇企业退休职工人均月增加养老金150元。将11 700名返城超龄知青、城镇集体企业超龄人员纳入城镇职工基本养老保险，将9 516名老工伤人员纳入工伤保险统筹管理，将11 762名地方政策性关闭破产国有企业退休人员全部纳入城镇职工基本医疗保险范围。改扩建敬老院22所，农村五保集中供养率达到26.1%。提供廉租房1 100套、经济适用房483套，发放廉租房补贴6 820户，解决农村困难群众住房1 900户。红层找水打井35 570口，解决14.2万人饮水困难。51个村实施整村推进开发式扶贫，解决4.21万绝对贫困人口和4.15万低收入群众脱贫问题。产品质量、食品药品安全和农资专项整治深入开展，婴幼儿奶粉事件得到妥善处置。加强市场监管和紧俏商品储备，对困难群众先后两次发放物价补贴和生活补助2 560万元,城乡居民生活水平稳定提高。安全生产形势持续好转,事故起数、死亡人数、受伤人数和直接经济损失实现"四个下降"。信访突出问题得到切实解决,信访总量同比下降11.7%。平安达州创建活动深入开展,维稳和社会治安综合治理分别获得全省一等奖。

抗灾救灾有力有效。全力抗击低温雨雪冰冻灾害,及时安置疏导旅客和车辆,迅速组织开展生产自救,努力把损失降到最低限度。全市转移安置灾民1.24万人,发放棉衣(被)28万套(床),组织护送客运车辆2 950班(次)5.57万人(次)。积极应对特大地震灾害,科学组织群众防灾避灾,切实加强社会舆论引导,着力加快灾后恢复重建,震毁基础设施得到及时修复,受灾无房户春节前全部搬进新居。全力以赴支援重灾区,派出各类援灾人员5 300余人(次),投入救灾物资1 500万元,募捐资金8 300万元,献血15万毫升;救治21名从灾区转运的伤病员,安排1 462名重灾区学生来达就读;迅速启动对口支援绵阳市游仙区魏城镇灾后重建工作,拨付援建资金2 739万元,8个援建项目基本完工。抗灾应急能力建设得到加强,建成应急通讯保障系统和中心城区公共传媒视屏应急系统,新建自动气象监测站42个,新一代天气雷达建成投入运行。

政府自身建设不断加强。自觉接受人大法律监督、工作监督和政协民主监督,人大代表、政协委员议案提案和建议意见办复率100%。制定完善政府工作规则,严格规范行政权力运行,市、县政府依法行政工作不断加强,市政府被省政府表彰为"行政执法责任制工作先进集体"。"五五"普法全面推进。政府信息公开全面实施。机关效能建设取得实效,政务服务"四制一监督"体系有效建立,"两集中、两到位"扎实推进,行政审批事项精简率64.6%。受理各类行政许可、行政审批事项36.7万件,办结率100%。党风廉政建设责任制全面落实,公务员队伍建设不断加强,部门和行业风气继续好转,各级政府机关形象明显提升。

群众性精神文明创建活动深入开展,全民思想道德素质进一步提高,涌现出了杨帮武、吴三、杨永权、龚登云等一批先进典型。国防教育、国防动员和双拥工作扎实开展,民兵预备役建设不断加强,军政军民关系进一步密切。审计、统计、税务、民族、宗教、对台、保密、档案、外事、侨务、人防、地震、水文、慈善、妇女儿童、老龄、残疾人、新闻出版、社会科学等各方面工作都取得新的成绩。

各位代表,过去的一年,达州市经济社会发展取得的成绩和进步来之不易。这是省委、省政府和市委正确领导的结果,是市人大、市政协和人大代表、政协委员监督支持的结果,是全市广大干部群众共同奋斗的结果。在此,我代表市人民政府,向全市人民,向各民主党派、工商联、无党派人士和各人民团体,向驻达解放军和武警官兵、政法干警,向所有关心、支持达州发展的各界朋友,表示衷心的感谢并致以崇高的敬意!

2009年的形势和任务

2009年是新中国成立60周年、达州建市10周年,也是实现"十一五"规划推进达州跨越发展的关键年。做好今年的政府工作,意义十分重大。

今年我们面临的挑战前所未有:世界经济形势严峻复杂,国际金融危机尚未见底,我国经济增长下行压力加大。在这种大背景下,我们同样面临经济运行困难增加、财政收支矛盾加剧、城乡居民就业和增收任务艰巨等不利因素。长期形成的结构性矛盾仍然存在,粗放型增长方式没有根本改变,城乡基础设施建设滞后,城乡、区域发展差距扩大的趋势尚未扭转,基本公共服务总体水平较低,维护社会稳定任务仍然较重,政府自身建设还需要进一步加强,个别地方和少数公务人员为政不廉、执法不公、铺张浪费、以权谋私等现象还不同程度存在。对于这些困难和问题,我们一定要本着对党和人民高度负责的态度,采取切实有效施认真加以解决。

我们也面临十分难得的发展机遇:从总体上看,我国经济基本面和长期发展向好的趋势没有改变。全球经济深刻调整必然促进国内外产业转移重组,有利于达州市扩大开放、借力发展。国家实施积极的财政政策和适度宽松的货币政策,加大对中西部地区和"三农"投入力度,有利于我们争取更多支持,加强自身薄弱环节。危机形成的"倒逼机制"和区域竞争格局重塑,有利于我们加快产业升级和结构调整。灾后重建大规模投入形成的巨大需求,必将有力带动冶金建材等骨干产业发展,拉动经济持续快速增长。我们正处于工业化、城镇化加速发展时期,基础设施建设、产业发展、居民消费等方面空间广阔。经过改革开放30年发展，随着天然气能源化工基地的加速崛起，达州市与沿海地区相比，体制、政策差距在缩小，区位、资源、市场及要素成本优势在上升，这些都为我们应对挑战、克服困难、逆势发展提供了良好环境和条件。

正确分析形势，充分估计困难，牢牢把握机遇，目的在于统一认识，坚定信心。黄金有价，信心无价。有信心就有迎接挑战、战胜困难的力量，就能够把广大干部抓经济工作的积极性、主动性、创造性充分调动起来，把投资者的投资热情焕发出来，把人民群众对经济发展的良好心理预期提振起来。我们完全有信心、有条件、有能力战胜面临的困难。

2009年政府工作的总体要求是：以邓小平理论和"三个代表"重要思想为指导，以科学发展观为统领，认真贯彻党的十七大、十七届三中全会、中央和省委经济工作会议精神，按照市委二届十二次全会的总体部署，围绕"保增长、保民生、保稳定"的工作主线和"坚定信心、应对挑战，爬坡上行、加快发展"的工作基调，全力推进"打造一枢纽、两中心、三基地，建设秦巴地区经济文化强市"，促进达州加快发展、科学发展、又好又快发展。

今年经济社会发展的主要预期目标是：生产总值增长11%，规模以上工业增加值增长20%，全社会固定资产投资增长30%，社会消费品零售总额增长13%，地方财政一般预算收入增长15%，农民人均纯收入增长8%，城镇居民人均可支配收入增长8%，居民消费价格指数上涨幅度控制在5%左右，城镇登记失业率控制在4.3%以内，人口自然增长率控制在4.5‰以内，单位生产总值能耗下降5.5%。确定以上目标，是实现中央保增长宏观目标的需要，是推进达州又好又快发展的需要，是保障就业、改善民生的需要。我们要积极主动工作，力争实际工作结果突破和高于各项预期目标。

在具体工作中，要切实把握好以下关键点：一是扩大内需促增长。坚持扩大投资与刺激消费相结合、政府投资与社会投资相结合、中间消费与最终消费相结合，千方百计扩大内需，形成拉动经济增长的合力。二是调整结构促升级。加大产业结构、所有制结构、企业结构和产品结构调整力度，加快推进产业多元、产业延伸、产业升级步伐，增强市场竞争力和抗风险能力。三是统筹城乡促发展。统筹城乡经济社会发展，联动推进农业现代化与新型工业化、新型城镇化，加快形成城乡经济社会发展一体化新格局。四是改善民生促和谐。越是在困难的时候，越是要高度关注民生。要把经济增长的成效充分体现到民生改善上来，着力提高城乡居民生活水平，认真为群众办实事、解难事，进一步凝聚力量，促进和谐稳定。

2009年的重点工作

根据上述总体要求和预期目标，今年我们将着力抓好以下九个方面的工作：

一、全面落实扩大内需各项政策，保持经济平稳较快增长

坚持把扩大投资和消费作为保增长的重要途径，加快推进项目建设，着力扩大消费需求，积极而有作为地落实好中央宏观调控政策。

加大投资力度。大力开展"项目会战年"活动，着力推进投资主体多元化，保持固定资产投资持续较快增长。积极争取国家支持。准确把握国家投资取向，加强与国家、省有关部门的对接，多方争取各类建设资金，确保向上争取资金高于同类市（州）平均水平；健全项目推进机制，充实项目库，加快项目实施进度。充分发挥金融作用。加强和改进金融信贷服务，增加有效信贷投放和资金投放；搭建新型融资平台，完善合作机制，推进企业上市融资；加快城市信用社改制，推进村镇银行、小额贷款公司、农村资金互助社发展。努力扩大社会投资。发挥政府资金的引导作用和乘数效应，吸引国内外大企业和民间投资；出台鼓励引导社会投资的优惠政策，积极培育资本市场，实现多元化投资、市场化运作。管好用好项目资金。政府主导的公共投资主要投向基础设施、重大民生工程等薄弱环节，严防低水平重复建设；加强资金使用和工程质量监管，切实提高投资效益。

优化投资结构。加快产业项目建设。确保玖源大化肥、达钢二甲醚、达州海螺水泥、大竹利森水泥、渠县华新水泥等6个产业项目建成投产，加快瓮福达州磷硫化工基地、康泰化工双甘膦、万源华新水泥等14个产业项目建设进度。加快交通项目建设。建成襄渝铁路二线、达成铁路扩能、达钢铁路专线等5个项目，加快达陕高速公路、城市过境公路建设进度，开工建设达万高速公路、达巴铁路、达万铁路电气化改造，力争开工大竹经渠县至南充高速公路。加快能源项目建设。确保普光天然气净化厂、开江县天然气钻探开发等3个项目竣工投产，加快达县巴河九节滩水电站、万源梓桐溪水电站、渠县龙门峡北矿等6个项目建设进度，启动优尼科川东北高含硫气田开发、渠县南阳滩水电站等3个项目。加快水利项目建设。开工建设宣汉白岩滩水库，加快开江宝明大型灌区、万源寨子河水库、渠县刘家拱桥水库、大竹土地滩水库前期工作。加快民生项目建设。围绕改善民生，着力抓好城市基础设施、灾后恢复重建、社会事业发展等一批重大项目。

扩大消费需求。着力增强消费能力。健全企业职工工资正常增长机制，扩大城乡低保覆盖面，完善公务员津补贴政策，抓好事业单位工资改革，多渠道增加城乡居民收入。着力培育消费热点。稳定扩大住房、汽车等大宗消费，加快发展交通运输、金融保险、商贸餐饮、文化健身、信息咨询、家政物业等服务性消费；落实和完善促进合理住房消费的政策措施，增加廉租房供应，全年提供廉租房1 900套、租赁补贴9 100户。着力开拓消费市场。切实抓好秦巴物流园区、沃尔玛购物广场、蒲家货物集散专线、再生资源交易市场等市场体系建设；继续推进“万村千乡”、“双百”和“新网”工程，新建标准农家店300个；完善城乡便民服务设施，推进城区菜市场标准化改造，加快乡镇集贸市场建设；加大“家电下乡”推广力度，促进城市耐用品消费升级换代；加强价格监测和监管，完善猪肉、粮油、化肥等储备制度，保持市场物价基本稳定。着力发展旅游产业。加强旅游基础设施和配套服务设施建设，争创4A景区2个、3A景区1个，启动大竹温泉开发，办好达州市第二届旅游产业发展推进大会、第四届乡村旅游节，精心筹备张爱萍将军百年诞辰纪念活动，力争全年实现旅游收入35亿元以上。

二、突出发展现代农业，加快社会主义新农村建设

切实把“三农”工作摆在重中之重，巩固农业基础，加快农村发展，促进农民增收，为新农村建设提供强力支撑。

推进农业产业化。抓好粮食生产，稳定播种面积，优化品种结构，确保粮食总产达到293万吨。培育优质粮油、畜禽、林果、蔬菜四大优势产业和苎麻、油橄榄、中药材、富硒农产品四大特色产业，大力发展烟叶生产，推进黄花精深加工，新建一乡一业专业乡镇10个、一村一品专业村100个，每个县（市、区）新建规范化示范基地1万亩。大力推广畜牧业规模化、标准化养殖，着力强化动物疫病防控和畜产品安全体系建设。生猪出栏630万头以上，肉类总产量70万吨以上，畜牧业产值占农业总产值的比重达到53%。扶持发展农业产业化龙头企业，市级以上重点龙头企业达到85家，产业化经营带动农户面达到60%。完善农业技术服务体系，提高科技应用和机械化水平，农业机械化率达到20%。推进农业政策性保险。引导农民发展休闲农业、高效园艺产业和生物产业。加快工业原料林和特色经济林基地建设，促进林业产业快速发展。

加强农业和农村基础设施建设。完善财政支农投入稳定增长机制，确保财政支农投入增量高于上年。大力实施“村村通”工程，建成通乡油（水泥）路220公里、新增25个乡通油（水泥）路，建成通村公路1 000公里，新增160个村通公路。新（改、扩）建场镇供水工程35处，新解决16万农村人口饮水安全问题。完成43座病险水库整治任务。新建（改造）提灌设施4 200台（套）34 400千瓦，新增有效灌面3.5万亩。实施土地整理（复垦）项目7个，改造中低产田土8.8万亩，建设高标准农田8.8万亩，推行测土配方施肥100万亩。新建农村户用沼气池3万口。继续实施“农户科学储粮示范工程”，新建小粮仓2 500个。深入推进新农村建设“1733”示范工程，着力改善农村生产生活条件。

千方百计增加农民收入。全面落实各项强农惠农政策，足额兑现粮食直补、农资综合直补、良种补贴、农机具购置补贴，认真执行粮食最低收购价格，做好农产品收购工作。加快发展农村二、三产业特别是农产品加工业和服务业，逐步建立农产品直销市场，促进农民就地就业创业增收。支持发展多种形式的农民专业合作经济组织，完善利益联结机制，搞活农产品流通增收。大力发展劳务经济，着力打造劳务品牌。全年培训农民工10.7万人（次），劳务输转173万人（次），实现劳务收入120亿元以上。

三、深入推进新型工业化，提高工业经济质量和效益

把推进资源转化作为工业发展的主攻方向，坚持以产业培育催生工业，以企业成长壮大工业，以园区建设带动工业，以自主创新引领工业，力争工业增加值突破250亿元。

大力发展优势产业。着力壮大战略支撑产业，积极支持中石油、中石化在达天然气勘探开发，大力发展天然气化工、硫化工、磷硫化工产业；加快发展煤炭、冶金、建材、电力产业，进一步调整结构、壮大规模、提高效益。改造提升传统优势产业，加快纺织服装、汽车机电、酿酒制醋等产业技术升级和集约发展。培育发展后续支撑产业，加快高新技术产业发展，推进医药产业发展，承接劳动密集型产业落户发展。

培育壮大骨干企业。通过资产重组、资源整合、上市融资，培育发展一批大企业大集团，支持达钢集团、恒成能源等50户成长型企业发展，力争全年销售收入超100亿元企业1家、超10亿元企业10家。发挥重点产业、大型企业的带动作用，延长产业链，带动上下游产业发展。深入实施“中小企业成长工程”，完善融资担保、贷款贴息等扶持政策，促进中小企业加快发展，力争新增规模以上企业40户。

突出发展产业园区。按照“一县一园区、一园一主业”的要求，各县（市、区）至少各开工建设1个特色产业园区。推进市天然气能源化工产业区建设，引导重大工业项目向园区集聚，力争年内新引进入园项目5个。提升大竹苎麻产业园区发展水平，争创全省重点产业园区。加快渠县、宣汉、开江、万源产业园区基础设施建设，力争各引进一批产业项目入园建设。完善产业园区发展领导机制和目标考核制度，改革园区管理体制和运行机制，加大政策扶持力度，积极探索以企业为主体的园区开发建设机制。

提高自主创新能力。深入贯彻《全民科学素质行动计划纲要》，努力提高全民科学素质。认真落实产品扶持和自主创新激励政策，支持企业建立技术研发中心，力争创建省级企业技术中心1个、市级企业技术中心4个。支持3家省级高新技术企业和13家省级创新型企业发展，高新技术产业产值增长20%以上。加大科技创新投入，推进市校合作，组织实施一批重大科技专项，争取在硫化工、节能减排等关键领域实现技术突破。实施品牌发展战略，争创省级以上名牌产品8个。加大专利申请力度，做好知识产权保护工作。

四、大力加快城镇化进程，提升区域整体发展水平

以开展“创建活动”为载体，加强城乡基础设施建设，推进城乡环境综合整治，努力建设环境优美的生态之城，整洁干净的卫生之城，秩序良好的和谐之城。

完善城乡建设规划。围绕建设区域大城市目标，加快城市总体规划修编报批，完成全市抗震防灾专项规划、中心城区绿地规划、中心城区山体保护规划、州河两岸滨水规划、市老城区控规维护、地下空间开发利用规划编制，做好河市片区控详规划编制，实现重点片区控详规划全覆盖。加强县城和小城镇规划编制工作，完成村镇规划编制60个。严格规划审批和管理，加强规划管理执法，初步建立覆盖城乡的规划管理体系。

加快城市建设步伐。加快建设金龙大桥、金龙大道北延线和野茅溪大桥，启动建设凤凰大道西延线，做好金南大道、金南大桥、北塔路西延线、凤凰山山前道路等建设前期工作。加快市政基础设施建设，推进通川区—达县安全饮水工程建设，完成10条小街小巷整治，实施市天然气能源化工产业区快速通道分隔带和新建城市道路绿化工程，抓好南外燃气储备站迁建、市政消防环路建设，规划建设公共停车场，新建一批公厕和地埋式垃圾站。积极推进北外开发，稳步推进“城中村”改造。加快渠县渠城东区、大竹北城新区、宣汉石岭新区、万源河西新区、开江滨河开发建设，尽快形成一批县级一流中等城市。

推进城乡环境综合整治。围绕创建国家级卫生城市、省级环保模范城市、省级园林城市、省级文明城市工作先进城市目标，深入实施净化、绿化、美化、亮化和居民行为规范工程，加强城区噪声污染和粉尘治理，努力达到“城镇八好”和“农村四好”标准。抓好50个乡镇市级人居环境治理试点工作。理顺城市管理体制，加强部门协同联动，落实“门前三包”责任，健全城市管理长效机制。加强精神文明建设，强化“爱我达州、回报社会”教育，努力提高全社会文明程度。

大力发展县域经济。支持扩权县加快发展，激发县域发展活力，使扩权县经济发展高于全省平均水平。加大对非扩权县支持力度，充分放手放权，增强自我发展能力。扶持贫困山区、高寒山区加快发展，在项目安排、资源配置等方面给予倾斜，在交通、水利等基础设施建设上市级财政适当给予补助。继续实施扶贫开发整村推进，启动建设52个扶贫新村，进一步抓好市级机关定点帮扶143个重点贫困村工作。立足比较优势，大力发展特色优势产业，培育壮大一批经济强县、经济强镇。加快推进新型城镇化进程，城镇化率提高1个百分点以上。

五、进一步深化改革扩大开放，增强经济社会发

展活力

加快重要领域和关键环节改革步伐，全面提升对外开放水平，完善有利于科学发展的体制机制。

继续深化各项改革。深化国有企业改革，妥善解决改革遗留问题。加快健全现代企业制度，完善法人治理结构。加强国有资产监管和国有资本经营，建立国有资本经营预算制度，确保国有资产保值增值。认真实施增值税转型改革。深化投资体制改革，加快推行代建制，建立投资项目后评价、重点项目公示和责任追究制度。稳定农村土地承包关系，规范土地承包经营权流转，推进农村户籍制度改革。全面推进集体林权制度配套改革。积极探索水务体制改革。抓好通川区统筹城乡综合配套改革试点，启动10个乡镇城乡一体化建设试点。继续推进教育、文化、医疗卫生、广播电视电影等公用事业领域的改革。

推进充分开放合作。创新招商引资方式，建立科学有效的目标考核机制和跟踪督查机制，重点抓好天然气能源化工、冶金建材、汽车机电、特色农产品加工等产业招商，着力承接制陶、制衣、制鞋等产业转移，力争招商引资到位资金200亿元。优化出口商品结构，加快出口基地建设，新增出口实绩企业5户，力争实现自营出口5 100万美元。加强与沿海发达地区、成渝地区和秦巴地区的交流与合作，推进友好城市建设。支持企业实施“走出去”战略，加强对外工程承包和劳务合作，实现外派劳务2 000人以上。

大力发展民营经济。认真落实加快民营经济发展的政策措施，坚持非禁即入，完善扶持政策，鼓励开发荒山、荒滩等闲置资源，发展种植、养殖和农副产品加工业。努力营造百姓创家业、能人创企业、企业再创业的社会氛围，加快形成一批领跑型民营企业。力争新发展个体工商户3 000户、民营企业300家，民营经济增加值占生产总值的比重达到54%以上。

六、切实加强资源节约和环境保护，推进生态文明建设

坚持走生产发展、生活富裕、生态良好的文明发展道路，加快资源节约型和环境友好型社会建设。

推进节能减排。全面完成二氧化硫、化学需氧量、氨氮等主要污染物减排任务。严格限制新上高耗能、高污染项目和生产能力过剩项目，加快推进“十大重点节能工程”建设，重点抓好列入“国家千家企业节能行动”和“全省百户企业节能行动”的21户企业节能降耗工作。加强农村面源污染治理，挂牌整治8户规模化畜禽养殖企业。大力发展循环经济，支持企业开展循环经济技术改造，鼓励企业对工业废物进行充分利用，积极推广果、畜(禽)、沼一体化生产模式，努力实现资源的高效利用和循环使用。

改善生态环境。加强天然林资源保护，巩固退耕还林成果，严格自然保护区和风景名胜区的建设和管理，推进水土流失综合治理和矿山生态环境治理。实施森林城市战略，大力开展全民义务植树活动。加快城市环保基础设施建设，确保南城截污干管建成使用，推进市污水处理厂扩建、西城污水管网、市垃圾焚烧发电项目和城市医疗废物集中处置中心建设，加快宣汉垃圾处理厂和大竹、渠县、万源、开江污水处理厂建设，强化饮用水源保护区监管，促进水质和环境空气质量继续好转。

加强资源管理。实行最严格的土地管理制度，确保耕地占补平衡。加大土地储备力度，提高土地利用效率，确保重大项目用地需求。继续开展第二轮全国土地调查和农村土地确权颁证工作。建立健全矿产资源有偿使用制度，完善资源开发利益分配机制，继续探索和争取建立资源开发补偿机制。整顿和规范矿产资源勘查开发秩序，优化矿产资源配置，严厉打击倒卖矿权、乱采滥挖等违法行为，促进矿产资源有序开发、规模开发、持续开发。

七、积极发展各项社会事业，促进经济社会协调发展

在加快经济发展的同时，繁荣各项社会事业，扩大基本公共服务，促进社会公平正义。

优先发展教育。落实农村义务教育经费保障机制各项政策，推进义务教育均衡发展。大力实施教育惠民行动计划，健全贫困家庭学生资助体系，做好进城务工人员子女入学、留守儿童教育管理工作。大力实施职教攻坚计划，加大农村中职学生学费免除力度，扎实推进职业教育改革发展。加快普及高中阶段教育。提升高等教育质量。发展现代远程教育。重视学前教育。关心特殊教育。支持民办教育发展。维修改造农村中小学校舍15万平方米，建设农村寄宿制学校17所。整合城乡教育资源，有效解决“大班额”问题。加强教师队伍建设，推进义务教育阶段教师绩效工资制度，建立和规范边远山区教师津贴制度。

加强医疗卫生事业。加强农村卫生服务体系建设，进一步推进乡镇卫生院改扩建，加大村卫生站标准化建设力度。推进社区卫生机构建设,积极开展社区公共卫生服务,城市居民重点人群服务率达到85%以上。加强妇幼卫生体系建设,实行农村孕产妇住院分娩补助政策。做好艾滋病、结核病、狂犬病等重点传染病预防控制。大力发展中医药事业,积极筹建中医高等专科学校。加强卫生执法监督,整顿和规范医疗市场秩序。

推进文化建设。抓紧市博物馆陈列布展工作,做好市图书馆、文化馆、科技馆、档案馆、方志馆建设前期工作。推进文化信息资源共享、乡镇综合文化站、村文化室、农家书屋工程,建好乡镇综合文化站196个。加强文物和非物质文化遗产保护,积极申报第三批国家非物质文化遗产名录,抓好第三次全国文物普查工作。广泛开展群众文化活动,繁荣文艺创作,办好市第三届艺术节。加强网络文化建设和管理。抓好数字电视建设、广播电视村村通和农村电影放映工作,新增有线电视用户3万户,放映农村公益性电影3.4万场。

大力发展体育及其它各项社会事业。广泛开展群众体育活动,继续实施"全民健身路径工程"、"农民体育健身工程",建设国家曲棍球训练基地,做好省第一届全民健身运动会参赛和省第十一届运动会备赛工作。全面落实计划生育利益导向机制,加强流动人口计划生育服务管理,稳定低生育水平,提高出生人口质量。推进县、乡计生服务机构规范化建设,建立标准计生服务站69个。深入开展"关爱女孩行动",综合治理出生人口性别比例偏高问题。认真实施《妇女儿童发展规划》,依法保护妇女儿童合法权益,重视发展老龄事业,关心支持残疾人事业。进一步做好统计、档案、方志、气象等工作。

八、着力保障和改善民生,维护社会和谐稳定

坚持把改善民生作为一切工作的出发点和落脚点,切实解决好人民群众最关心、最直接、最现实的利益问题,努力促进社会和谐稳定。

大力实施民生工程。充分尊重群众意愿,深入实施以就业促进、扶贫解困、教育助学、社会保障、医疗卫生、百姓安居、道路畅通、环境治理为主要内容的"八项民生工程"。加强民生工程建设的组织、协调、监督和管理,确保取得预期效益。加强惠民帮扶中心规范化管理,完善公共服务体系。确保全年民生工程投资高于上年。

积极扩大就业。认真落实促进就业的政策措施,开展就业服务系列活动,积极促进大中专毕业生、复员转业军人、下岗失业人员和返乡农民工等各类劳动者实现就业。全面实施创业带动就业计划,鼓励自主创业,改善创业环境,加强创业培训和小额信贷担保工作,扶持1 800人创业,带动5 000人就业。落实促进返乡农民工就业创业的政策措施,加大返乡农民工培训力度,提高就业创业能力。积极采取措施减轻企业负担,稳定现有用工岗位,鼓励和支持遇到困难的企业尽量不裁员或少裁员。健全困难群众就业援助制度,开发购买公益性岗位,着力解决就业困难人员特别是"零就业"家庭就业。力争城镇新增就业2.6万人,下岗失业人员和失地无业农民再就业1.25万人。

健全社会保障体系。扩大城镇职工基本养老保险、医疗保险、失业保险、工伤保险和生育保险覆盖面,完善新型农村合作医疗制度,启动城镇居民医疗保险工作,努力提高企业退休人员养老保险待遇,搞好新型农村养老保险试点。落实被征地农民社会保险政策,抓好征地拆迁农民安置房建设。支持发展商业保险。推进城乡低保规范化管理,城市低保推行分类施保,农村低保实现应保尽保。加快推进农村五保集中供养。建立完善临时救助制度,解决低保边缘群众、低收入和特殊困难群体临时生活困难。大力发展社会福利和慈善事业。推进平安达州建设。扎实开展"安全生产年"活动,严格落实安全生产责任制,切实加强隐患排查治理和专项整治,坚决遏制重特大事故发生。抓好产品质量监管,确保产品质量和食品药品安全。完善社会矛盾纠纷调处机制,畅通群众诉求渠道,妥善处理各种矛盾纠纷。强化社会治安综合治理,完成乡镇"两所一庭"建设,加强城乡基层警务工作,依法防范和严厉打击各类违法犯罪活动。完善应急预案体系,健全灾害预警机制,加强防灾能力建设,最大限度减少灾害损失。加强社区矫正工作,建好工读学校。大力支持驻达部队建设,继续抓好国防教育、国防动员和民兵预备役工作,深入开展双拥共建活动,认真落实优抚安置政策,巩固军政军民团结局面。加强民族、宗教、对台、保密和人防工作。

九、不断加强政府自身建设,打造人民满意政府

以转变政府职能为核心,以推进依法行政为基础,以加强作风建设为保证,不断提高行政效能和服务水平,真正做到让人民满意。

更加注重依法行政。认真贯彻落实《国务院关于加强市县政府依法行政的决定》，切实加强政府法制建设。完善重大事项集体决策、专家咨询评估、决策听证公示和决策责任追究制度，做到依法科学民主决策。加强政府信息公开和公共企事业单位办事公开，依法保障人民的知情权、参与权、表达权和监督权。改革和完善行政执法体制，严格执行罚缴分离和收支两条线制度，加快推进相对集中行政处罚权。加强行政复议工作。自觉接受人大的法律监督、工作监督和政协的民主监督，认真办好人大代表、政协委员议案提案和建议意见。加强政府部门与各民主党派、群团组织的联系，健全社会监督和舆论监督，支持监察、审计部门依法履行监督职责，确保人民赋予的权力始终为人民谋利益。

更加注重务实高效。深入推进机关效能建设，严格落实首问责任、服务承诺、限时办结、责任追究“四项制度”，突出抓好政务中心标准化建设，全面推行“两集中、两到位”，现场办结率达到90%以上。进一步优化审批流程，推进并联审批，缩短审批时限。大力发展电子政务，逐步实现网上申请、网上受理、网上传递、网上审批和网上监督。加快乡镇便民服务中心、村(社区)全程代理站建设。完善公众参与的政府绩效考核办法，认真开展服务对象评议服务部门活动。加强政府执行力建设，健全抓落实的工作机制，严格政务督查和效能监察，确保政府各项工作落到实处。

更加注重廉政建设。全面贯彻标本兼治、综合治理、惩防并举、注重预防的方针，着力推进政府系统惩治和预防腐败体系建设。树立和坚持正确的事业观、工作观和政绩观，严格执行领导干部廉洁从政的各项规定，加强对权力运行的制约和监督。进一步加大对重点领域、重点部门、重点资金、重点项目的审计监督力度，严肃查处腐败行为。深入开展治理商业贿赂专项工作，坚决纠正损害群众利益的不正之风。坚持勤俭节约，反对铺张浪费，树立政府机关的良好形象。

各位代表，时代赋予重托，奋斗铸就辉煌。让我们更加紧密地团结在以胡锦涛同志为总书记的党中央周围，高举中国特色社会主义伟大旗帜，以邓小平理论和“三个代表”重要思想为指导，深入贯彻落实科学发展观，在省委、省政府和市委的坚强领导下，在市人大、市政协的监督支持下，知难而进、迎难而上，锐意进取、扎实工作，为开创达州更加美好的明天而努力奋斗！

政府工作报告

——在达州市第二届人民代表大会第八次会议上

2010年2月5日

市长　何　健

各位代表：

现在，我代表市人民政府，向大会报告工作，请予审查，并请市政协各位委员提出意见。

2009年工作回顾

2009年，是达州市经济社会发展极其困难的一年。在省委、省政府和市委的坚强领导下，市政府始终坚持以邓小平理论和“三个代表”重要思想为指导，深入贯彻落实科学发展观，紧紧依靠和团结带领全市人民，顽强拼搏，克难奋进，各方面工作取得了新的成绩。全市完成生产总值682.7亿元，增长14.2%；全社会固定资产投资545.3亿元，增长30.2%；社会消费品零售总额252.1亿元，增长18.8%；地方财政一般预算收入23.4亿元，增长19.4%；城镇居民人均可支配收入11 103元，增长

13.9%;农民人均纯收入4 421元,增长7.9%;居民消费价格指数上涨0.1%;城镇新增就业3.1万人,城镇登记失业率4.2%;人口自然增长率3.27‰。

一年来,我们主要做了以下几个方面的工作。

积极应对复杂多变的经济形势。年初,面对国际金融危机的严重影响,我们审时度势,迅速行动,及时出台扩内需、保增长的11条政策措施,研究落实扩大投资消费、实施全民创业等12项具体办法,取消和停征139项行政事业性收费,为促进经济增长提供了有效保障;上半年,经济增速逐月下滑,我们调整思路,分类指导,安排专项资金帮助企业解困和发放加班补贴,加强煤、电、油、气、运等生产要素的调度,推进银企对接破解资金瓶颈,全市经济实现止滑回升向好发展。大力开展"项目会战年"活动,争取中央新增投资9亿元,金融机构新增贷款为上年的2.1倍,落实项目用地为上年的3.3倍。达成铁路扩能、襄渝铁路二线竣工通车,达陕高速公路、城市过境公路、国省干线改造加快推进,达万高速公路、达巴高速公路、城万快速通道、达巴铁路、达万铁路电气化改造开工建设,普光天然气净化厂、齐鲁石化、达钢高速线材、渠县华新水泥、大竹利森水泥等项目建成投产,香港玖源、汇鑫能源、达钢二甲醚等项目已具投产条件。

着力加快结构调整转变发展方式。三、次产业比调整为26:45:29,首次实现二三一结构。全市支农专项资金支出16.7亿元、增加3.9亿元。建立水稻、玉米、油菜等高产示范片85个15.8万亩,粮食总产296.1万吨、增长2.3%,实现连续3年增产。建设畜禽规模养殖小区394个,主要畜禽品种规模养殖率达43%。出栏生猪624.1万头,肉类总产69.1万吨,分别增长2.9%和3.2%。市级及以上农业产业化龙头企业达到78家,农民专业合作社达到268个。劳务培训12.9万人(次),劳务输转178万人(次),劳务收入127亿元。完成工业投入313.2亿元、增长38.7%,其中技改投入140.8亿元、增长50.1%。新增规模以上工业企业51家,销售收入超亿元企业达到190家,达钢销售收入突破百亿元。规模以上工业增加值249.2亿元,增长26%。市天然气能源化工产业区和大竹产业区纳入省1 525工程。培育国家级创新型企业1家、省级20家,创建省级重点实验室1个,实现新产品产值207.1亿元、增长48.9%。实现服务业增加值195.6亿元、增长11.6%。启动建设秦巴物流园区、化工园区物流港等商贸物流重点项目11个,完成投资13亿元。新建农家店767个,沃尔玛、摩尔百盛等知名企业入驻达州。大力推进家电、汽车、摩托车下乡,实现销售额5.8亿元。圆满举办市第二届旅发大会、第四届乡村旅游节,大巴山国家地质公园成功申报,真佛山创4A景区通过国检,红军文化陈列馆建成开馆。接待游客737万人(次),实现旅游综合收入35.5亿元。关停淘汰落后水泥产能70万吨、小火电43.3万千瓦,限期治理工业企业14家、规模化畜禽养殖企业8家,新增日处理污水能力2.5万吨。初步测算,单位生产总值能耗下降6.6%,化学需氧量和二氧化硫排放量分别下降5.8%和1.6%。

大力促进城乡统筹发展。全市城镇化率达到32.3%,提高1.5个百分点。加快城乡规划编制,达州市城市总体规划修编完成待批,中心城区山体保护、州河两岸滨水等专项规划抓紧编制,完成村镇规划编制114个。严格城乡规划管理,严肃查处违规建设行为。加快中心城区建设,金龙大桥、凤凰山隧道等27个项目全面完工,黄家坝州河大桥、野茅溪大桥、金龙大道北延线等11个项目加快建设。改善农村生产生活条件,启动建设"新农村"示范村101个,实施扶贫整村推进项目52个。建成通乡油(水泥)路1 178公里、通村公路3 400公里,乡、村通油(水泥)路率分别达到97%和48.5%。整治病险水库42座,新建微水工程3 381处,治理旱山村23个,新增有效灌面2.9万亩。实施红层找水打井2.3万口,新解决25.1万人饮水安全。建成农户小粮仓4 508个。新建沼气池3万口。整理土地6.7万亩,建设高标准农田2.9万亩。完成营造林31.5万亩,治理水土流失面积149平方公里。推进城乡环境综合治理,铺装人行道17.4万平方米,硬化小街小巷10.6万平方米,新建改造农贸市场162个,新建城乡公厕852座、垃圾收集设施2 638个,建成停车场1 043个,新增城市保洁人员1.26万名。达州市荣获全省城乡环境综合治理先进市(州)第四名。

不断深化改革扩大开放。加快推进国企改革,达棉总厂等16户企业改革基本结束。民营经济占生产总值的比重达到50.6%。推进资源要素市场化改革,争取建立天然气资源开发利益补偿机制取得新进展。强化投融资体制改革,组建达州发展(控股)有限责任公司,成立达州市商业银行,农业银行和农村信用社改革取得阶段性成果。扶持县域经济加快发展，认真开展通川区统筹城乡试点。全面完成乡镇机构改革。基本完成集体林权制度主体改革。着力推进全方位开放合作，设置驻外投资促进机构，成功举办中国能源化工高峰论坛、中国中西部经济协作区第二十二届全体会议暨第二届秦巴地区（达州）商品交易会，组团参加西博会、渝洽会等大型经贸活动。招商引资到位资金 223.7 亿元，增长 18.2%。外贸出口增长 52.5%。

扎实推进以改善民生为重点的社会建设。深入实施"八项民生工程"，投入建设资金 39.7 亿元。下岗失业人员和失地无业农民实现再就业 1.6 万人，"4050"人员等就业困难对象实现再就业 0.48 万人，城镇零就业家庭实现动态清零。城镇职工养老保险、城镇居民医疗保险实现市级统筹，将40 558名城镇集体企业超龄人员和老知青、10 118名老工伤人员、15 845名关闭破产国企退休职工、12 500名大学生和城镇中小学生，分别纳入养老、工伤、医疗等保险范围。启动宣汉县新型农村养老保险试点。新型农村合作医疗参合率达到 96.2%，农民受益程度提高 8 个百分点。发放低保资金 4.6 亿元，城乡低保月均补差（助）标准分别提高到 142 元和 55 元。投入医疗救助资金7 316万元。新（改、扩）建敬老院 35 所。新建廉租住房4 688套，发放租赁补贴10 383户。拨付"两免一补"等专项资金 7.3 亿元。实施校舍安全工程 624 个，完成投资 4.8 亿元。通川区八中迁建和通川区一小西外新校区启动建设，市工读学校建成使用。接收藏区"9 + 3"免费职业教育学生 545 名。新建"留守学生之家"104 个。义务教育学校教师绩效工资全面落实。实施卫生基础设施建设项目 117 个，完成投资9 650万元。艾滋病、甲型 H1N1 流感等重大疫病防控工作卓有成效。"健康快车"免费帮助1 187名白内障患者重见光明。建成文化信息资源共享工程县级支中心 3 个、乡镇综合文化站 79 个、农家书屋 900 家，实施广播电视"村村通"工程 8 881个。第三次全国文物普查田野调查工作圆满结束。成功举办市第三届艺术节。新建"农民体育健身工程"127 个、全民健身路径 51 条，成功创建全国青少年校园足球活动试点城市。计划生育奖励、扶助政策惠及 27 万家庭，69 个乡镇中心服务站全面完工。有力开展防灾减灾救灾工作，应急处突能力不断增强。成功应对"6·18"、"7·11"暴雨洪灾，完成灾后农房重建5 988户，受灾无房户全部搬进新居。产品质量和食品药品安全专项整治深入开展。扎实抓好"安全生产年"活动，各类安全生产事故起数和死亡人数分别下降 10%、25%，无重特大安全事故发生。大力开展法制宣传教育，完成"五五"普法任务。初步建立"大调解"工作格局，各类矛盾纠纷得到有效化解。切实加强社会治安综合治理，依法打击各类刑事犯罪活动，社会保持和谐稳定。

切实加强政府自身建设。自觉接受市人大及其常委会的法律监督、工作监督，主动接受市政协的民主监督。全年共办理人大代表议案及建议、批评、意见 93 件、政协委员提案 298 件，办复率 100%。坚持政府常务会会前学法制度，依法行政意识和能力显著提高。在全省率先制定实施《市县政府重大行政决策程序规定》，重视发挥市政府科技、法律顾问团的作用，充分听取社会各界的意见和建议，民主化科学化决策机制进一步完善。建立规范性文件"三统一"和有效期制度。政务公开和公共企事业单位办事公开深入推进。健全完善"四制一监督"体系，全面落实"两集中、两到位"，政府及政府部门行政效能和机关作风有了明显改善。市审计局、广电局被评为全国先进单位。市本级受理各类行政审批事项 25.5 万件，按时办结率 100%。积极推进基层民主政治建设，村（居）民自治制度不断健全。切实加强审计监督，查纠违规资金 1.6 亿元。高度重视廉政建设和反腐败工作，预防和惩治腐败体系进一步完善，违纪违法案件受到严肃查处。

全民国防教育不断加强，国防动员建设取得新成效。成功创建省级双拥模范城市，军政、军民关系更加密切。

对台、侨务、保密、档案、妇女儿童、残疾人、民族、宗教、老龄、地方志、人防、气象、水文等各方面工作都取得了新的成绩。

各位代表！过去一年的成绩来之不易。这是省委、省政府和市委正确领导的结果，是市人大、市政协大力支持的结果，是全市人民共同奋斗的结果。在此，我代表市人民政府，向全市人民，向驻达解放军和武警部队官兵、政法干警、各民主党派、工商联、无党派人士、各人民团体和各界朋友，表示衷心的感谢，并致以崇高的敬意！

在肯定成绩的同时，我们也清醒地看到，政府工作与人民群众的期待还有差距，经济社会发展中还存在一些不容忽视的困难和问题。一是经济发展的深层次、结构性矛盾突出，结构调整压力较大，节能减排任务艰巨；二是农业基础薄弱，农村基础设施建设滞后，农民增收乏力，统筹城乡发展任重道远；三是项目投资缺乏后续支撑，民间投资仍处低位，保持投资持续增长难度很大；四是财政政策性减收因素增多、刚性支出增加，财政收支平衡困难加剧；五是政府职能和作风转变尚未完全到位，少数部门大局意识、服务意识不强，在个别地方和领域以权谋私、权钱交易等腐败现象仍然存在。对于这些问题，我们将采取有效措施，认真加以解决。

2010年工作安排

2010年是有效应对国际金融危机冲击、巩固经济回升基础、奠基“十二五”发展的关键之年。我们一定要继续解放思想，坚定信心，振奋精神，真抓实干，推动经济社会又好又快发展。

2010年政府工作的总体要求是：以邓小平理论和“三个代表”重要思想为指导，深入贯彻落实科学发展观，按照市委的总体部署，围绕“建设秦巴地区经济文化强市”的发展定位，把握“巩固回升、加快发展”的工作基调，强化投资拉动，做强产业支撑，转变发展方式，深化改革开放，统筹城乡发展，促进民生改善，全面推动“一枢纽、两中心、三基地”发展规划实施，圆满完成“十一五”目标任务。

主要预期目标：全市生产总值增长12%。全社会固定资产投资增长10%。社会消费品零售总额增长13%。地方财政一般预算收入增长13%。城镇居民人均可支配收入增长12%，农民人均纯收入增长10%。居民消费价格总水平涨幅3%左右。城镇新增就业2.6万人，城镇登记失业率控制在4.1%以内。人口自然增长率控制在4.5‰以内。

实现上述目标，必须做好以下六个方面的工作：

一、以扩大投资和消费为重点，努力保持经济平稳较快增长

（一）狠抓重大项目建设　全年安排实施26个新开工项目、44个加快建设项目和31个竣工投产项目。大力推进达巴铁路、达万铁路电气化改造，达陕、达万、达巴、南大梁高速公路和城万快速通道、国省干线改造、城市过境公路等11个交通项目，加快推进白岩滩、寨子河、刘家拱桥、土地滩和宝明灌区等11个水利项目，全力抓好普光气田钻采、川东北高含硫气田开发、瓮福磷硫化工、龙门峡北矿、大竹海螺水泥、万源华新水泥等40个产业项目，突出抓好廉租住房建设、农村沼气建设、中小学校舍安全工程、市中心医院住院部改扩建等16个民生项目，加快实施天然林保护、市（县）城区防洪、城市污水垃圾处理等23个生态环境项目，确保早开工、早竣工、早见效。

（二）扩大城乡消费需求　努力增加城乡居民特别是中低收入者收入，进一步推进事业单位绩效工资制度，适当调高最低工资标准，再次提高企业退休人员基本养老金。拓宽消费领域，增加住房建设用地有效供应，加快中低价位、中小户型普通商品房建设，合理引导住房消费。继续落实家电、汽车、摩托车、农机、建材下乡等政策措施，扩大汽车、家电、建材消费。大力开发旅游、文化、健身等热点消费，推动居民消费结构升级。扩大农村消费，支持农村住房建设，加快农贸市场和农产品批发市场改造升级，大力实施“农超”对接，实现村村农家店全覆盖。改善消费环境，规范市场秩序，稳定市场物价，加强市场监管，搞好消费维权，让市民放心消费。

（三）综合运用财税金融手段　一是进一步落实增值税转型改革和国家一揽子减税政策，继续采取发放节日加班补贴等措施，增强企业投资意愿和解困能力。二是通过资本注入等多种方式增加对信用担保公司的支持，做强做大达州发展（控股）有限责任公司，支持县级融资平台建设，增强融资担保能力。三是支持市商业银行发展，深化农村信用社改革，扩大村镇银行覆盖面。四是加强银政企合作，搭建三方对接平台，增加有效信贷投放，力争新增中小企业贷款较上年提高30%。五是拓宽直接融资渠道，积极推进达兴能源、川环科技等有条件企业上市融资，围绕重点项目建设，采取BOT、股份制和股份合作制等多种方式筹措建设资金。六是探索推进农业政策性保险，扩大保险品种，有效防范和化解“三农”风险。七是加强金融生态环境建设，严厉打击非法集资行为，有效防范金融风险。八是积极争取落实扶持革命老区、贫困山区、生态功能区的优惠政策，加大基础设施和产业扶贫力度。

二、以推进科学发展为主线，着力提高经济发展质量和效益

（一）做大做强产业支撑　确保规模以上工业增

加值增长20%。大力发展天然气能源化工产业,加快实施一批天然气精细化工、磷硫化工产业项目,壮大百亿产业集群。改造提升传统优势产业,着力推进煤炭电力、冶金建材、纺织机电等产业结构调整升级,培育一批年产值超50亿、百亿的领军企业。加速构建市、县(市、区)产业园区体系,抓好省级产业园区创建工作。加快中小企业发展,引导小微企业围绕优势产业和大中型企业发展配套产业,力争新增规模以上工业企业50户。培育扶持一批专、精、特、新民营企业,力争新发展民营企业450家、工商户5 000户。深入实施品牌战略,着力打造名特产品和知名商标。提高自主创新能力,力争五大科技专项取得实质性突破。推进院(校)地企三方合作,促进产学研结合,争创省级创新型企业5家。大力发展以现代物流、信息服务等为重点的生产性服务业,加快秦巴物流园区和化工园区物流港建设。积极发展商贸流通、社区商业、家政服务等民生性服务业,着力打造一批商贸、餐饮、娱乐和文化特色商业街区。着力创建旅游精品景区,大力开拓旅游市场,力争实现旅游综合收入40亿元。

(二)推动新型城镇化进程　城镇化率提高1.5个百分点以上。编制完善县(市)城镇总体规划、控详规划,全面完成中心城区山体保护、州河两岸滨水等专项规划,加强乡村规划编制。严格规划审批管理。坚持工业化与城镇化联动推进的总体思路,坚持“南延西扩、适度向北”的发展方向,加快推进区域中心大城市建设,重点抓好金龙大道北延线二期、凤凰大道西延线、南城南北干道、野茅溪大桥等道路和桥梁建设。加快县级中等城市建设,推进重要资源地、旅游、文化、民族特色乡镇和中心场镇发展,逐步形成以区域中心城市为依托、县城为骨干、小城镇为基础的城镇体系。巩固提升城乡环境综合治理成果,大力实施“1483”战略,基本实现“四化”目标,营造良好的人居环境。

(三)加强节能减排和生态建设　万元生产总值能耗下降8%,二氧化硫、化学需氧量排放量分别控制在10万吨、3.2万吨以内。大力支持低碳产业发展,加快淘汰一批高耗能设施设备,抓好冶金、电力、化工、建材等重点行业和交通运输、服务业等重点领域节能工作,实施建筑节能、绿色照明等重点节能工程和节能产品惠民工程。限期治理不达标排放工业企业,有效控制畜禽养殖等面源污染,继续搞好重点流域和重点湖库污染治理。县县建成城市污水处理厂,搞好乡镇生活污水集中处理试点,新增城镇污水日处理能力13万吨。继续加强天然林资源保护,深入开展全民义务植树,加快中心城区绿化,积极创建省级森林城市。督促企业落实环保治理和恢复责任,决不允许把环境污染和生态破坏的代价留给社会、留给子孙后代!

三、以促进农民增收致富为目标,不断夯实“三农”发展基础

(一)大力发展现代农业　进一步巩固加强优势和特色农产品基地建设,启动建设现代农业产业基地园区7个,建成核心示范区7万亩,规划建设养殖小区550个,主要畜禽品种规模养殖率达到48%。继续实施新增粮食生产能力及大型商品粮基地建设工程,建设标准农田8万亩,完成设施农业7万亩,农业机械化率提高4个百分点。大力推进农业产业化经营,加快发展农产品精深加工,新发展市级以上龙头企业10家。加快农产品加工集中区建设,力争新引进一批农产品加工企业入驻建设。抓好主要农产品集约化、规模化、标准化生产,切实加强农产品质量安全工作。

(二)抓好农村基础设施建设　整合涉农项目专项资金,确保支农投入增量高于上年。推进以“三村建设”为载体的新农村建设,规划实施连片推进20个村以上的示范片7个。加快农村公路断头路、联网路建设,新建通乡油(水泥)路200公里、通村公路1 200公里,力争100%的乡、60%的村通油(水泥)路。推进农村客运公交化和城乡客运一体化,建成农村客运站25个。加强水利设施建设,抓好抗旱水源工程,整治病险水库24座,治理旱山村19个,新增有效灌面4.9万亩。实施安全饮水工程,新解决35个场镇和29万农村人口饮水安全。新建农户小粮仓2 000个。新建沼气池1.2万口,带动“四改”1.2万户,打造特色农房1.2万户。实施扶贫开发整村推进项目51个,改善5.6万农村贫困人口生产生活条件。

(三)切实促进农民稳定增收　全面落实各项强农惠农政策,清理规范农民经营服务性收费,稳定农业生产资料和农产品价格。加快发展农村二、三产业特别是农产品加工业,搞好农产品购销和调运,着力提高农产品商品化率。深入实施科普惠农兴村计划,切实发挥农民专业合作组织活跃农村市场的主力军作用。大力发展劳务经济,完成专业技能培训

10万人(次),劳务输转178万人(次),实现劳务收入130亿元。

四、以加快成渝经济区发展为契机,深入推进改革开放

(一)全面融入重庆发展 一是按照国家成渝经济区发展规划和全省推进"一极、一轴、一区块"发展指导意见,把重庆作为招商引资、承接产业转移的主攻方向,甘当配角,借力发展,争当环渝腹地经济区块发展排头兵。二是加快交通通道的规划对接和共同建设,推动达渝间毗邻地区同级交通通道连接,争取渝西城际铁路过境达州。三是主动承接重庆汽摩配件、机电轻纺、医药化工等产业转移,规划建设2个以上产值超100亿元的川渝合作示范园区。四是围绕重庆特大城市,发挥达州市的比较优势,加快建设特色优势农产品供应基地和旅游休闲度假基地。五是借力重庆科教、人才、资金等要素优势,构筑信息平台,引进和聘用一批急需的各类适用人才。六是建立合作机制,加强党政定期沟通交流,强化部门对口衔接协调,发挥商会牵线搭桥作用,推进达渝企业互动合作,实现共同发展。

(二)加快推进各项改革 全面完成市、县政府机构改革。进一步探索激发乡镇活力的政策措施,建立乡镇债务化解和奖励机制。继续推进通川区统筹城乡综合配套改革试点。切实抓好川纺达棉等16户企业改制扫尾工作,适时启动未改制企业改制工作。建立国有资本经营预算制度,实施行政事业单位经营性资产集中统一管理。推进水、电、气等重点资源性产品价格改革,积极争取建立天然气等资源开发补偿机制。深化医药卫生体制改革,加快基本药物制度建设,抓好公立医院改革试点。推进教育、文化等社会领域各项改革。

(三)不断提高对外开放水平 坚持"引进来"与"走出去"相结合,拓展对外开放的广度和深度。加强同秦巴地区、中西部经济协作区等区域的合作,推进友好城市建设取得实质性进展。创新招商引资方式方法,深入开展专业招商、以企招商、以商招商、小分队招商,抓好签约项目跟踪落实,力争招商引资到位资金220亿元以上。不断壮大自营出口企业队伍,力争出口创汇5 300万美元。

五、以保障和改善民生为根本,大力加强各项社会建设

(一)积极促进和扩大就业 一是支持劳动密集型企业和服务业发展,创造更多就业岗位,做好市内缺工企业与城乡未就业群体的岗位对接和就业服务工作。二是实施创业带动就业计划,扶持0.5万名城乡劳动者创业,带动就业2万人以上。三是搭建就业服务平台,举办招聘会20场(次)以上,提供就业岗位10万个,实现境外劳务输出1 000人(次)以上。四是健全困难群众就业援助制度,开发购买公益性岗位安置就业困难人员就业3 500名,力争下岗失业人员和失地无业农民再就业1.25万人,确保动态消除零就业家庭。五是严格《劳动合同法》执法检查,切实维护劳资双方合法权益。

(二)大力发展社会事业 全面实施素质教育,提升农村教育水平,推动义务教育均衡发展。深入实施职业教育攻坚计划,免除"七类职教学生"学费。维修改造中小学校舍15万平方米,完成通川区八中迁建和通川区一小西外新校区建设。切实规范办学行为,加强师德师风建设。完善城乡公共卫生服务体系,加快乡镇卫生院、村卫生室和社区卫生服务中心建设。加强传染病、地方病、职业病防控工作。积极争创中医药高等专科学校。推进文化强市建设,繁荣发展文化事业。广泛开展社区和农村文化活动,重视非物质文化遗产保护,打造"元九登高"等民俗文化品牌。继续推进文化信息资源共享工程,建成市博物馆,启动市文化馆建设,新建乡镇综合文化站40个、农家书屋450个。广泛开展群众性体育活动,抓好省第十一届运动会、第七届残运会的备战参赛工作。加大统筹解决人口问题的力度,切实稳定低生育水平。抓好第六次全国人口普查工作。深入开展"关爱女孩行动",依法保护妇女儿童合法权益。加快发展老龄、气象、档案、地方志等事业。

(三)进一步完善社会保障体系 全面推行城镇居民基本医疗保险。统筹解决关闭破产集体企业等退休人员和困难企业职工参加基本医疗保险问题。搞好新型农村社会养老保险试点。做好农民工参加基本养老保险工作。落实养老保险省级统筹,推进医疗、失业、工伤、生育保险市级统筹。逐步落实被征地农民社会保险政策。努力提高城乡居民最低生活保障水平。加快福利设施建设,完善临时救助制度。大力推进保障性安居工程建设,新增廉租住房7 100套,发放租赁补贴1.35万户,改造棚户区2 750户。

(四)努力营造稳定和谐的社会环境 严格落实

安全生产责任制和责任追究制，切实加强重点领域安全监管和专项整治，坚决遏制重特大事故发生。深入开展食品药品安全专项整治，严肃查处违法违规案件。加强网络文化建设，妥善应对网络舆情，坚决取缔“黑网吧”。深入开展扫黄打非。严格执行《保密法》，坚决防止失泄密事件发生。健全完善应急反应机制，及时有效处置突发性事件。加强基层民主政治建设，抓好村(居)委会换届选举工作。进一步完善“大调解”工作体系，加强信访工作。强化法制宣传教育，抓好违法青少年帮教转化。深入开展平安创建活动，切实加强社会治安综合治理，有效防范和依法打击各类违法犯罪。广泛开展国防教育，抓好国防动员和民兵预备役工作。深入开展双拥共建活动，增进军政、军民团结。加强民族、宗教、对台等工作。

六、以提高行政效能为切入点，进一步抓好政府自身建设

(一)提高依法行政能力　坚定不移推进依法行政，严格规范行政执法行为。自觉接受人大法律监督、工作监督和政协民主监督，广泛接受社会公众和新闻舆论的监督，加强与各民主党派、工商联、无党派人士及各人民团体的联系。依法推进政务公开。充分发挥市科技、法律顾问团作用，问政于民、问计于民，确保各项决策更加符合实际，更加符合人民群众的意愿。

(二)提高公共服务能力　坚持以人为本，加快政府职能转变，强化为民服务意识，增强为民办事能力。进一步加强行政效能建设，认真落实首问责任制、服务承诺制、限时办结制和责任追究制，全面推进“两集中、两到位”，健全完善基层便民服务网络，积极主动地帮助企业，满腔热情地服务群众。特别要下大力气推进民生工程，把更多的财力倾斜到改善民生和公务服务上。

(三)提高行政执行能力　大力弘扬和倡导“四个特别”的作风，健全决策部署执行情况定期检查、专项督查制度以及纪律保障机制，确保政令畅通、执行有力有效。深入推进政府绩效管理，探索建立新的评价机制。切实改进会风、文风，严格控制检查评比、表彰奖励和会展节庆活动。各级干部特别是领导干部要腾出更多的精力下基层、抓落实，力戒官僚主义、形式主义和衙门习气。

(四)提高拒腐防变能力　坚持标本兼治、综合治理、惩防并举、注重预防的方针，进一步完善惩治和预防腐败体系。紧密围绕腐败易发多发的重点领域和关键环节，抓好制度建设，努力从源头上堵塞滋生腐败的漏洞。继续加大对中央宏观调控政策措施落实情况、财政资金、灾后重建、民生工程及专项资金的审计力度。着力在领导干部中树立法律面前人人平等、制度面前没有特权、制度约束没有例外的意识，坚决查处违法违纪行为。大力倡导“想干事、能干事、干成事、不出事”的理念，全体政府工作人员要自觉勤政廉政、自警自励，做遵纪守法的模范、廉洁奉公的表率。

各位代表！面对人民的期待，展望达州发展的美好未来，我们信心百倍、豪情满怀。让我们更加紧密地团结在以胡锦涛同志为总书记的党中央周围，高举中国特色社会主义伟大旗帜，深入贯彻落实科学发展观，在省委、省政府和市委的领导下，脚踏实地，锐意进取，为全面实现“十一五”规划目标、开创达州更加美好的明天而努力奋斗！

名词解释和说明

1. 藏区“9+3”免费职业教育：是指藏区学生在藏区完成九年义务教育后，再到内地中职学校免费就读三年职业教育。

2. “健康快车”：是国家卫生扶贫项目之一，主要为老、少、边、贫地区生活困难的白内障患者免费实施复明手术。

3. “大调解”：是指由党委、政府统一领导，政法综治机构综合协调，司法行政、政府法制部门和人民法院分别牵头，有关部门各司其职，社会力量广泛参与，人民调解、行政调解、司法调解既充分发挥作用，又相互衔接配合的工作体系。

4. 规范性文件“三统一”：是指各行政机关制定规范性文件，必须经同级政府法制部门统一登记、统一编号、统一发布。

5. “农超”对接：是指通过现代流通方式，推进鲜活农产品“超市+专业合作社+农户”的供应链模式。

6. BOT：是英文“建设—运营—移交”的缩写。是指政府通过契约授予私营企业(包括外国企业)以一定期限的特许专营权，许可其融资建设和经营特定的公用基础设施，并准许其通过向用户收取费用或出售产品以清偿贷款，回收投资并赚取利润；特许权期限届满时，该基础设施无偿移交给政府。

7. 小微企业：是指小型企业和微型企业。

8. 五大科技专项：是指硫化工、苎麻产业化、中药现代化、农产品精深加工、节能减排科技专项。

9.“1483”战略：“1”即：实现一个目标，争取用两年时间完成三年城乡环境综合治理目标任务；“4”即：坚持清洁化、秩序化、优美化、制度化“四化”标准；“8”即：做好八个结合。与民生工程相结合，与“三化”联动相结合，与创建国家卫生城市、省环保模范城市、省园林城市、省级森林城市、省文明城市工作先进城市相结合，与社会主义新农村建设相结合；“3”即：实现三个提升。全面提升城乡环境基础设施水平、城乡建设和管理水平、城乡居民卫生文明素质和道德修养。

10. 低碳产业：是指以低能耗低污染为基础的产业。

11.“四改”：改水、改厨、改厕、改圈。

12.“一极、一轴、一区块”：省政府对成渝经济区四川部分建设提出了“一极一轴一区块”的总体区域发展格局：“一极”，即成都都市圈增长极；“一轴”，即成渝通道发展轴；“一区块”，即环渝腹地区块，包括达州全市，以及广安、泸州、资阳、内江和遂宁部分县（市、区）。

13.“七类职教学生”：是指具有全日制中职正式学籍的在校一、二年级城镇低保、农村特困、库区移民、扶贫易地安置家庭的子女及退伍士兵、孤残学生等6类学生和藏区到达州市就读的在校一、二年级中职学生。

14. 基本药物制度：是指以国家的名义，统一发布基本药物目录（范围、品种），指定相应的药品生产企业生产相应的药品品种和数量，下达生产指标和任务，保障药品的质量和安全。

15.“四个特别”：特别讲大局、特别讲付出、特别讲实干、特别讲纪律。

“5·12”汶川特大地震达州市抗震救灾综述

一、灾情

5月12日14时28分，四川省阿坝州汶川县发生8.0级特大地震。受此次地震波及，市域通川区、达县、大竹、开江、渠县、宣汉、万源市7县（市、区）均有强烈震感，给人民群众生命财产造成一定损失。据统计，全市受灾乡镇302个，受灾人口58.94万人，临时转移安置69 526人，因灾死亡4人、受伤74人；房屋垮塌4 304间、受损40 907间，其中学校校舍垮塌84间、造成危房5 255间；损坏人饮工程859处、堡坎3 272米、河堤8 068米；损坏电力和通讯电杆365根、光缆线（含电线）99 335米、通讯基站6个；毁坏国、省道公路21公里、县乡公路121.7公里、便民桥103座、桥梁154座、港口（码头）6座、汽车站点6座；部分企业因灾停产。直接经济损失149 711万元。

二、应急措施

震情发生后，市委、市政府紧急启动救灾应急预案，及时成立以市委书记、市人大常委会主任李向志为指挥长的抗震救灾指挥部，对全市抗震救灾工作实行集中统一指挥，要求各级各部门务必把抗震救灾作为当前的首要任务，各级领导干部务必坚守岗位，建立健全领导干部24小时值班带班制度，取消一切与抗震救灾无关的会议和活动，全力投入抗震救灾。为确保应急指挥有效运转，指挥部在通讯设施遭受破坏，正常通讯难以保障的情况下，依托公安系统的应急通讯平台实施指挥调度，并紧急购置发电保障装置和配套设备，建立以市为中心、覆盖7县（市、区）的应急通讯保障系统。为确保应急指挥科学实施，指挥部坚持每天召开一次成员会议，会商相关情况，落实下步措施；遇有重大情况，及时会商研究。震情发生后，全市各级各部门特别是广大党员干部迅速行动，按照指挥部的统一安排部署展开抗震救灾工作。

震情发生后，市委、市政府坚持群众生命高于一切，把保护群众生命安全作为第一任务和第一责任。市抗震救灾指挥部在第一时间向学校、医院、敬老院、建筑工地、矿山企业和公众聚集场所发出疏散转移指令。各级干部迅速奔赴需要疏散转移的重点区域，组织指导疏散转移工作。全市共疏散转移各类人员7.5万人，其中学生2.3万人、病员1.5万人、建筑及工矿企业工人1.1万人、敬老院入住对象0.6万人。在疏散转移中，无一人伤亡。5月12日下午和晚上，市抗震救灾指挥部相继发出学生临时停课、煤矿企业和非煤矿山洞采企业以及建筑企业临时停工的指令。5月13日开始，把工作重点转到应对次生灾害发生、防范新的伤亡事故上。组织安监、建设、交通、水利、教育等部门在全市范围内开展拉网式安全隐患排查，共排查各类桥梁隧洞2 271座、水库393座、车站103座、码头129个、学校3 201所、企业490家、商场280家，及时消除安全隐患530处。派出2 300余名干部、800余名专业技术人员对学校、医院、商场等公众场所和病险水库、危房危桥、地质灾害易发地段等重点部位以及各类异常现象和灾后疫病的监测预警。进一步完善各项应急预案，强化各类应急物资储备，增强灾害应急管理能力，确保一旦发生险情，能有序、有力、有效处置。同时，市抗震救灾指挥部向受灾群众紧急调运并发放饮用水15 000件、方便面3 000件、棉被1 000床、帐篷1 000顶，以确保受灾群众有饭吃、有水喝、有衣穿、有住处、有医疗。

震情发生后，市委、市政府全力维护正常社会秩序。李向志等市领导及时深入学校、医院、车站、码头等重点部位和避险群众主要聚集区，看望慰问群众，宣传避灾知识，稳定群众情绪。市抗震救灾指挥部紧急印制地震知识宣传资料5万余份分发到群众手中，并通过电视、广播、网络、报刊、电子屏幕、手机短信、宣传车等渠道广泛宣传。针对地震灾害发生后部分群众产生的恐惧心理，加强对灾害信息的发布。先后发布灾害权威信息公告4期，其中通过手机短信发布受众1 329万人（次），通过广播电视发布受众1 231万人（次），通过宣传车和宣传员发布受众620万人（次）。确保了广大群众及时获悉权威信息，有效遏制了各类谣言的散布传播。特别是5月14日，社会传言达州及周边地区发生系列异常现象，即将发生大地震而引发大范围群众恐慌。指挥部及时联系国家及省上专家赶赴达州，现场观测研判，科学分析地震灾害的影响及发展趋势。15日18时，向社会公布专家会商意见，在最短时间内最大限度地消除了群众恐慌情绪。5月19日，市政府办公室发出《关于公布“5·12”地震受灾群众求救电话的紧急通知》。同时，市抗震救灾指挥部组织公安、武警及万余名义务治安巡逻员，加强交通疏导和治安防控。对利用网络和手机短信制造混乱，传播灾害谣言的2名当事人依法严肃处理。其间，全市未发生一起刑事案件，治安案件同比下降23%。并实行城市公交车辆24小时开通，保障水、电、气的正常供应和群众基本生活物资的充足供应和价格稳定。

三、支援灾区

震情发生后，市委、市政府迅速作出“无灾帮有灾、轻灾帮重灾”的安排部署，要求全市各级各部门做好重灾地区的救援保障工作。全市上下广泛开展各种援助活动，并从医疗、卫生、环保、公安、武警、消防、交通等部门抽调人员，组成抗震救灾队伍奔赴灾区，与灾区人民一道救灾。

5月12日晚，达州50名医务人员组成7支医疗队、2支卫生防疫队赶赴什邡市和青川县。5月13日，安排资金200万元，派出5个慰问组，调集灾区急需的食品、药品、矿泉水、帐篷、彩条布等物资5批次运往成都、德阳、绵阳、阿坝、广元等地。随后，又调集公安、武警、消防官兵600多人和民兵预备役人员1 600多人，征集矿山救护队2支40人，调集运政人员92名、驾驶员和修理工620名、救援车辆537台，赶赴重灾区参与抢险救灾工作。

达州军分区迅速集结1 300多名指战员，以最快的速度奔赴重灾区，第一时间投入抢险救援，争分夺秒搜救群众、转移人员、抢运物资。先后转移安置受灾群众3万余人，转运物资5万多吨，搭建活动板房1 200余间，防疫消杀3万多平方米，现场实施手术和抢救危重病人近400人，包扎轻伤病人1 200人次。

武警达州支队抗震救灾官兵自13日赶赴漩口镇后，先后担负水泥厂、锂盐厂、集镇等8个村重灾区域的搜救清理搬运和重建家园的艰巨任务，参战官兵先后运送轻、重伤员、抢救转移群众5 000余人；转移现金150万、有价证券5 000万；抢救贵重物品400余件；运送物资500余吨，搭建帐篷3 000余顶；平整活动板房场地5 200平方米，抢修道路20余公里。

达州矿山(危化)救援大队13日早上7时,20名救援人员赴绵阳市安县重灾区。13时30分到达安县,14时赶到安县重灾区之一的高川乡进行探险救援。援现场后,救援人员一是查清灾区灾情;二是对伤员进行现场救助;三是引导灾民脱离灾区。该队引导380余名受灾群众撤离,从废墟解救出21人,现场救治安置伤员150余名,转运危重伤员67名,协助掩埋遇难者遗体23具。

并继续组织、调运救灾物资和救灾资金到重灾区,鼓励食品、饮水、药品、彩条布、水泥、钢材等生产企业开足马力满负荷生产,全力确保灾区物资需要。截至6月底,全市向地震重灾区派出各类抢险救援人员5 300余人,调集车辆580余台,运送水泥等物资2 800余吨,水、面、奶等5 400余件,机械23套,资金7 200余万元。

四、捐赠活动

社会捐赠　5月13日,市委、市政府发出向汶川地震灾区献爱心捐赠公告,举行市级各部门向汶川地震灾区送温暖捐赠启动仪式。市委、市人大、市政府、市政协、达州军分区领导和市级各部门领导班子成员踊跃捐赠,现场共收到捐款8万多元。市慈善会、市红十字会在达州日报、达州电视台等新闻媒体发出《抗震救灾募捐倡议书》,各级各部门采取召开会议,利用广播电视、网络等手段,倡导向地震灾区捐款捐物,营造出众志成城支援灾区的浓厚氛围。

达州是个多灾之地,自2004年来连续遭受特大自然灾害的袭击,特别是“9·3”、“7·8”特大洪灾发生后,全国各地给予无私援助,帮助达州人民渡过了难关。对此,650万达州人一直铭记在心。尽管达州经济欠发达,但面对汶川特大地震,达州人民感同身受,慷慨解囊,社会各界爱心空前凝聚,捐赠热情空前高涨,场面十分动人。在捐赠人群中,既有捐出压岁钱的幼童,又有捐出养老钱的耄耋老人,有领导机关干部、有普通市民,有民营企业主、有个体工商户,有失业下岗人员,有城乡低保户、有学生,有受灾户、有打工者、有拾荒者。达城二马路街道一位80多岁的老妇,把一天拾荒所挣的3元钱,双手交给捐赠接收人。万源市石窝乡罗家庵村八组村民向登光,搀扶着71岁的母亲到万源市政府,把近年打工的10万元积蓄捐给地震灾区。据统计,全市有70%以上的群众参与爱心捐助活动。短短几个月时间内,全市募捐资金就超过近几年慈善募捐资金的总和。

截至5月19日,全市慈善会、红十字会募集资金2 601万元、物资折币128万元,其中慈善会募集2 221万元、红十字会募集380万元。捐献矿泉水15 600多件、方便面8 800多件、牛奶1 000多件、大米350吨。

截至6月20日,全市累计接受捐赠资金7 087.95万元,其中:慈善总会5 838.92万,红十字会790.58万元,其他单位458.45万元;粮食186.3吨、食品7 073箱(件)、彩条布6 000平方米、饮用水3 898箱(件)。

截至8月18日,共收到捐赠资金7 886.08万元,捐赠物资价值266.29万元,捐赠款物合计8 152.38万元。

截至9月底,全市共接收捐赠资金8 474.59万元,其中:省级拨入981.02万元,本市各级接收省内捐赠7 388.57万元(慈善会6 038.45万元,红十字会765.43万元,行政事业单位409.43万元,群团组织175.26万元),接收外省捐赠105万元。

5月13日,市委、市政府领导率几百名市级机关干部为地震灾区人民无偿献血。市政中心献血车前排着长长的队伍,市级机关干部一一验血、献血。据统计,当天献血者296名,共献血9万多毫升。自13日起,市中心血站分别在南城、中心广场、西外新区等地接受市民献血,采血点前排起长龙,献血者络绎不绝。至5月19日,全市献血15万毫升,至5月22日,该站血库爆满,故发布公告暂停献血。

特殊党费　5月18日,中共中央组织部关于尊重和鼓励党员自愿交纳抗震救灾“特殊党费”的通知发出后,达州市广大党员积极交纳“特殊党费”支援灾区。

5月23日,市委、市政府领导以一名普通党员身份带头交纳“特殊党费”。随后,市委、市人大、市政府、市政协等机关的党员干部纷纷交纳“特殊党费”。市委组织部58名党员交纳“特殊党费”54 900元。达县县委常委15名党员交纳“特殊党费”37 600元。渠县11名县委常委,23名县级党员领导干部共交纳“特殊党费”58 416元。万源市官渡镇7个村(社区)的党支部书记、副书记、村主任交纳“特殊党费”均在1 000元以上。

全市企业界中的党员把“特殊党费”的交纳作为社会道义和责任广为传递。达钢党委组织公司837

名党员交纳“特殊党费”23.303万元。四川迅海防爆机械有限公司党支部书记朱迅交纳5 000元“特殊党费”，四川川环橡胶党支部书记文谟统交纳“特殊党费”5万元。达县松升矿产有限责任公司老党员徐修松专程赶到达县县委组织部交纳“特殊党费”2万元。达县非公企业美好企业集团有限公司26名党员交纳“特殊党费”1 020元。

万源市蜂桶乡新房子村83岁的党员邓友富，拄着拐杖，在子女的搀扶下，到离家3公里的乡党委，交纳50元“特殊党费”。

退休老党员杨学帆妻子患脑溢血卧病在床已8年，家里经济十分困难，他也到达州市委组织部交100元“特殊党费”。

达县66岁的老党员李学民，左眼残疾，生活困难，把卖粮食所得的50元钱作为“特殊党费”交给组织。

1张面值10元、4张面值1元、8张面值5角、20张面值1角组成的皱皱巴巴的20元钱，是达县东兴乡兴社村69岁的右下肢偏瘫女党员伏正玉交纳的“特殊党费”。

万源市70多岁的老党员付朝定，中风卧床多年，全靠政府低保救济生活，在看到电视台播出的交纳“特殊党费”通知后，委托家人把50元“特殊党费”交到竹峪镇党委。

被群众称作“舍肾忘死”修路的“铁支书”——大竹县庙坝镇长乐、华山联合党支部书记杨帮武，从自己的医疗费中挤出500元，以“特殊党费”的形式捐献给灾区。

渠县91岁高龄的老红军任章义，拄着拐杖搭乘公共汽车辗转50多公里来到县城，把1 300元“特殊党费”交给党组织。

达县青宁乡岩门村，22名党员交纳“特殊党费”980元。村支部书记李隆富说：“去年我们岩门村遭受特大地质滑坡灾害，全国人民帮助我们重建家园。现在我们村全体党员应该交纳‘特殊党费’支援灾区。”

渠县青年农民、预备党员杨兴兵，两次捐献3 000元后，得知交纳“特殊党费”的消息，又交纳2 000元“特殊党费”。

截至7月18日，全市共收到166 321名党员缴纳的特殊党费14 944 804.58元。其中：缴纳千元以上“特殊党费”的党员3 668人。

款物管理　为管理和使用好社会各界的捐赠款物，全市对捐赠活动的开展逐一规范。市委、市政府先后制发《达州市人民政府办公室关于加强向地震灾区捐赠款物管理的紧急通知》（达市府办〔2008〕26号）和《达州市人民政府办公室关于进一步规范向地震灾区捐赠活动的紧急通知》（达市府办〔2008〕221号），明确规定：市政府对各地、各部门募集的救灾捐赠款物实行尊重捐赠者意愿下的全市集中统一管理，各县（市、区）慈善会和市级和部门组织的捐赠统一存入市慈善会账户，对无捐赠意愿的款物由市委、市政府统一组织送住地震灾区，对定向捐赠的，尊重捐赠人意愿，签订《定向捐赠协议书》，在送往地震灾区时予以明确；全市救灾捐赠工作统一由民政部门负责组织管理，救灾捐赠活动日常工作由慈善会和红十字会具体承担，其他单位、社会组织开展的义演、义赛、义卖等大型救灾捐赠和募捐活动举办单位应当同民政部门取得联系，与慈善会或红十字会联合举办，募集善款存入慈善会或红十字会账户。并对各级各部门的职能职责及捐赠活动开展的原则、程序、责任追究等内容逐一明确。

为保护捐赠者的积极性，规范捐赠活动，确保捐赠资金安全，市民政局、市监察局联合下发《关于加强抗震救灾捐赠资金物资监督管理工作的通知》（达市民发〔2008〕132号），要求各地按法律、法规和政策的规定接收和管理捐赠款物，主动接受监察民政、审计等部门的监督，规定：“对严重违反救灾捐赠款物管理使用的，分别采取组织处理、追究政纪、党纪责任、移送司法机关处理等措施进行责任追究。对于情节较轻的，可采取责令改正、给予口头警告，责令作出书面检查，取消评先评优资格，通报批评，诫勉谈话等五种办法进行责任追究”。针对捐赠活动中存在的问题，审计部门就捐赠票据管理、定向捐赠行为规范、捐赠资金支出行为规范、整合资金搞好对口援建、救灾资金拨付等事项向市委、市政府及时提出工作建议，得到市委、市政府的高度重视，下发《中共达州市委办公室、达州市人民政府办公室关于加强抗震救灾捐赠资金管理的意见》（达市委办发〔2008〕81号），对救灾捐赠资金的范围界定、安排使用、监督管理等各项内容、环节及资金使用顺序等逐一明确和规范。

为方便群众捐赠，市、县（市、区）慈善会、红十字会在人员集中场所设立509个捐赠工作接收站点，共组织135名干部、380余名志愿者为各界捐赠提供24小时捐赠服务。

在捐赠工作中，把公开透明始终贯穿于抗震救灾捐赠工作全过程，自觉接受各方监督。所有从事款物捐赠工作的民政局、慈善会和红十字会的工作人员及志愿者均实行佩证上岗，证上印有照片及单位、姓名等，并公布捐赠工作投诉电话，规范工作人员言行，增强民政部门和慈善会的公信度。注重程序规范，救灾捐赠资金坚持"专账专户管理，封闭运行"，严格按照"民政建议，与财政会商，报政府审批"的程序分配，款物管理、运行做到专账管理、专人负责，账务明晰、帐款（物）相符，分配有据、使用有序，运行安全、落实到位。坚持事务公开，在每个集中捐赠点均实行捐赠实名公示制度，对捐赠者的姓名、金额等进行登记和公示，在市、（县、市、区）电视台每天对捐赠款物接收情况进行滚动播放，市慈善会和红十字会还在市长热线举办的"凤凰山下"论坛"献计献策"版和达州日报、达州晚报对捐赠款物接收、分配、使用等情况进行公示，自觉接受社会各界监督，确保捐赠款物的透明运行。

为强化救灾款物监管，市、县（市、区）两级纪检监察、财政、审计部门对救灾资金物资的接收、管理、调运、分配、使用等情况进行全程追踪、督查，先后对抗震救灾捐赠款物接收及使用情况进行审计、检查，均无违法、违纪现象发生。

五、对口支援

6月17日，省委、省政府确定达州市对口支援绵阳市游仙区一个重灾乡镇的灾后恢复重建工作。20日，绵阳市游仙区确定达州市对口支援魏城镇灾后恢复重建。

游仙区魏城镇是全国小城镇建设示范镇，面积97平方公里，总人口43 761人。"5·12"特大地震给该镇造成重大人员伤亡和巨额财产损失，直接经济损失17.1亿元，全镇4.1万余人受灾，24人遇难，1.3万余户房屋倒塌或成为危房，卫生、教育、交通、道路、农业水利等公益或基础性设施损毁严重。

6月21日，李向志、何健带队抵达魏城镇实地了解灾情，并就对口支援工作作进一步衔接。25日，达州市对口支援办在魏城镇挂牌办公，市政府副秘书长、救灾办主任、对口支援办主任邓耀军等到达魏城镇开展先期工作。26日，达州市成立对口支援魏城镇灾后恢复重建工作领导小组，李向志、何健任组长，杨钢、何平任副组长，7个县（市、区）委书记和市发改委、市经委等20个市级部门负责人为成员。下设办公室和房屋恢复重建组、医疗卫生恢复重建组、教育设施恢复重建组、教育设施恢复重建组、农业生产恢复重建组、基础设施恢复重建组等五个工作组。30日至7月1日，首批7个对口支援项目敲定：魏城镇灾后重建总体规划和控制性详规及灾后房屋鉴定、关帝村灾后村民集中安置点规划设计及基础设施配套建设、魏城镇一号干道规划设计及建设、魏城中学学生食堂规划设计及建设、花庙、青林等10个村卫生站规划设计及建设、魏城镇敬老院规划设计及重建、灾后农业生产恢复及种子、农药、农膜、农机具支援。

至2008年底，达州累计投资2 300余万元对口支援魏城镇地震灾后恢复重建。

10月21日，魏城一号干道竣工。该干道为双向4车道，全长493米，宽3米。工程总投资750万元，从7月15日动工到10月21日全面竣工，仅用100天。这条路被当地群众称为"达州大道"。

先期启动的援建项目：魏城中学食堂，建筑面积1 629平方米，投资200万元，8度设防三层全现浇框架结构；省一级标准魏城敬老院，建筑面积2 500平方米，投资360万元，可容纳100名老人生活起居；达州·关帝新村安置点基础设施建设，投资500万元，在村内修建长2 500米的两条环线道路，可容纳120余户灾民集中建房，均如期竣工并交付受灾群众使用。

除项目建设外，对口支教，达州教育部门共为魏城送去价值37.2万元的教学设备，并选派3名优秀教师赴魏城支教；对口支农，达州先后派遣50余名技术人员到魏城开展农业项目规划和技术咨询，并购买化肥266吨、总价值达20万元；对口支医，由达州投资100万元建10个标准化村卫生站资金全部到位。

统计公报

达州市2008年国民经济和社会发展统计公报

达州市统计局　国家统计局达州调查队

（2009年2月）

2008年，面对历史罕见的低温雨雪冰冻、汶川特大地震等自然灾害和严峻复杂的国际国内经济形势，全市人民在市委、市政府的正确领导下，深入贯彻落实科学发展观，紧紧围绕“三大目标”和“三大任务”，加大城乡互动发展的统筹力度，扎实推进社会主义新农村建设，大力实施“工业强市”战略，加强资源节约和环境保护，努力化解经济运行中的突出矛盾和问题，全市经济社会发展取得了新的成绩。

一、综合

国民经济继续保持较快发展势头，经济总量跃上600亿元新台阶，产业结构进一步优化。初步测算，全年全市地区生产总值(GDP)603.99亿元，比上年(下同)增长14.1%，经济总量继2007年突破500

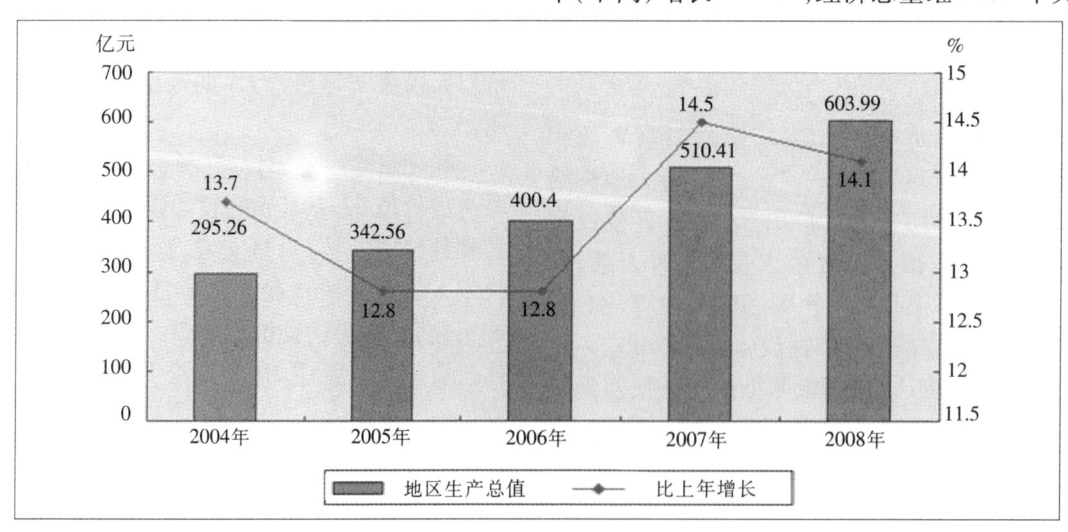

图1　2004～2008年地区生产总值及增长速度

亿元大关之后再上600亿元新台阶。三、次产业协调发展共同推动全市经济快速增长,第一产业实现增加值185.01亿元,增长3.2%;第二产业实现增加值245.72亿元,增长23.7%;第三产业实现增加值173.26亿元,增长11.3%。三、次产业对经济增长的贡献率分别为6.4%、69%和24.6%,分别拉动GDP增长0.9、9.7和3.5个百分点。从需求的角度看,"三驾马车"中总消费和总投资对GDP增长的贡献率分别为37.2%和63.1%。人均GDP 10 580元,增长13.8%,折合为1 550美元;三次产业结构比为30.6∶40.7∶28.7。

民营经济加快。全年民营经济增加值323.76亿元,增长17.1%,占GDP的53.6%,对GDP增长的贡献率为64.8%。

市场物价平稳回落。通过宏观政策的有效调控,抑制了居民消费价格由食品价格的结构性上涨向通胀的转变,确保了物价的平稳增长。全年居民消费价格(CPI)总水平比上年上涨4.7%。其中,消费品价格指数上涨5.7%,服务项目价格指数上涨0.7%,非食品价格指数上涨0.3%。在消费品中,食品类上涨12.0%,居住类上涨6.1%,家庭设备用品及维修服务类上涨4.6%,烟酒及用品类上涨3.0%,医疗保健和个人用品类上涨0.2%,衣着类下降1.6%,交通和通信类下降1.7%,娱乐教育文化用品及服务类下降2.0%。

在食品类中,油脂类涨幅最大,达25.0%,其中食用植物油上涨27%;肉禽及其制品上涨22.0%,其中猪肉价格上涨30%;液体乳及乳制品上涨17.9%;其他食品上涨15.2%;糕点饼干上涨12.7%;茶及饮料上涨1.4%;干豆类及豆制品上涨11.8%;而居民最为关注的粮食类价格上涨幅度相对较低,为9.5%。

国民经济和社会发展中存在的主要问题是:农业基础仍不稳固,产业化水平还较低,农民增收面临更多困难;金融危机引发全球实体经济持续回落,电力需求下滑,部分工业企业生产面临更多困难;就业再就业压力加大;经济发展的资源环境约束加剧,节能降耗压力增大等。

二、农业

农业生产呈恢复性增产,农村经济运行比较平稳。

种植业结构小幅调整。全年粮食作物种植面积56.47万公顷,比上年减少0.11万公顷,其中小麦种植面积7.98万公顷,减0.8%;水稻17.13万公顷,增0.4%;玉米8.62万公顷,增2.3%;薯类16.10万公顷,增4.3%;油料种植面积12.06万公顷,增5.3%;蔬菜种植面积8.08万公顷,增3.6%。

粮油生产呈恢复性增长。全年粮食产量289.60万吨,比上年增产12.59万吨,增长4.5%(见表1)。

表1 2008年主要农产品产量 (单位:万吨)

产品名称	绝对数	比上年增减(+、-)%
粮食	296.11	2.3
水稻	122.13	2.1
玉米	61.96	4.1
薯类	66.54	1.1
油料	28.77	1.1
油菜子	24.69	1.3
麻类	6.20	-2.4
水果	25.16	3.3
蔬菜	263.81	5.3

养殖业发展有所好转,养殖结构小幅调整。全年畜牧业总产值160.61亿元,增长2.9%,畜牧业产值比重52.5%;全年肉类总产量达66.99万吨(农业普查对2007年基数有所调整),增长2.9%。其中猪、牛、羊肉产量分别达到44.50万吨、6.15万吨和2.43万吨,分别增长2.2%、4.0%和0.2%。牛奶产量13 888吨,增长36.7%。全年水产品产量达9.14万吨,增长6.6%。

林业生产持续发展。全年完成营造林面积1.85万公顷,其中人工造林面积0.25万公顷。年末森林覆盖率38.43%,与上年持平。

农业生产条件继续改善。全年新增农田有效灌溉面积3.67万亩,年末有效灌溉面积达128万亩。

全年整治病险水库62座,新建微水工程7 298处,解决20.7万人饮水安全问题。年末农业机械总动力155.56万千瓦,增长9.7%。全年农村用电量6.43亿千瓦时,增长4.4%。

三、工业和建筑业

“工业强市”战略成效突出，工业整体实力大幅增强。全年全部工业增加值205.21亿元，增长28.5%，对经济增长的贡献率达到65.1%。其中398户规模以上工业企业增加值194.13亿元，增长30.0%（见表2）。完成销售产值566.38亿元，增长50.1%；产销率100.1%，提高0.3个百分点；实现新产品产值145.72亿元，增长106.3%。

表2 2008年规模以上工业增加值主要分类情况 （单位:亿元）

指　标	绝对数	比上年增减(+、-)%
工业增加值	194.13	30.0
其中:国有工业	11.40	8.8
集体工业	2.50	70.4
股份制企业	156.98	29.8
外商及港澳台投资企业	1.15	15.8
其中:轻工业	38.35	29.8
重工业	155.78	30.1
其中:冶金工业	35.85	17.6
煤炭采选业	71.45	37.7
水电气生产和供应业	9.80	9.2
食品及饮料工业	21.99	20.9
纺织及化纤业	9.53	39.8
化工工业	7.43	5.1
建材工业	17.28	51.7
机电工业	12.32	50.8

主要原材料生产增长迅速。全年黑色金属冶炼及压延加工业增加值增长17.6%,非金属矿物制品业增长51.7%。分产品看,钢产量增长1.1%;钢材产量下降2.9%;水泥产量增长2.2%。

表3 2008年规模以上工业企业主要工业产品产量

产品名称	单　位	绝对数	比上年增长%
布	万米	7 839	99.5
白酒	千升	13 279	0.4
农用车	辆	5 680	-1.4
焦炭	万吨	158	1.0
生铁	万吨	206	2.6
粗钢	万吨	202	1.1
钢材	万吨	199	-2.9
原煤	万吨	1 177	-8.9
水泥	万吨	452	2.2

工业经济效益大幅度提高。规模以上工业企业实现利润总额15.07亿元,增长33.7%;实现利税32.53亿元,增长37.5%。综合经济效益指数273.79,比上年提高35.95点。成长型企业经济效益稳步提高。全市32户成长型企业实现销售收入201.8亿元,增长28.87%;实现利润4.3亿元,下降12.24%,占全市工业利润的28.53%;实现利税12.48亿元,增长1.38%,占全市工业利税的38.36%。

建筑业保持较快发展。全年全社会建筑业实现增加值40.50亿元,增长4.7%。全市有资质等级的建筑企业实现利润5.05亿元,增长52.5%。

四、固定资产投资

固定资产投资继续保持强劲增长。全社会固定资产投资完成额418.73亿元,增长36.6%。(见表4)。

表4 2008年固定资产投资情况

指 标	绝对数	比上年增长 %
全社会固定资产投资	418.73	36.6
其中:500万元以上投资	359.59	45.6
其中:城镇投资	376.24	44.9
农村投资	42.49	-9.3
其中:基本建设投资	265.73	43.9
更新改造投资	93.86	50.7
房地产开发投资	42.22	6.8
在城镇投资中		
第一产业投资	50.66	-0.7
第二产业投资	225.87	37.2
第三产业投资	142.20	56.4

房地产开发投资稳定增长。房地产开发经营企业130家,开发项目200个,完成投资42.22亿元,增长6.8%。全年商品房施工面积829.05万平方米,增长23.6%;商品房竣工面积152.45万平方米,增长8.0%;商品房现房销售面积155.95万平方米,下降24.5%;年末商品房空置面积25.81万平方米,增长83.3%。

主要生产能力明显增强。新增原煤开采能力181万吨/年;洗煤128万吨/年;水力发电5.8万千瓦;火力发电60万千瓦;水泥160万吨/年;改扩建公路143公里;各类学生席位6 550个,建筑面积24 200平方米;城市污水处理能力2.5万吨/日。全年建成投产项目652个,项目建成投产率57.8%,新增固定资产225.8亿元。年内建成上亿元投资项目就有7个:国电达州2×300兆瓦机组工程、普光气田供电工程、石河天然气净化厂工程、813管道建设、柏杨溪水电站、高观寨旅游开发项目、达州高速公路汽车站等一批重点骨干项目。

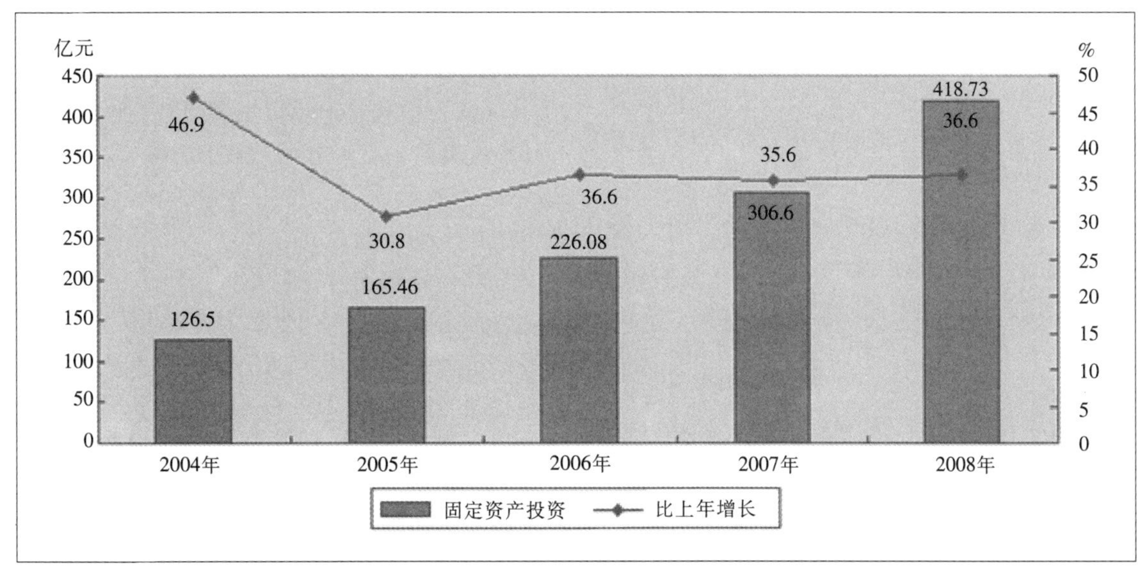

图2 2004~2008年固定资产投资及增长速度

五、国内贸易和对外经济

消费品市场活跃兴旺。全年社会消费品零售总额达到212.30亿元,增长21.2%,创历史新高。

城镇市场继续领先农村市场。城镇市场完成消费品零售额117.24亿元,增长21.2%,增幅比农村高0.1个百分点。

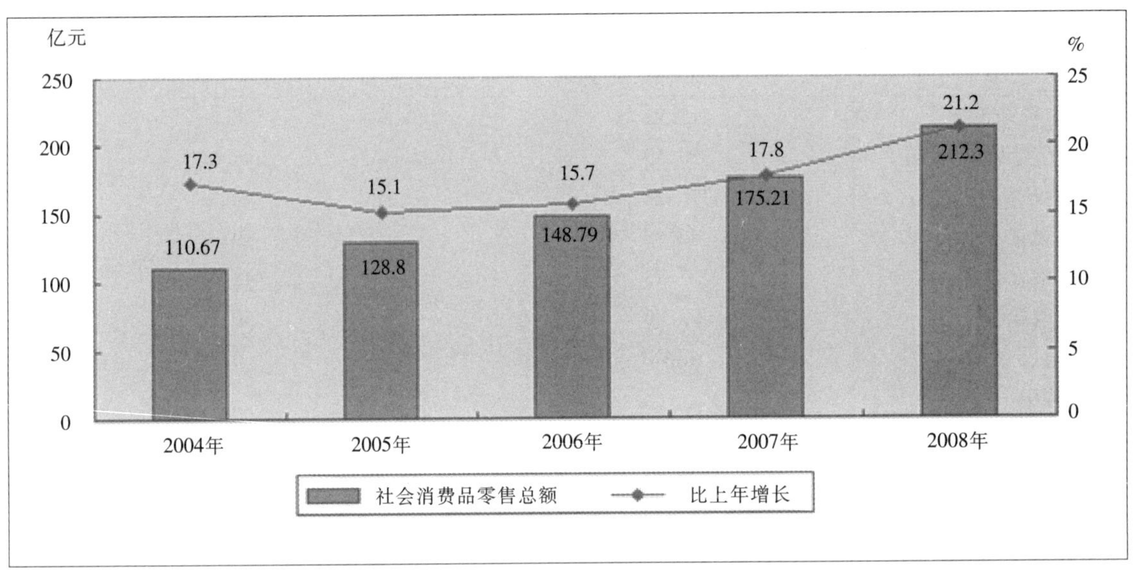

图3　2004～2008年消费品零售总额及增长速度

批发零售贸易业在国内贸易市场中仍然占主导地位,居民消费以商品性消费为主。全市实现批发零售额182.61亿元,占社会消费品零售额的86.2%。

非公有制经济发展迅猛。个体私营经济零售额127.68亿元,增长20.7%,比全市平均水平高0.5个百分点,占全市零售总额的比重60.1%。

市场热点不断,消费结构有所升级。2008年限额以上商贸企业销售增幅较高的类别有:食品饮料烟酒类增长21.2%,日用品类增长33.3%,化妆品类增长48.2%,体育娱乐用品类增长16.8%,服装鞋帽针纺类增长1.1倍。

市场建设取得新成效,塔坨农贸市场二期工程等一些较大型的商品市场相继竣工并投入营运,有力地促进了全市现代流通业的发展。

出口创汇较快增长。全年出口创汇4 558万美元,增长44.2%。

招商引资实现新突破。全年招商引资到位资金188.80亿元,增长58.3%。

六、交通、邮电和旅游

2008年末,全市境内公路总里程14 866公里,其中,高速公路113.467公里,高等级公路(含一至四级公路)10 115公里。公路和水运全年完成货物周转量19.83亿吨公里,增长13.3%;旅客周转量26.26亿人公里,增长2.9%。全年邮电通讯业务总收入17.91亿元,增长8.2%。年末固定电话用户达到72.32万户。年末移动电话用户达到153.74万户。年末全市固定及移动电话普及率34.4部/百人。互联网用户10.95万户。

旅游业稳步发展。年末全市共有国家2A级以上旅游风景区6处,省级地质公园2个,星级宾馆饭店14个。全年共接待国内游客834.29万人次。旅游总收入30.50亿元,增长8.2%。

七、财政、金融和保险

财政收支快速增长。全年财政一般预算收入20.10亿元,增长26.9%,占GDP的比重由上年的3.10%提高到3.33%;财政支出104.42亿元,增长32.9%,对农业、教育、社会保障、环境保护、公共事业等的投入继续加大。

金融存贷款规模稳定扩大。年末全部金融机构各项存款余额634.35亿元,增长25.7%;其中城乡居民储蓄余额492.46亿元,增长25.9%。全部金融机构各项贷款余额219.83亿元,增长2.4%。个人消费贷款有所下降,全市个人消费贷款余额19.42亿元,减少6 982万元。

保险事业健康发展。全市有寿险机构11家,财险机构5家。全年各类保费收入32.34亿元,增长77.1%。其中,寿险保费收入28.17亿元,增长89.6%。财产险保费收入4.17亿元,增长22.3%。支付各类赔款及给付4.24亿元。其中,寿险业务给付2.1亿元,财产险赔款2.13亿元。

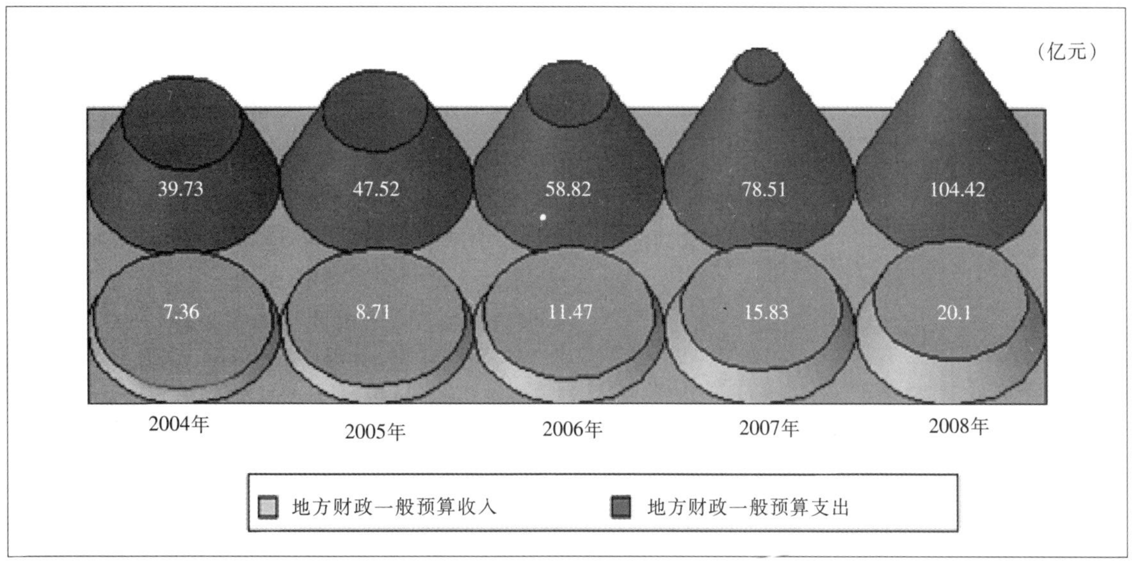

图4　2004～2008年地方财政一般预算收入和支出

八、教育和科学技术

教育事业发展较快。全市普通高等教育招生0.78万人,在校生1.84万人,毕业生0.49万人。各类中等职业教育招生3.64万人,在校生7.94万人,毕业生1.49万人。普通高中招生3.49万人,在校生9.15万人,毕业生2.92万人。初中招生10.54万人,在校生31.32万人,毕业生10.05万人。普通小学招生9.72万人,在校生58.08万人,毕业生10.66万人。特殊教育招生104人,在校生486人。幼儿园在园幼儿14.36万人。

科技创新、成果转化成效明显。2008年全市获省级以上科技进步奖2项,授予市级科技进步奖41个,实施省级以上重点科技项目25项,重新认定高新技术企业2家、创新型企业13家,组织申请专利7件,“科技活动周”、“科普活动月”、“金秋科技下乡”等科学技术普及活动全面展开。

九、文化、卫生和体育

文化广播事业发展加快,群众文化活动蓬勃开展。宣汉川东土家族薅草锣鼓、渠县刘氏竹编工艺、渠县三汇彩亭会入选国家第二批非物质文化遗产保护名录,“达州元九登高节”入选四川十大名节。年末全市共有文化馆8个,公共图书馆7个,博物馆(文管所)8个。完成广播电视村村通建设工程3 200套,新增有线电视用户6.4万户,广播、电视综合人口覆盖率分别达到94.3%和94.4%。全市有线电视用户93.6万户。年末全市共有档案馆7个,已开放各类档案19.83万卷。

卫生事业进一步加强,应对突发公共卫生事件应急机制逐步建立。新型农村合作医疗实现全覆盖,参合率95.2%。建社区卫生服务机构6个,改造乡镇卫生院7个,改扩建妇幼保健院5个。年末全市共有卫生机构4 641个(含个体诊所),其中医院、卫生院379个(不含非建制乡卫生院),妇幼保健院(所、站)8个。全市疾病预防控制中心(防疫站)7个,卫生执法监督所(局)8个。全市共有卫生技术人员15 041人,卫生机构病床数1.32万张。

体育事业全面发展。成功创建国家高水平体育后备人才基地、国家级全民健身活动中心。圆满承办全国女子排球联赛,成功举办市一运会。全年达州市运动健儿在全省各项比赛中共获得金牌11枚,银牌20枚,铜牌23枚。全年共向省优秀运动队输送运动员12名。

十、人口、人民生活、就业和社会保障

年末全市总人口为655.97万人,常住人口572.45万人。出生率为8.96‰,死亡率为5.98‰;自然增长率为2.98‰。

城镇居民收入稳步增加。全年城镇居民人均可支配收入9 748元,增加1 197元,增长14.0%,人均消费支出7 726元,增加971元,增长14.4%。其中,用于食品、衣着、医疗保健、家庭设备用品及服务等方面的费用增加较多:食品支出增长16.1%,衣着支出增长16.5%,家庭设备用品支出增长29.1%。城镇居民恩格尔系数(即居民家庭食品消费支出占家庭

消费总支出的比重)43.2%。

农民收入保持较快增长。农民人均纯收入4 096元,增收505元,增长14.1%,其中:工资性收入1 469元,增收120元,增长8.9%;家庭经营纯收入2 386元,增收319元,增15.4%。农民人均生活消费支出2 992元,增8.2%。其中,食品消费支出增7.5%,衣着消费支出增0.5%。农村居民恩格尔系数56.2%。

社会保障事业全面发展。2008年,“八项民生工程”深入推进,投入建设资金26.6亿元,75个分项目标全面完成。全年全市新增就业人员2.89万人,下岗失业人员和失地无业农民实现再就业1.56万人,“4050”人员实现再就业0.44万人。全市城镇基本养老保险覆盖人数46.9万人,比上年增加5.1万人;新型农村养老保险试点新增覆盖人数0.6万人。城镇、农村居民最低生活保障人数分别达到14.07和28.82万人,比上年分别增长4.6%和58.9%。农村五保集中供养率达到26.1%。

十一、节能减排与环境保护

节能减排与生态建设成效显著。全年化学需氧量、二氧化硫排放总量分别削减4.9%和12.2%,纳入省、市限期治理的19家重点污染企业和52家重点用能企业节能减排得到加强。城市环保基础设施建设加快推进,渠县等垃圾处理厂和宣汉污水处理厂投入试运行,城镇生活污水处理率20.8%,中心城区垃圾处理率100%,城市集中式饮用水源水质达标率100%。

注:本公报为快年报数。地区生产总值、各产业增加值绝对数按现价计算,增长速度按可比价计算。

达州市2009年国民经济和社会发展统计公报

达州市统计局　国家统计局达州调查队

(2010年2月)

2009年,面对前所未有的挑战和考验,全市人民在市委、市政府的正确领导下,坚持以科学发展观为指导,牢牢把握“坚定信心、应对挑战、爬坡上行、加快发展”的工作基调,认真贯彻落实国家各项宏观调控政策措施,主动应对和努力克服世界金融危机所造成的不利影响,积极探索符合达州实际的发展之路,保增长、调结构、促改革、惠民生工作取得积极成效。

一、综合

国民经济继续保持较快发展势头,产业结构进一步优化。初步测算,全年全市地区生产总值(GDP)682.73亿元,比上年(下同)增长14.2%,增幅比上年提高0.1个百分点。三、次产业协调发展共同推动全市经济较快增长。第一产业实现增加值178.14亿元,增长3.3%;第二产业实现增加值309.03亿元,增长21.6%;第三产业实现增加值195.56亿元,增长11.6%。三、次产业对经济增长的贡献率分别为5.7%、69.9%和24.4%,分别拉动GDP增长0.8、9.9和3.5个百分点。从需求的角度看,“三驾马车”中总消费和总投资对GDP增长的贡献率分别为36.0%和65.2%,其中,固定资本形成总额对经济增长的贡献率为63.4%。人均GDP 11 915元,增长13.7%;三次产业结构进一步优化,由上年的29.3∶42.1∶28.6调整为26.1∶45.3∶28.6。

民营经济加快发展。全年民营经济增加值345.2亿元,增长18.6%,占GDP的50.6%,对GDP增长的贡献率为52.6%。

市场物价平稳。全年居民消费价格(CPI)总水平比上年上涨0.6%。其中,食品价格指数上涨1.5%,娱乐教育文化用品及服务价格指数上涨1.6%。商品零售价格总指数下降1.5%。

国民经济和社会发展中还存在一些不容忽视的困难和问题,主要表现在:一是农业基础薄弱,农村基础设施建设滞后,农民增收乏力,统筹城乡发展任重道远;二是项目投资缺乏后续支撑,民间投资仍处低位,保持投资持续高增长难度较大;三是经济发展的资源环境约束加剧,节能降耗压力增大等。

二、农业

农业生产呈恢复性增产,农村经济运行平稳。

种植业结构小幅调整。全年粮食作物种植面积56.83万公顷,增长0.6%。其中小麦种植面积8.05万公顷,增0.9%;水稻17.22万公顷,增0.5%;玉米8.84万公顷,增2.5%;薯类16.15万公顷,增0.3%;油料种植面积12.15万公顷,增0.8%;蔬菜种植面积8.38万公顷,增3.6%。

粮油生产继续增长。全年粮食产量296.11万吨,比上年增产6.51万吨,增长2.3%,产量创历史新高(见表5)。

表5 2009年主要农产品产量 (单位:万吨)

产品名称	绝对数	比上年增减(+、-)%
粮食	296.11	2.3
水稻	122.13	2.1
玉米	61.96	4.1
薯类	66.54	1.1
油料	28.77	1.1
油菜子	24.69	1.3
麻类	6.20	-2.4
水果	25.16	3.3
蔬菜	263.81	5.3

养殖业稳定发展。全年肉类总产量达69.11万吨,增长3.2%。其中猪、牛、羊肉产量分别达到45.53万吨、6.29万吨和2.50万吨,分别增长3%、2.3%和2.9%。牛奶产量14 285吨,增长2.9%。全年水产品产量达9.7万吨,增长6.1%。

林业生产持续发展。当年造林面积0.96万公顷,年末森林覆盖率39.88%,比上年提高1.45个百分点。

农业生产条件继续改善。全年新增农田有效灌溉面积1 770公顷,年末有效灌溉面积达15.78万公顷。全年整治病险水库42座,新建微水工程3 381处,治理旱山村23个。实施红层找水打井2.3万口,解决25.1万人饮水安全。年末农业机械总动力166万千瓦,增长6.7%。

三、工业和建筑业

工业止跌回升,整体实力有所增强。全年全部工业增加值270.2亿元,增长23.4%,对经济增长的贡献率达到64.8%。其中:规模以上工业企业增加值249.23亿元,增长26%(见表6);完成销售产值752.47亿元,增长32%;产销率98.4%,降0.3个百分点;实现新产品产值207.12亿元,增长48.9%。

表6 2009年规模以上工业增加值主要分类情况 (单位:亿元)

指　　标	绝对数	比上年增减(+、-)%
工业增加值	249.23	26.0
其中:国有工业	14.12	19.0
集体工业	4.55	44.7
股份制企业	198.77	26.0
外商及港澳台投资企业	1.28	11.5
其中:轻工业	46.38	24.2
重工业	202.84	26.6
其中:冶金工业	44.84	32.3
煤炭采选业	90.31	20.7
水电气生产和供应业	12.90	20.8
食品及饮料工业	27.53	24.6
纺织及化纤业	12.01	21.5
化工工业	12.01	21.5
建材工业	25.79	34.0
机电工业	14.71	28.8

主要工业产品产量不同程度增减(见表7)。

表7　2009年规模以上工业企业主要工业产品产量

产品名称	单　位	绝对数	比上年增长 %
布	万米	5 697	-24.5
白酒	千升	33 800	133.1
农用车	辆	6 500	14.0
焦炭	万吨	169	6.7
生铁	万吨	234	17.4
粗钢	万吨	217	7.2
钢材	万吨	248	24.1
原煤	万吨	1 438	13.8
水泥	万吨	585	30.0

工业经济效益明显提高。规模以上工业企业实现利润总额24.67亿元,增长96.4%;实现利税50.2亿元,增长63.0%;全员劳动生产率23.83万元/人,比上年提高4.72万元/人;资产负债率66.62%,降2.17个百分点;流动资产周转率7.38次/年,提高0.53次;综合经济效益指数达313.28点。

建筑业保持较快发展。全年全社会建筑业实现增加值38.84亿元,增长10.8%。全市有资质等级的建筑企业实现总产值125.02亿元,增长14.5%;实现利润5.32亿元,增长25.4%。

四、固定资产投资

固定资产投资快速增长。全社会固定资产投资完成额545.32亿元,增长30.2%(见表8)。

表8　2009年固定资产投资情况　(单位:亿元)

指　　标	绝对数	比上年增长 %
全社会固定资产投资	545.32	30.2
其中:500万元以上投资	475.93	32.8
其中:农村投资	100.26	1.3倍
其中:基本建设投资	336.26	26.5
更新改造投资	140.84	50.1
房地产开发投资	49.76	17.9
在城镇投资中		
第一产业投资	19.66	70.2
第二产业投资	314.33	39.2
第三产业投资	211.33	16.6

房地产开发投资稳定增长。全年房地产开发经营企业完成投资49.76亿元,增长17.9%。全年商品房施工面积902.92万平方米,增长8.9%;商品房竣工面积167.18万平方米,增长9.7%;商品房现房销售面积63.91万平方米,增长15.2%;年末商品房空置面积17.34万平方米,下降29.4%。

全年建成投产项目1 419个,项目建成投产率87.3%,新增固定资产393.49亿元。年内建成上亿元投资项目就有12个,其中有:中铁11集团5分公司襄渝铁路复线修建工程;华新水泥股份有限公司(渠县项目部)4 000吨/天熟料新型干法水泥生产线建设;重庆气矿大竹采输气作业区;达州利森水泥有限公司日产4 000吨新型干法水泥生产线;中石化齐鲁分公司化肥项目;真佛山及铁山.石桥列宁街红色旅游开发以及农村公路建设等一批重点骨干项目。

五、国内贸易和对外经济

消费品市场活跃。全年社会消费品零售总额达到252.12亿元,增长18.8%。从城乡市场看,城镇市场稳定发展,完成消费品零售额139.03亿元,增长18.6%;农村市场快速发展,完成消费品零售额113.09亿元,增长19%。

批发零售贸易业在国内贸易市场中仍然占主导地位,居民消费以商品性消费为主。全市实现商业零售额215.17亿元，占社会消费品零售额的85.3%。

非公有制经济发展迅速。个体私营经济零售额149.4亿元，增长19.3%，比全市平均水平高0.5个百分点，占全市零售总额的比重59.3%。

市场热点不断，消费结构有所升级。2009年限额以上商贸企业商品类别销售情况看：服装类增长46.6%，汽车类增长84.8%，建材装修类增长64.3%，家用电器类增长136.1%，体育娱乐用品类增长172.6%，通讯器材类增长207.1%。

出口创汇较快增长。全年出口创汇6 951万美元，增长52.5%。

招商引资实现新突破。全年招商引资到位资金223.68亿元，增长18.5%。

六、交通、邮电和旅游

2009年末，全市境内公路总里程18 194公里，其中，高速公路113公里，高等级公路（含一至四级公路）15 148公里。公路和水运全年完成货物周转量65.17亿吨公里，增长228.7%；旅客周转量22.85亿人公里，降13%。全年邮电业务总量25.53亿元，增长40.5%；年末固定电话用户达到74.61万户，年末移动电话用户达到230.82万户。年末全市固定及移动电话普及率46.4部/百人。互联网用户15.67万户，增长43.1%。

旅游业稳步发展。年末全市共有国家2A级以上旅游风景区6处，省级地质公园2个，星级宾馆饭店13个。全年共接待国内游客749.92万人次。旅游总收入35.5亿元，增长16.4%。

七、财政、金融和保险

财政收支快速增长。全年财政一般预算收入23.41亿元，增长19.4%，占GDP的比重由上年的3.33%提高到3.43%；财政支出129.53亿元，增长23.9%，对农业、教育、社会保障、环境保护、公共事业等的投入继续加大。

金融存贷款规模稳定扩大。年末全部金融机构各项存款余额763.52亿元，增长20.4%；其中城乡居民储蓄余额576.75亿元，增长17.1%。全部金融机构各项贷款余额299.52亿元，增长36.3%。其中个人消费贷款余额32.96亿元，增长69.7%。

保险事业健康发展。全市有寿险机构13家，财险机构5家。全年各类保费收入99.43亿元，增长20.1%。其中，寿险保费收入25.48亿元，下降5%；财产险保费收入73.95亿元，增长32.1%。全市保险各类赔款及给付4.98亿元。其中，寿险业务给付2.2亿元，财产险赔款2.78亿元。

八、教育和科学技术

教育事业发展较快。2009年末，全市小学1 714所，普通中学391所，普通高校2所。全年普通高等教育招生0.55万人，在校生1.79万人，毕业生0.54万人；普通中学招生13.58万人，在校生39.96万人，毕业生12.94万人；小学招生9.07万人，在校生56.77万人，毕业生10.01万人。特殊教育在校生500人，幼儿园在园幼儿14.53万人。学龄儿童入学率99.83%。

科技创新、成果转化成效明显。2009年培育国家级创新型企业1家、省级20家，创建省级重点实验室1个。组织申请专利189件，“科技活动周”、“科普活动月”、“金秋科技下乡”等科学技术普及活动全面展开。

九、文化、卫生和体育

文化广播事业发展加快，群众文化活动蓬勃开展。年末全市共有文化馆8个，公共图书馆7个，博物馆（文管所）8个。完成广播电视“村村通”工程8 881个，广播、电视综合人口覆盖率分别达到94.5%和94.54%，全市有线电视入户率43.16%。

卫生事业进一步加强，应对突发公共卫生事件应急机制逐步建立。新型农村合作医疗参保人数达494.23万人。年末全市共有卫生机构3 934个（含个体诊所），其中医院、卫生院362个（不含非建制乡卫生院），妇幼保健院（所、站）8个，疾病预防控制中心（防疫站）7个；全市医院、卫生院技术人员11 205人，病床数1.38万张。

体育事业全面发展。继创建国家高水平体育后备人才基地、国家级全民健身活动中心之后，今年又成功创建全国青少年校园足球活动试点城市。新建“农民体育健身工程”127个、全民健身路径51条。

十、人口、人民生活、就业和社会保障

年末全市总人口为657.56万人，常住人口573.58万人。出生率为9.17‰，死亡率为5.93‰；自然增长率为3.24‰。城镇化率32.6%，比上年提高1.6个百分点。

城镇居民收入稳步增加。全年城镇居民人均可

支配收入11 103元,增长13.9%,人均消费支出8 801元,增长13.9%。其中,用于食品、衣着、医疗保健、家庭设备用品及服务等方面的费用增加较多:食品支出增长12.6%,衣着支出增长20.7%,教育文化娱乐服务支出增长10.3%。城镇居民恩格尔系数(即居民家庭食品消费支出占家庭消费总支出的比重)44%。

农民收入稳步增长。农民人均纯收入4 421元,增长7.9%,其中:工资性收入1 591元,增长8.2%;家庭经营纯收入2 547元,增长6.7%。农民人均生活消费支出3 211元,增7.3%。其中,食品消费支出增0.2%,衣着消费支出增9.5%,教育文化娱乐服务增长18.2%。农村居民恩格尔系数53.3%。

社会保障事业全面发展。2009年,"八项民生工程"深入推进,投入建设资金39.7亿元。全年下岗失业人员和失地无业农民实现再就业1.6万人,"4050"人员实现再就业0.48万人。全市城镇基本养老保险覆盖人数34.25万人,比上年增加2.78万人;新型农村养老保险试点新增覆盖人数25.12万人。城镇、农村居民最低生活保障人数分别达到15.34万人和32.25万人。

十一、节能减排与环境保护

节能减排与生态建设成效显著。全年化学需氧量、二氧化硫排放量分别下降5.8%和1.6%。城市环保基础设施建设加快推进,限期治理工业企业14家、规模化畜禽养殖企业8家,新增污水日处理能力2.5万吨。

注:本公报为快年报数。地区生产总值、各产业增加值绝对数按现价计算,增长速度按可比价计算。

大事记

2008 年

1 月

1 日，市委书记李向志、市长罗强发表元旦献辞：谱写人民美好生活新篇章。

3 日，2008 年首场就业再就业招聘会在达棉厂举行。招聘会共提供 55 个工种1 327个岗位，1 300多人参加应聘，办理求职登记 421 人次。245 人与用工单位达成意向性协议。

6 日，迁至西外的达州军分区机关新营区举行落成典礼。军分区机关原坐落于通川区檬子垭巷，于 2002 年开始筹划军分区机关与市级机关同步西迁。经过 2 年多建设，占地 60 亩、总建筑面积14 600平方米的新营区落成。

△金龙大桥、长田坝隧道工程举行开工仪式。金龙大桥全长约 484 米，双桥各宽 15 米、双向 6 车道；长田坝隧道双洞 4 车道，单洞长约1 070米，洞口宽 9 米、高 5 米，建设工期为 18 个月。

7 日，河市机场成功运输达州历史上第一单航空出港货物，国航 4355 航班将 2.6 吨货物顺利运抵广州。

10 日，中国花卉协会、中国插花花艺协会、北京市园林绿化局授予开江县政府、四川天源油橄榄有限公司“为奥运献鲜花，为祖国添光彩，2008 年北京奥运礼仪用花评选暨第三届迎奥运插花花艺大赛(橄榄枝)特殊贡献奖”。

11 日，国电达州电厂第一台 30 万千瓦机组投入商业营运。

11～2 月 2 日，市域遭遇有气象资料记录以来的持续性强降温冰雪天气过程。全市 146 个乡镇、868 个村、101.59 万人不同程度受灾，直接经济损失 3.93 亿元，其中农业经济损失 2.02 亿元。此次雨雪冰冻灾害的时间之长、强度之大、范围之广、损失之重，为历史罕见。

13～14 日，省委书记刘奇葆在达州考察时指出，达州要充分发挥资源优势，做好资源转化文章，大力发展在全国、全省有突出特色的优势产业，培育特色产业集群，增强竞争实力。

16 日，市热电厂关闭。

17 日，中国邮政储蓄银行达州市分行揭牌。

18 日，市政府出台达州市最低工资标准。月最低工资标准为：通川区、达县(南外镇)550 元(26.29 元/日)；达县(南外镇除外)、宣汉县、大竹县、渠县、开江县、万源市 450 元(21.51 元/日)。非全日制用工小时最低工资标准：通川区、达县(南外镇)7.10 元；达县(南外镇除外)、宣汉县、大竹县、渠县、开江县、万源市 6 元。

31 日，国务院副总理李克强一行驱车百余公里，到海拔1 000多米的宣汉县老君乡紫云村，踩着 10 多厘米厚的积雪一家一家看望慰问受灾村民。

2月

1日零时起,省道218线市境高家坝和木瓜铺收费站停止收费。

14日,市政府召开雨雪冰冻灾后重建工作电视电话会议。

15日(农历正月初九),举办元九登高节。

26日,市政府组织召开节能减排国际研讨会。德国MTU公司讲解冷热电联产技术;印度Thetmax(特迈斯)公司讲解余热回收节能技术;意大利节能专家Fabrixio. DeLeva讲解可再生能源空调技术(地源热泵);成都慧高能源公司讲解节能方向和方法;达州设计院魏运鸿院长介绍建筑节能技术和法规。

27日,第一家外国企业——优尼科东海有限公司在市工商行政管理局获准注册登记。该企业属美国雪佛龙集团的子公司,来达州执行与中国石油天然气集团公司合作开发和生产四川盆地川东北区块(宣汉县南坝)天然气,前期投资合同总额62亿元人民币。

28日,市委、市政府在市演展中心举行加强机关效能建设优化发展环境动员大会。

29日,市第二届人大常委会第二十次会议决定,免去魏常平达州市公安局局长职务;任命徐承为达州市公安局局长。

△由市劳动保障局、达县县政府联合主办的"达州市天然气能源化工产业园区失地农民就业现场招聘会"在化工园区内的河市镇店子村举行。

3月

11日,市政府出台《达州市集体林权制度改革实施方案》。

2008年"达州环保世纪行"宣传活动启动。活动的主题为"拯救江河,还一江清水"。

14日,达州机关效能建设网开通,网址为http://www.dzcn.gov.cn/。

18日,全省首家公益性生殖专科医院——达州市生殖专科医院揭牌。

18日,市政协网提案管理系统开通。

22日,环城公路开工奠基。

23~26日,政协达州市二届四次会议召开。会议通过《关于陈志明、李良素辞去政协第二届达州市委员会领导职务的决议》,补选康莲英为政协第二届达州市委员会主席。

24~28日,市二届人大五次会议召开。李向志当选为达州市第二届人民代表大会常委会主任;邓宏志、张志科当选为副主任;赵罡大当选为常委会委员。

26日,中央政治局委员、全国人大常委会副委员长王兆国,中央政治局委员、中央书记处书记、中央组织部部长李源潮,对"一村一居大学生"活动中的先进典型——宣汉县老君乡紫云村村委会主任助理王玲在抗击雪灾中的突出表现作出重要批示,要求予以大力宣传,引导青年更好地走向社会,服务社会,服务人民。

31日,全省电力部门抗击冰冻雪灾恢复重建先进事迹巡回报告团在达州电业局会议中心为电力职工作报告。

4月

1日,首届"人保财险杯"、"十佳交警"评选活动颁奖典礼在达城中心广场演艺中心举行。

2日,中国石油、美国雪佛龙川东北合作项目启动暨优尼科东海有限公司揭牌仪式在达州举行,标志着中国目前最大的陆上石油天然气对外合作项目正式启动。

3日,市农业产业化协会成立。副市长何平任名誉会长、市农委副主任张正银任会长。

5日,参加"全国抗雨雪冰冻灾害先进事迹报告团"的绿叶长途运输公司总经理江涛凯旋归来。在年初的特大冰雪灾害中,绿叶运输公司从广东回达州的27辆大客车两次被冰雪封堵在云贵高原,车上装载着回家过年的1 163名达州农民工。在21天的封堵中,该公司克服重重困难,将1 163名农民工安全送回达州。

9日,市政府第81次常务会议召开。会议原则通过《达州市2008年度进一步深化惠民行动、大力实施民生工程实施方案》。8大民生工程是:就业促进工程、扶贫解困工程、教育助学工程、社会保障工程、医疗卫生工程、百姓安居工程、道路通畅工程、环境治理工程。

10日,万源市首届天然富硒茶文化节开幕。

11日,市境各地开展"百日安全生产活动",狠抓安全生产监督检查,强化隐患排查整治,加强和改进安全生产工作。一季度全市发生安全事故 104 起，死亡 33 人，受伤 83 人，与 2007 年同期相比，事故起数减少 179 起、下降 63%，死亡人数减少 18 人、下降 35%，受伤人数减少 255 人、下降 75%。

15 日，全国报业自办发行协会年会在福建厦门市召开。达州日报社被评为 2007 年度全国报业自办发行先进集体。

同日，市老龄办、市教育局、市广电局、团市委、市妇联、达州日报社等六部门联合发出《关于开展第三届达州市敬老爱老助老主题教育活动评选表彰工作的通知》。

18～19 日，省政协副主席吴正德率领省政协“建立资源开发利益补偿机制”调研组，就达州资源开发补偿问题开展专题调研。

20 日，《达州市住房公积金贷款管理实施细则》施行。《细则》规定，购商品房贷款最高限额可放宽至 25 万元，贷款期限不超过 25 年。

△全国硫化工科技论坛暨产业推进会在达州市举行。

29 日，市首届“工人先锋号”命名表彰大会召开，市中级人民法院司法警察支队、达钢集团烧结厂烧结工段等 20 个先进集体被授予首批“工人先锋号”称号。

5 月

6 日，首届道德模范评选表彰活动启动。此次道德模范评选设“助人为乐模范”、“见义勇为模范”、“诚实守信模范”、“敬业奉献模范”、“孝老爱亲模范”五个奖项，每个奖项分别评选 5 名。

10 日，2008 金立手机杯全国围棋甲级联赛第五轮——四川娇子队与北京大宝队的比赛在市体育中心举行。中国围棋协会副主席、“棋圣”聂卫平宣布比赛开始。

12 日 14 时 28 分，阿坝州汶川县发生 8.0 级特大地震。受此次地震波及，通川区、达县、大竹县、开江县、渠县、宣汉县、万源市 7 县（市、区）震感强烈。据统计，全市受灾乡镇 302 个，受灾人口 58.94 万人，临时转移安置69 526人，因灾死亡 4 人、受伤 74 人；房屋垮塌4 304间、受损40 907间，其中学校校舍垮塌 84 间、造成危房5 255间；损坏人饮工程 859 处、堡坎3 272米、河堤8 068米；损坏电力和通讯电杆 365 根、光缆线（含电线）99 335米、通讯基站 6 个；毁坏国省道公路 21 公里、县乡公路 121.7 公里、便民桥 103 座、桥梁 154 座、港口（码头）6 座、汽车站点 6 座；部分企业因灾停产。直接经济损失149 711万元。地震发生后，市委、市政府紧急启动救灾应急预案，及时成立以市委书记、市人大常委会主任李向志为指挥长的抗震救灾指挥部，对全市抗震救灾工作实行高度集中统一指挥。要求各级各部门务必把抗震救灾作为当前的首要任务，各级领导干部务必坚守岗位，建立健全领导干部 24 小时值班带班制度，取消一切与抗震救灾无关的会议和活动，全力投入抗震救灾。

同日同时，汶川县映秀镇，山崩地裂，地动山摇。正在该镇修建医院的 30 名达州农民工，躲过地震的袭击后，即与当地群众一起从废墟中抢救出 100 余名幸存者，搬出药品数百件。为第一时间在地震重灾区抗震救灾的达州市民。

12～13 日，市抗震救灾指挥部对房屋倒塌的 881 户3 084人，紧急调动1 000顶帐篷和学校、医院公共房屋予以安置；对房屋严重受损的3 585户12 548人，采取投亲靠友、租借房屋等办法予以安置；对一般受灾和居住地处于危险地段的群众，避险搬迁 2.55 万人。

13 日，市级机关 296 名职工为地震灾区人民无偿献血 9 万多毫升。市红十字会在达城中心广场等地开展募捐活动，共收到捐款55 029.1元。

△市教育局发出《关于做好学校安全稳定工作的紧急通知》。要求各校未接到警报解除通知前，停上早晚自习，师生不得回教室、宿舍，疏散在安全位置就地休息，并保证学生不受伤不生病。在确保安全的情况下，再行复课。

13～20 日，市抗震救灾指挥部向受灾群众紧急调运并发放饮用水15 000件、方便面3 000件、棉被1 000床、帐篷1 000顶，确保受灾群众有饭吃、有水喝、有衣穿、有住处、有医疗。

14 日 17 时后，市政府应急管理办公室值班记录：值班期间有通川区、达县、开江、大竹县等县应急办（救灾办），还有许多市民纷纷打来电话，称巴中、渠县等地有青蛙、老鼠、蛇在搬家，活动十分异常，渠县有一水库的水位下降一米，问是否属实。甚至说巴中市通江县还为此专门出了文，部分市民不敢回家。将此情况报告市防震办领导研究后，于 22 时 30 分，通过移动、联通、电视、广播等传媒发布第一号公告：当前社会上关于今晚发生大地震的传言，我们没有接到有关部门任何预报通知，请广大市民不要过于恐慌，不要信谣传谣，树立科学防灾避灾意识，理性对待，冷静处置，自觉维护社会秩序。

15日，市防震办发布第二号公告："针对社会上关于达州近期将发生大地震的传言，经国家和省地震局专家会商研判认为：一是汶川余震震级将逐步衰减，频率将逐步降低，余震不会对达州造成大的影响；二是从达州的地质构造和相应的应力场分析，可以排除近期发生破坏性大地震的可能。请广大市民不要恐慌，不要传谣信谣，尽快恢复正常工作和生活秩序。"

19日，市防震办发布第三号公告："据地震部门报告：19～20日汶川地震余震区可能发生6～7级余震，届时达州市部分地方会有明显震感。请广大市民不要惊慌，保持镇定，注意安全，科学防范，并注意相互帮助，维护公共秩序。如有新的情况，我们将及时告诉大家。"

△开江县新街乡中心小学举行"爱心奉献灾区、真情浇灌学生"仪式，来自大地震中受灾的重庆市梁平县文化镇中心小学6年级6个班的194名学生在该校复课。

26日，达州市第四批总价值250万元的灾区急需物资送往灾区。

△市陆军预备役炮兵旅在绵阳市平武县平通镇重建的"达爱小学"正式行课。这所被命名为"达爱小学"的灾区学校价值20余万元，建有6间固定式防震教室。省军区司令员夏国富少将等参加开学典礼。

6月

1日至8月31日，达州市按每人每天10元钱，0.5千克粮的标准，对7 065人受灾群众进行三个月过渡期救助，共发放救助金635.8万元，粮食31.79万千克。

2日，达州市第5次组织价值110万元的救灾物资送往地震重灾区绵阳市和德阳市。

4日，四川省志编委副主任秦安禄一行到万源评审《万源市志》。

5日，2008年"6·5"世界环境日纪念活动在市中心广场启动。

7～8日，全市33 895名高三学生在17个考点1 139个考场，参加2008年普通高考。

12日，市二届人大常委会举行第二十二次会议，任命何健为达州市人民政府副市长，代理市长。

截至6月16日，全市金融机构发放抗震救灾贷款20 669.5万元。

18日，渠县举办首届黄花节。该县黄花种植面积突破5万亩，年产成品花7 500吨，年产值1.2亿元。

20日，市委、市政府召开迎奥运保稳定百日行动动员大会，安排部署迎奥运保稳定工作。

22日，李向志、何健率市规划和建设局、市民政局等相关部门负责人前往绵阳市游仙区，看望慰问重灾区群众和达州派赴抗灾一线的预备役官兵，并与绵阳市、游仙区及魏城镇主要负责人就对口支援有关事项进行座谈。

24日，第一届运动会（残疾人组）在市体育中心体育馆开赛。全市7支代表队的170多名残疾运动员共决出60枚奖牌，其中各项目不同组别金牌21枚。

△市审计局于6月3～20日对市县两级民政局、财政局、红十字会、总工会、慈善会等部门筹集、管理、拨付、结存抗震救灾捐赠款物进行审计。截至6月20日，累计接受救灾捐赠资金7 087.95万元。募集捐赠物资折价总额151.84万元。

28日，庆祝中国共产党成立87周年暨抗震救灾表彰大会在达州宾馆召开。会议决定，授予通川区东岳乡凤凰村党支部等40个单位"达州市先进基层党组织"，徐良民等15人"达州市优秀共产党员"，王善蓉等25人"达州市优秀党务工作者"，达县人武部等55个单位"抗震救灾先进集体"，肖国平等110人"抗震救灾先进个人"称号。

△康泰化工8万吨双甘膦项目奠基仪式在化工园区举行。

7月

3日，《我们众志成城——向抗震救灾英模致敬》电视文艺晚会在市中心广场演展中心举行。

4日，市政府办公室印发《达州市地震应急预案》。

△第二次全国文化馆评估定级工作等级评定揭晓，大竹县文化馆和万源市文化馆获全国一级文化馆称号，渠县文化馆和宣汉县文化馆获全国三级文化馆称号。

7日，2008年普通高考33 895人参考，专科及以上上线人数30 197人，其中本科上线13 170人。

8日，金龙大道北延线Ⅱ期及土地初级开发工程开工。金龙大道北延线Ⅱ期工程全长2 309米，宽30～40米，预计总投资4.2亿元。

9日，国家曲棍球奥林匹克后备人才训练基地经国家体育总局批准落户达州。

10日，文化部公示第二批国家级非物质文化遗产保护名录入围项目，达州市民俗类渠县三汇彩亭会、民间美术类渠县刘氏竹编工艺、传统音乐类宣汉县川东土家族薅草锣鼓入围。

11日，达陕高速公路建设征地拆迁工作协议正式签订。全线共需征用土地10 000余亩，拆迁房屋32万平方米，需拆迁约1 000余户，安置10 000余人。

15日，达州市援建的绵阳市游仙区魏城一号干道——达州大道开工。该干道全长493米，宽30米，总投资约750万元，将于10月底前建成。

17日，《抗震救灾众志成城——2008中国抗震灾大型新闻图片展》四川巡展达州展区在市体育馆开展。22个单位团体共600余人列队出席观展。

18日，四川省抗震救灾先进典型事迹报告团首场报告会在达州举行。

21日，市委、市政府决定对全市城市低保对象、下岗职工、五保户实行一次性临时生活补助750万元。

24日，市委二届十一次全体会议在达州宾馆举行。会议深入学习贯彻落实省委九届五次全会精神，总结上半年工作，研究部署下半年任务，进一步动员和组织全市各级党组织和广大干部群众，统一思想，坚定信心，振奋精神，开拓进取，奋力夺取抗震救灾和经济社会发展全面胜利，努力开创达州加快发展、科学发展、又好又快发展的新局面。

25日，国家火炬计划重点高新技术企业——四川川环科技股份有限公司著名商标“川环”被认定为“中国驰名商标”。

△市人口计生委被国家人口计生委表彰为“全国人口计生系统抗震救灾先进集体”。

27日，公安、武警、消防、矿山救护队300余名精英在武警达州市支队教导队举行奥运安保誓师仪式后，展开“迎奥运、保稳定”实兵、实装、实战反恐演习。

28日，开国上将陈伯钧纪念室在将军出生地——达县河市镇揭幕。

28日，市委组织部印发《关于交纳抗震救灾“特殊党费”工作告一段落的通知》，称：截至2008年7月18日，全市166 321名党员共交纳“特殊党费”14 944 804.58元，其中交纳1 000元以上的党员3 667人。

29日，达州市第三届漂流节在宣汉县举行放漂仪式。

31日，市民政局、万源市民政局被民政部评为“民政系统抗震救灾先进集体”，6人被评为“民政系统抗震救灾先进个人”；渠县民政局、开江县民政局被评为“四川省民政系统抗震救灾先进集体”，大竹县民政局张富华荣记“四川省民政系统抗震救灾先进个人”二等功，2人获得“四川省民政系统抗震救灾先进个人”荣誉。

8月

1日，四川省委、四川省人民政府及四川省军区召开“5·12”抗震救灾表彰大会，大竹县预备役炮兵旅二营荣获省“5·12”抗震救灾先进集体，二营教导员、常务副县长孙忠获先进个人。

2～6日，第一届运动会在市中心体育馆举办，近5 000名运动员及残疾人运动员参加比赛。共产生412枚金牌、386枚银牌、370枚铜牌。

7日，建设秦巴地区经济文化强市战略研究——“一枢纽、两中心、三基地”规划评审会在莲湖山庄举行。

7～9日，中央信访工作督导组副组长董华中，省信访工作督导组长任兴文率中央、省督导组，深入达州部分县、乡（镇），检查信访维稳工作。

8日，第29届奥运会在北京开幕，650万达州人民同庆贺。

12日，达州市中心医院被四川省卫生厅、四川省人事厅、四川省中医药管理局表彰为抗震救灾工作“先进集体”。

13日，2008年四川省“体彩杯”武术套路锦标赛在峨眉山市举行。代表达州参赛的宣汉县武术队夺得1枚金牌、3个第一名、7个第二名，获女子团体第二名。

14日，市委办公室、市政府办公室出台《关于加强抗震救灾捐赠资金管理的意见》。

15日，汶川县漩口镇百花小学、绵虒镇玉龙小学

500余名师生，分别在达州市职业高级中学和达州电大(财贸校)复课。

截至8月18日，全市共收到捐赠资金7 886.08万元，捐赠物资价值266.29万元，捐赠款物合计8 152.38万元。

18日，市专家验收组对达县檀木镇石和尚村水稻高产创建百亩核心攻关片进行田间实地现场挖方测产验收，其最高亩产798.2千克，最低亩产662.5千克，平均亩产724.9千克。

△达州军分区第四批抗震救灾官兵200余人从地震重灾区什邡市回撤。达州军分区共出动四个批次1 300余名官兵。在什邡市的三个月中，抢运救灾物资4万余吨；救治重伤员80人，处理轻伤员400余人，巡诊3 500余人；消杀防疫近40万平方米；搬运教学设备器材课桌1 500套、教学用具200余箱，医疗器械800件套；清理废墟550吨，清理污水渠1 500米。

19日，在汶川大地震重灾区平武县平通镇抗震救灾的达州预炮旅部队返回达州。

20～21日，达州省政协调研组来达州市调研新村扶贫工程实施情况。据悉，2001～2007年，全市累计投入资金3.1 965亿元，完成397个新村扶贫建设工作，新修改建村道公路3 373.21公里，修引水渠和安装饮水管273.3万米，实施"五改三建"4.27万户。

22日，市二届人大常委会第二十三次会议决定，免去赵波达州市体育局局长职务，任命余隆海为局长。

△市政协收集、整理、编辑的《达州现代文史资料集萃》(上集)出版。

25日，达州市对口支援绵阳游仙区魏城中小学校教学仪器设备捐赠仪式在魏城镇举行，该批仪器设备价值37万元。

26日，香港慈恩基金会向万源市捐助60万元港币，用于竹峪镇刘家河村小学、白沙镇猫儿坝村小学、茶垭乡邱家坪小学、花楼乡三堡溪村小学修建教学楼。

27日，达州市8名优秀教师赴地震重灾区支教。

28日，"2008达州房地产发展论坛"在达州宾馆开幕。

29日，市公安局发布《通告》，认定汉唐公司涉嫌非法吸收公众存款犯罪。

△宣汉县召开玉米高产创建及超吨粮现场验收暨经验交流会，一个载入全省农业史册的成绩诞生——全国玉米专家组组长、农业部玉米首席专家赵久然宣布：宣汉县12 080亩玉米高产示范田平均亩产727.73千克，其中超高产田亩产1 181.6千克。

9月

1日，"市委书记信箱"开启。

1日起，全市受灾低收入人员和低保边缘人员纳入城乡低保救助，共救助4 253户，12 760人，发放救助金698 892元，发放《灾民救助卡》248 068张。

5日，市民政局将12名孤儿送四川省民政厅干部学校"志翔班"读书。近年来，达州市已送29名孤儿到省民政干部学校就读。

△政协达州市委员会机关刊物——《达州政协》创刊出版。

9日，市政府出台《关于企业老工伤人员纳入工伤保险统筹管理的意见》。即日起，达州市老工伤人员将纳入工伤保险统筹管理。

11日，全市深入实施城乡环境综合治理工程动员大会召开。

△开江县5人擅自进入被炸封非法采煤点采煤致死。

13日，市委、市政府就全国部分省市发生三鹿牌婴幼儿奶粉重大安全事故召开紧急会议，安排部署工作。截至15日，市工商部门对市场上销售的三鹿牌婴幼儿奶粉叫停近万袋。

16日，市委召开常委扩大会议，四川省委组织部干部二处副处长姚彬宣布省委决定：杨钢、何平、杨娟任中共达州市委常委；提名古正举为达州市人民政府副市长人选。

17日，武警达州支队召开宣布命令大会。武警四川省总队政委王信宣布武警总部、四川省总队命令：徐超任武警达州支队政委、党委委员、常委、书记；徐承兼任武警达州支队党委委员、常委、第一书记。

18日，市二届人大常委会第二十四次会议决定，接受杨钢辞去达州市人民政府副市长职务；任命古正举为副市长。

20日，全国政协副主席、民盟中央第一副主席张梅颖，带领由国家发改委、财政部、国土资源部、水利部等部委组成的全国政协天然气资源开发调研组，在成都金牛宾馆就"如何建立资源补偿机制，让西部走出富饶的贫困"的调研主题，专题听取达州市的情

况汇报。

22 日，市政府召开婴幼儿奶粉事件处置工作会议，贯彻落实国务院办公厅关于《进一步做好婴幼儿奶粉事件处置工作的通知》和全省进一步做好婴幼儿奶粉事件处置工作电视电话会议精神，安排部署相关工作。

25～26 日，达州市二届人大六次会议召开。何健当选为达州市人民政府市长；冯永刚、梅辉太当选为市二届大常委会委员。

28 日，《盛世欢歌》庆国庆大型文艺晚会在达城中心广场演艺中心举行。

10 月

6 日，第三届敬老爱老助老主题教育活动颁奖暨首届中老年激情广场大家唱活动在市中心广场举行。全市十佳孝亲敬老楷模获表彰。

8 日，达州市首家村镇银行——宣汉诚民村镇银行开业。

△达州炮兵旅驻渠县某营预任女战士吴小洪被表彰为“全国抗震救灾模范”。

25 日，2008～2009 安踏全国排球联赛在市体育馆开幕。市委书记李向志致欢迎词，国家体育总局排球管理中心党委书记、联赛组委会执行主席张蓉芳宣布开幕。

29 日，达州市鸿通集团汽车南站申报省级文明车站通过验收。

30 日，市赈灾福利彩票上市仪式在中心广场举行。

11 月

5 日，上海市向达州市捐赠的 30 万件棉衣、棉被等重约 900 吨过冬物资运抵达州。

6 日，全市学校灾后重建暨新农村卫生新校园建设工作现场会在大竹县隆重召开。受汶川地震影响，全市学校新增危房 89.8 余万平方米。灾情发生后，已启动灾后重建项目1 149个，完工项目1 034个，在建项目 115 个。

10 日，四川省财政厅、四川水利厅联合发布《2008 年度旱山村集雨节灌项目公告》，万源市旧院镇、庙坡乡、石塘乡等乡镇的 4 个行政村分享 100 万元资金用于集雨节灌项目。

12 日，市地税局对达州市房地产交易环节有关税收政策进行调整。调整后的房地产交易环节税收政策规定：对个人首次购买 90 平方米及以下普通住房的，契税税率暂统一下调到 1%，首次购房证明由住房所在地县（市、区）住房建设主管部门出具。

15 日，达州市获中央和四川省能繁母猪补贴 2 793万余元。

△达州市捐赠的新棉被2 180床，御冬衣物 1 万余件，总价值 150 万元的救灾物资，运抵绵阳市游仙区魏城镇。

△原大竹县周家镇金华村插队知青，现成都市工业投资集团公司董事长、党委书记戴晓明，向该村捐资 100 万元修建通村公路。

22 日，达州电视台建台 20 周年庆典在中心广场演展中心举行。

24～25 日，四川省委书记、四川省人大常委会主任刘奇葆在省委常委、副省长魏宏，省委常委、副省长、省委秘书长钟勉陪同下，考察达州市工业发展及重点项目建设。

28 日，达州市第 24 届青少年科技创新大赛在开江县举办。

12 月

8 日，中国·中山第二届国际环保纪录片暨第五届中国纪录片国际选片会在广东省中山市举行。达州市委组织部选送的党建纪录片《暖》获“党建宣传类作品”金奖。

11 日，新华社重要内参介绍大竹县庙坝镇长乐华山联合党支部书记杨帮武“舍肾忘死”修“致富路”的典型事迹后，中共中央政治局常委李长春，中共中央政治局委员、书记处书记、中央宣传部部长刘云山作出重要批示予以肯定，同时要求大力宣传其先进事迹。

12 日，达县石桥镇、渠县三汇镇、临巴镇、宣汉县马渡乡分别被文化部命名为烧火龙之乡、三汇彩亭会之乡、耍锣鼓之乡、川东民歌之乡。

12 日，市政府召开第二批法律顾问聘任会议。

14 日，成都军区政委张海阳一行检查达州市国防后备力量建设。

15 日，宣汉县柏树镇发生交通事故，5 人死亡、3 人重伤、15 人轻伤。

16 日，市委、市政府向广元捐赠2 000床棉被、5 000双棉鞋，市人大机关和政协机关各捐赠 500 床棉被。

18日,瓮福达州磷硫化工基地项目奠基仪式在化工产业区举行。

19日,由市商务局、达州日报社等8家单位联合承办的服务行业“十佳服务窗口、十佳服务明星”评选活晚揭晓。市中心医院体检中心、重庆新世纪百货达州商都女品经营部等10个服务窗口被授予“十佳服务窗口”荣誉称号;达州运输(集团)有限公司快速客运分公司王义林、中国移动渠县分公司王芳琼等10人被授予“十佳服务明星”荣誉称号。

22日,达州市举行平安建设整体联动大演练。

“纪念改革开放30周年·达州论坛”举行。

29日,市委二届十二次全体会议在达州宾馆举行。全会回顾总结2008年工作,分析当前形势,研究部署2009年工作,听取和讨论李向志受市委常委会委托所作的工作报告,通过了《关于统筹城乡发展开创农村改革发展新局面的决定》。全会号召,深入贯彻落实科学发展观,认真学习贯彻中央、省委经济工作会议精神,把“坚定信心、应对挑战,爬坡上行、加快发展”作为全市工作的鲜明基调,把握主要矛盾,明确工作定位,坚定必胜信心,努力保持经济平稳较快发展,坚定不移把达州跨越发展推向前进。

29日,达州电网建设规模最大的第一座500千伏变电站整体投运一次成功。

30日,市政府与中铁二局签订野茅溪大桥投资建设合同。该桥位于通川区东城南岳社区,全长530.04米,其中主桥长178米,宽26米。概算动态总投资1.07亿元,建设工期18个月。

市生活垃圾焚烧发电项目、市医疗废物集中处置中心项目工程在通川区复兴镇九龙村五组开工。

2009年

1月

1日,万余群众组成18个代表队参加“中国移动通信杯”四川省2009年元旦弘扬奥运精神,重建美好家园”暨达州市第四届迎新年万众健身长跑活动。

2日,据调查,渠县文崇镇庙坝村1 700多人,健在老人中,年龄最大的107岁,90岁以上的5人,80岁以上的24人。按医学惯例,该村可称为“长寿村”。

5日,市委命名通川区东岳乡凤凰村等30个村为全市第二批以“三村建设”为载体的社会主义新农村建设示范村,通川区北外镇田家塝村等33个村为全市人才开发示范村,授予王仕华等68人为全市优秀农村人才。

6日,达州军分区召开领导班子调整命令大会。四川省军区副司令员苏巍少将宣读中央军委命令:刘璞任达州军分区司令员、杨清华任政治委员。

7日,国家开发银行向达县提供首批550万元贷款,支持以“三村建设”为载体的新农村建设。

8日,中石化特大件设备运抵宣汉县普光天然气净化厂,该设备重240余吨,从德阳运抵普光历时20余天。

9日,达州市对口援建绵阳市游仙区魏城镇灾后恢复重建首批8个项目竣工,交接仪式在魏城中学举行。

12日,由省银监局副局长吕晶率领的四川省清理执行积案专项督查组一行出席达州市清理执行积案工作汇报会。市中级人民法院院长袁成泉汇报,全市共清理执行积案4 461起,执结674起,执结标的7 242.87万元。

16日,经改扩建的达州汽车西站正式投入营运。达运集团投资4 000余万元建成的新售票厅、候车大厅,建筑面积近3 000平方米。拥有发车站台24个,车场面积扩至1.5万平方米。共有客运线路57条,日发送量最高可达1.5万人次、日发班次800班。

18日,省委书记、省人大常委会主任刘奇葆参加省十一届人大二次会议达州代表团审议时强调,要深入贯彻落实科学发展观,科学规划,创新机制,推进水电、钒钛、天然气等资源科学开发,加快建设重要战略资源开发基地。达州要率先在全省做好资源开发文章,做到开发一方资源,做强一方产业,带活一方经济,富裕一方百姓。

20日,市政府办公室发出《关于落实百岁以上老人长寿补贴的通知》,规定:从2009年1月起,百岁以上老人长寿补贴由每人每月 100 元提高到 200 元。据统计，截至 2008 年底，全市有百岁以上老人 120 人，比 2007 年净增 13 人。

△达州元九登高节入选“中国·四川十大名节”。

31 日，由国家体育总局手曲棒垒球运动管理中心、中国曲棍球协会主办，达州市体育局承办的第二届国家曲棍球奥林匹克后备人才基地冬令营开营仪式在四川文理学院举行。本届冬令营共有来自北京、上海、天津、四川、辽宁、吉林、内蒙古、江苏、上海、广东、甘肃、河南 12 个省市的 24 支队伍，437 名队员参加比赛。

是月，市委、市政府按照《中共中央办公厅、国务院办公厅关于做好 2009 年元旦、春节期间有关工作的通知》和《民政部、财政部关于为城乡困难群众发放一次性生活补贴的通知》要求，为 50 万城乡困难群众发放一次性生活补助近9 000万元。

2 月

2 日，2009 达州元九登高节启动。

3 日，凤凰楼景点落成并向市民开放。该景点座落于达城凤凰山巅，占地面积9 751平方米，由凤凰楼、文化广场、仿古六角亭和艺术回廊构成。凤凰楼共6 层，高 39 米，以元九登高为主题，取意唐代宫灯，寓意太平盛世、国运昌盛。

3 日晚，2009 中国·达州元九登高节“瓮福杯”大巴山民歌会在达城中心广场演展中心上演，由来自四川、湖北、陕西、重庆四省(市)八市区的民歌手联袂演出。

12 日，全市纪检系统召开“向王瑛同志学习，做党的忠诚卫士”座谈会。

13 日，市委出台《关于以改革创新精神深化农村基层党建引领和推进农村改革发展的意见》。

△市委发出《关于开展向杨帮武同志学习活动的决定》，号召在全市特别是党员领导干部中深入开展向杨帮武同志学习的活动。杨帮武为帮助边远贫困山区群众从根本上脱贫，数十年如一日风雨无阻为民助民。他因劳累过度，先后 3 次躺上手术台，在左肾切除、右肾积水、患有严重肺气肿的病痛折磨中，依然忘我地奋战在带领乡亲脱贫致富岗位上，被当地干部群众亲切地称为舍“肾”忘死、助农脱贫的“铁支书”。

14 日，达州市住房公积金管理工作获省目标考核一等奖。

市二届人大常委会第二十七次会议决定，接受冯全礼辞去市二届人大常委会副主任职务。

18 日，总投资 7 亿元的华新万源年产 300 万吨水泥生产线项目在官渡镇开工建设。

19 ~ 22 日，市政协二届五次会议召开。

20 日，位于宣汉县清溪镇金鹅村的中石化普光分公司清溪一井集气站的达化专线输气管道，试行对达州化工园区送气。

20 ~ 23 日，市二届大七次会议在中心广场演艺中心召开。会议选举刘元成为市二届人大会常委会副主任。

24 日，人民日报《党建周刊》、《中国共产党新闻网》、《学习与实践网》联合推出“抓党建促发展”大型专题报道活动第一站——“走进达州”。

26 日，市委、市政府召开表彰大会，大竹县、宣汉县获经济社会发展一等奖；达县、渠县获二等奖；万源市、通川区、开江县获三等奖。

3 月

1 日，全市“12371”党员咨询服务电话开通。

2 日，全市环境保护工作会议召开。

3 日，2009 年全市投资促进工作会议在莲湖山庄召开。原达州市招商引资局更名为达州市投资促进局。

5 日，市政府对在推动科技创新、促进科技成果转化中做出突出贡献的先进集体和个人予以表彰。市农科所研究员魏刚获第三届达州市科技突出贡献奖，奖励现金 10 万元。

△达钢集团被国家人力资源和社会保障部、中国钢铁工业协会授予“全国钢铁工业先进集体”荣誉称号；该公司董事、财务总监谢华强被授予“全国钢铁工业劳动模范”荣誉称号。

6 日，省政府对 2008 年度全省各市(州)政务服务中心建设工作进行考核表彰，达州市政务服务中心建设工作获一等奖。

7 日，市委、市政府在京举行达州籍北京乡友恳谈会。老红军代表王定国、王定烈，原全国总工会副主席杨兴富，原国家发改委顾问石启荣，中国工程院院士沈忠厚等 100 余人出席。

8 日，市人事局、市妇联授予通川区民政局等 29

个单位达州市“三八红旗集体”，苟小莉等30人达州市“三八红旗手”；通川区妇联等28个单位“妇联系统先进集体”，喻静等50人达州市“妇联系统先进个人”称号。

9日，国家发改委下达宣汉县农村公路2009年新增中央投资3 044万元。

10～12日，四川省双拥工作检查验收组对达州市创建省双拥模范城工作进行检查验收。

11日，中共四川省达州市驻广东流动党员委员会在深圳市成立。在粤达州籍流动党员和务工人员、经商办企业成功人士代表100余人参会。

14日，“达州橄榄油”商标通过国家工商总局商标局评审后成功注册。

21日，市委召开第一批深入学习实践科学发展观活动动员会议，贯彻落实省委动员大会精神，动员和部署达州市深入学习实践科学发展观活动。

26日，宣汉县慈善会收到广东潮州商人陆裕春定向捐赠款20万元，用于资助清溪镇长清村修建公路桥。

28日，“中国能源化工高峰论坛”在达州市开幕。中国石油和化学工业协会会长李勇武、省政府副省长李成云等出席论坛并讲话。

△市地税局被中央文明委评为“第四届全国精神文明建设工作先进单位”。

28～29日，中国石油和化学工业协会二届五次理事会议暨全国石油和化工行业工作座谈会在达州市召开。

29日，“中国西部天然气能源化工基地行”大型采访活动启动。人民日报、新华社、中新社、中央电视台、四川日报、四川电视台、四川人民广播电台、重庆日报、重庆电视台、香港文汇报、香港商报、香港大公报等45家主流媒体，80余名记者组成的采访团集中向外推介达州天然气能源化工基地。。

31日，全市机关企事业单位干部职工共万余人参加文明劝导和爱国卫生义务劳动活动。

是月，宣汉县渡口土家族乡、龙泉土家族乡上万人次，在百里峡两岸种植杨树、柳树等树苗60万株。

4月

1日，市委发出《关于开展向向守牧同志学习活动的决定》。

7日，万源市“巴山雀舌”茶获“四川省名牌产品”和“四川省著名商标”。

14日，市纪委召开纪检监察学会2009年年会。

15日，主题为“开展城乡环境综合治理，保障人民群众身体健康”的全市第二十一个爱国卫生月活动启动仪式在中心广场举行。

22日，渠县黄花获国家地理标志产品认定。

23日，改革开放三十年达州“十大杰出经济人物”、“十大突出贡献企（事）业”颁奖晚会在中心广场演艺中心举行。市政协主席康莲英等向达州市改革开放三十年来涌现出的杰出经济人物、突出贡献企（事）业的代表——江善明、文谟统、廖荣波、唐杰、陈晓陆、赵相革、张秀全、雷远大、向黎、廖均；工商银行达州市分行、达州钢铁集团有限责任公司、川煤集团达竹煤电公司、中国人寿达州市分公司、达州市中心医院、中国移动达州分公司、中国电信达州分公司、四川一新投资实业有限责任公司、兰郡酒店实业、宣汉上峡煤焦有限公司颁奖。

△市二届人大常委会第二十八次会议决定，任命陈中华为达州市人民政府副市长；免去刘少华达州市中级人民法院审判员、审判委员会委员、副院长职务。

24日，中央宣传部发出《关于采访报道公安干警向守牧感人事迹的通知》，并安排《人民日报》（含《人民网》）、新华社（含《新华网》）、中央人民广播电台、中央电视台、《中国青年报》、《法制日报》从5月8日至11日对向守牧感人事迹进行大力宣传报道。

28日，中国电信达州公司正式推出天翼3G业务。

5月

3日，李向志主持召开专题会议，要求各级各相关部门全力抓好防控人感染猪流感疫情工作。

6日，市政府在达县召开义务教育区域均衡发展现场会。

8日，大中专毕业生就业援助大型招聘会在中心广场举办。

9日，“健康快车—中国石化四川·达州光明行”探访仪式在达州市国家粮食储备库隆重举行。

2009达州市“中国体彩杯”全民健身万人乒乓球大赛市本级预赛在市体育中心开赛。

10日19时至12日24时，市域各地普降大到暴雨。降雨主要集中在以达州主城区、通川区和达县城区为中心,包括大竹县北部、渠县北部、达县中东部、宣汉县南部和开江县北部的狭长地带。最大降雨出现在西外主城区,雨量达84.5毫米。截至5月13日10时,全市有78个乡镇28.2万人不同程度受灾,损毁房屋795间,损坏1 890间,有167户543间居民住房全部垮塌,紧急转移安置2 828人。因灾死亡2人、伤2人。国、省、市干道公路沿线多处坍方、沉陷,路面被淹,水沟、涵洞冲毁十分严重。路基冲毁2.58万方,坍方3.851万方,路面损毁7.04万平方米,23道涵洞受毁,防护工程受损4 500方。省道202线小河嘴段一处,山洪暴发,河水陡涨,冲毁该处路基近40米,交通中断,12条客运班线126辆客车停运。农作物受灾30.9万亩、成灾19.8万亩、绝收0.42万亩。直接经济损失8 115万元。民政部门紧急调运救灾棉被780床、衣物3 000余件、毛毯300床,发放到受灾群众手中。

11日,市政府召开全市城镇居民医疗保险启动实施视频会议,全面启动城镇居民医疗保险。

12日上午,达竹煤电集团柏林煤矿矿区山体发生大面积滑坡,纵向约100米,横向70米,滑坡面积达7 000平方米,导致大面积公路塌方,机车运输道坍塌受阻,交通完全中断,矿区3 300余名职工家属和洪河村9个村社共1 100余名村民工作生活无法正常进行。灾情发生后,达竹煤电集团董事长第一时间赶往现场查看灾情,指挥协调抢险工作。

13日,四川省重点产业投资项目暨第十届中国西部博览会推介会在重庆举行,达州市签约5个项目,签约资金8.3亿元。

△全省编制完成四川省2008～2012年优势特色效益农业发展规划,确立12大优势特色产业。其中达州市的马铃薯、茶叶、柑橘、油菜、蔬菜、烟叶、优质水稻、玉米8大产业列入全省优势特色产业。

14日,“达州市苎麻产业集群发展科技试点”被列入四川省统筹城乡发展科技行动重点项目。每年将获得国家和省500万科技资金支持。

15日,武警达州支队举行宣布命令大会。武警四川省总队副总队长李生钰宣读命令,王松清任武警达州市支队支队长。

18日,万源石塘乡发现一条完整的荔枝古道。

20日,省委副书记、省长蒋巨峰深入达州调研时,用“你们正在书写达州新的辉煌历史!”概括达州近年来取得的成绩。

20～22日,省委政协工作督查调研组来达州市调研。

24日,2009年版《达州市城市总体规划》出台:中国西部天然气能源化工基地,秦巴地区区域性中心城市、交通枢纽和商贸、物流、旅游中心,现代化的山水宜居城市。2015年,中心城区城市用地为60平方公里,人口达到80万,凸显大城市框架;2030年,城区城市用地为110.5平方公里,人口达到130万人;远景城市人口按180万控制,建成现代化特大城市。

△绕城公路化工产业区段竣工通车。

25日,截至5月24日,全市春季造林绿化完成营造林15.5万亩(人工造林11.3万亩、封山育林4.2万亩);中幼林抚育4.4万亩;育苗1 425亩,可产苗4 518万株(其中容器育苗305亩,1 075万株);全民义务植树参加人数302万人次,植树1 446万株,尽责率达98.6%。

△达州市再生资源行业协会挂牌。

31日,市委召开二届十三次全体会议。会议认真学习贯彻中央、省委领导重要讲话精神,总结达州市前一阶段学习实践活动情况,部署分析检查阶段工作。李向志出席会议并讲话。各县市区委、市级各部门主要负责人等190多人参加会议。

△中国文物学会命名渠县为“中国汉阙之乡”。

6月

1～13日,以“多彩民族文化,人类精神家园”为主题的第二届中国成都国际非物质文化遗产节在成都举行。达州市21个非物质文化遗产保护项目参展。

8日,市运管处召开安全生产紧急会议,就成都“6·5”公交车燃烧事故发生后,贯彻落实上级有关安全生产精神并再添系列举措。会议要求中心城区客运企业车辆6月15日前规范设置灭火器、安全锤,并禁止乘客携带不明液体乘坐公交车。

13日,2009四川全民健身日暨达州市全民健身节启动仪式在市体育中心举行,市级有关部门、行业系统、驻达单位及通川区、达县共21支队伍、1 200余人参加。

15日,首届道德模范评选活动结束。25名首届道德模范中,助人为乐模范5名、见义勇为模范5名、诚实守信模范5名、敬业奉献模范5名、孝老爱

亲模范5名

16日，汶川百花、玉龙小学师生返乡复课，告别达州。

22日，国电达州公司1×300兆瓦异地建设坑口电站工程及扩建2号机组工程环境保护设施，通过由中国国家环境保护部、四川省环境保护局等单位有关专家组成的环境保护竣工验收检查组的检查验收。

23~27日，原四川省人大常委会副主任徐世群、原省政协副主席刘昌杰、原省人大常委会副主任孟俊修等部分曾在达工作过的在蓉离退休老领导深入大竹、渠县、达县、宣汉、开江等地考察指导。

24日，武警达州市支队抗洪抢险汇报演练在达州港举行。

27日，达州市2009年普通高考32 541人参加，专科及以上上线人数29 549人，其中本科上线13 273人。理科最高分623分(大竹中学)，文科最高分618分(宣汉中学)。

28日，《四川达州手机报》开通。

29日，市委召开庆祝中国共产党建党88周年大会，并对中共万源市委等25个“四好”领导班子、中共达州市纪律检查委员会等18个保持“四好”领导班子、陈道平等18名优秀乡镇(街道)党(工)委书记和朱光均等53名优秀村(社区)党组织书记予以通报表彰。

30日，市政府与北京宏汉签定意向性协议，由北京宏汉投资有限公司投资30亿元在达州建设钾肥及深加工项目。

7月

1日，全市林权外业勘界确权工作基本结束，落实产权面积1 076.66万亩。发放林权证102.57万本，发证面积748.04万亩。

2日，四川煤矿安全监察局川西监察分局、达州市安全生产监督管理局、达州市监察局分别对2月12日新荣煤矿发生的较大放炮事故，3月5日达县金龙集团公司(寿田嘴煤矿)发生的较大瓦斯事故相关单位和责任人予以处理。

3日，第四次全国自强模范暨扶残助残先进集体和个人表彰大会在北京举行，表彰全国100个“残疾人之家”，达州市聋儿听力语言训练部榜上有名。

6日，万源市花楼乡三堡溪村发现4幅红军石刻标语。其中最大的高约1.2米，宽约0.8米。

7日，达成铁路复线扩能改造后投入运营。

9日20时至12日9时，万源市经历一次强降雨过程。井溪乡、旧院镇、固军乡等乡镇降雨量超过200毫米，达到特大暴雨。强降雨造成山洪暴发，河水陡涨，引发滑坡、泥石流等地质灾害，基础设施大量受损，农作物大面积受灾。

10日，达州市人口计生委与深圳市罗湖区人口计生局于在深圳市罗湖区清水河街道办事处举行达州罗湖计划生育协会联合会、达州罗湖计划生育协会联合会达州籍会员之家、四川达州籍流动人口计划生育服务管理工作室成立大会及揭牌仪式。

13日，全市抗洪抢险救灾工作汇报会在达州宾馆召开。民政部国家减灾中心副主任闫志壮，省民政厅副厅长三身小木滚等听取达州市“7·11”特大洪灾的情况汇报并观看专题片。此次暴雨洪灾造成全市263.96万人受灾，22.99万人紧急转移，18 123间房屋受损、12 145间倒塌，因灾死亡2人，失踪2人，伤病56人，直接经济损失12.11亿元。

△广元市向达州市捐赠救灾资金100万元。

14日，达县侨联被中国侨联表彰为“全国侨联系统先进基层组织”，市侨联主席蒋华渠被中国侨联、国务院侨务办公室联合表彰为“全国归侨侨眷先进个人”。

16~17日，川渝部分区(市、县)政协联席会议第六次会议在渠县举行，来自重庆、广安、南充、内江、成都、达州等17个县(市、区)政协领导及有关负责人出席会议。

20~26日，央视国际频道《走遍中国》栏目摄制组拍摄制作的大型电视专题片《走遍中国·达州》，通过CCTV-4《走遍中国》栏目与全球观众见面。《走遍中国·达州》共分七集，分别是《追寻勘探者的足迹》、《罗家坝之谜》、《汉阙的故事》、《战时秘密公路》、《寻找四脚怪鱼》、《古墓背后的秘密》、《巴山寻谜》。

21日，市社会福利院和儿童福利院竣工并投入使用。

△四川沽竹水泥日产2 500吨新型干法水泥熟料生产线在大竹县竣工投产。投产后每年可新增收入2.5亿元，利税8 000万元，解决300余人就业。

22日上午8点至10点，本世纪最完美的日全食如期而至，达城数万市民见证“白天变黑夜”的奇妙景观。9点左右，太阳大部分圆面被月球遮挡，天色也开始变暗,大地如同傍晚时分,笼罩在一片昏暗神秘的氛围中。9 时 15 分,太阳变成一弯镰刀……一叶细眉……一点光芒——日冕的光环燃烧在暗夜,星星闪耀在天顶,日全食出现。此时夜幕降临,整个达城置身于夏日夜晚。持续约两分钟,太阳与月亮又遵循各自的轨迹缓缓移开,倏忽分离的瞬间,日月再次同辉,在深蓝的天空中铭刻下一个光芒四射的“钻石环”。

8 月

1 日,武警达州市支队为庆祝八一建军节举行反恐集训汇报演练。

6 日,第三届达州市艺术节实施方案出台。

8 ~9 日,省委书记、省人大常委会主任刘奇葆在省委常委、省国资委党委书记王少雄,省委常委、秘书长、统战部长陈光志,副省长黄彦蓉陪同下,深入达州城市乡村检查指导工作,慰问干部群众。

18 日,金龙大桥、长田隧道、金龙大道南段通车。金龙大桥全长 484 米,双桥各宽 15 米、双向 6 车道;长田坝隧道双洞 4 车道,单洞长1 070米,洞口宽 9 米、高 5 米;金龙大道南段长 3 公里、宽 24 米。

20 日,第二届红歌连连唱大型电视文化活动在市广电大厦开唱。

25 日,中石油和雪佛龙中国能源公司合作的川东北天然气项目向达州市捐赠 60 万美元,折合人民币约 410 万元,用于改善医疗卫生条件。

26 日,市银监局职工冯杰当选为省首届助人为乐道德模范。

27 日,第二届农民工技能大赛开赛。

△国家篮球队队员、NBA 球星易建联为宣汉县希望小学捐赠塑胶篮球场、篮球、羽毛球等价值 20 万元的体育设施设备。

△在 2009 年度达州市福彩 · 慈善帮困助学金发放仪式上,10 名贫困学生代表每人领到了2 000元助学金。此次活动中,全市有1 700名贫困学生得到资助。

29 日,市长、市国动委主任何健被评为“2009 年西南国防动员建设‘十佳’市长”。

30 日,自 2009 年秋季开学起,全市统一中小学开学放假时间。秋季开学报名时间为 8 月 31 日,9 月 1 日正式上课,放假时间为农历腊月十九;春季开学报名时间为农历正月十六,十七正式上课,放假时间为 7 月 7 日。

9 月

3 日,“红歌连连唱”总决赛在达城西外人民广场举行,16 人进入决赛。张小红、何琴分别获得民族美声组和通俗组冠军。

4 日,万源、宣汉、开江、达县和大竹的 17 名孤儿通过相关考核,进入省民政干部学校“志翔班”就读。

7 日,大型川剧《巴山红叶》,在中心广场演展中心上演,王瑛的感人事迹,让1 000多名观众受到强烈震撼。王瑛生前系巴中市南江县县委常委、纪委书记,被授予“全国纪检监察系统先进工作者标兵”,患肺癌后,一直坚守在工作岗位上。2009 年 2 月,中央组织部追授王瑛“全国优秀共产党员”称号。

8 日,各界人士庆祝人民政协诞生 60 周年暨达州市政协成立 10 周年。

9 日,庆祝第 25 个教师节暨师德标兵事迹报告会在中心广场演展中心举行。会议表彰通川区高级中学等 20 所学校为“达州市师德先进集体”,龚嘉镇等 10 人为“达州市师德标兵”、张自强等 40 人为“达州市师德优秀教师”。

10 日,投资近 50 亿元的达万高速公路开工。达万高速公路起于达州市魏兴镇,止于川渝界。长 63. 9 公里,采用双向 4 车道高速公路标准建设,设计速度每小时 80 公里。设魏兴、盘石、七里、开江、讲治 5 座互通式立交桥。

11 日,市疾控中心流感网络实验室监测到 4 例流感样病例阳性标本,送省疾控中心检测确认为甲型 H1N1 流感病例。

16 日,市委召开深入学习实践科学发展观活动第一批总结暨第二批动员大会。

21 日,川陕革命老区连片开发第二次联席会议在达州宾馆召开。

21 ~22 日,全国总工会副主席、书记处书记张鸣起率国务院安委会第十督察组来达州市,前往南外客运站、达竹煤电小河嘴煤矿、达州钢铁集团等地检查指导安全生产工作,并出席达州市安全生产工作汇报会。

25 日,第三届达州市艺术节在中心广场演展中心落幕。《温暖阳光》、《渠江号子》等 16 个节目分别获得表演类、舞蹈类、戏曲类等 5 大类金奖。

27 日,巴中至达州铁路新建、达万铁路电气化改造等5个全省重大交通项目在成都火车站广场举行开工动员大会。该项目新建正线长约99.3公里，桥隧约占65%，全线共设车站14个。

28日，中国中西部经济技术协作区第二十二届协调委员会全体会议暨第二届秦巴地区商品交易会在达州市开幕。

10月

14日，省第十四次市州人大常委会人事代表工作座谈会在达州市召开。

16日，第十届中国西部国际博览会在成都盛大开幕。开幕式后，李向志来到达州展区，看望慰问参展客商和工作人员，了解达州参展情况。

17日，达州市投资促进说明会在成都举行。会上，签约项目85个，金额192.15亿元。

19日，通川区获"全国和谐社区建设示范城区"，通川区荷叶街社区获"全国和谐社区建设示范社区"。

21日，达州至成都"蓝箭号"快速列车开通，每日3班次。构筑起3小时内互通的交通体系。

22日，市委二届十四次全体会议在达州宾馆举行。出席会议的市委委员27人，候补委员7人。全会听取和讨论李向志受市委常委会委托作的工作报告，审议通过《中共达州市委贯彻落实〈中共中央关于加强和改进新形势下党的建设若干重大问题的决定〉的意见》。市委常委、组织部部长杨天宗就《意见（讨论稿）》向全会作说明。

23日，达州市老年人协会成立大会召开。

25日，达州至深圳航班首飞，空中飞行时间约2小时。

△手持电视业务在达州开通运营。

28日，天然气和盐卤化工达州市重点实验室在市质量检测中心挂牌成立。

30日，市二届人大常委会第三十一次会议决定免去杨建的达州市人民政府副市长职务。

△市人大常委会《达州市城市总体规划》审查会召开，会议听取市规划和建设局、四川省城乡规划设计研究院关于《达州市城市总体规划》修编工作的情况汇报。《达州市城市总体规划》将城市定位为，中国西部天然气能源化工基地，秦巴地区交通枢纽、商贸物流中心，川渝鄂陕接合部现代化山水宜居中心城市。城市人口规模2015年为80万，2020年为100万，2030年为130万。用地规模2015年为60平方公里，2020年为80平方公里，2030年为111平方公里。城市发展方向采取"南延西扩，控制向北发展"的城市空间发展模式。

11月

1日，襄渝二线全线通车庆祝仪式10月31日在西安铁路局万源车站举行。襄渝二线铁路总长507公里，开通后，列车由西安至重庆、成都的运行时间只需8小时和10小时，分别缩短6小时和7小时。

4日，达州利森水泥有限公司4 000吨/天新型干法水泥熟料生产线正式竣工投产。该项目总投资6.5亿元，日产水泥4 000吨。投产后，年可实现产值6亿元，利税1.2亿元，解决就业人员300余人，

5日，市新社会组织秘书长培训会召开，市级各新社会组织秘书长及各民办学校办公室主任100余人参加会议。

6日，万源市大竹镇庙梁子村发现一特大溶洞群。

6~8日，中、德、法联合组成的《寻找往昔》摄制组到渠县专题拍摄汉阙和文庙。

7日，全长8.77公里的普光天然气净化厂铁路专用线贯通。

10日，市人大常委会召开《达州市城市总体规划》审查会，审查并原则通过《达州市城市总体规划》。此次修编的《达州市城市总体规划》重点涉及达州市的城市性质、市域定位和发展方向，城市规模，达钢与河市机场搬迁，翠屏山的开发利用，城市空间布局和功能分区等问题。

11日，市委出台关于贯彻落实《中共中央关于加强和改进新形势下党的建设若干重大问题的决定》的意见。

12~13日，以四川省卫生厅副厅长王正荣为团长的省卫生城市复核检查团对达州市巩固省级卫生城市工作进行检查验收。检查团通过查阅资料档案、走访、检查，一致认为，达到省级卫生城市标准，顺利通过复查。

13日，达州市自1999年启动退耕还林工程以来，共实施退耕还林工程152.48万亩，累计发放退耕还林补助资金达10.84亿元，50.8万多农户从中受益。

16日，中国工商银行向万源市白羊乡中心小学

捐赠人民币35万元。

22日,将军后代合唱团来达州参观演出。

25日,即日起,达州市公民凭本人有效身份证和户口簿即可到户籍所在地的县(市)公安局出入境管理部门或市公安局出入境管理处直接申领因私普通护照。

12月

1～6日,新华社四川分社副总编辑任硌率分社专题调研组一行就达州市基层组织在"三村建设"中采取"一事一议"方式规划建设村级公益事业,拓展基层民主政治建设的经验做法等进行深入调研。调研组认为,达州市委、市政府连续6年来扎实推进的以"三村建设"为载体建设社会主义新农村,是一项"顺民心、得民意"的惠民利民工程。

5日,2009年度四川电视宣传工作会议在达州市召开。

7日,全市自强模范暨扶残助残先进集体和个人表彰大会召开。

9日,达州市获得港澳特别行政区援助地震灾后恢复重建6个项目,共计1.6亿元人民币。

16日,全市工业园区建设促进会在渠县召开。

17日,达州市台胞台属联谊会成立暨第一次代表大会在达州宾馆召开。

19日,四川汉唐实业有限公司和被告人冯斌、谢冰等9人涉嫌非法吸收公众存款罪,被告单位汉唐实业有限公司和被告人冯斌、冯某某涉嫌隐匿会计凭证、会计账簿罪一案,被通川区人民法院依法作出一审判决。

21日,达州预炮旅召开宣布命令大会。省军区副司令员李亚洲宣读成都军区命令,吴健任达州陆军预备役炮兵旅政治委员。

23日,达州市商业银行挂牌开业。

达(州)巴(中)高速公路开工动员大会在巴中市城郊2公里的刘家坝举行。达巴高速全线将采用双向4车道的标准设计,全长110.143公里,总投资102亿元,总工期3年,设计时速80公里,路基宽24.5米,全线共设11处互通式立交,设计特长隧道2座、长隧道8座、中隧道5座。建成后,达州至巴中由现在的4个多小时车程缩短为1个多小时。

24日,城万快速通道在重庆市城口县白址山隧道举行开工典礼。城万快速通道起于重庆市城口县三塘坝乡,止于四川省万源市石塘乡,与达陕高速公路的石塘互通联接,全长65.189公里,其中达州市万源路段长23.431公里。

25日,市财政局、市商务局联合下发《关于家电下乡补贴兑付的紧急通知》,要求各县(市、区)财政局、商务局,加快家电下乡产品补贴兑付进度,扩大产品销售。

27日,"神剑·乡魂"——纪念张爱萍将军诞辰100周年学术论坛在四川文理学院举行。

29日,邓成彬作词、罗福益作曲的歌曲《走进石桥》荣获省第十一届精神文明建设"五个一工程"奖,宋小武编剧的戏剧《史外英烈》获得巴蜀文艺奖,龙懋勤创作的小说《本是同根生》荣获四川文学奖。

30日,华新水泥(渠县)有限公司4 000吨/天熟料水泥生产线正式投产。华新水泥(渠县)有限公司可年产水泥熟料168万吨、水泥200余万吨。可实现年销售收入6亿多元,利税1.65亿元。

△庆祝建市十周年暨迎新年文艺晚会在市中心广场演艺大厅举行。晚会同时揭晓"感动达州十大人物"暨"影响达州十大事件"评选活动结果。

31日,在重庆举行的"重庆两路寸滩保税港区招商引资暨战略合作签约仪式"上,达州市政府与重庆保税港区签订《共同推进开放型经济发展合作框架协议》。重庆保税港区将为达州市的开放型经济提供政策指导,并为达州市的企业入驻提供多方面支持。

达州概况

达州市(2008)

【基本情况】2008年,全市面积16 591平方公里;年末总人口655.97万人,在四川省内少于成都市和南充市;年末全市生产总值603.99亿元,在四川省内低于成都市、绵阳市、德阳市、宜宾市;管辖通川区、万源市、达县、宣汉县、开江县、大竹县、渠县,其中宣汉县、大竹县、渠县为四川省第一批27个扩权县之列,共有3个街道办事处、102个镇、208个乡、1个旅游区管理委员会。

表9　2008年达州市经济社会发展主要指标

项　　目	单　位	实　绩	同比增减(+%)
地区生产总值	亿元	603.99	14.1
第一产业增加值	亿元	185.01	3.2
第二产业增加值	亿元	245.72	23.7
规模以上工业增加值	亿元	190.49	30.8
第三产业增加值	亿元	173.26	11.3
民营经济增加值	亿元	323.76	17.1
粮食总产量	万吨	289.6	4.5
肉类总产量	万吨	67.0	2.9
社会消费品零售总额	亿元	212.30	21.2
全社会固定资产完成投资	亿元	418.73	36.6
地方财政一般预算收入	亿元	20.10	26.9
地方财政一般预算支出	亿元	104.51	33.0
年末金融机构存款余额	亿元	634.35	25.7
年末金融机构贷款余额	亿元	219.83	2.4
保费收入	亿元	32.34	78.1
城镇居民人均可支配收入	元	9 748	14.0
农民人均纯收入	元	4 096	14.1
城市污水处理率	%	20.8	新统计项目
城市垃圾处理率	%	100	新统计项目
普通高校在校生数	万人	1.84	4.5
中小学在校生数	万人	98.55	-2.5
广播综合覆盖率	%	94.3	0.3

续表

项　　目	单　位	实　绩	同比增减(+%)
电视综合覆盖率	%	94.4	0.3
新型农村合作医疗制度参合率	%	95.18	1.9
增加部分			
耕地面积	公顷	285 678	1.7
森林覆盖率	%	38.4	-0.03
总人口	万人	655.97	0.9
人口出生率	‰	8.96	升0.96
人口死亡率	‰	5.98	升0.8
人口自然增长率	‰	2.98	升0.16
卫生机构	个	3 662	-15.9
卫生技术人员	人	10 967	0.8
苎麻产量	万吨	6.3	-1.6
油菜子产量	万吨	24.4	8.0
猪出栏头数	万头	606.5	2.5
猪年末存栏数	万头	472.0	2.3
天然气	万 M^3	16 298	39.0
原煤	万吨	158	1.0
焦炭	万吨	1 177	-8.9
生铁	万吨	206	2.6
钢产量	万吨	202	1.1
发电量	亿千瓦时	53.81	-0.9

【中共中央政治局常委李克强莅临达州考察指导抗击冰雪霜冻灾害】1月30～31日，中共中央政治局常委李克强在四川省委书记、省人大常委会主任刘奇葆，省委副书记、省长蒋巨峰的陪同下，专程来到达州，并赶赴宣汉县老君乡，代表党中央、国务院慰问受灾群众，考察指导四川省抗击冰雪霜冻灾害工作。他还先后深入中国石油化工集团普光天然气净化厂建设工地、达县青宁乡特大滑坡地质灾害重建工地慰问建设工人和受灾群众。

【全国政协天然气资源开发调研组听取达州市专题汇报】9月20日，全国政协副主席张梅颖带领由国家发展改革委员会、财政部、国土资源部、水利部等部委组成的全国政协天然气资源开发调研组，围绕"如何建立资源补偿机制，让西部走出富饶的贫困"的调研主题，在成都市专题听取了达州市的汇报。调研组重点围绕四个方面的内容展开工作展开：一是资源补偿体制、机制、法律体系的建立问题，即现代国家体制建设中，资源配置权如何还权于民；二是如何发挥资源税的调节作用，维护资源地的利益和稳定；三是确立资源补偿的标准，解决分成比例不合理的问题；四是自然资源所有权、使用权如何界定，使国家利益、群众利益得到较好体现。

【四川省抗震救灾先进典型事迹报告团第一团首场报告会在达州举行】7月17日，四川省抗震救灾先进典型事迹报告团第一团首场报告会，在达州市城市中心广场演艺大厅举行。五名英雄模范代表作了生动、催人奋进的报告，达州电视台对报告会进行了现场直播。为了配合此次报告会，由四川省委宣传部、新华社四川分社主办的"抗震救灾众志成城——2008中国抗震救灾大型新闻图片展"同步在达州市体育中心体育馆开展。

【达州市对口援建魏城镇"达州大道"工程竣工】10月28日，达州市对口援建绵阳市游仙区魏城镇的重点工程"达州大道"竣工移交仪式举行。达州大道为双向4车道，全长493米、宽30米，总投资750万元。

【渠江流域规划建设8座骨干水库群】达州市继2004年发生"9·3"特大洪灾后，又于2005年发生了"7·8"特大洪灾，并且2007年、2008年连续发生了多次强降雨天气过程，给人民群众生命财产造成严重损失。为了提高达州市防灾减灾抗灾能力，同时解决城市化过程中日益扩大的饮用水需求，经过水利等领域专家的积极勘测、论证，规划在渠江流域修建宣汉县樊哙镇土溪口水库、万源市沙滩镇黄桶湾水库、万源市长坝镇鲜家湾水库3座以防洪为主的控制性大型骨干水库，以及宣汉县白岩滩水库、通川区北外镇双河水库、万源市新店乡李家梁水库、渠县奉家乡刘家拱桥水库、万源市茶垭乡寨子河水库5座应急备用水库。

【金龙大桥和长田坝隧道工程开工】1月6日，达州经济开发区的南北交通大动脉，连接达州市主城区和位于州河南岸的达州天然气能源化工园区的金龙大道南延线控制性工程，州河金龙大桥和长田坝隧道开工建设。金龙大桥全长484米，双桥各宽15米、双向6车道；长田坝隧道双洞4车道，单洞长1 070米，洞宽9米、高5米，建设工期为18个月，承建单位中铁二局集团公司。

【优尼科东海有限公司在达州注册登记】2月27日，中国陆上油气田领域第一个中外合资企业，优尼科东海有限公司在达州市注册登记。该企业是世界五百强之一的美国雪佛龙集团为了和中国石油天然气集团合作开发、生产四川盆地川东北区块(以宣汉县南坝片区为中心的罗家寨天然气田)高含硫天然气而设立的子公司。前期投资合同总额62亿元人民币。4月2日，中国石油、美国雪佛龙川东北合作项目启动暨优尼科东海有限公司揭牌仪式在达州举行，这标志着中国最大的陆上石油天然气对外合作项目在达州正式启动。

【全国硫化工科技论坛暨产业推进会在达州召开】4月20日，由中国硫磺工业协会、四川省科技厅、中国石油大学(北京)、西南石油大学、《科学中国人》杂志社等共同举办，以“硫化工关键技术与产业发展”为主题的高峰会议在达州召开。会议就国内外硫化工发展的现状与前景、物流运输、安全环保等方面进行了研讨。以中国石油和中国石化为龙头，正在达州境内大规模开发的天然气田主要为高含硫气田，到2010年天然气净化附产的硫磺年产量将达到400万吨以上，为达州发展硫化工产业奠定了基础。达州得天独厚的硫磺资源将有效缓解中国硫磺供需矛盾，也为达州发展硫化工提供了资源基础。硫化工产业作为四川省新的产业增长点，发展潜力巨大、前景十分广阔，四川省政府支持以达州为中心的天然气能源化工产业发展。

【贵州翁福集团达州磷硫化工基地项目开工建设】12月18日，中国最大的磷化工集团贵州翁福集团规划建设的中国最大的磷硫化工基地项目，在达州天然气能源化工园区奠基开工建设。该项目第一期工程投资40亿元，建设工期3年，投产后预计可实现年销售收入50亿元以上，年利税8亿元以上。

【康泰化工年产8万吨双甘膦项目奠基仪式举行】6月28日，康泰化工8万吨双甘膦项目奠基仪式在中国西部(达州)天然气能源化工基地奠基。该项目投资为5亿元人民币，投产后可实现销售收入32亿元人民币，利税总额6亿人民币，可安置就业人员600多名。双甘膦是生产除草剂草甘膦(PMG)的重要中间体，草甘膦一种高效广谱灭生性除草剂，是国家鼓励发展的新品种农药。

【华新水泥股份有限公司渠县基地开工建设】6月11日，华新水泥股份有限公司日产4 000吨的渠县基地在卷硐乡开工建设。该项目采用先进的新型干法水泥熟料生产线，总投资15亿元人民币，建成后可年产水泥熟料128万吨，年产水泥177万吨，年实现销售收入4.4亿元，利税1.65亿元。

【2008～2009全国女排联赛开幕式在达州市体育中心体育馆举行】10月25日，安踏杯2008～2009全国女排联赛开幕式在达州市体育中心体育馆举行。国家体育总局排球运动管理中心党委书记、联赛组委会执行主席张蓉芳宣布开幕，揭幕战在主队四川女排和客队江苏女排之间进行，最终实力雄厚的江苏女排以3∶0战胜了四川女排。

【达州市第一届体育运动会成功举办】8月2日～6日，由达州市通川区人民政府承办的达州市第一届体育运动会在达州市体育中心举办。本届运动会共设比赛项目28个，参赛运动员接近5 000人。共产生金牌412枚、银牌386枚、铜牌370枚。

【中国西部(达州)诗歌之乡——达县北山乡命名大会举行】11月28日，中国西部(达州)诗歌之乡——达县北山乡命名大会在北山乡举行，来自全国各地的50多位诗人在此欢聚一堂。达县北山乡不仅是中国现代著名诗人梁上泉的家乡，而且涌现40多位活跃在四川省和达州市等地的诗人，并带动以北山乡为中心的毗邻达县、宣汉县和平昌县地区的诗歌创作，形成在中国西部独特的北山诗歌现象。

【成功举办四川万源首届天然富硒茶文化节】4月7日，由达州市人民政府主办、万源市人民政府承办，主题为“品天然富硒茶，走健康人生路”的“四川万源首届天然富硒茶文化节”在“中国富硒茶都——万源”开幕,活动历时3天。达州市是全国三大天然富硒带之一,是四川唯一的天然富硒区,万源市已经形成以“巴山雀舌”品牌为代表的富硒农产品种植、加工、贸易基地。

【领导名录】

中国共产党达州市委员会

书　记:李向志

副书记:何　健　胥　健

常　委:李志成　杨天宗　杜坤飞　杨　钢　何　平　杨　娟　杨清华

秘书长:李志成

达州市人民代表大会常务委员会

主　任:李向志

副主任:邓宏志　张志科　熊清明　符泽友　严　选　周述康　廖继康　刘元成

秘书长:陈绪科

达州市人民政府

市　长:何　健

副市长:何　平　杨佳鹏　杨　建　黄平林　古正举　陈中华

秘书长:刘元成

中国人民政治协商会议达州市委员会

主　席:康莲英

副主席:李志兴　李国友　王金尧　汤忠才　王全兴　周继德

秘书长:郝成科

达州市(2009)

【基本情况】2009年,全市面积16 591平方公里,其中耕地29.4万公顷,森林覆盖率39.88%。辖7个县(区、市),年末总人口657.56万人,人口出生率9.1‰,比2008年下降0.4个千分点;人口自然增长率2.7‰,降0.28‰。

【交通建设重点工程】1月16日,由达州运业集团投资4 000余万元,经过改扩建的达州汽车西站正式投入营运。建成新售票厅、候车大厅,建筑面积近3 000平方米。拥有发车站台24个,车场面积扩至1.5万平方米。共有客运线路57条,日发送量最高可达1.5万人次、日发班次800班。该站不仅是达州市南、西、北三大站之一,而且是川东北地区的重要汽车客运枢纽。

7月7日,达成铁路复线扩能改造后投入运营。

8月18日,金龙大桥、长田隧道、金龙大道南段通车。金龙大桥全长484米,双桥各宽15米、双向6车道;长田坝隧道双洞4车道,单洞长1 070米,洞口宽9米、高5米;金龙大道南段长3公里、宽24米。该工程于2008年1月6日,是达州经济开发区的南北交通大动脉,连接达州市主城区和位于州河南岸的达州天然气能源化工园区、达(州)渝(重庆)高速公路达州南互通式立交桥。

9月10日,投资近50亿元的达(州)万(州)高速公路四川段开工。达万高速公路起于达州市魏兴镇,止于开江县和重庆市开县接壤的川渝界——巫山砍。长63.9公里,采用双向4车道高速公路标准建设,设计速度每小时80公里。设魏兴、盘石、七里、开江、讲治5座互通式立交桥。

9月27日,巴中至达州铁路新建、达(州)万(州)铁路电气化改造等5个全省重大交通项目在成都火车站广场举行开工动员大会。巴中至达州铁路新建正线长约99.3公里,桥隧约占65%,全线共设车站14个。

10月21日,成都至达州间“蓝箭号”快速列车开通,每日往返6个班次,全程运行时间在2小时57~59分之间,构筑起3小时内互通的交通体系。成都至达州间的运行时间随着达成铁路复线工程配套设施的完善,还将进一步缩短。

10月25日,达州至深圳航班首飞,空中飞行时间约2小时。至此达州机场已经开通至成都、北京、广州和深圳四条空中航线,达州机场正在申请开通至上海、武汉、济南、西安、昆明航线。

10月31日,总长507公里的襄渝铁路二线工程(重庆—安康)全线通车庆祝仪式在西安铁路局管辖的四川省达州市万源火车站举行。襄渝二线铁路开通后,列车由西安至重庆、成都间的运行时间只需8小时和10小时,分别缩短6小时和7小时。

12月23日日,达(州)巴(中)高速公路开工动员大会在巴中市城郊2公里的刘家坝举行。达巴高速全线将采用双向4车道的标准设计,全长110.143公里,总投资102亿元,总工期3年,设计时速80公里,路基宽24.5米,全线共设11处互通式立交桥,其中达州市境内设江陵、碑庙、安云、魏兴互通式立交桥，在魏兴连接达渝（重庆）、达陕（陕西省安康市）、达万（万州）。达巴高速公路建成后，达州至巴中由现在的4个多小时车程缩短为2小时以内。

表10　2009年达州市经济社会发展主要指标

项　　目	单　位	实　绩	同比增减（+%）
地区生产总值	亿元	682.73	14.2
第一产业增加值	亿元	178.14	3.3
第二产业增加值	亿元	309.03	21.6
规模以上工业增加值	亿元	249.23	26.0
第三产业增加值	亿元	195.56	11.6
民营经济增加值	亿元	345.20	18.6
粮食总产量	万吨	296.10	2.3
肉类总产量	万吨	69.10	3.2
社会消费品零售总额	亿元	264.75	15.3
全社会固定资产完成投资	亿元	545.32	30.2
地方财政一般预算收入	亿元	23.31	19.4
地方财政一般预算支出	亿元	129.33	23.7
年末金融机构存款余额	亿元	763.52	20.4
年末金融机构贷款余额	亿元	299.52	36.3
保费收入	亿元	30.67	-5.2
城镇居民人均可支配收入	元	11 103	13.9
农民人均纯收入	元	4 421	07.9
城市污水处理率	%	86.48	50.26
城市垃圾处理率	%	82.21	100
普通高校在校生数	万人	1.79	-2.7
中职学校在校生数	万人	9.40	13.7
中学在校生数	万人	39.96	-1.5
小学在校生数	万人	56.77	-2.3
广播综合覆盖率	%	94.5	0.10
电视综合覆盖率	%	94.5	-0.68
新型农村合作医疗制度参合率	%	96.23	0.11

12月24日，城（口）万（源）快速通道在重庆市城口县白址山隧道举行开工典礼。城万快速通道起于重庆市城口县三塘坝乡，止于四川省万源市石塘乡，与达陕高速公路的石塘互通联接，全长65.189公里，其中达州市万源路段长23.431公里。

【天然气能源化工基地建设】2月20日，位于宣汉县清溪镇金鹅村的中石化普光分公司清溪一井集气站的达化专线输气管道，试行对达州化工园区送气。

3月28日“中国能源化工高峰论坛”在达州市开幕。中国石油和化学工业协会会长李勇武、省政府副省长李成云等出席论坛并讲话。

3月28～29日，中国石油和化学工业协会二届五次理事会议暨全国石油和化工行业工作座谈会在达州市召开。

3月29日，“中国西部天然气能源化工基地行”大型采访活动启动。人民日报、新华社、中新社、中央电视台、四川日报、四川电视台、四川人民广播电台、重庆日报、重庆电视台、香港文汇报、香港商报、香港大公报等45家主流媒体，80余名记者组成的采访团集中向外推介达州天然气能源化工基地。

11月7日，全长8.77公里的普光天然气净化厂铁路专用线贯通。

【建材工业重点工程】1月21日，安徽海螺集团投资的年产2×5 000吨/天新型干法水泥项目在大竹县石河镇开工建设。项目计划投资15亿元，新建两条日产2×5 000吨熟料新型干法水泥生产线、年产440万吨的水泥粉磨系统和18兆瓦纯低温余热发电项目。第一条生产线预计2009年10月底建成投产。两条生产线建成后,年产熟料新型干法水泥可达440万吨,可实现年产值16亿元,利税2.4亿元。

2月18日,总投资7亿元的华新万源年产300万吨水泥生产线项目在万源市官渡镇开工建设。

7月21日,四川沽竹水泥日产2 500吨新型干法水泥熟料生产线在大竹县竣工投产。投产后每年可新增收入2.5亿元,利税8 000万元,解决300余人就业。

11月4日,达州利森水泥有限公司4 000吨/天新型干法水泥熟料生产线正式竣工投产。该项目总投资6.5亿元,日产水泥4 000吨。投产后,年可实现产值6亿元,利税1.2亿元,解决就业人员300余人,

12月30日,华新水泥(渠县)有限公司4 000吨/天熟料水泥生产线正式投产。华新水泥(渠县)有限公司可年产水泥熟料168万吨、水泥200余万吨。可实现年销售收入6亿多元,利税1.65亿元。

【文化】1月20日,达州元九登高节入选"中国·四川十大名节"。经过公众投票和专家评审,丹巴嘉绒藏族风情节、成都国际桃花节、达州元九登高节、自贡灯会、华蓥山幺妹节、岳池农家文化旅游节、宜宾酒圣节、凉山彝族火把节、绵竹年画节、都江堰放水节等10个地方节日获首届"中国·四川十大名节"称号。达州元九登高节已沿袭千年,每年正月初九,数十万人倾城出游的达州元九登高传统,在全国也属罕见壮观景象,因具有鲜明的地方人文民俗色彩,具有不可替代的文化个性特征,具有热烈的现场活动气氛,具有良好的参与性,具有满足时代发展需要的文化内涵和创新性,具有显著促进地方经济发展的外延性,不但获得了极高人气的公众投票支持率而且获得了评审专家一致称赞。

2月3日,达州市城市核心风景区凤凰山的重点建设工程——凤凰楼,落成并向市民开放。该景点坐落于凤凰山巅,占地面积9 751平方米,由凤凰楼、文化广场、仿古六角亭和艺术回廊构成。凤凰楼共6层,高39米,以元九登高为主题,取意唐代宫灯,寓意太平盛世、国运昌盛。

2月3日,2009中国·达州元九登高节"瓮福杯"大巴山民歌会在达州市演展中心上演,由来自四川、湖北、陕西、重庆四省(市)八市区的民歌手联袂演出。

5月31日,中国文物学会命名渠县为"中国汉阙之乡"。

6月1~13日,以"多彩民族文化,人类精神家园"为主题的第二届中国成都国际非物质文化遗产节在成都举行。达州市21个非物质文化遗产保护项目参展。

7月20~26日,中央电视台国际频道《走遍中国》栏目摄制组拍摄制作的七集大型电视专题片《走遍中国·走进达州》,向世界140多个国家和地区播出。专题片播出顺序是《追寻勘探者的足迹》、《罗家坝之谜》、《汉阙的故事》、《战时秘密公路》、《寻找四脚怪鱼》、《古墓背后的秘密》和《巴山寻谜》。

11月6~8日,中国、法国和德国联合组成的《寻找往昔》摄制组到渠县专题拍摄汉阙和文庙。

12月27日,"神剑·乡魂"——纪念张爱萍将军诞辰100周年学术论坛在四川文理学院举行。

12月30日,庆祝达州建市十周年暨迎新年文艺晚会在达州市市演展中心举行。晚会同时揭晓"感动达州十大人物"暨"影响达州十大事件"评选活动结果。

【体育】1月31日,由国家体育总局手曲棒垒球运动管理中心、中国曲棍球协会主办,达州市体育局承办的第二届国家曲棍球奥林匹克后备人才基地冬令营开营仪式在四川文理学院举行。本届冬令营共有来自北京、上海、天津、四川、辽宁、吉林、内蒙古、江苏、上海、广东、甘肃、河南12个省市的24支队伍,437名队员参加比赛。

8月27日,国家篮球队队员、NBA球星易建联亲自到宣汉县花池乡,为四川省第一所希望小学——宣汉县希望小学捐赠塑胶篮球场、篮球、羽毛球等价值20万元的体育设施设备。

【卫生】5月9日,"健康快车—中国石化四川·达州光明行"探访仪式在达州市国家粮食储备库隆重举行。

【领导名录】

中国共产党达州市委员会

书　记:李向志

副书记:何　健　胥　健

常　委:杨天宗　杜坤飞　杨　钢　何　平
　　　　杨　娟　杨清华

副秘书长兼办公室主任：何洪波

达州市人民代表大会常务委员会

主　任：李向志

副主任：邓宏志　张志科　熊清明　严　选　周述康　廖继康　刘元成

秘书长：陈绪科

达州市人民政府

市　长：何　健

副市长：何　平　杨佳鹏　黄平林　古正举　陈中华　吴立岩

秘书长：刘元成

中国人民政治协商会议达州市委员会

主　席：康莲英

副主席：李志兴　李国友　王金尧　汤忠才　王全兴　刘方棠　王善国

秘书长：郝成科

通　川　区

【**概况**】通川区位于四川省东北部，达州市中部，南滨州河，北倚凤凰山，为达州市政治、经济、文化中心。辖东城、西城、朝阳3个街道办事处，西外、北外、复兴、罗江、蒲家、双龙、魏兴7镇，磐石、东岳、新村3乡及莲花湖管委会。2009年末，行政区域土地面积445平方公里，年末户籍人口42.62万人。2008年，全区完成地区生产总值85亿元，增长14.2%；财政一般预算收入1.87亿元，增长30.8%；全社会固定资产投资55.8亿元，增长21.4%；规模以上工业增加值44亿元，增长23.5%；社会消费品零售总额44.3亿元，增长21.4%；城镇居民人均可支配收入10 748元，增加1 210元；农民人均纯收入5 345元，增加612元；城镇登记失业率控制在4.2%以内；万元生产总值综合能耗下降4.4%。2009年，全年完成地区生产总值102.36亿元，增长13.7%；地方财政一般预算收入2.21亿元，增长18.1%；全社会固定资产投资70.02亿元，增长25.6%；区属规模以上工业增加值14.22亿元，增长25.8%；社会消费品零售总额52.7亿元，增长19%；城镇居民人均可支配收入12 366元，增加1 618元；农民人均纯收入5 767元，增加422元；城镇登记失业率控制在4.2%以内；万元工业增加值综合能耗下降8%。

【**统筹城乡**】2008年，北外开发达成合作协议，完成地质灾害和环境影响评估，张家坝大桥进入设计阶段，土地征收获省政府批准，土地“瓶颈”问题得到解决。凤凰山片区“城中村”改造修建性详规已上报市规委会，土地初级整理及基础设施建设达成合作协议。卫星场镇建设成效明显，完成双龙、复兴、蒲家等8个乡镇场镇总规修编工作，示范小区建设加快推进。场镇开发逐步规范，经营城镇成绩显著，实现土地出让收益2 262万元。城乡环境综合整治扎实开展，对210国道、塔石路、西河路沿线进行了净化、绿化，对蒲家、魏兴、罗江等场镇实施了亮化改造；投入300余万元，建成了蒲家、罗江文化休闲广场，美化了朝办龙泉小区居住环境；北外镇创建为“省级优美乡镇”。2009年，注重规划引领，编制了统筹城乡发展总体规划和八个专项规划。加大推进力度，建立了领导机制、推进机制和考核机制。探索制度创新，出台了统筹城乡就业、户籍制度改革、村级公共服务和失地农民参加养老保险等实施意见。着力试点示范，北外、罗江、双龙、莲花湖等四个乡镇在综合配套改革、旅游文化发展、土地流转、社会管理和公共服务等方面成效初显；各重点村（社区）以产业发展、环境打造、公共服务等为重点积极探索，全区统筹城乡发展实现“四大延伸”、“两大变化”。

【**工业经济**】2008年，达州电厂第二台机组并网发电，泰昕炉料、智鹏砼业、巨龙油脂等项目竣工投产，新鑫建材加快建设，区属规模以上企业达到38户。骨干企业持续发展，达州电厂、华润啤酒、利森水泥、旭阳水泥、福瑞药业被评为“四川省成长型中小企业”。着力调整工业空间布局，多方比选，科学论证，确立新建魏兴工业集中区，完成了控详规划制定、用地指标上报、管委会设立等工作。限期整治污染企业3家，主要污染物排放削减5%，规模以上工业企业万元增加值综合能耗下降6%，节能减排任务全面完成。2009年，打造发展平台，筹集资金1 400万元，完成集中区400亩拆迁安置任务；搭建融资平台，组建了金地工业发展公司；加强招商洽谈，与华兴建筑机械、宏隆肉业等达成落户意向。中小企业加快发展，全年销售收入上亿元的企业16户，上5亿元的企业4户；新增恒丰钢构、淞源化工、巨森木业等规模以上企业8户，新增航达钢铁、百年灯影、巨龙油脂等省“成长型中小企业”3户，巨仁泰、川汉子、百年灯影新创为省名优品牌，军华肉业“犇牛”牌牛肉被评为国家名优商标。关闭污染企业 2 家，削减二氧化硫9 350吨。

【第三产业】2008 年，立足提升老城区餐饮娱乐业档次，启动滨江商业街打造，完成了规划设计，出台了招商政策，上报了实施方案。市场建设亮点纷呈，全国零售业 500 强苏宁电器中心广场店、世纪广场店相继开业，新建成的高望都宾馆达到四星级水准，沃尔玛购物广场等项目建设推进有力。加强市场专项整治，规范乡镇生猪牛羊定点屠宰，加强粮油储备，保证蔬菜、肉类市场供应，商品市场规范有序。积极开展“家电下乡”工作，兑现财政补贴 50 万元，促进了农村消费升级。深入打造王家山景区，建成“送君亭”广场，完善了相关配套设施，加强了景区管理；加快“神剑园”建设步伐，启动了达州红军文化陈列室建设，着力打造红色旅游精品；大力发展城郊休闲旅游业，发展星级农家乐 16 家，全年实现旅游收入 5.73 亿元。2009 年，骨干商贸企业运营良好，塔沱农产品批发市场交易额达 21.6 亿元、新世纪百货销售额达 2.88 亿元；汽车销售迅猛增加，家电下乡成效显著；餐饮娱乐持续兴旺，社区商业加快发展；个体私营经济发展迅速，新增个体工商户2 277户、私营企业 293 家。房地产业逐渐复苏，旅游产业更加活跃。市场体系建设扎实推进，通锦美食街、名人服饰广场投入营运，沃尔玛购物广场、摩尔百盛商场即将开业，亚鑫建材市场、复兴活禽定点交易屠宰市场建设有序推进。滨江特色商业街规划顺利通过市规委会评审，打造工作正式启动。强化市场监测监管，大力整治粮油、烟草、酒类和畜禽屠宰市场，市场运行规范有序。

【农村经济】2008 年，特色农业初见成效，发展蔬菜基地11 500亩、花卉(苗木)基地 500 亩、通川梨橙(柑桔)示范带3 300亩，建成“一乡一业”乡镇 2 个、“一村一品”村 10 个，常年性蔬菜基地建设获全市一等奖。引进业主 13 户、龙头企业 1 家，组建专业合作社 4 个，建成规模养殖场 42 个。成立全市首家土地股份合作社，建成蒲家现代农业示范园区1 200亩。新农村建设成效显著，建成省级试点村 3 个、市级示范村 6 个、区级示范村 11 个，启动省级村庄人居环境治理试点项目 5 个。全面落实支农惠农政策，大力发展劳务经济，农村劳动力转移培训2 353人，农民实用技术培训 6.5 万人次，实现劳务开发收入 5.01 亿元。2009 年，有序流转土地承包经营权 1.2 万亩；粮经播面比 45∶55，收入比 20∶80。完成糠禾万头养猪场扩建，天源、鑫源、伟林等农业产业化龙头企业发展壮大。新发展农民专业合作社 12 家，鸿缘食用菌专业合作社获省“农村经济先进专合组织”称号。建成“一村一品”村 18 个，获准无公害食品认证 3 个。整合涉农项目，投入5 533万元集中打造新农村建设示范村，完成户办工程 915 户，建设经济园9 000亩。大力发展劳务经济，农村劳动力转移培训2 315人次，农民实用技术培训 1.15 万人次，实现劳务开发收入 5.13 亿元。农村基础设施日益改善，改造中低产田5 000亩，综合治理水土流失 10 平方公里；整治病险水库 4 座，建成蓄水池 98 口，改造提灌设备 215 台；硬化通村公路 103.7 公里，在全市率先实现“村村通水泥路”目标。

【项目建设】2008 年，投入1 000万元，改造了罗江、魏兴、蒲家、东岳、双龙场镇过境公路，整治了 210 国道、达七路、双新路，主要干道形象得到较大提升。硬化通村公路 108.1 公里，全区 86% 的村道实现硬化，东徐路、东莲路、磐洋路、磐庙路、达七路等农村公路实现贯通联网；建立农村公路管养机制，完善安保设施，农村交通面貌极大改善。场镇基础设施建设力度加大，东岳客运站投入使用，蒲家场镇污水治理工程加速推进，魏兴、东岳场镇供水工程前期工作全面完成。整治病险水库 6 座，新建微水工程 146 处，新建、改造提灌站 2 处；完成朱家沟河道整治；完成“红层找水”打井 541 口；建成沼气池1 200口；磐石、魏兴土地整理项目全面竣工，新增耕地3 400亩，农村生产生活条件不断改善。2009 年，争取中央、省、市投资项目 28 个，到位资金7 155万元。完成襄渝铁路Ⅱ线、达陕高速、环城公路等省、市重点项目征地拆迁任务，扎实做好协调服务工作，有力地保障了项目建设顺利实施。经不懈努力张家坝控详规划获市规委会通过，经多方筹资1 925亩土地征收批文全部拿回，张家坝大桥完成初设，防洪堤项目融资9 500万元获省农发行批准。倾力打造神剑园，红军文化陈列馆如期竣工，着力周边环境美化，修缮张爱萍将军故居，完成环山公路、停车场和安置小区建设，增设国防教育景点，景区面貌焕然一新。深入打造王家山景区，道路等配套设施进一步完善，景区品质明显提升。高起点编制犀牛山景区规划，完成景区道路硬化、余家沟水库整治和接待中心建设。西罡学校灾后重建全面完成，八中迁建、一小新校区建设积极推进。启动东城社区卫生服务中心新建和罗江、蒲家中心卫生院改扩建。

【资金保障】2009 年，向上争取财力性转移支付 2.95 亿元，增长 36.1%；财政专项资金 2.87 亿元，增长 34.83%。制定激励机制，强化税收征管，国税收入 2.48 亿元，地税收入 2.61 亿元，分别增长 30.6%、26.7%。地方财政一般预算支出 8.46 亿元，增长 37.3%。优化支出结构，加强支出管理，严格执行预算，下调单位公用经费 5%。全力保运转、保重点、保应急，较好地保障了民生工程、教师绩效工资、村（社区）干部待遇、城乡环境治理、重点项目建设等支出。成立金融办公室，加强银政合作，促进银企对接，政府融资初见成效，企业贷款逐年增加。

【环境治理】2009 年，坚持规划先行，广泛宣传动员，大力开展"七进"活动。加强场镇基础建设，添置环卫设施，完成王家山、蒲家镇污水治理和罗江镇排污管网建设，改造整治城区农贸市场 14 个、乡镇农贸市场 9 个，朝阳农贸市场成为川东北一流市场，通川农贸超市达到星级标准；着力打造"两山一园一湖"景区，改造整治国省干道 26.67 公里，对沿线农房实施风貌打造，罗江高石社区农民新居集中展示了川东民居风格，重点景区、国省干道沿线和场镇得到全面绿化；突出"五乱"治理，强化秩序规范；增设协管员、保洁员，落实"门前三包"，加强日常管理和清扫保洁，城乡面貌显著改善，成功承办了全市城乡环境综合治理第五次现场会。

【改革开放】2008 年，推进行政审批制度改革，进一步精减行政审批事项，"两集中、两到位"推进有力，34 个部门 270 项行政许可项目全部入驻政务服务中心。乡镇机构改革稳妥推进，机构编制实行实名制管理，规范公务员津补贴工作平稳有序。企业改革稳步推进，大众公司解体清算工作全面完成，恒利达、二轻供销、四方电器、神牛建材、五金公司等企业职工安置基本结束。集体林权制度改革完成确权勘界。主动出击，赴沿海四省市开展承接产业转移招商，积极参加"厦洽会"、"广交会"、"西博会"，招商引资履约项目 40 个，实际到位资金 25.97 亿元，增长 66%。外资外贸工作卓有成效，利用外资 40 万美元，出口创汇 515 万美元，天源公司甜玉米和法国豆罐头加工出口填补了通川自营出口空白。2009 年，乡镇机构改革深入推进，集体林权制度改革全面完成，乡镇建管体制改革顺利实施，企业改革稳步推进，安置区钢厂、塑料厂、兰森公司职工1 230人，发放安置金3 320万元。组织党政代表团赴渝考察交流，融入重庆步伐加快，成功承办了川渝七县区第四十七届联防护林暨经济协作会。灵活招商方式，积极参加广交会、渝洽会、西博会、秦巴交易会，成功引进摩尔百盛、三和汽贸、月亮湾生态农业观光园等项目，全年招商引进投资3 000万元以上项目 10 个，实际到位资金 29.9 亿元，增长 18.44%。外贸工作卓有成效，新培育自营出口企业 1 户，实现出口创汇 617 万美元。

【社会事业】2008 年，加大教育投入，教育支出 1.44 亿元，占财政总支出的 23.26%，化解教育债务 2 546万元；全面完成震后学校 B、C 级危房维修加固，西罡学校、北外中心校危房拆建有序推进；二小、七小"超大班额"状况得到缓解，实验小学新教学楼全面投入使用；义务教育经费保障机制改革政策全面落实，接收农民工子女就读4 573人，留守儿童寄宿制学校和"卫生新校园"项目[2]全面启动；罗江、魏兴中心校和金山小学通过市级示范学校验收；高考本科上线 359 人，创历史新高。全面实施新农合制度，参合率达 91.5%，累计报销医疗费用 740 余万元；新建社区卫生服务中心（站）4 个，并顺利通过省上验收；区人民医院与西外中心卫生院、区二人民医院与蒲家镇卫生院实现整合，建成标准化村卫生站 6 个，农村卫生服务能力明显增强；加强乡镇食品药品安全监管，加强重大疫病防治，传染病发病率下降 15%，有效维护了公共卫生安全。科技奖励资助政策进一步完善，实施省、市、区重点科技项目 17 项，推广农业实用新技术 23 项，申报国家专利 47 项；推行科技特派员制度，农村信息化工作取得新成效；全国"科普示范区"通过复查验收，青少年科技创新大赛成绩优异。文艺创作完成国家级作品 2 件、省级作品 10 件、市级作品 52 件，2 人荣获首届"达州市文艺创作政府奖"；组织开展了元九登高等群众性文化体育活动；达州市第一届运动会承办工作获得成功，竞赛成绩名列前茅。人口计生工作扎实有效，流动人口管理工作获全省先进，成功创建为全省"计划生育村（居）民自治先进区"，符合政策生育率稳定在 86%。"和谐社区"建设推进有力，打造精品社区 15 个。投入 300 余万元，完成省级爱国主义教育基地烈士陵园修缮。全面落实各项优抚政策，省"双拥模范区"创建工作扎实有效。第二次全国农业普查荣获“全国先进集体”称号。精神文明建设活动扎实开展，新创建省、市、区级文明单位(村)12个。妇女、儿童、老年人、残疾人的合法权益得到有效保护，外事、侨务、对台、史志、档案、民族、宗教等工作取得新进展。2009年，教育经费支出2.23亿元，增长55.1%，占财政一般预算支出的26.34%；大力实施校舍安全工程，学校技术物资装备得到加强，薄弱学校办学条件明显改善；大班额得到有效控制，办学行为进一步规范。甲型H1N1流感防控有力，无重大传染病暴发流行；新建社区卫生服务站2个，城市社区卫生服务覆盖率达91.4%；新农合健康运行，参合率达92.4%，累计报销医疗费用1 035万元；建立乡镇监管机构，食品药品安全得到加强。引进新品种新技术21项，申报国家专利22项。科普工作成绩突出，青少年科技创新获国家级奖励3项、省级奖励28项。文艺创作成果丰硕，完成国家级作品2件、省级作品8件，1部文学作品获省第六届文学奖；组织开展了元九登高、首届机关职工运动会和国庆歌咏赛等群众性文体活动，建成农民健身工程16个、农家书屋65家；“元九登高节”列为省非物质文化遗产，张爱萍将军百年诞辰纪念活动圆满成功。落实计生奖励扶助政策，符合政策生育率85.6%。第一次全国污染源普查顺利完成，第二次全国土地调查工作全面结束，第二次全国经济普查获省级表彰。精神文明建设深入开展，表彰首届“道德模范”17名。《通川区志》顺利通过省、市评审，妇女、儿童、老年人、残疾人的合法权益得到有效保护，档案、外侨、对台、兵役、民族、宗教等工作取得新进展。

【民生保障】2008年，认真落实“八大民生工程”，总投入2.68亿元，全面完成8大项55小项目标。深入开展“充分就业区”创建活动，建成充分就业社区44个，安置下岗失业人员和失地农民1 630人，485名就业困难对象实现再就业，城镇新增就业3 300人。社会保障覆盖面不断扩大，启动了城镇灵活就业人员医疗保险，城镇基本养老保险覆盖39 030人，发放养老保险金1.7亿元；低保工作规范有序，“全国基层低保规范化建设示范区”通过验收评审；621名“五保”对象全部纳入供养范围，集中供养率达29%。解决了518户农村特困无房户和受灾群众的住房困难，建成经济适用房30套、廉租住房100套，1 792名城镇低收入无房户享受住房租赁补贴。2009年，全面落实“两免一补”政策，补助贫困寄宿生1 600人，资助中职生1 596人。69个社区全部建成“充分就业社区”，帮助下岗失业人员、失地无业农民和返乡农民工实现再就业，城镇新增就业3 761人。社会保障覆盖面不断扩大，全区养老保险参保4.1万人，城镇居民参加医保11万余人；城乡低保规范有序，实现动态管理下的应保尽保；“五保”集中供养率达40%。加大救济救助力度，医疗救助3.1万人次，扶持农村贫困人口1 500人，新建爱心超市12个。完成农村安居工程100户，1 389户3 147人享受廉租房补贴。新建农村集中供水点112处，解决了1.73万人饮水安全问题；改建标准化供水站2座，改善了罗江场镇自来水质量，彻底解决了蒲家场镇供水难问题。

【领导名录】

中共达州市通川区委员会

书　记：洪继诚

副书记：陈文胜　李逢友（2008年11月前）
　　　　荀小莉（2008年11月后）

常　委：张学军　杨　敏　王　波　任坤林
　　　　赵光华　赵本权（2009年9月前）
　　　　陈光文　曾　伟（2009年8月后）
　　　　张远新（2009年8月后）

通川区人大常委会

主　任：洪继诚

副主任：米　谷　魏庆明　吴世明　李联群
　　　　秦亚龙　贾　玲

通川区人民政府

区　长：陈文胜

常务副区长：荀小莉（2008年11月前）
　　　　　　张学军（2008年11月后）

副区长：任坤林　赵本权（2009年9月前）
　　　　郝德恒　曾　伟　练　丹
　　　　倪　欣（2009年9月后）
　　　　文华剑（2009年9月后）
　　　　徐　华（2009年9月后）

政协通川区委员会

主　席：刘应春

副主席：殷小玲　刘永明　邓兴定　雷　萍
　　　　徐迎春

（洪小平　熊江华）

万 源 市

【基本情况】2008年,全市面积4 065平方公里,其中耕地3.11万公顷,比2007年(下同)增加1.9%。辖12镇40个乡共计52个乡(镇)、371个村民委员会,24个社区居委会。年末总人口60万人。人口出生率10.12‰,较上年上升9.8个千分点;人口自然增长率4.37个千分点。全年实现地区生产总值51.5亿元,增长13.9%。其中:第一产业增加值18.2亿元,增长3.2%;第二产业增加值19.8%,增长25%,规模以上工业企业实现增加值14.1亿元,增长30.5%;第三产业增加值13.5亿元,增长11.2%。民营经济增加值27.9亿元,增长16.6%。粮食总产量29.2万吨,肉类总产量6.54吨。社会消费品零售总额15.6亿元,增长21%;全社会固定资产投资39亿元,增长30.5%;地方财政一般预算收入1.1亿元,增长32%;地方财政一般预算支出9.7亿元。年末金融机构存款余额41.2亿元,增长33%,年末金融机构贷款余额15.9亿元,增长21.8%;保费收入0.57亿元,增长12.3%;城镇居民人均可支配收入8 984元,增长12.1%;农民人均纯收入2 950元,增长6.6%;中小学在校生数92 064人;广播综合覆盖率85%;电视综合覆盖率96%;全市实现农业总产值27.2亿元,增长3.3%。新型农村合作医疗制度参合率89.1%。2009年,全市面积4 065平方公里,其中耕地3.12万公顷,比2008年(下同)增加0.1%。辖12镇40个乡共计52个乡(镇)、371个村民委员会,24个社区居委会。年末总人口57.62万人。人口出生率10.17‰,较上年上升0.05个千分点;人口自然增长率4.64个千分点,较上年上升0.27个千分点。全年实现地区生产总值57.82亿元,增长12.8%。其中:第一产业增加值16.63亿元,增长13.6%;第二产业增加值13.36%,增长22%,规模以上工业企业实现增加值18.6亿元,增长25.6%;第三产业增加值14.9亿元,增长11.1%。民营经济增加值27.9亿元,增长18.3%。粮食总产量29.4万吨,肉类总产量6.74吨。社会消费品零售总额18.42亿元,增长18.2%;全社会固定资产投资52亿元,增长33.5%;地方财政一般预算收入1.25亿元,增长18.4%;地方财政一般预算支出12.9亿元,财政总支出12.9亿元,增长33.5%。年末金融机构存款余额47.73亿元,增长15.9%,年末金融机构贷款余额16.23亿元,增长2.3%;保费收入1.09亿元,增长89.9%;城镇居民人均可支配收入10 194元,增长13.5%;农民人均纯收入3 098元,增长5%;中小学在校生数83 756人;广播综合覆盖率85%;电视综合覆盖率93.5%;全市实现农业总产值27.3亿元,增长3.2%。新型农村合作医疗制度参合率90.47%。

【特色农业】2009年,全市马铃薯种植面积达到22.2万亩,其中国家认证的无公害马铃薯基地17万亩。建设富硒茶叶基地10万亩。全市茶叶总产量达到2 760吨,产值达2.18亿元。建立“无公害中药材生产基地乡镇”38个15万亩。发展花菜基地乡镇11个,种植面积达3万亩。建立旧院黑鸡基地乡镇10个,旧院黑鸡饲养量达到300万只,出栏160万只。同时,万源马铃薯获农业部农产品地理标志认证,万源市被列为全省农业产业强县、林业产业强县培育县和现代畜牧业重点培育县。

【工业经济】2008年,全市规模以上工业企业净增7户,达到44户,实现增加值14.85亿元,增长30.1%,实现利润总额5 810万元,增长40.3%;跨台阶成长型企业大巴山水泥公司1 000吨/天旋窑熟料水泥生产线建设项目竣工投产,巴山名茶公司清洁化生产线、天予药业茶多酚萃取生产线、巴山食品年产8 000吨优质牛肉制品生产线等一批新上工业项目相继投产。白杨溪水电站首台机组建成发电,川江贵华重介洗煤生产线项目竣工投产,梓桐溪水电站、华新万源2×2 500吨/天旋窑水泥熟料新型干法生产线项目即将开工建设,罗文铁山坡天然气净化厂完成项目前期工作,巴山石膏厂年产10万吨高强度石膏粉3 000万平方米石膏板材生产线等重点产业项目完成资源详勘和可研报告。2009年,规模以上工业企业净增3户,达到47户,实现增加值19.2亿元,增长26.5%,实现利润9 899万元,增长35.4%;万元增加值综合能耗下降8.5%,工业经济效益综合指数提高42.3个百分点。2×2 500吨/天旋窑水泥熟料新型干法生产线项目建成投产,建材、水电、食品药品等地方优势产业不断壮大。大巴山特色农产品交易中心一期主体工程、鑫朗能源成品油储运储备中心一期工程、鞠家坝液化天然气储备站等重点项目全面竣工。

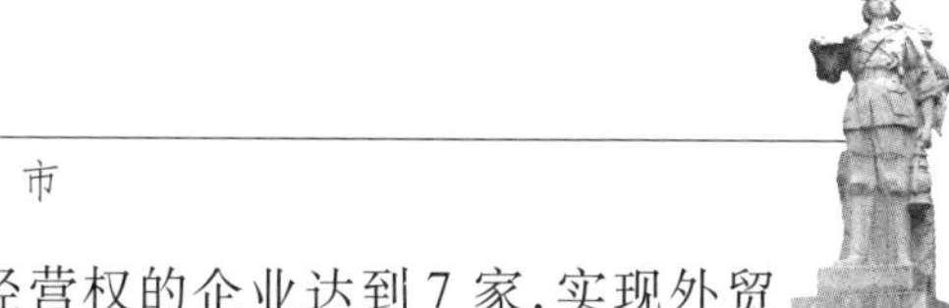

【城乡面貌】2008 年,商业中心广场二期工程、向前广场、后河翻板闸二期、国道 210 线万源城区段改建一期工程、城周绿化等城市重点项目以及河西新区建设有效推进,城市建城区面积达 8.5 平方公里,绿化覆盖率 41.4%;太平镇、官渡镇、青花镇、白沙镇、罗文镇等重点小城镇建设步伐加快,城镇集聚功能增强,城镇化率达到 27.6%。同时,以创建省级卫生城市、环保城市和生态城市为目标,建成省级生态村 3 个、省级生态农业示范园区 2 个、环境优美乡镇 3 个,达州市被列为全省生态建设重点市。2009 年,以"山青、水秀、地干净、物整洁、人文明"为目标,深入实施城乡环境综合治理,扎实开展土地市场、建设秩序、拆迁安置、城市管理"四大规范"专项整治行动,调整规划建设执法监察和园林、水务管理体制,修编《万源市城市总体规划》、编制完成天马山生态公园、富硒茶文化公园修详规划,红军公园入口景观区、滨河路改造、国道 210 线城区段改道(一期)重点工程全面竣工,襄渝二线顺利通车,达陕高速深入推进,建成通乡水泥路 233 公里、通村公路 192.2 公里、农村客运站点 6 个。

【旅游产业】2008 年,龙潭河温泉项目被列为"四川重振旅游工程重大项目",怡和紫金大酒店、绿韵大酒店投入运行,酒店、"农家乐"升级创星工作有序开展;红军公园已开工建设。全年接待省内外游客 93.5 万人次,实现旅游收入 3.42 亿元。2009 年,红军公园一期工程入口景观区改建工程全面竣工,制定了八台山—龙潭河创建国家 4A 级旅游景区的建设实施方案。启动编制《龙潭河景区修建性详细规划》、《高速公路沿线生态休闲旅游规划》。怡和紫金大酒店正着力创建四星级宾馆。实现旅游总收入达 4.32 亿元。

【对外开放】2008 年,成功举办建设"中国富硒农产品基地"新闻发布会、中国富硒茶都——四川·万源首届天然富硒茶文化节、纪念改革开放 30 周年暨第二届红色文化活动月活动。不断创新方式,积极招商引资。先后组团赴西安、成都、重庆等地参加了西博会、渝洽会、秦巴商交会等大型投资促进活动,开展承接产业转移小分队招商,启动重大招商项目"绿色通道",引进武汉华新、武汉凯迪等大型集团来达州市投资。全年实现重点招商项目 55 个,实际到位资金 11.4 亿元,增长 80%,其中,省外到位资金 6.6 亿元,增长 119%。大力培育出口创汇企业,全市取得自营出口经营权的企业达到 7 家,实现外贸出口 210 万美元,外派劳务 52 人(次)。同时,加强与香港慈恩基金会、上海市青少年发展基金会的合作联系,争取到"侨心工程"小学 4 所、红军小学 1 所。2009 年,组织开展"迎春购物月"活动,成功举办首届"消夏啤酒节"、"年猪文化节"。组团参加第十届"西博会"、"第二届秦巴地区(达州)商品交易会"、第十三届"西洽会"以及"渝洽会"、"乌洽会"、"厦洽会"、"川台经贸活动"等大型投资促进活动,成立了"珠三角"万源同乡会。并先后赴湖北、山东、江西和东南沿海城市考察学习和开展小分队招商活动,实施重点投资促进项目 61 个,实际到位资金 14.95 亿元,完成出口创汇 465 万美元,外派劳务 52 人(次),新增民营企业 226 家,民营经济增加值占地方生产总值的 54.4%。

【民生工程】2008 年,投入专项资金 2.95 亿元,九大民生工程 55 个项目全面完成目标任务。采取应急引水措施保障城区年初干旱期间正常供水,全年共解决 7.1 万人饮水安全问题;城镇新增就业 2 746人,培训城乡劳动力10 671人;解决绝对贫困人口4 800人的温饱问题,落实"两免一补"8.9 万人次、4 206万元;新农合参合率达 89%,社区卫生服务率达 85%;建成安居工程 500 户,修建廉租房、经济适用住房各 84 套,新增租赁补贴对象 605 户;征收社会保险金 1.5 亿元,新建农村敬老院 7 家,集中供养五保老人 420 人,城乡低保保障水平全面提高。全年共下拨灾后重建资金9 143万元,转移安置群众 5.9 万人,新建维修受损农房2 530户、中小学校舍 18.9 万平方米,为地震重灾区募捐救灾资金 505 万元。2009 年,投入"八项民生工程"资金 5.2 亿元,71 项指标全面完成。资助贫困家庭学生3 240人;落实"两免一补"15.4 万人次;新增城镇就业3 030人;启动城镇居民、关闭破产国有企业退休人员基本医疗保险和已征地人员基本养老保险工作;城乡低保实现动态管理下的应保尽保;改善8 086名贫困人口生产生活条件;建成城区应急供水工程,解决 6.3 万人农村饮水安全问题;完成减灾、安居及灾后农房重建 1 341户,购建廉租住房 470 套,发放租赁补贴1 059户。

【马铃薯示范片单产创全国之最】积极组织科研力量致力于马铃薯高产攻关,充分利用冬春光热条件,集成马铃薯优良品种和脱毒种薯的应用,采用密植、控苗、配方施肥、病虫害综合防治等技术,成功创建马铃薯高产攻关示范片。经四川省农业厅组织专家组,采用挖方测产的方法,对万源市白沙镇金鸡坪村、茶垭乡李家沟村、八台乡天池坝村3个百亩高产攻关示范片进行产量取样验收。结果表明,示范片马铃薯亩产最高达4 931千克,平均产量达4 657.5千克,单个最大的马铃薯在500克以上。亩产量创下了四川省乃至全国马铃薯高产之最。

【政府自身建设显著加强】扎实抓好行政机关效能建设,实施"两集中、两到位",推行首问责任制、限时办结制、服务承诺制,42个部门审批职能入驻市政务服务中心,在罗文镇建立达州市首个乡镇政务惠民中心。办理人大代表建议、政协委员提案136件,办复率100%。强化政府系统党风廉政建设,推进依法行政和政府信息公开,政风行风进一步好转。

【领导名录】

市委书记:陈中华

副书记:王成军　刘家忠

市人大常委会主任:陈中华

副主任:刘家忠　张小川　周　冰　郭福星　任　林

市　长:王成军

副市长:吴晓勇　邓友江　吴生才　涂小云　王华平　杨　晖　吴　虹　杨巨浪　吴　诚　蔡惠宏

市政协主席:刘明显

副主席:刘志玉　汤学全　蒲守柏　娄锡锋　赵以昭

（陈国斌　张碧军　唐艺　郎廷进）

达　县

【基本情况】全县面积2 695平方公里,其中耕地55 273公顷,辖64个乡镇,87个居民委员会,239个居民小组,749村,6 720村民小组。

2008年年末总人口130.89万人,其中农业人口110.47万人,非农业人口20.42万人。2009年年末总人口131万人,农业人口110.5万人,非农业人口20.5万人。

2008年,全县生产总值完成115.54亿元,比上年增长(以下简称增长)14.5%;人均GDP完成10 243元,增长14.2%;财政总收入完成6.88亿元,增长31.9%,其中,地方财政一般预算收入完成2.88亿元,增长31.4%;全社会固定资产投资完成71.66亿元,增长43.1%;社会消费品零售总额完成34.59亿元,增长21.4%;城镇居民人均可支配收入和农民人均纯收入分别达到10 395元、4 538元,增长14.5%、15.8%。

【农业生产有序】农业生产步伐加快。完成农业增加值39.45亿元,增长3%。粮食总产量59.8万吨,增长1.9%.牧业产值占农业总产值的比重达51%。农业结构不断优化。启动建设"一乡一业"特色乡镇5个、"一村一品"专业村37个。培育天王牧业、宏达农科等市级重点龙头企业4家,累计达到10家,实现销售收入8.5亿元。发展农村专业合作社26家,首家以土地经营权入股组建的达县三牌花木专业合作社运行良好。申报无公害产地产品认证3个,中国驰名商标1个。"达县苎麻"成功获得国家地理标志产品保护。新农村建设扎实有效。投入新农村建设资金1.38亿元,启动建设新农村示范片1个、示范乡1个、市级示范村5个、市级完善提高村5个、县级示范村35个。农民收入持续增加。实现劳务收入23.8亿元,增长17.24%.兑付各项惠农补贴1.34亿元。

【工业经济快速增长　运行质量全面提升】新增县属规模以上工业企业23户,完成工业增加值45.14亿元,增长35.2%;实现利润5.51亿元,增长71.4%;完成工业投入(含技改投入)37.96亿元,增长36.1%;规模以上工业万元增加值能耗下降11%.园区建设扎实推进。天然气能源化工产业区被列入全省20个重点推进项目之一,完成投资13.84亿元。金龙大道南延线、七河路、产业区供(排)水、输变电站等基础设施建设加快推进,路面沥青混凝土生产线、纺织代厂顺利建成,汇鑫能源、齐鲁石化大化肥项目正加紧进行设备调试,香港玖源、达钢20万吨二四醚、康泰化工8万吨双甘膦等项目建设快速推进,瓮福达州磷硫化工基地项目开工建设。杨柳工业配套园区建设起步顺利,初步完成园区规划编制工作。传统产业不断升级。通川酒业、大海钢铁、福达焦化等技改项目顺利实施,开工建设博瑞实业60万吨和保康煤矿40万吨洗洗厂项目,易家沟煤矿、建设煤矿等15家煤炭企业进一步做大做强。民营经济发展加快。全年发展个体工商户

2 010户,私营企业141家。

【第三产业繁荣活跃　居民消费稳定增长】国内商品市场成交额完成53.56亿元,增长34%。建成各类专业市场54个,创建市级商业示范社区3个。城乡市场日趋活跃。成功引进重庆新世纪百货等一批知名连锁企业,达州天马汽车销售服务有限公司不断壮大,洲河湾农贸超市主体工程全面完工。达州长江食品有限公司四星级生猪定点屠宰场投入试运行。"万村千乡"、"家电下乡"工程深入推进,新增标准农家店228家,建成乡镇农贸市场3个。旅游产业不断发展。以筹备达州市第二届旅游产业推进大会为契机,不断加快旅游景区开发和配套设施建设,实现旅游收入4.98亿元。金融市场运行平衡。辖区金融机构年末存款余额70.75亿元,比年初增长2.6%;贷款余额46.78亿元,比年初增长18.8%。

【城乡面貌焕然一新　城乡规划日臻完善】完成达州南城中心组团、三里坪人文生态区控制性详细规划,全面启动县域村镇体系规划。城市建设不断加快。全县城镇化水平达到30%,增长1.2%。阀门厂转盘道路改造、三里坪转盘路口至三里坪小学道路硬化工程全面完成,Ⅰ、Ⅱ、Ⅲ号南北干道延伸,翠屏山、曹家梁小区基础设施建设,文体中心北面环形道路等11项城建重点工程有序推进。龙郡、梧桐梁商业步行街已具雏形。农村基础设施建设得到加强。建成通乡水泥路(油路190.1公里、通村公路567.24公里),硬化农村机耕道157公里,实现了100%的村通公路、100%的乡镇和70%的村通水泥(油)路、30%的乡镇村村通水泥(油)路。麻任路、本河路、真佛山景区路、青宁岩门村村道等重点工程顺利竣工。安装波形防护栏6 000米、警示标志片800套。成功创建全省平安农机示范县。完成病险水库除险加固14座,修复改造机电提灌980台/8 320千瓦,建成微水工程752处,新增旱地浇灌6 200亩,治理水土流失25平方公里。海滩河水库泄洪洞工程建设进展.新建沼气池7 800口。完成14个场镇和17个村的农村饮水安全项目,解决3.3万人饮水安全问题。城乡环境综合治理全面启动。深入实施绿化、美化、亮化、净化工程,高标准打造河市场镇和南外镇四全中社区全省城乡环境综合治理工作会示范现场,居民行为不断规范,城乡面貌大为改观。

改革开放深入推进。各项改革不断深化。完成智强集团、达县糖酒公司职工安置。达县金龙集团、达县物资总公司等预算外国有企业进入改制程序。全面实施乡镇机构改革,乡镇管理体制和运行机制进一步完善。集体林权制度改革稳步推进。招商引资成效明显。组团参加厦洽会、北京广东重庆灾后重建招商会、西博会等重大经贸招商活动,累计签约项目19个,签约资金48.89亿元;实施招商引资项目34个,实际到位资金26.6亿元,完成目标任务的124.6%,其中,省外资金20.5亿元,完成目标任务的119.9%.实现自营出口创汇1 400万美元,增长68.7%.项目建设强势推进。新开工建设5 000万元以上重点项目38个,竣工投产重点项目9个,向上争取各类项目资金2.4亿元。

【社会事业协调发展　科技教育事业快速推进】深入实施科技进村惠民行动,科技对经济增长的贡献率达43%。普通高考本科上线1 813人,创历史最好水平。认真落实"两免一补"政策,减免15.2万人次学生杂费、课本费240余万元,补助2.1万名贫困寄宿生生活费1 500余万元。改造中小学生D级危房3万平方米。文化体育(新闻出版)事业不断繁荣。开展形式多样的纪念活动,隆重纪念改革开放30周年。文体中心项目建设已完成50%。石桥镇被文化部命名为国家级特色文化之乡。全民健身活动广泛开展,达县社会体育工作评估荣获全省第一名。卫生事业健康发展。建成省级卫生单位5个、城市社区卫生服务中心1个、社区卫生服务站3个。县医院门诊医技大楼工程非得推进。新型农村合作医疗参合率达98.56%。紧急下架三鹿牌等问题奶粉2 191.79千克,检查婴幼儿44 040人,确认病例136人。成功创建全国农村中医工作先进县和国家级食品安全示范县。广播电视网络不断拓展。城市公共应急广播和视屏系统全面投入使用,新增光纤到村142个、有线电视终端用户1.6万户、数据业务集团用户166个,广播电视事业发展跻身全省前列。人口和计划生育工作全面加强。全县符合政策生育率达84.26%,人口自然增长率控制在2.876%。落实兑现6 712名农村计划生育家庭奖励扶助金402.72万元,发放独生子女父母奖励金180.62万元。环境保护、生态建设和国土资源保护利用工作进一步深化。圆满完成污染源普查年度工作任务。达州市国威实业有限公司等7家省、市、县挂牌整治企业治理任务全面完成,铜钵河、明月江水质进一步好转。完成营造林5.8万亩,开展义务植树285万余株。其它各项事业全面进步。大力协创省级双零售模范城,双拥工作迈上新台阶。审计、统计、外事侨务、民族宗教、残联、对台、气象、档案、物价、兵役、保密、地方志、妇女儿童等各项工作都取得了新的成绩。

【民生工程扎实有效　充分就业成绩突出】新增城镇就业4 956人,下岗失业人员和失地无业农民再就业2 739人,“零就业”家庭实现再就业221人,基本实现动态“清零”。城镇登记失业率控制在4.0%以内。清偿拖欠农民工工资1 150余万元。社会保障、民政救助体系不断健全。全县城镇基本养老保险、农村社会养老保险、失业保险、医疗保险、工伤保险、生育保险参保人数分别达到69 800人、52 390人、19 886人、45 313人、15 100人、3 130人。加大城乡低保排查力度,为50 020名农村低保对象和23 895名城镇低保对象发放最低生活保障金5 466.62万元。城乡低保及农村“五保”医疗救助金人均达到80元,救助特困患病群众6 967人。新改(扩)建敬老院3所,农村“五保”集中供养率达26%.保障性住房建设成效明显。完成安居工程350户,建成经济适用房60套3 600平方米,发放廉租住房租赁补贴655户45万元。完成廉租住房建设2 000平方米,购买3 000平方米二手房、商品房用于廉租住房。扶贫工程加快实施。解决11 050名绝对贫困人口的温饱问题,改善13 300名低收入人口的生产生活条件。

【社会大局和谐稳定】深入开展“五五”普法,办理法律援助案件225件,创建民主法制村50个。公民首先建设和未成年人思想首先建设得到加强,群众性精神文明创建活动不断深化,四大班子机关办公区成功创建省级最佳文明单位。坚持“安全第一、预防为主、综合治理”方针,狠抓安全生产隐患治理、责任落实、专项督查和基层基础工和,确保了全县无较大以上安全事故发生,安全生产形势稳定好转。大力开展“迎奥运保稳定百日行动”,全面落实信访维稳工作责任制,深入开展县长大接广发千名干部下访活动,共受理群众来信来访638案1 148人(件)次;排查各类民间纠纷3 625件,调处3 590件,调处成功率达97.5%.切实加强社会治安综合治理,完成城市报警与视频监控系统建设,人民群众对社会治安的满意率达到96%,社会大局保持平安稳定。

【自身建设全面加强】严格执行人大审议、政协评议、群众监督和行政过错责任追究制度,共办理人大代表建议193件,政协委员提案169件,办复率达100%,满意率达99%.深入开展机关效能建设、政府工作质量年和“四项清理”活动,狠抓行政效能监察和专项执法监察,依法严肃查处违规干部21名,政府廉政建设进一步加强。大力推行政务公开,着力深化“两集中、两到位”行政审批制度改革,切实加强电子政务、政府门户网站和政务服务中心建设,对外公开政府信息69 594条,精减行政许可、非行政许可事项103项,集中办理行政许可(审批)事项33 580件,提前办结率达97.8%,按时办结率、群众评价率及满意率均达100%.政府应急管理工作全面加强。修订完善自然灾害、事故灾难、公共卫生事件、社会安全事件等各类应急预案39个。

2009年,达县科学应对,积极争取,全力扩内需、保增长、调结构、惠民生,县域经济总体保持止滑回升、平稳较快发展势头。全县生产总值完成130亿元,比上年增长(以下简称增长)14.0%;人均GDP达11 500元,增长13.7%;财政总收入7.99亿元,增长16.1%,其中,地方财政一般预算收入3.41亿元,增长18.1%;社会消费品零售总额41.2亿元,增长19.0%;全社会固定资产投资102亿元,增长40.0%;城镇居民人均可支配收入和农民人均纯收入分别达11 895元、5 138元,增长14.4%、13.2%。

【农村经济结构调整　产业发展态势良好】全县努力抓农村经济结构的大调整,促进经济结构的大转变,三次产业结构调整为32.0∶42.0∶26.0。扎实开展粮油高产创建活动,粮食总产量达61.3万吨,增长2.5%。农业耕收机械化水平达15%。建成“一乡一业”专业乡镇5个、“一村一品”专业村20个、现代畜牧养殖小区26个。完成畜牧业产值32.07亿元,增长2.7%,占农业总产值比重的50.8%。投入资金3 000余万元,建设新农村示范片、示范乡各1个,市级示范村、市级完善提高村各5个,县级示范村35个。“达县苎麻”成功获准国家地理标志产品保护专用标志,国家苎麻标准化示范区通过验收。新发展农民专业合作社17个,新培育市级农业产业化龙头企业2家,总数达11家,实现销售收入9.3亿元。农业产业化重点项目宇立米业投产在即。申报无公害农产品基地认定和中国驰名商标各1个、评审省名牌产品2个。输转劳务人员36.7万人次,实现劳务收入26.2亿元。

【工业经济发展加快】新增县属规模以上工业企

业9家,辖区内规模以上工业企业增加值完成60亿元,增长30.0%;完现工业利润7.3亿元,增长35.0%;完成工业投入51亿元,其中,工业技改投入33.5亿元,增长52.0%;万元工业增加值综合能耗下降11.0%。天然气能源化工产业区快速通道、金龙大道南延线、污水处理厂建设全面完成,编织袋厂、汽车缸体、新达泵业异地扩建等项目建成投产,齐鲁石化、汇鑫能源等项目已试机生产,香港玖源、达钢二甲醚等项目进入设备调试阶段,瓮福达州磷硫化工基础、福达焦化二期、达钢捣固焦、九节滩电站等项目建设加快推进,达州升达板一体化项目顺利开工。杨柳工业配套园区控制性详细规划通过市规委会审查,入园企业6家,竣工投产1家。通川酒业、天王牧业异地迁建、2个60万吨/年洗煤厂、8个6万吨以上标准化煤矿等项目建设稳步推进。

【商贸经济日趋活跃】发展个体工商户2 272户,私营企业182家。深入实施"万村千乡"、"家电下乡"、"汽车、摩托车下乡"和网点进社区、服务进家庭"双进工程",新建城乡农贸市场(超市)9个,新增农家店138个,兑现家电和汽车、摩托车下乡补贴2 500余万元,培育省、市级商业示范社区各1个,梧桐梁商业步行街、龙郡商业步行街主体工程完成70%,再生资源交易、汽车交易、农副产品批发、化工产业区物流港等专业市场建设进展顺利。圆满完成真佛山旅游景区、石桥红色旅游景区开发打造任务,成功承办市第二届旅游产业发展推进大会。真佛山创国家4A级旅游景区通过国家旅游局检查验收。全年实现旅游收入5.5亿元。辖区金融机构年末存贷款余额分别为85亿元、62亿元,比年初增长18.0%、32.0%。

【深化改革开放　发展活力日益增强】县化工总厂、金龙公司、物资总公司等企业改制有序推进。集体林权制度改革和水务一体化改革基本完成。乡镇综合体制和事业单位收入分配制度改革稳步推进。规范公务员工资、义务教育学校教师绩效工资、农村教师津补贴及村(社区)、社干部待遇调标政策全面落实。组团参加"西博会"、"渝洽会"、"泛珠经贸洽谈会"等招商活动,签约3 000万元以上项目17个、资金38.9亿元;实施招商引资项目39个、到位资金29.4亿元,其中,省外资金22.6亿元。实现自营出口创汇1 500万美元。争取新增中央投资项目29个,开工建设25个,完成投资4 400万元;100个重点项目竣工投产22个,完成投资44.1亿元;争取各类基建项目资金2.5亿元。

【加快基础设施建设　城乡环境明显改观】城市建设快速拓展,城镇化率达31.3%。完成县城片区货运停车场、廉租房规划选址工作,县域村镇体系规划全面启动。翠屏山、曹家梁小区基础设施,II、III级截污干管,柑子园道路,I、II、III号南北干道连接道路等项目扎实推进,新达路涵洞盖板、叶家湾滑坡治理、河市大兴寺箱涵工程全面完成。充分调动各方面积极性,深入开展"四大创建",大力实施"五大工程",严格执行"六项制度",强力推进"一城两点三线"环境综合治理。新增绿地1.8万平方米,整治化粪池263口,改造下水道管网11 500米,整治规范农贸市场50个,新建压缩式垃圾中转站2个、公厕38个、停车场13个、垃圾池352口,规范店招店牌2万余块,美化临街建筑立面200万余平方米。高标准打造了城区主要干道花卉物理隔离带、河市镇"空港民居风貌一条街"、福善镇"旅游风貌一条街"、达开线"川东民居风貌"、蜀东花园小区"园林风貌"及南坝片区"旧城风貌"等特色景观,极大地提升了城镇品位,得到了省、市领导的充分肯定,受到了广大群众的由衷赞扬。省级卫生城市通过复查验收。建成通乡水泥(油)路197公里、通村公路476.7公里,硬化农村机耕道156公里,实现50%的乡镇村村通水泥(油)路、90%的村通水泥(油)路。碑(庙)金(石)路等重点工程全面完成。国道210线、省道201线改造进展顺利。组建达县鑫源客运有限公司,农村客运市场不断规范。整治病险水库15座,修复改造机电提灌920台/7 810千瓦,"红层找水"打井541口,新建渠道112.7公里,建成沼气池5 000口,治理水土流失30平方公里。青宁乡岩门村土地整理项目主体工程基本完工。建成18个场镇和92个村级集中供水工程,解决5.5万农村人口饮水安全问题。完成省、市、县挂牌的7家重点污染企业治理任务,铜钵河水质进一步好转。沙滩河水库泄洪洞工程全面完成。

【社会事业全面进步】成功创建国家、省级科技进步先进县,科技对经济增长的贡献率达44%。认真落实"两免一补"政策,补助贫困住宿生2.2万人1 500万元。接受"9+3"藏区学生100名。改造D级危房5万平方米。高标准建成达县中学运动场,启动杨柳垭教育园区建设前期工作。县文体中心主体工程基本完工,启动建设20个乡镇综合文化站,石桥烧火龙、安仁谭氏子孙龙入选第二批省级非物质文化遗产保护名录。完成全国第三次文物普查。县文体局被国家体育总局评为“全国群众体育先进单位”。完成广播电视“村村通”中央直播卫星覆盖工程300个点,新增光纤电视用户1.5万户,县广电中心整体南迁。放映农村公益电影9 560场。县医院门诊医技大楼基本完工,14个乡镇卫生院改(扩)建项目基本完成。新建省级卫生单位(社区)4个、社区卫生服务站1个。新型农村合作医疗参合率达98.6%,基金使用率达96.1%。甲型H1N1流感防治工作取得阶段性胜利。兑现落实农村孕产妇住院分娩补助资金204万元。发放计划生育奖励扶助金687.7万元、独生子女父母奖励金150余万元,符合政策生育率84.0%,人口自然增长率2.78‰。补植补造退耕还林面积1.9万亩。县政府征兵办公室被国防部通报表彰为“全国征兵工作先进单位”。县婚姻登记处被民政部评为“全国婚姻登记规范化单位”。审计、统计、外事侨务、民族宗教、残联、对台、气象、档案、物价、国防动员、兵役、双拥、保密、地方志、老龄、妇女儿童、未成年人工作等其他事业都取得了新的成绩。

【人民福祉不断增加】投入资金2.2亿元,全面完成“八大民生工程”48项目标任务。妥善解决9 800余名重点、特殊人群参保历史遗留问题。城镇基本养老、农村社会养老、失业、医疗、工伤和生育保险参保人数分别达67 100人、55 700人、19 000人、132 300人、17 500人、5 900人,全年征收入库各类社保基金4.28亿元。新增城镇就业4 968人,下岗失业人员和失地无业农民再就业3 162人,其中,就业困难对象再就业1 276人,城镇登记失业率控制在4.0%以内。督促57家用人单位为2 800余名劳动者缴纳社会保险费593万余元,为1 600余名农民工追讨工资388.3万元。新批准城镇低保2 751人、农村低保15 200人。医疗救助9 742人1 132.9万元,困难救助18 000人890万元,慈善助学177人26.6万元。动工新建敬老院7所,农村“五保户”集中供养率达30%,解决350名农村特困无房户住房困难问题。改善20 200名贫困群众生产生活条件。采购、新建廉租住房800套39 750平方米,发放住房补贴1 080户92.1万元。

【社会大局和谐稳定】加强信访基层基础工作,集人民调解、司法调解、行政调解于一体的“大调解”体系有序运行,受理群众来信来访1 843案8 528(件)人次,同比分别减少29.5%和10.4%。排查矛盾纠纷3 717件,解决信访疑难问题13件。全面推进安全生产标准化建设,有效遏制了安全事故高发势头,安全事故死亡人数控制在市政府下达指标之内。以国庆60周年安保工作为重点,全面开展社会治安专项整治,严厉打击各类违法犯罪,群众对社会治安满意率达92%。切实加强社会主义核心价值体系建设,深入开展未成年人思想道德建设和“三大文明创建”活动。“五五”普法扎实推进,办理法律援助案件265件,创建民主法制村30个。

【加强自身建设　政府形象不断提升】深入学习实践科学发展观,扎实开展“转作风、树形象、破难题、促发展”百日攻坚行动,科学行政能力不断增强。狠抓政务公开和政府信息公开,加强县政务服务中心标准化建设,深化“两集中、两到位”行政审批制度改革,集中办结行政审批和公共服务事项44 983件,限时办结率、群众评价率、满意率均达100%。修订完善《达县人民政府工作规则》,建立健全县政府常务会议公民旁听、会前学法、重大事项决策公示、规范性文件审查备案等制度;成立县规委会专家咨询论证委员会,调整充实县规委会成员单位,科学决策能力进一步增强。坚持主动向人大报告工作、重大事项主动征求政协意见和通报情况,严格执行人大审议、政协评议、群众监督和行政过错责任追究制度,共办理人大代表建议150件、政协委员提案245件,办复率均达100%。认真落实党风廉政建设责任制,加强惩治和预防腐败体系建设,强化行政效能监察和专项执法监察,依法严肃查处违纪违规干部60名。严格执行《达县政府投资项目管理办法》、《达县政府投资项目变更及隐蔽工程签证管理办法》等规定,项目监管不断规范。加强政府应急管理能力建设,修订完善高危行业、突发事件应急预案129个,应急救援、处置和责任体系不断健全。

【领导名录】

中共达县委员会书记:李春(2008年10月后)

达县人大常委会主任:李春(2008年10月后)

达县人民政府县长:　李春(2008年10月前)
　　　　　　　　　罗建(2008年10月后)

政协达县委员会主席:哈文华

(潘远全)

宣　汉　县

【基本情况】2008 年，全县面积4 271.69平方公里，其中耕地 5.4 万公顷（田33 393公顷，地20 256公顷），比 2007 年增 6%，森林覆盖率 55%。辖54 个乡镇、62 个社区、494 个村民委员会，龙泉、渡口、三墩、漆树 4 乡为土家族民族自治乡。年末全县总户数379 526户，总人口1 264 244人，其中男670 854人，女593 390人，性比例 1∶0.885；城镇人口254 129 人，非农业人口182 458人，总人口 126.4 万人。人口自然增长率 2.94‰。

表 11　2008 年宣汉县经济社会发展主要指标

项　　目	单　　位	实　　绩	同比增减（+%）
地区生产总值	亿元	92.7	13.8
第一产业增加值	亿元	34.1	3.4
第二产业增加值	亿元	30.3	27.2
规模以上工业增加值	亿元	16.1	31
第三产业增加值	亿元	28.3	11
民营经济增加值	亿元	50.8	17.1
粮食总产量	万吨	57.4	5.7
肉类总产量	万吨	11.95	2.6
社会消费品零售总额	亿元	32.4	20.9
全社会固定资产完成投资	亿元	105	51.9
地方财政一般预算收入	亿元	2.37	47.1
地方财政一般预算支出	亿元	15.39	39
年末金融机构存款余额	亿元	79.9	20.4
年末金融机构贷款余额	亿元	20.1	-3.8
保费收入	亿元	2.8	23.9
城镇居民人均可支配收入	元	8 461	14.2
农民人均纯收入	元	2 849	6.8
中小学在校学生	人	225 665	-0.2
广播综合覆盖率	%	90.5	1.3 个百分点
电视综合覆盖率	%	92.2	-6.7 个百分点
新型农村合作医疗制度参合率	%	92.97	2.7 个百分点

2009 年，全县面积4 271.69平方公里，其中耕地56 470公顷（田35 133公顷、地21 337公顷），比 2008 年增长 5.3%，森覆盖率 55%。辖 4 个乡镇、66 个社区、494 个村民委员会、龙泉、渡口、三墩、漆树 4 乡为土家族民族自治乡。年末，全县总户数389 774户，总人口 128.52 万人，比 2008 年增长 16.58%，其中男681 629 人、女603 583人，，性比例 100∶88.6；城镇人口274 835、非农业人员128 101人。人口自然增长率 3.98‰。

表 12　2009 年宣汉县经济社会发展主要指标

项　　目	单　　位	实　　绩	同比增减（+%）
地区生产总值	亿元	103	13.8
第一产业增加值	亿元	33.3	3.1
第二产业增加值	亿元	33.3	23.8
规模以上工业增加值	亿元	19.9	23.6
第三产业增加值	亿元	31	11.9
民营经济增加值	亿元	51	17.2
粮食总产量	万吨	58.4	1.7

续表

项　　目	单　　位	实　　绩	同比增减(+%)
肉类总产量	万吨	12.3	2.5
社会消费品零售总额	亿元	38.4	18.5
全社会固定资产完成投资	亿元	120.1	15.1
地方财政一般预算收入	亿元	2.88	21.4
地方财政一般预算支出	亿元	20.7	34.5
年末金融机构存款余额	亿元	97.2	22.3
年末金融机构贷款余额	亿元	29.8	48.3
保费收入	亿元	1.8	-35.7
城镇居民人均可支配收入	元	9 146	8.1
农民人均纯收入	元	2 008	5.6
中小学在校学生	人	228 795	1.4
广播综合覆盖率	%	90.9	0.4个百分点
电视综合覆盖率	%	92.9	0.7个百分点
新型农村合作医疗制度参合率	%	94.13	2.7个百分点

【农村经济】2008年,整合项目资金1 600万元投入新农村建设,改厨、改厕、改圈2 100多户,新建沼气池5 000口,硬化田间道、户间道70.1公里。启动建设现代化农业示范园区1 000亩,引进成都汇科、天丰菌业等龙头企业入驻。发展蘑菇5 050亩、香菇300万袋,建成肉牛专业村5个、肉牛专业大户100户、肉牛养殖场362个、生猪规模养殖场771个。发放粮食及农资直补资金1 968万元,兑付综合直补资金5 890万元。粮食播种面积171.6万亩,总产量57.4万吨。玉米万亩高产示范片亩产量高达到1 181.6千克,创西南山地玉米超高产纪录。畜禽饲养总量2 875万头(只),实现畜牧业产值26亿元,发展农产品销售收入300万元以上的营销大户11户。培训农村劳动力32.1万人次。2009年,安排"三农"资金2 700万元,兑付各类支农补贴8 980万元,持续推进农业"十大项目"。完成下八乡土地整理项目和清溪镇马伏村土地复垦项目。"金土地"工程建设规模达934公里,新增耕地130公顷,整治病险水库18座,维修山坪塘430口,新建微水工程610口,新增有效灌面0.7万亩,治理水土流失面积30平方公里。全年粮食播种面积173.7万亩,总产58.4万吨。万亩玉米高产创建示范片平均亩产800千克,再创西南及南方片区新纪录。畜禽饲养总量2 038万头(只),实现畜牧业总产值30.5亿元。培训农村劳动力1.5万人次,输转农村剩余劳动力33.7万人次,实现劳务总收入22.5亿元。荣获"全国粮食生产先进县"和"全省'三农'工作先进县"。

【工业经济】2008年,全县规模以上工业企业完成增加值16.1亿元,比2007年增长31%,实现利税2.1亿元,增长80%。完成工业新上项目和技改投入85亿元,增长89.5%。全县规模以上工业企业到40户,其中产值超过千万元企业发展到34户,产值过亿元企业户9户。积极整合牛肉制品行业,成功组建新佳肴食品公司。恒成公司富钾卤水开发、天友西塔公司10万吨液态奶技改扩能、上峡煤焦公司原煤扩能、新兴食品公司肉类产品深加工等一批项目进展顺利。规模以上企业万元增加值能耗下降7%。普光经济开发区建设进展顺利,发展规划、产业规划通过评审。万象建材公司100万吨水泥粉磨项目入驻开发区柳池工业园,宣汉五金厂、金鹰公司等企业退城入园前期准备工作有序进行。2009年,坚持以工强县战略,全县规模以上工业企业完成增加值20亿元,实现利税3.9亿元,增长37.6%。完成工业新上项目和技改投入114亿元,增长30%。规模以上企业万元增加值综合能耗下降8.1%。普光经济开发区建设取得实质性进展,万象建材年产100万吨泔水泥粉磨站、西塔乳业新增1.5万吨液态奶生产线、中石化援建编织袋厂及石材厂等项目竣工投产,佳肴食品公司5 000吨牛肉制品、三星公司60万吨商品混凝土搅拌站、普光自来水厂等项目正在加快建设。绿源春绿茶、巴人村牛肉、百里峡山泉水和饮料获四川名牌产品称号。

【交通建设】2008年,县财政安排8 500万元资金专项补助农村公路建设,全年建成通乡水泥(油)路

342公里、通村水泥路293.7公里,村通达公路573公里,基本实现乡乡通水泥(油)路、40%的村通水泥路。宣(汉)七(里)公路、温(井)黄(龙)公路等公路硬化工程竣工通车,普石公路被评为"四川省最美十大乡村公路"。黄石大桥主体工程、八庙河大桥建设全面结束。建成天生、庆云、漆树、凉风4个乡镇客运站川陕高速公路宣汉段征地拆迁安置补偿工作全面结束。年末境内公路总里程3 836.2公里,其中等级公路(含一至四级公路)2 928.7公里,等级外公路907.5公里。拥有各类民用车辆7 967辆,营运车辆354辆其中出租车130辆、公交车10辆。2009年,全县多渠道投入资金3.6亿元(县财政投入8 500万元)实施"再战2 009"农村公路建设攻坚行动,新建乡村水泥路498公里,泥结碎石路390公里。出台了农村公路管养办法,并在全市率先开展超载超限治理工作。明月大桥开工建设,襄渝铁路复线建成通车,达陕高速公路宣汉段建设快速推进,达万高速公路宣汉段征地拆迁全面展开。境内公路通车总里程4 022.3公里,其中等级公路(含一至四级公路)3 492.7公里,等级外公路529.6公里。年末全县拥有民用车辆23 480辆,其中营运车辆285辆(出租车235辆、公交车10辆)。

【城镇建设】2008年,完成县域村镇体系规划编制,普光新区、南坝镇总体规划进入评审阶段。完成笔架山万步梯一期工程、渔禅寺至穿孔子、宣二中至石岭大道路面改造整治,完成县水产局至宣汉大桥的堵头拆除、街道硬化、人行道彩化亮化绿化。县城污水处理厂投入试运行,垃圾处理厂开工建设。2009年,全年投入市政建设资金2 400万元,油化城镇道路20公里,硬化城区支街13条,新建停车场14个、大型汽车场3个、候车广场2个、垃圾中转站3个。加快城镇化建设步伐,编制完成县城东区新城、石岭路西区、南岸新区详规以及清溪镇总体规划。城区输气管道工程、笔架山万步梯三期工程竣工交付使用。南门漫水桥、滨河路西延工程即将竣工。普光新区占地515亩的安置房全部建成,40米大道一、二期工程建成交付使用,市政基础设施建设基本完成。全县城镇化率达26.3%。

【生环境建设态】2008年,全县完成造林4.5万亩。上峡煤焦、远大铁合金、金鹰工业硅3家工业企业污染治理工程结束,炉坪煤矿、楠木沟煤矿等5家煤矿企业完成煤矸石和矿井废水污染治理工程,上峡明珠等3家规模养殖场完成污染治理,黄石、土黄、清溪等5家中心卫生院废水治理工程竣工。全县集中式饮用水源水质达到Ⅲ类水域标准。县城环境空气质量自动监测系统投入试运行。宣汉中学申报为省级绿色学校,东乡镇花园社区申报为省级绿色社区,君塘镇创建为省级环境优美城镇,君塘镇滴水村、毛坝镇大堰滩村创建为省级生态村。2009年,全县建成区绿地面积86平方公里,完成造林2 667公顷。年末有自然保护区1个,面积750公顷。全县53个垃圾填埋场全部建成,县城污水处理厂投入运营,城市生活垃圾处理厂开工建设。有污水处理厂1个,垃圾处理站1个,全年处理生活垃圾8万吨。完成环境污染限期治理项目9个,城区环境噪音65.5分贝,县城饮用水达标率98%。

【教育事业】2008年,全县有各级各类学校669所,其中幼儿园68所,普通小学526所,普通中学67所,职业中学5所,成人教育学校2所,特殊教育学校1所,在校学生225 665人,其中小学117 831人、中学71 489人、在园幼儿28 178人。宣汉县通过省政府教育督导评估。县电教馆被表彰为"全国电化教育先进单位"。义务教育阶段所有学生免交学杂费、免费使用教科书,补助贫困宿生生活费2 024万元。投入资金4 544万元,新(改、扩)建中小学校舍5.4万平方米,化解"普九"债务1.13亿元。2009年,全县有各级各类学校653所,其中幼儿园72所,普通小学504所,普通中学68所,职业中学5所,成人教育学校2所,特殊教育学校1所;在校学生228 795人,其中:中学116 192人,中学71 778人,在园幼儿30 572人。全面落实义务教育保障机制,免除农村义务教育阶段学生杂费7 100万元,为17.6万名义务教育阶段学生免费提供教科书,补助贫困寄宿生生活费2 000万元;投资1.1亿元,新建校舍4.2万平方米,改建中小学D级危房3.5万平方米。普九债务全部化解。

【民生工程】2008年,全县实施就业促进、扶贫解困、教育助学、社会保障、医疗卫生、百姓安居、道路通畅、环境治理八大民生工程,筹措惠民行动资金4.3亿元(县财政投入1.3亿元),惠及群众100万人。启动推广廉租住房保障试点工作和经济适用房建设,新建360套适用房和廉租住房,发放困难家庭租金补贴113.8万元。新增城镇就业3 100人,下岗失业人员和失地农民再就业1 613人,城镇失业登记率控制在4.5%以内。将539名老工伤人员纳入工作医疗保险统筹管理，为2 411名符合政策的城镇集体企业超龄人员办理退休手续，为4 000名符合政策的国有企业改制破产前退休人员办理医疗保险。2009 年，开展“送岗位、送培训、送就业”就业服务活动，帮助企业在岗培训6 356人，新增就业3 572人，城镇登记失业率控制在 4.3% 以内。全面启动实施城镇医保，7.8 万人参保。成功争取新型农村养老保险在宣汉试点，7.6 万老人首批领取新农保资金 840 万元。将5 800余名符合政策的企业超龄人员纳入养老保险，2 600余名原国有企业改制破产前退休人员纳入城镇职工基本医疗保险。发放最低生活保障资金6 920万元，发放住房困难家庭住房租赁补贴 351.4 万元。投入2 500万元建成巴人大道廉租房惠民小区，新建经济适用住房 185 套、廉租住房 187 套。

【抗灾救灾】2009 年，县境内爆发“7·11”、“7·13”暴雨洪涝灾害，县政府先后调拨救灾应急资金 290 万元，争取上级灾后重建及生活困难补助资金2 880万元，受灾群众得到及时妥善安置，2 294户全垮户全部搬入新居。科学预防了樊哙镇大风滩大型滑坡，滑坡体内 41 户 197 人无一人伤亡。

【领导名录】

县委书记、县人大常委会主任：张礼忠

县长：赵波（2008 年 7 月起）

县政协主席：张正迪

（李　锐　官　骞）

大　竹　县

【基本情况】2008 年，全县面积2 076.79，其中耕地56 697 公顷。森林面积55 408 公顷，森林覆盖率 28.5%。辖 50 个乡镇，384 个行政村、3 433个村民小组，57 个居民委员会、115 个居民小组。年末总人口 108.3 万人，人口出生率 8.77‰，增 1.97 个千分点；人口自然增长率 2.22‰，增 0.29 个千分点。全县实现 GDP118.28 亿元，同比增长 14.5%，人均 GDP 13 974元，同比增长 14.1. 其中：一、二、三产业分别实现增加值 34.1 亿元、51.58 亿元、32.6 亿元，分别增长 3.7%、23.3%、11.3%。地方财政一般预算收入 2.95 亿元，分别财政一般预算支出 17.39 亿元，分别增长 32%、29.9%。金融机构各项存款余额 93.5 亿元，同比增长 26.2%；贷款余额 21.65 亿元。地方城镇居民人均可支配收入9 616元，增加1 358 元；农民人均纯收入4 691元，增加 619 元。

2009 年，全县面积2 076.79平方公里，其中耕地 87.61 万亩。森林面积55 728 公顷，森林覆盖率 35.3%。辖 50 个乡镇，384 个行政村、3 433个村民小组。年末总人口 108.87 万人，人口出生率 9.03‰，增 0.26 个千分点；人口自然增长率 2.51‰，增 0.29 个千分点。全县实现 GDP131.2 亿元，同比增长 14.7%，人均 GDP 13 974元，同比增长 14.3%。其中：一、二、三产业分别实现增加值 33.2 亿元、62.67 亿元、35.3 亿元，分别增长 3.8%、21.5%、12.0%。地方财政一般预算收入 3.49 亿元，地方财政一般预算支出 17.39 亿元，分别增长 18.4%、21.2%。金融机构各项存款余额 115.03 亿元，同比增长 23.07%；贷款余额 31.58 亿元。地方城镇居民人均可支配收入11 237元，增加1 621元；农民人均纯收入5 100元，增加 408 元。

【工业经济】2008 年，全县工业增加值达 41.72 亿元，同比增长 35%，对经济增长贡献率达 66.1%，拉动 GDP 增长 9.6 个百分点。82 户规模以上工业企业实现总产值 110.2 亿元，同比增长 56.8%；实现规模以上工业企业增加值 39.6 亿元，同比增长 30.8%，其中：轻工业实现增加值 10.88 亿元，同比增长 32%，重工业实现增加值 28.72 亿元，同比增长 30.2%。2009 年，全县工业增加值达 55.39 亿元，同比增长 23.1%，对经济增长贡献率达 66.1%，拉动 GDP 增长 9.6 个百分点。99 户规模以上工业企业实现总产值 159.4 亿元，同比增长 41%；实现规模以上工业企业增加值 51.8 亿元，同比增长 27.9%，其中：轻工业实现增加值 10.88 亿元，同比增长 32%，重工业实现增加值 28.72 亿元，同比增长 30.2%。完成集中区 25 平方公里总体规划和东柳综合园 5 平方公里控详规划，建成区达 3 平方公里，新入驻企业 10 户，累计投产企业 33 户，实现工业总产值 93.4 亿元、增加值 30.8 亿元、利税 4.7 亿元，被列入“四川省成长型特色产业园区”。加强技术创新和品牌创建，工业新产品产值率达 30.5%，工业经济效益综合指数达 340。新增“四川名牌产品”3 个；川环科技被命名为全市首家“国家创新型试点企业”，川东电缆被评为“国家高新技术企业”，玉竹麻业被列入“中国纺织服装竞争力 500 强企业”，东柳醪糟申报为“四川省企业技术中心”。

【农村经济】2008 年,全县农业总产值 55.97 亿元,同比增长 3.7%,其中畜牧业总产值 29.38 亿元,同比增长 4.1%;粮食总产量达 56.1 万吨,同比增长 3.5%。输出转移劳务人员 29.8 万人次,实现收入 19.9 亿元,增长 34.5%。集体林权制度改革基本完成。特色农业加速推进,建成"一乡一业"示范乡镇 4 个、"一村一品"示范村 20 个,培育无公害产品 4 个、绿色食品 1 个。新发展农民专业合作社 24 个,东柳醪糟公司创建全市首个国家级龙头企业。大竹县荣获"全省农业产业化经营先进县"、"全省三农工作先进县"称号。2009 年,全县农业总产值 54.54 亿元,同比增长 3.8%,其中畜牧业总产值 23.78 亿元,同比增长 4.1%;粮食总产量达 56.1 万吨,同比增长 3.5%。输转劳务 30.2 万人次,实现收入 21.9 亿元。集体林权制度改革基本完成。特色农业加速推进,建成"一乡一业"示范乡镇 4 个,"一村一品"示范村 20 个,培育无公害产品 4 个、绿色食品 1 个。新发展农民专业合作社 24 个。建立县、乡(镇)、村土地流转平台,流转土地 2.5 万亩。新发展优质蔬菜、香椿、香葱、林果等特色产业 4.5 万亩,"巴山红"香椿、"绿香清"香葱获品牌注册。新建标准化养殖场 15 个,畜禽良种覆盖率达 85%。新增省级农业科技园区 1 个、省市级龙头企业 6 户、农民专业合作社 21 个。荣获"全国粮食生产先进县"、"中国香椿第一县"、"国家优质商品猪战略保障基地县"称号,"大竹苎麻"获地理标志认证,通过全省无公害农产品基地整体认证,被列入"四川省现代畜牧业(林业、水产)重点培育县"

【商贸流通】2008 年,全县累计完成社会消费品零售总额 31.7 亿元,同比增长 21.2%。实现旅游收入 5.35 亿元,邮政通信收入 1.9 亿元,交通运输收入 1.7 亿元,分别增长 16.3%、12.7%、25.6%。新发展个体工商户1 876户。成功举办全市第三届乡村旅游节暨清河古镇文化旅游节、大竹首届房地产交易博览会,东湖大酒店建成"金叶级"绿色饭店。住宿和餐饮业完成 4.1 亿元,同比增长 22.5. 民营经济实现增加值 63.97 亿元,同比增长 17.4%,占全县经济总量的比重达 54.1%。自营出口创汇1 303万美元,同比增长 202.2%;实际利用外资 55 万美元;外派劳务输出 250 人次,建成专业市场 1 家,培育上亿元流通企业 1 个,发展标准农家店 136 家。2009 年,全县累计完成社会消费品零售总额 37.74 亿元,同比增长 19%。实现旅游收入 5.35 亿元,邮政通信收入 2.39 亿元,交通运输收入 1.7 亿元。新发展个体工商户1 876户;住宿和餐饮业收入 5.03 亿元,同比增长 22.5%。民营经济实现增加值 68.79 亿元,同比增长 19.4%,占全县经济总量的比重达 52.4%。自营出口创汇1 303万美元,同比增长 17.71%;实际利用外资 55 万美元;新建专业市场 1 家,发展标准农家店 136 家。

【重点项目建设】2008 年,争取项目 89 个,到位资金 5 亿元,其中特殊教育学校、农村饮水安全、农村公路建设等 18 个项目进入国家新增投资计划,到位资金4 186万元。工业集中区基础设施建设、石河天然气净化厂、利森水泥纳入全省 2008 年度重大项目管理。招商引资履约项目 43 个,到位资金 29。2 亿元,其中成功引进投资 15 亿元的海螺水泥、投资 20 亿元的百岛湖温泉开发等上亿元的项目 16 个。全年完成固定资产投资 60.23 亿元,同比增长 23.6%。"四个一批"重点项目完成投资 25.3 亿元,其中石河天然气净化厂、川东电缆一期工程等 21 个项目竣工投产,利森水泥、沽竹水泥等 12 个项目加快建设,海螺水泥、城市燃气调峰工程等 32 个项目顺利开工。实施城市建设用地增加与农村建设减少挂钩,整理土地 998 公顷,新增耕地 135 公顷,报征建设用地 294 公顷。2009 年,争取国道改造、城市生活污水处理厂等国家投资项目 308 个,到位资金 7 亿元,其中新增中央投资项目 98 个 1.6 亿元。工业集中区基础设施建设、海螺水泥、利森水泥等纳入全省重大项目管理。招商引资履约项目 43 个,到位资金 29.2 亿元。全年完成固定资产投资 60.23 亿元,同比增长 23.6%。"四个一批"重点项目完成投资 42.98 亿元,利森水泥、海螺水泥一期和沽竹水泥扩能项目等 17 个项目竣工运行,川环科技二期、城市燃气调峰工程、东柳醪糟扩能等 17 个项目加快推进;顺鑫农业二期、鹏翔电子扩能、殡仪馆等 47 个项目开工建设。实施城市建设用地增加与农村建设用地减少挂钩,整理土地 998 公顷,新增耕地 135 公顷,报征建设用地 294 公顷。

【城乡建设】完成 30 万人、30 平方公里县城总体规划修编、北城新区修建性详规调整、云台片区控制性详规、8 个乡镇总规修编和三个村庄规划。旧城改造全面推进,新华路东段 30 米大道贯通,西门片区、关仓坝片区旧城改造前期工作顺利推进。护城河治理工程于7月30日全面开工建设,河道主体工程完成24%。实施北城大道、体育大道等10个市政工程,城市建成区面积达15平方公里,城镇化率达30%。开通城市公交车,新建垃圾中转站2座。城乡环境综合治理全面开展,完成东湖公园和青年广场水景改造,安装、更换路灯396盏;设置便民摊区12处,完成红绿灯设置5处、电子眼80个硬化城区小街小巷17条;完成县发电厂、竹锋纸厂、星火禽业等3户省市挂牌企业限期治理任务,玉竹麻业脱胶废水达一级排放量标准;削减化学需氧量3 000吨,完成目标任务的136.4%。农村基础设施全面提速,硬(黑)化通乡公路130公里;新改建通村公路649公里,其中硬(黑)化432公里,新增通水泥(油)路村156个;新改建机耕道174公里,新增通水泥路的组46个;新建乡镇汽车站5个、村招呼站86个,渡改桥4座;建设省级示范村2个、市级示范乡镇1个、市级示范村5个、市级完善提高村5个、县级示范村10个、示范组(点)35个。一是城乡建设加速推进。完成城市基础设施建设投资1.5亿元,竣工巴蜀邑城、建设路南段等4个市政工程,实施北城干道、东湖广场一期工程等6个市政项目。启动西门片区旧城改造,推进北门片区旧城改造。新开工商品房66万平方米,竣工25万平方米。城市建成区达18平方公里。完成乡镇总规修编13个。出台《农房规划建设实施办法》,村镇建设秩序得到规范。小城镇建设加快发展,城镇化率达31%。推广农村建筑实用图集,示范引导建设农村居民集中居住点20个,华山村居民点建设模式在全市推广。投入新农村建设资金1.56亿元,竹黄、庙坝示范片分别申报为省级新农村建设、省级以工代赈新农村建设示范片。二是城乡基础日臻完善。完成国道城区段、竹垫路改造和云东大道C段建设,实施国道210、318线改造和断头联网路建设,新建乡镇汽车站4个,实现31%的行政村通客运。整治病险水库12座、山坪塘335口,渠系配套38千米,新建集中供水工程42处,红层找水打井5 981口;建设标准良田1.5万亩;硬(黑)化机耕道44公里,推广新型农机具624台(套),农业综合机械化水平达32%。荣获全市林业、农机、交通和综合管理4个"甘露杯"。新改建变电站3座,改造电网648千米。移动电话、固定电话普及率分别达37%、33%,广播电视综合覆盖率98.2%。三是城乡环境明显改观。龙潭水库正式向城区供水。完成生态县建设规划和11个省级环境优美乡镇创建规划,建设省级人居环境治理示范村4个,硬化小街小巷19条。营造林地4 000公顷,新增城镇绿地41.8公顷,森林覆盖率、城镇绿化率分别达35.3%、32%,创建成"四川省绿化模范县"。编制城市形象整体策划、城市风貌规划、城市风貌整治规划。打造高速公路、国道、景区沿线和城区重要节点风貌,城乡面貌焕然一新。成立县、乡(镇)环境治理办和乡(镇)规划建设管理办公室。清扫保洁员、文明劝导员、城管协管员、交通协管员"四支队伍"建设得到加强。建立"十户联洁"、"庭院联洁"制,开展环境治理"七进"活动和农村"四讲"教育,居民环卫意识、公德意识得到增强。

【民生工程】"民生工程"深入实施。投入5.85亿元,全面完成"8+3"民生工程各项任务,惠及群众183万人次。兑现强农惠农资金1.47亿元,帮扶14 804名低收入群众脱贫,解决6.8万人饮水安全。"两免一补"12.7万人次4 200万元,教育助学548万元。发放城镇低保19 088人3 467万元,农村低保49 650人3 086万元;城乡医疗救助7.5万人1 078万元;新改建敬老院4所,五保集中供养率达45%。启动城镇居民基本医疗保险和被征地农民社会保障工作,解决5 697名城镇集体企业和返城知青超龄人员养老保险,基本养老保险、基本医疗保险、失业保险、工伤保险、生育保险分别达61 582人、113 224人、20 050人、16 300人、6 514人。村(社区)组干部基本报酬得到提高。"十件实事"基本完成。护城河治理投入1亿元,治理河道1.5千米,完成东湖水库至南支流引水工程。特困村脱贫致富三年计划深入实施,投入资金2 073万元,硬化道路37.9公里,新建集中供水工程19处,发展特色产业1.97万亩、规模养殖户366户,人均纯收入增加540元。"引渠工程"纳入"南大梁"高速公路规划设计。统筹城乡就业,就业培训11 740人次,就业补贴15 482人1 005万元,新增城镇就业3 635人,下岗失业人员和失地无业农民再就业1 656人,城镇登记失业率4.24%。推进农村公路建设,硬(黑)化通村公路436.6公里、村道联网路41.1公里,实现94%的行政村通水泥(油)路。城市生活污水处理厂开工建设。实施保障性安居工程,提供廉租房430套,发放住房补贴224万元,补助农村安居房建设354万元。新建农村户用沼气池6 900口。"百场文化"下乡126场次。建立"八大社会救助”制度，救助30.67万人次3 042万元。

【社会事业】2008年，落实“两免一补”12.8万人5 203万元，奖优助学和贫困学生救助2.5万人1 333万元。县职中、白岛湖职业技术学校分别创建成“国家级重点中等职业学校”、“省级重点中等职业技术学校”。全县农民参加新型农村合作医疗825 310人，参合率达94.01%，报销新农合基金2 912.9万元。全县建成1个社区卫生服务中心，一个社区卫生服务站，覆盖城市人口13万人。放映惠民电影4 608场次，建成“农家书屋”45家，县文化馆创建国家一级文化馆；完成广播电视村村通工程625个点，新增有线电视用户9 812户，广播电视覆盖率达98%。2009年，完成27所学校灾后重建任务，职中新校区建设加快推进，特殊教育学校竣工投入使用。“9+3”免费职业教育顺利实施。素质教育扎实推进，高考六项指标居全市第一。学前教育、民办教育规范发展。被列为“全国义务教育均衡发展督导评估试点县”。卫生事业不断进步。县中医院综合楼建设顺利，新改建乡镇卫生院31个，新成立社区卫生服务站2个。新农合参合率达92.56%。创建成“全国农村中医工作先进县”。文体事业蒸蒸日上。新建乡镇文化站14个、农民健身工程点25个、农家书屋100个。县图书馆创建成“国家二级图书馆”，大竹中学被命名为“国家级青少年体育俱乐部”，庙坝镇荣获“全国群众体育先进单位”称号，通过“全国文化先进县”复查。人口计生成效明显。改扩建县、乡镇服务站12个。落实计划生育奖励扶助730万元，符合政策生育率86.5%，人口自然增长率1.6‰。创建成“全国计划生育优质服务先进县”。其他事业统筹推进。规范公务员津补贴，完成义务教育阶段学校教师绩效工资改革和集体林权制度改革。通过全国科技进步考核，完成全国第一次污染源普查、第二次经济普查和第三次文物普查。档案、人防、保密、对台、气象、民族宗教、外事侨务、妇女儿童、地方志、残疾人等工作不断进步。

【扶贫工作】2009年，帮扶14 804名低收入群众脱贫；认真落实特困村脱贫致富“八条意见”，累计投入特困村建设资金2 073万元，硬化道路37.9公里，新建供水工程121处，农网干线改造68.78公里，发展特色产业19 734亩、规模养殖户366户，人均纯收入增加540元，特困村的水、电、路、房等基础设施明显改善，特色产业体系初显，特困村面貌明显改变。

【惠民行动】出台帮扶特困村“八条意见”，安排资金1 200万元，选派10名副乡镇长驻村指导，连续三年帮扶10个特困村加快基础设施建设和扶持产业发展。实施“8+3”民生工程，投入资金5.5亿元，惠及群众182万人次。其中：救助基层干部55人，白血病患者56人，受理救助电话186人次。建设经济适用房5 057平方米、廉租房104套4 859.48平方米，发放廉租房补贴144万元。

【抗震救灾】2008年，有效应对低温雨雪冰冻、“5·12”汶川大地震、“9·17”暴雨等自然灾害。“5·12”汶川地震后，4名县级领导带队组织预备役部队、民兵应急分队、医护人员等700余人次，分批赴平武、什邡、青川等极重灾区开展紧急救援、灾民安置和恢复生产等工作；全县共捐款984万元、物资48车，交纳特殊党费176万元，并将上级划拨给我县的28万元抗震救灾资金全部捐给灾区；完成全县地震房屋受灾重建对象538户，发放农房重建补助资金793.5万元，新建和维修校舍19.96万平方米。全县完成雪灾重建对象69户，维修加固237户，落实补助资金36.93万元。

【领导名录】

县委书记、县人大常委会主任：向此德

县委副书记、县长：许国斌

县政协主席：黄生国

（朱裕江　赖信文　林可胜　徐实明　陈　虎）

渠　县

【基本情况】2008年全县面积2 013平方公里，其中耕地58 200公顷，比2007年(下同)增3.0%。森林覆盖率29.52%。辖60个镇(乡)，46个社区办事处，年末总人口1 456 557人。人口出生率7.58‰，增0.26个千分点；人口自然增长率1.67‰，增0.3个千分点。全县生产总值94.05亿元，增13.6%，其中：第一产业增加值32.72亿元，增3.8%；第二产业增加值35.92亿元，增23.1%；第三产业增加值25.41亿元，增11.3%。三、次产业对经济增长的贡献率分别为8.7%、66.8%和11.3%。民营经济增加值52.45亿元，增17.2%；民营经济对GDP增长的贡献率为55.8%，提高1.2个百分点。粮食总产量55.82万吨，增6.7%；油菜子产量29 371吨，增11.4%；水果产量9.16万吨,增3%;出栏肉猪140.3万头,增1.3%。公路通车里程2 156公里,增8.1%;通车村数356个,增5%。邮电业务总量22 416万元,增16.8%。社会消费零售总额36.39亿元,增21.2%。全社会固定资产投资58.93亿元,增31.3%,其中:基本建设投资29.93亿元,增51.7%;更新改造投资13.64亿元,增17.8%;房地产投资11.59亿元,增44.0%。新增固定资产41.21亿元。地方财政一般预算收入完成1.99亿元,增30.6%;财政一般预算支出17.44亿元,增34.8%。金融机构各项存款余额92.93亿元,比年初增21.0%;各项贷款余额30.74亿元,比年初增2.4%。完成环境污染限期治理项目2个。烟尘控制区1个,面积5平方公里,噪声控制区1个,面积5平方公里。

普通中学在校生9.33万人;小学在校生13.04万人;学龄儿童入学率100%。有公共图书馆1个,文化馆1个。有卫生机构842个,病床位2 336张,卫生技术人员4 983人。

【抗震救灾卓有成效】面对5.12特大地震灾害,县政府紧紧亿靠全县人民,沉着应对,科学处置。紧急转移受灾群众20余万人,及时下拨救灾资金687万元。积极启动受灾无房户重建工程,补助重建资金809万元、补助农房损毁资金133万元,完成灾后重建370户、维修874户,房屋全垮户已全部搬入新居。先后派出316人紧急驰援平武、青川、什邡等重灾区,广泛发动社会募捐,共收到社会捐款1 053.8万元。

【政府建设有力推进】自觉接受县人大和县政协的监督,101件代表建议和126件委员提案全部办结。积极开展机关效能建设和绩效管理,“五型”政府建设成效明显。大力改进文风会风,全县机关发文数量同比下降20%,会议次数同比下降37%,行政效率显著提高。严格规范行政审批,强力推进“两集中、两到位”,44个县级部门行政审批股相继入驻政务中心。着力推进政务公开,全面推行人事招考“阳光作业”,公开、公平、公正地招聘了430名事业单位的工作人员。强化行政效能监察,严肃整顿政风政纪,全年政府系统共立案查处14件17人。切实推进依法行政,先后被省政府表彰为“法治政府”建设示范县和行政复议工作先进县。

【科技事业蓬勃发展】大力支持科技创新,荣获市级科技进步奖4项,发展省级高新技术企业1个。注重扶持科技攻关,申报省级重大科技项目1项、省级科技支撑项目6项,成功创建为“省级科普示范县”和“全国科技进步县”。统筹推进“三教”协调发展,顺利通过省政府教育督导评估。2008年全县高考本科上线2 613人,文理本科上线率居全市首位。着力推进中小学危房改造,投入资金4 907万元改造危房18万平方米。切实完善教育保障机制,投入资金6 878万元使23万余名学生相继受益。

【城市建设亮点频显】东区、西区开发齐头并进,城市建设不断加快。东区一期建成商品房7万平方米,完成投资1.5亿元。西区二期建成商品房15万平方米,完成投资1.2亿元。渠江二桥顺利开工,桥基工程加速推进。四星级宾馆万兴大酒店如期封顶,内部装修即将完成。渠城垃圾处理厂竣工投产,4座垃圾中转站建成投入使用。城市污水处理厂动工建设,城市供水管网改造全面竣工。

【人居环境更加优良】强力开展城乡环境综合治理,积极实施“净化、绿化、美化、亮化”和“居民行为规范化”工程,基本实现了“干净、整洁、规范、有序”的目标。全面完成牛背巷、金鸡巷、叶家巷、半边街等小街小巷综合整治,群众出行通道更加便捷。切实改变群众居住条件,建成城镇廉租房100套、经济适用房139套。扎实推进节能减排,狠抓企业排污治理,川东农药、八仙桥污水治理相继通过市级验收。大力推进生态文明建设,成功创建省级环境优美乡镇1个、省级柑桔生态园1个、市级生态示范村1个。

2009年全县面积2 013平方公里,其中耕地61 805公顷,比2008年(下同)增6.0%。森林覆盖率31.2%。辖60个镇(乡),46个社区办事处,年末总人口1 471 098人。人口出生率8.09‰,增0.51个千分点;人口自然增长率1.94‰,增0.27个千分点。全县生产总值108.68亿元,增14.2%,其中:第一产业增加值32.88亿元,增3.7%;第二产业增加值43.98亿元,增23.1%;第三产业增加值31.82亿元,增12%。三、次产业对经济增长的贡献率分别为7.4%、66.7%和25.9%。民营经济增加值54.47亿元,增18.3%;民营经济对GDP增长的贡献率为50.1%,提高2.2个百分点。粮食总产量57.36万吨,增2.8%;油菜子产量29 820吨,增1.5%;水果产量9.37万吨,增2.3%;出栏肉猪126.9万头,增

4.3%。公路通车里程2 922公里,增3.6%;通车村数377个,增6%。邮电业务总收入3 236.59万元,增7.9%。社会消费零售总额43.23亿元,增18.8%。全社会固定资产投资80.03亿元,增35.8%,其中:基本建设投资42.9亿元,增43.3%;更新改造投资21.61亿元,增58.4%;房地产投资11.67亿元,增0.7%。新增固定资产55.72亿元。地方财政一般预算收入完成4.66亿元,增11.6%;财政一般预算支出19.74亿元,增13.1%。金融机构各项存款余额124.15亿元,比年初增14.8%;各项贷款余额38.09亿元,比年初增23.9%。完成环境污染限期治理项目4个。烟尘控制区1个,面积5平方公里,噪声控制区1个,面积5平方公里。普通中学在校生8.61万人;小学在校生12.64万人;学龄儿童入学率100%。有公共图书馆1个,文化馆1个。有各级医疗卫生机构737个,设病床2 702张,有卫生人员4 717人。

【人居环境明显改善】大力推进生态文明建设,成功创建省级环境优美乡镇10个、市级生态示范村10个、市级生态家园40个,强力推进城乡环境综合治理,大力实施"五化"工程,深入开展"七进"活动,城乡面貌大为改观。切实推进国道318线民居整治,完成农房美化4 967户,硬化院坝87 800平方米。全面完成渠江大桥、西岸堤防、石子岗隧道、临江临街建筑物亮化,整体实施"新营渠路"道路综合治理,城乡人居环境得到较大改观,荣获全省城乡环境综合治理一等奖,受到省市领导的充分肯定,"渠县经验"在全省得到推广。

【大力实施旅游精品战略】全年共接待游客109万人次,实现旅游收入52 500万元,同比增长22%。龙潭风景区正式批准为国家AAA级风景名胜区后,继续坚持实施旅游精品战略,积极创建AAAA级风景区。大力推进琦鑫黄花、刘氏竹编、宕府王咂酒、三汇特醋等特色旅游产品集团化、品牌化,促进旅游产品向现代经营管理模式转变。

【科技水平提升】大力推进科技创新,成功创建"省级科技创新型企业"3家。成功申报"新型铸石窑炉节能环保工艺研究与应用"、"年产5 000吨"咂酒"工业化生产线"、"县域非农经济发展研究——以渠县为例"、"川产道地药材附子的规范化种植科技示范及产业化开发"、"年产2 000吨保鲜黄花生产线"、"渠县丘区农民双技能培训工程"等省级科技支撑项目6项,累计申报科技专利25件,顺利通过省级科技进步县考核。

【环境保护落实有力】认真贯彻落实国家《产业结构调整指导目录》,关停华蓥山电发厂3号、4号机组,关停装机容量21万千瓦,可实现消减二氧化硫8 522.7吨,为整个达州市二氧化硫减排做出了积极的贡献。开展"两高一资"企业清理整治行动,强制制止汇南土炼焦场企图死灰复燃的违法行为,对四川省丰乐化工有限公司、渠县科鑫化工厂下达停产通知,封存其所有生产线,实行关停并转。

【文物保护成效显著】全面完成全县60个乡镇的田野调查,调查登录文物点1 300余处,新发现文物点突破1 000处。大义清代壁画、贵福园井村毛主席语录石刻、大义乐园村公共食堂、安北廻龙桥、贵福寺垭村文昌宫等较为重要的文物发现。县政府核定公布了第三批县级文物保护单位32处,进一步确立了渠县在全市乃至全省"文物大县"的地位。2009年5月31日,中国文物学会正式命名渠县为"中国汉阙之乡",这一成功申报极大地宣传了渠县历史文化,为渠县实现"文化兴县"、"人文兴县"、"旅游兴县"起到了很大的推动作用。组织安排了"渠县刘氏竹编工艺"、"渠县咂酒酿造技艺"、"三汇彩亭会"、"涌兴卢板鸭"参加第二届中国成都国际非物质文化遗产节的展演展示,推动全县非物质文化遗产的保护传承和开发利用。

【领导名录】

县委书记、县人大主任:邓瑜华

政府常务副县长:蔡文华

政协主席:许平

(文 军 吴作彬)

开 江 县

【基本情况】2009年底,全县面积1 033平方公里,其中耕地24 107公顷,比2008年(下同)增0.05%。辖20个乡镇,194个村,20个社区,总人口586 718人。人口出生率12.14‰,上升2.07个千分点;人口自然增长率4.50‰,上升0.91个千分点。

【农村经济】全县农业总产值2008年为30.98亿元,2009年为32.14亿元;油橄榄、银杏、蚕桑、烟叶、优质水果、粉葛等特色产业不断壮大,特色优质农产品生产基地2 580公顷；新建无公害农产品生产基地2个，橄榄油获国家地理标志证明商标，启动全国绿色农示范区建设，建成一乡一业乡镇4个、一村一品专业村15个；新培育销售收入上亿元的龙头企业2户，21户省、市重点龙头企业实现销售收入6.30亿元；新成立农民专业合作社16个，总数达到238个；完成新农村23个市县示范村、4个市级完善提高村建设；输出转移劳动力2008年为16万人，2009年为16.71万人，实现劳务收入2008年为12.86亿元，2009年为13.02亿元；2009年，粮食总产量27.43万吨，被列入全国产粮大县，省蔬菜基地县、畜牧业和林业产业重点县。

【工业经济】全县工业总产值2008年为14.60亿元，2009年为22.10亿元；完成工业投入16.70亿元，增41.10%；组建普安工业集中发展区管委会，完成集中发区首期333公顷控制性详细规划编制及环境影响评价，区内道路、管网等基础设施全面启动，新入驻企业5户；年产2万吨葡萄粉技改、回龙焦电综合利用、舰船燃机一期70机组等项目竣工投产；天然气钻探开发项目完成投资4.8亿元。天然气能源化工、煤电、五金工具、建材、农产品加工5大产业加快发展，快速虎钳、淀粉糖浆、环保建材、橄榄油等拳头产品生产规模进一步扩大。

【商贸旅游】新建万村千乡农家店2008年为118个，2009年为85个；家电下乡兑现补贴2008年为152万元，2009年为809万元；2008年成功举办开江十大名菜评选活动建成美食城和美食街，2009年成功承办达州市第四届乡村旅游节和首届巴山平原旅游节，完成金马山公园开发、飞云温泉扩建、金山寺维修、明月湖景观打造、峨城山和牛山寺景区道路建设工程；2009年，完成外贸出口250万美元，实现旅游收入4.65亿元，增33%。

【城乡建设】2008年，编制完成《县城近期建设区控制性详细规划》《开江县生态县建设规划》，投资2 963万元，实施市政基础设施项目11个，对县城主城区全面实施雨污分流，整治下水道、人行道32条，完成城北各街面道路黑化。2009年，全面启动城普大道、橄榄大道、东西干道、环城东路建设改造工程，完成橄榄广场一期建设和城区夜景、“两河”沿岸景观打造，硬化、彩化城区街道、人行道14.3万平方米；完成房地产投资1.7亿元，开发商品房20.90万平方米，全县城镇化率31.7%，城区绿化面积55.28万平方米；达万高速公路（开江段）、达万铁路电气化改造（开江段）开工建设，完成省道、县道大中修工程83公里，建成通村公路253公里、硬化105公里，整治危桥12座，建成乡镇客运站3个，总数达到11个；完成7座病险水库及新宁河“打鱼洞”河段整治工程，治理水土流失20平方公里；打井7 115口，解决农村安全饮水2.57万人；新建（改造）10千伏线路30公里，低压线路77公里；建成多普勒雷达终端接收应用系统。

【环境治理】城乡环境综合治理纵深推进，城区实行24小时保洁。设置道路隔离护栏1 500米，非机动车辆停车围栏180个，建成停车场（点）48个。新建垃圾中转站1座、公厕7座。建成乡镇标准化农贸市场和污水处理站各1个。

【改革开放】2008年，部门预算改革进一步深化，乡财乡用县管改革进一步完善；国有资产配置不断优化，实现县级行政事业单位国有资产集中统一管理；推进行政管理体制改革，完成全市乡镇机构改革试点，成立拆迁办和县矿山联合执法大队，并完成林权制度改革和全县政务窗口部门内设职能调整改革；成功引进峨城杀菌钱包、君达纸品、金鑫陶瓷等一批企业落户开江。2009年，建立一个县级领导牵头、一个部门主管、一套班子运行的“三个一”重点项目推进机制；出台普安工业集中发展区优惠政策和激发乡镇发展活力的17条措施；完成乡镇建管所、宝石桥水库管理处管理体制改革和全县集体林权制度主体改革；承接发达地区产业转移、实施融入环渝腹地经济区块战略，引进项目51个，到位资金14亿元。

【社会事业】成功承办达州市第24届青少年科技创新大赛，顺利通过全国科普示范县复查验收，申报省、市级科技项目54项、市级科技成果5项、专利30件，《开江县志》（1986～2005）获四川省、达州市社会科研成果一等奖；实施教育振兴行动计划，启动校点布局调整，建成教师周转房5 538平方米，完成中小学危房改造1.87万平方米，建成留守儿童之家20个，落实两免一补及中职生生活补助政策，资助贫困生11 011人；成立开江地方文化研究会，话剧《爱在身边》获全市五个一工程奖，建成乡镇综合文化站2个、农家书店60个；启动县妇幼保健院、中医院门诊楼和6个乡镇卫生院改（扩）建工程；成功承办达州市第四届老年运动会，成功创建全国群众文化体育先进县;完成村村通建设点905个;创建省级生态家园49户,市级绿色生态社区1个,市级生态村12个,市级绿色学校1所;规模以上企业万元增加值综合能耗下降8%,减排化学需氧量129吨、二氧化硫1 741吨,氨氮排放量控制在178吨。

【社会保障】至2009年底,全县城镇基本养老保险人数为14 123人,城镇居民医疗保险全面启动,1 828名困难群众实施城乡医疗救助,发放救助金671.68万元,15 249名城镇低保、41 152名农村低保、5 619名五保对象实现"应保尽保";新建中心敬老院1所,乡镇敬老院5所,集中供养率41%;完成农房重建360户,维修加固310户,发放廉租住房补贴1 090户、2 762人。

【抗震救灾】"5·12"汶川大地震发生后,县委、县政府立即启动应急预案,组织力量第一时间奔赴各乡镇查看灾情、排查隐患,妥善解决受灾群众生产生活;投入灾后重建资金2 310万元,完成9.06万平方米B、C级校舍危房维修加固,对786户地震受损农户实施重建,维修加固962户。

【领导名录】

县委书记:杨　娟(2008年10月前)
　　　　　王善平(2008年10月后)
人大常委会主任:杨　娟(2008年8月前)
　　　　　　　　王善平(2008年8月后)
县　　长:王　成
政协开江县委员会主席:金本来

(孙律均　张先锋)

中国共产党达州市委员会

综 述

【概况】2008～2009年，市委团结带领全市人民高举中国特色社会主义伟大旗帜，坚持以邓小平理论和“三个代表”重要思想为指导，全面落实科学发展观，认真贯彻党的十七大及十七届三中、四中全会和省委九届四次、五次、六次、七次全会精神，奋力抗击雨雪冰冻、“5·12”汶川特大地震以及“7·11”、“7·13”洪涝等自然灾害，全力防控甲型H1N1流感疫情，积极应对国际金融危机冲击，扎实推进经济建设、政治建设、文化建设、社会建设、生态文明建设和党的建设，各项工作取得了积极成效。2008年，全市完成生产总值(GDP)603.99亿元，比上年(下同)增长14.1%；规模以上工业增加值194.13亿元，增长30%；全社会固定资产投资418.73亿元，增长36.6%；社会消费品零售总额212.3亿元，增长21.2%；地方财政一般预算收入20.1亿元，增长26.9%；城镇居民人均可支配收入9 748元，增长14%；农民人均纯收入4 096元，增长14.1%。2009年，全市完成生产总值682.73亿元，增长14.2%；规模以上工业增加值249.23亿元，增长26%；全社会固定资产投资545.32亿元，增长30.2%；社会消费品零售总额252.12亿元，增长18.8%；地方财政一般预算收入23.41亿元，增长19.4%；财政支出129.53亿元，增长23.9%，对农业、教育、社会保障、环境保护、公共事业等的投入持续加大；城镇居民人均可支配收入11 103元，增长13.9%；农民人均纯收入4 421元，增长7.9%。

【重要决策】2008年1月4日，市委发出《关于深入学习贯彻党的十七大精神推进达州经济社会又好又快发展的决定》，要求紧紧围绕完成“三大任务”、实现“三大目标”，突出优势资源转化主线，加快新型工业化、新型城镇化、农业现代化“三化”进程，推进开放带动、项目支撑、科教兴市、基础先行“四大”战略，大力改善民生，促进社会和谐，推动达州经济社会加快发展、科学发展、又好又快发展。

2008年2月3日，市委、市政府制发《达州市社会主义新农村建设规划纲要(草案)(2006～2020年)》。

2008年2月20日，市委发出《关于全面运用体现科学发展观要求的领导班子和领导干部综合考核评价办法的实施意见》，要求进一步鲜明“以科学发展论英雄、凭正确政绩用干部、靠群众公认定取舍”的用人导向，建立健全领导班子和领导干部综合考核评价体制机制，切实加强领导班子和干部队伍建设，为促进达州跨越式发展提供组织保证和人才支持。

2008年2月26日，市委、市政府发出《关于加强机关效能建设优化发展环境的决定》，要求以建设法治、服务、务实、高效、廉洁机关为目标，以整合机关管理资源、优化机关管理要素、规范机关管理行为、改善机关运作方式为重点，突出开展“政府工作质量年”活动，切实解决机关效能方面存在的服务意识不强、行政审批繁多、工作效率不高、诚信意识淡薄、政令执行不畅等突出问题，努力实现工作作风明显转变、服务能力明显增强、办事效率明显提高、发展环境明显改善、群众满意度明显上升目标。

2008年3月2日，市委发出《关于进一步加强农业基础建设促进现代农业发展农民增收的意见》，要求按照形成城乡经济社会发展一体化新格局的要求和把达州市建成川东北特色农产品生产加工基地的目标，加强农业基础建设，大力发展现代农业，加快农业产业化进程，促进农业稳步发展、农民持续增收，扎实推进以“三村建设”为载体的社会主义新农村建设。

2008年4月18日，市委、市政府发出《关于深入实施城乡环境综合治理工程的决定》，要求以实施净化工程、绿化工程、美化工程、亮化工程、居民行为规范工程为重点，以开展创建文明城镇、卫生城镇、环保模范城镇、园林城镇活动为载体，以解决人民群众最关心、最直接、最现实的利益问题为根本出发点，进一步完善社会公共服务职能，建立长效监管机制，切实改善城乡环境，不断提高全民素质，力争使达州天更蓝、地更绿、水更清、人更文明，将达州建成创业环境良好、人居环境适宜、综合竞争力较强的秦巴地区大城市、经济文化强市。

2008年5月9日，市委转发了《市委维护社会稳定领导小组关于切实做好2008年维护社会稳定工作的意见》，要求正确处理改革发展稳定的关系，切实把维护社会稳定工作放在更加突出的位置，进一步强化措施，落实责任，努力解决影响社会和谐稳定的突出问题，为北京奥运会和改革开放30周年纪念活动的成功举行营造安全和谐稳定的社会环境。

2008年5月12日，市委、市政府发出《关于做好防震避灾工作的紧急通知》，要求立即启动防震避灾应急预案，迅速行动，全力保护人民群众生命财产安全；加强重点部位和场所安全监控，及时发现和排除安全隐患，防止意外事件发生；加强社会面控制，全力维护社会稳定；严肃工作纪律，做好群众工作，努力形成抗震避灾最大合力。

2008年5月16日，市委、市政府、达州军分区发出《关于做好部分民兵勤务保障分队动员准备的通知》，要求迅速做好部分民兵勤务保障分队应急动员的各项准备工作，确保一旦需要，能迅速收拢集结并机动至灾区遂行任务。

2008年5月19日，市委、市政府发出《关于加快工业园区（集中区）发展的意见》，要求进一步加快达州市工业结构调整、优化工业产业布局，提升产业层次，实现传统产业新型化、新型产业规模化，加快工业园区发展，力争到2010年建设一批布局合理、产业优势突出、基础设施配套齐全的重点工业园区，形成工业跨越式发展新增长极。

2008年6月6日，市委发出《关于深化“四评村官”活动进一步加强基层民主政治建设的意见》，要求率先深化、推广“四评村官”活动，着力构建村（社区）干部选育用管长效机制，大胆探索基层民主多种实现形式，以改革创新精神全面推进党的建设新的伟大工程。

2008年9月22日，市委发出《关于试行县（市、区）党代会常任制的意见》。

2009年1月5日，市委发出《关于以改革创新精神深化农村基层党建引领和推进农村改革发展的意见》和《关于进一步加强村党支部书记队伍建设的意见》，要求坚持以人为根本、以事为载体、以物化效果为基本目标、以“组织放心、群众满意”为标准，强力推进农村基层党建工作；坚持以提高执政能力为根本责任，深化“三级”联创，落实市县乡村四级责任，加强村党支部书记队伍建设；推动农村党的建设与经济社会发展相融互动，充分发挥党的建设对农村改革发展和社会主义新农村建设的引领推动作用。

2009年1月12日，市委发出《关于统筹城乡发展开创农村改革发展新局面的决定》，要求把深入推进以“三村建设”为载体的社会主义新农村建设作为战略任务，把走中国特色农业现代化道路作为基本方向，把加快形成城乡经济社会发展一体化新格局作为根本要求，坚持工业反哺农业、城市支持农村和多予少取放活方针，深化农村改革，加大农业投入，加强农业基础建设，增加农民收入，努力把达州建成川东北特色农产品生产加工基地，推动农村经济社会加快发展、科学发展、又好又快发展。

2009年1月21日，市委、市政府发出《关于进一步扩大内需保持经济平稳较快发展的意见》，要求进一步把思想和行动统一到党中央、国务院和省委、省政府对当前形势的分析判断和决策部署上来，把保持经济平稳较快增长摆在首位，围绕“两个加快”，抓住扩大内需和灾后重建机遇,把"保增长、调结构、强基础、促和谐"紧密结合起来,重抓项目,加大投入,扩大内需,改善民生,奋力加快建设秦巴地区经济文化强市进程,促进全市经济"爬坡上行,加快发展"。

2009年1月22日,市委、市政府发出《关于进一步深化平安达州建设的意见》,要求全面深化平安达州建设,认真落实领导责任制,有效化解社会矛盾,着力解决突出治安问题,加强社会管理,夯实综治基层基础,加强政法综治队伍建设,健全社会治安综合治理工作长效机制,切实增强人民群众安全感,努力打造和谐平安达州。

2009年1月25日,市委、市政府发出《关于加强产业园区建设的意见》,要求以市场为导向,以企业为主体,发挥比较优势,突出区域优势,优化资源配置,加强自主创新,主动承接国内外产业转移,加快特色资源就地开发利用,推动优势产业集聚发展,力争通过3至5年努力,在全市建成一批企业布局合理、产业优势突出、基础设施配套、公共服务高效的产业园区。

2009年3月10日,市委、市政府发出《关于大力实施全民创业战略的意见》,要求紧紧抓住国家扩大内需的重大机遇和大量务工人员返乡的重要时机,坚持党政鼓励、社会支持、市场导向、自主创业的原则,充分发挥人力资源作用,大力推动自主创业和合伙创业,以创业带动就业,以就业推动发展,努力促进全市经济社会加快发展、科学发展、又好又快发展。

2009年3月24日,市委转发了《市委维护社会稳定领导小组关于2009年维护社会稳定工作的意见》,要求围绕"保增长、保民生、保稳定"的总要求,坚定信心、迎难而上,超前工作、主动预防,以服务经济社会发展为首要任务,以化解涉稳突出问题为突破口,以深化社会稳定风险评估机制为核心,着力打好防范化解社会矛盾的攻坚仗、对敌斗争的主动仗、意识形态领域反渗透的阵地仗、服务经济发展的整体仗,确保社会稳定,以优异成绩迎接新中国成立60周年和达州市建市10周年。

2009年4月13日,市委、市政府发出《关于达州市2009年"项目会战年"的实施意见》,要求狠抓项目建设进度、资金落实、项目管理、环境建设和项目储备,集中会战一大批扩大内需见效快、拉动增长作用大的大项目、好项目,力争全年基础设施项目完成投资360亿元以上、产业项目完成投资180亿元以上、民生和社会事业项目完成投资40亿元以上。

2009年5月19日,市委发出《关于完善党代表大会代表任期制的意见》。

2009年6月10日,市委、市政府发出《关于2009年党风廉政建设和反腐败工作的意见》,要求严格执行党风廉政建设责任制,坚持标本兼治、综合治理、惩防并举、注重预防的方针,加强监督检查,推动科学发展重大决策部署落实;加强作风建设,进一步密切党群干群关系;加强廉政教育,切实抓好领导干部廉洁自律工作;加强案件查处,坚决维护党纪国法的严肃性;加强专项治理,认真解决群众反映强烈的突出问题;加强制度建设,深化治本抓源头工作;加强监督制约,确保权力正确行使;加强基础建设,深入推进基层反腐倡廉工作,以党风廉政建设和反腐斗争的新成效取信于民,为推动达州经济社会跨越发展提供坚强有力的纪律保障。

2009年6月25日,市委发出《关于在学习实践活动中开展"党性为魂、党风为生、党纪为绳"主题实践活动的意见》,要求结合典型案例和自身实际,找准摸清、认真剖析并着力解决党性党风党纪方面存在的突出问题,进一步增强党性、端正党风、严明党纪,确保学习实践活动取得实效。

2009年10月3日,市委、市政府发出《关于加强和改进应急管理工作的意见》,要求进一步健全统一领导、综合协调、分类管理、分级负责、属地为主的应急管理体制,完善统一指挥、反应灵敏、协调有序、运转高效、保障有力的应急管理机制,建成覆盖全市各地各部门(单位)的应急预案体系和应急管理组织体系,构建联接省、市、县(市、区)的应急指挥平台和突发事件预警预报信息网络,形成政府主导、部门协调、军地结合、全社会共同参与的应急管理工作格局,努力提高全市突发事件预防与应急准备、监测预警、应急处置、恢复重建以及应急保障等综合能力。

2009年10月10日,市委、市政府发出《关于加强达州市中心城区绿化工作的意见》,要求大力实施中心城区绿化重点工程,打造山川秀美、生态良好、舒适宜居的绿色达州,力争到2010年成功创建省级园林城市、2013年成功创建省级森林城市、2018年建成环城森林生态系统,促进人与自然和谐共生。

2009年10月11日,市委、市政府向全市人民发出《深入学习实践科学发展观活动整改公开承诺事项》。

2009年11月13日,市委发出《关于进一步加强人民政协工作的实施意见》,要求进一步完善人民政协政治协商、民主监督、参政议政工作机制,重视和支持人民政协加强自身建设,加强和改善党对人民政协的领导,强力推进人民政协事业发展和社会主义民主政治建设,最大限度地调动一切积极因素,同心同德,群策群力,推进达州经济社会加快发展、科学发展、又好又快发展。

2009年11月26日,市委、市政府发出《关于激发乡镇活力的指导意见》,要求按照权责利相统一原则,进一步理顺乡镇事权、人权与财权关系,充分激发乡镇活力,增强乡镇自主发展能力,积极推进社会主义新农村建设。

2009年12月24日,市委发出《关于进一步加强人大工作的意见》,要求进一步坚持和完善人民代表大会制度,加强和改进党对人大工作的领导,支持人大及其常委会加强自身建设和依法行使职权,充分发挥其作为地方国家权力机关在建设中国特色社会主义民主政治中的重要作用。

2009年12月25日,市委、市政府发出《关于加强老龄工作的意见》,要求认真落实各项惠老政策,加快老年福利服务基础设施建设,大力推进为老服务工作,不断完善以居家养老为基础、社区服务为依托、机构养老为补充的社会化养老服务体系,建立健全老龄工作保障机制,努力实现"老有所养、老有所医、老有所教、老有所学、老有所为、老有所乐"的老龄工作目标。

2009年12月31日,市委发出《关于印发〈达州市建立健全惩治和预防腐败体系2008~2012年实施细则〉的通知》。

【重要会议】2008年1月4日,市委二届十次全体(扩大)会议召开。全会深入学习贯彻党的十七大、中央经济工作会议和省委九届四次全会精神,认真分析研判当前形势,研究确立了"打造一枢纽、两中心、三基地(秦巴地区综合交通枢纽,秦巴地区商贸物流中心和文化旅游中心,中国西部天然气能源化工基地、秦巴地区新型冶金建材基地、川东北特色农产品生产加工基地),建设秦巴地区经济文化强市"的战略定位;明晰了"突出一条主线、加速三化进程、推进四大战略"(以优势资源转化为主线,加速新型工业化、新型城镇化、农业现代化进程,推进开放带动、项目支撑、科教兴市、基础先行战略)的跨越发展路径;提出了2010年、2015年、2020年加速推进达州市全面建设小康社会进程的"分三步走,力争到2020年全市人均生产总值超过当年全省平均水平"的奋斗目标。

2008年1月15日上午,市委召开二届第112次常委(扩大)会议,传达学习省委书记、省人大常委会主任刘奇葆来达州视察时(13日至14日)的重要指示精神,研究部署了下一步工作。会议要求全市上下倍加珍惜难得的发展机遇,倍加珍惜来之不易的发展局面,倍加努力地做好优势资源转化、重点项目建设、融资平台建设、承接产业转移、机关行政效能建设、城乡环境综合整治等工作,全力打造"中国气都",推动全市经济社会持续健康发展。

2008年2月2日下午,市委召开二届第114次常委(扩大)会议,传达学习胡锦涛总书记在大同市考察煤炭生产和电煤供应情况时的重要讲话及中央政治局常委李克强来达州视察、慰问时(1月31日)的重要指示精神,研究部署了抗击雨雪冰冻灾害工作。会议要求全市上下迅速行动,狠抓抗灾救灾各项措施的落实,夺取抗击雨雪冰冻灾害的全面胜利,确保全市广大群众过上一个欢乐祥和的春节。

2008年2月28日,市委、市政府召开全市加强机关效能建设优化发展环境动员大会。市委书记、市人大常委会主任李向志作了讲话,市委副书记、市长罗强安排部署全市加强机关效能建设优化发展环境工作,市委副书记、市纪委书记胥健主持会议。

2008年5月26日上午,市委召开二届第124次常委(扩大)会议,传达学习温家宝总理在四川省抗震救灾工作汇报会上的重要讲话精神,安排部署了当前工作。会议要求全市上下大力发扬不怕疲劳、连续作战的作风,振奋精神、迎难而上,坚持"两手抓",一手抓抗震救灾及支援重灾区工作,一手抓经济社会发展,确保全市经济平稳较快增长。

2008年5月30日晚,市委、市政府召开全市领导干部大会,传达了省委关于达州市政府主要领导调整的决定:何健同志任中共达州市委委员、常委、副书记;免去罗强同志中共达州市委副书记、常委、委员职务。

2008年6月16日下午,市委、市政府召开全市领导干部大会。李向志传达省委书记、省人大常委会主任刘奇葆在全省传达贯彻省(区、市)和中央部门主要负责同志会议精神大会上的讲话精神，安排部署了当前工作；何健、胥健分别传达了胡锦涛和温家宝同志在省（区、市）和中央部门主要负责同志会议上的讲话精神。

2008年6月20日，市委、市政府召开迎奥运保稳定百日行动动员大会，安排部署迎奥运保稳定工作。李向志作了讲话，胥健对“迎奥运保稳定百日行动”作了具体部署。

2008年7月24日，市委二届十一次全体会议召开。李向志作题为《坚定信心，负重拼搏，奋力夺取抗震救灾和经济社会发展全面胜利》的讲话，何健安排部署了下半年经济工作。会议要求全市上下认真贯彻落实省委九届五次全会精神，切实把思想和行动统一到省委的重大部署和要求上来，把精力集中到完成“抓安民、保稳定、促重建、求发展”的重点任务上来，把作风落实到“特别讲大局，特别讲付出，特别讲实干，特别讲纪律”的工作要求上来，振奋精神、迎难而上，抢抓机遇、开拓进取，坚决夺取抗震救灾和经济社会发展全面胜利，努力为北京奥运会的胜利举行营造良好环境。

2008年8月5日下午，市委召开工作会议，研究部署当前工作。李向志作了讲话，要求扎实做好当前各项工作，为北京奥运会的胜利举行营造良好环境；何健安排部署了安全生产、防汛、农村灾后重建、学校危房改造等方面的工作。

2008年9月9日下午，市委召开二届第138次常委（扩大）会议，宣布了省委对达州市部分干部任免的有关决定：免去康莲英同志中共达州市委副书记、常委职务；免去邓宏志、张志科同志中共达州市委常委职务；杨钢、何平、杨娟同志任中共达州市委常委；提名古正举同志为达州市人民政府副市长人选；提名免去杨钢同志达州市人民政府副市长职务。

2008年9月12日，全市深入实施城乡环境综合治理工程动员大会召开。李向志作了讲话，何健安排部署了具体工作，胥健主持会议。

2008年9月13日晚，李向志召集市卫生、工商、质监、药监、公安、农业、宣传等部门召开紧急会议，专题研究部署三鹿牌婴幼儿奶粉重大安全事故应对处置工作。李向志作了讲话，胥健对各相关部门的具体工作作了安排部署。

2008年11月26日下午，市委召开二届第143次常委（扩大）会议，传达学习省委书记、省人大常委会主任刘奇葆在全省领导班子干部会议上的讲话及其来达州调研时（24日至25日）的指示精神，研究部署了下一步工作。会议要求按照“出手要快、出拳要重、措施要准、工作要实”的原则，进一步加强政策研究和形势研判，积极应对挑战，超常努力工作，力求在新一轮抢抓机遇、推进发展中赢得主动，努力开创达州跨越发展的新局面。

2008年11月28日，省政府金融办公室和达州市委、市政府在达州共同举办达州市经济金融和谐发展座谈会。副省长黄小祥作了讲话，李向志致辞，何健作了项目推介。

2008年12月29日，市委召开二届第十二次全体会议，回顾总结2008年工作，分析研判当前形势，研究部署2009年工作。会议听取和讨论了李向志受市委常委会委托所作的工作报告，审议通过了《关于统筹城乡发展开创农村改革发展新局面的决定》。李向志作了题为《迎难而上，爬坡上行，坚定不移推动达州加快发展》的讲话；何健安排部署了2009年经济工作。会议要求认真贯彻落实中央、省委经济工作会议精神，把“坚定信心、应对挑战，爬坡上行、加快发展”作为全市工作的鲜明基调，把握大势、增强忧患意识，坚定信心、增强机遇意识，明确目标、增强进取意识，变压力为动力，化挑战为机遇，努力保持经济平稳较快发展，坚定不移地把达州跨越发展推向前进。

2009年3月21日下午，达州市召开第一批深入学习实践科学发展观活动动员会议。李向志作了讲话，何健主持会议。

2009年4月16日，市委召开经济形势分析会。李向志主持会议并讲话，何健安排部署了下一步工作，胥健通报了中央检查组检查达州市扩大内需、促进经济增长工作的有关情况。

2009年5月31日下午，市委召开二届十三次全体会议，传达学习中央、省委领导对开展深入学习实践科学发展观活动的有关要求，安排部署了达州市开展深入学习实践科学发展观活动工作，非定向推荐了达州市级、厅级领导职务后备人选建议人选。

2009年8月11日上午，市委召开二届第164次常委（扩大）会议，传达学习省委书记、省人大常委会主任刘奇葆来达州视察调研时（8日至9日）的讲话及其在《各市（州）贯彻落实科学发展观分析报告情况综述》上的批示精神，研究部署了下一步工作。会议要求进一步统一思想和行动，以更大的力度推进资源转化，以更快的速度构建交通枢纽，以更实的举措开展环境治理，以更宽的视野承接产业转移，以更硬的措施维护社会安全稳定，以更好的作风保障各项工作落实，努力为全省“两个加快”大局做出积极贡献。

2009 年 9 月 16 日，达州市召开深入学习实践科学发展观活动第一批总结暨第二批动员大会。李向志和省委第一巡回检查组组长董玉梅讲话。

2009 年 10 月 22 日，市委二届十四次全体会议召开。会议听取和讨论了市委书记李向志受市委常委会委托所作的工作报告，审议通过了《中共达州市委关于贯彻落实〈中共中央关于加强和改进新形势下党的建设若干重大问题的决定〉的意见》，安排部署了下一步工作。会议要求着眼于继续解放思想、坚持改革开放、推动科学发展、促进社会和谐，着眼于提高党的执政能力、保持和发展党的先进性，着眼于增强为党和人民事业不懈奋斗的使命感和责任感，着眼于保持党同人民群众的血肉联系，以强化理论武装为重点，加强思想政治建设；以坚持民主集中制为重点，加强党内民主建设；以深化干部人事制度改革为重点，加强领导班子和干部队伍建设；以抓基层打基础为重点，加强基层党组织建设；以弘扬优良作风为重点，加强作风建设；以建立完善惩治和预防腐败体系为重点，加强反腐倡廉建设，确保党员干部始终成为带领人民群众战胜困难、夺取胜利的主心骨，确保党组织始终成为各项事业的领导核心。

2009 年 12 月 4 日，达州市召开加强反腐倡廉推进惩防体系建设大会。李向志、何健讲话，胥健主持会议并作廉政工作报告。全市一千余名科级以上干部参加会议。

2009 年 12 月 25 日下午，达州市召开专题会议，安排部署集中开展收送现金、有价证券、支付凭证和参与赌博专项治理活动。李向志作了讲话，何健主持会议，胥健安排部署具体工作。

2009 年 12 月 28 日上午，市委召开二届第十五次全体（扩大）会议，对市委、市政府领导班子及成员进行了年度考核述职测评，开展了干部选任工作“一报告两评议”活动，民主推荐了市厅级党政副职后备干部和县委书记后备干部。

【重要活动】2008 年 1 月 11 日以来，达州市遭遇 50 年未遇的区域性强降温、降雪天气过程，20 余日的持续低温冰冻灾害造成达州市 7 个县（市、区）、146 个乡镇、868 个村、101.59 万人不同程度受灾。市委、市政府对此高度重视，迅速成立灾民生活和农业抗灾、煤电供应、交通运输、市场供应、抢险应急、指导慰问、医疗救治和信息情报等工作组，深入基层，深入群众，全力开展抗灾救灾工作，有力地保障了受灾群众基本生活、交通安全运输、市场正常供应以及社会和谐稳定。

2008 年 1 月 13 日至 14 日，省委书记、省人大常委会主任刘奇葆，省委副书记李崇禧，省委常委、秘书长钟勉一行来达州市考察指导工作。李向志、罗强、胥健等陪同考察。

2008 年 1 月 30 日晚至 1 月 31 日，中央政治局常委李克强，省委书记、省人大常委会主任刘奇葆，省委副书记、省长蒋巨峰一行来到达州，先后前往达城汽车南站、宣汉县老君乡等地，代表党中央、国务院和省委、省政府看望慰问雨雪冰冻灾害受灾群众，考察指导抗灾救灾工作。李向志、罗强等陪同考察。

2008 年 3 月 13 日至 14 日，李向志、胥健率队赴省委、省政府及省级有关部门汇报工作，争取支持。13 日下午，省委、省政府委派副省长王宁听取了李向志一行的工作汇报。随后，李向志一行分别前往四川省发改委、四川省建设厅、四川省交通厅、四川省国土资源厅等省级部门汇报了工作。省委、省政府及省级有关部门均表示，达州正处于加快发展的关键时期，前景广阔，潜力巨大，将不遗余力地给予帮助和支持。

2008 年 4 月 2 日上午，中国石油、美国雪佛龙川东北合作项目启动暨优尼科东海有限公司揭牌仪式举行，这标志着中国目前最大的陆上石油天然气对外合作项目在达州启动。副省长李成云到场祝贺，李成云、李向志、罗强、胡文瑞、Jim Biackwell 共同为优尼科东海有限公司揭，罗强、中石油股份有限公司副总裁胡文瑞、雪佛龙亚太区勘探与生产公司总裁 Jim Biackwell 分别致辞。

2008 年 4 月 20 日，由中国硫酸工业协会，四川省科技厅，达州市委、市政府，中国石油大学（北京），西南石油大学，《科学中国人》杂志社共同举办的“全国硫化工科技论坛暨产业推进会”在达州市举行。副省长李成云作了讲话，李向志、罗强分别致词并介绍达州市情以及天然气和硫磺资源开发利用情况，胥健主持会议。省政协副主席、西南石油大学副校长陈次昌，四川省科技厅厅长唐坚，中国科学院院士、清华大学教授费维扬，中国工程院院士、西南石油大学教授罗平亚，中国石油大学党委书记蒋庆哲，中国硫酸工业协会常务副理事长齐焉，省经委副主任杨松柏，省招商局纪检组长白长林以及5家世界500强企业、57家国内外知名企业的代表和35家新闻媒体的记者参加会议。会上，香港玖源发展有限公司年产30万吨尿素和6万吨三聚氰胺项目、惠州市中海置业投资有限公司聚合硫项目正式签约，贵州瓮福(集团)有限责任公司磷硫化工基地项目达成初步协议。

2008年4月22日至26日，李向志、胥健率队先后赴上海化学工业区、扬州化学工业园区、南京化学工业园区，学习考察工业园区建设经验；赴安徽芜湖市与海螺集团常务副总经理余彪等人洽谈，力促海螺集团新型干法水泥项目落户大竹县和万源市；赴浙江省金华市与中国·青年汽车集团董事局主席、总裁庞青年等人就环保节能型汽车项目有关合作事宜进行了洽谈。

2008年5月12日14时28分，汶川特大地震发生，达州市7个县(市、区)均有强烈震感。市委、市政府庚即启动应急预案，组建市抗震救灾指挥部，统一指挥全市抗震救灾工作，审时度势、沉着应对，稳定人心、积极抗灾，全力抓好了全市抗震救灾和灾后重建工作。与此同时，达州市大力发扬"一方有难、八方支援"的精神，紧急调度帐篷、方便面、矿泉水等抗震救灾物资及慰问金，成立5个慰问组紧急奔赴成都、广元、德阳、绵阳、雅安等地，帮助灾区群众共渡难关；火速集结上千名驻达部队官兵、公安武警奔赴重灾区绵阳市安县等地，支援抗震救灾工作。之后，达州市始终坚持全力参与重灾区抗震救灾和灾后重建工作，根据灾区需要强化救援保障，及时从驻达部队、公安武警、医疗卫生、交通运管等有关方面组织人员和设备奔赴重灾区参与抗震救灾；切实做好灾区人民生活急需的食品、饮用水、药品、帐篷等各种物资的组织、调运工作；积极组织开展无偿献血、捐款捐物、交纳特殊党费等"送温暖、献爱心"活动，全面动员社会各界力量支援灾区；适时派驻对口援建工作组，帮助绵阳市游仙区魏城镇搞好重建规划，解决住房、医疗、教育、基础设施和公共服务设施建设等问题，不折不扣地抓好对口援建工作。

2008年8月11下午，达州市与贵州瓮福(集团)有限责任公司就磷硫化工基地建设项目正式签约。副省长李成云到场祝贺，李向志致辞，何健与贵州瓮福(集团)有限责任公司党委书记、董事长何浩明在签约书上签字。

2008年9月1日，市委举行"市委书记信箱"启动仪式和新闻发布会。

2008年9月27日下午，市委、市政府在广州市举行达州市承接产业转移招商推介会。广东省政协原常务副主席石安海和李向志、何健分别致辞。山东环海石油化工集团公司等50多家海内外企业代表参加推介会，并对来达州投资抱有极大的兴趣。

2008年10月8日，李向志率队参加四川省灾后重建(北京)投资说明会，成功签订5个项目(投资总额19.8亿元)。

2008年10月15日下午，何健率队参加四川省灾后重建(浙江)投资说明会，成功签约2个项目(投资总额7亿元)。

2008年10月17日下午，李向志、何健率队参加四川省灾后重建(重庆)投资说明会，成功签订11个项目(投资总额40.4亿元)。

2008年10月25日下午4时，2008~2009安踏全国女子排球联赛在市体育中心举行开幕式。李向志致欢迎辞，国家体育总局排管中心党委书记、联赛组委会执行主席张蓉芳宣布开幕，何健为比赛开球。

2008年10月27日上午，第九届中国西部国际博览会在成都开幕。李向志、何健率队参会，共推介项目88个(投资总额370亿元)，成功签约项目40个(投资总额149亿元)。

2008年10月28日上午，达州市在成都举行达州市承接优势产业转移投资说明会，共成功签约24个项目(投资总额97.34亿元)。副省长黄小祥作了讲话，李向志致辞，何健介绍了达州市承接优势产业的思路和重点项目。

2008年11月24日至25日上午，省委书记、省人大常委会主任刘奇葆，省委常委、副省长魏宏，省委常委、副省长、省委秘书长钟勉率队莅临达州市考察工业发展及重点项目建设情况。李向志、何健、胥健等市领导陪同考察。

2008年12月18日，瓮福达州磷硫化工基地项目奠基仪式举行。省人大常委会副主任杨志文，中国工程院院士、四川大学校长谢和平，原四川省人大常委会副主任李洪仁，四川省人民政府顾问瓮蔚祥，贵州省政府国有资产监督管理委员会副主任刘维敏等到场祝贺。李向志致辞，何健主持奠基仪式。

2009 年 3 月 28 日，中国能源化工高峰论坛在达州市开幕。中国石油和化学工业协会会长李勇武、副省长李成云作了讲话，李向志致辞，何健主持论坛。中国石油和化学工业协会、国家工业和信息化部原材料工业司、中国工程院、石油和化工规划院和四川省人民政府及省级有关部门的领导和专家，国内外知名企业、高校、科研院所、金融机构及行业协会的代表，中央、省、市新闻媒体记者等，共计 400 余人参加论坛。

2009 年 3 月 28 日至 29 日，中国石油和化学工业协会二届五次理事会议暨全国石油和化工行业工作座谈会在达州市召开。中国石油和化学工业协会会长李勇武、工业和信息化部原材料工业司司长陈燕海出席会议，中国石油和化学工业协会理事和名誉理事、各省（市、区）行业管理机构负责人及特邀代表，共 220 余人参加会议。李向志致辞。

2009 年 3 月 29 日，中国西部天然气能源化工基地行采访活动启程，来自人民日报、新华社、中新社、中央电视台、四川日报、四川电视台、四川人民广播电台、重庆日报、重庆电视台、香港文汇报、香港商报、香港大公报等 45 家主流媒体的 80 余位记者组成的采访团集中采访达州市打造中国西部天然气能源化工基地情况。同日，市委、市政府举行了记者见面会。省委宣传部常务副部长、外宣办主任侯雄飞作了讲话，李向志通报了有关情况，中石油西南油气田分公司川东北气矿党委书记罗中华、中石化川气东送工程建设指挥部常务副指挥长王春江介绍了天然气勘探开发情况。侯雄飞、李向志等还就天然气资源的合理开发、失地农民安置、产业区建设以及达州经济社会未来发展相关内容回答了记者提问。

2009 年 5 月 13 日，四川省重点产业投资项目暨第十届中国西部博览会推介会在重庆举行。何健率队参会，成功签约 5 个项目（投资总额 8.3 亿元）。

2009 年 7 月 11 日凌晨 2 点开始，达州市普降大雨，部分地区出现特大暴雨，万源市和宣汉县受灾严重。13 日凌晨宣汉县部分地区再次出现特大暴雨。市委、市政府于 11 日凌晨迅速启动了防汛应急预案，全力以赴抓好了抢险救灾工作。

2009 年 8 月 8 ~ 9 日，省委书记、省人大常委会主任刘奇葆，省委常委、省国资委党委书记王少雄，省委常委、秘书长、统战部部长陈光志，省政府副省长黄彦蓉率队深入达州市渠县定远乡、渠南乡，绕城高速公路黄家坝大桥施工现场，市天然气能源化工产业区等地，就城乡环境综合整治、交通枢纽建设、工业经济发展等工作调研。李向志、何健、胥健等陪同调研。

2009 年 8 月 14 ~ 17 日，李向志率领达州市党政代表团赴广西柳州、南宁、桂林等地，学习考察了城市规划建设及风貌打造、工业经济发展、区域经济合作等方面的先进经验。

2009 年 9 月 21 日，川陕革命老区连片开发第二次联席会议在达州市召开。会议修改了题为《川陕革命老区亟待重点帮扶连片开发建设》的调查报告，商讨联动争取国家和所在省市对川陕革命老区重点帮扶连片开发建设政策的措施和办法。胥健出席会议并致辞。

2009 年 9 月 28 日，中国西部经济技术协作区第二十二届协调委员会全体会议暨第二届秦巴地区（达州）商品交易会在达州市开幕。省政府副省长黄小祥宣布开幕，李向志和省商务厅副厅长李维民致辞。湖北省襄樊市、十堰市、荆门市、神农架林区，河南省洛阳市、南阳市，陕西省安康市、商洛市，重庆市万州区、开县以及四川省广安、巴中、南充、达州等代表团领导参会。当日，达州市现场签约项目 7 项（投资总额 4.8 亿元）。

2009 年 10 月 17 日上午，第十届中国西部国际博览会达州市投资促进说明会在成都举行。省人大常委会副主任杨志文出席会议并讲话，李向志致辞，何健介绍了达州市情和天然气能源化工产业区发展建设情况。会上，达州市成功签约项目 85 个（投资总额 192.15 亿元）。

【领导名录】

中共达州市委书记：李向志

副 书 记：何　健　胥　健

市委常委：江师科　杨天宗　杨　钢　何　平
　　　　　杜坤飞　杨　娟　杨清华

市委办公室工作

【概况】中共达州市委办公室内设 1 局、5 室、6 科、1 中心，在职职工 92 人，党员 137 人（含离退 43

人)。2008年、2009年,在市委的正确领导下,市委办公室坚持以邓小平理论和"三个代表"重要思想为指导,深入贯彻落实科学发展观,树立"政治坚定、业务精湛、规范高效、清正廉洁、敬业奉献"的工作理念,以提升"四大水平"为主要任务,以打造"五个一流"为工作定位,以创建"六型机关"为有效载体,以实现"三个满意"为检验标准,努力争做"政治坚定、勤奋学习、敬业奉献、真抓实干、廉洁奉公"的表率,圆满完成了各项工作任务,取得了显著成绩,推动了市委工作的顺利开展。

【文秘工作】1. 深入开展调查研究。紧紧抓住牵动全局的关键点、市委领导的关注点、社会矛盾的突出点、群众意见的集中点,深入开展调查研究,提出有针对性、高质量的意见和建议,形成有深度、有价值的调研报告,为市委科学决策提供了依据。两年先后组织19个调研组分赴基层社区、厂矿企业,了解经济社会发展中存在的问题,总结好的经验,形成了一批高质量的调研成果,为市委领导决策提供了科学依据。其中《关于我市苎麻生产经营情况的调研报告》、《关于我市土地流转工作的调查报告》和《关于我市农村公路建设的调查报告》、《对我市"三村建设"与以工代赈合力推进新农村建设的调查》等调研报告,受到了市委领导的高度评价。认真做好市委领导活动新闻稿件的审核把关工作。2. 着力打造文稿精品。深刻领会中央、省委的各项重大决策,准确把握市委及领导的工作思路,全面及时掌握市委中心工作进展和情况,认真负责起草文稿,不断提高文稿的政治性、思想性和指导性,力求出精品力作,充分发挥了以文辅政的积极作用。两年共完成各类文稿1 000余篇,其中,撰写了市委二届十次、十一次、十二次、十四次全委会工作报告等重大材料。完成了省委书记、省人大常委会主任刘奇葆,省委副书记、省长蒋巨峰等省领导以及国家有关部委领导来达视察汇报材料。起草了贯彻落实省委九届四次、五次、六次、七次全会、全省上半年工作汇报会以及省委专题会等重要会议精神的情况报告35件。起草了市委半年、全年工作等向省委的综合性汇报材料10件。起草了就重点工作向省委、省政府和中央有关部委的专题汇报材料18件。先后完成了80余次市委有关会议和120余次专题会议市委领导讲话稿,完成市委领导参加省上会议发言、招商致辞、重大活动讲话、媒体采访稿等材料270余篇,审改新闻稿600余篇,完成14篇市委领导署名文章。其中,起草的《打造资源转化平台,推动工业跨越发展》、《总揽全局,强化责任,努力为政法工作和平安建设提供坚实保证》、《做强项目支撑,助推跨越发展》等市领导在全省有关专题会上的经验性发言材料,并在全省推广达州的经验和作法。《加速资源转化,培育产业集群,加快推进中国西部天然气能源化工基地》、《在新一轮解放思想中推进达州跨越发展》、《强化项目带动战略,推进达州跨越发展》等材料被省委办公厅刊物及有关媒体刊用。在全省上半年工作汇报会上的发言、在四川—央企产业对接合作座谈会上的发言得到省领导的好评和肯定,《把达州建成重要的区域性次级交通枢纽》等材料被四川日报及有关媒体刊用。3. 不断优化公文办理。按照"科学、规范、严谨、精细、高效"的要求,准确把握中央、省委的方针政策,准确领会市委、市政府的意志和主张,突出政治性、政策性和指导性,着力规范办文程序,优化文字表述,提高文稿质量,准确表达决策主题,不断提高以文辅政的能力和水平。两年起草、校改、复核文件874份,办理请示、报告1 288份。其中,《中共达州市委关于统筹城乡发展开创农村改革发展新局面的决定》、《中共达州市委办公室、达州市人民政府办公室关于厉行节约压缩行政成本性支出的通知》、《中共达州市委办公室、达州市人民政府办公室关于认真学习贯彻党的十七届四中全会、省委九届七次全会和市委二届十四次全会精神的通知》等文件得到市委、市政府领导的充分肯定。继续深入开展公文处理无差错活动,先后组织力量深入各县(市、区)和市级部分单位,对公文处理无差错活动开展情况进行督查,对公文拟制、办理、管理、立卷归档等一系列具体业务工作中存在的问题进行了现场辅导,收到了较好的效果。4. 切实加强统筹协调。及时向基层和部门传达贯彻市委决策部署,共承办市委书记碰头会议16次、市委常委会议65次,收集审核议题材料341件,起草、编发《会议纪要》82期(含增刊12期)、《中共达州市委常委会议决定事项通知》164期;编发《领导批示摘录》33期,并加强了对市委领导部分重要批示的跟踪、督查。坚持市委、市人大、市政府、市政协秘书长联席会议制度,强化横向协调联系,推动市委决策部署的贯彻落实。坚持"三服务"指导思想,加强对全市重要会议、重大活动的统筹协调,按照"事务工作零差错"的要求,提前筹划，精心准备，确保各项会务工作高效有序推进，先后承担市委全委会、市委、市政府工作汇报会等大型会议会务工作40余次，并提供小型会议服务1 000余次。开通“市委书记信箱”，搭建了体察民情、倾听民意、集中民智、化解民忧、解决民难的平台，切实解决了一批关系群众切身利益的困难和问题，得到了社会各界和广大群众的充分信赖和高度评价。同时，通过总值班室、网络等渠道收集、筛选重要社情民意信息，引起市委领导的重视和批示，使群众关心的热点问题得到了及时解决，赢得了社会各界的赞誉。加强与上级党委和部门的联系，及时了解上级的重大决策部署意图；加强与各地各部门的联系，了解和掌握基层群众的生产生活情况，积极指导基层工作。两年来，办公室领导深入各县（市、区）调研、指导工作100余人次，召开党委办公室系统办公室会议10余次，对基层党委办公室文秘、督查、信息、书记信箱工作人员进行了系统的业务培训和指导。

【督查工作】紧紧围绕市委的重要决策和工作部署，抓住影响全局的重大问题和关键环节开展督促检查，促进市委决策部署落实。1. 围绕重大部署抓好决策督查。对党的十七届四中全会，省委九届六次、七次全会精神以及市委二届十二次、十三次、十四次全会等重要会议的贯彻落实情况进行重点督查和跟踪督查。认真抓好市委常委会议定事项落实，两年办结常委会议定事项95项。抓好市委领导批示交办事项的落实，两年办结领导批交办事项79项，办结率100%。认真完成省委督查室交办的省委领导批示事项，做到一丝不苟，及时督查，限期办结。认真办理政协委员提案，办复率为100%。2. 围绕重点工作抓好专项督查。先后对抗震救灾、达陕高速、扩大内需、林木采伐、城市管理、安全隐患整治、民生工程等项工作进行了实地督查，及时发现工作中的问题，提出对策建议。对城区违章建设、向上争取项目和资金、征地拆迁补偿安置、为民办实事等领导关心、群众关注的热点、难点问题，敢督敢查，一督到底。建立了城管工作长效督查考评机制，坚持按月对达州城区城管工作进行考核评比，并对承接产业转移、城乡环境综合整治进行任务分解，开展了40多次专项督查。3. 围绕目标管理抓好考评督查。科学设置目标体系，精简目标考核项目，规范目标考核活动，进一步完善了督促检查登记审批制度，规范了年终考核检查评比活动，减轻了基层负担，提高了工作效率。完成了对各县、市、区和市级各部门年度目标完成情况考核评比及目标制定和管理工作。

【信息工作】充分发挥党委信息主渠道作用，把握重点、紧跟热点、突出亮点、攻克难点，着力提高信息反映速度、分析深度，深入挖掘全市经济、政治、文化、社会发展进程中涌现的新情况、新经验、新问题，多渠道、深层次、全方位为党委领导决策提供各类高质量的信息参考，及时、全面、准确地为中央办公厅、省委和市委提供高质量信息。两年向上报送信息2 800余条，信息工作超额完成了目标任务，确保了全省先进地位。进一步加强制度建设，将党委信息工作纳入市委对各县（市、区）党委和市级部门综合目标管理，制定出台了《达州市党委系统信息工作规则（试行）》，切实加强了日报送和节假日报送工作制度，严格突发公共事件信息和涉稳信息的报送与管理。不断创新服务方式，拓展服务内容，紧紧围绕市委、市政府领导眼前最关注、正思考、待了解的问题，创刊《要情专报》，力求让领导在第一时间了解国内、省内、市内各类重要情况和市内重大紧急突发事件、预警信息；及时掌握市领导的批示落实情况、工作进展和效果，努力使信息工作与领导的思维对接、需求合拍，受到了市委领导的充分肯定。扎实开展信息调研活动，结合达州实际，围绕天然气开发中的税收体制、资源补偿和就地转化、环境保护、失地农民安置和山区基础设施建设、新农村建设、农民增收等问题，深入挖掘，精心提炼，报送了大量带有共性、决策参考性的调研信息，一些信息引起了上级的高度重视，受到市委领导充分肯定。进一步做好调研信息的综合分析，编写上报的《关于达州市止滑提速加快发展的情况报告》、《达州加快建设秦巴地区综合交通枢纽》，被四川省委办公厅《参阅信息》综合采用。

【自身建设】市委办公室高度重视市委秘书长、办公室班子自身建设和干部队伍建设，更新服务理念，强化机关管理，规范工作程序，严格执行规章，健全激励机制，服务质量和水平明显提高。1. 领导班子统筹能力显著增强。市委秘书长、办公室班子及成员坚持以事业为基础、以原则为准绳、以感情为纽带，相互尊重，求同存异，取长补短，不断增进团结和共识，继续保持了“四好班子”荣誉称号。充分发挥表率作用，带头遵守党的政治纪律、组织纪律、经济工作纪律和廉洁自律各项规定，自觉接受党组织和广大干部群众的监督。2. 干部队伍综合素质大幅提升。坚持讲党性、重品行、作表率，深入开展“党性为魂、党风为生、党纪为绳”活动，加强对干部的锻炼与培养，建立健全激励机制，形成了奋勇争先、追求一流的浓厚氛围。坚持以作风看干部、凭实绩论英雄，进一步激发了大家努力工作、锻炼成才的热情。坚持以人为本，从政治上、生活上关心爱护职工，对部分符合晋职条件的同志及时上报有关部门落实政治待遇；办公室领导上门慰问干部职工22次，到医院看望慰问干部职工8次，慰问12户贫困职工。3.内部管理效率质量再攀新高。坚持定期召开市委秘书长、办公室班子成员会议，每月1次机关工作例会，增强了工作的计划性、协调性和主动性。进一步规范市委常委会各项会务工作和参会人员请销假制度，规范了市委主要领导活动安排和领导交办事项办理程序。建立健全文头发放登记制度、非涉密公文网上交换制度、退文登记通报制度和公文办理无差错先进单位评选制度。坚持“热情、周到、文明、节俭”的工作原则，以高度的政治责任感、精益求精的工作态度搞好政务接待工作，两年成功地接待了各级领导和宾客共399起、4 794人。加强财务管理，完善财务制度，规范财务工作程序和办公用品的购买、管理。认真做好老干部工作，两年办公室共投入3万余元为副县级以上离退休干部和老干部活动室订阅报刊；办公室领导带队上门祝贺离退休干部、工人过生日87人次。老同志生病住院，办公室领导带队到医院探视18人40余次，深得离退休老同志称赞。4.机关安全保密工作万无一失。两年共通过党政网传输各类公文10万余份，传送资料5万份，更新各类图文信息和视频信息4万余条；上报省网管中心政务信息、图片信息和内网建设动态信息6 000余条，采用2 000余条；电子政务内网达州门户网站改版升级，全年点击率达280万人次；大力做好高清晰会议电视系统的建设和维护，全年通过党政专用高清晰会议电视系统召开各类会议36次。严格文件、印章、档案管理，及时对中央、省委文件进行集中定点销毁，完成市委文件的立卷、归档工作。严格保密纪律，加强保密管理，未发生一例失泄密事件。扎实抓好机关后勤服务管理和安全保卫工作，加强车辆和驾驶员的管理，两年安全行车127.09万公里，未发生一起等级交通安全事故。

【精神文明建设】大力弘扬求真务实精神，坚持讲实话、办实事、务实效，以深入开展学习实践科学发展观活动为契机，进一步加强和改进机关作风，健全亲民、爱民、为民的长效机制，充分发挥党委办公室机关的示范带头作用。1.学习实践活动扎实推进。按照市委统一部署，圆满完成了学习实践活动学习调研、分析检查、整改落实三个阶段各项工作任务。先后形成上报材料100余份，制定活动方案6份，编发活动简报24期，发放、回收征求意见建议函、群众满意度测评表400余份，组织召开办公室转段动员大会、工作汇报会等各类会议20余次，《达州日报》、达州电视台刊用新闻稿件8篇，学习实践活动中好做法好经验被市委学习实践办转发8篇，其中登专刊2期。组织召开了市委秘书长、办公室领导班子成员专题民主生活会，高质量完成了市委秘书长、办公室主任班子分析检查报告，受到市委领导及市学习实践办的充分肯定。2.对口帮扶活动深入开展。扎实开展定点联系帮扶工作，积极开展访贫问苦活动。两年组织56名副科级以上干部向达县九岭乡阳岭村105户贫困户帮扶对象捐赠帮扶资金5万余元；慰问资助了阳岭村特困户3户、贫困儿童6名；帮助扶贫村小学打饮用水井1口，解决饮用水井建设资金10万元；帮助筹建“阳岭村小学留守学生之家”，向阳岭村小学捐赠价值4 000余元办公桌椅10套和学生文体活动用品。同时，办公室领导先后多次前往通川区荷叶街社区，帮助协调资金15万元，捐助资金7万元。2008年积极响应市委、市政府的号召，向“5·12”地震灾区举行了一系列“送温暖、献爱心”活动，共计捐款和交纳“特殊党费”111 979元，捐衣被150件。2009年“三八”节前，办公室领导看望慰问了搬迁到我市的汶川县玉龙小学全体师生，并送去慰问金。3.机关效能建设成效显著。按照市委、市政府的统一部署，在市效能办的直接指导下，市委办公室精心组织，周密安排，扎实推进，紧紧围绕“个人学习自觉化、制度建设规范化、工作创新科学化、服务保障优质化、效能问责制度化”的工作目标，建立健全办公室规章制度和效能建设责任追究制度，大力开展“素质提升”活动、“制度规范”活动、“创新争优”活动、“服务提升”活动、“厉行节约”活动，全体干部职工精神状态明显改观，办事效率明显提高，工作质量明显提升，机关效能建设取得了明显成效。4.机关党建工作不断创新。认真抓好机关党建阵地建设，两年编发《机关党建动态》18期，有力地推进了办公室工作上新台阶。高度重视创建

"六型"机关活动,精心组织,周密部署,两年先后扎实开展了创建"创新型"、"节约型"机关活动,顺利通过了市直机关工委的检查和验收。扎实开展好党支部活动,丰富党员干部职工文化生活,提升了广大干部职工干事创业的凝聚力和战斗力,大力营造了"积极向上、朝气蓬勃、团结奋进、永争一流"的良好氛围。不断发展壮大党员队伍,两年党员转正 11 人,发展预备党员 6 人。5. 党风廉政建设全面加强。认真学习宣传和贯彻落实《建立健全惩治和预防腐败体系实施纲要》,着眼长效,注重治本,狠抓长效机制建设,努力健全预防腐败的体制机制。制发了《年度党风廉政建设和反腐败工作的意见》,坚持把党风廉政建设作为一项政治纪律,强化责任,从严要求,班子成员带头,层层签订了《党风廉政建设目标责任书》以及《党员领导干部、党员干部"不违规收送现金、有价证券、支付凭证和参与赌博"承诺书》。狠抓内部管理制度建设,不断完善领导身边工作人员监督机制,各项规章制度齐全规范。紧紧围绕业务工作抓落实、围绕效能建设抓落实、围绕重要岗位抓落实、围绕厉行节约抓落实,严格斗硬考核。同时,认真组织干部职工观看反腐专题片,进一步增强了廉政意识和廉政责任。继续推行中层干部任期制、交流任职制度和任前廉政谈话制度,继续推行新进人员岗前谈话制度,使干部队伍始终充满活力,保持了昂扬向上的精神状态。圆满完成了 2009 年度惩治和预防腐败体系建设工作任务,为提升市委办公室"三服务"水平提供了有力的纪律保障,受到市委惩防体系建设工作检查组充分肯定。6. 环境综合治理协调推进。根据市委、市政府的统一安排部署,认真做好市委办公室城乡环境综合治理挂包马房坝社区的协调和督促工作。立足党委办公室自身职责分工,结合马房坝社区实际,突出净化、绿化、美化、亮化和居民行为规范,坚持整体推进与重点整治相结合、突击治理与长效保持相结合,明确落实挂包联系部门的工作责任,充分调动辖区各单位和广大干部群众的积极性,切实加强对"门前三包"工作的检查指导,积极开展文明劝导,为群众提供安全健康的生活环境,取得明显成效。

【表彰情况】

先进集体

1. 2007 年度全省党委系统督查工作先进集体(四川省委办公厅)

2. 2008 年度《中办通讯》工作二等奖(四川省委办公厅)

3. 2007 年红旗妇联(妇女)组织荣誉称号(四川省妇联)

4. 2009 年度《中办通讯》工作三等奖(四川省委办公厅)

5. 2009 年度《秘书工作》通联工作二等奖(四川省委办公厅)

先进个人

1. 熊长富同志获得中国管理科学研究院表彰的"2009 中国管理学杰出贡献奖"

2. 王伟同志获得省委办公厅表彰的"全省党委办公厅(室)系统抗震救灾先进个人",获得省委办公厅表彰的"2007 年度全省党委系统督查工作优秀督查工作者"

3. 侯大斌同志获得省委办公厅表彰的"2007 年度全省党委系统督查工作优秀督查工作者"

4. 朱亚成同志获得省党政网建设领导小组表彰的"2007 年度四川电子政务内网工作先进个人";获得省委办公厅表彰的"2008 年度四川省电子政务内网工作先进个人"

【领导名录】

市委副秘书长、办公室主任:何洪波

市委副秘书长、市委群众工作局(市政府信访局)局长:张德珍

市委副秘书长:蒋兴清　张　秦　王　跃　陈万见

市委办公室副主任、接待办主任:卢　辉

市委办公室副主任、纪检员:熊文琦

市委办公室副主任:孙黎龙

市委办公室机关党委书记:熊　兵

组织工作

【概况】2008 年、2009 年,在市委的坚强领导和省委组织部的精心指导下,市委组织部紧围绕"组织放心、人民满意"工作目标,以加强党的执政能力建设和先进性建设为主线,大力践行"四个特别",突出"三个更加",不断创新创造,奋力开拓进取,为推动全市经济社会科学发展,实现"两个加快"提供了坚强的政治和组织保证。在 2009 年全省组织工作满意度调查的整个四项指标中,达州市的四项分值均

获全省第一；在2009年全国组织工作满意度调查中，我市的四项指标均进入全国第一档次，在全国568个地市级以上调查单位中分别名列第10位、12位、14位、17位，在全省21个市州中全部名列第二位，上升幅度居全省第一。

【学习实践活动】坚持把学习实践活动作为各项工作的总抓手、推进发展的总动力和加强党的建设的总载体，在全市8 900余个党组织、24万余名党员中分两批开展深入学习实践科学发展观活动。突出理论武装，狠抓责任落实、目标要求、氛围营造、督促检查，全市党员干部对科学发展观的理解进一步加深，用科学发展观指导实践的自觉性进一步增强。突出实践特色，扎实开展"三个引领推动"主题实践活动，坚持以学习实践活动推动重点项目，带动特色产业，促动民生工程。突出分类指导，根据两批参学对象的不同特点，以方式方法的灵活务实促进学习实践活动目标的扎实落实。突出解决问题，一批制约发展的瓶颈问题、影响民计民生的关键问题、关系党员干部作风的突出问题得到初步解决。突出典型引导，总结推出了全国重点宣传的"铁支书"杨帮武、人民好交警向守牧、"后进变先进"的开江县长岭镇等重大典型，中央和省委领导批示肯定；总结归纳的天然气能源开发机制做法和创新流动党员学习实践科学发展观方法，中央学组办批示肯定并专题刊介。学习实践活动取得了党员干部受教育、科学发展上水平、人民群众得实惠、"两个加快"见成效的明显成绩，得到中央第五巡检组"指导思想明确，组织领导得力，边学边查边改取得实效"的评价与肯定。

【班子队伍建设】围绕践行"四个特别"，全面加强班子队伍建设。一是着力加强领导班子思想政治建设。坚持"三结合三注重"，通过谈心谈话活动加强班子队伍建设的做法得到省委组织部充分肯定。加强领导班子思想政治建设工作经验在全省大会上作了交流发言。深化"四好"班子创建活动，命名表彰25个"四好"班子，保持"四好"班子称号18个。二是着力配齐配强各级领导班子。深化崇尚实干用人导向，提高选人用人公信度，坚持用硬招铁律大力选拔人品正、干实事、真爬坡、敢破难的干部。先后调整市管干部302人，其中提任281人（包含非领导职务159人），平职交流47人；共办理111名任职试用期满的市管干部的转正任职手续；办理126名省管及市管干部退休手续。完成市人代会、市政协会选举工作任务，配合省委组织部做好干部推荐考察工作。三是着力探索完善干部选任机制。坚持从重点处着手，探索干部品德的四种存在状态和在现实中的四个方面表现，研究从重大工作、重大任务、重大活动、重大事件、重大创新、重大经验六个方面考察干部能力的基本方法，形成了《干部选任工作落实科学发展观十八条暂行办法》，受到中央组织部方面领导的关注和肯定。特别注重和强化关键岗位，研究出台加强县乡村党组织书记队伍建设的办法措施，加强县委书记队伍建设做法在全省会上作了经验交流发言。面向全国公选县级领导干部。干部人事档案通过检查验收达到国家一级标准。精心组织实施干部年度考核，扎实做好工资福利审批工作。四是着力加强干部监督管理工作。结合加强惩防体系建设，坚持从严监督管理干部，深入整治用人上不正之风。强调重申干部选任"十条禁令"和"五个严守五个不准"，进一步强化对县委书记用人行为监督管理，认真开展干部选拔任用"一报告两评议"工作和在干部选拔任用工作中治理拉票行为的专项工作。抓好了12380举报专用电话受理工作。省委整治用人上不正之风检查组认为，"达州干部选任工作导向鲜明、风清气正、干群满意。"五是着力加大干部教育培训力度。调整充实市、县（市、区）干部教育培训工作领导小组，完善全市新一轮大规模培训干部工作的总体规划。培训内容突出实用性，培训方式强调灵活性，管理工作体现规范性，完成培训任务239.2%。创新干部教育培训经费配置机制工作被评为全省组织工作创新提名奖。干部自主选学工作和保障经费投入做法分别在全省干部自主选学工作交流会和全省党校工作暨干部教育培训工作会议上作经验交流发言。

【人才工作】围绕深化"四个紧贴"，努力构建秦巴地区人才高地。创新机制破瓶颈，建立人才储备中心，先后储备化工、环保专业技术人才11名。出台柔性引才政策，柔性引进各类高层次人才2 200余人次。健全措施促开发。出台达州英才、六大重点产业人才意见、人才开发示范行动等重大政策，激活各类人才开发。赴成都、重庆开展"千名人才引进计划"、"千名大学生进万源"等重大活动。探索"名校培训"模式，到清华、北大等高校开展人才培训。坚持以人为本，通过领导联系专家、定期座谈、人才分析会、宣传优秀人才等，优化人才环境，建温暖人才之家。人才高地初步构建。到2009年底,全市人才总量达43万余人。其中,信息产业人才达到19 872人,增加19 673人,化工产业人才23 650人,增加23 470人,人才密度提高3.24个百分点,人才回流率提高15.4个百分点,硕士以上学历、副高以上职称人才增长114.2%。达州人才工作连年获得全省人才工作成效奖、创新奖,人才储备机制等工作被全省肯定推广。

【三村建设】深化"三级联创"活动,统筹推进万村党建富民行动,坚定不移地推进以"三村建设"为载体的社会主义新农村建设。召开两次全市"三村建设"推进大会,命名表彰第二批"三村建设"示范村,出台深化"三村建设"工作意见。进一步强化"七大抓手",狠抓"五基一改造",着力深化党委揽总、组织部牵头、部门配合的纵横联动、齐抓共管工作机制。坚持把"三村建设"与以工代赈项目示范村建设紧密结合,实现资源优势互补,新华社重要内参宣传推介。坚持把"三村建设"与城乡环境综合整治紧密结合,深入治理城乡环境脏乱差问题。坚持把"三村建设"建设与农村第三批学习实践活动相结合,以"三村建设"推进成果作为学习实践活动的重要检验。实现了城乡党建资源的统筹整合,项目、资金、工作打捆使用,涌现出渠县天山村、达县铁山以西管村—金檀—大堰示范片、大竹竹黄示范片等一大批示范典型。两年来累计投入"三村建设"资金13.1亿元,争取到位开行首批贷款530万元支持"三村建设"。"三村建设"和杨帮武等5名基层党员先进典型被报纸读者网民评选为建市10年"影响达州十大事件"和"感动达州十大人物"。新华社调研组认为,我市连续6年来扎实推进的以"三村建设"为载体建设社会主义新农村,是一项"顺民心、得民意"的惠民利民工程。

【基层党建】围绕党建富民惠民安民,整体提升基层组织建设水平。进一步完善"三级联创、四级责任、纵横联动、齐抓共管"的工作格局,强化县(市、区)委书记履行抓基层党建第一责任人述职测评,扎实推进"四强"党组织创建工作。统筹城乡党的建设,全面推进"三覆盖"建设,深入开展"四进社区"活动,推动社区"五大体系"建设。坚持"建党"与"党建"并重,全市符合条件的非公企业党组织建党率达100%。国企创建"四好"领导班子活动扎实开展。"六型"机关创建活动和机关效能建设深入推进,律师、会计师行业和民办机构等新社会、新经济组织党的建设全面加强,学校和科研院所党建工作整体推进。进一步加强"三大网络"建设,着力深化"同乡村"流动党建,在深圳罗湖区建立全国首个"同乡村"党支部的基础上,建立了达州驻广东流动党员党委,成功召开达州—罗湖党建交流联席会议。强化党员教育管理,建立健全党内关怀、帮扶、激励制度,扎实开展慰问帮扶活动。加强对"特殊党费"的管理使用工作,受到省检查组充分肯定。持续激发基层活力,探索村党支部书记组织部门备案管理办法得到中组部充分肯定。开展首届"十佳"大学生村(社区)干部评选活动和"大学生村干部金融春雨行动",选聘1 500余名高校毕业生到村任职。总结推出的"四评村官"和大竹县十条意见激活乡镇经验做法被李源潮、刘奇葆等批示在全国、全省总结推广,被省委组织部评为组织工作创新奖。着力深化基层民主建设,在县(市、区)开展党代会常任制试点工作,完善党代表任期制,实行党委纪委委员结构制。探索开展领导班子开放民主生活会和党员民主评议工作试点。"乡村治理模式转变"、"六岗直选"办法加强机关党建工作等创新举措,受到中央和四川省委充分肯定。

【电教远教工作】全市2 100个终端站点建设顺利通过验收。在大整合、大服务中积极争取项目资金,投入390万元采购远程教育和文化信息资源建设共享工程设备,充实升级全市230个示范站点设备、新建450个远程教育与文化信息资源共享工程站点。率先在全省21个市(州)中建立市、县、乡三级互联网教学网站集群。全年制片工作围绕重大时政题材和创新工作、热点问题,积极参与省委组织部重大电视节目摄制,拍摄完成了《春暖》等反映地震灾区各级党组织、党员干部典型事迹的大型电视系列片,受到了中央组织部相关领导的好评。制作的专题片《真情换得民心归》被全国远程办采用为第三批学习实践活动的教学课件,摄制的科教片《巴山单片黑木耳栽培技术》获国家广播电影电视总局授予的科技创新奖。摄制党建纪录片《暖》和《韧》在第五届中国纪录片国际选片会上荣获"党建宣传类作品"金奖、银奖。与市科协联合开办的《科普大篷车》电视栏目连续4年被省委宣传部、省科协联合表彰为"科普宣传先进单位"。

【自身建设】围绕塑造风清气正形象,切实增强组织部门公道正派核心竞争力。一是狠抓深化拓展活动。以"加强党性修养,争做四德表率,践行四个特别"为主题,深化"讲党性、重品行、作表率"活动,深入开展学习实践活动,争做学习实践活动表率。扎实开展"组织部长下基层"活动。二是狠抓组工文化培育。在形象塑造上,强调开明开放、公平公正、创造创新、效益效率、务实落实、干练干净。在工作理念上,强调"制度第一、部长第二,整体重树、精细管理,人人是形象、事事是形象,从我做起、从现在出发",在内部管理上提出坚持层级化各司其职,坚持人性化各得其所,坚持精细化各自到位。在部机关作风建设上提出严肃"四大纪律"、提倡"五种精神"、强化"四种意识"。强化组工干部礼仪规范培训,组织全市组织系统办公室主任参加政务礼仪与公文写作培训。精益求精办好《达州组工通讯》,强化课题调研工作。三是狠抓能力素质建设。进一步抓好周例会、月形势报告会、双月读书报告会、组工系统季会和经典著作的推荐阅读、精品范文的摘选学习等工作。成功召开6次季会,取得了丰硕成果。四是狠抓机关规范管理。健全完善制度,强化督查督办,加强信息舆情,组工信息采用位居全省、全市前列。搞好日常工作,扎实开展城乡环境综合治理"进机关"活动,深化机关效能建设,保密工作达到省一级标准,信访、综治、维稳、计生、扶贫等各项工作扎实推进。

【领导名录】

部　长:杨天宗

副部长:郑友清　李　梅　何　凌　杜　娟
陈良云

（王　通）

宣传工作

【概　况】2008～2009年,全市宣传思想工作按照"高举旗帜、围绕大局、服务人民、改革创新"的总体要求,紧紧围绕市委、市政府的中心工作,坚持正确导向、勇于改革创新,高扬主流舆论,唱响奋进凯歌,不断改进宣传思想工作的领导方式、组织方式、工作方式和管理方式,整个工作在改革发展中焕发活力,在重点突破中整体推进,呈现出主题鲜明、重点突出、基调平稳、导向正确的良好态势。

【理论武装工作】2008年,代市委、市政府制定下发了《关于进一步加强对形势报告会和哲学社会科学报告、研讨会、讲座管理的意见》、完善了中心组理论学习抽查考核制度,全年考核抽查率达60%以上。邀请了省社科院研究员刘积高等为市委中心组成员作了专题报告和专题辅导。在全市集中开展了"学习十七大精神、推动达州新跨越"百日大讨论活动。举办了"学习贯彻党的十七届三中全会精神研讨班";从相关部门抽调了一批熟悉"三农"工作的专家学者组建了市、县(市、区)学习宣讲党的十七届三中全会精神指导小组。全年,市、县(市、区)组成50多个宣讲团(组)开展开展宣讲500余场,直接听宣讲人数48万余人。同时,开展"纪念改革开放30周年・达州论坛"活动。

2009年,以市委办公室名义下发了《中共达州市委办公室关于进一步加强和改进党委(党组)中心组学习的意见》,先后两次对全市七个县(市、区)和部分市级部门党委(党组)中心学习组理论学习进行了督察,。召开了全市县级党委(党组)中心组学习经验交流会。组织全市近3万名党员干部进行了一次理论考试。组织全市各高中职院校认真开展"深入学习实践科学发展观,用科学发展观武装头脑"为主题的学生论文、手抄报比赛。组织各县(市、区)委常委、宣传部长就"当前社会热点问题和深入学习实践科学发展观活动"到北京大学马列学院进行为期半个月的理论培训。举办了宣传政工干部培训班。召开了中共达州市委"解放思想,促进达州经济社会又好又快发展"专题讨论会。

【新闻舆论工作】2008年.突出宣传我市秦巴地区交通枢纽的启动、规划、开工建设等进度、华蓥山电厂2×60万千瓦等重点项目等。认真做好机关效能建设宣传报道工作。组织市级各媒体及时开办了"加强效能建设优化发展环境"、"机关效能建设公开承诺"等专栏,对近40家窗口单位围绕效能建设进行了公开表态,向社会公开承诺,接受社会监督,同时配发了7篇评论员文章。通过开设"改革潮涌30年"、"图说达州30年"、"纪念改革开放30周年系列评论"等专栏,形式多样的宣传报道认真回顾我国、我市改革开放30年来发生的巨大变化,充分展示我国、我市经济建设、社会发展的辉煌成就,积极营造昂扬向上、奋发进取的社会氛围。全年在《人民日报》、新华社、《经济日报》、中央人民广播电台、中央电视台、《四川日报》、四川人民广播电台、四川电视台等用稿2 000余篇(件)。

2009 年,组织开展了新中国成立 60 周年、达州建市 10 周年的宣传报道。深入开展"伟大祖国.辉煌成就"、"举国同庆.共贺华诞"、"锦绣达州.历史巨变"系列宣传。组织了科学发展观学习实践活动的宣传报道。在重要版面、黄金时期集中全方位、多角度宣传我市各地各部门学习实践活动各个阶段具体工作。组织了机关效能建设的宣传报道。成立城乡环境综合治理宣传报道领导小组,开辟了"达州环保在行动"、"城乡环境治理曝光台"、"大力实施城乡环境综合治理工程"、"加强城乡环境治理,齐心协力美丽达城监督哨"、"违规车辆曝光台"等专栏专题。组织了从容应对国际金融危机、科学防控甲型 H1N1 流感的宣传报道。据统计。全年共在《人民日报》、新华社、《经济日报》、中央人民广播电台、中央电视台、《四川日报》、四川人民广播电台、四川电视台及省以上网络等用稿2 000余篇(件)。

【文化建设工作】2008 年,积极开展"123"主题文化活动。"1"即在北京奥运会闭幕第二天,市委宣传部牵头在市中心广场举办了"中国加油"群众性文体活动。"2"即制作以弘扬民族精神,万众一心抗震救灾为主题的歌曲作品专辑光盘一套;精选制作我市历届"五个一工程"获奖歌曲光碟一套。"3"即举办了一场"我们众志成城—向抗震救灾英模致敬"专题电视晚会;组织作家深入生活,挖掘典型,创作并编印了《抗震救灾达州在行动》报告文学集;组织抗震救灾文艺创作活动。组织创作了诗歌、散文、歌曲、书法、美术、摄影作品千余件,制作了《信念》、《叔叔》等 5 首 MTV。举办了"红歌连连唱"大型文化活动、"争当优秀公务员"普通话推广大赛、"美丽达州全记录"摄影大赛、《盛世欢歌—庆祝建国 59 周年》电视文艺晚会、达州市第二届元九登高节"诗韵达州"广场赛诗活动及"宣传达州好歌曲"征集大赛,并评出了《达州恋曲》、《火辣辣的达州人》等八首歌曲为宣传达州好歌曲。同时,做好文化产业发展规划,稳步推进文化体制改革。深入调研,完成了省委宣传部文化体制改革及产业发展课题;撰写完成了"秦巴地区文化强市"战略发展规划。

2009 年,大力实施"文化精品工程"。认真做好四川省第十一届"五个一工程"的申报和本市第七届"五个一工程"的组织评选工作。推荐上报了音乐电视文艺片《风情达州》、广播剧《感平村的故事》、歌曲《感动》、《我的农民工兄弟》、《走进石桥》、戏剧《梦里巴人》等 10 件作品参加省里的评选。精心打造城市文化名片。高标准拍摄了音乐电视文艺片《风情达州》、数字电影《红色恋曲 1933 ~ 2009》。合力打造高端文化盛典,举办了第三届达州市艺术节。组织举办了第一届大巴山民歌会。来自陕西、湖北、四川、重庆等四省(市)及四川省广安、南充、广元、巴中等四市州的优秀民歌手联袂演出。按照中央、省、市委的总体部署,加快对经营性事业单位的转企改制步伐,圆满按时完成全市电影行政职能调整划转工作,市广电局更名为市广播电影电视局。

【对外宣传工作】2008 年,与省、市电视台联合摄制 3 集系列报道《走近中国气都——达州》,达州电视台摄制三集系列政论片《大风起兮》;与市电视台共同制作《巴人故里中国气都》、《崛起》、《魅力达州》、《天然气之歌》《潮涌巴山》等数十部新闻专题片和纪实性电视专题片,集中展示达州的资源优势和发展前景。组织硫化工科技论坛暨产业推进会对外宣传。邀请中央、四川省等媒体三十多家全方位、多角度地宣传达州市丰富的天然气资源、天然气能源化工基地建设情况和硫化工产业美好发展前景,并在中央、省、境外各类媒体和新华网等著名网站刊载稿件 120 多篇次。同时,精心组织西博会的达州形象宣传。规范新闻发布机制,召开各类新闻发布会 11 次。编印《达州突发事件应急处置新闻例稿》。拟撰突发事件应急处置新闻例稿四大类 25 例,编印 120 余册供市级部门参考。邀请中央电视台拍摄制作《旧院黑鸡出深山》、《达州灯影牛肉》等专题节目,分别在央视七套的《每日农经》、《致富经》栏目播出;邀请四川电视台拍摄制作元九登高节等专题节目,提升了达州对外的影响力和知名度。

2009 年,围绕建国六十周年、建市十周年、中共四川省委全委会相继在《四川日报》、《香港商报》、《中国化工报》、《四川经济日报》、《西南商报》等纸质平面媒体和《四川党的建设》等期刊组织专版宣传达州经济社会发展成就 20 余次。围绕群众关心的热点问题组织召开新闻发布会 12 次,成功组织开展了处置四川汉唐公司涉嫌非法集资案、H1N1 禽流感的应急宣传报道。依托达州元九登高节、能源高峰论坛、第二届秦巴地区商品交易会、第十届西博会等重大经济文化活动,邀请中央、省、境外媒体开展集中宣传造势。成功举行了"中国西部天然气能源化工基地行”大型采访活动,50多家中央、香港、重庆和省内媒体80余名记者云集达州,开展了为期3天的集中采访,获得了省委宣传部的“重大外宣活动组织奖”。邀请央视国际频道《走遍中国》栏目在达州拍摄《走遍中国——达州》七集电视专题片,相继在央视国际频道和央视一套播出。与达州邮政等单位合作,制作《万众一心、不屈不挠、友爱互助、自强不息》——达州市抗震救灾纪念邮票和《抗震救灾与爱同行》系列邮资明信片。

【网络监管工作】2008年,成立了达州市互联网协调管理领导小组,以“两办”名义出台了《达州市互联网协调管理工作方案》,市财政拨付专项经费,购置了网络监看设备,选聘了4名专职网络监看管理员,各县(市、区)增设网络新闻管理股形成了30余人的网络监看队伍,确保我市网络管理工作有组织、有领导、有制度、有保障。会同相关部门及各县(市、区)建立了舆情分析研判和会商制度,定期分析研判网上舆情。着力强化对“献计献策”等本地网络论坛和栏目的日常监管,确保第一时间正确引导网络舆论。

2009年,全面加强互联网管理和网络阵地建设,加大对“达州新闻网”、“达州传媒网”等主要新闻网站的扶持力度,着力打造网上正面宣传和城市对外宣传的主阵地。加强对网上舆情动态的日常管理和监控,建立了网络评论员队伍,积极开展网上舆论引导,不定期编辑《网络舆情快报》,向市委市政府主要领导汇报网上舆情。全年向省委宣传部上报舆情信息280条,舆情分析报告3个,制作舆情专报130期,删除各类网上低俗有害信息近2 000条。对全市1 800个注册网站、论坛实行了全面清理整顿,对4家未取得新闻资质的网站违规开设新闻栏目的行为及时进行了查处,对两家色情网站和一个色情论坛给予警告直至关闭。

【典型宣传工作】2008年,绿叶长途运输公司的事迹经挖掘、整理、推荐,作为四川的唯一代表入选“全国抗击雨雪冰冻灾害先进事迹报告团”,在全国十省(市)巡回报告。中央电视台对其事迹做了专题报道,报告稿在《人民日报》、《光明日报》上刊载。市委宣传部还组建了“全市抗雨雪冰冻灾害先进事迹报告团”,分赴县(市、区)作报告5场,听众达4 000余人次,通过广播电视播出后,受教育的党员干部群众达百万人次。

2009年,宣传部会同市委组织部、市委政法委加强加强对市公安局交警支队直属一大队驻通川区魏兴片区中队队长向守牧的宣传策划。组织接待了《人民日报》、中央电视台、《中国青年报》、《法制日报》以及《四川日报》、四川电视台等中央、省级媒体对其先进事迹进行了广泛宣传。新华社播发了3 200字的电讯通稿《人民的好交警——追记四川达州交警向守牧》;中央电视台和中央人民广播电台当晚在《全国新闻联播》播发新闻。《人民日报》在头版显著位置刊发3 380字的长篇通讯《巴山赤字—追记四川达州公安交警向守牧》。中国青年报、法制日报、人民公安报和人民网、新华网以及部分省区主要新闻媒体连续对其先进事迹进行集中宣传。此外,还组建了向守牧同志先进事迹报告团。

【群众宣传工作】2008~2009年,认真落实市委印发的五个思想政治工作条例和工作领导责任制度,共评选表彰92个思想政治工作先进单位,109个思想政治工作先进个人。表彰对象涉及农村、企业、街道、社区、学校、机关等各方面,进一步促进了全市思想政治工作的加强和改进。大力加强公民道德建设,2008年,精心组织了第二届“十佳达城好市民”评选活动。大力加强爱国主义教育。2008年,举办了《时代伟人毛泽东》珍藏图片展,并组织了毛泽东同志生平暨当前经济形势报告会。2009年,先后召开了全市“双评”动员会、单位英雄事迹学习会、评选规则解读会、争当先进表态会等会议,使“双评”活动不断深入。围绕庆祝建市10周年,深入开展系列宣传文化活动。由宣传部牵头,市摄影家协会、市新闻图片社积极配合,举办了“达州十年”摄影图片展。同时,还开展了“感动达州”十大人物和影响达州“十大事件”评选活动。

【领导名录】

部　长:杨　娟

副部长:杜泽九　陈明明　唐志坤

纪检员:姚　军

机关党委书记:黄龙德

(苟　敏)

统战工作

【基本情况】2008~2009年,市委统战部内设1室3科:办公室、党派科、经济科、干部科;行政编制12人(部长单列),事业编制4个(含黄埔同学会1

个），工勤编制3个。市港澳台海外联络办公室，隶属市委统战部副县级事业单位，事业编制3人。

统战系统目前有汉族、土家族、回族等少数民族38个（土家族民族乡4个），5万余人。有佛教、伊斯兰教、天主教、基督教4个宗教团体，有登记开放的宗教活动场所77处（其中佛教37处，天主教10处，基督教27处，伊斯兰教2处，道教1处），教职人员127人，信教群众30多万人。设有全市性爱国宗教团体4个，县级爱国宗教团体20个。有中国国民党革命委员会达州市委员会（简称民革）、中国民主同盟达州市委员会（简称民盟）、中国民主建国会达州市委员会（简称民建）、中国农工民主党达州市委员会（简称农工党）4个市级民主党派委员会地方组织和中国民主同盟渠县委员会、中国农工民主党渠县委员会2个县级委员会地方组织，共有成员1 355人。有市级工商联（总商会）1个，县级工商联（商会）7个，全市已建基层商会257个，共有会员9 065人。有黄埔同学会达州市联络组1个，成员7人。全市配备副厅级党外干部4名；县（处）级党外干部87名，其中正职9名；区（科）级党外领导干部232名，其中正职58名；全市有党外全国人大代表2名、省人大代表15名、市人大代表93名，党外省政协委员12名、市政协委员288名。党外知识分子10万余人。有港澳台同胞及海外侨胞（属）27 000余人。

两年来，市委统战部认真贯彻落实科学发展观，党的十七大和十七届三中、四中全会和市委二届十三、十四次全会精神，以及中发〔2006〕15号文件、川委发〔2006〕26号文件、达市委发〔2007〕24号文件和第20次全国统战工作会议精神。团结带领全市统战系统广大成员，在继承中创新，在开拓中前进，以政治交接为目的，切实加强了民主党派自身建设；以企业文化建设和企业党建工作为抓手，切实加强民营企业思想政治工作；以培养选拔党外干部为着力点，加强了党外干部队伍建设；认真贯彻落实民族宗教政策，努力构建了团结和谐的民族宗教关系；深入开展调查研究，积极解决了“三胞”困难等工作。圆满完成了各项统战工作任务，取得了较好成绩，为加快实现“一枢纽、两中心、三基地、建设秦巴地区经济文化强市”作出了积极贡献。

【民主党派工作】2008年，根据中央统战部的统一部署，协助民主党派开展以政治交接为主题的学习教育活动，并指导各党派制定了“政治交接学习教育”五年工作规划。2009年，在民主党派中开展了以纪念新中国成立60周年和中国共产党领导的多党合作和政治协商制度确立60周年文艺演出。同时，还组织民主党派成员、党派机关工作人员和无党派代表人士到中国统一战线教育基地和爱国主义教育基地进行了学习考察，大力加强了党派成员的思想政治建设。协助民主党派达州市委制定了《达州市民主党派党员发展工作具体规定》，帮助规范组织发展程序，要求各党派要按照各自章程和1996年、1999年、2004年《纪要》精神发展成员，严把成员入口关。协助各民主党派达州市委制定了目标管理工作责任书，完善了《民主党派工作制度》，促进了党派工作的制度化、规范化、程序化建设。两年来，协助市委、市政府召开民主协商会、情况通报会和座谈会10次。积极支持民主党派和无党派代表人士在各级人大、政协会上提提案、议案和建议意见198件（条），其中被各级党委、政府采纳达70件（条）。

【党外干部工作】2008～2009年，按照四川省委统战部和四川省委组织部的调训要求，选派23名党外干部参加省社会主义学院8班次的学习培训，完成省上调训任务，参训率达110%。同时，还把当选和调整的民主党派副主委、秘书长各1名以及1名副县长选送到清华大学学习培训。目前，全市有230余名党外后备干部到市、县党校，省、市社会主义学院，清华大学等参加过学习培训。截至2009年12月31日，在全市政府部门和司法机关中共安排党外实职领导干部92人，县处级16人，乡科级76人。其中，在领导班子成员中党外领导干部达9人，目前全市党外干部中担任单位正职的有6人。

【党外知识分子工作】两年来，通过多种方式3次对全市的学校、医院、民营企业等10多个单位的党外干部、党外知识分子、新的社会阶层人士以及2008年、2009年新当选的省人大代表和省政协委员，开展了全面深入细致地调查研究。截至目前，已建立和健全了1 000多名党外干部和知识分子后备干部队伍人才库，其中县处级党外后备干部40名，乡科级后备干部150名，新的社会阶层人士35名。各级党员领导干部联系党外知识分子达110人。新聘、续聘103名党外人士担任特邀检察员、陪审员、监察员、审计员、教育督学或督导员。

【非公有制经济工作】2008年，邀请中国人民大学商学院专家教授就《中国经济最新走势与企业应对策略》、《变革环境中的企业投融资策略》等企业最关心的问题进行授课，帮助企业认清经济走势，确立合理的投融资战略，树立战胜金融危机的信心和决心，全市300余家企业参加了培训。积极协调有关部门筹建了达州市非公有制企业维权投诉中心。2009年，在全省非公有制经济人士思想政治工作会议召开后，及时组织召开了全市非公有制经济代表人士思想政治工作会议。组织全市非公有制经济组织开展了学习实践科学发展观活动。同时，还依托秦巴地区商品交易会，整合南充市、巴中市、广安市、广元市、达州市、重庆万州区、涪陵区、湖北省十堰市、陕西省汉中市、安康市等四省十市商会资源，构筑大市场、搞活大流通、促进大贸易，带动达州建设秦巴地区经济文化强市的发展。截至目前，全市有106家非公有制企业投身到新农村建设，建设项目113个，投入资金1.5亿元，帮扶116个村发展，10多万农民受益。同时，还帮扶了近200名品学兼优的贫困生使他们重返了校园。

【民族宗教工作】2008～2009年，重点加大对国务院《宗教事务条例》的学习宣传力度，有力地推动了《宗教事务条例》的全面贯彻落实。2次深入各县（市、区）对贯彻落实《宗教事务条例》工作进行督促检查。2008年，在全市农村进行整治乱建小庙、乱塑神像等违章活动中，共取缔乱建庙宇53处，神（佛）像73尊。积极开展创建"和谐宗教活动场所"和争当"优秀教职人员"活动。协助有关部门做好2008年、2009年"两会"期间的矛盾排查工作，对因宗教引起的突发性事件实行动态监管，确保达州市宗教领域的团结稳定。妥善协调解决全市民族宗教界人士的来信来访。

【统战宣传信息工作】2008～2009年，结合全市统战工作实际，开展"大调研"活动2次，形成8篇有深度、有价值的调研文章。2008年，进一步创新统战宣传工作形式，逐步形成了"报、刊、网、视"多位一体的宣传主阵地，进一步扩大了统一战线的社会影响。两年来，在各级新闻媒体上播放和刊登有关统一战线重大会议、活动5次，形成宣传稿件18篇。分别被《四川统一战线》、《四川政协报》登载7篇。采编信息170期，分别被《中国统一战线》采用25条、省委统战部《统战信息》采用45条、《四川统一战线》采用27条，《达州党政网》、《达州日报》、《达州晚报》共采用5条。

【港澳台海外统战工作】2008～2009年，深入开展"三胞"调查研究，进一步摸清了"三胞"资源，健全了港澳台海外侨胞信息库。目前，全市共有港澳台同胞及海外侨胞2 200人，其中亲属2 300人，重点联络对象102人。同时，还加强了对港澳台及海外统战工作方针政策和达州投资环境、投资信息的宣传工作，吸引港澳台和海外投资者参与我市经济建设。开展"惠民、爱民"等活动，走访慰问25户贫困定居台胞、侨界知名人士，并送去价值近3万元的米面粮油和2万元慰问金，切实解决侨胞侨属在生活中遇到的困难和问题。

【领导名录】

部　长：汤忠才

副部长：魏　艳　李泽民

机关党委书记、纪检员：蒋炳于

（王　敬）

政法工作

【基本情况】2008～2009年，全市政法部门坚持以科学发展观为指导，以"保增长、保民生、保稳定"为主线，深入推进平安达州建设，扎实开展政法队伍"三大主题活动"，深化执法规范化建设，全力维护社会稳定，为全市经济社会加快发展、科学发展、又好又快发展创造了和谐稳定的社会环境。

【全力维护社会稳定】各级各部门着力超前维稳、主动维稳、合力维稳，加大不稳定因素源头治理力度，认真解决突出问题，积极预防和妥善处置群体性事件，有效维护了群众利益和社会政治稳定。

2008年，全市各级党委、政府牢固树立"发展是政绩，稳定同样是政绩"理念，市委、市政府在综合目标考核上加大了维稳在综合目标考核中的比重，并将考核结果作为党政领导班子及其成员评选先进、提拔使用的重要依据。严格落实责任查究制，对在维稳信访工作中失职的干部，严肃予以了责任查究。坚持日常排查、定期排查和专项排查相结合，建立台账，及时督办，化解"销号"，确保矛盾纠纷发现得早、化解得了、控制得住、处理得好。为推动医患纠纷的有效化解，市委政法委、市卫生局、市法学会举办了医患纠纷专题研讨会，对医患纠纷涉稳问题进行认真分析研究，提出对策措施，排查出不稳定因素347件，化解313件，化解率达90.2%。扎实开展"迎奥运保稳定百日行动”,落实了“矛盾纠纷集中排查化解”、“突出信访问题挂牌督办”、“社会治安专项整治”、“反邪教反恐怖反干扰对敌斗争”、“法治集中宣传月”、“安全隐患排查整治”六大行动,市委、市政府与各县(市、区)党委、政府签订了专项目标责任书。奥运期间,举行了全市“迎奥运.保稳定”大型反恐处突综合演练;坚持市、县两级党政领导定期接访群众,“市委书记信箱”、“市长热线”受理群众诉求3 202件,市委、市政府主要领导阅批群众来信2 100件;集中开展县(市、区)委书记、县(市、区)长大接访活动,共接待群众来访473 批2 189人次。全市发生群体性事件7起,同比下降61.1%,均得到及时妥善处理,确保了奥运会、残奥会期间全市社会稳定。

2009 年,市委政法委组织8个工作组,深入全市24 家重点企业开展走访服务活动,解决突出问题24个,提出意见建议100余条。制发了《关于进一步完善社会稳定风险评估机制的意见》,把社会稳定风险评估作为出台和实施重大决策、政策、项目和改革的前置条件,强化不稳定因素源头治理。坚持日常排查、定期排查和专项排查相结合,实施稳控化解建账动态管理。共排查不稳定因素719 起,化解652 起,稳控67 起,化解率90.68%。认真做好全国、全省“两会”期间的稳定工作,积极应对新疆“7·5”严重暴力犯罪事件可能引发的连锁反应,开展了“迎国庆、保平安”反恐处突大演练和群体性事件处置预案推演。市委、市政府挂牌督办的33 件涉稳突出问题得到有效化解。组织了7个维稳综治信访防邪工作督导组,由市领导带队定期深入各县(市、区)进行督导,确保了全市社会大局平稳和各项庆祝活动顺利进行。

【奋力开创综治工作新局面】全市各级各部门按照“打防结合、预防为主,专群结合、依靠群众”的方针,以平安创建活动为载体,全面落实综治各项措施,深入开展严打整治,综合治理突出社会治安问题,促进“平安达州”目标的实现。

2008 年,强力推进“平安乡镇(街道)”、“平安社区(村)”、“平安单位”、“平安校园”创建活动。市委、市政府召开了“平安乡镇(街道)”创建工作现场推进会。全市筹资500 余万元,建立了电视监控、联网报警和电子巡更“三大技防系统”。70%以上的乡镇建成了以乡镇党委为核心、村“两委”为支撑、警务室和调解室为骨干、治安巡逻队为基础的村(社区)平安建设体系。各级党政机关、企事业单位根据技防等级的要求配备了专职保安或专门值班守卫人员24 小时值班巡逻。全市学校均配备了专职保安。各级财政和学校共投入资金200 余万元,在学校及其周围安装了电视监控、联网报警、周界报警等组合式技防系统。加大对城市街面、重点部位、重点场所、重点时段的巡逻密度,加强社会面防控,有效遏制街面犯罪,全市街面犯罪同比下降了10.8%。全市群群防群治队伍达3 362 支36 148 人。市财政投资650万元建设市应急联动指挥中心,投入100 多万元建成了公安训练基地,市财政预算200 万元、各县(市、区)财政共预算300 万元投入“天网”工程建设。在农村落实片区警务制度,广泛开展边际协作联防、厂社联防、院坝联防、山湾联防等群众性自防自治活动,巩固完善乡镇、村、社、院四级治安防范网络。强化机制建设。市财政预算综治经费64 万元,安排专项经费48 万元,健全了乡镇(街道)综治委办事机构,配齐配强综治工作人员1 210名。村(社区)建立了综治工作服务站,确保了综治工作制度化、规范化。强化综治工作述职制度、联系点制度、五部委联席会议制度,定期分析治安形势,合力解决综治工作中存在的问题。建立并落实了综治暗访督查制度和巡视制度,实行市、县(市、区)主要领导包片的督查、暗访机制,今年共发现突出问题38 个,均限期进行了整改。据省统计局调查,全市社会公众安全感满意度达92%。

2009 年,以新一轮平安达州建设为重点,进一步夯实综治基层基础,全面推进大调解工作体系建设,各项工作取得新成效。一是开展排查调处活动。各地各部门对各种矛盾纠纷逐一排查调处,切实将各种不稳定因素消除在萌芽状态。按照《关于构建“大调解”工作体系有效化解社会矛盾纠纷的实施意见》要求,切实抓好“大调解”工作体系建设,排查出各类矛盾纠纷13 856起,调处12 379起,调处成功12 230起,调处成功率96%。开展“严打”整治斗争,重点打击黑恶势力犯罪、严重暴力犯罪、“两抢一盗”等影响人民群众安全感的多发性犯罪。推进平安创建活动,做到了组织、人员、经费、工作四落实,形成了齐抓共管的工作格局。大力宣传平安创建活动,表彰奖励了15 名见义勇为先进个人。市财政预算800万元、各县(市、区)财政预算200 万元投入“天网”工程建设。制定了《关于进一步加强社会治安综合治理基层基础建设的意见》，加强综治工作的组织保障、人员保障和经费保障，市级落实综治工作经费370万元。

【努力提升政法队伍整体素质】各级政法部门扎实开展“大学习、大讨论”和“三大主题”活动，切实加强政法干警能力建设，转变执法作风，改善执法形象。

2008年，狠抓政法系统领导班子建设，着力提高班子的凝聚力、创造力、战斗力，充分发挥班子的示范带动作用。不断深化干部人事制度改革，健全政法干警补充招录机制，大力营造培育人才、使用人才、留住人才的良好环境。加强基层政法力量建设，一线干警比例达到85%。招录干警484名，有效缓解了基层警力严重不足、人员断层现象突出的问题。严格教育管理，采取以会代训、专家授课、分期轮训、岗位自学、典型案例会诊等方式进行业务培训，建立政法干警教育培训长效机制，共举办各类培训379场(次)，培训干警10 763人(次)，开展各类练兵活动395场(次)，训练干警8 138人(次)，干警政治素质和业务素质不断得到提高。坚持从严教育政法队伍，切实解决群众反映强烈的突出问题，严肃查处执法办案中的不公正、不廉洁问题和队伍中的害群之马，曝光反面典型，扎实开展作风整顿，纯洁政法队伍，树立政法机关良好形象。建立帮贫助困机制，市财政预算20万元，设立政法干警困难补助资金，广泛组织开展向政法干警、英雄模范、因公牺牲干警家属的慰问活动，对特别困难的干警定期给予补助，切实解除干警的后顾之忧。

2009年，扎实开展“三大主题活动”。按照省、市统一部署，共开展各类培训425场次、培训干警15 924人次，对230余名全市政法系统领导干部进行了专题培训。共开展练兵活动469场次、参训干警17 348人次，在线考试和业务技能考核参与率100%、合格率100%。创新开展了“千人大评议”、“千警大演练”、“千警大下访”、“百访大调处”、“百案大评查”、“十佳大表彰”和“文艺大汇演”活动，全市广大政法干警和武警官兵素质得到了提高、技能得到了增强、作风得到了改进、形象得到了提升。活动中，我市被省委政法委通报表彰，4个单位9名个人被省委、省政府表彰，49个先进集体和98名先进个人被市委、市政府表彰。着力构建政法队伍建设长效机制。积极着眼于建立长效机制、解决深层次问题，着力推进思想政治教育、干部队伍管理、培训练兵、执法质量、干警绩效考核评价等制度体系建设。全年共完成了82名检察干警、242名公安干警招录工作，开展了政法院校招录体制试点工作，招收学员25名。大力开展向向守牧同志学习活动。市公安局交警支队直属一大队四中队原中队长是达州市政法系统“三大主题活动”的楷模，是广大政法干警学习的榜样。市委作出向向守牧同志学习的决定后，全市政法系统立即行动起来，广泛开展了“学守牧，创卓越”大讨论活动，掀起了向守牧同志学习的新高潮。

【大力推进执法监督工作】紧紧围绕全市工作大局，深入研究执法监督工作的新情况新问题，全面履行督查督办职能，推进执法、司法公正。

2008年，深入开展排查化解重信重访。根据中央政法委、四川省委政法委的统一部署，在全市政法机关深入开展排查化解涉法涉诉重信重访工作，解决涉法涉诉信访突出问题，确保全国“两会”和北京奥运会、残奥会期间社会稳定。全年共接待群众来访327次，来信320件，均得到及时妥善处理。中央政法委交办的19件涉法涉诉进京非正常访案件，办结18件。狠抓执法督查督办。全年共督办案件64件。加大对领导和领导机关批示交办案件、影响社会稳定的案件和群众反映强烈的政法干警违法违纪案件的督查督办力度。规范监督形式，改进监督方式，形成监督合力，提高监督效率和权威，促进政法机关严格公正文明执法，实现政治效果、法律效果和社会效果的统一。

2009年，开展执法监督员和执法巡视试点工作。制定了《执法监督员和执法巡视试点工作方案》等七个规范性文件。确定8名专职执法监督员，聘请25名特邀执法监督员适时开展多种形式的执法巡视。对巡视中接访的33件信访案件，已经化解办结的有26件，化解办结率为78.8%。专项巡视案件11件，和解结案和判决结案10件，结案率为90.9%。做好涉法涉诉信访工作。开展涉法涉诉重信重访专项治理、领导干部定期接访和机关干部下访活动，化解了一批信访积案。排查涉法涉诉信访积案37件，已办结36件，办结率为97.3%，息诉33件，息诉率为89.2%。加大案件督查督办力度。

【领导名录】

政法委书记：杜坤飞

副书记：喻　东　袁东俊　谭伦贵

（谢廷润）

政策研究

【概况】2008～2009年全市政研工作高举邓小平理论和“三个代表”重要思想伟大旗帜，坚持以党的十七大精神为指导，深入贯彻落实科学发展观，对打造“一枢纽、两中心、三基地，建设秦巴地区经济文化强市”前瞻性、战略性、全局性问题开展调查研究；围绕市委中心工作，对全市改革开放、统筹城乡发展、融入成渝经济区、革命老区脱贫发展等重大问题进行专题研究；起草修订市委有关重要文件，组织协调各县（市、区）和市级部门政研力量完成重大热点、难点问题的调查研究，履行好了决策服务和综合调查研究的部门职能作用，为推动达州经济社会又好又快发展提供智力支持和政策保障。

【完成重大工作】2008年完成市上三项重大工作：调研草拟激发乡镇活力的指导意见；承担市委重大调研课题日常工作；牵头完成《达州：建设秦巴地区经济文化强市，打造“一枢纽、两中心、三基地”战略规划》工作。2009年完成市上四项重大工作：承担完成市委重大调研课题日常工作；牵头编辑出版发行《四川当代县域经济·达州卷》；牵头完成《革命老区（川陕苏区）达州脱贫发展研究》；参与谋划达州在成渝经济区和融入重庆中加快发展的方案。

【优秀成果评选】开展2007～2008年度政策研究优秀成果评选活动，共申报政研成果200多篇，经评审有20篇获一等奖、30篇获二等奖、40篇获三等奖、50篇获优秀奖。

【领导与上级交办任务】两年来按领导意见草拟市委领导在城乡环境综合治理工作会、“一枢纽、两中心、三基地，建设秦巴地区经济文化强市”战略规划工作会、纪念改革开放三十周年理论研讨会、市委政研工作会上的讲话，市人大常委会领导在激发乡镇活力座谈会、四川当代县域经济达州卷编撰工作会上的讲话，市政府领导在城乡环境综合治理工作会、革命老区达州脱贫发展课题研究工作会上的讲话。配合省上完成对大竹县激发乡镇发展活力的调研。

【决策性调研】两年来共拟定190个政策研究课题供市、县（市、区）领导与部门选题调研，完成调研课题202个，在内刊上刊用交流86篇，为各级党委、政府科学决策提供重要依据。完成的调研课题有：《三村建设新亮点，实现“四变”展新颜——市财政局帮扶达县大堰乡“三村建设”纪实》、《关于群众工作“三中心”运行情况的调查报告》、《汶川大地震灾后恢复重建达州可利用政策》、《关于激发乡镇活力加快乡镇发展的调查与思考》、《“5·12”汶川地震灾后重建国土资源相关政策解读》、《“三大基地”促跨越》、《关于激发乡镇活力的调查报告》、《建设中国西部天然气能源化工基地发展战略研究》课题第四部分《途径研究》、《以特色化工产业为支撑加快工业化推进城镇化进程》、《达州市建设特大城市的前期研究报告》、《秦巴地区十市（区）比较研究》、《关于构建秦巴地区商贸物流中心的思考》、《关于恳请国家尽快出台实施天然气资源勘探开发生态环境安全补偿费政策的建议》、《达州融入成渝经济发展战略研究》、《发挥资源优势，坚持科学建园——关于达州市成功建设天然气能源化工产业区的调查》、《实施资源就地转化战略，争当地震灾区发展中坚》、《川东天然气资源开发的一方热土——达州天然气能源化工产业区调查》、《关于达县依托产业区搭建工业集中发展平台的调查报告》、《关于中国西部天然气能源化工产业区搬迁安置的调查报告》、《纪念改革开放30周年加快达州发展的对策建议》、《达州又好又快发展面临的机遇与困难》、《思想大解放，发展大跨越》、《构建秦巴地区交通枢纽解读》、《建设秦巴地区文化旅游中心解读》、《建设秦巴地区商贸物流中心解读》、《效能创造和谐，和谐促进发展》、《建设秦巴地区经济文化强市，打造“一枢纽、两中心、三基地”战略规划总纲》、《建设秦巴地区商贸物流中心规划》、《达州市生产要素配置规划》、《达州市融资平台建设规划》、《达州市优化发展环境规划》、《关于大竹县激发乡镇发展活力的调研报告》、《改革激活力，开明聚合力，促进县域经济加快发展的关键一招——关于大竹县激发乡镇活力的调研报告》、《关于达县加快獭兔产业发展的调查》、《通川区双龙镇统筹城乡发展的实践与启示》、《对卢岗村扶贫互助社的调查》、《革命老区（川陕苏区）达州脱贫发展研究》、《整体联动抓整治，创新探索闯新路——关于大竹县城乡环境综合治理工作的思考》、《实行“十户联洁”制度，发挥自治作用美家园——大竹县竹阳镇推进城乡环境综合治理工作的成效与做法》、《达州市抗震救灾大事记》、《以人为本，科学抗灾——达州市抗震救灾暨灾后重建工作总结》、《关于我市天然气资源开发机制建设的调研报告》、《宜宾市经济社会发展情况及思路举措》、《关于达州市国有资产经营管理公司改革发展的调研报告》、《关于我市土特产业发展情况的调研报告》、《浅谈人大代表充分履职的有效途径》、《2009年四川省社会科学院达州分院特约研究员"加大投资，促进消费，加快达州跨越发展"主题研讨会观点综述》、《城乡环境综合治理长效机制研究》、《对全市2009年下半年工作的建议》、《以绩效考核为载体，提高机关工作绩效》、《政协服务发展的有效途径》、《关于达州政务服务中心标准化建设的调研报告》、《学习王瑛先进事迹，永葆共产党员先进性》、《对未成年人违法犯罪的思考》、《纵深推进效能建设，切实转变机关作风》、《关于达州市城乡环境综合治理调研报告》、《关于大竹县救助热线的调查与思考》、《革命老区（川陕苏区）达州争取重大政策研究》、《中国气都冉冉升起》。上述调研课题成果为市委、市政府的决策提供了可靠参谋资料。

【政策性文件】两年来起草的文稿有：《达州市深入实施"城乡环境综合治理"规划（2008～2010年）》（达市委办发〔2008〕36号）、《市委、市政府关于深入实施城乡环境综合治理的决定》（达市委发〔2008〕14号）、《市委办、市政府办关于进一步提高新时期群众工作水平的通知》（达市委办发〔2008〕24号）、《市委办、市政府办关于开展〈建设秦巴地区经济文化强市战略研究——"一枢纽、两中心、三基地"规划〉工作的通知》（达市委办〔2008〕26号）、《市政府办关于印发〈达州市促进震后房地产业持续健康发展若干政策措施〉的通知》（达市府办〔2008〕45号）、《市委办、市政府办关于表彰奖励市委重大课题优秀调研成果的通知》（达市委办〔2008〕23号）、《市委、市政府关于废止和修订部分影响机关效能建设的涉税文件的通知》（达市委发〔2008〕27号）、《市委办关于批转〈达州市党政领导干部调研文章汇编〉工作方案的通知》（达市委办〔2008〕111号）、《市委办、市政府办关于印发〈2009年市委重大调研课题实施方案〉的通知》（达市委办发〔2009〕17号）、《市委、市政府关于加快产业园区建设的意见》（达市委发〔2009〕4号）、《市委、市政府关于实施全民创业战略的意见》（达市委发〔2009〕5号）、《市委、市政府关于激发乡镇活力的指导意见》（达市委发〔2009〕27号）、《市委办、市政府办关于印发〈四川当代县域经济·达州卷编纂方案〉的通知》（达市委办发〔2009〕31号）、《市委办、市政府办关于印发〈革命老区（川陕苏区）达州脱贫发展研究课题实施方案〉的通知》（达市委办发〔2009〕57号）、《市委办、市政府办关于表彰市委重大调研课题优秀成果的通报》（达市委办〔2009〕72号）、《市委办关于批转〈达州市党政领导干部调研文章汇编〉工作方案的通知》（达市委办〔2009〕164号）、《市委办、市政府办关于表彰〈革命老区（川陕苏区）达州脱贫发展研究〉课题优秀成果的通报》、《市委、市政府关于深化医疗卫生体制改革的实施意见》等政策性文件，有力地指导了全市工作，确保了工作实效。

【调研工作督查】按照市委部署，督促县以上党委落实重大决策调研制度、跟踪调研制度、调研协调制度以及领导干部到基层调研制度，加强对县以上领导干部调研工作的检查和考核，对收集到的领导干部学习调研文章，组织力量汇编，坚持每年出版《市委重大调研课题成果汇编》和《调研与决策——达州市党政领导干部调研文章汇编》。对进一步摸准达州市情，审视发展环境，找准发展方向，明确发展目标，突出发展重点，制定发展措施很有指导价值。

【内部刊物编辑】注重调研成果的转化，将有价值的调研报告和有指导性、针对性、实效性的文章刊发在《达州通讯》上，充分发挥内刊的载体作用。两年共出刊市委内部资料型刊物《达州通讯》24期。每年编辑发行《达州跨越研究——中共达州市委政策研究室年度重要政研成果汇编》。两年来编辑出版发行《达州：建设秦巴地区经济文化强市，打造"一枢纽、两中心、三基地"战略规划》、《四川当代县域经济·达州卷》和《革命老区（川陕苏区）达州脱贫发展研究》三本书籍。2009年编辑发行《深入学习实践科学发展观活动市委、市人大党组书记、市政府领导、市政协主席学习心得体会与命题调研报告汇编》、《2009年四川省社会科学院达州分院特约研究员"加大投资，促进消费，加快达州跨越发展"主题研讨会研讨文章选编》。

【领导名录】

主　任：李祖江

副主任：覃　清　李孟然（2009.11～）
熊运高（2009.12～）

机关党委书记：王培谦

（唐长江）

机关党建

【基本情况】市直工委是市委的组成部门和派出机构，负责领导市直机关党的工作。2008～2009年，达州市直机关党的工作，紧紧围绕市委“三大目标”和“三大任务”，结合机关党的工作实际，大胆创新机关党建工作方法和活动载体，努力打造机关党建精品，为推动达州跨越式发展和“十一五”规划的组织实施，提供了坚强有力的政治保证和组织保证，开创了市直机关党的工作新局面。

截至2009年底，市直机关中共党员总数22 062名，其中预备党员1 449名。党委92个（其中机关党委46个，企业党委32个，事业单位党委14个），党总支部75个，党支部951个（其中直属党支部20个）。

【思想建设更加重视】1. 机关理论学习更加求实。一是开展了中国特色社会主义理论学习教育活动，学习宣传党的十七大、十七届三中全会和省委九届四次全会、市委二届十次全会精神。二是把学习宣传科学发展观作为思想政治建设的重中之重，专门安排部署了市直机关学习宣传科学发展观活动，为市级单位免费赠送《科学发展观学习纲要》1 000册，发放《读本》7 000册，并对学习贯彻落实情况进行了专项督促检查，检查面达100%。市直机关党组织，紧密结合机关党员队伍的实际，切实加强了领导，精心制定了方案，周密组织实施，扎实有序推进；三是抓住中心组学习这个载体，以中心组的学习影响和带动机关党员干部的学习。在考核、督促、带动上做文章，把机关各部门中心组的学习纳入了机关党建工作责任制，结合学习型机关创建、“四好”领导班子建设以及年度工作目标管理进行考核，坚持了年度督促检查，检查面达到了50%以上。四是我们借助各类活动载体，推动学习教育。在机关掀起了学习十七届四中全会，省委九届七次全会、市委二届十四次全会精神热潮的同时，组织召开了部分机关党委书记学习全国机关党建工作会议精神座谈会；开展了“最佳党课活动”和“最佳学习活动”评选活动，评选出“最佳党课活动”案例12个、“最佳学习活动”案例9个；开展纪念建国六十周年、改革开放三十周年活动，组织了学习实践科学发展观征文；开展了机关党组织学习实践科学发展观理论文章征集评选工作，利用30篇优秀机关党建理论成果进行了交流，把学习活动引向深入，有力地促进了学习教育活动的深入开展。2. 机关党建宣传更加扎实。一是利用市直工委率先在全省同行市州中建立的机关党建党政网和互联网，建立了自动化网络党务系统，重新改版了网站功能，新增了书记留言、党建论坛、党务公告、新闻服务、网上办公和互动论坛等10多个栏目，两个党建网站刊载各类文件2 500多个，新闻图片22 800余张，各类简讯2 300余条，网站浏览量已突破26万人次；二是督促各县（市、区）直工委和市直机关加强理论宣传开展二级平台建设和市级机关党建局域网建设，开展了最佳机关党建网评选活动，6个单位被授予市直机关“最佳机关党建网”称号；三是发挥机关党建学会的功能，精心办刊，出《达州机关党建》刊物11期，其中，县（市、区）专刊1期，《达州机关党建》抗震救灾专刊1期，机关党建理论成果国庆专刊1期，刊登了大量的理论文章，简讯、消息和图片等，赠送量每期最多的已达千册以上，辐射到全国17个省市、40多个城市的工委，扩大了理论宣传的覆盖面。“两网一刊一系统”构筑了达州机关党建的三维平台，不仅加强了市直机关全方位的交流和各县（市、区）机关党的工作经验交流，也使各县（市、区）直工委和市直机关加强理论宣传的二级平台不断出现，更使达州机关党建宣传辐射面向外延伸。3. 机关党建研究更加务实。2007年召开了全市机关党建研究会年会工作会议，安排部署党建学会工作，开展了机关党建理论和贯彻落实科学发展观的理论文章征集；召开机关党建研究学术成果评选会，机关党建信息表彰工作会，制发了《关于2007年度机关党建研究学术成果评选结果的通报》和《关于表彰2007年度全市机关党建信息工作先进单位、优秀通讯员的通报》。邀请市委组织部、市委政研室、市委党校、达州日报社、市社科联等单位专家对2007年度党建学术成果进行评审，共评审出一等奖5篇，二等奖11项，三等奖20项，优秀奖22项。评选出2007年度机关党建信息工作先进单位20个，优秀通讯员10人。在《达州机关党建》刊物上先后刊发机关文化建设理论文章100多篇，刊发机关文化建设动态消息3 000多条。成功举办了全省机关党组织在机关效能建设中如何发挥作用研讨会。18个省直机关、6个市州工委和本市18个部门、7个县（市、区）工委参加了会议，征集会议交流文章40余篇，并分别编印成册。2008年我们广泛开展学会学术活动，结合我市机关党建工作实际围绕全党开展深入学习科学发展观活动和“机关基层党组织在效能建设中如何发挥作用”两大主题广泛开展了党建理论文章的征文活动，召开了党建专家评审会议，共征集文章80余篇，共评出一等奖10名，二等奖20名，三等奖30名，并在全市机关党的工作会上进行了通报。

【组织建设更加有力】1.“四好班子”创建得到新提升。市直机关各部门严格按照“学习创新好、民主团结好、勤政为民好、清正廉洁好”的要求，紧密联系自身实际，找准着力点，增添措施，创新方式，健全机制，有效解决领导班子方面存在的突出问题。我委结合班子民主生活会，对市级部门（单位）的领导班子“四好”活动创建进行了督促检查，有力地推进了“四好”领导班子创建活动的扎实开展。2009年，市直机关“四好领导班子”创建活动开展面已达100%，新建22个，保持18个，建成面已达43.96%；“四好活动”先进集体新建38个，建成面已达41.76%。18个市委命名的“四好领导班子”保持了荣誉。2.党内民主有了新提高。市直机关全面推行党内差额选举、基层组织公推直选和公示制。对2008年“七一”推荐到市委表彰的6个先进基层组织、4名优秀共产党员、3名优秀党务工作者和市直工委表彰20个先进基层党组织，30名优秀党员，50名优秀党支部书记，通过直选和评审，对所有表彰和推荐表彰的集体、个人上报上网公开公示，接受监督。两年来共审批成立基层党组织13个（其中：党委5个，支部8个）；审批基层党组织换届35个（其中党委5个，总支5个，支部25个）；审批基层组织选举结果58个（其中党委7个，总支7个，支部44个）；调整基层组织37个（其中党委13个，总支1个，支部23个）。审批发展党员100名，审批预备党员69名，举办入党积极分子培训班2期，培训入党积极分子532名。3.基层组织管理得到新加强。我委加强对基层党组织的管理，进一步完善了基层党组织工作、党员双目标管理机制以及党员数据库建设等，对组织软弱和不履职的基层党组织四川泰康人寿保险公司达州支公司党委，根据党章有关规定，撤销了该基层党组织。对市直部门反映组织管理工作的情况进行了座谈和调研，2008年向市委形成了“达州市机关党建现状与问题”、“党员交纳党费专题检查情况”等专题报告；2009年向市委形成了“达州市机关学习贯彻党的十七届四中全会贯彻意见稿”等专题报告。同时根据党费收缴的新规定，我委加强了党费收缴使用和管理工作，全面完成了市直机关党内统计年报工作，2008～2009年两年累计对年度党内统计和党费收缴工作优秀党组织80个，良好党组织40个和先进个人81名进行表彰通报。

【作风建设更加深入】1.机关党员“献爱心、送温暖”活动经常化。每年的元旦、春节、“七一”前夕，机关各级党组织普遍开展了慰问困难党员活动，对市直机关困难中的老党员、老红军、省级劳模和长期战斗在各条战线的机关、基层的党员进行了逐户登门慰问。“5·12”汶川大地震后，5月14日市直机关各部门领导班子成员300多名党员干部现场集中捐款84 620元，市直机关党员干部150人踊跃向灾区无私献血3万毫升；积极开展缴纳特殊党费，支援灾区活动。截止2008年6月25日，市直机关16 117名党员缴纳特殊党费3 630 031.48元，其中缴纳1 000元以上的1 137人。2008年，市直94个部门（单位）“献爱心、送温暖”帮扶送出现金265 398.8元，捐棉被3 713床、冬衣19 918件（套）和大量的化肥、水泥等生产生活物资。2009年市直94个部门向困难群众捐衣、捐赠现金365 398.8元，捐棉被4 713床、冬衣29 918件（套）和大量的化肥、水泥等生产生活物资。2.“干部深入基层、党员帮扶群众”活动制度化。2008年组织机关各级党组织抗击冰雪灾害，开展“雪中送炭”慰问活动。据不完全统计，此次活动共走访了104个联系点，为3 134户困难户送去慰问金722 200元，衣被12 376件（床），食用油9 905千克，大米22 310千克以及大量的生产物资（种子、化肥、水泥等）。在元旦、春节期间，市直机关各部门组织慰问贫困党员、老党员238户，送去慰问金119 000余元；市直工委也拨出党费专款68 000元对市直机关130名困难党员进行了慰问。2009年市直机关共帮扶204个村，为4 133户困难户送去慰问金825 820万元，衣被23 377件（套），食用油9 985千克，大米32 322千克，还捐赠了大量的种子、化肥、水泥等物资。在元旦、春节期间市直机关党组织共慰问贫困党员、老党员339户，送慰问金121 000余元；市直工委也拨出党费专款78 000元对市直机关138名困难党员进行了慰问。

3. 机关行政效能建设工作常态化。抽调5名工委干部到市效能办参与机关效能建设工作，2008年先后对市级部门30多个单位开展效能建设工作的情况进行了督查和明察暗访；先后到渠县、大竹、达县、开江、通川区一些乡（镇）开展调研，对市级部门开展效能工作情况进行了收集汇总上报；与市统计局联合开展了市级机关效能建设问卷调查活动，共发放问卷1 580份，回收有效问卷1 500份，调查对象涵盖87个市级行政、事业单位及其直属二级单位。通过调查问卷分析，提出了意见和建议，为市委、市政府的决策起好了参谋助手作用，受到市委领导的高度好评；主动代市委、市政府起草了《关于加强机关效能建设优化发展环境的决定》；承办了省直工委《机关党组织在机关效能建设中如何发挥作用》专题研讨会相关工作；全面完成了市委下达党报党刊征订发行工作任务；牵头承办了“四项制度”和“四个特别”大讨论活动，在网站上开展了“市级机关行政效能建设论坛”专栏；在《达州机关党建》刊物上开设了“搞好行政效能，推进跨越发展”栏目等，有力地配合了全市范围的机关行政效能建设，随着“两集中两到位”政务中心规范化建设和讨论活动的深入，机关干部作风明显转变。2009年，继续抽调了大量的人力和物力投入机关效能建设，圆满地完成了分解给本部门的工作任务和工作项目。并对市直机关部门进行了督查和暗访，派员参加了县（市、区）的机关效能建设督查和调研；继续牵头负责了对不具备行政审批职能的市级机关“四项制度”的建立和落实工作，利用刊物网站加大了“首问责任制、限时办结制、服务承诺制、责任追究制”的宣传，有力地推动了全市机关行政效能建设。

【制度建设更加规范】1. 机关党建工作责任制不断落实。一是创新党组（党委）书记履行抓党建述职工作制度。为把党建工作深入推进，总结和推广部门党组（党委）书记抓基层党建，创新机关党建工作方法和载体，我委出台了机关部门党组（党委）书记抓基层党建工作述职和考核制度，对市级部门8个单位进行党组（党委）书记抓基层党建工作责任制进行试点，对8个市级部门党组（党委）书记抓基层党建责任制述职情况进行了考评，促进了党建责任制的全面落实。二是在开展的部门党组（党委）书记履行抓机关党建工作责任制述职试点的基础上，进一步修订和完善考评办法，适当扩大推行面。三是市直部门以学习贯彻全国机关党建工作会议精神和新修订的《党和国家机关基层组织工作条例》为契机，进一步健全和落实机关党建工作各项制度，出台相应的配套措施，推动《条例》在市、县（市、区）机关的落实和有关问题的解决。2. 党员先进性长效机制不断完善。市级各部门党组织结合部门、行业、机关特点，按照中央《关于加强党员经常性教育的意见》要求，细化和完善了党员学习教育、党员管理、党员监督、党内民主保障、党员联系群众、党内激励关怀，党建社会评判、党的建设责任等制度，通过认真组织实施，严格督促检查，取得了明显成效。3. “四强”基层党组织能力建设不断加强。创建“四强”基层党组织，是新形势下加强基层党建工作的主攻方向和根本目标，也是基层党建的一项常规性工作。市直各级机关党组织按照“推动发展能力强，服务群众能力强，凝聚人心能力强，促进和谐能力强”的要求，着力抓好基层党组织建设。机关各级党组织紧密结合学习实践科学发展观活动，制定了创建规划，细化了创建标准，完善了创建内容，严格进行了考核，搞好了评比表彰，做到常抓不懈。4. 城乡党建互帮互助机制不断完善。深入贯彻落实党的十七大精神，以科学发展观为指导，在原城乡党建互帮互助机制建立的基础上，继续推动了城乡党建互帮互助机制的深入落实。继续按照机关党建互帮互助工作联系点（基地）的基本条件和确认办法在全市机关、农村、社区、学校、企业建立起了跨区域的23个联系点（基地），制发了包括信息交流、例会互动、定期活动、宣传推介、总结表彰和动态管理在内的《城乡党建工作互帮互助制度》，召开了城乡党建互帮互助联系点（基地）会议，全面拓展了机关党建工作空间。5. 县（市、区）机关党建互动机制初步形成。通过继续执行《机关党建绩效目标责任制考核的实施办法》和对各县（市、区）直工委机关党建工作年度评估考核工作的开展，市、县工委之间、各县（市、区）直工委之间加大了工作的交流和互动。

【党风廉政建设更加有效】1. 党风廉政教育资源得到有效整合。加强了市直机关党员3个革命传统教育基地（王维舟纪念馆、张爱萍将军故居、万源保卫战战史陈列馆）、2个警示教育基地（达州监狱、川东监狱）和4个作风建设基地的建设（扶贫联系点、计生“三结合”联系村、新农村建设联系点、社区建设联系点）。全年先后有30多个部门（单位）组织机关党员近万人到各类教育基地接受了革命传统教育、警示教育和作风教育。组织市直机关收看“情系高墙,共建和谐”警示教育文艺节目,充分发挥了廉政教育功能。2. 党风廉政建设责任制得以全面落实。按照中共中央《建立健全惩治和预防腐败体系2008~2012年工作规划》和市委、市政府《关于2008年党风廉政建设和反腐败工作的意见》要求,对市级部门落实《惩防纲要》和市委、市政府反腐败工作责任制分解等情况进行了抽查,对责任制落实得好的予以了肯定,对存在的问题当场指出并限期纠正。总体来看,市级部门紧紧抓住责任分解、责任履行、责任考核、责任追究四个环节,将工作任务进行了层层分解和落实。召开了市级部门党风廉政建设联席会议,加强了市级部门纪检组长(纪委书记)的工作联系,形成反腐合力,累计主办联席会议5次,每次有近100个市级部门参加,推动了机关党风廉政建设深入开展。3. 机关不稳定因素在萌芽状态中得到化解。认真做好信访工作,及时了解、掌握党员干部的思想动态,理顺情绪,化解矛盾,把信访工作作为知民情、暖民心、顺情绪,解矛盾、保稳定的大事来抓,把各种不稳定因素化解在萌芽状态。市直纪工委查办和了结初核信访件各1件。两年累计受理群众来信来访和电话举报58件(次),其中来信22件,来访6次,来电30次。4. 部门领导班子民主生活会指导有力。按照市纪委和市委组织部的安排,我委对市直机关领导班子民主生活会实行了定指导部门、指导领导和联系科室的办法,对80多个市级部门领导班子的民主生活会进行了指导,市级部门领导班子民主生活会结合本部门工作实际,围绕抗震救灾、落实科学发展观、改善民生等内容,认真开展了批评和自我批评,确保了民主生活会的质量和效果。

【精神文明建设彰显和谐】1. 机关统群工作开展有序。坚持党对统战群团组织的领导,充分发挥统战群团职能。根据机关特点,广泛开展了丰富多彩的群众体育文化活动,推进机关精神文明建设;与市委统战部和市民族宗教事务局加强了联系和沟通,进一步明确了机关统战工作和民族宗教工作的任务,认真贯彻执行了党的民族宗教政策和党的统战工作,召开了市级民营企业党组织负责人座谈会,受到了相关领导的好评;开展了机关“防邪”维稳排查,巩固防邪处法成果;完成了市直机关基层工会妇女群团组织基本情况统计;深入开展了道德模范评选活动,对评选推荐出来的6名道德模范人选在网上和报刊上公示,提高了推荐工作的公信度;工委领导干部按照市委接访工作安排,积极参加信访群众接访工作;为了宣传节约能源,保护环境,倡导健康文明生活方式,组织了市直机关机关女干部130余人参加达州市“庆‘三八’节能环保迎‘奥运’万人签名”活动,在市中心广场现场发放环保购物布袋700多个,家庭节能小手册300多份;组织开展了妇女维权法制宣传活动,发放资料800余份,接受法律咨询300人(次);组织开展“构建和谐达州建功立业”活动。在国殇日组织机关党员干部1 000多名在市政中心广场上国旗下肃立默哀,向地震灾区的遇难同胞表示深切悼念。组织了市直机关女干部52人迎“七一”千人健身秧歌巡展表演;组织了庆祝新中国60周年深入开展群众性爱国主义教育活动有关工作,组织了“我和我的祖国”市级机关歌咏大会机关演唱队;统战群团妇女工作得到了上级的肯定和表扬,推荐了市妇联表彰达州市“三八”红旗集体2个,“三八”红旗手2个,先进集体2个,先进个人3名;市直工委机关妇委会被表彰为妇女工作先进集体。市直工委被四川省妇联表彰为“四川省妇联系统先进集体”,市直工委妇委会被达州市妇联表彰为“妇女工作业务目标先进单位”。2. 机关工会工作有效推进。市直机关工会委员会以维护职工合法权益为目的,以服务经济建设为根本,以组织各项活动为载体,丰富机关职工精神文化生活,充分发挥工会组织的桥梁和纽带作用,有力地促进了各项任务圆满完成。2008年,推选出席四川省工会十二次代表大会代表1名;向市总工会推荐表彰“达州市女职工工作先进集体29个,达州市女职工工作先进工作者5名,达州市女职工之友5名,达州市女职工建功立业标兵岗2名,达州市女职工建功立业标兵2名”。市直机关工会委员会工作被市总工会表彰为“达州市女职工先进组织”、“工会工作竞赛先进单位”并荣获二等奖;我委与相关部门联合举办了迎奥运“中国移动通信杯”2008年元旦“全民健身与奥运同行”暨达州市第三届迎年新年健身长跑活动,组织市级有关部门1 000余人及通川区、达县和社会各界共10 000余人参加了迎新年长跑活动。积极做好2008中国·达州“元九”登高节的文明劝导工作。组织市直机关干部、教师、青年志愿者700余人到凤凰山、王家山开展文明、安全、环保劝导登山执勤活动,成效显著,得到了市委领导和广大市民的一致好评。工委在效能调研中发现,机关职工由于工作紧张,缺乏锻炼身体的实际,为缓解广大机关职工心理和身体状况,我委汇同市体育局组织市直机关工作人员听取“四川省科学健身知识巡回讲演”报告,受到机关干部职工的好评。2009 年推荐表彰达州市女职工工作先进单位39 个,优秀基层女职工组织 2 个,优秀基层女职工干部 3 名;市直机关工会委员会女职工工作被市总工会表彰为达州市女职工工作先进集体,工会工作竞赛一等奖。组织了市级部门机关工会干部参加市总工会庆“五一”有关活动;认真做好了《中华全国总工会工会会员证》的发放工作;组织了市级机关庆祝建国 60 周年升国旗仪式;同市体育局联系主办了健康知识大型讲座;与相关部门联合举办了 2009 年迎新年健身长跑活动,积极做好了达州元九登高节的文明劝导和登山执勤工作等。3. 机关共青团工作不断加强。市直团工委继续开展“关爱老人,共创和谐”志愿者服务活动和“全额无缝”资助贫困学生活动,在达州鸿源星集团的支持下共资助 6 名贫困大学生,每人每年 1 万元的助学金;认真实施“青年人才工程”和“青年文明号”工作,制发了《市直机关团干部工作手册》,重新规定规范了市级机关创建《青年文明号》的申报方案和实施意见,加强对机关团干部的培训,认真做好党的助手工作,积极开展推优入党工作,组织二次市直机关团干部培训班约 60 人参加。组织市级 10 多个部门的机关团员青年赴达县亭子镇开展“三下乡”活动,向中心校捐赠价值4 000多元的学习辅导教材1 200册,发放信息简章1 000余份,农技知识资料图书3 000余册,卫生义务1 000人次;市直机关两年累计创建“青年文明号”9 个,推荐了“五四红旗团委(支部)”6 个,市直团工委表彰市直机关优秀团组织 3 个,优秀团干部 2 名,优秀团员 3 名;机关共青团的工作信息被团中央和团省委采用 15 条。坚持开展了市直机关青年足球队工作,丰富了机关青年业余生活。成立了市直机关青年志愿者服务队,积极参与为地震灾区献爱心和青年志愿者活动,并组织向一线青年职工进行慰问活动。

【机关建设更加全面】1.“六型”机关创建成效更加明显。市级“六型”机关创建活动通过一年多时间的努力,创建工作已取得明显成效,覆盖面达 100%,已有一批机关单型创建达标。为把“六型”机关创建活动夯稳扎实,市直工委专门召集有关部门研讨,制发了《关于提高“廉洁型”机关社会公认度补充意见》,进一步确认了创建活动的社会公认度条件。市直部分部门(单位)积极统筹规划整体推进,对创建工作加快创建步伐,结合机关自身实际逐个单型创建突破。目前,累计有 61 个市直部门 149 个创建单型被确定为达标机关,其中已建成学习型机关 52 个,创新型机关 24 个,服务型机关 26 个,节约型机关 29 个。2. 全面开展基层党务工作者能力建设活动。为进一步深入实践科学发展观,增强基层党组织的凝聚力和战斗力,切实让基层优秀党员代表感受到党的温暖,提高基层党务工作者能力建设。一是在建党 88 周年、建国 60 周年之际,组织了市直机关优秀党务工作者、优秀党员、十佳道德模范赴北京、北戴河等地进行身体疗养暨庆祝中华人民共和国成立 60 周年巡礼活动;二是组织机关基层党务干部三批次 380 人到省委党校培训学习;三是组织党务干部实地到一些基层单位机关观摩学习,提升业务能力。

【领导名录】

书　记：王怀彦

副书记：刘　礼　冯化清

机关党委书记：段正伟

群众工作

【基本情况】2008 年,全市信访总量8 795件次17 373人,与去年同期相比分别下降 10.15% 和 5.19%;市本级信访总量3 856件5 906人,比去年同期分别下降 21.97% 和 42.57%,其中重信重访总量分别下降 44.37% 和 62.20%。2009 年,全市信访总量8 343件次18 937人次,与去年同期相比分别上升 1.55% 和 26.25%;市本级信访总量3 559件次10 729人次,与去年同期相比,总件次下降 8.51%,总人次上升 81.36%,其中重信下降 10.77%,重访上升 2.15%;无进京到省恶性上访和群体性事件发生。

【加强矛盾纠纷排查化解】要求各级各部门定期、不定期地开展矛盾纠纷排查活动,市级每季度不少于 1 次,县级每月不少于 1 次,乡镇、街道每半月不少于 1 次;在节假日、重大政治活动等敏感期开展专门排查。2008 年,市级开展了 4 次矛盾纠纷大排查,共排查出矛盾纠纷 338 件、涉稳突出问题 72 件、信访疑难老案 10 件。2009 年,市级开展了 4 次矛盾纠纷大排查，共排查出矛盾纠纷2 000余件，涉稳突出问题86件，重点信访人员300余人。

【加强法制宣传】2008年，在3月份开展了以“规范信访秩序，构建和谐社会”为主题的信访法制集中宣传活动月。市委副秘书长、市信访局局长张德珍就信访人的权利和义务、信访人应遵循的规定及非正常上访的界定，接受了记者专访，发表了电视讲话，连续一周播放。2009年，在3月份以达市信联办〔2009〕15号文件印发了《“有序表达诉求·依法维护权益”法制宣传教育活动实施方案》，从3月1～31日集中宣传《信访条例》以及有关信访方面的法律法规。在国庆期间，制作了以“有序表达诉求·依法维护权益”为主题的《达州对话》专题片，在国庆前夕滚动播放，产生了积极的影响。

【加强信访案件跟踪督查】2008年3月，市委、市政府组成了3个督查组，深入到各县（市、区）和市级相关部门就案件办理、法制宣传、领导接访、排查调处等信访维稳工作进行了专项督查。7月，由市委、市政府领导带队，组成7个挂包督查督导组再次深入到各县（市、区）和市级各部门，对各地奥运会期间的信访维稳工作情况进行了明察暗访，跟踪督办。2009年，市委、市政府组织了7个由市级领导带队的信访、综治、维稳、防邪督导组，在3月、5月进行了专门督导；国庆期间，7个督导组再次到各县（市、区），进行蹲点督导，对领导包案情况、重点人员稳控情况、信访积案化解情况、值班巡查情况等进行了认真督查。

【开展大接访活动】2008年3月，以市委办、市政府办的名义发出了《关于开展县（市、区）委书记大接访和万名干部下访活动的通知》，全年市级领导共接待群众23批89人次；7个县（市、区）委书记、县（市、区）长共接待群众来访513批2 259人次；全市市、县、乡、村四级共有1.2万名党员干部深入到310个乡（镇、街道办事处）、2 188个村，对6万余群众进行了走访，帮助解决生产生活中的困难8 600多件。2009年，认真贯彻落实中办发〔2009〕3号文件精神，制定了《2009年市级领导预约接访群众活动方案》。全年21名市级领导共49次到市群众接待中心接待群众102批1 583人次；各县（市、区）县级领导接待群众1 506批2 989人次。

【加强源头稳控】按“村组（社区）、乡镇（街道）、各县（市、区）车站（码头）、达州火车站（机场）、北京”五道防线，层层设防，落实信访信息员，组建值班巡查队伍，落实监控责任人，全力把可能进京上访的人员稳控在当地。2008年共成功劝阻欲进京上访群众47批131人。在奥运会开幕前夕，及时组建了北京信访维稳工作组，由市政府一名副市长和市政协一位副主席带队，7月20日就进驻北京，加强对北京各敏感地区的巡查值班工作，有力控制了我市群众进京非正常上访的发生。2009年，在全省、全国“两会”以及建国60周年庆祝活动期间等重要敏感时期，全市各地车站、码头、机场均有值班巡查人员，全力把可能进京上访的人员稳控在当地。在全国“两会”以及国庆期间，及时组建了北京信访维稳工作组，加强对北京各敏感地区的巡查值班工作。

【强化复查复核工作】2008年，市委群众工作局（以下简称“市委群工局”）起草并经市政府常务会审议通过了《达州市信访事项复查复核实施细则》，推进了复查复核工作制度化、规范化。2008年，共受理复查复核案件19件，到期结案17件，结案率100%。2009年，共开展信访事项复查复核24件，其中复查1件，复核23件。

【强化“绿色邮政”和网上信访工作】按照川办发〔2008〕17号文件精神，2009年4月1日达州市政府办公室发出了《关于开通人民来信“绿色邮政”的实施意见》（达市府办〔2009〕20号），并于4月20日正式开通了人民来信“绿色邮政”业务。2009年，全市共受理“绿色邮政”1 943件次。加强信访信息系统建设，积极派人参加省上组织的两期业务人员培训，开通了信访网络，积极开展“网上信访”工作。

【选派年轻干部到信访部门挂职锻炼】2009年，市委组织部发出《关于选派年轻干部到信访部门挂职锻炼的通知》（达市组通〔2009〕77号），从各县（市、区）和市级有关部门选派，并优先从与民生问题密切相关、信访量相对集中的部门中选派，对象为年龄在40岁以下，大专以上文化，重点培养的副县级后备干部，分批到市信访部门挂职锻炼，每批4～6人，时间半年。挂职人员原则上平职或低一级实职安排到市委群工局机关各科室以及群众接待中心，负责处理全市群众来信来访事项，熟悉了解信访工作“信、访、督”的全流程。

【领导名录】

局　长：张德珍

副局长：任登华　杨捍宁　于宏

市群众接待中心主任：吴　强

对台工作

【概况】2008～2009年，全市对台工作在市委、市政府的领导和四川省台办的指导下，高举中国特色社会主义伟大旗帜，以邓小平理论和“三个代表”重要思想为指导，深入贯彻落实科学发展观，坚定不移地贯彻中央制定的对台各项方针政策，把做好台湾人民的工作作为中心任务，抓好对台经济工作、扩大对台交流交往，做好对台宣传和涉台教育，进一步争取台湾民心，为实现祖国的和平统一和达州又好又快地发展作出了应有的贡献。

【对台经济】2008～2009年，通过走出去、请进来、电话联系、网络查询等方式，全力做好对台招商引资。组建了招商小分队分别走访了重庆、成都、海南、河南、南京等地台资企业协会和台资企业20余家，主动联系台泥公司、台塑集团、厦门翔鹭集团等，向他们推介了多个天然气能源化工项目、水泥生产项目。2009年5月，经多次联系和邀请，台湾光彩促进会会长骆宏宾一行8人来达州市考察，并就天然气能源化工产业、农业种植、农副产品加工、旅游、房地产、物流、产业园开发项目、人才交流和技术培训等与我办签定了《合作协议书》；同年10月，台湾光彩促进会又与达县政府在“西博会”上签订了《达县台湾生态农业示范园建设合作协议书》，目前已进入规划建设阶段，总投资超亿元。后续达县农委又与台湾威腾生命科学股份有限公司陈胜忠总经理签订了《合作意向书》，总投资5 000万元以上。邀请并多次接待大润发（台资企业）到达州考察投资大卖场的考察人员，为其提供相关的资料、卖场备选场地供其选择，并协助其与开发商洽谈相关事宜，项目已上报其总部审批。2009年9月，邀请南京新竹农业开发公司（台企）总经理谢宏志一行到达州考察万源旧院黑鸡选育项目，该台商初定在万源建育种科研基地、大型养殖场、饲料厂等。通过电话、网络多次与台湾石油化学工业同业公会联系，并以市政府的名义向他们发出了邀请函。两年共签订台资项目协议3个，总投资1.95亿元，另引进并投产台资企业3个，总投资1 700万元，已完成投资630万元。同时，继续落实《台湾同胞投资保护法》，为在达投资办厂的台资企业以及在达涉及纠纷的台资企业排忧解难，切实维护了台商的合法权益。两年来，多次协调、解决台胞台商投诉案件，结案率达100%。

【对台宣传和涉台教育】对台宣传方面：通过接待台胞、台商，进行面对面的宣传；通过春节、中秋节等传统节日向台湾寄送慰问信和宣传制品等方式加强宣传；创办了达州对台宣传互联网站，既广泛推荐了达州招商引资项目，更进一步拓宽本市入岛宣传和涉台教育的渠道；通过为台胞台属解决实际困难，争取台湾民心。两年来共走访慰问台胞台属400多名，发放慰问金和物资折价共13万余元，为台胞台属解决实际困难近800件。涉台教育方面：2009年，各级台办组织全市台胞台属集中学习了胡锦涛总书记在中央纪念《告台湾同胞书》发表30周年座谈会上的重要讲话精神。市、县（市、区）台办的领导同志坚持到党校作专题报告已形成制度化。各级学校每年都要组织开展形式多样的涉台知识教育，抓好青少年学生的涉台教育工作。市、县台办领导深入到相关行业宣讲涉台形势报告和涉台相关知识，同时利用相关杂志、电视、广播、网络等媒体加强广大人民群众的涉台教育，本市征订的《台湾工作通讯》和《两岸关系》工作刊物，年年名列全省前茅。2008年、2009年市委台办被中央台办授予对台宣传先进单位称号。

【对台交流交往】2008～2009年，利用“四个一”活动（即与台湾亲友联络至少一次，邀请在台亲友回乡探亲、祭祖一次，向在台亲友推荐项目一次，引进台湾资金一笔），加强与台湾同胞的密切联系，本市台属与在台亲友联络2 882次，接待来达台胞915人次，向台湾亲友推荐项目104个，引进台胞寄（带）给达州的亲友的资金达人民币213万元。扩大对台交流交往渠道。2008年，组建中小企业、经贸、农业等赴台考察团，后因汶川大地震未成行。认真做好重要人士和团组的接待、重要活动的开展、重大项目的实施和重要情况的处理，两年共接待台胞人员较多的参访、考察团组10余批次，在交流中，工作做到了万无一失。同时，规范管理对台交流工作。根据台湾局势的变化和两岸关系和平发展的新形势，按照上级台办的安排和部署，及时和相关涉台部门沟通，通过转发相关文件和召开了相关会议，重申了赴台考察的相关纪律和要求，进一步规范了赴台的管理工作，严肃了纪律，规范了程序，畅通了渠道。市、县、区台办以乡情、亲情和爱国之情联络交友，做好了台胞捐赠工作，两年来，全市共获得台胞捐赠价值近380万元，修建明德小学7所。2009年，台胞彭荫刚捐助本市90名贫困儿童，每人每年获赠600元助学金。根据《达州市涉台突发事件应急预案》，两年中，接待处理涉台纠纷和突发事件28人次，接待率处理率达100。市台办认真做好对台交流交往工作，获得了省台办年度对台交流交往工作先进单位荣誉称号。

【基层基础工作】2009年3月，市委调整充实了市委对台工作领导小组，由市委书记亲自担任领导小组组长。同月18日，市委召开全市对台工作会议，市委书记李向志到会并讲话。庚即，各县、市、区委先后召开党委常委会和对台工作会议。基层对台工作网络进一步健全完善，市、县、区级部门和乡镇、村都确定对台工作分管领导和联络员，建立和完善各项制度。市台办举办各县(市、区)台办主任培训班，加强基层台办干部政治思想、业务知识的培训和教导。为了进一步加强对广大台胞台属的联系，有效架起党委、政府和台胞台属沟通的桥梁和纽带，成立达州市台胞台属联谊会。

【领导名录】

主　任：贾清华

副主任：程　飞　陈正富

(赵国良)

“三农”工作

【农业产业化经营】2008年，预算安排农业产业化专项资金600万元，并对农业产业化实行了单项目标考核。同时，通过每季度召开一次推进会，督促各项工作落实。全市新启动建设一乡一业专业乡镇24个、一村一品专业村125个。全市现有各类农业产业化龙头企业165家，拥有固定资产达22.8亿元，新增国家级农业产业化重点龙头企业1家(四川东柳醪糟有限公司)、省级重点龙头企业3家、无公害农产品11项、四川省著名商标2项。实现龙头企业销售收入60.7亿元，同比增长12.6%。工商资本投资农业趋势不断加强。2008年发展规模养殖业投入的4.1亿元中，有3.3亿元来源于工商资本，推动农村土地流转34万亩。

2009年，全市加大农业产业化扶持力度，投入农业产业化专项扶持资金700万元，出台《中共达州市委农村工作领导小组关于对2009年农业产业化工作实行目标管理的通知》，召开了2次推进会，开展了3次专项督查，发督查通报2期，确保了各项工作落实。一是狠抓龙头企业培育发展。积极开展了农业产业化龙头企业融资需求情况调查，协调金融机构与农业产业化重点龙头企业全面对接，组织开展“银农”座谈会，对全市51家农业产业化龙头企业跟踪服务，掌握企业贷款建设的项目、项目投资额、需要贷款额、银行信用等级等具体情况，玉竹麻业、天予药业等23家龙头企业贷款1.8亿元，其中财政给予贷款贴息资金160万元。二是强化基地建设。积极向上争取省级专合组织资金200万元，市级财政安排资金50万元，促进全市专合组织规范发展。2009年，全市新增市级重点龙头企业3家、新增销售收入过亿元的龙头企业3家、新增农民专业合作社66个，获得国家工商总局地理标志证明商标2个，新发展四川省名牌8个、四川省著名商标2个、无公害农(畜)产品14个。全市78家市级以上重点龙头企业(其中：国家级1家、省级13家)实现销售收入63.2亿元，同比增长14.9%。

【新农村建设】2008年，各级各部门围绕“1733”示范工程新启动建设7个示范镇(乡)、7个示范片、8个省级示范村、30个市级示范村、30个完善提高村、100个县级示范村。各县(市、区)分别启动建设了1个现代农业示范区、1个新农村建设示范片和1个土地股份合作试点。市上重点推进了渠县、万源2个现代农业示范园区，达县、大竹2个新农村建设示范片和通川、开江2个农村土地股份合作试点等6个农业重点项目建设。新打造达县金檀、管村、大堰，万源黄钟，通川区镇蒲家朱仙村，渠县三板乡等一批新农村、现代农业示范片，成为我市农业农村经济发展的新亮点。

2009年，市委、市政府出台《关于以现代农业产业发展为支撑推进新农村建设示范片工作的意见》和《达州市社会主义新农村建设领导小组关于对2009年度市级领导联系和市级部门(单位、企业)帮扶社会主义新农村市级示范村建设的通知》(达市新农领〔2009〕2号)，明确了市级领导和部门的帮扶任务和责任，建立和完善了考核机制，形成了合力帮扶新农村建设的良好氛围。认真贯彻落实《中共四川省委、四川省人民政府关于以现代农业产业发展为支撑推进新农村建设示范片工作的意见》，积极向上争取省级新农村建设示范片项目。成立达州市新农村建设示范村推进工作领导小组及其办公室，组织7个县（市、区）参加省级新农村建设示范片项目申报，经过自愿申报、专家评审、市领导审定，推荐了4个县上报省上。省上通过竞争比选，万源市万白路新农村建设示范片、渠县中望新农村建设示范片、大竹县竹黄新农村建设示范片获得省级新农村示范片。全市共投入新农村建设资金8.77亿元，其中整合项目资金2.36亿元，启动建设省级重点推进村3个、市级示范村30个、县级示范村68个。积极鼓励工商企业参与新农村建设，全市86家工商企业投入资金3 790万元，帮扶79个新农村示范村建设。深入开展城乡环境综合治理进村社活动，全市完成户办工程3.8万户，实施改厨改厕改圈1.87万户，打造了一批新农村建设和城乡环境综合治理的新亮点。

【劳务开发】2008年，切实加强农民工工作和劳务开发，最大限度消除了外出务工农民失业返乡的不利影响，全市输转农村富余劳动力173万人（其中省内转移32万人，省外输出141万人，外派劳务1 720人），同比增长10.8%。实现劳务总收入116.5亿元（其中银行汇兑58.4亿元，邮局汇兑49.3亿元），农民人均劳务收入2 178元，占农民人均纯收入的55%，成为农民现金收入主要来源。完成农民工技能培训14.99万人（其中省内农民工用工企业在岗培训6.6万人、品牌工程培训0.83万人、阳光工程培训1.55万人、劳务扶贫工程培训0.53万人、农村就业培训5.5万人），获证人数7.99万人。全市务工人员签订劳动合同73.02万人，参加工伤保险35.32万人，参加医疗保险37.88万人。处理各种纠纷444件，挽回经济损失1 245万元。回乡创业人员总数达到6 600人，创办各类企业实体549个，创产值19.5亿元，上交税金1 322万元。

2009年，市委、市政府积极应对金融危机冲击，加大投入，增添措施，强化培训，劳务开发继续保持平稳发展。一是稳定农民工就业形势。挖掘市内用工市场，大规模开展农民工招聘活动，促进劳动力供需对接，积极拓展省外用工市场，继续实施“十百千”劳务输出平台工程建设，深入推进“达·粤”、“达·深”、“达·浙”等劳务合作。二是创新培训方式。启动实施了“十万”农民工技能大培训，市、县两级财政投入培训资金676万元，整合农民培训项目资金3 069.19万元。积极开展高技能劳务培训，培训“高级焊工”、“高级中式烹饪师”、“高级数控工”等高级技能人才140人。前移农民工培训工作，整合农民工培训资金，统一培训补助标准，在深圳、东莞虎门、广州增城和杭州下沙经济园区等达州籍农民工集中地开展了“万人”农民工技能大培训活动，培训农民工5 710人。同时，市上还组织开展了达州市第二届农民工技能大赛，选派了10名参赛选手参加全省第三届农民工技能大赛，获二个二等奖、三个三等奖，综合成绩名列全省第六名，获优胜奖三等奖和精神文明奖三等奖。三是加强农民工服务工作。积极鼓励农民工回乡创业，建立健全工商、税收、信贷和土地等扶持政策体系，帮助农民工回乡创业。深入推进农民工工伤保险、医疗保险和养老保险等社会保险扩面工作，扩大对农民工的覆盖面，切实维护农民工合法权益。全市输转农村劳动力178万人（其中省内转移40万人，省外输出138万人，外派劳务1 712人），同比增长2.9%，占农村劳动力的63.6%。实现劳务总收入127亿元（其中银行汇兑63亿元，邮局汇兑44亿元），同比增长9%，农民人均劳务收入2 378元。完成农民工技能培训12.96万人，其中省内农民工用工企业在岗培训5.5万人、品牌工程培训1.61万人、新型农民培训1.97万人、劳务扶贫工程培训0.46万人、农村劳动力转移培训3.4万人，获证人数7.9万人。全市务工人员签订劳动合同86万人，参加工伤保险32万人，参加医疗保险171万人。处理各种纠纷245件，挽回经济损失1 535万元，发放农民工法律宣传资料2.3万多份。回乡创业人员达到5 045人，创办各类企业实体726个，创产值18亿元，上交税金2 667万元。

【基础设施建设】2008年，累计投入农建资金19.88亿元，同比增长81.5%。整治病险水库63座，新建微水工程7 080处；建成通乡油（水泥）路722.91公里，建成通村公路3 200公里；完成中低产田土改造8.8万亩，建设农村户用沼气池17 818口；完成营造林面积17.32万亩。在全省“李冰杯”七项竞赛活动中，获得了综合管理、农业、水利、交通、农机项目5个二等奖和林业、国土建设项目2个三等奖。

2009年，全市累计投入农建资金22.48亿元，同比增长66.9%。建成通乡油路（水泥路）1 178公里、通村公路3 400公里、机耕道669公里；整治病险水库42座，实施红层找水打井2.3万口，新建微水工程3 381处，治理旱山村23个，新增有效灌面2.9万亩；

整理土地6.7万亩，建设高标准农田2.9万亩；新建沼气池3万口；完成营造林31.5万亩，治理水土流失面积149平方公里。在全省农田水利基本建设"李冰杯"竞赛活动中，我市荣获综合管理、农业2个二等奖，农机、林业、交通3个三等奖。

【农业重点项目建设和招商引资工作】2009年，全市各级各有关部门紧紧抓住国家扩大内需和灾后恢复重建的重大机遇，加大向上争取项目资金力度，共争取到3个省级新农村建设示范片、4个粮食生产重点县、4个现代农业产业基地重点县、6个现代畜牧业重点县、2个现代林业重点县、2个小型农田水利建设重点县、1个省级以工代赈新农村示范片项目、4个现代农业生产发展资金项目以及宣汉县中央专项彩票公益金实施贫困革命老区整村推进项目、省农发奶牛专用基地建设项目和现代烟叶农业单元建设项目等一大批重点项目。与省委、省政府签订责任书的43个农业重点项目共完成投资15.8亿元，占年度目标任务的106.6%，目前已竣工28个，其余项目均已完成投资进度。切实加大农业招商引资力度，全年共引进1 000万元的农业项目25个，实际到位资金3.5亿元。

【领导名录】

主　任：何世斌

副主任、劳务办主任：张正银

副主任：李传平　李　俊　黎广渠

机关党委书记：颜学厚

副县级纪检员：徐小东

（蔡光辉）

保密工作

【概况】2008～2009年，达州保密工作在市委、市政府的正确领导下和上级保密部门的具体指导下，认真贯彻中央保密委员会第一次会议和全国、全省保密工作会议精神，紧紧围绕全市中心工作，按照"宣教兴密、科技强密、依法治密、人才促密"的思路，坚持以涉密人员经常性教育为抓手，以涉密载体规范化管理为主线，以涉密计算机信息系统监管为重点，在夯实工作基础上下工夫，在保密能力建设上见成效，确保了全市无重大失泄密事件发生。为达州市经济"止滑提速"，加快发展、科学发展、又好又快发展发挥了服务和保障作用。

【保密宣传教育】2008年，为纪念《保密法》颁布20周年，达州开展了系列庆祝活动。一是制发活动方案，对全市各级保密组织开展活动作出了安排部署；二是领导发表电视讲话。9月3日，市委副书记胥健同志在达州电视台发表了纪念《保密法》颁布20周年的电视讲话；三是举办案例展。7月17～18日，在市政中心广场举办了大型"窃密泄密案例图片展"。市委、市人大、市政府、市政协领导及重点涉密人员共计800多人参加了开展仪式，并赴各县、市、区和市人民银行进行巡展；四是悬挂纪念标语。9月5日，在市县主要街头和机关悬挂纪念《保密法》标语72幅，悬挂巨幅宣传气标29幅，发放保密宣传资料19 000余份；发出了《致领导干部的保密提醒信》800余份。

2009年，一是充分发挥党校保密教育的主阵地作用。9月28日，对市党校"县级机关行政干部轮训班"、"市级部门科长班"、"中青年干部培训班"、"乡镇党委书记培训班"的200余名学员进行了保密知识专题讲座，进一步增强了党校学员的保密意识。二是编印窃密泄密案例画册3 000套，作为"五五"保密普法教育资料，分发全市各级领导干部和涉密人员。三是深入开展保密警示教育，对市委政法委、市审计局、市国土局、市体育局、市招生办、市委政研室、市地税局全体干部职工和达县各级领导干部开展保密形势教育。还先后到市委、市政府办公室等22个市级单位播放保密警示片。11月16日，组织副县级以上领导干部和重点涉密人员共计403人观看了网络安全保密教育专题片《网络窃密》、《警钟长鸣》。全年播放网络安全保密专题片48场次，观看人数达3 202人次。四是扎实开展保密法规知识竞赛活动。为纪念建国六十周年，印制了《庆祝中华人民共和国建国六十周年保密法规知识百题竞赛试题》两万余份，分发到各级党政机关和企事业单位，开展全市保密法规知识测试。全市7个县市区和市级156个市级单位、2所大专院校参加了知识竞赛。其中，地厅级领导干部25人、县级领导干部898人，有效地宣传和普及保密知识。达州荣获了全省保密法规知识竞赛优秀组织奖。五是开展"12·4"保密法制宣传，采取网络宣传、手机短信、印发资料，广场活动等方式，大力宣传保密法律法规和保密知识。六是认真抓了《保密工作》学刊用刊工作。2009年度共征订《保密工作》811份，被省局表彰为"全省学刊用刊先进集体”。编印了《保密工作简报》12 期，积极向全国、全省报刊社投稿。国家《保密工作》杂志刊载了本市《保密工作过错责任追究办法》，并在全国推广。《四川保密工作》杂志刊用了本市 31 条保密工作动态及简讯，8 篇保密工作调研文章。局长汪涛同志调研文章《坚持规范创新，实现三级联动》在纪念《保密法》颁布 20 周年论文评选中获全省二等奖。10 月 10 日，市委领导关于《强化保密工作，服务发展大局》署名文章在《达州日报》全文刊载。七是举办了 9 期保密培训班。2 月 24 日，举办了达州市测绘成果保密管理培训班，对具有测绘资质和用图单位的分管领导和工作人员 50 余名进行了专题培训。4 至 5 月，分别举办了四期涉密计算机户籍管理系统培训班，分系统对市级机关、各县（市、区）保密局技术人员进行了专项培训。5 月下旬，对参加全国统一考试工作的工作人员进行了教育考试保密业务知识培训。6 月中旬，为做好党政机关保密检查工作，对各县（市、区）保密局长、技术人员进行了保密检查专题培训。9 月下旬，对市政文印中心全体工作人员进行了保密培训，规范了计算机信息保密管理。11 月，对开江县党政机关办公室主任、重点涉密人员共计 125 余人进行了保密法制宣传教育和培训。

【加强计算机信息系统保密管理】2008 年，集中力量，重点突破，认真开展保密技术工作。一是落实机构。通过市局的协调，5 个县市区成立了保密技术检测中心，技术人员均已到位。二是开展了计算机信息系统的保密检查。重点抽查了 4 个县市区、60 多个市级机关，检查涉密计算机 320 余台、非涉密计算机 1 350台、涉密移动存储介质 280 个。对抽查中发现问题的单位，现场发放《整改意见书》，限期进行整改。三是建立业务网。市县两级保密部门共落实技术经费 180 余万元，搭建起了保密业务综合平台实现了省、市、县三级联网。大大提高了业务工作效率。

2009 年，一是全面推进涉密信息系统分级保护。先后对市中级人民法院、检察院等单位涉密信息系统和网络建设进行了指导，对涉密信息系统方案设计、技术要求、保密设施、运行管理等方面进行了规范。二是全面启用涉密计算机户籍管理及违规外联报警系统。市县两级保密行政管理部门投入 90 余万元，建立了覆盖全市的涉密计算机非法外联监控报警系统，将1 116台涉密计算机纳入监控管理。防止非法联接互联网，堵塞网络泄密漏洞。三是坚持开展网络保密安全检查。9 月下旬，与市信息产业局、市公安局、市国安局组成联合检查组，对各县市区政府信息网站系统和信息发布平台进行了保密安全检查，确保建国六十周年我市计算机网络安全。同时，对 82 个互联网站实施了保密网络检查，在线搜索检查涉密信息1 021小时。

【加强国家统一考试保密管理】为加强国家统一考试的保密管理，达州坚持实行“分级管理，逐级负责”的原则，一级抓一级，层层抓落实。做到考前会同招办、公安等单位对各考点存放试卷保密室的安全情况和对试卷的领取、运送、保存和发放进行全方位、全过程的督查，两年来参与高考、成考、自考、研究生考试、导游资格考试、司法行政等国家级统一考试 22 次，确保了万无一失。

【加强对商业秘密的保密管理】为加强对全市经济、科技保密工作的管理，及时掌握各地企业中的重要商业秘密保护情况，2008 年，在广泛调研的基础上，确定了达州重要商业秘密 11 项加以保护。2009 年，确定出了 13 项重要商业秘密并加以保护。

【认真开展保密行政执法　严查失泄密事件】坚持对全市重点领域、重点区域、重大事项和重大活动开展经常性的保密监督检查。2008 年，一是强化印刷企业保密检查。3 月至 4 月，对市政文印中心、达州市现代印刷有限公司印制设备、车间周边环境进行了执法检查，并对涉及复制国家秘密载体的人员进行了严格的保密审查，督促建立健全了各项保密制度。8 月对国家秘密载体定点复制单位达州日报社、达州市财政印刷厂等进行了保密检查。二是对国家测绘成果进行保密检查。5 月至 6 月，按照上级部门的部署，市、县保密局分别组成检查组，对具有测绘资质的国土、建设、人防、交通、公路、水文、林业等 30 多个用图、制图单位近年来在测绘成果的使用、管理、存放、对外交流和计算机制图等方面的情况进行了保密检查，切实维护了国家测绘成果的安全。三是抓了国家秘密载体清理检查工作。10 ~ 11 月组织力量对市委办、市人大办、市政府办、市地税局、市司法局、市防邪办等 51 个单位国家秘密载体的使用管理进行了监督检查。

2009 年，一是开展保密大检查。6 ~ 9 月，历时 3 个月，对各地各部门开展保密工作自查情况进行了抽查。共抽查市、县党政机关 100 个（其中市级部门 30 个、县级部门 70 个）、计算机 607 台（其中：党政网计算机 156 台、单机 20 台、涉密专机 25 台、互联网计算机 406 台）、办公网络 20 个，发出了书面整改意见书 32

份。二是召开通报会。9月中旬,召开了全市党政机关保密检查情况通报大会,全市共有200余人参加了会议,会议总结了保密检查取得的成绩,指出了存在的问题。会上表彰了8个单位,也对保密工作开展不力的17个党政机关进行了批评。三是完善制度。市委办、市政府办印发了《达州市保密工作过错责任追究办法》(达市委办〔2009〕54号文件),还制定并下发了《达州市计算机保密管理六项制度》,进一步规范了计算机网络保密管理,防止了重大失泄密事件发生,确保了国家秘密的安全。

【领导名录】

局　长:汪　涛

副局长:杨启先

(程　丹)

老干部工作

【基本概况】市委老干部局是市委主管全市离休和县级以上退休干部的职能部门,归口市委组织部管理。局机关内设办公室、调研科、安置科。所辖事业单位达州市老干部活动馆、达州市关心下一代委员会办公室,指导协调事业单位"达州市委老干部休养所"。截至2009年底,全市有离休干部612人,县级以上退休干部2 350人。2008~2009年,全市老干部工作在市委、市政府的正确领导和省委老干局的指导下,认真贯彻落实科学发展观,从优落实老干部政治生活待遇,充分发挥老干部作用,组织开展丰富多彩的文体活动,切实加强老干部工作部门自身建设,促进了全市老干部工作新发展。2008年,我市"大爱无边、真情援助"主题活动、老干部思想政治建设、宣传、信息、统计、调研、老干部活动中心(馆、室)建设、老干部门自身建设8项工作获全省老干系统先进集体,党政重视老干部工作、老干部思想政治建设、建立特困离退休干部帮扶机制等6项亮点工作受到省委老干部局肯定并在全省推广。2009年,我市老干部服务、地厅级退休干部服务管理、组织老干部发挥作用、宣传信息、老干部活动中心(馆、室)建设工作获全省老干系统先进集体,老干部、信访、保密、妇女工作获全市先进集体,市委老干部局领导班子被表彰为"四好"领导班子。

【政治待遇】全市各级各部门较好地落实了老干部政治待遇。坚持集中学习、情况通报、参观考察和阅文制度,让老同志及时了解党和国家的大政方针、国际国内形势、改革开放和现代化建设的新成就。坚持重要会议、重大政治活动邀请老干部代表参加。坚持重大节日对离退休干部进行走访慰问,发放慰问金。加强离退休干部党支部建设和离退休干部思想政治建设,注重发挥离退休干部党支部的作用。

【生活待遇】全市"两费保障"三个机制运行良好,离休费按时足额发放,医药费实报实销,无拖欠现象,机关、企事业单位离退休干部地方生活补贴按规定发放到位。落实了64名离休干部享受副厅级工资、医疗待遇,8名老红军享受副省级工资医疗待遇。落实了全市老红军无工作遗孀医疗补助费。审批提高了市本级离休干部的护理费标准,对符合规定的老干部给予了适当的医疗照顾。与市卫生局联合建立了地厅级离退休干部医药保健箱,医院专家定期提供健康咨询和体检服务。协同市医保局制发了市级离休干部住院医疗证,市本级离休干部到定点医院住院,住院费由医院垫支,市医保局审核按季度报销。建立了老干部就医绿色通道,每两年组织老干部参加一次健康体检。建立了老红军生日祝贺制度和住院慰问制度,给予老干部更多的情感关怀。建立健全特困老干部帮扶机制,2008~2009年共帮扶50余人。

【发挥作用】发挥老干部的政治和群体优势,做好关心下一代工作。截至2009年,全市成立法制宣传报告团16个,帮教小组843个,有帮教人员3 126人(其中老同志2 868人),法制教育基地98个,关工委组织3 328个,从事关心下一代工作的老同志达2.8万人。发挥老干部经验优势,为"四个文明"建设作贡献。组织老干部参加了思想工作队、科技宣讲队、政治宣讲队、关爱留守儿童工作队、网吧义务监督队,自觉担任城市建设督导员、党风廉政建设监督员,总结整理各行各业经验,为行业整顿治理工作起到积极作用。"5·12"地震发生后,全市广大离退休干部积极支援灾区,捐款30余万元。

【阵地建设】加大了对老干部活动馆(室)的基础设施投入,活动室内设有书画室、阅览室、棋牌室、健身房等,先后添置了健身器材、机器麻将、棋牌桌椅、饮水机、空调等设施。阅览室订有《文摘周报》、《晚霞》杂志等各类报刊、杂志10余种。为老干部合唱团添置了2万余元的设施。建立健全了老干部活动馆(室)各项规章制度,切实加强管理,不断提高服务质量,使活动馆(室)真正成为广大老干部文体娱乐的场所,学习知识的课堂,老有所为的阵地,安度晚年的乐园。

【活动开展】开展建党87周年、迎奥运、庆七一、扶贫慰问活动。举办“抗震救灾暨迎奥运诗歌大赛”、“喜迎奥运大型艺术展”市老年书画研究会召开年会暨迎春书画展，坚持每周三开展书画活动，市老年书画研究会、根雕、奇石艺术协会举行了赈灾义卖活动，市老年书画协会举办了诗歌朗诵比赛。召开了“全市庆祝中华人民共和国成立60周年、二野军大建校暨进军大西南60周年”大会，举办了“全市离退休干部庆祝新中国成立60周年书画展”。举办了达州市2008年庆重阳暨老干部工作方针政策宣传、义诊活动。

【自身建设】公开考调2名年轻同志，充实了老干部工作队伍。6名县（市、区）委老干部局副局长参加了党校骨干培训。各级老干部工作者的政治理论学习得到进一步加强。开展了机关效能建设、科学发展观学习实践活动、“党性为魂、党风为生、党纪为绳”三党主题活动和“讲党性、重品行、作表率”主题实践活动。局班子成员参加了全省老干部局（处）长培训会和全市人才工作高级研修班。老干部工作者参加了全省老干部工作政策学习、全省政务信息、保密工作培训。开展4次“政策研学、理论研讨、工作研究”活动，提高了老干部工作者的政策运用能力，调查研究能力，服务管理能力和开拓创新能力。积极组织老干部工作人员学习老干部工作方针政策，达州代表队参加全省老干部工作方针政策知识竞赛活动，获得片区赛第二名，全省决赛三等奖。

【领导名录】

局　长：杜　娟

副局长：余志丽　刘春明

副调研员、办公室主任：唐力生

（邓小松）

党校工作

【基本情况】2008～2009年，市委党校以邓小平理论和“三个代表”重要思想为指导，认真贯彻落实党的十七届三中、四中全会和《党校工作条例》精神，深入学习实践科学发展观，坚持围绕中心、服务全局，继续按照“强班子、带好队伍；谋发展、构建和谐；育名师、打造名校；重培训、服务达州；树形象、争创一流”的发展思路和“机关工作规范化、教学内容特色化、科研成果精品化、工作手段现代化、办学格局多元化、后勤管理精细化”的工作要求，紧密结合达州实际，开拓创新，扎实进取，形成了人心思干、人心思进、同心同德推进党校事业发展的浓厚氛围，圆满完成了市委、市政府交给的各项工作任务，为推动达州经济社会加快发展、科学发展、又好又快发展提供了强有力的人才支撑。

2008年累计培训各类干部12 234人，其中主体类班次培训380人，非主体类班次培训1 422人，党校函授大专、本科生、在职研究生、联合办学1 903人，社会化职业技能培训8 529人。2009年累计培训各类干部28 684人，其中主体类班次培训400人，非主体类班次培训13 000人，党校函授大专、本科生、在职研究生、联合办学2 256人，社会化职业技能培训13 028人。两年均超额完成市委市政府下达的培训任务。

【教学改革】坚持以中国特色社会主义理论为中心，着眼于提高党员领导干部的领导素养和执政能力，夯实理论基础、拓展世界眼光、培养战略思维、加强党性修养，不断充实和创新教学内容，优化教学布局，大胆创新教学方法。在主体类班次教学中，全面推行研讨互动式、案例式教学等教学方式。新开发“学员大讲堂”培训项目，充分调动学员学习的主动性和积极性，有效提升素质和能力，同时对于体验式教学和异地培训认真策划，精心安排，增强了教学的针对性和实效性。充分整合教学资源，两年共先后从清华大学、北京大学、四川大学、省委党校等地聘请知名专家10余人次为主体班授课，开设远程教学课程80余学时，邀请市县领导和市级部门领导授课60余学时，均收到良好效果。严格执行《关于主体班学员培训管理和考核的试行意见》、《加强主体班学员到图书馆学习的管理规定》等制度，加强学员管理，并及时向各级党组织推荐优秀学员，有效促进了训用结合。

【科研工作】坚持贯彻党校科研“四服务”的方针，强化科研工作，进一步完善《科研成果奖励办法》，激励多出成果、多出人才。组织教研人员对本市的重大现实问题、战略问题和达州市跨越发展问题进行深入的调查研究，并撰写相关文章。两年中全校教职工在市级以上报刊发表高质量的理论、调研文章220余篇。突出课题带动，两年共有17项省委党校课题立项并成功结项。2008年在全市党校系统开展了“学习贯彻十七大精神”征文活动，精选其中40篇由国家级出版社结集出版了《旗帜·道路与科学发展》一书；召开“达州市党校系统纪念改革开放30周年理论研讨会”，评选51篇论文汇编《聚焦改革开放30周年》论文集。2009年，申报12项2007～2008年度达州市委政研成果,有11项获奖,其中一等奖7项,二等奖2项,三等奖1项,优秀奖1项,占全市获奖成果的8%。在市第十次社会科学优秀成果评奖中,获得一等奖1项,二等奖7项,三等奖7项,占全市获奖成果的23%。受委托并独立承担的市委、市政府重大调研课题《达州融入重庆发展途径研究》被评为优秀成果一等奖,受到市委、市政府通报表彰。注重成果转化,两年共组织编印《党校智库》12期,《达州新论》9期(其中增刊1期),并提供给市委、市政府决策参考,数次被市委领导批示采纳,发挥了思想库作用,其中有10篇文章目录被人大复印报刊资料收录。在全省党校系统2007~2008年度科研工作综合考评中,达州市委党校被省委党校评为《全省党校系统2007~2008年度科研工作优秀组织奖》,位列全省第三名(仅次于成都、乐山)。为促进科研成果转化和教学、科研、决策咨询一体化进程,还先后在大竹庙坝镇、川东监狱、绵阳市委党校、达州军分区和张爱萍将军故居建立了科研教学基地。

【**信息化建设**】不断提高党校信息化工作水平,精心制作了互联网校园网站,及时动态更新校(院)信息,两年上网信息200条,被省委党校蜀光网采用近100条,有效发挥了"宣传、服务、沟通"的平台作用。充分发挥我校"全国职称计算机考试基地"作用,积极做好全市专业技术人员职称计算机考试工作,两年开考6次共计考试5 400余人。指导各县(市、区)委党校对中央党校卫星远程教学C级站的维护与使用,保证了各站点管理、使用一切正常。及时做好中央党校卫星远程教学网、全国人事人才远程学习网、四川干部教育网和校园局域网资源下载、刻录等工作,建成并充分利用中国西部开发远程学习网(CDDLN),切实为教学科研服务,资源利用率达98%。积极探索建立远程教学专题库,目前已从各种途径征集、收集到各学科各专业各专题的远程教学专题达数十个,充实了教学资源。

【**表彰情况**】

1.2008年被四川省妇联表彰为"百万学习型家庭创建活动"先进集体

2.2008年获得全省市(州)委党校、行政学院首届教职工乒乓球比赛女子团体赛第4名

3.2008年获得全省市(州)委党校、行政学院首届教职工乒乓球比赛组织奖

4.2008年获得全省党校系统招生工作先进单位表彰

5.2008年被市委表彰为"党委(党组)中心组学习先进单位"

6.2008年被市纪委、监察局表彰为2007年度全市纪检监察调研工作先进集体

7.2008年党政网校园门户网站获得市直机关2007年度"最佳机关党建网"二等奖

8.2009年被四川省委党校评为《全省党校系统2007~2008年度科研工作优秀组织奖》

9.2009年受委托并独立承担的市委、市政府重大调研课题《达州融入重庆发展途径研究》被评为优秀成果一等奖,受到市委、市政府通报表彰

10.2009年在市第十次社会科学优秀成果评奖中,获得一等奖1项,二等奖7项,三等奖7项,占全市获奖成果的23%

11.2009年被市委、市政府表彰为全市保密工作先进集体

12.2009年被市委表彰为2008年度市党史工作先进集体和单项工作奖

13.2009年被市人大常委会表彰为市人大理论研讨征文大赛组织先进单位

【**领导名录**】

校　　长:杨天宗

党委书记、常务副校长:贾德先

党委委员、副校长:程建平　周和平　毕英涛

党委委员:周　春

党委委员、机关党委书记:张云君

党委委员、纪委书记:吴　亮

(向　云　曾　晶)

党史研究

【**基本情况**】2008~2009年，市委党史研究室在市委的正确领导和省委党史研究室的具体指导下，紧紧围绕市委、市政府工作中心，自觉服务大局，确定新目标，增添新举措，努力在史料征编、专题研究、正史编写、宣传教育、党史咨询、革命遗址普查等工作上创新出彩，充分发挥了"以史鉴今，资政育人"作用，推动了全市党史工作科学发展。

【**党史资料征编**】一是征集资料编写中共达州历史大事记。对2008年的党史大事记（征求意见稿）进行了认真修改和补充，完成了约2万字的资料补充；征集2009年大事记资料，完成了约5.2

万字的征求意见稿，1～6月份大事记已刊印在《党史与党建》内刊上。二是以市委的名义印发了《市委组织部、市委党史研究室、市档案局（馆）关于征集领导干部个人留存的党史资料的意见》（达市委办发〔2009〕23号）文件，收集领导干部及离退休老同志个人留存的与党的历史有关的笔记、日记、书信、手稿、发言提纲、讲话记录、回忆录、调查报告、照片、录音、录像等，已征集到达州籍原四川省副省长刘昌杰的有关工作照片5幅，原全国政协秘书长彭友今工作照片4幅，原教育部副部长王明达工作照片3幅，文字资料2 000余字，征集到原达县地委第一任书记杨绍曾回忆录一本。为研究达州地方史乃至全省、全国党的历史提供了有参考价值的珍贵资料。我室征集了51位达州籍将军（包括正军级干部）及数十位烈士档案资料约9万余字，为地方史人物研究奠定了基础。三是为省委党史研究室编辑出版《指挥若定的堡垒，冲锋陷阵的先锋》一书，提供达州在5·12汶川大地震中涌现的先进党组织和模范共产党员的先进事迹材料，约4千字。四是积极参加省委宣传部开展的“双百”评选活动，在全市党史系统中认真开展了“100位为新中国成立作出突出贡献的英雄模范人物”评选活动，推荐评选出27位民主革命时期为达州解放作出突出贡献的英雄模范人物，并向市委宣传部报送约6 000千字的情况简介。

【编写地方党史正本】两年来，市党史研究室组织专人对《中国共产党达州历史》（1919～1949）（第一卷）进行了三次大的修改和校核，并邀请省、市、县党史专家进行审读，广泛征求各方意见，最后经省委党史研究室审定，于2009年7月由中共党史出版社正式出版。同时按照中央和省委党史研究室的工作要求，全面启动《中国共产党达州历史》（1949～1976）（第二卷）的编纂工作。

【党史专题研究】党史专题研究是党史工作的基本任务，是编好党史正本的关键环节。两年来，一是在市委的统一安排部署下，承接了编撰《达州历任（市）地级领导干部名录》（1949～2009）一书的任务，收录了184名达州市（地）级领导干部的个人简历、任职情况和200余张照片，为研究地方党政领导人物提供了基本线索，该书已于2009年6月底出版。二是开展有地方特色的党史课题研究，撰写了“科学发展达州红色旅游的思考”、“党的基层组织在新农村建设中的地位和作用”、“市场经济条件下如何保持党同人民群众的血肉联系”等理论文章，分别被《毛泽东思想研究》、《达州通讯》和《达州组工通讯》刊用。三是修改、补充《达州市爱国主义教育基地与革命遗址简介》一书相关资料，使内容更详实、表述更准确。该书共收录爱国主义教育基地38个，革命遗址129处，于2009年底编纂成册并印刷出书。五是继续做好中央党史研究室下达的“抗战时期中国人口伤亡和财产损失情况”涉及达州部分的调研任务。按照省委《关于编辑和出版四川省抗战课题调研成果B系列的通知》要求，集中精力对本市抗战课题形成的档案资料进行录入，形成电子文档，完成了约8万字的档案和文献资料的录入和整理，为省委党史研究室出版抗战B系列丛书打下了坚实的基础。此外，还完成了《革命老区（川陕苏区）达州对中国革命的贡献》的调研报告。

【党史宣传教育】党史宣传教育是发挥党史工作“资政育人”作用的重要形式。一是充分利用《党建与党史》内刊和《党史工作简讯》这两个载体，加大党史宣传力度，把全市党史工作动态和重要的党史研究成果，以及工作经验迅速传播到社会各界。市委党史研究室2008～2009年印发了8期《党建与党史》内刊和26期《党史工作简讯》（其中《四川党史工作简讯》刊用信息15条，《达州日报》2条，《达州信息》2条），均产生了良好的社会效益。二是积极推动地方党史进网络、进报刊、进社区。开设了专门介绍和宣传达州地方重大历史事件和重要历史人物的《达州之窗》网站，点击率达6 000多人次，较好地发挥了地方党史资政育人作用。2009年7月，《达州组工在线》的内网中也新增了《党史资料》的专栏。在新中国成立60周年之际，组织全市党史工作者积极向《达州日报》、《共和国记忆》栏目投稿反映地方党史的重大事件和重要人物。各县、市、区党史研究室组织人员在清明、七一、国庆前深入到学校、社区、机关，为党员干部、青少年宣讲地方党史。三是积极开展学术交流。2008年与市委党校联合召开纪念改革开放30周年学术研讨会，组织党史学界撰写论文30余篇。2009年8月21日与市委党校、市社科联等单位在万源联合召开了纪念新中国成立60周年理论研讨会。同时还组织全市党史部门积极参加四川省党史学会纪念新中国成立60周年学术研讨会征文活动，向研讨会推荐理论学术文章10篇，入选研讨会5篇，获得了论文推荐组织奖，入选论文收录在省党史学会编印的《党旗引征程——新中国成立60周年纪念论文集》中。四是加强全市党员干部党性、党风、党史以及廉政文化教育，2009年，经市委同意，对万源保卫战战史陈列馆、宣汉王维舟纪念馆、达州红军文化陈列馆举行了“达州市党史教育基地”的命名挂牌仪式。

【挖掘整合红色文化资源】 为使党史研究与现实结合，找准历史与现实的结合点，努力推动达州科学发展，结合十七届三中全会精神，确定了“以红色文化助推我市新农村建设”的课题，与市委党校联合组成课题小组，对开江县红色文化发展进行考察和调研，形成了《新农村建设的一项灵魂工程——对开江县广福镇打造红色文化的调查与思考》的调研报告。就如何整合地方红色文化资源，推动社会主义新农村建设进行了有益的探索，被《四川农村》（2009年第4期）杂志全文刊用。

参与达州红军文化陈列馆布展工作和张爱萍将军生平及故居展陈大纲的编写和校核工作。积极协助神剑园工作小组对红军文化陈列馆中51位达州籍将军的生平和重要事迹的文字资料和图片资料进行校核，撰写了张爱萍故居解说词，报请北京二炮“两弹一星”研究会、四川省委党史研究室专家审定并获通过。

参与了达州博物馆陈列内容大纲的编纂工作，审读审核陈列大纲中的“红色达州”板块内容，并提出修改意见，核实相关史实和数据。

【表彰情况】

先进集体：

1. 2008年获四川省委党史研究室全省党史工作先进二等奖

2. 2009年获四川省委党史研究室全省党史工作先进一等奖

先进个人：

2009年，蒋吉平同志获全国地方党史部门2007～2008年度先进工作者称号

【领导名录】

主　任：蒋吉平

副主任：李彩云

精神文明建设

【道德模范评选表彰活动广泛开展】2008～2009年，以四川省、达州市首届道德模范评选活动为抓手，扎实推进公民思想道德建设。评选表彰“四川省首届道德模范”1名，“达州市首届道德模范”25名，“达州市首届道德模范提名奖”34名，以及近年来涌现出的精神文明建设先进集体和先进个人。

2008年，一是积极组织开展“抗震救灾英雄少年”评选活动。二是开展“我为构建和谐达州作贡献”职业道德创建活动暨全市第一届职业道德“双十佳”评选工作。

2009年，深入开展“我们的节日”主题系列文化活动。一是开展“我们的节日”读书知识竞赛活动，6人获得省“我们的节日”活动组委会的表彰。二是开展征文和诵读中华经典诗文活动。三是开展“缅怀革命先烈、继承革命传统”群众性纪念活动。以“我们的节日——清明”祭奠革命先烈为主题，利用各类烈士陵园（纪念碑）和革命战争中重要战役、战斗纪念设施等等爱国主义教育基地，组织广大干部群众为革命先烈扫墓，开展党员重温入党誓词活动，举行大中小学生入团、入队仪式和成人仪式，积极引导人们继承先烈遗志、珍惜幸福生活、立志报效祖国。四是开展“网上祭奠英烈”活动。以中央文明网搭建的“网上祭英烈”为互动平台，积极发动广大网民进行网上祭奠、发表祭奠感言、开展网络访谈，表达对先烈先人、先贤的感恩和敬仰。通过一系列主题实践活动，推进社会主义核心价值体系和公民思想道德建设，为加速达州跨越式发展凝聚强大道德力量

【大力推进未成年人思想道德建设】2008年，一是深入开展调查研究，摸清家底，形成了《达州市未成年人思想道德建设现状调查与对策思考》、《关于达州市农村留守儿童现状的调查报告》、《关于全市未成年人思想道德建设工作情况的报告》。对四年来未成年人思想道德建设工作情况进行了认真的总结，分析了存在问题的原因，提出了五点工作建议，为加强和改进未成年人思想道德建设工作提供了科学的依据和决策参考。二是将未成年人校外活动场所纳入各县（市、区）经济社会发展总体规划；未成年人思想道德建设工作经费给予适当安排；未成年人思想道德建设工作纳入对各县（市、区）和市级各部

门的综合目标考核之中。三是加大网吧查处和校园周边环境整治力度，全力净化未成年人成长环境。四是大力开展爱国主义读书活动，努力提高未成年人思想道德素质。五是运用《全国未成年人思想道德建设工作测评体系》，开展未成年人思想道德建设自测工作，促进了全社会更加关心支持未成年人思想道德建设，努力营造了未成年人健康成长的良好社会环境。

2009 年，一是强力净化社会文化环境，为未成年人健康成长营造良好氛围。成立了由文明委领导，市文明办牵头的达州市"净化社会文化环境"工作协调小组，细化了目标任务，落实了工作责任，明确了各牵头部门（单位）的职责和任务分工。二是全力做好未成年人思想道德建设督查工作。围绕互联网、网吧、荧屏声频和校园周边环境治理等四项重点，组织了 3 个督察组分赴 7 个县（市、区）开展净化社会文化环境专项督查。在净化社会文化环境行动中，出动执法人员10 309人次，开展专项综合治理 54 次，检查网吧29 751家（次），取缔网吧及黑网吧 92 家，查处违规经营和违规接纳未成年人网吧 73 家（次），关闭"黑电游"、没收游戏机 33 家共计 241 台，责令整改、停业整顿网吧、娱乐场所等 364 家、收缴计算机 515 台，删除低俗有害信息16 732条，查处出版物市场 91 次，收缴非法出版物29 121册，盗版光盘、音像制品105 014张（盒），查出针对学生非法劳动的各类车辆 80 辆，处罚和收缴物资共计 82.05 万元。三是深化"做一个有道德的人"主题实践活动。确定 2 所中小学校为第二批全省"做一个有道德的人"主实践活动联系，12 所中小学校为全市第一批"做一个有道德的人"主题实践活动联系点，积极组织各联系点在家庭开展"孝敬父母，体验亲情"活动；在学校开展"和谐校园"活动；在社会开展"爱心奉献"活动。引导未成年人做"文明小使者"。

【深化"迎、讲、树"主题创建活动】2008 年，一是为进一步倡导和树立"知荣辱、树新风、促和谐"的文明新风尚，为奥运会成功举办营造良好的人文环境。组织开展了以"迎奥运、讲文明、树新风"为主题，以九项"迎、讲、树"系列大活动为抓手，引导全市干部群众投身到"迎奥运、讲文明、树新风"活动之中，强有力地推进了社会主义精神文明建设，提高了全市公民文明素质，提升了社会文明程度。二是开展迎奥运讲文明树新风礼仪知识竞赛活动，同时，组队代表达州市，参加全省文明礼仪知识电视竞赛，获得一等奖。

【大力开展文明城市创建活动】2008 ~ 2009 年，一是按照市委、市政府"城乡环境综合治理工程"的要求，积极开展群众性精神文明创建活动。制发了《达州市创建省级文明城市工作先进城市实施意见》和《达州市文明县（市）城、文明乡镇创建与管理暂行办法》，明确了创建省级文明城市工作先进城市的指导思想、总体目标、创建任务和职责分工，以及文明县（市）城、文明乡镇评选标准和申报、命名、管理办法。二是结合全市城乡环境综合治理工程阶段性特点，在中心广场开展了"城乡环境综合治理工程——文明城市，共建共享"广场文艺宣传活动。三是组织6 000多名文明劝导员深入城区各街口、重要路段和 20 多个公交站点劝导不文明行为。四是认真抓好群众性精神文明创建工作。两年来，创建全国精神文明建设工作先进单位 3 个，全国文明村镇 1 个，全国创建文明村镇工作先进村镇 3 个；创建省级最佳文明单位 6 个、省级文明单位 4 个、省级文明村 2 个、省级文明服务示范窗口 2 个、省级文明优质服务标兵 3 个、省级交通系统文明行业 1 个；创建市级文明行业 2 个、市级（最佳）文明单位 50 个、市级文明村 35 个、市级文明市场（超市）30 个。

【领导名录】

主任：雷润东

（李　强）

中共达州市纪律检查委员会

【贯彻落实党风廉政建设责任制工作】市委、市政府制发的《关于党风廉政建设和反腐败工作的意见》，明确规定党风廉政建设和反腐败工作由市委书记和市长负总责，每一项工作任务由一位市委常委或副市长负责，并落实牵头单位和协办单位。各地各部门对年度工作任务进行再次分解，层层签订党风廉政建设责任书。围绕党风廉政建设责任制，严格执行"一岗双责"，狠抓责任分解、落实、考核三个环节。市委常委会、市政府常务会多次研究反腐倡廉工作，并及时调整了党风廉政建设领导小组成员。市委书记、市长多次听取市纪委、市监察局的情况汇报，研究解决工作中的困难。市委、市政府其他领导同志也把落实党风廉政建设责任制作为重要政治任务和工作内容，经常深入各地各部门督促检查，听取分管单位的情况汇报，研究解决群众反映强烈的问题。市委、市政府领导班子成员都撰写了个人落实党风廉政建设责任制的书面报告。市委、市政府把党风廉政建设责任制考核纳入市委、市政府综合目标考核，单独计分，单独通报，并与单位年终目标考核挂钩。大力加强农村基层党风廉政建设。制发了《关于加强农村基层党风廉政建设的实施意见》，对相关工作任务进行了分解，明确了责任单位。认真贯彻落实党的十七届三中全会精神，对新农村建设、农村综合改革等工作，涉农收费"公示制"、农村"一事一议"筹资筹劳办法、村务公开等制度的落实情况进行监督检查。加强对农村基层干部监督管理，积极开展村干部述职述廉活动，进一步规范基层干部公务行为。对农村基层干部套取、截留、挪用专项资金等问题进行了严肃查处。

【领导班子和领导干部队伍建设工作】严格执行党员领导干部廉洁自律各项规定。严格控制新建楼堂馆所，规范公务接待，加强对小汽车配备使用监管，严格执行审批制度，防止超标准超编制、超价格、超排量配备使用小汽车，对市经济开发区管委会办公室主任公车私用的问题进行了严肃查处。参与拟提拔县处级领导干部考察工作，出具拟提拔和拟表彰领导干部廉政意见282人次，提出暂缓提拔意见1人，对58名领导干部进行了廉政谈话。认真执行《关于严格禁止利用职务上的便利谋取不正当利益的若干规定》，加大对领导干部违反规定收送现金、有价证券、支付凭证和收受干股，以及以赌博和交易等形式收受财物、利用婚丧嫁娶事宜收钱敛财等问题的治理力度。贯彻落实省纪委关于严禁公款出国(境)及通过旅游渠道公款出国(境)电视电话会议精神，进行了专项检查，全市压缩出国(境)指标数42人次，节约财政支出200多万元。

【开展专项监督检查工作】一是强化对市委、市政府决策部署的监督检查。针对民生工程的项目实施、工程招标、资金管理使用、项目建设后续管理等环节，加强监督检查。推进了"八大民生工程"的顺利实施。强化对扩大内需政策执行情况的监督，督促各级各部门加快在建项目建设步伐、加大对接项目争取力度、提高工作效率、加强对驻达企业的服务，切实为项目、资金争取和推进项目建设营造良好环境。开展了对市委、市政府实施的西外开发、化工基地、达陕高速公路、达万高速公路、环城路建设等重大项目部署落实情况的监督检查，确保了项目的顺利实施。制发了《严肃纪律确保城乡环境综合治理工作顺利实施的通知》，以市委、市政府的名义制发了《达州市城乡环境综合整治工作行政过错责任追究办法(试行)》，对各地各部门开展城乡环境综合治理情况进行了明查暗访，对发现的问题进行了及时纠正，为促进全市城乡环境面貌改观、全面完成治理目标任务提供了保障。二是加强抗震救灾资金物资的监管。2008年"5·12"汶川大地震发生后，立即制发了《关于严肃纪律确保做好抗震救灾工作的紧急通知》、《关于严肃纪律加强对抗震救灾资金物资监督的紧急通知》，对各地各部门做好抗震救灾工作，加强抗震救灾物资募集、调拨、分配、使用等提出了明确的纪律要求。对各地各部门抗震救灾中执行纪律、履职到位等情况进行了专项督查。选派了8名纪检监察干部赴重灾区开展抗震救灾资金物资监督检查工作。切实加强对口支援绵阳市游仙区魏城镇灾后重建资金物资监督检查工作，成立了抗震救灾资金物资监督检查领导小组，围绕资金物资安全和项目建设安全两个重点，采取领导调研督查、职能部门专项检查和审计、效能监察、社会和新闻媒体等多形式监督，确保了我市援建资金的安全。三是深入开展对扩大内需促进经济增长加快灾后恢复重建政策落实情况的监督检查。2009年，认真贯彻中央扩大内需和省委加快灾后恢复重建的战略部署，及时召开监督工作会议，明确监督职责，突出监督重点，细化监督措施，增强监督实效。先后3次派出以市委巡视组牵头，市纪委、市监察局、市审计局、市财政局派员参加的检查组，对各县(市、区)和市本级扩大内需加快灾后重建654个项目进行了全覆盖专项检查，对发现的问题责成项目主管部门限期整改到位，对整改不及时的单位，实施了问责追究。对各地扩大内需和灾后重建工程建设项目的招标投标情况进行了专项监督检查，受理投诉19件，纠正5件。加强抗震救灾对口援建项目、资金的监管，建立健全对接制度，多次深入对口援建工程第一线，实地查看建设进度、工程质量，召开了对口援建工作警示座谈会，督促加强资金监管，确保科学重建、廉洁重建。

【预防腐败工作】2008年，中央出台《建立健全惩治和预防腐败体系2008～2012年工作规划》后，成立了惩防体系建设工作领导小组和办公室，召开了贯彻落实《工作规划》电视电话会议。狠抓任务分解，把《工作规划》各项工作任务进行细化，分别明确了牵头部门和协办单位，明确了时间进度、工作要求和责任人员。通过多种形式、多种渠道宣传学习《工作规划》和省委电视电话会议精神。举办了学习贯彻《工作规划》培训会，对各县（市、区）和市级部门惩防体系建设领导小组负责人及办公室主任进行了专题培训。充分利用广播、电视、报刊、网络等媒体专题宣传《工作规划》知识。对各地各部门贯彻落实《工作规划》的情况进行了督促检查，定期通报各地各部门工作进度。把贯彻落实《工作规划》情况纳入党风廉政建设责任制考核范围，建立责任追究制，得到四川省预防腐败办的充分肯定。在深入贯彻落实《工作规划》中，加强了对全市预防腐败工作的调研指导，督促各地各单位深入开展预防腐败试点工作。在开江县试点的"三色卡"警示监督机制、在渠县试点的惠民资金发放"一卡通"制度，在大竹县试点的新型农村合作医疗专项资金规范化管理，在万源、达县、宣汉试点的廉政巡查，在通川区试点的农村社区集体资产管理办法和在交通系统试点的农村公路建设资金监管等工作，都取得了实效，有的在全市推广，有的在全省推广。2009 年，制发了《达州市 2009 年惩治和预防腐败体系建设目标任务》、《达州市 2010 年惩治和预防腐败体系制度建设工作任务分解表》，将惩防体系建设工作任务逐一分解，调整领导小组和责任领导，明确牵头部门和协办单位，规定了完成时限。市委先后召开全市惩治和预防腐败体系建设成员单位会议、市委常委会、全市加强反腐倡廉推进惩防体系建设会议，对贯彻落实全省电视电话会议精神，推进全市惩防体系建设工作做出了全面部署。组织对各地推进惩防体系建设情况进行督促检查，组成九个检查组，由市级领导分别带队，对全市各县（市、区）和市级重点部门惩防体系建设工作进行专项检查。

【宣传教育调研工作】2008 年，进一步完善反腐倡廉"大宣教"工作格局，建立宣传教育联系会议制度，在达州广播电台、达州电视台、达州日报开辟廉政宣传专栏。坚持领导干部讲廉政党课制度，市委副书记、纪委书记胥健带头到市委党校讲廉政党课，市纪委副书记、常委先后为市级部门（单位）讲廉政党课 23 次。深入开展廉政文化"六进"活动，在大竹、达县等地着力打造了一批农村廉政文化教育基地，建立了通川区张爱萍故居、达县石桥列宁街、宣汉县王维舟纪念馆、万源保卫战战史陈列馆等 4 个党风廉政教育基地和川东监狱、达州监狱等 2 个廉政警示教育基地。成功举办了第二届"清风颂"廉政文艺晚会，在全省评选中 2 个节目获一等奖、1 个节目获三等奖，2 个自创节目参加了四川省纪念党的纪律检查机关恢复重建 30 周年暨廉政文化建设汇报演出。从市委党校、大中专学校、科研院所等聘请了 12 名特邀研究员，加强对反腐倡廉工作的调研。创办了达州市党风廉政建设和反腐败工作专刊——《巴渠清风》4 期，为全市各级党组织和广大党员干部提供了相互学习、相互交流的平台，收到了预期效果。2009 年，在达州电视台开设《廉政经纬》专题栏目，共刊播 16 期；拍摄了电视专题片《巴渠清风》，综合展示全市党风廉政建设成果；组织召开了"向王瑛同志学习，做党的忠诚卫士"座谈会，在《达州日报》、电视台、电台开辟了学习宣传专栏，广泛报道各地学习宣传情况，组织3 000余名党员干部现场观看了川剧《巴山红叶》。市委书记李向志，市委副书记、市长何健，市委副书记、市纪委书记胥健等领导先后在市委党校、达县、渠县、部分市级部门讲廉政专题党课。深入推进廉政文化建设，深化廉政文化"六进"活动，在大竹五峰山公园、达县真佛山等地进行了廉政文化进景区试点；印发了 2010 年廉政台历，成功举办了"颂清廉. 庆七一"廉政诗歌音乐会；拓展廉政文化阵地，组织编印反腐倡廉专刊《巴渠清风》4 期。

【信访工作】切实加强信访举报工作，畅通案件线索渠道。进一步做好省纪委、省监察厅举报电话和市委书记信箱、市长信箱、市长热线电话受理工作，及时核查回复。开通信访举报"绿色通道"和全国纪检监察系统信访举报专用电话，在部分县（市、区）试行"信访双向承诺"制度。加强对各乡（镇）和县级部门"信访举报诉求接待室"的指导，加大交办、督促、回复和监督力度，信访监督实效进一步增强。在各县（市、区）全面启用全国纪检监察信访信息管理系统，推进了纪检监察信访举报工作程序化、制度化、规范化建设。2008 年，全市纪检监察机关受理群众信访1 954 件（次），比去年同期下降 33%。2009 年，通过开通群众信访绿色邮政通道，"12388"纪检监察举报电话，积极畅通群众信访渠道，认真受理群众信访举报，全市纪检监察机关受理群众信访举报

1 466件(次),同比减少766件(次),下降35%。制定了信访交办案件、初信初访件的办理程序。督促办理上级纪检监察机关交办、转办的信访案件626件,向各县(市、区)纪委监察局和市级部门纪检组(纪委)交办信访案件53件,办理市委书记信箱、市长热线交办件15件,群众越级访、重复访大幅度减少。

【执法监察工作】2008年,开展环境保护、节能减排的监督检查,对全市5家污水处理厂和7家垃圾处理场进行了专项检查,整治取缔13个排污口,取缔关闭和限期治理了一批不符合产业政策和超污染排污企业。对新开工投资项目、政府投资性项目、全市政府采购情况进行了专项检查,对万源市黄(钟)长(石)村道主干公路改建、达州市职业技术学院C校区改建等工程中的有关问题等进行了调查处理。对通川区挪用28万元天保养老保险资金的问题进行了查处。加强对土地管理法律法规和节约集约用地政策执行情况的监督检查,对非法占用农村集体土地、土地使用权公开拍卖中设置限制条件等问题进行了调查核实,责成限期纠正处理。强化对安全生产的监督检查,建立了重特大安全生产事故责任追究沟通协调工作局际联席会议制度。对6起较大事故等进行了调查处理,给予20名责任人员党纪政纪处分。2009年,针对民生工程的项目实施、工程招标、资金管理使用、项目建设后续管理等环节,加强监督检查,推进了"八大民生工程"的顺利实施。会同环保等部门开展了环境保护、节能减排的监督检查,对通川区两个企业水污染事件进行了调查处理。积极开展建设工程领域突出问题的专项治理,查处了一批工程建设领域违纪违法案件。对全市重大较大生产安全事故责任追究的落实情况进行了专项督查,对8起较大事故进行了调查处理,给予41名责任人员党纪政纪处分。加强招投标监督工作,编制了《建设工程招投标监督工作手册》,对招标方式的核准、招标公告的发布、招标文件的编制、开标、评标、定标、合同的签订和履行以及投诉受理与办理等予以明确规定并进行了专项检查。

【工程招投标监督工作】进一步创新机制,完善制度,加大监督力度,着力为营造公开、公平、公正的竞争环境,深入开展了工程建设招投标、土地矿权使用管理、政府采购和国有产权转让等领域的源头治腐工作,起草了《达州市国家投资工程建设项目招投标监督办法》(试行),出台了《关于加强招投标现场监督有关事宜的通知》,进一步完善了招投标现场监督制度。两年来,市招监办共参与招投标现场监督60余次,编写《招投标监督工作动态》16期,受理投诉34件,调查处理34件,其中,纠正违规行为10件。

【纠正行业不正之风工作】2008年,突出重点,扎实开展纠风专项治理。继续规范办学行为,全面治理教育乱收费。加大了对各级政府完善和落实农村义务教育经费保障新机制,履行政府投入责任的情况进行了专项监督检查,确保了全市财政应承担的教育公用经费、免教科书费、校舍维修改造经费和贫困寄宿生生活补助费落实到位。全市通过免费提供教科书和补助寄宿生生活费共减轻贫困学生家庭经济负担46 720万元,受益学生185万人次,巩固了农村义务教育经费保障机制改革成果。从严规范教育收费、教师从教和学校办学行为,督促落实农村义务教育经费保障机制改革的各项政策规定和收费公示制度;对改制学校进行全面清理,杜绝以民办学校名义乱收费的行为,规范阳光招生活动。2008年,全市共计查处各级各类学校乱收费67万元,已全部清退,14人被追究责任,对8人实施诫勉谈话。进一步纠正医药购销和医疗服务中的不正之风。规范医院诊疗和收费行为,督促落实《处方管理办法》和《部分医学检查"一单通"制度》、《医疗费用评审跟踪制度》、《不当处方点评制度》、《医务人员医德医风考评档案制度》、《生物制品购销管理制度》等五项制度,有效治理医疗服务中的"重复检查"、"开大处方"、"乱收费"、"开单提成"等不正之风问题。在医疗卫生系统深入开展了职业道德、职业责任、职业纪律、职业作风教育,大力开展创建"医德医风示范医院"、"优秀医师"、"优秀护士"、"文明示范窗口"等创优评优活动。督促规范药品流通秩序,深化药品集中上网招标采购工作,推动医用耗材、医用试剂集中上网采购,推进农村药品"两网"建设。全市55家医疗机构实行药品网上阳光采购,采购总金额2.96亿元,其中省级定价药品降价品规939种,涉及金额3 771.42万元,占全市医院用药总量的90%以上,让利患者2 745.91万元;集中招标采购高值医用耗材和大型医用设备3 327.51万元,节约资金498万元,保证了药品和医疗器械质量,控制了药品和医疗器械价格。制定并下发了《达州市新型农村合作医疗监督管理制度》和《达州市新型农村合作医疗责任追究

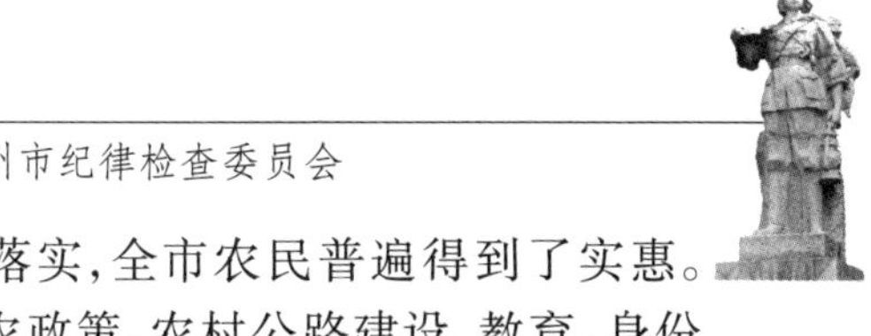

制度》，重点开展了对新型农村合作医疗资金拨付、使用情况的监督检查。开展清“红包”、退“回扣”、杜绝开单提成活动，192 名医务人员主动上交上述资金共计 14.58 万元。损害农民利益的行为得到有效纠正。对粮食直补、良种补贴、农资综合补贴、退耕还林等各项支农惠农资金的落实情况进行了监督检查。全市累计落实支农惠农资金82 342.54万元，确保了中央各项惠农政策的落实，全市农民普遍得到实惠。加大了对落实惠农政策、农村公路建设、教育、身份证换代、建房、农民工培训、农资购买中加重农民负担的“三乱”行为和侵害农民土地权益行为的查处力度。全市累计查处和纠正损害农民土地权益问题 183 件，通过查处涉农乱收费、乱罚款和集资摊派减轻农民负担 401.9 万元，打击哄抬农资价格、制售假劣农资等坑农害农行为 230 起，涉及金额 117.7 万元，纠正、查处抵扣粮食直补款等不落实惠农政策问题 39 件，涉及金额 34.7 万元，查处其他各类损害农民利益的案(事)件 101 件。全年，共有 58 人因损害农民利益被追究责任，有效维护了农民群众的合法权益。进一步巩固了治理公路“三乱”、减轻企业负担、治理乱办班乱收费乱发证工作成果，对行业协会、市场中介组织、公共服务行业损害消费者权益不正之风等问题进行了探索和治理。上路检查 78 次，行程5 300余公里，走访车主 140 余人次，查处损害软环境问题 9 件，涉及金额 400 万元，维护了经营者的合法权益；纠正、取消不符合规定办班 2 起，查处和纠正乱办班、乱收费、乱发证问题 14 起，涉及金额 65.5 万元，清理行业协会和市场中介组织违规收费项目 3 个，清理在行业协会兼任职务的公务员 11 人，查处违规违法案件 12 件，涉及金额 22 万元，2 人被追究责任。

2009 年，以专项治理为抓手，切实纠正不正之风。损害农民利益的突出问题得到进一步纠正。对落实村务公开、涉农收费和价格公示制度、农村“一事一议”筹资筹劳办法等进行了专项监督检查，推进了基层民主决策和民主管理，切实保障了农民知情权、参与权、决策权和监督权。进一步健全和完善了市、县、乡三级农民负担监测网络，畅通了农民诉求渠道。对粮食直补、良种补贴、农资综合补贴、退耕还林等各项支农惠农资金的落实情况进行了监督检查。全市累计落实粮食直补金5 954万元，良种补贴2 613.39万元，农资综合补贴35 593万元，确保中央各项惠农政策的落实，全市农民普遍得到了实惠。加大了对落实惠农政策、农村公路建设、教育、身份证换代、建房、农民工培训、农资购买中加重农民负担的“三乱”行为和侵害农民土地权益行为的查处力度，全年清理涉农收费文件和项目 47 个，纠正和查处损害农民土地权益问题 29 件，查处各类损害农民利益案件 104 件，对 3 人进行责任追究。开展农资市场打假专项行动，切实维护农民利益。全年共出动执法人员3 083人次，测量 412 台次，检查农资经营网点5 029个次，查获违法农资42 882.05公斤，挽回经济损失 790.1 万元。医药购销和医疗服务中的不正之风得到进一步纠正。全市共有 353 所医院参加了网上集中采购药品，共集中采购药品总金额35 051万元，推动医用耗材、医用试剂集中上网采购，推进农村医院药品“两网”建设。开展了清“红包”、退“回扣”、杜绝开单提成活动。有 64 名医务人员主动上交回扣、“红包”和开单提成 1.52 万元。教育乱收费得到有效治理。严禁教师组织本校学生进行有偿补课、统一推销使用教辅资料、体罚或变相体罚学生等违纪违规行为。在春、秋季开学时，对七个县(市、区)，对全市中小学新生入学、报名收费、教材教辅征订、教学行课等情况进行了专项检查，开展了教学用书进行了专项治理。加大对教育系统违纪违规问题的查处力度。查处了在职教师有偿补课的问题，有 8 名教师受到处理，1 名校长被免职、1 名校长停职、1 名校长被全市通报、2 名中层干部被免职调离原学校。清理有关部门和学校违规收费项目 19 个，涉及金额 165.97 万元，查处截留、挪用、挤占、平调教育经费、学校收费收入问题 10 个，涉及金额 12.1 万元，查处各级各类学校乱收费问题涉及金额 159.77 万元，清退 109.48 万元，有 12 人受到组织处理。认真开展公共服务行业侵害群众消费权益专项治理工作。印发《关于深入开展公共服务行业侵害群众消费权益专项治理的通知》，落实工作责任，细化目标任务，扎实推进专项治理工作，切实解决群众反映的突出问题。组织各垂直管理部门和市级相关部门整体联动、条块结合，紧紧围绕“六查、六纠、六建”工作要求，严格把关，全面组织各监管行业开展自查活动。全年共查处和纠正公共服务行业侵害消费者权益案件 21 件，查处违纪违规人员 3 人，涉及金额 0.85 万元。开展公路执法检查，进一步规范交警、路政、运管执法行为，对全市运管部门治理“黑车”情况进行了全面督查,组织各县、市、区分管交通的副县长和运管所所长召开全市打击"黑车"工作情况通报会。清理审核涉及交通和车辆的行政事业性收费2项,取消政府还贷二级公路道路站(点)21个,查处三乱问题40个;有9人受到党纪政纪处理。对行业协会、市场中介组织、公共服务行业损害群众消费权益问题进行了清理。清理行业协会和市场中介组织违规收费项目5个,清理在行业协会兼任职务的公务员8人,查处违规违法案件3件,涉及金额0.85万元。

【机关效能监察工作】一是集中开展效能监察。2008年,先后制发了《关于进一步开展行政效能监察工作的意见》及其《实施方案》、《达州市行政机关效能建设责任追究办法(试行)》、《全市效能评议方案》、《达州市行政首长问责试行办法》、《达州市机关公文办理责任追究办法(试行)》等规范性文件。聘请41名机关效能监察员,组织对县(市、区)和市级部门开展效能建设活动的情况进行了明查暗访,督促有关部门对相关问题进行了整改。全市投资710余万元建成了行政审批通用软件、行政效能电子监察、行政效能视频监控"三大系统",加强对市、县两级政务服务中心行政审批办理和窗口工作人员行政效能的实时监控,督办超时预警件910件,对19件超时办结件进行了效能问责。对各县(市、区)和市级重点部门机关效能建设开展情况、清理规范行政审批事项、"四项制度"执行情况、建立投诉中心及受理投诉情况、"两集中两到位"、加强机关效能建设节约差旅经费执行情况、震后安全隐患排查整治情况等,集中开展了效能监察,对发现的问题及时责成限期整改。二是认真受理效能投诉。制发了《行政效能投诉办法》,建立了全市机关效能举报投诉中心,健全了举报投诉工作机制,明确了投诉对象和范围,开展了效能举报投诉网站,及时公布投诉电话及网址。建立健全领导接访、排查调处、联席会议、移办交办、限时办结、情况通报、反馈评议、防患减诉和责任追究等制度。及时做好自办、交办和督办工作,加大效能投诉举报的办理力度,着力解决群众反映的急迫问题。全市受理效能投诉300件,办结283件。三是严肃查处效能建设中的违纪行为。2008年,全市共开展专项效能监察45项,发放《监察建议书》和《整改通知书》35份,效能责任追究54人,其中党纪政纪处分31人、组织处理30人、效能告诫12人,通报批评、取消评优评先资格单位44个。严肃查处了渠县交警大队两名执法人员违规执法、大竹县政务服务大厅一窗口工作人员上班时间利用工作电脑浏览股市和聊天、达县金檀乡政府几名工作人员上班时间在办公场所打麻将等典型案件,追究了相关人员的党纪政纪责任,并及时通报、曝光。2009年,促进了"两集中两到位"的落实,督促市、县两级政务服务中心积极开展并联审批,共办理并联审批事项336项。通过视频监控、数据监测等方式,认真开展电子监察工作,加强对行政审批效率和政务服务大厅纪律作风等情况的监督检查,提出监察建议和督促整改问题37项,查处违反工作纪律作风案件3件,责任追究28人。加大机关行政效能建设监督力度,市、县(市、区)效能投诉中心共受理效能投诉819件,办结815件,其中市效能投诉中心共受理效能投诉71件,办结69件。开展了城乡环境综合治理工作专项监察。制发了《达州市城乡环境综合治理过错责任追究办法(试行)》、《达州市城乡环境综合治理专项效能监察工作方案》,加强城乡环境综合治理专项督查,创新建立并严格执行"白、黄、红"三色卡督办制,组织专项监察420次,发出白色督办通知书258份、黄色督办通知书23份、红色督办通知书4份,提出整改措施1 152条,纠正问题1 596个。市、县两级效能监察机构共受理城乡环境综合整治效能投诉656件,查处605件,通报批评、取消评优评先资格单位145个,责任追究228人(其中党纪政纪处分7人,组织处理221人)。

【查处违纪违法案件工作】建立市纪委书记任组长的市委反腐败协调小组,设立办公室,完善执纪执法机关移送案件线索和协作配合制度。认真落实"两规"安全风险评估办法。以查办发生在领导干部中的案件为重点,加强组织协调,充分整合纪检、检察、监察、公安、审计、财政等单位的力量,形成了查办案件工作合力。两年共初核案件线索694件,立案375件,其中涉及县处级领导干部18人,给予党纪政纪处分423人,其中乡科级112人。委局机关自办案件18件,给予党纪政纪处分7人。认真办理申诉案件,受理申诉5件,纠正1件。查处了市中医学校私设"小金库"、套取私分公款、挪用公款,市水利建筑勘察设计院私设"小金库"、投资入股分红典型案件。协助省纪委查处了陈光礼案件牵扯出的陈晓童、罗晓竹、林朗、田丰明等系列违纪违法案件。

【案件审理工作】2008～2009年，全市共受理案件484件，审结484件。处分党员干部662人，其中党纪处分517人（警告129人，严重警告225人，撤销党内职务17人，留党察看25人，开除党籍121人），政纪处分180人（警告77人，记过41人，记大过19人，降级12人，撤职12人，开除18人），双重处分35人，免予纪律处分39人，移送司法机关24人，刑事处理44人，组织处理11人，责任追究10人。其中，市本级共受理案件23件，结案15件，审结待批9件，处理违纪人员21人，给予党纪处分12人（警告3人，留党察看处分3人，开除党籍处分6人），给予政纪处分11人（行政警告处分3人，行政记过2人，行政记大过处分1人，行政开除处分5人，），免于政纪处分1人，其中，双重处分2人，县处级干部9人。另外，还审理了责任追究案件14件，建议县（市区）和主管部门处理有关责任人员意见函18件，追究责任人员65人。

【纪检监察干部管理工作】紧紧围绕树立“公正廉洁、严谨求实、敢于碰硬、团结向上、执纪为民”五种形象，着力加强队伍建设。2008年，及时配备充实了县（市、区）纪委监察局和部门纪检组（纪委）班子成员，对部分市级部门纪检组（纪委）进行了直派。县（市、区）交流纪检监察干部11名，新配备市级部门纪检组长5名，监察室主任4名，新成立纪检监察机构2个。加大机关干部交流力度，提拔1名县级监察局局长到市纪委监察局机关任室主任，新提拔任用室主任3名。2009年，以深入开展学习实践科学发展观活动和“做党的忠诚卫士，当群众的贴心人”主题实践活动为契机，与时俱进、突出主题，切实加强纪检监察干部队伍建设。建立健全了市纪委、市监察局领导班子联系县（市、区）和市级部门工作制度，班子成员带头深入基层调研，先后形成了《落实科学发展观要处理好五个关系》、《加强行政监察推进科学发展》、《深入学习实践科学发展观纵深推进纪检监察工作》等调研成果。在机关刊物《巴渠清风》杂志上开辟“廉政论坛”专栏，刊载县级纪检监察机关理论调研文章10余篇。采取以会代训、讲廉政党课、办专题培训班等途径，强化教育培训。大力加强机关效能建设，落实首问责任制、限时办结制和责任追究制，提高了工作效能。加强内部管理，建立健全了委局机关管理制度，严肃工作纪律、办案纪律、保密纪律，广大纪检监察干部坚决执行“特别讲大局、特别讲付出、特别讲实干、特别讲纪律”的要求，乐于奉献，务实务干，出色工作，树立了“公正廉洁、严谨求实、敢于碰硬、团结向上、执纪为民”的良好形象。

【领导名录】

市委副书记、市纪委书记：胥　健

市纪委副书记、监察局长：邹惠明

市纪委副书记：蒋兴清（～2008年12月）
陈　刚
谢仁贵（2008年12月～）

市纪委常委、监察局副局长：冯　钢
张晓东（～2009年12月）

市纪委常委：向　杰
李义明
何上游（2009年11月～）

监察局副局长：戴　婕（2009年2月～）

市纪委委员：王永立　王彊立　冯化清　刘应春
米　谷　吴忠海　何　峰　何洪波
余隆海　顾　平　蒋　平　游开元
廖仕文　廖仕民

（李义明）

民主党派和工商联

民革达州市委员会

【自身建设】2008年，民革市委建立了各种内部工作制度，如“内部事务的规范化管理制度”、“领导年终述职制度”、“参政议政联系制度”、“内部文件”、“信息传递电子化制度”、“会议制度”、“学习制度”等，通过这些制度的建立和完善，极大强化了民革市委工作的民主化、程序化、规范化和科学化。同时成立了罗波同志任主委，王书杰（女）、张亚龙任副主委的市直属支部工作委员会。建立了民革达州市委社情民意信息工作领导小组。同年4月任命郭海霞同志为市委会副秘书长。2009年3月增补了罗波同志为民革市委副主委。2009年5月推选了梅榕、罗波、喻诣、刘秋四位同志参加了省委在中央社院举办的干部培训班。组织发展工作有序稳步进行，2008年讨论通过了《关于全委会议批准申请人入党实行无记名投票表决方式的决定》等有关通过新党员的有关规定,2009年11月10日民革达州市二届十九次全委会通过了《达州市民革党员发展工作的具体规定》,严格了组织发展程序,两年里共年发展了何丽、章含、鲍含勇、何清平、庞启陆、黄义毅、韩莉丽、杨凤、郭锦英、符云川、罗有心、李东旭、李青松、朱兴政、冯朝霞、贺炎等16名新党员。截至2009年底,全市共有民革党员201名。

【思想政治暨宣传工作】民革达州市委为进一步深入开展“坚持中国特色社会主义政治发展道路,搞好政治交接”学习教育活动,制定《民革达州市委关于深化政治交接学教活动“五年规划”的实施意见》,认真总结两年来的学教活动。把“学教活动”与学习贯彻科学发展观活动与纪念建国60周年、人民政协成立60周年、达州市建市10周年庆祝活动结合起来,开展征文和“读报读刊”活动。共收到征文16篇。达县总支、通川区各支部利用“三八”、“十一”等节日举办多次全体党员集中学习会。2009年《达州传媒》、《民革四川省委》等主流媒体对市委会及通川区二支部等基层支部就学习贯彻中共十七届四中全会精神的情况给予了充分肯定与报道。2009年5月,民革达州市委安排部署达县、通川总支及市直工委分别组织党员到重庆“特园”、“黑山谷”、红岩革命烈士纪念馆等地接受爱国主义教育,使大家对老一辈民主党派领导人作出正确抉择的历史意义认识更加深刻,更加坚定了走中国特色社会主义道路的信念。两年来,民革达州市委共编发《达州民革信息》37期,报送省委信息18条,重点课题调研报告1篇,报送孙中山研究文章1篇并被市级刊物刊载。同时,积极为民革的相关刊物和网站组织稿件40余篇幅。扎实做好了由民革中央主办的《团结报》征订工作,全市民革组织及党员订阅《团结报》,每年均超额完成不低于党员总数三分之一的征订数。

【参政议政工作】2008年,民革党员中的省人大代表和省政协委员在两会期间提交省人大建议4件,附议建议案11件,附议议案3件,参加案中视察活动2次,省政协提案3份;在2008年本市两会期间,民革提交集体提案6件,个人提案14件,提交市人大建议5件。副主委梅榕提交的《行政事业单位国有资产管理对策及建议》在市政协二届二次会议上作了大会发言,得到市领导的重要批示,后经修改作为了市政府第35号令发布。叶娟同志2008年提交的《关于建立达州市信用体系建设》和《中小企业融资》两个提案在市政协会议提交后,得到了市政府的高度重视,并将其作为重要提案。

2009年在市政协会议期间,民革提交集体提案10件,民革党员中的人大代表、政协委员分别在省、市、县(区)两会期间提交议案、提案、建议计56件。向市政协报送社情民意及信息19件。民革达州市委集体提案《关于进一步调整达州市中小学教育资源布局的建议》和叶娟同志撰写的《关于建立达州市信用体系的建设》提案荣获被评为市政协四届全会的优秀提案;另一集体提案《建议市纪委建立“网络反腐中心”》引起市纪委的高度重视,由此成立了网络建设工作领导小组。通川总支在通川区政协上提提案9件,达县总支在两会期间共交提案22件。赵洪贤同志完成民革四川省委重点课题《深化直管县财政体制改革的对策》,被民革四川省委评为优秀调研报告。2009年,参加中共达州市委、市政府政治协商、政情通报、民主测评等各类政治协商性质的会议30余人次。

【促进祖国和平统一事业】充分发挥民革组织的特色优势,积极向民革党员中的“三胞”亲属介绍市情,做好了与民革组织有关联的“三胞”人员探亲观光联系工作。2009年民革达州市委以1号文件转发了周铁农主席、修福金副主席关于继续做好促进祖国和平统一工作的有关讲话,并对贯彻学习讲话精神、推进全市民革组统工作做了安排部署,各基层组织根据民革市委安排部署,开展台海形势、海外联谊等多种形式的促进祖国和平统一活动。进一步摸清了全市民革组统资源,并按时上报到民革省委联谊处,夯实了祖统工作基础。在国庆中秋前夕,市委会及祖统委举办了由民革党员中的台属、侨眷及支委以上干部参加的“庆国庆、迎中秋”茶话会。

【开展社会服务、惠及民生活动】一是做好捐资助学工程,2008年民革市委制定了民革达州市委关于开展社会服务工作的实施意见,成立了“民革达州市委助学工程”领导小组。全体民革党员在2008年、2009年两期助学工程中分别捐资8 000元、14 400元,还为达一中的56名家庭经济困难及品学兼优的高中学生颁发了获奖证书和每人400元的助学金。民革达州市委主委唐恭与在美国的八姊妹及子女于2001年发起的“关莘农、朱兰生助学金”基金会,在9年时间里捐助助学款17.2万元而形成的基金,截至2009年已在达一中发放3万元,累积资助学生76

名。二是在2008年5。12汶川地震发生后，全体民革党员积极响应，踊跃为灾区捐款，这次地震捐款共捐24 500元，通过其它渠道捐款86 440元，总计捐款111 140元。通川区二支部、达县总支被民革省委评为抗震救灾先进集体，唐恭、胡清、张德雷被评为先进个人，王洪达被评为抗震救灾模范。三是继续积极开展好“三下乡”活动，两年来由民革市委牵头，通川总支、达县总支承办，分别在通川区复兴镇、达县福善镇举行春节送文化、送温暖活动，为农民朋友书写春联900余幅，赠送年画500余张，发放计划生育药具、宣传资料、历书2 000份；散发法律、卫生保健、家禽疫病防治及社保宣传资料等5 000份，为10户特困户分别送去大米、油、棉被，价值3 000多元。达县总支与县人大领导一起为麻柳镇40户贫困户捐资助农，同时还为该镇的獭兔养殖基地解决技术上的难题和资金上的缺口。四是开展慰问和对口帮扶活动，民革市委积极参与统战系统联系村捐赠帮扶资金4 000元，用于村社贫困户扶助和经济发展。五是继续向民革省委为达州争取了两名农村英语女教师到中山学院免费培训一年的指标。

【妇委会、老同志工作】市委认真吸纳各方意见，着力调动市委各专委会的积极性开展工作。在“三.八”国际妇女节前夕，市委带领妇委会举办了全体女党员和支部主委以上干部参加的纪念活动。春节前夕，市委带领老委会开展了对民革老党员进行了慰问活动，并向16位70岁以上的老同志发放了慰问金。重阳节前夕，市委及老委会召开了全体老党员参加的茶话会，由市委会向老领导和老同志们通报市委会上半年的工作，听取他们的建议和意见。慰问生病住院老同志5人次。

【领导名录】

名誉主任委员：郑多强

主任委员：唐　恭

副主任委员：梅　榕(女)　郑华祥　罗　波

秘书长：赵洪贤

（张　荣）

民盟达州市委员会

【思想建设】盟市委中心学习组，各基层盟组织坚持学习邓小平理论、“三个代表”重要思想和科学发展观；学习新时期统一战线理论；学习盟史、《盟章》和民盟前辈爱国、民主、团结、进步的优良传统；学习中共十七届三中、四中全会、民盟全国十大、中共达州市委二届十四次全会精神和中共中央重大方针政策。开展中共中央发布“五一”口号60周年，改革开放30周年，中华人民共和国成立60周年和中国共产党领导的多党合作和政治协商制度确立60周年纪念活动。组织市委委员、各基层支部主委、副主委，老盟员、青年盟员代表，各部委负责人和机关干部赴中国统一战线教育基地——重庆特园中国民主党派历史陈列馆、达州市化工园区、宣汉普光天然气净化厂等地参观学习，有力促进了政治交接学习教育活动的深入开展，坚定了走中国特色社会主义道路的信念。2008年，民盟市委被盟省委表彰为“政治交接学习教育活动先进市级组织”。2个基层组织和4位盟员分别被表彰为“先进基层组织”和“先进个人”。坚持新闻宣传信息工作不动摇。盟市委领导带头撰写宣传信息稿件，起到了表率作用。参加中共达州市委统战部纪念改革开放30周年征文活动，有9篇论文分获一、二、三等奖。利用盟内宣传平台，做好宣传工作。盟市委编辑《达州盟讯》20期，盟市委网站更新文章、信息100余篇(条)，及时宣传了盟内重大活动。利用新闻宣传平台，扩大宣传效应。据不完全统计，《四川民盟》、《达州政协》、《达州晚报》、《达州统战信息》、达州电视台、《通川播报》、渠县电视台、达县电视台等采用与盟务工作有关的稿件200余篇(条)。广大盟员立足本职工作，在国家级刊物发表文章(论文)40余篇，省级刊物100余篇，保证了盟的新闻宣传信息工作有序开展。抓好报刊征订工作，为思想建设提供学习资料。

【组织建设】加强专委会工作，充分发挥专委会工作机构的作用。根据盟市委工作需要，设立了参政议政工作委员会、青年工作委员会、妇女工作委员会、老龄工作委员会，搭建了机构，配备了组成人员。明确了各专委会工作职责、工作重点。加强各级领导班子建设，增补了4名市委委员。二届七次市委会上补选了1名副主任委员、任命了秘书长。按照《盟章》规定，协助、指导完成了民盟渠县县委，通川区达高中支部等的换届工作。两年中，全市盟组织共考察、吸收了49名符合条件的优秀人士加入民盟。召开了组织工作暨新盟员培训会，对近两年新入盟的同志进行了培训。2009年盟市委被盟省委表彰为优秀市级民盟组织，达一中总支被盟中央、盟省委表彰为先进基层组织,民盟渠县县委被盟省委表彰为先进地方组织,达县中学支部被盟省委表彰为先进基层组织,达县文艺支部社会服务工作成绩突出受到盟省委表彰。

【参政议政】参政议政、民主监督是民主党派的两大基本职能,是参政为民的具体体现。两会召开前,盟市委召开了参政议政工作会议和盟内各级人大代表、政协委员座谈会。市政协会议期间,提交大会发言3篇,集体提案12件,个人提案47件。据统计,盟内各级人大代表和政协委员在两会期间提交议案、提案、批评、建议和意见总计290余件,内容涉及农民工培训及就业、农业、工业、城建、环境保护、教育、卫生等多个方面。全国人大代表、盟市委主委廖继康在十一届全国人大二次会议上共提出建议十三件,均得到国家有关部委的重视,《关于激发乡镇活力加快乡镇发展的建议》还得到了四川省人民政府的充分肯定。民盟市委提交的《建凤凰美景　升达城品位　惠当地百姓》被列为市政协重点督办提案。党派提案《关于切实化解我市城区中小学“超大班额”现状的建议》、《关于加强农民工培训及再就业的建议》、《关于加快中国西部天然气能源化工基地建设的建议》等均涉及民生问题,得到了有关部门和社会各界的广泛关注。盟员市人大代表在市人代会上的建议案《关于市人大常委会监督市政府合理布局达城停车场的议案》被列为市人大常委会2009年8件重点督办建议案之一。因参政议政工作做得好做得实,我委有2件提案被市政府、市政协表彰为优秀提案。1位盟员被表彰为优秀市政协委员。制发《民盟达州市委关于宣传信息工作奖励实施办法》,鼓励、支持特约信息员报送宣传、信息稿件。2008～2009年,反映信息及社情民意90余篇(条)。其中被全国政协、民盟中央、省政协、盟省委采用12篇(条)。同时,盟市委领导、盟内人大代表、政协委、特约人员积极履职,共参加各类座谈会40余次,情况通报会30余次,民主测评会20余次,征求意见会25余次,视察调研活动20余次,有针对性地提出意见、建议数*十条,大多被有关部门采纳。

【社会服务】开展“农村教育烛光行动”,盟市委在渠县屏西乡中心学校建立“烛光行动”基地。在通川区开展农村中小学教师培训活动,共培训教师800余人次,赠送教辅资料2 000余册,帮扶贫困师生资金10 000余元。支持新农村建设,开展“三下乡”活动。组织调研组深入渠县、达县等地农村调研并为渠县龙尾村争取并送去帮扶资金2万元,化肥6吨。为达县大风乡农民送去化肥4吨,开展普法宣传、义诊送药、农技咨询等活动,发放各种宣传、科普资料5 000余份。开展“情系农民工培训”活动。共开展培训活动10期,培训农民工1 500余人次。“盟侨合作”再创佳绩。2008～2009年,共发放助学资金60余万元,资助贫困学生200余名,有20余名被资助学生考上了四川大学等。争取海外资金105万元,修建“侨心小学4所”。开展“送温暖、献爱心”慰问和对口帮扶活动。两年中,慰问老盟员、贫困盟员150余名。盟市委积极参与市委统战部组织在万源开展新农村建设对口帮扶活动,帮扶资金7 000元。积极开展抗震救灾活动。2008年汶川地震发生后,盟市委及时作出布置,开展盟员献爱心活动,并在中心广场开展“情系灾区赈灾义演”,共向灾区捐款和组织捐款50余万元。

【领导名录】

主任委员:廖继康

副主任委员:郝德恒　唐定智　庞福佑

秘书长:潘敏(女)

副秘书长:王　勇

办公室主任:冯仁丽

(王　勇)

民主建国会达州市委员会

【思想政治工作】2008～2009年,民建达州市委认真贯彻中共十七大以来的路线、方针、政策和民建“九大”精神,以邓小平理论和“三个代表”重要思想为指导,高举中国特色社会主义伟大旗帜,深入贯彻落实科学发展观,深化政治交接学习教育活动,认真做好领导班子和成员的思想政治工作,坚持以人为本,进行爱国主义、社会主义教育。学习“五个坚持”和“四种精神”成为班子的成员的共同理论。在中共中央发布“五一口号”60周年之际,召开扩大会议,重温“五一口号”的内容和学习陈昌智主席关于《弘扬优良传统,努力开拓进取》的重要讲话。结合改革开放三十年所取得的成绩,组织成员参与中共达州市委统战部组织的《统一战线话改革》活动,撰写理论文章,获得二、三等奖。

在新中国成立、人民政协成立、多党合作制度确立60周年之际，在中共达州市委统战部组织的“辉煌五十年”的大型晚会上，选送的男女二重唱《参政党之歌》得到领导和社会各界的充分肯定。在市政协成立10周年纪念会上，3人被评为市政协优秀委员，选送的理论文章获二、三等奖。

两年来，完成了民建达州市委二十年来的大事记和史志工作，在各类报刊发表文章67篇。编印达州民讯12期，社情民意信息128条分别在《四川民讯》、《统战工作情况》、《达州日报》、《达州内参》等刊物刊出。

【组织发展工作】2008～2009年，发展会员21人，会员结构明显改善。2009年3月，在民建四川省委和中共达州市委关心关怀下，按照《中国民主建国会章程》的规定，届中选举增补了民建达州市委主任委员和1名副主任委员；5月，届中选举增补了3名委员，完善了市委会的领导班子。2007年、2009年先后成立了达县中学支部委员会和达州职教院支部委员会。有18人次参加中央、省、市社会主义学院的培训；4名同志参加民建四川省委举办的支部主任培训；6名同志参加中共达州市委党校举办的党外干部培训班。

【参政议政工作】围绕中共达州市委、市政府的中心工作，充分发挥会员中的人大代表、政协委员的作用，了解社情民意，就社会发展、经济建设方面的重点、难点和热点问题，先后提出了《关于以城带乡、以工促农，全面推进达州市新农村建设的建议》、《关于返乡农民工培训和再就业工作的建议》、《关于在新农村建设中加强农业机械化的建议》等，得到领导的肯定和批示。参加市委、市政府召开的座谈会、情况通报会、协商会等10次。在市政协全会上提交党派提案9件，提交提案议案共78件。《重视提案工作，为参政议政夯实基础》被收集在市政协参政议政文集中，向省民建、市政协和有关部门反映信息36篇，采纳26篇。

【社会服务工作】按照民建中央做好社会服务工作的总体思路，做到“量力而行，尽力而为，突出重点，讲求实效”的工作方针，开展智力扶贫、“四下乡”、社会公益等方面的活动。民建四川省委“思源工程·天使计划”选送渠县五个乡镇医院的5名医生到成都西区医院进行为期2个月的业务学习培训。

“5·12”汶川特大地震发生后，根据民建省委的紧急通知和中共达州市委统战部的安排部署，召开主委会议和市委会议研究，发出了“关于做好当前抗震救灾工作的紧急通知”，会员杨吉利同志在灾情发生后，不到半小时就赶往去绵竹灾区，先后救出受灾人员2人。我委共向灾区捐款86 700元。

民建达县总支、民建通川区总支开展送文化、科技、卫生、法律等方面的“四下乡”活动，发放资料近9 000份，科技咨询近70人次，为群众看病近200人次。还向达县中学的6名学生进行捐资助学活动。会员企业家吸纳失业人员56名就业。

【表彰情况】

民建达州市委获得民建四川省委先进集体；杨吉利同志获得民建中央抗震救灾先进个人；陈鸿飞、邹朝碧同志获得民建四川省委先进个人；陈权、陈明星、黄绚珠、何兴平四位同志获得达州市政协优秀委员。

【领导名录】

主任委员：王善国

副主任委员：方勤（女）　黄绚珠（女）

秘书长：曾祥国

（曾祥国）

农工民主党达州市委员会

【参政议政】在市政协二届四次及二届五次全会上，向大会提交《关于切实解决城镇居民廉租住房保障工作的建议》、《构建多元化纠纷解决机制，确保社会和谐稳定》、《完善新型农村合作医疗制度的意见及建议》、《关于切实解决医患纠纷的建议》、《关于关于加强农村食品安全监管的建议》等8件党派提案。其中《关于切实解决城镇居民廉租住房保障工作的建议》的提案，经市政协主席会议研究，被列为第一号重点提案，由康莲英主席领衔督办。在农工省委年终评选中，该提案被评为2008年度优秀提案。同时，以《构建多元化纠纷解决机制，确保社会和谐稳定》及《完善新型农村合作医疗制度的建议》为题目在市政协二届四次及二届五次全会上作大会发言，得到了中共达州市委、市政府和与会委员的高度评价。此外，针对广大人民群众关心的环境保护、农村合作医疗、医患纠纷和食品安全等方面的问题，市委会各基层组织、党员还提出了许多意见和建议。其中渠县提出的提案《科学整治流江河污染，确保渠城人民饮水安全》被渠县政协列为重点提案,《关于加强新农合资金管理的建议》被渠县政协评为优秀提案;农工党员、市政协委员周碧、石胜勇等在市政协全会上提出《利用天然气资源推进本地经济跨越发展的建议》、《关于建立达州市医疗废物处理中心的建议》、《关于建立化工基地用地补偿机制的建议》等提案受到中共达州市委、市政府主要领导的肯定,市电视台、达州日报、达州晚报等多家媒体进行了专题采访报道,引起社会广泛关注。两年来,我党派各级人大代表、政协委员就广大人民群众关心的热点、难点问题,围绕各级政府的中心工作,建良言、献良策,共提出200余件提案、意见及建议,大多被政府及相关部门采纳,社会影响良好。市委会领导班子成员、特约"四员"及部分党员怀着强烈的社会责任感,以极大的工作热情,积极参加各级党委、政府召开的民主协商会、情况通报会、学习座谈会、评议会和视察活动等共120余次。他们深入到各相关单位,公正监督,积极建议,有效地促进了职能部门的作风建设,为构建和谐达州贡献出了力量。

【自身建设】农工党达州市委组织党员认真学习中共十七届四中全会精神以及中宣部"六个为什么——对几个重大问题的回答",积极参加市统战系统科学发展观实践活动,组织骨干党员及专职干部共20余人次分别参加了清华、省社院、市社院组织的理论学习。坚持以《中国农工民主党组织发展工作规程》和《中国农工民主党基层组织工作条例》为指导,在组织发展中注重质量和代表性,适当拓宽界别,吸引一批优秀人才进入农工党队伍,共计发展党员39名,截至目前,全市共有党员441人,其中医卫界占54%,文教界占29%,科技界占8%,其他占9%。按照农工省委和中共达州市委的有关要求,在市委统战部的帮助下,市委会制定了后备干部培养规划,建立了后备干部人才库,2008年以来,先后共10多人被任用为县处级及乡科级干部。进一步完善了机关的各项规章制度,采取多种措施增强机关工作人员学习意识,服务意识,深化理论水平和提高业务能力,激发机关工作人员热心党务工作的积极性。向各级报刊、网站等报送信息近200篇,社情民意31篇,编发简讯25期。在国家级刊物上发表文章(含论文)46篇,省级刊物120余篇。其中,四川文理学院支部主委唐华生同志撰写的论文《多党合作法制化的理论与实践》被农工党中央评为2008年理论研究成果二等奖、农工党四川省委2008年度理论研究成果一等奖。在市政协纪念新中国成立60周年暨市政协成立10周年征文活动中,我党有两位同志撰写的论文获二等奖;在中共达州市委统战部举办的"统一战线话改革"征文活动,4位党员分获一、二、三等奖,另有6名党员获优秀奖。

【社会服务】继续开展定点帮扶渠县流溪乡新农村建设工作。为该乡卫生院援建化验室一个,手术室一个,捐赠价值13万余元常用药品,现金7万元,为该乡捐赠优质果树苗14 000株,以专题讲座、会诊查房等形式培训乡镇医务人员10人,免费为2 000多名群众诊病,提供咨询服务;向市统战系统帮扶点万源桅杆坝乡捐赠扶贫资金7 000元,用于帮助贫困户购买生产资料。在三八妇女节、六一儿童节、国庆节、国际科学与和平周等节日,深入到乡镇、社区,举行街头义诊,免费为市民诊病和发放常用药品,发放宣传资料10 000余份,药品价值5万余元,受益群众5 000多人,受到当地党委、政府和人民群众的称赞。汶川发生8级特大地震灾难后,唐联勇、赵浪、秦萍、魏娟、王英、李超等党员深入震区一线参加抗震救灾工作,他们不怕苦不怕累积极奔走在灾区各地,并多次捐出随身携带的财物,价值上万元,受到当地群众一致好评。地震以来,市委会迅速行动,动员广大党员积极捐款捐物,短短几天之内,组织党员捐款捐物共计10多万元。

【表彰情况】

1. 被农工省委评为综合工作"先进集体"、"组织工作先进集体"、"社会宣传工作先进集体"、"社情民意工作先进集体"、"理论研究先进组织"、"征订《前进论坛》杂志先进组织奖"

2.《关于加强农村食品安全监管的建议》的调研报告被评为优秀调研报告

3. 蒲春天、石胜勇等被市政协表彰为优秀政协委员

4. 唐华生被评为四川文理学院"科研十佳"

5. 张洪被中华慈善总会美国微笑列车基金会授予"突出贡献天使奖",其负责的耳鼻喉科被省卫生厅批准立项建设"四川省甲级重点专科"

【领导名录】

主任委员:李国友

副主任委员:秦孝虎　蒲春天　王国庆

秘书长:王　英

（王　英）

工商联工作

【概况】2008～2009年，全市各级工商联组织坚持“充分尊重、广泛联系、加强团结、热情帮助、积极引导”的工作方针，切实增强服务功能，拓展服务渠道，充分发挥工商联作为党和政府联系、管理非公有制经济的桥梁、纽带和助手作用，在组织建设、光彩事业、参政议政、思想政治工作、经济服务等方面取得了明显成效，为引导全市非公有制经济人士的健康成长和促进非公有制经济的健康发展作出了积极贡献。被市委表彰为2008年度定点扶贫工作先进集体、2008年度全市维稳综治工作先进集体、2008年度全市信访工作先进集体；连续两年被省工商联表彰为综合先进单位。

2009年4月29日，召开二届五次执委会，增补执委14名、副主席（副会长）4名，免去副主席（副会长）1名。市工商联执委由79名扩大到92名。2009年12月28日，召开二届六次执委会，增补秘书长和执委各1名，免去副主席（副会长）和执委各1名。到2009年底，全市工商联共有会员10 078个，其中：个人会员9 487个（含老会员169个），企业会员574个，团体会员17个；全市已建基层商会248个，其中：乡镇商（分）会231个，行业商会（协会）17个。

【参政议政扎实有效】积极围绕国内外经济形势的变化、保持民营企业健康稳定发展，如何发挥工商联及行业商会组织的作用，特别是就优化非公有制经济发展软环境方面开展调查研究，积极撰写调研报告，提出科学的高质量的意见和建议，提高参政议政水平。同时，支持会员和非公有制经济人士中的人大代表、政协委员撰写提（议）案，参与政治协商和民主管理。2008年开展了民营经济发展情况调研工作。配合省工商联党组成员、巡视员连铭一行来达州就民营经济发展情况开展专题调研，与民营企业负责人就《劳动合同法》的执行、融资问题以及民营企业发展的外部环境等方面的情况进行了探讨交流，形成了《关于达州市民营经济情况的报告》。2009年开展了基层工商联工作及民营经济发展工作调研。会领导分别带领机关工作人员深入到大竹、宣汉、达县、开江、万源，了解在全球经济危机下会员企业生产经营情况和存在的突出问题，引导和帮助企业科学应对金融危机，寻求破解发展难题的对策措施，促使民营企业在复杂的竞争中健康稳定发展。完成了市委、市政府下达的《全民创业研究》、《产业园区招商引资研究》、《发展现代服务业促进消费研究》3篇调研课题任务。在2008年和2009年的政协会上，市工商联会员中的政协委员共提交了《关于规范我市百货批发市场的建议》等8件提案，其中：《科学应对金融危机大力发展民营经济》、《关于对达州城区出租车增加数量提高质量的建议》2个提案，引起了有关领导的高度重视，分别责成市经委、市交通局对这两个提案进行答复；市工商联分别作了《努力推进达州民营经济发展新跨越》和《生存与环保》的书面发言，并动员工商界中的人大代表、政协委员围绕民营企业科学应对经济危机、强化风险管理、加速产业升级等课题开展专题调研，并积极以大会发言、议案和提案等方式反映社情民意，为党委、政府提供有价值的意见和建议达10余项。

【思想教育扎实推进】　一是开展政治理论教育。通过开展中国特色社会主义学习教育活动、深入学习实践科学发展观活动及召开思想政治工作会议等多种形式的教育活动，帮助非公有制经济代表人士提高政治思想觉悟，坚决拥护党的领导，树立科学发展观，强化坚持走中国特色社会主义道路的理想信念；二是开展法律法规教育。增强他们的法制观念，引导他们依法经营，照章纳税；开展诚信教育，引导他们讲信义、守信用、重信誉，自觉维护市场经济秩序；三是开展“双思教育”。引导他们“致富思源、富而思进”，用自己诚实劳动和合法经营的成果回报社会，积极投身光彩事业活动，为政府分忧，向社会奉献爱心，做良好社会风尚的引领者和合格的中国特色社会主义事业建设者。四是开展综合评价。按照市委统战部制定的《非公有制经济人士综合评价体系》的标准和要求，于2008年4～5月开展了一次调查摸底，建立起全市非公有制企业综合评价档案资料库，并把综合综合评价情况作为对其政治安排的重要依据。通过开展深入细致的思想政治工作，一批坚决拥护党的领导、走中国特色社会主义道路的非公有制经济代表人士积极分子队伍不断壮大，他们在各行各业中充分发挥了社会主义事业建设者的模范带头作用。2008年4月，市工商联会员——达州钢铁集团拉丝分厂、四川川环科技股份有限公司、四川金利多房地产集团公司被市政府表

彰为“2007 年度纳税 30 强企业”;在第二届达州市十大经济人物评选中,执委、市通用家电公司总经理杨荣获得达州市经济人物公益奖。2009 年 2 月,执委文谟统、赵相革被评为改革开放 30 年达州市“十大杰出经济人物”;直属会员企业——四川一新投资实业公司被评为“十大杰出贡献企业”;6 月,执委程文芬被命名为“达州市首届道德模范”,副主席郝成棋、执委廖均、许道明、会员余正斌等为达州市首届道德模范提名奖获得者;9 月,副主席赵相革、执委文谟统被省委组织部、省委统战部、省工商联表彰为“首届四川民营工业突出贡献人才”。

【光彩事业深入开展】 一是开展送温暖活动。为了让困难群众过上一个安乐祥和的春节,送去党和政府的温暖和关心,两年来,我会到对口帮扶的通川区四合头社区对瘫痪老人张大珍等 30 户困难群众和 2 名贫困老党员进行了慰问,共送去了慰问金9 400元和大米、青油等物资。二是开展定点帮扶工作。两年来,共向定点帮扶点——万源市花楼乡桅杆坝村送去帮扶资金9 000元。会领导还于2009 年 9 月带领部分会员到开江县沙坝场乡袁家坪村和新宁镇清河社区开展了“四访四问”主题活动,对 7 户贫困户进行了慰问,共送去慰问金3 500元。三是开展无偿献血活动。在市工商联、市卫生局、市区献血办的大力支持下,通川区滨江美食商会发起的“滨江休闲美食商会无偿献血活动”于 2008 年在市中心广场正式启动。2009 年,组织知味苑、红馆火锅等商家员工 100 多名,自愿献血 3 万多毫升,谱写了一曲曲“关爱生命、爱心无价”的无偿献血壮歌。四是参与抗震救灾。2008 年“5・12”汶川大地震发生后,全市工商联系统心系灾区,全力组织广大干部职工和会员企业响应市委、市政府的号召,积极向地震灾区奉献爱心,共捐款捐物达 400 多万元。五是参与公益活动。2009 年 9 月 4 日,达州市工商联温州商会捐赠现金 1 万元,支持通川区四合头社区的城乡环境综合治理工作。据不完全统计,两年来,我会共组织引导会员参与捐资助学、扶危济困、修路架桥等光彩事业共计 130 多万元。六是参与再就业工程。2009 年 5 月,两次组织会员企业参加市委、市政府主办的达州市大中专毕业生就业援助大型招聘会和四川省、市、县同时举办的民营企业招聘周活动,共提供就业岗位24 938个(其中,适合高校毕业生就业岗位数6 540个),签订就业意向人数9 014个(其中高校毕业生就业协议1 315个、进城和返乡农民工就业协议5 553个、下岗失业人员就业协议2 337个),签订职业技能培训意向人数3 193个,开展维权及法律援助人数 174 人,印发政策宣传资料94 300份。

在光彩事业活动中,广大非公有制经济人士表现出了高度的社会责任感和崇高的精神风貌,受到了各级党委、政府的肯定与表彰。2008 年 4 月,市工商联会员——市侨兴房地产公司、四川天恒建工(集团)公司等 10 家企业被表彰为达州市首届“慈善企业”,市工商联执委——赵相革、张述等 9 人被表彰为达州市“慈善之星”。在 2008 年 6 月 28 日召开的全市抗震救灾表彰大会上,市工商联直属会员——四川一新投资实业有限公司被表彰为先进集体,市工商联副主席刘永好(四川美好企业集团有限公司董事长),执委赵相革(四川旭阳水泥有限公司董事长)等被表彰为先进个人。四川金利多集团和四川一新投资实业公司董事长郝成棋、四川三秦房地产开发有限责任公司董事长龚雨被省委统战部、省工商联表彰的先进集体和先进个人。2008 年 11 月,推荐达州市旭能贸公司董事长向文旭为全国工商联表彰的抗震救灾先进个人。

【经济服务卓有成效】一是做好政策服务。积极向党委、政府反映非公有制经济人士的愿望和要求、意见和建议,为党和政府制定有关发展非公有制经济政策进言献策;同时,积极向会员宣传和介绍《国务院关于鼓励支持和引导个体私营等非公有制经济发展的若干意见》等有关发展非公有制经济的政策性文件,引导他们对政策及文件的精神实质的把握中找准发展机遇,向国家允许和鼓励的方向加快发展。二是做好协调服务。为了更好地为民营企业提供服务,准确地掌握各种信息,经常深入会员企业,宣传科学发展观理论,协助他们制定发展规划,帮助他们解决困难,引导他们科学应对金融危机,特别是2009 年多次到四川汉唐实业公司了解其生产、经营情况,全力参与到处置四川汉唐实业公司非法吸收公众存款犯罪工作,协调解决各种社会矛盾,热情接待来信来访人员,与有关部门一起协调解决矛盾,认真开展清产核资工作,切实维护社会稳定。开展“四川省成长型中小企业”推选工作。两年来,与市中小企业局一起推荐了四川一新投资实业有限公司等 39 家会员企业和民营企业为“四川省成长型中小企业”,这些企业将得到省级有关部门在政策支持、要素保障、融资、培训等方面的重点支持。三是举办培训讲座。2008年6月和2009年6月，分别邀请市劳动和社会保障局负责人、中国人民大学商学院知名专家教授举办了《劳动合同法》专题讲座及“应对金融危机，加强企业管理”培训班，全市350位工商界人士及工商联系统机关干部职工参加了培训；2009年8月27日，与市委宣传部、达州日报社、达州电视台等单位在达州宾馆共同举办了罗序伦先生作品义卖义捐活动暨经营者艺术修养、企业战略专题讲座。举办中国象棋比赛。为了庆祝北京奥运会和残奥会的胜利召开，引导民营企业加强文化建设，促进民营企业之间的联谊与交流，于2008年9月19日在市体育中心成功举办了达州市工商联“美好杯”中国象棋比赛。来自全市14家民营企业选派的15名选手参赛竞技。四是参与招商引资工作。在成都召开的第九届、第十届西博会上，积极与成都市工商联联系，共邀请16位成都市民营企业负责人参加我市在成都召开的投资说明会。2009年7月7~8日，与市商务局、市投资促进局一起陪同特新集团对市化工园区、物流园区等地进行了实地考察调研；8月中旬，组织市工商联副主席、执委及会员共7人参加省工商联举办的赴台湾经贸交流考察活动。10月18~19日，邀请河南省知名民营企业家代表团一行13人来本市进行商务考察，受到了市委书记、市人大常委会主任李向志的亲切会见，就进一步加深合作进行了亲切友好的商讨，并达成了共识。河南省川渝商会还向达县青宁乡岩门村捐献了2万元助学基金。五是做好融资服务。2008年4月16日，与市委统战部一起组织40多家民营企业参加了市人民银行组织召开的银企座谈会。六是建立商会联谊机制。为了增进秦巴地区商会之间的联系及友谊，加强沟通与互动，实现商会工作经验的交流与提升，为会员企业搭建联谊交流的平台以及提供更多的商机，2009年7月，向四川省和重庆市、湖北省、陕西省8个周边市（区）（工商联）商会发出《关于倡议建立秦巴地区商会联谊会的函》，得到了积极的响应与支持。

【领导名录】

主　席：王全兴

副主席：钟　华

秘书长：张　瑛

（张　瑛）

民主政治

达州市人大常委会

【概况】市人大常委会设办公室、研究室、人事代表工作委员会、内务司法工作委员会、财政经济工作委员会、教育科学文化卫生工作委员会、城乡建设环境资源保护工作委员会、农业工作委员会和预算工作委员会九个工作机构。有主任、副主任、秘书长、驻会委员和其他工作人员共97人。

2008~2009年,市人民代表大会召开3次大会,市人大常委会召开常委会会议13次,主任会议32次,秘书长会议12次,听取和审议"一府两院"工作报告32项,共提出审议意见27个,作出决议、决定38项,组织代表进行视察和执法检查32次,依法任免地方国家机关工作人员33人(次),充分发挥了地方国家权力机关的作用。

【达州市二届人大五次会议】2008年2月24~28日在达州市演艺中心召开。会议应到代表475人,实到代表449人,列席会议的有101人。这次会议的议程为:听取和审查达州市人民政府市长罗强关于政府工作的报告;审查和批准达州市2007年国民经济和社会发展计划执行情况及2008年国民经济和社会发展计划草案的报告;审查达州市2007年财政预算执行情况及2008年财政预算草案的报告,批准2007年市本级财政预算执行情况的报告及2008年市本级财政预算;听取和审查达州市人民代表大会常务委员会主任谢天刚关于达州市人民代表大会常务委员会工作的报告;听取和审查达州市中级人民法院院长袁成泉关于达州市中级人民法院工作的报告;听取和审查达州市人民检察院检察长杨辉关于达州市人民检察院工作的报告;选举。会议通过了关于接受谢天刚辞去达州市人大常委会主任,李正郁、张举沶辞去达州市人大常委会副主任职务的决定。选举李向志为达州市第二届人民代表大会常务委员会主任,邓宏志、张志科为达州市第二届人民代表大会常务委员会副主任,赵罡大为达州市第二届人民代表大会常务委员会委员。本次会议共收到10名以上代表联名提出的议案28件,经大会主席团决定:将何联兴等14名代表提出的关于加强饮水资源管理确保城市饮水安全的议案,周辉等15名代表提出的关于请求市人大常委会督促市人民政府建立完善失地农民安置、补偿、保障实施办法的议案和陈于平等18名代表提出的关于高度重视罗江库区水资源保护确保达城未来180万人民饮水安全的议案交由市人大常委会审议。其余的25件转为建议、批评和意见,连同大会收到的46件建议、批评和意见,分别转交"一府两院"及相关机关、组织研究办理。

【达州市二届人大六次会议】2008年9月25~26日在达州宾馆召开。会议应到代表477人,实到代表430人。会议补选何健为达州市人民政府市长,补选冯永刚、梅辉太为达州市第二届人大常委会委员。

【达州市二届人大七次会议】2009年2月20~23日在达州市演艺中心召开。会议应到代表477

人,实到代表441人,列席会议的有104人。会议听取和审查了达州市人民政府市长何健关于政府工作的报告;审查和批准了达州市2008年国民经济和社会发展计划执行情况及2009年国民经济和社会发展计划草案的报告;审查了达州市2008年财政预算执行情况及2009年财政预算草案的报告,批准了2008年市本级财政预算执行情况的报告及2009年市本级财政预算;听取和审查了达州市人民代表大会常务委员会主任李向志关于达州市人民代表大会常务委员会工作的报告、达州市中级人民法院院长袁成泉关于达州市中级人民法院工作的报告、达州市人民检察院检察长杨辉关于达州市人民检察院工作的报告。会议选举刘元成为达州市第二届人民代表大会常务委员会副主任。本次大会共收到10名以上代表联名提出的议案24件,经大会主席团决定:将贺昌华等18名代表提出的关于统筹达州水资源管理推进水务一体化建设的议案;吴胜鸿等16名代表提出的关于认真研究逐步化解乡村债务措施办法的议案;陈于平等20名代表提出的关于请求市人大对全市医疗机构医疗废水、废物治理和处置,保障全市人民人体健康实施监督的议案;江训华等26名代表提出的关于建议市人大常委会依法监督市人民政府着力打造生态型化工产业区的议案;梅辉太等11名代表提出的关于开展《四川省职工代表大会条例》执行情况检查的议案;阮达明等15名代表提出的关于加大《关于保护州河的决定》贯彻执行检查力度,督促市政府加快南城截污干管工程建设速度的议案作为议案并交由市人大常委会审议。其余的18件转为建议、批评和意见,连同大会收到的74件建议、批评和意见,分别转交"一府两院"及相关机关、组织研究办理。会议期间,还组织全体与会代表视察了化工园区。

【达州市二届人大常委会第二十次会议】2008年2月28~29日在达州市人大常委会机关举行,会议议程共9项,会期两天。会议通过关于召开达州市第二届人民代表大会第五次会议的决定,审议通过达州市人民代表大会常务委员会工作报告和达州市第二届人民代表大会第五次会议列席人员名单,达州市第二届人民代表大会第五次会议议程(草案)、主席团和秘书长名单(草案)、计划预算委员会和议案审查委员会组成人员名单(草案);听取达州市第二届人民代表大会第五次会议筹备工作和全省市、州人大常委会秘书长暨办公厅(室)工作联系会的情况汇报;表决通过人事任免事项。

【达州市二届人大常委会第二十一次会议】2008年4月28日在达州市人大常委会机关举行,会议议程共6项,会期一天。会议听取审议市人民政府关于落实《达州市人大常委会关于保护州河的决定》情况的报告,关于贯彻实施《中华人民共和国防洪法》、《中华人民共和国气象法》情况的报告。听取审议市人大常委会代表资格审查委员会关于市二届人大个别代表的代表资格审查报告。审议市人大常委会主任会议关于提请审议邓宏志辞去达州市人民政府副市长职务的议案。表决通过人事任免事项。

【达州市二届人大常委会第二十二次会议】2008年6月12日在达州市人大常委会机关举行,会议议程共6项,会期一天。会议听取审议了市人大常委会执法检查组关于检查《中华人民共和国价格法》实施情况的报告、市人民检察院关于惩治和预防职务犯罪情况的报告、市人民政府关于《中华人民共和国农业法》贯彻实施过程中财政支农资金投入情况的报告。会议听取并通过了关于许可对市二届人大代表刘运芳依法采取强制措施的书面报告。会议还听取了关于四川省人大农业工作座谈会的书面情况汇报。表决通过了人事任免事项。

【达州市二届人大常委会第二十三次会议】2008年8月21~22日在达州市人大常委会机关举行,会议议程共11项。会议听取审议市人民政府关于达州市2008年1~6月国民经济和社会发展计划执行情况的报告,关于达州市2007年财政决算和2008年1~6月预算执行情况的报告,关于达州市2007年度市级财政预算执行和其他财政收支情况的审计工作报告,关于《中华人民共和国城市房地产管理法》贯彻执行情况的报告,关于《中华人民共和国职业病防治法》贯彻实施情况的报告。听取市人大常委会财经工委、预算工委关于达州市2007年财政决算初审的书面报告。审议通过关于召开达州市第二届人民代表大会第六次会议的决定,审议通过达州市第二届人民代表大会第六次会议议程(草案)、主席团和秘书长名单(草案)。会议还听取审议市人大常委会代表资格审查委员会关于市二届人民代表大会个别代表的代表资格审查报告。表决通过人事任免事项。

【达州市二届人大常委会第二十四次会议】2008

年9月18日在达州市人大常委会机关举行,会议议程共3项,。会议听取审议市人大常委会代表资格审查委员会关于市二届人民代表大会个别代表的代表资格审查报告。审议市人大常委会主任会议关于提请审议杨钢辞去达州市人民政府副市长职务的议案。表决通过人事任免事项。

【达州市二届人大常委会第二十五次会议】2008年10月23~24日在达州市人大常委会机关举行,会议议程共9项,会期两天。会议听取审议市人民政府关于全市重点投资项目建设情况的报告,关于贯彻实施《中华人民共和国人口与计划生育法》情况的报告,关于贯彻实施《中华人民共和国农产品质量安全法》情况的报告,关于贯彻实施《中华人民共和国治安管理处罚法》情况的报告。听取审议市人大常委会执法检查组关于检查《中华人民共和国劳动合同法》实施情况的报告,关于检查《中华人民共和国城乡规划法》实施情况的报告。审议通过《达州市人大常委会听取和审议专项工作报告暂行办法》和《达州市人大常委会市级预算审查监督办法》。书面听取关于四川省川东川南第二十四次人大财经工作座谈会的情况汇报。

【达州市二届人大常委会第二十六次会议】2008年12月26~27日在达州市人大常委会机关举行。会议议程共16项,会期两天。会议审议市人民政府关于《达州市"十一五"规划〈纲要〉中期评估报告》和《达州市"十一五"规划〈纲要〉中期部分目标调整方案(草案)》。听取审议市人民政府关于达州市2008年财政预算变动及1~11月预算执行情况的报告,关于2007年度市级财政预算执行及其他财政收支审计处理结果的报告;市人大常委会主任会议关于市二届人大五次会议主席团交付审议的代表提出的议案办理情况的报告;市人民政府办公室关于办理市人大代表建议、批评和意见情况的报告;市人大常委会代表资格审查委员会关于市二届人民代表大会个别代表的代表资格审查报告。听取市人大常委会财经工委关于达州市"十一五"规划纲要中期评估报告及部分目标调整草案的初审报告,书面听取关于全省第十三次市州人大人事代表工作会议和全省人大防震减灾法制工作座谈会的情况汇报。审议通过关于召开达州市第二届人民代表大会第七次会议的决定,达州市第二届人民代表大会第七次会议议程(草案)、主席团和秘书长名单(草案)、计划预算委员会、议案审查委员会组成人员名单(草案)和列席人员名单。通过了人事任免事项。还对市人民政府11个组成部门主要负责人进行了履职考核。最后,市委书记、市人大常委会主任李向志讲话。

【达州市二届人大常委会第二十七次会议】2009年2月14日在达州市人大常委会机关举行,会议议程共四项,会期一天。会议审议通过《达州市人民代表大会常务委员会工作报告》,并决定提请达州市第二届人民代表大会第七次会议审查。会议听取审议达州市人大常委会代表资格审查委员会关于市二届人民代表大会个别代表的代表资格审查报告,通过关于接受冯全礼辞去达州市第二届人民代表大会常务委员会副主任职务的决定,听取达州市第二届人民代表大会第七次会议筹备工作的情况报告。

【达州市二届人大常委会第二十八次会议】2009年4月23日在达州市人大常委会机关举行,会议议程共5项。会议听取审议市人民政府关于贯彻实施《中华人民共和国农业机械化促进法》情况的报告,并进行了满意度测评。书面听取关于全省市州人大外侨工作座谈会和全省人大农业工作座谈会的情况报告。通过人事任免事项,举行法制讲座。

【达州市二届人大常委会第二十九次会议】2009年6月25~26日在达州市人大常委会机关举行,会议议程共5项,会期一天半。会议听取审议市人民政府关于贯彻实施《中华人民共和国税收征收管理法》情况的报告、关于全市城乡环境综合治理工作情况的报告、关于城乡社区建设情况的报告、关于全市新型农村合作医疗制度运行情况的报告,并进行满意度测评。审议通过了市人大常委会代表资格审查委员会关于市二届人民代表大会个别代表的代表资格审查报告。最后,市委书记、市人大常委会主任李向志讲话。

【达州市二届人大常委会第三十次会议】2009年8月27~28日在达州市人大常委会机关举行,会议议程共5项,会期一天半。会议听取审议市人民政府关于达州市2009年1~6月国民经济和社会发展计划执行情况的报告、关于达州市2008年财政决算和2009年1~6月预算执行情况的报告、关于达州市2008年度市级预算执行及其他财政收支的审计工作报告、关于全市扩大内需促进经济增长政策措施落实情况的报告,并进行满意度测评。会议还通过人事任免事项。最后,市委书记、市人大常委会

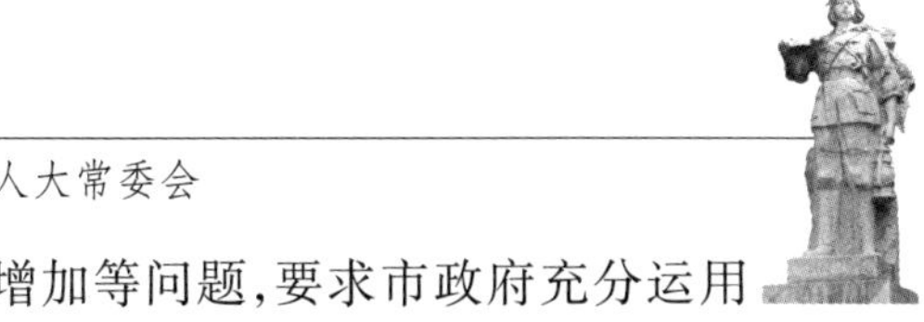

主任李向志讲话。

【达州市二届人大常委会第三十一次会议】2009年10月29~30日在达州市人大常委会机关举行，会议议程共6项，会期一天半。会议听取审议市人大常委会执法检查组关于检查《中华人民共和国预算法》实施情况的报告、市人大常委会执法检查组关于检查《中华人民共和国农产品质量安全法》实施情况的报告、市人民政府关于达州城区义务教育发展情况的报告，并进行满意度测评。审议《达州市人民代表大会常务委员会执法检查暂行办法(草案)》，人事任免，听取关于四川省市州人大农业工作联系会第十九次会议的情况汇报。

【达州市二届人大常委会第三十二次会议】2009年12月22~23日在达州市人大常委会机关举行，会议议程共5项，会期一天半。会议听取审议市人民政府关于达州市2009年财政预算变动及1~11月预算执行情况的报告、关于达州市2008年度市级财政预算执行及其他财政收支审计处理结果的报告，听取审议市人民政府办公室关于办理市人大代表建议、批评和意见情况的报告，并进行满意度测评。听取审议市人大常委会主任会议关于市二届人大七次会议主席团交付审议的代表提出的议案办理情况的报告，审议通过《达州市人民代表大会常务委员会工作评议办法》。书面听取关于全省人大法制工作联系会的情况汇报，关于四川省川东川南第二十五次人大财经工作座谈会的情况汇报，关于全省市州人大教科文卫工作座谈会的情况汇报，关于市二届人大七次会议代表建议、批评和意见办理的情况汇报，关于许可对市二届人大代表杨建等四人依法采取强制措施的报告。

【促进经济发展情况】两年来，常委会自觉坚持以经济建设为中心，服从和服务于全市大局，进一步加强对经济工作的监督，有力地推动了全市经济持续较快增长。

听取审议经济工作专项报告。围绕经济工作重点，常委会听取和审议达州市经济运行、财政支农投入、房地产管理、城乡规划等13项经济工作专项报告，并将审议意见交市政府及相关部门研究办理。为加强对经济运行过程的监督，常委会多次听取市政府相关部门关于经济运行情况的报告，针对经济运行中存在的生产要素制约突出、经济结构不够合理、经济质量有待提高、可持续发展能力不强和经济增长不确定因素增加等问题，要求市政府充分运用国家宏观调控政策和密切关注物价走势，强力推进工业提速增效和项目建设，不断拓展消费市场，确保全市经济持续快速增长。为保持房地产业的健康有序发展，常委会组成人员深入通川区、达县等地对达州市房地产开发用地、权属登记和交易等情况进行了专题调研，并听取和审议了市政府关于房地产管理法贯彻执行情况的报告，要求依法规范房地产供地市场，加大经济适用房和廉租房建设力度，推动房地产市场平稳发展。常委会在组织开展城乡规划法执法检查的基础上，认真听取了市政府相关工作情况汇报，指出了存在的问题，要求市政府进一步增强规划意识，抓好城乡规划的编制和完善，加大监督和执法力度，严格执行城乡规划法，促进城乡经济社会全面协调发展。

组织专题视察调研。为推动重点工程建设，2008年7月，常委会组成人员对达州钢铁集团二甲醚、达州电厂2×30万千瓦火电、齐鲁石化、汇鑫能源、香港玖源、华润蓝剑和城市基础设施建设等重点工程项目进行调研，要求市政府及相关部门大力推进发展方式的转变，积极开展自主创新，继续调整产业结构，不断提升企业综合竞争力，解决好相关要素对重点项目的制约问题，在抓好现有重点项目的同时力争再上一批新的重点项目，并切实抓好项目储备工作。2008年下半年，常委会两次组织省、市人大代表专题调研天然气资源开发和市天然气能源化工产业园区建设情况。省、市人大代表对近几年来取得的成绩给予了充分肯定，对存在的问题给予了高度关注，建议加快天然气资源转化进度，进一步完善天然气能源化工基地配套基础设施，坚决杜绝高污染项目进驻园区，积极引进高科技、高附加值的项目，切实解决好失地农民的安置问题，加快园区工业经济发展。2009年，为有效应对金融危机的影响，按照“保增长、保民生、保稳定”的总体要求，常委会紧紧围绕扩大内需、促进经济增长政策措施的落实，组织三个调研组先后开展了为期一个月的调查研究。调研组同各县(市、区)政府进行了座谈，了解各县(市、区)在金融危机中面临的问题和应对措施。随后，调研组深入齐鲁石化、汇鑫能源和普光天然气净化厂等28个重点工程项目现场，了解了建设进度和遇到的困难。调研组还实地察看了42家中小企业的生产经营情况，同企业负责人进行了交流，共同探讨达州市中小企业应对金融危机的经营方略与措施。在深入了解情况的基础上,先后形成了《抓好重点项目建设,推动经济平稳较快发展》、《高度关注中小企业,促进工业经济发展》、《扩大信贷投入,促进经济增长》等调研报告,反映了各地各企业的实际情况,提出了一系列工作建议。如:全面落实扩大内需、促进经济增长的政策措施;加大招商引资力度,加快重点工程重点项目建设进度,打好项目会战年攻坚战;进一步加大资金筹措力度,切实解决好中小企业融资问题,积极营造宽松的发展环境等等。这些建议,为市委、市政府科学决策提供了重要的参考依据。

加强计划和财政预算审查监督。为确保国民经济和社会发展计划的顺利实施,常委会听取和审议了2008年、2009年上半年全市国民经济和社会发展计划、"十一五"规划《纲要》中期评估报告,作出了《关于批准达州市"十一五"规划纲要中期评估报告及部分指标调整方案的决议》。为强化预算监督,更好地发挥公共财政的职能作用,常委会听取和审议了预算执行情况及其它财政收支审计工作报告,作出关于批准市级财政决算的决议,批准了财政预算的部分调整;及时对市政府提出的地方政府债券以及金龙大道北延线Ⅱ期及土地开发项目、委托代建市天然气化工产业区、金龙大道南延线北段、金龙互通式立交桥、七河路等政府重点项目融资事项进行了审查和批准;建立部门预算上人代会和预算审查监督联络员制度,成立市级预算审查监督咨询组,提前介入预算编制工作,2008年,常委会对市委政法委等10个部门的预算草案进行了初审,2009年,对31个市级部门的预算草案进行初审并提交市二届人大七次会议审查,进一步规范了市级部门预算工作。为进一步推动预算法的贯彻实施,常委会执法检查组深入到通川区、开江县及部分乡镇开展了执法检查。为确保达州市财政预算收入的完成,常委会加大了对税收征收管理法贯彻实施情况的监督,组织组成人员先后深入税收征管部门和恒成能源集团、达竹煤电集团、达州商业集团等市级应税企业视察,并提出了进一步加强税收征管,深化法律贯彻实施的建议。

促进农村经济发展。为支持农村改革发展,常委会部分组成人员先后到开江、宣汉、大竹等县对财政支农资金投入情况开展了专题调研,针对存在的突出问题,要求加大支农投入,加强支农资金监管,努力改善农业生产条件,积极推动农村经济发展。为解决全球金融危机造成大量农民工返乡问题,常委会部分组成人员深入各县(市、区)调查了解,掌握了返乡农民工的基本情况,形成了《关于返乡农民工培训及就业情况的调查报告》,市政府依据调研报告提出的问题和建议,进一步完善了促进农民工就业的相关政策措施,强化返乡农民工实用技能培训,大力拓宽就业渠道,积极帮助农民工实现创业和再就业,取得了明显成效。为确保农产品质量,增加农民收入,常委会重点听取和审议了市政府贯彻实施农产品质量安全法情况的报告,深入到市农产品质量检测中心、市"科技惠民行动"无公害蔬菜专家大院、通川区无公害蔬菜生产基地等地,对农产品质量安全法贯彻实施情况进行了执法检查。为推动农民专合组织发展,常委会部分组成人员先后深入到万源、达县、开江和渠县的部分乡镇了解达州市农民专合组织发展情况,并配合省人大农业与农村委员会开展了视察调研,肯定了达州市农民专合组织发展取得的成效,指出了存在的问题,建议进一步完善利益联结机制,加大扶持力度,加快产业培育,营造农民专合组织良好的发展环境。为促进达州市农业机械化发展,有效提高农机化水平,常委会部分组成人员深入各县(市、区)对农业机械化促进法贯彻实施情况进行了视察,听取审议了专项工作报告,作出了审议意见。常委会还听取了全市林业工作汇报,对气象法、防洪法的贯彻实施情况开展了视察并听取了市政府专项工作报告,协助上级人大开展了四川省水利工程管理条例贯彻实施情况的执法检查,促进了相关工作的依法开展。

【推动社会事业发展情况】常委会围绕人民群众普遍关注的民生问题,加强对劳动就业和社会保障、教育、文化、卫生等社会事业的监督,使达州市社会事业有了新的进步。

推动劳动就业和社会保障工作。为促进劳动合同法的贯彻实施,市人大常委会执法检查组先后深入宣汉县、通川区和部分市属用人单位,检查全市贯彻执行劳动合同法的情况,针对发现的问题,要求市政府进一步提高全社会的劳动合同意识,加强劳动执法监察,规范用人单位用工行为,并跟踪监督整改落实情况,有效保护了劳动者的合法权益,推动了和谐劳动关系的建立。常委会还十分关注养老、医疗、生育、工伤和失业等社会保险基金收支及统筹管理的情况，通过听取相关部门的工作汇报，开展专项视察调研，有针对性地提出意见和建议，促进了社会保障事业的不断发展。

推动教育事业发展。常委会始终关心和重视达州市教育事业的发展。2008 年，常委会组成人员和市人大代表深入到万源、宣汉的 11 所山区农村义务教育学校实地调查，发现达州市山区教育还存在学校建设滞后、教师结构不合理和素质教育推进慢等问题，向市委提交了专题报告，建议优化配置教育资源，增加教育经费投入，加快农村教师队伍建设，不断促进教育公平，保障农村义务教育的质量，得到了市委充分肯定。2009 年，常委会部分组成人员深入到城区部分中小学和通川区八中、一小新区建设工地，对城区义务教育发展情况进行了视察，听取和审议了市政府的专项工作报告，针对达州市城区义务教育教学资源总量严重不足、学校规划建设滞后、校点布局不合理、大班额现象突出等问题，提出了审议意见。市政府对此高度重视，正在抓紧制定达州城区义务教育发展规划，并将采取强有力的措施确保城市扩容后基础教育的供需平衡，满足社会对教育的需求。

推动文化事业发展。为了促进乡镇综合文化站建设，常委会部分组成人员深入到宣汉、万源的乡镇和村社进行了专题调研，就达州市乡镇文化建设存在认识不足、建设滞后、专业人员匮乏等问题，提出切实加强农村文化建设的组织领导，加快推进乡镇综合文化站阵地和队伍建设，深入开展农村文化活动，努力培育壮大农村文化市场等建议，引起了市委、市政府的高度重视。同时，常委会组成人员陪同全国人大义务教育执法调研组深入通川区、宣汉的部分学校调研义务教育和义务教育法的实施情况，指出了存在的问题，提出了建议。为进一步建设文化强市，常委会组成人员先后深入市级文化单位，专题听取了达州市文化发展情况汇报，充分肯定达州市文化繁荣发展取得的成绩，并指出了文化市场中存在的主要问题，要求市政府采取措施繁荣发展农村文化，规范文化市场经营秩序，加快文化阵地和执法队伍建设，确保达州市文化事业健康有序发展。

推动卫生事业发展。常委会高度重视卫生事业的改革和发展，继续跟踪检查全市新型农村合作医疗制度试点和城市社区卫生服务体系建设情况，着力解决城乡居民看病难、看病贵问题。2009 年 6 月，常委会部分组成人员深入到万源市和宣汉县的部分乡镇，对达州市新农合制度运行情况进行了专题视察。针对新农合制度运行工作存在的问题，提出要进一步加大对公共卫生工作所需经费的投入，切实解决乡镇卫生院建设滞后、医疗设备陈旧、专业技术人员缺乏、技术水平不高和服务能力不强等问题的建议。市政府组织相关部门专题研究，落实整改措施，有力地推动了全市新型农村合作医疗制度的实施。为切实保障劳动者身体健康，2008 年 7 月，常委会组成人员、市人大代表通过走访企业一线劳动者、查阅文件资料、召开座谈会等多种形式了解达州市贯彻实施职业病防治法情况，认为达州市职业病防治工作还存在较大差距，要求市政府建立预防控制职业病危害的长效管理机制，加强卫生执法队伍建设，提高执法水平，并向市委提交了专题报告。2009 年常委会还跟踪监督了 2008 年听取审议市政府贯彻职业病防治法专项工作报告所提出的审议意见的落实工作，督促市政府出台了进一步加强职业病防治工作的意见，加大了对违反职业病防治法案件的查处力度，切实保护了劳动者的合法权益。

推进城乡环境治理。为切实改善达州市生态环境，常委会连续 9 年开展了达州环保世纪行活动，通过舆论监督，宣传治污先进典型，曝光了生活污染比较严重的石桥铺场镇，严重偷排废水的达县运达化工厂和石板洗选厂，向铜钵河倾倒煤矸石侵占河道的达县石埂子煤矿等一批污染环境的企业，市政府相关部门对这些典型违法行为进行了立案查处，并及时加以整改。为有效保护州河，视察了《达州市人大常委会关于保护州河的决定》的贯彻落实情况，在充分肯定州河流域水质及水环境已得到明显改善的同时，指出了州河两岸无序修建固定建(构)筑物现象比较严重、农村面源污染尤其是规模化畜禽养殖污染对州河及其支流的影响较大等问题，要求市政府及相关部门切实加以解决，保证州河水质安全，实现经济与生态环境协调发展。市政府对此采取了积极有效的措施，大力植树造林，加强沿河城镇水污染治理及垃圾处理，使州河保护工作取得了新的成效。2009 年初，常委会组织三个视察组深入到各县(市、区)的城区、乡村和重点建设工程现场，实地察看污水处理设施、垃圾处理厂建设及各地环境治理情况，提出了《打造良好人居环境，促进社会和谐文明》的调研报告，得到了市委、市政府的充分肯定。常委会还适时听取审议了市政府关于城乡环境综合治理工作情况的专项报告，要求建立政府、社会、治理受益者多元化的投资格局，注重城乡规划的科学性、权威性，加大基础设施建设力度和建立完善长效机制，全面推进城乡环境综合治理工作，不断改善达州市生态环境和人居环境。常委会还与市政府共同召开了“达州城乡建设与环境资源保护工作座谈会”，指导并帮扶了城乡环境综合治理挂包社区的工作，编辑出版了宣传介绍资源环境保护和城乡建设事迹与经验的文集，对推动达州市环境保护工作的深入开展起到了良好作用。

两年来，常委会还十分关注计划生育、广播电视村村通、防震减灾、民族宗教事务、群众性体育场馆和设施建设等工作，通过听取相关部门的汇报，有针对性地提出意见和建议，促进了全市各项社会事业的协调可持续发展。

【加强民主法治建设情况】常委会以民主法治建设为重点，努力促进依法行政、公正司法，实现社会和谐稳定。

加强法制宣传教育。常委会积极推动“五五”普法工作的顺利实施，反复强调领导干部要带头学法、用法，“一府两院”必须严格依法行政、公正司法，维护法律的尊严。常委会充分利用网络宣传平台，改版升级了达州人大网，开辟了决议决定、选举任免、监督纵横、法律文献等专栏，方便群众了解达州市民主法治进程和查阅相关法律资料。同时，通过编发《达州人大》、《达州人大信息》、常委会公报，并组织新闻媒体广泛宣传人民代表大会制度、法律法规知识和人大工作，取得了较好的社会效果。在全省宣传人民代表大会制度好新闻评选中，达州市连续两年被评为全省人大宣传工作先进单位。《达州人大》被全国人大常委会图书馆定为收藏刊物。常委会还协助省人大常委会在全市进行了宪法法律和人大制度知识竞赛，举办人大理论研讨征文大赛和城乡规划法、税收征管法等法制讲座，召开我国地方人大常委会设立三十周年暨市人大及其常委会成立十周年纪念座谈会，组织交流达州市人大理论研究的最新成果，广泛宣传了人民代表大会制度和民主法制建设，有力地推动宪法和法律在达州市的贯彻实施。

维护司法公正。司法监督是监督工作的重点。常委会认真贯彻监督法的相关规定，积极稳妥地处理涉法涉诉问题，促进公正司法，维护社会公平和正义。为严厉惩治职务犯罪，常委会部分组成人员深入到通川区、达县和市级检察机关就达州市惩治和预防职务犯罪情况进行了视察，听取和审议了市检察院的专项工作报告，充分肯定了全市检察机关紧紧围绕达州市改革发展稳定大局，认真贯彻落实“教育、制度、监督”并重的预防职务犯罪和惩治腐败的方针，扎实有效地开展个案预防、专项预防、系统预防等工作，在遏制和减少职务犯罪，促进党风廉政建设等方面所发挥的积极作用。针对存在的问题，建议继续深入开展反腐败斗争，提高查办职务犯罪案件的质量，切实维护公平正义。为促进法院审判工作的公开化、透明化，维护司法公正，常委会支持并参与了市中级法院开展的“三个五”（即邀请人大代表、政协委员旁听5件案件的庭审、参与5件案件的调解、监督5件案件的执行）专项活动。为促进检察机关依法履行法律监督职责，组织部分人大代表观摩了出庭支持公诉工作；视察了驻狱驻所检察和基层院查办职务犯罪工作；部分人大代表还以人民监督员身份参与监督了检察机关自侦案件中的拟撤销案件和拟不起诉案件。为推动达州市公安系统的执法规范化建设，常委会部分组成人员视察了市塔坨交警便民服务站、市公安局机关以及正在建设之中的应急指挥中心和市监管中心，听取了工作汇报，要求公安机关进一步提高依法行政的能力。常委会部分组成人员还到市、县公安机关及所属的城区派出所对治安管理处罚法的实施情况进行了视察和调研，并听取和审议了专项工作报告。

促进社会稳定。一是进一步加大了信访工作力度。两年来，按照“分别受理，综合分析，统一交办，定期反馈，严格督查”的办理原则，共受理群众来信1 562件，接待来访1 421人次，为及时化解社会矛盾，维护人民群众的合法权益和社会稳定，作出了积极努力。二是协助省人大内司委开展监狱法执法检查。先后视察了达州监狱和川东监狱，听取了监狱工作专题汇报，对各监狱今后如何依法治监、保障罪犯合法权益、维护监管安全、稳步提高罪犯教育改造质量，提出了意见和建议。三是调研出租车行业经营秩序。常委会部分组成人员深入到市交通局、运管处调研关于达州市第二轮出租车经营权转让及出租车行业稳定的有关情况，提出了《要高度重视，采取有效措施切实加强出租车经营权管理》的调查报告。市政府高度重视，及时成立了城区出租车经营管理领导小组，切实加大了对该项工作的组织领导和协调，妥善地解决了相关问题。四是听取国家安全工作汇报。常委会听取了市国家安全局的工作汇报，要求市国安局切实履行好防范和打击境外间谍情报机关和各种敌对势力的渗透破坏活动，维护好国家安全和社会政治稳定的重要职责，尤其是要重点落实涉外、涉密要害部门（部位）和高知密人员的安全保密防范措施，进一步做好新形势下的国家安全工作。

审查规范性文件。常委会按照监督法和《达州市人民代表大会常务委员会规范性文件备案审查办法》的相关规定，按程序依法对达州市征地拆迁补偿办法、达州市住房公积金提取管理实施细则、达州市城区门前清洁绿化市容管理暂行规定、达州市预防和查处土地违法行为工作暂行办法、达州市城镇居民基本医疗保险暂行办法和《达县人大常委会〈关于规范加强检察建议工作的决议〉的备案报告》等22件规范性文件进行了备案审查，提出了审查意见，维护了法制统一。

常委会还先后3次审议《达州市城市总体规划》，并对马房坝片区控制性详规进行备案审查，提出审议意见，维护了城乡规划法的严肃性和权威性。

【抗震救灾】汶川地震发生后，常委会视人民利益高于一切，迅速作出反应，紧急召开主任会议，向各县（市、区）人大常委会发出紧急通知，号召立即行动起来，在党委领导下，充分履行职能，坚持轻灾支援重灾的原则，积极为全市抗震救灾和加快发展多做贡献。按照市委统一安排，常委会领导带领市级有关部门负责同志到广元市青川县、绵阳市平武县，慰问灾区人民和达州市抗震救灾人员，并看望了在达州市接受治疗的地震灾区受伤群众和奔赴一线抗震救灾的部分官兵家属代表。市、县两级人大常委会动员省、市人大代表向灾区人民献爱心，大力支持抗震救灾，全市各级人大代表向灾区捐款及捐物折资逾100万元。同时，市人大常委会机关干部职工也踊跃向灾区献血，并积极捐款和交纳“特殊党费”共计10万余元。常委会高度重视灾后达州市学校安全和群众生产生活问题。及时组织省、市人大代表就达州市边远山区学校的校舍安全进行深入调研，指出了学校安全工作存在的问题，同时向四川省人大常委会建议对学校安全工作进行立法，并在资金投入上对革命老区、贫困山区予以倾斜，切实保障中小学生的生命安全。为稳定灾后物价，常委会组织了3个执法检查组，先后深入7个县（市、区）和部分医院、农贸市场、企业，重点对农业生产资料价格、中小学收费、药品医疗服务价格、电信资费、公益性服务收费进行了检查，指出了达州市价格管理中存在的主要问题，督促市政府及相关部门强化价格监管，有效地平抑了物价，维护了灾后正常的生产生活秩序。

【人事代表工作】常委会高度重视人事代表工作，依法行使任免权，加强任后监督，努力为代表执行职务创造条件，充分发挥人大代表的作用。

依法开展选举任免及任后监督。常委会根据省、市委要求，及时筹备召开了市二届人大六次会议，选举了达州市人民政府市长。两年来，常委会依法任免国家机关工作人员33人（次），终止或确认了部分市二届人大代表资格。为进一步加强对被任命干部的监督，常委会在报请市委同意后，于2008年12月，对市发改委、市经委、市公安局等11个市政府组成部门的主要负责人开展了履职考核。常委会成立了6个调查组，通过座谈会、个别谈话、到下属单位和服务对象了解情况的方式，全面了解考核对象的履职情况，写出了调查报告，并在市二届人大常委会第二十六次会议上进行了满意度测评。其他常委会任命人员也报送了书面履职报告。2009年，继续坚持常委会任命的国家机关工作人员书面述职，并对部分市政府组成人员进行履职考核。通过考核，促使市政府组成部门主要负责人牢固树立科学发展观，增强法治意识、宗旨意识、大局意识、责任意识，提高执行力、创造力和工作效率，真正做到权为民用、情为民系、利为民谋。

扎实搞好代表服务工作。为提高代表素质，常委会安排代表参加了四川省人大常委会组织的培训，举办了第三期市人大代表培训会、第四期市人大代表培训暨情况通报会，邀请四川省人大常委会有关专家作了辅导报告。积极拓宽代表知情知政渠道，坚持及时向代表寄送“一报三刊”及有关资料，要求市政府定期向代表寄送政府公报，市中级人民法院、市人民检察院、市发改委和市财政局每季度分别把主要工作整理成情况通报寄送每位代表。每半年召开一次情况通报会，常委会和“一府两院”将半年工作情况分别通报代表。积极组织开展代表活动，改进代表活动方式，将以代表团为单位进行视察调研改为以专业和片区分组进行视察调研。邀请省、市人大代表尤其是基层代表列席市人大常委会会议和市政府常务会议，依法组织市人大代表参加常委会视察调研、执法检查等重大活动。常委会还组织达州市选举的省十一届人大代表开展了专题调研，安排了各县(市、区)的省、市人大代表一年一度的集中视察工作，开展了"一府两院"和政府组成部门领导定期走访慰问人大代表活动。举办了"不负重托·达州代表风采录"报告文学征稿活动，出版了文集，集中宣传了一批人大代表的事迹，展现了代表风采。

认真办理代表议案和建议。市二届人大五次、七次会议主席团交付常委会审议的议案共9件，经主任会议研究对9件议案分别提出了办理意见，其中8件交由市政府办理，1件由常委会办理。常委会高度重视《关于开展〈四川省职工代表大会条例〉执行情况检查的议案》的办理工作，在征求议案领衔人及有关部门意见的基础上，提出了具体办理方案，并成立了2个执法检查组，深入达钢集团、达州商业集团和市电力公司等企事业单位，采取听汇报、查资料、走访调查等方式进行了检查，听取了市政府关于贯彻执行条例的情况汇报，有力地促进了该条例在达州市的贯彻实施。市政府历来高度重视人大代表议案办理工作，将办理工作纳入了目标考核，收到了较好的效果。如：市政府认真研究《关于建议市人大常委会依法监督市人民政府着力打造生态型化工产业区的议案》的办理工作，及时出台了达州市天然气化工生态园区规划工作方案，并要求相关部门抓紧编制规划，认真落实建设生态化工园区的各项措施，取得了较好成效；市政府多次专题研究落实《关于加快〈关于保护州河的决定〉的执行力度，督促市政府加快南城截污干管工程建设进度的议案》的办理工作，出台了《达州市饮用水水源地保护区污染防治管理办法》和《达州市城市饮用水水源地环境保护规划》，依法划定了饮用水源保护区，强力取缔、整治了保护区的排污口，加强了对饮用水的水质检测，有力地促进了该议案的办理落实。常委会非常重视代表建议、批评和意见的办理工作，及时召开交办会，并采取了切实有效的措施，加大督办力度。市政府及有关部门认真办理代表建议，进一步落实责任制，采取灵活多样的方式，不断提高办理工作质量。市二届人大五次会议以来收到的91件建议、批评和意见，代表满意和基本满意率达98%。市二届人大七次会议以来收到的95件建议、批评和意见，代表满意和基本满意率达96%以上。对代表不满意的3件建议，将原文、承办部门答复文件及代表反馈意见表一并转市政府督查室及相关部门重新办理。为促使这3件建议的办理落实，常委会组织召开了协调会，领衔代表与承办单位面对面协商具体办理方案，共同探讨解决问题的办法，使这3件建议所提问题都得到了圆满解决。

【自身建设】常委会以效能建设、开展深入学习实践科学发展观活动和贯彻省委、市委人大工作会议精神为契机，狠抓自身建设，不断提高工作水平，努力争创一流。

实践科学发展观。常委会认真开展深入学习实践科学发展观活动，坚持自学与集中学习相结合，开展活动与做好当前工作相结合，查找问题与及时整改相结合，通过中心组和党支部学习、邀请专家辅导、专题调研、解放思想大讨论等形式，加深了对科学发展观的科学内涵、精神实质和根本要求的理解。广泛征求意见，认真召开专题民主生活会，从思想观念、履职情况、体制机制等方面认真查找常委会和机关工作中存在的突出问题和不足，深入剖析，提出了改进工作的整改措施23条，每条整改措施都明确了分管领导和责任单位，确保取得实效。通过学习实践活动，以科学发展观统领人大工作全局的思路更加清晰，围绕全市发展大局创造性地履行人大法定职责的意识进一步增强，工作任务和措施更加明确，工作水平有了新的提升。

坚持抓好理论学习。常委会始终把学习放在重要位置，采取中心组学习、组成人员和县市(区)人大主任集中学习、外出考察学习及专家辅导等方式，不断强化组成人员和机关干部职工的自身素质。在两年的中心组学习活动中，常委会组织深入学习党的十七大报告，十七届三中和四中全会，省委九届四次、五次、六次、七次全会和省委人大工作会议，市委二届十次、十一次、十四次全会和市委人大工作会议精神，增进了对党的纲领、路线、方针、政策和市委决策部署的理解。同时，坚持定期学习法律法规，学习人大制度理论和人大工作知识，进一步提高了常委会组成人员和机关干部的法律知识水平和实际工作能力。

切实加强制度建设。按照监督法的规定，常委会认真总结实践经验，借鉴外地好的做法，制定了《达州市人民代表大会常务委员会市级预算审查监督办法》、《达州市人民代表大会常务委员会听取和审议专项工作报告暂行办法》《达州市人民代表大会常务委员会执法检查暂行办法》、《达州市人民代表大会常务委员会工作评议办法》等规范性文件。常委会机关也制定了《关于深入学习实践科学发展观争创全省一流人大工作的意见》，修改完善了首问责任制、责任追究制、限时办结制和考勤考核制等各项工作制度。这些制度的制定实施，进一步规范了常委会有关工作程序，提升了常委会及机关工作的制度化、规范化水平。

加强交流与合作。密切同全国、省及其他省、市、自治区人大常委会的联系，组织人员外出学习考察，形成了《深化农村改革，推进农业产业化》、《充分发挥资源特色优势，促进文化产业快速发展》和《采取有效措施，发展朝阳产业》等考察报告。承办了四川省第十四次人事代表工作座谈会，参加了四川省人大常委会组织的相关会议和活动，密切了与各兄弟市州人大常委会的联系。加强了对县（市、区）人大常委会的法律监督和工作指导，召开了市人大常委会组成人员暨县（市、区）人大常委会主任学习会，邀请市县人大常委会负责人列席常委会会议和参加常委会组织的重要活动，推动了全市人大工作的深入开展。

【领导名录】

主　　任：李向志（市二届人大五次会议选举）
副 主 任：邓宏志（市二届人大五次会议选举）
　　　　　张志科（市二届人大五次会议选举）
　　　　　熊清明
　　　　　符泽友
　　　　　严　选
　　　　　周述康
　　　　　廖继康
　　　　　刘元成（市二届人大七次会议选举）
秘 书 长：陈绪科
副秘书长：蒋道洪（2008 年 4 月免职）
　　　　　文昌谦
　　　　　朱　涛
　　　　　王业成

达州市第二届人大常委会委员名单

马骏华　王家荣　冯永刚（市二届人大六次会议选举）　刘大芸　刘家模　刘德伟　杜泽九　李开杰　杨　平　杨克贵　杨祚平　何联兴　张德珍　陈于平　范佳琼　罗少元　郑华祥　赵　英　赵罡大（市二届人大五次会议选举，2009 年 4 月调离）　钟少华　贺昌华　秦孝虎　徐　政　徐小邦　黄　明　曹志碧　梅辉太（市二届人大六次会议选举）　曾继开　楚中慧　廖中樑　廖素琴

达州市第二届人大常委会工作机构负责人名单

一、办公室
主任：陈绪科
二、研究室
主　任：向守宇
副主任：龚兢业　王林森（2009 年 12 月任命）
三、人事代表工作委员会
主　任：廖小丹
副主任：谢长维　唐洪丽
四、内务司法工作委员会
主　任：黄　明
副主任：屠海云
五、财政经济工作委员会
主　任：何联兴　李　斌（2009 年 12 月任命）
六、教育科学文化卫生工作委员会
主　任：廖宇顺
副主任：蒋　冰　李良才
七、城乡建设环境资源保护工作委员会
主　任：江　玲
副主任：王心洲
八、农业工作委员会
主　任：黎玉维
副主任：赵春林
九、预算工作委员会
主　任：蒋道洪（2008 年 4 月任命）
副主任：何昆伦

达州市人民政府

综　述

【基本情况】2008～2009 年，是达州市经济发展

极为困难的年头，也是全市上下万众一心、超常努力，化危为机、克难而进的两年。面对历史罕见的低温雨雪冰冻、汶川特大地震等自然灾害，面对国际金融危机的影响和严峻挑战，达州市人民政府在省委、省政府和市委的坚强领导下，坚持以邓小平理论和“三个代表”重要思想为指导，深入贯彻落实科学发展观，紧紧依靠和团结带领全市人民，顽强拼搏，克难奋进，全力推进“打造一枢纽、两中心、三基地，建设秦巴地区经济文化强市”，各方面工作都取得了新的成绩。

【主要经济指标】2008 年，全市完成生产总值 604 亿元，增长 14.1%；地方财政一般预算收入 20.1 亿元，增长 26.9%；全社会固定资产投资 418.7 亿元，增长 36.6%；社会消费品零售总额 212.3 亿元，增长 21.2%；城镇居民人均可支配收入9 748元，增长 14%；农民人均纯收入4 096元，增长 14.1%；居民消费价格指数上涨 4.7%；城镇登记失业率 4.8%；人口自然增长率 2.98‰。2009 年，完成生产总值 682.7 亿元，增长 14.2%；全社会固定资产投资 545.3 亿元，增长 30.2%；社会消费品零售总额 252.1 亿元，增长 18.8%；地方财政一般预算收入 23.4 亿元，增长 19.4%；城镇居民人均可支配收入 11 103元，增长 13.9%；农民人均纯收入4 421元，增长 7.9%；居民消费价格指数上涨 0.1%；城镇新增就业 3.1 万人，城镇登记失业率 4.2%；人口自然增长率 3.27‰。三、次产业比调整为 26∶45∶29，首次实现二三一结构。

【农业和农村经济】2008 年，农业总产值达 306 亿元，增长 3.3%。全市财政用于农、林、水事务支出 12.67 亿元，增长 31.5%。粮食总产量 289.6 万吨、增长 4.5%，宣汉县荣获“全国粮食生产先进县”称号。出栏生猪 606.5 万头，增长 2.5%；肉类总产量 67 万吨，增长 2.9%；畜牧业产值占农业总产值的比重达到 52.5%。农业产业化龙头企业发展到 165 家，农民专业合作经济组织达到1 658家，东柳醪糟有限责任公司被评为国家级农业产业化重点龙头企业。新增无公害农产品 11 种，农产品优质率达到 30%，开江县被确定为“全国绿色农业示范区”建设单位。劳务培训 11 万人(次)，劳务输转 172.6 万人(次)，实现劳务收入 116.5 亿元。2009 年，全市支农专项资金支出 16.7 亿元、增加 3.9 亿元。建立水稻、玉米、油菜等高产示范片 85 个 15.8 万亩，粮食总产 296.1 万吨、增长 2.3%，实现连续 3 年增产。建设畜禽规模养殖小区 394 个，主要畜禽品种规模养殖率达 43%。出栏生猪 624.1 万头，肉类总产 69.1 万吨，分别增长 2.9% 和 3.2%。市级及以上农业产业化龙头企业达到 78 家，农民专业合作社达到 268 个。劳务培训 12.9 万人(次)，劳务输转 178 万人(次)，劳务收入 127 亿元。

【重点项目】2008 年，开工在建亿元以上工业项目 42 个，其中 10 亿元以上 8 个。达州电厂第二台机组、大竹石河天然气净化厂、万源白杨溪水电站等重点项目竣工投产，瓮福集团磷硫化工基地、康泰化工双甘膦、达州海螺水泥、渠县华新水泥、宣汉富钾卤水开发等重点项目加快建设。达陕高速公路全线开工。2009 年，开展“项目会战年”活动，争取中央新增投资 9 亿元，金融机构新增贷款为上年的 2.1 倍，落实项目用地为上年的 3.3 倍。达成铁路扩能、襄渝铁路二线竣工通车，达陕高速公路、城市过境公路、国省干线改造加快推进，达万高速公路、达巴高速公路、城万快速通道、达巴铁路、达万铁路电气化改造开工建设，普光天然气净化厂、齐鲁石化、达钢高速线材、渠县华新水泥、大竹利森水泥等项目建成投产，香港玖源、汇鑫能源、达钢二甲醚等项目具投产条件。

【工业经济】2008 年，全市完成工业投入 225.7 亿元、增长 37.3%。规模以上工业企业完成增加值 194.1 亿元、增长 30%，实现税金 17.5 亿元、增长 41%，实现利润 15.1 亿元、增长 33.7%。工业经济效益综合指数 273.79，提高 35.95 点。新增销售收入超亿元企业 51 户，新增规模以上工业企业 71 户。培育省级高新技术企业 8 家、省级创新型企业 13 家、省级产学研创新联盟 2 个，“川环”商标荣获“中国驰名商标”。2009 年，完成工业投入 313.2 亿元、增长 38.7%，其中技改投入 140.8 亿元、增长 50.1%。新增规模以上工业企业 51 家，销售收入超亿元企业达到 190 家，达钢销售收入突破百亿元。规模以上工业增加值 249.2 亿元，增长 26%。市天然气能源化工产业区和大竹产业区纳入四川省1 525 工程。培育国家级创新型企业 1 家、省级 20 家，创建省级重点实验室 1 个，实现新产品产值 207.1 亿元、增长 48.9%。

【第三产业】2008 年，第三产业实现增加值 173.3 亿元，增长 11.3%。全面启动 30 个重点商贸物流项目。新建标准农家店 443 个。“家电下乡”完成销售额1.3亿元,财政补贴农民1 473万元。苏宁电器成功入驻,特色商业街区加快建设。全年销售收入超亿元的商品市场达11个,塔沱农副产品批发市场实现销售收入15亿元。实现旅游总收入30.5亿元,增长8.2%。凤凰山、五峰山、真佛山、八台山、百里峡、金山寺等景区建设加快,渠县龙潭成功创建国家3A景区。第三届乡村旅游节、第三届百里峡漂流节、首届黄花节、首届富硒茶文化节成功举办。2009年,实现服务业增加值195.6亿元、增长11.6%。启动建设秦巴物流园区、化工园区物流港等商贸物流重点项目11个,完成投资13亿元。新建农家店767个,沃尔玛、摩尔百盛等知名企业入驻达州。大力推进家电、汽车、摩托车下乡,实现销售额5.8亿元。圆满举办市第二届旅发大会、第四届乡村旅游节,大巴山国家地质公园成功申报,真佛山创4A景区通过国检,红军文化陈列馆建成开馆。接待游客737万人(次),实现旅游综合收入35.5亿元。

【环境治理】2008年,全市化学需氧量、二氧化硫排放总量分别削减4.91%和12.15%,氨氮控制在3 000吨以内,单位生产总值能耗下降4.25%。矿产资源整合取得新进展。纳入省、市限期治理的19家重点污染企业和52家重点用能企业节能减排工作得到加强。渠县、开江、万源垃圾处理厂和宣汉污水处理厂投入试运行,中心城区污水处理率、垃圾处理率分别达到50%和100%。城市集中式饮用水源水质达标率100%,渠江出境断面水质稳定在Ⅲ类标准。第一次全国污染源普查工作顺利完成。深入开展全民义务植树及认捐认养植树活动,植树1 970万株。完成营造林面积27.7万亩,森林覆盖率达到38.4%。治理水土流失面积121平方公里。市城区空气质量达标天数353天。全面启动城乡环境综合治理工程,完成"农改超"10个,改造乡镇农贸市场20个。2009年,继续深化生态建设和环境保护工作,完成营造林31.5万亩,治理水土流失面积149平方公里。关停淘汰落后水泥产能70万吨、小火电43.3万千瓦,限期治理工业企业14家、规模化畜禽养殖企业8家,新增日处理污水能力2.5万吨。全市单位生产总值能耗下降6.6%,化学需氧量和二氧化硫排放量分别下降5.8%和1.6%。强力推进城乡环境综合治理,铺装人行道17.4万平方米,硬化小街小巷10.6万平方米,新建改造农贸市场162个,新建城乡公厕852座、垃圾收集设施2 638个,建成停车场1 043个,新增城市保洁人员1.26万名。达州市荣获全省城乡环境综合治理先进市(州)第四名。

【城乡建设】2008年,全市城镇化率达到30.8%,提高2个百分点。中心城区控详规划覆盖率达到近期规划的96%,各县(市、区)达到87%以上。完成城市基础设施建设投资16.5亿元。全面完工红塔路二期、朝阳路油化、凤凰大道小游园等41个项目。村镇建设投资23亿元,完成村镇规划编制65个。投入农建资金19.88亿元,增长81.5%。大竹、通川、开江、达县、渠县实现乡乡通油(水泥)路,宣汉、万源通油(水泥)路乡镇分别达到91%和62%。整治病险水库62座,新建微水工程7 298处,解决20.7万人饮水安全问题。新建(改造)提灌设施6 615台(套)51 462千瓦,新增有效灌面3.67万亩。改造中低产田土8.8万亩。新增农村户用沼气池2.9万口。新建农户小粮仓2 031个。启动建设新农村市级示范镇7个、市级示范村30个、县级示范村100个。整理土地7.46万亩,新增耕地0.8万亩。2009年,全市城镇化率达到32.3%,提高1.5个百分点。达州市城市总体规划修编完成待批,中心城区山体保护、州河两岸滨水等专项规划抓紧编制,完成村镇规划编制114个。全面完工金龙大桥、凤凰山隧道等27个项目,加快建设黄家坝州河大桥、野茅溪大桥、金龙大道北延线等11个项目。启动建设"新农村"示范村101个,实施扶贫整村推进项目52个。建成通乡油(水泥)路1 178公里、通村公路3 400公里,乡、村通油(水泥)路率分别达到97%和48.5%。整治病险水库42座,新建微水工程3 381处,治理旱山村23个,新增有效灌面2.9万亩。实施红层找水打井2.3万口,新解决25.1万人饮水安全。建成农户小粮仓4 508个。新建沼气池3万口。整理土地6.7万亩,建设高标准农田2.9万亩。

【改革开放】2008年,基本完成川纺达棉等16户国企改革,有序进行华兴机械厂等11户企业改革。民营经济占生产总值的比重达到53.6%;民间资本投资占全社会固定资产投资的比重达到39.1%。启动建设中小企业融资平台,正式成立宣汉诚民村镇银行。成功举办硫化工科技论坛、经济金融和谐发展座谈会。招商引资签约项目165个,总投资310亿元;实际到位资金188.8亿元,增长

58.3%。出口创汇4 558万美元,增长44.2%。外派劳务2 006人。2009年,基本结束达棉总厂等16户国企改革。民营经济占生产总值的比重达到50.6%。强化投融资体制改革,组建达州发展(控股)有限责任公司,成立达州市商业银行。认真开展通川区统筹城乡试点。全面完成乡镇机构改革。基本完成集体林权制度主体改革。设置驻外投资促进机构,成功举办中国能源化工高峰论坛、中国中西部经济协作区第二十二届全体会议暨第二届秦巴地区(达州)商品交易会,组团参加西博会、渝洽会等大型经贸活动。招商引资到位资金223.7亿元,增长18.2%。外贸出口增长52.5%。

【就业和社会保障】2008年,投入"八项民生工程"建设资金26.6亿元,75个分项目标全面完成。新增就业2.89万人,下岗失业人员和失地无业农民实现再就业1.56万人,"4050"人员实现再就业0.44万人,分别增长15.8%、24.7%、24.5%。城镇基本养老保险覆盖人数46.9万人,新型农村养老保险试点新增覆盖人数0.6万人。城市低保14.1万人,人均月补差124元;农村低保28.8万人,人均月补助40元;城乡医疗救助3.9万人(次),发放医疗救助金3 827万元;10.8万城镇企业退休职工人均月增加养老金150元。将11 700名返城超龄知青、城镇集体企业超龄人员纳入城镇职工基本养老保险,将9 516名老工伤人员纳入工伤保险统筹管理,将11 762名地方政策性关闭破产国有企业退休人员全部纳入城镇职工基本医疗保险范围。改扩建敬老院22所。提供廉租房1 100套、经济适用房483套,发放廉租房补贴6 820户,解决农村困难群众住房1 900户。51个村实施整村推进开发式扶贫,解决4.21万绝对贫困人口和4.15万低收入群众脱贫问题。对困难群众先后两次发放物价补贴和生活补助2 560万元,城乡居民生活水平稳定提高。2009年,深入实施"八项民生工程",投入建设资金39.7亿元。下岗失业人员和失地无业农民实现再就业1.6万人,"4050"人员等就业困难对象实现再就业0.48万人,城镇零就业家庭实现动态清零。城镇职工养老保险、城镇居民医疗保险实现市级统筹,将40 558名城镇集体企业超龄人员和老知青、10 118名老工伤人员、15 845名关闭破产国企退休职工、12 500名大学生和城镇中小学生,分别纳入养老、工伤、医疗等保险范围。启动宣汉县新型农村养老保险试点。新型农村合作医疗参合率达到96.2%,农民受益程度提高8个百分点。发放低保资金4.6亿元,城乡低保月均补差(助)标准分别提高到142元和55元。投入医疗救助资金7 316万元。新(改、扩)建敬老院35所。新建廉租住房4 688套,发放租赁补贴10 383户。

【教育、卫生等社会事业】2008年,拨付"两免一补"资金4.6亿元,3.5万名进城务工人员子女同等接受义务教育。普通高考上线人数创历史新高。维修加固中小学B、C级危房108万平方米,灾后重建校舍13.5万平方米。新建留守儿童寄宿制学校27所、"留守学生之家"88个。化解"普九"债务9.54亿元。6个县(市、区)再次被命名为"全国科普示范县",新增"全国科普惠农先进集体"3个。申请专利190件、增长12%,省级重点实验室建设实现零的突破。新建社区卫生服务机构6个,改造乡镇卫生院7个,改、扩建妇幼保健院5个。新建农家书屋263家,新(改)建乡镇综合文化站80个,放映农村公益性电影33 780场。宣汉川东土家族薅草锣鼓、渠县刘氏竹编工艺、渠县三汇彩亭会入选国家第二批非物质文化遗产保护名录,达县石桥、宣汉马渡、渠县三汇和临巴被命名为"中国民间文化艺术之乡","达州元九登高节"入选四川十大名节。颁发了首届达州市文艺创作政府奖。《达州市志》交付印刷。体育人口达到40%,成功创建国家高水平体育后备人才基地、国家级全民健身活动中心。圆满承办全国女子排球联赛,成功举办市一运会、市老运会。完成广播电视村村通建设工程3 200套,新增有线电视用户6.4万户,广播、电视综合覆盖率分别达到94.3%和94.4%。符合政策生育率达84.9%,落实计划生育家庭奖励扶助资金1 695万元。2009年,拨付"两免一补"等专项资金7.3亿元。实施校舍安全工程624个,完成投资4.8亿元。通川区八中迁建和通川区一小西外新校区启动建设,市工读学校建成使用。接收藏区"9+3"免费职业教育学生545名。新建"留守学生之家"104个。义务教育学校教师绩效工资全面落实。实施卫生基础设施建设项目117个,完成投资9 650万元。艾滋病、甲型H1N1流感等重大疫病防控工作卓有成效。"健康快车"免费帮助1 187名白内障患者重见光明。建成文化信息资源共享工程县级支中心3个、乡镇综合文化站79个、农家书屋900家,实施广播电视"村村通"工程8 881个。第三次全国文物普查田野调查工作圆满结束。成功举办市第三届艺术节。新建“农民体育健身工程”127个、全民健身路径51条,成功创建全国青少年校园足球活动试点城市。计划生育奖励、扶助政策惠及27万家庭,69个乡镇中心服务站全面完工。对台、侨务、保密、档案、妇女儿童、残疾人、民族、宗教、老龄、地方志、人防、气象、水文等各方面工作都取得了新的成绩。

【平安达州建设】2008年,全力抗击低温雨雪冰冻灾害,转移安置灾民1.24万人,发放棉衣(被)28万套(床),组织护送客运车辆2 950班(次)5.57万人(次)。积极应对特大地震灾害,组织群众防灾避灾,加强社会舆论引导,加快灾后恢复重建,震毁基础设施得到及时修复,受灾无房户春节前全部搬进新居。全力以赴支援重灾区,派出各类援灾人员5 300余人(次),投入救灾物资1 500万元,募捐资金8 300万元,献血15万毫升;救治21名从灾区转运的伤病员,安排1 462名重灾区学生来达就读;迅速启动对口支援绵阳市游仙区魏城镇灾后重建工作,拨付援建资金2 739万元,基本完工8个援建项目。建成应急通讯保障系统和中心城区公共传媒视屏应急系统,新建自动气象监测站42个,新一代天气雷达建成投入运行。婴幼儿奶粉事件得到妥善处置。安全生产事故起数、死亡人数、受伤人数和直接经济损失实现“四个下降”。信访总量同比下降11.7%。维稳和社会治安综合治理分别获得全省一等奖。群众性精神文明创建活动深入开展,涌现出了杨帮武、吴三、杨永权、龚登云等一批先进典型。2009年,成功应对“6·18”、“7·11”暴雨洪灾,完成灾后农房重建5 988户,受灾无房户全部搬进新居。深入开展产品质量和食品药品安全专项整治。扎实抓好“安全生产年”活动,各类安全生产事故起数和死亡人数分别下降10%、25%,无重特大安全事故发生。完成“五五”普法任务。初步建立“大调解”工作格局。切实加强社会治安综合治理,依法打击各类刑事犯罪活动,社会保持和谐稳定。国防教育不断加强,成功创建省级双拥模范城市,军政、军民关系更加密切。

【政府自身建设】自觉接受市人大及其常委会的法律监督、工作监督,主动接受市政协的民主监督,人大代表、政协委员议案提案和建议意见办复率100%。制定完善政府工作规则,严格规范行政权力运行,坚持政府常务会会前学法制度,市、县政府依法行政工作不断加强,市政府被省政府表彰为“行政执法责任制工作先进集体”。在全省率先制定实施《市县政府重大行政决策程序规定》,重视发挥市政府科技、法律顾问团的作用,充分听取社会各界的意见和建议,民主化科学化决策机制进一步完善。建立规范性文件“三统一”和有效期制度。深入推进政务公开和公共企事业单位办事公开。健全完善“四制一监督”体系,全面落实“两集中、两到位”,政府及政府部门行政效能和机关作风有了明显改善。市本级受理各类行政审批事项25.5万件,按时办结率100%。及时出台扩内需、保增长的11条政策措施,研究落实扩大投资消费、实施全民创业等12项具体办法,取消和停征139项行政事业性收费,为促进经济增长提供有效保障。市审计局、广电局被评为全国先进单位。积极推进基层民主政治建设,村(居)民自治制度不断健全。切实加强审计监督,查纠违规资金1.6亿元。高度重视廉政建设和反腐败工作,预防和惩治腐败体系进一步完善,违纪违法案件受到严肃查处。全面落实党风廉政建设责任制,公务员队伍建设不断加强,部门和行业风气继续好转,各级政府机关形象明显提升。

【领导名录】

达州市人民政府市长:罗强(2008年5月前)
何键(2008年5月后)

副市长:何　平　杨佳鹏　黄平林　古正举　陈中华

秘书长:刘元成

(覃永利　张　宏)

办公室工作

【办文办会周密严谨】在公文处理上,严格按照《国家行政机关公文处理办法》,坚持“五个原则”:一是到手及办原则。保证文件最快速度分送领导或部门;二是特事特办原则。对特别紧急的文件,由办理人员现场审核后第一时间报告领导审定;三是严格办理原则,严把政策关、时效关、格式关、文字关和校核关;四是当天办理原则。坚持办文日清日结制度;五是跟踪办理原则。坚持文件办理跟踪制度,对逾期文件及时提示。同时,先后制发《关于进一步加强公文审核把关工作的意见》、《关于规范公文报送工作的通知》、《关于做好省市政府领导批示文件办理工作的通知》等公文办理规范性文件。2008年,共制发文件1 023个，交换文件108份，收各类文件1 080份，传真电报660份，整理立卷文书档案230份，传阅文件40 000余人次。2009年，共制发文件987件，共收到各类文件约21万件，分发各类文件、资料约15万份，传阅文件1 800份，归档668份，无积压、误办、漏办和失、泄密现象发生。

在会务工作上，按照市委、市政府精简会议的要求，严格执行会议审批制度，认真审查会议议题，并确定每周一、周二为无会日。做到会前周密准备，会中细致服务，会后狠抓落实，会务质量明显提高。2008年共组织召开市政府全体会议2次，市政府常务会议27次，其他会议73次。2009年共组织召开市政府全体会议2次，市政府常务会议26次，其他会议173次，通知人员4 000余人次，并成功组织筹办了“中国西部经济协作区成员会议暨秦巴地区商品交易会”等省、市、区域重要会议，得到了各级领导和基层同志的充分肯定。

【信息工作主题鲜明】坚持“抓五点”、“报两面”，切实提高政务信息工作的质量和实效。“抓五点”，即抓重点，紧紧围绕结构调整、化工发展、城市建设、旅游服务、招商引资、三农问题、和谐社会、城乡环境整治等中心工作和群众关注的热点问题，及时反映工作思路、工作措施和进展情况；抓难点，透过现象看问题，编写有情况、有分析、深层次、高质量的信息；抓特点，围绕达州市自然资源、社会历史、经济发展等方面独有的特点，编写有思路、有特色、有突破的信息；抓关注点，及时编报一个时期或一个阶段政府领导所关注的重要工作信息；抓敏感点，积极反馈带有信号性、倾向性、苗头性的敏感信息，为领导决策提供服务。“报两面”，即既反映经济社会发展中取得的新成绩、新经验，涌现的新典型等好的一面，又反映存在的问题和差距，便于领导及时了解各方面的矛盾和问题。为使信息渠道更加畅通，启动并完善了县(市、区)和市直单位定期例会制度，加强了对信息工作的督导。2008年共编发《达州政务快讯》85期，采编各县(市、区)和市直单位信息1 254条；向国办信息处、省政府办公厅报送信息1 200余条，被“国办专报”采用3条，“国办要情”采用6条，省政府办公厅采用85条。2009年，共编发《达州政务快讯》91期，采用信息1 543条，其中采用各县(市、区)、市级部门信息1 543条；上报国办、省府办信息1 150多条，被国办采用6条，被省府办采用59条。

【调查研究扎实深入】根据国内外形势的发展变化和市委、市政府工作的阶段性特征，始终把调研工作的着力点放在为领导决策和决策实施上。一是在调研形式上注重一般调研与重点调研相结合，将调查研究作为经常性工作来抓，通过科室内部分工保持调研常态；对承接产业转移、天然气资源开发、成渝经济区、统筹城乡综合配套改革等13个重大课题集中力量重点调研，形成了《陕北归来话发展》、《从达州天然气开发看我国现行资源开发政策存在的弊端》、《全面融入重庆借力加快发展努力打造川渝合作示范区和桥头堡》等高质量的调研文章。二是在调研内容上突出“看三点”。即看重点，抓住重点项目建设，深入基层了解项目建设前景及困难，“摸底子、找问题、拿对策”，撰写了一批有针对性的调研文章，为领导决策提供全方位分析；看难点，围绕城市拆迁、劳动就业、依法行政等方面出现的难点问题，组织开展一批短、平、快的调研，促进了工作有效落实；看热点，切实把领导与群众的关注点作为调研工作的着力点，想领导所想、急群众所急，增强调研工作的针对性、主动性和指导性。今年以来，先后对天然气化工、县域经济、承接沿海地区产业转移、红色旅游、扩大内需和机关事业单位改革等情况主动调研，形成了专题调研报告，发挥了参谋助手作用。2008年，共编发《政务参阅》13期，撰写各类调研报告12篇。2009年，创刊编印《调查研究》19期，改版并编发《政务参阅》30期，为领导科学决策提供了重要参考。

【督查督办高效务实】围绕市政府重大决策和中心工作，把落实作为督查工作的出发点和落脚点，加大力度，改进方式，提高实效。一是在督查形式上注重“四个结合”。即注重明查与暗访相结合，注重文字督查与现场督查相结合，注重一般督查与重点督查相结合，注重经常化督查与集中督查相结合。多形式、多角度、多层次的督查，确保了督查工作的实际效果。二是在督查内容上突出抓好“三点”。即督重点，抓住重点项目建设如天然气化工产业工程的实施，深入县(市、区)、部门、乡镇，督查了解项目建设的规划、申报、审批、立项及实施情况，摸清底子，找准问题，分析对策，定期通报，有力地推动了重大项目的顺利实施；督难点，围绕城市拆迁、劳动就业、依法行政等方面出现的难点问题进行专项督查，促进了工作的有效落实；督热点，切实把领导与群众的关注点作为督查工作的着力点,想领导所想,急群众所急,增强督查工作的针对性、主动性和指导性。三是在督查实效上加大“三个力度”。即加大发现问题的力度,提高观察问题、分析问题的能力,增强督查工作的主动性;加大协调解决问题的力度,对政府和领导授权的事项,主动协调,大胆督查,对尚未明确的事项,在职责范围内督办解决,存在困难的及时向领导反映并提出合理化建议;加大督查调研的力度,做到督查与调研相结合,相互促进。2008 年,共编发各类简报 74 期,其中,《督查督办通报》38 期,《督查专报》11 期,《市政府常务会议决定事项督办报告》23 期,《民生工程简报》2 期;完成省政府重点工作督查 15 项,完成市政府重大督查事项 4 件,开展党政联合督查 8 次,与新闻媒体互动督查 36 次,组织市级部门督查 35 次,分办转办市人大代表建议 86 件,政府委员提案 228 件,办结率达 100%;2009 年,共编发《督办通知》16 期、《督查督办通报》36 期、《督办专报》11 期、《政府常务会议决定事项督办报告》78 期、《达市府督函》7 期;完成省政府、省督办室交办工作 10 件,跟踪督导办理人大建议、批评和意见 93 件、政协提案 298 件,办结率 100%,满意率 100%。

【信息公开有序推进】信息公开工作紧紧围绕“灾后恢复重建、扩大内需、效能建设、矛盾化解、基层工作、民生工程建设”等六个方面进行政务公开,建立了每周(月、季)例会制,及时汇总情况,分析问题,明确措施。建设完善了“政府网站、新闻发布、政务服务中心、‘阳光政务’热线、政府公报、政务公开栏、政府公开信息查阅中心”等七大平台建设,在全市各级档案馆、图书馆设立政府信息查阅点,极大地方便了群众对政府信息的查阅。同时,积极指导四个示范点政务公开工作,以点促面,辐射带动全市政务公开工作更上一级台阶。2008 年,推出了新版的市政府门户网站“中国·达州”,制作发布信息6 000余条,向省政府门户网报送信息3 589条,被采用1 575条。2009 年,制作发布信息13 000余条,向省政府门户网报送信息3 000余条,被采用1 600条。

【政务公开高效便民】一是继续加强政府系统电子政务建设。对市政府办公室内网和专网进行了部分调整和改造,开通了全市公文无纸化传输系统,对相关业务工作人员进行电子政务培训。二是加快外网建设,所辖县(市、区)政府全部接入电子政务外网平台,30 余个部门建立和完善了门户网站,构建了社会公众服务电子平台。三是继续坚持“12345”市长热线平台建设。2008 年,社会各界共拨打市长热线电话79 658次,其中有效来电19 228次,向群众宣传解释有关政策的电话6 728次,办实事11 239项,对群众来电反映问题的办结率高达 99.86%。2009 年,共接市民来电来信22 466件,办结22 432件,累计办理率 99.85%。其中市委、市政府主要领导批示件 126 件,通过市长热线的及时处理,积极介入,有效推动了城区娱乐场所噪音整治、堵塞交通疏导、消防隐患查处等一批社会热点、难点问题的解决,得到社会各界的充分肯定。

【应急水平显著提高】一是建立健全应急管理机构。全市各县(市、区)全部成立了应急办,并按照要求配备了应急管理基本设施;二是建立和完善应急预案体系。先后出台了《达州市突发公共事件总体应急预案》、《达州市公共卫生事件总体应急预案》、《达州市地震应急预案》、《达州市反恐应急预案》等部门和专项预案 50 多件,“纵向到底、横向到边”的应急预案体系基本形成;三是初步建立突发公共事件应急管理专家库,形成了集应急管理专家理论研究、突发事件信息报送、应急抢险队伍于一体的应急救援体系;四是抓好应急管理宣传、培训和应急演练。特别是“5·12 汶川大地震”后,应急办多次召开专题学习会,分发《地震知识 100 问》等相关书籍资料5 000余册,并通过电视、广播等方式广泛宣传教育群众。2008 年,共组织群众参与矿山救护、天然气事故、消防等应急演习 20 余次,有效提高了全民应急危机处理和各专业应急队伍处置突发公共事件的能力。2009 年,制发了《达州市人民政府关于加强和改进应急管理工作的实施意见》等 4 项应急规范性文件,进一步完善了应急体制机制。积极筹划市本级各类应急指挥平台整合工作,开展了应急工作宣传周等活动,有效防控处置了甲型 H1N1 流感疫情和暴雨洪灾等突发灾害事故。同时,组织开展洪涝灾害、天然气井喷、群体事件等应急演练 11 次,进一步提高了全市应急管理工作水平。

【自身建设不断加强】一是抓班子带队伍,增强组织活力。深入贯彻落实市委《关于深化领导班子“四好”活动的意见》,狠抓了“四好”班子建设,使政府办公室领导班子及成员的综合素质、执政能力有了很大提高,班子的凝聚力、向心力和战斗力明显增强。深化理论研究。我办理论文章《以改革创新精神推动政府机关效能建设》被确定为全省机关党组织研讨会交流材料，并获2009年市机关党建理论文章一等奖，另两篇文章获得三等奖。紧紧围绕"关注民生、构建和谐"主题，2年共开展帮扶困难群众活动10次，组织职工捐款5万余元。二是深化学习内容，实践科学发展。围绕"建设六型机关，服务科学发展"和坚持"四个特别"这个主题，从开展主题教育活动、制度建设和提高服务工作规范化水平入手，结合学习实践科学发展观活动，组织各级干部多次上党课，接受宗旨教育、科学发展教育。三是突出教育主线，推进廉政建设。深入学习胡锦涛总书记在十七届中纪委二次全会上的重要讲话精神和市委有关反腐倡廉的文件，坚持讲党性、重品行、做表率，树立正确的世界观、人生观、价值观，从源头上筑牢拒腐防变的思想道德防线。举办廉政建设、职业道德专题讲座、常务会议会前学法，开展先进典型教育和警示教育，及时通报腐败堕落典型案例，以案明纪，警钟长鸣。坚持中层干部述职述廉和工作周记上网制度，严格实施《关于惩治和预防腐败体系建设实施意见》，认真落实党风廉政建设责任制。同时，把监督视线延伸到驻外办事机构，建立健全廉政监督机制。推行阳光政务，在人员选拔任用、公务接待、财务管理等方面做到公开透明。坚持以制度管人、管事，进一步落实选人用人、出国审批、政府采购、公车管理等方面的规定。定期开展对领导秘书、驾驶员、新任中层干部和新调入人员的廉政谈话，加强对领导身边工作人员的教育和管理。

【领导名录】

市政府秘书长、办公室主任：刘元成

副秘书长：李　龙　任登华　何文均　冯永刚　邱贵昌　张远见　徐云川　严洪波　汪树军

机关党委书记：贺　平

纪检组长：陈元玉

机关工委主任：陈从福

（胡晓华　李虹霖）

政务服务中心

【基本情况】2006年7月18日达州市人民政府政务服务中心正式成立并对外挂牌办公，为市政府正县级派出行政机构；2007年7月18日，在市交警支队成立公安交通管理分中心；2007年8月8日，成立达州市招标投标交易中心，为市政务服务中心下属正科级事业单位；2009年8月，市惠民帮扶中心归口政务服务中心管理。建有企业准入并联审批、房地产办证、建设投资项目并联审批、公安办证、惠民帮扶和公共资源交易等6个标准化服务大厅，总办公面积达11 000平方米。具有行政审批和公共服务职能的48个市级部门和单位全部进驻市政务服务中心，入驻窗口工作人员增至302人，入驻服务项目382项。始终坚持以群众需求为导向，以群众满意为标准，在服务规范和服务质量上狠下工夫，以"高标准、超先进、追一流"为工作导向，全面落实"两集中两到位"，深入推进机关行政效能建设，取得了"项目大力精简、流程不断优化，制度全面执行、审批有效集中，监督更加有力、效率大幅提升"的初步成效，为树立政府良好的服务形象作出了贡献，受到省政府表彰和省委、省政府主要领导分管领导的高度称赞。

至2009底，累计受理各类行政审批及其他公共服务事项254 780件，办结254 011件。其中：市政务服务中心大厅受理120 607件，办结119 838件，按时办结率100%，现场办结率99.9%，办理提速92.9%，群众测评满意率99.9%，通过入驻市政务服务中心银行窗口缴费实现财政预算外收入1.78亿元。

【服务体系基本形成】按照全省的统一要求，达州市以"会议推进、政策推进、现场推进、督查推进"为手段，全面实现政务服务中心场地建设、行政审批、政务服务、办事制度和设施设备"五个标准化"，成功探索并建立起具有全省丘陵地区特色的四级政务服务体系。经过两次改扩建，目前市政务服务中心总办公面积达11 000平方米，有企业准入并联审批、房地产办证、建设投资项目并联审批、公安办证、惠民帮扶和公共资源交易等6个标准化服务大厅，形成统一的"前台为审批接件窗口、后台为审批办公室"的办事大厅格局。7个县（市、区）政务服务中心除开江属灾后恢复重建项目外，有3个场地面积在4 000平方米以上，其余3个场地面积也在2 000平方米以上。全市313个乡镇（街道）全部建立便民服务中心，2 094个村（社区）建立全程代办站（点）。市、县、乡、村四级政务服务体系基本形成。

【审批改革不断深化】经过近两年6次清理，目前市本级保留行政审批项目213项、公共服务项目169项，精简率达57.06%；7个县（市、区）保留的行政审批项目平均在175项之内，比指导目录少20项，实现了省、市、县行政审批项目的统一。按照“受理——审核——批准——制证”的行政审批基本模式，对1 809个审批环节进行精简合并，分类设立重大投资、企业准入和建设工程等三大类并联审批服务专区。市本级将70项承诺件调整为急办件，急办件比例达到18.24%，行政审批承诺提速56.7%、办理提速92.9%。所有部门均指定窗口首席代表，授权达100%，实现行政审批实体性职权从部门向窗口转移，行政审批从“受理为主”向“办理为主”转变，让办事群众真正享受到“一站式服务”。

【办事效率不断提高】按照“进一个门办好，交规定费办成，在承诺日办结”的原则，严格实行首问责任制、限时办结制、服务承诺制、责任追究制。全面落实“两集中、两到位”，向窗口授权，市本级具有行政审批和公共服务职能的48个市级部门和单位全部进驻市政务服务中心，向窗口授权面达100%，实现了行政审批和公共服务的重心和实体性职权向窗口真正转移。全市有276个县级部门成立行政审批股，所有行政审批项目和公共服务项目全部进入政务服务中心，做到窗口接件、中心办结。整合“96196”24小时政务服务热线，随时提供信息查询、政策咨询、全程代办、预约办理和上门办理服务。大力推行重大项目并联审批绿色通道服务，不断完善企业准入并联审批流程、投资项目并联审批流程、建设项目并联审批流程，开创由中心工作人员统一接件、交件，相关部门依法依规、高速高效办理的重大项目绿色通道并联审批模式。全年办理投资项目并联审批210项，涉及投资金额91.78亿元；为65个“三大招商引资活动”项目提供企业准入审批服务，到位资金107.53亿元。特别是只用95分钟就为瓮福集团计划投资40多亿元的磷硫化工基地项目办完了法定时间需105天才能办完的相关手续，创造了外来投资企业入户的“达州速度”，8月9日，省委书记、省人大常委会主任刘奇葆到达州调研时，称赞市政务服务中心用95分钟办结瓮福集团入驻达州手续为“这就是四川速度”。

【服务领域不断延伸】向公共服务领域延伸，采取“开标与评标分离、监督与评标分离、专家抽取与管理分离、密码管理分段分离”的“四个分离”运行模式，实行全程电子监控，同步录音录像，严格程序管理，加强对重点部位和环节的监督，实现了招标投标交易的公开、公平、公正。2009年，全市共有73个工程项目进场报名，232个工程项目（总计430个标段）和64个比选项目进场交易，涉及房屋建筑、装饰装修、城市规划等多个行业，进场交易项目招标控制价总金额25.05亿元，实际中标价总金额24.30亿元，节约国家资金7 455.71万元。向社会服务领域延伸，全年共帮扶困难群众8.82万人次，帮扶金额1 780.2万元。向中介服务领域延伸，将房地产评估、测绘、审计等中介服务事项纳入政务服务中心集中办理，方便办事群众。

【运行监管不断规范】严格执行“八公开”制度，严格实行首问责任制、服务承诺制、限时办结制和责任追究制，不断强化电子监察、视频监控、现场管理和过错追究；建立健全奖惩激励机制，坚持对窗口工作人员工作实绩每周一通报、每月一考核、每季度一评比，并与年度目标考核挂钩；积极推行电子政务，切实加强效能监察，斗硬实行问责制度。全年查处窗口工作人员违反劳动纪律案件3件，清退不合格窗口工作人员59人，通报批评、取消评优评先资格单位12个，责任追究28人。

【舆论宣传】与达州广播电台合作，开播《阳光政务服务热线》，邀请市级各部门主要领导现场解答群众提问；邀请人大代表、政协委员到中心检查指导工作，以社会监督促进标准化建设；编印《政务服务中心办事指南》、《企业投资项目并联审批办事指南》、《部门窗口办理须知》等资料，放置窗口，方便群众查询。加强政务服务中心网站建设，公布政务服务信息，反映工作动态。全年被省中心采用各类信息87篇，市委办、市政府办采用信息23篇，省、市各级媒体近100次报道市政务服务中心的建设与发展，政务服务中心的社会关注度、知名度日益提升。

【表彰情况】

1. 2008年全省政务服务工作二等奖（省政府）
2. 2009年全省政务服务工作一等奖（省政府）
3. 2008年全市目标管理考核一等奖（市委）
4. 2009年全市目标管理考核一等奖（市委）
5. 2008年全市政务服务工作先进单位（市政府）
6. 2009年全市政务服务工作先进单位（市政府）

【领导名录】

党组书记、主任：何文均

党组成员、副主任：罗欣然

机关事务管理

【基本情况】2008～2009年，紧紧围绕“让干部职工满意”这一工作目标，坚持“服务”、“节俭”两大原则，加快推进“管理科学化、保障法制化、服务社会化”三化进程，不断提升管理、服务、保障水平，为全市发展提供了强有力的机关事务工作保障。

【公共机构节能工作深入开展】两年来，认真贯彻实施《节约能源法》和《公共机构节能条例》，不断完善节能组织体系、加强节能减排宣传、强化日常能耗管理，努力降低机关运行成本。一是加强领导，完善组织体系。成立了市公共机构节能工作协调小组。成立了由市委常委、市政府副市长何平任组长，市机关事务管理局局长冯永刚和市发改委主任胡杰任副组长，市财政局、市建设局、市检察局、市人事局、市统计局等15个单位为成员的达州市公共机构节能工作协调小组，主要负责部署节能减排工作，协调解决工作中的重大问题。协调小组办公室设在市机关事务管理局，负责日常工作。二是加强宣传，提高机关节能意识。通过发表《市政中心节能倡议书》、举办节能宣传图片展、开展节能宣传活动等方式，积极推行“人人讲节约、事事讲节约、时时讲节约”的节约理念，努力营造“大家支持、人人参与”的机关节能减排浓厚氛围。三是确定目标，强化日常能耗管理。2009年我们制定了市政中心节能5%的工作目标任务。在节约用水方面，及时维修，减少用水设备的跑冒滴漏，科学设置园林灌溉用水周期。在节约用电方面，杜绝大厅、过道的长明灯；只在重要节日和接待活动时开启喷泉和夜晚景观灯；非上班时间，主楼只使用2台电梯；空调及时进行清洗，提高制冷制热效果，降低能耗。在节约用油方面。严格执行公务车辆“三定”制度，即定点维修、保险、加油，加强公务用车管理与维护，严禁公车私用，降低车辆运行成本。截至2009年底，市政中心用水量与去年相比下降10%左右，用电量下降8%，共节约运行费用7万余元。

【各项服务管理工作水平全面提升】一是不断提高餐厅服务质量。着力在确保食品卫生、提升饭菜质量、降低副食价格、改善服务态度四个方面狠下工夫，取得了良好的效果。在确保食品卫生方面，共邀请市卫生执法所对餐厅进行了12次专业检查，均合乎B级餐厅卫生标准，没有发生一起食品卫生安全事故。在提高饭菜质量方面，将普通大米提升为优质大米，经常变更饭菜花样。在降低副食品价格方面，在既保护广大干部职工的利益，又兼顾餐厅业主的合理利润的前提下，副食价格进行了再次下调，平均降幅达到13%。在改善服务态度方面，加大违规行为查处力度，两年来共查处餐厅违规行为10余起。同时我们督促餐厅妥善解决了油烟排放、早餐刷卡消费、屋顶防漏处理等10余项问题。二是绿化保洁工作扎实有效。在保洁工作中严格执行《保洁管理规范》、《日常巡查制度》，明确了每个职工每天、每周、每月应该完成的任务。两年来，共清洗平台24次，清扫办公楼地面达2 000余次，清扫地下车库1 000余次，擦拭灯具50次、清洗广场门窗88次，2008年我局被评为“省级卫生单位”。在园林管护中定期适时浇灌、修剪、施肥、杀虫等，确保了原有花木旺盛生长。同时不断提高园林绿量，对茶花进行了重新布局，新增红叶李、腊梅、果树等1 000余株，新增草坪1 800平方米。2008年市政中心成功创建为“市级园林式单位”。三是设备维修维护快捷周到。切实做到了：接到报修电话3～5分钟内赶赴现场修理，所有设备每天进行2次查看，电梯、空调半月维保1次，电力设备半年维保1次，电力预防性试验三年进行1次，两年来共计维修水、电、电梯、空调、土建等故障22 000余次。四是安全保卫工作成效突出。加强对市政中心大门、地下室、电梯口等重要部位的值守或巡逻，严格执行人员、车辆、物资进出的查验登记，共巡逻巡查4 000余次，整改各类安全隐患600余件，妥善处置上访事件1 400余起；充分发挥电子监控设备、巡逻车、消防设施、电子探测仪作用，通过电子眼成功抓获3名盗窃犯罪嫌疑人；召开了8次四大家办公室以及市政中心70多个成员单位负责人参加的市政中心安全工作会，增强各单位的安全防范意识。两年来市政中心无一事故发生。五是其它服务工作优质高效。两年来，市政中心文印、会务、应急越野车、报刊文件收发、医务、日常维修等后勤服务优质高效。文印中心按质、按量完成打印任务4万余份；会议室圆满完成各项会议140余次；职工交通车共安全接送干部职工上下班9 400余班次；应急越野车圆满完成出车任务200余次；文件投递中心安全、按时开放1 000余小时；医务室开展医疗服务

2 000余次。

【硬件设施建设不断完善】一是完成了会议室党政网系统升级改造。为使达州市的高清晰党政网电视电话会议系统纳入全省到各县的党政网系统规划之中,我们对市政中心综合楼三楼会议室进行了升级改造,添置了视频矩阵、投影仪、高清摄像机和适配器。通过改造,三楼会议室满足了电视电话会议作为主会场的要求,其图像、声音清晰,达到了全省先进水平。二是建设了综合档案室。市政中心建筑设计、施工图,各种供电线路、中央空调室内安装图,电梯井道图,光纤、电视、园林绿化图,以及各种声像、电子档案等资料均由我局保管,这些图纸资料是各种设施设备维护维修的重要参考依据。为此,我局挤出专门场所,购置了档案柜、除湿机等设施设备,对所有档案实行了集中统一管理,避免了各种重要资料档案随着时间的推移而受到损坏。三是协助完成了金兰小区裙楼办公区安全整改工作。为确保市政中心办公区的安全稳定,我们对14家入驻金兰小区电梯裙楼单位的建筑情况进行了一次调查研究,并向市委、市政府领导呈送了《金兰小区电梯裙楼办公区消防、建筑安全隐患亟待重视》的工作汇报,引起了市领导的高度重视。两年来,我们协助完成了裙楼办公区的水、电统一安装和部分消防设施的建设,提高了裙楼办公区的安全系数。

【表彰情况】

先进集体

1. 市级园林式绿化单位(市政府)

2. 2008年度省级卫生先进单位(达州市政中心爱国卫生运动委员会)

3. 2008年度消防安全工作先进单位(市政府)

4. 2008年、2009年度全市信访工作先进集体(市委)

5. 2008年、2009年度市政中心精神文明优秀单位

6. 2008年、2009年度市政中心爱国卫生先进单位

7. 2008年、2009年度综治模范单位

8. 2008年、2009年度省二级保密单位(中国共产党达州市委保密委员会、达州市国家保密局)

9. 2008年成功创建"服务型机关"(市直工委)

10. 2009年成功创建为"节约型机关"、"效能型机关"(市直工委)

11. 2009年度全市社会治安综合治理工作先进单位(市委)

12. 2009年度工会工作先进单位(市总工会)

先进个人

1. 2008年对口支援地震灾区后恢复重建工作先进个人廖兵、叶多千、王鹏(市委)

2. 2008年度全市优秀党支部书记谢晓松(市直工委)

3. 2008年度定点扶贫工作先进个人谢晓松(市委)

4. 2009年度全市政务督办工作先进个人刘文(市政府)

5. 2009年度全市防邪工作先进个人周轩(市委)

【领导名录】

党组书记、局长:何文均(~2009年8月)
冯永刚(2009年8月~)

党组成员、副局长:彭明渊　赖　翔

(黄光静)

应急管理

【基本情况】2008年5月18日,市防灾救灾减灾中心办公室和市政府应急管理办公室合署办公(达市府办函〔2008〕218号文件),设综合科、应急管理一科、应急管理二科,对外称达州市人民政府应急管理办公室。两年来,市政府应急办紧紧围绕市委、市政府对应急管理的安排部署,认真贯彻落实《中华人民共和国突发事件应对法》和市委、市政府《关于加强和改进应急管理工作的意见》(达市委发〔2009〕22号)精神,加强"一案三制"建设,忠实履行值守应急、信息汇总、综合协调、督促检查等工作职责,抗御了2008年春发生在全市的雨雪冰冻灾害和"5·12"汶川地震对达州市造成的影响,积极应对2009年"7·11"、"7·13"暴雨洪灾,妥善处置婴幼儿奶粉安全事件,有效防控甲型H1N1流感疫情,最大程度地减少了突发公共事件造成的危害,保障了人民群众的生命财产安全,进一步加强了全市应急管理工作。

【应急准备】一是加强预案建设,完善预案体系。针对各种可能发生的突发事件,以各主管职能部门为主,对各应急预案进行修订、完善和补充,为依法、及时、有序、有效地处置突发事件提供了指南,基本

形成了以总体预案为核心,以专项预案为骨架,以部门、乡镇和企事业单位应急预案为基础的涵盖自然灾害、事故灾难、公共卫生事件和公共安全事件等四个方面较为完善的应急预案体系。市级共制定总体应急预案1个、专项应急预案62个、部门应急预案93个。二是汛前召开防灾会商会议,及早做好预防工作。组织气象、水文、水利、交通、公安、农业、林业、防汛抗旱办等部门召开防灾减灾会商会议,总结上年度防灾减灾工作,会商当年汛期气候发展趋势及自然灾害发生规律,研究部署防汛抗旱、防灾减灾等应急工作,做到防患于未然。三是建立应急专家队伍库。充分发挥专家和技术人员在应急处置中的分析、研判、技术支持、决策建议等方面的作用,建立市级各类应急专家队伍库,共包括4类25个领域120人。

【预防演练】一是重申应急信息报送纪律。印发“关于重申突发事件信息报送纪律的紧急通知”(达市府办函〔2009〕121号),重申应急信息报送纪律,规范应急信息报送程序,进一步明确应急信息的报送范围及报送要求,严格责任追究。凡属报告范围内的突发事件,必须在2小时内书面报告,因情况特殊难以在2小时书面报告的,须半小时内电话报告相关情况。二是强化应急演练。两年来,仅市本级就先后举行了矿山救护、天然气溢流事故、天然气生产事故、消防安全、重大动物防疫、群体性食物中毒等各种应急预案的实战性强、群众广泛参与的综合演练和专业演练20余次。

【应急处置】一是加强应急值守。严格汛期、节假日24小时值班制度,坚守岗位,作好记录,及时收集、传递和处理应急信息。认真接听群众来电,对群众心存疑虑的热点问题,主动宣传政策,耐心细致解答,疏导群众情绪。二是积极处置突发事件。2008年1月11日至2月2日,达州市遭受严重的雨雪冰冻灾害,汶川“5·12”特大地震波及达州市造成重大损失,9月13日至11月底婴幼儿奶粉安全事件,2009年“7·11”、“7·13”暴雨洪灾,9月11日达州市发现首例甲型H1N1流感病例等突发事件发生后,市委、市政府高度重视,启动预案,紧急行动,成立领导小组,全力以赴,认真处置,把人民群众的生命财产损失降低到最低限度,得到了省政府领导的高度评价。婴幼儿奶粉事件发生后,市委、市政府及时成立了“达州市婴幼儿奶粉重大安全事故应对处置工作领导小组”,领导小组办公室设在市政府应急办,负责应对处置的日常事务工作(达市府发〔2008〕26号、达市府函〔2008〕223号文件)。市应急办按照市委、市政府“加强领导落实责任、全面清查狠抓落实、加强巡诊免费救治、做好宣传稳定人心、密切配合畅通信息”的总体要求,及时规划、调度、部署、协调、落实各项工作,自9月13日以来,不分节假日每天坚持24小时专人职守,认真回复群众咨询,解答消费者疑难,受理投诉和举报,收集汇总信息,坚持日报告和零报告制度,截至11月30日,共报送“达州市婴幼儿奶粉安全事故应对处置工作日报”66期,为市委、市政府领导决策提供了第一手翔实资料,确保应对处置工作高效、有序、稳妥运行。三是加强信息报送。在抗击雨雪冰冻灾害及“7·11”、“7·13”暴雨洪灾期间,应急办深入受灾乡镇,核查灾情,慰问灾民,收集、统计、汇总损失情况,及时上报市委、市政府和省政府应急办。汶川“5·12”地震发生后,市应急办认真开展地震灾情统计工作,全面掌握达州市分行业、分县(市、区)受损的详细情况,收集达州市各级各地从人、财、物等方面支援灾区抢险救灾情况,每天(截至6月13日)按时向省抗震救灾指挥部上报达州市灾情、捐赠、支援重灾区情况等各种报表及文字资料共计6类,编印报送“达州市抗震救灾快报”10期。两年中,还及时报送各类突发公共事件重大应急信息23期,编印《应急快报》20期,处理《公安要情摘报》150期。

【应急宣传】强化应急知识宣传培训工作。2008年2月26日召开全市《突发事件应对法》专题学习会议;6月5日,在莲花湖宾馆举行全市防汛抗旱、地质灾害、气象灾害以及防震自救等法律、法规和应急知识的培训。2009年初编印《达州市民众防灾减灾应急手册》32 000册,分发全市(含各县)各部门及310个乡(镇)、2 774个村委会、21 396个村民小组、375个社区居委会、3个办事处;在首个“防灾减灾日”期间,以纪念“防灾减灾日”为载体,在全市范围内广泛开展了以“防灾减灾、应急法规宣传”为主题的宣传周活动;9月,与市人事局联合举办突发事件应对法学习培训班,全市200余应急管理干部参学24学时;积极参加“12·4”全国法制宣传日活动,发放宣传图书资料500余份(册);为进一步提高全市应急管理工作水平,还编印下发了《应急管理业务知识汇编》手册。

【督促检查】一是开展汛前安全大检查。深入城市防洪、病险水库整治、水毁防洪工程修复、河道设障、船只管理等隐患点进行重点排查和重点督察，对发现的问题，要求限期整改，保证工程质量和效果，确保汛期安全度汛。二是开展应急救灾物资储备情况检查。组织力量对市级部门及县（市、区）防汛、抗旱、食品、药品、通讯、救援等应急救灾物资储备情况进行检查，重点抽查部分自储单位的应急救灾物资仓储情况，分析应急物资储备现状，对存在的问题要求及时整改，形成专题报告上报市政府领导。2008年市政府投入400余万元紧急采购了一批急需、必备的应急物资。在通过自查、抽查和统计后，汇总编印了《达州市应急救灾物资储备手册》。三是专项检查《突发事件应对法》贯彻实施情况。按照国务院办公厅和省政府办公厅的要求，2009年11月，我办组织市级有关部门，分成四个检查组，深入7个县（市、区）部分乡镇、企业和部门（单位）对贯彻实施《中华人民共和国突发事件应对法》的情况进行了专项检查，对检查结果形成专题报告上报省政府应急办，并进行了情况通报。通过专项检查，各地各部门均较好地贯彻实施了《突发事件应对法》，应急管理工作得到了全面落实，基层应急管理工作在思想认识和责任意识上得到了进一步提高。

【一岗双责】认真落实应急管理“一岗双责”责任制。印发《关于实行应急管理“一岗双责”责任制的通知》（达市府函〔2009〕5号），2009年6月上旬召开全市应急管理及政务公开工作会议，现场签订七个县（市、区）应急管理“一岗双责”责任书，会后签订24个市级部门应急管理“一岗双责”责任书，明细了责任范围，落实了责任内容。按照“谁主管，谁牵头”、“谁牵头、谁负责”的原则，应急管理工作实行党委领导下的行政首长负责制，各级各部门（单位）在抓好本职工作的同时，都必须履行应急管理的职责。

【应急平台建设】2009年9月下旬，四川省应急办召开市（州）应急办主任工作会议，介绍了国务院和部分省、市应急平台建设情况，明确了应急平台建设总的要求，安排部署了全省应急平台建设工作。会后市救灾办副主任罗安纯向市政府领导作了专题汇报，并对达州市应急平台建设提出了建议。征得市政府领导同意，召开各县（市、区）应急办主任工作会议，传达省上会议精神，安排部署了达州市应急平台建设工作。

【对口援建】扎实推进对口援建工作。市救灾办副主任罗安纯兼任“达州市对口支援魏城镇灾后恢复重建工作领导小组”办公室副主任（达市委办〔2009〕48号文件），抽派该办一名工作人员参与对口援建工作。在市委、市政府的坚强领导和省对口支援办的精心指导下，达州市援建人员牢记使命、不负重托、励精图治、忘我工作，发扬“特别能吃苦、特别能战斗、特别能奉献”的精神，与魏城干部群众同心协力，全力推进对口援建魏城镇灾后恢复重建的各项工程建设。截至2009年底，魏城镇场镇灾后路灯恢复重建工程已通过竣工验收；恢复重建因灾损毁5座提灌站工程、魏城敬老院二期工程已相继完工，并通过竣工验收；魏城达州大道、关帝村灾后村民集中安置点基础设施建设工程竣工已验收及审计；为青林、莲池寺、金华等九个村卫生站配置的医疗设备，已验收并交付当地使用。

【领导名录】

市政府副秘书长、市救灾办主任：邓耀军（~2009年5月）

市政府办公室副主任、应急办主任：徐云川（2009年5月后）

副主任：罗安纯

（全裕伦）

法制工作

【概况】2008~2009年，市政府法制工作紧紧围绕贯彻实施国务院《全面推进依法行政实施纲要》和《加强市县政府依法行政的决定》这条主线，坚持以科学发展观为统领，按照四川省人民政府《全面推进依法行政五年规划（2004~2008年）》和《关于贯彻实施〈国务院关于加强市县政府依法行政的决定〉的意见》要求，注重以推进基层政府依法行政为基础，以创建法治政府为平台，以提高制度建设质量为重点，以转变政府职能深化行政管理体制改革为核心，加强机关行政效能建设，全面规范政府重大行政行为，积极推行行政执法责任制和行政复议工作责任制的落实，采取了一系列切实有效的措施，为经济、政治、文化和社会事业又好又快的发展创造了更加良好的法治环境。全面推进了全市依法行政工作，政府法制工作和法治政府建设取得了显著成效。

【推进依法行政，建设法治政府】深入贯彻国务院《全面推进依法行政实施纲要》和《加强市县政府依法行政的决定》。一是修订完善了依法行政工作的相关制度。两年来,先后修订、印发了《达州市人民政府工作规则》、《达州市全面推进依法行政工作2008年度和2009年度安排》、《达州市加强市县政府依法行政实施办法》、《达州市2008年全面推进依法行政落实行政执法责任制评议考核办法》、《达州市2008年全面推进依法行政落实行政复议工作责任制评议考核内容》、《达州市2009年全面推进依法行政落实行政执法责任制和行政复议工作责任制评议考核办法》等制度,在全市范围内推行以行政首长为重点对象的行政问责制度和政府绩效评估制度,继续将全面推进依法行政、落实行政执法责任制和行政复议工作责任制纳入年度目标考核内容,并向省政府和市人大报告了年度依法行政工作落实情况。二是全面开展创建法治政府示范活动。市政府第92次常务会议研究确定了渠县人民政府、市公安局、大竹县东柳镇政府等3个市级创建法治政府的示范单位,并按照省政府创建法治政府的要求开展创建工作,7个县(市、区)政府确定了27个县级创建法治政府示范单位,共计30个示范单位。同时,积极探索和实践如何规范和完善乡镇政府依法行政,结合激发乡镇政府发展活力,该举措受得到了中央、省委、省政府有关领导的充分肯定。三是全面规范政府抽象行政行为。全面开展清理规范性文件工作。2008年,对2000年以来以市政府或市政府办公室名义制定发布的1 923件文件进行了全面清理。发布了《达州市人民政府关于废止部分政策性文件的决定》(市政府令第48号),继续有效的1 866件,拟修改的25件,废止的28件、宣布失效的4件。并对达州市2000年以来发布的涉税等文件进行了专项清理,对其中的8件予以废止,29件进行了修订。2009年,市政府印发了《关于全面清理规范性文件的通知》和《关于清理规范性文件有关事项的紧急通知》,利用两天时间举办了全市行政规范性文件制作及公文运转处理培训班。全市共清理市、县、乡三级政府及市、县两级部门规范性文件6 956件,继续有效的1 655件,拟修改的281件,废止的2 747件、宣布失效的2 273件。对以党委名义制发的237件规范性文件也一并进行了清理。并将清理结果报告了省政府,向社会予以了公布。四是全面规范市县政府重大行政决策行为。为进一步健全决策机制和程序,实现依法决策、科学决策、民主决策。两年来先后制定和修改了《达州市人民政府重大决策专家咨询论证实施办法》、《达州市人民政府法律顾问团工作规则》、《达州市人民政府常务会议公民旁听试行办法》,《关于严格市政府规范性文件制定和行政决策法制审查程序的通知》等相关制度。2009年6月,颁布下发了《达州市市县政府重大行政决策程序规定》(市政府令第53号,2009年8月1日施行,有效期五年)。该《规定》在全省第一个创新地把国务院《决定》和省政府《意见》中要求市县政府行政决策机制必须建立的"六项"单项制度合"六"为"一"(即听取意见、听证、合法性审查、集体决定、后评价、责任追究),明确了政府重大行政决策必须经过调查研究、专家论证、公众参与、合法性审查和集体决定等五个程序。规定凡重大行政决策必须经过政府法制机构的合法性论证并落实法制审查责任签字制度,形成了比较完备的政府决策规范体系。同时,充分发挥市政府法律顾问团作用,两年来,市政府法律顾问团共召开全体会议24次,法律顾问个别接受咨询48余次,为40余件市政府重大决策和涉法事务提供法律论证意见,保证了政府决策的合法性。五是继续加强依法行政宣传学习工作。坚持了市政府常务会议学法制度,两年来,市政府常务会议学法37次。完善了国务院《纲要》、《决定》和法律法规的学习、宣传和培训计划,印发宣传资料5万余份,开展了"平安奥运·法制同行"法制集中宣传月活动。2009年以新闻发布会的形式分别召开了全市规范性文件清理工作阶段性情况通报会和《达州市市县政府重大行政决策程序规定》的情况通报会。两年来,在国家、省级一些主流媒体报道达州市依法行政的情况达10余篇,撰写的《达州——全面推进依法行政五年进程纪实》被多家媒体登载。同时,加大政府法制信息的交流力度,印制《政府法制信息》6期,有6条重要信息被国务院法制办、省政府法制办所采用。

【行政执法监督】全面落实行政执法责任制。一是严格规范政府抽象行政行为。先后制定了《达州市行政规范性文件制定办法》、《达州市行政规范性文件备案审查办法》、《达州市行政规范性文件备案审查办法》(市政府令第50号)、《关于严格市政府行政规范性文件制定和行政决策法制审查程序的通知》、《关于全面实行行政规范性文件三统一和有效期制度的通知》(2010年1月1日起正式施行),建立完善了规范性文件的立项、起草、审查、审定、发布、修订、废止、解释以及备案等程序，为达州市行政规范性文件的制定提供了良好的程序模式。两年来，共审查规范性文件草案108件，决定出台49件。加强了抽象行政行为的备案工作，两年来，7个县（市、区）政府报送备案的规范性文件72件，市级部门报送备案的41件，市政府或市政府办公室名义制发的规范性文件，均在15日内报送了四川省人民政府法制办和市人大常委会备案，全年共报送备案文件18件。二是相对集中行政处罚权工作稳步推进。经四川省人民政府批准，达州市已筹建成立城市管理行政执法局，渠县城市管理相对集中处罚权工作方案已经省政府批准，大竹县开展城市管理相对集中处罚权工作方案已报省政府考查审批。三是扎实开展“三项清理”。2008年，开展了对执法依据梳理、执法主体确认、执法职权分解清理工作，确认市级71个行政执法主体，包括市属行政执法部门38个，法律法规授权组织22个，国家、省垂直管理部门11个。四是积极推行行政处罚裁量基准制度。制发了《关于规范行政处罚自由裁量权工作的意见》，明确了规范行政处罚自由裁量权的原则、基本任务及工作要求，并对各类行政处罚依据的颁布机关、处罚种类、处罚标准、处罚幅度、执法机构等进行了清理，并根据违法行为的事实、性质、情节、社会危害程度等因素，进一步规范了自由裁量权范围。五是认真做好行政执法案卷评查工作。统一制定了全市行政处罚、行政许可案卷评查的标准，制发了《关于开展行政执法案卷评查工作的通知》，两年全市共评查了行政执法案卷达860余卷。六是严格行政执法人员资格认证。从1998年起积极推行行政执法资格统考制度，2008年11月15日和2009年11月28日，成功举行了全市第11次和12次行政执法资格统一考试，两年共有7 855人参考。加强行政执法证件管理，两年新颁发或换发行政执法证件3 200余套，年审执法证件3 000余套。七是认真办理行政执法监督案件。按照《四川省行政执法监督条例》的规定，两年全市共受理行政执法监督案件88件，分别涉及城建、房产管理、公安、路政、工商、质监、卫生、林地权属、城管执法等方面，纠正具体行政行为45件，为当事人挽回经济损失2 000多万元。

【行政复议工作】深入贯彻落实行政复议工作责任制，行政复议工作成效显著。一是强化行政复议能力建设。两年来，市县两级政府先后落实行政复议机构、专职人员、经费和设施，逐年调剂增加了行政复议工作人员，普遍增加了行政复议专项经费，建立了行政复议听证（调解）室，配齐了各类办案器材和设备，行政复议能力得到了切实的加强。二是提升行政复议办案质量。两年市政府共受理行政复议申请109件，办结113件（含2007年9件未办结案件），作出撤销、变更、确认违法、责令履行决定30件，维持55件，调解、和解处理13件，其他方式结案15件，按时办结率100%，其中对行政复议决定不服提出行政诉讼的有4件，市政府全部胜诉。三是加强行政复议指导监督。两年来，对7个县、市、区和部分市级行政机关的行政复议案卷进行了重点抽查，评查案卷60份，有效促进了全市各行政复议机关办案质量的提高。同时，加大了对重大、复杂案件办理的指导力度。

【行政调解】切实履行职能，行政调解工作有效推进。一是构建行政调解工作体系。2009年11月，市政府建立了行政调解联席会议制度，明确了主要职责，建立了专兼职行政调解队伍（全市登记的专兼职行政调解员1 111名），全市行政调解工作网络体系基本形成。二是建章立制。市政府出台了《达州市行政调解办法》（市政府令第55号），对行政调解工作程序予以了规范和细化。建立了行政调解信息报送和工作报告制度。三是组织各行政职能部门开展行政调解。2009年，全市各行政职能部门共调解行政争议和与行政管理职权相关的民事纠纷1 949件，其中调解成功的1 683件，调解成功率86.3%。四是加强信息掌控和报送。每月向市“大调解”中心和省政府法制办报送了行政调解的相关信息，报送的全市行政调解信息5条、典型案例18件及调研报告1篇，被四川省人民政府法制办采用信息1条。

【依法行政工作会议】2008年11月22日，市政府召开了全市依法行政工作会议，四川省人民政府法制办主任张渝田出席会议指导，并作依法行政工作专题报告，市长何健、常务副市长何平分别在大会上作了重要讲话，共计170余人参会。

【政府法制机构建设】市政府法制局2009年5月正式招录用3名法律专业工作人员，充实政府法制机构力量。

【表彰情况】

先进集体

1. 2008 年度四川省行政执法责任制先进集体（四川省人民政府）

2. 2009 年市政府法制局荣获“四川省行政复议工作先进集体”荣誉称号（四川省人事厅、四川省人民政府法制办）

先进个人

1. 魏雪峰同志 2009 年被评为全国行政复议工作先进个人。（人事部、国务院法制办）

2. 徐综同志 2009 年被评为全省行政复议工作先进个人（四川省人事厅、四川省人民政府法制办）

【领导名录】

局　长：魏雪峰

副局长：徐　综

（杨　忠　任　勇）

信息公开

【概况】自《中华人民共和国政府信息公开条例》2008 年正式颁布、实施以来，达州市政府坚持以科学发展观为指导，认真贯彻实施《中华人民共和国政府信息公开条例》和《四川省政务公开规定》，按照“公开、公正、公平、便民”的总体原则及“及时、准确”的总体要求，坚持以“公开为原则，不公开为例外”，采取有效措施，建章立制、夯实基础、狠抓落实。以公开促工作，以公开树形象，以公开赢民心，切实推进全市政府信息公开工作，取得了显著的成效。《人民日报》于 2008 年 4 月 30 日对达州市的政府信息公开工作进行报道。

【机构建设】一是成立领导机构。为加强对全市政府信息公开工作的领导，确保工作规范、有序开展，市政府成立由市委常委、常务副市长何平任组长的达州市政府信息公开领导小组，领导小组下设办公室，办公室设在市政府信息公开管理中心，负责日常工作。7 个县（市、区）都成立相应的政府信息公开领导小组。二是组建工作机构。2008 年 2 月，达州市政府成立达州市政府信息公开管理中心，切实担负起推进、指导、协调、监督全市政府信息公开工作，努力保障公民、法人和其他组织依法获取政府信息，提高政府工作透明度，促进依法行政，充分发挥政府信息对人民群众生产、生活和经济社会活动的服务作用，推动《条例》在达州市全面、正确、有效地贯彻实施。目前，7 个县（市、区）全部成立了工作机构，其中大竹县政府信息公开管理中心为正科级单位。三是成立保密审查小组。为确保政府信息公开工作安全开展，达州市成立由市政府办公室、市国家保密局、市国家安全局、市政府法制局、市政府信息公开管理中心等相关单位为成员的“达州市政府信息公开审查小组”。审查小组严格按照《达州市政府信息公开保密管理暂行规定》对公开的信息进行审核，确保公开的信息不涉密，涉密的信息不公开。

【制度建设】2008 年以来，制定和完善《达州市政府信息公开办法》、《达州市政府信息公开审核办法（试行）》、《达州市政府信息依申请公开办法（试行）》、《达州市违反政府信息公开规定行为责任追究办法（试行）》、《达州市政府信息公开保密管理暂行规定》、《达州市政府信息公开目标管理考评办法（试行）》、《中共达州市委办公室、达州市人民政府办公室关于进一步推行政务公开的实施意见》。健全了新闻发言人制度，确保了新闻发布工作的延续性和稳定性。建立健全了政府信息发布协调机制，确保各级行政机关在发布政府信息涉及其他行政机关时，积极主动与有关行政机关进行沟通、确认，保证行政机关发布的政府信息准确一致。建立健全了社会评议制度，聘请了社会监督员，定期开展社会监督评议，接受人民群众监督评议。这些制度保障了达州市的政府信息公开工作有章可循，规范和推进了全市的政务公开、政府信息公开和公共企事业单位办事公开工作。

【主动公开政府信息】一是编制政府信息公开《指南》和《目录》。达州市各级政府和部门根据全市统一部署，按照“谁提供、谁审核、谁负责”的原则，认真做好《指南》和《目录》的填报工作，在 2008 年 3 月底前全面编制完成《指南》和《目录》并在各级政府网站向社会公开。二是发布权威信息，正确引导舆论。达州市在发生“5·12 地震”、甲型 H1N1 流感、暴雨洪灾等各类突发事件时，市委、市政府及时在第一时间内通过新闻发布会、政府门户网站、献计献策论坛、手机信息、广播、电视、报刊等多渠道及时向市民发布最新权威信息，正确引导舆论，并及时澄清了在市民中流传的一些虚假、不完整的信息，取得了良好的导向作用。三是全新建设政府门户网站。达州市政府和 7 个县（市、区）政府按照省上要求建设、完善了政府门户网站，确保了政府门户网站成为政府信息公开的第一平台。目前，全市累计公开政府信息26万余条。重点公开党委、政府的工作重点和公众关注的热点、难点问题，特别是民生问题。及时、全面、准确地发布政策法规、重大事项、人事任免、财政预决算、重大投资项目等政府权威信息。最大程度地满足了社会各方面对政府信息的需求，确保了信息发布的权威性、准确性和公正性，树立了政府信息的公信度。加强了同省、县（市、区）政府之间和部门网站之间的互动链接，实现资源共享、协同共建和整体联运。2009年6月18日，陈中华副市长应邀到四川省人民政府网站就“加强防汛抗旱工作，确保安全度汛”这一主题与广大网友进行了在线交流，介绍了达州、宣传了达州，提升了达州形象。四是改版《达州政报》。为进一步发挥市政府机关刊物信息权威的优势，市政府于2009年7月将《达州政报》正式改版为《达州市人民政府公报》，同时加大了发行力度，每期发行量达2 000余册，向全市人大代表、政协委员全部免费赠送，并在市内人群集中的地方设立了免费赠阅点，确保了公众快捷、方便的获取政府信息。《达州政报》常年设有“法律法规”、“规范性文件”、“本级文件”、“市长笔谈”、“工作研究”、“经营管理”、“新农村建设”、“巴山渠水”、“巴渠文化”等栏目。同时根据市委、市政府中心工作及时制定宣传报道重点，开辟了“县域经济”、“经验交流”、“惠民行动”、“基层工作”等栏目。“5·12”特大地震发生后，集中报道市委、市政府开展的各项抗震救灾工作以及全市上下支援灾区。编写刊发了通讯《达州，在灾难中奋进》。多幅图片和报道被新华网、省政府网及省级刊物选用。五是建立了公开信息查阅中心。2009年，市委、市政府出台了“《达州市建立政府公开信息查阅中心和已公开现行文件利用中心实施方案》的通知”（达市委办〔2009〕81号）文件，要求各级政府在各级档案馆建立政府信息公开查阅中心。目前，市、县两级政府已在档案馆和图书馆建立了政府公开信息查阅中心，极大地方便了群众对政府信息的查阅。六是发布年度工作报告。根据省上的要求，市县两级政府根据全年政府信息公开工作情况编制完成“政府信息公开年度报告”，并于每年3月30日在各级政府门户网站发布。七是发放便民手册。2008年以来，达州市共发放各类便民手册3 200余册，方便了群众办事。八是拓宽了政府信息公开的渠道。达州市的政府信息除主要通过政府门户网站公开外，还通过政府公报、新闻发布会、书记信箱、市（县）长信箱、市（县）长热线、政务服务中心、“阳光政务”服务热线、广播、电视、报刊、档案馆、图书馆、献计献策论坛、电子显示屏、电子触摸屏、政务公开栏、便民手册等方式多渠道公开，确保了公众快捷、方便的获取政府信息。九是设立了示范点。按照省长令《四川省政务公开规定》和省政府目标考核要求，2009年全市共确定了11个政府信息公开工作示范点，其中市政府确定了4个示范点：“一个县”（大竹县）、“一个部门”（市财政局）、“一个公共企事业单位”（市中心医院）、“一个乡镇”（大竹县东柳镇）；7个县（市、区）各确定了1个示范点：大竹县畜牧食品局、达县文体局、渠县旅游局、宣汉县计生委、通川区工商局、万源市政府办、开江县卫生局。这些示范点的确定，有效地辐射和带动了全市政府信息公开工作上台阶。十是表彰了先进。2009年，达州市政府信息公开工作在各级各部门的共同努力下取得了优异成绩。为发扬成绩，提高各级政府和部门对政府信息公开工作的主动性和积极性，根据《中华人民共和国政府信息公开条例》和省长令第201号《四川省政务公开规定》相关规定：“各级人民政府或有关单位对政务公开工作中成绩突出的单位和个人给予表彰。”市政府对2009年度在政府信息公开工作中表现突出的27个先进集体和34名先进个人予以了表彰。

【依申请公开政府信息】市政府在门户网站首页上开辟依申请公开专栏，向社会公开了“达州市政府信息依申请公开办法”、“达州市政府信息依申请公开流程图”、“达州市政府信息申请公开表”、“达州市政府信息公开工作机构”、“达州市政府信息公开管理中心受理公开信息申请告知书”等相关信息，方便公民、法人和其他组织对政府信息公开的申请。对公民、法人和其他组织依法申请公开的政府信息，承诺在受理后5个工作日内百分之百办理并回复。同时，监督和督促各县（市、区）和市级各部门对依申请公开信息的办理情况。在费用收取上，严格按照《中华人民共和国政府信息公开条例》和《达州市政府信息公开办法》规定执行。各县（市、区）也都在政府门户网站上开辟了依申请公开专栏。目前，全市累计公开收到依申请公开数量34件，在各级信息公开部门的指导和监督下，相关部门依法向申请人提供了相应的信息。

【达州市人民政府公报】根据《中华人民共和国

政府信息公开条例》、《四川省政务公开规定》(省长令第201号)法律法规的要求,2009年7月,市政府决定将《达州政报》更名为《达州市人民政府公报》。2008~2009年,共刊登规范性文件15个、市政府文件126个、市政府办公室文件139个、"市长笔谈"7篇、领导讲话6篇、工作研究49篇、新农村建设10篇、基层风采16篇、"巴山渠水"480条、"巴渠文化"72篇。根据市委、市政府中心工作制定宣传报道重点,紧紧围绕天然气能源化工基地建设、新农村建设、惠民行动、城市建设、红色旅游、招商引资等热点问题,编写有思路、有特色、高质量的稿件。开辟了"学习科学发展观"、"创新与实践"、"机关廉政效能建设"、"经验交流"、"惠民行动"等栏目。

【表彰情况】

2009年度全市政府信息公开工作先进集体(市政府)

【领导名录】

主任:邹清平

(任　浩　赵季平)

信息产业

【基本情况】2006年2月,市政府整合市信息产业局、市无线电管理处、市人民政府信息管理中心的职能,市信息产业局增挂"达州市无线电管理处"和"达州市人民政府信息管理中心"牌子,下设无线电监测站,代管市长热线办公室,全局现有干部职工34人。

【通信业】2009年底,全市通信光缆达到2.6万公里,100%的乡镇开通宽带网络;全市固定、移动电话用户分别为74.61万户、230.82万户,电话普及率46.4部/百人;互联网宽带接入用户15.67万户,移动互联网接入用户25万户。2009年,全市邮电业务总量25.53亿元。

【信息传输、计算机服务和软件业】2008年,全市信息传输、计算机服务和软件业法人单位231个,从业人员3 670人;个体经营户724户,从业人员1 942人。

【电子政务】一是加强市政中心电子政务外网网络的管理维护工作。市政中心70多个部门接入中心平台,接点2 000多个,电子政务外网全年零故障稳定运行。二是做好市政府门户网站、书记信箱、市长热线、市长信箱的技术平台支撑工作。三是做好各县市区、市级部门网站的安全检查工作,2009年6月、10月,按照省上要求,对各县政府网站及网络结构进行专项检查,提出整改意见。四是根据省外网办文件精神,协助市审计局完成了审计专网整体迁入电子政务外网工作。五是市长热线、市长信箱坚持节假日和敏感时期24小时值班制度,2009年,市长热线受理有效来电22 007件,办结率99.87%;受理市长信箱4 400件,办结率98.8%。六是加强对"凤凰山下"论坛"献计献策"版块的管理,2009年网民发帖5 452条,部门回复556条,删除各类有害信息主题贴4 447条。组织人员发布达州经济社会发展成就的帖子,正面引导网络舆论。七是严格遵守《达州市电子政务外网系统网络安全管理制度》、《达州市政府信息系统安全和保密管理暂行办法》等制度,全年无失泄密事件发生,无重要数据丢失现象。

【电子商务】信息技术在企业的应用不断深化,川东电缆、云内动力达州公司、达钢集团、四川美好企业集团等工业企业运用ERP/SCM/CRM等信息技术,有效提升了企业的竞争能力。达州电信已完成全市工业园区信息化平台规划,与494个重点骨干企业、8个产业园区管委会、7个区县经委在综合办公、总机服务、商务领航等方面开展合作。达州移动为达州玖源化工提供了一站式全业务信息化解决方案,为市烟草行业建成货物配送信息平台,为市电力系统建成了无线抄表信息平台。达州联通积极推进通信系统及软件开发集成、维护及咨询服务为一体的综合服务,至2009年底,为各行业、中小企业的6 000多用户提供优质高效的信息服务。

【信息资源开发利用】一是市政府门户网站"中国·达州"及各县(市、区)政府网站运行良好,建成了达州旅游网、达州教育网、达州统计网等部门网站,各类政务信息日趋丰富,公众查阅政务信息更加便利。二是全市已有农技农情、科技、教育、计生、医疗、人事、公安、财政、税务、银行、工商、质监、安监、社保等信息应用系统,现有各类网站1 380个,网络信息不断丰富。三是达州传媒网、达州新闻网等网络媒体,凤凰山下、玄同论坛等网络论坛已成为网民了解达州,交流信息的重要窗口。

【信息保障】一是通信保障有力。在2008年初雪灾、"5·12"汶川地震、2009年7月洪灾期间,通讯部门及时启动应急预案,抢修损毁设施,确保了全市通信线路畅通;通过手机短信及时发送市政府发布的汛情、灾情通报,为人员和财产的安全转移提供了及时可靠的信息,受到各地政府和群众好评。二是网络安全保障能力加强。加强对网络设施的安全防护,实现互联网和电子政务外网的安全稳定运行。加强对网络信息和手机短信的监控,及时删除、过滤色情、暴力等有害信息,促进信息服务业的健康发展。三是全市应急联动指挥中心建设稳步推进。全市应急联动指挥中心建成后,可实现多警种、多部门、多层次、跨地域的统一指挥和联合行动,有效提升市政府预防和处置突发公共事件的能力。

【农村信息化建设】自2005年实施村村通电话工程以来,达州移动先后投入4个多亿在偏远山区建设400多个基站,有效解决近1 000个村通信问题。达州电信建成"万村千乡"271个信息点,为35家连锁超市提供了管理系统;以ADSL等方式上网在农村延伸个人用户3万户,建成信息化试点村6个,"96168"幸福农家用户16.5万,乡村总机86个(乡、镇、村)。达州联通在全市建成71个"天府农业信息网"信息站,累计向4万多名乡镇村社干部、涉农企业、专业协会和农户发布各类信息600万余条。

【经济信息系统建设】完成省经济信息中心布置的每日信息、专题调研、企业景气调查、宏观经济季度、年度预测分析等任务,撰写上报《新<劳动合同法>出台对达州企业和经济影响》、《达州市耕地保护和利用情况》、《加强秦巴地区区域合作,促进经济发展》、《新型工业化、新型城镇化与现代农业互动发展》、《达州市2009年经济形势分析与2010年经济展望》等调研文章,受到四川省经济信息中心好评。

【领导名录】

局　长:王开建

副局长:冯学龙　江林红

(王方明)

金融合作

【基本情况】根据《达州市机构编制委员会关于成立达州市人民政府金融工作办公室的通知》(达市编发〔2008〕28号)文件精神,2008年5月成立达州市人民政府金融工作办公室,为市政府办公室直属副县级行政机构,内设综合科、融资促进办公室,设主任1名(副县级),副主任1名。

【职能职责】一是贯彻执行国家、省、市有关金融(含银行、保险、证券,下同)工作的法律、法规和方针政策;研究分析达州市金融形势,为市政府提供决策依据;组织开展区域性金融生态环境建设职能。二是受市政府委托,带市政府履行金融生态环境建设职能。三是指导和协调全市金融风险防范和化解工作。四是负责联系国家驻达金融监管机构、各类金融机构以及相关行业自律组织,协调解决金融发展中应由地方解决的矛盾和问题,协调金融机构为达州市经济和社会发展提供金融服务和支持;研究制定并组织实施对银行业金融机构支持地方经济发展的考核奖励办法。五是负责全市融资促进工作。参与策划、指导、协调、规范及达州市重大建设项目和重大资产整合的金融工作;负责政府与国家政策性银行融资日常工作。六是指导地方金融机构建设;支持促进地方金融改革创新与对外开放;指导县(市、区)金融工作。七是组织推进达州市资本市场建设;负责达州市企业境内外上市推进和上市公司退市协调工作;提出促进达州市上市公司发展,结构优化的政策性建议。八是受市政府委托,带市政府管理和指导担保公司,协调信用评级公司、会计事务所、资产评估公司等金融中介机构。九是承办市委、市政府交办的其他工作。

【总体情况】一是金融业平衡较快发展,贷款增量大幅提升。全市银行业金融机构认真落实适度宽松的货币政策,切实加大有效信贷投放,全力助推达州经济平稳较快发展。全市工业企业银企对接洽谈会、县(市)、区银企合作会协议总金额近280亿元。2009年,全市银行业金融机构新增存款128.5亿元,增长20.2%;新增贷款79.6亿元,增长36%;信贷投放达历年之最。2009年末各项存款余额763.5亿元,各项贷款余额299.52亿元。银行业金融机构盈利6.55亿元,增长26.74%。二是金融改革稳步推进,抗风险能力明显增强。由达州市城市信用社改制组建的达州市商业银行顺利挂牌开业,农行股改、新型农村金融机构试点工作稳步推进。全市银业抓住深化改革机遇,转变经营方式,继续改善资产质量,不良贷款占比较年初下降8.76个百分点。全市集中清理银行执行积案活动成效显著,共执结积案贷款本息2 825万元。中小法人机构资本充足率和拨备水平提高,抗风险能力显著增强。全市农村信用社全面完成2009年主要监管指标升级规划,健康度和竞争力全面提升。证券公司营业部盈利水平提升。保险业发展速度加快,服务领域拓宽,业务规模扩大。三是金融服务基础设施逐步完善,服务功能日益健全。达州市政府持续着力推进金融生态环境建设,金融生态环境逐步改善。支付清算系统上线运行良好,征信系统覆盖面增大,反洗钱、反假币工作逐步深入,为区域金融稳定提供了保障性支持。2009 年,在经济运行呈稳健发展、金融业平衡发展。金融业抗风险能力增强、金融基础设施逐步改善背景下,达州金融发展也面临一些困难和不确定性,如全球金融危机对经济的深度影响;经济增长方式单一、经济结构性矛盾仍然突出;资产价格波动、地方政府投融资平台潜在风险的防范,银行中长期贷款占比过高、中小法人金融机构综合抗风险能力较低;金融机构风险管理能力和创新动力不足等。

【银企合作】2008 年 11 月,金融办牵头承办了“达州市金融和谐发展座谈会”,副省长黄小祥到会并作重要指示,达成银企合作协议项目 24 个,融资金额 173.13 亿元。2009 年 5 月,金融办组织召开了工业企业银企对接洽谈会,共签署银企合作项目 33 个,融资金额达 26 亿元。

【政府性融资】市开发性金融合作领导小组办公室(以下简称“市合作办”)挂靠金融办,合署办公,主要开展政府与省开发银行得融资项目。截至 2009 年末,开发银行对达州市政府性贷款余额已达 9.39 亿元。

【金融改革】积极参与城市信用社改制工作,牵头清理政府背景债务和党政机关公务员到逾期贷款,促进并完善法人治理,增资扩股和弥补亏损等工作。2009 年底,达州城市信用社顺利改制为达州城市商业银行。

【小额贷款公司】6 月,达州市小额贷款试点方案获省政府金融办批准同意,3 个试点县和市金融办积极主动开展寻找对接小额贷款公司筹建发起工作,目前已有多家企业正开展在达州市设立小额贷款公司相关前期调查准备工作。

【企业上市】4 月,成立企业上市工作促进领导小组,邀请四川省金融办、太平洋证券公司的专家来达调研,辅导上市工作。目前,达州市达兴能源和川环科技已被四川省人民政府列入重点上市培育企业。

【融资担保】9 月,《四川省人民政府办公厅关于加强融资性担保业务监管工作的通知》(川办函〔2009〕23 号)文件明确,融资性担保业务由金融办负责审批和监管,并做好了清理整顿和规范全市担保机构的准备工作,协助市中心企业信用担保有限责任公司做大做强,提高现金资本规模,积极参与筹建农业政策性担保公司。

【金融生态环境】牵头制定《关于加强社会信用体系建设的实施意见》、《金融业发展规划》和《关于进一步做好处置非法集资工作的通知》,开展了“模范守信中小企业培植计划”,初步筛选了 120 户企业纳入培植计划,成功处置汉唐公司、宏生公司非法集资案。

【保险工作】加强对市保险协会和各保险公司的协调和服务,积极引导保险公司充分发挥商业保险的统筹保障职能,完善农业保险品种改革,加大银保合作力度。10 月,配合市保险协会、市纠风办,对辖区内 17 家保险公司进行了纠正行业不正之风工作打检查。

【领导名录】

主　任:刘　邻(兼)(2008 年 3 月 ~ 2008 年 7 月)

副主任:杜权军(兼)(2008 年 5 月 ~ 2009 年 12 月)

(张仕辉)

惠民帮扶

【基本情况】从 2008 年开始,市惠民帮扶中心运行经费纳入了财政年度预算。2008 年 10 月,中心建成开通“达州市惠民帮扶中心网站”(www.dzhm.org.cn)。2009 年 4 月,按照市委、市政府统一部署,原中心整体迁移到金兰路 96 号。2009 年 10 月,经市政府 112 次常务会和市委第 167 次常委会研究决定,市惠民帮扶中心归口到市政务服务中心。2009 年末,中心在编职工 7 名,其中领导 1 正(副县)1 副。

【惠民帮扶成效】2008 ~ 2009 年,中心帮扶困难群众 48.3 万人次,帮扶金额4 869.56万元,法律援助挽回经济损失 655 万元。其中,中心服务大厅十个工作窗口共帮扶困难群众 1.79 万人次,帮扶金额 529.76 万元;三大服务阵地(惠民超市、药房、医院)共帮扶 1.92 万人次,优惠金额 10.06 万元。在 2008 年“5·12”汶川大地震发生后,中心积极参与抗震救灾工作,腾出场地协助市慈善会做好抗震救灾物资存放和转运工作,从中心转运出去的物资达30多吨。

【强化组织领导】2008年,由市委、市政府领导组织召开了惠民帮扶建设领导小组成员协调会议,专题研究解决惠民帮扶工作开展过程中存在的具体问题;市委、市政府"两办"出台了有关进一步加强惠民帮扶中心工作的达市委办发〔2008〕24号文件;市委、市政府将惠民帮扶工作纳入了2008年对市级部门和各县、市、区的综合目标考核内容。2009年,在市长何健的政府工作报告中,把"加强惠民帮扶中心规范化管理,完善公共服务体系"写入了2009年政府的重点工作"着力保障和改善民生,维护社会和谐稳定"部分;中心被纳入"八大民生工程"目标责任单位之一;市政府领导牵头召开专题会议,研究市、区两级惠民超市、药房和医院运行机制,形成了《研究市惠民帮扶中心服务阵地有关问题的会议纪要》(达市府阅〔2009〕33号),规范了服务阵地管理,明确了业务主管部门的职能职责。

【夯实帮扶平台】2008年,将原分设于市群众接待中心和惠民帮扶中心的律师工作者合署到市惠民帮扶中心的法律援助窗口为困难群众服务;市总工会所属的特困职工帮扶中心入驻中心办公并对外挂牌;团市委"12355"帮扶热线入驻中心;建设部门负责的市、区困难群众购买经济适用房的接件和廉租住房保障租赁补贴发放均落实到中心住房解困窗口办理。2009年,市民政局所属慈善会帮扶机构整体进驻中心,中心专门为其设置了捐赠物资库房,强化了惠民帮扶实效。为切实解决困难群众生活难问题,最大程度发挥国有资产使用效益,2009年5月,经市政府领导同意,中心引进达州市绿岛小镇生态农业发展有限公司取代通洲惠民超市,依托中心国有资产(场地)开设"绿岛小镇惠民连锁超市",为市、区两级低保群众提供低于市场价5%～25%的物品优惠,惠民超市对低保群众的优惠金额全部由企业自行承担。

【实施规范管理】2008～2009年,中心共制发了13项业务管理制度和25项内部管理制度,严格用制度管人和管事。对窗口工作人员的管理中心每月实行绩效考核,确保良好的服务态度和零投诉;对服务阵地的管理中心会同其业务主管部门,实行不定期地巡查督导,惠民超市等服务阵地实行三联单收据管理,对优惠情况采取电话抽查和深入困难群众家中实地核查并通报,确保困难群众得到真正的实惠。对中心服务大厅工作窗口日常帮扶事项建立日志台账,对大额帮扶资金的支出,严格按照先调查核实情况、再开会集体研究、最后实施帮扶的工作流程,年末对全部帮扶资金使用情况进行集中公示,接受社会各界的监督。

【全力开展帮扶活动】中心紧紧围绕民生主题,采取多种形式和措施开展各种帮扶活动,使群众得到实实在在的帮助。中心与市总工会联合开展企业困难职工生活救助活动,为市本级和通川区等922名困难职工发放帮扶资金53.8万元;中心与市、区建设房管部门联合开展了困难群众廉租住房租赁补贴申请、审核、发放工作,共为8 898名困难群众发放廉租住房租赁补贴373.54万元;中心与市、区法律援助中心联合开展法律援助活动,共为1 925名困难群众提供法律援助服务。为了方便群众,中心贴近基层开展了"心系困难群众,奉献一片爱心"社区行大型帮扶活动,两年共为群众提供各类咨询和实施帮扶1 840余人次,惠民超市和惠民药房现场销售额10 400余元,优惠金额达2 849.6元,惠民医院现场义诊和免费医疗咨询680余人次。中心多方筹措资金,开展"关爱贫困大学新生"帮困助学活动,两年共为32名贫困家庭大学新生发放助学金6.2万元。2009年2月,由市委、市政府主办,由中心和市就业局牵头承办,在中心服务大厅开展了"达州市城区惠民帮扶就业专场招聘会"大型活动,现场求职人员达4 800余人次,达成就业意向1 800余人。

【狠抓舆论宣传】为提升中心知晓度,中心多管齐下,狠抓舆论宣传。中心联合市电视台制作了14期《走进市惠民帮扶中心》系列宣传片,于元旦和春节期间在达州电视台轮番播放,同时摄制了中心的公益广告宣传片,在户外中心广场大屏幕和市内所有线路公交车电视广告屏上播放。另外,中心参与了全市交通安全宣传月活动,制作了宣传中心职能和帮扶事例的展板,在全市巡回宣传。中心参与了为纪念新中国成立60周年、达州建市10周年,由市广电局承办的《辉煌达州》画册制作,在更广的范围宣传惠民帮扶中心。同时,中心积极邀请报社记者采访报道或主动向报社投稿加大宣传,有关中心的新闻报道随时见诸报端。中心网站开通后,中心网站及时报道有关惠民动态,网站点击率月均达到近

7 000人次。通过大力宣传,中心大厅服务窗口月均接待困难群众求助750人次左右,通过惠民超市、药房和医院等服务阵地受益的困难群众月均800人次左右,月均优惠金额5 000元左右。

【加强交流学习】2008年,中心接待了省总工会、泸州市、雅安市、内江市、自贡市等地的领导和同行,对全市县(市)中心进行了调研和业务指导,同时接待了部分县中心到市中心观摩学习。2009年,中心主要领导随市政务服务中心领导到德阳、眉山等地考察,学习各地政务服务中心和惠民帮扶中心的管理经验和作法;中心专门派出学习组先后到绵阳、资阳、南充、遂宁、乐山、雅安等模范或先进惠民帮扶中心交流学习,取长补短,开拓了视野,扩展了惠民帮扶工作思路。

【表彰情况】

2008年,达州市惠民帮扶中心被评为"四川省惠民帮扶中心工作先进集体"(四川省总工会、团省委、省妇联联合表彰)

【领导名录】

主　任:沈　虹

副主任:孙　维

(孙　维　张学兵)

住房公积金管理

【住房公积金管理中心】根据国务院《住房公积金管理条例》、四川省人民政府《关于严肃纪律规范管理确保住房公积金安全运行的通知》和达州市机构编制委员会《关于重新组建达州市住房公积金管理中心的批复》,正式撤销原各县、市、区住房公积金管理中心后,于2006年1月在原达州市住房公积金管理中心的基础上,重新组建达州市住房公积金管理中心,是直属市人民政府不以营利为目的的独立核算的副县级事业单位,负责达州市行政区域内住房公积金的归集、管理、核算、运作。内设综合科、计划财务科、信贷科、征管科、监督执法科、信息技术科6个科室,下设通川区管理部、达县管理部、万源市管理部、宣汉县管理部、渠县管理部、大竹县管理部、开江县管理部。

【归集扩面快速增长】2008～2009年,达州市通过采取行政推动、政策驱动、服务带动、宣传发动等方式,全面加强住房公积金制度扩大面工作,并取得显著成绩。2008年,新增住房公积金缴存人19 163人,归集住房公积金40 194.18万元。2009年,新增住房公积金缴存人11 258人,归集住房公积金49 761.96万元。截至2009年12月,全市共有2 844个单位152 569人建立了住房公积金制度,累计归集住房公积金179 142.07万元。行政推动:2008、2009年,市委、市政府又将"住房公积金应由财政承担部分纳入财政预算和缴纳情况"纳入对各县(市、区)委和人民政府、市级各部门的年度目标考核指标,强化了各级各部门住房公积金归集工作的责任。同时,市政府连续2年开展住房公积金专项治理活动,重点对各县、市、区行政事业单位的住房公积金制度建立及缴存情况进行专项治理,市政府督查室还每年组织开展住房公积金专项督查并在全市进行通报,对未建住房公积金制度或欠缴住房公积金的行政事业单位还在《达州晚报》等新闻媒体上进行公开曝光。这些举措,为推动达州市财政供给单位住房公积金制度的工作发挥突出的作用。政策驱动:2009年,经市政府第113次常务会议讨论通过,市政府办公室印发了《在全市全面推进住房公积金制度的意见》全市行政事业单位、国有或国有控股企业、非公企业建立并缴存住房公积金进行明确的要求。服务带动:组织各县(市、区)管理部给各未建立住房公积金制度的单位发放住房公积金法规政策汇编、缴存资料填写样本、缴存指南,派人深入各单位讲解政策、提供咨询等措施,加大对住房公积金政策的宣传,提高各未建或欠缴、少缴单位对住房公积金制度的了解和认识。2008年8月、2009年12月,在市邮政局的大力支持下,两次向市本级、达县、大竹县的住房公积金缴存人寄送了住房公积金对账单,它告诉缴存人个人目前已缴存了多少住房公积金,单位已缴到什么时间,账面上有多少钱,不仅增加了透明度,而且表明了"请缴存人监督、让缴存人放心",在市住房公积金中心不只是挂上嘴上的承诺,而是落到实处的实实在在的行动。宣传发动:在全市各大媒体刊发(播出)涉及公积金资金运行情况、管理举措等新闻稿件50余篇(次),有效地增强了广大干部职工对住房公积金制度的认识和了解。同时,利用市政府门户网站,向全社会公开涉及住房公积金管理机构职能、管理动态、政策法规、办事指南等住房公积金管理信息,方便广大住房公积金缴存人了解住房公积金政策、知晓管理运行动态,提高住房公积金管理机构的社会公信力和管理透明度，有效地提高了单位和职工按时足额缴存住房公积金的积极性和主动性。

【政策效应充分显现】建立住房公积金制度的根本目的，就是充分发挥住房公积金的政策优势，解决城镇居民买房、建房资金短缺问题，让普通职工特别是中低收入家庭买得起房、住得上房，使更多的住房公积金缴存人享受到住房公积金制度带来的实惠。一是将公积金提取条件由原来的退休、调离本市提取等扩大到可以提取本人或配偶的住房公积金，去购、建住房或偿还住房贷款，尽力提高住房公积金缴存人的购房支付能力和还款压力。二是将房租超出家庭收入30%，享受城镇最低生活保障，缴存人本人、配偶及其直系亲属因重大疾病或其它突发事件造成家庭生活严重困难，纳入住房公积金提取使用范围，更加注重改善民生。三是充分发挥公积金贷款“低利率”政策优势，创新个人贷款品种，提高公积金的使用率，使其最大程度发挥对职工购房特别是低收入群体的资助作用，提高个人住房消费能力。目前，达州市住房公积金贷款额度由最初的8万元提高到30万元，贷款最长年限由10年增加到30年。这些政策措施的出台，较好地发挥了住房公积金制度的保障作用，受到了广大缴存人的普遍欢迎和社会各界的好评，缴存住房公积金的积极性也得到了进一步提高。2008年，审批办理住房公积金9 353.89万元，比上年同期增长46.25%。其中：购买自住住房提取5 409.06万元，退休及死亡提取3 785.23万元，灾后特殊困难提取125.87万元，重大疾病等其他原因提取33.73万元。2009年，审批办理住房公积金15 070.02万元，比上年同期增长61.11%。其中：购买自住住房提取6 480.11万元，偿还住房贷款提取3 315.40万元，退休及死亡提取3 854.91万元，调离及辞职提取962.97万元，重大疾病等其他原因提取456.63万元。截至2009年12月，全市累计提取住房公积金43 346.12万元，住房公积金归集余额为135 795.95万元。2008年，向1 264户住房公积金缴存人家庭发放住房公积金贷款14 659.40万元，比上年同期增长37.77%。2009年，向1 503户住房公积金缴存人家庭发放住房公积金贷款20 452.40万元，比上年同期增长39.52%。截至2009年12月，全市累计向5 018户住房公积金缴存人家庭发放住房公积金贷款53 860.36万元，回收贷款本金11 675.23万元，贷款余额为42 185.13万元。

【制度建设全面推进】2008年4月16日，市政府印发第45号、46号达州市人民政府令，颁布实施《达州市住房公积金归集管理实施细则》、《达州市住房公积金提取管理实施细则》。4月14日，市住房公积金管理委员会印发《达州市住房公积金贷款管理实施细则》。这些制度的建立和实施，规范了管理行为、明确了业务流程、强化了工作责任，为达州市住房公积金实现规范化管理提供了可靠的制度保障。同时，市住房公积金管理中心为健全内部管理制度和业务操作规程，使干部职工在工作上有章可循、有据可依，各科室在工作上相互连接、相互配合，同时又相互监督、相互制约，先后制定了涉及资金管理、会计核算、风险控制、业务办理等各项规章制度32项。

【资金管理安全增值】住房公积金，从本质上来讲，属于广大住房公积金缴存人的“血汗钱”和“安居钱”，确保住房公积金的安全运行、保值增值，是住房公积金管理中心的责任和使命。首先是全面加强风险控制。市住房公积金管理中心以高度的政治责任感和使命感，着手构建严密的内控体系，全方位督导，拉网式排查，探索建立长效管理机制，化解和消除潜在风险隐患，确保住房公积金安全完整、保值增值。健全会计核算管理，完善财务稽核办法，规范财务操作规程。加强风险防范，实现各业务环节有序衔接并相互制约。建立资金使用审批体制，从资金的调度到资金的划拨，包括大额票据、存单的保管使用，建立双控审核、三级审批约束机制。目前达州市无一例资金安全事故发生。其次是努力提高增值收益。由于达州市的住房公积金沉淀资金相对较多，在满足正常提取使用和贷款发放的前提下，如不将剩余资金进行合理使用，一直按活期利率存在受托银行将会大大减少住房公积金的增值收益。首先，经管委会批准通过银行间购买国债1.2亿元；其次，分一年期、三年期将剩余资金存在受托银行7.3亿元，有效地搞高住房公积金增值收益，确保资金保值增值。2008年，达州市住房公积金增值收益为1 046.66万元，2009年增值收益为2 428.00万元。

【管理素质明显提高】一是通过多方筹集资金，为每个管理部配备了电脑、打印机、传真机、办公桌椅、空调等办公设备，并于2008年底建成了全市联网的住房公积金业务计算机管理系统以及与部、省联网的住房公积金监管信息系统，不断推进达州市住房公积金实现科学化、规范化、信息化管理。二是坚持“用事业造就人才、用环境凝聚人才、用机制激励人才、用制度保障人才”的用人机制，激发干部职工的工作积极性、主动性和创造性。目前，已有1名同志考取了高级会计师专业技术职称、4名同志考取了经济师专业技术职称，25名同志取得了会计从业资格证。同时，还定期举办财务管理、会计核算、软件操作、档案管理等培训，管理人员的专业素质和业务技能均得到了较大提升。三是通过市政府门户网站、在办公场所设置公开栏等形式，公开部门动态、法规政策、办事指南、工作职责、部门文件等住房公积金管理信息，公开《达州市住房公积金管理中心工作承诺》、《达州市住房公积金管理中心首问责任制度》、《达州市住房公积金管理中心一次性告知制度》、《达州市住房公积金管理中心限时办结制度》，及时回复凤凰山下论坛网友提出的各种问题，努力做好政策宣传和解惑答疑工作，提高住房公积金管理机构的社会公信力和管理透明度。

【表彰情况】

先进集体

1. 2008年，达州市住房公积金管理中心被四川省建设厅评为全省住房公积金目标考核一等奖

2. 2009年，达州市住房公积金管理中心被四川省住房和城乡建设厅评为全省住房公积金综合考核一等奖

3. 2009年，达州市住房公积金管理中心被达州市人民政府评为“2009年度政府信息公开工作先进集体”

先进个人

2009年，李敏伟同志被市政府表彰为“2009年度政府信息公开工作先进个人”

【领导名录】

主　任：陈　刚

副主任：付　毅　田志刚

地方志

【全市志办主任会议召开】2008年4月2日下午，全市志办主任会议在市政府2楼会议室召开。出席会议的有市政府秘书长刘元成，参加会议的有市政府地方志办公室及7个县（市、区）志办主任、副主任。会议共有三项议程，一是市志办副主任曾庆固传达2008年全省地方志工作会议精神；二是市志办主任冉炬传达到省志编委汇报工作的有关情况并安排布置2008年工作；三是市政府秘书长刘元成讲话。

【县（市、区）志审查验收】2008年6月4日，《万源市志》（1986～2005）审查验收会议在万源市政府大会议室召开，出席会议的有省志编委党组书记、常务副主任秦安禄，市政府秘书长刘元成，万源市委、市人大、市政府、市政协主要领导，参加会议的有市、县（（市、区）志办主任、副主任，相关专家学者。通过两天的评议，《万源市志》（1986～2005）顺利通过了达州市县（市、区）志审查验收小组的审查验收。

2008年12月5日，《渠县志》（1986～2005）审查验收会议在渠县召开，出席会议的有省志编委党组书记、常务副主任秦安禄，省志编委市县志工作处副处长何瑞明，市政府秘书长刘元成，渠县县委、人大、政府、政协主要领导，参加会议的有市、县（市、区）志办主任、副主任，相关专家学者及渠县保密局主要负责人。通过两天的评议，《渠县志》（1986～2005）顺利通过了达州市县（市、区）志审查验收小组的审查验收。

2009年10月16日，《达州市通川区志》（1986～2005）审查验收会议召开。出席会议的有省志编委党组书记、常务副主任秦安禄，市政府秘书长刘元成，市政府副秘书长张远见，通川区委、人大、政府、政协相关领导，参加会议的有市、县（市、区）志办主任、副主任，相关专家学者。通过两天的评议，《达州市通川区志》（1986～2005）顺利通过了达州市县（市、区）志审查验收小组的审查验收。

【市级部门志书编修工作有序开展】2008年，有《达州市公路运输管理志》通过审查验收；《达州市地方税务志》、《达州市审计志》、《达州市工业经济志》、《达州钢铁集团志》进入总纂阶段；《达州市水利志》、《达州市公安志》、《达州市工会志》、《达州市报业志》、《达州市工商行政管理志》、《达州市人大常委会志》、《达州市商务志》进入编写阶段。随着工作的深入开展。2009年5月，《达州市农村信用联社志》和《达州市民族宗教志》启动编纂工作。2009年9月，《达州市地方税务志》出版；11月，《达州市工业经济志》通过审查验收；《达州市审计志》、《达州市水利志》、《达州市公安志》、《达州市工会志》、《达州

市报业志》、《达州市工商行政管理志》、《达州市人大常委会志》、《达州市商务志》进入编写阶段。

【市和县(市、区)年鉴编纂工作】截至2009年,市、县两级地方综合年鉴工作全面开展。一是《达州年鉴》(2008卷)经过达州年鉴编辑部和市级各部门的共同努力,于2009年完成公开出版发行工作;二是《通川年鉴》(2008卷)(2009卷)、《大竹年鉴》(2008卷)(2009卷)、《开江年鉴》(2006~2007卷)完成出版;三是《宣汉年鉴》(2008卷)和创刊的《达县年鉴》(2008卷)、《万源年鉴》、《渠县年鉴》编纂工作进展顺利。

【为达州经济、社会和文化建设的服务工作】一是为市级有关部门和中石油、中石化集团等30多个单位提供了有价值的文献资料;二是与达州人民广播电台、达州电视台、《达州广播电视报》、达州新闻网合作,举办"达州市改革开放30周年30件大事"的评选活动,市志办推选的160条大事记于10月分四期在《达州广播电视报》刊发。12月1日,组织达州市的专家学者进行最终评选,并随即开展对30件大事进行深度报道;三是为《达州日报》提供"阅读达州"的历史文献和文章五篇,丰富了人民群众的文化生活;四是为社会各界人士查阅历史文献提高服务,热情周到、耐心解释,尽最大可能帮助来访者满意而去;五是完成市政府交办的《四川年鉴·达州篇》等其他工作。2009年,一是为市级有关部门和中石油、中石化集团等30多个单位提供了有价值的文献资料;二是与达州人民广播电台、达州电视台、《达州广播电视报》、达州新闻网合作,为中央电视台拍摄《走遍中国·走进达州》做出积极地贡献;三是为《达州日报》和《达州晚报》提供了"阅读达州"的历史文献和文章六篇,丰富了人民群众的文化生活;四是为社会各界人士查阅历史文献提高服务,热情周到、耐心解释,尽最大可能帮助来访者满意而去;五是完成市政府交办的《四川年鉴·达州篇》等工作。

【积极参加抗震救灾工作】2008年,"汶川5·12地震"发生后,全市地方志系统发扬"一方有难,八方支援"的精神,积极组织单位和个人为灾区捐款捐物近2万元;2009年7月23日,《汶川特大地震四川抗震救灾志·赈灾分志》编纂动员会议在成都召开。会后达州市人民政府决定此项工作由市地方志办公室配合市民政局完成。经过两个月的努力,《汶川特大地震四川抗震救灾志·赈灾分志》"达州篇"脱稿,得到四川省民政厅、达州市人民政府和达州市民政局的肯定。

【领导名录】

主　任:冉　炬

副主任:曾庆固

(邓　高)

市政府驻北京联络处

【基本情况】北京联络处地处北京市中心地带,(位于西城区西四北二条)占地400平方米,建筑290余平方米。在编人员4名,设主任、副主任、办公室主任各1名,常年聘用合同工临时工3~5人。联络处既是政府的驻外职能部门,又是接待服务单位,工作范围广,涉及面宽。历年来北京联络处严格按照市委、市政府的工作部署,紧紧围绕达州市的中心任务而努力工作。特别是深入学习贯彻十七大精神,高举中国特色社会主义伟大旗帜,全面落实科学发展观,为促进达州市"一枢纽、两中心、三基地、建设秦巴地区经济文化强市"的宏伟目标而努力奋斗。

【工作任务】政务联络是驻京联络处的首要任务,随时保持与中央、国务院有关部委办的联系,尤其是与中石油、中石化的联系,积极陪同配合市领导和各县、区领导及市级各部门赴京公务人员政务联络、建设立项、汇报工作等事宜。积极性加强与北京市各有关部门的联络,赢得北京地方政府各有关部门对我处日常工作的大力支持,加强与科研院所及高层研究部门的联系,通过与他们联系和往来,为达州市的经济建设引进先进的技术和科学的管理。联络处还加强了在北京家乡籍新老同志的联系,除了一年一次的大型乡友座谈会外,建立健全联络档案,努力保持正常联系,利用他们的关系为家乡发展出力。强化与各兄弟省市、各大型企业联系和社会各界人士联系,通过交流沟通、传递信息、增进友谊,为达州市的经济协作打下良好的基础。

在市委、市政府的大力支持下,逐步完善接待设施,具备了一定的接待能力,同时,联络处也逐步完善了自身建设,努力提高服务"软件"建设,强化服务标准化、规范化、制度化、人性化建设,彰显了达州市在京的"窗口"形象。受到达州市到京领导和同志的好评。

维稳维权是日常工作的重中之重,联络处全体同志认真学习领会和掌握信访维稳维权工作的路线方针和政策,政治上清醒,顾全大局。随时应对政策性、苗头性、动态性、趋向性和突发性事件。特别是近几年的信访工作,情况复杂多变,涉及面广,矛盾突出,情绪激烈,除了做耐心细致的劝返工作外,还与上访人员共同分析案例,寻求解决问题的途径,直至情绪稳定离京返乡。认真分析个案,把维稳工作和维权工作同时进行,为维权者四处奔走,主张权力,曾解决多起农民工在京维权事宜。

信息传输、经贸协作、对外宣传。与达州日报社合办了《信息参考》半月内刊,超前提供政治、经济等多方面的信息;曾多次带领北京、天津等地的大型企业和经贸商团到达州考察,为达州市招商引资牵线搭桥;利用各种集会、展览会、研讨会等多种形式不失时机地宣传达州,介绍达州的社会、经济发展近况,让更多的地区、单位和个人更深层次地了解达州,支持达州各项事业的蓬勃发展。

【领导名录】

副主任:杜权军(主持工作) 杨艳辉

办公室主任:郑庭筠

(杜权军)

市政府驻成都办事处

【基本情况】达州市人民政府驻成都办事处是达州市委、市人民政府派驻成都的综合性办事机构,1973年成立,位于成都市将军街1号,占地面积2.9亩,建筑面积7 000余平方米。办事处为正县级事业单位,现有在岗干部职工28人,离岗待退干部职工10人,离退休人员12人;下设办公室、经济合作科、综合信息科、财务科四个正科级科室,具体履行办事处相关工作职能;同时,办事处还直接经营管理成都达州宾馆。

【政务接待展现新形象】迎难而上,认真履行政务接待职能,自觉服务于全市改革、发展、稳定三大主题,主要表现在:一是千方百计,克服资金少、时间紧、任务重等不利条件,历尽艰辛完成了对成都达州宾馆的装修改造工作,全面改善了接待工作硬件条件;二是通过逐步完善政务接待工作制度,进一步规范了接待工作,杜绝盲目性和随意性,确保了接待工作顺利开展;三是以"我"为窗口,塑好接待形象,创新接待方式,提高接待服务水平。两年来共接待省、市领导、市级有关部门和市内其他客人共7 900多人次。

【招商引资取得新成绩】一是加强领导。确立"主要领导亲自过问,分管领导具体落实,办事处和分局整体联动"的工作机制,引导办事处招商力量积极投身到宣传达州、内引外联的招商工作主战场。二是夯实基础突出实效。其一,抓好"项目库、客户库"两库建设;其二,实现三个转变;其三,以活动为载体,实施重点推介。2008~2009年成功牵线促成四川力发实业有限公司与四川石化西南地产有限公司签定"凰城1号"项目、促成中铁二局与达州市市政工程管理处签定"野茅溪大桥"项目、促成中石化四川石化投资咨询公司与达县阳光房地产有限公司合作经营南港大厦、促成四川南欣房地产开发有限公司和重庆万兴房地产有限公司对达州市城市信用社各投资入股4 000万元、促成中石化四川多元化产业有限公司与达州市通川区签定"西岸华庭"项目、促成中石化四川多元化产业有限公司与达州市签定"滨江明珠"项目、促成世界五百强企业家乐福与大竹县商务局签约家乐福大竹店项目。所有投资项目到位资金25 750万元。

【信访维稳工作迈上新台阶】一是坚定落实市委、市政府领导指示,认真贯彻党中央、国务院《关于进一步加强新时期信访工作的意见》和新修订的《信访条例》,健全信访问题处理机制和完善突发信访案件应急预案;二是针对信访案件有组织的上访增多、部分群众闹访心理和受理问题涉及面广等特点,把握新动向,适应新形势,本着"事要解决,人要回去"的工作思路,做到劝返懂政策,处置懂纪律,妥善有序地做好信访劝返疏散工作,确保上访滞留问题得到圆满解决。2008~2009年共接待上访群众303批次1 041人次。

【信息调研工作取得新成】一是强化对信息工作的组织领导。办事处领导高度重视信息调研,多次召开会议专题研究,明确信息工作方向,完善信息工作措施,调动信息工作者的积极性和主动性。二是着力提高信息工作质量。立足信息调研工作的实际,以新视觉发现新问题,以新思路提出新对策,主动适应形势新变化和发展新要求,在"准、快、实、精、新"上下工夫,突出了信息工作的时效性、全面性、预警性和参考性。2008~2009共编写《成都信息》84期,《成都投资促进信息》4期,《信息专报》33期,被

《达州信息》、《达州政务快讯》、《达州日报》、《中国.达州网.政务公开》等报刊、网站采用40条。

【流动党员管理探索新思路】一是积极开展“找党员”工作。据不完全统计,已有一千多名流失党员回归到了达州在成都的流动党员党组织;二是针对流动党员人数多、居住分散、管理困难等情况,积极促成达州所辖各县区(市)在成都成立流动党员党支部。截至目前,已有通川区、万源、达县、宣汉、开江、大竹六县区(市)及市直机关分别成立了驻成都流动党员党支部;三是建立党组织联系和关爱流动党员工作制度。采取定期、不定期了解流动党员的思想动态、工作情况、意见建议等,为流动党员排忧解难,并及时向各流动党员党支部通报服务站工作情况;四是建立流动党员服务站工作联系制度。根据工作需要不定期召开工作联系会议,沟通信息,交流经验,部署服务与管理工作;五是建好服务站联谊活动制度,以丰富多彩的活动为载体,突出为流动党员服务与管理的工作主体,增强流动党员的党性观念、组织观念。

【成都汇鑫宾馆资产处置彰显新业绩】为了盘活闲置荒废十年的成都汇鑫宾馆资产,实现成都汇鑫宾馆资产处置价值最大化,通过半年多的艰难谈判和据理力争,并经市政府第101次常务会议研究同意,2009年3月与成都市新都区土地储备中心正式签订了关于成都汇鑫宾馆全部资产收购协议,全部资产收购价为2 800万元净收益,超出评估价518万元。

【宾馆经营取得新突破】历时七个月的装修改造让成都达州宾馆焕然一新,为使成都达州宾馆在激烈的市场竞争中站稳脚跟,尽快实现经营效益的最大化。其一,树立竞争意识,更新经营观念;其二,建章立制,细化管理措施;其三,加强员工培训,提高员工素质;其四,组建营销部,实行积极的营销策略;其五,积极探索创新运行机制,增强内部活力。按照市场经济的运行规律,探索建立科学规范的激励机制,激发干部职工的工作主动性和创造性。

【承办全省市州驻蓉办事处工作座谈会助推新跨越】2009年6月,市驻蓉办承办了四川省市州人民政府驻成都办事处“学习实践科学发展观,推进办事处工作又好又快发展”工作座谈会。本次会议呈现三大特点:一是规格高,达州市委、人大、政府、政协四大班子主要领导、分管领导和四川省管理局领导都亲临会议,指导工作;二是规模大,四川省管理局、达州市等有关方面领导与十五个市(州)政府驻成都办事处党政负责同志参加了工作座谈会;三是效果好,达州市委常委、常务副市长何平代表市委、市政府发表了热情洋溢的欢迎词,达州、攀枝花、宜宾、凉山、阿坝、泸州等6个市(州)办事处作了大会交流发言,四川省管理局常务副局长黎兵同志作了重要讲话。本次会议的举办,很好地展示了达州、宣传了达州,获得了有关领导和参会单位的高度评价。

【表彰情况】

先进集体

1. 2008年、2009年获得四川省机关事务管理局市州驻蓉机构“先进集体”

2. 2008年、2009年获得四川省委省政府信访办公室通报表彰

3. 2007~2008年获得四川省人民政府机关事务管理局直属机关党委“先进基层党组织”

4. 2009~2010年获得四川省省直机关事务管理局直属机关党委“先进基层党组织”

5. 2008年、2009年获得成都市信息协会“信息工作先进单位”

6. 2009年获得成都市城市节约用水办公室“先进单位”

7. 2008年获得成都市青羊区公安消防大队“消防工作安全无事故单位”

8. 2008年、2009年获得成都市青羊区黄瓦街道办事处“计划生育工作先进单位”

先进个人

1. 刘传政获得2008年、2009年度四川省人民政府机关事务管理局先进个人,2007~2008年度四川省人民政府机关事务管理局直属机关党委优秀共产党员,2008年度达州市委、市人民政府信访工作先进个人,2008年四川省政府机关事务管理局市州驻蓉办事处管理处党委抗震救灾先进个人,2009~2010年度四川省省直机关事务管理局直属机关党委优秀党务工作者

2. 任莉获得2009~2010年度四川省省直机关事务管理局直属机关党委优秀共产党员

3. 黄跃华获得2008年、2009年度四川省人民政府机关事务管理局先进个人,2007~2008年度四川省人民政府机关事务管理局直属机关党委优秀共产党员

4. 李华获得2008年、2009年度四川省人民政府机关事务管理局先进个人

5. 方东获得2009年度达州市委、市人民政府信访工作先进个人

【领导名录】

主　　任：刘传政

党支部书记：任　莉

副 主 任：黄跃华　刘　俐

市政府驻重庆办事处

【基本情况】2008～2009年，以邓小平理论和“三个代表”重要思想为指导，以科学发展观为统领，在达州市委、市政府的正确领导下，围绕中心、服务大局，团结拼搏，开拓创新，充分发挥“窗口”和内引外联的作用，突出抓好招商引资和投资促进工作，统筹推进办事处各项工作深入开展，着眼于推动达渝两地经济社会交流与合作，取得了显著成绩。

【构筑达渝两地交流合作平台】立足于达州融入重庆桥头堡作用，强化与重庆社会各界的联系和交流，不断向广度和深度延伸，努力拓展在渝联络面。一是深化与重庆市有关部门的联系机制，促进达渝两地政府对口部门衔接；二是保持同在渝商会、行业协会、同业工会及重庆工商界人士的密切联系，签订友好合作框架协议。三是通过积极筹建，于2008年9月成功挂牌成立达州市老促会重庆分会，并于2009年9月增挂重庆市四川商会达州分会牌子。在工作开展中，注重发挥分会载体作用，与重庆市工商界形成互动，发挥乘数效应，拓展人脉资源。四是在渝聘请曾经在达州生活、工作过的重庆领导、科研人员、学者、知名人士为达州市老促会重庆分会的顾问，为达渝两地交流合作出力献策。五是加强同外地各省、市驻渝办友好往来合作，通过他们扩大达州市在渝在外的影响。

【推动达渝两地互动融合】谋划新思路，紧紧围绕两地的互动融合，寻求着力点和切入点。一是促成重庆市渝中区现代服务业达州行活动于2008年4月在达州圆满开展。二是牵线搭桥促进达州市农业部门赴渝取经，10月，宣汉县农业局周元春局长一行在我办主任岳娴的安排和陪同下，对重庆农业产业化建设进行了深层次的考察。三是联合达州电视台开展了《达州人在重庆》大型系列电视宣传片活动，对5位在渝知名乡友企业家进行了专题报道。2009年4月，组织50余家重庆知名企业家到渠县开展了主题为寻找商机、共谋发展的参观考察活动。10月，有针对性地组织40余家重庆企业家到开江县考察对接。12月，组织重庆市福建商会一行10人赴通川区考察。

【抓实招商引资工作】把招商引资和投资促进作为各项工作重中之重，加大工作力度，深化招商工作机制，保持与各县（市、区）和在渝商会常态化联系，突出达州市和各县（市、区）重点招商产业和项目有针对性地做好对重庆企业宣传推介，搞好招商信息对接和跟踪协调服务。2008～2009年招商成效显著，共为达州市引进招商引资项目7个，总投资金额达13.3亿元，实际到位资金3.58亿元。此外，通过牵线搭桥，2008年12月引进成都博士达现代教育开发与研究中心在达州新世纪学校建立继成都、北京、上海、重庆后的中国第五个“博士工作站”。

【信息服务优质高效】切实把握新时期、新形势下信息工作的新特点，畅通信息获取渠道，围绕达州市经济社会发展中的热点、难点、重点，深入挖掘，及时收集、整理、报送重庆在改革和发展中的新目标、新政策、新举措，为领导决策提供参考借鉴。2008～2009年共提供颇具价值的重庆信息140多条，被市委、市政府主办的“达州信息”和“达州政务快讯”采用40多条，被达州政报、达州日报、达州政府网站等采稿20多条。为加强达渝两地信息互动，向重庆市市级机关事务管理局报送达州信息50多条，受到肯定和重视。

【流动党员工作开展有力】强化对流动党员的管理和服务功能，突出服务主题，构建科学管理服务机制，多途径、多渠道加强对流动党员的寻找和信息采集，收集联系到在渝60余名流动党员，并树立典型，着力增强流动党员示范带动作用，2009年，通川籍流动党员何全惠被四川省人民政府驻重庆办事处流动党员服务中心评为“优秀党员”。同时结合民工维权维稳工作，切实帮助达州市在渝民工和流动党员解决实际困难，维护其合法权益。两年来，共维护达州在渝民工和流动党员合法权益60余人次，解决实际困难12件。

【推进劳务输出工作】针对重庆机械、模具等专业技术人才紧缺，用工需求量大的现状，我们把推进达州市大中专职业院校毕业生在渝就业作为劳务输

出工作的突破口，广泛联系走访重庆用工单位和人才中心，及时收集掌握用工信息，积极衔接促成达州市职业院校和重庆的用工企业相互考察和对接达500余人次，促成100余名达州的大中专毕业生在渝顺利找到了合适的工作。

【抓好招待所改造前期工作】为树好达州市在渝形象，尽早产生经济效益和社会效益，在市委、市政府主要领导亲自关心下，启动了招待所改造前期工作，成立了招待所改造领导小组，确立了招待所改造经营定位及发展思路，拟将招待所打造成为展示达州市经济社会文化的特色“窗口”，并制定了改造工作计划安排，改造前期工作有条不紊地进行。

【提升接待服务水平】建立健全接待服务制度，实现规范化、标准化、专业化接待，为达州市领导及有关部门来渝开展政务、考察等学习交流活动提供优质的接待服务，同时积极为达州市来渝人员寻医求学、购票等提供力所能及的帮助，注重从小处着手，从细节抓起，做到温馨体贴服务，深得各方好评。两年来，圆满完成接待市内外客人2 000余人次。

【获奖情况】

先进集体

1. 办事处被重庆市市级机关事务管理局评为2008年度“先进集体”

2. 2008年，中共达州市委组织部驻重庆流动党员服务站被四川省人民政府驻重庆办事处流动党员服务中心评为“先进集体”

3. 2009年，办事处党支部被重庆市市级机关事务管理局党组评为“五个好基层党组织”

4. 办事处被重庆市市级机关事务管理局评为2009年度“先进集体”和“信息工作先进单位”

5. 2009年，中共达州市委组织部驻重庆流动党员服务站被四川省人民政府驻重庆办事处流动党员服务中心评为“先进单位”

先进个人

1. 岳娴同志被重庆市市级机关事务管理局评为2008年度“先进个人”

2. 2009年，陈昌海同志被重庆市直属工委评为“优秀共产党员”

3. 2009年，何永海同志被重庆市市级机关事务管理局党组评为“优秀共产党员”

【领导名录】

主　任：岳　娴

副主任：陈昌海

（罗　明）

市政府驻上海联络处

【投入世博会】2008～2009年，以空前热情投入了迎世博、庆世博的热潮中。疏导有方，分流有序，工作紧张而有秩序，周密细致而不乱方寸。我们现在已接待了6 800多名干部群众，使他们看到了大上海的沧桑巨变，并把目光透过246个世博园馆，看到了二百多个大小国家日新月异的新发展，可谓“瞻仰世博园，便知全世界”。

【协调、指导长三角农民工活动】自1994年大上海真正大开放以来，从达州来华东“淘金”的农民工数以万计，尤其聚集在上海浦西、浦东、杭州、苏州、南京、昆山、合肥、南昌、九江一带。异地他乡，故知更亲，达州驻上海联络处为他们提供可贵、必要的帮助，如介绍工作、举荐人才，选择工种，催老板发放工资，有时甚至提供法律帮助。2009年，帮助6 000多名农民工讨回了工资上千万元。

【协助当地服务内地】首先是同上海市党政军各大机关经常保持密切联系，多请示汇报，多互通信息。还同全国各大市、地、州府驻沪办横向联合，互相帮助，长期合作，把各类信息及时发往达州内地各市、县（区）、厂矿、公司。

【领导名录】

高等顾问：马幼麟

主　任：杨文靖

副主任：林进源

（王晓红）

市政府驻深圳办事处

【基本情况】市政府驻深圳办事处是市政府派驻深圳市的综合性政府办事机构（副县级），代表达州市与广东省和深圳市有关方面进行联络、协调、处理涉及本市的有关事宜，开展对外招商引资、流动党员管理、民工维权和政务接待等各项工作，办公室设在深圳市福田区红荔路四川大厦1 608室，现有工作人员5名。

【流动党建工作】2007年至今，在达州市委组织部、市政府办公室的直接领导和具体指导下，在当地党组织的大力协助下，办事处在广东已建立中共达州市驻广东流动党员委员会及达州市委组织部驻深圳流动党员服务站，管辖黄贝岭、清水河、寮步、平湖以及机关共5个党支部，直接管理和服务于143名达州籍流动党员。共发展新党员6名，培养入党积极分子28名。按照“党建带多建”的思路，还成立了共青团达州市委驻深圳工委、达州市和罗湖区计划生育协会联合会以及3个工会维权站。积极开展了民工维权、留守儿童关爱、落实计划生育奖励扶助政策等多项工作。达州和深圳、中山三地党政领导多次开展交流互访。共同构建了流入地与流出地党组织密切配合、有效衔接的流动党员管理机制，使流动人员管理真正走上“流动有序、异地有家、管理有序、建功立业”的良性轨道。既探索了新形势下流动党员教育、管理、服务的有效途径，又实现了流动人员的科学管理，创建了“以党员带群众，以同乡管同乡、共建和谐社区”的党建新模式，有效地破解了“同乡村”问题多、治安差、难于管理的全国性难题，极大地促进了当地社会的和谐稳定。三年来，累计有13名流动党员受到深圳和四川有关方面表彰，2人被授予见义勇为先进个人、流动党员副书记邱兴堂被选举为深圳市第五届党代表（常任制）、四川省劳动模范、入党积极分子李平被评为全国劳动模范。

【民工培训和维权工作】面对在粤的近百万达州籍农民工，深圳办将农民工工作作为全年目标任务的首要任务来予以筹划、布置和落实。一是多渠道认真开展农民工技能培训。两次由达州派出培训机构和教师，培训民工近500人，涉及电脑、电工等4个专业；动员企业培训达州籍民工2 750人；有近1 000人参加了深圳当地劳动部门组织的技能培训；共有300多民工取得技能等级证书。二是依法维护农民工合法权益。从2007年起，按照市政府安排，我办和达州市司法局密切合作，从达州抽调精干律师和法律工作者，在办事处成立法律事务室。据统计，共接待农民工1 360余人（次），协调处理各类维权案件120余件，为民工讨薪近350万元，处理交通事故、意外伤亡、民事纠纷赔偿共38起，涉及260多万元。三是切实为农民工排忧解难。近两年，全办垫付农民工生活费、交通费、医药费等5 200余元，发放困难家庭救济、受灾民工慰问金6 500余元。

【招商引资工作】2009年初，按照市政府的安排，增挂达州市投资促进局深圳分局牌子，并从各县市区抽调6名干部外派分局挂职锻炼。去年以来，分局走访各类企业45家，确定重点跟踪企业11家，全年参与了13次招商引资、产业转移等会议。分批带队回达州考察6次共58人次，涉及商业地产、浅层天然气开发、城市污水垃圾、农业产业化、电子加工、旅游等行业领域。目前已达成协议或确定投资意向项目5个，总投资近3亿元。

【加强信息工作，为领导决策提供参考】2009年，在保证多发信息、快发信息的同时，着力突出信息的质量，力求将深圳特区、乃至广东省发展经济、繁荣社会的真经，社会主义市场经济的新做法、新举措，经济社会发展中的新成就、新经验，快捷、及时地报告市委、市政府和市级有关单位，为其科学决策提供参考。全年共编发《深圳信息》6期35条，流动党员党委编发《达州流动党建》4期。

【表彰情况】

先进集体

1.2009年度劳务工工作先进单位（四川省人民政府驻深圳办事处）

2.2009年度四川在粤先进工作单位（四川省人民政府驻广州办事处）

3.2009年度先进党务工作单位（四川省人民政府驻深圳办事处）

【领导名录】

主　任：蒋洪毅

副主任：熊双渝　胡德成　胡建国

中国人民政治协商会议达州市委员会

【综述】2008－2009年，市政协认真学习贯彻党的十七大、十七届三中、四中全会和省委九届五次、六次、七次全会，市委二届十次、十一次、十二次、十四次全会和省、市委政协工作会议精神，深入贯彻落实科学发展观，坚持团结民主主题，切实履行政协职能，在服务大局中助推发展，在抗震救灾中主动作为，在推进发展中献计出力，在关注民生中促进和谐，在团结联谊中凝心聚力，在把握机遇中创新发展，在尽心履职中务实作为，为促进达州市经济加快发展、社会和谐稳定作出了积极贡献。

【协力助推发展】协商议政助发展。强化多层次协商议政格局，就政治、经济、文化和社会生活等全局性重大问题在决策前进行协商和就决策执行中的重要问题进行协商，促进科学民主决策。全委会广泛协商。政协全体会议期间，委员们认真听取政府工作报告和其他报告，围绕经济社会发展和民生改善的重要问题提出意见和建议。二届四次会议期间，市委、市政府领导与委员们共商发展大计，听取大会发言，参加分组讨论15场。有关部门负责人参加小组会议，听取委员意见建议140人次。二届五次会议期间，委员们认真听取并讨论《政府工作报告》和其它报告，围绕应对危机、扩大内需、改善民生等重大问题，通过大会发言、分组讨论、议政建言座谈会等方式广泛协商、集中建言，编发会议简报25期，形成《构建达州生态化工园区的几点设想》、《关于推进农村改革与发展的建议》等6篇专题报告。常委会重点协商。两年来，共召开10次常委专题协商会，分别就天然气资源开发利益补偿机制建设、农产品深加工、承接产业转移、达州市城市总体规划、达州市生态市建设规划（2008～2020年）、重大项目建设、综合交通枢纽建设、城乡环境综合整治等进行重点协商，向市委报送了10个针对性较强的专题报告。主席会专题协商。两年共召开主席会议24次，主席会议认真学习贯彻中央和省、市委重要会议精神，围绕搞好灾后恢复重建、加强基础设施建设、发挥投资效应、化解中小企业融资难题、加速工业园区建设、失业返乡农民工培训和再就业、失地农民养老、招商引资项目落地等问题深入研究，开展协商，提出建议。专委会对口协商。加强专委会与相关职能部门的沟通，就“平安达州创建”、“达州中心城区建设”、“集体林权制度改革”、“机关效能建设”、“社区环境治理”、“森林资源保护”、“水污染治理”、“老年健身场地建设”等热点、难点问题与有关部门沟通面商，促进相关问题的解决。

深化监督促发展。树立监督就是服务、就是促进工作落实、就是促进发展的理念，拓展监督渠道，完善监督机制，增强监督实效。推进提案监督。强化提案办理，发挥委员提案在建言献策、助推发展、民主监督、促进落实中的监督作用。两年共收到提案570件，立案545件，办复率100%。建成了达州市政协提案网络管理系统，通过网络向各界人士征集提案线索，探索公众监督办理提案的新路径；会同市政府召开高规格的提案交办会，采取视察督办、调研督办、面商督办、回访督办和主席会成员领衔督办、专委会联系督办等多种方式促办提案，提高了实效，推进提案办理从“答复型”向“落实型”转变。2009年，市委、市政府领导对118件提案作出批示，并督办重点提案10件，主席会成员和专委会督办重点提案16件，提高了提案办理质量。开展评议监督。2008年，组织省、市政协委员和民主党派对市规划和建设局的工作，重点是城市基础设施建设和管理工作进行了为期三个月的民主评议，采取“听、看、查、访、谈”相结合的方式，广泛听取意见并归纳梳理成7个方面34个问题，有针对性地提出对策建议。同时，召开民主议政会、政情交流会，面对面沟通会商、跟踪整改，促进了城市建设和管理。2009年，立足增强民主评议实效，创新民主评议内容和方式，首次开展民主评议提案办理工作。组织部分省市政协委员和民主党派对市民政局、市交通局提案办理工作进行了为期三个月的民主评议，通过深入调查走访、查看相关资料、召开提案办理面商会、开展满意度测评、被评单位向市政协常委会报告整改情况等方式，促进提案办理落实，推进民生工程实施。搞好特约监督。向60个执纪执法部门和窗口行业单位推荐78名政协委员担任特约监督员；选派政协委员200余人次列席了市政府常务会议；组织政协委员参与机关效能建设、城市环境综合整治、参与城市管理考评重点督导，民主监督更加富有成效。搞好视察监督。全委会期间，组织全体委员视察天然气能源化工产业园区；主席会成员集体视察渠县华新水泥，大竹海螺水泥、新区建设、河道治理等重点工程项目及大竹、渠县“两保一助”等社会保障体系建设，并向市委报送了专题视察报告；主席会成员分别带领各专委会和委员活动小组，先后视察普光净化厂、瓮福磷硫化工基地、垃圾和污水处理厂建设、城乡环境综合整治、南城截污干管建设工程、达县文体活动中心和廉租房建设、万源市乡镇综合文化站建设、非物质文化遗产保护等，促进重点项目建设和民生性工程实施。

专题调研谋发展。两年来，注重在精选题目、深入调研、反复论证、促进转化上下工夫。按照“少而精、专而深、出精品、求实效、促转化”的原则和主席会议统筹审定的重点调研课题，着力对“天然气资源开发利益补偿机制建设”、“养老服务社会化”、“农产品深加工”、“城市社区卫生服务体系建设”、“承接产业转移”、“达州融入重庆经济发展”、“新农合运行机制建设”、“失业返乡农民工就业”、“化解中小企业融资难题”、“农村土地经营权流转”、“达州城区商品市场发展”等重点课题进行了专题调研。同时,注重以课题为纽带,上下联动,横向协同,联合开展视察调研,争取全国政协、省政协专题调研建立天然气资源开发补偿长效机制,其成果受到了中共中央和国务院领导的重视。专题调研形成的报告也得到了市委、市政府的重视,有的被市委办公室《领导参阅》、《达州要情专报》转发,有的已写进了市委、市政府制定出台的政策和文件之中。如报送的《关于缓解中小企业融资难的调研报告》,市委书记、市人大常委会主任李向志作出重要批示,责成分管领导召集相关部门专题研究,落实采纳政协意见建议。拟采取建立“三金”、规范中介收费、建立担保风险补偿机制等措施,缓解中小企业融资难问题;跟踪调研社会化养老问题,市委、市政府采纳政协建议,出台了《关于加强老年工作的意见》、《关于落实百岁以上老人长寿补贴的通知》、《关于推进居家养老服务工作的实施意见》等文件,从“加大政策支持力度、强化老年优待政策落实”等方面入手,推进了达州市养老服务社会化工作的不断发展。为有效应对金融危机,深入达州商业集团、四川玉竹麻业等20多家企业走访调研,召开委员企业应对金融危机座谈会,为企业支招建言,提神鼓劲。

【服务抗震救灾】“5·12”汶川地震发生后,全市政协系统快速反映,紧急行动,全力以赴,积极作为,努力为抗震救灾和恢复重建贡献力量。

积极参与抢险救灾。市政协及时发出《关于全力做好抗震救灾工作的紧急通知》,市、县(市、区)政协领导深入一线,了解灾情,指导救灾;各界别委员积极参与抢险救人、排危除险、疏导群众、维护秩序等工作;部队、卫生、建设、教育、环保等系统的委员火速奔赴灾区救援,支持重灾区渡过难关。危难时刻,各级政协组织主动作为,党派团体同舟共济,各族各界真情驰援,谱写了抗震救灾的动人篇章。

搭建爱心奉献平台。以“我为抗震救灾作贡献”活动为载体,引导和组织广大委员、政协工作者和社会各界有钱出钱,有力出力。市政协举办省、市政协委员爱心捐赠仪式,组织捐款捐物;组织机关干部挽袖献血、捐献钱物、缴纳特殊党费;民盟达州市委、市总工会分别举行大型赈灾义演活动募捐;民革达州市委、民建达州市委、市工商联积极组织捐款捐物、筹集运送救灾物资;农工党达州市委全体党员主动缴纳特殊党费;县(市、区)政协及时组织爱心捐赠,向重灾区政协寄发慰问信,结对帮扶重灾区;文艺界的委员们创作歌曲鼓舞斗志,创作书画作品参与省政协书画赈灾义拍活动。全市政协系统共计捐款1 094.64万元,捐物折款264.45万元,无偿献血45 200毫升;市政协机关缴纳特殊党费3.47万元。充分展示了政协委员服务救灾大局、心系民众安危的良好形象。

协力推进恢复重建。市政协二届十八次常委会协商讨论并安排部署了抗震救灾工作。政协各组成单位、各级政协组织和广大政协委员围绕校舍恢复重建、灾民房屋建设、经济快速发展、基础设施建设、产业结构调整等重大问题建言献策,撰写提案65件,反映社情民意31条,在恢复重建中发挥了积极作用。

【维护和谐稳定】畅通信息渠道。主席会成员分批到市信访接待中心接访群众,协力解决疑难信访问题;认真处理来信来访120余件/次,一些群众广泛关注、社会反映强烈的问题得到重视或解决;召开了全市反映社情民意信息工作会议,健全信息汇集分析、跟踪反馈机制。两年来收集处理信息200余条,编报《社情民意》112期,市委、市政府责成市级相关部门已办理落实18件。《建议将学校教师的“三保一金”纳入财政预算》、《关于进一步强化支农惠农财政补贴政策有关建议》、《生猪价格猛跌应引起重视》、《断头路制约农村路网发展》、《城镇低保工作面临几大困难》等22条社情民意信息被省政协和市委、市政府采用。市委副书记、市长何健在《应明令禁止在达州城区燃放孔明灯》、《关于彻底杜绝在凤凰山及城市周边山体乱埋乱葬的建议》等《社情民意》上作出批示,责成相关部门专题研究,妥善处理,相关问题得到有效解决。市政协获2008年、2009年度全省政协社情民意信息工作先进单位。

促进民生改善。围绕“利民惠民、改善民生”主题,重点促进惠民政策的落实和民生工程的实施。组织驻达省政协委员对达州征信体系建设情况进行了专题视察,向全市政协委员致信,倡导带头诚实守信,积极助推社会信用体系建设;把握金融危机下民生需求的新变化,关注突出问题,关心困难弱势群体,切实维护群众利益。在委员企业中倡导“不裁员”活动,尽力创造就业岗位,千方百计扩大就业;面对金融危机的影响,及时召开企业委员恳谈会,分析形势,商讨对策,鼓舞士气,增强信心,反响良好。市政协二十二次常委会专题协商城乡居民就业问题,建诤言、献良策;组织部分省市政协委员对市政务服务中心运行情况、经济适用房和廉租住房建设情况等进行了专项视察,促进了质量和效能提升;高度重视“八项民生工程”,主席会议专题研究,主席会成员分别带领政协委员进行重点视察并向市委报送了视察报告,提出了“强抓机遇,加快建设步伐;科学规划,积极稳妥推进;完善政策,建立长效机制;加强监督,确保惠民效果”等4条建议,市委、市政府领导做出重要批示,相关部门积极采纳。认真开展失地农民就业增收情况调研,并以“加速天然气能源化工基地建设,努力促进失地农民就业增收”为题在省政协常委会上作大会发言;深入开江、宣汉、达县等地调研视察农民工培训和再就业工作,深入达钢集团等企业视察《四川省职代会条例》贯彻落实情况;开展失地农民养老、新型农村合作医疗改革等课题的调研视察,提出意见建议;大力督办《拓宽达城健民路》、《校园周边网吧专项整治刻不容缓》、《尽快消除达县渡市初中校园上空索道安全隐患》等涉及群众切身利益的提案,维护群众权益;组织政协委员70余人次参加法院“三个五”活动,在市中级人民法院和通川区、宣汉县等基层法院,分别旁听了5件案件的庭审、参与了5件案件的调解和5件案件的执行,促进公正执法,增强监督实效。市政协各专委会还分别对市电大财贸校合并后的运行情况、渠县文物古迹保护工作等进行了专项视察。

真情为民解难。组织开展“科技之春”和送文化、卫生、科技“三下乡”活动;大力协助解决群众就业难题,积极帮助群众创业兴业;为贫困母亲送温暖;实施贫困大学生救助;帮助定点扶贫村解决村办公室、村民饮水工程建设资金等问题,扶持产业发展;帮助通川区大北街社区解决无办公场地、无活动经费、办公设施缺乏等问题,切实为基层和群众办实事;创新开展“四访四问”活动,市政协领导带领10个访问组130多人深入乡村、企业、社区和项目工地走访干部群众400多人,慰问困难群众17户,送出慰问金6 500元,收集群众意见建议123条,形成《社情民意》信息和政协提案20件,帮助解决涉及乡村道路、村民饮水、产业发展等困难和问题。如在深入调研后,通过《社情民意》反映达县斌郎乡烟山村饮水难、行路难、致富难问题,达县政府及交通、水利、农业等部门高度重视,支持该村硬化了村道5.6公里,安装接通了自来水;帮助该村规划并种植了50亩优质李子、70亩香椿和13 000株桃树。市委书记李向志在市政协党组《关于开展“四访四问”主题活动情况的报告》上批示“活动开展较好。要认真总结,继续深化,巩固提高”。积极做好新农村、扶贫村和联系社区工作,先后为大竹县庙坝镇寨峰村、达县安仁乡尖山坡村、通川区大北街社区等筹集资金52.75万元,力所能及地给予支持帮助;坚持开展送温暖献爱心活动,多次深入农村、社区、企业、敬老院慰问困难群众和弱势群体。

【巩固统一战线】市政协坚持以邓小平理论为指导,高举中国特色社会主义伟大旗帜,突出团结民主两大主题,坚持求同存异,加强团结合作,以共同的目标凝聚人心,以广泛的共识汇聚力量,不断巩固壮大最广泛的爱国统一战线。

一是注重发挥民主党派、工商联和无党派人士的重要作用。支持民主党派履行职责、开展活动,注重宣传各党派的履职活动和成效,邀请他们参加政协视察、评议、联谊等活动,重点安排党外人士在全委会、常委会、新年茶话会上发言24次,阐释观点、表达政见。注重发挥民族宗教等界别的重要作用,重视办理《进一步调整达州市中小学教育资源的建议》、《解决大竹县基督教福音堂迁址用地问题》等党派提案38件,通过合作共事,团结奋斗,对构建和谐政党关系进行了有益探索。

二是重视发挥工青妇和民族宗教等界别的重要作用。把团结联谊与推动加快发展、切实改善民生、促进社会和谐紧密结合,组织工会、妇联、共青团等界别的委员专题调研失业返乡农民工技能培训和再就业、农村留守妇女婚姻家庭问题、农村留守学生生存状况、残疾人就业等情况,关注困难群体,维护合法权益;引导开展惠民帮扶、返乡农民工就业培训、少数民族惠民行动、青春育人、青春创业、青春和谐等活动;举办新年茶话会、经济形势分析会,及时向各界人士通报全市经济社会发展情况。通过各项活动的开展,增进了解,形成共识,在推进发展、维护稳定中凝聚智慧、汇集力量。三是进一步发挥政协组织在民族宗教工作中的重要作用。努力发挥政协组织维护稳定中的独特作用。发挥优势，理顺情绪，协调关系，化解矛盾。市政协主席会成员积极参与“迎奥运保稳定百日行动”，切实抓好抗震救灾、企业维稳工作；深入宣汉县龙泉等4个土家族乡调研视察基础设施建设、经济发展情况，维护民族宗教和谐；创建和谐宗教场所，积极督促有关县（市、区）落实宗教房产政策，协助解决西外新区宗教用地，促进阶层和谐和民族宗教团结。

四是大力发挥新闻宣传和文史资政的重要作用。编辑出版了《达州文史资料集萃》（社情·民·宗篇）上集，组织委员对渠县汉阙和文庙进行了专项视察，建言文物保护和利用；召开了全市政协新闻宣传工作会议，出台了《关于加强政协宣传工作的意见》，创办了《达州政协》内刊，改版了达州政协网站，在市级主流媒体开办了《政协之窗》专栏，加大宣传力度，营造浓厚氛围，借助各级主流媒体和上级政协宣传载体刊播稿件750多篇，仅2009年就在《人民政协报》、《中国政协》等刊物和人民网、全国政协网等网站上刊发40余篇，在《四川政协报》、《四川经济日报》等省级刊物和省政协网站上刊发300余篇。

【开展纪念活动】2009年，以新中国和人民政协成立60周年、达州建市和市政协成立10周年以及省、市委召开政协工作会议为契机，开展纪念活动，完善履职机制，营造浓厚氛围，推进事业发展。

增进思想共识。组织达州城区政协常委和市政协机关干部集体收看庆祝人民政协成立60周年大会实况；利用常委会、主席学习会、委员小组会、干部职工会等，认真学习胡锦涛总书记的重要讲话和省、市委政协工作会议及《实施意见》精神，深刻认识人民政协走过的辉煌历程和取得的伟大成就，深刻领会人民政协60年实践积累的“四个必须坚持”的宝贵经验，深刻理解新形势下加强政协工作“四个必然要求”的重要性和“四个着力”的工作任务，进一步增强做好政协工作、服务发展大局的责任感和使命感，做到在坚持正确方向上更加坚定、在推进科学发展上更加有力、在促进社会和谐上更加积极、在加强自身建设上更加务实。

开展纪念活动。隆重召开“达州市纪念人民政协成立60周年暨市政协成立10周年座谈会”，回顾历程，总结经验，展望未来，再谋发展；举办“凝心聚力助发展，我为达州添风采”政协履职成果暨委员书画摄影作品展，制作履职成果展板32块，展出委员书画摄影作品98件，展示了市政协十年履职成果和政协委员的时代风采；举办“创新履职、助推发展”政协论坛，收到文稿84篇，29篇论文获奖，67篇文章录入《论坛文集》；出版了《达州政协》纪念市政协成立10周年专刊，组稿参加了“省政协‘同舟岁月’文史资料成果展”，5部作品获奖；开展了评选表彰活动，表彰了32名优秀政协委员，在二届五次会议上市政府、市政协联合表彰了20件优秀提案、10个提案办理先进单位和10名先进个人。

主动调研建言。为着眼长远完善制度，协助开好市委政协工作会议。市政协组织调研组，对全市贯彻落实中央和省、市委文件精神情况进行了专题调研，总结经验，查找差距，据实建言。市委高度重视，召开常委会研究政协工作，并于2009年8月召开市委政协工作会议，全面研究部署新形势下的政协工作，出台了《中共达州市委关于进一步加强人民政协工作的实施意见》，在深化认识、完善制度、加强领导、自身建设等方面提出了明确要求，为政协开展工作提供了制度保障和政策支持，进一步形成党委领导、政府支持、政协主动、各方配合的良好工作格局。

分解细化任务。市委《实施意见》下发后，我们紧密联系实际，着力在促进落实上下工夫，对涉及党政部门的规定，提出贯彻建议，市委吸收采纳，市委办公室下发了《中共达州市委办公室关于印发〈中共达州市委关于进一步加强人民政协工作的实施意见〉任务分解表的通知》，明确了市级各部门支持政协履职的具体任务。对涉及政协自身的规定，制定配套措施，重点围绕完善履行三大职能的工作机制，制发了任务分解表，对政协承担的12项具体任务，落实到各个层级，细化到职能委室，明确到岗位职责，加强督查，执行到位，把市委的要求转化为推动政协工作的实践举措，全面持续地发挥政策效应。

【提升履职水平】深入开展学习实践科学发展观活动。加强学习提升素质。制定学习计划，明确内容形式，认真组织实施，努力把科学发展观内化为履职理念和实际行动。重点围绕学习中共十七届三中、四中全会精神和《科学发展观重要论述摘编》等，采取中心组定期学习、主席会专题学习、专委会集中学习等方式，开展了科学发展观教育、政协理论教育、革命传统教育、正反典型教育和解放思想大讨论,组织机关党员赴重庆红岩革命纪念馆重温入党誓词,共举办专题讲座、理论辅导、专家报告7次。开展“人人上讲台、个个献良策”活动,把解放思想与学习实践科学发展观紧密结合,着力消除无为、封闭、畏难、清闲思想,树立有为、开放、进取、爬坡意识,自觉为加快发展而谋,为科学发展而干。组织市县区政协主席、部分机关干部分期分批参加省、市委党校和全国政协干部培训班培训学习,提高了素质。找准问题务实整改。按照科学发展观的要求,认真查找思想观念和工作水平与科学发展的形势、与加快发展的任务、与服务对象的要求不相适应的突出问题,从观念、机制和个体素质层面深刻剖析原因,从破除有碍科学发展的思想观念、落实促进科学发展的重点任务、提升服务科学发展的整体效能、增强促进科学发展的实际能力等方面落实整改措施,推动市政协及机关作风转变。健全机制提升效能。以开放视野、系统思维和协作理念推进政协工作,运行机制逐步完善,工作效能有所提升。建立健全了加强协同互动、机关绩效考核、委室年度述职和民主测评制度;加强专委会工作和机关建设,增强了工作活力。以重大活动为纽带,统筹安排力量,保证主席会、常委会重大工作部署的落实,力求责任心更强、工作更严谨、履职更到位、成效更明显。

努力加强自身建设。市政协坚持把加强自身建设作为政协的基础性工作,摆在重要位置,采取有力措施,扎实推进,富有成效。完善学习制度,提高理论素养。制发了《关于进一步完善党组中心组学习制度的意见》,坚持每月集中学习;在市委党校举办了专题报告会,宣讲政协理论和基本知识;举办了主席学习会,增强了用科学发展观统揽政协工作的坚定性和自觉性;举办了常委专题讲座,在二届十七次常委会上,邀请西南石油大学博士生导师张尚华就达州市天然气勘探开发和天然气化工产业和西南大学食品科学院教授阚健全就当前食品工业的现状、趋势、存在的问题和对策等相关问题专题授课;二届二十四次常委会邀请省社科院资源与环境中心秘书长、副研究员李晟之,就“中国西南山地生态环境建设最新实践”作专题讲座;选派2名主席会成员和15名机关干部到全国政协培训中心、省、市委党校学习培训;组织考察组赴省外学习取经,开阔了视野,拓展了思路;通过理论武装和考察学习,提升了政协委员和政协机关干部的履职能力。完善激励机制,增强工作活力。制发了《关于对理论调研、宣传稿件、社情民意等实行奖励的试行办法》,完善了新闻宣传、理论调研、反映社情民意信息等激励机制,表彰了社情民意信息和政协新闻宣传工作先进单位,工作效能明显提升;市政府、市政协联合表彰了2007~2008年度优秀提案、提案承办先进单位和先进提案工作者,提案工作在政协全局工作中的地位和作用更加凸显。

加强协同互动。制定《政协达州市委员会协同互动试行办法》,构筑上下联动、横向互动的工作机制。加强与市委、市政府“两办”的沟通联系,跟踪市委、市政府领导对政协报送的调研视察报告、社情民意信息和重要建议案的批示落实情况;积极配合省政协调研乡村旅游发展、扩大农村需求和中央5号文件贯彻落实情况;邀请市环保局、市林业局等25个市级部门在市政协常委会、主席会、对口联系会、专题协商会上通报工作情况和配合搞好调研视察;省、市政协委员与省、市人大代表联合视察公安工作和监所建设;组织省政协委员2008年专题视察了人民银行达州中心支行征信工作,2009年对开江县城乡环境综合整治工作和乡村旅游业发展情况进行了专题视察。加强对县(市、区)政协工作指导,协同开展重大活动,整体推进政协工作;强化对外联谊,先后接待省内外政协领导和兄弟市州政协来达指导调研、学习考察30余批次460余人,参加了“川陕革命根据地区域市级政协主席联席会议”、“川滇黔赣四省十八地市州政协第二十六次联席会议”。

促进委员履职。改进常委会议协商议政方式,实行重点发言和即兴发言并重,通报市政协常委出席会议和履职情况,促使会前深入调研、深度思考、发言准备充分,会中建言针对性和操作性强,提高了建言质量;深化“五个一”(每年内至少提交一件提案,反映一条社情民意,参加一次调研视察,撰写一篇调研报告或提一条意见建议,为群众办一件好事实事)活动,支持委员参与调研视察、民主评议、城管考评、列席政府常务会议和市政协常委会;认真考核并书面通报委员履职情况,实行委员动态管理,批准了因离开达州而不能履职的16名同志辞去委员资格,对10名履职不积极的委员进行了告诫谈话,增补了20名政协委员和10名常委,撤销了3名违纪违法委员的委员资格和常委职务。提高委员履职积极性。组建了15个委员活动小组,搭建了委员履职平台;制定了《政协达州市委员会委员管理暂行办法》,明确了履职要求;建立了委员履职档案,采取数据化、内务化考核方式,将委员出席会议、撰写提案、视察调研、反映社情民意、参加小组活动等履职信息登记考核和年终通报,并作为委员继任和评优的依据,增强了委员的责任意识和履职热情;组织开展了"迎奥运、庆七一"和"庆奥运、迎国庆"大型联谊活动,增强了凝聚力和向心力,展示了政协组织的活力。完善常委会议制度,提高会议质量。严肃常委会议纪律,实行了会议签到考勤和履职情况通报、主席会成员联系常委、市政协委员列席市政府常务会议制度,政协常委参会率提高,议政建言积极性高涨。

【表彰情况】

2008 年,市政协机关被市委、市政府表彰为 2007 年度市级部门先进单位、全市维稳综治工作先进集体、全市安全生产目标考核先进单位、计划生育"三结合"工作先进集体、定点扶贫工作先进集体;被市委表彰为 2007 年党委(党组)中心组学习先进单位;被市政府、市政协表彰为提案工作先进集体。

2009 年,市政协机关被市委、市政府表彰为 2008 年度市级部门目标管理先进单位、全市信访工作先进集体、全市安全生产目标考核先进单位、市老干部工作先进集体、定点扶贫工作先进集体;被市政府、市政协表彰为政协提案工作先进单位。

【领导名录】

主　席:康莲英

顾　问:陈志明

副主席:李志兴　李国友　王金尧　汤忠才　王全兴

刘方棠(市政协二届六次全会上选举通过)

王善国(市政协二届六次全会上选举通过)

秘书长:郝成科

副秘书长:宋光学　魏林俐　姚林利

办公室主任:郝成科

副主任:蒋文书

研究室主任:昝武君(2009 年 11 月任)

提案委主任:王泽平(市政协二届二十四次常委会议通过)

副主任:李佳林　田利远　蒲春天　杨　荣

农业委主任:吴胜全

副主任:雷　海　肖国权　舒元江　齐健贻

经济委主任:冯乔孝(市政协二届二十四次常委会议通过)

副主任:文　化　马　林　钟　强　石缓和

人资环委主任:甘立才(市政协二届二十四次常委会议通过)

副主任:罗铈明　邓大禹　郝成棋　许道明

教科文卫体委主任:张玉全

副主任:洪继诚　谢丽明　江国银　丁长兴　王国庆

社法群委主任:赵本春

副主任:郝德恒　周新政　谭天林　郑文频　陈玉林　周建文

学习文史委主任:陈其举

副主任:赵大兰　张学阶　梅　榕　何　潺

民宗外侨联谊委主任:陈新策(市政协二届二十四次常委会议通过)

副主任:罗代光　黄汉林　龚俊修　唐　杰　甘立权

政协达州市第二届委员会常务委员名单

(以姓氏笔划为序)

丁长兴　王　奇　王永辉　王国庆　王明祥
王泽平　甘立才　邓瑜华　史万奎　刘　江
刘星光　刘家武　冯乔孝　吴胜全　张　秦
张玉全　张国印　张学阶　张绍成　李其普
李家森　李晓波　肖国权　陈其举　陈玉林
陈明星　陈新策　何兴平　袁　斌　涂家林
唐定智　何　潺　杨　荣　周　川　周　碧
范　建　郑文频　姚林利　段　涛　胡家波
贺天兰　赵本春　郝德恒　钟光荣　钟宪章
钟　强　昝武君　唐　恭　康崇光　梅　榕
黄凤培　黄汉林　龚俊修　程碧珍　蒋庆兰
覃志刚　谢丽明　释船福　娄锡锋　蒲春天
廖清江　谭天林　潘广全　戴　鸿

(其中丁长兴、冯乔孝、杨荣、李其普、周川、黄凤培系市政协二届五次全委会上增选;王泽平、甘立才、陈新策、昝武君系市政协二届六次全会上增选。)

(*龙群星*)

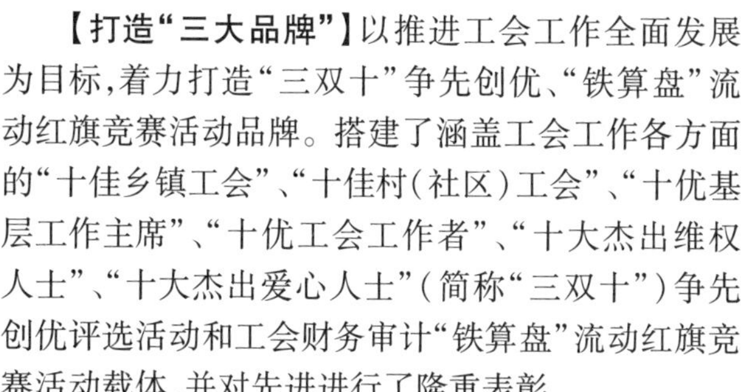

群 众 团 体

市总工会

【立足“三个建设”】以开展深入学习实践科学发展观活动为抓手，着力干部队伍建设。一是扎实开展深入学习实践科学发展观活动，提高了党员干部的思想认识，调动了干部职工的积极性和主动性。二是开展了“走访企业、走访基层工会、走访一线职工”“三走访”活动，工作作风进一步转变。三是通过举办培训班、专题研讨会、知识讲座、交流学习等方式，培训工会干部1万人次，工会干部队伍整体素质不断提升，领导班子向心力不断增强，市总党组荣获2009年市委表彰的“四好”领导班子。

以不断扩大工会工作覆盖面为目标，着力工会组织建设。一是以非公经济单位特别是小企业为工会组建工作重点，以农民工、劳务派遣工为会员发展重点对象，依法推进工会组建和职工入会工作。二是坚持“党工共建”，重点抓化工园区新建企业、私营企业的党组织和工会组织同步组建工作，积极探索规模以下非公有制企业和区域性、行业性党工共建的新路子。三是进一步完善基层工会网络化和网格化建设，规范运作方式，命名表彰了“达州市十佳乡镇工会”和“达州市十佳村(社区)工会”。三是认真贯彻《企业工会工作条例》，全面推进了企业工会规范化建设。截至2009年底，全市有基层工会组织5 159个，工会会员679 905人，专兼职工会干部18 000余人。

以应对国际金融危机为己任，着力维权机制建设。在广泛开展“千万农民工援助行动”的同时，一是丰富维权手段，建立了工会、法院、检察院农民工维权联动机制，强化源头参与。二是延伸维权触角，在各乡镇建立了“工会职工法律援助工作站”。三是抢占维权先机，以达州市驻省外流动党委和维权站为阵地，进一步强化派驻外地工会职能，充分发挥其在提升职业技能、维护合法权益等方面的前沿阵地作用。四是依托市县两级地方总工会困难职工帮扶中心，建立了集企业工会调解、劳动争议仲裁和法院司法调解于一体的工会劳动争议调解中心7个。

【打造“三大品牌”】以推进工会工作全面发展为目标，着力打造“三双十”争先创优、“铁算盘”流动红旗竞赛活动品牌。搭建了涵盖工会工作各方面的“十佳乡镇工会”、“十佳村(社区)工会”、“十优基层工作主席”、“十优工会工作者”、“十大杰出维权人士”、“十大杰出爱心人士”(简称“三双十”)争先创优评选活动和工会财务审计“铁算盘”流动红旗竞赛活动载体，并对先进进行了隆重表彰。

以发展工人阶级先进性为目标，着力打造“十大金牌工人”职工技能提升品牌。先后成功举办了“爬坡上行、岗位建功”焊工技能大赛和全市职工筑、养路机械技能竞赛等活动，一批优秀职工岗位能手和技术创新人才脱颖而出。命名表彰了20名“十大金牌工人”。

以不断满足职工群众日益增长的精神文化需求为目标，着力打造达州市职工艺术团这一职工文化品牌。广泛开展送文艺下乡镇、下企业活动，先后深入到企业和各县(市、区)等地为一线职工(农民工)进行慰问演出，举办了系列大型文艺演出，一批贴近职工、贴近生活的文艺节目展现了全市职工健康向上的精神风貌。

【实施“三大工程”】以推动经济社会“爬坡上行、加快发展”为目标，大力实施群众性经济技术创新工程。以创建“工人先锋号”为载体，推动企业科技创新、节能减排，开展了以“同舟共济保增长，建功立业促发展”为主题的多种形式的劳动竞赛，全市参与活动的企业面达到85%，参赛职工近60万人次，提合理化建议6.3万条，取得职工创新成果2 800多项，实现直接经济价值5.3亿元。

以培养造就合格劳动者为目标，大力实施职工素质提升工程。一是深化“创争”活动。通过在达州日报开辟“职工之家”专栏、创办《达州工运》内刊、建设职工书屋、开展形式多样的读书自学活动，不断提高“创争”实效，累计建成职工书屋159个。二是开展职业技能培训。以工会就业培训基地为依托，多渠道培训职工(农民工)23万人次。三是加强职工思想教育。通过工会宣传月、“劳动者之歌”广场文化活动周和“红歌迎国庆”等多种活动载体，对职工进行科学知识、科学思想、科学方法、科学精神教育和法制观念教育。

以激发职工主人翁意识为目标，大力实施工会惠民工程。一是深入开展困难帮扶等"七大惠民行动",惠及职工 18.3 万人次,做到了扩面、增量、高效;通过规范命名"爱心企业",拓宽了帮扶渠道,增强了帮扶实力。二是扎实推进创建和谐劳动关系企业活动,参与企业近1 600家,参与"共同约定"行动企业面达到 85%;2 219个单位建立了职代会制度,签订集体合同的967 家,签订工资专项合同、女职工专项合同、职工安全专项合同的均达到1 595家。三是大力弘扬先模精神,通过媒体广泛宣传,唱响了工人伟大、劳动光荣的主旋律。

【参与社会管理】围绕党政所需、职工所急、工会所能,近年来,各级党委政府赋予了工会更多资源和手段,各级工会更加积极主动参与社会管理,在为党政分忧、服务基层、服务职工群众等方面取得了新的成绩。

在市委、市政府实施的"八项民生工程"中,明确市总工会为"就业促进工程"的责任单位。在市委对 2009 年惩治和预防腐败体系建设目标任务的细化分解中,市总工会涉及"加强对国有资产的监管"、"支持和保证群众监督"两项协办任务。在开展城乡环境综合治理"进企业"活动中,市总工会被确定为牵头单位。与此同时,"挂、包、帮"活动、定点扶贫、新农村建设、维稳、社会治安综合治理、精神文明建设、爱国卫生运动等工作都赋予了工会更多职责。为此,我们坚持把各项目标任务贯穿到工会工作全过程,高度重视,狠抓落实,得到了市委、市政府的充分肯定和职工群众的广泛认可。

(杨　波　雷　高)

共青团达州市委

【深入学习实践科学发展观】坚持领导干部带头、团干部为主体、全市团员青年广泛参与的原则,通过专题报告、专家辅导、调研座谈等多种方式,深入系统地学习科学发展观理论。通过发放征求意见函、召开专题座谈会、电话约访等方式,在各基层团组织和青联委员、志愿者等各类群体广泛征求意见和建议。在深入学习调研和开展批评与自我批评的基础上,梳理各类意见建议 40 余条,认真撰写了分析检查报告,并采取有效措施进行了整改,确保了学习实践活动取得实实在在的效果。

【团的基层组织和团干部队伍建设】开通达州共青团网站,进一步提高了基层团的工作信息化水平。加大了在农村、中学、社区和非公有制经济组织中发展团员的工作力度,全市团青比例达 32.75%。在通川区包梁社区、达县赵家镇桂花村、宣汉县樊哙镇、达竹煤电集团斌郎煤矿团委等 67 个基层团组织进行了"1 + x"模式的有益探索。同时,进一步加强了青联、青企协、少先队等组织建设,实现团组织对青年的有效覆盖。加大了团员发展力度,新发展团员 1.5 万名。两年来,共培训各级各类团干部1 150余人,交流学习 13 次。同时,大力推进建立团干部转岗交流机制,达州市团干部转岗 26 人,其中有 10 名团干部走上了主要领导岗位。两年来,全市共授予了 147 名团干部"达州市优秀团干部"称号,231 名共青团员"达州市优秀共青团员"称号。

【青少年思想道德建设和素质教育】以"我与祖国共奋进,我与达州同发展"主题为主题,引导广大青少年充分认识改革开放的伟大成就和宝贵经验,不断加强青少年思想道德建设和素质教育。深入开展了"携手迎奥运、共建文明城"活动,引导广大团员青年服务和参与奥运。以神七成功发射为契机,大力加强青少年爱国主义教育,着力培养青少年的爱国热情。以城乡综合治理为契机,大力开展"城乡环境清洁志愿服务"主题活动,引导全市广大青少年树立"干净卫生,人人有责"的环保意识。以张爱萍将军百年诞辰为契机,深入开展了以"我为神剑园建设作贡献"主题活动,在全市青少年中掀起一场奉献爱心、参与"神剑园"爱国主义建设基地建设的高潮。以纪念五四运动为契机,先后在中心广场演播大厅举办了"青春礼赞"和"青春祖国"主题文艺晚会。两年来,共组织开展爱国主义教育活动 60 余次,受教育青少年达 10 万余人次。

【积极服务青少年健康成长成才】一是真情关爱灾区学生。开展了"爱心献灾区,真情暖童心"系列关爱灾区学生活动,组织青年志愿者为灾区学生义务理发、护送到好一新商贸城购物、积极联系达州华西女子医院为灾区 328 名师生进行全面的免费体检,组织了 30 余名心理健康辅导专业人员为地震受灾家庭学生做好心理辅导。开展"插上翅膀、让爱飞翔——关注灾区学生成长爱心传递"公益活动,共筹集爱心捐款 5 万余元。筹集电脑 12 台为玉龙小学建立了一间"爱心电脑室"。在 5·12 周年之际,在汶川玉龙、百花小学开展了慰问活动,为两所学校各送去慰问金1万元。二是真情推进留守学生关爱行动。连续两年,市委、市政府主要领导亲自带队,分赴全市七个县、市、区开展慰问活动。开展了以“青春和谐送温暖”为主题的系列活动,广泛筹集关爱资金达120余万元,共新建留守学生之家131所,其中,争取到了团中央4万元特殊团费和团省委价值24万元的留守学生亲情电话卡。中央人民广播电台《全国新闻联播》和《四川日报》专题报道了达州市留守学生关爱工作。开展了“爱心书递·节日献礼”活动,为农村学校捐建爱心图书室25个,捐书5万余册。三是真情帮扶贫困大学新生。持续开展了“爱心圆梦·希望永恒”情系贫困大学新生捐助活动,两年来,通过组织发动、自愿捐助和牵线搭桥结对资助等方式,共募集助学资金160余万元,资助贫困大学新生200余名。四是真情维护青少年合法权益。在达州市惠民中心设立了青少年事务服务窗口,安排工作人员认真职守“12355”青少年服务台,按照规范化标准在达州电大财贸校和市职高建立了“12355”心灵驿站。两年来共为毕业生求职就业提供指导和服务87人(次),牵线搭桥结对资助贫困大学新生15人,为1 600余名青少年提供了法律咨询,免费为200余名青少年提供了法律援助。五是真情实施“9+3”免费职业教育计划。深入各接收学校开展了专题调研,各学校结合建国60周年以爱国主义教育和民族团结为中心开展了军训等一系列团学活动。针对藏区学生文化基础知识相对薄弱、语言交流存在一定困难的实际问题,各学校团委组织优秀团学骨干与454名藏区学生进行一对一帮扶,为他们提供了思想、生活以及学习上的帮助。为切实加强组织建设,各藏区学生接收学校在军训期间按照自我推荐、民主选举、团委把关的原则成立军训临时团支部。加强业务指导和帮扶,注重人才的搭配和梯次培养,截至目前,全市共有80余名优秀藏区学生干部进入校团委或学生会工作。

【青年志愿者行动】2008年雨雪冰冻灾害时,成立了数十支“抗冰保电青年突击队”,1 650名青年突击队员活跃在除冰、抢险、服务最前线。汶川大地震发生后,号召全市团员青年向灾区捐款、捐物,共募集捐助资金近60万元。组织了150余名青年志愿者义务献血60 000余毫升,开展了“黄丝带行动”,招募了2 000余名抗震救灾青年志愿者,其中,300余名卫生、救护、电力、建设等行业和部门志愿者奔赴北川、绵竹、平武、江油、安县等地开展服务工作。向对口援建地绵竹市和游仙区派出了3名志愿者,进行了长达3个月的志愿帮扶。向团游仙区委、团北川县委、团绵竹市委捐赠了特殊团费共计7万元。成立了青年志愿者应急分队,在各县(市、区)团委和各直属团组织招募了100余名专业青年志愿者。深化了“保护母亲河”行动,组织5 000余名志愿者深入开展了7次义务植树活动,共植树30 000余株。服务中国能源化工高峰论坛,为中国能源化工高峰论坛的成功召开提供了有力的志愿服务保障。服务秦巴地区商品交易会,组织160余名志愿者为交易会的优质服务,得到了各级领导的充分肯定和社会各界的高度赞誉。

【积极投身达州经济发展】2008年全市各级团组织新建农村专业技术协会6个,培养增收成才带头人23名,培育科技示范基地3个,培训农村青年350多人次。以建设“中国西部天然气能源化工基地”、“秦巴地区冶金建材基地”目标为导向,组织各种技能比武、岗位练兵活动4次,7 000余名青工参加了角逐。达州市川东水泥有限公司青年杨绍军在四川省国有企业职工维修电工技能大赛上荣获铜奖。两年中,扎实推进了青年文明号整体创建活动,新命名市级青年文明号创建单位41个,创建领域覆盖14个行业。截至2009年底,达州市成功申报西部计划受援县项目7个,其中国家项目1个,省项目6个,引进“西部计划”大学生志愿者42名。积极培树优秀青年典型,大力宣传的大学生村官优秀事迹,完成了第五届“达州市十大杰出青年”评选,新发展青年企业家协会会员26名,市青企协会员人数已达150人,成立了7个县(市、区)分会。

【服务青年就业创业】2008年共举办两次“扬帆青春梦想,聚燃创业激情——青春创业大讲堂”活动,组织近1 000名返乡青年参加招聘会。2009年全市共开展各类项目培训17期,团市委本级培训人数达1 755人,培训农村“两后生”劳动预备制人员475人。加强了中介服务工作,两年内,先后联合相关单位组织高校、大中专学校学生专场招聘洽谈会、返乡农民工就业现场招聘会等共28场次,提供就业岗位42 500余个,帮助16 370余名青年实现了就业。加强阵地建设,建立“达州市青年就业创业见习基地”15个,创建“达州市青年就业创业培训基地”39个,8家见习基地为大中专学生提供暑期见习岗位90多个。

加强小额信贷扶持,在大竹县开展了项目试点工作。截至2009年底,有8家金融机构为358名青年提供创业小额贷款1 370万余元。

【领导名录】

书　记:冯永刚(~2009年8月)
　　　　李　寨(2009年11月~)

副书记:蔡晓勇(~2009年10月)
　　　　李　寨(~2009年11月)
　　　　刘　伟(2009年11月~)

(陈小汐　童河文)

市妇女联合会

【概况】2008~2009年,达州市妇联坚持"党政所急、妇女所需、妇联所能"的工作思路,认真落实科学发展观,围绕中心,服务大局,一手抓发展、一手抓维权,不断深化"双学双比"、"巾帼建功"、"五好文明家庭创建"三大主体活动,着力推动"两法"、"两纲"的实施,扎实做好组织、引导、服务妇女和维护妇女儿童合法权益的各项工作,推动妇女儿童事业实现了新跨越、妇联工作取得了新成绩。

【"双学双比"活动】大力实施巾帼创业发展行动,推动妇女特别是返乡妇女的就业创业,多渠道、多层次开展妇女就业培训,着力提高妇女的科技素质和致富能力,全市共举办培训班494期,培训农村妇女8.5万人,帮助1.2万余名农村妇女掌握了2门以上实用技术。加强对科技含量高、竞争能力强、示范面广、发展潜力大的"妇"字号基地的扶持力度,通过基地发展带动一批女能人成长。市妇联为渠县"女能手"闫玉荣、佘启竹的科技示范基地争取"三八绿色工程"和"香港回归资金"共计35万元,组织2名女能手参加了全国妇联举办的"女经纪人培训班"。全市各级妇联共培养科技致富带头人、龙头企业带头人、营销大户636人,新建"巾帼科技示范基地"8个;推广"妇联+协会"、"女能人+协会"等专业协会发展模式,新建妇女专业合作组织15个。强力打造"巾帼文明示范村"创建品牌,评选表彰创建工作先进集体20个,先进个人20个。全市新建2个省级、29个市级"巾帼文明示范村"。

【"巾帼建功"活动】深化"巾帼文明岗"创建活动,积极打造工作品牌,组织全市57名"巾帼文明岗"负责人参加了省上举办的培训考察活动。全市28个单位荣获市级以上"巾帼文明岗"称号,其中:国家级3个、省级1个、市级24个,帮助5 692名下岗女工再就业。开展岗村结对行动,组织了89个市级以上"巾帼文明岗"与联系村结对,共举办科技培训60多次,送现金8万多元,送化肥、图书、良种等物质折资近12万元。

【维权工作】进一步扩大网络和工作覆盖,全市共建法律援助中心妇联工作站(点)313个、家庭暴力投诉中心(站、点)200个、家暴伤情司法鉴定中心2个、妇女儿童法律帮助中心1个、有17名妇联干部被任命为人民陪审员,参加陪审56人次,陪审案件40余件。与市司法局、市综治办、市公安局联合表彰了一批妇女儿童法律援助工作先进集体(个人)、处理家庭暴力投诉工作先进集体(个人)和零家庭暴力示范社区。组织3 000余人参加了全国妇联举办的"亿万妇女学法律、家庭平安促和谐"法律知识竞赛活动,市县两级妇联共举办普法骨干培训班36期,组织普法宣传活动22场,制作发放宣传品10万余份。开展了"平安家庭"创建工作,争取资金3万元,在达县南外镇四合社区建立了流动妇女平安之家示范点。与市综治办联合在达县召开了全市"平安家庭"暨"流动妇女平安之家"创建工作现场推进会,表彰了10个"平安家庭"创建活动示范乡镇,20个"平安家庭"创建活动示范社区(村)。

【推动两规重难点指标突破】认真贯彻落实全省第六次妇女儿童工作会议精神,充分发挥妇儿工委成员单位和妇儿工委办公室的职能作用,先后承办了全市妇女儿童工作会、妇儿工委全委会、两规重难点指标分析推进会,制定实施两规攻坚破难方案,加强督查督办力度。争取市人大支持,深入宣汉县、通川区等地开展两规督查活动,全面了解两规实施情况,及时提出改进措施,组织召开了实施两规督查工作汇报会,针对婚前医学检查、艾滋病防治、出生缺陷发生率、女职工生育保险等问题,要求各职能部门切实加强领导、加大重难点项目的投入。积极做好省政府两纲督查迎检工作,达州市的两规工作得到了省政府督导检查组的充分肯定。

【"贫困母亲救助"行动】继续实施"贫困母亲救助行动",两年共救助贫困母亲1 247名,救助金额达140余万元,9万余名农村妇女接受了免费体检。

【举办"庆三八风采大赛"】与市委宣传部、达州日报社、市广播电视局在市中心广场演艺中心联合举办了庆“三八”巾帼风采大赛,11 支代表队 300 余人参加了比赛。一千余名群众观看了比赛。市委、人大、政府、政协的领导出席并观看了比赛。

【贫困女童助学行动】动员社会各界力量资助贫困女生 430 余名,资助金额 30 余万元。市妇联在救助贫困儿童的同时,拿出资金 4 万元,资助了 20 名家庭特别困难的大学新生。

【“爱心妈妈牵手留守儿童”结对活动】在邱家店小学举行“留守儿童之家”牵手启动仪式,市妇联为留守儿童送去价值一万元的资金和物资,首批 63 名爱心妈妈(爸爸)与留守儿童结对。联合达州晚报面向社会招募 500 余名“爱心妈妈”,先后与达县、开江的留守儿童结成关爱对子。争取爱心企业的倾情赞助与参与,为爱心结对活动共捐资捐物达 48 万余元,使3 500余名留守儿童得到关爱。

【启动“节能减排进家庭”活动】与市环保局、市商务局联合举行了达州市庆“三八”能减排进家庭、进社区活动启动仪式,发出了倡议书。据不完全统计,此次活动向群众发放环保宣传资料20 000多份,《家庭节能减排 60 问》小手册10 000本,《妇女权益保障法〈四川省实施办法〉》10 000本,环保购物布口袋8 000多条。

【积极参与抗灾救灾】2008 年初,达州市遭受低温暴风雪袭击,市妇联深入开江、大竹、通川区、达县等地走访慰问了 1 个重灾村和 45 户重灾户、特困户,为他们送去了慰问品和慰问金共计人民币 4 万余元。5. 12 大地震后,全市各级妇联组织积极参与“献爱心、送真情”活动,为灾区妇女儿童共募集救灾资金 105 万余元。

【开展“庆三八、送健康”大型公益活动】与华西妇科医院、达州协和医院、陆军医院合作,开展“庆三八、送健康”大型公益活动,向广大妇女发放免费优惠诊疗卡 15 万张,为4 500名患者提供了近 200 万元的医疗援助。联合财政、计生、卫生等部门开展农村妇女免费体检活动,在全市全面推进农村育龄妇女孕前、孕后免费叶酸补充项目,在达县开展宫颈癌普查项目,4 万余名农村妇女接受了免费体检。

【向上争取项目和资金】加大向上争取项目资金力度,向上争取资金 103 万元,其中:争取“母亲水窖”项目资金 50 万元,在宣汉县双河镇、开江县沙坝场乡袁家坪村和骑龙乡方居村实施“大地之爱·母亲水窖”项目,解决了10 000余人的饮水困难。争取“香港回归”资金 20 万元,支持渠县两个巾帼科技致富带头人扩大生产;争取“三八绿色工程”项目资金 15 万元,在渠县建立了 1 个“三八绿色工程”基地;争取惠民帮扶资金 18 万元,开展应急救助工作。

【实施好受艾滋病影响儿童社区关爱项目】争取中国预防性病艾滋病基金会项目资金 29. 4 万元,在达州市启动了受艾滋病影响儿童社区关爱项目。5 月 26 日召开了项目启动仪式暨工作人员培训会。项目在为达州市受助儿童提供生活、就学、医疗、衣被等补助的同时,开展了心理支持、生活技能培训和寄养家庭人员培训等工作,改善了受艾滋病影响儿童的生存环境,提高了他们的生活质量。

【加强未成年人思想道德建设】开展“六一”庆祝活动,市委书记、市人大常委会主任李向志、市委副书记、市长何健分别带队看望慰问了 400 名留守、贫困、残疾儿童和孤儿,送去价值 7 万元的慰问品。深化家庭教育工作。召开了家庭教育现场推进会,邀请四川省家庭教育讲师团资深教授在宣汉县、达县举办 17 场“托起明天的太阳”家庭教育报告会,受益家长达 4 万余名。

【领导名录】

主　　席:曹志碧(~2009 年 11 月)
　　　　　张晓东(2009 年 11 月 ~)
副 主 席:代陈瑶
　　　　　倪欣(~2009 年 8 月)
　　　　　赵本权(2009 年 8 月 ~)
纪检组长:吴东梅

(潘　芳)

市　文　联

【概况】2008 ~ 2009 年,市文联坚持深入贯彻落实党的十七大精神,坚持“围绕中心,服务大局”为工作导向,紧紧围绕纪念改革开放 30 周年、北京奥运会、抗震救灾、新中国成立 60 周年、建市 10 周年等重大事件,通过组织大型文艺展演活动、打造惠民文化品牌、组织采风创作、探索文联工作新方式、加强文联和协会建设等一系列卓有成效的工作,为推动全市文艺事业大发展大繁荣,建设秦巴地区经济文化强市做出了积极的努力,取得了显著的成绩。

【党委、政府支持厚爱】两年来,市文联继续坚持

“文艺服务中心工作、文艺助推经济文化强市建设”为工作思路，力求以大行动、大作为，赢得市委、市政府各级领导和部门的关心支持，进一步拓展全市文艺事业的发展空间，优化了文艺发展环境，保障了文艺工作的科学发展。2008年，市文联党组、主席团的领导多次与市级相关部门、通川区相关领导协调，使通川区成立了文联，截至2008年底全市共建立县级文联6个，县级文联建立覆盖率达85%。达州市委、市政府对全市文艺工作十分重视，先后设立“巴渠文艺奖”和“德艺双馨文艺家”奖项，颁发实施了《达州市文艺创演“十一五”规划细则》。每年都举办全市文化艺术界知名人士迎春座谈会，市委、市政府的主要领导均出席了会议。2008年7月，达州市人民政府设立首届“达州市文艺创作政府奖”，马骏华、谭力等25人获表彰。2009年，市委办向全市下发了《关于加强和改进新时期文联工作的意见》（达市委办〔2009〕46号），各县（市、区）均制定了相应的文学创作和文艺人才奖励措施，夯实了文艺战线基础，促进了全市文艺事业的发展繁荣。

【文艺展演丰富多彩】两年来，全市文联系统坚持“围绕中心，服务大局”，着力开展各类文艺展演活动，为构建和谐社会提供精神动力和智力支持。2008年，先后组织参与承办了“红歌连连唱”大型电视文化活动，“冬日暖阳——走进高墙”文艺演出活动，市级宣传文化系统送温暖暨“三下乡”慰问演出团活动，迎春戏曲专场文艺演出，“诗韵达州”中国·达州元九登高节广场赛诗会，“魅力达州”书法美术摄影精品展，纪念改革开放三十周年“美丽达州全记录”摄影大赛，“我们和灾区人民在一起——达州市书画家为汶川大地震赈灾现场义卖义捐”活动，“达州人在行动”抗震救灾摄影图片展，达州市第二届“清风颂”廉政文艺汇演晚会，“我们众志成城——向抗震救灾英模致敬”大型电视文化活动，“盛世欢歌”大型电视文艺汇演，“纪念达州体育事业改革开放三十周年书法、摄影作品展”等文艺展演活动。2009年先后组织参与承办了全市文艺界人士迎春座谈会，“春满达州关注农民工”大型文艺演出，“达州市迎春专场文艺演出”，“元九”登高书法美术摄影精品展，中国·达州“元九”登高广场赛诗会，“瓮福杯”大巴山民歌会，邮储银行·中国历代民间收藏钱币展，“颂清廉、庆七一”诗歌音乐会，“锦绣巴渠·风华达州”书法作品展，纪念奥运一周年暨全民健身启动仪式书法、摄影作品展，中国移动杯第二届红歌连连唱广场大型电视文化活动，纪念政协成立60周年书法作品展，成都·达州城市之间美术作品展，第三届达州市艺术节书美摄作品展，“达州十年”摄影图片展，《凤凰之歌》庆祝建市10周年专场文艺晚会等重大展演活动。

【文艺创作成果丰硕】文艺作品丰硕，文艺人才荟萃是市文联工作的一大亮点。2008～2009年，全市共出版文艺专著56部，影视剧12部200余集，创作小说、散文、诗歌、剧本、歌曲、文艺评论5 000余件，在全国、省级获奖120余件，主要包括：出版电影剧本《古书王国三星堆》、电视剧本《鹃啼金沙》、戏剧集《史外英烈》、《火之歌》、小说集《留守》、诗集《想你的时候》、杂文集《太监的尾巴》、长篇小说《窗外泪》、电视连续剧脚本《巴山女民兵》、散文集《春暖花开时节》，在中央电视台创作编剧播放电视剧《东方朔》、《双城变奏》、《杀出绝地》等。作家罗伟章获得2008年巴金文学院第五届唯一的“茅台文学奖”；龙懋勤中篇小说《本是同根生》获第六届四川文学奖；剧协宋小武编剧创作的剧本《史外英烈》获四川省第六届戏剧类“巴蜀文艺奖”；歌曲《枫叶红》、电视片《巴人故里——达州》荣获四川省第十届精神文明建设“五个一工程”入选作品奖；歌曲《万里一线牵》获中国音乐家协会晨钟奖；《巧事》获第二届中国戏剧奖、小戏小品奖；书协10余幅作品入选国家、省级展；美协2件作品入选全国十一届美展；摄协3件作品获第六届国际民俗摄影“人类贡献奖”年赛提名奖。特别是汶川地震发生后，广大文艺家创作了上千件文学、书法、摄影、戏剧、小品、音乐作品，其中200多篇文学作品在省以上报刊发表，十余首地震歌曲作品被国家、省、市宣传文化部门录制、播放和收录作品集。

【文艺人才培养富有成效】两年来，市文联按照“人才兴市”战略，大力抓好文艺人才工作和文艺队伍建设。积极参与协调贺享雍、龙懋勤作品出版发行和研讨会；推荐贺享雍荣获“四川省中青年德艺双馨文艺工作者”称号；推荐曲协副主席谭仕海参评“四川省杰出青年文化名人”；推荐罗伟章选调省作协巴金文学院任专职作家；并与常年在外知名作家谭力、田雁宁、宋歌等保持联系，尽力解决他们的后顾之忧；继续培养“新时期巴山文学作家群”人才，打造“巴山作家群”品牌。各级文联和文艺家协会在加强与文艺工作者密切联系的同时,注重发现培养青年文艺工作者,使文艺事业后继有人。

【文艺采风交流成果明显】市文联围绕第二、三届"元九"登高节,多次组织文艺工作者赴元稹纪念馆、凤岭诗廊采风创作;达县、宣汉县文联多次组织文艺家赴新农村、普光天然气基地采风创作;2008年4月,贺享雍、龙懋勤等3位作家参加了省委宣传部和省作协组织的新农村文学创作调研采风活动;民协组织会员到成都"文博会"观摩学习;5月,摄协唐朝祥、袁华等10人组团赴汶川地震灾区采风创作;11月,市音协、曲协组织人员赴江苏苏州市参加全国农民舞蹈表演和观摩学习。作协诗歌协会组织知名作家、诗人前往北山乡采风创作,着力开展"中国·达州诗歌之乡"打造活动。2009年5月,市文联先后两次组织作家、书画、摄影家50余人赴达县石桥、真佛山采风创作;同时,市作协也组织了20余位作家到江陵、石桥等地采风创作;10月,市文联组织参加了省文联系统第四期领导干部培训,并赴陕西考察;县级文联和书法、美术、摄影等协会先后多次组织文艺家深入农村、工矿、化工园区采风创作。

【阵地建设日益攀升】充分发挥市文联《达州文艺报》、《西部潮》杂志、达州文艺网等一报一刊一网主流宣传平台,全面宣传了文联系统开展工作的情况,创作的优秀文艺作品。两年来,《达州文艺报》先后出报14期,《西部潮》出刊9期。在报纸、网站上开设了抗震救灾文艺作品专版专栏,《西部潮》并先后出刊了纪念魏传统将军诞辰100周年、达州市抗震救灾报告文学特刊、纪念张爱萍将军诞辰100周年特刊。

【表彰情况】

2008年、2009年,连续两年被省文联表彰为"全省文联系统年度工作先进文联","送文化下基层"和"出作品、出人才"工作先进单位

【领导名录】

党组书记:陈明明

主　　席:马骏华

副 主 席:谢　军　陈先杰　王代隆　曾天海
　　　　　赵　英　宋小武　邹　亮

(王学良　贾洁晶)

市社科联

【概况】2008～2009年,市社科联在市委、市政府的领导下,在省社科联和市委宣传部的指导下,高举中国特色社会主义理论伟大旗帜,以邓小平理论和"三个代表"重要思想为指导,全面贯彻落实科学发展观,深入学习贯彻党的十七大和十七届三中、四中全会精神,紧紧围绕市委、市政府的中心工作,切实履行自身的职能,充分发挥社科联的"桥梁纽带、组织协调、咨询服务、参谋助手"作用,为推进达州经济社会又快又好发展做出了积极的贡献。

【党的十七大和十七届三中全会精神的学习宣讲辅导工作】2008～2009年,市社科联先后派出社科专家和理论教员深入到七个县(市、区)和市农发行、达州电业局、市工商银行、市地税局等二十多个单位进行宣讲,帮助广大干部群众全面准确地掌握党的十七大和十七届三中、四中全会精神。2008年11月11～12日,与市委宣传部共同举办了学习十七届三中全会理论骨干培训班。2009年11月19日与市委宣传部在大竹联合召开了全市县级党委(党组)中心级学习经验交流会,各县(市、区)委宣传部、市委政协办公室、市委组织部、四川文理学院等单位在会上作了交流发言,市委常委杨钢出席会议并讲话。

【围绕市委、市政府的中心工作组织召开理论研讨会】2008年10月20日,召开了市社科界"纪念改革开放30周年"理论研讨会,会上共收到论文近30篇,评选出优秀论文5篇送省上交流。其中调研报告《改革开放30年以来人民群众思想观念的重大变化》在四川省"纪念改革开放30周年"理论研讨会荣获三等奖。2008年11月6日与市委宣传部联合召开"达州市学习贯彻党的十七届三中全会精神理论研讨会"。来自各县(市、区)委宣传部、社科联以及市级农口系统的分管领导和部分理论工作者参加会议。与会人员畅谈学习十七届三中全会精神的体会,对如何推进达州市农村改革、农业发展和农民增收提出了很多好的建议。市委常委、宣传部长杨娟亲临会议并讲话,对达州市学习、宣传、贯彻十七届三中全会精神作出安排部署。2009年4月15日,与市委宣传部联合举行达州市社科界"坚持解放思想,推动达州科学发展"专题讨论会。来自市委宣传部、市委政研室、市委党校、市委党史研究室、市社科联、

四川文理学院、达州职业技术学院、达州电大等单位的领导和社科理论专家30余人参加讨论会。与会领导和社科理论专家围绕“坚持解放思想，推动达州科学发展”这一主题，紧密结合各自工作实际，从理论与实践、历史与现实、责任与使命的高度展开讨论。四川文理学院教授傅中贤作题为“不断解放思想、推进科学发展”的主题发言，其他社科理论专家也从“深化对解放思想重要性的认识”、“如何进一步解放思想推动达州科学发展”等问题进行交流发言。市委常委、宣传部长杨娟发表讲话并寄语全市广大社科理论工作者：一要把创新作为理论研究的灵魂、动力和着眼点，始终保持创新的理念，不断拓宽研究视野，不断创新工作方法，在推进理论创新中有新进展；二要进一步围绕中心、服务大局，把理论研究同当前达州发展面临的新情况、新问题相结合，与进一步推动解放思想、实践科学发展观存在的问题相结合；三要明确使命和责任，努力争当科学发展观的传播者、解放思想的引领者、科学发展的推动者。四是2009年8月21～22日，市社科联和市委党史研究室、市委党校在万源市共同举行了达州市纪念新中国成立60周年学术研讨会。来自全市社科理论界、党史界的部分专家学者，以及论文作者40余人参加了研讨会。会上，市委党校常务副校长贾德先希望全市党史界、社科理论界要立足达州实际，紧紧围绕市委市政府中心工作，加强对达州红色资源挖掘、力量整合，责无旁贷地挑起研究重任，共同努力，相互配合，研究出有价值的红色文化成果，为达州经济文化发展服务。市社科联党组书记、副主席杨会国回顾了新中国60年各个领域发生的巨大变化，殷切希望今后多举办一些类似的理论和学术交流活动，充分发挥社科理论界应有的智力支持作用。市委党校副校长毕英涛教授作了《以党的执政合法性思考建国60年》的主题发言。此次研讨会共收到论文28篇，7位论文作者进行了大会交流发言。五是2009年9月29日召开了全市社科界学习贯彻十七届四中全会精神理论讨论会。来自市委党校、四川文理学院、达州职业技术学院等单位的社科理论专家参加了会议。会上，各位社科专家一致认为党的十七届四中全会是在我们党成立88周年、执政60周年、领导改革开放30年的关键时刻，是在国际形势继续发生深刻变化、我国处在进一步发展的重要战略机遇期，召开的一次重要会议。会议的胜利召开，对于全面贯彻党的十七大精神，以邓小平理论和“三个代表”重要思想为指导，深入贯彻落实科学发展观，有效应对国际金融危机冲击、保持经济平稳较快发展，夺取全面建设小康社会新胜利、开创中国特色社会主义事业新局面，具有重大而深远的意义。大家纷纷表示，要在以后的工作中认真研究新情况，解决新问题，多出新成果，为掀起学习贯彻党的十七届四中全会精神的热潮作出社科理论界应有的贡献。六是2009年9月8日协助市政协研究室成功举办了达州政协论坛。我们在论坛举办过程中做了大量基础性的工作，牵头完成的“浅谈用科学发展观指导参政议政”调研文章在市政协举办的“创新履职助推发展”论坛上被评选为一等奖，并被《纪念人民政协诞生60周年暨达州市政协成立10周年论坛文集》刊用。

【做好课题研究工作供市委、市政府决策参考】 2008年牵头组织做好27个课题的立项和调查研究工作。同时，市社科联机关利用自身优势共完成省、市六项课题研究任务：一是四川省哲学社会科学研究“十一五”规划课题“欠发达地区新农村建设的区域推进模式研究”；二是四川省邓小平理论和“三个代表”重要思想研究中心2008年度课题“预防和处置人民内部矛盾引发的群体性事件研究”；三是四川省教育厅社会科学研究重点课题“川东丘陵山区新农村建设研究”；四是达州市哲学社会科学研究“十一五”规划2008年度重点课题“达州市新农村建设研究”；五是达州市哲学社会科学研究“十一五”规划2008年度重点课题“达州市人才强市战略研究”；六是按照市委主要领导的安排，我们积极完成了“解放思想　科学发展——达州市贯彻落实市委二届十次全会精神、努力开创达州跨越发展新局面的调查与思考”研究报告。2009年牵头组织做好44个课题的立项和调查研究工作，市社科联全年共完成七项课题研究任务：一是参与申报的四川省哲学社会科学“十一五”规划2008年度项目“达州市承接产业转移对策研究”，已顺利结项，鉴定等级为良好，该成果被《四川文理学院学报》2009年第6期刊用；二是牵头申请的四川省哲学社会科学“十一五”规划2009年度项目“关于正确处理农村矛盾，维护达州社会稳定的调查与思考”，已获准立项，现正在调研之中；三是牵头申报的四川省邓小平理论和“三个代表”重要思想研究中心2009年度课题“论滋生腐败行为的心理原因及其防治对策”，已获准立项，现已完成调研和撰写任务；四是与市委党校、市委农办、市发改委等单位共同完成了2009年市委重大调研课题“达州融入重庆发展途径研究”；五是与市规划建设局、市委农办、市委政研室等单位共同完成了2009年市委重大调研课题“统筹城乡发展拓展特大城市建设空间研究”；六是我们深入各县、区和市级部门进行调研，详细了解了近年来达州市行政机关效能建设方面取得的成效和存在的问题，听取了进一步加强机关行政效能建设的建议，在此基础上形成了“达州市机关行政效能建设的调研报告”。该调研报告被市效能办编印的《达州市机关行政效能建设文集》刊用。七是组织完成的“浅谈用科学发展观指导参政议政”调研文章在市政协举办的“创新履职助推发展”论坛上被评选为一等奖，并被《纪念人民政协诞生60周年暨达州市政协成立10周年论坛文集》刊用。

【开展科普宣传月活动　组织创办科普论坛】按照市委、市政府《关于开展第十四届“科技之春”科普宣传月活动的通知》要求，积极组织市级学会、协会和县（市、区）社科联开展科普宣传活动。2008年3月18日，市社科联牵头组织市法学会、市图书馆学会、市计生协会、市工商学会、市卫生经济学会、市金融、钱币学会和通川区社科联共40余名社科工作者，组成“达州市社会科学界科技下乡服务团”深入到通川区魏兴镇开展科普赶场活动。此次活动，共设立咨询服务台10个，发放科普宣传资料500 000余份（册），展出横幅、挂图18余幅，发放避孕药具1 500盒，义诊200余人，提供各种科技信息200余条，接受服务的农民群众达3 000余人（次）。

2009年3月23日和26日，组织市金融学会、市法学会、市供销经济学会、市图书馆学会、市计生协会、市工商学会、市卫生学会和通川区、达县社科联以及有关县级学会40名社科工作者，组成“达州市社会科学界科技下乡服务团”分别深入到通川区盘石乡和偏远的达县道让乡开展科普赶场活动。各学会结合自身实际积极宣传科普知识，开展科普咨询，把农民迫切需要的法律、法规、钱币、计划生育等知识信息、农业技术、养殖技术等送到广大农民手中，前来索取科普资料和咨询的群众络绎不绝，受到广大农民群众的热烈欢迎。两次活动，共设立咨询服务台25个，发放科普宣传资料50 000余份（册），展出横幅、挂图40余幅，发放避孕药具1 600盒，义诊800余人，提供法律咨询20余人，提供各种科技信息300余条，现场解答科技问题120余个，接受服务的农民群众达6 000余人（次），受到广大农民群众的热烈欢迎。

2008年5月，为弘扬达州文化，提升达州形象，打造中国气都名片，为达州人民献上丰富的“精神文化大餐”，市社科联和市图书馆学会共同推出社科普及活动项目——“气都讲坛”。该“讲坛”以传播先进文化，促进社会和谐，丰富广大群众的精神文化生活。5月8日下午在通川区牌楼举行了“气都讲坛”开坛仪式暨首场讲座。市社科联党组书记、副主席杨会国、市文化局副局长戴鸿及市图书馆领导出席了开坛仪式。开坛仪式后，四川文理学院副教授何树德作了题为“经营幸福家庭，创建和谐社区”的首场讲座。何教授结合具体事例，对如何处理婆媳关系、夫妻关系及家庭和睦等方面的问题作了生动形象的讲解，同时还穿插了即兴表演、现场提问与答疑、发放调查问卷对听众心理症状进行评述等。讲座内容丰富、形象生动，得到了在场听众一致好评。社区居民及街道干部100余人次听取了讲座。达州电视台、达州日报、达州晚报等媒体对此活动进行了报道。

2009年4月16日，与市图书馆学会共同推出的社科普及活动项目——“气都讲坛”开展走进校园活动，并在通川区七小举办“阅读的快乐”专题讲座。讲座由达州市创作办公室专业作家宋歌主讲，他就如何选择有益图书、如何快乐阅读、如何激发和引导学生的阅读兴趣等进行了深入浅出的讲解，受到师生的一致好评。2009年6月19日，“气都讲坛”又走进市强制戒毒所，专门邀请我国著名心理学家、重庆协和心理顾问所所长谭刚强教授向全体戒毒人员就如何消除心瘾、戒除毒瘾进行了讲述。谭教授从心理学角度，深入浅出地讲解了吸毒过程，让每位戒毒人员了解自身是怎样陷入吸毒的泥潭，并寄语他们吸取教训，树立信心，坚决与毒品划清界线，去迎接更加美好的生活。今后“气都讲坛”还将不定期走进社区、校园、军营、厂矿、农村，为普及社科文化、传播新知识作出贡献。

【社科优秀成果评奖工作】按照《关于加强达州市哲学社会科学评奖工作的意见》每两年开展一次社科成果评奖活动的规定，达州市社科联组织开展全市第十次社科优秀成果评奖活动。达州市社科联在市评委会的指导下，严格按照《达州市社会科学优秀成果评奖办法》的规定,认真负责地做好了资格初审、专家组评审、评奖委员会复审、公示、市政府常务会议批准等各个环节的工作,保证了评奖工作的顺利完成。这次评奖共收到申报成果220项,经过资格初审,最后有154项成果参评,评出由市政府奖励的一、二、三等奖共65项,达州市社科联奖励的社科界优秀奖41项。通过开展此次优秀社科成果评奖工作,必将进一步激励全市广大社科工作者与时俱进、开拓创新、刻苦钻研、勤奋工作,不断提高达州市社科理论研究工作水平,为繁荣和发展达州市哲学社会科学事业作出新的更大的贡献。按照市政府常务会议的要求,拟于今年12月下旬召开颁奖大会。

【对所属社科类学会和社科联的指导和管理】加强对市级学会和县(市、区)社科联的指导和管理是达州市社科联的一项重要职能。2008年,市社科联领导先后参加并指导了市科学社会主义暨机关党建研究会召开的“机关党建理论研讨会”,市人大召开的市人大理论研讨暨市人大制度研究会年会、市委统战部召开的“统一战线话改革理论研讨会”、市委党校召开的“新农村建设研讨会”、市法学会主办的“预防和处理医患纠纷”研讨会等学会的工作。这既对市级各学会的工作进行了指导和给予充分肯定,也进一步激发了他们干好学会工作的热情。2009年,达州市社科联领导先后参加并指导了市科学社会主义暨机关党建研究会召开的“机关党建理论研讨会”,市人大召开的市人大理论研讨暨市人大制度研究会年会、市二野军大校史会主办建校60周年暨纪念建国和进军大西南60周年研讨会等学会的工作。这既对市级各学会的工作进行了指导和给予充分肯定,也进一步激发了他们干好学会工作的热情。2009年11月以来,我们积极协助、配合市民政局对达州市社科联所属40多个学会、协会开展了新社会组织学习实践科学发展观活动。其中市机关党建研究会和市图书学会等学会还专门形成了分析材料报送市民政局,并作为经验在全市进行了交流。

【做好编辑工作】《达州社会科学》和《学习导刊》是达州市广大社科理论工作者进行理论研讨和学术交流,展示达州市优秀成果的重要阵地,今年,我们在继续保持原有刊物的特色基础上,进一步组织广大社科理论工作者积极投稿,不断提高了刊物的学术水准。2008年,编发《达州社会科学》和《学习导刊》共三期,有力地推动全市干部理论学习。2009年编发《达州社会科学》四期,为广大社科理论工作者交流理论学术观点,展示最新社科理论研究成果发挥了积极作用。

【领导名录】

主　　席:杜泽九

党组书记、副主席:杨会国

副 主 席:刘孝林　吴应刚　黄龙德　王道坤　李明忠　傅忠贤

(谭黎明)

市科学技术协会

【基本情况】2008~2009年,达州市科协以党的十七大和十七届四中全会、省委九届七次全会以及市委二届十四次全会精神为指导,认真学习贯彻胡锦涛总书记在纪念中国科协成立50周年大会上的重要讲话精神,围绕市委提出的“坚定信心、应对挑战,爬坡上行、加快发展”的新要求,深入开展学习实践科学发展观活动,各项工作取得了新的成绩。达州市科协连续8年被四川省科协命名为全省科协系统先进集体称号,中国科协、四川省科协领导多次深入达州调研,总结推广达州工作经验。

【全民科学素质行动计划纲要实施工作】按照市政府“关于贯彻《全民科学素质行动计划纲要》的实施意见”,市科协把工作任务分解到各县市区和市级有关部门,使该项工作做到了年初有安排,年中有检查落实,年底有总结评比。2009年4月,市科协分成四个组,对7个县市区和市级学(协)会开展全民科学素质纲要工作进行了一次全面督查调研,2009年下半年,宣汉县召开了《纲要》实施工作推进会议,县人大对54个乡镇、24个成员单位进行专项视察,推动了《纲要》工作的落实。

【科普宣传活动】一是送科技、文化、卫生、法律“四下乡活动”。两年来,全市共组织动员60多个市级部门、580个县、市、区级部门、学(协)会、农技协的15 000多名科技、文化、卫生和法律工作者,到村、到社、到户开展科普宣传和科技现场示范服务活动。发放宣传资料180万余份、科技书籍8万册,演出文艺节目50场,培训干部群众14万人(次),义诊咨询10万人(次),受益群众达100万人。

二是“科普大篷车”电视栏目宣传活动。从2006年开始,市委组织部、市科协、市电视台在达州电视台联合开设了“科普大篷车”电视栏目，每周定时播出，使科普走进了千家万户。2008～2009年，市委组织部、市科协、市电视台、开江县科协、开江县广播电视局、大竹县科协被四川省委宣传部、省科协表彰为“科普大篷车”电视栏目先进集体和优秀组织单位。三是科普大篷车集中展示活动。两年来，中国科协配发达州市的科普大篷车先后开进达县景市镇、大竹县高穴镇、宣汉县东乡镇、通川区蒲家镇、万源市官渡镇开展集中展示活动，全市中小学10万名师生和社会各界群众参观了展览。四是“科技之春”科普宣传月活动。两年来，全市组织开展了达州市第十四届、十五届“科技之春”科普宣传月活动。2008年3月11日，达州市第14届“科技之春”科普宣传月活动启动仪式在渠县渠江镇举行。四川省科协巡视员梅跃农、副主席刘进一行和市政府副市长黄平林、市政府副秘书长汪树军、市科协主席丁长兴等领导出席了启动仪式。2009年3月13日，由市委、市政府主办，宣汉县委、县政府、市科协承办的“达州市暨宣汉县第十五届‘科技之春’科普宣传月活动启动仪式”在宣汉县东乡镇隆重举行。市政府副秘书长汪树军，市科协党组书记、主席丁长兴，东乡镇群众和中小学生代表3 000多人参加了启动仪式，全市共组织动员30个市级部门、280个县市区级部门及学(协)会和农技协、8 000多名科技、文化、卫生和法律工作者，到村、到社、到户开展科普宣传和科技现场示范服务活动。发放宣传资料180万余份、科技书籍8万册，演出文艺节目50场，培训干部群众14万人(次)，义诊咨询10万人(次)，受益群众达100万人。五是抗震救灾科普宣传工作。2008年，“5·12”汶川地震发生后，市科协及时下发“关于做好抗震救灾以及地震科普知识宣传工作的通知”，编印出版《地震科普知识问答》、《地震救灾和抢救指导手册》、《动物习性异常是否和地震有关》等宣传资料。地震期间全市共开展各类科普宣传活动50多次，发放各类科普书籍、图片、资料达30万份，请地震专家做科普报告17场次。5月23日至24日，市科协联合市气象局、市国土资源局、市疾控中心、市防震办、市气象学会、市预防医学会、市地理学会等单位，连续两天在市中心广场开展了声势浩大地震科普知识宣传活动。

【“科普示范市”创建工作】2008年7月17日至18日，渠县以113分的高分通过全省科普示范县检查验收。9月19日，四川省科协命名渠县为全省科普示范县。2008年11月7日，中国科协命名了713个“全国科普示范县(市、区)(2008～2009年)”。达州市大竹县、通川区、宣汉县、开江县、达县、万源市等6个县(市、区)再次被命名为全国科普示范县(市、区)。

为了支持灾区抗震救灾，市科协组建了科普服务工作队，对口支援绵阳市的地震科普宣传活动。市科协联合7个县、市、区科协分成4个小分队，对口支援绵阳市的北川县、平武县、江油市、安县的地震科普宣传活动，为绵阳捐款5 000元，捐书5 000册。

【“科普惠农兴村计划”实施工作】一是“科普惠农兴村计划”项目实施工作。“科普惠农兴村计划”项目是中国科协和财政部通过以奖代补方式，对开展科普惠农活动的先进集体和先进个人进行资助的一种奖励方式，是科协系统围绕服务“三农”工作开展的一项具有示范导向作用的品牌性、标志性工程。市科协十分重视此项工作。2008年11月10日，中国科协、财政部作出决定，表彰该年度全国“科普惠农兴村计划”先进单位和带头人。达州市渠县黄花协会、开江县任市镇花朝门村果树协会、万源市旧院黑鸡养殖科普基地获“全国科普惠农兴村先进单位”称号；达县赵家镇桂花村袁应权、通川区西外镇徐道平获“全国科普惠农兴村带头人”称号。2009年达州市渠县花椒协会、宣汉县东林乡曾山村蔬菜协会、万源市生态养猪协会、大竹县醪糟协会、达县茶果产业技术协会、通川区东岳柑桔科普示范基地荣获全国“科普惠农兴村先进集体”称号。2009年，市科协授予“达州市通川区复兴板桥瓜果协会”等34个农技协为“达州市百强农技协”，授予“达州市通川区东岳凤凰柑桔科普示范基地”等32个科普示范基地为“达州市百强农村科普示范基地”，授予“达县景市祝存养殖科普教育基地”等7个科普教育基地为“达州市百强科普教育示范基地”，授予王仕华等36名同志为“达州市农村科技致富带头人”。二是科普站、栏、员“三个一”工程建设。2008～2009年，全市新建科普“站、栏、员”三个一工程项目248个，全市已建“站、栏、员”325个。三是“百强协会”创建工作。市科协按照现代农业发展的要求，对生产经营好、发展潜力大的农技协进行重点指导和培育，引导农技协做大做强。2009年底，全市共有农技协1 261个，其中全国“百强协会”1个，全省“百强协会”38个。

【青少年科技教育】一是青少年科技创新大赛。2008年11月28日至12月1日达州市第24届青少年科技创新大赛在开江县隆重举行。此次大赛共征集各类作品1 229件,比上届增加近300件。2009年4月24日至27日全省第24届青少年科技创新大赛在四川科技馆举行,达州市科协有88件作品获奖,其中一等奖18个,居全省第二;二等奖35个,三等奖35个。大竹县竹阳镇幸福街小学田旌冶、林迪欣同学荣获中科院"中科生物创新奖";达县麻柳镇中心小学谢天天同学荣获省"小实验家能力奖"。市科协、市教育局、开江县科协、开江县文教局、通川区科协、通川区教育局、渠县科协、渠县教育局、万源市科协、万源市教育局、宣汉县科协、宣汉县教育局被省科协、省教育厅等七部门评为"优秀组织奖"单位。2009年12月11日至12月14日全市第25届青少年科技创新大赛在渠县隆重举行。本届青少年科技创新大赛以"节约、创新、安全"为主题,全市7个县、市(区)共有34.5万多名青少年和科技辅导教师参加了科学发明、创新制作、科学论文、科技实践活动和科幻绘画等科技创新活动;组委会共征集青少年优秀科技项目1 299项,科技实践活动40项,少年儿童科学幻想绘画676幅,科技辅导员科教创新项目95项。二是科技辅导员科教创新作品赛。2009年,在第24届四川省青少年科技创新大赛上,达州市有18件作品获奖,获奖率居全省第一,其中一等奖4个,二等奖6个,三等奖8个。

【学会工作】在学会组织建设中,市科协始终把加强学会能力建设放在首位,强化管理,搭建平台、拓展职能领域,不断增强学会的发展动力。两年来,新发展市级学会2个,全市现有学会达到213个,其中市级学会54个。

学术交流活动。2008年5月4日至10日,市科协协助省老科协高级专家咨询组在达州市开展了《川东北地区高含硫天然气开发社会风险防范综合技术研究》、《川东北地区高含硫天然气开发社会风险评估与对策研究》的专题调研。10月25日,市科协与市药学会和市中心医院联合举办了"临床药学实践与合理用药学术研讨会",特邀重庆医科大学博士生导师周远大教授、成都军区总医院雍小兰教授作专题学术报告,与会人员达110人。2009年,全市各级学会结合全市经济社会发展的热点、难点和重点工作,继续开展了以"科教兴市"、"专家建言"、"科技工作者建议"等为主题的科技调研、学术交流、献计献策和优秀论文评选活动。两年共进行学术交流838次,撰写论文2 024篇;举办学术报告会115场,听众达9 623人;2009年,市科协举办学术讲座58次,参加人数6 866人。组织参加四川省第四届中青年专家学术大会,共推荐交流论文11篇,被论文集全文编入的1篇、摘要刊登2篇、题目刊登8篇。

"金桥工程"建设。2008年,市级立项8项,四川省"金桥办"立项7项。6月24日四川省"金桥办"一行4人对达州市实施的金桥工程项目——"开江县獭兔养殖配套技术推广"、"科学构建高致病禽流感防疫屏障"和"宣汉县汽车车架开发生产"等三个项目进行了检查验收。2009年,市科协立项5项,报四川省金桥办正式批准登记立项3项,仅四川省科协立项的3个项目,就可年创产值100 694万元,年增利润15 002万元,年增税收2 792.24万元。市科协连续七届荣获四川省"金桥工程"优秀组织单位一等奖。

"厂会协作"活动。2008年和2009年"厂会协作"各结对19对。在2009结成的19个协作对子中,预计可年创产值19 166.93万元,年增利润7 519.6万元,年增税收3 523.44万元,节约投资2 837万元。达县蚕桑丝绸学会与四川省美好丝绸有限责任公司结成协作对子后,蚕农的效益大大增加,该项目实现年创产值1 600万元,年增利润500万元,年增税收100万元、节约投资50万元。

"讲理想、比贡献"活动扎实开展。2008年,全市35个企业科协,参加"讲、比"竞赛活动的有29个,参赛科技人员2 680人,为企业提出合理化建议14 683条,被企业采纳实施的13 774条;参赛立项3 171项,完成2 963项;技术攻关1 342项;技术论证1 573项,推广应用新技术1 062项;新产品开发39项;自主创新12项。达州市川东铸石厂科协获四川省第八届"讲、比"活动先进集体称号,市科协高思雄同志获优秀组织者称号,川东电缆厂李章学同志获科技标兵称号。2009年,全市有40个企业科协参加"讲、比"竞赛活动,占企业科协总数的95%。参赛的科技人员2 525人,参赛立项3 359项,完成3 013项;推广新技术1 673项;技术专利23项;技术攻关1 581项;自主创新17项;科技成果转化659项;为企业提出合理化建议16 728条,被企业采纳实施的15 140条，共为企业创造直接经济效益10.635亿元。达州市科协被四川省科协评为“讲、比”活动先进集体。

【“科普使者”评聘工作】为了增强基层科普工作活力，建立一支高素质的基层科普工作队伍，大竹县委组织部、县科协从2009开始，聘请131名大学生村（社区）干部为“科普使者”，此项工作荣获中国科协表彰，并获奖补资金4万元。

【科技培训工作】2008～2009年，全年各级科协组织共举办培训班4 185期次。开展培训农民工137万人次，创业培训95万人，领导干部和公务员培训6.88万人。

【科普基地建设】全市现建有各类图书室983个，图书存量156 160册。建市级科普画廊2座，共50延米；县级科普画廊28座，共602延米；乡镇级科普画廊265座，共2 132米；村级科普画廊325座，共3 719延米。

【反邪教警示教育活动】两年来，市科协充分利用科普宣传月“四下乡”活动、科技活动周、科普日、公民道德宣传月、法制宣传月等活动，组织30多名专家和200多名科技工作者，先后深入开江县沙坝场乡、达县管村镇、渠县渠江镇和清溪镇、通川区双龙镇、宣汉县双河镇、达县景市镇、大竹县高穴镇、宣汉县东乡镇、通川区蒲家镇、万源市官渡镇等乡镇开展反邪教宣传教育活动，散发科普资料2 000份，科技书籍2万册，播放反邪教光碟或科教片843场（次），累计投入反邪教资金10万元，受教育群众达100万人次。2008年11月5日，四川省反邪教协会在成都召开2008年年会暨理论研讨会。达州市向大会提交的《整合资源进一步深化帮教工作对策研究》课题等14篇论文全部入选论文集，占入选论文总数的三分之一。2009年，市科协与省反邪教协会和市委防邪办联合完成了《秦巴山区基层组织反邪教工作对策研究》的调研课题，全市有13篇论文入选四川省反邪教协会年度论文集。

【领导名录】

党组书记、主席：丁长兴

副 主 席：刘贵权　张碧　赵银川

纪检组长：高思雄

（王忠贵）

市　侨　联

【基本情况】2008～2009年，市侨联在市委、市政府的正确领导和省侨联的关怀、指导下，高举中国特色社会主义伟大旗帜，坚持以邓小平理论和“三个代表”重要思想为指导，围绕市委、市政府的工作部署，充分发挥侨联优势，积极主动开展各项工作，在依法维护侨益，扩大海内外联谊，引资引智，开展“一联两服务”工作，实施“侨心工程”，加强侨联基层组织建设和自身建设等方面取得了较好的成绩，为推进达州发展新跨越和侨联事业的发展做出了积极贡献。

【为经济建设服务】向各界组织、个人推荐达州市有特色的招商引资项目15个，为有关单位牵线搭桥48余次。10月28日“西博会”召开。为“第九、十届西博会达州市投资促进说明会”邀请到侨商代表6名，为客商推荐达州市招商引资项目。

【“侨心工程”建设】达州市侨联组织积极争取到262.8万元人民币、131万港币捐款，修建18所侨心小学和1个人畜饮水工程。积极争取到“浙江新华爱心教育基金会‘寒梅班’”首次在达州市设立。达县、大竹县、渠县首批40名品学兼优、因灾害等因素造成家境贫寒的高一学生得到资助。这40名贫困学生以后连续三年每人每年都会得到2 500元补助费，三年共可获得30万元助学补助款，目前已争取到位资金15万元。达州市各级侨联组织共争取26.04万元，资助了141名贫困学生，149名贫困灾民，60名孤儿。

【扶贫赈灾】2008年1月21日，通过积极争取，四川省侨办、侨联党组成员、机关党委书记吴振西一行5人，代表澳门同胞汤福荣到达州市开展冬赈扶贫活动，对通川区东岳乡，达县大树镇、大风乡，开江县普安镇1 000名贫困乡民捐赠共价值10万元的大米、食用油。市侨联通过开展“送温暖、献爱心”活动，走访慰问了全市50余户年老、贫困归侨侨眷，为他们送去大米、青油等慰问品，对其中特别贫困的还另外赠送了慰问金。

【为侨服务】市侨联直接受理华侨华人及归侨侨眷来信（电话）60件/人（次），信访件办结率达100%，全市归侨侨眷无一例重复上访，越级上访，集体上访案件，也无信访积案，有效地维护了广大归侨侨眷的合法权益和社会稳定。

【海内外联谊】元旦、春节期间向海外重点联谊对象发贺信110余封,向沿海重点侨乡侨联及部分省市友好侨联发贺年卡210余张。接待海外华人华侨、团组及国内友好侨联、侨界企业家等80人次。

市侨联积极开展侨联组织之间的联谊工作。2008年11月,应海口市侨联、汕尾市侨联等邀请,市侨联赴海口市侨联、广东省侨联、广州市侨联、深圳市侨联、汕尾市侨联考察学习、缔结友好和联谊交流。2008年7月中旬,参加了在长春举行的"全国省会城市暨部分大中城市侨联工作经验交流会"。我会撰写的《维护侨益、凝聚侨心,当好"侨"的娘家人》经验文章作为四川省唯一一篇书面材料汇编入书在会上交流。2008年11月上旬,我会主席蒋华渠作为四川省侨联系统代表团成员之一赴江西南昌市参加了泛珠三角省区侨联(社团)2008年协作年会。会议期间,代表们积极交流和互动,就如何创新侨联工作进行了热烈的交流和讨论,增进了大家以"调研创新、协作共进"做好侨联事业的信心。2009年8月和11月参加了省侨联组织的四川省部分市(州)、企业侨联干部赴山西、内蒙古学习考察交流、联谊和赴香港、澳门侨界联谊活动。分别与香港澳门侨界社团、山西省侨联、晋中市侨联、忻州市侨联、大同市侨联、内蒙古自治区侨联、鄂尔多斯侨联等开展了联谊交流活动。与汕尾市侨联和韶关市侨联结为友好侨联,与秦皇岛市侨联正式签定缔结友好侨联的协议,与江苏无锡市侨联达成缔结友好侨联的意向性协议,还与吉林延边朝鲜族自治州侨联达成资助达州市贫困学生的初步意向。

【世界华人小学生作文大赛】由市侨联组织全市小学生参赛的"第十届世界华人小学生作文大赛"再创佳绩。全市共有18名小学生获得作文大赛奖项,其中,一等奖1名,二等奖6名,三等奖11名,获奖同学中有3名来自通川区,14名来自达县,1名来自大竹县。同时还有16名辅导老师获得辅导奖。达州市侨联荣获大赛组委会颁发的组织奖。

【表彰情况】

2008年荣获"四川省侨联工作先进集体",达州市蒋华渠、唐恭、唐朝霞、李占友荣获"四川省侨联工作先进个人"

2009年,蒋华渠被授予"全国归侨侨眷先进个人"称号;达县侨联被授予"全国侨联系统先进基层组织"称号

【领导名录】

党组书记、主席:蒋华渠

副主席:唐琳彬　唐恭(兼)　黄汉林(兼)

市　残　联

【概况】2008年－2009年,达州市残联系统坚持以科学发展观为统领,认真贯彻落实党的十七届三中、四中全会精神,以切实解决残疾人最关心、最直接、最现实的利益问题为目标,围绕"科学发展"主题,突出"两个体系"建设,深入开展"十大扶残惠残行动",残疾人的组织建设、康复服务、教育就业、扶贫解困、法制建设、宣传文体等各个方面都取得了显著成绩,广大残疾人的生存状况得到了大力改善,政治地位得到了明显提高,残疾人事业赢得社会各界、广大群众的广泛支持。

【基层组织建设取得重大进展】截至2009年底,全市290个乡镇残疾人专职委员选聘到位,并建立起考核管理机制。各县(市、区)加强了残疾人专职委员的选拔和培养工作,把一些群众基础好、业务能力强、有一定社会影响力的乡镇干部和残疾人吸收到了基层残联(残协)中,充实了残联干部队伍,改善了残疾人工作者队伍的结构。在落实残疾人专职委员的待遇方面,部分县(市)为乡镇残联配备了计算机、办公桌和档案柜,万源市还为残疾人专职委员解决工作经费及盲文翻译和手语津贴,残疾人专职委员在基层工作中发挥的作用越来越明显。在开展第二代残疾人证换发工作中,大竹、渠县、达县等地组织医生、办证人员集中到乡镇为残疾人开展残情鉴定工作,全市已换发残疾人证7.6万个,居全省各市州前列。

【实施重点康复项目深入民心】围绕国务院提出的2015年实现"人人享有康复服务"的目标,大力实施重点康复项目,被广大群众和残疾朋友誉为"德政工程"。2008～2009年,市、县残联通过组织实施"健康快车白内障复明项目",面向全市21 000多名眼病患者开展了筛查工作,为2 200余名贫困白内障患者免费实施了复明手术。通过实施"长江新里程计划二期项目",免费为全市380名贫困下肢截肢者装配假肢。与省红十字会合作实施"同在蓝天下.肢残矫治工程项目"和"中国残联彩票公益金肢体残疾

矫形手术救助项目”,为149名肢残儿童实施矫正手术。监护精神病人14 983人,救助8 238名精神病人接受治疗。为3 638名贫困残疾人配发用品用具。为14 466名残疾人提供不同程度的康复服务。通过实施“聋童启聪康复计划”,市聋儿听力语言训练部集中收训2～7岁聋童192人,免费开展了听力语言康复训练。

【扶贫保障工作扎实有效】各级残联以开展深入学习实践科学发展观活动为契机,深入基层、深入调研,全方位、多举措帮扶93 876名贫困残疾人,带动扶持了156 000名农村残疾人稳定就业,安排480户农村贫困残疾人实施危房改造;通过开展残疾人专项社会保障工作,已将12 060名城镇特困残疾人和13 100名农村贫困残疾人纳入了最低生活保障,将9 216名残疾职工纳入社保、9 157名残疾居民纳入城镇居民医保、251 889名农村残疾人纳入新农合医疗、7 500名农村残疾人纳入新农社保。万源市积极争取政府财政部门支持,对持有第二代残疾人证的肢体、智力、精神、视力一级残疾人每人每月给予50元的定额补助。宣汉县启动了新型农村合作养老保险工作。大竹县残联协调为东汉醪糟有限公司申贷康复扶贫贷款980万元,扶持了月华等12个乡镇1 347名贫困残疾人。

【残疾人就业工作得到全面推进】2008～2009年,全市以贯彻实施《残疾人就业条例》为契机,依法全面开展了残疾人就业工作,通过实施“残疾人就业援助项目”,市、县残联对14 436名有就业能力和就业愿望的残疾人免费开展了职业教育和实用技术培训,多渠道、多形式促进3 020名残疾人实现就业。通过协调组织、人事、法院、检察等部门,成功将残疾人郎美淋、刘超录用为国家公务员,开创了全省残疾人考录公务员的先河。市本级、万源、通川区、渠县、达县举办了盲人保健按摩培训班,培训盲人按摩学员近200名,参训学员实现了100%就业。市、县残联加大残疾人就业保障金的征收力度,征收残疾人就业保障金3 600余万元,其中达县、万源、大竹、宣汉的征收额均突破300万元。

【特殊教育事业在达州市得到健康发展】认真贯彻“教育法”、“义务教育法”、“残疾人教育条例”等法律法规,切实将残疾儿童少年纳入义务教育体系,大力推广随班就读工作,严格执行“两免一补”政策,大力实施“残疾人学生助学行动”,将600名残疾儿童纳入中国残联彩票公益金助学项目,市、县政府资助1 240名残疾儿童入学。市、县残联资助83名残疾大学生,人均资助金额2 000元。开江县设立“残疾人大中专学生援助基金”,每年筹措资金15万元,对当年被高、中等院校录取的残疾学生或残疾人子女以及在校的残疾学生及子女进行定额资助。

【残疾人宣传文体工作成绩喜人】2009年,市残联与央视《聚焦三农》、达州电视台《黄金800》等栏目携手,广角度、多层面、深层次采编报道了达州市残联成立20周年全市残疾人事业取得的新成就。2009年12月7日,全市自强模范暨扶残助残先进集体和个人表彰大会召开,全市28名自强模范、25个扶残助残先进集体、29名扶残助残先进个人、26个残疾人之家、19名残联系统先进工作者获得表彰。市残联、通川区残联联合打造并选送的残疾人艺术节目《礼物》参加第七届全国残疾人艺术汇演获得二等奖。组团参加四川省第二届特奥会,斩获11枚奖牌,达州代表团获体育道德风尚奖、优秀组织奖。

【法律维权和无障碍建设深入推进】通过开展信访维稳和城乡环境综合治理工作,查处侵害残疾人合法权益大要案30件,为2 312名残疾人提供法律援助服务,为当事人挽回经济损失380多万元。全力配合调处了部分县(市)城区肢体残疾人驾乘三轮、四轮车从事营运问题。目前,全市已铺设盲道125公里,其中:市本级44公里,县(市、区)81公里。

【残疾人基础服务设施建设有新突破】通过向上积极争取,省发改委、省残联下拨了中国西部残疾人综合服务设施建设项目2009年第四批扩大内需中央预算内投资计划140万元,其中:市本级60万元,通川区、万源市各40万元。

【表彰情况】

1. 达州市聋儿语言训练部被国务院残工委表彰为“全国残疾人之家”

2. 达州市残联荣获中国残联表彰的2009年“两刊”宣传工作市级先进

3. 达县、渠县、宣汉县获得中国残联表彰的2009年“两刊”宣传工作县级先进。4. 开江县选送的《绝不向命运低头的残疾女人》获得中国残联表彰的2007年度残疾人事业好新闻电视类优秀奖

5. 达州市残联被中国残联授予"全国残疾人法律救助工作站"

6. 达县被中国残联授予"全国白内障无障碍县"

【领导名录】

党组书记、理事长：廖小云

党组成员、副理事长：刘　飞　向敬华

（刘　飞　杨文平）

法制建设

法　院

2008～2009年，全市法院坚持“三个至上”工作指导思想，紧紧围绕“保增长、保民生、保稳定”工作大局，扎实推进“两个加快”，全力维护社会稳定，各项工作取得明显成效。中院共受理各类案件5 531件，审结5 292件，审结率95.68%，裁决诉讼、执行标的金额21亿元；指导全市各基层法院共受理各类案件37 455件，审结35 952件，审结率96%，裁决诉讼、执行标的总金额21.94亿元，为促进全市经济发展、维护社会和谐稳定提供有力司法保障。

【刑事审判】2008～2009年，市中院发挥刑事审判职能，营造和谐稳定社会环境，共受理一审刑事案件3 081件4 647人，在发生法律效力的1 931件1 348人中，判处无期徒刑和死刑58人，有力维护了社会稳定。在严惩危害社会治安犯罪，推进平安建设方面，深入开展“打黑恶、反盗抢、治乱点”严打整治行动，审结涉枪涉恶等严重危害社会治安案件1 796件2 786人。对通川区“伊比萨”慢摇吧故意杀人案被告人黎××、黄××、冉××分别判处死刑和无期徒刑。四川省高级法院指定管辖的广安武胜县“4·03”雇凶伤害致人重伤一案，市中院快审快结，依法判处主犯姚××死刑，刘××死刑缓期两年执行，张×、舒××无期徒刑，均剥夺政治权利终身，对其余从犯分别判处有期徒刑，有力维护了社会治安大局平稳。在严惩破坏经济秩序犯罪，推进反腐斗争方面，审结破坏社会主义市场经济秩序犯罪案件53件95人，依法判处四川汉唐公司冯×、谢×等9名被告人和四川宏生公司匡××、杜××等18名被告人非法吸收公众存款犯罪案件。依法判处贪污贿赂和渎职犯罪案件132件185人，依法追究了29名科级以上干部刑事责任。如渠县职业中专学校原校长陈××（正县级）在学生公寓修建、食堂承包中，利用职务之便受贿22万元，中院对其依法判处有期徒刑8年，促进了反腐败斗争的深入开展。在严格宽严相济政策，促进社会和谐方面，对796名轻微犯罪的被告人依法适用缓刑、管制等非监禁刑，对399名未成年罪犯依法予以从轻、减轻或免除处罚。依法推进司法机制创新，加大刑附民案件调解力度，调解该类案件59件，为受害人挽回经济损失199万元。

【民商事审判与行政审判】两年中，积极开展“联动百户重点企业、服务经济跨越发展”和“服务重点项目、服务重点企业”专项审判活动，能动司法服务发展。在全省法院系统率先出台25条服务举措，班子成员带队走访中石化普光分公司等市内重点企业143家，与达州化工园区15家重点企业召开专题座谈会，对提出的“企业历史遗留劳动关系”、“改制遗留债务”、“企地矛盾”等320余个法律方面的问题提供咨询意见和司法建议，与企业共商对策、共防风险、以能动司法服务发展，受到企业欢迎和省法院充分肯定。同时，以公正司法，促进发展。着力构建审判绿色通道，在达县化工园区、宣汉普光气田、渠县产业园区等地设立11个巡回法庭，依法及时审结“中油建工集团诉达州市某建司建设施工合同纠纷”、“达陕高速公路21名民工与重庆交通建设集团劳务施工合同纠纷”等重点企业案件320件，挽回经济损失2.47亿元。提出30条措施指导全市法院服务保障农村改革发展，被省法院推广。建立法院与重点企业“纠纷排查化解”、“企业法律风险共防”、“企业法制安全教育互动”和“企业社情民意通报”等四项工作机制，开展法律咨询、举办法制讲座190场次，深入企业调研260余次，发放宣传资料2 000余份，着力健全机制，保障了企业健康发展。

为化解经济纠纷，依法审结买卖合同、建设工程合同和房地产开发经营合同纠纷案件914件，裁决诉讼标的额1.9亿元。成功调处了达县“瑞东花园”58户购房户等群体诉讼纠纷，维护诚实信用、公平竞争的市场经济秩序。为化解金融纠纷，依法开展清理金融债权专项审判活动，审结金融借贷纠纷案件2 700件，裁决诉讼标的额7.2亿元，其中为金融部门清收债权165件8 059万余元，促进了达州经济平稳较快发展。妥善审理涉及企业建设工程和房地产开发经营合同纠纷案294件，裁决诉讼标的1.2亿元，优化了市场经济发展环境。为服务企业改革，妥善审理市建设水泥厂、西南离合器厂等77家企业破产改制案件，及时变现破产财产，解决职工安置和债权人权利保护中的突出矛盾，配合做好破产企业4 000余名职工的稳定工作。

为打造安民工程，重视民生诉求，妥善审理婚姻家庭、损害赔偿等矛盾纠纷案15 612件，如中院审理的达州市新华房产公司与59户居民相邻权纠纷案，依法判决房产公司赔偿，保护了公民合法权益。2008年，依法妥善审理涉农土地承包、土地使用权出让转让等类案件86件，促进农村经济发展；深入开展专项行动，审执结涉及农民工案件143件，为农民工追回工资等款项496.49万元。2009年，审结土地承包合同、房屋拆迁等涉及民生案件58件，裁决诉讼标的金额1 322万元，维护农村土地承包政策稳定，保护了农民生产积极性。2008年汶川大地震发生后，市中院切实履行维护灾后社会稳定的政治责任，快审快结涉灾纠纷案35件，裁决诉讼标的203万元。如渠县法院在28天内审结绵竹市世华化工公司销售给渠县帮力达农贸公司化肥538吨欠款8万元一案，依法维护灾区当事人合法权益。并深入灾区，主动协调，多方努力执行案件14起，及时为四川森普管材有限公司等灾区企业挽回损失640余万元。

为打造“便民工程”，认真贯彻上级工作部署，扎实推进“大调解”工作。院长、庭长示范调解60余件，审判长指导调解650余件，老法官专案调解760余件，形成全体法官依法调解的实战格局。并把调解贯穿于立案、审判和执行全过程。建立调解中心8个、大调解工作室36个、巡回法庭135个，分流移送调解515件，立案调解4 165件，深入乡村巡回调解案件961件。邀请调解534件，依法确认人民调解协议350件；移送调解协调中心和信访联席会议统筹化解难案58件，司法救助当事人73万余元，大调解工作成效明显。

2008年开展“开百庭、听百案”活动，化解行政争议144件，同比上升18%；审查非诉行政案件370件，裁定准予执行349件，占94.3%。2009年审理城市建设、劳动争议和社会保障等一审行政诉讼案件162件，其中判决维持行政机关具体行政行为32件，撤销26件，裁定驳回起诉和原告主动撤诉60件；审查非诉案件744件，裁定不予执行92件，保护了行政相对人合法权益。

【立案信访、执行、审监、审判管理】 全市法院牢固树立司法为民理念，精心组织，全面落实“有诉必理、有判必公、有访必接、有执必果”四项承诺，在立案信访、执行、审判监督和审判管理方面取得明显成效。

2009年认真开展“信访积案化解年”活动，处理来信来访2 140人次。排查可能上访、矛盾激化案件317件，挂牌督办43件，化解信访难案286件，结案率90.2%。省上交办涉诉信访案件7件全部办结，息诉6件。涉诉信访化解工作名列全省第五位。2008年扎实开展集中处理涉诉信访专项活动，共依法化解涉诉信访案件1 834件，其中排查影响社会稳定的重点案件79件，办结73件，结案率92.4%，息诉罢访59件，息诉率80.8%，中政委、省法院交办两批共17件，全部办结，息诉罢访15件，息诉率88.2%，妥善化解五年以上的上访老案26件，10年以上的上访老案18件，有的还是文革时期的信访历史老案。

在市清积领导小组领导下，集中清理执行积案，共受理执行案件8 486件，执结8 156件，执结标的总额12.46亿元。其中挂牌督办大要案件14件，全部依法执结。成功和解执行省政府多次协调的长城资产管理公司成都办事处与中国航天科技集团长征机械厂2 080.5万元借款合同纠纷执行案，受到省政府好评。广大执行干警克服被执行人难找、执行财产难寻、协助执行人难求、应执行财产难动等困难，清理执行积案4 461件，其中有财产案件213件全部执结，执结率100%；无财产案件4 248件，已执结4 236件，执结率达99.72%，执结标的额5.9亿元，清积工作排名全省第三。强化刑事司法威慑机制，移送公安立案侦查7人，依法判处拒不执行法院判决裁定罪犯有期徒刑1人；强化民事司法威慑机制，强制执行案件347件，司法拘留“老赖”94人；强化宣传舆论威慑机制，在媒体公开曝光“老赖”34名，其中14人迫于社会舆论压力主动履行义务，维护了社会公平正义。

2008年，强化审务督查，开展暗访活动9次，查纠整改工作不在状态、院务管理不落实等问题29项。中院共受理二审案件884件，全市一审服判息诉率达93.1%，超过目标任务13个百分点。受理再审案件145件，二审服判息诉率达到83.4%，审结131件，发改率同比下降6个百分点。2009年推行“阳光审判”，强化审判监督，中院共受理二审案件1 138件，审结1 022件，结案率89.8%，其中改判105件，占10.3%，发回重审93件，占9%；受理再审案件99件，审结79件，其中改判23件，占29.1%，发回重审4件，占5%，对64名责任人给予办案责任追究，进一步规范司法行为。

坚持每月通报信访、调解、执行、审限等情况，编发审判动态26期。依法评查案件2 641件，占总数的14.1%，发现有瑕疵案件13件，提出有针对性的整改意见和加强审判管理措施22条。中院从2009年11月1日起实行网上办案，出台《加强审限管理意见》，制定方案，落实责任。依法清理法定范围内超审限案件403件，办结331件，占82.1%，提高了审判效能。采取随机抽查、专案评查、重点督查等方式，共评查案件6 145件，质量合格的5 959件，发现有瑕疵案件186件，合格率达96.97%。定期召开审判工作推进会和发改案件评议会，对263件案件逐案分析，及时发现整改程序、实体和管理方面问题和瑕疵40余条。

【队伍建设】按照"从严治院、公信立院、科技强院"要求，切实加强队伍建设，推进全市法院工作科学发展。

着力整改司法服务主动性不强、案件审判忽视群众利益、司法办案作风不实等具体问题130余个，举办知识竞赛9场，组织实践培训6期，开展庭审观摩75次，组织案例评析350件次，主题活动在线考试参考合格率100%，优秀率达97.4%，队伍素质和司法能力不断提高。有18个先进集体、21名先进个人受到省市表彰。

聘请89名人大代表、政协委员等各界人士为司法廉政监督员，切实强化社会监督。健全完善评估拍卖、案件管理、审务督查、责任追究等制度30余个，强化纪律监督，筑牢制度防线。

截止2009年底，已竣工和开工建设人民法庭49个，10个人民法庭被评为先进法庭，25个人民法庭被评为规范化法庭。全市法院共投入信息化建设资金480余万元，6个基层法院基本建成局域网，中院已实行网上办公办案，并与省高院实行二级联网，信息化建设日益加快，基层基础不断增强。

【人大政协监督】 积极开展人大代表政协委员参与"三个五"活动，召开座谈会46场次，人大代表、政协委员提出强化调解、扩大宣传、加强法庭建设等意见建议220余条，推动了法院工作。共邀请644名省市县人大代表和政协委员参与全市法院104件案件的旁听，并邀请114名代表委员参与案件调解、执行，促成31件民商事案件的成功调解和11件难案的执行和解，增强了代表委员对法院工作的了解、理解和支持。

坚持向市人大常委送阅《人民法院报》、《法院信息》、《审判要情》等刊物，通过发送征求意见函、上门走访等多种形式，虚心听取人大代表、政协委员对法院工作的意见和建议。开展由法院领导班子成员和业务庭负责人与省、市人大代表"一对一"联络活动，主动上门汇报法院工作，征求意见和建议40余人次。

共办理人大、政协交办及代表、委员关注案件130件，办结回复127件，办结率97.7%，满意率达98%。

【领导名录】

院　长：袁成泉

副院长：顾　平　蒲春天　陈华强　李　钧

（张　磊）

检　察

【概况】2008～2009 年，围绕保增长、保民生、保稳定，市、县两级院检察长和班子成员带队走访中石油川东北气矿等重点企业和乡镇、社区 82 次，深入了解全市经济社会发展情况，进一步理清检察工作应对金融危机、服务科学发展新思路。在此基础上，出台《关于充分发挥检察职能为经济平稳较快发展服务的意见》，提出服务全市“爬坡上行、加快发展”34 条具体指导意见；制定服务重点企业 6 条具体措施；制定对“达陕高速”等三个重大建设项目进行跟踪服务意见。各基层院立足职能，结合本地实际，纷纷制定落实服务城乡发展的系列工作措施；部分院还在重点乡镇、街道探索建立涉检事务工作联系点 29 个，组建“农村工作队”7 个，将服务触角有效延伸。

认真履行批捕、起诉职能，严厉打击严重刑事犯罪。两年共批准逮捕各类刑事犯罪嫌疑人3 766人，批捕审结率 100%；提起公诉4 254人，起诉审结率 92.8%，法院有罪判决率 100%。突出打击重点，批捕故意杀人、伤害、抢劫、强奸、绑架等严重暴力犯罪1 389人，起诉1 451人；批捕制售贩卖毒品犯罪 271 人，起诉 353 人；批捕黑恶势力犯罪 314 人，起诉 282 人。

进一步完善案件线索管理机制，深化侦查一体化工作机制，切实加大查办职务犯罪工作力度。两年共立案查办贪污贿赂犯罪 228 人，渎职侵权犯罪 56 人。其中大案 132 件，涉案金额 100 万元以上的特大案件 16 件，县（处）级以上要案 4 人，大要案比例同比上升 13.5 个百分点。通过办案挽回经济损失3 448万余元。深入开展职务犯罪预防工作，提出预防检察建议 93 件，帮助完善制度和落实预防措施 113 项，介入重大工程招投标活动 35 次，提供行贿犯罪档案查询 81 次，运用典型案例开展法制座谈 137 次、警示教育 196 次。

围绕保障市场经济健康发展，深化商业贿赂专项治理，查办职务犯罪 51 人；开展工程建设领域突出问题专项治理，查办职务犯罪 31 人。密切加强与行政执法部门的衔接配合，依法批捕危害金融管理和税收征管、合同诈骗、制假售假等破坏社会主义市场经济秩序犯罪 125 人，起诉 94 人。重点打击非法吸收公众存款犯罪，批捕 11 人，起诉 17 人。成功地公诉了四川宏生公司非法吸收公众存款 4.5 亿元，四川汉唐实业有限公司非法吸收公众存款 2.56 亿元等全市人民关注的特大涉众经济犯罪案件，收到了较好的法律效果和社会效果。

【切实维护人民群众根本利益】注重惩治侵害民生的犯罪。坚持把执法为民作为检察工作的出发点和落脚点，把保障公民人身权利、民主权利作为维护民生之本，把保护公民的财产权益作为维护民生之基。两年共查办社会保障、征地拆迁、医疗卫生、抢险救灾等领域职务犯罪 37 人，查办发生在农村基础设施建设、支农惠农资金管理等领域和环节的职务犯罪 131 人，查办危害能源资源和生态环境渎职犯罪 32 人。批捕侵犯公民人身权利、民主权利刑事犯罪 765 人，起诉 735 人；批捕侵犯公民财产权益刑事犯罪1 598人，起诉1 735人。

注重排查调处社会矛盾纠纷。进一步畅通信访渠道，受理控告案件 239 件，均依法及时妥善处理；立案复查刑事申诉案件 126 件，均办结息诉，息诉率 100%。对 5 件确认赔偿的历史老案全部予以赔偿，支付赔偿金 15 万余元，赔偿执行率 100%。深入开展“信访积案化解年”活动，3 件涉检信访积案、3 件不服法院生效刑事裁判的申诉案，全部办结息诉罢访。

注重讲求执法方式和办案效果。认真贯彻宽严相济刑事政策，对犯罪情节轻微的初犯、从犯、过失犯，特别是未成年人和在校学生，依法决定不批准逮捕 75 人，不起诉 83 人，建议适用简易程序 663 件。继续试行刑事和解工作，对邻里纠纷、婚姻家庭引发的轻微刑事案件，促成当事人和解 121 件。积极探索试行逮捕必要性评估制度，对无逮捕必要案件犯罪嫌疑人建立了跟踪监督档案。注重做好释法说理工作，开展不捕案件说理 81 次，理顺当事人情绪，促进社会和谐。

【诉讼监督】进一步加大诉讼监督力度，突出监督实效。认真贯彻省人大常委会《关于加强人民检察院对诉讼活动的法律监督工作的决议》。以开展刑事审判法律监督专项检查、看守所监管执法专项检查和监狱“清查事故隐患、促进安全监管”专项活动为载体，全面强化诉讼监督。两年来，依法加强刑事立案监督和侦查活动监督，监督侦查机关立案 120

件，监督撤案46件；追捕101人，追诉52人；对没有逮捕必要的，依法不捕523人，对犯罪情节轻微的，决定不诉91人；纠正侦查活动中的违法行为124次。依法加强刑事、民事审判和行政诉讼监督，提出刑事抗诉17件；对刑事审判活动提出检察建议和意见7件，发出纠正违法通知5件。立案审查民事行政申诉案件235件，审查后，对法院裁判正确的，积极做好服判息诉工作；对不符合抗诉条件的，促进当事人和解息诉28件；对认为确有错误的民事、行政判决和裁定提出抗诉39件，提请四川省检察院抗诉48件；提出再审检察建议87件，法院采纳84件；提出民事执行检察建议22件；督促、支持单位提起民事诉讼41件。依法加强刑罚执行和监管活动监督，监督纠正刑罚执行机关拟报减刑、假释、暂予监外执行不当154件；对1 793名监外执行罪犯建立检察台账，纠正脱管漏管罪犯55名，建议收监执行27名；立案查办监管场所职务犯罪4件4人，以事立案2件；深入开展“阳光维权”活动，纠正监管违法行为268起，纠正在押人员刑期计算错误39起，督促监管机关对23名“牢头狱霸”人员分别予以严管、禁闭等处罚，对7名“牢头狱霸”人员依法追究刑事责任；认真抓好纠防超期羁押工作，继续保持“零超期”成果。

进一步完善诉讼监督机制，规范监督行为。在加大监督力度、突出监督实效的同时，注重通过建立长效机制，促进监督规范。进一步规范侦查监督。在市公安局支持配合下，制定了《关于进一步加强故意犯罪致人死亡案件办理工作的规定(试行)》，把对命案的法律监督前置到侦查阶段，效果十分明显。提前介入的66件命案批捕率和批捕准确率均达到100%，要求公安机关《提供法庭证据意见书》同比下降72.7%，平均刑拘期限同比下降43个百分点。进一步规范审判监督。在人民法院支持配合下，出台了《对民事活动实施法律监督的意见》、《建立农民工法律维权工作机制的意见》和《关于检察长列席市中级人民法院审判委员会讨论刑事案件会议若干具体问题的意见》，各基层院也分别出台相关文件。两级院共列席法院审委会讨论刑事案件164件次，有力地促进了诉判协调，提高了案件质量及工作效率。进一步规范刑罚执行监督。在公安、监狱的支持配合下，作出了《关于加强对看守所、监狱日常法律监督工作的决定》，在全省率先建立了“减、假、保”案件同步审查监督机制，效果十分明显，2009年监督纠正案件数超过前四年总和，得到省检察院和市委领导的充分肯定。

【外部监督与内部制约机制】自觉接受人大及其常委会监督。市人大二届七次会议闭幕后，市院及时召开会议，逐条研究落实人大代表提出的建议、批评和意见，按照会议精神全面部署加强和改进全市检察工作。一年来，两级院主动向人大及其常委会报告检察工作46次，主动邀请人大代表参加刑事审判法律监督专项检查活动，参与检务督查，视察出庭支持公诉工作、派驻检察工作和基层院查办职务犯罪工作等108次。对43件人大常委会及人大代表提出的意见、建议和转办的案件，全部按期办结并反馈结果。同时，市检察院开通人大代表网络联络系统，搭建与人大代表的网上交流平台，定期向人大代表寄送《检察工作情况通报》，有效拓展接受监督途径。

自觉接受民主监督和社会监督。进一步完善接受政协民主监督途径和形式，主动向政协通报工作43次，邀请政协委员、特约检察员视察和民主评议检察工作8次，参与监督检察机关专项活动和重点检察工作21次。进一步深化人民监督员制度，对113件检察机关拟作撤案或决定不起诉的职务犯罪案件和2件“五种情形”案件全部提交人民监督员监督。进一步深化检务公开，及时向社会公布检察工作重大部署和重大案件办理情况，继续探索重信重访案件和民行案件抗诉前公开听证机制，增加检察工作透明度，保障人民群众的知情权、参与权和监督权。

自觉加强内部监督制约。健全完善干警执法档案制度，“一案三卡”制度，网上办案制度，严格实施对执法活动的流程管理和过程控制；全面实施省级以下检察院立案侦查的职务犯罪案件由上一级检察院审查决定逮捕的程序改革，规范讯问职务犯罪嫌疑人全程同步录音录像制度，开展直接立案侦查案件扣押冻结款物专项检查，加强对职务犯罪侦查工作的监督；完善落实首办责任制，执法过错责任制，办案事故责任制，案件质量评查等制度，加强对办案的监督制约。开展执法规范、检容风纪等检务督查36次，派员旁听下级院检察委员会会议、出庭支持公诉33次，加强对下级检察院工作的领导和监督。

【队伍建设提高执法能力】坚持素质兴检，不断提高队伍履职能力。认真贯彻落实加强和改进党的建设的要求，组织四个巡视组对7个基层院领导班子进行全面巡视督查,并根据巡视情况制定进一步加强两级院领导班子建设的意见,着力提高领导班子贯彻党的路线方针政策、履行法律监督职责、领导检察工作科学发展的能力。大力实施人才强检工程,通过公开招录,两年新补充检察人员109名,市院招录7名本科生和硕士研究生,遴选3名基层优秀检察官,进一步优化队伍结构。加强检察教育培训,市检察院挤出10余万元经费,与西南政法大学共建检校理论研究基地,委托西南政法学院用一年的时间对全市检察干警进行系统的法学基础理论培训;积极开展新进人员法律知识、公文写作、网络应用等技能培训,广泛开展优秀公诉人、优秀办案能手等业务竞赛,进一步提高执法办案技能。积极组织检察干警参加司法考试,全市司法考试通过率50%,继续保持高于全国平均水平。在2008年全省检察系统各项技能比赛中,1名反贪局长被评为"全省十佳反贪局长",1名公诉人被评为"全省十佳公诉人",1名司法警察被评为"全省十佳司法警察",3名干警被评为"全省优秀侦查员"。

坚持从严治检,不断推进纪律作风建设。积极探索建立党风廉政责任分解、责任考核、责任追究机制。继续推行廉政谈话、诫勉谈话、述职述廉和个人重大事项报告制度。对基层院领导班子成员和市院各部门负责人廉政谈话73人(次)、诫勉谈话16人(次),基层院检察长和机关中层以上干部述职述廉250人(次),报告个人重大事项32人(次)。对队伍中暴露出的问题,依法依纪严肃查处。

坚持基础固检,加强基层基础建设。落实高检院《2009~2010年基层人民检察院建设规划》,坚持市院领导挂点联系和调研员分片巡视督导制度,通过统筹安排、以点带面、分类指导等方式,深入推进基层检察院执法规范化、队伍专业化、管理科学化和保障现代化建设,7个基层院全面建立"三位一体"管理体制,渠县院工作突出被省院记集体一等功。加大对基层的指导和帮扶力度,协助基层院落实干警职级待遇,落实检察业务专项经费;统一规划、同步实施,全面完成两级院视频会议系统建设。通过这些措施,全市基层院建设得到加强。1个基层院被表彰为"全国先进基层检察院",2个基层院被表彰为全省先进基层检察院,市检察院获得全省基层院建设组织奖。

【表彰情况】

先进集体

1. 市检察院接待室被最高人民检察院命名为文明接待示范窗口

2. 市检察院被省委、省政府表彰为"三大主题活动"先进集体

3. 市检察院检务保障突出被省检察院记集体二等功

4. 市检察院被表彰为全省基层院建设组织奖

5. 市检察院被省检察院表彰为查办大要案成绩突出、记二等功

6. 市检察院被市委、市政府表彰为2007、2008年度全市信访工作先进集体

7. 市检察院被市委表彰为市"四好"领导班子

8. 市检察院被表彰全市维稳综治工作先进集体

9. 市检察院被市委表彰为达州市防邪工作先进集体

10. 市检察院被市政府表彰为2007年度全市协税护税先进单位

11. 市检察院被市委表彰为2007年党委(党组)中心组学习先进单位

12. 市检察院被市政府表彰为全市统计工作先进集体

先进个人

1. 徐学锋同志、周玉成同志被表彰全省优秀检察干部

2. 长魏川同志、王万贵同志被省检察院记个人二等功

3. 王万贵同志、赵泓同志被表彰为全省抗震救灾先进个人

4. 熊斌同志被表彰为全省十佳反贪局长

5. 魏川同志被授予全省优秀侦查员

6. 庞静同志被授予全省十佳公诉人

【领导名录】

检察长:杨　辉

副检察长:王　疆　立孙秋平　叶多英　蹇明海

党组成员:熊志国

反贪局长:熊　斌

纪检组长:谭显余

政治部主任:郭俊弟

机关党委书记:玲宁

(徐学锋)

公　安

【基本情况】2008～2009年，全市公安机关进一步深化公安"三基"工程建设，大力开展"三项建设"，全警投入抗击雪灾、地震、洪水等抢险救灾任务，圆满完成各项公安工作任务，促进全市经济持续健康发展，为构建"和谐达州"做出积极贡献。

【全力确保社会政治稳定】两年来，全市公安机关面对"奥运"安保、国庆安保、抗击自然灾害的艰巨任务和国际金融危机对社会稳定造成的巨大冲击，始终把维稳工作放在首要位置，建立多部门、多警种参与的信息收集、汇总、通报、研判和反馈机制，紧紧围绕敏感时段、节点、重大活动以及重大项目建设、企业改制等重点问题加强情报信息的收集研判，定期开展风险评估，及时为党委、政府决策提供依据；公安民警深入社会各阶层，主动收集情况，开展矛盾纠纷排查化解，及时发现和调处人民内部矛盾；实行24小时网上巡查、处置，制定网络发言人制度和网上舆情引导制度，及时处置各类有害信息；完善处置突发事件预案体系，组建特警队和应急处突专家咨询组，加强装备建设，强化演练，提高了应急处突能力，积极协助党委政府依法妥善处置群体性事件。同时，认真做好信访工作，部署开展全市公安机关开展集中调处涉法涉诉重点信访案件专项行动，对全市各类涉稳矛盾纠纷特别是涉法上访全面排查调处，积极协调各方妥善解决群众反映的问题。

【打击违法犯罪活动】面对不断变化的社会治安局势，全市公安机关坚持重点整治、打防并举，大力营造良好的社会治安环境。定期对警情进行分析，结合"警民话吧"、"达州信息港"和书记信箱、市长信箱、市长热线等反映的突出治安问题，逐一进行了梳理，对治安形势进行了研判，明确了打击重点。以社会治安专项整治为载体，先后开展了"破现案挖积案、打盗抢抓逃犯"大会战等多个专项行动，强化命案侦破、"打黑除恶"、打击拐卖儿童妇女犯罪、打击街面犯罪、"追逃"、打击制贩新型毒品犯罪、整治发票违法犯罪和打击假币犯罪等工作。两年共立刑事案件17 520起，破7 143起；受理治安案件32 608起，查处18 459起；打击处理各类违法犯罪人员18 939人，同比上升27.6%。加强了重点和乱点整治。全市公安机关深入摸排治安复杂地区情况，大力整治治安乱点和人民群众反映强烈的重点治安问题。08年，确定了1个省级和6个市级治安复杂地区挂牌整治；09年，确定了2个省级和20个市级治安复杂地区进行挂牌整治，取得较好效果。

【创新方法严格社会管理】全市公安机关依托科技强警，加快"天网工程"建设，落实人防、物防和技防措施，密织社区、街面、单位内部防控网络，强化街面巡逻力量和密度，有效地预防和减少违法犯罪的发生；加强了人口信息管理系统建设，继续认真开展人口清理工作，完善了流动人口和出租房屋管理制度，共制成换发二代身份证248万余个；深入排查民爆危化品管理、道路交通、消防领域存在的安全隐患，以"治爆缉枪专项行动"、"城乡环境综合治理"、"公众聚集场所、高层建筑和地下工程消防安全专项整治"等专项行动为载体，严格安全监管措施，确保安全生产态势平稳；深入开展"效能型"机关创建活动，加强政务服务工作，深化行政审批制度改革，市公安局共合并管理9项，下放审批权限5项，减少审批环节7道，精简行政审批项目29项，精简率60.42%。出入境、治安、交警等警种开展延时服务、预约服务、上门服务、志愿服务等。在重点工程、重点企业、重要地段、化工园区设立派出所、警务室或办事机构，实现服务方式"零距离"、服务事项"零积压"、服务质量"零差错"。

【重要时段安全工作】为策应奥运会和国庆庆典的成功举行，全市公安机关都建立了"一把手"责任制和分级负责的责任体系，数十次召开会议专题研究，制定下发了总体方案和具体方案，不断下发通知深化要求，全力维护社会稳定，强化社会治安整治，加强街面巡逻防控，整治安全隐患，确保了奥运会期间和国庆期间全市无重大涉稳问题和影响恶劣的重大刑事、治安案件发生，未发现枪爆危化品丢失、被盗情况，未发生重大交通事故和重大火灾事故。同时，全市公安机关还加强了其他重要时段、重大活动期间的安保工作和重要警卫任务。圆满完成了"元九"登高、"两会"以及中央、省领导同志来达视察等重要警卫任务，得到领导的充分肯定。

【抗灾救灾】两年中，全市接连遭受冰雪、地震、洪水等自热灾害。在灾害面前，全市公安机关英勇顽强、舍生忘死的优良传统，在各级党委政府的领导下，迅速启动应急预案，全力投入抗灾救灾和维护社会秩序工作，并积极帮助群众转移财产，疏散、解救被困群众，全力确保人民群众生命财产安全。特别是在抗击“5·12”特大地震灾害中，全市公安机关迅速启动了应急预案和应急通讯保障机制，加强路面交通巡逻管控和街面秩序维护，全力排除险情、疏散群众、维护治安，为确保社会稳定和人民群众生命财产安全做出了积极贡献。

【“三基”建设】全市公安机关以力争进入全省先进行列为目标，以筑牢根本创一流为动力，全警参与，攻坚破难，强力推进全市公安“三基”工程建设。市委、市政府召开了深化公安“三基”工程建设会、全市公安“三基”工程建设决战冲刺现场会，李向志、胥健、杜坤飞等领导出席会议并作重要指示；全市共投入“三基”工程建设资金8 000余万元，用于改善“三所三队”等基层所队的基础设施、办公条件和警务装备。全市建成500多个公共视频监控点并投入使用，建设完善了一大批信息管理系统；共建成社区、乡村、校园警务室559个，建成率为100%，基层一线警力占全市总警力的87.2%，派出所警力占县级公安机关总警力56%。同时，大力改进警务运行机制和勤务模式，完善维护稳定、打击犯罪、社会面防控机制、人口管理机制和阵地管控的机制，全市公安机关服务群众、管理治安、打击犯罪等能力明显增强。

【深化“三项建设”】一是立足区域特色，紧扣建设环节，力推信息化建设。确定了“整合为主，应用为先，急用先上，重点突破”的工作思路，把信息化建设上升为党委意志和政府行为。同时，注重制度建设，不断强化民警信息化意识。全市投入共信息化建设资金2 200余万元，借助信息化手段破获案件718件，抓获逃犯857名，打击处理人数同比上升14.4%；天网监控点覆盖至各重点乡镇；民警信息化应用合格率达99.28%。二是重教育强素质，建机制抓落实，力推执法规范化建设。采取明察暗访、突击检查、督促整改等方式，提高民警法制意识，强化职业操守教育，努力减少执法不规范等行为；把非执法主体全部从执法岗位上剥离，保证执法主体合法；加强执法培训，提高执法主体素质，保证执法主体能执法、会执法、高质量执法。同时，落实相关工作制度，推行阳光执法和透明执法，严把执法质量关。通过规范执法，全市公安机关执法质量明显提升，执法不当引发的信访问题、涉警舆情明显减少，2009年，全市刑事案件退查率、行政诉讼案件数、涉法上访数同比分别下降1.1%、2%、22.5%；市公安局被市政府评为年度执法示范单位，宣汉公安局被确定为全省公安机关执法规范化建设示范单位。三是创新构建载体，典型示范引导，力推和谐警民关系建设。通过召开“警民坝坝会”、定期邀请人大代表、警风警纪监督员座谈、在达州门户网站开辟“警民话吧”、开展警营开放、问卷调查、值守阳光政务热线等活动，积极搭建警民互动沟通平台。并依托爱民月、“110”、“6·26”等宣传日活动、民警“四进”常态走访等，及时了解群众对公安工作、队伍建设、安全需求的意见和建议，以此推出服务农业、企业发展“双十措施”，开展问计于民大纳谏、排忧解难大帮扶、不稳定因素大排查和法律法规安全防范知识大宣讲、社会治安秩序大整治等五项活动，人民群众安全感稳步上升，对公安机关满意度达91.7%。同时，加强涉警舆情引导，建立涉警舆情应对机制，组建舆情引导队伍，妥善处置了多起涉警舆情，大大降低了负面影响。

【从严治警】认真组织开展深入学习实践科学发展观活动，查找问题，认真整改，以科学发展的理念指导公安工作有序开展；组织了“学习十七大，公安怎么办”大讨论活动和“爱党忠诚、爱民奉献、爱岗敬业”主题学习讨论活动，并结合向谭东、向守牧、胡玲等人的学习，增强全体民警的大局意识和责任意识，培养民警亲民爱民、爱岗敬业的优良作风；扎实开展“三大主题”活动，实施“一二三”工程，全面推行“轮训轮值，战训合一”训练模式，民警培训率、练兵率达100%；认真落实“一岗双责”要求，深入开展“无违规所队”创建，严格执行“五条禁令”、“六个一律不准”等规定，从严查处队伍中的违法违纪问题；积极协调组织、人事部门解决了市局机关16名民警副县级和全市一大批民警的正副科级职级待遇；为民警购买了意外伤害保险，落实医疗保险政策，实行民警休假制度，有效激发了民警的工作热情。两年中，全市共有34个单位受到各级表彰，2个集体荣立三等功、3个集体受到嘉奖，288名民警荣立二、三等功，446名民警受到嘉奖。其中，交警一大队民警向守牧被公安部追授全国公安二级英模称号，被省公安厅追记个人一等功；治安支队民警赵传东被省公安厅荣记个人一等功。该二人当选“感动达州十大人物”。

（郭彦汉）

司　法

【概况】2008～2009年，市司法行政系统以服务"两个加快"为首要任务，以化解矛盾纠纷为工作主线，以保障民生服务民生为根本取向，以提高社会法治化管理水平为落脚点，以抓基层打基础为着力点，以司法行政体制和工作机制改革为动力，以班子建设和队伍建设为根本保障，推进司法行政工作的全面发展，为全市的社会经济发展和人民安居乐业作出积极贡献。

【法制宣传】两年来，全市规模以上法制宣传959场次，培训副科级以上干部5 680余人次，培训"五五"普法骨干13 783人次，发放法制宣传书籍、资料350余万份，发送法律援助惠民卡4 400余张，出动宣传车1 666台次，法制墙报（橱窗）2 420期，大型法制文艺演出17场，创建县级民主法治村（社区）461个、复查647个，重点对象及全民法制教育经常化、法制宣传普及率达90%，"法律六进"开展率达95%以上，95%的地方、行业基层开展依法治理活动，全市社会法治化管理水平不断提高。全市受教育群众420万余人。健全和落实领导干部和公务员学法制度、党委（党组）中心组学法、干部任前法律知识考试、重要决策之前的法律法规咨询等制度，着力提高领导干部依法执政、依法决策、依法管理的能力，对副科级以上的领导干部和行政执法人员进行培训。认真开展对返乡民工的法制宣传和"科技、文化、卫生、法律"四下乡活动。组织开展"3・8"妇女节、"3・15"消费者权益保护日、"3・18"综治宣传月、"4月税法宣传月"、"5月安全生产月"、"6・5"世界环境日、"6・26"禁毒日等特殊纪念日专项法律法规的宣传。创新"五五"普法工作机制载体，扩大法制宣传影响力。创造了"茶馆普法"、"村务听证会"、"涉访事件听证会"、"学法守法座谈会"、"文艺宣传队普法"、"法律服务夜市""普法教育一条街"、"法律五进农家"、"银龄普法"、"法律进万家"以及"三百工程"（百场法制宣传教育讲座、百个法制宣传教育基地、百名法制宣传教育骨干）新路子和新亮点。

【律师工作】2008年，全市有26家律师事务所，225名执业律师。2009年，全市有27家律师事务所，219名执业律师。2009年7月，召开达州市第二次律师代表大会，选举产生市律协第二届理事会理事33人，常务理事15人，李永杰当选为市律协第二届会长，李大年、常新建、邱波、周川、唐隆茂当选为第二届市律协副会长，聘任李俊丰为市律协第二届理事会秘书长。2008～2009年，全市律师担任法律顾问1 801家，民事诉讼代理5 652件，提供法律援助622件，法律咨询和代书35 032件。

【公证工作】2008年、2009年完成所有公证处的改制工作。全市8个公证处注册公证员30名。2008年、2009年办理各类公证事务41 845件，其中，国内经济公证17 853件，国内民事公证19 518件，涉外公证1 480件，涉港、澳、台公证526件。其他有关公证法律咨询、代书等公证事务2 425件，向党政机关和企事业单位提司法建议220条，被采纳181条，为特困企业下岗职工、社会弱势群体提供公证法律援助1 009件，涉及金额148.1万元。经过公证审查，拒绝各类不可行公证事项469件（其中：民事299件，经济170件），制止不法经济行为94件，涉及金额达2 218万元，起到预防纠纷，防范风险的积极作用，为达州市场经济的健康运行和社会和谐作出了积极贡献。

【基层法律服务】2008年，全市有注册基层法律服务机构109家，基层法律服务工作者373人。2009年，全市有注册基层法律服务机构108家，基层法律服务工作者348人。2008～2009年基层法律服务机构和基层法律服务工作者办理各类法律事务220 728件，为当事人避免和挽回经济损失10 446万元。

【人民调解】全市有314个乡镇，共有32 343名人民调解员，2008～2009年共开展了22 395次矛盾纠纷排查。各级调解组织调解民间纠纷83 013件，调解成功79 900件，成功率96.2%，防止民转刑414件680人，制止群体性纠纷474件3 194人，防止群体性上访708件7 863人次。2008年8月，召开全市第六次人民调解工作会议，市委、市政府出台《关于加强新时期人民调解工作的意见》，市司法局与市财政局联合出台《达州市人民调解员调解纠纷补贴标准》。2009年，市司法局积极构建以人民调解为基础的"大调解"体系，加强人民调解与司法调解、行政调解的衔接配合。与公安部门联合建立全市道路交通事故损害赔偿纠纷人民调解委员会。2009年6～9月，全市司法行政系统开展化解矛盾"春风化雨"百日行动。通过扎实开展民间纠纷调解工作，把大量的热点、难点问题化解在基层，消灭在萌芽状态，最大限度地消除全市基层社会的不安定因素，为减少群众讼累、降低社会管理成本、预防违法犯罪、维护正常的社会秩序和法治秩序作出了重要贡献。司法所建设工作得到进一步加强，全市利用国债投资资金2 283.6余万元建成了308个规范化司法所。

【安置帮教】两年来，回市的刑释解教人员共4 103人，落实帮教3 931人，帮教率95.8%，安置人员3 752人，安置率91.4%。自2006年启动社区矫正试点工作以来，建立、健全各项规章制度，同时以提高社区服刑人员矫正质量为核心，依靠社会力量，积极稳步推进，确保社区矫正工作规范、有序的开展，增强社区矫正对象接受改造的自觉性和积极性。截至2009年底，全市共有开展社区矫正试点的社区92个，接收矫正对象307人，解除59人，尚有矫正对象248人。

【法律援助】市法律援助工作被市政府纳入“惠民行动”，为市内“惠民工程”十大工程之一。全市建立法律援助中心8个，各类法律援助工作站191个，共办理各类法律援助案件4 277件，接受各类咨询43 388件次。市政府颁布文件对2004～2007年以来，全市法律援助工作先进集体和先进个人进行表彰，全市共有30个先进集体和50个先进个人获得表彰。两年来，先后成功办理为“4·21”自杀式爆炸伤人案遇害群众索赔案；通川区法律援助中心为乐山市沐川县永福镇的20名在达州打工的民工索回被拖欠工资案、为赴利比亚务工的达州籍民工办理人身伤害案、“瑞东花园”58户购房买卖合同纠纷案、达县“沁园春”茶楼65名员工欠薪纠纷案，使弱势群体的合法权益得到切实的保护。

【司法鉴定】按照《四川省司法鉴定管理条例》，依法加强对面向社会服务的司法鉴定机构的管理，规范司法鉴定活动，严把司法鉴定人员资格准入关，为推进司法改革、实现司法公正、提高司法效率作出了贡献。全市两级司法行政机关面向社会开展司法鉴定业务的司法鉴定机构有4家，其中市直属1家，开展的司法鉴定项目有：文书司法鉴定，痕迹司法鉴定，司法会计鉴定，法医病理、法医临床、法医精神病、建筑工程质量、建筑工程造价、司法资产评估司法鉴定。2008～2009年，全市有注册鉴定机构4家，注册鉴定人89名，办理司法鉴定业务6 150件。

【司法考试】2008年，国家司法考试合格分数为360分，达县、开江、大竹、宣汉、万源、渠县属国定贫困县，为放宽条件地区，合格分数线为315分。达州市有380人报名参加国家司法考试，通过人数为110人，其中A类45人，B类8人，放宽条件的C类54人。2009年，国家司法考试合格分数为360分，达县、开江、大竹、宣汉、万源、渠县，为放宽条件地区，合格分数线为315分。全市有403人报名参加国家司法考试，实际参考人数309人，通过人数为105人，其中A类41人，B类2人，放宽条件的C类62人。

【法制工作】2008～2009年制定完善《达州市司法局行政执法案卷评查制度(试行)》、《达州市司法局行政处罚自由裁量权制度(试行)》、《达州市司法局重大行政决策听取意见制度(试行)》、《达州市司法局重大行政决策合法性审查制度(试行)》、《达州市司法局重大行政决策集体决定制度(试行)》等工作制度。2008～2009年共办理1件行政诉讼案件，一审、二审市局均胜诉。2009年，重点清理局机关1981～2008年5月1日的规范性文件，共清理出28件废止、拟修改、继续执行的规范性文件。

【监狱管理】市辖区内监狱以降低刑释人员重新违法犯罪率为首要标准，以监狱安全稳定为首要任务，以严格公正文明执法为首要准则，以班子队伍建设为首要保障，推进体制改革和机制建设，推进布局调整、就地改扩建和民警生活基地建设，推进监狱资产处置和退出高危行业，为市实现“两个加快”创造和谐稳定的环境。在抗击5·12大地震后，市辖区内监狱基本实现安全稳定“六零四降三提高”的工作目标，即：脱逃为零，狱内重特大案件为零，群体性哄监闹事为零，群体性中毒事件为零，重大疫情为零，较大安全生产事故和重大污染事故为零；非正常死亡率降低，罪犯违规违纪率降低，集体性聚集事件和非正常上访事件降低，民警执法案件降低；监狱经费保障水平提高，劳务加工收入提高，民警职工待遇提高。

【工读学校】建好工读学校是达州市委、市政府2009年实施的“八项民生工程”之一。2008年底筹建成立的达州市工读学校(对外称达州市第十六中学)为市司法局管理的单位，内设7个科室。学校是根据司法行政机关矫治职能，维护社会和谐稳定而建立的未成年人法制保护机构，也是九年制义务教育的特殊形式。学校主要接收十二周岁以上不满十七周岁具有违法行为、轻微犯罪行为和具有《中华人民共和国预防未成年人犯罪法》所规定的八种严重不良行为或依法免予刑事处罚、判处非监禁刑罚、判处刑罚宣告缓刑、假释的未成年人，并经医院体检，身体健康、无吸毒经历且生活能自理者；针对学生产生不良行为的原因及个性特征，实行军事化管理、封闭式教育，把好分层教育关、减少交叉感染，加强道德教育、法制教育、行为教育、劳动教育、职业技术教育和心理健康教育，使其树立正确的世界观、人生观和价值观，培养他们成为具有一定文化知识和掌握一定专业技能的社会新人。从 2009 年 5 月建成开学以来，总共接收具有严重违法和轻微犯罪行为的未成年人 183 名。经过教育矫治，学生法制道德观念和行为自控能力明显增强，已有百余名学生考核过关，顺利转校。学校的经验作法，省委政法委、省司法厅向全省重点宣传推广，《中国工读教育杂志》、《四川法制报》、《四川新闻网》等省内外媒体先后进行宣传报道。

【立功受奖】2008 ~ 2009 年，市司法局获市委、市政府以及有关部门表彰的项目有：综合目标考核先进集体、案件检查工作先进集体、达州市平安建设整体联动大演练活动优秀组织奖、全市安全生产工作目标考核优秀单位、定点扶贫工作先进集体、达州市“四好”领导班子、“科技之春”科普宣传月活动先进集体、达州市政法系统“三大主题活动”先进集体、政研工作先进单位、年度信访工作目标考评优秀单位、工会工作先进单位（一等奖）、全市信访工作先进集体、全市维稳工作先进集体、全市社会综合法理工作先进集体、全市安全生产工作先进单位、全市保密工作先进集体、达州市防邪工作先进集体等荣誉称号。省司法厅表彰奖励的有：“司法局长论坛”优秀论文奖、全省 2009 年度市（州）司法局工作目标综合考评前五名。

【领导名录】

局党委书记、局长：李永杰

局党委委员、副局长：罗先成（ ~2009 年 11 月）
李大年（ ~2009 年 11 月）
曲鸿飞
蔡晓勇(2009 年 11 月 ~)

局党委委员、副局长，兼政治部主任：付光宏（2009 年 11 月 ~ ）

局党委委员、纪委书记：陈果（2005 年 12 月 ~ ）

局党委委员、机关党委书记：陶华（2005 年 12 月 ~ ）

局党委委员、市十六中校长：覃有军（2009 年 12 月 ~ ）

局党委委员、办公室主任：刘芝华（2009 年 12 月 ~ ）

（唐渠北）

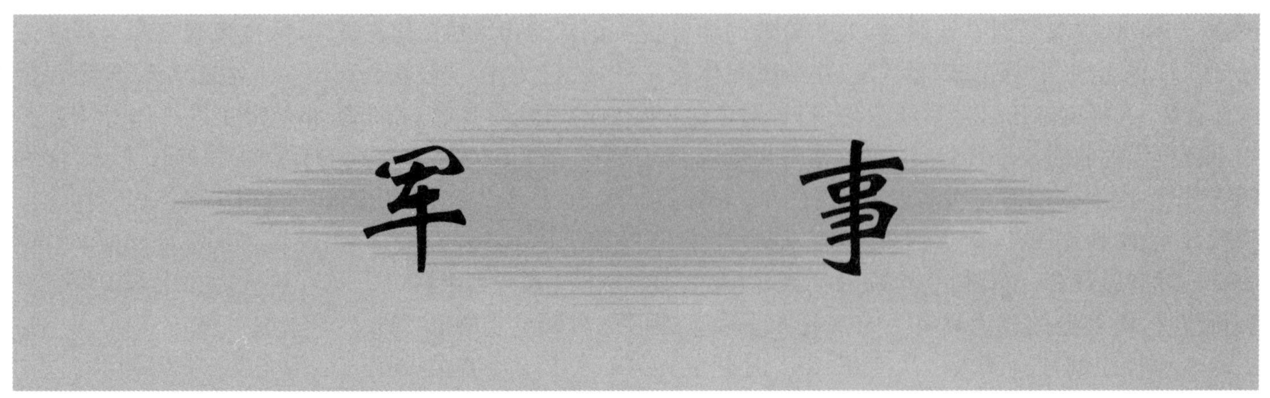

军事

达州军分区

【概况】2008～2009年，全区部队坚决执行党中央、中央军委和两级军区的命令指示，出色完成抗雨雪冰冻灾害、抗震救灾任务，各级党委领导部队完成多样化军事任务的能力得到检验提高，广大官兵听党指挥、服务人民、英勇善战，军魂意识、宗旨意识、使命意识进一步强化，部队和后备力量建设在科学发展的轨道上迈出新步伐，取得新成绩。

【思想政治建设】坚持把学习贯彻党的十七大精神和学习实践科学发展观作为事关部队、民兵建设方向、全局和根本的大事来抓，编印《简报》17期，下发了《十七大报告知识问答》。积极做好深入开展学习实践科学发展观活动准备工作，扎实开展"讲党性、重品行、作表率"专题教育，增强高举旗帜听党指挥的自觉性和坚定性。坚持把学习实践科学发展观活动摆在各项工作首位，深化理论学习、开展思想解放大讨论、狠抓实践调研、破解发展难题，通过领导带学、以考促学、以查督学、以赛激学，增强官兵对党的创新理论真学真信真用的自觉性。组织23名师团职干部参加军区、省军区理论读书班，落实党委中心组带机关理论学习制度，推行周三晚学习制度，学习氛围日渐浓厚。扎实开展培育当代革命军人核心价值观主题教育和各项专题教育，组织知识竞赛、演讲比赛和"四会"政治教员授课评比，大力宣传医疗所"扎根大巴山区、服务老区军民"事迹。狠抓国防教育和阵地建设，广泛开展第九个全民国防教育日活动，分区军史馆和通川、万源、达县、渠县人武部荣誉室建成使用，张爱萍故居、王维舟纪念馆、万源保卫战战史陈列馆被评为省级国防教育基地，协调军区、省军区为达州红军文化陈列馆援建经费130万元。6月份工作情况先后被军区和省军区电报转发，分区政治部被省军区评为政治工作研究先进单位。

【军事斗争准备】认真做好民兵整组工作，完善作战、应急、保障等4支队伍的组织建设。对各县（市、区）的民兵应急分队建设进行全面检查和考核验收。组织驻达部队、武警、民兵3 000余人进行抗洪抢险演练。2008年初，万源等市（县）遭受严重雨雪冰冻灾害，各级紧急出动部队和民兵预备役人员万余人次，围绕"保交通、保供电、保民生"全力以赴抗灾救灾。中央电视台军事频道、《战旗报》、《四川日报》等媒体分别报道分区官兵和民兵疏通道路、抢修输电线路、抢运电煤、安置群众、为滞留旅客送医送药的生动事迹。"5·12"汶川特大地震发生以后，各级坚决贯彻党中央、中央军委和胡主席的决策指示，发挥国防动员机制和民兵优势，迅速组织动员1 300余名民兵和医疗救护分队全力以赴抗震救灾。在两场抗击自然灾害斗争中先后有6个单位和15名个人受到上级表彰，渠县人武部政委何成良被成都军区表彰为"抗震救灾先进个人"，大竹县人武部部长张文伦、分区医疗所主治医师胡昌益、分区司令部副团职参谋唐松林荣立三等功。达县人武部、大竹县民兵应急连被省军区表彰为抗震救灾先进集体。联合市政府对民兵整组实兵实装逐项点验，对2个单位通报批评、限期整改；新建8支应急专业救援分队。对辖区内病险水库和主要河道逐一勘察，及时修订战备方案，组织维稳处突、抢险救灾等训（演）练；补充完善战备物资器材，水上抢险、防化救援装备基本配套，野战指挥通信系统及专业救援设施项目规划获省政府批准；组织2期民兵信息员骨干培训，召开3次情报信息会商会，在宣汉特大交通事故和万源索桥侧翻事件中，信息员第一时间报送情报，作用良好。以学习贯彻新大纲为抓手，采取集中办班、网上教学的办法，组织3期参谋业务培训，落实每天1小时体能训练，18人通过国家计算机二级考试，在省军区年度军事考核中取得优异成绩；通川区、达县、大竹县民兵参加"迎国庆、保平安"应急维稳处突演练，表现出色；万源市、宣汉县民兵在"7·11"、"7·13"抗洪抢险和樊哙特大山体滑坡中，反应迅速，作用明显，情况反映被军区转发。强力推进年鉴编纂和资料整理工作，圆满完成"9+3"藏区学生军训、年度征兵和士官直招任务。

【党委班子和干部队伍建设】深入开展"讲党性、重品行、作表率"教育活动，紧密结合重大任务实践加强党的能力建设和先进性建设。2008年"七一"期间，分区党委被四川省军区表彰为先进党委、通川区人武部政委陈光文、开江县人武部部长蒲清泉分别被省军区评为优秀党务工作者和优秀共产党员。坚持标本兼治狠抓党风廉政建设，开江县人武部被省军区表彰为党风廉政建设先进集体，达县人武部副部长郭兴全被四川省军区表彰为党风廉政建设先进个人。注重加强人才队伍建设，4名干部取得研究生文凭，一名干部考取第三军医大学博士生，干部队伍素质结构进一步优化。第一干休所土地盘活和老干部新建住房搬迁工作稳步推进，第二干休所土地盘活工作顺利启动。完成7名移交广州、重庆、成都和达州方向的老干部安置任务。6名干部转业得到妥善安置。

【部队安全稳定管理工作】贯彻落实两级军区安全稳定工作会议精神，落实安全责任制，采取拉网式方法，开展安全隐患大排查，确保人车枪弹库不留死角。扎实开展计算机存储介质清理清查工作，消除了安全隐患。举办为期3天的驾驶员复补训，组织开展条令条例学习活动，强化了官兵的法纪观念和安全防范意识。坚持从一日生活制度抓起，着力规范机关早操、办公秩序，全面提升正规化管理水平。协助地方妥善处置群体性事件和各种突发事件，确保了奥运期间"零进京、零上访"，营造安定和谐的社会局面。大力加强分区部队正规化建设与管理，扎实开展"条令学习月"、"安全检查教育周"、"学法规用法规守法规"教育整顿和"百日安全'三无'竞赛活动"，规范办公秩序、值班执勤，完善营区、库区安全监控报警设施，安装车辆GPS定位系统，每月组织安全形势分析，"拉网式"排查安全隐患，开展失泄密和安全行车警示教育。加强涉密载体使用管理，制定办文、办电、印章管理规定，加装军队涉密软件管理系统，依法妥善处理涉军维权纠纷。连续两年被省军区评为安全稳定工作先进单位。

【后勤保障工作】坚持党委当家理财，严格执行财务管理规定，组织对各单位党委理财责任制情况进行专项检查，全区10个直供单位9个达标。积极推进采购、医疗、住房和生活保障改革，分区生活费正规化管理代表省军区参加大军区的评比，受到上级机关的肯定。加大基础设施建设力度，顺利实现分区机关整体搬迁。依据《建筑施工合同》和有关规定，对机关西迁工程结算进行严格审计，最大程度地维护分区的利益。进一步完善配套设施，园林绿化全面实现社会化保障，被成都军区评为"绿色营区"和"文明卫生军营"，促进营区规范化管理。

【基层全面建设】坚持把"双学""双争""双评"贯穿抓基层打基础全过程，开展"两支持、两加强"活动，落实成都军区人武部建设《要则》，加强"三个一线"、"四个基本"建设，基层全面建设水平不断提高。万源市人武部被四川省军区评为"五好人武部"，渠县人武部政委何成良被省军区评为"五好人武部主官"。广泛开展"学人民、爱人民、为人民"活动，向灾区送温暖献爱心捐款捐物价值11余万元，交纳特殊党费121 435元，进一步密切同呼吸共命运心连心的军政军民关系。

【参建参治工作】以党管武装述职、双拥模范城创建和走访慰问为平台，积极参加地方重大活动、带头参与地方调研，为地方经济社会建设建言献策。广大官兵和民兵在新农村建设、扶贫帮困、创建双拥模范城、城乡环境综合治理、完成急难险重任务和维护社会稳定中主动作为。分区承担3个新农村示范点建设任务，协调军区总医院专家教授赴达州为老区人民义务巡诊，受到地方好评。达州市首次被评为"省级双拥模范城"，何健市长被军区表彰为"西南国防动员建设十佳市长"，何平副市长和5个县（市、区）委书记关心支持国防后备力量建设事迹被《西南民兵》刊载，通川区陈文胜区长被省表彰为“关心支持国防后备力量建设杰出人物”，党管武装述职做法被省军区转发。

【领导名录】

司　令　员：刘　璞
政 治 委 员：杨清华
参　谋　长：杨　杰
政治部主任：余　力
后勤部部长：万仕君

（王　琰）

达州陆军预备役炮兵旅

【概况】2008～2009 年，达州陆军预备役炮兵旅按照“突出主线、扭住中心、夯实基础、强化保障、发挥作用”的工作思路，振奋精神，团结奋斗，狠抓落实，确保了部队高度稳定和集中统一，圆满完成了以抗震救灾和赴西昌实兵实弹战术演习为主的各项任务，推动部队建设科学发展和又好又快发展。

【思想政治建设】2008 年 3～8 月，按照 3 个阶段、5 个步骤、11 个环节要求，采取集中学习、专题辅导、参观见学、课题讨论、体会交流、演讲比赛、理论测试、知识竞赛、课题调研、对照检查等形式，在党委机关中开展深入学习实践科学发展观活动。官兵人均记读书笔记 2 万余字，撰写学习体会 2 篇以上，党委常委成员分别进行 1 次理论辅导，组织群众评议满意度达 100%，并按照近期、中期、长期整改相结合的原则，制定整改方案，抓好整改落实。2008～2009 年，广泛开展了“坚定中国特色社会主义信念，有效履行我军历史使命”和“培育当代革命军人核心价值观”主题教育活动，同时为增强主题教育效果，开展“迎奥运、讲文明、树新风”宣传教育活动，评选“军人道德模范”，举行“迎国庆，话成就，明责任”大讨论，组织官兵收看培育当代革命军人核心价值观电视系列讲座、十八军进军西藏专题片、建国六十周年辉煌成就专题片和国庆大阅兵，举办专题辅导、知识竞赛、红歌联唱和主题演讲等系列配合活动，确保教育取得实效。党委中心组按照求深入、见实效要求，采取集中学习、讨论交流、专家辅导、走访参观等方法，系统学习领会胡主席关于国防和军队建设贯彻落实科学发展观、加强新形势下思想政治建设和依法从严治军，以及关于以改革创新精神加强党的建设的重要论述等内容。并结合党委中心组带机关第三季度理论学习，深入学习党的十七届三中、四中全会精神。同时以“四反”为主要内容，深入开展防间保密教育和我军优良传统教育，扎实做好同“法轮功”、“门徒会”等邪教组织的斗争，并及时对新调入现役官兵、重要岗位人员和新编预备役官兵进行政治审查，确保部队纯洁稳定。结合举办奥运会、纪念建国 60 周年等活动，扎实开展我军历史使命、理想信念、战斗精神、社会主义荣辱观教育，注重开展形势政策教育，引导官兵在社会热点问题形成正确认识，保持与党中央高度一致。

【战备训练工作】坚持以临战姿态、实战标准加强现实军事斗争准备，着力提高部队完成多样化军事任务能力。从强化教育、完善方案、规范秩序、加强演练入手，认真抓好战备工作落实。开展形势战备教育，使官兵熟练掌握战备常识，牢记战备规定，树立职能意识和时刻准备打仗思想。根据遂行多样化军事任务需要，修订完善《快速动员方案》、《反恐维稳方案》和各种保障计划，以及旅、营、连三级方案，拟制反恐怖袭击预案，制定辖区重要防护目标防护措施，确保战备工作有章可循。根据可能担负的抗震救灾、抗洪抢险、防化救援、森林灭火、处突维稳等非战争行动，投入 10 万元购买了一批抢险救灾物资和应急维稳器材，进一步完善了“三室两库”建设。继续抓好应急指挥机制建设，主动加强与驻地公安、人防、交战部门的有效融合，进一步健全军地指挥联动机制，确保了非战争军事行动的灵敏性和联动性。结合部队整组点验，组织 7 个连队 520 名预备役官兵开展了快速动员集结和指挥所演练；针对驻地易遭受特大洪灾的实际，每年在莲花湖、州河组织一次水上救护演练和冲锋舟训练，部队遂行多样化军事任务能力得到有效提高。《强化机制，多措并举，确保部队快速动员遂行任务》经验做法被省军区转发。

按照严格、科学、正规、扎实要求，进一步深化“爱军精武”比武竞赛成果，扎实做好军事斗争准备。每年举办两期现役军官参谋业务培训，采取基础性理论上大课、技能操作分组完成的方式，完成了军事地形学、军用文书拟制、战术标图、沙盘堆制、炮兵战术等课目的学习与训练，现役军官参谋业务能力得到明显提高。2008 年 9 月，按照“四川 08”战役演习要求，先后集中5天时间，组织42名现役军官参加以抗洪抢险为课题的学习研究，完成了省军区赋予的首长机关抗洪抢险室内战术推演；2009年6月至9月，结合“劲旅—09”战术演习，完成首长机关快速动员、向待机地域机动和炮兵群指挥所演习，进一步提高了首长机关组织指挥能力。认真学习全军和两级军区新大纲集训精神，组织干部骨干115人进行新大纲集训，完成了指挥干部、炮兵单兵专业训练和新大纲“四会”教练员集训，培养了一批专业精通、技能过硬、能按纲施训的干部骨干队伍，完成300多份炮兵专业教案编写和课件制作。根据四川省军区年度军事工作部署，2009年8月21日至9月20日，出动兵员××人，各型车辆××台，分机动部署、野外驻训、实弹演习和回撤归建4个阶段，赴西昌完成炮兵群指挥所带分队实兵实弹战术演习和炮兵连实弹射击考核任务，取得了首发命中、首群覆盖、群群覆盖的优异成绩，得到了两级军区工作组的高度肯定。以《四川省预备役部队整组工作暂行规定》为依据，按照省军区要求，在2008年初部队整组期间，122火箭炮营指挥连完成了“提高专业对口率”试点任务，为采取选编、抽编、跨编方法提高部队专业对口率，尽快形成整体作战能力积累了经验。在对建制连队整组工作的几次抽点中，到点率都达100%，专业对口率有较大提高。

2008年元月，驻地遭受50年不遇的雨雪冰冻天气，及时组织200余名预备役官兵参与救灾，先后抢运救灾物资120余吨，清除凝冻路面50余公里，实施救助35起，协助抢修受损设备27台，将灾害带来的损失降到最低程度。100滑膛炮营和该营三连预任副连长何见君分别受到省军区表彰。2009年7月11日和13日，驻地连续遭受特大暴雨袭击，紧急动员1 000余名官兵参加抗洪抢险，先后疏散群众2 000余人，转移物资近百吨；14日，宣汉县樊哙镇发生山体滑坡险情，紧急动员100名预备役官兵进入指定地域，并及时协助转移滑坡区内41户197人和部分物资。“5·12”汶川特大地震发生后，立即启动应急预案，在12小时内收拢1 046名官兵，征用78台各型车辆装备，摩托化行军700余公里到达极重灾区平武县平通镇展开救援。先后抢救转运伤员480人，挖掘掩埋遇难者遗体125具，转移群众1 450人，装卸运送物资700吨，抢修新建公路10余公里，修（疏）通乡村道路121.9公里、简易桥梁1座，清理废墟8.62万立方米，拆除房屋856间，修缮房屋110间，搭建简易房164间、板房380套、帐篷30顶，铺设饮水管道9.04公里，抢收抢种380余亩，圆满完成上级赋予的抗震救灾任务，受到前来视察的吴邦国、习近平、李克强、徐才厚、梁光烈等党、国家和军队领导人的充分肯定，先后有2个单位和12名个人受到省军区以上表彰，旅被省军区表彰为“抗震救灾先进单位”，122火箭炮营预备役女战士吴小洪被评为“全国抗震救灾模范”，受到胡主席亲自接见。

【参建参治工作】按照“两作为、两分忧”要求，开展拥政爱民活动，为达州争创四川省“双拥模范城”作贡献。结合部队整组，指导基层开展好结对扶贫工作，指导营连完成“一兵带一户，一排带一社，一连带一村”结对帮扶工作。利用春节、端午、中秋等传统节日，深入孤寡老人和贫困家庭走访慰问。2008年，圆满完成对原扶贫点达县五四乡田家店村帮扶任务后，主动同市扶贫办联系，同达县金石乡七里村结成扶贫帮困对子，旅首长带工作组先后多次深入扶贫点实地调研走访慰问，为贫困家庭送去大米、食用油和慰问金，为村办小学购买了篮球、羽毛球拍等文体用品，帮助其制定发展规划，确定帮扶重点。充分发挥预备役官兵在经济建设和维护社会稳定中的排头兵作用，积极组织官兵参加驻地城乡环境综合治理，先后组织预备役官兵义务巡逻2 800余人次，利用场镇赶集开展法制宣传讲座20次，协调解决群众纠纷28起，为创建“富裕达州”、“平安达州”做出积极贡献。

【后勤装备建设】紧紧围绕提高部队执行多样化军事任务的综合保障能力，按照真打实备要求，不断加强综合保障能力建设。根据旅可能担负的作战任务，在深入研究、综合论证基础上，进一步完善了与作战任务相配套的后装勤务保障方（预）案共3类8种。着力抓好应对西南方向连锁反应作战后装保障问题研究，先后有5篇学术文章在军队后勤刊物上发表。坚持党委当家理财，加强经费预算和使用管理，严格遵守财经纪律，认真落实财务制度，认真抓了“假发票”清理和“小金库”治理工作，坚决杜绝“超预算办事、超标准花钱、超财力建设”等“三超”问题，确保将有限经费用在部队建设上。每年部队出资为官兵进行一次身体检查，在甲型H1N1爆发时，定期对营院进行消毒杀菌；及时购买和发放个人物资3 000余件、公用物资500余套，圆满完成赴西昌实弹射击军需保障任务，使部队有限经费发挥最大效益。2008年10月，接受了四川省军区财务审计检查，受到上级机关的好评。定期检查武器装备管理情况，组织官兵对火炮枪支进行擦拭保养，使武器装备随时保持良好的战(技)术状态。动用手枪、五六式冲锋枪54支，弹药3 840发，完成现役干部集训轻武器射击保障任务。2008年11月，组织汽车连10名驾驶员，行程700余公里，从37师炮兵团接收10辆红岩牵引车，并在大竹训练基地进行维修、保养和简易封存。2009年投入16万元，对6门152加榴炮进行大修，订购、修复和制作各类器材339件，对车辆安全性能进行维修检查，确保部队正常训练和赴西昌实兵实弹演习圆满顺利。坚持上级保障与自身保障相结合、军队保障与地方保障相结合的办法，扎实做好抗震救灾保障工作。先后购买棉被等军需物资1 000余床，请领启用帐篷和营房战备物资近4 000件；在省军区配发旅机关1台野战炊事拖车基础上，协调各营所在县(区)共投资57万元购买6台野战炊事车，搭建2个野战淋浴房，极大改善部队野外生活条件。针对执行抗震救灾任务特点，先后征用各型车辆、重型装备78台，其中，挖掘机3台、铲车1台、吊车2台、自卸车10台；购买对讲机25部(手持式20部、车载式5部)，切割机220部、钢钎300根、锹450把、镐400把，为完成抗震救灾任务打下坚实基础。注重抓好卫勤保障工作，从旅卫生队抽调20名医务防疫人员与各营随队医生一道组成医疗队，开展防疫和卫生知识讲座25场(次)，编印发放《疫病防治手册》1 200册，购买携带专用药品1 000余件，每天对驻地营区2.3万平方米防疫消毒，有效避免疫情和重大疾病发生，卫生队被省妇联和省军区政治部联合表彰为“抗震救灾巾帼先进集体”。

【安全管理工作】牢固树立安全发展理念，坚持把依法从严治军作为部队建设的全面性、基础性、长期性工作，确保部队高度稳定和集中统一。严格落实每季度和重大节日前召开一次安全形势分析会制度，认真学习上级指示精神，查找安全隐患，制定防范措施；每周交班会、重大集会都把确保部队安全稳定作为重要内容来强调，努力引导官兵牢固树立安全理念。每逢节假日和重要敏感时节，分别集中2天时间进行安全稳定专项教育，认真分析部队安全形势，研究制定整改措施。结合“条令条例学习月”，在部队广泛开展“学法规、用法规、守法规”活动，认真学习共同条令、安全条令、预防犯罪条例。每年开展一次“百日安全‘无事故、无案件、无严重违纪’竞赛”活动，为确保部队安全稳定奠定坚实基础。同时坚持把查找和消除安全隐患作为安全稳定工作重要环节。元旦、春节、“两会”等重大节日和奥运会期间，对机关营院、训练基地和招待所进行全面清查，对易燃易爆物品和武器弹药等危险品进行专项排查，及时发现和排除安全隐患。坚持每月对全旅办公电脑、移动储存等涉密介质进行一次检查，定期对家庭上网计算机进行抽查，有效杜绝了失泄密事件发生。抗震救灾期间，把安全稳定工作一并安排、一并强调。在人员管理上坚持旅管营长和预任教导员(县、区领导)，营长和教导员管连以下预任干部(乡镇干部)，预任士兵由各排(乡镇)负责管理制度，层层签订安全管理责任书；车辆管理上，对各营所属车辆实行统一停放、集中管理，严格落实车辆检查、派遣制度和安全归营报告制度，有效杜绝“一边出成绩，一边出问题”现象发生，确保部队执行安全。针对赴西昌实弹演习野外驻训人员多、训练强度大、动用武器装备频繁、机动路程远、不安全因素多实际，从严格落实安全责任制、突出人员管理、强化野营训练管理、狠抓车辆装备管理等环节入手，扎实抓好实弹射击安全管理，努力实现完成任务好、安全事故无目标。旅2008年、2009年均被省军区表彰为“安全稳定工作先进单位”。

【表彰情况】

先进集体

1. 旅2008年7月被表彰为“抗震救灾先进单位”(四川省军区)

2. 旅2008年7月被表彰为“搜救失事直升机先进单位”(四川省军区)

3. 旅2008、2009年被表彰为“安全稳定先进单位”(四川省军区)

4. 旅党委2009年7月被表彰为“先进党委”(四川省军区党委)

5. 152加农炮二营2008年7月被表彰为“抗震救灾先进集体”(四川省军区)

6. 卫生队2008年7月被表彰为“抗震救灾巾帼先进集体”(四川省妇联、四川省军区政治部)

7. 2008年100滑膛炮营抗震救灾表现突出荣立集体三等功(四川省军区)

8. 2009年152加农炮二营赴西昌实弹射击表现突出荣立集体三等功(四川省军区)

先进个人

1. 122 火箭炮营预备役女战士吴小洪 2008 年 9 月被评为“全国抗震救灾模范”（全国）

2. 副参谋长兼 152 加榴炮二营教导员，中共大竹县委常委、副书记孙忠 2008 年 7 月被表彰为“抗震救灾优秀共产党员”（四川省委）

3. 原旅长杨喜灿 2008 年 7 月被表彰为“优秀党务工作者”（四川省军区党委）

4. 原政委陈京生 2008 年 7 月被表彰为“党风廉政建设先进个人”（四川省军区党委）

5. 原政治部主任蒲伦富 2009 年 7 月被表彰为“优秀共产党员”（四川省军区党委）

6. 原军运油料科长杨永平 2008 年 7 月被表彰为“抗震救灾优秀共产党员”（四川省军区党委）

7. 副参谋长兼 130 加榴炮二营教导员，中共通川区委常委、副书记苟小莉 2008 年 7 月被表彰为“抗震救灾优秀女军人”（四川省妇联）

8. 原军运油料科长杨永平 2008 年 7 月荣立二等功一次

【领导名录】

旅　　长：杨喜灿
政治委员：陈京生（～2009.12）
　　　　　吴　健（2009.12～）
参 谋 长：燕永清
政治部主任：蒲伦富
后勤和装备部长：李如军（～2008.03）
　　　　　　　　李　国（2008.03～）

（郝国林）

武警市支队

【概况】中国人民武装警察部队四川省总队达州市支队（简称达州支队，旅级），1983 年 1 月组建，2005 年 6 月由原四支队和原达州市支队合并整编为达州支队（旅级）。支队机关驻达州市西外新区体育场北侧。2009 年，支队党委按照先进性要求，以科学发展观为指导，认真贯彻民主集中制，班子建设得到全面加强。首先围绕先进性建设标准，积极参加总部、总队“增强党性修养、振奋革命精神”、“贯彻民主集中制”、“克服心浮气躁、扎实改进作风”理论学习，坚持学以致用，努力培育学习型领导干部。其次把贯彻落实民主集中制作为班子建设的“生命线”，在干部调整、大项经费开支、工程建设等重大敏感问题上，充分发扬民主，广泛听取意见，做到公正、公平、公开。全年选晋 157 名士官，93 名官兵立功受奖，考学提干 3 人，上下都很满意。同时，安排懂基层、素质强、作风实的机关干部分 5 批下基层帮扶指导，常委人均蹲点 120 天，帮助基层解决实际问题 284 个，有效促进了部队建设健康发展。

【经常性基础性政治工作】在组织建设方面坚强有力。按照“强弱互补、新老搭配”的原则，对大队党委、基层支部进行调整。坚持“先进治满、中间治平、后进治短”，建立常委包片蹲点、机关包队定点、大队按照“三个三分之一”对所有单位实施不间断指导。在政治教育方面，扎实开展以“明形势、尽职责、保稳定”和“培育当代革命军人核心价值观，永远做党和人民忠诚卫士”为主要内容的政治教育，把“深知兵、真爱兵”引向深入，坚持把密切内部关系、入伍、第二适应期、心理健康、法纪、优良传统等教育经常化、制度化。通过举办读书演讲、书画展览、文艺汇演、知识竞赛、参观红色革命遗址等配合活动，增强了教育效果。在经常性思想工作方面，充分利用“三互”、“双四一”等载体，广泛开展谈心交心活动，把解决官兵思想问题、心理问题与解决实际问题结合起来，促进了部队安全稳定，官兵安心尽责。在文化育才方面没，投入 50 多万元，规范基层警营政治环境，添置图书10 000余册；大力抓好人才培养，254 名战士、134 名干部参加自考函授学习；在各类报刊台上稿 270 余篇（条、幅），名列全省部队前茅。

【中心任务完成圆满情况】坚持按纲施训。按照新大纲要求，不断加大军事训练力度，提高军事训练水平。在总队年终军事考核中，支队机关、一中队取得全优，五中队获得“四优一良”的成绩。同时狠治执勤隐患。坚持攻坚克难，常委分工负责，对执勤隐患进行专项治理，先后争取2 000余万元用于执勤目标新建改造，投入 100 多万元用于“两台”建设、安装减速带、隔离墩、购置移动式隔离网和手枪自卫器。并严格落实执勤八项制度，严守执勤三项纪律，定期分析执勤形势，狠治“常见病”、“多发病”，确保 10 处固定执勤目标绝对安全，支队机关被总队评为正规化执勤一级支队机关。

【部队管理】一是扭住重点抓。狠抓“两官”队伍建设。在干部教育管理上：修订完善《干部教育管理规定》，每季进行专题教育，着力解决“不尽心、不尽力、不尽责”等问题。积极为干部办实事、解难事，协调26名干部子女在当地重点学校就读，5名转业干部全部安排为公务员。在士官教育管理上：中队每月、支队每季对士官进行民主评议、排位讲评、下发通报，对连续两个季度排名靠后的士官，采取补差集训、留用察看等方式进行处理，有效解决了士官队伍中存在的突出问题。二是以细求实抓。重点围绕“五抓五防”、“三个不放心”问题，坚持做到“四个纳入”，充分运用“三共”和“五个过一遍”等有效载体加强管理。三是强化责任抓。实行部门以上领导和机关科（室）对基层对口帮建，责任到人。设置30万元安全奖励基金，成立由一名副支队长、一名副政委分管，一名副参谋长主管，机关3名责任心强的干部组成的综治办，形成了抓安全工作的合力。

【后勤综合保障】首先做到队伍建设经常化。着眼后勤工作政治性军事化特点，把最放心的人放到最不放心的岗位，对司务长、车勤人员等关键部位人员坚持“政治审查、业务考核、竞争上岗、末位淘汰”，先后对210名司务长、卫生员、军械员、驾驶员、炊事员进行培训。同时搞好经费管理规范化。编制年度预算，制定《机关、基层经费管理规定》，机关大宗物资和办公用品统一采购，经费往来由财务科网上操作；实行基层家底经费目标责任制，基层单位达到“零接待”；对离任主官、司务长和大项经费定期严格审计，严把经费使用关，实现了经费结余目标。此时坚持设施建设正规化。市监管中心顺利搬迁，对新建的三大队部、十中队、大竹县看守所、达州监狱等工程，由领导分工跟踪督导，取得突破性进展；向总队争取“三项建设”专项经费269万元，重建六中队营房；筹集150万元扩建教导队，确保新兵一到部队就住进新营房。

【表彰情况】

先进集体

1. 支队被评为连续13年预防事故案件工作先进单位（武警总部）

2. 支队被评为正规化执勤等级评定一级达标先进单位（武警四川总队）

3. 支队纪委被评为党风廉政建设先进单位（四川总队）

4. 支队被评为机要工作先进单位（四川总队）

5. 一中队荣立集体二等功（四川总队）

先进个人

1. 警通中队上士官国平同志荣立二等功

2. 副政治委员孙成军被表彰为党风廉政建设先进个人（四川总队）

【领导名录】

支 队 长：赵罡大（～2009年5月）
王松清（2009年5月～）
第一政治委员：徐 承（市公安局局长兼）
政 治 委 员：徐 超
副 支 队 长：娄小明 何冬云 王点燃
副 政 治 委 员：孙成军
参 谋 长：刘 云
政 治 部 主 任：刘 智
后 勤 部 部 长：聂树旗

（贾新涛）

武警消防支队

【灭火救援】2008～2009年，全市消防官兵共接警出动895起，出动车辆1 386辆，出动警力10 523人，抢救被困人员197人，疏散被困人员678人，抢救财产价值1 744.3000万元。全市共发生火灾111起，直接财产损失447.63余万元，死亡2人，伤4人。支队官兵因灭火战斗出动104次，出动车辆217台次，出动官兵1 529人次，保护财产价值319.8万元；参加社会抢险救援644次，出动车辆1 019台次，出动官兵7 969人次；为民服务147次，出动车辆150台次，出动官兵1 025人次。在全市消防官兵的共同努力下，达州市连续11年无特别重大火灾、重大火灾和较大火灾，有效遏制了群死群伤恶性事故的发生。支队圆满完成抗击冰雪灾害事故、18吨油罐车侧翻事故、“5·12”汶川大地震、“6·4”宣汉远大铁合金有限公司铁炉爆炸燃烧事故、“7·25”油罐槽车泄露事故、“6·14”大竹大麻厂氯气泄露事故以及奥运安保、世博安保、川气东送等重大消防安全保卫任务。

【队站建设】2008年8月，达县南城消防站竣工并通过验收，投入执勤备战，改写了达州城区42年来只有一个消防站的历史。2009年9月，达州市消防指挥中心完成竣工并投入使用，彻底结束达州支队寄人篱下的尴尬历史；2009年6月，工业园区特勤中队成立，承担工业园区消防任务。现武警达州市消防支队特勤中队，达州市公安消防支队特勤中队通过总队验收，为副营级单位，编制45人。支队共有7个消防大队、2个特勤中队、4个普通中队。2009年12月，占地面积为13.6亩，总投资约2 000万元的大竹县新址消防大队进入施工阶段。2009年，宣汉南坝镇、万源白沙镇、通川区复兴镇分别建立政府消防队，并投入使用。

【**装备建设**】2008年，购置行政业务车1辆，计6.8万元；购置水罐、抢险救援和泡沫等消防车5辆，计209万元；购登高平台消防车2辆，计460.99万元；购置空呼气充装1辆，计118万元；购置各类器材4 083件，240样，计585.11万元。

2009年，全市购置消防车11辆，价值695.35万元，其中达县采购了一台32米举高喷射消防车，通川区购置一台水罐泡沫消防车，渠县购置一台水罐消防车，开江购置一台抢险救援车，宣汉购置了一台水罐泡沫消防车和一台抢险车，大竹购置一台抢险救援车，支队特勤队购置了一台A类压缩空气泡沫消防车，化工园区特勤站购置了一台水罐泡沫消防车和两台水罐消防车；购置各类器材1 906件，151样，价值218.5万元；2009年第三期公安消防特勤装备政府配套经费130万元已划拨到位，极大地提高灭火救援战斗力，增强支队全体官兵信心，为达州消防安全保卫工作打了一剂“强心针”。

【**推优树典**】2008～2009年，先后有4名官兵荣立个人二等功，23名官兵荣立个人三等功，68名官兵受到各级嘉奖，18名官兵被评为“先进个人”，2个单位分别被公安部和省公安厅评为“公安消防部队抗震救灾先进集体”，5名官兵被部消防局和省公安厅评为“抗震救灾先进个人”，107人次被评为先进或优秀工作者，25个单位或组织被评为先进集体。支队先后被达州市委、市政府评为“抗震救灾先进集体”和“拥政爱民先进单位”，“先进单位”、“市级最佳文明单位”等称号。

【**防火监督**】2008～2009年，市政府分别主持召开全市消防工作会。市政府与各县市区政府、市政府各部门、直属单位签订《消防目标责任书》50份，各县市区政府与各乡镇政府、县级各部门签订《消防目标责任书》1 250份、各部门与所属单位以及各单位内部签订《消防目标责任书》近万份，形成消防安全责任横向到边纵向到底的格局。针对辖区特点，支队花大力气推进公众聚集场所、高层建筑和地下工程“两个专项整治”行动，加强对从事易燃易爆操作人员、公众聚集场所从业人员、电（气）焊人员、消防控制室操作人员等特殊工种上岗前的消防安全培训，落实岗位消防安全责任制，以政府主抓、部门落实为主导，以消防工作政府联席会议、重大事项抄送函告、部门联合执法检查，市县乡建立分级责任体系等形式形成监管力量，通过召开单位（场所）业主动员会，媒体宣传、群众宣传等形式动员全社会力量，形成重拳惩治消防违法行为的强大合力。2008年，全市公安消防监督机构共检查各类单位、场所2 462余个次，发出整改通知书527余份，督促整改各类火灾隐患和消防违法行为1 500余起。2009年，支队共检查单位场所3 253家，立案查处火灾隐患和消防违法行为210件，罚款70余万元，责令“三停”35家。切实整顿重大火灾隐患单位，

【**后勤保障**】2008年全市消防部队争取到位各类专项经费2 533.52万元用于改善部队车辆、器材装备和营房建设等。购置行政业务车1辆，计6.8万元；购置水罐、抢险救援和泡沫等消防车5辆，计209万元；购登高平台消防车2辆，计460.99万元；购置空呼气充装1辆，计118万元；购置各类器材4 083件，240样，计585.11万元。

2009年，全市消防部队共预算基本业务经费1 057.61万元，同比增长25.2%，专项经费2 807.95万元，同比增长14.4%。其中支队机关业务经费316万元，基建经费400万元，第三期特勤装备配套费130万元，移动通讯指挥车23万元，都得到落实。另外，协助市政府投资1 100万元建设化工园区特勤消防站，落实器材装备经费400.8万元，向部局申请专项拨款经费310万元（指挥中心建设170万元，公寓房建设100万元，指挥中心生活设施购置费40万元）。同时，支队加大消防装备器材的维护保养，共维护保养消防车辆164台次，维护保养器材2 053件（套），组织车辆检查55次，切实落实战勤保障制度。

【**领导名录**】

支　队　长：董绍棠
政治委员：邓大志
副支队长：覃文勇　贺冰山
参　谋　长：程胜勇
政治处主任：张　诚
后勤处处长：蒲　勇
防火处处长：何　刚

（潘　潇）

公共事务管理

民政工作

综　　述

【概　况】2008～2009年，全市民政工作认真践行“以民为本、为民解困、为民服务”核心理念，按照“保民生、保稳定、保增长”的总体要求紧紧围绕党委政府工作大局，坚持“夯实基础，创新机制，稳中求进，再谋突破”的工作思路负重奋进，整体工作呈现出良好发展态势，连年在市委、政府和省民政厅综合目标考核中名列前茅，多项工作获得市委、市政府和省民政厅表彰。

【救灾救济】充分发挥民政部门职能作用，成功抗击了2008年特大雨雪冰冻灾害、暴雨洪涝灾害的袭击和“5·12”汶川特大地震的波及，成功应对2009年“6·18”、“7·11”洪灾，及时启动救灾应急预案，迅速组织人员查灾核灾，积极开展灾后重建，两年共拨付自然灾害生活和灾后重建补助经费逾3亿元，紧急转移安置受灾群众35万人次，救助缺粮群众51.64万人次，发放救助口粮0.27万吨，救助缺衣被群众34.63万人次，发放救助衣被61.23万件，全面完成灾后重建任务，确保灾民“五有”。积极支援地震重灾区，及时启动“向汶川地震灾区献爱心”抗震救灾捐赠和“向灾民和生活困难群众献爱心”捐赠活动，全市共组织抗震救灾捐款8 357.33万元、物资折币265.7万元，绝大部分用于支援重灾区灾后重建。与此同时，先后选派25名民政系统干部分批赴灾区和省民政厅参与运输抢险救灾物资、协助抗震救灾、援助灾后重建等，抗震救灾工作得到了民政部、省民政厅和市委、市政府的表彰。

【社会救助】坚持推进社会救助的规范化、制度化、信息化、常态化建设，落实优抚政策，加大流浪乞讨人员救助管理力度，推进城乡低保、城乡医疗救助、五保供养、临时救助等工作，确保了47.6万名城乡低保对象、5.57万名五保对象、6.57万名重点优抚对象的基本生活。出台《达州市城乡居民临时救助办法》，城市低保人均月补差达到141.76元，农村低保人均月补助达54.79元，实现动态管理下的应保尽保，通川区城市低保规范化建设获得民政部表彰。改革和完善救助办法，简化救助程序，实行医前、医中、医后救助相结合，医疗救助逐渐成为党委、政府的“民心工程”，城乡医疗救助共救助8.6万人、累计支出医疗救助经费13 301万元。结合灾后重建，整合民政资源，盘活闲置资产，推进敬老院建设，共改（扩、新）建敬老院57所，敬老院新增床位5 350张，农村五保集中供养率达34%。推进机制改革，敬老院管理体制实现突破，开江县对敬老院按直属事业单位管理，其做法在全省推广。完成民生安居建房任务3 800户。加强城市流浪乞讨人员救助管理，共救助流浪乞讨人员2.5万人次（其中流浪未成年人8 511人次），奥运期间救助管理工作获省民政厅表彰。充分发挥慈善救助的补充作用，积极开展捐赠、救助活动，共资助贫困大学新生4 038人，免费为

3 273名妇女普查并为30名患者提供免费手术，为190名城乡唇腭裂患者免费实施了康复手术，助残、助医、助孤3 079人。加大慈善对外合作与交流力度，引入世界宣明会资金资助5所学校、110户灾民进行灾后重建，引进彩超机10台，引入德国资助中国孤儿协会资金13.5万欧元投入市儿童福利院建设。

【优抚安置双拥】全面落实优抚政策，确保优抚对象抚恤标准调整及时到位。贯彻落实《四川省人民政府办公厅关于原襄渝铁路西段民兵民工矽肺病体检及定期生活补助问题的处理意见》（川办函〔2009〕268号）精神，及时拟订方案，积极开展襄渝民兵民工矽肺病体检等前期准备，制定出台《达州市一至六级残疾军人医疗保障办法》、《达州市优抚对象医疗保障办法》，各县（市、区）制定出台相应的实施细则，全面建立以“两险一合”（城镇职工医疗保险、城镇居民医疗保险、新农合）、民政医疗补助、医疗减免优惠、临时重点救助相结合的“四位一体”的重点优抚对象医疗保障制度，启动实施优抚对象医疗保障“一站式”即时结算服务试点，缓解了优抚对象“三难”问题。大力推行自谋职业安置，2008年接收城镇退役士兵1 130人，纳入自谋职业安置1 038人，办理自谋职业手续1 035人，自谋职业率达99.7%，2009年接收城镇退役士兵1 114人，纳入自谋职业安置1 051人，办理自谋职业手续1 048人，自谋职业率达99.7%，两年共发放一次性经济补助费3 799.05万元。对一次性经济补助标准提高5 000～8 000元，对执行“5·12”汶川抗震救灾、抗击低温雨雪冰冻灾害和“3·14”特殊任务的退役士兵中部分人员给予奖励2 000元的政策得到兑现。大力加强城乡退役士兵自谋职业就业信息服务，建立退役士兵自谋职业技能培训基地9个，提供就业信息服务800余人次，为城市退役士兵推荐岗位860个，实际就业656人。移交政府管理的军队离退休干部住房改革工作稳步推进。市民政局于2008年1月被评为“全国爱国拥军”模范单位，达州市2009年底顺利通过检查验收，即将首次获得四川省委、四川省人民政府、四川省军区授予的“省级双拥模范城（市）”称号，通川区获“省级双拥模范区”、渠县获“省级双拥模范县”称号，大竹县、宣汉县、达县被评为“省级双拥先进县”。

【基层政权建设】2008年圆满完成第七届村（居）民委员会的换届选举工作，建立健全村（居）民委员会下属各委员会、村（居）务公开监督小组和民主理财小组，培训村（居）委会干部7 500人，市民政局直接培训新当选的城市社区居委会主任46人。进一步健全和完善村务公开和民主管理制度，加强社区集体资产管理进行有益探索，总结村务公开民主管理工作经验，在民主管理、民主选举、民主决策等方面培育了一批先进典型，万源市“省级村民自治模范市”创建工作成效显著。全面推进城乡社区服务体系建设，开展了集公共服务、便民服务为一体的“一站式”办公，市、县（市、区）两级财政投入社区基础设施建设经费1 288万元，新增社区办公面积9 272平方米，社区干部待遇和工作经费大幅提升，通川区于2009年被国家民政部授予“全国和谐社区示范区”称号。

【社会福利】抓住灾后重建和国家拉动内需的大好机遇，大力争取政策、项目和资金，加快实施“幸福家园工程”，各县（市、区）均已建设了社会救助福利中心，全面完成市社会福利院和儿童福利院工程建设并于2009年7月投入使用。全面落实系列惠老政策，长寿老人补贴标准进一步落实和提高，第二、三轮创模活动纵深推进。大力推进老年福利机构建设，民办养老机构扶持政策全面落实，国办社会福利机构新增床位320张，民办养老机构达到7家，社区居家养老服务试点工作取得实效。社会福利企业管理规范有序，全市共有福利企业49家，有职工3 824人，其中残疾职工1 727人，产值10.12亿元，减免税达6 800万元。加大福利彩票销售力度，通过抓市场、强管理、扩规模，福彩销量实现大突破，两年共销售福利彩票2.5亿元，为改善民生积聚了资金。

【社会组织建设管理】严格社会组织登记注册工作，依法开展年检。严格行政审批，于2008年设立行政审批科，将所有保留的民政行政审批项目全部进驻政务服务中心，完善“一站式”服务模式，按照“两集中、两到位”和“精简、统一、效能”的要求，进一步精简行政审批程序，优化审批流程，行政审批按时办结率和群众满意率均达100%。按照省民政厅和市委统一部署，于2009年全面组织开展社会组织学习实践科学发展观活动，促使社会组织健全党组织、完善制度、强化管理。加大民办非企业单位自律与诚信建设活动力度，全市民办非企业单位向社会提供各类免费、低成本服务达3 000多次，惠及2.8万余人。制定了《达州市整顿规范行业协会和中介机构的实施方案》和《达州市中介机构惩戒制度》，草拟了《达州市关于促进行业协会改革与发展的实施意见》（征求意见稿），启动了行业协会改革。加快推进惩防体系建设，着力开展社会组织中介机构清理整治工作，代市政府起草《达州市中介机构失信惩戒办法》。加大执法检查力度，采取部门联合进行专项检查的方法，与市纠风办、人事局、工商局、劳动和保障局等部门联合对民办非企业单位中的乱收费、乱评比、乱表彰活动等情况进行了行政执法检查。

【社会事务】深入推行撤并乡镇“便民为民服务代理制”，及时代理、承办相关事项。着力巩固渝川平安边界成果，积极创建川陕平安边界，渠县—广安、通川—宣汉、万源—宣汉3条县级边界创建达标，达（县）开（江）线、大（竹）渠（县）平安边界创建工作获得省综治办、省民政厅表彰。大力开展地名规划，进一步完善、扩充空间地名数据库，地名公共服务工程稳步推进，市主城区30平方公里三维电子地图和市县（市、区）两级城区电子地图顺利建成并投入使用，初步建成市、县（市、区）两级区划地名网站，启动“全国通地名数据公共服务网络综合平台”建设，完成《达州市行政区划图》资料收集和印制，颁布了行政区域界线。全面完成乡镇和农村地名标志设置任务，城乡地名设标达到全覆盖。强化殡葬管理，开展殡葬市场清理和整顿，确保清明节期间群众祭祀活动的文明开展，清明节群众祭祀服务管理工作获省民政厅表彰。积极开展婚姻登记服务规范化建设，各县（市、区）民政局婚姻登记处均成为全国或全省婚姻登记规范化化建设示范窗口。

【社区环境综合治理】按照省委、省政府和市委、市政府的统一部署，于2009年全面启动城乡环境综合治理进社区工作，与市规划建设局联合下发《关于理顺城市社区居委会与物业服务企业关系深入开展城区环境综合治理的意见》，在整治工作机制、体制建设方面实现突破，得到省民政厅充分肯定并在全省推介。同时，大力组织开展宣传、教育培训、志愿服务、文明卫生家庭评选、社区环境卫生整治等活动，通过营造舆论氛围、强化居民自治机制、广泛发动居民参与、培育市民良好行为规范、整治卫生死角、典型示范引导、强化督促检查等办法，使城市社区环境得以明显改善。通川区民政局城乡环境综合治理进社区工作得到省委、省政府表彰。

【领导名录】

局　长：张洪波

副局长：杨绍忠　张登全　文　毅

机关党委书记：罗良文

纪检组长：岳　华

老龄委主任：徐　华

（张海容）

老龄工作

【基本情况】坚持“党政主导、社会参与、全民关怀”的老龄工作方针，围绕“老有所养、老有所医、老有所教、老有所学、老有所为、老有所乐”的“六个老有”工作目标，推动全市老龄事业健康持续发展。截至2009年底，全市60周岁以上老年人口95.13万，占总人口的14.4%，人均预期寿命超过73岁，其中80周岁以上老年人口8.9万，占老年人总数的9.4%，百岁老人129人，健在的最长寿老人110岁。日常生活需要护理和照料的失能、半失能老人约8.6万人，占老年人总数的9%；纯老年人家庭人口10.1万人，空巢老人占老年人总数的25%左右。

【老龄政策】2008年5至6月，市政协开展全市养老服务社会化工作专题调研，形成《关于达州市养老服务社会化工作的调查报告》，市委书记、市人大常委会主任李向志对此作出重要批示，并在《领导参阅》刊发；10月，市委常委、副市长、市老龄委主任何平召集20多个部门开协调会，专题研究养老服务工作。市委、市政府2009年出台了系列老龄工作文件，1月市政府办公室下发了《关于落实百岁及以上老人长寿补贴的通知》，2月市政府办公室下发了《关于支持社会力量兴办养老服务机构的意见》和《转发市老龄办等部门关于推进居家养老服务工作的实施意见的通知》，12月市委、市政府出台《关于加强老龄工作的意见》。

【敬老创模】2008年启动省级第三轮“敬老模范县（市、区）”创建工作。开展第三届敬老爱老助老主题教育活动，2008年10月，林光琼等7人被评为全国、四川省“孝亲敬老之星”，潘世华被评为四川省“孝亲敬老楷模”，9篇文章被评为全国敬老好文章。加大敬老宣传教育力度，市老龄办连续两年走访慰问百岁老人、高龄老人、敬老典型、困难老人、基层老协会长等100多人，各地通过发放敬老故事书、签订家庭敬老保证书和家庭赡养协议书、表彰敬老先进等形式，营造敬老氛围。市级主流媒体加大涉老新闻宣传力度，报道孝亲敬老和老有所为典型人物的先进事迹，在重阳节推出老龄专版，在社会上引起了热烈反响。

【重阳节活动】党政带头敬老，2008 年、2009 年重阳节，市委、市政府通过《达州日报》等媒体上发表《致全市老年朋友的慰问信》；市委常委、宣传部长杨娟、常务副市长何平、副市长陈中华等市领导分别带队看望慰问了部分高龄老人、空巢老人和敬老院、老年公寓的休养老人。2008 年重阳节，市老龄委举办第三届敬老爱老助老主题教育活动颁奖暨首届中老年激情广场大家唱活动，表彰了达州市“十佳孝亲敬老楷模”、50 名“孝亲敬老之星”、21 篇敬老好文章和 9 个优秀组织者，10 支合唱队 700 多名中老年朋友参与演唱活动。2009 年重阳节，市老龄委表彰达州市“老有所为楷模”10 人、“老有所为之星”50 人，举办了中老年广场文艺表演，10 多支表演队 300 多名中老年朋友参与演出。

【老龄维权】多形式宣传《老年法》等涉老法律法规，印发宣传资料6 000余份。2009 年 6 月至 8 月，在大竹县开展了银龄普法行动。认真做好老年人来信来访工作，密切关注老年人权益问题，完善老年法律援助网络体系，处理涉老侵权案件 341 件，依法维护了老年人的合法权益。老年人系列优待政策基本落实，2009 年 1 月 1 日起，免费办理老年人优待证。完善高龄老人长寿补贴制度，2009 年 1 月起，百岁老人长寿补贴由每人每月 100 元提高到每人每月 200 元；90 ~ 99 岁老人长寿补贴制度逐步建立，大竹、万源分别从 2009 年 1 月、7 月开始为 90 至 99 岁老人每人每月发放了 50 元长寿补贴。

【养老服务】努力构建以居家养老为基础、社区服务为依托、机构养老为补充的社会化养老服务体系。鼓励社会力量兴办养老服务机构，对民办养老机构给予了税费减免、水电气价格优惠、资金扶持等方面的优惠政策，全市民办养老机构达到 7 家，入住社会老人 600 多人。以社区服务为依托，着力推进居家养老服务工作，在通川区进行了试点，建立了制度，组建了为老服务队伍，新建了日间照料室，为 1 000多名孤寡、困难、高龄等老年弱势群体开展生活照料、精神慰藉等服务。

【老年教育】发展老年教育事业，全市建立老年大学（学校）87 所，老年学员21 252人。2008 年 11 月，承办了省老年大学协会第五次代表大会和川东北片区老年大学经验交流会。2009 年，达州市老年大学被省老龄办命名为 A 级老年大学，万源市老年大学、开江县老年大学被命名为 B 级老年大学，万源市老年大学校长何荣书 3 人被表彰为全国先进老年教育工作者。2009 年 2 月，建成了全市第一个标准化门球场——滨河路门球场。2009 年底，全市老年活动中心（站、室）达到 892 个，常年参加活动的老年人达 25 万人。

【基层老龄】健全县级老龄工作机构，5 个县老龄办主任实行单设，乡镇（街道）明确兼职老龄工作人员。强化基层老年人协会规范化建设，培训基层老协会长1 938人（次），2009 年 10 月，指导成立达州市老年人协会。截至 2009 年底，全市有各级老年人协会 878 个，会员322 597人，基层老协在宣传党的路线方针政策、关心教育下一代、开展城乡环境综合治理、推动精神文明建设、促进社会和谐稳定等方面发挥积极作用。

【自身建设】健全老龄委议事协调机制，2009 年 12 月，调整充实市老龄委组成人员，成员单位增加到 35 个。抓好内部管理，增强服务意识，先后开展了机关效能建设、学习实践科学发展观活动，制作公开栏、联系卡和服务公示牌。

【表彰情况】

1. 2008 年，获第三届全国、四川省敬老爱老助老主题教育活动“优秀组织者奖”

2. 2008 年被评为省老龄工作先进市老龄办

3. 2008 年 11 月，获四川省首届老年大学舞蹈大赛优秀组织奖

4. 2009 年 9 月，获四川省第二届中老年激情广场大家唱优秀组织奖

5. 2009 年 11 月，被省老龄委评为“四川省老龄工作先进单位”

【领导名录】

主任：徐 华

（李江山）

军 供 站

【基本情况】2008 ~ 2009 年，共接待新老兵运输 29 248人次，部队调动及其运输45 327人次，共计

74 575人次。无差错,无错供漏供现象,确保"正点、安全、优质、保密"供应,圆满完成各项军供任务。市军供站以提高军供保障能力为重点,以设施完善,设备先进,训练有素,管理科学,反应快速,保障有力为目标,实现基础设施和供应设备现代化,干部职工队伍专业化,供应工作程序化,服务质量、供应质量标准化,内部管理正规化、制度化,走在了西南站区前列。

【双拥示范窗口建设】进一步完善站内设施、设备的添置,使站内硬件建设走在川渝各军供站的前列,达到次供应量1 100～1 500人,日供应量3 000人的供应能力,部队住宿达到宾馆化,就餐达到酒店化,为部队提供一流的食宿接待条件。同时在站内设立了军人健身房、阅览室和零星军人临时休息位置,对军人上厕所免费,住宿减半收费,就餐予以补贴等。美化绿化亮化站区,做到时刻保持站区内"绿、美、亮、净",维护站区环境,营造浓厚的为兵氛围。结合实际修订应急供应预案,做到了本站供应机动供应和区域供应有机结合。

开展军供站正规化教育和岗前业务培训。组织干部职工学习《国防法》、《军供站正规化建设规定》、《军供站管理办法》、《食品卫生法》和各类人员岗位职责、管理制度等,提高干部职工对军供工作的认识,增强为国防为战备服务的思想观念;抓供应工作的程序化、标准化。战备值班室 24 小时专人值班,接发通报做到及时准确,主副食谱营养搭配合理,防病防疫工作到位,自始至终坚持八菜一汤六荤两素供应部队,主副食留样 48 小时待查,保证了部队吃饱吃好;要求职工树立军供形象。做到了着装整齐、挂牌上岗,餐厅人员全部佩戴健康证。工作中必须使用"请、对不起、没关系、不客气、谢谢"等文明用语;强化站区安全。对站区进行 24 小时巡视,为部队官兵营造安全环境。

【军供队伍建设】对各类专业人员进行培训,使之具备岗位职责要求的专业技能。对炊事人员进行厨师等级强化培训,将炊事班的同志轮流送到厨师培训学校进修,加强南北口味的膳食和红白案菜系,主副食制作多样化,达到色鲜、味美、营养合理。对招待员和司机进行系统的理论和技能训练,使招待所的接待服务水平有大提高,驾驶员能在各种复杂条件下为部队提供紧急服务。对职工进行正规化教育,要求每个职工召之能来,来之能战,战之能胜。对档案、文秘、会计人员进行培训,使其在资料收集整理、文书档案书写、立卷、财务管理、经费使用等走上规范化轨道。对水电工、消防员、保管员进行培训,使之全部能操作,灵活应对各项工作任务。在文化教育方面,全站 90% 以上的职工已达到大专水平。

【重大军供任务】2008 年 1 月 23 日至 3 月 10 日,为抗击冰雪灾害和保证民工回家,全力保军、警春运饮食供应。根据武警公安多为外地入川长时间执勤且每天四餐供应的特点,每周都制定了不同食谱,餐餐变换菜样。积极做好新鲜蔬菜、肉类等的及时采购,保证不用隔夜食品,每天对餐具定时消毒,保证了 1 万余人次的饮食卫生,避免了食物中毒。

"5·12"汶川大地震后,陆续接待来自湖北消防、济南军区、二炮等奔赴汶川地震灾区抗震救灾的 30 多个军列共11 835人的饮食饮水供应任务。全站干部职工发扬特别能吃苦,特别能战斗的军供人精神,不分昼夜、连续作战,无一人请假,无一人叫苦叫累。仅 5 月 14 日一天就完成了近5 000人的供应,端午节期间连续三天为返回部队来站就餐忙碌,使战士上桌就餐吃上十菜一汤、首长席二十个菜的超常标准,使部队战士忘却了近一个月征战的疲劳,连声称赞饭菜质量好,并赠送"保障有力"锦旗。《中国社会报》在"军供大会战"的组稿中宣传达州站做法并刊发了照片。

【表彰情况】

先进集体

1. 2008 年 11 月,被达州市委、市政府授予"市级最佳文明单位"称号

2. 2009 年 9 月,被达州市人民政府、达州军分区表彰为"征兵工作先进单位"

【领导名录】

党支部书记、站长: 廖杰顺

党支部副书记: 米本弟

副站长: 陈　辉

(杨　毅　周　佳)

军　干　所

【概况】达州市军队离休退休干部休养所,是达州市民政局直属副县级事业单位,承担移交政府安置的军队离退休干部的服务管理工作。始建于 1986 年 11 月,是全市军休干部最多、最集中的休养所。

现有军休人员88人，工作人员11人。

2008～2009年，全所工作人员严格按照党和政府关于军休工作的方针、政策和规定，围绕军休干部的“政治、生活”待遇的落实，努力实现军休干部“老有所养、老有所医、老有所教、老有所学、老有所为、老有所乐”，是军休服务管理部门全部工作的出发点和落脚点。高度重视，周密安排，强化服务，确保高效，

不断提高服务管理水平，凭真情与实效赢得军休干部们充分的理解、支持和认可，多次受到上级有关部门的肯定。

【“双和谐”创建】按照民政部、四川省民政厅《关于在军休系统开展创建“和谐军休家园”和“和谐军休家庭”的活动》要求，在创建活动取得初步成效的基础上，继续深入地开展了系列创建活动。在组织机构设置、工作计划制定、日常工作开展、具体问题处理等方面，时时处处突出了和谐主题。利用会议、标语、宣传栏以及“走出去、请进来”等方式，让全体军休干部体验到了和谐氛围。在环境改造、亲情服务、据情处理等方面，体现了和谐主题。通过宣传发动，全员参与，对照检查，严格评比，“和谐军休家庭”创建活动取得了明显成效。经各支部民主推荐，全体工休人员投票评选，公示，所总支研究决定，有52个家庭被评为2008年度、2009年度“和谐军休家庭”。

【落实军休政策】按政策搞好1至4批军休干部的住房补贴改革工作的摸底，为下步具体落实打下了基础。认真核准了军休干部、退休士官、无军籍退休退职职工生活待遇的各项标准，按政策及时予以了兑现落实，无拖欠现象发生。

【文体活动】在保持每月一次的政治学习质量和效果的同时，认真组织开展各种健康有益的文体活动，组织所里军休干部60余人到桂林旅游观光活动，既陶冶情操又开阔了军休干部的视野。分别参加全省军休干部门球决赛及川东北片区军休干部门球邀请赛、取得不错的成绩。组织所内近90名军休干部在达州市中心医院体检中心集中进行全面体检。60周年大庆，与市老龄办联合牵头，在所内门球场内主办首届“达州市迎国庆军休杯门球邀请赛”，参赛的8支门球队的精湛球艺、互助精神和和谐气氛受到广大观众的好评。

【表彰情况】

1. 2008年12月被评为“省级先进卫生单位”

2. 2009年12月被市委市政府评为“先进党总支部”

【领导名录】

所长：荆　晶

（熊玲玲）

民康医院

【医疗管理与质量】走人才强院发展之路。抓“三基”培训，练好内功，提高医疗质量。2008～2009年，举办院内学术讲座24次，参训人员达86%以上；组织51名医务人员到各地参加短期培训和学术交流；先后聘请4名四川大学、重庆医科大学等地专家学者来院讲座；举办全市精神科专委会年会两届和全市中小学生心理辅导研讨会；认真组织卫技人员参加“好医生·远程教育。医疗业务技能得到持续提高。加强卫技“人才”建设，促进医疗质量。先后招聘临床专业专科、本科毕业生8名、护理专业毕业生29名、精神科医师1名，影像专业毕业生2名。充实、壮大了卫生技术人员队伍，整体素质得到全面提升。走质量兴院发展之路。医疗质量管理委员会和三级质量管理体系充分发挥作用，各司其职，考评机制健全，医护全过程质量监督、管理落实到位。两年来未发生一起重大医疗差错事故和医疗安全事故。精神科诊断符合率达95.5%，治疗有效率达94.2%，综合科术前术后、临床与病理诊断符合率都在95.5%以上，手术成功率100%，处方书写合格率99.95%。

2008年度，门诊诊治23 073人次，其中：精神科17 015人次，综合科（含疼痛科）6 058人次。收治住院病人1 449人次，其中：精神科1 240人次，综合科209人次，手术130台次。平均住院日39天，同比减少3天，病床使用率93.56%；心理、智力测量4 253人次；劳动伤残和退役精神病人伤残鉴定54例。收治民政优抚对象58人次，接收治疗流浪乞讨病人、残疾弃婴235人次，接受新型农村合作医疗患者241人次，办理“新农合”特殊门诊证447人。

2009年度，门诊诊治28 029人次，其中：精神科21 079人次，综合科6 950人次；收治住院病人2 036人次，同比增长28.83%，其中，精神科住院病人1 836人次，综合科住院病人200人次；接受治疗流浪救助病人258人次，收治民政优抚对象88人次；接收市福利院移交“三无对象”精神病人26人、代养人员32人，接收新增流浪无主精神病人32人；综合科全年手术127台；心里（精神）、智力测验7 985人次，劳动伤残和退役精神病人伤残鉴定28例。实现业务毛收入达1 230万元，同比增长13.89%。

【基础设施建设】2008年度，投入15万元资金装修改造原闲置病房为临床心理科，使资源得到合理有效地利用；投资近5万元对医院内部网络系统及医疗保险网络进行升级换代，确保了医疗保险工作的规范管理。在上级机关和中华慈善总会的关怀下，医院受赠彩色B超1台，争取到5·12汶川特大地震灾后重建捐赠资金572万元，为灾后重建大竹分院的康复训练综合楼奠定了基础。

2009年，投入15余万元资金为病区部分病房配置空调15台、电视、电扇等硬件设施，为病人营造更加舒适的康复条件；投入近20万元添置全自动生化分析仪；投资2万元对医疗保险进行联网，实行了医保病人就医在院报账的便民工程。5·12汶川地震灾后重建“大竹分院的康复训练综合楼工程”于7月21日奠基开工，年底主体工程封顶。

【领导名录】

院　　长：赵一超

副院长：熊书银　殷　勤

（熊昌广　彭　壬）

救助管理

【概况】市救助管理站隶属于市民政局，是川东北最大救助管理站，四川省五大跨省救助管理站之一，承担着江苏、上海等全国部分省、市的流浪乞讨人员的接送救治工作以及本省部分市（州）、本市辖区内的流浪乞讨人员的救助、护送工作。2008～2009年，在四川省民政厅和市委、市政府的指导关怀下，在市民政局的高度重视和领导下，按照“保增长、保民生、保稳定”的总体要求，坚持“夯实基础，创新机制，稳中求进，再谋突破”的工作思路，解放思想、实事求是、开拓创新、突出重点、狠抓建设，有效确保了流浪乞讨人员和流浪未成年人的基本生活和生存权益。

【救助管理工作】在日常救助工作中，做到“热情接待、耐心询问、仔细甄别、及时救助”，为受助人员提供求助接待、食宿管理、物品代管、宣传教育、疾病防治、卫生管理、护理护送等服务，确保在站期间的基本生活和生存权益得到维护和保障。针对2008年雨雪冰冻灾害、汶川地震灾害和北京奥运会、残奥会以及2009年爆发的全球性甲型H1N1流感、2010年上海世博会等特殊时期，切实加强领导，制定预案，采取措施，积极应对，成立应急工作领导小组工作领导小组，加大和有关部门衔接沟通，购买大批棉袄、矿泉水、面包、药品等应急物资，使流浪乞讨人员在此期间的人身安全和基本生存有了保障，全站上下团结有力，协调一致，形成“平日不出问题，特殊更不出问题”的良好局面，从未发生一起安全责任事故。两年多来，共接待求助人员19 768人次，实际救助18 759名人员，其中：跨省的9 754人次，本省其他市州的2 117人次，本市的6 888人次；未成年人5 658人次、60岁以上的老年人4 896人次、青壮年7 698人次、痴呆傻及精神病患者、危重病人1 516人次。

【流浪未成年人救助保护工作】两年多来，站流浪未成年人救助保护中心根据不同年龄段流浪未成年人的特点，采取“分类管理，分类救助”的措施，把流浪未成年人救助保护工作始终当作救助工作的一项亮点工程来打造。对因教育方式失当，监护人暴力迫使未成年子女脱离家庭的，“中心”与家庭取得联系，在做好家长工作的基础上，尽快使孩子回归家庭；对因孩子自身存在心理或行为问题，无法与家庭成员正确交流沟通，负气离家出走的，“中心”通过适当的技术干预，即提供生存庇护，又辅以心理咨询和行为偏差矫治，解决好流浪未成年人自身问题，为其顺利回归奠定基础；对被家庭遗弃，年龄较小或有残疾无人认领的、报请市民政局，按属地原则安置到儿童福利中心，以确保他们有一个温暖的“家”；对受到家庭虐待或被家庭恶意遗弃，屡遣屡返，街头生活经历复杂的流浪未成年人，“中心”以收心教育为主要手段，采取艺术、手工、游戏等方法，对其进行教化，让他们能够脱离流浪恶习；对适合家庭寄养、送养的，采用寄送养工作模式，让他们在类家庭模式中接受综合训练。两年中共对符合条件的5 658名流浪未成年人进行了救助保护，其中采取心理咨询和行为偏差矫治等技术干预得到救助的流浪未成年人有4 987名，报请上级民政部门安置到福利机构的有671名。

【危重病人、精神病人救治工作】危重病人、精神

病人的救治既是重点，又是难点，市上明确达州市中心医院和达州市民康医院为城市流浪乞讨人员中的危重病人和精神病人的定点收治医院；要求对街头劝导过程中和群众护送至站的危重病人、精神病人必须实施无条件的“先救治、后救助”；由市民政局牵头和各社区签订救助工作目标责任书，凡属本社区辖区范围内的流浪乞讨人员中的危重病人和精神病人，按照“属地管理、条块结合、分级负责”的原则，一律由该社区居委会派专人护送引导至站救助；明确危重病人和精神病人的救治经费由财政部门和定点医院实行年底统一结算，实报实销。年内共救治危重病人和精神病人1 516余人次。

【街头流动劝导救助工作】随着强制收容向关爱型救助的转变以及国家社会福利、救助政策的调整，街头流浪乞讨人员呈现有增无减的趋势，严重影响了城市的社会秩序和社会形象。根据市委、市政府的要求，进一步加大街头劝导工作的队伍建设，会同职能部门，增加人员，添置车辆，强化街头劝导工作队伍，加大街头劝导服务的力度。同时，将劝导工作人员分成不同的小组，采用在市区范围内，分片、分区，由点连线，由线连片方式进行街头劝导和现场救助。从高校招募志愿者，充分利用专业知识和专业技能对街头流浪乞讨人员提供生活照顾、心理辅导、疾病防治和行为干预等服务，进行疏导救助。两年多来，共出动工作人员5 426人次、车辆2 280次、实施现场救助1 987人次。

【跨省救助和护送工作】2008 年专门成立了跨省救助管理工作协调小组，下设“接送组”、“医务组”和“联络组”，以便于做好跨省流浪乞讨人员接送途中管理、医治等工作。和上述省、市的相关救助管理站签署了跨省救助工作协议，进一步明确流出地和流入地救助站的相关责任，同时，根据协议，结合实际，制定详细的对口接送原则。建立“跨省救助工作定期报告制度”，每隔一月按时向市民政局书面汇报当月的跨省救助工作情况，切实做到“有事报事，无事报平安”，从未发生过一起安全责任事故。两年多来，从上述省、市共接回救治四川籍救助人员2 789人次，其中对符合条件的379 名人员予以了安置。

【领导名录】

站长：何立安

（单小晔　赵　虎）

福　利　院

【概况】达州市社会福利院、市儿童福利院是达州市人民政府举办的公益性福利事业单位，属国办福利机构。主要任务是收养全市城市无法定赡养人，无劳动能力，无生活来源的孤、老、残人员，同时承担全市无法定抚养人的孤残儿童、弃婴的养育任务。社会福利院始建于 1951 年，儿童福利院成立于 2006 年。2009 年 6 月 23 日从大竹县高庙迁至通川区龙泉路 18 号，紧邻市中西医结合医院、通川区第一小学西外校区、第八中学西外校区、市体育中心。占地 17.316 亩，建筑面积17 950平方米；床位数 500 张，其中老年人床位 300 张、儿童床位 200 张；功能区分为成人居住、儿童育婴、饮食供给、学习教育、康复治疗、健身娱乐、洗涤保洁等七大区域。社会福利院现有“三无”老人 100 人、社会老人 90 余人；儿童福利院现有孤残儿童 82 人(其中在院 54 名、家庭寄养 28 名，入学儿童 60 名)。职工 60 人(其中在编职工 22 名，招聘人员 38 人)。

【收养工作】福利院的工作是既高尚又具体的工作，面对的是社会弱势群体，接触的是智、肢残人员。工作人员每天的具体工作是给收养人员洗脸、洗脚、洗澡、洗碗，打水、打饭、喂饭，打扫卫生，理发、剪手指甲、剪脚指甲，帮助收养人员接便、倒便，大、小便，洗衣叠被、收拾房间，时刻巡查加强安全管理，思想教育，进行心理辅导。在工作中推出“四心”服务理念，即对待工作要尽心，对待收(代)养人员要有爱心，护理老人和孤残儿童要细心，帮助老人、孩子要热心，并做到“六勤六多”，即：脑勤多想、眼勤多看、手勤多干、腿勤多走、耳勤多听、嘴勤多问。

【孤残儿童服务管护】坚持以人为本、儿童优先、“一切为了孩子”的工作方针，提高儿童服务水平，保障他们的合法权益，让他们在充满亲情的社会主义和谐大家庭中健康成长。同时，把为孤残儿童提供优质服务作为中心工作，以优养优教为服务理念，以满足孤残儿童的成长需求，提供服务保障，以科学的知识和技能管理儿童，帮助儿童适应社会，促进儿童自身发展，提高孤残儿童的“生存能力、生存质量和生存意义”。一是加大后勤保障和保育工作，探索“家庭寄养”模式，拓展了儿童养育方式；做到护理员和保育员双重监护，发现患儿及时救治；做好儿童计划免疫和康复工作,建立儿童健康档案。二是加强外部合作,做好儿童教育工作。对在院的学龄期儿童送入学校就读,加强与学校沟通,共同做好在院儿童的学习辅导。

【养志康复】随着社会进步,传统养老模式已不适应市场的需求;老人心理卫生、生理健康、精神慰藉需求越来越多,福利院不断摸索养老加康复的养老模式。在代养—普通护理的基础上,开展特岗护理模式(对生活不能自理的老人进行全方位专护和特别护理)。经常组织住院老人参加学习和各种活动,增强集体意识和互助互让精神,做到和睦相处,团结友好。定期为住院老人进行健康检查,建立健全健康、病历档案,做到早发现、早治疗。精心安排住院老人的吃、穿、住、娱乐、治疗和康复。建立养员投诉信箱,每季度组织养员对工作人员及其服务评议,通过评议找出不足,借以改进工作。并建立老人思想交流记事本,要求护理人员将思想交流情况及时予以记录,以便掌握每个老人思想动态和需求,对部分存在思想障碍的老人予以及时开解,真正使在院老人幸福快乐安享晚年。

(彭　波)

老年活动中心

【概况】2008~2009年,市老年活动中心与市老年大学,两块牌子一套班子。有教职员工(含聘任教师)近28人,活动场所四处,面积约4 100平方米。2009年投资90万元新建门球场一处。开设音乐、舞蹈、健身、书法等10个专业教学班,各类运动队26个,共计学员1 000多人。

【办学方针】坚持"党政主导、社会参与、全民关怀"的方针和"老有所教、老有所学、老有所乐、老有所为"的宗旨,热忱为老年朋友服务。

【重要活动】2008年承办省老年大学第五届理事会和川东北片区老年大学经验交流会。2008、2009年协办市中老年人激情广场大家唱活动,老年大学《老来俏》、《我的祖国》等4个节目分别荣获一等奖,创作铜奖、最佳组织等荣誉。

2008年,在老年大学工作近二十个春秋的王文桂老师,由于工作尽职尽责,成绩突出,被我校破格聘任为副校长。2009年,王文桂老师参加全面评选,被中国老年大学授予"全国老年教育先进工作者"称号。

【内部建设】按照市老年活动中心"十一五"规划,完善各项规章制度,加强教学体制建设,明确教学目标责任,健全教学档案管理。翻新教学场所,增添教学设备,老年大学各项工作又上一个新台阶,2009年被省老龄办评为A级老年大学。

【领导名录】

主任: 黄盛安

(叶梦兰)

福利彩票销售

【基本情况】四川省福利彩票发行中心达州市分中心成立于2002年,隶属于四川省民政厅下属四川省福利彩票发行中心直接管理,接受达州市民政局管理和指导。现设市场一科、市二科及综合科,共计职员12人。分中心下辖区域中心服务站5个,电脑彩票投注站298个,开乐彩销售厅4个,中福在线销售厅1个,解决就业人员500余人。

2008~2009年,市福利彩票发行分中心本着"安全运行,健康发展"工作思路,以抓网点质量、抓彩民群体扩大和队伍营销能力的提升为重点,全面提升电脑票销售,重点开拓即开票市场,以中福在线、开乐彩为新渠道增量突破口,超额完成上级下达的销售任务。2008年、2009年连续两年销售在亿元以上,福彩发行工作快速发展,为地方经济增长和促进社会福利事业的发展做出贡献。

2008年全年共销售福利彩票120 280 730.80元。新增票种网点即开票。其中电脑票销售98 349 188.00元,网点即开票20 620 000.00元,中福在线销售1 311 542.80元,开乐彩10 382元。

2009年全年共销售福利彩票133 083 212.44元。其中电脑票销售112 579 568元,网点即开票销售17 465 500元,开乐彩销售2 729 031元,中福在线销售309 113.44元。

【制度建设与制度创新】分中心先后建立规范的岗位职责和管理制度,向管理要效益。分中心通过先制定,边实施、边修改的实际操作办法,先后出台《达州市福彩分中心考勤制度》、《达州市福彩分中心劳动纪律》、《达州市福彩投注站管理办法》、《达州市福彩分中心KPI考评办法》、《达州中福在线销售厅岗位职责》、《达州中福在线销售厅岗位操作规范及流程》等规章制度。在健全各项规章制度的同时,分中心严把执行关,使分中心每位员工认识到分中心是以制度规范工作责任和要求。将员工的经济利益与工作绩效和考勤制度联系起来,打破平均分配吃大锅饭的弊病,调动了各科室员工的工作主动性和积极性。达州市福彩分中心通过制定《销售厅火灾专项预案》、《销售厅彩民纠纷专项预案》等项安全预案,做到了日常的防火、防盗、防治安事故等"六防",近年来未发生一起安全责任事故,为福彩工作的顺利开展打下坚实基础。

【表彰情况】

先进集体:

1. 2008 年度销售总量特等奖
2. 2008 年度综合考评一等奖
3. 2009 年度销售总量特等奖
4. 2009 年度综合考评一等奖

（谭　颖）

人　事

【概况】2008～2009 年,全市人事编制工作坚持以人才开发促进创业就业,以深化改革推动创新发展,突出抓好促进高校毕业生创业就业、人才队伍建设、行政管理体制和人事制度改革、信访维稳工作,统筹推进全面发展,奋力开创人事人才和机构编制工作新局面。

【高校毕业生创业就业工作】针对高校毕业生就业的严峻形势,采取有力措施多渠道扩大就业。将全市事业单位 70% 的新增岗位用于接收应届高校毕业生;选拔1 206名优秀大学生到基层一线担任村官、志愿者和特岗教师;举办"2009 年秋季高校毕业生就业服务周"活动,提供5 000多个就业岗位信息。全年共有5 855名高校毕业生实现就业,就业率达 92%,高校毕业生就业压力得到有效缓解。促进高校毕业生创业成效显著。代市政府拟制《达州市促进高校毕业生创业意见》,建立由人事、财政、劳动等多个部门参加的联席会议制度,并与各县(市、区)人事局签订目标责任书,实行任务分解,目标管理。创业优惠政策得到落实,创业配套资金兑现到位,全市 110 名高校毕业生实现创业,超额完成省政府下达目标任务。高校毕业生就业见习制度顺利实施。发挥人事部门统筹协调、综合管理的职能作用,协调相关部门做好高校毕业生就业见习的相关工作。确立了市中心医院、市职业技术学院、市农业科研所等 10 个见习基地,明确了 350 个就业见习岗位,组织近 400 名高校毕业生进行就业实习。

【人才队伍建设】大力加强公务员队伍建设。深入贯彻实施公务员法及其配套法规,坚持"凡进必考"原则,建立了公务员面试考官库,实行面试考官随机抽选制度,面向社会公开考录公务员1 114名,其中考录公安警察 777 名、考录其他公务员 337 名、市级机关考调基层公务员 48 名;认真开展公务员表彰评选工作,全市推荐的大竹县民政局被国家评为"人民满意公务员集体";积极开展公务员能力培训,组织全市公务员进行《行政机关公务员处分条例》和《突发事件应对法》全员培训,对新录用公务员进行初任培训。加强专业技术人才队伍建设。选拔表彰市学术技术带头人 10 名,市有突出贡献专家 10 名,市优秀农村人才 40 名。达钢集团公司总裁江善明被评为享受国务院政府特殊津贴专家;举办全市专家座谈会,积极营造了"尊重知识、尊重人才、尊重劳动、尊重创造"的浓厚氛围。发放各层次的专家津贴补贴 40 万多元,组织 30 名专家到外地休假考察。加强农村人才队伍建设。抓好农村实用人才培训,评审办理 2 名优秀农村人才的高级技术职称,开启市农民评定职称的先河。大竹县推荐的农村人才赵清河、宣汉县推荐的农村人才杨永成获得全省优秀农村人才称号。大力实施"一村一名大学生"、"三支一扶"和"特岗教师"计划,为农村输送大批优秀大学生人才,改善农村人才结构。

【人事制度改革】事业单位参照公务员法管理取得重要进展。针对事业单位参公意愿强烈、审批压力大的实际,在深入调研、风险评估的基础上,积极稳妥地审查上报拟参公管理事业单位,全市 307 个事业单位被四川省批准为参公管理单位,并严格按照登记规定和程序对拟参公管理人员进行登记,确保参公管理事业单位顺利入轨运行。稳慎实施工资制度改革。配合有关部门清理规范了公务员津补贴,积极稳妥地兑现市级机关公务员津补贴和各县(市、区)规范公务员津补贴工作,其他市州相继到市学习借鉴有关做法;义务教育学校实施绩效工资全面完成。研究制定市义务教育学校绩效工资实施方案,审核批复了各县(市、区)的绩效工资实施办法,有针对性地制定相关配套政策，较好地解决了部分历史遗留问题，确保义务教育学校绩效工资平稳实施、按时兑现。事业单位人事制度改革深入推进。针对事业单位岗位设置中的诸多矛盾和问题，采取"承认现状设置岗位、解决入轨不作依据、逐步规范调整到位"的方法，研究制定《达州市事业单位岗位设置管理实施细则》，完成岗位设置的初审工作，核准事业单位岗位79 049个，占总量的81.2%，岗位设置管理先入轨的问题得到妥善解决。事业单位公开招聘制度进一步规范，面向社会公开招聘事业单位工作人员4 066名，公招率达100%。全面推进乡镇机构改革。按照全省统一部署，通过在开江县试点，研究制定达州市《关于乡镇机构改革的实施意见》和《乡镇机构职能界定及事权划分意见》，审批了7个县（市、区）乡镇机构改革的实施方案。各县（市、区）按照实施方案，全面推进了乡镇机构改革。

【**公共服务**】人力资源市场进一步规范。完善流动档案管理、人事代理、市场开发等服务功能，建设可容纳40家用人单位和1 000名求职者进行"双选"洽谈活动的招聘大厅，开通达州市人力资源网站，完善有形市场与无形市场的对接，及时发布招聘信息，定期举办网上招聘活动，全市80%的高校毕业生通过人力资源市场实现了就业。人事考试进一步安全公正。严格实行人事考试诚信管理，认真落实人事考试突发事件应急预案，建立考生网上报名信息库和考生网上查分系统，实行考试报名、资格审查、准考证领取"一站式"服务。全年共组织各类考试33 000多人次，无责任事故发生。三是机关行政效能进一步加强。结合开展学习实践科学发展观活动，对局机关行政审批事项全面清理和规范，精简率达50%；清理规范性文件59件，废止4件，修改9件，重新规范了35项业务的工作流程，并向社会公开承诺，平均办理时限缩短了48%，机关效能得到大幅度提高。

【**维护稳定工作**】企业军转干部解困维稳工作成效明显。全面落实解困政策，按时兑现解困资金，严格实行"五包"责任制，积极做好政策宣传和教育引导工作，及时劝阻少数企业军转干部集访和窜访，实现全市无企业军转干部到省进京上访。被四川省评为解困维稳工作成绩突出单位，并在全国军转工作会议上做经验交流。行政调解体系基本建立。成立行政调解工作领导小组及办公室，制发《行政调解工作管理暂行办法》，明确行政调解原则和工作流程。设立公务员管理、事业单位人员管理、工资福利退休管理和机构编制管理等四个行政调解小组，成功化解多起矛盾纠纷。信访工作制度全面落实。严格落实信访稳定工作"一岗双责"责任制，积极开展领导干部接待来访群众和干部定期下访活动，实行局党组成员包县包案责任制度和信访急件办理制度，积极稳妥处理各种信访问题。全年共接待来访群众200余人次、回复群众来信37件、办理信访复核4件、受理书记信箱42件、市长信箱12件、市长热线6件、网上论坛5件，按时办结率达100%。

【**机构编制**】2008～2009年，达州市机构编制委员会办公室认真践行科学发展观，围绕"牢牢把握'两个加快'，打造'一枢纽、两中心、三基地'，建设秦巴地区经济文化强市"的目标，进一步明晰党政群及事业单位职能职责，理顺市、县、乡工作体制，强化机构编制管理，全面落实市委、市政府、市编委交办各项事务。全市机构编制工作"基础进一步夯实、重点始终抓牢、难点得到突破、开拓创新取得实效"。

深化行政管理改革。全面完成乡镇机构改革。在深入调查研究和总结2007年开江县乡镇机构改革试点经验的基础上，按照转变乡镇政府职能、转变为农提供公益服务方式的要求，全面完成县（市、区）乡镇机构改革。截至2009年9月完成乡镇机构改革后，全市乡镇内设行政机构数由1 575个精减到926个，精减率为41.21%；乡镇行政编制由6 688名精简至5 998名（不含81名街道办事处行政编制），精减率为11.21%；工勤人员控制数由706名精减至615名，精减率为12.90%；乡镇事业编制数由9 326名精减至8 448名，精减率为9.41%；共设乡镇直属事业单位314个，县级部门派驻乡镇事业单位967个。在这次乡镇机构改革中，为明确乡镇机构的职能和事权，做到权责对称、利于问责，确保乡镇政府职能转变落到实处，市政府办公室出台《关于乡镇机构职能界定及事权划分意见》，为解决县级部门与乡镇政府事权划分、乡镇事业单位与乡镇政府事权划分、县级主管部门与乡镇事业单位事权划分提供了制度保障。同时，将事务性较强的县级部门需要在乡镇设立事业单位的职能和一些政务服务职能整合，创造性地在乡镇政府下设社会事务（政务）服务中心，使乡镇事业机构设立逐步适应为民提供公益服务向市场化模式转变。完成了农业部门事业单位分类改革试点工作。按照政事分开、事企分开、公益服务社会化的原则，在市级农业系统开展事业单位分类改革试点工作。通过试点，撤销事业机构2个（市种子公司和市蚕桑冻库），精简事业编制26名；将行政管理和行政执法职能剥离，行政职能收回农业局，行政执法综合设置农业执法机构，将经营性职能剥离并推向市场，做到稳妥改革、任务明确、职能明晰和分类管理，进一步规范市级农业部门事业单位的职能，优化为农服务机构和人员结构。根据《公路法》和《四川省人民政府办公厅关于农村公路管理养护体制改革的实施意见》（川办发〔2006〕42号）要求，为加强政府公共服务职能，明确地方政府农村公路（包括县道、乡道和村道）养护管理责任，理顺公路养护管理体制，按照政事分开和一个部门综合设置行政执法机构的原则，将公路养护、管理、收费等职能职责归口市公路管理局，将市路政支队的收费职能予以剥离，交市公路管理局统一实施。从体制上对公路养护主体、收费行为、路政管理和路权保护进行了规范。为抓好全面推行行政审批权相对集中改革，在市级50个部门（单位）设立行政审批科，对其中36个部门（单位）职能职责进行了调整，为全面推行行政审批"两集中、两到位"管理提供组织保障。根据四川省人民政府《关于在达州市开展城市管理相对集中行政处罚工作的批复》（川府函〔2008〕54号）和中共四川省委机构编制委员会《关于设立达州市城市管理行政执法局有关事项的通知》（川编发〔2009〕15号）精神，依照国家有关法律、法规和政策，结合实际，多次组织相关部门进行工作调研和协商，提出组建达州市城市管理行政执法局实施方案，为领导决策和下一轮政府机构改革提供了依据。

加强机构编制管理。出台《关于进一步加强机构编制管理的意见》和《达州市机构编制工作规则》，进一步严肃机构编制工作纪律，加强机构编制管理。出台《关于加强机关事业单位财政供养人员管理的通知》，坚持实行了《机构编制管理台帐》、《机构编制管理证（卡）》和"四单一年（联）审"制度，并在2009年开展了首次市级机关事业单位财政供养人员管理联合审查工作。通过对市级335个机关和事业单位的联合审查（占应参加联合审查单位总数的96%），落实"编制前置管理"制度，从源头上防止了超编进人、超编配备领导干部和"吃空饷"情况的发生。进一步健全财政供养人员多部门联动管理机制，有效地遏制人员膨胀，做到分工明确、责任监管。按照工作要求，完成环保和畜牧系统行政执法类事业编制、基层物价检查事业编制置换为行政编制、森林公安和铁道建筑公安专项行政编制的核定工作，为消化党政机关超编人员和全面建立监督执法体系提供保障。建立市、县（市、区）机构编制实名制管理信息系统。在先行完成市级73个行政机关、274个事业单位的机构编制实名管理信息系统建设后，分阶段、分步骤地完成了通川区、宣汉、万源、开江、渠县5个（县、市、区）所属部门（单位）的实名制管理信息系统建立工作。做好机构编制动态管理。一方面根据市内农村中小学工作实际，增核中小学教职工编制2 795名；另一方面撤销达州市科技信息中心等5个有编无人、业务萎缩的事业机构，合并四川省干部函授学院达州分院等4个职能相近、人员不多的事业机构。完成公务员登记和参照《公务员法》管理事业单位的职责、机构编制和人员的审查工作及全市招录公安干警、司法助理员和机关公务员的编制核定、审查工作。清理行政职能夯实工作基础。按照市委、市政府关于转变机关工作作风加强机关效能建设的要求，对市级116个部门（单位）进行职能职责专项清理，针对发现的职能交叉（16项）、修订"三定"（3项）等意见或建议制定了相应的处理方案。不仅为市编办《关于消化党政机关超编人员方案的报告》拟定的在2011年前切实消化党政机关消化超编人员提供了保障，而且为下次政府机构改革夯实了基础。开展议事协调机构清理工作。2009年6月至8月，对市级议事协调机构开展全面摸底和仔细清理工作，对清理出的71个市级议事协调机构，结合议事协调机构的工作情况，提出了撤销、合并、明确保留时限等处理办法，为领导决策和政府机构改革提供参考。

做好行政改革中涉及机构编制课题的调研。根据《四川省人民政府关于进一步推进乡镇机构改革的意见》和《中共达州市委办公室、达州市人民政府办公室关于开展乡镇机构改革试点的实施意见》，为扎实有效推进市内乡镇机构改革，促进社会主义新农村建设，市编办在深入分析我国行政管理体制改革发展趋势的基础上，从完善社会主义市场经济体制、发展社会主义民主政治、构建社会主义和谐社会和建设责任型、服务型乡镇政府的角度，撰写《乡镇机构职能界定及事权划分的思考》的调研文章。为推进市内乡镇机构改革、做好乡镇政府职能转变、促进乡镇机构履职尽责和出台乡镇机构职能界定及事权划分意见提供新思路。按照党的十七大提出的转变政府职能要求，结合前五次机构改革情况和市内实际，以科学合理配置职能和设置机构，着力抓好“三定规定”的制定和理顺政府部门之间的关系为重点，撰写《开展市县人民政府机构改革的思考》调研文章，为下轮政府机构改革提供了新思路。

坚持把人才开发作为人事编制工作主线，积极实施《达州市“十一五”人才规划》和《达州市“一枢纽、两中心、三基地”人才高地建设规划》。建立了“达州市学术技术带头人”、“达州市有突出贡献专家”、“达州市优秀农村人才”等人才选拔表彰机制。评选“达州市学术技术带头人”20 名，“达州市有突出贡献专家”10 名，“达州市优秀农村人才”40 名。建立人才储备中心。下达专项柔性编制，制定配套政策，建立人才储备库，储备了天然气能源化工、环保等各类高级人才 10 余名，为全市建设中国西部天然气能源化工基地储备急需紧缺人才。畅通人才引进通道。建立人才需求发布制度，每年向社会公开发布《达州市人才需求目录》；实现市、县人才网站连网，定期举办网上人才招聘活动，会同有关部门研究制定柔性引才实施办法，面向全国引进各类优秀人才和智力。

实行事业单位公开招聘制度。在全省率先推行事业单位工作人员凡聘必考制度，把事业单位补充工作人员引入公平竞争机制，事业单位公招率达 100%，高出全省平均水平。实行机关事业单位人员公开考调制度。研究制定人员流动公开考调办法，对机关事业单位逆向调动人员，全部实行公开考调制度，使人才流动规范化、制度化、公开化，有效地杜绝不正之风，促进人才的合理使用，受到广大群众的普遍欢迎。建立完善公务员公开考录机制。在坚持公务员凡进必考的制度基础上，建立和完善公务员面试考官库，实行面试考官随机抽选制度和按考试成绩选择工作岗位的实施办法，为公平公正地选拔党政人才创造良好环境，引起社会良好反响。

实行公务员季度考核实施办法。按照自我记实、领导评价、民主测评、结果统计的方法步骤，对全市公务员进行季度考核，把群众评议与领导审核结合起来，把平时考核与年度考核结合起来，增强公务员考核的科学性。实行机关干部绩效考核制度。把机关干部的考核要素进行量化，重点考核在岗位目标责任内表现出的工作态度、敬业精神和完成的工作量以及工作质量、效果和贡献等；同时，结合外部反应情况，重点考核服务对象、基层群众、各级组织和监督机构对考核对象的岗位绩效的评价、反馈，并纳入年度考核一并进行，激发机关干部的积极性和创造性。实行中层干部竞争上岗。按照条件公开、程序公开和职位公开的原则，在全市机关事业单位实行中层干部竞争上岗制度，择优选拔使用中层干部，确保了干部群众的参与权、知情权、表达权和监督权，有效激活用人机制，盘活人才资源，营造了能上能下、公平竞争的良好氛围。

【事业单位登记管理】贯彻《事业单位登记管理暂行条例》、《事业单位登记管理暂行条例实施细则》和《四川省事业单位登记管理暂行办法》，积极稳妥地开展事业单位登记管理工作。规范操作程序，编制《事业单位登记管理表格填写规范》，完善了表格内容的填写，进一步提高登记质量和管理水平，提高登记率。截至 2009 年底，在市级 283 个事业单位中，已登记 258 个，登记率达 92%。提高服务水平，公开办事程序，自觉接受监督。把工作人员守则、办事程序、承诺服务内容等制成版面上墙，增加了工作透明度；实行集中受理，缩短受理时限。登记、年检事宜一律实行“一站式”办理，避免前来办事的人“到处找、两头跑”。同时，缩短受理时限，把初始登记、变更、年检时间由法定的 30 天压缩到 7 天内办结。强化监督管理，对部分不按规定办理注册登记、变更、年检、注销的事业单位进行监督检查，并提出限期整改要求。扎实开展登记管理工作业务培训，举办多期市级事业单位法定代表人培训班，对市级 100 多个事业单位的法定代表人进行资质培训。系统学习《地方各级人民政府机构设置和编制管理条例》、《事业单位登记管理暂行条例》等相关法律、法规和文件，并进行结业考试，对考试合格者颁发法人代表合格证书。完善事业单位登记档案工作，按照国家事业单位登记管理局《关于印发事业单位登记管理档案管理办法的通知》精神，对事业单位登记档案进行重新分类装订。对原来的初始设立登记、变更登记等提交的材料不够完善的，重新要求事业单位提交相关资料，确保档案资料的完善，并明确专人专职负责事业单位法人登记档案的日常管理。对受理审核的材料及时进行归档、装订，严格执行档案归档整理的期限。配备事业单位登记档案专用档案室，专用档案柜，实现1个事业单位对应1个专用档案盒，并对档案进行编号管理。做好数据上报工作，完成了市政府经济普查办公室要求的上报《机关事业单位名录数据》工作。对全市党政群机关和事业单位进行全面清理，努力做到了“不漏登、不重登、不错登”。

【信息中心】大力加强信息化建设，提高工作效能。新购置电脑9台，传真机1台，复印机1台，打印机2台，一体机1台，带有写保护功能的U盘20个；新配置正版杀毒软件8套，会计软件1套，高级人才信息采集软件1套，人事统计软件2套，新党政网系统1套，三支一扶人事信息管理系统1套。

加强政府信息公开，保障公民对人事工作的知情权。组织学习《中华人民共和国政府信息公开条例》和《达州市政府信息公开办法》，印发《达州市人事局政府信息公开工作实施方案》、《达州市人事局政府信息公开申请受理制度》、《达州市人事局政府信息公开保密审查制度》等相关文件。收集、整理并在政府信息公开平台上发布部门动态、部门文件、办事指南、计划总结等方面信息214条。

做好人事统计工作，为人事政策的研究制定提供科学依据。完成2008年、2009年全市政府机关公务员统计和事企业单位工作人员统计，全市人事部门机关、人事部门信息服务机构情况调查的统计，本局机关事业单位工资收入等情况的统计工作。加强统计数据质量管理、统计数据分析和统计信息发布，提升统计公信力。

推进政务公开，构建和谐人事。维护和管理人事局网站，完成局网站的改版工作，新增政策法规、机关党建、工作动态、人事任免、局长信箱等栏目，在网上发布信息600余条。加强人大代表建议、政协委员提案网上办理力度，网上办理了人大代表建议13件和政协委员提案16件。加强网上信访办理力度，网上办理市委书记信箱93件，市长信箱29件，市长热线25件，凤凰山下论坛18件。

【考试中心】把人事考试作为关乎社会公平正义的大事来做，以严肃考风考纪为主线，以制度建设为抓手，逐步建立起人事考试的监督管理长效机制，确保人事考试公平公正和安全，努力把人事考试办成让群众满意、党委政府放心的公益事业。两年来，共完成52次48项各类人事考试工作，办理各类资格考试证书11 680本，无责任事故和安全事故。

完善监督机制。主动把市纪委（监察）部门的同志请进来参与考试组织的全过程，积极协助配合和接受纪委（监察）部门的监督，防止工作人员徇私舞弊。购置了手机屏蔽仪，对所有进入考场人员的手机进行全程屏蔽；使用录像监控设备，对重点科目考试进行全程监控，防止考生利用技术手段作弊。开设投诉、举报电话，及时受理群众的投诉和举报，并将查处结果进行公示，确保广大人民群众对人事考试的知情权和监督权。

实行诚信记录管理。研究制定了《诚信考试记录管理办法》，对考生、考务工作人员和资格审查单位在人事考试中不诚信的行为实行记录，通过达州市人事局网站开设的诚信考试专栏向社会公布，并根据不诚信记录次数做出相应处理。两年来共查处违纪人员235人，严肃了考风考纪。

制定突发事件应急处置预案。认真总结历年来人事考试的经验教训，结合当前人事考试中出现的新情况、新问题，研究制定《达州市人事考试突发事件应急处置预案》，及时预防和处置人事考试过程中遇到的各种突发事件，确保人事考试安全。特别是在5·12汶川大地震和甲型HINI流感爆发期间，由于应急预案完善、措施得力，各项人事考试工作顺利组织实施。

【军转服务】军转安置工作圆满顺利。积极改进安置手段，拓宽安置渠道，采取供需见面、双向选择的方式，积极向用人单位推荐和指令性分配相结合的办法，全市接收并妥善安置军队转业干部84名，随调随迁家属21名。其中，计划分配安置的军队转业干部68名，自主择业干部16名。对安置的军转干部进行全员额上岗前专业培训，突出军转干部岗位所需知识、技能的培训，为军转干部较快地适应地方工作奠定了良好的基础，圆满完成军转安置任务。自主择业转业干部的管理服务不断加强。全市共接收安置自主择业转业干部129人，为加强自主择业军转干部的管理服务工作，建立自主择业管理服务机构和自主择业军转干部数据库，完善管理服务体系和工作制度，及时调整了退役金，按时缴纳自主择业军转干部医疗保险，保证了自主择业军转干部享受公务员医疗保险待遇，积极为自主择业军转干部提供就业帮助，使大批自主择业军转干部在经济建设主战场发挥积极作用，推动自主择业军转干部管理务工作健康地发展。部分企业军转干部解困维稳工作成效显著。全面落实解困政策，严格按照按省上的解困标准每月兑现解困资金，为企业军转干部办理基本医疗保险和补充医疗保险，为下岗、失业的企业军转干部按上年度全省平均工资100%缴纳了养老保险，对患重、特大疾病的企业军转干部进行特殊医疗救助。加强宣传教育和思想政治工作，严格落实“五包”责任制，不断强化稳控措施，实现全市企业军转干部无赴省进京上访，维护了企业军转干部总体稳定。

【领导名录】

局　长：李　梅

副局长：董大铭　何宇　陈建华

编办副主任：杨拥军

（张　旭　李述华　何　强　郭　梅　潘广建　李　强）

劳动和社会保障

综　　述

【基本情况】2008～2009年，达州市劳动和社会保障局以“保企业、保岗位、保就业、保增长、保稳定”为目标，按照“围绕惠民主线，突出五大行动，强推三项举措”的工作思路，通过就业新政策保民生、扩大社会保险覆盖面和提高待遇扩内需、审慎处理劳动关系促稳定、健全基层就业和社会保障公共服务体系强服务，劳动保障工作取得突出成绩。

2008年，全市城镇新增就业人数28 949人，完成目标任务的115.8%；城镇登记失业率为4.25%，比目标任务低0.55个百分点；劳务输出人数173万人次，其中，就业服务机构直接组织劳务输出13 740人，完成目标任务的144.6%；再就业培训8 921人，完成目标任务的127.4%；创业培训2 071人，完成目标任务的138.1%；社会保险参保977 040人次，社会保险费征缴186 088万元；全市城镇企业劳动合同签订率达92%，劳动争议仲裁结案率达98.6%。

2009年，全市城镇新增就业人数30 289人，完成目标任务的116.5%；城镇登记失业率为4.04%，比目标任务低0.27个百分点；劳务输出人数178万人次，其中，就业服务机构直接组织劳务输出14 698人，完成目标任务的113.1%；再就业培训9 842人，完成目标任务的123.1%；创业培训2 243人，完成目标任务的124.6%；社会保险参保1 991 979人次，社会保险费征缴295 282万元；全市城镇企业劳动合同签订率达95%，劳动争议仲裁结案率达96.6%。

【就业再就业工作】两年来，全市城镇新增就业59 238人，完成目标51 000人的116.2%；下岗失业人员和失地无业农民实现再就业31 296人，完成目标25 000人的125.2%，其中，“4050”人员等困难对象实现再就业8 916人，完成目标7 000人的127.4%；全市为53 484名各类求职人员提供免费职业介绍，完成目标30 000人的178.3%；全市就业服务机构直接组织劳务输出43 613人，完成目标17 500人的249.2%；再就业培训18 763人，完成目标15 000人的125.1%，培训后再就业率达65%，比目标任务60%高5个百分点；参加创业培训4 314人，完成目标3 300人的130.7%，创业成功率达56%，比目标任务50%高6个百分点。两年发出职业资格鉴定证书29 966人。达州市高级技工学校招生1 678人，占计划招生1 200人的139.8%。

【社会保险工作】2008～2009年，全市企业养老保险参保426 070人次，完成目标385 400人次的110.6%；企业养老保险金征缴额294 630万元，完成目标105 100万元的280.3%。企业养老保险金足额发放率和社会化发放率继续保持100%。全市机关事业单位养老保险参保320 336人，完成目标313 000的102.3%；征缴机关事业养老保险基金104 267万元，完成目标83 900万元的124.3%。机关事业单位养老保险金支付率达100%。此外，全市农村养老保险人数达40.7万人，积累基金5 400万元。全市失业保险参保318 798人次，完成目标308 000人的103.5%；失业保险费征缴8 213万元（含清欠和被征地农民缴纳），完成目标3 600万元的228.1%。城镇职工基本医疗保险参保589 477人次，完成目标537 000人次的109.8%。其中：农民工参加基本医疗保险人数62 544人次，完成目标任务56 100人的111.5%；全市510 126名城镇居民登记参加医疗保险，完成确保目标425 000人的120.1%；基本医疗保险基金征缴64 639万元，完成目标53 600万元的120.6%。工伤保险参保299 664人次，完成目标284 000人次的105.6%。其中：农民工参加工伤保险85 906人，完成目标任务75 000人的114.5%；工伤保险基金征缴8 225万元，完成目标4 720万元的174.3%。生育保险参保97 659人次，完成目标26 000人次的375.3%；生育保险基金征缴1 396万元，完成目标160万元的872.5%。

【劳动关系维护工作】两年来，全市劳动保障部门接受劳动争议仲裁案件1 917件，结案1 868件，结案率达97.4%，比目标任务95%高2.4个百分点；进一步搞好劳动合同和集体合同的鉴定及履行工作，全市城镇国有企业劳动合同签订率达到93.5%，比目标任务91%高2.5个百分点，基本形成和谐稳定的劳动关系。实施维护权益专项行动，不断加大劳动保障监察力度，积极开展排难解忧，两年来，全市主动监察用人单位6 980户，完成目标任务2 000户的349%，群众投诉案件1 781件，处理结案1 781件，结案率达100%，比目标任务96%高4个百分点。认真开展拖欠农民工工资等专项执法检查，追发劳动者工资2 451.72万元，切实维护劳动者合法权益。继续贯彻落实最低工资制度，调整最低工资标准，通川区、达县（南外镇）为550元/月，其余县市为450元/月。与人民银行建立征信系统，主要对企业拖欠工资情况纳入征信系统的监控范围，进一步建立健全保障企业依法支付劳动者工资的长效机制。对国有企业和国有控股企业工资内外收入进行监督检查，并发布2009年度企业工资指导线，对企业正常工资增长分配进行宏观调控和指导。

【依法行政工作开创新局面】全市劳动保障部门认真落实行政执法责任制，大力推进“两集中两到位”工作，推行政务公开，把16项行政审批（事项）全部纳入政府政务中心办理，提高工作效率，切实方便群众。全市退休人员纳入社区管理服务率达100%，比目标任务80%高20个百分点。

【社保基金安全工作】两年来，全市劳动保障部门认真开展各类社会保险基金的现场监督和非现场监督，社会保险基金实施现场监督覆盖面达55%，比目标任务50%高5几个百分点；非现场监督达100%，比目标任务95%高5个百分点。两年来，全市无社会保险基金违规违纪举报案件，社会保险基金运行安全。

【表彰情况】

先进集体

1. 2008年度“四好领导班子”（市委）

2. 2008年度市级部门目标管理先进单位（市委、市政府）

3. 2008年度定点扶贫工作先进集体（市委）

4. 2008年度全市信访工作先进集体（市委）

5. 2008年度劳动保障工作先进单位（四川省劳动保障厅）

6. 2008年度全市思想宣传政治工作先进单位（市委）

7. 2008年度维稳工作先进集体（市委）

8. 2009年度“四好领导班子”（市委）

9. 2009年度市级部门目标管理先进单位（市委、市政府）

10. 2009年度全市维护社会稳定工作先进集体（市委）

11. 2009年度劳动保障工作先进单位（四川省劳动保障厅）

12. 2009年度全市政务督办工作先进单位（市政府）

13. 2009年度政研工作先进单位（市委）

先进个人

1. 李绍奇2008年度全省劳动保障系统抗震救灾先进个人（省劳动保障厅）

2. 罗清云2009年度政务督办工作先进个人（市政府）

【领导名录】

局　长：李绍奇

副局长：廖仕民　黄中清　陈健　袁多斌

机关党委书记：张　旭

纪检组长：冯化运

（罗清云）

就业失业保险

【就业促进】2008年，全市城镇新增就业28 949人，完成全年目标任务的115.8%。帮助下岗失业人员和失地无业农民实现就业15 592人，完成目标任务的124.7%。其中，就业困难对象实现就业4 358人，完成全年目标任务的124.5%。年末全市城镇登记失业率为4.25%。

2009年，全市城镇新增就业30 866人，完成全年目标任务的118.7%；帮助下岗失业人员实现再就业16 243人，完成目标任务的129.9%。帮助就业困难对象实现就业4 764人，完成全年目标任务的

136.1%；全年共帮助314户零就业家庭在规定时间内至少实现一人就业，实现动态消除零就业家庭的目标。年末全市城镇登记失业率为4.04%。

【特别职业培训】积极深入乡镇、厂区，为失地无业农民、返乡农民工、下岗失业人员等培训对象举办技能培训班，启动特别职业培训计划。为帮助部队随军家属和即将刑满释放人员就业，市就业局还分别举办了"军嫂"和达州监狱即将刑满释放人员免费技能培训班，受到社会广泛好评。2008年，全市组织开展再就业培训8 921人，完成目标任务的127.4%，培训合格率为95%，就业率达67%；组织开展农民劳动力技能培训32 876人，完成目标任务的142.9%；组织开展创业培训2 071人，完成目标任务的138.1%，合格率达95%，创业成功率达56%。

2009年，全市组织开展再就业培训9 554人，完成目标任务的119.4%，培训合格率为91.2%，就业率达67.2%；组织开展农村劳动力技能培训32 587人，完成目标任务的141.7%；组织开展创业培训2 114人，完成目标任务的117.4%，培训合格率为86%，创业成功率达54.5%。

【职业推介】成功举办"浙江嘉兴——四川达州技能人才交流洽谈会"、"达州市返乡农民就业现场招聘会"、"达州市大中专毕业生就业援助大型招聘会"、"达州监狱即将刑满释放人员专场招聘会"等一系列招聘会和劳务洽谈会，规模不断扩大，有效应对国际金融危机对达州市就业形势的影响。2008年，全市公共职业介绍机构共为21 111名各类城乡求职者提供了免费职业介绍，完成目标任务的131.9%。全市劳务输出173万人次。就业服务管理机构有组织劳务输出13 740人，完成目标任务的144.6%。全市共举办各类大型招聘会15场，2 243家用人单位提供59 423个就业岗位进场招聘，79 863名各类城乡求职者参加了招聘会，免费求职登记33 676人次，达成就业意向协议16 668人次。

2009年，全市公共职业介绍机构共为25 458名各类城乡求职者提供了免费职业介绍，完成目标任务的127.3%。全市组织劳务输出178万人次。就业服务管理机构有组织劳务输出14 698人，完成目标任务的113.1%。全年共组织开展各类招聘会53场，提供就业岗位达10万个。约5.3万人通过参加招聘会达成就业意向。

【就业政策实施】2008年，全年共落实社会保险补贴2 755.9万元，其中为灵活就业人员落实社保补贴24 773人，补贴资金共计2 477.3万元，有力促进了灵活就业人员的就业稳定；落实公益性岗位补贴1 088.7万元，3 892名在公益性岗位实现就业的就业困难对象按时足额享受岗位补贴；落实职业介绍补贴89.7万元，落实职业培训补贴1 316.5万元；全市新增小额担保贷款137笔，贷款资金274万元。2009年，全市共为40 357名灵活就业人员落实社保补贴3 846.1万元，为1 187人落实公益性岗位补贴313.03万元，落实职业介绍补贴173.6万元，落实职业培训补贴2 170.68万元。全市就业资金收入13 453.6万元，支出13 233.1万元，资金管理使用规范、安全、合理。全市新增小额担保贷款1 971.5万元，完成全年目标任务的123.2%。

【失业保险状况】2008年，全市失业保险参保人数159 992人，完成目标任务的103.2%。其中新增扩面10 881人，完成目标任务的114.5%。全年全市征缴失业保险费3 706.12万元（其中征收失地无业农民失业保险费883.62万元），完成目标任务的205.9%。全年开展失业保险稽核57 597人，稽核面达参保人数的36%，失业保险稽核资金到账率为89%。

2009年，全市失业保险参保人数15.9万人，完成目标任务的102.6%。全年全市失业保险新增扩面1.7万人，完成目标任务的154.5%。征缴失业保险费5 353.4万元（其中征收失地无业农民失业保险费2 418.44万元），完成目标任务的267.7%。开展失业保险稽核12.7万人，稽核面达参保人数的80%。失业保险稽核资金到账率为93%。

【表彰情况】

先进集体

1. 2008年度全省就业服务工作成绩突出单位（四川省就业局）

2. 四川省抗震救灾就业援助先进集体（四川省就业局）

【领导名录】

局　长：袁多斌

副局长：董云彪　吴洪大

（周　舸）

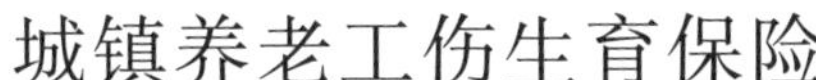

城镇养老工伤生育保险

【重点目标任务完成情况】2008年,三项保险参保人数分别为201 710人、149 175人、16 533人,分别完成目标任务的110%、111%、150%;基金征缴分别是104 301.28万元、3 476.13万元、121.56万元,分别完成目标任务的169%、150%、152%,巩固了各项待遇的按时足额发放,离退休人员养老金社会化发放率达100%。

2009年,三项保险参保人数分别为228 722人、149 958人、85 072人,分别完成目标任务的108%、101%、147%;基金征缴分别是206 452万元、6 447万元、1 365万元,分别完成目标任务的196%、339%、333%,进一步巩固了各项待遇的按时足额发放,离退休人员养老金社会化发放率达100%。

【年度工作亮点】2008年是"解决历史遗留问题年",按照规定办理7 800名原城镇集体企业和返城知青等超龄人员参加基本养老保险,将10 118名企业老工伤人员纳入工伤保险统筹管理。全市从2008年9月全面实施生育保险政策。调剂工伤保险储备金278万元支持省内灾区工伤保险工作,干部职工捐款8 600元、党员交纳"特殊党费"16 400元支援省内灾区工作。2009年根据四川省人民政府办公厅《关于解决原城镇集体企业职工和返城知青参加基本养老保险有关问题的通知》(川办函〔2008〕185号)和省劳动和社会保障厅、财政厅《关于解决原城镇集体企业职工和返城知青参加基本养老保险有关具体问题的实施意见》(川劳社办〔2008〕66号)精神,办理了18 312名城镇企业职工和返城知青参加基本养老保险,征集养老保险费70 110万元。根据《省政府贯彻实施〈国务院关于完善企业职工基本养老保险制度的决定的通知〉的通知》(川府发〔2006〕12号)省劳动和社会保障厅、财政厅《关于完善企业职工基本养老保险市级统筹工作的指导意见》(川劳社办〔2006〕90号)精神,全市基本养老保险实行市级统筹。实行统一养老保险政策,统一缴费比例,统一业务管理流程,统一基金收支,统一基金调剂使用。基本养老、工伤、生育保险费征缴连续两年创历史新高;基本养老保险费征缴突破20亿元,工伤保险费在降低费率的情况下征集超6 000万元,生育保险费征集首破千万元大关。拓展社会化管理服务内容,推行工伤、生育保险待遇进行社会化管理。

【表彰情况】

先进集体

1. 2008年度全省劳动保障系统先进单位(四川省劳动保障厅)

2. 2008年度社保工作先进单位(四川省社保局)

3. 2009年度社保工作先进单位(四川省社保局)

【领导名录】

局　长:陈　健

副局长:杨斌　张正元　张英仁

(胡　霞)

城镇医疗保险

【机构】达州市城镇职工基本医疗保险管理局前身系原达州市公费医疗管理办公室,成立于1992年,1995年原达州市公费医疗管理办公室移交劳动部门管理。2000年12月,更名为达州市城镇职工基本医疗保险管理局。2001年列为依照公务员管理的副县级事业单位。2009年确定为参照公务员法管理单位。

【工作情况】自2009年启动实施以市级调剂金制度为主的城镇居民基本医疗保险、大学生基本医疗保险制度,并相继出台城镇居民补充医疗保险政策和门诊医疗统筹办法,增大政策吸引力。截至2009年12月底,全市参加基本医疗保险人数849 469人,完成省劳动和社会保障厅下达医疗保险扩面人数793 000人的107.1%,其中市本级参保120 599人、通川区125 842人、达县132 262人、宣汉县112 013人、大竹县113 735人、渠县124 046人、开江县58 572人、万源市62 400人。截至2009年12月底,全市征缴基本医疗保险基金52 668万元(含破产改制企业退休人员中央财政补助资金),完成省劳动和社会保障厅下达的医疗保险征缴额34 900万元的150.9%。其中市本级28 476万元、通川区1 319万元、达县4 137万元、宣汉县4 459万元、大竹县4 704万元、渠县4 957万元、开江县2 441万元、万源市2 175万。截至2009年12底,全市城镇居民参加基本医疗保险达全市参加医疗保险人数534 576人,完成目标任务510 000人的104.8%,其中市本级大学生参保12 500人。

2008 年、2009 年主要抓好征收工作,通过制定系统的征收计划,结合扩面工作,对历年缴费滞后的单位分门别类,分组促收。采取单位上缴、电话催收和上门征缴等办法,加大基金征集力度,对欠费单位和本年度缴费滞后的单位开展缴费稽核,限期缴费,对限期仍不缴费的单位,由劳动保障检察部门开展重点监察,下达整改通知书,以督促欠费单位缴费。"两定"管理工作按照医院等级、住院费用支付方式等情况继续实行分类管理,结合服务协议执行情况和年度考核情况,实行定点医疗机构分类管理办法和探索医保服务信用等级制度,发挥各级定点医疗机构的主观能动性。实行参保人员住院医疗费记账和网上结算措施,大力推行按项目付费、总额预付和按单病种付费相结合办法。加大"两定"服务协议签订力度。对有定点资格的医疗机构和药店签订涉及基础工作、就医、药品、结算、转诊转院方面内容的服务协议。基金监管工作建立健全基金内控制度,结合实际,建立基金财务制度、内部监督制度、医疗费审核复核制度、领导签字制度等基金管理制度。开展财政现场监督,主动接受财政部门对上一年度的医保基金财政专户管理、基金收支等情况开展监督,针对基金管理出现的新情况,新问题完善管理制度。实行社会监督,聘请有参保单位、参保职工、定点医疗机构、定点零售药店代表等为社会监督员,加强对基金的社会监督。窗口服务工作以开展深入学习科学发展观活动为契机,继续开展优质服务窗口创建活动,制定医疗保险就医结算程序、须知,实行医院结算办法,简化乙类药品和支付部分费用诊疗项目的登记备案手续等。实现大厅式服务、一站式服务,落实岗位责任制、座牌服务、佩证服务;市本级继续推行"大厅值班长制度"和"首问责任制、限时办结制、服务承诺制、责任追究制",各地推行政务公开,阳光作业、增强服务意识,改善服务态度,医疗保险服务水平不断提高。

【表彰情况】

2008 年、2009 年评为全省城镇职工基本医疗保险工作先进单位(四川省医保中心)

2009 年被评为定点扶贫工作先进集体(市委)

【领导名录】

局长:徐泽彬

副局长:徐世界　张修喜

(梁　峰)

机关事业单位养老保险

【基本情况】2008 年,全市参保单位3 207个,参保职工 16 万人,完成年度目标任务的 111%,征收养老保险费 4.31 亿元,完成年度目标任务的 104.96%。市本级参保单位 270 个,参保职工 1.66 万人,完成年度目标任务的 103%,征收养老保险费7 618万元,完成年度目标任务的 100.18%。全市基金累计积累 2.79 亿元。

2009 年,全市参保单位3 209个,参保职工 16 万余人,征收养老保险费 6.99 亿元,完成年度目标任务的 118.23%。市本级参保单位 270 个,参保职工 1.68 万人,征收养老保险费 1.33 亿元,完成年度目标任务的 133.09%,基金累计积累近 1 亿元。全市基金累计积累 3.33 亿元。

【依法行政】出台规范业务的工作意见。旨在加强机关效能建设,强化"便民、为民、惠民",将所有对外业务全部纳入服务大厅办理,实现机保对外业务在服务大厅一次性办理完毕等若干措施。按照"创新发展、强化职责、从严管理"的要求,全面推行首问责任制、服务承诺制和限时办结制等制度。及时稳妥处理过去遗留问题,确保欠费应收尽收。在电影公司改制之际,收回欠缴养老保险费,理顺了达州军分区等单位参保关系,并缴清历年欠费。新修订《关于加强对外业务经办工作的意见》。把《政务服务首问(接)责任制度》、《政务服务限时办结制度》、《政务服务承诺制度》和工作人员行政过错责任追究制等一系列制度作为业务窗口工作人员的行为准则。通过这些规定、制度的贯彻落实,切实改善服务质量,提高了机关工作效能。对来访的群众做到热情接待,耐心解释政策及规定,有力地维护了社会稳定。

【惠民帮扶工作】局支部一班人把定点扶贫工作纳入年度重要工作计划,制定切实可行的帮扶计划,按照定点扶贫"村有强有力的班子,村有支柱产业,户有致富项目,居住环境城市化,庭园经济特色化,村级政务公开化,公共道德规范化"要求,继续开展党员"1+1"、党员干部"1+2"帮扶贫困户活动。领导小组成员先后五次 20 余人次前往定点扶贫村进行慰问和帮助指导扶贫工作，为困难群众捐款捐物折合人民币6 000余元。在汶川大地震发生后，全局党员干部职工为灾区捐款5 100元，单位为对口支援县捐款5 000元，全体党员交纳“特殊党费”1 300元。按照“指导思想上求实，工作作风上务实、工作效果上讲实”的要求，狠抓定点扶贫村的帮扶工作，定期到定点扶贫村指导农业生产工作，争取市、县有关部门的支持，协调解决定点扶贫村基础设施建设所需资金问题，协调借款 10 余万元帮助发展养殖业和村公路硬化工程。两年共捐款救灾、慈善扶贫等捐款十余次共计17 000余元。

【领导名录】

副局长：谭德文

（蒲　毅）

农村社会养老保险

【基本情况】达州市农村社会养老保险事业管理局于 1996 年挂牌成立，2001 年被列入依照国家公务员管理的行使行政职能的副县级事业单位，隶属于达州市劳动和社会保障局。

【工作情况】农村社会养老保险事业从 1992 年开始试点，1995 年全市推广，7 个县、市、区均成立了农村社会养老保险事业管理局。农村养老保险已覆盖了 313 个乡镇，3 132个村，累计参保人数 24. 19 万人，农民参保率 4. 5%，累计收入8 579万元，全市已有 2. 95 万人领取养老金，人均年养老金 51. 86 元。2005 年以来，在宣汉、渠县、达县、开江试点，对村(社区)现任党支部书记、村民委员会主任、文书“三职干部”实行有政府补贴的养老保险制度，政府每人每年补助标准是：宣汉 384 元、渠县 500 元、达县 400 元、开江 400 元(随经济增长而增长)，个人缴费自定，但不低于政府补助，领取标准由缴费年限等多种因素决定，到 2009 年，全市有9 000多名“三职干部”参加了新型农村养老保险。按照新农保基本要求，充分调查，细致筛选，完成试点县申报工作，确定宣汉县为全国首批新型农村社会养老保险试点县，并及时指导宣汉县抓好方案的贯彻落实。按照“保基本、广覆盖、有弹性、可持续”的工作思路，强化措施，狠抓落实，强势推动确保了进展顺利，取得显著成效，到 2009 年年底，宣汉县已参保达 40. 1 万人，占应参保 0. 6 万人6 683. 3%，宣汉县新农保试点工作得到了省人力资源和社会保障厅的充分肯定。

【领导名录】

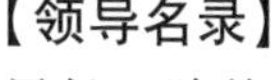

局长：陈德军

（杨　晶）

人口和计划生育

【概述】2008 ~ 2009 年，全市人口计生工作贯彻落实科学发展观，统筹解决人口问题，全力稳定低生育水平，加快新机制建设步伐，推进计划生育综合改革，取得明显进展。据报表，2008 年全市出生57 508人，人口自增率 2. 98‰，符合政策生育率 84. 86%；2009 年出生人口60 658，人口自增率 3. 27‰，符合政策生育率 84. 64%。市人口计生委连续两年被市委、市政府授予目标管理先进单位，并获全市信访工作先进集体、全市维稳综治工作先进集体、全市党委系统督办工作先进集体等称号。市计划生育协会获得全国宣传工作先进集体称号，大竹县获得全国计划生育优质服务先进单位称号、开江县获得全国人口统计调查先进单位称号、通川区获得全省计划生育村(居)民自治先进县(市、区)称号。

【组织领导】市委、市政府坚持以稳定低生育水平、统筹解决人口问题为目标，把人口和计划生育放在经济社会发展的重要位置来抓。主要领导多次听取人口计生工作专题汇报，多次出席全市人口计生工作会议并讲话。2008 年，市委、市政府出台《市级有关部门落实统筹解决人口问题责任分工方案》，认真解决目标管理、队伍建设、经费投入、依法行政、优质服务、利益导向等问题。坚持实行人口计生目标管理，将人口计生工作纳入重大事项督查范围，对人口计生工作完成情况进行综合督查和考评，2008 年大竹县、渠县、通川区、宣汉县、达县获一等奖，万源市、开江县获二等奖。2009 年大竹县、通川区、开江县、宣汉县获一等奖，渠县、万源市、达县获二等奖。

【基层基础工作】以丰富多彩的宣传活动为载体，以广播、电视、报刊、网络为介质，大力创新宣传模式，开展基本政策法规、奖励扶助政策、流动人口计划生育管理、改革开放 30 年人口计生工作成就等多个专项宣传活动。对技术服务机构严格执行规范化管理，开展岗位大练兵活动，加强技术服务人员专业知识培训教育，增强技术服务队伍的业务技能和服务水平。对2008年5月1日前形成的所有文件逐个进行清理，修改规范性文件1个，废止和失效13个，继续执行的22个。完善行政执法责任制，深化行政审批制度改革，贯彻落实《责任追究办法》，全面开展违法生育专项治理。

【流动人口计划生育管理有新突破】2009年，在全市范围内组织开展《流动人口计划生育工作条例》知识竞赛活动，在市级比赛的基础上，选拔优胜队伍参加全省比赛，获组织奖。统一设置全员信息登记表，对流动人口进行逐项调查，建立流动人口育龄妇女信息档案，清理在册的流出人口约100万人。在流动人口相对密集的居住地、聚集地、活动场所和公共场所，免费发放药具，普及计划生育、优生优育和生殖健康知识。积极创新流动人口计划生育管理机制，探索区域协作新模式，推进服务管理"一盘棋"，在深圳罗湖区设立达州市罗湖区计划生育协会联合会、达州籍会员之家、达州籍流动人口计划生育服务管理工作室等，受到国家人口计生委的充分肯定。

【计划生育利益导向政策】2008年和2009年全市农村计划生育家庭奖励扶助对象分别为28 256人、35 238人，发放奖励扶助金分别为1 695.36万元、2 537.14万元。2008年和2009年计划生育家庭特别扶助对象分别为888人、1 525人，发放特别扶助金分别为100.37万元、174.14万元。全市复核确认独生子女父母奖励人数24.5万人，落实独生子女父母奖励金2 900余万元，兑现率100%。开通计生困难家庭优秀学生免费就学绿色通道，2008年推荐14名，2009年推荐27名计划生育困难家庭学生免费就读成都玉林中学。大竹县对独生子女家庭生殖健康服务、就业、劳动技术培训等实行优先优惠政策。渠县对农村独生子女考上一类本科每人奖励2 000元。通川落实长效避孕措施对象，由区财政给予一次性奖励1 000元。

【队伍建设】加强乡、村计生队伍建设，实行定人、定岗、定职、定责，每个乡镇保持有1～2名公务员从事人口计生管理工作，落实村计生干部的报酬。推进职业化建设，2009年制定《达州市人口计生队伍职业化建设工作实施方案》，明确未来10年市内人口计生干部队伍职业化建设目标和基本要求。完善选人用人机制，严格准入标准，按照每个岗位人员的条件和标准，采取公开考试、公平竞争、择优录用的办法招录工作人员。加强作风建设，2008年制定《达州市人口计生系统深入开展民主评议政风行风工作的实施方案》，开展了"农民兄弟姐妹评计生"、"下评上"活动。大力开展能力建设、作风建设、机关效能建设和学习型、创新型、服务型、廉洁性、效能型、节约型"六型"机关等系列活动。2008年成功创建"创新型"机关，2009年成功创建"学习型"和"节约型"机关。全面推进"阳光计生行动"，实行阳光管理、阳光服务、阳光维权，2009年，每个县、市、区抓了3个乡镇试点。

【计划生育村(居)民自治工作】建立村民小组长和物业楼长责任制，建立家庭计划生育档案和电话联系制。开展计划生育村(居)民自治先进县(市、区)创建活动，加快计划生育合格村创建步伐，全市2 000多个村达到合格村标准，76个乡镇被命名为村(居)民自治先进乡镇。

【"关爱女孩"行动】 各地认真开展"关爱女孩"行动，资助女孩上学，为女孩免费检查身体，慰问贫困女孩家庭，努力消除性别歧视。大竹县作为省上的"关爱女孩"行动试点县，2009年顺利通过省上的三年试点终期评估验收。

【"三结合"帮扶工作】2008年，市人口和计划生育领导小组制定印发《计划生育"三结合"工作意见》，全面部署2008～2010年"三结合"帮扶工作任务，各地各部门认真制定帮扶政策，狠抓帮扶项目、对象、措施三落实。2008年完成计生"三结合"帮扶任务15 088户，注入帮扶资金453.69万元。2009年完成帮扶任务15 979户，注入帮扶资金328.68万元，建立帮扶基地554个。

【计划生育工作信息化建设】加强育龄妇女信息系统建设，完成乡镇四级网络平台建设，实现了省、市、县、乡四级网络互联互通。完善和提高WIS数据库质量，实施全面人口信息管理，2009年，20个省级人口统计监测点数据质量在省人口计生委的分析评估中列第7位。建立完善流动人口信息平台，流动人口计划生育实现信息化管理。市人口计生委与公安、统计、民政、卫生、教育等部门建立了人口信息共享制度，利用信息库信息资源，实现信息互补。

【计划生育优质服务先进县(市、区)创建活动】将"创优"活动作为实现"两个转变"、创新工作机制、提高群众满意度的有效途径，加强领导，精心组织。2009年大竹县成功创建国家级计划生育优质服务先进单位，宣汉县成功创建省级计划生育优质服务先进县(市、区)。达县、通川区、万源市三个省级计划生育优质服务先进县(市、区)得到进一步巩固。

【技术服务"三大工程"】市内全面实施"避孕节育服务、生殖道感染干预、出生缺陷干预"三大工程。推行避孕节育措施知情选择,指导群众选择落实安全、有效、适宜的长效避孕措施。开展为绝经期妇女免费摘取宫内节育器工作,实施"关爱女性健康"乳腺疾病普查普治,进行科普知识宣传。宣传推广叶酸营养素,在达县、通川区建立遗传优生"绿色通道"试点,开展出生缺陷知识进机关、进厂矿、进学校、进村组、进家庭活动。2008 年,免费为6 630名绝经期妇女摘除宫内节育器,免费普查 20 ~ 60 岁已婚育龄妇女乳腺疾病169 347人,免费普查生殖道感染疾病267 887人。2009 年,全市为6 775人摘取了宫内节育器,免费普查已婚育龄妇女乳腺疾病19 525例,免费落实各种避孕节育措施41 259例,免费"三查"人数超过 190 万人次。

【计划生育药械市场专项整治】 2009 年,在市政府的统一领导下,市人口计生委牵头,协调市公安、卫生、工商、质监、食品药品监督管理、出入境检验检疫等部门,对全市计划生育药械市场进行专项整治。对超范围经营、违法销售避孕药具、经营假冒伪劣器械商店给予立案查处,限期整改,群众购买计划生育药械的市场得以改善。共检查医疗机构、药店、个体诊所、成人性用品个体工商户和酒店等 660 家,下发督查意见 128 户,责令改正 130 户,罚款 10 万余元。

【改革开放 30 年人口计生工作成就宣传】2008 年,在改革开放三十年之际,市人口计生委积极开展计生 30 年工作总结回顾,编撰计生 30 年成果篇编入《达州改革开放三十年》发展成就报告,在《达州日报》专版刊登全市人口计生系统 30 年辉煌成就。

【达州市生殖专科医院成立】 2008 年 3 月,达州市首家公益性生殖专科医院举行揭牌剪彩仪式。省人口计生委、市委、市政府,市政协等省、市领导参加揭牌剪彩仪式。该院投资 650 余万元改造规范业务用房4 500㎡,购置彩超、宫腔镜、超声可视人流系统等先进设备,聚集优秀的专家团队,对不孕不育的诊治规范、系统科学,在全市生殖医学领域处于领先地位。该院的建立对推动全市生殖健康产业又好又快发展,唤起广大群众,尤其是育龄群众对生活和生命质量的关注产生积极的促进作用。

【计生服务体系建设】 2008 年中央扩大消费拉动内需项目建设——全市 69 个乡镇中心服务站,每个站中央投资 20 万元,配套资金由县级财政解决。各地严格实施招投标或比选制度,加快项目建设进度,强化资金管理,严格把握质量,2009 年底 69 个乡镇中心服务站建设全部竣工,11 个灾后重建项目基本竣工,国债项目宣汉县计划生育服务站竣工投入使用。

【领导名录】

主　任:黄建琴

副主任:刘光斌　张　群　褚小玲　梁经明

外 事 侨 务

【出国管理与外事接待】2008 ~ 2009 年,因地震影响,全市因公出国(境)人员大幅度下降,先后派出政治、经济、商贸等公务出访人员 70 余人次,分别前往多个国家和地区进行商贸考察、引资洽谈和文化艺术交流,选派赴日研修生 1 人;接待外国大公司、驻华使领馆、民间人士以及华侨华人、港澳同胞 230 余人进行商贸洽谈、友好交流、探亲访友。

【对外开放与友好交往】2008 年成功接待美国雪佛龙公司亚太区勘探与生产公司总裁 Jim Black – well 先生一行 11 人、白俄罗斯国家歌舞团一行 22 人、香港慈善基金会徐宪清一行 2 人、法国道达尔公司代表 4 人、卡尔加里市代表 6 人、香港诺定咸郡华人社团联合会 4 人等 5 批 50 余人来赴市考察访问、慈善捐赠、考察洽谈。

2009 年,先后接待来自美国、法国、英国、德国、以色列、澳大利亚、日本、伊朗、尼日利亚客人和我国港澳地区爱心人士等 18 批共 150 余人次到达州进行合作考察、商业洽谈、爱心捐赠。在接待中注重严守外事纪律,做到热情大方、不卑不亢,树立了良好的对外开放形象。

【引资助学扶贫】2008 ~ 2009 年,共争取海外侨胞、港澳同胞和国际友好组织捐资人民币 394 万元,兴建"侨心工程"学校 20 所、卫生院 1 所,帮扶贫困师生和扶持贫困农户共计2 850余名。

【服务经济】2008 ~ 2009 年,积极搜集整理全市重大招商引资项目 50 余个,提供经济信息 200 余条,分别在四川省外办、四川省侨办、四川省友协上网发布,向海外客商进行推介;邀请海外客商参加历年四川省“西部博览会”、“达州赴蓉投资洽谈会”等各类招商活动,并将招商引资项目向海外客商作推介。

2008年协助市经委、科技局承办达州举办的节能减排国际研讨会、全市硫化工论坛会议;协助市文化局邀请白俄罗斯国家歌舞团赴达演出,丰富市民业余生活;积极为达州钢铁集团与香港海山国际集团签署国际战略合作框架协议,促进达钢在安哥拉推进铁矿资源基地建设;邀请有实力的境外企业、华商企业参加达州市承接优势产业转移投资说明会;积极组织、促成海外华侨华人企业家参加四川省2008年“西部博览会”和“达州投资说明洽谈会”,让他们了解市情和优势资源;积极组织达州籍海外华侨华人参加“四川省海外高新科技洽谈会”。

2009年经牵线搭桥引进的以色列凯丹水务投资3 000余万元用于化工园区的污水处理。

【外事管理】加强对国(境)外记者和非政府组织来达的管理工作,在北京奥运会期间,以市委办名义出台下发《关于加强奥运期间外国记者来达管理与服务的通知》。市委、市政府于7月28日召开了高规格、大规模的全市外事工作暨外事业务培训会议。

2009年按照中办发12号文件精神和中央领导贺国强同志关于制止公款出国(境)旅游工作“再集中抓一年”的指示,结合达州实际情况,制定严把审核审批关,加强计划和量化管理,制止一般性和重复性考察,加强监管检查处罚力度等几项措施,严格因公出国管理。为加强对通川区、宣汉县、渠县6所学校、卫生院1.6亿元人民币的港澳援建项目的管理,先后对这些项目进行调研,下发《达州市港澳援助项目资金拨付程序的通知》,并报请市政府出台了《港澳特别行政区援助达州市灾后恢复重建项目、资金管理的实施意见》,使港澳援助项目管理更加规范化。为加强对境外非政府组织的管理工作,外侨办召集国安、卫生、教育、民政等部门召开工作协调会,并报请市委、市政府两办出台《关于进一步加强全市境外非政府组织管理工作的意见》,对全市开展此项工作起到指导性作用。

【侨务管理】始终坚持把学习贯彻《保护法》和《保护条例》纳入全民普法计划并定期检查落实,2008年先后接待办理侨务信访36件,解决落实30件,对不合理和确实无法落实的信访给予耐心解释和疏导。2009年先后接待办理侨务信访12件,侨界群众的合法权益得到了有力的维护。满意度达100%。

【领导名录】

主　任:谭盛刚

副主任:李先华　田　毅

(刘　艳)

民族宗教

【概况】截至2009年底,全市有土家族、回族等少数民族族别38个,5万多人,占全市人口的0.83%。其中土家族4万多人,占少数民族总数的80%,建有宣汉县三墩、漆树、龙泉、渡口4个民族乡,另有宣汉县樊哙镇、漆碑乡两个少数民族聚居乡镇。全市有回族2 000多人,主要分布在通川区、大竹县。全市现有少数民族干部380余人,其中乡科级80余人,县处级7人。全市天主教、基督教、佛教、道教和伊斯兰教五教俱全,建有市佛教协会、市天主教爱国会、市基督教三自爱国运动委员会、市伊斯兰教协会4个全市性爱国宗教团体,县级爱国宗教团体20个,信教群众30多万人,全市经政府批准开放并进行登记的宗教活动场所89处,其中佛教44处,天主教13处,基督教29处,伊斯兰教2处,道教1处。市佛协直接管理的宗教场所1处(塔坨朝阳寺)。全市登记备案的宗教教职人员149人,以佛教、基督教教职人员居多,其中佛教105人,天主教5人,基督教34人,伊斯兰教2人。达州市民族宗教事务局为市政府正县级直属局,内设办公室(挂行政审批科)、民族宗教科,有行政编制4个,工勤人员编制3个,下属事业单位有达州市宗教事务中心,事业编制4个,在岗人员共11人。

【民族工作】少数民族惠民行动深入开展。2008年,市民宗局先后深入民族乡、樊哙镇土溪村和达县碑庙镇千口村开展走访慰问活动,共慰问少数民族困难群众30户,送去慰问金15 000元,棉被10床,棉衣50套,其他慰问物资300余件。增进了与各族群众的感情联系。2009年7月,宣汉各民族乡和樊哙镇遭受严重洪灾,5乡镇共有39个村受灾。市民宗局先后两次深入民族乡,慰问战斗在抗洪一线的干部群众,向樊哙镇土溪村发放慰问金1.4万元。

民族专项资金项目争取和项目管理工作成效明显。2008年到位民族专项资金项目32个,资金406万元,其中支援不发达地区发展资金项目10个,资金200万元;散杂居少数民族发展资金项目15个,资金136万元;民族工作机动金项目7个,资金70万元。2009年到位民族专项资金项目22个,资金305万元。市财政安排民族工作机动金13万元,各县(市、区)民族工作专项资金随财力增长逐步增加。两年来,市民宗局先后20余次深入项目实施地进行专项检查,各项目申报程序规范,管理制度健全,资金落实到位,项目效益明显。2009年5月,市民宗局参与市政府扶贫资金专项检查领导小组对各地扶贫项目的专项检查,涉及检查民族项目86个,资金1 125万元。

农村养殖实用技术培训效果好。2008年8月,市民宗局在宣汉县漆树、三墩、渡口、龙泉4个土家族乡及樊哙镇,举办为期一周的农村养殖实用技术培训班,5个乡镇的乡村社干部、养殖大户及部分农户1 000余人参加技术培训。

民族政策宣传教育活动深入开展。2009年,市委办、市政府办下发《全市开展民族团结宣传教育活动方案》。是年11月6日,市委中心组集体学习民族宗教知识与民族政策,省民工委民族研究所所长、硕士生导师袁晓文在学习会上作题为《民族基本知识与中国共产党关于民族问题的基本观点》的专题辅导。市委、市人大、市政府、市政协领导,市委中心组全体成员参加学习。市委书记、市人大常委会主任李向志主持。是年10月,宣汉县龙泉土家族乡党委书记李怀兵被国务院表彰为全国民族团结进步模范个人。

藏区学生"9+3"免费职业教育计划有序推进。市民宗局认真履行职责,积极配合相关部门,全面完成免费职业教育计划的各项工作任务。积极开展"9+3"计划实施情况经验交流工作,加强各县(区)工作联系。深入开展民族知识与民族政策进课堂活动,全市民族工作部门深入"9+3"计划实施学校开展民族知识与政策的宣讲活动5次,完成授课14堂。深入了解藏区学生特点,加大资料收集力度,为开展管理工作引导和管理过程指导提供依据。积极向省上争取专项经费的支持,争取专项经费加大对"9+3"计划的支持。

服务少数民族措施不断改进。2008年,全市开展清真食品生产经营秩序整治活动,收到明显效果。通川区定点牛羊屠宰场开设了清真屠宰车间,6户回民业主全部入驻定点屠宰场,商务、工商部门规划了清真牛羊肉销售摊位,建立了清真食品安全生产经营的长效监管机制。是年,成功协助两户企业申报(达州市军华肉类食品加工有限责任公司和兴萍制衣厂)为民族贸易企业。认真做好新疆籍来达经商少数民族的引导工作,积极协助有关部门化解潜在的矛盾冲突。2009年2月,妥善处理来达新疆少数民族集会事件,对在娱乐场所表演的维吾尔族人存在的安全隐患问题,提出了具体解决措施。新疆"7·5"事件发生后,从新疆来达维吾尔族人数增多,城市流动人口规模扩大,市民宗局及时采取措施,配合公安、国安部门收集近期新疆来达少数民族信息,健全完善应对突发事件的预案;主动与外来少数民族群众加强联系,开展民族政策宣传教育,开展送政策、送问候、送服务、送温暖送服务活动,关心帮助少数民族群众的生产生活,促进了城市民族关系的和谐。深入开展民族工作调研。两年来,局领导先后10余次深入民族乡开展调研,20余次深入民族专项资金项目实施地开展调研,帮助基层解决了一些困难和问题,形成的调研报告获四川省民委表彰二等奖2篇,三等奖4篇。2009年10月,市政协副主席、市委统战部部长汤忠才带领市政协民宗外侨联谊委及第八委员小组全体委员,视察宣汉县民族乡工作情况。

【宗教工作】随着开放的宗教活动场所增加,信教群众人数增多,市域宗教活动较频繁。如佛教信众每年农历2月19日、6月19日、9月19日均有庙会活动,平时每月农历初一、十五也有小的聚会,参与者少则几百人,多则几千人。各佛教活动场所还举办有一定规模的开光法会、庆典等宗教活动,天主教、基督教和伊斯兰教的礼拜和主麻日活动都能正常开展,每年圣诞节宗教活动规模较大。

市内农村宗教非正常活动情况复杂。全市信教群众80%生活在农村,老年人约占70%,妇女约占75%,初中以下文化程度的约占70%,身体有慢性疾病或残疾的约占20%,部分信教群众带有盲目性。经引导,市内农村宗教的发展与社会发展水平总体相适应。宗教社会功能也有所发挥,部分寺观教堂不仅为宗教活动场所,也成为旅游、休闲、社交等场所。

两年来,市内宗教工作具有以下特征:

党政重视程度逐步提升。2008 年,大竹县委中心学习组专题学习宗教政策,四川省宗教局王增建局长到会授课。两年中,先后有 6 名市级领导 10 次深入宗教场所专题调研,各县(市、区)党委、政府主要领导或分管领导 10 人 20 余次深入各场所帮助解决实际困难和问题。各级宗教部门经常深入宗教活动场所,加强对基层宗教工作的指导,积极宣传党的宗教政策。统战、公安、宗教等相关部门加强配合,建立协调机制,制定相关政策,切实保障信教群众的平等权益,巩固和发展新型宗教关系。市政府为各全市性爱国宗教团体每年解决办公经费 20 余万元,2008 年为达县真佛山德化寺解决维修经费 10 万元。两年中,各县(市、区)政府为宗教活动场所解决维修费、基础设施建设补助费等 200 余万元。

宗教工作网络逐步健全。针对信教群众的特点,从抓农村宗教工作的组织建设入手,把农村宗教工作纳入农村群众工作网络中,并将农宗教工作网络与农村统战工作网络结合起来,建立起由各级党委主要领导、相关部门和各村支部书记任组长的县、乡(镇)、村三级农村宗教工作领导小组,形成纵向到底、横向到边、点面结合的农村宗教工作网络,使宗教界反映的问题有人抓、有人管,并能得到及时、妥善解决。

宗教法制教育有序开展。始终将宗教知识、宗教政策法规的学习纳入各级党校和普法学习的重要内容,两年全市共举办宗教教职人员培训班 20 余期,参训人数达到2 000余人。通过培训,增强宗教界正确认识宗教信仰自由的涵义,增强了接受政府依法管理的主动性和依法开展宗教活动的自觉性。

宗教政策宣传逐步深入。通过举办宗教知识竞赛、发放宣传手册、开展农村文化活动等多种形式开展宗教政策宣传活动,促进宗教关系和谐。在开展农村宗教工作时,把增进团结、促进发展和维护稳定作为做好各项工作的根本目的;把宗教政策法规和宗教团结进步以及改革开放、社会主义现代化建设的宣传教育,作为开展农村宗教工作的重要内容。宗教界每次重大活动和各级领导深入场所调研,都有报社和电视台记者参与报道。2008 年 10 月,市民宗局座客市广播电台宣传党的宗教政策和市内的宗教工作情况,并针对群众关心的宗教热点问题回答听众的现场提问。

宗教政策全面落实到位。逐步恢复开放 86 处宗教活动场所,满足信教群众正常宗教生活的需要;全市 17 名教职人员享受社会保障,26 名教职人员享受各级财政解决的生活补贴,绝大多数教职人员都有稳定的基本生活费;各地佛教“两乱”治理成效显著;认真落实宗教房产政策,保障了宗教界的合法权益。2008 年,市委统战部和市民宗局牵头对全市宗教房产政策落实情况进行专题调研。2007 年,渠县将渠江镇营渠路 531 号原丝绸公司办公楼一幢及周围土地资产,按 162.5 万元评估价由财政局、国资经营公司收购,然后将此资产无偿划拨给渠县天主教爱国会管理使用,化解天主教内信教群众存在的严重不稳定因素,解决 20 多年天主教房产未落实的遗留问题。达县采取异地补偿办法,将原新进乡政府大礼堂划归石桥镇天主教爱国会,政府补助 17 万元进行维修后,2009 年移交给天主教爱国会,切底解决石桥镇天主教房产遗留问题。2008 年,达县真佛山德化寺与旅游公司的房产纠纷得到妥善解决,三间门面转交寺庙。

宗教场所管理规范有序。全市宗教工作重心由落实政策转到依法管理上,把维护宗教领域稳定作为头等大事,依法加强宗教事务管理。宗教活动场所民主管理组织全部建立。全市 86 个宗教活动场所全部建立场所民主管理委员会,宗教活动场所制度建设加强,宗教场所自养能力增强。全市 30% 的场所自养有余,50% 的场所基本实现自养,20% 的场所自养较为困难,各场所自养能力普遍提升。

宗教人士培养工作进一步加强。始终把爱国宗教人士队伍建设放在重要位置,特别是培养宗教教职人员方面,形成了制度,提供了平台,落实了经费,实现了良性循环。引导宗教界服务社会,服务群众,全市宗教界人士积极开展慈善公益事业,扶贫济困,捐资助学,为社会多做贡献。推荐安排宗教界代表人士任政协委员、人大代表。安排任市政协常委 4 人,委员 3 人;市人大常委 1 人,各县(市、区)对宗教界人士作政治安排的共 40 余人。

【民族宗教宣传】2008 年 1 月,市民宗局召开民族宗教界人士学习十七大精神座谈会,积极营造民族宗教界学习贯彻党的十七大精神的浓厚氛围。同时,及时传达贯彻民委主任、宗教局长会议精神,召开传达贯彻会议 2 次。市民宗局每半年召开一次总结经验交流会，总结前期工作，安排部署后期工作，表彰先进，交流经验，两年上报信息400余条，被各级采用106条，连续四年被四川省民委、省宗教局分别评为信息工作先进集体，认真开展达州市民族宗教志的编撰工作，对建国以来市内的民族宗教工作情况进行一次系统总结，2009年12月，该志基本定稿。

【抗震救灾】“5·12”汶川8.0级特大地震，市内89处宗教活动场所中55处受灾，较严重的有14处，尤以通川区基督教堂、达县真佛山德化寺和大竹县云雾山寺严重。市民宗局举行全市民宗系统向汶川地震灾区献爱心捐赠仪式，市民宗局机关干部和市佛教协会、市天主教爱国会、市基督教三自爱国会、市伊斯兰教协会4个全市性爱国宗教团体领导班子成员以及部分信教群众共90余人参加现场捐赠活动，共收捐款29 800元，新棉被150床，棉衣250件。市佛协组织的捐款仪式，现场收到捐款2.24万元。达州电视台先后两次对民宗系统组织的捐款活动进行报道。截至2009年底，全市宗教界共为灾区捐款24.41万元，其中达县真佛山德化寺2万元，大竹县净土寺1.5万元，大竹县云雾山寺2.22万元；天主教界1.5万元，基督教界1.5万元，伊斯兰教界0.3万元，其他宗教活动场所捐款15.39万元。

【维护民族宗教领域稳定】2008年，西藏拉萨“3·14”事件后，市民宗局及时组织召开宗教界代表人士座谈会，开展系列反分裂保稳定活动。北京奥运会期间，对宗教教职人员进行重新登记造册，对不稳定和安全隐患进行排查。制定下发全市性爱国宗教团体《重大事故应急救援及处理预案》，加强对宗教活动场所财务管理执行情况督查，促进宗教事务步入法制化、规范化管理轨道。同时，加强重点部位、重点环节安全排查，加强预警防范和安全信息沟通，落实宗教安全稳定防范责任，妥善处理宗教领域不和谐问题。2009年，先后对通川区公墓管理中存在问题和万源市驮山善意寺管理方面的问题进行调查处理。两年共办理群众来信来访13件，处理13件。对2件市政协委员提案进行认真调查，并按时回复，得到政协委员的满意评价。

【领导名录】

局　长：李亚中

副局长：陈奎章

党组成员、调研员：杨大洪

（罗昌印）

经济管理

发展和改革工作

【计划执行情况】2009年,在市委的坚强领导下,在市人大及其常委会的监督、指导和大力支持下,全市上下坚持以科学发展观为指导,紧紧围绕“打造一枢纽、两中心、三基地,建设秦巴地区经济文化强市”的发展定位,牢牢把握“坚定信心、应对挑战、爬坡上行、加快发展”的工作基调,沉着应对全球金融危机,经济社会发展取得了新的成绩。全年地区生产总值682.73亿元,增长14.2%,比计划目标高3.2个百分点,超“十一五”规划目标72.73亿元。其中,第一产业实现增加值178.14亿元,增长3.3%;第二产业实现增加值309.03亿元,增长21.6%;第三产业实现增加值195.56亿元,增长11.6%。

【投资和重点项目建设】2009年,全社会固定资产投资完成545.32亿元,增长30.2%,比计划目标高0.2个百分点,总量居全省第四位。其中,基本建设投资336.26亿元,增长26.5%,更新改造投资140.84亿元,增长50.1%。城镇在建项目1 625个,完成投资395.30亿元,增长18.5%;农村完成投资100.26亿元,增长130%。大力开展“项目会战年”活动,全市120个重点项目完成投资263.9亿元,超目标任务5.6亿元。32个省重点项目完成投资178.5亿元,其中6个省委、省政府重大推进项目完成投资152.2亿元,超目标任务38.1亿元。达成铁路扩能、襄渝铁路二线、普光净化厂等33个重点项目竣工,达陕高速公路、普光气田钻采、大竹海螺水泥等40个重点项目加快建设,达巴铁路、达万高速公路、万源华新水泥等15个重点项目开工建设;南大梁高速公路、市中心医院住院部改扩建、秦巴物流园区等8个重点项目前期工作进展顺利。

【城乡居民收入】2009年,城镇居民人均可支配收入11 103元,增长13.9%,农民人均纯收入4 421元,增长7.9%,分别超“十一五”规划目标235元和428元。新增城镇就业3.1万人,下岗失业人员和失地无业农民实现再就业1.6万人,“4050”人员等就业困难对象实现再就业0.48万人,城镇零就业家庭实现动态清零。城镇登记失业率4.2%。全年劳务培训12.9万人(次),劳务转移178万人(次),实现劳务收入127亿元。城镇职工养老保险、城镇居民医疗保险实现市级统筹,全市大学生和国有关闭破产企业退休职工纳入城镇居民医疗保险范围。新型农村合作医疗参合人数494万人、参合率达96.2%。启动宣汉县新型农村社会养老保险试点。发放低保资金4.6亿元,城乡低保对象月均补差(助)标准分别提高到142元和55元。投入医疗救助资金7 316万元。新改(扩)建敬老院35所。

【商贸流通】2009年,实现社会消费品零售总额252.12亿元,增长18.8%,比计划目标高5.8个百分点。实现旅游总收入35.5亿元,增长16.4%。全社会金融机构各项存款余额763.52亿元、贷款余额299.52亿元,金融机构新增贷款为2008年的2.1倍。

【经济效益】2009年,地方财政一般预算收入23.41亿元,增长19.4%,比计划目标高4.4个百分点,超“十一五”规划目标7.41亿元。产业结构更加优化。三、次产业比重为26∶45∶29,首次实现“二三一”结构。企业效益持续改善,以工业为主的第二产业对经济的贡献率更加突出。规模以上工业增加值249.23亿元,增长26%。其中,轻工业增长24.2%,重工业增长26.6%。累计完成销售产值752.47亿元,增长32%。

【招商引资】2009年,主动参与秦巴地区合作发展,推动融入重庆借力发展,组团参加西博会、渝洽会等大型经贸活动,成功举办中国中西部经济协作区会议暨第二届秦巴地区商品交易会。全年招商引资到位资金223.7亿元,增长18.2%,居全省第二位。出口创汇6 951万美元,增长52.5%,比计划目标多1 951万美元。

【社会事业】2009年,拨付“两免一补”等专项资金7.3亿元;实施校舍安全工程624个,完成投资4.8亿元;市工读学校建成招生;接收藏区“9 + 3”免费职业教育学生545名;新建“留守学生之家”104个;义务教育学校教师绩效工资全面落实。实施卫生基础设施建设项目117个,完成投资9 650万元;“健康快车”免费帮助全市1 187名白内障患者重见光明。培育创新型企业国家级1家、省级20家,创建省级重点实验室1个,实现新产品产值207.1亿元,增长48.9%;实施市级重大科技专项7项,实施企业技改项目262个。建成文化信息资源共享工程县级支中心3个、乡镇综合文化站79个,实施广播电视“村村通”工程8 881个。新建“农民体育健身”工程127个,成功创建全国青少年校园足球活动试点城市。计划生育奖励、扶助政策惠及27万家庭,建成乡镇中心服务站69个。其他社会事业健康发展。

【体制改革】2009年,农村综合改革深入推进,集体林权制度改革取得初步成效。国企改革进展顺利,达棉总厂等16户企业改革基本结束。加快资源要素市场化改革,争取建立天然气资源开发利益补偿机制取得新进展。强化投融资体制改革,成功组建达州发展(控股)有限责任公司。加快金融改革创新,达州市商业银行挂牌成立,农业银行和农村信用社改革取得阶段性成果。乡镇机构改革全面完成。教育、卫生、文化等社会事业改革稳步推进。

【生态环境】2009年,完成营造林面积31.5万亩,治理水土流失面积149平方公里。新建农村户用沼气池3万口,建立农村沼气服务网点276处,实施养殖场及畜牧小区大中型沼气工程10处。认真实施“十大重点节能工程”和“节能产品惠民工程”,关停淘汰落后水泥产能70万吨、小火电43.3万千瓦,限期治理工业企业14家、规模化畜禽养殖企业8家,新增日处理污水能力2.5万吨,全市主要河流断面水质好于国家Ⅲ类标准,市区环境空气质量达标天数351天。单位GDP能耗下降6.6%,化学需氧量、二氧化硫排放量分别下降5.8%和1.6%。

【表彰情况】

1. 农业产业化目标管理工作先进单位
2. 新农村建设先进单位
3. 思想政治工作先进单位
4. 单项目标工作先进单位
5. 目标管理工作先进单位
6. 安全生产目标考核先进单位
7. 定点扶贫工作先进集体
8. 老干部工作先进集体
9. 住房保障工作先进单位
10. 政务督办工作先进集体
11. 政务服务工作先进集体

【领导名录】

主　任:胡　杰

副主任:袁晓春　魏文杰　陈运平

(张仕奎　王明清)

审计工作

【概况】2008年,全市审计机关完成审计项目637个,查出违规资金119 789万元,处理上缴财政3 359万元,核减固定资产投资15 069万元;移送司法机关、纪检监察部门处理事项8件,涉及资金382万元、人员8人;审计结果报告被市委、市政府领导批示25件,审计意见、建议促进出台规范性文件8件;市审计局荣获2007～2008年度“全省审计业务综合考核优秀单位”、市级机关“目标管理先进单位”等表彰共计27项。

2009年,全市审计机关完成审计项目490个、审计调查项目11个,查出违规资金16 811万元,处理上缴财政1 005万元，核减固定资产投资8 181万元，减少财政拨款或补贴1 275万元，归还原渠道资金16 423万元，调账处理46 393万元；移送司法机关、纪检监察部门处理事项6件；提出审计建议823条，被采纳614条；提交审计专题、综合性报告、信息165篇，被各级党政主要领导批示和刊物采用147篇次；市审计局荣获“全国审计系统先进集体”等表彰共计21项，局长王新权同志作为参会代表在京受到温家宝总理的亲切接见。

【财政审计】2008年，全市完成财政审计项目45个，决定处理处罚并指明要求纠正资金62 137万元，提出审计建议意见120条。对市财政局、市地税局、市委党校等9个单位2007年度的预算执行进行了重点审计，对开江县人民政府、通川区人民政府县级财政决算进行了审计。2009年，全市完成财政审计项目80个，决定处理处罚并指明要求纠正资金45 906万元，提出审计建议178条。对市财政局、市地税局和6个行政事业单位2008年度的预算执行和财政财务收支进行了重点审计，对达县人民政府、万源市人民政府的县级财政决算进行了审计。

【金融审计】2008年，对全市7个县(市、区)的农村信用合作联社1996年7月至2007年向党政机关发放贷款的情况进行了审计调查，对通川区农村信用合作联社2007年度资产负债损益情况进行了审计。2009年，对市县两级主管的10个金融机构开展了审计调查，对达县、开江县农村信用社2008年度的资产负债损益情况进行了审计，发现经营管理、财务核算等方面存在违规行为27个，涉及违规、损失浪费、管理不规范资金29 106万元，提出审计建议7条。

【行政事业审计】2008年，对全市4个非扩权试点县2006～2008年3月农村中小学校舍维修改造资金进行了审计调查，并对其2005～2007年的农村义务教育“普九”债务及化债资金落实情况进行了审计，共核减“普九”债务15 121万元，纠正违规化解债务3 250万元。“5·12”汶川大地震发生后，开展了全市农村中小学校舍维修改造资金审计，查出财政、教育主管部门欠拨维修改造资金2 702万元、配套资金不到位1 146万元、挪用维修改造资金151万元、学校虚报D级危房面积87 616平方米套取专项资金4 903万元等违规行为。2009年，全市完成了116个行政事业单位的债务核实和财政财务收支审计，查出违规资金3 640万元，管理不规范资金29 143万元，处理收缴财政2 449万元，归还原渠道资金2 450万元，调账处理9 571万元。

【固定资产投资审计】2008年，全市对9个政府重点投资项目进行了审计，审计资金总额33 687万元，核减工程投资4 593万元，其中市审计局在对市体育中心2.18亿元(送审造价)建设项目审计中，核减工程造价3 547万元。根据省审计厅的统一部署，派出人员对简阳市农村公路投资效益进行了审计调查。2009年，全市完成固定资产投资审计项目167个，审计资金总额15 818万元，查出违规资金3 471万元，核减工程造价8 181万元。市审计局有3篇投资审计结果报告被市委、市政府主要领导批示，达县、开江县聘请技术人员加强投资审计力量，两县投资审计覆盖面达到90%以上。

【企业审计】2008年，对市天然气能源化工基地建设指挥部2007年度财务收支进行了审计，查出并责令纠正重复报销补助、大额现金支付等违规行为。对市房地产开发总公司、市交通发展总公司2007年资产负债损益情况进行了审计，针对其违规行为提出了审计处理意见和建议。2009年，开展了电力、给排水、天然气等6户城镇公用企业的审计，查出违规资金455万元，管理不规范资金413万元，处理收缴财政68万元，归还原渠道资金198万元，调账处理3 123万元。

【经济责任审计】2008年，与市委组织部联合召开了全市经济责任审计成果运用理论研讨会，深入研讨经济责任审计工作创新和结果运用创新。全市共对51名党政领导干和国有及国有控股企业领导人员经济责任进行了审计，其中市审计局对市民政局、市发改委等8个单位的主要领导进行了经济责任审计。通过审计，合理划分了领导干部的经济责任并予以客观评价。2009年，市审计局加强与市经济责任审计联席会议成员单位的协调，促进了《达州市党政领导干部、国有及国有控股企业领导人员经济责任审计结果运用暂行办法》的出台。在对全市69名党政部门、企事业领导人的任期经济责任审计中，查出违规资金3 296万元，决定收缴财政、罚款414万元，归还原渠道资金221万元，减少财政拨款或补贴17万元，调账处理1 178万元，责成部门单位自行纠正6 733万元。

【外资审计】2008年，配合省审计厅完成了对宣汉县、渠县世界银行贷款—基本卫生项目的审计。2009年，对香港援建项目—宣汉县医院和通川区、渠县3所中小学校的基础设施建设项目进行了跟踪审计。组织10名审计人员参与了省审计厅组织的对亚洲银行贷援款项目—达陕高速公路征地拆迁资金的审计，审计资金总额5.2亿元，查出违规资金3 763万元，向纪检、监察部门移送处理事项2件，涉及资金94万元。

【专项资金审计】2008年，对市本级及4个非扩权试点县2007年度农业综合开发项目资金、“5·12”汶川大地震全市捐赠款物及“特殊党费”、2005年、2006年度全市土地治理项目效益情况进行了审计。通过对通川区2007年“四川省长江上游生态环境综合治理项目”专项效益审计调查，揭示了项目实施中提款报账费用支出与实际支出不符、配套资金不落实等问题。对市本级及大竹县2007年度失业保险基金和职业培训就业补助资金进行了审计调查，对万源市2006～2007年度扶贫资金进行了审计。2009年，对2008年度全市职业培训补助资金、7个县（市、区）水利资金、2009年度省财政下拨“特殊党费”援助农户恢复重建补助资金等专项资金进行了审计，查处了培训补助资金管理使用不规范、水利工程招投标和材料采购中的违规行为，向纪检、监察部门移送处理事项2起。

【灾后重建项目审计】2008年，对万源市低温雨雪冰冻灾害救灾款物进行了审计，查出该市改变资金用途和挤占救灾资金20万元、滞拨救灾资金185万元等违规行为，依法作出罚款2万元、责令纠正等处理决定。2009年，审计了全市13 911户农房和1 837户城镇居民住房的21 649万元灾后恢复重建补助资金，派出4人到重灾区参与对灾后恢复重建资金的监督检查，对绵阳市魏城镇达州大道工程、关帝村基础设施建设等达州市对口援建的灾后恢复重建项目进行了审计。

【指导各县（市、区）审计】2008年，市审计局在对县级审计工作的指导中，采取召开全市审计工作会议、统一下达（或调整）项目计划、行业性项目全市统一组织实施、编发审计简报等方式，指导县级审计机关完成审计项目366个，查出违规资金78 078万元，处理收缴财政3 228万元，核减固定资产投资4 908万元，减少财政拨款和补贴629万元，归还原渠道资金11 119万元，审计后挽回经济损失1 006万元；移送司法机关、纪检监察部门处理事项8件，提出审计建议、意见465条，被采纳279条。

2009年，市审计局通过召开审计工作会议、组织审前培训、加强审中检查等措施，指导各县级审计机关对全市农房、城镇居民住房灾后恢复重建资金、水利资金、职业培训补助资金、教育系统预算执行情况等进行审计，共完成审计项目329个，查出违规资金10 865万元，处理收缴财政636万元，核减固定资产投资7 630万元，减少财政拨款和补贴1 275万元，归还原渠道资金16 392万元，审计后挽回经济损失2 107万元；移送司法机关、纪检监察部门处理事项4件，涉及资金114万元；提出审计建议、意见583条，被采纳462条；提交专题、综合性报告和信息简报165篇，被领导批示和媒体采用147篇次。

【领导名录】

局　长：王新权

副局长：罗　谦　王隆琼　张国煌　聂永生

纪检组长：游从文

机关党委书记：屈戈林

总审计师：徐　浩

统 计 工 作

【统计优质服务】坚持以科学发展观为指导，以提升统计服务能力、提高统计数据质量、提高统计服务水平为核心，开展“统计优质服务年、统计优质服务深化年、统计优质服务提高年”活动，切实增强服务意识，创新服务理念，改进服务方式，拓展服务领域，建立和完善行之有效的服务工作机制，不断提高统计分析研究水平和服务效率。抓好月度经济形势分析和统计专题分析研究，搞好预测预警，增强统计信息透明度，为党委、政府决策和社会公众提供优质服务。及时编印《达州统计快报》、《达州工业动态》、《达州商贸》、《达州农经专递》、《达州城镇化与房地产信息快报》等月季度资料和《领导干部统计工作手册》、《达州统计年鉴》等年度统计刊物，发布2008年、2009年《达州市国民经济和社会发挥统计公报》，完成《达州改革开放30年》资料编撰，编辑出版《达州六十年》（1949～2008）和《四川经济社会发展60年——达州篇》统计资料，为新中国六十华诞献礼，与达州广播电视台合作推出《国民经济和社会发展成就回顾》专题片，统计分析《新中国六十周年达州经济社会发展成就综述——悠悠岁月铸辉煌》成为市委、市政府宣传达州经济社会发展取得成绩的重要宣传篇。办好《达州统计信息》局域网和政务外网，做好市政府门户网站相关栏目资料更新工作，加强与新闻单位的联系，及时编写反映达州经济社会发展的各类统计信息。2008～2009年，共撰写各类信息、分析500余篇，其中被市委、市政府、市级媒体、省级媒体采用320余篇条；完成5个统计课题调研，其中《达州房地产市场现状及趋势分析》、《从粮食安全的战略地位出发，保护耕地、保护农民种粮积极性的对策研究》、《浅谈普查档案管理及开发利用》等3个调研课题受到市委、市政府领导的签批并充分肯定调研成果；参加市委政研室的联合课题调研评审之《达州市"分三步"走全面建设小康社会规划》、《提升机关效能促进达州又好又快发展》分别获"达州市政策研究优秀成果评选"二等奖、优秀奖。

【基层基础建设】加强基层基础"六有"（有机构、有人员、有资格、有制度、有台账、有网络）建设，加强统计人员的职业道德教育、专业培训、统计普法教育，提高基层统计人员业务能力和水平。2008～2009年完成统计人员从业资格考试535人，统计继续教育373人，统计专业技术资格考试260人，对全市企业统计人员进行培训20余次，培训人员达1 200余人次，进一步规范统计基层基础工作。

【数据质量控制】建立统计质量总监和信息总监制度，进一步完善经济形势分析和统计数据评估联审会议制度，实施科学的数据质量评估，有效杜绝主要统计数据弄虚作假，确保客观真实反映经济社会发展现状及态势。每季度召集市级相关部门对涉及国计民生的主要指标进行评估、分析、论证；同时在市、县两级统计局内实施跨行业、分专业的数据质量可行性及数据协调性评估，"条、块"结合，确保统计数据质量。严格按照专业人员收集、汇总、初审数据，科室负责人把关评估，分管领导复审、评估，并召集相关专业实施可行性分析、评估；严格执行GDP核算、农业、工业、固定资产投资、建筑业、商业、城镇居民住户调查、农村居民住户调查等专业的统计指标报表制度，切实增强各级统计数据的科学性和规范性，实现市级与省级、市级与县级统计数据的协调衔接。2008～2009年，共召开各类经济形势分析评估会50余次，部门（行业）数据协调性评估会议30余次，确保统计数据质量，有力地提升了政府统计公信力。

【统计创新和改革】立足市情，以创新意识、转变观念为动力，以促进"保增长、保稳定、保民生"目标圆满实现为核心，建立富有特色的"达州市社情民意调查中心"、《"两个收入调查"制度》，适时监控反映民生统计；围绕打造中国西部气都、化工园区建设，加强调研，摸清现状，建立《达州市能源化工统计报表制度》，创新节能减排工作，全面实施了共涉及节能减排、可持续发展、环评等31项统计监测指标；实施"一套表"统计改革，加强数据采集系统建设，"三上企业"网上直报工作初显成效。

【第二次全国经济普查和第六次全国人口普查】完成第二次全国农业普查后期主要工作，发布了《达州市第二次全国农业普查主要数据公报》；扎实开展第二次全国经济普查，严格按照《全国经济普查条例》、《四川省人民政府关于开展第二次全国经济普查的通知》文件精神和省政府经济普查办公室的统一部署，在各级党委、政府领导下，建立健全组织机构，逐级落实普查人员、经费、责任、措施，广泛开展宣传动员，坚持实事求是，严格依法普查，高质量、高效率地完成经济普查主要工作任务，普查数据通过省政府经济普查办公室的审核检验，普查取得圆满成功，受到达州市人民政府、达州市统计局分别获得国家、省级先进集体，受到国务院、省政府表彰。发布了《达州市第二次全国经济普查主要数据公报》，编辑、整理出版了《达州市第二次全国经济普查年鉴》；2009年，积极开展第六次全国人口普查前期各项准备工作，狠抓人口普查"五落实"，并实施督查，确保第六次全国人口普查工作的顺利推进。

【统计信息化建设】充分利用已有网络建设成果，加快网络延伸和网站建设，进一步规范网站信息加载与管理，建立快捷、高效的统计信息发布与交流平台。已开通统计外网，完成了新版的统计外网的改版，对部分硬件设备进行了补充和更新。在达州市政府门户网站上建立统计信息专栏，形成宣传统计改革与发展以及提供统计优质服务的开放式窗口。2008～2009年，全市实现98%的乡镇联通了统计信息局域网，规模以上工业企业实现了联网直报，正在积极推进重大投资项目和扩大规模以上其他企业实现网上直报；同时，对县、乡统计人员进行统计应用软件、计算机应用程序的技术培训20余次，全面提高统计数据处理软件的应用和使用水平。

【统计法制建设】以"五五普法"、"12·4"法制宣传日、统计法制宣传月、新《统计法》颁布为契机，利用多种宣传方式和手段广泛宣传统计法律法规，加大统计执法力度，实现重点执法、专项执法、经常性执法的有效结合。密切配合省、市人大"一法一条例（新《统计法》和《四川省统计管理条例》）"贯彻实施情况统计执法检查，开展统计从业资格专项执法检查，认真贯彻落实统计"一法一条例"和《统计违法违纪行为处分规定》，对发现虚报、瞒报等违法行为立案查处，依法治统，确保统计数据质量，维护统计权威和公信力。2008～2009 年，全市共检查 460 个单位，1 000余户个体户个单位，其中有违法行为的 131 个，违法单位数占 60.54%，立案 35 个，其中虚报、瞒报 19 个。罚款 10 个，通报批评 14 个，警告 4 个，限改 121 个。

【领导名录】

局　长：邓一明

副局长：韩鹏程　柏　丰　石卫东

纪检组长：唐友国

机关党委书记：马春霞

总统计师：刘　玲

统计调查工作

【概况】国家统计局达州调查队，成立于 2007 年 2 月，是由国家统计局实行垂直管理的政府统计调查机构，是依照国家公务员制度进行管理的正县级事业单位。依法行使社会经济信息直接采集权、统计执法权、调查信息独立上报权。内设办公室、综合科、产业调查科、城市调查科。下辖国家统计局达县调查队、国家统计局渠县调查队。

【完善常规调查内容】启动和开展畜禽监测调查工作。根据四川调查总队的统一要求，2008 年 4 月，达州市人民政府办公室对各县（市、区）政府和市级有关部门发出《关于开展主要畜禽监测调查的通知》，要求各县从三个方面加强全市畜禽监测调查工作。随即，在全市 4 个生猪养殖大县建立了 140 个畜禽监测抽样调查点，并对各市县区的生猪规模养殖户及生产单位实施全面统计。

实施和开展城市居民消费品价格指数（CPI）调查。2008 年 5 月，与市统计局、市物价局建立了价格定期会商制度，并联合发出《关于切实做好居民消费价格调查的通知》，在通川区、渠县两地针对食品、烟酒、衣着、家庭设备及维修服务、医疗保健个人用品、交通和通讯、娱乐教育、文化用品及服务、居住等 8 大类1 413种规格商品及服务项目，建立了 225 个采价点，形成了城市居民消费品价格调查网络。

开展工业品价格指数（PPI）调查。根据全省调查方案要求，在全市范围内，选择 51 家工业生产企业的 43 种工业产品和 40 种原材、燃料、动力，实施工业品出厂价格指数及原材、燃料、动力购进指数调查。

开展规模以下工业抽样调查统计工作。按期对 16 个村的个体工业和 27 户私营企业的经营情况实施报表调查和走访调查，与规模以上工业企业统计共同构成全市完整的工业统计体系。

完成对全市服务企业的样本清查和动态调查工作。2008～2009 年，根据四川省部分服务业抽样调查实施方案，通过对全市服务企业的前期样本清理工作，建立了对 26 家服务企业的动态调查制度。

继续完善和推进监测调查工作。首先，在全省抽样选点的基础上，将景气调查单位扩充为九个行业 147 个企业，增强了样本对全市的代表性。其次，在对全市集团企业进行清理的基础上，继续对包括达州钢铁集团公司在内的 7 家企业实施跟踪调查。

【强化基础工作】达州调查队以台账建设为重点，抓好规模以下工业抽样调查、部分服务业调查和畜禽监测调查。通过深入被调查社区、乡镇，认真检查各地样本点建立调查台账的情况，规范了基层统计工作行为，进一步完善了原始记录和记账凭证；以业务培训为重点，提升整体业务水平。通过强化对抽中企业和乡镇统计人员的业务培训，不断提高了基层统计人员的业务素质。

以报表质量为重点，抓好景气、集团企业和工业品价格调查。一是针对企业在填报中的易发问题，制订了《达州市景气调查质量控制办法》，保证源头数据的准确性。二是加大报表审核力度。通过人工审核、计算机审核等方式，重点控制企业景气、集团、工业品价格调查中的报表差错，使报表的可信性得以增强。三是提高企业家支持率。采取印制"给企业家的一封信"、寄送"新年祝福卡"等方式使企业家对景气、集团调查、工业品价格调查工作有了新的认识，从而给予工作上的大力支持。

【突出专项调查工作】为发挥专项调查工作的快速反应优势，提高调查效率，达州调查队制定了专题、专项调查的“限时调查制”，按照总队的统一部署，先后完成了党风廉政建设调查、国有企业党风廉政建设调查、城市环境公众满意率调查、组织工作民意测评、钢铁行业发展现状调查、企业融资环境调查、全国文明城市测评等国家调查任务。与此同时，还根据达州社会经济发展及公众关心的热点问题，先后开展了农村经济发展现状调查、达州市主城区城市管理情况调查、服务中介调查、震后企业生产经营状况调查、达州市主城区公众环境满意率调查、中小企业融资情况调查、达州苎麻行业调查、粮食直补情况调查、生猪价格变动状况调查、家电下乡调查、贫困地区农民工生活状况调查、达州城乡一体化发展调查等地方性调查工作，为各级党委、政府宏观决策提供了大量参考依据，有力地提升了“国家调查”的地位。

【调研分析】根据专项调查工作结果，在2008年、2009年度，全队累计撰写调查分析报告38篇，受到各级党政领导的高度重视和社会各界的好评。如撰写的《贫困地区农民工就业出路何在》一文分别被省长蒋巨峰、副省长钟勉批示；《审视新农合》一文被市委内参转发，得到达州市委书记、市长及多位市委常委的批示；《寒流乍起，达州苎麻产业向何处去?》一文得到分管副市长批示；《关注他们，返乡农民工》一文作为达州市政协2009年第一号提案进行了大会交流，引起了较大的社会反响。除此之外，还有大批资料受到上级部门和地方媒体的高度关注，先后在四川调查总队内网及《达州日报》和《达州政报》等报刊上刊载。在2009年四川调查系统的优秀分析资料评选中，《贫困地区农民工就业出路何在?》、《审视新农合》两篇文章分别获得一、二等奖。

【信息采集工作】为发挥调查队灵活、快捷的工作特点，在2008年、2009年度工作中，达州调查队制订了全新的调研、信息工作实施办法，建立和疏通了信息采集、报送渠道，逐步形成了以市级调查队为主体，县、乡调查员共同参与的信息采集网络。通过建立专项奖罚制度，推进了信息采集工作的开展。2008~2009年度，共计采集、撰写各类信息270余篇(条)，其中：被上级部门、地方部门及新闻媒体采用100余篇(条)。

【依法开展调查工作】2008~2009年，达州调查队以加强统计法制基础建设为中心，以统计法律法规宣传为重点，狠抓统计执法队伍建设，加大了统计执法检查力度，全面落实行政执法责任制，查处统计违法案件一例，实现了查案工作零的突破。同时，通过总结执法经验，还探索出法规工作的“常态化”管理办法：即法规宣传“常态化”；过错规避“常态化”；执法检查“常态化”。随着这些经验的推广，为调查工作的顺利开展营造了良好的统计法制环境。

【获奖情况】

先进集体

1. 2008年、2009年度，达州调查队获四川调查总队综合考核二等奖

2. 2008年4月，达州调查队被达州市人民政府表彰为统计工作先进单位

3. 渠县调查队被国家统计局表彰为全国统计系统先进集体

先进个人

1. 陶宇翔被国家统计局表彰为全国统计系统先进个人

2. 陈权被达州市人民政府表彰为达州市第二次全国经济普查先进个人

3. 陈权被政协达州市委员会表彰为优秀政协委员

【领导名录】

队　长：梁清城

副队长：李仕芬　陈　权

安　全　生　产

【基本情况】2008~2009年，全市上下认真贯彻落实科学发展观，紧紧围绕安全生产“隐患治理年”和“安全生产年”的总体目标和部署，上下同心，各方协力，积极应对雨雪冰冻灾害、汶川特大地震、北京奥运会、建国60周年大庆对安全生产带来的挑战，全面落实安全生产责任制，深入开展安全百日督查，扎实推进“三项行动”，深入开展“三项建设”，强化安全宣传教育和培训，不断深化安全专项整治，切实加强安全监管监察执法，严厉打击非法违法生产经营行为，全市安全生产形势持续稳定好转。

2008年，全市共发生各类安全事故394起，死亡

199 人,受伤 414 人,经济损失 585 万元。与上年同期相比,事故起数、死亡人数、受伤人数、经济损失分别下降 45%、7.4%、46%、7.9%。死亡人数首次降到 200 人以内,安全生产工作取得了新的成效。

2009 年,全市共发生各类安全事故 354 起,死亡 150 人,受伤 504 人,直接经济损失 519 万元。与上年同期相比,事故起数减少 40 起、下降 10.2%,死亡人数减少 49 人、下降 24.62%,受伤人数增加 90 人、上升 21.74%,直接经济损失减少 66 万元、下降 11.28%。

【强化安全生产责任】2008 年是安全生产“隐患治理年”,2009 年是“安全生产年”,市委、市政府制发了 2008 年度、2009 年度《达州市安全生产工作意见》,对隐患排查治理、加强安全生产“三项行动”、强化安全生产“三项建设”等进行了全面部署,与各县(市、区)政府签订安全生产目标责任书,严格实行目标管理责任制和行政问责制,把安全生产工作目标纳入政府政绩、企业业绩考核内容,实行安全生产“一票否决”。强化安全生产“一岗双责”的落实,按照“谁管辖,谁负责;谁分管,谁负责;谁审批,谁发证,谁负责”的原则,切实落实政府及其部门的安全生产监管责任。强化企业法定代表人安全生产负责制,健全企业安全制度、安全投入、事故隐患治理等责任制,改善企业安全基础条件和安全状况,狠抓企业主体责任的落实。强化责任追究,按照“四不放过”原则,严肃查处各类事故和事故背后的以权谋私、官商勾结等违纪违法问题,惩治安全生产领域的腐败现象,坚决克服行政不作为、执法不到位和以罚代法等问题。对 2008 年、2009 年较大事故,严肃追究了有关责任单位、责任人的安全生产责任。

【强化安全防范措施】结合达州市监管力量和行业特点的实际,确定了安全监督检查的重点。一是狠抓元旦、春节、“两会”、清明节、五一、十一节日期间等重点时段、敏感时期、重点行业的监督检查。二是加强雨雪冰冻灾害天气的高危行业安全检查,督促各地、各有关部门认真落实安全防范措施。组织开展易由暴雨(雪)、洪水、雷电、地质、泥石流、山体滑坡等自然灾害引发事故灾难的隐患点排查工作,督促落实责任、方案、资金、人员、物资、期限和预案,加大除险加固和隐患治理。三是深入开展“安全生产百日督查”专项行动。以国务院督查达州市安全生产工作为契机,全面推进道路交通、水上交通、非煤矿山、危化企业、烟花爆竹、建筑施工、油气田等的百日安全专项督查行动。四是加强“5·12”汶川大地震后安全监管和隐患排查工作,及时组织力量对各地、各部门、企业因地震波及造成的安全设施影响情况进行了一次全面、深入的排查。五是加强对奥运会和残奥会及建国 60 周年大庆期间的隐隐患排查和安全监管,确保了社会安全稳定。

【强化隐患排查整治】认真落实“隐患治理年”的工作措施。2008 年梳理上报省政府公告达州市 3 处重大安全隐患、市政府向全市公告第四批重大安全隐患 12 处、第五批重大安全隐患 13 处。排查并下达全市道路交通隐患整治任务 121 处、水路交通隐患整治任务 23 处。排查危险路段和事故多发点 415 处,建议省级督办的 2 处,市级督办的 56 处,县级督办的 357 处。检查各类单位(场所)256 家,发现火灾隐患 231 起,当场整改火灾隐患 195 起,责令限期整改火灾隐患 85 起。排查煤矿安全隐患1 080条,已完成事故隐患整改 988 条,限期整改 92 条。排查地质灾害隐患点1 848处,2 处重大地质灾害由国家拨款整治,其余地质灾害隐患按险情大小逐年进行整治。认真落实“安全生产年”工作要求,扎实推进安全生产“三项行动”。

安全生产执法行动方面:全市开展执法行动总计6 055次(处),其中,查处无证无照或证照不全从事建设、生产、经营的 297 处,关闭取缔后又擅自建设、生产、经营的 6 处,私采滥挖、超层越界开采的 5 处,违反建设项目安全设施“三同时”规定的 28 起,谎报、瞒报事故的 18 起,重大隐患隐瞒不报或不按规定期限予以整治的 13 起,不按规定进行安全培训或无证上岗的 276 起,拒不执行安全监管监察指令、抗拒安全执法的 48 起,其他非法违法建设、生产、经营的 487 起。

安全生产治理行动方面:全市排查各类生产经营企业3 807家(处),查出一般隐患9 123处,已整改8 768处,整改率96.1%,限期整改355 处。排查各类重大安全隐患 566 处,已整改 560 处,整改率 99.5%,累计落实重大隐患治理资金4 067.3万元,列入治理计划的 6 处重大隐患将于年底前全部整治完毕。

安全生产宣传教育行动方面:一是结合安全生产规范化建设活动和安全文化建设活动,广泛开展安全知识进企业、进机关、进家庭、进学校、进社区

"五进"活动,强化全民安全意识。二是认真组织开展以"关爱生命,安全发展"为主题的"安全生产月"活动,营造有利于加强安全生产、促进安全发展的社会氛围。三是扎实抓好安全生产教育培训,把安全生产教育培训作为落实"安全生产年"活动的一项重要内容,重点抓好县处级以上领导干部、安全监管监察干部、企业负责人及其管理人员、特种作业人员、农民工安全技能等的安全生产培训。四是以"12·4"法制宣传日为契机,大力宣传安全生产法律法规和安全常识。全市共开展各类安全生产宣传教育活动800余次,参与人数57万余人,组织专题采访4次,创建安全文化示范企业22家、诚信企业16家、安全社区1个,报道新闻200余篇。

【强化体制机制建设】在法制体制机制建设方面:一是建立完善安全生产考核考评机制。严格安全生产目标责任考核,将安全生产考核结果作为考核各级领导班子和领导干部的重要指标之一,对年内发生一次重大以上安全事故的单位,实行一票否决;对年内发生三次以上较大事故的单位,取消评优树先资格。同时,设立100万元的安全生产工作目标考核奖,加大对工作成绩突出的单位和个人的奖励。二是建立安全生产"一岗双责"责任制。严格落实各级政府领导责任,坚持"行政谁主管谁负责"的原则,全面落实安全生产"一岗双责"制、"一把手"和班子集体负责制。三是建立安全生产齐抓共管的监管体系。严格落实安委会例会和安办专题会议制度,加强监管部门协调配合,健全安全生产联合执法、专项整治、隐患排查、事故调查处理等机制,加强部门沟通协调机制,形成齐抓共管合力。进一步加强乡镇(社区、街道)安全管理机构建设,强化安全生产基层基础工作,延伸安全生产监管触角。

在安全生产保障能力建设方面:一是各级政府加大了对安全生产的投入,把公共安全及隐患排查整治资金列入同级财政预算。市政府将各县(市、区)安监部门的专项工作经费人平不得低于3万元纳入安全生产目标责任书中,年终作为一项硬指标进行考核。全市各级财政对安全生产专项经费给予了足额预算,并专门安排安全生产表彰经费。各县(市、区)政府把安全生产隐患(违法行为)举报奖励经费纳入了财政预算,设立了专项经费。二是督促煤矿企业提取安全费用,重点用于煤矿安全改造和瓦斯治理。三是大力实施"安保工程",加强对危险路段的治理,将波型防护栏安装任务纳入各县(市、区)目标考核。四是大力推进客运车辆、危险物品车辆、重点客渡船舶安装GPS监控系统建设,在重点加油站推广HAN阻隔防爆技术。

在安全监管队伍建设方面:一是建立健全"三级政府、四级网络"的安全生产监管体系,在乡镇、社区建立基层安全生产监管机构,配备专(兼)职安监员,做到基层安监机构、人员、经费的三落实。二是市编办为全市增加了73名安监执法人员编制,进一步充实了安监执法队伍。三是加强应急救援体系建设,我们分别在万源、宣汉、大竹三个县(市)入驻了矿山应急救援中队,为有效地开展安全生产应急救援,防范事故灾难,减少事故损失,保障人民群众生命财产安全提供了组织保证。

【表彰情况】

1. 2008和2009年度,全市安全生产工作获省政府表彰

2、市安监局被考评为全市安全生产目标考核先进单位、全市定点扶贫工作先进、全市信访工作先进单位、全市政务服务工作先进单位、市级部门目标管理先进单位

【领导名录】

局　长:周先文

副局长:陈德清　岳万刚　游志明

机关党委书记:邹　云

纪检组长:彭　玮

(潘小波)

煤矿安全管理

【概况】2009年9月,根据中央机构编制委员会办公室印发《关于调整国家煤矿安全监察系统机构编制的批复》(中央编制复字〔2009〕114号),增设四川煤矿安全监察局川东监察分局,驻地达州,主要负责对达州、巴中、广安、南充、遂宁五市境内煤矿履行国家监察职责。

监察区域面积约8.2万平方公里,矿井监察距离最远650公里,最近27公里,平均230公里。区域共有产煤县(市、区)12个,产煤乡镇156个,煤矿362个,其中:国有重点煤矿14个,国有地方煤矿2个,乡镇煤矿346个。区域煤矿主采境内的二、三叠

系薄或极薄煤层，急倾斜煤层，地质构造较复杂，受水、火、瓦斯、煤尘、顶板等灾害威胁严重，矿井主要特点是：井型小、分布广、数量多，煤层赋存条件差、灾害重，煤矿效益差、安全投入不足，安全生产基础差、管理水平低，煤矿安全监管监察难度大、任务艰巨而繁重。

至2009年，区域煤矿从2 000多处减少为362处，煤炭产能由1 800万吨上升为3 800万吨，煤矿事故年死亡人数由200人左右降为2009年67人。

【监察执法】1. 认真开展计划监察。认真按照四川煤矿安全监察局《关于加强煤矿安全重点监察、专项监察、定期监察工作的通知》要求，结合区域煤矿安全生产状况和季节性安全工作需要，科学合理编制监察工作计划，紧紧围绕"国家监察"这个中心，创新监察方式，积极推进解剖式监察、示范监察和集中监察，深化开展"三项监察"（定期、重点、专项监察），贯彻实施《中华人民共和国安全生产法》、《煤矿安全监察条例》，依法查处煤矿安全生产违法行为，强化煤矿安全生产主体责任落实，并根据省委、省政府和国家局、四川局工作部署，以及区域煤矿安全出现的新问题及时调整工作重点，确保各项工作任务全面完成。2008年监察各类煤矿573矿次，查处各类隐患2 775条，实施行政处罚141矿次，下达各类文书1 898份。2009年监察各类煤矿587矿次，查处各类隐患3 683条，实施行政处罚156矿次，下达各类文书1 764份，为区域煤矿安全形势持续稳定好转做出了积极贡献。2. 按照四不放过原则，严肃查处煤矿事故。依照《生产安全事故报告和调查处理条例》和省政府相关规定，会同安监、监察、公安、工会、检察等部门对一般煤矿事故进行了调查处理，并配合四川局会同地方相关部门对较大事故进行了调查处理，调查处理过程中坚持了第一时间赶赴现场锁定证据和依法组织、互相尊重、共同协商原则，较好地取得了相关部门的理解和支持，2008年、2009年发生的煤矿安全事故均按期结案，有力打击了煤矿安全生产违法行为。3. 认真核查群众举报。对群众举报的煤矿事故隐患和违规违纪行为，分局高度重视，除一般匿名举报转县级监管部门核查外，其他举报坚持及时核查并严格按相关规定进行处理，对核查属实的举报均按相关法律法规作出了严肃处理。2008年接到群众举报44起，2009年接到群众举报27起，已全部查处回复，做到了事事有结果、件件有着落、处理有回复。4. 进一步深化瓦斯治理工作。按照"通风可靠、监控有效、抽采达标、管理到位"瓦斯治理十六字工作体系要求，加大了对区域煤矿瓦斯治理工作监察力度：一是加大对地方监管部门采掘头面审核公示工作检查力度，促进地方监管部门加强采掘头面审核、监管；二是加大日常监察中瓦斯治理工作监察力度，促进煤矿企业加大瓦斯治理投入和管理力度，开展瓦斯整治；三是加大对低瓦斯矿井瓦斯治理工作的监察力度，提高低瓦斯矿井对瓦斯灾害的重视程度，落实责任，切实加强矿井通风瓦斯管理。5. 加大防治水工作监察力度。以生产能力较大的矿井，水患严重的矿井，发生过水患事故的矿井为重点，以综合防治水措施贯彻落实和"雨季三防"为主要内容，强化对煤矿防治水工作的检查。6. 大力强化列入资源整合矿井监察。2009年，分局根据区域资源整合建设矿井及安证到期停产矿井占矿井总数2/3左右的实际，在编制年度执法工作计划时把已启动建设的资源整合矿井列入监察重点，还安排各室抽出时间对资源整合建设矿井及安证到期停产矿井进行巡查，摸清此类矿井真实状况，并加大威慑力度，预防此类矿井借施工或隐患整改之名非法生产。7. 狠抓春节、全国"两会"及国庆期间等重点时段煤矿安全监察工作。根据国家局、四川局要求及区域春节、全国"两会"及国庆期间等重点时段煤矿安全生产的特点，在节前进行专项部署，放假期间安排专人值班并组成督查组巡查，节后对复产复工情况及放假期间煤矿安全生产工作情况进行专项督查，确保节日期间区域煤矿安全生产形势总体稳定。特别是2009年国庆六十周年前后，分局认真按照省安办关于开展"迎国庆、保安全"煤矿安全大检查活动的通知和四川局部署，扎实开展了为期两个月的专项监察，对区域各产煤县（市、区）进行了督查，并对32个煤矿进行了现场安全监察。8. 加大对培训工作的监察力度。一是下发了《关于进一步加强煤矿安全生培训工作的意见》，就进一步贯彻国家局、四川局关于加强安全生产培训工作的相关要求，深化开展安全生产教育行动，切实加强区域煤矿安全生产培训工作提出了具体要求，对区域煤矿特种作业人员培训和班组长培训进行了部署；二是针对区域煤矿安全生产培训中存在的薄弱环节，加大了对培训实施工作检查力度；三是进一步加大了煤矿安全生产培训工作的监察力度，促进煤矿企业落实安全生产主体责任，加大培训力度，提高职工安全意识和安全生产能力。9. 加强执法监督，促进规范执法。分局认真按照监察执法“严标准、重细节、依程序、求闭合”的要求，在规范执法上狠下工夫：一是按照“严、细、实”的要求加强了监察人员配备，每一次执法活动原则上都有两名以上监察员参加，并要求时间服从效率，确保监察效果；二是力求每一次执法活动都形成“闭合链”，做到了每次监察执法都有隐患整改回复，每一个处理决定都督促执行，每一次执法活动都形成结案报告，突出监察实效；三是加强执法监督，室主任每周检查一次执法文书，分管领导每月组织一次集中检查，并对检查结果进行通报，规范执法行为。

【发挥监管监察合力】1. 定期召开煤矿安全监管监察联席会议。为加强煤矿安全监管、监察部门之间联系，增进了解，增加沟通。分局2008年、2009年共召开5次监管监察联席会议，邀请辖区市县两级煤矿安全监管、行管部门负责人到会，对当前煤矿安全形势进行通报，对国家及省有关政策和文件进行学习，大家畅所欲言，对在工作中发现的问题提出意见和建议，共同商讨解决办法，通过这种形势，分局加强了与市县监管、行管部门的沟通，大家互通有无，对区域煤矿安全管理献计献策，对区域煤矿安全形势持续好转起到了积极作用。2. 有针对性地开展联合执法。为增强监管监察部门之间的协调配合，充分发挥监管监察合力，促进监管监察水平共同提高，分局针对区域各地煤矿安全生产实际情况，与市县两级监管、行管部门组成联合检查组开展联合执法，有力打击了煤矿安全生产违法行为，改善了区域煤矿安全生产状况。2008年组建联合执法检查组11个，检查市(县、区)25个(次)，检查煤矿185矿次，下达各类文书450份，2009年组建联合执法检查组8个，检查市(县、区)14个(次)，检查煤矿87矿次，下达各类文书341份。3. 按照国家安监总局《关于切实加强对地方政府煤矿安全监管工作监督检查的意见》(安监总煤字[2009]88号)和四川省人民政府《关于切实加强煤矿安全生产坚决遏制住重特大事故的紧急通知》(川府发电〔2007〕33号)要求，加强了对地方煤矿安全监管工作的检查指导：一是加大了检查指导力度，2008年、2009年共检查指导地方监管部门工作167次，加强对地方监管部门采掘头面审核监管、安全监管责任落实、瓦斯治理示范工程建设等工作的检查指导，有力地促进了地方煤矿安全监管部门工作；二是检查指导和服务相结合，充分发挥监察员的专业优势，通过开展联合执法、示范监察及检查指导等方式带动监管人员，提高监管人员的业务水平。

【监察与服务相结合】一是加强技术指导，促进“两改”工作。为促进区域煤矿采煤方法、支护方式改革和安全高效矿井建设，提高区域煤矿依法办矿、依法管矿意识和素质，提升区域煤矿的安全保障能力，分局于2009年3月至4月举办了4期《煤矿安全监察行政处罚自由裁量标准(试行)》和顶板灾害治理培训班，培训煤矿业主、矿长、技术负责人等共836名。在组织学习煤矿安全监察行政处罚自由裁量标准、矿山压力、一通三防、采煤工艺、支护、安全知识和矿井安全质量标准化建设标准的同时，还组织参观了四处“两改”工作示范矿井，帮助煤矿主要负责人熟悉煤矿采煤方法、支护改革及煤矿机械化开采的新设备、新技术、新工艺及发展方向和趋势，促进煤矿加快采煤方法、支护改革及采掘机械化进度，参培人员在学习的基础上，结合煤矿自身实际写出了实施采煤方法和支护改革的具体方案。二是加大指导力度，促进科技兴安。分局在完成行政执法任务的同时，抽出人员对辖区煤矿企业的安全高效矿井建设、瓦斯治理示范工程建设、安全质量标准化建设等进行指导，提升煤矿安全基础条件和管理水平。

国土资源管理

【耕地保护工作】按照国务院守住18亿亩耕地底线的要求，达州市落实了土地管理行政首长负责制，完善了耕地保护责任考核体系，将耕地保有量和基本农田保护面积纳入市政府对县(市、区)人民政府的综合目标管理，实行一票否决。基本农田保护责任制落实工作达州市成为全省21个市(州)中第一个通过省国土资源厅评审验收的市。至2009年，全市基本农田保护面积持续稳定在35.74万公顷，耕地保有面积保持在42.61万公顷以上，守住了达州市的耕地红线。

【建设用地保障】2008～2009年，全市经省政府审批用地共1 016.7037公顷(其中，城市建设批次用地62.8 463公顷，乡镇建设批次用地93.9 207公顷，圈外单独选址用地859.9367公顷),上报待批征地1 727.1008公顷(其中,灾后重建用地1 458.4944公顷,计划内用地268.6064公顷),既保证了全市各类建设项目用地需要,又为重点项目建设留足了用地空间。顺利完成了达陕高速公路、西外新区南北干道北延线、环城公路、襄渝铁路二线、达成铁路扩能、罗江电站、齐鲁石化、香港玖源大化肥等重点项目用地手续和征地拆迁任务。完成了达万高速、南大梁高速、过境公路及瓮福集团化工项目等征地报批工作。完成了市中心城区西北环线、北延线二期、区八中、区一小等13个城市建设项目的征地拆迁补偿工作。完成了达巴铁路、达万铁路电气化改造等项目的用地预审、征地报批前期工作及达巴高速先行用地的报批手续。

【国土资源民生工程】组织实施11个“金土地工程”项目,完成土地整理11.44万亩、新增耕地1.44万亩、建设高标准基本农田3.33万亩,;完成红层找水打井58 136口,解决了232 071人的饮水困难;完成省级投资和市级投资滑坡治理12个项目;完成避险搬迁955户,使3 920人脱离了地质灾害威胁。国土资源民生工程已经成为造福群众的德政工程、民心工程、廉政工程。

【土地利用工作】开展了全市范围内闲置土地清理处置和批而未用的项目用地清理工作,开展了土地动态监测和工业园区土地集约利用评价工作。处理闲置土地3宗,面积4 867平方米。市本级通过闲置土地清理,核查改变用途、增加容积率等项目补交土地价款1 000多万元。二是深化土地市场化配置。全市实现土地收益14.52亿元,三是加强土地储备管理。全年市本级通过新征收和收回改制企业土地纳入土地储备库,市本级土地储备土地2 356.43亩。四是认真解决改制企业在土地资产处置中完善用地手续出现诸多矛盾和遗留问题,先后完善了棉纺总厂、市五金交化站、通川区委原办公楼出售等5宗土地使用权转让过户手续,化解了社会矛盾。

【地籍管理工作】一是继续扩大土地登记发证覆盖范围。严把土地登记关口,落实“五不登记”规定,重点推进了国有土地和集体土地使用权登记发证工作,结合报批农用地征(转)用手续,开展了农村集体土地所有权初始登记工作。二是开展了土地利用变更调查工作,目前正在汇总数据,年底前上报。

【全国第二次土地调查工作】根据《国务院关于开展第二次全国土地调查的通知》(国发[2006]38号)和《四川省人民政府关于开展第二次全省土地调查的通知》(川府发〔2007〕20号)文件精神,达州市开展了第二次土地调查工作:一是编制了《达州市第二次土地调查工作方案》和《达州市市级财政投入二次调查经费测算及说明》;二是完成了中心城区城镇地籍调查,正在开展地籍管理信息系统建库工作;三是实施了飞机航测,拍摄了1 000多张航片;四是开展了农村土地调查工作;五是举办了二期“二调”业务培训,各县(市、区)参训人员达200余人,为工作开展打下了坚实的基础。2009年积极打好二次土地调查攻坚战,全部工作基本结束,正待上级验收。

【地质灾害防治工作】一是开展了汛前检查、排查和隐患点调查摸底,编制发布了《地质灾害防灾预案》和隐患点临灾预案。二是开展了“万村培训行动”和“百万村民地质灾害防治培训行动”,受训群众达100万人,覆盖了全部受威胁的群众。三是落实了群测群防防灾责任和措施,对1 848处地灾隐患点落实了责任单位、责任人、监测单位、监测人,发放了“两卡一表”(防灾明白卡、防灾避险卡、预案表)。四是坚持了预警预报和24小时值班制度。五是编制完成了建设秦巴地区经济文化强市地质灾害防治规划、“5·12”地震灾后重建地质灾害防治规划、首轮市级地质灾害防治规划。六是投入100万元,建立了地质灾害远程监控系统,对全市9处重点地质灾害隐患点实施远程自动实时数字监控,大大提高了科学防灾能力。在“7·11”、“7·13”降雨过程中,该系统对宣汉县樊哙黄家坪滑坡、宣汉县东林乡中心校滑坡、达县九岭中心校滑坡、万源市魏家场镇滑坡等位移变化大的监控点及时发出了预警信息,有效地指导了地质灾害防治工作。

【地质遗迹保护和地质公园建设】完成宣汉百里峡、万源八台山两地2008年度地质遗迹保护项目的实施任务及2009年度省级与国家级地质遗迹保护资金项目科研与申报工作;成功申报了大巴山国家地质公园。

【矿政管理工作】一是开展了整顿和规范矿产资源开发秩序“回头看”行动共打击已关闭矿山“死灰复燃”18起,查处越界越层开采7起、非法转让采矿权1起、省国土资源厅交办案件2起、存在安全隐患矿山6起、严重污染破坏环境小矿山16起,没收非法矿产品200余吨。二稳步推进煤矿资源整合,全市已上报62家采矿权登记,30家已经批准。三是开展了矿产资源普查,完成了全市煤、水泥用灰岩、陶瓷用粘土等3种矿产资源的调查,摸清了3种矿产资源的底数。四是实现矿权收益1.49亿元、探矿权价款收益3 266万元;强力推进矿山地质环境保证金制度,全市共收取保证金3 000多万元。

【执法监察工作】将执法监察贯穿于国土资源管理工作的始终,主要领导亲自抓,重大案件亲自过问。报市政府审定出台了《达州市预防和查处土地违法行为工作责任暂行办法》。坚持预防为主,预防与查处相结合的方针,加强了对城郊结合部、重点矿区和征收土地区域、地质公园地区的动态巡查和案件查处。重点查处了开江县宋家湾煤矿、龙王庙煤矿,宣汉县中心水库煤矿、福达煤矿、偏岩上煤矿,达县建设煤矿周边4个矿等煤矿越界开采行为,对国土资源违法行为保持了高压态势,维护了法律尊严,净化了达州发展环境。2008~2009年,全市巡查制止国土资源违法336件,挽回直接经济损失622.79万元,组织鉴定耕地破坏案件5件,向公安机关移送案件4件,我局直接挂牌督办重大典型案件3件,国土资源违法行为得到有效遏制。

【向上争取项目和资金工作】国发18号、省委28号拉动内需促进增长文件出台后,按照市委、市政府的部署,成立了向上争取项目和资金工作领导小组,由主要领导任组长;制定了工作方案;确定了工作重点,即从土地开发整理、"金土地工程"、地质灾害治理、避险搬迁、地质环境治理、地质勘查、地质遗迹等方面选准项目,包装项目,编制项目表,积极向国土资源部、四川省国土资源厅申报项目,争取国家、省投资。2008年争取土地整理项目立项入库5个,资金达1.068亿元。

【信访维稳工作】一是全面构建"大调解"工作体系,组建了矛盾纠纷"大调解"工作机构,完善了"大调解"各项制度,运行良好。二是建立了大信访格局。主要领导亲自抓,分管领导牵头抓,具体工作人人抓。对重大信访案件,主要领导亲自组织调处,今年以来主持研究解决了10起西外被征地村民的上访诉求,赢得了群众的广泛好评。

【领导名录】

局　长:朱明仓

副局长:邓大禹　彭会芝　桂　荣　邓福盛

(沈明华　张运鸿)

工商行政管理

【食品安全监管】深入开展了流通环节奶制品及抗震救灾食品安全专项整治等工作敦促经营户建立商品质量查验登记、质量承诺等制度。在全系统开展了《食品安全法》及其配套的"一个条例"、"两个办法"、"八项制度"等规范性文件的学习培训,监管执法技能和水平得到了明显提高。修订完善了流通环节食品安全应急预案,制定出台了《达州工商系统节日食品市场监督管理办法(试行)》,推行了食品安全网格化监管,做到了"问题能发现、事态能控制、突发事件能处置"。立案查处食品违法经营案件176件,查处取缔无照经营食品356户,快速监测和委托送检食品150个品种、3 633个批次。

【市场主体培育】按照企业登记监管"四化两提高"和"两集中两到位"的工作要求,将各项行政许可纳入市政服务中心统一办理。并在政务服务中心工商窗口设立了"重大投资项目"、"灾后重建"和"返乡农民工"三个绿色通道,积极营造规范、高效、诚信、开放的政务环境。新发展个体工商户22 469户;新发展私营企业2 092户;新增外商投资企业分支机构42家。精心培育市场,确保集贸市场购销两旺,集市贸易成交额达292.4亿元。大力培育扶持骨干企业,重点对省级10家、市级50家重点和骨干企业进行扶持和培育。

【商标战略】大力实施品牌发展战略。深入开展"一所一标"和"百名所长助推商标"活动。2008年6月,"川环"商标认定为"中国驰名商标",实现了达州市"中国驰名商标"零的突破。截至2009年11月底,全市共有注册商标960件,其中:驰名商标1件,地理标志证明商标5件,著名商标16件,知名商标55件。

【整顿和规范市场秩序】深入开展治理商业贿赂、反不正当竞争、反垄断、商业欺诈和走私贩私等专项整治工作。妥善处置震后市场、奶制品市场、柑橘市场等突发事件,加大了农资市场、灾后市场、"家电下乡"、"汽车摩托车下乡"市场、重要商品市场及商标、广告的监管力度。共立案查处各类违法违章案件6 856件(商业贿赂案件5件;无照经营662户;捣毁取缔传销窝点33个,遣返传销人员682人;取缔“黑网吧”67家)。由于成绩突出,宣汉、渠县工商局被省工商局、省公安厅表彰为打击传销先进集体。在查处取缔无照经营工作中,切实履行联席会议办公室职责,受到了省政府联合检查组的充分肯定。

【依法行政】制定出台了《达州市工商局全面推行依法行政工作五年规划(2009~2013)》。进一步规范行政行为,严格责任追究,全面落实行政执法责任制和行政复议工作责任制。积极做好“五五”普法工作,依法行政水平不断提高。按一般程序查办的案件经法制机构审查立案达100%,提出修改意见14条;监督、审查规范性文件22件。

【服务“三农”】以特色农产品为重点,大力培育经纪人队伍,促进农民专业合作社健康发展。新发展农民专业合作社129户、农民成员2 091人,新增出资额2.1亿元;新培育发展农村经纪人800余人。深入开展“红盾护农”行动,共查处农资案件238件,受理农资消费者投诉41件,为农民群众挽回经济损失34.6万余元。建立合同帮农新机制,推行涉农合同示范文本,规范农业订单合同,促进和搞活了农产品流通增收。全市涉农企业147户,签约农户20 127户,调解合同争议34件,调解成功率达100%;查处欺诈违法合同案件49件。

【消保维权】以完善规范12315网络体系建设为重点,建立完善了12315数据综合统计、分析、发布机制,实现了消费维权由事后处理为主向事前预警和超前防范转变。全市共建立12315申诉(投诉)举报联络站点2 537个,基本实现12315网络全覆盖。共受理消费者申诉举报4 790件,为消费者挽回经济损失124万元。达县保护消费者权益委员会被中国消费者协会表彰为全国消协组织保护消费者权益先进集体。

【城乡环境综合治理】全市工商部门在城乡环境综合治理,特别是农贸市场升级改造工作中,全力以赴,勇挑重担,切实履行了牵头单位的牵头责任,不断加大对相关部门的综合协调、对市场业主的沟通指导、对市场经营的依法监管、对工商人员的自我管理“四个力度”,取得了较好成效。达州市主城区22个市场全面完成改造升级,全市158个农贸市场面貌发生了可喜变化,“脏、乱、差”问题已得到了有效解决,为广大市民提供了舒适安全的购物环境,实现了“五个明显提升”。工商部门的工作得到了市委市政府主要领导和省工商局相关领导的充分肯定。

【促进就业再就业】认真贯彻落实《就业促进法》,鼓励支持下岗失业人员、高校毕业生、退役军人和返乡农民工从事个体经营、创办私营企业,以创业带动就业。引导个私企业为41 775人提供就业再就业。

【信息化建设】继续抓好“金信”工程建设,以市局为中心,建立了上至省局下到基层工商所的工商广域网运行良好。对“达州工商”门户网站的6大模块进行了调整和更新。加强企业信用征信体系建设,征集整合并按月更新企业信用信息数据。建立了企业登记网上年检系统,为企业年检提供了快捷、高效的网上服务。2009年网上参加年检企业达10 151户,占应检企业的89%。

【风险防范】在没有现成模式可以借鉴的情况下,融合已创出达州工商特色的“廉政文化、阳光局务、述职述廉”等工作,围绕廉政风险和监管风险的防范管理,按照“理性定位、系统切入、有效融合”的工作节奏,扎实开展了两个风险点的防范管理工作,实现了全系统廉政风险点和监管风险点防控系统的无缝覆盖。2009年10月,在大竹召开了全市工商系统风险点防范工作推进会。我局先后在国家工商总局郑州、上海座谈上作了经验介绍。

【表彰情况】

1. 通川区工商局被国家工商总局表彰为“红盾护农”先进单位
2. 通川区东城工商所被国家工商总局表彰为先进工商所
3. 被市政府表彰为2007年度依法行政执法责任制工作先进集体
4. 被市政府授予2007年度全市统计工作“先进单位”荣誉称号
5. 被市委、市政府表彰为2008年度农业产业化工作目标管理先进单位
6. 被市委、市政府表彰为2008年度定点扶贫工作先进集体
7. 被市委、市政府表彰为2008年度全市信访工作先进集体
8. 被市政府表彰为2008年度全市政务服务工作先进集体
9. 被市政府表彰为2007年度、2008年度食品安全工作先进集体

【领导名录】

局　长：王鸣强

副局长：刘建平、蒲伟、武正学

纪检组长：吴　波

机关党委书记：杨志雄

（雷　雨　陈代卓）

质量技术监督

【基本情况】2008～2009年，达州质监局以涂斌为班长的党组一班人，团结带领全市质监系统干部职工围绕全省质监工作思路和达州市打造“两中心、五基地”发展定位，全面贯彻落实科学发展观，全力服务中国西部天然气能源化工基地建设、新农村建设，打好产品质量和食品安全专项整治、特种设备安全隐患排查专项整治两个漂亮的攻坚战，坚持以质取胜、质量兴市，大力推行品牌战略和科技兴检战略，为推动达州市经济社会加快发展作出了积极贡献。

【质量监督工作】全市产品质量稳定提高率达91.04%，产品质量等级品率达93.6%（其中名牌产品等级品率达98.1%），质量损失率为1.88%。建立了全市质量管理体系认证企业台账，配合省局开展了定检和专项抽查，全面启动全市质量管理先进乡镇（街道）创建活动，进一步把质量振兴工作引向基层。开展10类和14类产品的专项整治工作，19家10类产品生产企业已全面建立电子档案。

【质量管理工作】大力开展质量兴市（县）活动，积极推进品牌建设战略。在第九届四川名牌评选活动中，帮扶巴人村食品有限公司、濛山天一酒业有限公司、三汇特醋有限责任公司等12家企业获得“四川名牌产品”称号；渠县黄花获国家地理标志保护产品。截至目前，全市名牌产品总数达37个。

表13　达州市四川名牌产品目录

序号	企业名称	名牌产品名称
1	四川省达州钢铁集团有限责任公司	巴山牌钢筋混凝土用热轧带肋钢筋
2	四川达竹煤电（集团）有限责任公司	达竹牌冶炼精煤
3	四川省鼓风机制造有限责任公司	蜀峰牌L系列罗茨鼓风机
4	四川永跃塑料纸业有限公司	永跃牌农用聚乙烯吹塑薄膜
5	四川百年灯影牛肉食品有限责任公司	灯影牌灯影牛肉、猪肉制品
6	四川巨仁泰电器有限公司	巨仁泰牌高低压开关柜
7	达州市宏隆肉类制品有限公司	川汉子牌牛肉制品
8	四川美好企业集团有限公司	美好牌农膜
9	云内动力达州汽车有限公司	华川牌农用运输车
10	四川新达泵业有限责任公司	巨流牌S型单级双吸离心水泵
11	四川通川酒业有限公司	通川牌通川大曲酒
12	达州市远东电器有限公司	远东牌成套高低压电器
13	四川省星光门业有限公司	星族牌钢质门、套装门
14	四川西立离合器有限责任公司	西立牌膜片弹簧离合器
15	四川川东电缆有限责任公司	黑象牌电线电缆
16	四川东柳醪糟有限公司	东汉牌醪糟
17	四川川环科技股份有限公司	川环牌改性PVC弹性体输油管
18	大竹县金桥麻业有限责任公司	蜀锦牌苎麻坯布
19	四川迅海防爆柴油机车制造有限公司	迅海牌矿用防爆柴油机钢轮铺轨机车
20	大竹县顺鑫农业发展有限公司	中蜀牌大米、玉米淀粉
21	四川沽竹水泥有限责任公司	沽竹牌普通硅酸盐水泥
22	四川省天友西塔乳业有限公司	西塔牌牛奶、酸牛奶
23	四川百里峡饮品有限公司	百里峡牌山泉水饮料
24	四川绿源春茶业有限公司	绿源春牌绿茶
25	四川巴人村食品有限公司	巴人村牌肉制品

续表

序号	企业名称	名牌产品名称
26	四川省渠县八仙桥食品实业有限公司	八仙桥牌冻猪分割肉
27	四川省濛山天一酒业有限公司	濛山牌金濛山酒
28	四川三汇特醋有限责任公司	三汇牌三汇特醋
29	四川省川东铸石有限责任公司	川江牌平面普型铸石
30	四川省川东高压电器有限公司	川高电器牌 GGD 型交流低压配电柜
31	四川省川东农药化工有限公司	渠光牌稻瘟灵、草甘膦、唑磷·毒死蜱、噻嗪·异丙威
32	四川渠县国家粮食储备库	绿明牌大米
33	四川省宕府王食品有限责任公司	宕渠牌黄花、呷酒
34	四川天源油橄榄有限公司	"绿升牌"初榨橄榄油
35	四川梨梨生物工程有限公司	梨梨牌麦芽糖
36	四川巴山雀舌名茶实业有限公司	"巴山雀舌牌"茶叶
37	四川天予巴山泉水有限公司	崖柏牌大巴山泉

【食品和特种设备安全监管】制定《食品生产加工质量安全整顿工作实施方案》,加大了巡查频次,开展了违法添加非食用物质和滥用食品添加剂专项整治工作。组织了《食品安全法》培训会,培训 700 余人次。开展了特种设备安全"三项行动"(安全生产宣传教育行动、安全生产执法行动、安全生产治理行动)。协助企业制修订应急预案 275 个,开展宣传教育活动 45 次,培训特种设备管理及操作人员6 520 人次,确保不出特种设备安全事故。

【民生计量】根据"关注民生、计量惠民"精神,全面开展了民生计量"四个走进"活动。深入全市 115 家集贸市场、67 家眼镜店、259 家医院、254 个社区开展了计量服务。对与老百姓生活密切相关的米、面、油、牛奶等定量包装产品进行了多次专项抽查。加强了小衡器、出租车计价器、加油机、"医用三源"、水电气"三表"等计量器具的强检工作。开展了"水、电、气"三表、食品定量包装、医疗计量器具等与市民生活息息相关的计量专项整治活动。利用"5·20 计量日"宣传活动,向市民讲解并印发了《计量法》、《节约能源法》、验配眼镜知识、台秤(电子秤)计量作弊识别知识等宣传资料,真正让老百姓在日常生活中享受到了放心计量。

【标准化及代条码】围绕新农村建设、富民惠民活动,大力推进了农业标准体系、服务业标准化体系、检测体系建设。完成企业标准备案 47 项。开展了水泥包装袋国家强制性标准的专项检查。帮扶指导 9 家企业完成"采标"认可。技术标准工程大力推进,帮扶四川川环科技有限公司申报全国橡胶及橡胶制品技术委员会软管分技术委员会,目前已通过公示阶段。强化农业标准化示范项目建设,目前全市已建立和在建的农业标准化示范项目达到 21 个,其中国家级 7 个。进一步加大农业标准化推进力度,农业标准化每年助推农业增产农民增收上亿元,近 30 万农民兄弟分享到农业标准化示范成果。

【政策法规宣传稽查工作】以提高市民质量意识为目的,加强了日常宣传工作。在"9 月质量月"、"3·15"、"世界计量日"、"世界标准日"等开展了重点宣传活动。针对危险性大、关注度高的食品、农资、建材、棉花、汽车消费品等方面开展了专项执法打假,发现一起,查处一起,规范一片,增加了对假冒伪劣的曝光力度。各类执法打假案件办结率达 98%,无一例行政复议和行政诉讼案,案审率 100%,办案准确率达 100%。我局的行政执法和法制工作得到市委、市政府的高度肯定,在全市依法行政工作会上作了经验交流发言,并被评为全市"依法行政先进集体"。

【技术检验检测能力】达州质监局围绕科技兴检,从搞好质监工作服务经济建设必须突出技术特色的高度出发,结合实际,加大了技术机构建设投入,及时添置、更新、升级技术设备。全市技术机构的检测能力大幅提升,许多检测项目和仪器设备填补了川东北空白,今年又投入 380 余万元加强技术机构硬件建设。目前,市质检中心能检测 23 类1 413 种3 477个参数;市计量测试中心建立了 82 余个社会公用计量标准;市特检所能对 27 项特种设备进行安全监察检验,成为川东北片区唯一获得国家质检总局核准资质的特检机构;市纤维检验所开展了苎麻、丝绸、绵纶、化纤、涤纶等项目的检验和监督。质量技术检测能力、业务覆盖、科技含量已满足了秦巴地区经济发展的需要。自主筹建的"天然气与盐卤化工达州市重点实验室"运行正常,受到业内专家好评。省级苎麻检验中心已开工建设,国家管检(达州)中心项目正在积极筹建中。

【对口帮扶工作】一是结对帮扶。在全局开展了"一对一"结对帮扶行动,即1名党员帮助1名特困户,副科以上党员干部1人帮2~3名特困户,并建立长期结对跟踪帮扶。二是项目帮扶。积极主动地向困难群众提供脱贫致富信息和技术帮助,利用白马乡适宜农作物栽植和畜牧饲养的天然条件,特请专业技术人员前往该乡进行了农业标准化生产和畜牧饲养知识讲座,鼓励资助困难职工走科学生产、勤劳致富之路。三是支援灾后重建。今年"7·11"、"7·13"两次洪灾给白马乡2 002户群众带来了巨大灾难,全乡直接经济损失达2 100万元。为尽早帮助受灾群众重建家园,我局积极筹资为白马乡灾民送去了灾后重建资金2万元,水泥20吨,棉被20件,衣物100余件。在局领导的带领下,走访慰问了贫困户20余户,为他们送去慰问金共5 000万元。四是特困慰问。今年,我局继续对宣汉白马乡的3名贫困学生进行资助,分别为他们送去慰问金800元,保证他们正常学习、生活需要。五是帮助三村建设。协助该乡抓好班子队伍带村、人才科技兴村、民主法制管村的"三村建设"。积极帮助他们加强村级组织建设,引导村民积极参与村务治理,增强村民法治观念。

【信息化建设】在局门户网站开辟了"质量和安全年"专栏。完善了"达州市产品网",补充了达州名优产品。扩建了"12365"举报投诉指挥中心,进一步畅通了诉求渠道。政府信息公开工作稳步推进。全年系统共刊登各类稿件500余篇,电视台、电台编播节目100余分钟。

【行政审批】所有质量技术监督行政审批项目全部入驻了市政务服务中心,"质监窗口"工作受到市委、市政府领导和办事群众的一致好评。全年,窗口共受理行政许可申请11 506件,按时办结率100%。

【领导名录】

局　　长:涂　斌

副 局 长:覃友华　陈　林　曹仕川

纪检组长:张　勇

机关党委书记:刘保君

总工程师:王　强

(李足斌　刘静婉)

食品药品监督

【食品综合监管】市政府与县(市、区)和市食安委20个成员单位签订了目标责任书。各县(市、区)与各镇乡人民政府、各部门也签订了食品安全目标责任书,层层落实了食品安全监管的责任,并以认真贯彻落实国务院、省政府关于开展为期两年的食品专项整顿行动为主线,牵头部署了以元旦、春节,"一节两考"(端午节、高考、中考)、夏季食品、国庆、中秋期间为重点时段,以小麦粉、食用油、饮用水、名白酒、食品添加剂等为重点品种的专项整治。同时,按照市委、市政府领导的要求,牵头组织市质监、市卫生、市农业、市工商局等单位人员组成督查组,先后对打击违法添加非食用物质和滥用食品添加剂专项整治行动、贯彻实施《食品安全法》、开学前学校食品安全准备情况等进行了督查评估、明察暗访。通过督查,进一步强化了食品安全责任意识,法律意识,进一步消除了隐患,确保无重特大食品安全事件的发生。农业源头环节。为有效控制农业源头食品安全,农业部门、畜牧食品部门、水产部门以开展"农产品质量安全执法年活动"为载体,加强执法检查,强化农产品源头监管。食品生产环节。质量技术监督部门以"食品生产质量安全专项整顿"为主线,以"食品生产市场准入"、"监督抽样检验"和"专项检查"为着力点,认真开展大米生产企业、腌腊肉制品生产企业、乳制品生产企业、企业使用甜蜜素、粉条生产企业和糖产品生产企业专项检查行动。食品流通环节。工商部门认真连续开展食品安全"百日执法行动"、奶制品、食品添加剂、小麦粉等专项整治行动,取缔无照经营41户,查处制售假劣食品案件37件,处罚没款16.3万元。餐饮服务环节。加强了食品消费环节的监管,认真开展以串串香、烧烤店、大排档,开展婚、丧、寿宴、农家乐、学校、建筑工地食堂、农村小餐饮等为重点对象的专项整顿,切实推进食品卫生量化分级管理制度,学校食堂量化分级管理实施率达100%,其他餐饮服务单位量化分级管理率达95%以上。

【药品器械监管】根据国家食品药品监督管理局

等6部门的统一部署,启动了为期两年的药品安全专项整治行动。集中开展了特殊药品、疫苗、生物制品、麻黄碱、保健食品、非药品冒充药品、医疗机构制剂、计生药械等专项整治工作,相继开展了假药糖脂宁胶囊、香丹注射液、双黄连注射液、假药前列泰胶囊等品种的紧急清查工作。共出动执法人员1 380人次,出动车辆169台次,检查药械生产企业3家次,药品、医疗器械经营企业2 132家次,药品、医疗器械使用单位1 423家次。全市药械查处案件120件,取缔无证经营药械2家,捣毁制售假药窝点3个,移交司法机关案件1件,监测违法药械广告28件,提请查处违法药械广告28件。共处罚没款120.72万元,有力打击了各种违法违规行为。

【突发事件处置】切实加强食品药品重大安全事故的处置工作,切实防止了群体性食物药害事件的发生。2009年全市发生数起食物中毒事件,各有关部门采取有效措施,妥善处置,切实保障了人民群众的生命安全。2009年8月1日,国泰大酒店举办宴席造成数十人食物中毒,积极协助卫生部门查看并安抚中毒人员及家属,协调医院安置救治床位,确保了中毒人员及时得到救治,事态得到有效控制,并对事故责任人依法进行了处罚。在抗击甲型H1N1流感工作中,全力出击,及时成立防控工作领导小组,全面掌握防控所需药品、医疗器械的库存数量,并对防控药械进行"拉网式"排查,为防控工作提供了有力的药械保障,赢得了社会各界的积极评价。

【政务环境优化】以创建一流政务环境为突破口,本着便民、利民的原则,不断优化政务服务环境,将药品行政审批事项和公共服务事项,全部移交政务窗口,达到人、事、权彻底集中到位的要求,全年药监窗口受理行政审批1 339件,按时办结率、现场办结率、群众满意率达到三个100%。特别是2009年是《药品经营许可证》到期换证之年,我们在取得市政府及市政务服务中心同意和各县(市、区)政务服务中心的大力支持后,打破传统《药品经营许可证》换证运行模式,改变以往各县(市、区)药品经营企业业主到市政务服务中心窗口进行申报带来的市政务服务中心窗口接件压力过大和偏远山区药品零售企业换证申报经济成本过高等实际情况,将政务受理窗口前移到各县(市、区)政务服务中心,派驻人员直接在各县(市、区)政务服务中心进行集中受理。大大方便了边远山区药品经营企业的换证申报,得到了药品经营企业和市政务中心的好评。同时在卫生行政部门的大力支持和配合下,认真做好了《餐饮服务许可证》的核发工作。《食品安全法》实施以来,全市食品药品监管系统受理核发《餐饮服务许可证》1 049件,变更事项42件,并做到许可事项件件严格执行标准,程序完善,方便快捷。

【食品医药产业】坚持围绕抓监管促发展的思路,通过有效监管为食品医药产业的健康发展提供公平、公正、公开的良好环境。食品医药企业按照"企业+基地+协会+农户"的模式,与农民利益紧密结合在一起,真正实现了风险共担,利益共享。据统计,2009年规模以上的食品及饮料工业有63家,食品及饮料完成工业增加值27.5 293亿元,同比增长24.6%,规模以上的医药制造业有5家,完成工业增加值2.9 012亿元,同比增长16.5%,全市食品医药产业成功抵御了国际金融危机带来的不利影响,呈现出加快发展的良好态势。

【食品药品宣传】坚持"以宣传促监管,在监管中强宣传"的宣传思路,正反结合,加大了对食品药品安全的宣传力度。一是集中宣传与日常宣传相结合,常抓不懈,营造氛围。充分利用"3·15"、法制宣传日、质量宣传月等重大活动组织相关部门开展"街头集中宣传活动",并创新手段,增加投入,抓好日常宣传,营造全社会关心食品安全的良好氛围。二是与达州人民广播电台、达州晚报联办"食品药品监管"栏目,向广大人民群众宣传法律法规,通报监管动态。三是开展食品安全进农村、进学校、进社区"三进"宣传,全面提升食品安全素质。利用"文化、科技、卫生、法律"四下乡活动,发放食品安全宣传资料、张贴宣传图片、现场咨询服务等形式,向群众宣传食品安全知识。四是曝光典型案例,打击违法犯罪嚣张气焰。通过电视、广播、报刊、网络等媒体对食品药品安全违法犯罪行为进行了曝光,打击违法犯罪嚣张气焰。

【领导名录】

副 局 长:桑茂明　丁绍初　杨晓晗

纪检组长:陈世清

机关党委书记:黎小明

(黄　文)

物 价 管 理

【价格总水平变动情况】2008年，全市经济延续了上年的良好增长势头，保持了持续、健康、快速的发展，市场商品供应充裕，购销畅旺，居民消费价格也呈现较高水平。特别是上半年，居民消费价格指数每月同比上涨均超过了6%，从7月份开始，涨幅逐渐回落，全市全年居民消费价格总指数比上年上升5.0%。2009年，受国际金融危机和国内经济紧缩的影响，前三季度，达州市居民消费价格指数呈逐月下降态势，四季度有小幅上升，全年居民消费价格指数均呈现较低态势。全市全年居民消费价格总指数比上年上升0.7%。

【价格调控情况】2008年，全市价格主管部门针对居民消费价格处于较高的情况，采取切实有效措施，保持市场价格总水平基本稳定。严格控制政府定价项目的出台；贯彻落实涉及主副食品、能源、建材等多项临时价格干预措施，组织150多人次深入50多家生产经营企业调查了解价格执行情况，实行重点监控和督察；开展好异常时期价格监管。5·12地震期间以及三鹿奶粉事件期间，通过应急价格监测，了解全市市场主副食品及抗震救灾相关物资价格动态，全市共出动530余人次开展市场价格监测，出动450余人开展市场价格监督检查，确保了异常时期达州市市场物价基本稳定。2009年，继续围绕保持市场物价基本稳定这个首要任务，加强价格调控监管，保持市场价格总水平基本稳定。强化价格监测，继续对主副食品、建材等价格进行重点监测，掌握市场价格动向，维护市场价格基本稳定。在元旦、春节期及甲型流感和11月强降温期间，及时对市场相关商品的价格进行监测分析，掌握市场动向；继续对砖、水泥等部分建材实行临时价格干预措施，以支援地震重灾区重建；针对生猪（肉）价格持续下降的状况，会同商务、粮食、畜牧等部门，组织对生猪生产成本的调查，拟定了《达州市防止生猪价格过度下跌调控预案实施办法（暂行）》；积极协助商务、粮食、财政等部门，做好食用油、猪肉、粮食、化肥等的物资储备，确保市场供应，稳定市场价格。

【政府价格调定及规范化管理】2008年，继续深化价格改革，完善价格形成机制。调整了达州市城区供水价格。调整后居民生活用水价格为1.5元/吨，上调0.3元/吨，城市低保户、五保户生活用水价格不做调整。根据国家统一部署，对辖区内部分地方的销售电价作了调整，除居民生活、农业生产农排外，其他用电平均提高0.025元/千瓦·时。同时疏导了小水电上网电价，平均上调0.025元/千瓦·时。认真做好灾后重建物资价格监管。保证价格临时干预措施落到实处。2009年，制定了达州市城区2008~2009年度经济适用住房销售价格最高限价。落实了国家化肥价格改革措施。按国家相关政策，调整了达州市成品油价格。根据油运联动机制，下调了全市公路客运旅客票价。制定了全市非经营性医疗机构上网药品、医用耗材上网集中采购临时零售价格。对服务于达州市化工园区的达州市天和给排水有限公司给排水价格制定了标准。

【行政事业收费管理】2008年，全市价格主管部门针对社会反映的价格和收费热点问题集中进行整治。一是做好地震灾害后房屋鉴定有关收费监管。及时将四川省物价局、四川省建设厅《关于地震灾区受损房屋建筑修复、加固设计收费收费标准的通知》的规定贯彻执行，并明确了对灾区学校、医院、寺庙、监狱、福利院、孤儿院、残疾人企业应予适当优惠和对因地震灾害影响的震后安全性能房屋安全鉴定费和特种设备检验检测费一律免收的政策。二是清理了涉及非公有制企业、农产品加工企业的收费项目。重点检查了已公布取消的涉及企业的收费项目和降低收费标准的政策是否真正落实到了实处。取消对非公有制企业的歧视性收费项目。三是继续抓好义务教育收费政策的贯彻落实。在春秋两季开学时，对全市中小学收费情况进行督查，保证了国家、省义务教育收费政策落到实处，同时，重点对中小学校服务性收费进行了规范。四是加强了经济适用住房价格的管理。与建设、房管部门一起对达州市城区经济适用住房价格进行了调查，制定了达州市城区2008~2009年度经济适用住房销售价格最高限价，即多层住宅1 300元/平方米，高层住宅1 500元/平方米。

【价格监督检查】2008~2009年，达州市物价部门以维护市场价格基本稳定为重点，加大执法力度，查处各种乱涨价、乱收费，取得了较为明显的成效。全市共查出各类价格违法案件535件，查出价格违法金额2 182万元，没收违法所得金额268万元，罚款

15万元。一是开展专项检查。根据国家、省统一部署,开展了涉企收费、化肥价格、电力价格、中小学教育收费、电信邮政资费、房地产价格、农资价格、惠农价格和收费政策落实情况等专项检查。二是开展了国土、民政、成品油、电力价格、灾后建材价格、交通运输、民爆等重点检查。三是开展重要节日市场物价检查,全市物价部门在春节、"五一"和"十一"等重要节日期间,重点针对"米袋子"、"菜篮子"、交通客运价格、成品油价格以及明码标价执行情况等进行了检查。四是开展抗震救灾期间、奥运会期间、甲流感防控以及三鹿奶粉事件期间市场价格监督检查,对全市重点超市、农贸市场、商店的大米、食用植物油、猪肉、禽蛋、方便面、牛奶等价格进行检查,共检查门市、摊点、生产经营单位5 500余家,立案查处价格违法案件100余件,罚款14万余元。

【价格法制工作】2008~2009年,在部门法制建设方面,按照"五五"普法的规划,组织全局职工特别是领导干部,开展形式多样的法制学习。积极开展法制宣传活动。按照市政府和省物价局统一部署,制定了年度法制宣传活动实施方案,通过自办的刊物、网站、市级媒体及"3·15"消费者权益保障日、"12·4"法制宣传日等广泛开展法制宣传,共发放价格法规宣传资料6 000余份,接受群众价格法规咨询340余人。进一步规范行政审批。结合清理行政审批,对内部行政行为进行了清理,进一步细化了行政审批流程,制定了《达州市物价局工作规则》。组织参加阳光政务热线。做好工作预案,向社会宣传物价工作、价格政策法规和价格形势,认真对待群众提出的价格和收费问题。

表14 达州市2008年~2009年度重要商品和服务价格表

品　种	规格　型号　等级	单位　形式	价格(元)	
			2008年	2009年
籼　米	标一米	千克　集市价格	3.00	3.00
面　粉	特一粉	千克　集市价格	3.10	3.20
玉　米	中等	千克　集市价格	1.90	2.00
菜子油	二级	千克　集市价格	14.00	11.00
生　猪	150~180千克	千克　集市价格	13.00	9.00
猪　肉	去骨腿肉	千克　集市价格	22.00	17.00
蔬　菜	时令蔬菜			
莴　笋	新鲜	千克　集市价格	2.60	3.00
白萝卜	新鲜	千克　集市价格	1.60	1.80
青　椒	新鲜	千克　集市价格	3.60	4.00
西红柿	新鲜	千克　集市价格	4.00	4.60
黄　瓜	新鲜	千克　集市价格	3.80	3.60
土　豆	新鲜	千克　集市价格	2.00	2.00
稻谷种子	当地主销	千克　集市价格	23.00	24.00
玉米种子	当地主销	千克　集市价格	15.00	15.80
乐　果	当地主销	千克　集市价格	12.00	12.00
水氨硫磷	当地主销	千克　集市价格	15.00	14.00
耕　牛	黄牛200千克以上	千克　集市价格	20.00	17.00
牛　肉	新鲜	千克　集市价格	25.00	24.00
活　羊	新鲜	千克　集市价格	22.00	20.00
羊　肉	新鲜	千克　集市价格	46.00	42.00
鸡　蛋	中等　新鲜	千克　集市价格	8.20	7.00
活　鸡	1千克以上	千克　集市价格	18.00	17.00
草　鱼	0.5千克以上,鲜活	千克　集市价格	15.00	14.00
彩　电	长虹直角平面	台　零售价格	1500	1500
汽　油	90号车用	升　零售价格	5.73	5.70

续表

品　种	规格　型号　等级	单位　形式	价格(元)	
			2008 年	2009 年
柴　油	0 号柴油	升　零售价格	6.20	5.43
线　材	直径　6.55 毫米	吨　零售价格	4240	3800
螺纹钢	直径 12 ~ 18 毫米	吨　零售价格	4500	4100
水　泥	425 号　普通硅酸盐	吨　零售价格	450	440
尿　素	含氮量 46.3%	吨　零售价格	2500	2000
碳　铵	含氮量 17%	吨　零售价格	800	730
农　膜	聚乙烯　宽幅 100 厘米	升　零售价格	14.00	14.00
磷　肥	晋钙、含磷量 14%	吨　零售价格	850	680
停车费	城区经营性小货车	次　实际收费	5.00	5.00
物管费	普通住宅小区	月、平方米	0.35	0.40
农村用电	乡镇政府所在地生活用电	千瓦时、国网	0.56	0.63
天然气	民用、综合价	月、立方米	1.52	1.52
房　租	直管公房、砖混 2、5 楼	月、平方米	1.30	1.40
自来水	城镇用、含排污费	月、吨	1.59	1.83
公交费	市内公交车	人、公里	0.115	0.115
挂号费	普通门诊	人、次	1.20	1.50
住院费	二等乙级医院	人、天	10.00	10.00
注射费	肌肉注射	人、次	1.00	1.00
托育费	中班月托，二等，普通	人、月	65.00	60.00
收视费	城镇	户、月	15.00	15.00
污水费	城镇	户、月	0.30	0.30
垃圾费	城镇	户、月	4.00	4.00

【领导名录】

局　长：申建国

副局长：张天成　李画笔(2008.12 ~)

纪检组长：洪　联

(吴　双　黄　源)

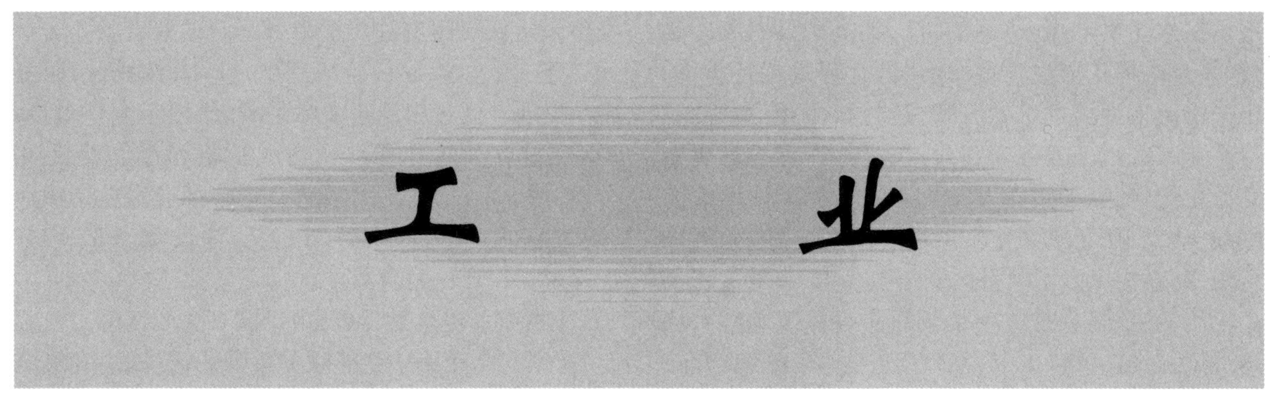

工 业 经 济

综　述

【基本情况】2008 年,全市规模以上工业完成增加值 194.13 亿元,增长 30%;规模以上工业增加值占全市 GDP 比重达 32.4%。2008 年全市新增规模以上企业 71 户,规模以上企业总数 398 户。工业经济综合指数 273.79,同比上升 35.95。全市规模以上工业实现主营业务收入 529.93 亿元,增长 49.8%;实现利税 32.53 亿元,增长 37.5%,其中:实现利润 15.07 亿元,增长 33.7%。

2009 年,全市规模以上工业完成增加值 249.2 亿元,增长 26%;规模以上工业增加值占全市 GDP 比重达 36.5%,比 2008 年 32.4% 提高了 4.1 个百分点,对全市经济增长的贡献率超过 70%。2009 年全市新增规模以上企业 51 户,规模以上企业总数 449 户。工业经济综合指数 313.19,同比上升 43.16,创历史最高水平。全市规模以上工业实现主营业务收入 722.2 亿元,增长 33.5%;实现利税 50.2 亿元,增长 50.8%,其中:实现利润 24.7 亿元,比上年净增 9.6 亿元,增长 63.8%。

【综合协调成效明显】采取加大煤、电、油、气、运的协调调度,发放“两节”加班补贴 100 万元,确保了“开门红”顺利实现。组织协调电煤 300 万吨以上,并争取省上对我市主网电厂发电指标分配,确保两大电厂满发满供。为达钢集团、金鹰电化、航达钢厂等企业争取直购电优惠电价,降低了企业财务成本。帮助全市 30 户中小企业争取各类扶持资金 905 万元。2009 年,全市主网电厂到煤 330 万吨,增长 15.1%;发电量增长 21.2%,天然气产量增长 13.1%,铁路货运量增长 6.2%,一是密切对冶金、煤炭、纺织、化工、建材等重点行业、产品的跟踪监测,建立了工业经济预警预测机制,实行了逐月调度,逐月分析,逐月披露;二是抓好了规模以上工业企业,特别是 50 户成长型企业的跟踪服务,发挥对全市工业增长的支撑带动作用;三是加大煤、电、油、气、运的协调调度力度。认真抓好了春节前后煤矿安全生产,确保 70 户煤矿企业“春节”期间推迟放假和提前复工。增大了省上对我市主网电厂发电指标分配,争取到了达钢集团、金鹰电化、航达钢厂等企业直购电优惠电价。帮助全市 30 户中小企业争取各类扶持资金 905 万元,达县被列为全省中小企业发展试点县;四是创新银企合作方式。举办了达州市银企对接会议,组织市内 30 多家企业、207 个项目,与 8 家金融机构签订了银企合作协议,授信支持意向资金 26 亿元。全年积极协调全市担保公司为中小企业担保贷款 5.38 亿元。

【技术进步取得突破】全市工业完成投资 313 亿元,增长 39%,其中技术改造完成投资 140.8 亿元,增长 50.5%,占全市固定资产投资 25.8%。全市实施工业项目 429 项,其中技改项目 362 个,目前已竣工投产项目 11 个,在建 91 个,新开 307 个;完成市级以上新产品开发86个，完成新产品产值16.4亿元，新产品产值率10.94%。一是加快了海螺及华新水泥干法水泥生产线、达钢集团1 260高炉及铁路专用线、川东电缆扩能生产线、通川酒业异地搬迁扩能、恒成能源富钾卤水综合开发、达竹集团龙门峡北矿开采等一大批项目开工建设；二是加速推进齐鲁石化大化肥、利森和川东及沽竹水泥新型干法水泥生产线、达钢10万吨甲醇和3万立方米制氧项目等项目竣工，全力保障了项目的资金、水、电、气等生产要素供给；三是强力推进了渠县甜头食品万吨特色火腿加工、东柳醪糟5 000吨出口生产线、天予药业年产200吨中药逆流超声提取茶多酚生产线、方欣公司3 000吨/年广山雀舌及优质绿茶生产线等特色农产品深加工项目建设。

【节能降耗力度加大】2009年，全市实施环保、节能技改项目80个，完成投资4.97亿元；淘汰了12户企业落后产能及设备，年节能37万吨标煤。通过技术改造，循环经济建设，节能降耗取得成效，全市规上工业生产综合能耗873.8折标煤/万吨，同比增长15.5%，比工业增加值增速低9.5个百分点，比现价产值低16.8个百分点；万元增加值综合能耗3.51折标煤吨/万元，同比下降8.3%。

【园区建设有序推进】2009年，全市各类园区基础设施及道路建设投入8.8亿元，入园企业投资额87.1亿元，其中，工业投资额53.1亿元。入园项目共计58个，项目计划总投资164亿元，本年完成投资29.5亿元。其中：2009年新入园项目33个，竣工项目15个。纳入园区统计的64户工业企业共计完成现价产值141.9亿元，实现主营业务收入125.6亿元，实现利润2.7亿元，实现税金4.3亿元。市天然气能源化工区、大竹工业园区已纳入四川省“1525”工程，宣汉、万源、开江工业园区已纳入四川省“1525”工程市级培育园区。按照“一园一主业、一园一特色”的思路，一是督促各县市区建立完善产业园区发展工作领导机制，相继成立了工业园区（集中区）建设领导小组、园区管委会等，为工业发展平台建设提供了组织保障；二是先后制定了《达州市加快工业园区发展的指导意见》、《达州市工业园区产业发展与布局规划》等；三是积极向上争取产业园区优惠政策及资金支持。全年争取省工业园区公共服务平台引导资金1 915万元。

【融资难题逐步缓解】加快引导完善市、县二级信用担保体系。已成立信用担保机构22家，注册资金7.4亿元。充分利用国家政策性资金支持，引导全市园区获取四川省开发银行基础设施贷款8.5亿元。建立了企业信贷监测制度，推动金融机构服务中小企业。通过组织企业参加省、市银企合作对接，207项重点工业融资项目达成贷款和授信项目80个，签约金额达26亿元以上。全年工业贷款余额达299.5亿元，新增贷款79.6亿元，增长36.1%，较好地缓解了企业的融资需求。

【招商引资效果明显】由中国石油和化学工业协会、国家工业和信息化部原材料工业司，四川省经济委员会，达州市委、市政府主办的中国能源化工高峰论坛，于3月28日在我市成功举行。来自全国各地的能源产业巨头、专家学者等共400余人出席论坛。全市8户企业参加广西南宁“9+2”洽谈会，签约项目5个，总投资5.9亿元。组织50余户企业参加了成都“西博会”，创办达州工业馆。全年承接产业转移和招商引资项目2个，实际到位资金2.21亿元。

【领导名录】

主　任：张顺帆

中小企业局局长：潘志富

副主任：曾小波　马　林　陈明星　黄学龙

冶　金

【概况】2009年冶金工业全市规模以上企业21户，职工11 700余人，资产总额62.49亿元，负债总额43.28亿元，资产负债率为69.2%。主要产品包括：生铁、钢、钢材、焦炭、焦化工产品、铁合金等，主要企业包括四川省达州钢铁集团有限责任公司、达州大海钢铁公司等钢铁企业和达州市金源电化有限公司、四川省远大铁合金有限公司、四川金鹰铁合金集团公司、宣汉达泰合金有限公司等铁合金企业。全市具有年产生铁250万吨，钢300万吨，钢材200万吨，铁合金50万吨的能力。

【生产情况】2008年全市规模以上冶金企业全年实现生铁生产206万吨，粗钢202万吨，钢材199万吨，铁合金33万吨。完成工业增加值35.8亿元，同比增长17.6%，实现销售收入143.4亿元，同比增长34.6%，实现利润2.8亿元，同比下降9.2%，实现税金5.2亿元，同比增长33.2%。2009年全市规模以上冶金企业资产总额62.5亿元,负债总额43.3亿元,资产负载率69.3%。全年实现生铁生产234万吨,粗钢217万吨,钢材248万吨,铁合金45万吨。完成工业增加值44.8亿元,同比增长32.3%,实现销售收入172亿元,同比增长18.5%,实现利润3.6亿元,同比增长34%,实现税金6.5,同比增长25.7%。

【技改情况】2008年,达州钢铁集团公司继续实施铁路专用线、50万吨高速线材和20万吨二甲醚建设项目,共完成总投资9.7亿元人民币,项目已于2009年建成,将大大提升全市冶金工业能力。2008年"5·12"地震发生后,为支援地震灾区重建,达州钢铁集团公司实施灾后重建1 260立方米高炉工程和灾后重建120万吨/年优质建筑钢材全连轧生产线工程,建设一座1 260立方米高炉及相关配套设施,同时,淘汰全市19座100立方米及以下小高炉共及1 303立方米,预计投资7亿元人民币,形成年产生铁125万吨和高强度抗震钢筋和优质建筑钢材120万吨的生产能力。同时,为响应国家节能减排,达州钢铁集团公司还开展了260平方米烧结机余热发电项目、1 260立方米高炉煤气炉顶余压(TRT)发电项目、灾后重建260平方米烧结机节能技改项目、800吨/日回转窑活性石灰生产线节能技改项目,炼钢、轧钢区域饱和蒸汽发电项目,预计总投资7亿元,可形成年发电23 700万千瓦·小时,年折合节约标煤9.7万吨,减排二氧化碳26.3万吨。

机 电

【概况】2008年机电工业规模以上企业27个,职工4 061人,资产总额69 873万元 ,负债总额46 626万元,完成工业增加值123 154万元,增长50.8%;实现销售收入349 486万元,增长56.9%;实现利税12 473万元,增长53%;生产的主要产品有:农用车、水泵、风机、变压器、高低压电器开关、电线电缆、电机、压力容器、汽车离合器、汽车及摩托车配件、钢球、轴承、五金工具及消防、建筑机械等多门产品系列。争创了巨流牌s系列农用清水泵、华川DZ2815系列农用运输车、蜀峰牌L系列罗茨风机和离心风机等省、部、国优产品称号和国家、省、市免检产品称号。

2009年机电工业规模以上企业27个,职工3 918人,资产总额84 723万元,负债总额51 092万元,完成工业增加值147 075万元,增长28.8%;实现销售收入563 067万元,增长42.4%;实现利税21 462元,增长72.8%。生产的主要产品有:农用车、水泵、风机、压力容器、变压器、高低压电器开关、电线电缆、电机、汽车离合器、汽车及摩托车配件、钢球、轴承、五金工具及消防、建筑机电等多门产品系列。争创了巨流牌s系列农用清水泵、华川DZ2815系列农用运输车、蜀峰牌L系列罗茨风机和离心风机等省、部、国优产品称号和国家、省、市免检产品称号。

【技改情况】2008~2009年,全市机电工业共投入技术改造资金3.165亿元,为企业增产,节能降耗、提高产品质量、提出企业核心竞争力打下了坚实的基础。四川省开江县永兴五金工具有限公司铸造生产工艺改造项目;四川省鼓风机制造有限责任公司的2 500台/年HJ高效低噪罗茨风机技术改造项目;四川同达环保设备工程有限责任公司年产新风机组和风机盘1.5万台套的中央空调生产线项目;四川新达泵业有限责任公司的退城进园异地改扩建;达州市金恒机械有限责任公司新建年产20万台汽车发动机缸体项目;宣汉县五金机械厂4 000台矿用设备生产迁建项目等一批重点项目相继开工建设或投产达效,使我市机电工业企业主导产品的技术含量一定程度的提升。其中:电线电缆产品,重点发展特种漆包线、中压交联电力电缆、通讯电缆、光纤电缆、汽车薄绝缘低压电缆等;输变电配电设备,重点发展新型高中压开关成套装置、真空断路器、干式变压器、箱式变压器、非金合金变压器等,川东电缆公司废旧铜回收利用工程项目顺利完工,达县远东电器有限公司退城入园加快发展。通用设备,以恒成能源公司的四川鼓风机公司、新达泵业为骨干,新达泵业充分利用退城入园的契机,以调整主导产品为主线,大力降低泵类产业噪声,减轻泵体重量,提高泵类产品的运行质量和稳定性,加大科技投入,实现产品升级换代,进一步开发适销对路产品,扩大企业市场占有率,增强企业核心竞争力;四川鼓风机制造有限责任公司的2 500台/年HJ高效低噪罗茨风机技术改造项目的建设,使该公司年新增罗茨风机3 000台;四川博通矿用风机公司针对四川盆地内极薄煤层的特点,不断进行矿用风机技术改造,市场占有率不断提高;五金工具,搞好台虎钳类产品的基地化发展,提高产品档次,增强出口创汇能力。

【存在的问题】企业规模较小,全市规上机电企业2008年和2009年均仅有27户,企业产品不精不专,重复建设率高,造成资源的分散和浪费。企业集成能力不强,专业化生产优势较低,没有建立起合理的产业结构,行业产品结构较为分散,同质率较高,行业生产集中度低。产品档次处于行业中低端,结构不合理。一方面,通用、中低档机械生产能力相对过剩,不少企业生产能力利用率不到50%;另一方面,企业研发投入较低,导致企业研发能力差,新技术、新工艺运用滞后,产品技术含量低,市场占有率低。再一方面,全市没有建立健全企业科技技术转化机制和平台,企业自主研发能力低及成果转化机制不够完善,企业内在创新力较弱,导致企业创新能力建设滞后,产品更新周期长,技术引进力度小,水平低,导致新产品开发程度较低。

纺　织

【概况】纺织工业始建于1958年,经过50多年尤其是“十五”期间的快速发展,已初步形成了一定规模、门类较齐全,独具特色的一大传统优势产业。“十五”前,全市纺织工业门类齐全,拥有棉纺织、苎麻纺织、黄麻纺织、真丝针织、针复织、印染、服装、化学纤维、线带等11大产业。这种小而全的发展模式,既造成了资源、资金的巨大浪费,市场竞争力差,多数企业举步维艰。“十五”、“十一五”期间,全市纺织工业加快了国有企业改革、改制、改组、调整和整合步伐,淘汰了一批非优势产业,形成了以苎麻纺织为主体,拥有棉纺织、印染、服装、化纤等传统产业。2008年末,全市纺织工业规模以上企业15户,职工6 362人,资产总额53 133余万元,其中:棉纺织企业4户,苎麻纺织企业8户,印染、服装、化纤企业各1户。全行业实现现价产值306 078万元,同比增长48.44%;实现主营业务收入255 425万元,同比增长35.38%;实现利润3 208万元,同比增长18.50%;实现税金2 785万元,同比增长4.55%。2009年末,全行业实现现价产值393 613万元,同比增长28.13%;实现主营业务收入363 986万元,同比增长41.88%;实现利润6 560万元,同比增长105.57%;实现税金5 913万元,同比增长111.04%。

【重大事件】2008年以来,由美国次贷危机引发的全球金融危机对全市纺织行业造成了巨大。目前只有四川玉竹麻业有限公司一枝独秀,维持正常的生产经营外,其余企业近两年来陷入停产状态。全市最大的麻纺企业达州市金桥麻业有限责任公司由于债务缠身,严重资不抵债,已濒临破产。现已将老厂以1.44亿出售,申请进入园区重新建设,目前园区建设正在进行之中。第二大麻纺企业四川智鹏麻业有限公司已停产近两年,等待市场行情好转,随时可以复工。大竹县城北麻纺、双江麻纺由于受行情、资金困难和污水治理等因素的影响生产时开时停。全市其他规模小的麻纺企业基本处于停产状态。

【技术进步】2008年全球金融危机爆发以来,四川玉竹麻业有限公司能够一枝独秀,就是基于该企业对苎麻产品定位准确,思路清晰,管理规范,不断增强企业创新能力,不断进行技术改造、技术创新所取得的。

四川玉竹麻业有限公司与四川立新瑞德环保科技发展有限公司合作,自筹1 400万元进行脱胶废水处理技术改造。工程设计能力为日处理脱胶废水3 500吨,日回用处理水2 800吨。该污水处理系统按一级设计、一级验收、一级运行,运用针对苎麻脱胶废水的立新菌种,采用了“物化—LESSON生化—深度处理”组合工艺。被四川省经委评为“2008年度四川省重点技术创新项目”和大竹县2008~2009年度科技进步一等奖,目前该技术正在申请专利。该污水处理工程建成投产以来,经市、县环境监测部门历次监测,各项排污指标均达到了《污水综合排放标准》(GB8978-1996)一级排放标准。

建　材

【概况】2009年建材工业全市规模以上企业51户,职工8 400余人,资产总额21.8亿元,负债总额13.8亿元,资产负债率为63.3%。主要产品包括:水泥、水泥及石膏制品、砖及建筑材料、陶瓷等,主要企业包括达州海螺水泥有限责任公司、华新水泥(渠县)有限责任公司、达州利森水泥有限公司等水泥企业及四川新象瓷业有限责任公司等陶瓷生产企业,具有年产1 240万吨水泥(其中:立窑产能350万吨、湿法窑产能30万吨、新型干法860万吨),石膏板材

2 000万平方米，商品混凝土100万立方米的生产能力。

【生产情况】2008年全市规模以上建材企业全年实现水泥生产452万吨。完成工业增加值17.3亿元，同比增长51.7%，实现销售收入33.9亿元，同比增长68.7%，实现利润1.7亿元，同比增长133.7%，实现税金1.4亿元，同比增长57%。2009年全市规模以上建材企业资产总额21.8亿元，负债总额13.8亿元，资产负债率63.1%。全年实现水泥生产585万吨。完成工业增加值25.8亿元，同比增长34%，实现销售收入59亿元，同比增长64.7%，实现利润2.7亿元，同比增长55.9%，实现税金2.2亿元，同比增长47.4%。

【技改情况】建材工业企业通过加大投入进行技术改造，对落后生产能力进行了淘汰，新建了一大批符合国家产业政策，具有市场较强竞争力的建材项目。自2006年全市第一条新型干法水泥生产线投产后，2008～2009年先后有渠县中铁二十三局川东水泥公司2 500吨/天水泥熟料生产线，大竹沽竹水泥公司2 500吨/天水泥熟料生产线，华新水泥（渠县）公司6 000吨/天水泥熟料生产线，大竹海螺水泥公司5 000吨/天水泥熟料生产线，大竹利森水泥公司3 200吨/天水泥熟料生产线建成投产。2009年底我市新型干法水泥总产能达已到860万吨，干法水泥设计能力已占全市总水泥产能的70%。2008～2009年，全市淘汰了川东水泥、丰发等一批落后机立窑水泥生产能力，淘汰落后水泥产能103万吨/年。

地方煤炭

【概况】2008年，是国家煤矿整顿关闭工作三年规划的最后一年，我市煤炭行业按《达州市煤炭行业“十一五”发展规划》、《达州市煤炭资源整合方案》和《达州市煤电冶化建产业链》，坚持“安全第一、预防为主、综合治理”的方针，煤矿基本实现“一个好转、两个减、三个提高”的目标。截止到2009年底，全市有各种所有制煤矿230处（不含达竹矿务局6处煤矿，能力226万吨/年；大路监狱系统煤矿2个，能力12万吨/年），年设计（核定）生产能力1 018万吨；有洗煤厂105座，设计入洗原煤能力1 600万吨/年，年产洗精煤480万吨，煤矸石48万吨，中煤150万吨，煤泥15万吨。

【煤炭生产】2008年全市煤矿共生产原煤773万吨，完成现价工业总产值194 557.28万元，完成销售产值199 971.06万元，实现利润41 606万元，上交税金47 892万元。2009年生产原煤577万吨，完成现价工业总产值170 663.92万元，完成销售产值170 665.3万元，实现利润17 511.5万元，上交税金30 521.9万元。

【煤矿安全】2008年，2009年我市煤炭行业以“百日安全生产活动”、“安全生产年”活动为抓手，狠抓煤矿制度建设、基础管理、职工全员培训、生产现场管理工作，有效遏制了较大及以上事故的发生，减少了一般伤亡事故，煤矿安全形势持续稳定好转，煤矿事故件数和死亡人数均比2007年有大幅度下降，连续两年全市煤矿死亡指标控制在省政府下达的指标内。2009年继续关闭不符合国家产业政策及安全条件差的渠县工农煤矿、达县大沟河煤矿、达县癞子河沟煤矿，使全市煤矿总数下降到230家。

【资源整合】2008年，2009年，我市煤炭资源整合工作根据四川省人民政府批准的《关于达州市煤炭资源整合方案的复函》和省、市煤炭资源整合工作总体部署，按照“统一布置，科学决策，稳妥推进”的工作思路，通过市级相关部门的积极配合，到2009年底，全市175个煤炭资源整合矿井，进入施工建设的矿井83处，竣工投产5处，新增煤炭生产能力21万吨/年，全市煤矿年设计（核定）生产能力达到1 018万吨/年。

【煤矿科技】全市煤矿按照国家煤监局关于推行专用回风井、壁式采煤方法和支护方式改革的要求，切实加快我市小煤矿采煤方法和支护方式的改革步伐，提高煤矿的装备水平，对大竹县、达县、宣汉县一些具备条件的煤矿采煤工作面推广使用了机械化采煤和单体液压支柱支护；掘进工作面已淘汰木支柱支护，全面使用锚网、锚喷支护；部分煤矿斜井运输采用皮带输送机。

医 药

【概况】2009年医药工业全市规模以上企业5户，职工1 858余人，资产总额3.3亿元，负债总额2亿元，资产负债率为60%。主要产品：中药饮片、中药原料药、中成药、大容量注射剂等，企业主要有：成都地奥集团天府药业股份有限公司、四川琦云药业公司、四川福瑞药业有限公司、四川天予植物药业有限公司、达州市天然植物药业公司等生产企业。具有年生产2 000吨中成药的生产能力。

【生产情况】2008 年全市规模以上医药企业资产总额 3.5 亿元，负债总额 2.3 亿元，资产负债率65%；完成工业增加值 2.29 亿元，同比增长 36.6%，实现主营业务收入 3.94 亿元，同比增长 45.67%，实现利润1 532万元，同比增长 25%，实现税金2 074万元，同比增长 18.36%，全年生产中成药1 357 吨。2009 年规模以上医药企业完成工业增加值 2.9 亿元，同比增长 16.5%，实现主营业务收入 5.35 亿元，同比增长 35.7%，实现利润2 219 万元，同比增长 44.79%，实现税金5 174万元，同比增长 149.49%，全年生产中成药1 423吨。

【技改情况】医药工业企业通过加大投入进行技术改造，对落后生产能力进行了淘汰，新建了一大批符合国家产业政策，具有市场较强竞争力的医药项目。成都地奥集团天府药业股份有限公司总投资1.5 亿元的退城进郊、异地扩能技改项目，将采用先进技术建成六个生产车间，购置锅炉、空调净化系统、干燥设备等 30 余台套，新征土地 150 余亩，厂房建筑面积 4.3 万平方米，形成年产值 5 亿元，年产片剂 50 亿片（其中地榆升白片 10 亿片），口服液5 000万支（其中回生口服液1 000万支），熊胆眼药水 500万支，丸剂1 000吨，颗粒剂2 000吨的生产能力。四川天予植物药业有限公司总投资2 800万元的 200吨/年中药动态逆流超声提取树脂纯化工艺技术改造项目，改造中药材提取设备，更新提取分离纯化工艺，其中新增能力 100 吨。四川福瑞药业有限公司总投资3 500万元的中药材规范化种植及饮片加工项目。

食　　品

【概况】2008 年，全市规模以上食品饮料企业 53 户，资产总额123 600万元，同比下降 1.02%，从业人数5 106人，同比增长 2.92%，现价产值589 694万元，同比增长 39.16%，主营业务收入557 717万元，同比增长 44.54%，利润总额 10 659 万元，同比增长 94.7%，实现税金9 390万元，同比增长 11.08%。其中饮料企业 10 户，资产总额38 183万元，同比下降11.33%，从业人数1 267 人，同比下降 15.31%，现价产值140 544万元，同比增长 44.30%，主营业务收入129 248万元，同比增长 58.63%，利润总额4 216万元，同比增长 28.31%，实现税金6 074万元，同比增长 5.56%；食品制造业 43 户，资产总额85 417万元，同比增长 4.41%，从业人数3 839 人，同比增长10.79%，现价产值449 151万元，同比增长 37.62%，主营业务收入428 469万元，同比增长 40.77%，利润总额6 444万元，同比下降 0.13%，实现税金3 317万元，同比增长22.85%。

【技术改造】

1. 竣工项目：2008 年，万源市巴山食品有限公司8 000吨/年大巴山优质牛肉及制品生产线，总投资2 200万元，年销售收入2 851万元，利润 342 万元，税金 230 万元；四川巴山雀舌名茶实业有限公司巴山雀舌初加工生产线年产 260 吨扩建项目，总投资1 800万元，年销售收入1 080万元，利润 150 万元，税金 93 万元；四川梨梨生物工程有限公司年产 2 万吨葡萄糖粉技改项目，总投资2 300万元，年销售收入4 000万元，利润 460 万元，税金 105 万元；达州市伟林肉类食品有限责任公司年产40 000吨猪肉加工技改扩能项目，总投资2 514万元，年销售收入5 167万元，利润 516 万元，税金 170 万元。

2009 年，四川梨梨生物工程有限公司年产 2 万吨葡萄糖粉技改项目，总投资3 700万元，年销售收入8 000万元，利润 750 万元，税金 600 万元。

2. 在建项目：2008 年，达州市顺鑫鹏程食品有限公司 100 万头生猪屠宰加工技改扩能工程，总投资20 000万元，年销售收入32 500万元，利润 200 万元，税金2 600万元，创汇 600 万美元；万源市萼山魔芋食品有限责任公司魔芋精加工生产线，总投资1 600万元，年销售收入1 900万元，利润 226 万元，税金 199万元，创汇 10 万美元。

2009 年，达州市顺鑫鹏程食品有限公司 100 万头生猪屠宰加工技改扩能工程，总投资20 000万元，年销售收入32 500万元，利润 200 万元，税金2 600万元，创汇 600 万美元；万源市萼山魔芋食品有限责任公司魔芋精加工生产线，总投资1 600万元，年销售收入1 900万元，利润 226 万元，税金 199 万元，创汇 10万美元；

3. 新开工项目:2008 年,四川天源油橄榄有限公司橄榄油加工项目,总投资6 280万元,年销售收入1 600万元,利润 320 万元,税金 104 万元,创汇 320万美元。

2009 年,四川佳肴食品公司5 000吨牛肉制品异地技改项目,总投资5 600万元,预计年销售收入8 000万元,利润1 200万元,税金 320 万元。

丝 绸

【概况】达州市丝绸工业曾拥有缫丝、织绸、染整、真丝针织、服装设计及加工,最高生产能力缫丝达5 万绪、坯绸(含针织品)250 万米、丝绸炼染 600 万米、服装加工 45 万件。由于低档次、低水平的重复建设,导致企业间恶性竞争。1994 年以来,丝绸出现全行业连年亏损,企业相继停产、改制、破产。目前,我市仅有一户正常生产的缫丝企业—四川省大枫树丝业有限公司,企业拥有固定资产1 300万元,公司注册资本1 018万元,优质蚕桑基地20 500亩,现有自动缫丝4 800绪和双宫丝自动缫 2 组、立缫 80 个车位,可年产鲜正茧 300 吨的生产能力。企业资产总额3 658万元,职工 203 人。

2008 年,由于受国际金融危机的影响,出口严重受阻,价格倒挂,茧丝绸行情每况愈下,蚕农养蚕的积极性受到了极大伤害,养蚕农户的也越来来越少,到目前为止,全国蚕茧减产均在 30% 以上。该公司现有蚕农3 065户,主要模式以"公司 + 基地 + 农户"为主,2008 年共养蚕 4 批次,发蚕种9 255张,产鲜茧296 160千克,比 2007 年减少78 840千克,农民售茧收入 473. 86 万元,总收入比 2007 年减少 163. 64 万元,小蚕共育费 26 万元,合计农民蚕业收入 499. 86 万元,蚕农户平收入1 630元。

2009 年养蚕户2 896户,发蚕种5 255张,产鲜茧170 787. 5千克,比 2008 年减少125 372. 5千克,农民售茧收入 315. 96 万元,小蚕共育费 15. 76 万元,总收入比 2007 年减少 168. 14 万元,蚕农户平收入1 145. 44元。

2008 年,企业生产白厂丝 65 吨,生产双宫丝 35 吨,纯天然蚕丝被5 000床,完成销售产值2 490万元,实现利润 39 万元,自营出口创汇 150 万美元。2009 年由于缫丝生产价格倒挂,停产半年,生产了白厂丝和双宫丝 43 吨,纯天然蚕丝被4 200床,完成销售产值1 349万元,亏损 20 万元,自营出口 60 万美元。

饲 料

【概况】达州市饲料工业发展,概括有 5 个特点。1. 饲料企业在规范和整合中发展。达州市饲料生产企业大都属中小型企业,由于市场的优胜劣汰、行业的许可准入和规范管理,到 2008 年,全市达到相应生产条件并获得饲料生产许可的企业仅有 22 家(80 年代最高达 100 多家,2005 年 35 家)。到 2009 年,万源市鼎盛饲料有限公司的投产,全市结束了饲料企业空白县的历史,达到 23 家饲料企业。其中单一饲料企业 8 家、饲料加工企业 15 家,其生产能力达到 60 吨/时。产品主要有添加剂预混合饲料、浓缩饲料、配合饲料等类别,涉及猪料、禽料、水产料等品种,其中类别以配合饲料、浓缩饲料为主,品种以猪料、禽料为主。企业数量的减少,产能的增加,优化达州市饲料工业结构,有力地推动了全市养殖业的发展,促进了农村经济结构的调整,增加了农民收入,丰富了城乡居民的"菜篮子",已经成为国民经济的重要基础产业之一。2. 工业饲料产量不断提高。达州市饲料工业经受了周边重大动物疫情、生猪价格波动、原料价格上涨(蛋白原料和矿物原料)的困难形势,面对了"瘦肉精"、三聚氰胺等事件产生的负面影响,顶住了全球金融危机的冲击。2009 年全年工业饲料产量 8. 9 万吨,比上年增长 34%,达到历史最好水平,总产值首次突破 3 亿元。其中按类别分,配合料 4. 2 万吨占 47. 9%,浓缩料 4. 3 万吨占 48. 8%,预混料3 025吨占 3. 3%。按用途分,猪料 3. 09 万,占 34. 7%,禽料 5. 42 万吨占 61%,其它水产饲料等占 4. 3%。显然,配合饲料和浓缩饲料几乎平分秋色。禽料独占鳌头,猪料作为传统产品稳步发展,添加剂预混料逐渐萎缩。3. 区域分布和大企业的主导地位明显。从企业分布来看,全市 23 家企业中,达县 7 家、通川区 6 家,占全市企业数的 57%,除去单一饲料企业,两县、区加工企业数占全市加工企业的 53%,而产量占到了全市饲料总产量 74%。从企业自身来看,2009 年达州嘉好饲料有限公司产量突破 3 万吨,比上年增长 70%,通威达到 2. 1 万吨,两企业共 5. 2 万吨,占全市总产量的 58%,可见大企业的市场主导作用越来越明显，产品影响力越来越大。饲料生产企业集团化、产业化、规模化越来越凸显。4. 饲料生产企业产品质量显著提高。近年来，通过对饲料生产企业的全覆盖抽检，达州市饲料工业企业的产品合格率始终保持在90%以上，特别是自开展饲料质量专项整治和饲料执法年活动以来，饲料生产企业的质量意识明显增强。2008年全市生产企业饲料产品合格率为92.5%，2009年达到96.5%，为历年来的最高水平。同时全市饲料生产企业继续保持了"瘦肉精"等违禁药物为0，"三聚氰胺"等有毒有害物质检出率为0，动物源性成分检出率为0。5. 饲料生产企业的规范化水平不断提高。为杜绝在饲料中添加三聚氰胺等有毒有害化学物质违规行为，确保饲料产品质量安全，省局川畜食发〔2008〕124号文件规定：生产蛋白原料和使用蛋白原料的生产企业，必须具备三聚氰胺检测能力才能够成为企业取得《饲料生产企业审查合格证》的必备条件之一。为此达州市19家饲料生产企业先后购置了三聚氰胺快速检测设备，同时每个企业有2名检验化验人员通过培训获得了合格证书，大大提高了饲料企业质量安全保障能力。同时，为切实履行好企业是饲料安全第一责任人的法定义务。近两年起，全市饲料生产企业就饲料质量安全向社会公开承诺，通过这一承诺，使其真正成为全体饲料生产企业的共同行为准则，成为广大养殖场(户)放心使用的安全保证，通过全行业的共同努力，继续保持饲料产品质量安全的良好态势，不断提升全市饲料工业整体水平。

【存在的主要问题】概括起来表现在3个方面。1. 饲料原料短缺，自给能力差，供需矛盾突出。2009年全市饲料加工企业大宗原料使用情况为：玉米2.5万吨，豆粕2.5万吨，鱼粉2 000吨，棉粕1.2万吨，菜粕8 000吨，而达州市原料企业只有生产菜粕、玉米蛋白粉、骨粉的企业。而完全能够自给的只有菜粕(年产量1.5万吨)。除部分玉米外，其它饲料原料全部依赖外省调入，原料的短缺致使成本增加，严重制约了达州市饲料工业的发展。2. 饲料生产企业数量少、个体规模小、总体实力弱。与全省比较，2009年达州市饲料加工企业(不含单一饲料企业)占全省的2.5%，产量只占全省的1.3%。全省平均每个企业的年产量为1.1万吨，达州市平均仅5 900吨。全省饲料加工企业年产10万吨以上19家，5万吨以上39家，1万吨以上116家，而达州市年产1万吨以上企业仅3家，3家企业的产量占全市总产量的75%，简言之，80%的企业只生产了25%产量。可见达州市饲料工业的发展差距比较突出，但也是潜力。3. 企业自身人员素质不高，产品创新能力不强，流动资金不足。尤其是小型饲料企业，技术人员、生产人员和品管人员不到位，产品配方陈旧，新技术、新产品转化使用率低，自有资金不足，银行贷款困难，严重制约了企业做大做强做精。

【发展方向和有关政策】1. 加快饲料原料生产基地建设，扩大专用饲料作物种植，提高饲料原料自给能力。2. 大力提升饲料工业发展水平。尤其要培育、扶持和引进一批起点高、规模大、竞争力强的饲料企业和企业集团，鼓励企业加强横向联合，扩张规模，支持企业向纵深发展，通过延伸产业链提高企业产业化经营能力。3. 不断改善企业生产条件，提高饲料加工设备的科技含量和成套技术水平。在支持大中型企业完善技术研发、提高自主创新能力的同时，鼓励中小企业与科研单位、大专院校开展多种形式的联合与合作，加快饲料重大科技成果的转化，把科技优势转化为经济优势。4、贯彻落实好国家对饲料工业发展的相关政策。一是继续执行好国家对饲料行业的现行税收优惠政策。二是加大对饲料企业的资金投入力度，支持饲料企业生产扩能、设备更新和技术改造，三是积极引导社会资金投向饲料行业，加快饲料业利用外资步伐。

(唐　敬)

重点企业选介

达竹煤电集团公司

【概况】川煤集团达竹煤电集团公司前身为达竹矿务局，始建于上世纪60年代，当时隶属四川省煤炭工业局；1992年上划煤炭工业部直属，属大(二)型国有重点煤炭企业；1998年下放达州市管理，1999年改制为国有独资的有限责任公司，更名为四川达竹煤电(集团)有限责任公司；2001年企业债转股，中国华融、中国信达两个资产公司入股，改制为股份多元的有限责任公司，达竹控股，占58.62%的股份，华融、信达分别占 24.9% 和 16.48%；2005 年，上划四川省煤炭产业集团管理，为其下属子公司。至 2009 年，公司有七对生产矿井：金刚煤矿、斌郎煤矿、铁山南煤矿、柏林煤矿、小河嘴煤矿、白腊坪煤矿、中山煤业公司（团坝煤矿），核定生产能力 241 万吨/年；两对在建矿井：龙门峡北矿、泸州古蔺岔角滩煤矿，设计生产能力 105 万吨/年；两座选煤发电厂：石板选煤发电厂、渡市选煤发电厂，原煤入洗能力 270 万吨/年，发电装机容量 4×6 000 千瓦；一个基建工程处：川煤六处。公司还两条年产9 000万匹砖的粉煤灰建材生产线，一个机械加工制造厂。除岔角滩煤矿地处古蔺县境内外，公司其它下属单位均分布在达州市通川区、达县、大竹县、渠县境内。公司已形成以煤炭为依托，煤—电—建材—建筑—机制多业并举的循环经济产业格局。

【经营情况】2009 年，全年生产原煤 226.93 万吨，完成计划的 103.2%，同比增加 7.3 万吨；洗精煤 117.34 万吨，完成计划的 107.6%，同比增加 12.68 万吨；发电 1.92 亿千瓦·时，完成计划的 109.57%，同比增加 89.22 万千瓦时；销售煤炭总量 164.8 万吨，其中精煤 122.3 万吨，在市场需求波动较大的情况下，同比还多销了 16.3 万吨精煤；全年实现营业总收入 13.86 亿元，完成计划的 114.55%；实现利税 1.86 亿元，其中实现应缴税金 1.63 亿元，实际缴纳税金 1.99 亿元，同比增长3 100万元。

【发展思路】在 2009 年"三会"上确立了达竹发展的新目标、新愿景和新思路。集团公司把"追求卓越，争创一流"确定为达竹的企业精神，提出了"争创全国同类型一流煤炭企业"的目标愿景，形成了依靠科技进步，坚持管理创新，促进内涵发展和狠抓项目开发，并购整合资源，加快外延扩张的工作思路。就是一定要按照科学发展观的要求，把达竹建设成为工艺先进、安全高效、管理科学、节能环保、和谐稳定的全国同类型一流煤炭企业。

【煤炭营销】达竹公司科学制定营销策略，牢牢抓住重钢、武钢、湘钢、达钢等重点用户不放，同时兼顾小用户，使用户构成、分布更加有利。及时恢复成立了武汉办事处，加强与武钢的联络，同时也加强了与其他用户的沟通，以严谨的售后服务和工作作风赢得了用户的信赖。及时把握市场动向，成功运用价格杠杆，为企业增收。全年共调整煤价 8 次，优精由年初的 980 元/吨上调到年底的1 140元/吨。由于集团公司用户分布广，80% 依靠铁路运输，且 3 万吨以下的用户比较多，车皮计划的办理频率很高，公司进一步加强了与铁路站、段等部门的沟通，努力协调省、市相关部门，通过做工作，计划办理比较及时，保证了煤炭发运的畅通。由于市场起伏不定，货款一度拖欠严重，2009 年初精煤外欠货款最高达 1.5 亿元以上。为此，公司千方百计加大货款回收力度，及时调整煤炭发运流向，对 3 万吨以下自销用户坚持先款后货。通过艰苦努力，2009 年营销工作取得优异成绩，煤炭实现全产全销，货款全部收回，为集团公司全面超额完成全年生产经营指标提供了有力保证。

【管理创新】2009 年，集团公司出台一系列管理制度和办法，对企业管理的机制进行了改革创新，突出抓好以预算为中心的管理。出台了《经营目标预算管理及考核办法》，对预算编制程序、预算执行和控制、考核及奖惩等进行了规范。考核内容不但包括盈亏指标、营业收入和单位完全成本，还将单位材料、工资、修理费、电费等可控成本子项和管理费用总额等均纳入月度考核，将考核结果与各单位的工资结算挂钩，各单位只能在所结算的月度工资总额内发放职工工资。严格的绩效考核和工资结算方式的改革，增强了各单位完成生产经营指标的紧迫感和主动性，工资的杠杆作用得到了较好发挥，调动了广大干部职工的工作积极性。2009 年绝大部分单位都能顺利实现集团公司下达的生产经营指标。成本子项中的吨煤材料成本、工资成本、电费成本、修理费成本和管理费用总额均比预算指标有所下降。公司机关部门费用支出同比大幅下降，差旅费同比下降了 38.65%，办公费同比下降了 17.04%，车辆使用费同比下降了 16.19%。在煤炭市场波动、精煤价格大幅度下滑、煤炭增值税率上调 4% 等减收、增支因素较多的情况下，实际原煤单位完全成本和洗精煤实际单位完全成本均比预算降低。进一步强化了资金集中控制，对各单位银行账户进行了规范，一个核算单位只允许在工行开设一个银行账户，并授予结算中心对所属单位资金上收权，同时将各单位的对外银行转账结算集中到结算中心统一办理，对各单位的银行账户资金进行了限额，超过限额部分由结算中心上划。对内行利息计算方式采取通行的以存贷款积数作为计算基础，有针对性地促使各单位合理地进行负债经营。规范了对外经济合同的结算方式和付款期限，把积累下来的存量资金在安全的前提下进行适度理财。通过以上措施，不但保证了资金安全，财务费用也大幅降低，全年财务费同口径比上年下降了480万元。此外，企业网络智能办公平台的建立，提高了工作效率，节约了办公经费，促进企业管理跟上了时代的步伐。

【科技进步明显】公司坚持依靠科技、因地制宜发展机械化的思路，在薄煤层和极薄煤层机械化采煤方面加大探索力度。5月份，柏林煤矿采高为0.9米的-2429综采工作面投入生产，开创了西南地区极薄煤层综采的先河。11月份，达竹首个薄煤层、大倾角综采工作面在金刚煤矿投入试生产。2009年我们在产、学、研相结合自主创新方面取得了突破，与辽源煤机厂联合开发了MG110/130-TPD型极薄煤层电牵引爬底板采煤机，并在小河嘴煤矿投入使用，可采煤层倾角达43度，适应公司大多数煤层。这是全国第一台极薄煤层电牵引爬底板采煤机，公司拥有自主知识产权，目前正在申请专利。2009年，省经委组织召开的全省薄煤层机械化工作现场会在达竹召开。与此同时，公司在掘进机械化方面也作出了积极努力。斌郎煤矿、白腊坪煤矿综掘投入了试运行。斌郎煤矿综掘单进水平达到了304米，将达竹的历史单进纪录提高了74米。截至2009年底，全公司已有机采工作面14个，机采率71.6%，其中综采面5个，综采率39.78%，炮采工作面全部实现了顺槽连续化运输；综掘头5个，综掘率9%，装备后配套连续化运输掘进工作面7个，掘进机装率100%。同时，公司制订了矿井综合信息化自动化建设可研报告，已通过川煤集团评审，目前我们正准备在小河嘴煤矿实施。在重点科技项目方面，达竹承担了“极薄煤层电牵引爬底式采煤机研制”项目已完成，并通过了川煤集团验收；“金刚煤矿中厚煤层综采工作面沿空留巷技术应用研究”完成了项目总结并提交了项目成果报告；“斌郎煤矿±0水平石门过强含水层防治水研究”项目因遇到强裂隙水和高浓度裂隙瓦斯，目前正在处理。集团公司内部技术市场立项的31个科技项目已完成25个，另外6个系跨年度项目。获得四川省科技进步三等奖1项，获得川煤集团科技进步一等奖2项、二等奖2项、三等奖2项。

【安全工作扎实】2009年，公司狠抓“事故可防可控、必防必控”等理念的树立，强化各级干部的安全责任。完善了安全例会制度，每月第一个工作日由总经理组织召开月度安全例会，确定当月安全工作重点，制定安全管理措施。集团公司出台了一系列安全管理办法，明确了所有岗位的安全责任。通过对矿级领导班子实行安全年薪、改干部职工年终奖为年度安全奖、调增安全在预算考核中的分值、加大安全在结构工资中的比例等一系列措施，加大了考核奖惩力度，进一步戴紧了干部职工特别是各级干部的安全“紧箍咒”。集团公司认真开展科技治灾工作，规划实施了一批科技项目，开展了防突、防水研究，同时积极推进“瓦斯专项治理年”各项工作，实施了瓦斯集中整治，全年瓦斯抽放量达360万立方。健全完善了隐患排查、整改管理办法，杜绝了省控重大隐患、川煤集团重点监控隐患。狠抓了安全质量标准化达标，采取了每月抽查、每季度全覆盖检查方式，并提高了验收标准，促进了安全质量标准化水平的提高。在安全文化建设方面，重点推广了“手指口述”、案例教育和区队安全情感管理，促进了安全文化氛围的形成。同时，严把了安全培训关，全年培训25 891人(次)，其中特种作业人员2 560人(次)，有120人因考核不合格被停止特殊岗位工作。在“双基”工作如何促进安全生产方面，各单位也做了积极的探索，形成了一定的特色。2009年川煤集团“双基”工作现场会把金刚、小河嘴作为观摩现场，进一步提高了对“双基”工作的认识。在应急救援建设方面，集团公司救护队在第九届四川省矿山救援技术竞赛中获得综合成绩二等奖，理论、军事化队列、体能分获一、二、三名，综合汇报演练优秀组织奖的优异成绩。2009年，全公司原煤生产死亡3人，地面死亡1人，原煤生产百万吨死亡率为1.33，同比下降0.49，未突破川煤集团下达的指标；重伤13人；轻伤306人(次)，同比减少403 人(次)。最近，达竹被川煤集团授予2009年度安全生产先进单位称号。

【企业发展成效显著】2009年，公司坚持走内涵式发展和外延式发展并重之路。在内涵式发展方面，制订了矿井技改扩能方案，计划用三年时间，对矿井运输、供电等各方面系统进行全面改造提升，同时推进一大批机械化发展项目和延深工程，把达竹现有核定能力为226万吨的6对矿井的产能提高到329万吨，净增103万吨。一年来，各项技改项目进展顺利，技改扩能总体目标将提前在2010年内实现。在外延式发展方面，一是达竹历史上第七对矿井——龙门峡北矿顺利开工并超额完成进度目标。

完成了储量核实、项目建设核准和矿井初步设计的审批等工作,矿区实现了公路硬化、通电通水和场区平整。争取到铁道部的行政许可,设立望溪火车站货运业务。7 月 14 日,主平硐工程正式开工。9 月 18 号,轨道平硐与胶带平硐安全贯通,全年掘进 810 米。二是区域内资源风险勘探取得了突破。省政府常务会议于 4 月份同意我们对达州市区域内大竹城门洞、万源水洋坪、开江长岭、开江河井沟四块资源进行风险勘探,9 月份,我们取得了探矿权批准。我们确定了突出重点、先易后难、分步实施对 4 个矿段勘探的具体思路,大竹城门洞勘探工作已于 12 月 29 日开钻。三是区域内资源整合取得了突破。2009 年,全公司对外收购原煤 30.87 万吨,比计划多收购 10.87 万吨。在非煤发展方面,我们对矿建、机制、物流、医疗、水电、天然气化工、盐化工、房地产等产业进行了专题调研,做了大量工作,开阔了眼界和思路。我们成立了物流公司筹备办公室,为进军物流市场做准备。同时对现有非煤单位加强了管理,矿建、机制、玻纤等产业有所进步。我们还将柏林医院、白腊坪医院划归铁山医院统一管理,铁山医院在曾和平院长、余永峰书记的带领下,不等不靠,努力自己闯市场,取得了较好的成绩。

【领导名录】

董事长、党委书记：蒋　静
总经理、副董事长：徐廷甫
副总经理：刘洪荣　曹永国　李盛敏　奚光荣
监事会主席、工会主席：车　平
总工程师：王建国
董　事：刘　勇
中国华融资产管理公司出任人员:副董事长：许　斌
董　事：吴　梅
中国信达资产管理公司出任人员:董事：刘秀金
董　事：胡夏埫

（刘　勇　杨志福）

国电达州发电有限公司

【概况】2009 年,国电达州发电有限公司(以下简称达州公司)于 2009 年 3 月 13 日,临时股东会决议控股方国电四川发电有限公司承接国电四川南桠河流域水电开发有限公司股权投资,承担《股东协议书》、《公司章程》中由国电四川南桠河流域水电开发有限公司承担的权利和义务,工商变更登记为一人有限责任公司(法人独资),成立了董事会。2009 年 8 月 26 日,临时股东会决议,同意公司注册资本为 56 849万元;增加的注册资本25 582万元人民币,由中信信托公司以32 106万元人民币认购,其中25 582万元人民币作为公司新增注册资本,余额作为溢价出资计入公司的资本公积。股东双方的出资额及出资比例为:国电四川发电有限公司31 267万元人民币,占公司注册资本的 55%,出资方式为货币;中信信托有限责任公司出资25 582万元人民币,占公司注册资本的 45%,并成立了新的董事会。

达州公司在煤炭市场无序且价格飙升,对发电市场十分不利,处于严重亏损的经营环境下,以“确保零利润,力争有利润”为目标,强化基础管理、强化队伍建设、强化效益优先,培养和提升“务实、高效、创新、和谐”的企业文化理念,扎实打造企业核心竞争力。全年创利润 154 万元,首次实现扭亏。安全生产实现三个长周期,超额完成了与国电四川公司签订的生产经营目标责任书和党风廉政建设目标责任书所下达的目标任务,取得了四川公司绩效考评 A 级企业的好成绩,获得了国电集团先进党委、安全生产先进单位、四川省电力安全生产先进集体、四川省莫职工之家等荣誉称号。

【安全生产】达州公司坚持贯彻落实“安全第一,预防为主”的方针,紧紧围绕公司安全生产责任目标,结合“安全生产年”,努力建设本质安全企业。以“抗冰保电”、“电缆专项检查”、“春、秋安全大检查”、“安全在我心中”有奖征文竞赛等大型活动为载体。实施“安全知识竞赛”、“煤场着火”、“油库消防”、“负荷线路开关跳闸”、“引风机跳闸”、“江边泵房被淹”等应急预案演习。全面落实各级人员安全生产责任制,强化安全生产管理的相关规定和管理制度,加强安全生产管理制度建设。累计实现连续安全生产 758 天,保证了安全生产可控在控。

【经营管理】达州公司以狠抓发电量、保障燃煤供应、细化内部管理为抓手,深入挖潜增效,取得优异的经营管理业绩。公司充分利用区域优势,配强营销队伍,加大营销力度,积极与调度协商协调,争取一切可能机会抢发电量。2009 年 9 月,实现投产以来首次双机满负荷运行。截至 2009 年底,公司全年累计完成发电量 26.94 亿度,同比增长 44.89%,机组利用小时数4 491.12,居区域内同类型机组的最高水平。

按照“保供、提质、压价”原则，加强电煤管理。新设燃料质检部，细化采、制、化班组职责和工作流程，加强入厂煤计量和采、制、化各环节的控制，加大燃料监管力度，全年累计收购电煤164.84万吨，同比增加13.9万吨，保障了全年尤其是下半年双机长期运行的燃煤供应。

进一步规范、细化内部管理，全面清理和完善了各项管理制度，形成了长效管理机制。严格实行内部成本控制、执行年度预算内控目标，相继完善了内部费用的管理考核办法，加大了年度大修费、材料费、技改资金、外部劳务费等费用的过程管理和控制。年度可控成本费用节约1 000余万元，度电可控费用达到了四川公司考核要求。充分利用国家金融政策，加强与金融机构沟通协调，优化融资结构，降低财务费用，全年节约财务费用833万元，资产负债率由年初的94.05%下降至81.62%。

【设备技改】在圆满完成31#机组大修、32#机组小修等重要设备检修维护的基础上，成功实施了引风机变频改造、凝泵变频改造、磨煤机料位自动控制系统改造、叶轮给煤机远程控制系统改造、输灰系统改造、电除尘控制系改造、电子皮带秤改造等项目。机组各项经济运行指标得到优化，节能降耗水平进一步提高。

【基建验收】开展基建工程验收工作，实现了集团公司组织的对2×300MW机组达标投产验收及基建档案专项验收。分别通过了国家环保总局组织的环保验收、四川省消防总队组织的消防验收、国家水利厅组织的水保验收、四川省安全监督局组织的安全验收、四川省卫生厅组织的职业病危害控制验收，为新建机组的安全、合法运营奠定了基础。

【三标认证注册】自2006年开始贯彻ISO19001－2000、ISO24001－2004、GB/T 28001－2001三个标准。组织编写了管理体系文件，制订企业方针，贯标工作与电厂基建同步进行。结合基建工作接近尾声进入生产的实际，修订、发布和运行质量管理、职业健康安全管理和环境管理体系文件。2008年11月26日，中国质量认证中心专家组现场审核确一致认为，达州公司三标管理充分、适宜、有效，体系运转正常，符合标准要求，推荐认证注册资格。2009年2月6日，取得了三标管理资质证书。

（张定华）

图5　国电达州发电公司全景　张定华摄

天然气能源化工基地建设

天然气开发综述

【概况】达州天然气资源富集，远景资源储量达3.8万亿立方米，探明地质储量6 600亿立方米，是全国继新疆塔里木、内蒙古鄂尔多斯气田之后最具开发潜力的大气田。“十一五”期间，中石油、中石化两大集团把达州作为天然气勘探开采主战场。2005年初，市委、市政府提出把达州建成“中国西部天然气能源化工基地”的奋斗目标，确立实施资源转化战略，着力把天然气能源化工产业区打造成为全市富民工程，省委、省政府将达州天然气资源转化产业列入全省重点产业规划和2008年全省重大项目。目前，产业区采取政府主导、市场运作，“二纵二横”主干道已竣工通车，产业区的供电、供水、供气、消防、污水处理等公用工程，已建成并投入使用。产业已被列入四川省重点扶持发展的特色工业园区。产业区天然气资源转化实现了“三同时建设模式”：坚持天然气资源勘探发现与产业区规划建设同步推进；坚持产业项目建设与产业区基础设施项目建设同步推进；坚持支持国家天然气资源勘探开发与产业区就地转化部分天然气资源发展地方经济同步推进。达州天然气勘探开发创下了全国、亚洲之最：普光气田探明储量3 610亿立方米，是全国最大的海相整装气田；普光净化厂是亚洲最大的净化厂；万源市铁山坡气田单井日产无阻流量达1 550万立方米，是全国陆地单井日产量之最；到2010年，达州硫磺产品将达到400万吨，将成为亚洲最大的硫磺产品研发生产中心。

【天然气开发】达州天然气存在“高硫、高压、高产、一深”的四大特点，必须就地开采就地净化，中石化、中石油掀起了勘探开发高潮，两大集团将投资1 000多亿元，其中中石化700亿元、中石油300亿元。至2009年，已开工项目29个，完成投资510多亿元，建成勘探井150多口，集输天然气主干线400多公里。中石化普光净化厂和川气东送管道工程建成投产，配合净化厂的胡家至普光的运输硫磺的铁路专用线已铺轨完毕，川东北物质储备中心投入运营，达化支线管道已试压通气，1 700多公里“川气东送”管道已铺设到上海，中石化实施的国家“川气东送”工程2009年底即将向华东送气；中石油达州生产指挥基地竣工入驻，石河净化厂已投运一年，与美国雪佛龙公司合资合作的川东北项目加快推进，正在建设宣汉净化厂，并加速改造完善罗家寨净化厂，万源市罗文铁山坡净化厂前期工作进展顺利。天然气勘探开发推动了普光、南坝等小城镇向小城市发展，加快了达州中心城市向大城市进而向特大城市迈进的步伐，近几年天然气勘探开发对达州经济的带动作用日益明显。

【产业区建设】2009年底，产业区基础设施建设累计完成投资15.4亿元。2009年8月18日，产业区总长16公里的快速通道、金龙大道南延线、七河路一期工程全部竣工交付使用，产业区“二横二纵”主干道基本形成。目前，产业区共入驻产业项目29个，总投资超过160亿元。产业区天和公司10万吨工业供水厂已供水,2万吨污水处理厂已经能够接纳污水;产业区特勤消防站部分设备采购到位并开展消防执勤。产业区内的天然气输配管网一期工程已经建成,汇鑫能源20万吨天然气综合利用项目、齐鲁石化大化肥已试车成功,达兴能源20万吨二甲醚、玖源化工大化工项目已建成、瓮福达州磷硫化工基地磷酸、硫酸等主装置及公用工程相继开工建设;达兴能源110万吨捣固焦项目完成投资9 820万元,场地平整已近尾声。化工产业区积极建设生态环保型产业区,建设选址注重生态环境友好,产业项目坚持产品链相互配套、相互衔接、有机结合、循环生产,实现产业发展与自然生态和谐。

【领导关怀】中央、国家部委、省市领导多次深入市天然气能源化工产业区考察调研、指导工作,对达州以产业园区为载体推进资源转化、建设中国西部天然气能源化工基地的做法和成效给予充分肯定。2008年9月24日,全国政协副主席、民盟中央第一副主席张梅颖,带领由国家发改委、财政部、国土资源部、水利部等部委组成的全国政协天然气资源开发调研组,在成都金牛宾馆就"如何建立资源补偿机制,让西部走出富饶的贫困"的调研主题,专门听取达州市天然气资源开发情况汇报。2008年,省委书记、省人大常委会主任刘奇葆分别在1月和11月莅临市天然气能源化工集中产业区考察。民政部副部长罗平飞、国家发改委能源局副处长王晶,国家能源局油气司副司长胡卫平,中石化集团公司党组成员、股份公司总裁王天普等领导深入产业区考察调研,关心达州化工产业区建设。

【重大活动】2008年4月2日,中石油、美国雪佛龙项目启动暨优尼科东海有限公司揭牌仪式在莲花湖宾馆举行,标志着中国目前最大的陆上石油天然气对外合作项目——"川东北高含硫天然气合作项目"正式启动。20日,"全国硫化工科技论坛暨产业推进会"在达州宾馆召开。12月18日,总投资40亿元瓮福集团达州磷硫化工基地正式奠基。2009年3月29日,"中国西部天然气能源化工基地行"大型采访活动启程,人民日报、新华社、中央电视台、四川日报、四川电视台、重庆日报、重庆电视台、香港文汇报等45家主流媒体的80余位记者组成采访团齐聚达州,集中向外推介达州天然气能源化工基地。10月12日,国家重点建设项目——川气东送工程的主要组成部分,亚洲最大的普光天然气净化厂开始实施投产作业,预计年产净化天然气105亿立方米,硫磺250万吨,硫回收率可达到99.8%。21日,瓮福集团、达州市投资有限公司、达钢集团三方负责人联合签署合作协议,合资建设达州市化工产业区铁路专用线。同日,瓮福达州磷硫化工基地主体装置30万吨磷酸、15万吨湿法净化磷酸举行盛大开工仪式。28日,天然气和盐卤化工达州市重点实验室在达州市质量检测中心挂牌成立。

(张　斌)

川东北气矿

【天然气营销】全力稳定天然气市场供应。面对严峻的供需矛盾,气矿精细制定营销计划,科学实施"移峰填谷",坚持"以产定销,有保有压"的原则,认真做好民用、CNG等重点用户的平稳供气,重点时段的调峰,用户的沟通解释,全力缓解供需矛盾,加大终端业务发展,全力实现达州地区平稳供气,认真履行社会责任,积极为地方人民做贡献;及时建设宣汉县输气管道工程,促进了地方天然气市场供应平稳,深化了"共生、共享、共有、共赢"的新型油地关系。

【科研工作】加大勘探计划的实施,依靠科学技术的进步,依靠物探、测井、钻井技术的飞速发展,应用一系列较为成熟的储层量化预测技术,在勘探中,取得众多新进展和新发现。加强气藏动态分析、精细描述,搞好动态监测及资料录取工作,为气藏动态分析提供基础资料,气井管理做到"一井一策";搞好气藏精细描述,深化气藏地质认识;有预见性的科学合理组织生产;数字化气田建设稳步发展,SCADA系统的应用为高酸性气田开发探索出了新模式;应用以GMS为数据平台的无线数据采集传输系统,使老气田焕发科技新春。加大新技术应用力度,采用新式增产技术,加大科研项目攻关力度。加大对气藏综合研究,提出科学的排水治水措施,确保气田的整体治水,实现了气田长期稳定生产。

【安全生产】牢固树立"环保优先、安全第一、质量至上,以人为本"的HSE理念,加强重点领域、关键环节、特殊时段的安全环保监管,开展隐患治理,落实"三同时"制度,全面运用安全生产先进经验,实施"有感领导、直线责任、属地管理",落实个人安全行动计划、安全经验分享、安全工艺分析,实现天然气安全生产、清洁生产、节约生产。实行全员安全生产风险抵押金制度，签订全员安全环保责任书，实现安全生产压力有效传递。积极开展体系内部审核工作，持续修订 HSE 体系管理手册、程序文件、两书一卡，加强执行情况的监督检查和考核力度。加强全员安全培训，员工安全生产意识进一步增强。按计划逐步重点推进风险管理、变更管理、运行控制和记录控制等关键环节，加大对岗位操作卡、施工作业方案执行情况监督管理，确保生产和施工作业过程受控。配合接受国家、省、市、上级部门的专项检查；认真组织开展节前、冬季安全环保大检查以及防雷、防洪、防汛、防冰堵等季节性安全检查；开展井站每班、基层每月、气矿每季度安全检查，实行"三管"共抓。加强工程技术服务承包商管理，切实开展施工作业现场安全检查，有效地控制了安全事故的发生。认真抓好车辆调派、驾驶员的安全教育、防御性驾驶培训、回场检验、车辆修保，配备配齐停车指示牌、灭火器材，加强 GPS 卫星定位仪对车辆监控，积极参与公司交通安全片区管理，保证车辆行驶安全。加强甲方现场井控安全管理，严格井控坐岗制度、井控过程管理；认真开展季度、节假日井控安全专项检查；落实钻开油气层前的安全检查和技术交底，不断强化井控管理应急演练工作。加强污染物治理设施的操作运行和监管，强化气田水储存、管输、拉运和回注井、钻井污染防治监管，认真落实完井废弃物无害化处理，不留环保隐患。加强能效对标管理，搞好节能减排工作。

【履行社会责任】始终秉承中石油履行政治、经济、社会三大责任，强力支持达州地区经济发展，积极支持地方基础设施建设。两年来气矿在达州地区投资近 7 亿元，向达州地区上缴税费近 1.2 亿元，为地方经济作出了积极贡献。"5·12"大地震期间，气矿一手抓生产建设，一手抗击自然灾害，确保了天然气生产正常，保证了达州地区居民、工业平稳供气。同时还多次组织员工为灾区捐款献爱心，广大干部员工纷纷"伸出援助之手，献出一颗爱心"，通过"特殊党费"、"特殊团费"等多种渠道积极为灾区捐款捐物，气矿员工共捐款 30 余万元。宣汉县城因供气管线锈蚀，不能满足正常供气，严重影响到老百姓的生活，这一情况引起中石油各级领导、相关部门的高度重视，及时筹集资金近3 000万元，于 2009 年 3 月 12 日开工建设宣汉县输气管道工程，并于 9 月 10 日实现安全、优质、高效完工，从而根本上解决宣汉县城居民"用气难"这一重大民生问题，进一步促进地方经济的发展壮大。下一步，气矿将继续落实"奉献能源，创造和谐"的企业理念，发扬石油人"爱国、创业、求实、奉献"的大庆精神，充分依靠达州市各级党委、政府的大力支持，坚定发展信心，全面加强安全环保节能减排工作，继续推进和谐气矿的建设，努力为地方经济的腾飞和社会的和谐稳定做出新的贡献。

【重大事件】2008 年 4 月 2 日，川东北合作开发项目启动暨优尼科东海有限公司揭牌仪式在达州市举行，拉开了川东北高含硫气田对外合作开发的序幕。5 月 12 日，四川省汶川县发生 7.8 级强烈地震后，余震波及达州，气矿积极采取措施，迅速启动应急预案应对地震，确保生产、安全、环保一切正常。

【表彰情况】

1. 2009 年 4 月 25 日，钱治家（前任矿长）荣获"四川省优秀创业企业家"的称号

2. 2009 年 4 月 28 日，宣汉作业区黄龙 4 井被四川省总工会授予"工人先锋号"荣誉称号

3. 2009 年 9 月 28 日，在四川省优秀工会工作者表彰大会上，罗中华被授予四川省五一劳动奖章，同时还荣获"四川省优秀工会工作者"荣誉称号

【领导名录】

矿长：文　明

党委书记：罗中华

副矿长：曾自强　余明清　姜　云　安建川

（梁青城）

川气东送工程

【概况】川气东送工程是国家"十一五"重大工程，是集天然气勘探、开发、净化处理、外输及利用上中下游于一体的庞大系统工程，也是中石化集团公司成立以来投资规模最大的工程项目，中期评估总投资 635 亿元。为了有效协调和加快推进工程建设，国家成立了川气东送建设工程领导小组，2006 年 9 月，中石化集团公司专门成立了以党组成员为主要领导的川气东送建设工程党工委指挥部，驻扎四川达州，全面负责工程的组织、协调、监督和服务。根据工程高风险、高难度、高标准的特点，党工委指挥部研究提出了以"安全工程、效益工程、优质工程、生

态工程、阳光工程”为主要内容的工程建设目标，团结带领全体参建单位牢记责任和使命，迎难而上，奋勇拼搏，努力打造国际一流工程。2008～2009年，工程进入全面建设、深入推进的重要时期。2009年底，各项工程基本完工，系统工程部分投产，工程建设取得重大进展。

【重点工程进展情况】1.勘探：截至2009年底，川东北地区累计探明储量4 980.99亿方，控制储量4 125.74亿方，预测储量5 876.74亿方，三级储量合计14 983.47亿方，在普光、元坝及通南巴地区都有重大进展和突破，为川气东送工程奠定了坚实的资源基础。2.开发：普光主体105亿方/年产能38口开发井全部完成，钻井总进尺22.7米，平均井深5 947米，平均单井钻遇气层338.7米，测试平均单井产量67.4万方/日。大湾毛坝区块37亿方/年产能部署9口水平开发井，开钻5口（完井3口，2口正钻）。3.集输工程：三号线站场管线投产成功，一号线站场管线酸气联调完成，达到投产条件，二号线建成待酸气联调。截至2009年底，集输工程累计生产原料气12 322.74万方。4.净化厂工程：公用工程全部投运，一二联合装置建成投产，三四五六联合装置已中交，做投产准备。截至2009年底，已投产的装置累计处理原料气12 322.74万方，外输产品气7 724万方，生产硫磺1.2万吨。5.取水工程、输变电工程、通信工程、应急广播系统工程等区域公用工程，以及中石化达州基地、普光生产管理中心、普光元坝应急救援指挥中心、川东北物资供应储备中心等矿区基地工程全部竣工投用。6.长输管道工程：普光首站－上海末站1 655千米干线，以及达州专线、重庆支线全部建成投产，川西联络线干支线建成备投，南京、金陵、江西支线正在建设。截至2009年底，长输管道累计接受天然气7 112万方，并已向达化、川维和枝江化肥厂供气。7.天然气利用项目：达州化肥厂及川维20万吨/年合成氨项目建成投产。

【安全工程建设】2008～2009年，是工区勘探开发井钻井、投产作业（试气）相对比较集中的时期，又面临着酸性气田和特大型净化装置的第一次投产，防井喷失控和防硫化氢中毒安全压力非常大。为此，指挥部和各参建单位进一步加大安全生产监管监控力度，严格落实各项措施，杜绝了井喷失控、硫化氢中毒等重（特）大安全事故，并经受了汶川大地震等特大自然灾害的严峻考验，保证了安全形势持续稳定。一是全面加强全过程安全监督管理。一方面，着眼于本质安全，开展高层次安全评估和全方位风险识别，完善高酸性气田规模开发工程技术规范和施工标准，落实高标设计和高标配备。另一方面，强化安全监管，建立总部、指挥部、参建单位、基层队“四级”安全环保监管体系，加强日常检查、专项检查和飞行检查，抓“三基”反“三违”，消除安全隐患。二是突出强化井控安全管理。开钻前，严格做到三方签字确认后方可钻开海相地层。对于各油气圈闭的“1”字号探井，开展专项安全评估；对于重点井、复杂井、事故井的工程设计、施工工艺、重点工序，采取专家驻井、现场指导、技术论证会等形式进行全过程跟踪和督导。三是突出强化硫化氢防护。全面落实全员持证上岗和涉硫作业安全许可证制度。将普光气田酸气集输管道、集输井站、净化厂的安全距离分别按100米、300米、800米标准设防，在集气站场和管线周围1 500米范围内设置紧急广播系统，在井、站、线、联合装置建设四级紧急连锁关断系统，通过多种措施加强硫化氢防护。四是强化应急救援保障。建立了多方高效联动的应急协调机制，编制宽领域广覆盖的三级应急预案，建成投用普光、元坝、通南巴三个应急救援中心站，形成了完善的应急救援保障体系。五是加强项目投运安全管理。建立了指挥部、业主、总部相关部门、施工单位、开车队、专家组和供应商等组成的联合投产责任体，严格进行投产条件确认检查，确保了我国第一个大型超深高酸气田系统工程顺利投产成功，实现了安全平稳运行。

【优质工程建设】指挥部和各参建单位牢固树立“对工程质量负责一辈子”的理念，深入开展创建国家优质工程活动，保证了工程建设质量过硬，各项指标达到或超过国家优质工程标准，其中酸气管道焊接一次合格率95.50%，长输管道焊接一次合格率98.92%，净化厂焊接一次合格率97.68%。一是加强工程设计质量管理。在项目基础设计阶段，对主要设计参数、设备选型与材料选择进行控制，对特殊设计方案进行评审优化，采用“项目设计管理＋专家咨询服务＋专业人员现场服务”设计管理模式，提升设计水平。在实施过程中，结合实际进行设计优化。同时，认真开展“设计回头看”，推动设计创优工作。二是严把物资供应质量关口。一方面，抓好工程设备材料的优选，从规格、材质、工艺流程、技术规范等方面严格把关。另一方面,强化工程设备物资质量检验,化解质量风险。三是加强工程施工质量管理。施工过程中严格执行设计标准和工序,全面推行工程监理制严格监管,做到图纸有会审、开工有报告、质监有申请、施工有方案、技术有交底、器材有检验、工序有交接、检查有记录、隐蔽有验收、检验有标准、竣工有评定。

【效益工程建设】一是加强投资控制。坚持功能、安全、环保、质量、造价、工期"六位一体,综合平衡,效益优先"原则,选择工艺技术方案注重经济性、适用性、先进性和可靠性的有机结合,只采用国内国外成熟的技术方案,坚决不搞盲目的新技术、新工艺、新材料的推广应用,既满足了工艺技术要求,又大幅降低了投产。二是推行限额设计。落实技术经济一体化设计理念,实行总体设计单位负责制,坚持从源头抓投资控制。三是严格招投标管理。对投资额度大、工期要求紧、社会企业参与多的项目进行重点监控;大力推行集中采购,充分发挥规模采购优势,努力降低采购成本;积极推进重要物资国产化采购,一方面降低了投资,另一方面又促进提升了民族工业装备技术水平。四是深化天然气市场开发和天然气利用。按照效益最大化、安全稳定供气、持续经营发展的营销原则,积极与地方合资合作,加大四川省和管道沿线地方供气能力。2009 年底,经与有关方面磋商,已与沿线的多个地方政府及企业签订了销售及运输合同,川气东送天然气资源的经济效益、社会效益比较显著。

【阳光工程建设】针对川气东送建设工程投资规模巨大,参建队伍复杂,管理环节叠加,放松监督管理,容易滋生腐败的实际,进一步夯实教育基础,强化监督约束、突出效能监察,为确保"工程优质、人员优秀"提供了强有力的保证。2008 ~2009 年,党工委指挥部着重抓了以下几方面的工作。一是抓教育源头,构筑思想道德防线。注重以案说法,加强遵纪守法教育,有效防止领导干部的权力腐败和职能部门的岗位腐败。大力宣讲先进典型和事迹,在工区进一步弘扬了争做"忠诚卫士"不掉队、争做工程建设"守护神"的主旋律。二是抓监督约束,建立反腐倡廉体系。组建了钻前、物资、施工、法律、安全 5 个效能监察专业小组,聘任了 80 名廉政建设监督员和 32 名效能监察监督员,形成了集团公司派驻督察组、党工委指挥部和参建单位三位一体的纪检监察网络。三是抓活动载体,把反腐倡廉引向深入。深化集团公司"抓源头、促清廉"主题活动,在全工区组织开展了"创清廉工区,做忠诚卫士"、廉洁文化"四进"等主题活动,在参建党员干部中开展了以自查、自纠、自警、自律为主要内容的"四自"主题教育活动,增强了广大党员干部廉洁从业意识。

【生态工程建设】建设国家重大工程,保护好生态环境,是指挥部和各参建单位一以贯之的主题。一是认真做好工程建设环境评价。分类编制了水、气、声、渣、生态、环境风险等专项规划,明确工程各个时期环境保护的技术措施及管理方案,最大限度地降低工程建设对环境产生的影响。二是严格规范环保管理。严格执行"四不放过"和《川气东送工程环境污染事故行政责任追究规定》。积极推广应用空气钻、网电驱动钻井等清洁生产技术,引进实施钻井泥浆不落地无害化处理和钻井固废烧结技术,推广实施污水回注工程,有效提升了污染防治水平。三是积极做好环境监测工作。通过例行监测、监督性监测、应急监测和远程布控连续监测等,先后完成监测项目 3 万余项取得监测数据近 400 万个,为工程建设环保管理提供有力基础支持。四是高标准做好生态恢复工作。严格把生态恢复目标、指标和措施,逐项落实到工程施工方案之中,贯穿工程建设全过程,做到少占耕地、减少永久性用地,落实复垦措施,保持青山依旧,绿水长流,实现了建设绿色气田和绿色能源大走廊的生态工程建设目标。

【企地和谐共建】在规划工程项目布局方面,除充分考虑工程建设本身因素外,兼顾地方经济社会需求,对长输管道主干线及支线路由进行多次优化、增减调整,增大了管网覆盖区域,为地方及相关企业发展提供了契机。在援建项目方面,结合普光气田开发建设,援助修建了清普公路、巴中清白公路、明月江大桥等工农两利的基础设施,先后援建了编织袋厂、砖窑厂、石料厂等项目,并坚持一般性劳务岗位就地招聘,共吸引2 000多名在外打工人员回乡创业。在拆迁安置方面,严格按照国家标准依法有序有情开展项目拆迁,将居民安置与社会主义新农村建设相结合,建成新农村示范区,安置拆迁范围居民一万多人。

【科技创新】一是大力开展自主创新。组织开展了南方海相碳酸盐岩层系大中型油气田形成规律与勘探评价、高含硫气藏安全高效开发技术及四川盆地普光大型高含硫气田开发示范工程等国家科技重大专项攻关，开展了覆盖超深高酸性气田勘探、钻井、开发及大口径管道业务的集团公司“四条龙”项目攻关，形成了一整套高效、安全的高含硫天然气藏勘探开发及开采技术。至2009年底，已组织开展了51个川东北地区先导试验项目立项攻关，促进了试验技术向主导技术的快速跨越。二是积极引进国外先进技术和成熟工艺。创新发展了泡沫钻井、雾化钻井、氮气钻井、空气钻井穿越产层、气体钻井取心、气体钻井侧钻等技术，在国内首次实现了气体钻井规模化应用。引进高温焚烧炉与HH级地面测试流程，引进超深高酸性气田生产完井技术和配套装备，引进大型脱硫净化工艺设计包，促进了我国高酸性气田开采、净化处理关键技术的迅速提升。三是建立超深高酸性气田工程技术系列标准体系。针对性制定了物探、钻井、测录井、试气测试与投产作业、集输工程、安全环保各专业共51项标准，在国内首次形成一套较为完善的指导三高气田勘探开发建设的工程技术标准体系，填补了国内空白，整体处于国际先进水平。

【奋力攻坚创佳绩】2008～2009年，是川气东送工程攻坚克难的关键阶段，指挥部采取了多种措施，发挥集团优势、汇聚各方力量、集中各方智慧，把整个工程顺利协调高效推进。指挥部领导带领机关大部分人员分头进驻通南巴勘探、普光气田开发、净化厂工程、管道工程及系统投运一线，与甲方单位、乙方单位紧紧扭在一起，联合成立领导小组、三方责任组、前线指挥协调组，抓重点、抓关键、抓卡点、抓难点，采取列表上墙挂牌销号、两抓一盯、领导干部到现场等方式，靠前指挥、靠前协调、靠前服务，按计划顺利完成了72条山体隧道、7次长江穿越管道施工，完成了集输工程特殊材料的焊接及流程装置安装施工，完成了400余台套大件设备的运输安装，完成了整个系统工程的安全投运，创造了一系列工程建设先进指标，锤炼打造了工程铁军，形成了超深高酸性气田勘探、开发建设、大型净化工程、复杂恶劣条件下的管道工程施工建设与投运的技术体系，开创了我国超深高酸性气田开发建设新领域，为今后同类特大型复杂系统工程的建设投产积累了丰富经验。

中原油田西南工委

【概况】中原油田西南工作委员会（简称西南工委）于2006年9月26日成立，基地位于四川省宣汉县普光镇桐坎村。主要职责：统一领导中原油田在西南地区的钻井、油田建设等专业化队伍管理、技术管理和普光气田开发建设等工作；负责西南地区生产协调和HSE管理工作；代表中原油田协调与地方政府和其他单位之间的关系；负责西南地区队伍的党建、思想政治等工作。2009年普光气田面临投产，工程施工任务陡减，油田专业化队伍或减少，或转战略转移。钻井工作的中心由普光转移到元坝区块，因此，西南钻井公司、管具公司、测井公司等专业化公司都先后搬到南充，在南充重设基地。只在普光气田留有部分人员，维持普光气田正常生产。

【普光分公司概况】2005年2月，中原油田成立普光气田开发项目管理部，领导班子由分公司一名副经理、一名副总地质师、两名副总工程师组成，从各单位抽调的开发、钻井、集输、净化、地面工程建设等技术骨干以及经营管理人员，负责气田的开发建设与管理工作；参建单位以项目部方式参与工程建设。2009年是普光气田工程项目收官之年，也是开发建设实现投产之年。

【普光主体开发钻井】按照“整体部署、分批实施”的原则，充分发挥中石化上游整体科技优势，地质研究与现场实施结合，滚动推进、跟踪分析，在气田构造、沉积相、储层特征及分布、气水关系、边水能量等方面，形成新的地质认识，优化了开发方案与井位设计。2005年12月第一口开发井开钻，至2009年6月完成最后一口钻井任务，38口井均钻遇优质气层，单井钻遇气层厚度在118.0～623.4米之间，全部达到设计指标。其中，32口直井和大斜度井钻遇气层厚度在118.0～531.8米之间，平均为309.7米；6口水平井在410.2～623.4米之间，平均569.1米，优质高效地完成了开发钻井任务。

【普光主体试气作业】认真总结一期20亿产能成功试气经验，精心组织后85亿产能试气工作，完井24口，实测平均单井无阻流量487.86万方/天，各项指标达到方案设计要求。作业施工一次成功率100%、生产时效95%、累计节约工期332天，创出川东北射孔井段最长(594.4米)、射孔层最厚(519.7米)、一次起爆数量最大(6 928发)、6套延时引爆装置和纵径向减震器同时使用、射孔枪总重30吨、首用防硫油管、焚烧炉试气等多项新指标,刷新了中国高含硫油气井作业酸压纪录。

【**普光主体集输工程建设**】包括18个站场、37公里酸气管线、29座ESD阀室、5处山体隧道、57公里矿区道路、26处穿跨越等,采取分段包围、各个击破的战略战术,组织开展劳动竞赛活动。一期20亿产能建设地面集输系统,完成酸气联调,实现投产投运;1号线顺利完成酸气联调和试运投产任务。剩余工程已完成管道试压和智能检测、站场单机调试等任务,进入酸气联调和试运投产阶段。

【**天然气净化厂工程建设**】基本完成6套联合装置及配套公用工程、硫磺储运等工程建设任务。在先期投用公用工程给排水及消防管网、供电系统、净化水场、水处理站、循环水场、空压站、动力站锅炉等单元的基础上,不断优化一、二联合试车投产网络计划,加快系统吹扫、单机试运、气密及三查四定工作,实现了第一、二联合四列装置的投产试运;三、四、五、六联合装置,也将按计划陆续投产。

【**铁路专用线建设**】承担硫磺外运、年输能力200万吨的襄渝铁路宣汉站至净化厂专用线,2007年8月8日动工,先后完成普光站5.77公里6股道、宣汉站1.6公里3股道、区间正线7.7公里(包括5条隧道4 460延长米、4座桥梁575延长米)的地质勘察、工程设计、征地拆迁、架桥钻隧、路基平整、轨道铺架以及站后工程等一系列复杂繁重的施工任务,历经875天连续奋战,至2009年12月31日工程建成完工,为硫磺外运提供了可靠保障。

【**基地建设**】适应开发建设需要,相继竣工投用生产管理中心、应急救援中心办公楼、公寓楼、食堂及设备用房建设任务;完成中石化达州基地办公楼、会议楼、餐饮楼、宿舍楼等建设任务,已达到入住条件。

【**科技攻关取得阶段性突破**】国家科技重大专项《高含硫气藏安全高效开发技术》和《四川盆地普光大型高含硫气田开发示范工程》项目专题,取得阶段成果;集团公司"十条龙"项目《普光气田产能建设关键技术研究》等,顺利通过中石化鉴定,获得与会专家的高度评价,形成8项关键技术,成果达到国际领先水平。

【**建立应急响应体系并成功接受考验**】一是编制分公司、厂、车间三级应急预案464个,初步实现"一点一案、一事一案"和"横向到边、纵向到底"的应急预案体系。二是建立分公司、厂两级应急指挥系统,配备专职应急管理工程师,实行24小时安全监管。三是建立普光分公司与宣汉县、厂与乡(镇)、集气站与村的三级应急联动机制。投产试运以来,由于安全阀、生产汇管和原料气管线焊缝发生的酸气泄露,岗位员工发现及时,运作规范,实施一级关断,没有发生不可控酸气泄漏,应急响应体系发挥了重要作用。

【**20亿产能实现安全投产试运**】2009年10月12日,按照集团公司党组的要求和统一部署,普光分公司投产领导小组下达了一期20亿产能投产令,实现一次投产成功。截至12月31日,净化处理酸气1.11亿方、外输商品气7 724万方、生产硫磺1.2万吨,产品质量达到国家标准。

(李长江)

齐鲁达州化肥分公司

【**工程建设**】齐鲁公司在工程安装基本结束后,将"三查四定"作为工作的重点,分别于2008年8月和11月,组织工程技术人员和操作骨干介入施工现场,分9个专业,查设计漏项,查施工质量隐患,查未完工程。对查出的问题,定任务、定人员、定措施、定整改时间,全部问题整改情况实行看板式管理。2008年12月26日,达化分公司实现装置中交。在加快中交甩项施工进度的同时,根据装置今后生产的需要,积极协调总部相关部门,批复了露天堆场、液氨装卸车站台、地磅、新增氢气压缩机、仪表风压缩机、进口离心机及成品棚库增加围护等7个重大变更。经过共同努力,装置开车前7项重大变更全部建成投用,在装置开车、生产和产品销售过程中发挥了重要作用。

【**生产准备**】人员准备方面,在齐鲁公司范围内招聘专业技术和技能操作人员,通过两次招聘,各类人员已到位285人。高度重视招聘员工的培训工作,2008年2~4月,对80余名专业技术人员和技能操作人员进行了为期两个月的石油化工操作上基础理论的培训,由职业学院专业讲师集中进行授课,培训主要内容为：无机化学、有机化学、化工原理、电工基础、化工仪表及自动化、机械基础及设备、化工生产管理、安全环保及消防等。2008年5～10月，继续在齐鲁公司本部组织全体技能操作人员进行工艺技术、安全知识、操作规程、操作法和生产准备、总体试车方案的培训。技术准备方面，《齐鲁达州化肥项目总体试车方案》（第三版）已编制完成。先后组织召开了两次"总体试车方案审查会"，对方案进行了修改和完善，上报了中石化股份公司工程建设管理部。为了更好地控制试车成本，完成了总体试车方案费用测算。同时，我们组织力量收集了各类相关技术资料，操作法、操作规程等基础资料已编制完成。营销准备方面，于2009年4月22日，成功举办了首届产品推介会，完成产品销售意向56万吨。确定了"长距离以铁路为主，短距离以公路为主，适当增加仓储设施"的物流方式，产品销售信息系统和流程节点全部打通并顺利投用。

【装置试开车】在试车过程中，通过转化工艺吹扫的优化、催化剂装填的优化、脱碳试车进度的优化、尿素试车节点的优化等，加快了试车进度。全过程加强物耗、能耗指标的评定与分析，广泛开展合理化建议征集活动，降低了试车成本。积极营造"一切为了开车，一切服务开车，一切服从开车，一切确保开车"的大干氛围，明确开工指挥体系，科学编制开工方案，搞好生产物资储备，及时解决设备问题。开工过程中，党政工团齐抓共管，生产、设备、安全、经营、综合、党群等各专业各司其职，各负其责，紧紧围绕"四个一切"创造性的开展工作，为装置开车提供了全方位支撑。2009年12月28日65吨/小时锅炉引气开工，2010年1月19日11:38顺利产出合格液氨，1月20日21:28顺利产出合格尿素，齐鲁达州化肥项目实现了一次开车成功。

【HSE管理】对天然气进厂等重要环节升级厂内动火级别，重点抓好厂内施工、试车等直接作业环节的HSE监管，实现了安全专业管理和专业安全管理的深度融合。加强了停水、停电、液氨泄漏及AA级停车等专项事故应急演练，全年共组织大范围演练4次，参与人数达180余人。完成了各装置初期雨水池雨排阀门加装、总雨排口隐患整改、厂区雨排局部溢水污染厂区的处理、NH3－N分析仪安装等工作，真正实现清污分流。开工期间，地方消防、医疗等部门进驻厂区现场值班，保证了装置和人身安全，实现了安全环保事故为零的目标。经过积极协调，2009年7月15日项目通过了消防验收；2009年9月16日安全生产备案获得国家安监总局批复；9月29日试生产申请获得四川省环保局批复。根据开工时间安排，2009年12月23日又及时向地方政府上报了延期开工的报告，确保了开工手续完备、合法。

【表彰情况】

1. 2008年，齐鲁达州化肥项目部被中石化川气东送建设工程党工委（指挥部）评为"优秀项目部"

2. 2009年，齐鲁达州化肥分公司获得达州市"花园式单位"称号

3. 2009年，齐鲁达州化肥分公司厂区食堂被评为达州市首家四川省A级企业食堂

4. 2009年，齐鲁达州化肥分公司党委被中石化川气东送建设工程党工委（指挥部）为"四好党组织"

5. 2009年，齐鲁达州化肥项目部被中石化川气东送建设工程党工委（指挥部）评为"优秀项目部"

达州润发石油气投资有限责任公司

【概况】2007年5月，达州润发石油气投资有限责任公司在四川省达州市注册成立，其控股公司北京润发集团是一家以投资能源实业为主的综合性集团公司，总部位于北京市海淀区富海大厦国际港。2008年5月，达州市政府授予达州润发公司城市燃气特许经营权，承担政府公益性指令任务。核心业务为投资、建设、运营达州市天然气能源化工产业区天然气管道输配项目，为化工产业区各大用气企业提供天然气管道输配服务，该项目一期工程输气管网、西部天然气门站和2座配气站的主体工程已初步建成，预计于2010年投产运行，年供气能力约为30亿立方米，远期设计年供气能力可达55亿立方米。目前，公司设有行政办公室、发展管理部、计划财务部、运营部、生产保障部、工程部、技术部等七个部门。现有公司顾问3名、高级工程师3名，工程师6名，技师6名，各类技术人员20名。达州润发公司秉承"气聚人和，促企业腾飞，精诚服务，创卓越品质"的企业精神及"气聚人和，高效管理；合作共赢，

服务社会”的经营理念,围绕达州市化工产业区天然气输配管网建设工程这一重点项目,全面推进公司各项建设,力争把公司打造成天然气行业的明星企业和旗舰企业,切实履行“为达州经济的快速增长提供安全、稳定、专业、高效的能源支持”的企业使命。

【工程建设】2008 年 11 月 6 日,化工产业区输配气一期工程正式开工建设。2009 年 9 月完成达州能源化工产业区西部门站综合楼、库房配电房、站内道路硬化、达兴配气站、玖源配气站土建工程和管道、电气、设备、自控等安装工程。完成铺设管道约 2.8 千米。中石化达化末站 DN100 预留口已完成碰口,待 DN400 碰口。2009 年 9 月 28 日即已完全具备输气条件。汇鑫能源天然气输配专线工程。2009 年 9 月已完成《管线建设实施方案》,10 月 23 日在北京专题会议审批,11 月 25 日达州市政府专题会议正式启动;12 月 10 日完成勘察、设计、监理、检测、管材的招标,阀门、管件的价格确定工作;12 月 17 日正式开工。

(秦　川)

达州市汇鑫能源有限公司

【概况】达州市汇鑫能源有限公司是一家集能源开发、液态烃生产、销售于一体的新型高科技股份制能源化工企业。该项目坐落在达州市天然气能源化工园区内,占地面积 147 亩,总投资 4.2 亿元,是达州市打造能源化工产业基地首家进场开工的能源化工项目,被列入《四川省 2006 年重点项目计划》。该项目资源可靠、生产技术先进、工艺节能环保,是近几年国内发展的新兴产业。本项目生产工艺采用美国博莱克·威奇(BV)公司的 PRICO ○R 技术,其工艺的先进性和技术的优势性居世界一流水平;项目技术总负责由世界一流的工程总承包公司美国康泰斯公司担纲;项目工程设计单位为东华工程科技股份有限公司(原化工部第三设计院);项目设备安装由中国核工业第五建设公司(原上海石化安检公司)承担。该项目关键设备均从国外引进,工艺技术先进成熟,运行安全可靠,“三废”达标排放,单位能耗达到国际先进水平,具有科技含量高、产业链长、经济效益好的特点,对节能减排、保护生态环境都具有十分重要的意义,是一个环保节能型的项目。项目产品市场前景广阔,经济效益和社会效益显著。预计项目建成投产后日处理液化天然气 $92\times10^4Nm^3$ 能力,年用气量 3 亿立方米。目前,项目产品销售计划已基本落实,预计年主产品销售收入可达 6.6 亿元,产品运输实现销售收入 2.1 亿元,合计实现总收入 8.7 亿元,实现税利 2.5 亿元,具有显著的经济效益和社会效益。公司自成立以来就以诚信为理念,以奉献社会为己任,已连续几年被达州市工商行政管理局评为“重合同守信用”单位,数次被市、县两级政府表彰。

【营销工作】2008 年、2009 年是新型能源液化天然气(LNG)发展的黄金时期,在这期间,国际 LNG 的用量甚至超过了过去 10 年的总和,中国的 LNG 产业也在这两年间得到了长足的发展。达州市汇鑫能源有限公司作为业内较大的企业之一,始终以为广大用户提供优质清洁能源为己任,在发展经济的同时兼顾社会效益和公平原则,创造了相当的就业机会,也带动了当地经济的发展。虽然公司尚未投产,但营销部的前期工作已经有条不紊地开展了起来,通过严谨的市场分析和细致的客户调研,摸清了市场的真实需求,掌握了市场的变动规律,对投产后的销售工作起到了良好的指导作用。LNG 作为新型清洁能源,其发展潜力十分巨大,但同时市场竞争也将非常激烈。在努力做好市场前期调研的基础上,我们将继续深化和细化营销工作,力争让汇鑫能源的产品走向全国各地,为客户提供优质产品。

【HSE 管理工作】企业面对人员新、设备新、工艺新、管理新等特点,坚持做到将安全工作放首位,狠抓安全管理,并将安全贯穿于生产中的每一个环节,使企业做到安全、健康的发展。工厂在 2009 年成立了 HSE 监督管理办公室,建立了安全生产委员会。做到安全管理层层把关、层层设防,形成了专管成线、群管成网的局面。在未投阶段,工厂狠抓安全培训,提高员工安全意识,做到了安全工作有章可循,井然有序。为实现我厂安全发展、清洁发展、节约发展、和谐发展而努力奋斗。

农业 农村

农 业

【优质粮油屡创新高】2008～2009年，在市委、市政府的领导下，认真贯彻落实中央、省委"1号"文件和党的十七届三中、四中全会精神，紧紧围绕市委提出的"一枢纽、两中心、三基地"建设目标，深入贯彻落实科学发展观，以确保粮食安全为重点，以发展特色农业为方向，以推进结构调整和农业产业化经营为主线，以增加农民收入为总目标，调整结构、培育龙头、实施项目、建设基地，克服了2008年的雨雪冰冻灾害和"5·12"汶川大地震带来的不利影响，确保全市农业生产的持续稳定发展，农民增收达到新的水平。

2008年，全年粮食播面达到847万亩，粮食总产达到289.6万吨，比去年增产12.58万吨，增4.5%，创历史产量新高；油菜播面150.03万亩，总产24.37万吨，比去年增加1.81万吨，增长8.02%。其中小春粮食播面244.29万亩，粮食产量59.01万吨；大春粮食播面602.78万亩，粮食产量236.2万吨。万源马铃薯（鲜薯）最高单产达4 931千克；宣汉玉米最高单产达1 181.6千克，创西南山地玉米超高产记录。

2009年，全年粮食播面达到856.76万亩，粮食总产达到296.11万吨，比去年增产6.51万吨，增2.25%，再创历史产量新高；油菜播面151.97万亩，总产24.66万吨，比去年增加0.29万吨，增长1.19%，其中小春粮食播面246.43万亩，粮食产量59.57万吨；大春粮食播面610.33万亩，粮食产量238.38万吨。宣汉县万亩玉米示范片平均单产800.35公斤，创南方地区万亩玉米超高产记录。

【特色农业成效明显】2008年，按照市委、市政府提出的建立"川东北特色农产品生产加工基地"和"优质、高效、生态、安全"的发展思路，推进推进结构调整和特色优势产业发展。全市种植优质水稻200.5万亩，占水稻总面积的77.8%，比上年增长1个百分点；种植优质专用玉米72.3万亩，占玉米播面的55.9%，比上年增长4.3个百分点；种植"双低"油菜137.3万亩，占油菜总面积的91.5%，比上年增长19.5个百分点；全市蔬菜播种面积达122.1万亩，比去年增加5.05万亩，增4%，总产280万吨，比去年增加38.75万吨，其中：商品蔬菜面积达22.45万亩，产量82.5万吨，比去年增加6.31万亩，常年蔬菜面积3.39万亩，产量13.56万吨；苎麻品改面积3.85万亩；全市新发展茶园7 000余亩，改造低产茶园10 300亩，茶叶总产5 525吨，其中名优茶2 310吨，茶叶总产值2.65亿元；果树高接换种完成12 000亩，超目标任务2 000亩，建立水果高接换种和果实套袋示范点14个，面积9 000亩；新栽果树13 500亩，超目标任务3 500亩，推广果实套袋14 870亩，超目标9 870亩，全年水果产量可完成27万吨，产值可达4.0亿元；新发展粉葛15 600亩，超目标任务600亩；全年新栽桑4 900亩，嫁接良桑450万株，发出蚕种3.5万张，平均单产32.5千克，实现茧款收入达1 700余万元。

2009年，按照省政府《关于加快现代农业产业基

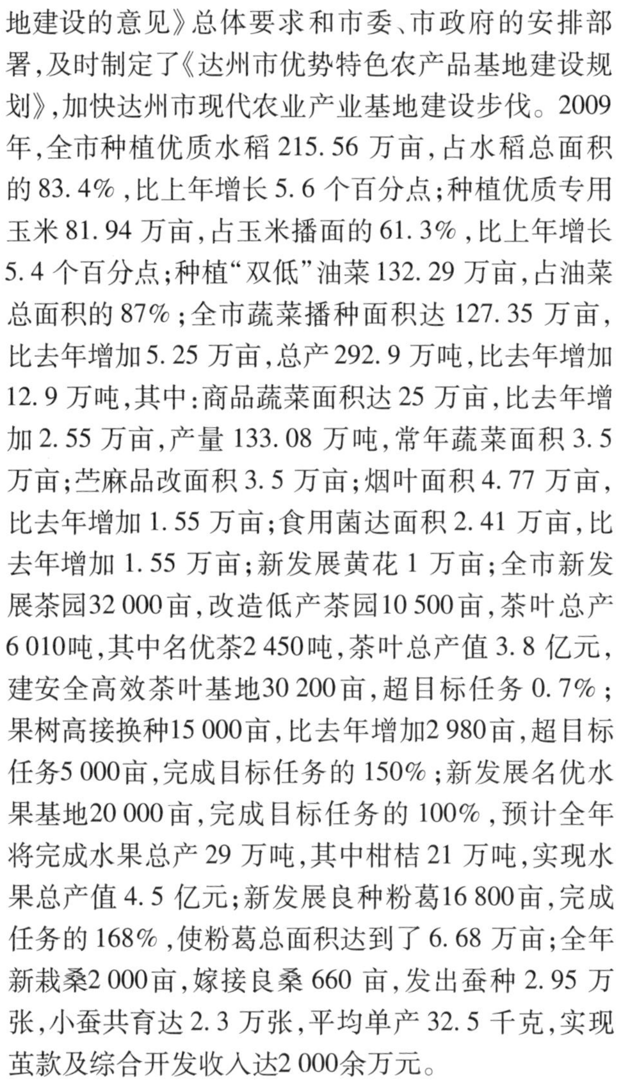

地建设的意见》总体要求和市委、市政府的安排部署，及时制定了《达州市优势特色农产品基地建设规划》，加快达州市现代农业产业基地建设步伐。2009年，全市种植优质水稻215.56万亩，占水稻总面积的83.4%，比上年增长5.6个百分点；种植优质专用玉米81.94万亩，占玉米播面的61.3%，比上年增长5.4个百分点；种植"双低"油菜132.29万亩，占油菜总面积的87%；全市蔬菜播种面积达127.35万亩，比去年增加5.25万亩，总产292.9万吨，比去年增加12.9万吨，其中：商品蔬菜面积达25万亩，比去年增加2.55万亩，产量133.08万吨，常年蔬菜面积3.5万亩；苎麻品改面积3.5万亩；烟叶面积4.77万亩，比去年增加1.55万亩；食用菌达面积2.41万亩，比去年增加1.55万亩；新发展黄花1万亩；全市新发展茶园32 000亩，改造低产茶园10 500亩，茶叶总产6 010吨，其中名优茶2 450吨，茶叶总产值3.8亿元，建安全高效茶叶基地30 200亩，超目标任务0.7%；果树高接换种15 000亩，比去年增加2 980亩，超目标任务5 000亩，完成目标任务的150%；新发展名优水果基地20 000亩，完成目标任务的100%，预计全年将完成水果总产29万吨，其中柑桔21万吨，实现水果总产值4.5亿元；新发展良种粉葛16 800亩，完成任务的168%，使粉葛总面积达到了6.68万亩；全年新栽桑2 000亩，嫁接良桑660亩，发出蚕种2.95万张，小蚕共育达2.3万张，平均单产32.5千克，实现茧款及综合开发收入达2 000余万元。

【农业基础设施建设】农田基本建设。2008年，全市克服了雨雪多、材料涨价，施工难度大等诸多困难，完成中低产田8.8万亩，占目标任务130%，超30%，其中改造中低产田7.4万亩，改造坡耕地1.4万亩。共开挖疏浚渠297公里，其中衬砌渠191公里；建农田配套建筑物8.7万处；整治山坪塘147口；修筑地埂124.8公里，其中衬砌41.5公里；建"三池"697口，其中蓄水池194口，容积1.56万立方米；新建修复提灌站16处，装机容量368千瓦；修拦河坝5处；修复机耕道67.92公里，硬化人行便道32.98公里，共挖填土石方364万方，其中石方（含预制件）156万方，总投工307万个，其中技工107万个。2009年，改造中低产田土18.75万亩，占任务的125%。

农村沼气建设。严格按照《四川省支持农民新建沼气池技术要点》和《农村家用沼气池施工操作规程》，坚持高起点规划，高质量施工，高效益运行的建设原则，实行因地制宜，规模开发、整体推进的建设策略，严格做到了科学规划、合理设计、精心施工、美观适用。2008年，全市新建农村沼气池2.9万口，占目标任务的100%。其中：国债项目1.26万口，占目标任务100%，省级项目1.64万口，占目标任务100%。2009年，全市新建农村户用沼气池建设3万口，占任务的100%。

【农业科技推广】农民技能培训。2008年，全市"阳光工程"共培训15 583人，完成目标任务的100.5%；"新型农民科技培训"培训5 640人，完成全年任务的235%；"科技入户"工程实际带动农户科技推广48 900户，完成全年任务的122%；"实用技术培训"共培训208万人次，完成全年任务的148%。2009年，完成新型农民培训19 695人，占任务的109.4%；完成实用技术培训177.55万人次，占任务的126.8%。

农业科技推广。2008年，全市水稻旱育秧推广面积达226万亩，抛秧面积达10.7万亩，强化栽培达36.9万亩，稻田固定厢沟式连续连作免耕面积达21万亩；水稻规范化栽培230万亩；玉米盖膜增温育苗规范化移栽达126万亩。2009年，全市水稻旱育秧推广面积达236万亩，抛秧面积达10.7万亩，强化栽培达46.9万亩，稻田固定厢沟式连续连作免耕面积达21.3万亩；水稻规范化栽培250.1万亩；玉米盖膜增温育苗规范化移栽达126.9万亩。

【农业产业化建设】农业产业化经营有力地促进了农业发展和农民增收。2008年，全市依托龙头企业大力发展农业产业化经营，新建成蔬菜、水果、黄花、茶叶"一村一品"专业村29个；新发展"三品"产品认证7个；新发展农民专合组织102个；同时引进或培育了蔬菜、苎麻深加工企业。各县（市、区）都培育形成了一批引领农业发展的农业产业化龙头企业，如大竹顺鑫农业科技有限公司，宣汉云蒙米业有限公司，渠县宕府王食品有限公司，万源巴山雀舌实业有限公司，开江梨梨生化有限责任公司，达县智鹏麻业有限公司等。通川区的天源农业产业化有限公司，与农户和业主签订加工蘑菇罐头、甜玉米罐头等定单6 000吨。2009年，市委、市政府高度重视农业产业化工作，各县（市、区）强力推进。新建成蔬菜、水果、黄花、茶叶"一村一品"专业村20个。新发展农民专合组织10个，新引进和培育农产品加工龙头企业5个。

【农产品质量安全建设】2008年，吸取“三鹿奶粉”教训，深化农产品质量安全意识，紧密结合农业部门职能，加强农产品质量安全监测。一是推动无公害农产品认证。全年复查换证的无公害基地4个、产品2个，新认证(定)无公害产品、基地各2个，已申请待审批的无公害基地、产品各1个。全市已认定的无公害生产基地33个达53.7万亩，占耕地总面积的12.8%，其中新增面积11.25万亩；全市已认证(定)的无公害农产品达14个，比去年增加2个。二是组织开展农产品质量安全检测。全市共抽检蔬菜、水果样品1 211个，其中生产基地样品605个，农产品批发市场样品277个，农产品零售市场(农贸市场和超市)样品329个。省农业厅组织实施的2008年度全省农产品质量安全例行检测(交叉抽检)，达州市蔬菜农药残留(15项指标)全年三次检测平均合格率达96.4%，高于全省平均水平，比2007年4月检测合格率提高4.7个百分点，其中生产基地蔬菜合格率达100%。

2009年，农产品质量安全监管工作全面加强。一是农产品质量安全水平不断提升。全年共抽检蔬菜、食用菌、水果等食用农产品样品357个，组织各县开展了月检，每月定期上报了抽检情况，接受委托检测土壤、肥料、农产品样品99个。据四川省农业厅今年组织开展的全省农产品质量安全例行监测(1~3期)，达州市蔬菜合格率达到97.0%，位居全省前列，在监测项目扩大的情况下，比去年提高了0.6个百分点，实现了年初制定的目标；食用菌合格率达到100%，比去年提高了26.7个百分点，确保了农产品消费安全，避免了农产品质量安全事故的发生。二是推动无公害农产品和绿色食品认证。达州市大竹、渠县、通川区等3个县(区)先后实施了无公害农产品产地认定整体推进，全市整体推进和一体化认证新增的无公害农产品基地面积达到172万余亩，新增基地面积占耕地总面积的41%，新增无公害农产品达到32个。对2个绿色食品企业进行了年检，动员一家企业正在申报绿色食品。

【农业发展软环境建设】农业发展环境整治力度加大。2008年，一是规范农村土地承包经营权流转。全市针对土地流转中一些地方存在着流转主体错位、流转合同不规范、强行流转和流转收益偏低等问题，进一步稳定承包关系、完善流转合同、保护流转收益和加强管理与指导，推进了土地的规模化经营。二是加强农民负担监督管理。坚持涉农收费项目备案审查制度，年初各县、市、区“农负办”汇同财政、物价、纠风等部门对涉农收费项目和依据进行备案审查，从源头上控制乱收费。进一步规范“一事一议”，完善村内筹资筹劳管理，确保了一事一议筹资筹劳政策的贯彻落实。2009年全市启动“一事一议”的乡镇有310个，村2 810个，预算筹资总额13 874.27万元，筹劳133万个工作日，各村组所筹资金都进行了会计核算，做到专款专用。三是狠抓了农业执法工作。在全市组织开展了种子、农药、肥料分阶段专项整治行动，各地切实加大市场监管力度、切实加大违法案件查处力度，有力地促进了农资市场秩序的进一步规范。2008年，全市共出动农业执法人员4 157人次，检查农资生产经营企业2 000多个次，整顿市场1 551个次，立案查处各类农资违法违规案件210余件，受理群众举报案件40件，查获违法农资3.1万公斤，价值达100余万元，为农民群众挽回经济损失490多万元。2009年，全市共出动农业执法人员4 157人次、车辆412台次，检查农资生产经营网点5 029多个次，查获违法农资4.89万公斤，现场处罚违法行为291件，立案查处118件，为农民群众挽回经济损失3 790多万元，有效地遏制了重大农资违法违规行为的发生，保护了农民合法利益，为保障全市的粮食安全和农产品质量安全奠定了坚实的基础。四是全力抓好城乡环境综合治理“进村社”工作。2009年，按照全市城乡环境综合治理“七进”活动总的安排部署，建立组织机构，落实专门工作人员，制定实施方案和细则，并在达县赵家镇召开了全市城乡环境综合治理“进村社”活动推进会，迅速掀起全市“进村社”活动高潮。据统计，全市已有2 434个村、134.3万农户参与“进村社”活动，已建城乡环境综合治理“进村社”活动示范乡村30个。全市共推广测土配方施肥385万亩，超目标任务85万亩，累计减少化肥投入(折纯)1 200多吨。推广秸秆还田和堆沤发酵还田技术101.9万亩。推广农作物病虫害“绿色防控”技术达85.35万亩次；推广“三诱”技术防治害虫，通过悬挂杀虫灯、黄板、性诱剂等，减少农药用量25吨。全市建回收站(池)9 549个，回收废弃包装物达9.8吨，回收农用残膜1 400余吨，有效地减少了农业面源污染。已累计建沼气池23.74万口，占适宜建沼气农户的36%，比上年提高4个百分点，建化粪池2.3万口、垃圾处理池1.33万口、生活污水处理池1 424口，推广稻田养鱼等技术4.3万亩。

【表彰情况】

2008年度：

1. 农业部，第二次全国农业普查先进集体

2. 四川省农业厅、省从事厅，2008年粮油高产创建先进集体

3. 四川省农业厅，2008年度农田水利基本建设“李冰杯”竞赛农业项目二等奖

4. 四川省农业厅，2008年度农田水利基本建设“李冰杯”竞赛农建综合管理项目三等奖

5. 四川省农业厅第九届西博会特色农业展览优秀组织奖及最佳展位创意奖

6. 达州市委，2008年度农田水利基本建设“甘露杯”竞赛农建管理先进集体

7. 达州市政府，2008年度常年性蔬菜基地建设先进集体

2009年度：

1. 四川省农业厅，粮食生产先进集体一等奖

2. 四川省农业厅，2009年度农田水利基本建设“李冰杯”竞赛农业项目二等奖

3. 市委，达州市“四好”领导班子

4. 2009年西博会展位设计金奖

5. 2009年中共西部国际农产品交易会最佳组织奖

6. 市委，科技进步三等奖

【领导目录】

局　长：彭　飚

副局长：叶　春　王良平　刘远福

机关党委书记：李德钊

纪检组长：侯旭东

林　　业

【概况】2008年以来，达州市围绕“发展现代林业、建设绿色达州”的总体思路和把达州市建成“四川工业原料林生产基地、四川特色林产品加工基地和秦巴地区生态旅游基地”的奋斗目标，突出抓好林业生态工程建设，着力推进城乡绿化；突出抓好产业发展，增强林业实力；突出抓好林业改革，激发林业发展活力；突出抓好资源保护管理，维护生态安全；突出抓好林业宣传，提升林业社会地位；突出抓好干部队伍建设，为林业发展提供有力保障。通过全市上下的共同努力，达州林业进入了一个持续快速发展的崭新时期，各方面工作都取得了新的成效，全市林业系统工作得到各级党委、政府和社会各界的充分肯定。2009年市林业局在100多个市级部门综合目标考核中进入全市第9名，这是市林业局历史上最好的一年；在全省林业系统综合目标考核中，达州荣获一等奖；在市委、市政府多个单项考核中，市林业局榜上有名。2009年全市实现林业产值25亿元、农民从林业上获得的纯收入达380元，同比分别增长34.3%和23.4%。到2009年底，全市林业用地面积达到77.46万公顷，占面积的46.7%，是耕地的2.8倍。森林面积58.13万公顷、蓄积3 446.39万立方米、森林覆盖率38.43%，分别位居全省市、州的第9位、8位和第7位。

【党委政府高度重视，保障能力不断加强】一是把林业工作摆上了重要议事日程。2008年以来，市委常委会和市政府常务会先后6次研究林业工作，市委、市政府领导先后8次专题研究林业工作，解决林业发展中的具体困难和问题。各县(市、区)党委和政府对林业工作也高度重视和关心，进一步加大了对林业工作的领导，出台了扶持发展林业的相关政策措施，解决林业发展中的具体困难和问题，为林业事业发展提供了坚强的组织保障。二是市委、市政府出台了一系列发展林业的政策措施。市委、市政府出台了《关于加强达州市中心城区绿化工作的意见》，同时把造林绿化纳入了城乡环境综合治理的重要考核内容，市城乡环境综合治理办公室下发了《达州市2009年城乡环境综合治理秋季绿化专项行动实施方案》；2008年、2009年，市委、市政府两办下发了“关于认真开展全民义务植树活动，切实抓好春季造林绿化工作的通知”；2009年市政府出台了《关于发展现代林业，大力推进林业产业化的意见》和《达州市林业产业发展规划(2009～2015年)》；为切实加强森林资源保护管理，市委、市政府先后下发了《关于进一步加强森林资源保护管理的通知》和《达州市森林资源保护专项整治行动方案》；为深入贯彻中央、省委林业工作会议精神，市委隆重召开了首次林业工作会，评选并表彰了全市10大造林护林模范。这些政策和措施的相继出台，为达州市林业事业发展提供了强有力的保障。三是市、县财政加大

了对林业的投入。2009年市、县两级财政共投入林业建设资金达3 117万元,是历年来最多的一年。

【造林绿化深入推进,生态建设不断加强】一是继续实施好林业两大生态工程。2008～2009年全市"两大"工程完成营造林面积53.2万亩。其中天保公益林人工造林15.9万亩,封山育林28.5万亩;退耕还林工程封山育林6.5万亩,荒山人工造林2.3万亩。巩固退耕还林成果专项建设稳步推进,2008年完成投资8 729.6万元(其中:中央资金5 215.9万元、地方配套46.5万元、农户投工投劳3 467.2万元),基本口粮田建设完成1.13万亩,沼气池建设4 744口,生态移民26户、101人,种植业项目建设完成4.4 378万亩,新(改、扩)建禽、畜圈舍24 906平方米,完成林业补植补造19.2 924万亩。二是全力以赴抓好乡绿化。2008～2009年,全市共完成公路绿化23条、1 420公里,溪河绿化41条、650公里,农村庭院绿化植树达160万株,义务植树参加人数540万人(次),植树2 300万株。达州市中心城区绿化进一步加快提速,城周的凤凰山、火烽山、雷音铺、南外化工园区和罗江神剑园增绿补绿和重要节点的绿化进展顺利,两年共栽植各类树木6.8万株。认真执行《达州市认建认养认捐绿地(树木)管理办法(试行)》,2009年在市化工园区和张爱萍故居神剑园开展了两次大规模的义务植树和认捐认养活动,短短一个月时间,全市有204个单位认捐名贵大树221株、经济林木2万余株,认捐资金221.2万元。

【产业发展强势推进,区域特色初步凸显】达州市把发展林业产业作为林业工作的重中之重,制定了《达州林业产业发展规划》,层层落实了林业产业发展责任,建立了林业产业发展领导小组和办公室,大多数县落实了专人负责具体抓,林业产业取得了突破性发展。2008～2009年全市新建林业产业基地40余万亩,"一县一品"的格局初步形成,大竹香椿和渠县青花椒基地已分别达到3.5万亩,开江的油橄榄和银杏总面积分别达到8.1万亩和5万亩,万源树花菜和"两耳一菇"总面积分别达到3.1万亩和17万亩,达县油桃、冬枣、香椿总面积达到4.8万亩,宣汉的葛根种植面积上万亩,通川区的花卉种植基地也初具规模。新培育引进或投资技改500万元以上的龙头企业11家。2009年全市招商签约16个项目,签约资金达40多亿元,武汉凯迪投资25亿在达州市开发生物质能源,四川山木林产开发有限公司投资6.7亿元在达州建工业原料林和高密度纤维板加工项目,福建建州集团建1万吨竹纤维板加工项目已落户大竹县,渠县、宣汉等县也相继签订了林业投资意向性协议。"达州橄榄油"地域证明商标已获国家工商总局通过,大竹县"巴山红香椿"已通过国家工商总局注册,2009年该县已被中国经济林学会授予"中国香椿第一县"。

【资源保护力度加强,管理成效明显提升】2008～2009年,全市仅发生一般森林火灾22起,过火面积27.02公顷,受害森林面积7.87公顷,受害率0.0 069‰,大大低于省控万分之一的指标。认真开展林业有害生物监测和防治,2008年～2009年全市共防治各类林业有害生物41.5万亩,其中无公害防治面积36.5万亩,确保了森林资源安全。扎实开展森林资源保护专项整治行动,2009年春季在全市范围内组织开展了为期三个月的森林资源保护专项整治行动,出动执法人员2 982人次,清理木材加工经营场所554处,清查煤矿84个,查处各类森林案件378起,其中:刑事案件11起,刑事拘留15人;收缴木材2 236.4立方米,责令停业整顿木材加工点25家,为国家挽回经济损失145.3万元。一批毁林违法案件得到及时查处,涉林犯罪人员全部抓捕归案;一些地方一度时期出现的乱砍滥伐林木、偷拉盗运木材现象得到有效遏制;林木采伐、木材运输、木材经营加工秩序得到根本好转;全社会保护森林资源的意识进一步增强。同时建立了采伐现场监督责任制、木材经营加工企业限额制、木材流通抽查制、涉林案件举报奖励制等一系列长效机制。

【林业改革顺利推进,发展活力充分释放】积极推进集体林权制度改革,截至2009月底,全市完成确权勘界1 076.66万亩,占应改面积的99.66%,登记发证106.05万份,占应颁证任务的70.45%,调处各类林权纠纷591起,调处率为96.6%。依法流转林地648宗,面积达23.92万亩,流转金额2 362万元。积极引导林权所有者开展林权抵押贷款,已抵押林地46宗,抵押面积3.55万亩,贷款4 020万元。开江县作为全省森林采伐管理改革试点县,2008年启动实施了森林采伐管理改革试点,万源市启动了省级森林生态效益补偿试点。

【项目争取力度加大,资金投入明显增加】我们始终把向上争取项目和资金工作作为推动林业发展的重要举措,市及各县(市、区)林业局成立了林业重点项目工作领导小组，落实了牵头部门，紧扣国家扩大内需的投资方向、投资重点，科学编制建设项目，抓好项目的储备，建立健全了由相关工程技术和管理人员组成的项目评审机构，加大对上报项目的可行性审查，提升上报项目质量。同时，加强了与市级相关部门的沟通，多次主动到省林业厅等有关部门专题汇报，搞好项目对接，争取更多的项目和资金落到达州，2008～2009 年达州市向中央和省争取林业上的项目资金达 5.07 亿元，2009 年四川省林业厅已正式确定了达州市 2 个县纳入了全省 25 个林业产业强县，位列全省前茅。

【宣传工作得到加强，林业地位明显提升】充分利用各种新闻媒体，广泛宣传林业法律法规、有关政策和达州市林业建设取得的成就，广泛宣传国土绿化的重要性和紧迫性，广泛宣传生态建设的重大意义，增强全社会的生态意识和爱绿护绿观念。两年来，市林业局与《达州日报》社达成共识，在新农村建设板块开辟林业宣传专栏，每周制作报道 3 条以上林业新闻，重大新闻在头版宣传；在《达州日报》上开设了“推进造林绿化，建设生态文明”宣传专版，达州电视台在《经济新时空》栏目每半月都有林业的专题报道，重要新闻在《达州新闻》栏目播出，先后与市电视台合作，制作了《巴渠绿韵》、《共建森林城市》和《绿染巴渠》三部电视宣传片，分别在达州电视台经济新时空和达州对话栏目播出。达州广播电台每周都要播出 1～2 条林业新闻。每年市林业局编辑、上报的政务信息达 320 多条，被国家林业局、省林业厅采用的达 180 多条，被市委办公室、市政府办公室采用的 70 余条，信息工作名列全省林业系统第一。

【领导名录】

局　长：向仕春

副 局 长：徐元亮　江文相

纪检组长：刘德顺

机关党委书记：王　育

（刘仕忠）

水　务

【概况】2008～2009 年，达州市水利局坚持以科学发展观为指导，以水利可持续发展为主线，按照“突出一个重点，实现两大目标，构建六大工程，推进两项改革，采取五项措施”的工作思路，抓机遇、抓项目、抓建设、抓改革、抓管理，开拓创新，真抓实干，全力做好各项水利工作。两年间累计向上争取各类水利建设无偿资金 5.17 亿元，完成招商引资 1.5 亿元，获得各级各类奖励 66 项。

【水利建设】水利建设以加快推进民生工程为核心，以扎实推进农村初级水利化建设为重点，以增强农村水利保障能力为目标，统筹抓好全市水利建设、改革、管理等各项工作。2008 年度共争取国家投入（水利）到位资金 2.11 亿元，比上年增长 60%，完成水库整治 75 座（其中：病险水库 62 座、震损水库 10 座、病害水库 3 座），完成灌区配套及节水改造 193.5 公里，新建微水工程7 298口，解决农村饮水不安全人口 20.7 万人，新增有效灌面 2.85 万亩，新增节水灌面 4.9 万亩，恢复改善灌面 13.3 万亩，新增旱地浇灌面积 3.2 万亩，保栽水稻 187 万亩，水利工程汛末蓄水 4.3 亿方。2009 年度共争取中央、省水利建设专项资金 2.22 亿元，比上年年增长 5.18%。新增恢复水方1 985万方（其中新增水方 221 万方、恢复水方1 764万方），完成水库除险加固 42 座（其中：病险水库 29 座、震损水库 13 座），完成灌区配套及节水改造 193.5 公里，新建微水工程3 381口，修复震损和水毁工程2 045处，解决农村饮水不安全人口 25.12 万人，新增有效灌面 2.95 万亩，发展节水灌面 5.76 万亩，恢复改善灌面 13.3 万亩，保栽水稻 188 万亩，水利工程汛末蓄水 4.2 亿方。积极抓好重点项目推进工作，协助做好宣汉县白岩滩水库、渠县刘家拱桥水库、万源市寨子河水库等重点项目的前期工作，其中白岩滩水库可行性研究报告已获省发改委批复，刘家拱桥水库和寨子河水库均取得了“封库令”等重要专题报告，宝明大型灌区各种申报资料已相继上报，力争纳入全国 2009～2020 年大型灌区节水改造与续建配套规划。全市水利建设获得全省 2008 年度农田水利基本建设“李冰杯”（水利）竞赛评比“二等奖”等多项表彰。

【防汛抗旱】防汛抗旱工作坚持未雨绸缪，对防汛准备和汛前安全检查提早进行了安排部署，各项工作做到了思想早发动、预案早编制、队伍早组建、物资早准备、措施早落实、问题早发现、隐患早整改。同时，按照“六个强化”的要求，防汛责任体系、预案体系、保障体系、预警体系、工程体系、执法体系得到了进一步完善，为安全度汛打下了坚实的基础。截至2009年,全市共建成市级防汛会商中心1个,县级防汛会商中心5个,各类水情视频自动监测站20个,基本实现了对全市主要江河、电站和中型水库的实时监测。2008年,全市先后出现“4·18”、“5·26”、“6·20”、“7·5”、“7·21”、“8·14”、“9·17”等主要降水过程,其中“8·14”、“9·17”降水局部强度大,造成部分河流山洪暴发,达县、开江、大竹、渠县4个县、106个乡(镇)、133.3万人不同程度受灾。2009年达州市出现5次区域性暴雨,发生“5·12”、“6·19”、“7·11”3次暴雨洪灾,造成全市7个县(市、区)、214个乡(镇)、258.81万人不同程度受灾。2009年,由于及时开展预警预报,科学调度,加之全力转移和安置受灾群众,处置各类应急事件,灾害损失被降到了最低限度。据统计,全市共减淹耕地1.76千公顷,避免粮食减收2.02万吨,减少受灾人口33.86万人,避免县级以上城市受淹3座,产生防洪减灾经济效益1.44亿元。

【抗震救灾】“5·12”汶川8.0级特大地震发生后,市水利局迅即在第一时间启动应急抢险预案,统一安排布置,及时收集、处置、汇报相关灾情,全力抓好抗震救灾工作,确保全市各类水利工程尤其是水库大坝和饮用水水质的绝对安全。与此同时,市水利局在接到省水利厅关于到地震灾区指导水库救灾工作的通知后,迅即抽调全市水电系统的5名业务骨干组成水库救灾第一梯队,在资金十分困难的情况下,紧急筹措10万元工作经费,并配齐相关专业作业器具于5月18日10时奔赴剑阁。一到灾区,就会同当地水利部门的工程技术人员一起分组检查了因震受损的33座水库和1座供水堰。由市水利局及达县水利局组成的第二梯队,冒着生命危险于5月19日奔赴茂县、平武、江油、北川、安县等灾区帮助调查分析人饮工程损毁情况并协助各地水利(水务)部门规划、设计、实施灾民安置点应急供水工程,及时解决灾民的饮用水问题。由达州市及大竹县、渠县电力公司组成的第三梯队,于5月17日奔赴青川县青溪镇、平武县平通镇开展电力恢复作业,在第一时间为灾区送去了光明。灾后不久,为尽快修复受损工程,市水利局迅速组织人员科学编制“5·12”汶川震损水利工程规划,并加强与上级职能部门的沟通,切实加快震损水利工程的修复。到2009年初,达州市大部分震损水利工程已得到妥善修复。

【水土保持】全市水土流失治理,坚持“防治结合,预防为主”的方针,按照“立体开发、成片治理、形成规模”的要求,积极探索“长治”建设新路子。2008年全年完成投资1 687.47万元,完成水土流失治理面积121.27平方公里,培植经果林1.2万亩、水保林2.57万亩、坡改梯0.43万亩、封禁治理7.1万亩、保土耕作6.89万亩。2009年,根据市委、市政府下达的民生工程任务,市水利局组织实施了凤凰山、铁山、花萼、宝石湖、文山、清水、观木滩等6个项目区11条小河流域水土流失综合治理,完成治理面积149平方公里。

【水资源管理】水资源管理以保护水资源和改善水环境为主线,在加强水资源开发利用的同时,注重水资源的优化配置、高效利用和有效保护,努力实现水资源的可持续利用。在具体工作中,一是按照《水法》、《防洪法》等法律法规,加大了水事案件特别是对涉河案件查处。两年间查处水事违法案件57件,调节水事纠纷67起,案件办结率达100%,达到了处理一点,教育一片的目的。二是水利法律法规宣传力度进一步加强。充分利用中国水周、世界水日及各种法制宣传活动,通过《达州日报》、《达州晚报》、电视专栏、政府网站、达州水利网、广播电台、宣传标语、广告栏牌及政府领导讲话等多种形式和载体,加大对涉水法律法规的宣传。据统计,两年间共出动宣传车76台次,发放宣传资料97 400余份,发送法规宣传短信7万条,各级领导发表电视讲话8次,增强了全社会的水法律法规意识。三是加大水务管理一体化建设力度。经过多次努力,达州市市县两级水务管理体制改革取得重大进展。截至2009年底,达州市及七个县(市、区)均已成立水务局。

【地方电力】2008年,达州市地方电力建设稳步推进,一是加快农村电气化县建设,进一步实施大竹、渠县、万源三县(市)农村电气化县建设项目,累计投入资金230万元。二是加快小水电代燃料工程建设,万源市“小水电代燃料”工程梓桐溪电站已投入520万元。三是争取到冰雪灾害电网恢复资金830万元用于全市电力灾后重建。四是加大电力招商引资力度。白杨溪电站、石佛滩电站完成投资1.3亿元,其中白杨溪电站土建部分已全部完工,正在安装调试阶段。2009年继续实施农村电网完善工程,在全面完成上一年度1 578万元任务基础上,2009年全市农网完善工程投资任务达2 960万元,增幅87%。继续推进大竹、渠县、万源水电农村电气化县建设,完成投资320万元。

【领导名录】

局　长:王成书

副局长:杨成荣　谢锡海　向建平

机关党委书记:于正万

纪检组长:谭俊峰

(李征坤)

畜　牧

【基本情况】达州是畜牧业大市。在全省举足轻重。经过30多年的发展,达州畜牧业已进入到现代畜牧业发展阶段。至2009年底,全市畜牧业产值175亿元,占农业总产值51.3%,其增加值占全市GDP1/7,占全省1/10,居全省第2位,为农民人均增收871元,占全市1/6。去年达州市获全省畜牧经济综合目标考核一等奖。出栏肉猪630.8万头,居全省第三位,肉类总产量70.8万吨,居全省第二位,肉牛出栏47.6万头,居全省第二位(全省农区第一位)。

【标准化规模养殖　保障"肉蛋奶"供应】在散养农户大量减少的情况下,为保障"肉蛋奶"的供应和外调,全市以标准化规模养殖为抓手,在认真规划的前提下,一方面大力开展人工种草48.5万亩,青贮秸秆89.1万吨,积极发展草食性畜;另一方面大力宣传动员城市资本进农村建养殖场;再一方面积极争取中央省上的资金扶持农户和标准化建设。2007年争取省以上财政专项资金8 236万元,2008年争取到位资金9 300万元,2009年争取到位资金11 866万元,全由财政直接下达到县和养殖场,市局斗硬监管,有力地推进了全市的生猪标准化建设、良种化水平和防检基础设施建设。连续四年被市委、市政府表彰为争取项目先进单位。对生猪规模化建设,市局每年都要认真组织核查,并实实在在的印制一本《生猪规模化养殖资料汇编》备查,这在全省是唯一的。2009年,全市饲养50头以上的生猪规模场达到5 875户,比上年增长33.4%。全市饲养10头以上的牛场达到825户,30头以上的羊场达到1 459户,500只以上的蛋鸡705户、500只以上的肉鸡场1 259户,500只以上的肉鸭、肉鹅场3 262户,5头以上的奶牛场110户(其中100头以上的5户)。畜禽规模化养殖比例比去年提高8.9%。特别是2007年通过牵线搭桥,争取市政府出台优惠政策,成功引进重庆天友收购西塔乳业,到目前为止,已投入资金4 440万元,10万吨液态奶一期工程已完工。引进培育优质高产奶牛1 100头,带动养殖800户,正在宣汉县大成建标准化千头奶牛示范场。鲜奶收购价比2007年每斤提高0.35元,天友西塔乳业创利税420万元。"两点一线"的奶农户平增收2 850元。大力转变生产方式,推广养殖新技术是重要的一项工作。为了推广"生物发酵床"新技术,实现零排放生态养殖,2009年4月,全市在达县、开江召开现代畜牧业推进会,杨娟常委实地参观了现场。当前,全市改建"生物发酵床"42户,大竹、达县正在全面推广,受到省局领导和农业部专家好评。2009年,全市建立畜牧专合组织111个,比上年增长105.5%,带动农户25.9万户;建立畜禽养殖小区394个,比上年增加189个,参与农户3 750户。专合组织和养殖小区都实行了"公司+农户"的"六统一"模式,实行了产供销"一条龙"服务,提高了组织化程度,增加了农户收入。

【投入品和畜产品质量监管】为彻底杜绝瘦肉精、蛋白精、苏丹红等24种违禁药品在动物体内残留,防止病死畜禽流入市场,2009年,全市组织制定了加强"肉、蛋、奶"等畜禽产品质量安全监管的技术规程和规范性文件11个,工作中切实把好了八关。一是严把市场准入关。重点对饲料、兽药生产经营企业严格审查、严格淘汰。2009年,全市共淘汰不合格饲料、兽药生产经营企业24家。对23家企业进行了限期整改,培训组织300多名畜牧兽医人员,深入养殖场(户)检查指导合理使用饲料、兽药。严禁使用合成类、固醇美、兴奋剂、玉米赤霉醇类等兽药,严禁人药兽用,严格执行休药期,严禁添加"三素两精"等违禁药品,坚决打击假冒冒充饲料。二是严把养殖过程关。通过技术培训、科学规划、组织千名畜牧科技人员进村入户。从2005年以来,省认定达州市无公害畜产品基地及产品48个,2009年建成认定14个,覆盖40%乡镇。抓好板角山羊、开江白鹅等名、优、特畜产品地理标识认证备案工作,旧院黑鸡(蛋)获得国家有机食品认证。在各县分别规划禁养区、限养区、适宜养殖区,大力推行上山进沟、种养结合、循环经济、生态养殖。三是严把抽样监测关。2009年,全市组织发放了340份"瘦肉精"快速检测试纸，对50头以上规模养猪场和36个牛羊规模场进行随机抽取2.8万头猪、牛、羊尿液进行检测，“瘦肉精”检测为零。全年共抽检猪、牛尿液66 761份，畜产品570批，兽药30批，饲料样品83批，生鲜奶75批，送省局实验室检测，未检测到“三聚氰胺”、“解抗剂”、“三素两精”和有毒有害物质残留，全部合格，受到省局肯定。随着周边省、市食品安全事故频繁发生，市局组织对全市276个生猪定点屠宰场(点)和11个肉联厂全部配备了“瘦肉精”快速检测卡，按屠宰量的5%随机抽取尿液，外地猪按8%～10%的比例抽检，现场10分钟检测属阴性的准予屠宰，复检为阳性的进行无害化处理，是外地猪的停调三个月进入达州市。四是严把免疫标识溯源关。在各屠宰场、肉联厂全面配备了移动智能识读器，与农业部联网。对进入屠宰场的猪肉牛羊耳标溯源，凡未经免疫或未挂耳牌的一律隔离观察，无异常情况方可屠宰。五是严把动物疫病监测关。对全市规模场、屠宰场、交易市场、散养户进行禽流感、口蹄疫、狂犬病等疫病定点抽样进行病源学监测10 538份，监测生猪484万头，禽类5 900万羽，对发现的问题及时处置。六是严把产地检疫屠宰检疫关。在全市设立278个报检点，坚持“三规四有五坚持”24小时工作制。2009年产地检疫猪牛羊609万头，禽1.8亿只，检出病害畜禽3.03万头只；屠宰检疫按照“六岗七关八到位”程序严格同步检疫，检疫猪牛羊407万头，检出病害动物6 500头，病害动物产品29 956千克。对检疫、堵疫和扑杀的畜禽严格做到“四不一处理”。七是严把奶牛布病、结核病检测关。2009年，我们对奶牛“两病”监测达1 734头，阳性率为0。达州奶牛场管理“117制度”在全省推广。八是严厉打击经营病害畜禽的黑心商贩。为谋取暴利，不法商贩无孔不入。为此，市、县畜牧局设有奖举报电话，抽出1/3的执法动检人员“卧底”，昼伏夜出，跟踪追击，坚决有力地打击黑心商贩。2009年，全市出动执法人员5 856人次，查处经营病死畜禽违法案件272件，抓获涉案人员417人。查处兽药案件47件，涉案54人，均依法进行了处理。在严把八关过程中，全市培训达4 500人次，并对申报畜牧师、兽医师人员严格考试，面对面答辩，有8人不合格被淘汰。

【重大动物疫病防控】加强对禽流感、猪(马)流感、口蹄疫、猪瘟、蓝耳病等重大动物疫病的防控，尤其重点加强了春、秋两季的重大动物疫病的集中免疫和测抗工作。对全市2亿多头(只)畜禽的六种重大动物疫病依法实施强制免疫(如猪每次必打3针、禽必打2针等)，并根据周边省市疫病发展情况，适时开展夏冬季的加强免疫和紧急免疫。为确保免疫密度达到“六个100%”，达州市免疫率达到80%以上(农业部规定70%以上)，建立了六种责任制落实的“达州模式”。即：一是局领导分县包片责任到县；二是每年两次全履盖技术培训责任到位；三是实行干部科技人员包村包场包大户责任制上墙；四是严格监测责任到人；五是免疫档案责任到村到户；六是畜禽血清抗体测定任务责任到站。每年春、秋两季均全覆盖抽样10万多头(只)畜禽血清，进入市、县实验室“盲测”，实行县上普测补免，市上抽测通报加强免，确保六种重大动物疫病抗体保护水平达到80%以上，并作为兑现乡、村防疫人员工资的重要依据。自2005年以来，全市处理了36名兽医人员。通过这些强有力的手段，确保了2009年2.51亿头(只)疫苗的有效注射，即每名乡镇兽医人员日均免疫注射300头(只)，达州市也连续四年免疫质量名列全省前三名。

【畜产品检疫，确保市民吃上“放心肉”】2009年全市产地检疫开展面和屠宰检疫率均达100%。对全市276个生猪定点屠宰场点全面监控，24小时值班，对外地猪严格执行“5岗13刀检疫”制度。产地检疫检出病害畜禽11万多头(只)，屠宰检疫检出病畜6 500头，运输检疫环节检出病害畜禽5 000头(只)，对检出的病害畜禽进行严格处理，确保市民吃上“放心肉”。

【领导名录】

局　长：李采明

副局长：孙东荣　王恩义　熊建平

(刘兆文)

农机管理

【概况】2008～2009年，全市农机化工作在市委、市政府的领导和四川省农机局的指导下，坚持以“三个代表”重要思想和党的十七大精神为指导，深入贯彻落实科学发展观，以服务“三农”，全面建设社会主义新农村为宗旨，以落实农机购置补贴、加强农村机耕道路和机电提灌建设、推广先进实用的农机具和新技术、强化农机安全监理、加强农机行业管理为重点，积极探索农机发展路子，加快发展全市农业机械化，努力促进农机增效、农民增收，为发展现代农业、建设社会注意新农村作出了应有贡献，取得了显著成绩。2008年农村机耕道路、机电提灌建设获得省政府“李冰杯”竞赛农机项目二等奖，2009年农村机耕道路获得省政府“李冰杯”竞赛农机项目三等奖，单项工作多次受到市委、市政府和省农机局的表彰。

【机耕道路建设】紧紧围绕推进社会主义新农村建设、促进农业结构调整和改善农村生产生活条件，按照“政府引导，部门服务，乡村组织，群众参与，民主管理，示范推动”和“统一规划，突出重点，注重效益，创新机制，建养并重”的建设原则，切实加强组织领导，广泛发动农民群众，有效整合项目资金，大力建设村社道路，不断提高路面等级和路网化水平，努力健全勘设机构，积极创新建设机制，严格落实养护责任，全面完成了目标任务。2008年全市农村机耕道路建设总投入15 496.17万元，新建农村机耕道路344条660.7公里，硬化290条374.3公里，整治599条1 407公里，建设了7个农村机耕道路示范乡镇。2009年全市农村机耕道路建设总投入15 151万元，新建农村机耕道路339条669公里，硬化230条336公里，整治541条1 030公里，建设了7个农村机耕道路示范乡镇。

【农机提灌建设】围绕发展现代农业、加强农业基础地位和推进社会主义新农村建设，按照“统一规划，突出重点，注重效益，创新机制，建管并重”的建设原则，全力修复水毁泵站，大力改造提灌设施，努力推广先进技术，引导发展服务组织，着力提高农机抗旱减灾能力。2008年度全市机电提灌建设总投入2 559.1万元，修复改造提灌设备5 369台套41 123千瓦，新增提灌设备1 246台套10 339千瓦，建设标美化提灌站52座54台1 487.5千瓦，修复老化和水毁提灌站314座325台9 387千瓦，建设机械化节水灌溉示范工程8处850亩，恢复改善灌面13.62万亩，新增灌面3.67万亩。2009年全市机电提灌建设总投入2 577.44万元，修复改造提灌设备5 312台套41 123千瓦，新增提灌设备1 246台套10 339千瓦，建设标美化提灌站43座44台1 131千瓦，修复老化和水毁提灌站287座293台7 169千瓦，建设机械化节水灌溉示范工程8处1 100亩，恢复改善灌面12.37万亩，新增灌面3.57万亩。同时各县、市、区农机局制定了抗旱救灾预案，举办了全市机电提灌改造暨节水灌溉技术培训班，确保85%以上的提灌机械投入正常运转。

【农机购置补贴】为认真贯彻国家的农机购置补贴政策，及时把党的惠民、惠农温暖送给千家万户，全市农机部门积极采取措施，精心组织安排，大力宣传发动，严格操作程序，强化服务意识，及时兑现资金。2008年共计使用农机购置补贴资金770.87万元，购置各类农业机械2 303台(其中:收割机130台，耕作机械1 947台，植保机械184台)，购机总值达2 218万元，补贴受益农民2 196户，使用受益农户数9 538户。2009年共计使用农机购置补贴资金802.496万元，购置各类农业机械3 812台，补贴受益农民3 714户，使用受益农户数10 000余户。项目的实施，极大地激发了农民群众的购机热情，进一步提高了项目县的农业机械化水平。

【实施科教兴农战略】围绕提高农业综合生产能力，以农机化科技推广和教育培训为载体，大力实施农业节本增效工程，积极开展农机化新技术、新机具的推广，为促进农业增产、农业增效、农民增收，推动全市新农村建设发展作出了积极贡献。2008年全市新增插秧机30台，机插秧实施面积5 114亩；新增联合收割机112台、耕整机1 500台；培训农机人员3 794人次。2009年全市机插秧实施面积6 700亩；推广各型农机具3 714台，其中耕耘机2 631台，拖拉机92台，收割机107台，插秧机10台畜牧水产机械137台；培训农机人员16 701人次。

【农机市场整顿】紧紧围绕全市农业农村工作中心，按照“加强指导、狠抓落实，规范管理、依法行政”的原则，贯彻农机法律法规，规范农机行业管理和行政执法行为，依法开展农机化普法维权、农机行业监管、农机市场打假、便民便利实践活动及农机维修网点建设、农机市场调查等工作，进一步推进了职业技能开发和行业协会建设，促进了农机依法行政。2008年共举办法制培训班2期、墙(板)报35期，组织电视宣传节目3次，张贴标语265条，印发宣传资料2.5万份，接待群众2万余人，开展法律知识竞赛2次，参加法制考试59人；新建了维修示范网点3个，对62个符合条件网点进行了换证；完成农机行业职业技能鉴定任务96个；检查农机企业700余家(含个体经营者)、受检产品及零配件123种，查处农机产品457台(套)，处罚企业(含个体)21家。2009年全市各农机主管部门共选派了150余人参加了各种法律法规培训；完成农机行业职业技能鉴定任务80个；在7个县、市、区开展补贴机具质量调查，走访用户20

户，调查机具22台，对联合收割机、轮式拖拉机、耕耘机、插秧机、茶叶等补贴机具的质量，性能使用和售后服务等反复征求用户意见，并进行了现场办公；强化农机产品市场监管，在“3·15”期间，夏、秋季节开展了专门整治行动；狠抓农机行业社团组织建设，今年新成立了15个农机行业协会和专业合作社。

【农机安全生产】全市农机监理人员围绕预防农机事故发生，保障农机安全生产这一中心开展工作。大力强化源头管理，全面落实安全责任，切实搞好宣传教育，积极配合安全检查，认真开展专项整治，严格规范牌证业务，努力办好农机窗口，积极搞好“创建平安农机，促新农村建设”活动，无重特大农机事故发生，死亡和重伤为零。2008年共办理拖拉机注册登记1 356台，过户转籍1 613台，补牌补证926个，耕整机注册登记1 038台，新办驾驶证352个，补换驾驶证725个，联合收割机注册登记50台，年检拖拉机3 115台。2009年共办理拖拉机注册登记1 697台，过户转籍1 731台，补牌补证926个，耕整机注册登记1 038台，新办驾驶证452个，补换驾驶证725个，联合收割机注册登记53台，年检拖拉机3 628台。在政务工作方面，做到了项目和行政审批科整体入驻，最大限度地精简了行政审批项目，最大限度地优化了办事流程和缩短了审批时限，农机窗口2008～2009两年业务总审批量达13 300余件，做到了限时办结率100%，现场办结率100%，群众满意率100%。

【农机化作业】全市农机部门积极开展机耕、机播、机脱、机收、机电提灌等农机田间作业，促进了全市农机化作业水平稳步提高，在农业生产、抗灾救灾和农民增收中发挥了重大作用。积极组织开展跨区机收服务，及时向农民、农机作业户、中介组织提供机收市场信息服务，协调落实跨区作业免费通行政策，免费发放跨区作业证，维护跨区作业市场秩序。2008～2009年先后组织河南、山东、河北、浙江、安徽、德阳、绵阳等省市联合收割机1 800余台，配合全市800余台联合收割机抢收水稻。2008年全市完成全市完成机耕75.9万作业亩，机收58.85万亩，机电提灌228.7万亩次，机械深施化肥26.26万亩、稻麦（半）精量播种5.05万亩。2009年全市机耕作业面积75.95万亩，机收面积70.48万亩，机电提灌228.7万亩次，机械深施化肥25万亩、稻麦机播5万亩。

【领导名录】

局　　长：常　荣

副 局 长：杨华礼　饶德懿

纪检组长：李晓霞

扶贫开发

【概述】2009年全市扶贫开发工作按照“一体两翼突重点，统筹推进抓创新，承上启下谋规划，改善民生促和谐”的28字工作思路，强化目标管理，狠抓责任落实，完善工作措施，严格督促检查，扶贫开发工作取得了新的成效。项目资金争取工作力度大，到位资金创历史新高；“五大扶贫工程”扎实推进让贫困群众直接受益；巩固发展了农村贫困群众发展融资平台；革命老区连片扶贫实现新突破；社会扶贫氛围更加良好；扶贫民生工程目标任务超额完成。2009年达州市扶贫开发工作荣获全省一等奖。

【超额完成扶贫民生工程目标任务】纳入省、市考核的扶贫解困“民生工程”目标实施进度快、效果好，全年帮助8.2万农村贫困人口改善生产生活条件，完成年度目标任务6.6 059万人的124.1%。完成劳务扶贫培训4 848人，提前半年完成任务，占年度目标任务4 650人的104.3%。

【向上争取项目资金成效明显】充分利用国家扩大内需和灾后重建两大机遇，加大了向省扶贫办的工作汇报和项目资金争取力度。2009年度，共争取落实各类无偿扶贫资金8 418万元（不含扶贫贷款金额），比上年同期5 263万元增长60%。

【“五大扶贫工程”实施顺利】启动实施52个扶贫新村建设，已完成全部工程量的96%以上；劳务扶贫工作提前半年超额完成全年目标任务，转移就业率95%以上；村道扶贫项目已硬化村道70公里，完成目标任务40公里的175%；沼气扶贫项目已完成3 990口，完成目标任务3 000口的133%。产业扶贫项目建设有序推进，促进了农民增收步伐。

【贫困村村级发展互助资金项目运行规范】贫困村村级发展互助资金项目管理更加规范，73个（其中2009年20个）扶贫互助社运转良好，为农民加快自身发展提供了新的融资平台，参与入社农户累计达两万多户，在帮助农户发展种养业增收致富方面发挥了积极而重要的作用，项目区农民人均纯收入增加720元，高于非项目区一倍以上。

【革命老区连片扶贫实现新突破】积极向省上汇

报，争取达州革命老区（川陕苏区）建设的政策和项目资金支持，实现了新的突破。成功争取了3 100万元的中央福利彩票公益金用于宣汉县、万源市革命老区连片扶贫开发（其中宣汉县2 100万元、万源市1 000万元），重点进行基础设施建设和扶持增收产业的发展。同时市县扶贫办还配合老区建设促进会认真开展了对全市革命老区乡（镇）、村的确认评定工作。

【圆满完成惩防体系建设分解目标任务】按照“达市委办发〔2009〕40 号”文件要求，达州市扶贫办作为“强化扶贫专项资金监管”目标任务的牵头单位，认真履行职责，加大与相关部门协调配合力度，总结推行“联合行文、联合检查、联合座谈、联合监督、联合整改”的“五联合”新机制，实现对项目资金的联动共管，有效提高了扶贫资金使用效益。

【社会扶贫氛围更加浓厚】市、县两级扶贫办积极向国家级、省级定点扶贫单位联系汇报，争取支持。中国华融资产管理公司和中国工商银行总行今年共投入帮扶资金 301.8 万元，分别帮助宣汉、万源改造农村校舍、资助贫困学生和改善基础设施条件，深受欢迎和信任。四川省林业厅等 11 家省级帮扶部门共投入帮扶资金2 252.26万元（含以物折资）、引进资金 1.14 亿元，同时，还分别向宣汉、万源下派挂职干部三名，开展定点扶贫工作，取得了明显成效。以市委、市政府名义通报表彰了 2008 年度全市定点扶贫工作 49 名先进集体和 49 名先进个人。为加大社会扶贫工作力度，市级单位定点扶贫协调小组于 5 月 13 日下发了专项工作督查通知。市、县两级定点帮扶单位高度重视，积极行动，为定点帮扶贫困村投入各类资金1 958.12万元，引进资金2 800余万元。中国扶贫基金会与恒大地产集团发起的“恒大慈善万人行”活动于 11 月在达县资助 200 名特困孤儿。达州市扶贫“栋梁工程”今年捐助贫困大学生 182 名，捐助资金 43.3 万元。

【集中深入开展扶贫督查调研】4 月中旬抽调力量组成 6 个调研组赴各县（市、区）开展了大规模的扶贫督查专项调研工作，重点对 2009 年扶贫新村、劳务扶贫等项目的启动实施情况、2008 年扶贫资金报账使用情况及 2006 ~ 2007 年扶贫资金审计存在问题的整改落实情况进行了集中督查调研，并向市委、市政府及省扶贫办作了专题汇报，有效地促进了全市扶贫工作全面、健康、协调发展。

【革命老区建设的政策调研】11 月中旬正式完成并上报《革命老区（川陕苏区）达州连片整体扶贫研究》课题报告，被市委、市政府表彰为《革命老区（川陕苏区）达州脱贫研究》工作二等奖第一名。9 月 21 ~ 22 日，川陕革命老区连片开发第二次联席会议在达州市召开，四川达州、巴中、广元、南充、绵阳市和陕西省汉中、安康市及重庆市城口县“七市一县”老区建设促进会或扶贫办负责人参加联席会议，四川省老区建设促进会会长冯元蔚、《中国老区建设》杂志社社长兼总编辑漆志恒到会指导，会议讨论通过了《川陕革命老区亟待国家优先重点帮扶连片开发建设——对川陕革命老区发展现状的调查报告》。

【领导名录】

主　任：谢承述

副主任：陈垧志

（王关江）

以 工 代 赈

【概况】达州市以工代赈工作切实按照省以工代赈办工作要求，在省办的大力关心支持下，开拓创新、扎实奋进，着力打造“有序、清正、民心”以工代赈，认真按照市委二届十二次全会确定的“坚定信心、应对挑战、爬坡上行、加快发展”的精神要求，迎难而上、扎实奋进、开拓创新，以工代赈扶贫工作继续保持了良好的工作局面，为扶贫济困、改善民生、构建和谐作出了新的贡献。努力探索提高项目资金管理水平，充分调动广大基层干部群众积极性，以工代赈工程建设更加切合群众需要，资金效益进一步提升，扶贫效果更加显著。达州市以工代赈工作被评为全省先进，基础管理经验在全省推广。

【以工代赈资金争取】两年共争取资金6 400万元，超出目标任务 29.6%。除重点贫困县以外，全市各非贫困县均得到了以工代赈资金支持，用以解决插花贫困问题和新农村示范村（片）建设，再次实现“满堂红”，这在全省是绝无仅有。

【项目建设和管理】坚持科学发展、和谐发展，实施“五大工程”促进农村群众生产生活条件的改善：一是扶贫解困工程帮助群众脱贫致富。根据特困村的实际需要，按照“缺啥补啥”，“雪中送炭”的原则，从“路、水、土”基础设施建设着手，搭建产业发展平台，帮助群众脱贫致富。通过业主开发、专合组织、协会带动,继续围绕茶叶、中药材、蚕桑、优质水果、蔬菜、特色畜禽、“两耳一菇”等,推进“一乡一品”特色产业发展,大力推行产业化、标准化、无公害生产示范,使贫困地区群众迅速融入现代农业发展。全年新发展特色产业1.2万亩,改善了57个贫困村6.12万人的生产生活条件,帮助解决3.04万农村群众的贫困问题,完成扶贫解困工程目标任务的234%(超年初计划134%)。二是百姓安居工程帮助高山群众安居乐业。针对达州市地处偏远的高山群众安居难、发展难而建设成本高的实际情况,大力争取易地扶贫搬迁项目资金,通过征求搬迁户意愿,采取集中安置和分散安置相结合的办法,在安置点开展住房、道路、饮水、公益设施建设,全年安置移民607户2 300人,超额完成全年目标任务74%。同时我们还对安置户进行跟踪调查,建立了定期回访制度,确保群众搬得出、稳得住、能致富、不反弹。在与安居工程相关的饮水安全工程建设中,我们因地制宜把解决人畜饮水困难和农田水利建设结合起来,注重综合利用,渠系配套,在水源地选择上严格把关,确保群众饮用水安全。已建成蓄水池5 370立方米,建饮水渠(管)61公里,解决了1.26万群众的集中供水和0.56万分散农户的饮水难问题,超出年初计划任务80%。三是农村交通畅通工程帮助群众走上发展快车道。国家以工代赈资金是补助性质的资金,而当前农村群众对于道路建设的愿望十分迫切,为此,一方面将以工代赈资金主要向农村道路建设倾斜,另一方面利用项目建设契机,通过扎实细致的工作落实群众“三权”,让群众知晓他们的权利与义务,全程参与项目建设,充分调动其建设家园的积极性,自觉出资、出力,弥补资金缺口。全年建成村道259.8公里,桥梁225延米,已完成建设任务的106%,解决了约17万群众的行路难、过河难问题。一大批以工代赈工程发挥了显著的扶贫、惠民效益:如,备受关注的中央新增预算内投资项目宣汉县宣(汉)东(林)公路、胡(家)花(池)公路顺利通过了省委巡视组的巡查,提前实现了通车运行;万源市墩子河大桥涉及4大片区、27个乡镇、30.5万人,过去曾因通行能力差导致128人先后坠河死亡,今年4月,该桥通过工程竣工验收,被专家组一致评定为优良工程,该大桥的建成一举解决了当地群众过河难、运输难问题,打破了制约区域经济发展的交通瓶颈,效益显著;遭“7.8”特大暴雨洪灾冲毁后恢复重建的宣汉杨家河索桥设计美观,施工技术先进,通行能力和抗灾能力大大提高,成为了宣罗路上一道亮丽的风景。四是新农村建设工程展现农村新风貌。在以工代赈新农村示范村建设中,创新建设机制,与市委组织部共推共建以“三村建设”为载体的社会主义新农村建设并全面完成了全市“1733”示范工程建设下达的以工代赈新农村建设任务。我们采取“整体打造、整村推进、整合投入”的建设方式,把基础设施、产业发展、民居打造、社会事业、党的基层组织建设等全面纳入发展规划,整合各种资源共建新农村,大大提高了资金效益,通过全方位打造,较好的展现出了新农村富裕、文明、和谐、生态的新风貌。2009年,实施完成万源市茶垭乡邱家坪、渠县望江乡武坪村2个省级以工代赈新农村示范村建设,新争取实施万源市竹峪镇大柏树村、宣汉县天台乡尖包村、通川区罗江镇高石村和大竹县庙坝镇寨峰村4个省级新农村示范村,全年建设市级新农村示范村11个。在新农村建设中,按照省委、省政府和市委、市政府成片推进新农村的要求,积极规划建设新农村示范片,11月初,大竹县庙坝新农村示范片项目参加全省竞选,凭借出色的规划编制工作和独特的建设机制成功胜出,纳入了2010年以工代赈新农村建设投资计划,力争把该示范片建成全市“高效农业的典型、观光农业的目的地、新农村建设样板、农村清洁工程的典范”。

【工作创新】达州市以工代赈工作按照省以工代赈办的工作理念、工作思路和工作方法,坚持科学发展,不断探索创新,特别是在以工代赈新农村示范村(片)建设中,把示范村建设当做一项系统工程来抓,创新投入方式和工作方式,创造性地把以工代赈示范村建设与农村基层党建结合起来共推共建新农村,这一工作机制显著增强了新农村建设的合力,全方位实现了资源整合,最大化提升了项目资金效益,实现了“出精品、出经验、出精神、出干部、出人才”的目标,为构建和谐新农村探索出了一条行之有效的新路子。新华社记者深入达州市以工代赈新农村示范村实地采访报道后,全国众多媒体予以转载报道,产生广泛的影响:新华社是国家主流新闻媒体,2009年10月,《新华社内参选编》、《新华社通稿》、《新华每日电讯》先后刊发了《党建与以工代赈联动带活达州农村》的报道,10月11日,《新华社通稿》在中共中央宣传部开展的主题宣传典型“加强和改进新形势下党的建设”专栏内刊发《四川达州将基层党建与以工代赈项目示范村建设结合》的报道。

【领导名录】

主　任：何正平

副主任：杨晓东　邓　骅

农业科学研究

【概况】2008～2009年，坚持科学发展观，加强自主创新能力建设，以苎麻、水稻、玉米、薯类、蔬菜等农作物创新研究为主体，大力推进农业科技创新；加快作物新品种、新技术和实用技术研究及试验示范。两年共承担国家、省、市重点农业研究项目42个，苎麻科技创新保持国内同类研究前列，苎麻、玉米、马铃薯的研究成果获农业部、市政府奖励5项，通过国家、省级农作物品种审定5个次，获国家植物新品种权保护1项，申请国家植物新品种保护1项，申请国家专利和商标各1项，苎麻雄不育系选育与应用技术成果国际领先，通过省级技术鉴定材料4个，在国家、省级专业刊物发表学术论文38篇。60个自育品系(组合)参加国家、省级试验，表现较好。

紧密结合科研工作的实际，大力推进应用基础研究与创新，加速科技成果的转化；大力开展科技宣传和科技示范、科技扶贫、新农村建设，认真服务"三农"，积极开展农业科技"三大行动"，大力开展苎麻、水稻、玉米、马铃薯等适用高产高效技术研究与试验示范，扎实推进传统农业向现代农业跨越出实招，自主创新成果及新型栽培新技术成果推广应用创社会经济效益达8.4亿元以上.

【重点建设项目进展顺利】按照"立足长远、科学规划、合理布局、统筹安排、分步实施"的原则，强力推进灾后重建工作，进展顺利，效果显著，拆除4栋D级危房共计4 469平方米，拆除C级危房4栋1 026平方米，竣工的600平方米应急业务用房投入使用，船工休息房维修加固，四套住房改造，完成规划图. 国家区域试验站田间工程建设工作通过了初步验收。

"国家区域试验站业务用房"和达州市政府下达的"科研实验大楼"建设任务，已完成图纸设计、地质勘测、建设资金预算与评审和报建，即可开工建设，"国家级脱毒马铃薯原原种生产基地建设"项目正加紧进行，上坝机耕道改建已完成。

【2008科研成果】1. 获市政府科技进步奖励3项，通过品种审定1个：优质高产杂交玉米新品种"田丰8号"的选育与应用"马铃薯新品种引进鉴定与应用研究"、"优质苎麻产业化配套技术推广"3项自主创新成果，获达州市政府科技进步二、三等奖，优质水稻新品种"宜香2079"通过四川省品种审定。2. 申请专利1项、完成商标注册1个、两个苎麻标准发布实施："一种马铃薯实生种子快速发芽的方法"申报国家发明专利，"川苎"商标注册申请已通过国家工商总局初审，《杂交苎麻种子生产技术规程》、《杂交苎麻种子育苗技术规程》两个苎麻标准已作为四川地方标准发布实施。3. 4个材料通过鉴定：苎麻不育系C26通过国家植物品种保护办公室的田间技术测试；优良玉米新组合DZ0503及亲本、四季豆新品系"达芸2号"通过四川省级技术鉴定

【2009年科研成果】1. "主要麻类作物专用品种选育与推广应用"获农业部科技进步一等奖；"苎麻高产高效生产技术示范"，"大棚蔬菜配套技术栽培研究与应用"获达州市政府科技进步三等奖。2. 特高支苎麻新品种"川苎12"通过国家品种审定，国标二级米的优质稻"宜香2079"通过陕西省品种审定；突破性玉米新品种"盛玉99"、四季豆新品种"达芸2号"通过四川省品种审定。3. 制定并发布地方技术标准3个，申报专利1项：编制的"苎麻杂交苎麻新麻生产技术规程"、"苎麻杂交苎麻成龄生产技术规程"、"无公害早春黄瓜大棚鹏栽培技术规程"已正作为四川省地方标准发布实施。"一种缩短马铃薯实生种子休眠期、提高发芽率的方法"申报国家专利。4. 科技创新能力和学术水平实现跨越试提升：苎麻、蔬菜、小杂粮进入国家、省创新团队。"国家麻类产业技术体系苎麻水土保持现场交流会"在本市召开，市农科所做主题交流发言。

【表彰情况】

1. 2008年"先进基层党组织"(达州市委)
2. 2009年所党委被表彰"四好"领导班子(达州市委)
3. 2006～2009年全市保密工作先进集体(达州市委、市政府)

【领导名录】

所　长：魏　刚

副所长：舒忠旭　梅元泰　赵思毅

副书记：陈广斌　丁崇和

纪委书记：简贵儒

工会主席：黄文春

商贸流通

综　　述

【概况】2009年，全市商务系统坚持以科学发展观统筹全局，立足构建秦巴地区商贸物流中心，突出"扩大消费和开放合作"两大主线，大力实施扩大内需拉动消费、充分开放合作的政策措施，强化"服务业发展、项目建设、市场监管"三个重点，坚定信心、力克时艰，确保全市商务经济平稳较快增长。全年全市实现社会消费品零售总额252.1亿元，增长18.8%，完成年度目标103.7%；自营出口6 951万美元，增长52.5%，完成年度目标138.7%；实际到位外资4 767万美元，增长201%，完成年度目标238.4%；外派劳务2 422人次，增长23.3%，完成年度目标121.1%。达州市实际到位外资、外派劳务按完成进度排位列全省第一，外贸自营出口按完成进度排位列全省第三，家电下乡销售总额排位列全省第三。因工作成效突出，达州市商务局在全省商务目标考核中首次获得了全省商务工作综合目标考核一等奖。

【消费市场持续增长】面对国际金融危机的影响，紧紧抓住国家扩大内需拉动消费的政策契机，通过政策扶持刺激消费、骨干企业引领消费、节会经济拉动消费、热点行业升级消费、便民服务促进消费等一系列手段和措施，增强了流通业发展的推动力，促进了消费市场持续较快增长。

市政府印发《贯彻落实〈四川省人民政府关于搞活流通扩大消费的实施意见〉的通知》(达市府函〔2009〕183号)，各县市区委、政府也积极落实各项扶持政策，分别从财政、价格、规费、税收等方面给予大力扶持；市县两级政府都分别安排了促进流通业发展专项资金，重点支持了连锁、三方物流、餐饮等行业的发展。全市全年争取到国家各项商务项目资金扶持及"家电下乡"、"万村千乡"惠农工程补贴款8 000多万元。扶持和补贴资金的到位落实，极大地促进和推动了商贸流通业的发展。

新世纪百货达州商都、苏宁电器、天泰药业等规模以上连锁企业实现销售额44.5亿元，连锁率18.9%，超目标任务0.9个百分点。其中，新世纪百货达州商都实现销售额2.88亿元，增长33.9%。各县市区共同参与举办的"2009四川·达州迎春购物月"活动，共实现消费品零售额44.6亿元，增长31%。大竹新农村建设·名特优产品展、达县消夏啤酒节、开江巴山平原美食节、万源大巴山年猪文化节、宣汉县冬季商品展销会等独具地方特色的节会也极大地带动了当地餐饮住宿、文化旅游等相关行业发展。特别是成功举办第二届秦巴地区(达州)商品交易会，通过商品、家电、汽车、建材展销以及"家电、汽车下乡"、工业品和粮油产品产销对接会等一系列活动，实现交易额24.26亿元。同时，加大"万村千乡"、"家电、汽车(摩托车)下乡"等市场工程宣传展销力度，全年"家电下乡"实现销售量29.6万台(件)，销售额5.2亿元，财政补贴6 454万元；在节会经济及一系列惠农政策的拉动下，农村市场出现高增长，实现零售额113.1亿元，增长19%，增幅首次高于城市市场。餐饮娱乐、家电汽车等消费热点备受青睐,餐饮住宿业实现销售额36.9亿元,增长24.7%,居各行业之首。全市机动车消费进一步升温,新注册机动车8.2万辆(其中汽车2万辆),增长94%。大力实施社区商业"双进"工程,创建市级商业示范社区7个,达县南外镇新南社区被评定为省级社区商业示范社区。有效开展"放心肉、放心酒示范店"创建活动,促进绿色消费,确保市民吃上"放心肉",喝上"放心酒"。协调塔沱和北郊2个农副产品交易市场规划设置了本地蔬菜交易区,解决了城区蔬菜夜间交易的场地问题。扩大试点"放心早餐工程",现已设立连锁销售点32个,解决就业人员76人。

【夯实商贸流通基础】以全市"项目会战年"为契机,加大商贸流通项目的招商引资和启动、建设力度,全年全市商务系统推出重点项目11个,总投资15亿元。全年完成投资额13亿元,竣工项目13个,新增营业面积8.92万m^2。一是抓好商业网点建设规划的编制和实施工作。各县市区商业网点规划都已全部编制完成,并付诸实施取得了较好成效。二是加快重点项目的推进。积极配合西外管委会抓好秦巴物流园区的规划和基础设施建设。纳入园区的勇邦钢材市场、正飞石材市场、汽车交易市场等项目已立项。中石化川东储备中心完成投资3亿元,一期工程基本结束。重总投资7 500万元的市重点招商引资项目－中恒君豪大酒店,于3月开业运营,解决下岗失业人员300人。通川区名人服饰广场,渠县大酒店,开江龙门大酒店、大竹金利多农产品批发市场、煌歌购物广场、锦绣园商业步行街,宣汉九龙商城农贸超市、华美家居装饰建材广场,渠县宏帛购物中心也相继投入营运。渠县万兴大酒店、万源鑫朗成品油储运中心(一期)、大巴山特色农产品交易中心主体工程,达县梧桐梁商业步行街主体工程,开江美食城,大竹邑都好吃街已竣工。通川区沃尔玛购物广场、摩尔百盛、金马世纪宾馆,宣汉九龙宾馆,渠县凯歌超市配送中心进入装修阶段。目前已建成年交易额上亿元的市场11个,全年实现交易额35亿元。三是农产品流通体系进一步完善。继续推进"万村千乡"和"双百"市场工程。全年新增实施企业4户,新建农家店757个,农村配送中心3个。目前全市累计建成农家店2 211个,配送中心4个,农家店存活率92%,综合配送率90%。国家级"双百"市场工程企业四川一新公司所属塔沱农副产品综合批发市场全年实现交易额16亿元,增长6%。渠县人民市场被纳入国家级"双百市场"工程农贸市场改造项目。大力实施"农超对接",万客隆超市连锁公司和渠县凯歌超市连锁公司成为国家农超对接试点企业。四是城市服务业体系培育工作加快实施。加快建设了全市再生资源回收体系。拟订了加快达州市中心城区再生资源回收体系建设的意见和实施方案。达县已创建再生资源标准化回收站(点)40个,达县再生资源回收公司被纳入国家首批升级改造企业。家政服务体系已着手筹建。实施了家政服务工程,重点加强对下岗职工和进城务工青年的职业技能培训,实现财政政策引导、商务组织资源、工会打造平台、家政拓展就业。并积极筹建家政服务网络呼叫平台。创建了市级商业示范社区7个,达县南外镇新南社区被评定为省级社区商业示范社区。加强了民爆、典当、拍卖、报废汽车、二手车市场管理,建立了二手车联席会议制度。全年民爆生产企业实现产量2.2万吨,增长7.7%,税利4 300万元,增长61.7%;民爆流通行业实现销售量1.6万吨,增长28.1%,税金1 100万元,增长94.7%。市商务局被省国防科工办评为民爆物品安全监管先进单位第一名。

【外经贸获得较大增长】在遭受国际金融危机影响,外贸形势异常严峻的情况下,通过"抓队伍、抓潜力、抓孵化、抓服务、抓培训",组织召开全市外经贸企业座谈会,大力实施"走出去"战略,引导和推动出口企业走工贸、商贸、技贸结合之路,大胆开拓国际市场,增强竞争实力,确保了外经贸止滑趋稳。达州市外贸自营出口是全省实现出口正增长的12个市州之一,也是全省完成省政府考核目标的10个市州之一。全年全市新增进出口获权企业16户,全市累计获权企业达到118户。万源万佳、通川万通、开江立林、宣汉龙美、达县联泰、川东农药等成为了新的出口增长点。同时充分利用国际贸易投资洽谈会、西博会、广交会等投资促进平台积极推荐宣传,确保了达州市利用外资较快增长。全年全市新批外资项目2个,外商投资企业增资2家,合同利用外资1 379万美元,增长28%,完成年度目标55.2%。实际到位外资4 767万美元,超额完成全年目标任务。此外,积极组织各级商务部门和市外派劳务中心参加省上组织的外派劳务对接会,扩大了外派劳务领域。外派劳务已涉及缝纫、建筑、机械电子、厨师、酒店等行业，劳务国别达13个国家和地区。

【商品市场运行平稳有序】一是完善市场监测预警体系。全年新增生活必需品、重要生产资料、重点流通样本监测企业32家，全市生活必需品供应充分、品类齐全，物价稳定、低位运行。二是健全商品储备制度。完成了生猪屠宰设置规划及换证(牌)工作，并按照省、市要求，在确保市本级原有420吨冻猪肉的基础上，在达县、渠县和开江新增冻猪肉商业储备1 000吨。同时，督促重点流通企业加大商业储备力度，提高应急保供能力。三是加大专项执法力度。据不完全统计，全年全市商务系统共出动执法人员960人次，检查各生猪屠宰场、酒水经销商、各大娱乐场所、超市1 350家，查获假冒伪劣名白酒、洋酒1 510余瓶，散装白酒800千克，不合格猪肉1 300千克。尤其是宣汉县商务行政执法工作深受各级肯定，已被国商务部列为“全国流通领域市场监管公共服务体系建设第二批重点推进县”。

【商务工作实现创新发展】一是改造升级农贸市场。按照市政府《城区农贸市场建设改造规划及扶持意见》要求，全面启动了农贸市场改造升级工作。全年全市改造农贸市场32个，打造、创建四川省标准化示范菜市场5个。其中通川区新建、改造城乡农贸市场24个，对交易量、人流量较大的朝阳、通川农贸市场逐步实施“农改超”。达县财政投入50万元用于乡镇农贸市场打造，河市长航农贸市场、南外镇南坝社区农贸超市、通川拓创南城农贸超市已投入使用。二是大力实施家政服务工程。协调达州财贸校、新世纪学校成立家政服务工程培训机构，按照“校企合作，定单培训，确保就业”的原则，先后与北京惠至、深圳中家等家政公司，以及达州宾馆、知味苑等本地企业合作，实行“招生、培训、就业、跟踪管理及维权服务”一条龙服务，全年培训家政服务人员781人，完成省分配指标104.1%，推荐安置就业750人。三是组建市再生资源行业协会。为有效改善目前达州市再生资源行业整体失控、竞争无序、散乱弱小的局面，加快推进循环消费发展，5月达州市在全省率先挂牌成立再生资源行业协会。四是扎实推进“放心”工程。为深入贯彻落实《食品安全法》、《酒类流通管理办法》和《生猪屠宰管理条例》有关规定，鼓励合法经营，保障人民群众身体健康和生命安全，各级商务部门在全市生猪屠宰企业和酒类经销企业中开展了创建“放心酒、放心肉”示范店评选活动，评选出“放心肉示范店”11家，“放心酒示范店”18家。

【依法行政工作实现规范和优化运行】全面落实“两集中两到位”，全年办理行政许可(审批)及公共服务事项5件，按时办结率100%，审批时限提速83%。同时，以行政执法案卷评查为手段，加强对各级商务部门依法行政工作的指导和监督，宣汉县商务局被商务部确定为全国综合行政执法试点单位。

【领导名录】

局　长：胡　兵

副局长：汪志德　程德凯　杨晓波　曹　益

(蒋明渊)

粮油购销

【概况】2008～2009年，在市委、市政府的领导和省粮食局的指导下，全市粮食工作以“三个代表”重要思想、科学发展观为指导，围绕市委、市政府提出的“三大任务”、“三大目标”和“坚持科学发展、构建和谐达州”的主题，以党和国家的粮食方针政策、《粮食流通管理条例》为行政准则，以发展粮食经济为中心，全力推进清仓查库、军粮检查、产业化经营、粮油购销、行政执法、企业改革、服务新农村建设，促进了粮食经济的和谐发展。特别是经受了特大雨雪灾害和“5·12”特大地震的考验，通过有效调控，确保了军需民食和国家粮食安全，全市粮食工作步入了全面、协调、健康、可持续发展的快车道。两年共收购粮食13.46亿千克，油菜子8.1万吨，销售粮食14.63千克，实现盈利923万元。2009年底实现优质专用粮订单达180.7万亩，建成10个城镇粮油超市和170个乡村便民连锁店，帮助农户建设小粮仓4 508个，全行业粮油储藏“四无”比例达99%。尤其是在转换粮食行政管理职能，实施依法管粮中，粮食工作取得了丰硕成果，呈现出崭新的局面。

【粮食收购】为保护农民的种粮积极性，掌握国家调控粮源，发挥国有粮食购销企业主渠道作用，继续推行粮食收购目标管理责任制，严格执行国家粮食收购政策，创新收购和服务方式，培育粮食经纪人，搞活了粮食收购市场，保护了农民的种粮积极性。2008年全市粮食收购企业收购粮食6.85亿千克，收购油菜子4.0万吨。2009年，全市粮食收购

6.2亿千克,收购油菜子4.1万吨。超额完成市政府和省粮局下达的目标任务。

【粮食销售】一是强化市场调控,确保地方粮食安全。2008年,在粮油市场价格涨幅较大的情况下,一抓市、县两级地方粮食调控预警和安全应急体系建设,结合达州市市情,制定了《达州市粮食供应应急预案》、《达州市城区粮食供应应急预案》、《达州市粮食应急供应目标责任书》,全市设立了36个粮油价格监测点,落实了51家粮食应急供应网点企业,签订了粮食应急供应目标责任书。二抓国内外粮油市场趋势的科学预测,及时为党委、政府提供决策依据。达州市在全省率先建立了6 200吨市、县级储备油,2 500吨小包装成品储备油,为市场食用油供给提供了保障。三抓粮油市场监测。2008年初,由于全国食用油价格的波动,引起价格上涨,全市粮食系统组织干部职工3 000余人(次),连续3个月每天深入超市、农贸市场监测粮油市场,引导群众有序购买。同时,迅速向省内外组织油源,紧急投放市场7 339吨菜子油,抢购期间建立了10个粮油直销点,按政府定价紧急抛售1 000吨市级储备油,有效地控制了价格上涨势头,保障了市场食用油供应。二是按照“购得进、销得出、不亏损”的原则,为拓展粮食销售市场,搞活粮食经营,与省外的贵州、云南、重庆和省内的成都、攀枝花、凉山州等建立了比较稳定的销售渠道,2008年全市销售粮食7.85亿千克,2009年,全市销售粮食6.77亿千克,销售食用油2.78万吨,全面完成市政府和省粮局下达年的目标任务。

【粮食行政执法】《粮食流通管理条例》颁布后,实现了粮食行政管理向依法管粮的重要职能转变,粮食行政执法工作深入推进。一是抓学习和宣传。把《条例》、《四川省<粮食流通管理条例>实施办法》和“五五”普法等法律、法规的学习、宣传有机结合起来,采取上公众信息网、发表电视讲话、悬挂标语、印发宣传资料等形式,使《条例》、《办法》家喻户晓。二是抓队机构伍建设。市粮食局和7个县、市、区健全了粮食行政执法机构和人员,全市175名机关干部参加全省执法培训,取得了《行政执法证》,38名参加了省粮局举办的执法培训,均取得了《粮食监督检查证》;市粮局先后举办了1 120人次统计、质检等执法人员培训,有力地提高了粮食行政执法人员的素质。三是抓执法制度建设。根据《条例》等法律法规赋予的粮食行政执法职责,进一步修改和完善《达州市粮食局行政执法责任制》等11项粮食行政执法制度。全市粮食行政执法工作逐步走向制度化、规范化,做到了有章可循、有制可行。四是按照国务院、省政府对粮食清仓查库工作的统一部署和“四个阶段”、“四查任务”、“七项内容”、“两大重点”等要求,做好了粮食清仓查库的县级自查、市级普查、省级复查工作。普查粮食账实相符、账账相符,数量真实、质量良好,库存管理科学,储粮规范,储存安全,财政政策性补贴到位,农发行库贷一致。整个清库工作公开透明、监督有力,确保了检查结果真实,准确可信。五是按照国家和省粮局要求,扎实开展军粮专项检查,检查表明,全市军粮财务管理符合规定、制度健全、军粮差价补贴到位、军粮管理费用、军供网点维修改造资金做到了专款专用、专账管理,军粮供应质量符合国家规定特米特面标准,服务质量部队官兵满意。六是抓监督检查。认真履行粮食流通监管职责,全面开展了粮食收购资格审核、市场粮油食品卫生安全整治、粮油质量监管、粮食购销行为监管、社会粮食流通统计以及粮食行政复议等一系列依法管粮工作,使经济调节、市场监管、社会管理和公共服务的政府职能在粮食流通领域得到有效的全面落实。2009年底全市获得粮食收购资格的达465家企业,两年来全市共查处违法违规案件103例,经济处罚0.35元,发出“警告书”、“整改通知书”62份,移交其他部门处理15例。使全市粮食行政执法工作步入了全省前列,并被省粮食局表彰为“全省粮食流通监督检查工作先进单位”和“全省粮食系统法制宣传工作先进单位”、“全省粮食行政执法责任制先进单位”,开创了粮食行政执法的新局面。

【粮食企业改革】按照《公司法》,深入推进粮食企业改革和新机制建立工作。市局5个直属粮食购销企业已全面建立起新的用人、用工、分配等激励机制,企业增加了新的生机和活力。各县、市、区粮食企业战略性调整资产改组、改造稳步推进。宣汉县14个粮站优化重组为10个粮油贸易公司;万源10个粮站组建为城守、罗文两个国有独资和国有控股粮油有限责任公司;达县完成对“麻大亭”和河市站(库)等企业的联合重组工作。渠县完成了饲料厂改制、渠江粮站破产和渠县米厂、城守粮站改制工作;大竹县解决了企业退休职工进医保等问题。企业领导和员工实行了合同聘用制,制定了新的工资分配制度。国有粮食购销企业经营机制逐步转化,现代企业法人治理结构逐步完善，市场竞争能力和经济效益不断提高。实现了国有资产的保值增值，在全市70个国有独立核算粮食企业中，2008年全市粮食购销企业实现利润552万元，2009年实现利润401万元。

【粮油产业化经营】加大粮油产业化经营，粮油精深加工业得到长足发展。一是发展订单粮油，促进农民增收。2009年，全市粮食系统与农户签订专用优质“订单”粮油达180.7万亩，与农户签订单18.36万份，助农增收1.7亿元，二是大力发展优质专用粮油种植基地。全市粮食系统已建立12个优质水稻、油菜、糯谷、红粮、豫薯王等专用粮油生产基地。三是突出龙头企业培育。以优质粮油精（深）加工为切入点，对5个省级、10个市级龙头企业进行重点指导和支持。目前正在向做大做强方面迈进。四是推动科技创新，实施品牌战略。全市培育了“立立牌”、“绿明牌”、“云蒙牌”等粮油品牌，获中国粮食行业协会命名的“放心粮油”产品6个，“放心粮店”1个。五是积极举办粮油精品展。在2008年第九届中国西博会成都商品交易会上，达州市有38个粮油精品参加了粮油精品展交会，现场销售大米125吨、菜油2吨，销售金额53.5万元，并与重庆、云南、贵州、广西等地签定合作项目12个，投资额252万元，签粮食购销合同8.1万吨，金额达15 300万元。促进了合作、推动了发展、活跃了市场。六是投资2 000余万元，改造米生产线和红薯、葛根淀粉加工厂，购置色选、抛光、抽氧充氮，自动包装等设备，提高精深加工能力，提升产品质量，实行品牌经营，使大批优质粮油畅销省内外。

【粮油仓储管理】2008年以来，在建立健全储备粮体系、完善储备粮管理、推进科学储粮等各项工作中，一是建立和夯实中央和地方粮食储备体系。2008年、2009年，按照中央、省、市、县四级储备粮，组织精干力量，对全市库存粮食进行了大检查，按有仓必到，有粮必查，查必彻底的要求，做到了库存真实，账实相符，质量良好，库存安全。二是强化了中央、省、市级储备粮资格认证，对中央、省级储备粮完善了建档立卡，制发了《达州市市级储备粮管理办法》、《达州市市级储备粮承储资格认证办法》、《达州市国有粮油仓储设施管理办法》。三是加大投入，抓好粮食仓储设施建设。通过向上级争取简建费、救灾资金、企业自筹资金等途径，对仓储设施等进行了维修改造。四是在全系统开展了“仓储管理强化年”活动。以“完善仓储管理制度，规范粮油库存管理，加强仓储设施建设，确保科学安全储粮”为主要内容，积极推进仓储规范化管理体系建设。大力推广机械通风、微机测温、“双低”储粮和无公害储粮新技术，储粮技术水平大幅提高。全行业粮油储藏“四无”比例达到99%以上。

【服务新农村建设和惠民工作】一是积极实施助农科学储粮，采取农户出一点、粮食部门筹一点、争取财政补一点的筹资办法，两年在全市帮助农户建成小粮仓4 508个，改善了农户储粮条件，减少了储粮损失。二是积极推进乡村粮油超市和乡村便民连锁店建设。两年全市建成乡村粮油超市10个和乡村粮油便民连锁店170个，为农民提供订单良种、农资、农膜、农药、种植技术和市场信息服务，促进了工业品下乡、放心粮油进超市、进社区、进乡村、进农户。三是积极做好定点扶贫村、新农村建设帮扶村和社区帮扶工作。两年为大竹县石子镇段家村25户困难户捐衣服460件、新棉被36床、现金5.7万元、帮助争取上级补助6.4万元，捐化肥一车、价值2 750元，培训实用技术人员72人，修村公路捐款1万元。为通川区双龙镇骑龙村新农村建设帮扶点修村道捐款7 000元。为通川区荷叶街社区捐款5 500元，走访慰问10户困难居民送现金3 000元。

【表彰情况】

2008年度先进集体

1. 2008年度纪检监察工作先进集体（四川省粮局）

2. 2008年度全省粮食系统抗震救灾抢险应急供应先进集体（四川省粮食局）

3. 2008年度粮食流通监督检查（行政执法）工作一等奖（四川省粮食局）

4. 2008年度粮食统计工作单位（四川省粮食局）

5. 2008年度粮食仓储工作二等奖（四川省粮食局）

6. 2008年度实现安全生产目标的单位及责任人一等奖（四川省粮食局）

7. 2008年度全省粮食系统会计报表和财务分析先进单位（四川省粮食局）

8. 2008年度军粮供应工作三等奖（四川省粮食局）

9. 2008年度“川粮优化工作”先进单位(四川省粮食局)

10. 2008年度全省粮食质量工作先进单位(四川省粮食局)

11. 2008年度粮食工作优秀论文和调研报告二等奖(四川省粮食局)

12. 2008年度粮食系统服务信息报送先进单位(四川省粮食局)

13. 2008年度粮食行业协会、学会先进单位(四川省粮食局)

14. 2008年度食品安全监督工作二等奖(市政府)

15. 2008年度依法行政、行政执法责任制工作先进单位(市政府)

16. 2008年度安全生产工作先进单位(市安委)

17. 2008年度综治工作先进单位(市综治委)

2009年度先进集体

1. 2009年度全省粮食系统政策法规工作先进单位(四川省粮食局)

2. 2009年度实现安全生产目标的单位及责任人一等奖(四川省粮食局)

3. 2009年度粮食仓储工作先进单位(四川省粮食局)

4. 2009年度军粮供应工作先进单位(四川省粮食局)

5. 2009年度粮食产业化经营先进单位(四川省粮食局)

6. 2009年度目标管理先进单位(四川省粮食局)

7. 2009年度全省粮食系统会计报表和财务分析工作先进单位(四川省粮食局)

8. 2009年度全省粮食系统行政执法责任制工作先进单位(四川省粮食局)

9. 2009年度全省粮食系统法制宣传教育工作先进单位(四川省粮食局)

10. 2009年度粮食清仓查库工作先进单位(四川省粮食局)

11. 2009年度粮食政务信息报送先进单位(四川省粮食局)

12. 2009年度粮食工作优秀论文和调研报告先进单位(四川省粮食局)

13. 2009年度粮食行业协会、学会先进单位(四川省粮食局)

14. 2009年度定点扶贫工作先进单位(市委)

15. 2009年度“四好”领导班子(市委)

16. 2009年度食品安全工作先进单位(市政府)

17. 2009年第二届秦巴地区(达州)商品交易会先进单位(市政府)

18. 2009年度第二届秦巴地区(达州)商品交易会先进单位(市政府)

【领导名录】

局　长：徐盛惠

副局长：李友强　向元崇

纪检组长：蒋　跃

机关党委书记：洪光辉

工委主任：朱　均

(姜德成)

招 商 引 资

【招商引资成效显著】2008年,全市新签约项目156个,履约项目281个,引进国内市外到位资金174.82亿元,比去年同期增长113.04%,完成招商引资目标任务150亿元的116.55%;引进国内省外到位资金137.88亿元,比去年同期增长134.69%,完成省政府下达达州市引进国内省外资金目标任务84.3亿元的163.56%;引进省内市外到位资金36.94亿元,比去年同期增长58.48%。

2009年,全市完成招商引资到位资金201.82亿元,比去年同期增长15.44%,已完成全年200亿元到位资金目标任务,并超目标任务0.91%。其中,引进国内省外到位资金170.18亿元,比去年同期增长23.43%,完成省外资金目标任务178亿元的95.61%,居全省第4位。

【重点项目进展顺利】2008年,全市承接产业转移和招商引资新开工项目127个。达州市新签约了广东利农康盛集团投资6.1亿元建设,年产4万吨双甘膦精细化工项目,已开工建设;洽谈了浙江金华青年汽车集团投资18亿元建设清洁节能燃气汽车项目;贵州翁福集团投资31.5亿元在达州市兴建磷硫化工基地项目已经正式签约,正开展项目环评、安评等前期工作;安徽海螺水泥集团在达州市大竹县投资15亿元建设两条日产5 000吨新型干法水泥生

产线项目，湖北华新水泥在渠县投资6亿元建设日产4 000吨新型干法水泥项目均已开工建设。同时，湖北华新水泥还与达州市万源市正式签订了投资建设新型干法水泥项目，该项目前期准备已经就绪，即将开工建设。

2009年，贵州瓮福集团投资建设磷硫化工基地建设项目场平工程已进入尾声；安徽海螺集团大竹2×5 000吨/天水泥项目主体工程结束，正在安装设备，预计11月点火投产；湖北华新公司渠县2×4 000吨/天水泥项目主体工程已近尾声；北京润发投资集团投资建设产业区管网输配工程项目已完成设备采购，正进行管网建设；重庆天友乳业收购宣汉县西塔乳业和建设10万吨液态奶及基地项目一期工程已竣工投产，二期工程正进行规划选址等前期工作。

【招商平台广泛搭建】2008年，市委、市政府主要领导、分管领导先后带队，分赴浙江、安徽、上海、江苏、贵州、福建、深圳等省市考察上海市、南京市、扬州市化学工业园区发展情况、洽谈安徽海螺水泥集团、浙江金华汽车集团、贵州翁福集团在达州市投资兴建水泥生产线项目，清洁节能燃气汽车项目和磷硫化工基地项目。2009年，达州市先后赴安徽、浙江开展安凯客车、青年汽车的新能源汽车、物流园区等重点项目的招商工作，与海螺集团洽谈投资建设塑钢型材和塑料编织袋项目；赴湖北与华新水泥洽谈投资建设开江新型干法水泥项目，与湖北兴发集团洽谈投资建设精细化工项目；赴重庆与重庆艾特蓝德设计集团公司洽谈投资2亿元建设大竹县农牧产业园区项目，与重庆金阳房地产开发公司洽谈在大竹县投资建设温泉项目（即：百岛湖温泉旅游小镇、东湖温泉湿地公园、五峰山旅游胜地）；通过上述小分队招商活动，促成了重庆民生能源、北京宏汉投资有限公司等集团到达州市开展实地考察和项目洽谈，并与北京宏汉投资有限公司签订了投资建设钾矿资源综合开发项目意向协议；安徽安凯汽车公司与达州市汇鑫能源公司合作投资年产5 000辆新能源汽车产业项目，现已达成项目建设框架性意见；湖北兴发集团投资建设精细化工项目，达成了合作意向；翁福集团和加拿大威顿集团合作建设年产80万吨硫酸项目已正式签订合作协议；眉山三木年产10万吨高密度板项目已签订正式协议；武汉凯迪投资35亿元在达州市建设生物质能源项目已正式签订框架性协议；大竹、渠县二座2.5万千瓦生物质电厂已签订正式投资协议，进入实质性操作阶段。

此外，还先后参加“中国能源化工高峰论坛”、“中国中西部经济技术协作区第二十二届协调委员会全体会议暨秦巴地区（达州）商品交易会”、“第十三届东西部经贸合作洽谈会”、“第十三届中国重庆经贸洽谈会暨全球采购会”、“第六届泛珠三角区域经贸合作洽谈会”、“第十届中国西部国际博览会”等传统经贸招商活动，在“西博会”期间举办了“四川省达州市投资促进说明会”；赴重庆、成都、深圳举办了“四川省达州市投资促进（重庆、成都、深圳）说明会”。在这些大型活动中，对达州市的重点招商引资项目及投资环境进行了广泛推介，通过面对面联系客商，“点对点”对接项目，促成了一批重点项目的成功签约。

【完善基础工作，服务招商大局】2008年，收集筛选了88个全市重点招商引资项目，并编印了1 500本项目册，利用大型招商活动、网络平台、新闻媒体、小分队上门招商等多种形式推介这些重点项目，促进了外来投资者对达州市投资环境的了解，增强了招商引资项目的吸引力。

2009年，编印2009年项目册2 000册，重点推介项目84个，涉及天然气能源化工、硫化工、盐化工、氟化工及配套产业、煤电冶化建、旅游、现代物流、农业和基础设施等领域。收集、整理了达州天然气、矿产、水利等资料，水、电、气和公路、铁路、航空各种运输成本生产要素资料，纺织、建材、陶瓷和天然气化工发展规划，工业园区发展概况及优惠政策资料以及交通地理和环境概况资料，并编印《招商引资实战技巧》、《达州招商小手册》，为外来投资企业提供投资信息。建立了达州外来投资企业库、达州生产企业资源库、投资企业重点项目库，对每一个重点项目都落实了专人对接联络，加强了重点在谈项目、重点对接企业的跟踪服务衔接工作。

【招商工作机制创新】2008年，代拟《关于对承接产业转移重点招商引资项目实行目标管理的通知》，并以市委办发〔2008〕49号文件印发执行，对新签定正式合同和新开工的承接产业转移重点项目进行斗硬考核奖励，以促进全市承接产业转移招商引资工作。建立了招商引资联络员制度。根据市政府的要求，为加强全市招商引资工作的联动、形成招商合力，拟定了“全市招商引资联络员制度”。各个县

(市、区)和市级有关部门确定了一名招商引资工作联络员,具体负责涉及有关县(市、区)和市级有关部门招商引资的联络、协调工作,与市招商引资局建立了有效的工作联系,及时协调处理招商引资项目实施过程中遇到的问题和困难。

2009年,经市编委会达市编发〔2009〕19号文件批准,达州市招商引资局更名为“达州市投资促进局”,同时在达州市人民政府驻重庆、深圳、成都办事处增设达州市投资促进局重庆分局、深圳分局、成都分局。各分局成立以后,市委组织部、市投资促进局在市级部门和各县(市、区)抽调了部分“精兵强将”到分局挂职工作,市政府给各分局下达了招商引资目标任务,市县两级财政分别给三个分局拨付了工作经费,使达州市招商引资触角得到充分延伸。

【领导名录】

局　长：李逢友(2008.11～)

副局长：郑晓莉　廖清江(2008.07～)

纪检组长：李道峰

(张修荣)

供销合作

【概况】2008～2009年,全市供销社系统以“统筹城乡发展,构建和谐社会”为目标,以为农服务、助农增收为宗旨,进一步深化改革,创新体制、机制,提高服务水平,在社会主义新农村建设中发挥好自身作用。通过实施“新网工程”全面参与社会主义新农村建设,奋力推进全市供销合作经济加快发展、科学发展、又好又快发展。

【“新网工程”建设】“新网工程”建设是供销合作社参与社会主义新农村建设的重大基础工作,农民需要、政府支持。至2009年,全市系统农业生产资料配送服务网络、日用消费品经营网络、农副产品收购网络、再生资源回收利用网络等“四大网络体系”的总体框架已基本形成。供销社在新农村流通领域的主导作用与新农村建设中助农增收的桥梁和纽带作用得到了有效发挥。各级供销社通过增加农村商业网点,保障售后服务质量、提高农民消费信心等多种措施和方式,引领和扩大了农村消费市场,充分发挥了供销社在新农村建设中助农增收的桥梁和纽带作用。全市供销社系统在“新网工程”建设中的做法和经验得到了四川省供销合作社的高度重视和肯定。2009年5月18日四川省供销合作社在达州市召开全省“新网工程”建设经验交流会,推广达州市“新网工程”建设经验。12月6日四川新闻播出《达州新网工程实施两年,为农民节省支出上亿元》,报道了达州市“新网工程”利农、惠农的重要作用。目前,全市系统共发展培育连锁企业29家,综合商场26个,专业合作社239个,建立各类配送中心27个,各类协会13个,发展农资、日用消费品、农副产品、再生资源、烟花爆竹等各类经营服务网点4 207个,其中村级综合服务站367个、社区综合服务社210个。同时我们在推进“新网工程”中大力加强“中国供销合作社”统一标识的使用和推广工作,在全系统连锁店、超市、农家便民店、商场及社区综合服务社等经营网点统一标识覆盖率达75%。积极向上争取政策支持,2009年达州市有3个县的“新网工程”项目纳入中央财政支持范围,争取中央、省级财政专项资金100多万元。

【化肥淡储旺供】根据达州市人民政府出台《达州市化肥淡季储备管理办法》,全市供销社系统及时加大化肥的采购、销售力度,做好农资供应工作,采取多种措施稳价保量,确保全市春耕生产用肥需求。一是大力开展连锁经营,把农资连锁、配送等经营方式引入农村市场,服务上门,为农民保质保量地购买农资提供了方便。二是加强价格监测和调控。每年从2月中旬开始对化肥市场价格、库存量、销售量进行动态监测和跟踪上报,市场价格出现异常波动时及时动用储备化肥,有效地维护了农资市场秩序,平抑市场价格,保障农民利益。三是加强行业自律,严禁销售假冒伪劣商品,增强农民的消费信心。四是遇到市场价格波动、供应紧张或灾害发生时,及时启用政府储备化肥。五是多方筹措资金,加大淡季化肥储备工作,2008和2009年,全市供销系统完成淡季化肥储备10万吨以上。

【农村专合组织蓬勃发展】达州市供销系统始终把发展农民专业合作组织作为服务“三农”、参与农业产业化经营、实现助农增收的重要工作来抓,通过狠抓专业合作社、农民专业合作协会、农村社区综合服务社示范点建设,带动了全市建设发展农民专业合作组织的热潮,使全市供销系统成为引领农民创办专业合作组织的重要骨干力量。截至2009年底,全市共规范发展专业合作社195个,建立农村社区综合服务中心577个，帮助农民建立商品生产基地101个(其中种植业79个、养殖业22个)；开展科技培训、技术咨询服务20 439人次；为农民提供种子、种苗121万元；进行测土配方施肥2 112亩；建立庄稼医院145个，成立农机服务队15个，多渠道多形式实现助农增收。

【农副产品收购持续增长】全市供销系统坚持"为农服务、助农增收"的宗旨，充分发挥基层经营网点和专业合作社、社区综合服务社的作用，走村串户，开展上门收购服务，发展联合运销大户、农民经纪人等实行联合购销，解决农民"卖难"问题，让农民得到更多的实惠，真正实现既增产又增收，2009年实现农副产品收购2.6亿元，同比增长29%。宣汉胡家中心社在农产品经营中采取联合农村运销户、经纪人依托供销社领办、创办的社区综合服务社、农家店开展中药材、粮食、油料收购业务，在收购中坚持诚信经营，不压级压价、扣斤短两，为当地农民人均增收100多元，深得农民好评。

【"千社千品"富农工程】结合经营传统特色农产品，实行一社一品，延长产业链，着力培育达县"万头生猪养殖场"、宣汉辣椒专业合作社、大竹金茂食用菌专业合作社、万源大蒜专业合作社等重点农产品基地，全面提升农业主导产业和特色产品的竞争力。

【农业社会化服务】2008年，全市供销社系统将庄稼医院建设作为推进农业社会化服务体系建设的重点工作之一，积极恢复庄稼医院建设，把庄稼医院建设与发展农资经营、化肥农药科学施用有机地结合起来，积极开展科技培训咨询，指导农民科技施肥、合理用药以及病虫害防治和优良品种示范推广，延伸社会化服务的前沿阵地，庄稼医院建设正在全市供销社系统深入推进。

【领导名录】

主　任：唐　波

副主任：曹　晓

(唐　波　伍　枚)

烟草专卖

【概况】2009年，全市烟草系统面对国际金融危机的严重冲击，面对市场环境重大变化，面对卷烟消费税政策重大调整，在省局(公司)和市委、市政府的坚强领导下，主动应对严峻挑战，奋力冲关破难，各项生产经营目标任务圆满完成，四个文明建设协调发展，保持了持续健康发展的良好态势。全年实现税利3.47亿元，同比增长32.31%；上交税金1.96亿元，同比增长41.53%。

【卷烟营销网络建设】积极推进网络服务延伸，加强工商协同营销，不断调整销售结构，改革营销模式，有效整合资源，最大限度提高运行效率，取得显著成效。一是销售结构明显提高。全市销售卷烟13.10万箱，同比增长2.38%；卷烟销售收入18.30亿元，同比增长14.78%；单箱销售收入13 963元，同比增加1 509元；"20+10"重点骨干品牌销售6.83万箱，同比增长13.08%；销售娇子品牌8 283箱，同比增长52.20%，完成目标任务6 700箱的123.63%。二是网络运行效率明显提高。围绕"服务、效率、成本"，推进"头访二配三送"和"五改四"营销模式改革，全面实现打码到条，营销网络运行效率明显提高。精减送货线路6条，减少送货车辆6台，撤销仓库3个，减员20余强力推进电子结算工作，到12月末，全市电子结算率92.78%，同比提升39个百分点，电子结算金额比例93.03%，同比提升47个百分点。三是客户服务水平明显提高。积极开展消费者市场调查、农村市场调查和零售客户满意度调查，搭建差异化服务平台，提升客户的有效性和及时性。以市场需求为导向，强化货源管理，严格控制大户，努力提升中小客户经营能力，客户盈利水平达到11%。深入开展客户关系管理，改进服务手段，加强对客户经营指导，积极开展培训，客户对服务工作满意度达到96.70%。

【优质烟叶基地建设】烟叶生产以现代烟草农业为导向，以扩大面积、增加总量、提高质量为重点，狠抓科技示范带动，加快基础设施建设步伐，烟叶基地建设取得突破性进展。一是烟叶收购大幅增长。全市种植烟叶4.18万亩，增长29.97%；收购烟叶14.74万担，同比增长134.42%，其中烤烟2.65万担，白肋烟10.47万担，晒烟1.62万担。烤烟超计划0.65万担，晾晒烟超计划3.49万担。二是烟叶基础设施建设进一步加强。烟叶基础设施建设烟草行业投入3 018.70万元，超出近四年烟基建设投入总和。2009年修建水池69口，山坪塘25口，支渠Ⅱ型2条，管网6条计6 000米，钢结构活动式晾房2 006座，普改密烤房462座,密集型烤房264座,补贴购买农机具249台(套)。三是烟叶质量明显提高。烟叶产前投入1 466.80万元,超出前两年投入总和,为提升烟叶质量打下了坚实基础。抓住关键环节,切实加强技术指导和技术服务,良种化种植、地膜栽烟、平衡施肥等生产技术得到普及推广,烟叶质量和亩产有明显提高,中上等烟叶比例达到81.5%。四是烟叶科研工作取得新进展。加强烟叶科研工作,加大科技投入,承担的"优质白肋烟新品种培育"、"全国白肋烟品种区域试验"、"四川优质白肋烟生产理论与技术研究与应用"等12项国家局、省局(公司)科研项目取得积极进展。五是形成了良好的发展氛围。筹备召开全市烟叶生产工作座谈会和达州白肋烟工商研座谈会,谋求省局(公司)、各级党政、工业企业和科研院所的广泛支持,形成了浓厚的发展氛围,拓展了市场空间。

【烟草专卖管理】以卷烟打假为重点,加强市场监管和内部监管,管理水平进一步提升,专卖保障更加有力。一是打假破网战果辉煌。深入开展"天府一号"专项整治行动,严厉打击贩假制假等违法经营行为,辖区市场制售假冒卷烟经营行为得以有效遏制。全年成功查破假烟网络案件4起。1~12月,全市系统共查处违法案件1 543起,涉案金额617万元;查获各类违法经营卷烟654件;罚没款122.57万元,刑事拘留37人,批捕15人,判刑3人。二是市场监管更加严格。完善卷烟打假协作机制,与市公安局、市检察院建立了工作联系协作机制,与市消协开展了"诚信经营户"评比活动,市场监管和卷烟打假逐步形成强大合力。扎实开展"双基"达标活动和先进县级局创建活动,夯实专卖管理基础,市场监管进一步加强,执法水平进一步提升。三是内部管理更加到位。加强生产经营内部专卖管理监督,严肃查处违规经营行为,"两烟"生产经营更加规范,全市系统入网销售、落地销售、落户销售均达100%。

【现代企业管理】全市烟草行业始终把严格规范作为保持行业持续健康发展的生命线,深入推进内部管理监督,取得明显成效。一是管理制度趋于完善。适应生产经营情况的变化和精细化管理的需要,对卷烟营销、烟叶生产、专卖管理、行政管理、财务管理等方面的管理制度进行了修订和完善,新建、修订管理制度53项。二是内部监督更加严格。积极开展"物资采购、工程投资、宣传促销"三项检查回头查工作,顺利通过省局复查验收。完成审计项目14项,其中工程项目结算审计审减金额108.64万元。扎实组织开展"小金库"专项清理,积极开展财务收支审计、烟叶基础设施建设专项审计,狠抓全面预算管理,资产、财务、资金监管更加有效。三是企业管理明显增强。加强经济运行分析,积极开展对标管理和"6S管理",推进传统管理向现代管理转变,管理水平有新的提升。ISO9001:2008质量管理体系运行规范,顺利通过外审和行审。严格实行物资比价招标采购,严格执行费用预算管理、定额管理和费用报销制度,费用支出得到较好控制。立足企业长远发展,积极清理处置闲置资产、问题资产、往来呆账,提高了资产质量。积极开展法制宣传,加强合规性审查,强化执法监督,法制建设继续推进。抓好省局(公司)烟叶"一体化"信息管理系统推广应用试点工作,抓好信息化重点项目的推广应用,信息化管理迈出新步伐。加强投资管理,完成投资2 253万元,重点建设项目卷烟物流中心已经开工建设。加强安全工作,组织全市安全生产大检查4次,整改安全隐患35处,安全资金投入608万元,确保了全市行业平安稳定。

【领导名录】

局长、经理:蒋启尧
党组书记:王 涛
副局长:冯真明
副经理:周开绪
纪检组长:舒中莉
副经理:张长江

(周光伟)

盐 业 专 卖

【概况】2009年,达州盐业分公司在省盐业总公司和达州市委、市政府的正确领导下,高举邓小平理论伟大旗帜,深入贯彻"三个代表"重要思想,积极践行科学发展观,紧密围绕省总公司"打造天府好盐"的战略部署,积极应对盐业体制改革,努力推进营销模式创新,圆满完成了各项工作任务。全年食盐调入17 268吨,收购41 608吨,实现销售收入11 930万元,实现利税2 177万元。

【企业管理工作】不断强化目标管理,丰富目标管理内容，增强管理针对性；继续强化费用管理，坚持执行了单项费用定额管理制度；努力做好仓储管理，持续加强仓储工作软硬件建设投入，对2个支公司仓库实施了排危改建；细致开展审计工作，认真执行内部审计制度，积极开展了领导任期内和离任的经济责任审计及对下属单位的财务收支审计；坚持做好了综合治理、信访维稳、工青妇团、社会保障、安全保密等基础管理工作，确保了企业和谐稳定。

【盐政执法工作】与达州盐业分公司“两块牌子、一套人马”合署办公的达州市盐政市场继续加强盐业行政执法责任制建设，不断提高依法行政意识和水平，做到了认识到位，措施到位，责任到位，一年来，未发生一例盐政执法人员徇私舞弊，贪赃枉法执法犯法的事件。强力开展日常市场管理和专项执法行动，严厉打击涉盐违法行为，认真落实食盐许可证制度，严格开展行业用盐的监控管理，一年来分别开展了“岁末年初盐业市场检查”、“食盐市场专项检查预防食盐抢购”、“碘盐供应管理暨碘盐检测达标工作”和“年末盐政执法”等专项整治行动，广泛开展盐业市场巡回检查，共查处盐业违法案件14件，查获各类盐产品7.5吨，办结案件7件，没收各类盐产品7.5吨。

【网络建设工作】为不断提高专营水平，加强市场服务能力，塑造“天府好盐品牌”，积极探索了营销模式创新，全力推进网络建设。建设直销点22个、客户经理销售点16个、特许加盟经营点36个，并依托网络建设扩大经营范围，努力开拓新的经济增长领域。

【碘缺乏病防治工作】在确保供应合格碘盐的同时，广泛宣传碘盐健康知识，确保“食盐专营三率”检查达标。充分利用“3·15”、“5·15”、“12·4”等法定宣传日向广大消费者大力宣传食用碘盐的健康常识。积极配合卫生、疾控部门开展碘缺乏病防治评估验收工作，经检查，各县（市、区）的碘缺乏病防治工作得分均在95分以，实现了防治碘缺乏病阶段性目标，各市（县）级政府对盐业公司在此项工作上的成绩给予了充分肯定。

【领导名录】

经　理：唐绍炳

副经理：陈元秋　伍大恩

纪委书记：王　军

（张彩彬）

石油销售

【概况】2008～2009年，中国石油天然气股份有限公司四川达州销售分公司坚持“全面建设中国石油一流油品供应服务商”的发展目标，战胜前所未有“5·12”特大地震自然灾害，沉着应对全球金融危机和新的成品油价格机制形成的严峻挑战，全公司上下迎难而上，共克时艰，圆满完成各项业绩指标。2009年销售汽柴油20.23万吨，柴汽比2.81，单站日销量8.67吨。实现销售收入11.59亿元，实现税收2 162.55万元；实现考核利润860万元，实现非油收入443.95万元。

【抗震救灾】2008年“5·12”特大地震发生后，公司立即启动成品油紧急预案，紧急行动，支援抗震救灾，保障市场供应，在第一时间里召开了公司领导班子紧急会议，成立了抗震救灾应急领导小组，各分管领导分工负责，成立了应急分队和支前分队，落实24小时值班制度，取消了休假，全面落实执行抗震救灾的要求，积极做好抗震救灾保供工作，确保当地市场供应稳定。在国道、高速路加油站开辟了抗震救灾车辆加油的绿色通道，对抗震救灾人员、物资、机器设备等运输用油不限量；对医疗、环卫、通讯、部队、武警等救灾用油不限量；城区主干道、高速路加油站不限量，保证了救灾车辆能够在第一时间加上油，赶赴救灾现场。截至2008年5月31日，为抗震救灾车辆1 204台次加油182吨。公司树立全局观念，积极做好跨区资源配置出库工作。地震造成了兰成渝输油管线的断裂、宝成铁路的中断，四川地区成品油资源告急，按照省公司的安排，紧急从7 101油库向巴中公司发出柴油400吨，汽油200吨的跨区配置。在保证市场供应稳定的同时，公司积极支持当地政府的工作，挤出一部分资源保证达州主要生产经营企业和重点工程建设的需要，履行了社会责任。广大干部员工还为“5·12”汶川大地震捐款和缴纳特殊党费、特殊团费28.8万元。

【成品油经营】2008～2009年，公司坚持“稳价、促销、上量、增效”的工作方针，积极开展“上销量、保增长、强基础、促发展”的劳动竞赛，及时把营销思路调整到“零售环节保效益、批发直销保份额、油非互动促销量、优质服务增客户”上来，扎实地开展了经营业务工作。一是切实履行“三大责任”，保证市场供应平稳有序。在资源紧张时期全力控销保供，把控销售节奏，合理投放市场，确保了冰雪灾害和抗震救灾用油，及时掌握基层营销动态，及时解决生产经营中的问题。2008年上半年，受达成铁路全线封闭施工的影响，造成资源紧张，公司及时与临近公司和炼厂协调，用公路运输缓解了铁路运输困难，克服资源运输受限制，保证了加油站正常营运，保障了市场供应。二是切实制订营销策略和方案，突出目标任务，体现责任效益，强化考核激励，具体细化措施。积极实行全员薪酬挂钩考核，充分发挥公司、片区和加油站三级营销机制联动。2009年加油站出机量15.94万吨，出机量创下了历史新高。三是加大客户开发。认真开展客户资源调查，准确掌握客户资源现状，把短期客户发展成长期客户，把流动客户发展成固定客户。2009年新开发机构用户95户，直销油品达到8 900吨。四是深入开展“加油站管理执行年”活动，不断改进服务质量，努力培育万吨站，打造样板站，2009年完成了3座万吨级站、7座5 000吨级站、14座3 000吨级站的打造任务。五是积极稳妥推进非油业务。为拓宽业务范围，公司启动了非油业务，积极采取措施，培育市场，培育营销队伍，打造了4座标准化加油站便利店，33座加油站开展了润滑油业务，22座加油站开展了堆头销售。

【销售网络建设】全年完成投资1 790.78万元，投资计划完成率97%；完成安全隐患整改689.33万元。在投资建设上以达州城市中心、高速公路和交通要道上开展选址定点，一批新建技改站陆续投运；7 101油库扩容技改已全面动工；完成了加油站“五小工程”和隐患整改。在信息化上全面推进信息化建设，完成了二次配送系统、油库管理系统和ERP系统的对接；完成了55座加油站管理系统站级部署环境改造和加油站视频监控系统安装；加油站管理系统全面上线运行。

【安全工作】安全环保按照“谁主管谁负责”和“有感领导、直线责任、属地管理”的原则，层层落实安全责任制。认真开展施工现场和百日安全专项整治，及时发现和整改隐患，以开展“百日安全”、“安全生产月”活动为契机，全面实行自查、互查等多种方式，加大检查和“三违”处罚力度。举办安全知识培训，开展安全经验分享活动，树立安全意识，保障了生产经营活动正常秩序。加强特殊敏感时期的安全保卫和反恐防恐工作，圆满完成了国庆六十周年安保工作任务。

【领导名录】

总经理：杨树明

副总经理：潘广全　吴鹏天

总会计师：唐　飞

纪委书记：卢兴奎

（伍　娟）

交通运输

综　述

【概况】达州是交通部规划的全国179个交通主枢纽城市之一。全市公路通车里程达2.6万公里，有高速公路107公里，国道362.6公里，省道570公里，县道2 612公里，乡道4 219公里。有河流16条，通航里程866公里，渡口码头202个，综合性港口3个，有各类运输船舶2 400艘。有道路运输企业5 725家，其中客运企业27家、货物运输企业5 698家，有客运车辆4 724台，有货运车辆27 561台，有汽车站103个。

【中央领导来达视察】2008年1月31日，中共中央政治局常委李克强，在交通部副部长徐祖远、中共四川省委书记刘奇葆、省长蒋巨峰等陪同下，视察达州春运工作，看望交通战线职工，慰问候车旅客。1月31日上午8:20分，李克强一行到市汽车南站，首先查看该站的X光检测仪等安检设施。在候车大厅，李克强与从福建、广州回到达州在汽车站换乘的农民工亲切交谈、问寒问暖，详细询问票价、路程、外出时间，并祝大家新年快乐。在售票大厅，当李克强同志看到该站分别设置了农民工、学生、老弱病残专用售票窗口，售票秩序井然有序、旅客购票方便快捷时，对车站的工作给予了充分肯定。李克强还登上开往成都的川A49146大巴车，询问驾驶员李国富车辆营运情况、司乘人员有几人、途中休息几次、多长时间更换驾驶员等，一再叮嘱司乘人员要将交通安全放在第一位，决不能超载、超时、超速行驶。当得知交通战线干部职工春节期间不放假时，李克强表示：目前南方持续的雨雪天气给人民群众的生产生活和出行带来极大的不便，特别是交通部门面临的压力非常大，车站员工非常辛苦。大家一定要抓好春运期间的交通安全工作，保证旅客平安返乡与家人团聚。最后，李克强亲切慰问了车站员工，并祝大家工作顺利、节日愉快！

【交通基础设施建设】2009年是达州交通历史上投资增速最快、投资规模最大、高速公路开工最多、农村公路建设里程最长、行业管理服务水平全面提升的一年。全市交通系统主动对接《国家公路运输主枢纽规划》和《四川省西部综合交通枢纽规划》，编制完成了《达州市秦巴地区综合交通枢纽发展规划(2008～2020)》。

全年交通建设完成投资45.6亿元，同比增长107.27%。通过不懈努力和卓有成效的前期工作，促成达万、达巴两条高速公路在2008年顺利开工。2009年，绕城公路一期工程完成投资2.6亿元，天然气能源化工产业区段5.08公里建成通车，二期工程复兴至达巴高速魏兴互通段16.6公里，招商工作已启动；国省干线公路改造工程全面启动，全市2条国道，4条省道共334公里改造工程已全部开工建设，完成投资4亿元。农村公路建设向纵深拓展，截至2009年底，全市建成通乡公路1 701公里，新增187个乡通油（水泥）路，通乡油（水泥）路覆盖率由43.3%提高到96%，除万源市外，其余各县（市、区）已实现100%的乡通油（水泥）路；新建通村泥碎路

5 092.4公里，新增1 408个村通公路，通村公路覆盖率由 57.2% 提高到了 100%；新建通村水泥路3 822.6公里，新增1 143个村通水泥路，通村水泥路覆盖率由 8% 提高到了 73%。农村公路通达深度显著提高，加速了城乡交通一体化步伐。

【抗灾救灾】2008 年 5 月 12 日，四川汶川发生特大地震，达州震感强烈，交通基础设施多处受损。全市交通系统迅速行动，保障公路畅通。同时，连夜组织应急车辆向灾区抢运救灾物资和救援人员。据统计，全市交通系统共投入抗震救灾车辆 579 台、出动救援人员1 032人，运送达州前往灾区救灾人员2 850人次，转运伤员和受灾群众 2 万余人次，物资 906 吨，免征救灾车辆通行费22 120台次，为抗震救灾和灾后重建作出积极贡献，受到省交通厅的充分肯定。

【达(州)万(州)高速公路开工建设】2009 年 9 月 10 日，达(州)万(州)高速公路(川渝界)开工动员大会在通川区魏兴镇召开。四川省副省长王宁、省交通厅厅长高烽、省交通厅总工程师陈乐生等省市领导出席动员大会。达(州)万(州)高速公路是境内开工建设的第三条高速公路，起于达州魏兴镇，止于重庆万州(川渝界)，路线长 63.831 公里。全线采用双向四车道，设计时速 80 公里，概算总投资 48.23 亿元。项目预计于 2012 年底建成通车。该项目建成后，将为四川东向沟通重庆高速公路网、连接华中及长三角地区并出海提供更加快捷的出川通道。对改善区域交通条件，构建四川西部交通枢纽达州次级交通枢纽，建设秦巴地区交通枢纽，促进沿线资源开发和经济社会协调发展具有重要意义。

【达州绿叶运输公司抗灾救灾获殊荣】2008 年 1 月中旬以来，我国南方遭遇历史罕见冰冻雨雪灾害，道路结冰，交通受阻，导致达州市发往广东及返程的 27 余辆超长线客车从 14 日起先后两次受困于贵州省松坎－乌江段，受困旅客1 163人。

为确保安全，市交通局及时暂停全市所有超长客运线路，由运管部门、达州市绿叶长客公司组成救援工作组，赶赴灾区，协助当地政府安置被困旅客，对积压旅客作好解释、安抚工作。在长达 21 天的封堵过程中，绿叶运输公司倾其全力，克服重重困难，舍小家顾大家，把旅客的安危放在第一位，实现了市委、市政府“不能冻倒、饿倒一名旅客”的目标，2 月 3 日凌晨 1 时，被冰雪围困的最后一辆超长客车安全返回达州。3 月 24 日，通过层层遴选，达州市绿叶长途客运公司总经理江涛入选由中宣部、中组部、中纪委、中国人民解放军总政治部、中共中央直属工委、国家机关直属工委和北京市委联合举办的“全国抗击冰雪灾害先进事迹报告团”成员，赴全国各地巡回报告。

【国省道过境公路改建工程开工】2008 年 3 月 22 日，北起达陕、达巴万高速公路交汇处，向南横穿化工产业区，连接达渝高速公路的达州市国省道过境公路改建工程开工建设。该工程估算投资 16 亿元，全长 60 公里，新建 33.46 公里。此次开工建设的是该工程复兴至七河路口段 9.7 公里道路，由重庆两家企业共同出资组建的达州勇智置业有限公司投资 5 亿元实施建设。该项目建成后，将促进物流的快速集散，有利于川渝鄂陕结合部交通枢纽的构建，有效分流达州主城区的过境车辆，缓解城市交通和环保压力，拓展城市发展空间，推进特大城市主框架的形成。该项目一期工程天然气能源化工产业区段 5.08 公里于 2008 年 5 月完工通车，化工产业区至复兴 9.65 公里计划 2009 年 9 月底建成通车。

【“交通工作质量年”活动】为提高交通工作质量，增强服务意识，改善交通环境，推进达州交通又好又快发展，市交通局党组决定，从 2008 年 2 月下旬开始，在全市交通系统开展“交通工作质量年”活动。市交通局成立了活动领导小组，局党组书记、局长马先奎同志为组长，局党组成员为副组长。通过召开动员会、推进会，采取多种形式营造宣传声势，动员全市交通干部职工积极参与。活动中，局党组倾听社会、群众的意见，找准交通建设、公路养护、运输服务、交通执法、廉政建设和行业管理等方面存在的薄弱环节、反映强烈的突出问题、影响交通又好又快发展的重点问题，制定了相应措施，建立了快速反应、高效处理的工作机制，使群众提出的合理意见和反映的问题得到了及时有效的解决。为确保活动的深入开展，市局成立了交通工作质量督导组，深入基层、建设项目、客货站场和车船班组，进行明查暗访、跟踪督办，促进了交通工作质量年各项工作整体推进。同时，按照定性、量化、简便、规范、可行的要求，建立健全了考核评价和奖惩激励体系，以年终考核与定期抽查、定性考核与量化考核、绩效评估与社会评价相结合进行考评，把考评结果作为各级机关和干部业绩评定、奖励惩处的重要依据。

【行政执法集中教育整顿活动】为进一步加强交

通行政执法管理，结合机关效能建设和交通工作质量年活动，从2008年5月至7月对全市交通行政执法单位、法律法规授权执法的组织、委托执法组织及执法人员进行为期三个月的集中教育整顿。通过集中整顿，使行政执法人员普遍受到一次深刻的政纪、法制教育，切实纠正和解决交通执法中存在的一些突出问题，提升了交通行政执法人员素质，全面推进了交通执法队伍建设。

【天台水毁路桥新建工程】受省公路局委托，2008年10月14日，市交通局组织相关部门并邀请有关专家，对宣汉县天台乡水毁新建路桥工程进行了竣工验收。该工程是2004年达州“9.5”特大洪灾灾后恢复工程的一部分，全长3.51公里，以桥梁工程为主(含三座大桥和一座中桥)，采用三级技术标准，路基宽度8.5米，路面宽7.0米，沥青表处路面，全部为新建。竣工验收委员会通过实地察看、查阅资料、听取市质监站的质量检测鉴定报告后，认为该工程设计合理、管理科学、施工规范、线型顺适，河基边坡稳固，路面平整、桥梁坚固、桥头平顺、排水通畅，档案资料齐全、完整，工程质量评分为91分，质量等级为优良。建设项目管理综合评价为91.9分，工程建设项目综合评价等级为优良。

【奥运期间安全稳定工作】2008年奥运期间，市交通局制定奥运会(残运会)期间信访稳定工作处置预案。明确“正面引导、主动沟通，积极配合”等处置原则。市交战办、护线办组织达州市军、警、民护线成员单位沿210国道巡线、护线，并在万源市罗文镇召开“迎奥运保畅通”现场护线宣传、督查和协调会，安排部署奥运会期间通信线路的安全保护工作；市运管处、客管办成立了城市公交客运奥运安全保卫及防恐应急处置工作领导小组，制定了实施方案，安排执法人员24小时执守稽查岗位，及时处置突发事件和服务质量投诉；达运集团投入资金，新购置了10台手持安检仪配，配发给所属汽车客运站，确保了奥运期间旅客的出行安全。

【出租车驾驶员准入把关】为增强达州城区出租汽车从业人员的服务意识，2008年8月，市客管办对2007年底以来新进入出租汽车行业未办理《出租汽车服务资格证》的300余名出租汽车驾驶员进行集中培训。市客管办协调公安交警和出治办在培训前对这批新进人员近一年来的安全驾驶和遵章守法情况进行了逐一审核，对50名累计违章达5次以上的驾驶员，一年内禁止从事出租汽车驾驶服务，已从事出租车驾驶的，责令所在企业立即解聘，以进一步纯洁出租汽车驾驶员队伍，提高行业整体服务水平，树立出租汽车行业优质、安全、文明的城市窗口形象。

【政务服务工作】2008年，市交通局所有行政审批项目25项全部进驻市政务服务中心，由经授权的交通窗口经办人员直接办理，限时办结。同时，及时撤除了各单位原办证、服务大厅，杜绝了两头接件、两头办理。2008年共接件9 209件，办结9 209件，现场办结率99.9%，限时办结率100%，群众满意率100%，实现了零投诉。

【领导名录】

局　长：马先奎

副局长：谯学伟　王乐钢　余世康　何　峰

公 路 管 理

【概况】市公路局在市交通局领导下，具体实施全市国省干线公路的养护、收费、路政管理工作，负责管理市交通发展总公司、市路桥收费管理处、局工程机械处；指导各县市区农村公路的建设、养护、路政管理工作。局机关内设12个科室，现有在职职工89人。

【公路专项工程】全市公路行业抢抓机遇，全力以赴，积极争取项目、争取资金，通过不懈努力，完成国省干线公路大修工程210.376公里、安保工程203.031公里、危(病)桥整治26座、道班房改造2座、维修13座。

【公路日常养护】以城乡环境综合治理为载体，科学谋划，增添措施，明确段(班、站)长养护管理责任，使养护管理责任得到层层落实。加强国省干线公路、重要旅游公路和城区进出口10公里范围内公路的日常养护管理，坚持对出现的坑槽、沉陷、涌包等病害进行及时修补，并做到修补规范、平整、美观。认真做好安全防汛工作，及时疏通桥梁、涵洞、水沟等排水设施。对公路沿线行道树、交通标志标牌、公路里程桩、示警桩等安全设施进行日常保洁和维修，确保了国省干线公路道路畅通，行车舒适，为市内经济发展提供了较好的公路通行服务环境。

【公路路政管理】以治超、治控、治污、治理队伍为重点，狠抓国省干线公路、西河路、塔莲路、城区进出口公路10公里范围内集中整治。依法查处超限超载车辆89 524台、卸载货物16 807吨，处理路政案件1 607件、结案率95%，挽回路产损失360余万元，超限率控制在了6%以内。

【公路通行费征收】准确把握国家收费政策，热情服务，化解矛盾，维护正常收费秩序。加强收费工作监督稽查力度，防止侵吞票款、私放“人情车”等违法违规行为发生。全年征收车辆通行费8 000万元。

【公路应急保障】成立了应急抢险领导小组，负责全市公路行业应急抢险的组织领导和协调指挥。在“7·11”特大洪灾中，在最短时间内抢通G210线罗江段、S201线通宣路等11条道路，为抗洪救灾工作赢得了时间，提供了交通保障。

【农村公路建设督导】按照市交通局分工，主要负责达县、大竹、通川区农村公路建设督导工作。局农村公路建设督导组围绕省、市农村公路建设目标任务，深入各建设工地对公路建设质量、工程进度、养护管理进行了全面督导。达县、大竹、通川区提前完成“十一五”规划的农村公路建设任务，实现了乡乡通油(水泥)路。

【行业安全维稳工作】落实安全“一岗双责”，层层建立健全安全管理责任制。加强危(病)桥等隐患点(段)的监管检查和整治，共排查公路安全隐患778处(其中危险路段686处，整改612处；危病桥梁91座，整改81座)，整治病害隧道1座。妥善做好了公路行业因拖欠工资、3602、川交九处历史遗留问题的政策解释工作，确保了行业安全稳定。

【领导名录】

局　长：蔡大明

副局长：徐志富　贺鹏飞　李光德　周代明

(喻志伟)

运管工作

【运输生产】2008～2009年，全市累计新增农村客运线路106条，新增、更新农村客运班车661辆，开行跨省、跨区、跨县及农村客运线路777条，客运总班次达5 762班；累计完成旅客运输量17 818万人次，客运周转量486 281万人公里；完成货运量8 544万吨，货物周转量354 222万吨公里。与2007年期末相比，旅客运输量、客运周转量、货运量、货物周转量分别上升88.40%、92.12%、111.17%和108.67%，为经济社会发展提供了强有力的运输服务保障。

【应急保障】“5·12”汶川特大地震发生后，全行业启动应急救灾预案，调集救灾物资和车辆，将救援先遣队安全送达灾区，并在成都设立前线指挥所。在历时长达近半年的抗震救灾和灾后重建工作中，市全共征调应急运输车辆895辆，派驻运政人员、企业管理人员和驾驶员1 500人次，累计投入抗震救灾资金800余万元，发动爱心捐助100余万元、矿泉水30余吨、衣物4 000余件，为夺取抗震救灾和灾后重建的全面胜利做出积极的贡献。结合实战要求，根据省交通厅运管局的统一部署，成功举办2009年度道路运输突发公共事件应急演练。

【运输安全管理】以杜绝特大事故，遏制较大事故，预防和减少一般事故为目标，强化“三项行动”，推进“三项建设”，积极营造安全、文明、健康的企业文化。以“三把关一监督”为突破口，强化运输企业资质、车辆技术状况、驾驶员从业资格和车辆“三不进站、五不出站”的源头监控管理；以季节性安全活动为切入点，强化春运、黄金周、夏季汛期和冬季运输安全工作；以事故隐患排查为重点，强化车辆技术状况、安全设施设备、消防救生器材及日常监管等各个关键环节和关键领域的隐患排查整治；以GPS动态监控为根本，强化乡镇返程客车签单发班、企业安全生产状况评估和安全生产动态考核；以落实企业主体责任和行业监管责任为抓手，强化驾驶员安全教育培训和日常监督检查，为保障人民生命财产安全，维护行业社会稳定做出了积极的贡献。

【城乡客运一体化改造】以统筹城乡发展，满足人民群众方便快捷的出行需求为目标，以农村客运燃油补贴和财政资金支持为动力，整合农村客运资源，优化农村客运发展规划，推进城乡客运一体化改造。两年间，全市新建乡镇汽车客运车站49个，新辟农村客运线路106条，新增农村客运班车336辆。以县(市区)党委政府所在地为中心，建成辐射城市周边各乡镇的城乡客运主干线和区域定线循环公交客运专线65条，让城乡居民充分享受到交通改革发展的实惠。

【市场秩序规范】认真组织开展以打击道路运输非法营运、强化城市客运规范管理、推动城乡环境综合治理为主要内容的集中专项整治行动，依法取缔非法经营“黑车”1 350辆次，依法查处出租汽车超范围经营950台次、超长线客车异地载客15起,清理维修企业无证经营16户、占道修车172起,没收维修机具187套,纠正制止城乡客运运输违章违法行为2 500余起。成功启动并顺利组织实施了达州城区出租汽车客运延期经营活动,制定完善了相关配套政策措施,对私下转让经营权的180余辆出租车全部实施了公司化改造,确保了出租车延期经营平稳过渡,为维护行业社会稳定做出了积极的贡献。

【节能减排成果】以实现"十一五"期道路运输节能减排20%为目标,认真贯彻落实《道路运输车辆燃料消耗量检测和监督管理办法》,严格控制车辆燃料消耗量限值,严格道路运输市场准入,强化运力结构调整,优化运输组织方式,普及节能环保意识,鼓励发展高效低耗、优质环保的客货运输车辆。两年间,全市报废更新高能耗、低运量支线客运班车277辆,新增货车13 327辆,其中8吨以上重型货车和厢式特种专用车2 248辆。

【表彰情况】

1. 被交通运输部表彰为抗灾保通先进集体,

2. 被四川省交通厅、四川人事厅表彰为抗震救灾先进集体

(沈逢学)

海 事 工 作

【概况】2008~2009年,达州航务海事加强港口码头建设,深入推进渡改人行桥进程,着力整治航道滩险,确保了航道畅通。认真贯彻水上交通法律法规,强化水上交通安全现场监督,深入开展救生衣双百行动,严厉打击违法违章行为,努力构建和谐水上交通环境,水上交通安全持续稳定,保持了连续10年无重大事故的好成绩。

【安全工作】坚持"安全第一、预防为主"的方针,认真组织宣贯《四川省水上交通安全管理条例》、《四川省港口管理条例》等法律法规,推动各级政府和涉水部门落实水上交通安全管理责任,建立健全乡镇安全管理长效机制和开展乡镇船舶安全管理规范化建设。以"春运"、"五一"、"十一"、"百日安全生产"和汛期、冬季安全等季节性、阶段性工作为重点,认真开展安全生产宣传教育和安全生产执法行动,抓责任落实,强化隐患整改。加大海事巡航和现场监督检查,严格纠正各类违章违纪行为。完善水上交通应急预案,加强防汛物资储备和应急演练工作,全力以赴投入防洪抢险救灾工作。2008年6月18日,组织海事队伍参加全市防汛抢险应急演习,以优良的装备、严明的纪律、过硬的本领展示了海事队伍良好的精神风貌。2009年7月11日,海事抢险人员冒着生命危险穿行洪水解救达县河市大中坝旅游区受困群众10余人,有效遏制全市水上重特大事故发生,连续多年实现全年无事故的目标。2008年以来,市政府将水路交通安全重大安全隐患纳入各县级政府目标考核范畴,投入隐患整治经费320余万元,整治隐患23处;2009年投入隐患整治经费1 189万元,整治重大隐患23处(次)。

【运输市场】严把"市场准入关、船舶检验关、考试发证关、现场监督关"。制定《达州市运力发展指导意见》,按照要求控制运力投入,开展水路运输经营资质普查和水运经营资质预警、动态报备、年度核查等动态监管工作,杜绝无证运输,超线路运输。加强船舶设计资质监督管理,加强船舶生产企业资质监督管理,执行船舶标准化,进行船舶技术改造,进一步提高营运船舶安全性能。2008年技改客(渡)船舶30艘,拆解老旧船舶173艘;2009年技改客(渡)船舶55艘,拆解老旧船舶近200艘。采取夜查、巡查等方式严厉打击超载、冒险航行等违法违章行业,联合水利、安监等部门全力整治非法营运,进一步规范经营行为,促进航运健康、有序发展。2008年,全市完成客运量649万人次,客运周转量4 255万人公里;货运量515万吨,货运周转量4 120万吨公里。2009年,全市共完成客运量649万人次,客运周转量4 255万人公里,货运量515万吨,货运周转量4 120万吨公里。2008年3月至2009年6月开展全国第二次达州水路运输量专项调查;2008年5月至2009年6月开展全国第三次达州港口普查工作。

【基础建设】2008年,完成达州港码头主体工程的绿化、水电设施安装,进行交、竣工验收。通过招商引入达州市渠江水电开发有限责任公司投资6 000万元进行渠江舵石鼓右岸电站扩能建设,引入四川黄埔能源集团投资1亿元建设渠县南阳滩左岸电站。新建乡镇客渡码头6座,建设投资143.29万元,改造渡口4座,完成投资139万元。航道疏浚17 672立方米,安补航标740座,清除河道漂浮垃圾302吨。督促辖区内5座铁路大桥主体单位安装桥

涵标志和防撞设施，累计投资180万元。争取财政资金30万元对舵石鼓、南阳滩两船闸闸门进行了维修，确保了航道通畅；2009年，开展达州市水运交通"十二五"发展规划并上报省交通厅立项。建设乡镇码头10座，建成渡改人行桥10座。完成航道疏浚27 200立方米，安补航标2 074座，清除河道漂浮垃圾139.7吨。争取交通部补助资金120万元对南阳滩、舵石鼓船闸维修和渠江花竹溪航道整治。

【行风建设】在巩固取得的文明客运船舶，文明港站、文明示范窗口的基础上，开展基层行业海事文化建设，提升行业文明整体形象。抓好文明创建工作，积极组织基层单位参加省船舶、班组安全竞赛和《四川省水上交通安全管理条例》及安全知识竞赛活动。2008年，渠县舵石鼓船闸管理所创建成功"市级最佳文明单位"和"市级最佳卫生单位"；达州市航道管理段航道班荣获了2008年度全国交通建设系统"工人先锋号"荣誉称号；达州市地方海事局通过"全国海事系统文明执法示范窗口标兵"复查验收并被交通部授予"全国交通行业文明示范窗口"；达州市航务管理局连续荣获省交通厅航务管理局"完成航务工作目标先进单位"、达州市交通系统"综合目标工作先进单位"。市航务海事直属一分局、直属二分局分别与宜宾市翠屏区地方海事处、遂宁市射洪县地方海事处结为精神文明共建单位。2009年，继续巩固全市航务海事系统获得的文明称号，开展好精神文明共建工作。从3月开始至11月在全市航务海事系统开展"大比武、大练兵"活动。2009年10月在成都召开达州市地方海事与辽宁营口海事局港区海事处精神文明共建年会，双方就精神文明建设进行交流。达州市地方海事局再次荣获市委、市政府"安全生产工作先进集体"；杨涛、杜伟分别荣获交通部"全国第三次港口普查工作先进个人"、"全国第二次运输量专项调查工作先进个人"。

【领导名录】

局　长：强兴国（～2009年12月）
　　　　高　仁（2009年12月～）
副局长：张　娟　刘　达

（李　轩）

路 政 管 理

【概况】2008～2009年，按照"一枢纽、两中心、三基地"，建设秦巴地区经济文化强市的总体要求，紧紧围绕市委、市政府"保增长、保民生、保稳定"的工作主线，以科学发展观为统领，以保护路产、维护路权为中心，以推行规范化管理为手段，以强化整体素质为根本，以文明执法、热情服务为保障，切实加强领导班子和执法队伍建设，确保了公路完好、安全、畅通。为国家挽回路产损失800余万元。

【超限超载治理】为全面贯彻落实达州市人民政府《关于开展车辆超限超载长效治理工作的通告》精神，在全市范围集中统一治超，为确保治超取得明显效全市路政机构做了充分准备，制定了详细的预案：宣传到位，实现全市联动；协调到位，实现部门配合；管理到位，实现了治理目标。为达到长效治理目的：全市路政系统统一认识、统一标准、规范执法程序，杜绝了执法中的随意性；严格按上级文件规定，对超限20%的车辆实施强制卸载（转运或劝返）；支队机关抽派3/4的人员到各治超检测站（点）驻站监督、指导，各大队对现有力量合理调配，保证治超站点的需要。市纪委、市纠风办、市交通局、市公路局也多次明察暗访，有效地杜绝违规、违纪行为的发生，保证执法过程的公开、公平、公正。被省路政处肯定为：既强有力推进治超且取得明显成效，又无违规违纪问题反映，在全省树立了榜样。市政府何健市长也作出了"这次治超工作，决心大、措施得当、工作抓得较实，取得了明显成效。应予表扬"的批示。

【路政宣传】为强化路政工作的舆论导向，支队召开了由达州市电视台、达州日报、华西都市报等新闻媒体参加的座谈会，会议就公路管理法律法规的宣传、执法舆论监督等问题进行了研讨，赢得新闻媒体的大力支持。同时在全市范围内开展以路政管理法律、法规，城乡环境综合治理为重点的宣传月活动。并开展城乡环境综合治理专项宣传。全市散发宣传资料20万余份、悬挂标语180幅；支队机关还做好每周的城乡环境综合治理文明劝导活动，发放宣传资料近3 400余份，劝导不文明行为近400余人次。全市路政系统在各级报刊用稿400余篇，起到了良好的宣传教育作用。

【干线公路安全畅通】坚持抓好国省干线、城市进出口和场镇过境公路的管理，切实加大对摆摊设点、乱堆乱占、挖沟引水等损坏公路安全畅通行为的整治力度，在奥运期间，全市整体联动，集中人力、财力、物力全力加强路面监控，确保全市国省干线公路的完好、安全、畅通，树立了良好的对外开放形象。做到加大日常巡查力度。不分节假日、星期天，坚持每月2/3的时间上路巡查，发现路障及时排除，发现问题及时处理。加强重点工程建设监管力度，切实保护公路不受损害。对襄渝二线、化工园区、达陕高速路、环城公路等重点建设工程做到了建设与管理同步。精心组织大件运输护送工作。为确保普光气田天然气净化厂按计划投产，保障大型设备安全运到目的地，支队人员精心组织护送，斗严寒、战酷暑，风餐露宿、披星戴月，表现出特别能吃苦，特别能战斗的工作作风，安全、顺利地将414台大件设备护送到目的地，受到普光气田建设单位及大件设备承运企业的好评。中国石化川气东送建设工程指挥部送来“全力组织运筹、确保道路畅通”的锦旗。全力保障环城路和西河路安全畅通。环城路是市内新建高等级公路，西(外)河(市)公路是达州市区到河市机场的主要干道，管好这两条路具有重大的经济和社会效益。支队明确专人负责环城路的管理工作，还从市交通发展总公司、市公路局机械工程处抽调人员，配备了执法车辆、检测设备、取证工具等执法装备，重点加强治污、治控和治超的日常管理，确保了环城路和西河路的“畅、洁、绿、美”。

【公路环境】按照城乡环境综合治理工作安排，为切实改善交通环境，支队结合实际，以全市国、省干线公路和城市进出口公路为重点、开展了城乡公路环境综合治理。重点整治加水洗车点污水上路、损坏公路及公路附属设施行为，对设置不规范的，坚决予以取缔，对南外三理坪、塔莲路和西外货场附近不符合条件的加水、洗(修)车点进行了取缔。对在公路用地内设置不规范、污损、破旧和存在安全隐患的非交通标志标牌要求业主限期进行整改，对擅自设置的非交通标牌依法予以了拆除，通过规范公路控制区的加水洗车点、广告标牌现已基本达到规范化设置。为加大治污力度。深入公路沿线厂矿和运输企业进行宣传，配合有关部门加强对运输煤炭、矿渣等容易抛洒物品车辆源头管理，要求各建筑工地、洗煤厂、沙石场对车辆货厢加盖篷布，密闭运输，同时加强路面管理力度，有效地防止沿途抛洒对公路造成的污染。全市规范加水洗车点139处，广告标牌255幅，加油(气)站65处，平交道口265处；拆除不规范的加水洗车点28处，广告标牌470幅；共清理乱搭乱摆摊点350个，乱堆乱占3 447处，路障26 527㎡。全市公路面貌得到了根本改观，净化了公路环境。7个县(市、区)路政大队全力保障全市城乡环境综合治理工作现场会的召开，并得到了省交通厅城乡环境综合治理工作督导组的好评。

【路政业务竞赛】为承办好四川省路政业务技能大练兵达州片区赛，在路政管理工作任务重、经费紧张、时间紧迫的情况下，按照省公路局、市交通局的要求，制定了周密的竞赛组织实施方案，确保了组织机构、各项经费、后勤保障、竞赛场地等万无一失；受到了省公路局领导和省组委会及各市、州参赛队的高度评价。在达州片区竞赛中，市参赛选手不畏强手，在四个大项比赛中，三项夺得第一名，一项获第二名，最终夺得赛区总分第一。在12月初的成都决赛中，达州路政代表队取得了综合奖第三名、模拟现场第一名及优秀组织奖的好成绩，是全省唯一获奖最多的参赛单位。

【应急抢险保障】2008年初，市内受寒流天气影响，大雪造成国道210铁匠垭段、318线卷硐乡九盘路段、省道官大路等路段结冰难行，造成部分路段车辆中止通行。支队三个督查组按片区深入基层进行督导，全市共出动路政执法人员600余人次参加抢险值勤，出动巡查车200余台次，配合有关部门救助受困驾驶员和车主200余人次，疏通被困车辆900余辆，向受困群众赠送方便面、饼干、矿泉水，投入防滑稻草、化雪化冰工业用盐等物资价值近万余元。通过扎实有效地工作，确保了全市冰雪天气期间道路的安全畅通，为全市人民在雪天通行创造了良好的交通环境。“5·12”地震发生后，为以实际行动支援灾区，全市路政机构对国、省干线公路的受损情况进行调查，并及时通报养护部门，请求及时排除路障；对一时难以排除的，先设置警示标志，确保运往灾区的救援物资一路畅通。同时，展开了对办公场所、治超检测站等建筑物的危险排查，密切关注干部职工及亲属的受灾情况，并积极开展献爱心活动，向灾区人民捐款、捐物。截至目前，全市130余名职工，共为灾区捐款53 750元。除此之外，还开展了共产党员缴纳“特殊党费”和义务献血活动，仅支队机关缴纳“特殊党费”18 800元,机关 19 名党中,有 12 名自愿缴纳1 000元以上。

【安全工作】安全稳定工作是路政管理的重中之重,支队认真落实安全责任制,健全安全管理机制,坚持对职工进行经常性安全教育,积极开展“春运”、“防汛”、“安全生产月”等专项活动,确保全市路政执法人员、装备和公路管理的安全;及时妥善处理治超和日常管理中的各种矛盾,积极化解各种不稳定因素,全年没有出现不作为或乱作为引起的集访、群访,闹事事件的发生,没有发生一起安全责任事故。

【表彰情况】

达州市公路路政管理支队被省交通厅公路局表彰为 2009 年度城乡环境综合治理先进单位

【领导名录】

支 队 长:唐显金

副支队长:王忠权　刘利民

(李勇智)

铁路运输

【基本情况】成都铁路局达州车站位于达州市通川区,襄渝线 587 公里 345 米处,地处襄渝线、达万线、达成线的交汇处,为成都局、西安局分界口。是川东北地区民工出川的重要集散地,是川、陕、渝、鄂四省市重要的交通枢纽和物资集散中心。按查定等级为一等站,按技术性质为区段站,按业务性质为客货运站。主要担负襄渝线、达万线、达成线客货列车到发,货物列车的解体、编组作业,襄渝线直通货物列车的补、减轴作业;客货列车的换挂头作业;货场、专用线、段管线的取送和装卸作业,检修车的取送作业;旅客乘降、客车上水等业务。截至 2009 年 12 月 31 日,管辖里程 318.8 千米,其中,襄渝线庆华站至达州站 161.809 千米,达万线达州站至万州站 156.099 km。有固定资产7 448.61万元。

【安全生产】2008 年,全站各级组织快速适应管理体制改革和生产力布局调整后安全工作的新形势、新要求,始终坚持把运输安全摆在重中之重的位置,狠抓安全基础建设和安全常态管理,不断提高安全管理能力。以路局“三个办法、一个制度”,量化责任体系和工作标准,全面实行“月考核、季检查、半年评估、年度评比”的定期考评机制,安全管理得到进一步规范。认真开展“安全大检查、大反思”、“安全专项整治”等活动,共整治安全隐患 34 个,制定办法措施 10 个,发现问题 506 个,处理整改问题 498 个。强化暑运、奥运安保措施,实现了暑运和奥运安保目标。

2009 年,面对繁重的襄渝、达成复线建设、站改施工带来前所未有的压力,车站把安全摆在重中之重,全面落实“高标准、讲科学、不懈怠”的要求,始终坚持规范管理、强化基础、盯住关键的安全工作思路。以“三标”创建为抓手,全面推进安全基础建设;修订、完善多方向接发列车和双线行车办法,清理规章中的过期文电、规章 169 个,清理、废改路局和车站的规章文电目录及办法等 118 个;深入开展“百日安全专项整治”、“安全生产三项行动”、“调车安全攻关”等一系列专项整治,查找问题 789 个,细化措施,限期整改,有效遏制了职工“两违”。通过“三标”创建,达到局级标准化车间 1 个、标准化班组 2 个、标准化岗位 10 名;达到车站级标准化车间 7 个,标准化班组 46 个、标准化岗位1 080名,达标率分别为 58.3%、80.7%、79.5%,车间、班组规范管理和岗位职工自我控制能力明显增强。此外,防洪、调车、路外、劳动安全、国庆安保和“蓝箭”、“先锋”号特快列车开行等重点工作平稳有序,车站被评为“全局 2009 年安全优质车站”、“全局三标创建先进单位”。

【运输生产】面对复杂多变和竞争日趋白热化的客货运输市场,车站充分发挥川、渝、鄂、陕四省市重要的交通枢纽和物资集散中心优势,强化营销手段,优化运输组织,挖潜提效,实现客货收入持续增长,多项运输生产指标创历史最高水平,有力支持了达州市经济社会又好又快发展。2008 年,完成运输收入 11.07 亿元,同比增长 11%。其中,客运收入完成53 432万元,同比增长 11%;货运收入完成57 356万元,同比增长 11.1%。发送旅客 995.5 万人,同比增长 7.5%;发送货物 986.4 万吨,同比减少 1.8%。办理车1 734 231辆,同比增加 9%;停时完成 14.6 小时,中时完成 8.5 小时,装车完成156 282辆,卸车完成151 890辆,夜卸车比率达到 45.5%。2009 年,完成运输收入 11.91 亿元,同比增长 7.5%;发送旅客 974.6 万人,发送货物 923.1 万吨;日均办理车4 651辆,停时 15.2 小时,中时 9.7 小时,夜卸车比重达到 67%。

在 08 年抗震救灾中,车站全力投入抗震救灾运输,共安全接发救灾军列55列、物资专列313列，为夺取抗震救灾的胜利贡献了力量。另外，车站紧紧围绕春运这一旅客运输的重中之重，始终抓住“安全、能力、售票、验证、秩序、服务”六个环节，挖掘运输潜力，提供优质服务，满足旅客春运出行，实现了“安全不出事、路风不冒泡、舆情不负面、稳定不失控；秩序好、服务好、形象好、效益好”的春运目标，受到了地方各界和人民群众的广泛好评。2008年春运，累计发送旅客99.89万人，完成客运收入6 997.41万元；2009年春运，累计发送旅客175万人，完成客运收入1.35亿元。

【改革与整合】按照部、局的统一部署，车站优化了机构设置，完成了生产资源、劳动组织整合等一系列改革任务。顺利完成管界调整后13个中间站的接收，确保人员、安全、资产、管理的平稳过渡。贯彻“两整合，一建设”要求，对生产资源进行深度整合和优化，取消售票改乘降所6个，取消货运办理站1个，取消站内货运业务3个，取消专用线业务1条。按照“精干高效”原则，进一步优化内部机构设置，理顺机关科室编制、定员、职责，充实专业技术力量，强化机关科室的管理职能。推进劳动组织整合，围绕“定员定编、竞争上岗、人员分流”三个关键，组织全站职工参加竞争上岗考试，调整工作岗位103人，向多经企业分流安置55人，实现了劳动组织整合的平稳有序。完成了管理和专业技术人员岗位竞聘工作，建立以岗位管理为核心的科学、规范、高效的选人用人机制。完成了达万线153名职工劳动关系的调整工作，清退达万线26名劳务派遣工。

【领导名录】

站　　长：杨　卫
党委书记：肖读刚
党委副书记：孙跃进
工会主席：孙　强
副 站 长：谭仕林　李　卫　陈　忠　邓美生

（田　海）

民用航空

【基本情况】2008～2009年，在达州市委、市政府的关心支持下，达州河市紧紧围绕集团公司总体战略，认真学习实践科学发展观，明确了发展思路，制定了达州机场“三步走”的发展战略（即2006年复航至2009年为第一阶段——艰苦创业阶段；2010年至2015年为第二阶段——快速发展阶段；2016年至2020年为第三阶段——容量饱和阶段），先后突破六大发展瓶颈制约，基础设施不断完善，规范化管理体系基本建立，运行保障能力大幅度提升，运输服务质量不断提高，运输生产快速发展，已成为达州市对外交流的重要窗口和城市名片。2008年共保障航班1422架次，完成旅客吞吐量10.8万人次，完成货邮吞吐量457吨，同比分别增长35%、38%、664%。2009年共保障航班起降1 728架次，完成旅客吞吐量14.4万人次，完成货邮吞吐量1 188吨，同比分别增长21%、34%、159%。

【安全管理体系初步建立】两年来，达州机场始终坚持“安全第一，预防为主”的工作方针，持续推进规范化建设，编写约40余万字的《质量运行手册》，制定和修订各类管理规定、工作程序700余项、质量记录标准160余项，初步建立了涵盖部门、驻场单位的安全质量管理体系。严格安全规章，落实安全责任，加强安全教育，强化运行过程监督，抓好重点时段和关键环节的安全工作，开展应急演练，确保了雪灾、震灾、奥运期间的安全，成功完成李克强同志专机保障任务。启动了航空保安和航空安全审计，成立迎审机构，结合航空保安审计125项要点编写和修订了《达州机场航空安全保卫方案》、《达州机场航空保安委员会章程》、《航空保安工作手册》及部门分册，克服了基础差、时间紧、任务重的困难，于2009年10月，以优异成绩顺利通过民航安全、航空保安双审计，初步建立了符合要求的安全运行体系，确保了持续安全。

【服务质量明显提高】2008～2009年，机场树立“以服务求市场，以服务求生存”的服务理念，改进服务态度，完善服务规章，改善服务流程，机组、货主满意率继续保持较高水平，在四川机场集团公司引进的第三方服务评价中，连续2年获得集团所辖机场第一名。2008年，启动“迎奥运，保安全，创服务精品”主题活动，制定了《达州机场奥运期间服务投诉管理办法》，理顺投诉处理程序，落实投诉值班制度。多次修订不正常航班服务预案并组织演练，组建航班不正常服务应急后援组，有效应对了震灾及奥运会期间航班取消、暑运期间“减载拉客”等航班不正常情况下的服务。完善候机服务设施，改造服务流程，改善候机环境，有效解决了候机大厅高峰时段拥挤和停车场秩序混乱等问题。2008 年旅客满意率、货主满意率、机组满意率分别达 85%、100%、98%。2009 年推出“打造文明空港，真情回报社会”、“心系旅客，情满旅途”等 4 个服务产品。加强贵宾服务管理，新增贵宾厅，增加贵宾室服务员。针对大客户推出送票、代办乘机手续等服务项目，针对货主延长收发货时间；通过机场网站及时公布最新航班时刻、机场动态等信息，方便旅客查询，受到旅客、货主的一致好评。针对达州冬春季多雾、夏季多雷雨容易造成航班不正常的实际情况，开好班前会，做好预判，提前启动服务预案；从各部门抽调人员，成立服务自愿者队伍，进行服务技能培训，在航班不正常时充实到运输服务现场，协助不正常航班服务工作。2009 年旅客满意率同比上升了 8.1 个百分点，机组、货主满意率继续保持较高水平。

【加强基础设施建设，运营环境明显改善】2008 年，争取到达州市政府投入资金 200 多万元，完成站前停车场美化改造，财政拨款 245 万元，付清了扩建设备遗留款。集团公司投入近1 000万元，实施了防爆罐、行李传送车等固定资产投资项目 37 项，完成飞行区平整碾压、围界改造、变电站高压改造等Ⅱ、Ⅲ整治类项目 6 项，完成了机场跑道盖被工程项目可研。2009 年，争取集团公司投入资金 180 多万元，进一步改善基础设施，提高保障能力。在民航西南地区管理局支持下，跑道 PCN 值在原有基础上提高了 14.7%，有效缓解了航班减载问题；启动了达州机场总规设计工作和出港流程改造，促成机场远期迁建纳入达州市总体规划，并成立了机场迁建前期筹备工作领导小组，为长远可持续发展创造了条件。

【运输生产取得历史突破】08 年，机场运输生产受到了雪灾、震灾、奥运会、金融危机带来的巨大冲击，生产形势出现一波三折。通过积极协调集团、市政府、国航，采取多种营销手段，实现了广州航班加密到每天 1 班，旅客吞吐量突破 10 万人次历史大关，起降架次和旅客吞吐量同比增长率在西南地区 29 个机场中分别位于第 1 位和第 2 位。2009 年，达州机场在面对金融危机、甲型流感、高速铁路给生产造成的巨大冲击下，主动出击，紧紧把握市场主动权。一是积极协调国航，加大运力投放，抢抓春运生产。春运期间共完成旅客吞吐量 2.4 万人次，同比增长 28.9%，单日最高保障架次达到 14 架次，单日旅客吞吐量突破1 077人次，均创下了历史新高。二是组建客货销售公司，成立专业团队，抢抓销售市场。利用国航销售平台，拓展机票销售网点；协调国航推出低折扣票价、开通旅客通程值机业务，协调当地旅行社推出旅游团队产品，大力发展大客户和销售代理点，开展"机票下乡"等宣传销售活动，航班销售和客源组织工作收到明显成效，广州、成都、北京航线客座率同比分别增长 26.9%、46.8%、20%，平均客座率达 58.6%，增长了 9%。三是抓住跑道 PCN 值提高使用机会，抢抓暑运旺季生产和航班客座率提高。在得到跑道 PCN 值提高使用批复后，迅速协调国航，修改运行参数，提高载客量。2009 年跑道 PCN 值提高后，平均客座率上升到 77%，极大地增强了国航经营信心。四是抢抓货运市场。建立起空空联运、空地联营模式，开通了广、深地区航空货物经达州机场中转到成、渝两地以及达州货物经首都机场中转至华东地区的货运业务；同时，加强培训，取得水产品运输资质，开通了水产品出港货运业务，货运开通不到两年，吞吐量突破1 000吨，达到1 058吨。五是锲而不舍，抢抓航线拓展。针对达州机场航线结构不合理，市场脆弱的现状，机场积极配合市委、市政府，签署了新开航线补贴政策。同时，陪同达州市主要领导到国航、川航、深航、东航等航空公司进行上海、深圳等目标航线进行营销，于 10 月 25 日，开通了达州 - 深圳直航航班，使达州机场每周航班增加到 19 班，通航城市增加到 4 个，航线结构更加合理。

【领导名录】

总 经 理：张 煜

党委副书记：刘平伟

副 总 经 理：刘德忠 杨建伟

（陈学明）

信息 传媒

广播影视

【概况】2008～2009年，市广电局提出“通过今后一个时期的努力，把达州广电建设成为引领秦巴、影响西部的实力广电”的总体发展定位，明确“抓住一个中心、建设两大体系、发展三大产业、做强四大媒体”的工作思路。全市广电系统牢牢把握正确舆论导向，切实提升舆论引导水平，加强广播电视品牌建设，加快事业产业发展，推进机制创新，切实加强管理，提升队伍素质，克服雨雪冰冻、特大地震灾害等不利影响，扎实推进广播影视各项工作迈上了新台阶。两年来，市广电局共获得市委、市政府和省广电局等上级部门表彰60多项。2008年，达州市广电局作为全省唯一一个市、州局被国家广电总局、人事部表彰为全国广播电视工作先进集体。2009年，在由文化部、广电总局、新闻出版总署、北京市政府主办的“第四届北京文博会”和由新传媒产业联盟、第四届文博会组委会办公室、中国经济报刊协会联合多家权威机构共同主办的“2009中国新媒体盛典暨第二届新媒体节”上，达州新闻网荣获“中国百强新闻网站”称号，是达州市唯一获此殊荣的新闻网站。市广电局2008年、2009年均获市委、市政府目标考核先进单位和省局目标考核一等奖。

全市广播影视从业人员2 108人。共有市级广播电台、电视台各1座，县(市)广播电视台6座，311个乡(镇)广播电视站，调频转播发射台8座，电视转播发射台6座。有线广播电视传输网络总长35 651.28公里，实现县至乡(镇)光纤联网的乡(镇)288个，占全市乡镇总数的92.9%。广播人口覆盖率达94.31%，电视人口覆盖率达94.39%，全市有线电视用户934 685户，入户率44.61%，全市乡(镇)、行政村的广播电视通播率均为100%。

市广播电影电视局下设直属单位有：达州市人民广播电台、达州市电视台、达州市电视转播台、达州市广播电视传输网络中心、达州广播电视报社(含达州新闻网)、达州广电广告公司(城市公众传媒)、市电影公司、中广传媒达州分公司，形成了“声屏报网”立体化、全方位宣传网络。达州市电视台自办栏目10个，全天播出节目48小时，是市委、市政府重要的宣传阵地和达州影响力大的媒体；市电台有2个频率，开办栏目14个，每天播音36小时，其中自办节目20小时，拥有一大群固定听众；《达州广播电视报》为杂志型彩印报，在全国200多家广电报评比中，荣获“2009年中国城市广电报百强”评选60强，并获批成为全国首家一周两刊的城市广播电视报；达州新闻网在各县市开设分频道，在人民网开设达州视频节目专栏，成为全市首家被国家广电总局批准的、具有开展视频业务资格的网站。已建成户外LED视屏9个并全部开通城市公众传媒频道，全力打造市委、市政府发布重要应急信息、服务公众的平台，也成为广电产业经营新的增长点。

【宣传工作】全市各级广电媒体以深入宣传党的十七大、十七届三中、四中全会精神和中央、省、市的重大决策部署、重大活动为主线，围绕北京奥运会、新中国成立60周年、改革开放30周年、深入学习实践科学发展观、达州天然气能源化工基地建设、秦巴地区综合交通枢纽建设以及城乡环境综合整治等重大主题抓好各项宣传工作。同时始终保持高度的政治敏锐性,抓好雨雪冰冻灾害、"5·12"汶川地震重大灾害等宣传报道,极大地鼓舞群众士气,增强了抗灾自救的信心。"5·12"汶川大地震发生后,市电视台迅速派出记者奔赴广元市,支援广元市的抗震救灾宣传工作,随后又派出多名记者深入到受灾严重的汶川县、青川县、北川县等,及时发回了大量第一线的报道。2009年,由市电视台摄制的开江县长岭镇学习实践科学发展观活动的经验做法,被中央电视台以《化解基层矛盾,保辖区长治久安》为题在《新闻联播》中播出,并首次上了《内容提要》,提升了达州形象。央视《走遍中国》栏目走进达州,引起社会强烈反响。按照市委、市政府和市委宣传部的部署,市广电局积极主动联系、邀请中央电视台《走遍中国》栏目走进达州,拍摄了《走遍中国·达州》7集系列片(片长达210分钟),并在央视国际频道面向全球播出,开启中央电视台首次大手笔、全方位宣传达州、展示达州新形象的先河,受到全市广大干部群众普遍赞誉。2009年12月初,达州电视台承办2009四川电视宣传工作会议,省委宣传部和川台领导及各市州兄弟台同仁们齐聚达州,共同研讨全省电视新闻宣传工作,这既是对达州电视宣传工作的充分肯定,也是对达州电视新闻宣传工作的鞭策,极大地提升了达州广电传媒形象。

2008~2009年,达州电视台上送中央电视台用稿46条,其中有33条在《新闻联播》中播出,四川电视台卫视频道用稿853条,其中在《四川新闻》中用稿507条,居全省各市、州前茅,2008年获四川电视台表彰的外宣工作优秀奖。达州市人民广播电台上送中央人民广播电台用稿19条、中国广播网用稿5条,四川电台用稿781条。达州新闻网上送人民网视频用稿125条、新浪网、四川新闻网用稿(图片)574条、四川在线用稿33条。

【事业建设】2008~2009年,全市新发展有线电视用户6万余户;完成村村通建设8 757个点,超额完成市委、市政府下达的任务;广播电视采、编、播设备数字化水平、节目制作水平和传输质量显著提高;2009年,电影管理职能顺利划转至市广电局,全面完成农村公益电影放映工程和中小学爱国电影放映工程;有线数字电视整体平移工程稳步推进;成立四川中广传播达州分公司,同时开通手持电视业务;汶川大地震后,市广电局迅速行动,着力开展城市公共广播电视应急管理系统建设,搭建公共信息平台。截至2009年底,共建成户外应急宣传平台(LED视屏)9个并发挥积极作用。

【安全播出】全市各级广电部门把安全播出工作作为广播电视工作的生命线,严格落实安播工作的各项规章制度。加强广电网络巡查力度,做到责任到岗、责任到人,积极开展"广电网络优质服务质量月"活动,着力提升广电网络服务水平和行业形象。同时不断完善应急预案,加强设施、设备管理和日常维护,加强人员培训工作,提高应对突发事件的能力,成功保障奥运会、残运会期间、新中国成立60周年、春节期间及全国、全市"两会"等重要时段的安全播出。市电视转播台加强对设备的日常维护和检修,圆满完成对中央、省、市广播电视节目的转播任务,实现"高质量、不间断、既经济又安全"的转播目标。

【宣传管理】加强制度建设,坚持选题报批、重大宣传请示报告、节目审查播出、节目定期评议等制度,进一步强化对广播电视宣传的宏观管理和综合协调,确保舆论导向正确。市局召开全市广电系统净化社会文化环境抵制低俗之风工作会议,进一步修订完善广告经营四条措施和"五严禁"的规定,加大广告清理力度。开展互联网专项整治工程。2009年组织协调全市各级广电媒体积极参加省委宣传部、省广电局组织的"四川省首届广播电视绿色频率频道创建活动",并顺利通过验收。

【获奖情况】

1. 获得"全国广播电视先进集体"(国家广电总局、人事部)

2. 获得"创建绿色频道,从我做起"主题演讲比赛组织奖(四川省委宣传部、四川省广电局)

3. 获得"2008年度目标考核一等奖"(四川省广电局)

4. 获得"2008年度全省社会管理工作先进单位"(四川省广电局)

5. 获得"2007、2008年度四川广播电视节目奖评奖会优秀组织工作奖"(四川省广电局)

6. 获得"国庆60周年安全播出先进集体"(四川省广电局)

7. 获得“2008年度市级部门目标管理先进单位”(市委、市政府)

8. 获得“抗震救灾先进集体”(市委、市政府)

9. 获得“全市卫星广播电视转星调整暨党的十七大期间安全播出工作先进集体”(市委、市政府)

10. 获得“2008年度民生工程目标三等奖”(市委、市政府)

【领导名录】

局　长：王隆毅

副局长：王荣兴　李志国　税建国　段传勇

纪委书记：杜　焱

机关党委书记：郑永富

（郑永富　李　妮）

报　纸

【概况】达州日报社属下媒体有《达州日报》、《达州晚报》和达州传媒网(www.dzrbs.com)(以下简称“两报一网”)。《达州日报》四开版周七刊，年出版发行351期，2008年期均出版发行量5.4万份，2009年期均出版发行量5.9211万份，两年发行量3973.71万份。《达州晚报》四开版周六刊，年出版发行289期，2008年期均发行量3.66万份，2009年期均发行量3.7258万份，两年发行量2134.49万份。报社广告收入年均递增18%，固定资产年均递增6%，新闻宣传成效显著，报业经营保持良好发展势头。

【宣传工作】中共十七届三中、四中全会、省委九届四次全会、市委二届十次、十四次全会精神宣传。《达州日报》2008年1月4日至29日，在一版和四版先后刊登《牢牢把握全省工作的总体取向》等12篇四川日报评论员文章，《中共达州市委召开常委(扩大)会议传达贯彻省委九届四次全会精神》等消息，同时在一版和三版开办专栏，刊登县(市、区)委书记访谈等各类稿件500多篇，对各地各部门、各行业贯彻落实省委九届四次全会、市委二届十次全会精神情况进行全方位宣传报道。党的十七届四中全会召开后，“两报一网”开设了“深入学习贯彻十七届四中全会精神”专栏，把学习贯彻全会精神的宣传和国庆宣传统一起来，营造了强势的主流媒体气氛。

深入学习实践科学发展观活动宣传。按照市委深入学习实践科学发展观活动领导小组的安排部署，《达州日报》在一版和三版开设“深入学习实践科学发展观”、“学习实践科学发展观县(市、区)委书记访谈”、“科学发展时代先锋”等专栏，及时反映全市各级各部门开展学习实践科学发展观活动的情况。2009年4月下旬在一版连续刊登5篇评论员文章，同时加大工作动态、活动经验和典型案例的宣传力度，为全市深入学习实践科学发展观活动营造了浓厚的舆论氛围。

“两会”精神宣传。市“两会”召开期间，报社组织骨干记者队伍采写稿件，精心策划安排版面，及时准确报道“两会”精神。“两报一网”用30多个整版先后刊登“两会”消息、社论、专访、侧记、述评等600余篇，特别是对“两会”开幕闭幕盛况、各项会议议程和决议、会议选举结果以及大会精神等进行多层次、多角度、全方位宣传报道，出色地完成“两会”宣传报道任务。

经济工作宣传。围绕构建“一枢纽、两中心、三基地”发展目标，突出宣传了达钢集团等代表企业加快技术改造、促进产业升级、壮大企业规模、增强核心竞争力的作法和效果；突出宣传达州市积极构建以机场为点、铁路为线、公路为网、水路为补充的立体交通网络，努力打造秦巴地区交通枢纽的启动、规划和开工建设等进展情况；突出宣传以电力为中心、煤炭为重点，水电、天然气发电为补充，加大能源开发和应用力度，保障能源供应的华蓥山电厂2×60万千瓦等重点项目建设。截至2008年12月13日，“两报一网”围绕市经济建设主战场宣传，先后刊发消息、通讯、照片360条(幅)、381条(幅)、300条(幅)，分别为市委下达力争目标的225%、238%和188%。

打造川东北特大城市宣传。2008年1月14日至1月31日，《达州日报》在一版开办“打造特大城市领跑川东北”专栏，先后刊发《超高人气捧热达州商业经济》等8篇大型系列报道。《达州晚报》开设“解读二届十次全会构建四川特大城市”专栏，推出《达州驶上建设秦巴交通枢纽快车道》等系列报道。同时，“两报一网”开设“大力实施城乡环境综合治理工程”专栏，对全市各地实施城乡环境综合治理情况进行动态报道，对正反典型进行重点报道，充分发挥舆论监督作用，促进了全市城乡环境的加快好转。

抗雨雪冰冻灾害和抗震救灾宣传。2008年1月中旬达州遭受罕见的雨雪冰冻灾害，迅速派出记者前往灾区一线，采写稿件600多篇，报道中央、省、市领导深入灾区察看灾情、指挥救灾，市内抗灾中涌现的先进事迹以及灾区广大干部群众积极开展灾后恢复重建的情况，受到市委、市政府领导的高度评价。汶川地震发生后，报社迅速反应，在第一时间把中央、省委和市委、市政府的声音传达到广大群众中，及时介绍抗震避灾知识，积极引导抗震防灾，稳定群众生产生活秩序。达州传媒网发挥方便、快捷优势，及时发布有关汶川地震的消息。5月13日，“两报一网”报道各级领导指挥抗震救灾的消息，开展捐助、卫生防疫、防震避灾等知识宣传，刊发市政府办、应急办、防震办等公告18条。同时，报社党组及时组织干部职工支援灾区，共募捐67 853元（含特殊党费）。

纪念改革开放30周年宣传。2008年报社以“纪念改革开放30周年”为主题，通过开设“改革潮涌30年”、“图说达州30年图片”、“纪念改革开放30周年系列评论”、“30年回眸话第一”、“改革开放风云人物”、“我家30年”、“改革开放30年·达州经济大事记”、“改革开放30年·达州教育大发展”、“我与改革开放30年”、“我这30年”等专栏，形式多样地宣传报道，认真回顾全国、市内改革开放30年来发生的巨大变化，充分展示经济建设、社会发展的辉煌成就，积极营造昂扬向上、奋发进取的社会氛围。

北京奥运会和残奥会宣传。围绕“传递爱心、奉献关爱”主题，报道奥运火炬在世界各地、全国以及四川境内传递的情况；对“两个奥运”开闭幕式进行全面报道；对“两个奥运”重大赛事进行报道，开设“奥运奖牌榜”、“奥运之星”、“奥运动态”、“图说奥运”、“奥运花絮”等栏目，强化版式设计，做到图文并茂、视觉冲击力强，全方位、多角度地报道奥运赛事情况。对“迎奥运、讲文明、树新风”活动进行报道，重点是全市各地、各部门、各行业为“两个奥运”的成功举办所做出的努力和奉献；在残奥会的报道中，大力宣传全国及市内残疾人事业的不断发展，体现了“两个奥运、同样精彩”。

效能建设活动宣传。按照市委、市政府的部署，“两报一网”开办“加强效能建设优化发展环境”、“机关效能建设公开承诺”等专栏，报道全市各级机关、企事业单位机关效能建设活动的举措、工作进展和主要成效，突出正反典型宣传，发挥舆论监督作用。近40家市级窗口单位围绕效能建设在报纸上向社会公开承诺，接受社会监督。刊发7篇评论员文章，营造了全社会各方面关心、参与、监督机关效能建设的良好氛围。加强先进人物示范宣传，2009年4月上旬《达州日报》转发市委、市政府向向守牧同志学习的决定，刊载向守牧先进事迹长篇通讯，在一版和三版开办“学习向守牧同志，做人民的好公仆”专栏，掀起全市上下“学先进、赶先进、超先进”的热潮。

应对金融危机宣传。联系市内经济发展形势，以“坚定信心、应对挑战，爬坡上行、促进发展”为主线，在“两报一网”开设“爬坡上行、加快发展”专栏，深入阐释宏观经济政策，进一步解疑释惑，增强信心，振奋精神，鼓舞士气，把全市干部群众的力量和智慧凝聚到爬坡上行、加快发展上来。2009年6月中旬在《达州日报》头版刊登“我市召开建设秦巴地区综合交通枢纽推进会”的消息，并全文刊发市委书记李向志的讲话。在一版、二版开设“开展交通大会战，推进新跨越”专栏，刊发系列评论员文章，全方位宣传达州建设秦巴地区综合交通枢纽情况。从4月起，《达州日报》开设“项目大会战，达州大发展”栏目，深刻阐释项目建设对市内加快发展的重大意义，对市内重大项目进行重点跟踪报道，引导树立抢抓发展机遇、强力推进“两个加快”建设。

城乡环境综合治理工程宣传。“两报一网”开设“大力实施城乡环境综合治理工程”专栏，抓住正反典型进行重点报道，教育和引导广大干部群众积极开展城乡环境综合治理，为创建和谐、文明新达州营造良好的舆论氛围。2009年4月、5月晚报记者对达城停车难、滨河路占道经营现象进行全方位、多角度调查，分别从市民、管理者的角度以及造成这些现象的历史原因进行深入分析，连续追踪报道，取得很好效果，有力推动“城乡环境综合治理工程”全面发展。特别开办“奋战90天达城展新颜”、“城乡环境治理曝光台”等专栏，采用图片、特写等多样宣传方式，以正面为主，集中对工作突出的县（市、区）和基层乡镇的先进经验予以总结宣传。同时，对不文明现象、治理工作不力、行动滞后的地方或部门进行反面典型曝光。

庆祝新中国成立60周年和建市10周年宣传。“两报一网”开设“热烈庆祝中华人民共和国成立60周年”、“辉煌60年”、“老兵的故事·庆祝新中国成立60周年”“巴渠先锋·纪念新中国成立60周年”、“数字见证60载辉煌”等专栏，同时刊登大型公益广告，转载新华社等权威媒体的重要稿件，集中宣传新中国成立60年以来经济、政治、文化、社会、生态文明以及党的建设等方面取得的辉煌成就，激发广大干部群众热爱国家、建设家乡的热情，为祖国60华诞营造了浓厚的舆论氛围。开设“图说10年巨变”、“锦绣达州历史巨变”、“庆祝达州建市10周年”、“数据见证十年辉煌”等专栏，以生动的事实、丰富的史料和翔实的数据，通过回顾性报道、系列报道、专题报道等形式，集中宣传展示达州建市10年来经济、政治、文化、社会、生态文明和党的建设等方面取得的辉煌成果。同时，编辑出版大型文献资料画册《盛世中国·达州十年》，以图文并茂的形式展示市内各方面10年来取得的发展成就。

达州融入重庆宣传。2009年，《达州日报》紧扣中心工作，开设“融入重庆经济圈”等专栏，刊载达州融入重庆经济圈的动态新闻和深度报道，转载《重庆日报》、《重庆晨报》等媒体对达州的报道，对市级相关部门和7个县(市、区)积极融入重庆所做的相关工作进行全方位跟踪报道，为达州积极利用重庆的辐射带动作用、加快自身经济社会发展营造良好的舆论氛围。

防控甲型H1N1流感宣传。2009年，按照市委、市政府关于防控甲型H1N1流感工作会议精神，“两报一网”开设“全力打好甲型H1N1流感防控工作攻坚战”、“众志成城抗击甲型H1N1流感”等专栏，及时、全面、准确地报道我市防控甲型H1N1流感工作开展情况，同时开设“甲型H1N1流感防控知识”专栏，加强防控知识宣传，为公众解疑释惑，提供防治帮助。

达州对外影响力宣传。紧扣中心工作，鼓励和组织本报记者和各驻站记者，攻大报，上头版，扎实开展外宣工作。高度重视互联网新兴媒体的宣传放大器作用，达州传媒网和各县市区分频道采编的新闻以及日报、晚报刊发的本土新闻，都在第一时间上网传播，有效扩大达州新闻的影响力。与四川新闻网、新浪网以及省内其他新闻网站合作，共同提升了外宣力度。据统计，2008年以来，达州日报社及驻站记者在省级以上纸报媒体刊发稿件500余件，约3 800余条达州新闻被全国各大网站转载，全国约200家以上地市新闻网站同时在首页转发达州消息，极大提高达州知名度和美誉度，对外形象不断得到提升。

重要活动策划宣传。高度重视新闻宣传策划工作，注重通过重大活动提升媒体影响力。社领导带队组成“赴灾区特别报道组”，通过“抗震救灾一线达州人在行动”专栏，第一时间对震情和市内参与抗震救灾进展进行系列报道；围绕万源市首届天然富硒茶文化节，《达州日报》刊发特稿《你听，万源茶歌高亢起来》和通讯《万源30万茶农笑开颜》；策划了“记者春节回故乡”、“达州元九登高节”、“正月十五闹元宵”、“关爱农民工”等活动。《达州晚报》策划开展了“十佳交警”评选、“爱心妈妈”、“暖冬行动”、“爬坡上行劳模领跑”等活动。《达州传媒网》策划开展了“改革开放三十年·达州市‘十大杰出经济人物’、‘十大突出贡献企业’评选”等活动。

【经营工作】各经营部门始终秉持“为客户创造最大价值”理念，以提高服务质量为手段，深入挖掘潜力，积极拓展市场，依靠良好的信誉赢得广大客户的信赖和市场回馈。社广告部以“策划为中心、公关为重点、效益为目标”，齐心协力，竭诚服务，广告营收保持稳定增长态势。为促进我市房地产业健康发展，2009年4月1日创办了《达州晚报·家周刊》，无偿赠送读者，为达州的房地产行业健康发展出力鼓劲。广告管理中心以“热情服务至上，创意美化版面”赢得客户，严格政策把关，杜绝违法违纪广告上版上网现象。2008年、2009年广告创收创历史新高，年均递增18%，名列全省市(州)党报第一，被四川省广告协会授予“2008～2009年四川省争创广告行业精神文明先进单位”称号。发行中心不断提高投递服务质量，加大发行环节考核力度，对城区发行员实行末位淘汰，《达州日报》、《达州晚报》2008年、2009年平均期发数分别为5.4万份、3.66万份和5.9 211万份、3.7 258万份，分别为市委下达全年力争目标任务的125.58%、140.77%和137.7%、144.3%，连续两年被中国报业协会授予“全国报纸自办发行先进单位”。印刷厂不断提高工艺水平和产品质量，强化内部管理，狠抓节能降耗，在承揽社会印刷杂件上狠下工夫，拓展印刷市场，取得了较好的经济社会效益，2008年被四川省印刷协会授予“四川省首批诚信印刷企业”称号。2009年6月，达州传媒网与中国移动四川分公司等联办了《达州手机报》并上线营运，填补了达州手机媒体的空白。

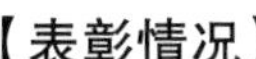

【表彰情况】

1.《达州日报》、《达州晚报》、达州传媒网刊载作品2008年、2009年分别获“达州新闻奖”、“四川省新闻奖”、“四川省报纸副刊好作品奖”、“中国地市报新闻奖”、“中国地市报摄影作品奖”、“中国地市级新闻论文奖”

2. 达州日报社2008年、2009年分别获“全国报纸自办发行先进单位”、“2008～2009四川省广告行业精神文明先进单位”、“四川省首批诚信印刷企业”、“市级部门综合目标考核先进单位”等集体奖

3. 胡启常获“全国农业普查先进个人”，戴晓娟获“全国自办发行个人”，许尔明获“全国第二次经济普查国家级先进个人”，肖朝萍获“全国妇女‘巾帼建功’标兵”，胡杨、刘晋江获“全省新闻战线抗震救灾先进个人”，万福平获“四川省五好家庭”

【领导名录】

党组书记、社长、总编辑：刘方棠

副 社 长：胡启常　胡明惠　李　清

副 总 编：陈纯海　何南观　余泳忠

机关党委书记：刘成娟（2008年12月起）

纪检组长：唐　建（2008年12月起）

工会主席：李　斌（2008年12月起）

（许尔明）

邮　　政

【概述】截至2009年末，全市邮政共有426处邮政网点，其中，邮政自办电子化支局（所）171处，邮政储蓄二类网点144处，邮政代办所259处，服务“三农”点196个。全市日接发火车、汽车邮路22趟，汽车邮路31条、单程3 428公里，农村投递路线1 588条、单程15 162公里，共有城市投递段道65条。已建成邮政储蓄金融系统、邮政报刊发行系统、电子化支局系统、财务量收管理系统等50多个业务支撑子系统，直复营销中心建成并投入使用，拥有基础地址、组织机构、个人名址、农村家庭户名址等精品信息数据库共210多万条信息。

【经营成效】2009年，全市邮政业务收入完成18 962万元，同期增长15.98%，完成省公司预算的109.73%，完成省公司奋斗目标的106.05%，收入规模总量排列全省21个市州局前列。累计上缴收差1 305万元，完成省公司收差计划的107%。邮政业务总量完成34 874万元，完成计划的108.64%，同比增长31.79%，各项经济运行质量指标良好。

【获得荣誉】2009年，市局被中共四川省委组织部、中共四川省委宣传部、四川省邮政公司、四川日报报业集团联合授予“2009年中央和省委机关报刊宣传发行优秀单位”称号，被省公司评为全省邮政金融计算机系统安全运行竞赛活动一等奖，“营销创优”劳动竞赛营销体系建设组织二等奖，“2009年邮政—太平洋寿险”邮保合作创优超越一等奖，继续巩固保持了“全国文明单位”荣誉称号。

【业务发展】全市邮务类业务收入完成3 509万元，完成市局计划的100.50%，同期增长24.66%，结构占比20.14%；储蓄期末储蓄余额达到80.25亿元，活期占比32.95%，邮政代理金融类业务收入完成11 869万元，同期增长16.20%，结构占比68.11%；全市代理速递物流类业务收入完成3 140万元，同期增长1.49%，结构占比16.79%。

【营销体系建设】基本建立以专业营销为主导，以综合营销为支撑，以窗口营销为基础的市级、县（区）级、营投窗口三级营销体系模式，核定各单位应配营销人员编制，完成了全市邮政CRM系统的推广工作。全市CRM系统内注册专职营销人员达到141人。

【体制改革】2009年，全市邮政稳步推进企业体制改革和机制创新，按照“一体两翼”新模式，促进了三大板块的协调发展。开展了邮政速递物流专业改制尽职调查和审计评估，完成了邮政速递物流专业和邮政储蓄银行相关土地与房屋确权办证工作。

【两网建设】完成达州城区投递网建设工作，完成保险、速递、报刊和中心局作业系统等58次业务版本升级与功能扩展，完成速递二期工程等系统上线28个。实行车辆管理系统上线，切实加强对车辆运行、维修费用的管理，网运成本进一步降低。完成西部农村（含西部营投网）基础设施改造项目35个，对市机要通信生产场地和大竹、渠县、宣汉城区投递网实施改造，对长坝、宝成等危旧房屋开展灾后重建筹备，市机要通信分局场地改造顺利通过省公司验收。

【安全服务工作】加强行风建设，在全市开展“创新服务理念创建示范窗口”双创活动，在全市范围内开通人民来信“绿色邮政”，全市邮政用户满意度得

分达到85分以上,机要通信服务工作保持22年质量全红。组织开展"七查"活动,扎实开展安全生产"百安行动"和"三项行动",加强安全生产全员、全过程、全方位管理,推进"安全生产年"目标任务落实,有效防止了资金案件和责任事故的发生。

【领导名录】

副局长:蒋　杰(主持工作)

副局长:蔡家中　罗永富

(张　帝)

电　信

【概述】中国电信达州分公司是中国电信股份有限公司所属的市级分公司,是达州市规模最大的全业务信息服务提供商,辖渠县、大竹、开江、宣汉、万源5个县(市)分公司,拥有员工900人,企业总资产6.95亿元。随着国家电信体制改革,2008年10月1日开始正式运营"天翼"移动手机业务,从中国联通接收8.1万个C网用户,进入全业务运营。至2009年底,中国电信达州分公司总共拥有用户87.2万户,其中宽带用户到达12.36万户,天翼移动用户达到10.51万个。两年来,企业收入共计8.06亿元,创税3 221万元,其中2008年创税1 528万元,2009年创税1 693万元。

【接收C网 经营全业务】2008年5月24日,国务院三部委发布《关于深化电信体制改革的通告》,分公司启动达州C网重组收购工作。第一阶段是从6月13日到到7月25日,完成资料清查工作和尽职调查;第二阶段是从7月25日至9月底,对初步交接清单进行细化以形成详细清单;9月30日为交割起始日,双方对照详细清单进行资产、业务、人员交割,交割于11月底完成。9月30日至2009年3月31日为运营过渡期,中国电信和中国联通实施C网运营共管。2009年3月31日正式完成交割。经过交割,分公司接收达州联通8.1万户CDMA用户,350个C网基站,35名联通员工。

2008年10月1日,中国电信达州分公司正式运营C网业务,启用新的业务品牌"天翼",12月25日,全省同时启动"天翼"品牌上市活动,正式进入全业务经营阶段。分公司主要以"天翼"、"我的E家"和"商务领航"三大品牌为统领,融合固话、宽带、天翼手机业务,为个人、政企、家庭客户提供信息化服务。2009年底,天翼用户达到10.51万户。

【业务与服务转型】2008年,公司逐步实现产品经营向客户经营的转变,努力推进建设电子政务外网、全球眼、金色校园、蓝海网盟、医保网等行业信息化项目,逐步增强企业在中高端客户市场的竞争力和价值创造能力。推进农村信息化,2008年农村宽带净增6 853户。2008年12月29日,与中石化胜利石油西南工程管理中心签订"总机服务"和"移动综合办公"协议,开启融入移动元素的全业务信息化时代。

2009年4月28日,在市政府信息产业局的主持下,召开"达州市3G上市工作会",与全集团同步,达州分公司在达州同行业内率先推出3G业务,可以提供:手机上网、3G无线上网、手机收发电子邮件、视频通信、收发彩信、移动全球眼、全球定位等3G功能。向各大机关、各大行业等重点客户提供免费3G无线上网体验。

【网络和技术转型】2008年,骨干出口扩容成20G,接入层传输网保证每个乡100M,每个镇250M的带宽,全年ADSL总共扩容35 426线。网调新建35 594线对公里、光缆新建800芯对公里。同时通过光进铜退工作推进,加快末梢网络发展模式的转变,新建AG接入点13个,覆盖用户11 000余户,启动35个新建小区的FTTB工程建设,覆盖用户10 000余户。从2008年4月开始,完成C网网络资产清查,C网设备302套,划转无线侧基站C网共站145个,无线侧共有载频数747个。12月28日成功地将C网基站、核心网、HLR等从原联通交换网割接到电信核心交换网,同时按照省公司的安排进行网络整治和网络优化,使C网网络质量逐步得到改善,较好地提高了用户感知。

2009年,实施以移动、宽带和转型业务为重点的投资策略,高效配置资源,快速建设全业务网络。新建移动基站250个,EVDO175个站,室内覆盖42个,全年对158个C网基站进行了有效整治和网络优化,信道掉话率低于0.46%,基站可用率达到99.52%,无线网络接通率实现97.26%,实现网络覆盖能力翻番并"超联赶移";3G新建171个全面覆盖市、县城区及重点区域,领先竞争对手,无线网络第三方测评全省并列第一。宽带骨干网出口带宽扩容至40G,宽带新建FTTB + LAN6112线,FTTB + DSL

改造3万线,新增86个中高端聚类市场楼宇光缆,农村AG改造1 000线,新建标杆小区1个,管道建设34.75管孔公里、104个全球眼点位。新建WIFI无线接入AP363个。宽带端口提速8万多户,宽带能力提升全省排名第六。强化节能降耗工作。在09年移动所耗新增458万元电费的基础上,全市比08年节约电费145万元;在09年新增移动发电动力费27万元的基础上,全市比08年节约发电用动力费38万元;09年全市完成节能减排万元收入能耗值为475.76,在08年基础上下降4.7%;超额完成省公司下达的节能减排目标值488.25(在08年基础上,下降2.2%)。

【表彰情况】

先进集体:

1.2008年　被四川省文明办授予“最佳文明单位”

2.2008年　被达州市政府授予“抗震救灾先进单位”

3.2009年　荣获“改革开放三十年　达州十大突出贡献企业”荣誉称号

4.达州分公司连续七年被地方政府表彰为“纳税先进单位”;被四川省法人代表权益代表中心和中国客户满意度评价中心联合评为“AAA级客户满意度单位”“守法诚信先进会员单位”

5.“A级纳税信用企业”(达州市国税局和地税局联合表彰)

【领导名录】

总 经 理:伍　虎

副总经理:杨　波　袁永俊　杨舰友

(陈　江　陶　建)

移　　动

【概况】中国移动四川达州分公司是中国移动四川公司在达州的分支机构。截至2009年底,下辖通川区、达县、大竹、渠县、宣汉、开江、万源7个县(市、区)分公司,是市内网络规模和客户规模最大的移动信息运营商,负责经营达州市范围内的移动电话业务,移动数据业务以及上述相关的信息服务等。

【企业运营】2008年运营收入较上年增长25%,全年共计上缴各类税金1.37亿元,其中向地方纳税3 250万元,由上级公司统一代缴企业所得税10 444万元。2009年运营收入较上年增长1.5个亿,同比增幅16.3%,全年共计上缴各类税金1.56亿元,其中向地方纳税3 744万元,由上级公司统一代缴企业所得税11 807万元,为地方经济发展做出贡献。截至2009年底,公司拥有基站超过1 000个,传输6 000多皮长公里,用户超过180万,企业保持快速、健康、稳定的发展态势,规模优势和主导地位增强。

【社会责任】两年来,公司积极参与“元旦健身长跑”活动、元九登高活动,完成抗击冰雪灾害、“5·12”汶川大地震抢险救灾通信保障任务,积极开展奥运会通信服务工作,以及2009年达州“7·11”特大洪灾通信保障工作,并大力推进移动电话村村通工程和TD-SCDMA网络工程建设,助力达州市城市和农村信息化建设。

2008年1月,50年一遇的特大冰雪中,公司累计派出技术保障人员3 000余人次,出动抢险车辆1 080台次,应急发电1 670次,发电时长16 351小时,多方筹集近290台油机昼夜发电,力保基站正常运行,为抗灾斗争提供通信保障。2008年“5·12”汶川大地震抢险中,先后免费向广大市民群发抗震救灾信息16次,累计300余万条,协助政府消除余震谣言。第一时间向政府送去海事卫星电话,确保全市党政领导和重要抢险指挥部门的通信畅通,保证抗灾信息传递顺畅。并紧急组织抢险物资和抢险队伍支援灾区,帮助震区尽快恢复通信。公司前后共派出了35人次的抢险人员奔赴青川、成都、汶川开展抗震救灾保通信工作。在青川,达州移动派出的突击队伍独立抢通基站11个,配合完成2个城区应急基站,并负责18个基站的日常维护,协助当地恢复通信畅通。公司组织员工捐款,开展心机义卖,所有捐款合计为40余万元,捐赠物资价值约20余万元。得到广元市委市政府、青川县委好评。省红十字会授予达州移动“抗震救灾特别支持奖”;省公司授予达州移动党支部“抗震救灾保通信先进基层党组织”荣誉称号;6名员工荣获“全省抗震救灾保通信优秀共产党员”和“年度优秀共产党员”荣誉称号,1名员工获达州市委表彰“抗震救灾先进个人”。

2009年,公司全力推动市信息化建设取得新突破。农村信息化建设中,市政府将“移动电话村村通”工程纳入全市民生工程,公司在偏远山区全面铺开建设,共完成目标行政村任务1 234个,目标自然村任务300多个,实现行政村移动通信覆盖率达100%,自然村通信覆盖率达到95%上。城市信息化建设中,成立了以分管副市长为组长的TD-SCDMA建设领导小组,加快推动TD发展。公司投资7 263万元,建设站点126个,覆盖区域以通川区、达县主城区为主,包括老城区、西外、北外、南外。室内分布系统已覆盖主要党政军机关单位、学校及大型商场。实现达州城区98.98%以上面积覆盖,网络质量达到业务开放标准。

(舒　予)

联　　通

【概况】2008年10月15日,按照国家电信体制改革的要求,原中国联合通信有限公司与原中国网络通信集团公司正式合并为中国联合网络通信有限公司。同日,中国联合网络通信有限公司达州市分公司正式成立(简称"达州联通")。融合重组后的达州联通,综合实力增强。截至2009年底,达州联通在全市光缆线路约5 800公里,通达市内所有市、县,全市传输网络所有的重要节点和A级大用户节点都已经实现双路由环保护,从基础上确保网络运行的安全性;HLR容量达110万户,WCDMA容量30万户,宽带端口4.58万户;2G、3G基站约1 000个,城区深度覆盖率达99.9%,乡村面覆盖率97%;移动用户达到30万户;互联网宽带用户约3万户。2008~2009年,完成营业收入3.7亿元,列全省第5位,每年平均以17%的速度增长,实现上缴税收1 143万元。

【抗震救灾保通信】2008年,"5·12"汶川特大地震中,达州联通全力以赴组织抗震救灾通信保障工作,展开与时间赛跑的"攻坚战",并率先恢复通信。危难时刻充分展示出新时期联通人坚持以人民利益、国家利益、全局利益为重,不畏艰险,顽强拼搏的良好社会形象,受到市委、市政府、社会各界及行业主管部门的赞扬。

【联通3G】2009年9月9日,达州联通成立十周年,联通3G WCDMA业务在达州市正式开始全面试商用。2009年,达州联通投资近亿元建设3G网络。联通公司将继续坚持网络领先、业务领先、服务领先的"三个领先",努力成为3G市场领先者。

【融合重组后的新联通】新形势下的达州联通,将建立3G市场领先优势,提升品牌形象与核心竞争力;发挥全业务经营优势,推动产品创新和市场拓展;大力发展宽带多媒体业务,加快企业的转型步伐。努力实现股东价值最大化及企业价值最大化,为达州社会经济发展作出更大的贡献。

(王　莉)

规划建设 环保 旅游

城市规划和建设

综　　述

【基本情况】2008年，市本级城市完成配套费收入1 740.803万元，占年度目标1 500万元的116%，占力争目标1 700万元的102.4%；城市基础设施完成建设投资16.5亿元，占年度目标任务10亿元的165%，占力争目标12亿元的137.5%；房地产业投资完成34.49亿元，占年度目标任务10亿元的344.9%，占力争目标12亿元的287.42%；建筑业建安产值完成65亿元（其中：中石油、中石化完成33亿元），占年度目标任务30亿元的216.67%，占力争目标35亿元的185.7%；村镇建设投资完成23亿元，占年度目标任务10亿元的230%，占力争目标12亿元的191.67%；城镇化率达31.3%，提升1.5个百分点，完成市控目标1个百分点的150%，完成省控目标1.3个百分点（省控目标2007年底28.5%，2008年底29.8%）的115.43%。2009年，市本级完成城市配套费收入3 332.418万元，占年度目标800万元的416.5%，占力争目标1 000万元的333.2%；城市基础设施建设完成投资17.1亿元，占年度目标任务10亿元的171%，占力争目标12亿元的142.5%；房地产业投资（1～10月）完成35.95亿元，占年度目标10亿元的359.5%，占力争目标12亿元的299.58%；建安产值完成81亿元（含中石油、中石化和外地施工企业），占年度目标30亿元的270%，占力争目标35亿元的231.43%；村镇建设投资完成21.8亿元，占年度目标10亿元的218%，占力争目标12亿元的181.67%。城镇化率达32.3%，提升1.5个百分点（2008年底30.8%）。

【贯彻《城乡规划法》】一是认真开展《中华人民共和国城乡规划法》的宣传及培训工作。在全市范围内举办主要开发企业、设计院、规划管理、二级以上施工企业相关人员参加的培训会，使《城乡规划法》进一步得到贯彻和落实。二是完成11平方公里南城片区控详规划、6平方公里莲花湖控详规划、7平方公里马踏洞片区控详规划、15平方公里马房坝和金山片区控详规划维护。三是严格执行《四川省市、县城乡规划委员会工作规程》制度，规委会共审查有关控详规划及建设项目23个，编制《达州市城市规划建设管理技术规定》。全市主城区控详规划覆盖率达到近期规划的96%，各县、市、区控详规划覆盖率达到近期建设规划的87%以上。

【城乡规划编制工作】一是《达州市城市总体规划修编》大纲已经市政府常务会、市政协专委会、市委常委会，市人大常委会已审查通过，目前正在报省政府审批。市中心城区《广告规划、绿地系统规划、山体保护规划、州河两岸滨水规划》、《金龙大道至木瓜铺互通式立交桥段道路绿化景观设计》、《西外物流园区规划》和《北外张家坝控详规划》等目前正在加紧规划编制之中；二是根据《中华人民共和国城乡规划法》以及相关技术规范、技术标准，结合达州市规划管理工作实际，制定了《达州市城市规划技术管理规定》，该成果于2009年4月24日达州市人民政府第104次常务会议审议通过并以政府令第52号颁布，9月1日起实施。召开规委会6次，共审查各项规划及项目18个。三是加强各县市区城镇总体规划、控详规划的指导工作，使全市上下规划都能依法依程序实施，加大规划执法力度，依法查处违规建设，树立规划权威，维护规划的严肃性；全市完成村镇规划编制114个（建制镇规划24个，乡集镇规划15个，村庄规划75个）。

大竹县完成县城总体规划修编、云台片区控详规划，启动工业园区20平方公里总规和东区5平方公里控详规划的编制。完成新华路东段建设和青年广场、金利多广场水景改造，启动北城大道、体育大道、滨河大道和灵音广场建设。

渠县完成西城区7平方公里、东城区二期3平方公里、马鞍山公园控（修）详规划。完成城市供水管网水毁改造及配套管网工程、城市垃圾处理厂主体工程、渠县大酒店工程，加快渠江二桥、东区一期综合开发及西区二期项目。

达县完成南外中心组团、三里坪人文生态区、翠屏山控详规划及杨柳工业区、化工产业区安置点规划，启动达县县域村镇体系规划。完成了阀门厂转盘道路改造、Ⅰ号南北干道延伸段及三里坪转盘硬化工程，加快翠屏山基础设施工程及Ⅰ、Ⅱ、Ⅲ号南北干道、曹家梁小区、柑子园道路等11项工程。

开江县完成县城近期建设区控制性详细规划和城东、城普景观大道以及橄榄广场片区、普安工业园区修建性详细规划编制。完成金马儿公园一期工程，新安大道市政改造，全面推进“两河”景观建设工程，打造景观大道、五路口转盘和新转盘景观，加快橄榄广场、滨河东路景观工程，整治了建设街、龙门街、桂花街等城市道路。

万源市完成城市总规、市域体系、城区控详规划，抓好天马山生态公园、河西茶博文化公园、白沙镇、东升铁矿庙沟地块控修详规划。完成市巨能燃气公司储配站建设，城北迎宾大道、天桥改造路段建设和河西龙腾锦程沿山大道硬化，加快了污水处理厂等项目建设。

宣汉县完成东城新区、州河南岸片区、明月坝片区、石岭西区及观湖长廊、工业园区控规，完成县城规划区勘界工作，完成县城取水点规划选址方案和武装部、公安局、自来水公司片区规划改造方案。完成了丽都花园市政道路工程、宣二中及罗家湾道路整治工程，东乡镇二完小人行道等道路彩化、硬化工程，加快了滨河路西延工程、笔架山万步梯延伸工程、渔祥寺道路改造工程。

通川区完成“城中村”（棚户区）修建性规划，复兴场镇总体规划和控详规划，加快北外片区开发规划。完成凤凰亭护栏亮化和徐公祠步行街修缮工程，抓好张家坝大桥和防洪堤等北外开发项目建设，启动了凤凰山片区城中村改造、王家山污水处理、蒲家污水处理工程。

【城市基础设施建设】2008年，按照“拉框架、突重点、补功能、顺民意”的工作思路，狠抓城市基础设施建设和管理。一是拓展城市空间。金龙大桥工程于2007年1月开工，总投资1亿元，于2009年8月底竣工通车。北延线Ⅱ期工程总投资约3亿元，已完成投资200万元，完成了施工便道的建设。北延线Ⅰ期工程总投资5 531万元，已完成投资4 300万元。凤凰大道至西北环线路段已完成粗粒层沥青铺设。西北环线至东火车站路段土石方已完成23 000立方米，西北环线工程总投资9 100万元，已完成投资4 100万元。野茅溪大桥完成了工程可研报告、通行论证、初步设计方案、地质勘测、环境评估报告、水土流失报告，招商合同与中铁二局签订，年内开工建设。二是完善城市功能。2008年完工和在建项目共计51个，总投资4.457 239亿元，其中企业投资3.4 666亿元，政府投资9 906.39万元，其中红塔路二期，河市机场路油化、绿化、亮化工程，朝阳路油化、绿化，凤凰大道小游园等41个项目已完工。通川区——达县安全饮水工程、达县截污干管工程、污水处理厂扩建及配套管网工程、金龙大桥桥头绿化、化工产业区公路绿化等10个项目正抓紧建设。

2009年，按照“组团开发、滚动推进、构建框架”的思路，金龙大桥已竣工投入使用，金龙大道北延线、凤凰大道西延线和野茅溪大桥等正在加快进度。全年中心城区批准实施的城建项目38个（含新增项目8个），总投资78 343.15万元。2009年计划投资27 916.15万元，政府性投资18 069.15万元；完成投资27 255.2万元，占年度投资计划的97.63%。其中企业投资项目6个，总投资29 966万元，计划投资13 947万元，到位资金13 058.6万元，已完成投资13 074万元，占年度投资计划的93.5%；政府投资项目32个,总投资48 367.15万元,计划投资13 969.15万元,完成投资13 737.2万元,占年度计划的98.34%。金山南路下水道改造、凤凰山隧道工程、市政中心消防环路道路工程、管网连通工程、中心城区城乡环境综合治理工程、龙泉路接北延线道路工程、通川区小街小巷绿化整治、野茅溪道路改造等27个项目已完工。野茅溪大桥、安全饮水工程、截污干管工程、凤凰山山前道路工程等9个项目正在加快建设。红旗大桥维修工程和西区接点大树绿化2个未开工项目正在做前期开工准备工作。渠县渠城东区、大竹北城新区、宣汉石岭新区、万源河西新区、开江滨河开发正在加快建设,一批县级一流中等城市正在形成。

【城乡环境综合治理】2008年,制定城乡环境综合治理的具体实施方案,强化目标责任和舆论引导。一是净化方面,集中力量清除城区内主要街道人行道的污迹和口香糖及行道树、市政设施等固定设施下散落的白色垃圾。二是绿化方面,完成南北干道南延线道路绿化、市广电局至朝阳路段绿化,人民公园三期改造、游乐园一号道路、红塔路与红旗大桥交叉口绿化花池等栽植。三是美化方面,督促施工单位对进出口道路硬化、冲洗台、污水池、排水沟及施工围墙进行了整治。特别整治了文家梁至小红旗桥段,小红旗经过中心广场至通川桥户外广告,拆除各类违章不符合市容标准门店招牌1 200多块,共计8 000余平方米。四是亮化方面,对以前设置的路灯、景观灯、建筑物轮廓灯、泛光灯、广告灯、霓虹灯等亮化设施进行全面维修、增补,促进城区环境明显改善。2009年,城乡环境综合整治进一步加大,一是完成朝阳路、来凤路、大北街、荷叶街等36条街路的店招整治任务,拆除店招、霓虹灯、布幅广告8 707件面积5.682万平方米,规范和恢复店招达98%以上,对大型户外广告进行了集中拆除60块面积9 300平方米。二是对中心城区18个114 970平方米的农贸市场和39个13.8万平方米停车场进行了清理调查,提出了中心城区停车场整治方案。朝阳农贸市场、西圣农贸市场、火车站农贸市场等改造方案已批准,正加紧实施。塔沱市政停车场、好一新农贸市场停车场、柴市花园步行街原武警四支队土地已作为临时停车场已建成投入使用。三是规范27个建筑施工工地,硬化进出口路面3 610余平方米。同时,新建5座公厕、3座压缩式中转站、2个地埋式垃圾站。按照“全面普查、遏制漫延、重点查处、集中整治”的工作思路,加大了违法建设的查处力度,拆除了一大批严重影响城市规划、影响群众居住环境的违法建(构)筑物,截至目前,共立案查处建设违法违规案件1 702件,共发出《停止违法建设通知书》382份、《责令改正通知书》504件、处罚决定335份,处罚总面积98 980.85平方米,强制拆除违章建(构)筑物502件,12 993.21平方米。

【培育和规范房地产市场】2008年,加强对房地产市场的结构性调整,商品房建设中90平方米以下户型达70%以上政策得到较好落实。成功承办“2008达州房地产发展论坛”及2008年春季、冬季房地产交易会,严格执行城镇房屋拆迁政策,强化拆迁管理,规范拆迁行为,严控拆迁规模;整治房地产市场秩序,制定《达州市房地产市场不良行为记录管理实施细则》和《达州市房地产市场秩序专项整治工作实施方案》,针对受全球金融形势剧烈动荡、国家宏观调控政策及“5·12”汶川大地震等因素的影响,呈现低迷萎缩状态的房地产业,对达州市房地产业发展现状、存在的问题进行深入调研,为市政府出台《达州市促进震后房地产业持续健康发展若干政策措施》提供了依据,并对此文件出台的落实情况进行调研,向市委、市政府提交了《关于达市府办〔2008〕45号文件精神贯彻落实情况的督查报告》,受到了市委、市政府领导高度重视。全市完成房地产开发投资34.49亿元,同比增长17.6%;实现房屋施工面积796.41万平方米,同比增长32.3%;竣工面积39.58万平方米,同比下降55.8%;销售面积82.76万平方米,同比下降48.2%(其中市本级完成房地产开发投资12.60亿元,同比增长60.78%;实现房屋施工面积318.90万平方米,同比增长105.1%;竣工面积4.6万平方米,同比下降36.6%;销售面积24.90万平方米,同比下降25.2%)。2009年,全面贯彻落实了国务院、省政府和市政府出台的促进房地产平稳健康发展的文件精神,引导房地产开发企业积极应对市场变化,促进商品住房销售,加大对中低价位、中小套型普通商品住房建设,充分发挥房地产在保增长、保民生、保稳定中的重要作用。1~10月全市完成房地产开发投资35.95亿元,同比增长4.2%;实现商品房施工面积854.26万平方米,同比增长7.3%(其中实现新开工面积108.58万平方米,已占年度目标任务的135.7%);实现商品房竣工面积

33.47万平方米，同比下降15.4%，占年度目标任务的56%；实现商品房销售面积181.26万平方米，同比增长120%（其中，市本级完成房地产开发投资8.9亿元，同比下降29.55%；实现商品房施工面积315.9万平方米，同比下降0.94%；实现商品房竣工面积15.7万平方米，同比增加11.1万平方米；实现商品房销售面积56.9万平方米，同比增长33万平方米）；实现房地产业税收收入3.9亿元，同比增长39%。

【建筑市场监管】2008年，贯彻落实《建筑法》、《招投标法》等法律法规，坚持“安全、创优、效益、廉洁”为目标，以质量、安全管理为重点，以市场行为管理为核心，坚持标本兼治，重在治本的方针，严肃查处各种扰乱建筑市场秩序的违法行为，优化建筑市场环境。一是对市区48个建筑施工现场进行了整治，严格市场清除准入制度，加强资质管理，培育企业上档升级10家，完成1 466个项目经理过渡建筑师的申报、转换、注册工作。二是制发《关于严格实施建设工程民工工资保障金和担保制度的通知》，建立农民工工资支付保障机制和社会监督机制，重点解决民工工资拖欠7起工资共860万元，民工工资担保率达100%。制定《达州市散装水泥管理办法》，达州市城区和达县南城全面禁止现场搅拌砼，完成散装水泥总量66.2万吨，散装率为15.2%，商品砼141万立方。全市建筑业得以持续、快速、健康发展，完成建筑建安产值65亿元，完成目标任务30亿元的216.6%，完成力争目标35亿元的185.7%。全市新开工面积345万平方米，竣工面积210万平方米。三是“5·12”汶川特大地震发生后，组织6个危房排查鉴定组对本市申请鉴定的危房进行全面排查，完成受灾房屋鉴定625件、60万平方米；组织近50人次专家及工程技术人员分三批前往阿坝、广元、江油等地震灾区鉴定房屋205万平方米，号召建筑企业为灾区捐款215万元，为抗震救灾作出了积极努力和贡献。四是认真抓好了勘察设计工作，市本级初设审查13个项目，建筑面积50万平方米，完成施工图设计文件审查备案32项，面积89万平方米，组织设计单位注册人员参加继续再教育和建筑节能培训计800余人次，全市29家勘察设计单位共计完成设计总产值3 568万元。

2009年，认真围绕“创新机制、完善规则、强化监督、规范行为、提高水平”的目标，抓了建筑质量、工程造价、招投标等工作，提高监管与服务的水平，大力发展建筑产业。全市建筑工程开工项目215个面积320万平方米，竣工项目170个面积220万平方米；完成劳务输出人员9.3万人，实现劳务收入11.3亿元；完成建筑业总产值81亿元，比去年同期增长18.6%；建安总产值全省排位第7位，增速排位第15位。全市建筑业税收累计入库预计完成45 000万元，同比增长41%，拉动税收增长8个百分点。完成散装水泥170万吨，增加74万吨，增长56%，商品砼销售235万立方米，增加65万立方米，增长72%，散装率达到30%。培训各类人才1 497人，解决拖欠纠纷15起金额151余万。同时，抓好了勘察设计工作，审查项目13个建筑面积约36万平方米，完成施工图设计审查备案39项面积约98.4万平方米，复审换证5家勘察设计单位，省内外勘察设计企业备案9件次。

【村镇规划建设管理】2008年，按照规划先行、突出重点、典型示范，分类指导的原则，以村庄规划和人居环境治理为载体，扎实稳步推进社会主义新农村建设，以重点镇建设为抓手，着力抓好小城镇建设。一是推进新农村村庄人居环境治理试点村工作，全市11个省级新农村村庄人居环境治理示范村正在全面落实。二是完成了宣汉县、达县县域城镇体系规划和南坝、普光、罗文气源区及重点场镇的规划编制工作。三是加强市中心城区规划区农房建设的审批，先后办理农房审批手续350件次，还免费提供农房建设设计方案15个。全市完成村镇规划编制65个，占年度目标任务20个的325%，占年度力争目标任务25个的260%；村镇建设投资完成23亿元，占年度目标任务10亿元的230%，占力争目标12亿元的191.67%。目前，镇域总覆盖率达90%以上，乡集镇规划覆盖率达85%以上，村庄规划覆盖率达40%以上。2009年，积极构建以中心城区为龙头、以县城和中心城镇为重点的城镇体系，加强和完善村镇规划，抓了普光、南坝、罗文等天然气开发重点小城镇规划建设，加快胡家、任市等试点小城镇建设步伐，着力构建以中心城区为龙头、县城和中心城镇为重点的城镇体系。抓了25个省级新农村村庄人居环境治理试点村的工作，新增的2个示范村在明年3月底前全面完成任务。全市共设计了农房通用图集50套，向建房户推广使用1 095户，全市农村民居风貌整治总投资6.9亿元，共计整治美化农房22 500

户，建筑面积645万平方米，改造房屋4 495栋。加强市城区规划区农房建设的审核，先后办理农房审批手续65余件次，向市政府草拟了《全市农房规划建设管理暂行规定》。目前，建制镇规划编制已完成98%，乡集镇规划编制已完成95%，村庄规划编制已完成15%。

【解决城镇低收入家庭住房困难】2008年，认真落实省建设厅《关于贯彻经济适用住房管理办法的实施意见》和《关于贯彻廉租住房保障办法的实施意见》。一是狠抓经济实用房工作和廉租住房工作。全市经济适用房面积2.9万平方米，占目标任务2.4万平方米的120.83%，占力争目标任务2.5万平方米的116%；廉租住房面积5.05万平方米，占目标任务4万平方米的126.25%，占力争目标任务4.1万平方米的123.17%；廉租赁补贴发放6 500户，占目标任务2 000户的325%，占力争目标任务2 100户的309.52%。二是狠抓农村安居工程。我局配合市民政局、市国土局等部门，已将目标任务分解到各县市区，为农村特困无房户和受灾群众住房户工程选址2 315户，占目标任务1 900户的121.84%；避险搬迁安置规划选址1 127户，占目标任务655户的172.06%。2009年，加强廉租房建设和租赁补贴发放工作，解决城镇低收入家庭住房困难。全市廉租住房新增4 658套，占目标任务4 200套110.9%。发放租赁补贴9 927户，占目标任务数9 600户103.41%。为27户职工办理了房改房转换全产权审批手续，为5 000余人次群众解答了房改相关政策及查阅档案，为144户职工办理了集资建房确权手续。切实推进城市棚户区改造，完成了市中心城区棚户区摸底调查工作，共核实棚户区13片5 820户面积26.679万平方米、涉及人口16 747人，编制上报了《达州市中心城区2009～2011年棚户区改造规划方案》，对改造工作提出相关建议和意见。目前已经启动市中心城区顺城巷清真寺片区、西圣街石岭桥片区棚户区改造工程，完成拆迁514户占省政府下达目标任务480户的107%，涉及受惠1 828人，改造面积约4.37万平方米。

【全面推进依法行政】2008年，制定建设系统《2008年度法制工作要点》、《2008年度依法行政工作意见》，广泛深入开展法制宣传教育和培训工作，发放各种宣传资料5 000份，接待和解答疑难问题235人次，立案查处违法建设案534起，未发生一起因行政处罚不当或违法而起起的行政诉讼案件。完成行政执法证申报工作和行政许可事项清理工作，制定行政审批相对集中改革工作方案，妥善处理了东城沙石厂房屋拆迁安置案、通川区印制一厂、宏峰大厦、银屏大厦、港都月光城行政复议案等行政调解和复议工作，全面推进依法行政、从严治建工作。2009年，制定建设系统《2009年度法制工作要点》、《2009年普法依法治理工作意见》，积极开展政策法律法规宣传教育、行政执法培训、“两集中、两到位”清理、行政处罚、信访复核、行政复议、行政诉讼和处理历史遗留纠纷问题等工作，发放各种宣传资料6 500份，接待和解答疑难问题265人次，购买了书籍9 000多册、试卷1万多份。共立案查处违法建设案463件，发出《停止违法建设通知书》173份、《责令改正通知书》275份、处罚决定172份，处罚总面积43 939.69平方米，拆除面积5 045.46平方米，处罚总金额1 474 261.45元。扎实做好“两集中、两到位”工作，先后进行了6次清理和修改完善，精简为现在的61项，共受理许可（审批）项目489件，全面推进依法行政、从严治建工作。

【灾后重建工作成效明显】2009年，全市需重建569套，正在建设的住房210套，已建成347套占60%；需除险维修加固住房3 425套，现正在实施加固171套，已完成维修加固3 254套占95%；补助资金5 677万元，已发放2 412.89万元占省下拨总资金的42%。重建任务2010年3月底前全面结束。按照省委、省政府和市委、市政府藏区牧民定居点规划设计对口支援的工作部署，完成62个牧民定居点的建设规划，设计了8个类型的村民活动中心、26个村民住宅的建筑户型及其单体效果图。目前，正在抓紧编制2010～2012年度牧民定居点的建设规划。

【领导名录】

局　长：王　伟

副局长：蒋　平　许　波　林　钢　何怀良

房产管理

【房屋权属登记与房地产交易】2008～2009年，办理房屋权属登记12 363户，确权面积268万平方米。办理房地产交易9 583件，建筑面积287万平方米，成交金额17亿元，其中：房地产转让4 300件，建筑面积52万平方米；房地产抵押5 283件，建筑面积

235 万平方米；商品房备案登记16 931件，建筑面积 148 万平方米。办理商品房预售审查 17 宗，面积 83 万平方米。

【档案信息化管理】接收产权产籍档案资料17 325份，立卷归档17 325份，归档率 100%。查阅利用档案 2.8 万余卷。接收法律文书 647 余份，接收抵押档案12 400份。进一步完善了商品房网上签约备案系统，规范了网上签约相关流程，完成商品房网上签约5 035套，面积 58 万平方米，销售价格 11 亿元。达州房产网受到市民青睐。

【房屋维修资金、物业管理及白蚁防治】 开展房屋维修资金监管工作，对城区 102 个建设单位(小区)285 幢楼进行了专项维修资金归集管理，归集房屋专项维修资金1 500万元。物业管理工作逐步规范，筹备成立业主委员会 30 家，对 15 家物业管理企业进行了日常监管，受理并调解业主投诉和群众来访 34 起。白蚁防治工作成效显著，签订白蚁防治合同书 41 份，面积 165 万平方米，完成白蚁防治施工 165 万平方米。

【商品房预售资金和房屋租赁管理】根据市政府《关于进一步加强和改进出租房屋租赁管理工作的通知》文件精神，建立健全了达州市房屋租赁管理备案制度，全面开展了城区房屋租赁登记备案工作。至 2009 年，共办理各类房屋租赁备案1 647宗，建筑面积 15.8 万平方米，租赁合同金额约2 213万元。同时，根据市规划和建设局《关于加强商品房预售款监管的通知》(达市建房〔2007〕4 号)，成立了商品房预售款监督管理办公室，并启动了商品房预售款监督工作。对取得商品房预售资格的 12 家房地产企业实行监管，监管资金共计 116 亿元，进一步规范了房地产市场秩序。

【经济适用住房与廉租住房】根据《达州市城镇最低收入家庭廉租住房管理办法》(政府令第 36 号)和《达州市经济适用住房管理办法》(政府令第 37 号)文件精神，成立了达州市经济适用住房和廉租住房管理科，启动了经济适用住房和廉租住房管理工作。参与起草制定《达州市规划和建设局关于启动市本级廉租住房试点工作的公告》和《达州市规划和建设局关于公开销售经济适用住房的公告》，并通过《达州晚报》、《房产在线》及《直播达州》等新闻媒体进行广泛宣传。达州市和省政府签订的目标任务为发放租赁补贴9 600户、新增房源4 200套。全市实际完成房源3 939套，占任务总数的 93.4%。其中公房出租 509 套，棚户区改造 487 套，购买 72 套，新建2 871套。租赁补贴发放6 418户，占任务的 66.9%，其中，市本级发放租赁任务1 500户，实际发放补贴2 040户，共计5 135人，发放金额为 223 万元，圆满完成了下达给市本级的目标任务。

【表彰情况】

1. 省级文明单位(四川省委省人民政府)
2. 省级卫生先进单位(四川省人民政府)
3. 房地产交易与权属登记规范化管理单位(四川省建设厅)
4. 青年文明号(建设部、共青团中央)
5. 档案工作规范化管理省一级标准(四川省档案局)
6. 省级模范职工之家(四川省总工会)
7. 市级综合治理模范单位(市综治委)
8. 地方税收纳税先进单位(市政府)
9. 无毒社区工作先进单位

(赵世钦)

市政工程

【魏城“达州大道”工程】“达州大道”是达州市援建绵阳市游仙区魏城镇的主要项目，该大道为双向四车道，全长 493 米，宽 30 米，工程总投资 750 万元，2008 年 7 月 15 日开工，10 月 21 日竣工。全体工程技术人员发扬了吃苦耐劳和抗震精神，克服重重困难，仅用了 100 天，就圆满地完成任务，这条道路被当地群众亲切地称为“达州大道”。

【红塔路二期工程】该工程是在一期工程的基础上向北延伸 310 米。2007 年 5 月 10 日开工，2008 年 6 月 8 日竣工，该道路宽 8 米，其中车行道 7 米，共耗资1 400多万元。

【野茅溪大桥工程】野茅溪大桥位于通川区东城南岳社区，长约 530.04 米，宽 26.5 米，总投资10 937万元，于 2009 年 2 月开工，是解决达城城市交通拥堵，疏解城市交通压力，推动州河两岸城市建设，促进城市经济发展的重要城市通道。该桥主桥长 178 米，桥面宽 26.5 米，双向六车道，为钢筋混凝土连续刚构梁桥；高架引桥长 245 米，引道长 107 米，引桥及引道宽度为 22 米，引桥为预应力砼箱式简支梁桥，设计行车时速 40 公里。野茅溪大桥建成后，将把210国道与州河南岸的202省道连成一体，将不但极大地改善城区交通压力，同时把达城北外和南外三里坪连成一体，是南城往返达城北部最便捷的城市交通要道。该大桥计划2010年7月竣工。

【野茅溪道路改造工程】总投资600万元，野茅溪道路改造工程（一期）长310米，宽25米，拆迁6 000平方米，于2008年5月30日开工，2009年1月15日竣工完成。

【道路整治重点工程】1. 风火湾道路工程：为了缓解春运期间的交通压力，市委、市政府领导指示，必须在春运前建好、通车，风火湾道路，该工程开工2008年11月，2009年元月初竣工；2. 朝阳路油化工程：从2008年4月起开始的朝阳路油化工程，是在原道路上面铺筑砼沥青，10月竣工，宽敞、平坦、整洁的朝阳路，受到市民的一致好评。3. 健民路（中医校至药检所）道路：长173米，面积2 100平方米，总投资193万元，于2009年9月开工新建；4. 金兰路接纪委后道路工程：总投资76万元，长为109米，于2009年1月竣工完成；5. 市政中心消防环路道路工程：长256米，宽12米，总投资140万元，于2009年4月28日开工，2009年6月竣工完成；6. 中心城区人行道和路沿石整治工程：该工程总投资485.35万元，2009年8月6日开工，于2009年11月竣工；7. 通川区小街小巷基础设施整治：总投资422.5万元，于2009年9月15日开工，2009年11月20日竣工完成；8. 西河路人行道工程：面积8 421.3平方米，总投资110.5万元，于2009年10月9日开工，2009年11月8日竣工完成。

【西外管网连通工程】该工程是龙泉会所接西北环线、金龙大道天恒花园段、金兰路KO+700-KO+740西侧标段三段新建工程，总投资1 000万元，于2009年初开工建设。

【路灯监控系统安装】为了更好地监控城区路灯的相关数据，技术参数，统一路灯的开、关时间和检测路灯运行情况，投资134万元，在城区重要路口、地段，安装路灯监控系统100盏。

【市政设施维修】维修砼路面1 862.76平方米；拆除砼路面722平方米；清掏下水道13 668平方米；清掏检查井368套；清掏雨水井587套；补人行道板13 451.65平方米；补广场砖1 673.5平方米；调整路沿石391米；补沥青路29 879.98平方米；新建下水道356米；新做雨水井265套；新做检查井347套；补大理石416平方米；补花岗石370平方米；拆新安综合井213套；拆换雨水井盖35匹；拆换检查井盖57匹；拆换雨水井282套；调整综合井130套；拆安玻璃53匹；拆除人行道板垫层6 506平方米；拆换检查井173套；调整检查井82套；调整雨水井137套；新安路沿石495.4米；换沟盖板38匹；挖土方174.23平方米；补青石板196.5平方米；刷路沿石漆65 320.8米；隔离桩150个。

【路灯维修】加强对城市路灯维护和管理，城区路灯亮灯率达98%。完成了新建路灯445盏，节能灯19 689盏，维修路灯10 022盏，及时处理排除路灯线路故障216起；成立了专门的路灯清洗队伍，对城区路灯不断进行轮番清洗，共计清洗路灯及景观灯1 980组（柱），清除全部路灯杆子的广告并刷漆共370根，清除城区路灯控制柜上的牛皮癣并进行除锈刷漆共43台，使城市面貌焕然一新。

【市政设施管理】市政设施管理人员（包括巡护人员）重新进行了分组，制定、修改了有关制度，加强了夜间巡护，特别是对西外偏远地方的市政设施巡护，落实了专人，实行了“定职、定责、定街、包管理”的“三定一包”责任制，提高了工作效果，共抓获破坏盗窃市政设施人员2起，共7人，打击了犯罪分子的嚣张气焰，市政设施被盗窃、被破坏的现象，有了明显好转。

【领导名录】

主　任：李冰川

（肖明安　石　珩）

环卫工作

【车辆装备】2008年共有各种环卫车57辆，2009年环卫作业车辆达到64辆，即：东风摆臂车1辆，华川车18辆，东风垃圾车1辆、压缩车5辆，洒水车11辆，多功能清洗车1辆，扫地车4辆，市容管理小车2辆，市容管理车17辆（长安车11辆，摩托车6辆），挂钩式运输车1辆，垃圾中转站转运车1辆，吸粪车1辆，铲车1辆。

【环卫基础设施】截至2009年底已建成3座现代化压缩式垃圾中转站、4座地埋式垃圾站，安装在路段上的果皮箱共有700余个，城区政府投资建设的公厕共有33座，且基本上都是等级厕所。2008年至2009年共维修垃圾站、池170余座次，维修公厕水、电设施150余座次，维修果皮箱720余个，保证了城市基础设施的不断完善，提升了达州城市市容市貌。

【道路清扫保洁】2009年9月初新接手化工园区的作业任务后，市环卫处的作业面积由原来的225万平方米增加到260余万平方米。针对实际情况，按不同路段确定卫生质量等级标准，明确精细管理的控制重点，做到全天候24小时不间断巡回保洁。各路段清扫保洁人员在坚持做好每天两次大清扫的基础上采取一发现灰带立即清扫的“随扫随保”的动态作业方式，同时对各自责任路段上所粘的口香糖、污渍及时用铲刀铲除，显出路面本色。在管理方法上做到“四定一包”，即：定人员、定路段、定职责、定奖惩、包卫生质量。采取周、月、季、年评并制定奖惩办法，做到目标责任明确，工作程序规范，监督检查及时，考核奖惩斗硬，使城市卫生质量从根本上得到了保证。

【生活垃圾清运】通过加大宣传力度和长效管理，使生活垃圾袋装率逐年提高，大多数居民的生活垃圾都能通过二次转运归入指定的倾倒站、点，以便集中清运。对已归入站、点、池的垃圾实行夜间清运，并做到每天早上7:00以前清运结束，尽可能不影响居民日常生活。对临街门市、摊点所产生的生活垃圾和果皮箱垃圾组织清运车辆每日凌晨4:30分、下午13:30定路线、定次数上门收运。清运作业按照“日产日清、车走地净、密闭运输、车容整洁、沿途无遗撒”的质量标准进行严格把关，确保垃圾及时清运出城。安排专人每天及时清理果皮箱周围的撒落垃圾，清洗垃圾容器并做到定期消杀，保证设施整洁、环境干净。

【科学实施机械化作业】根据季节变化和实际情况适时调整作业方式。老城区白天人多、车多、路窄实行夜间冲洗；西外新区路宽、人流量少实行白天冲洗；清扫吸尘车的作业时间是早上8点至晚上9点，吸尘重点放在车行道和慢车道，有效抑制扬尘，减轻清扫工人劳动强度；夏季气候炎热，重点对路面冲洒水；冬季晴天作业以吸尘为主，雨天集中力量进行全城区冲洗。并把人行道上固定设施两米以下四周的污垢及广场出入口、地下商场入口、商场梯阶、道路分道栏杆等纳入日常清洗范畴，保证其无污物、无牛皮癣；对人行道、路沿石、路边黄线等采取用洗衣粉洗、拖布拖、毛刷刷、铲刀铲，冲、洒、洗科学结合，洗出了本色，保持了良好的市容市貌。

【公厕管理】市环卫处重点抓好33座直管公厕的卫生、开关门时间、收费标准、设施及对市委、市政府的优待政策执行情况等的监督检查。针对一、二类公厕的建设标准，公厕管理所做到经常检查、及时维修、严格要求，每天分白、夜两班对公厕进行巡查，对发现的问题及时下达整改通知书限时整改，对公厕承包人实行卫生评比，奖优罚劣，确保公厕干净卫生。并按照《达州市城市公厕管理办法》对城区43座行业公厕进行行业指导和卫生监管，以提升公厕整体服务水平。

【加大市容管理执法力度】按照委托执法权限严格执法，文明执法。实行分段包点管理，对市民及装潢门市乱丢、乱倒、乱堆影响市容的现象进行文明纠章，对无覆盖或覆盖不严沿途抛撒的运土、运煤、运料车及车容不整的车辆进行严管重罚。加强工地粉尘污染源头治理工作，要求在建工地必须设置洗车台、沉沙井，对有建筑渣土的工地实行了渣土档案管理，对建设施工单位、责任人、运输单位(车辆)、出土方量、出土时间、处置方法、巡查记录、违规情况进行跟踪管理，实施全周期、全过程监管，并与城区在建工地签定了《城市粉尘治理责任书》，做到了源头管理、过程管理和形象管理，有效减少在建工地进出运输车辆所造成的扬尘和道路带污染等违章现象的发生；对节假日期间欲发放户外广告宣传单的单位或个人，要求先申报，待批准后方可发放。通过一系列有效举措，从根本上控制了污染源。

【表彰情况】

2008年度

1. 四川省城市市容环卫行业抗震救灾先进集体(四川省市政市容协会)

2. 王波同志被四川省市政市容协会表彰为先进个人

3. 李世军同志被市委市政府表彰为抗震减灾先进个人

4. 郑海云同志被推选为达州市首届环保风云人物

2009年度

1. 四川省五一劳动奖状(省总工会)

2. 四川省环卫协会先进集体(四川省市政市容协会)

3. 达州市扶残助残先进集体(达州市人民政府)

4. 王善杰同志被表彰为四川省城乡环境整治先进个人

5. 鲁毅同志、吕传达同志被四川省市容协会表彰为先进个人

6. 吕家芳、陈勇等4名同志被表彰为达州市城乡环境整治先进个人

【领导名录】

主　任：宋祥才

（谭传辉　邓文军）

园林工作

【城市园林工程建设】2008年，人民公园三期改建工程（即原动物园改建为盆景园）：完成后大门改建、厕所改建、室外博古架、室内展厅、供水、供电和栽植土回填及道路装饰等工程，布置腊梅桩景230盆，栽植斑竹1 500株、棕竹20丛、桂花6株、麦冬400平方米。朝阳路（塔坨—火车站）人行道绿化改造工程：拆除原破旧木质箱体163个，拆除人行道板7 566平方米，新建青石板、文化石饰面的斜面花池117个，栽植天竺葵、黄花槐、蚊母球、红继木等乔灌木植物16万株，栽植地被植物5 000平方米。凤凰大道小游园建设工程：工程内容包括修建花岗石嵌边的广场、公厕、堡坎，废渣外运，栽植土回填和绿化地平整，植物栽植，木质廊架，仿古六角亭，广场座凳，照明灯具安装等。凤凰山景区打造：完成了二龙潭道路拓宽工程；环山公路—凤凰山庄人行道工程；观赏亭安装。新建城市道路绿化工程：完成了通川北路板桥街栽植小叶榕86株，龙泉路栽植天竺葵233株，纪委家属院后道路栽植三叶树96株，五一花园路栽植三叶树51株，风火湾路栽植小叶榕105株，人民广场栽植天竺葵49株，国税局—电力公司段道路栽植三叶树204株，累计栽植行道树824株。河市机场绿化改造工程：总改造规模达1 600平方米，清除了机场内杂草，移植了原有植物，新栽黄桷树、天竺葵25株，栽植金叶女贞、六月雪、春鹃等灌木植物20 000余株，铺草坪1 200平方米。

金兰小区护坡绿化工程：栽植黄桷树、小叶榕320株，栽植香樟树320株，红叶碧桃100株，红叶梅100株，桂花300株。秋季绿化补植：在老城区、西外新区、人民公园、中心广场、六相广场、滨河游园、市政中心游园、朝阳路人行道绿化、凤凰大道小游园等公共绿地行道树、绿带、绿篱缺损植物的补植工作，共栽植小叶榕、天竺葵等乔木植物620株，南天竹、红继木、金叶女贞、春鹃等灌木植物45 000株，栽植地被植物4 000平方米。金龙大道一、二标段道路绿化工程：外运废渣900立方米，回填栽植土8 000立方米，整理绿化地地形地貌10 000平方米，栽植天竺葵700株，红叶李300株，贞楠300株，白玉兰300株，杜英700株，重新铺装了人行道板。市博物馆前绿化工程：制作绿篱钢骨架95米，栽植桂花、贞楠等乔木植物30株，栽植红继木、细叶女贞等灌木植物13 000株，铺草坪1 300平方米。

2009年，龙泉社区道路绿化工程：砌筑花岗石饰面花池10个，砌筑坐凳6套，铺装青石板130平方米，回填栽植土860立方米。栽植天竺葵、白玉兰等乔木植物115株，栽植南天竹、春鹃等灌木植物15 000株，铺草坪500平方米。市法院公安局门前道路绿化工程：外运土石方1 500立方米，砌筑道路、广场、梯步1 000平方米，砌筑大型花池5个，回填栽植土3 000立方米，平整绿化地1 000平方米，栽植黄桷树、小叶榕、天竺葵、桂花、红枫、春鹃、红继木、六月雪等乔灌木植物7.9万株，铺植马蹄金草坪460平方米。凤凰山风景区建设：聘请成都来也城市策划规划设计有限责任公司编制了《凤凰山风景区修建性详细规划》，并经市规委会审定通过；对景区大门、环山公路等进行打造和硬化，油化了农行干校至东长廊段公路；在景区中大门西南侧修建502.6平方米接待中心（含接待、游览、展示、医务、投诉及旅游商品销售等功能）主体工程；景区内新建公厕2座，新增景观雕刻石亭3座，石桌椅20套（张），雕塑小品5件。城区小街小巷绿化建设工程：完成了东城片区北翎路、野茅溪、福音堂，西城及朝阳片区西圣寺路、马河沟、大观园塔石路、陵园路等绿点花池砌筑，回填栽植土1 000立方米，栽植桂花、红叶李、天竺葵等乔木植物1 075株，栽植红继木、春鹃、小叶栀子等灌木植物16 100株、麦冬等地被植物1 000平方米。化工产业园区道路绿化工程：回填栽植土8 790立方米，清除石头1 319.8立方米，整理绿化地110 827平方米，铺草砖30平方米，栽植黄桷树、天竺葵、三叶树等乔木20 800株，栽植毛叶丁香、红继木等花灌木273 745万株，栽植麦冬等地被植物47 340平方米；目前正在实施金龙立交闸道左侧7 000平方米绿化，已回填栽植土3 000立方米，平整绿化地7 000平方米，

下一步拟栽植黄桷树、天竺葵、三叶树等乔木植物49株，八角金盘、金叶女贞、细叶女贞、春鹃等灌木植物6万株，栽植麦冬等地被植物6 000平方米。城区小街小巷绿化工程：完成东城片区北翎路、野茅溪、福音堂，西城及朝阳片区西圣寺路、马河沟、大观园、塔石路、陵园路等绿点花池砌筑，回填栽植土1 000立方米，栽植桂花、红叶李、天竺葵等乔木植物1 075株，栽植红继木、春鹃、小叶栀子等灌木植物16 100株、麦冬等地被植物1 000平方米。城市献花工作：为美化市容市貌、装扮节日城市、提升城市形象，每年在元旦、春节、五一节、国庆节、市人大、政协会议期间，我处在街心花园、中心广场、人民广场、塔沱广场、凤凰头广场等主要场所摆放西洋鹃、报春、三色堇、孔雀草、矮牵牛、四季海棠等鲜花40万盆以上。

【省级园林城市创建】制定《达州市创建省级园林城市实施方案》和《达州市创建省级园林城市任务分解及考核评分标准》，经市政府常务会议研究后下发各相关部门。2009年3月起，市创园办组织专业技术人员对达州市中心城区、周边乡镇、苗圃等绿化现状进行全面的摸底调查，于7月底完成普查。在摸底调查的基础上，对绿化条件较好的单位和居住区，提出“申报市级或省级园林式单位(小区)”的要求并积极指导申报。已组织验收第一批市级园林式单位14个，并报市政府审批合格，向省建设厅推荐申报省级园林式单位5个。2008年10月初开始，市创园办技术人员和市林业局相关部门对达州市建城区内的古树名木重新进行实地核查，并进行挂牌保护。通过邀请比选方式，确定成都市风景园林规划设计院为《达州市中心城区绿地系统规划》设计单位，2009年7月底完成初稿，9月底提交过程稿，11月10日市规划和建设局组织初审，提交编制单位进行修改完善。

【领导名录】

主　任：房蜀江

（陈　苏）

测绘工作

【规划测量】2008年，结合贯彻落实《城乡规划法》，抓好城区范围的国家及省、市重点项目以及经济适用房和廉租房“安居工程”、饮水排污工程、城市绿化工程、市政工程及北外、西外农房建设的测绘服务。及时为建设单位和个人提供报建图233件(含农房)，完成建筑物放线测量132件(含农房)，进行红线验线42件、竣工测绘66件，为城市规划和达州市建立《城市规划管理信息系统》提供了最新的基础测绘资料。

2009年，为建设单位和个人提供报建地形图82件(含农房)。严格按规划要求对侨兴新城、侨兴凤凰城、西外阳光小区等20个建设项目实施了规划红线放线测量；对凰城壹号、宏升国际新城、西苑佳居等29个项目进行了基础红线验线；完成了广电花园、港都月光城、滨江风景等22个项目的竣工测绘，有效促进了规划的顺利实施。

【基础测绘】2008年新测莲花湖、马踏洞片区及通川区工业集中区地形图7.5平方公里。对凤凰山山前路、野茅溪大桥、龙爪塔周边绿化工程、市政中心景观通道、金龙大道北延线、西外新区截污干管敷设区域、市垃圾处理厂渗滤液管道输送工程进行了现状测绘。2009年，重新进行了城区60余个GPS测量控制点的埋设和测量及人民广场、元稹纪念馆、凤凰楼、六相寺等40余处城市公共区域的修补测绘，确保了地形图的现势性。完成达州秦巴物流园12平方公里规划地形图、罗江至河市州河两岸9平方公里景观规划地形图、化工园区快速通道木瓜铺段5公里道路现状地形图、犀牛山风景区0.3平方公里地形图测绘，满足了城市规划需求。

【综合服务】2008年，根据房屋安全管理需要，新开展了建筑物沉降观测和垂直度测量，开展房产测绘2万平方米，完成了化工园区1.4km道路土石方横断面测量。先后免费向通川区政府提供了市外贸仓库、市麻纺厂片区襄渝铁路二线所需地形图，无偿为市防汛指挥部所需实地高程数据、市纪委调查达县国家基准气候观测站周边超高建筑现状提供测绘支持，为市城建监察支队查处违章建筑提供地形图资料64件。

2009年，对华欣·御景上城、滨江名都、洲河湾、棕榈岛等9个楼盘进行了建筑物沉降观测和垂直度测量，为工程质量监督和安全施工提供了可靠数据。开展了市中心医院门诊部、市国税局办公楼、望源角楼盘房产测绘6.4万平方米。免费为市城建监察支队查出违章建筑提供地形图资料156件。

【灾后援建】“5·12”汶川地震后，随即组成了以党员和技术骨干为主的青年突击队，配合市规划和建设局开展全市房屋安全鉴定工作，先后对罗浮知天下等12幢房屋进行了建筑物倾斜测量，用可靠的测量数据证明了房屋的安全性。单位主要领导亲自率队前往达州市对口支援的绵阳市游仙区魏城镇参与义务灾后重建，圆满完成了魏城镇1号干道纵横断面测量、道路施工范围地下天然气管线测量和魏城镇敬老院地形图测量工作，受到了建设指挥部和当地政府及群众的称赞。

【领导名录】

队　长：何川宁

（谯俊梅）

造价工作

【政策宣传】认真做好《四川省工程工程量清单计价定额》、《建设工程工程量清单计价规范》GB50500－2003及相关配套的造价政策的宣传、解释工作。抓好《达州市建设工程造价管理暂行规定》的贯彻执行和宣传工作。国有投资项目全面使用《清单计价定额》。

【工程竣工结算审查】重点抓工程竣工结算审查确认制度落实。对该项工作实行提前介入方式，在工程报建时，及时宣传并提前发放“工程竣工结算审查确认通知书”，保证审查确认制度化顺利实施。共完成了36个工程项目的竣工结算审查确认备案工作，建筑面积约65.6756万平方米，总投资4.48亿元，收费上缴调节资金和省定管费近90万元。

【造价队伍建设】切实加强工程造价队伍的动态管理。按有关规定对造价员（师）执业资格、造价咨询单位资质、施工企业工程取费及规费等实行严格管理，规范工程造价计价行为；完成造价员（师）注册证、咨询单位资质证、施工企业工程取费证及规费证的年检初审、换证等7工作。配合市人事局把好报考全国造价工程师的资格审查关。组织首次全国建设工程造价员137人在本市的报名和考试，以及全国造价工程师考试审查工作，做好执业人员的资格证注册、变更、发证、年检工作。完成了继续教育和资格年检和续期注册工作。按规定对未参加续期教育人员进行停止执业资格的处理。

【法人单位监管】加强工程造价咨询单位的管理，加大监督力度。对全市合格造价咨询单位进行年检及重新就位工作，对不合格的造价咨询单位不予申报，规范建设工程造价咨询市场。做好施工企业工程取费证的年检工作，严格取费证的申报审查。加强对施工企业工程取费证的年检和申报工作。完成了51家施工企业工程“规费证”办理。

【工程预算决算执行情况范例】完成西外“金兰小区”临街商业用房、西外“巨鑫园”小区、达州市中心广场美时尚商业广场、达州市中心广场景观、达州市新世纪学校、达州职业技术学院新建工程、西外久昌海棠新村小区、达州市园林处的城市绿化、新建工程绿化等工程竣工结算。完成四川省达州监狱迁（扩）建工程、达州市福利院迁（扩）建工程、达州市人民检察院迁（扩）建工程、达州市公安局交通警察支队、车辆管理所、检测及考试中心迁（扩）建工程的招标清单及控制价。

【领导名录】

站　长：潘传云

（尹　志）

城建监察

【执法工作】2008年5月，对《行政执法管理规定》进行了修订，实行了案情日报制，案件查处限定到36小时以内。大型建设工程项目，继续采用“提前介入、全程跟踪”的工作方法，对建设工程项目从开工建设到竣工验收，实行全程跟踪监督管理，对规划建设审批手续不全的工程坚决不允许开工；对已开工的在建工程，基础完成后，对工程开展“核线”工作，逐一勘丈，逐项核对工程技术参数，从而确保工程严格按照规划要求进行施工。对于零星建设，继续强化片区责任制，不断加强巡查力度和效果，有效防止了新的零星违法建设形成。全年共立案查处各类建设违法违规案件1 349件（其中：城乡综合整治案件801件），发出《责令停止违法建设通知书》222份，《责令改正通知书》1 022份、责令拆除面积29 535平方米（其中规划建设19 512.14平方米、户外广告10 022.86平方米），《行政处罚决定书》182份、处罚总面积63 395.74平方米（罚款面积58 909.24平方米、拆除面积4 486.49平方米）、处罚金额1 432 207.63元；由支队组织强制拆除617件（规划97件、户外广告521件），强制拆除面积9 993.21平方米（其中：规划建设6 412.56平方米、户外广告3 580.65平方米）；城乡综合整治中当事人自行拆除户外广告10件、面积164平方米(中心广场)。特别是5月对通川区二马路68号通川区某建材公司综合楼南侧形成达十年之久的63.84平方米两层违法建筑物、“洲河花园”南侧滨河路规划用地上违法修建的494平方米构筑物实施的强制拆除;7月对通川区柴市街丰吾堂商住楼顶擅自利用公用平台,严重影响他人利益的9户、面积422平方米违法建筑和西外新锦社区居委会擅自占用城市规划道路用地违法修建的砖混结构房屋415.22平方米实施的强制拆除;9月对15起(个人建房5件、单位和企业10件)占用朝阳办事处金龙大道南延线道路两侧绿地建设的施工围墙和建筑物实施的强制拆除;10月13日对东城御林苑小区C2、C3幢11户住户在共有屋顶上违法修建的11处砖混结构和砖体铁皮房屋、建筑面积360平方米实施的强制拆除;10月23~26日对朝阳东路小红旗桥至文家梁段的道路两侧的影响城市容貌的626余幅户外广告、面积3 500平方米(其中:过期无业主的闲置户外广告262幅、面积777.02平方米)和1处违法建筑物、建筑面积24.5平方米的强制拆除;10月27日对北外镇韩家坝村五组2户(涂同兴、李永勇)不服从规划建设管理秩序的违法建筑物、建筑面积175平方米实施的强制拆除。受到了群众的赞扬及社会各界的首肯,有力保障了城市规划的实施。

2009年,共立案查处建设违法违规案件463件,发出《停止违法建设通知书》173份、《责令改正通知书》257份、处罚决定171份(其中:规划类123份,装修类40份,市政公用类8份),处罚总面积43 939.69平方米(其中:罚款面积38 894.23平方米,拆除面积5 045.46平方米),处罚总金额1 474 261.45元。同时认真完成省总队交办案件3件,均及时处理并回复。

【打造城市名片　树立窗口新形象】2008年,重视城市中心广场管理工作,全力打造好“城市名片”,树立良好窗口形象。截至11月26日,广场共举办活动82次(其中公益性活动45次,商业活动37次),执法人员全力做好广场举办活动的秩序维护工作,确保市政、园林设施完好;同时立案查处违法广告24件;查处违法装饰装修2件;制止在广场内散发小广告980人/次;纠正占道机动车45件/次;拆除违章固定摊点25个,规范游动摊点9 350件/次;纠正损坏市政、园林设施行为83件/次。2009年,以“城乡协调抓建设、多措并举抓规范、标本兼顾抓整治”的原则,以“建筑工地整治、户外广告整治、违章建筑整治”为重点,扎实开展城乡环境综合治理工作。按照“突出重点、突破难点、巩固亮点、治理丑点”的工作思路,把工作的着力点放在群众普遍关注的热点、难点问题和影响城市容貌的违法违规行为上,努力维护亮丽、整洁的城市环境。一是强力治理工地乱象,创造良好建设环境。严格按照《达州市城乡环境综合整治建筑工地综合整治标准》,以全面治理“工地乱象”为目标,对中心城区在建工程进行了专项检查。督促各建筑工地设置1.8米以上的刚性围挡,拆迁施工现场要设置封闭围挡和警示标志,工地出口处地面实施硬化处理,设置车辆冲洗设施和泥浆沉淀、工地排水等设施。共督促23个建筑施工现场设置冲洗台、沉沙井、排水沟、硬化进出口,硬化场地和路面3 300余平方米,纠正工地违章运输建材车辆86台(次),制止夜间违规扰民施工21件(次),有效地解决了“工地乱象”问题,使达州市城市环境进一步得到有效改善。二是着力广告整治,提升城市形象。按照《达州市中心城区广告整治实施方案》的要求,以户外广告集中清理规范为切入点,加大户外广告的整治力度,按照一店一招的设置规范要求,清理一店多牌和门窗贴字,规范门头广告和沿路广告。在操作中,遵循由易到难、由点到面、由单项整治到综合治理的原则,逐步推广示范道路整治与管理的经验做法,坚持做到每月规范一街。自2008年10月以来,先后8次进行门牌店招集中整治,出动执法队员3 500余人次,施工人员1 260余人次,执法车辆600余台次,各类施工机具210次,大型吊车80台次,发放宣传资料万余份,发放《责令整改通知书》5 718份。整治工作主要集中在广告示范街(凤凰大道东延线路口——通川桥北端)、西外新区、火车站片区及中心城区,共计36条街路。在集中整治工作中,共拆除各类违规设置以及不符合市容标准的门店招牌6 313件,霓虹灯142个,其他广告192个,布幅1 120件,拆除面积51 500余平方米。另有940件户外广告自行整改,面积5 320余平方米,并对324件广告要求其自行改正至符合设置规定。有约96%的门店招牌已依法取得《户外广告设置许可证》,并按照设置技术规范重新进行了设置,进入长效管理阶段。分三个片区(西外、北外、市中心)对大型户外广告进行集中拆除,共出动执法人员850余人次,大型吊车57台次,各类机具170余次,送达《责令限期拆

除通知书》67份，强制拆除54块，面积7 280平方米，督促自行拆除13块，面积2 130平方米。支队抽调75名执法人员参与市城管联合执法支队执法工作。在执法工作中，我队人员积极配合城管支队切实做好好城市市容和环境卫生管理，对城区“脏、乱、差”等问题进行认真治理，坚持全天候不间断巡查，有效制止、纠正和查处了以街为市、乱摆摊点、撑杆搭棚、乱吐乱扔、乱贴“牛皮癣”广告等市容违章行为，今年以来，共制止、纠正和处理违章行为9 800起，收缴罚款49 015元，为市民创造一个“整洁、优美、舒适”的工作、生活环境作出了积极贡献。

【房产市场清理整顿】2008年，按照国家房地产专项清理整顿的精神以及市委、市政府要求，对达州市中心城区的房地产市场进行了清理、整顿、规范，并建立了长效可行的管理机制。对城区每一个在建工程都进行了拉网式检查，检查工地29个，并逐一登记造册，掌握基本情况。在每一个建筑工地显明处都粘贴了公告10余张，（内容有不具备预售条件，暂不预售及安置房、灾民房不准对外销售的字样）对违规设置的售楼部，咨询处，接待处，进行了强制拆除和关闭。强拆售楼部大型户外广告230幅。并通过电视、报纸、网络让广大市民了解达州城区在建工程，各类开发房的性质、合法性，提醒广大市民理性选房、依法购买，更好地保护每一位市民合法权益不受损失。2009年，张贴公告36份，立案查处物业管理、违规销售等案件15件，发出责令改正通知书15份，有效维护了市民合法权益。

【配合做好市容管理工作】2008年，抽调70名城建执法人员参与市城管联合执法支队执法工作。在执法工作中，积极配合城管支队切实管理好城市市容和环境卫生，对城区“脏、乱、差”等问题进行认真治理，坚持全天候不间断巡查，有效制止、纠正和查处了以街为市、乱摆摊点、撑杆搭棚、乱吐乱扔、乱贴“牛皮癣”广告、运输车辆沿街抛洒等市容违章行为，截至2008年11月26日，共制止、纠正和处理违章行为10 800起，收缴罚款52 010元，为市民创造一个“整洁、优美、舒适”的工作、生活环境作出了积极贡献。

【领导名录】

支队长：吴东建

（汪玉强　魏　旭）

工程质量监督

【工作职责】依据《建筑法》、国务院《建设工程质量管理条例》、《建设工程安全生产管理条例》、建设部《建设工程质量监督导则》等国家有关法律、法规以及工程建设强制性标准，对达州市城市规划范围内施工现场实施监督管理（目前监督管理的范围是通川区辖区）。重点是对建设工程质量、施工安全责任主体单位和有关机构履行质量、施工安全责任的行为以及建设工程实体质量、施工安全进行监督检查。

【监督机制】在监督建筑施工过程中以巡查监督为主线，通过巡查监督在面上控制，关键工序、重点部位监督在点上控制，实行差异化监管从线上控制，对质量安全保证体系不健全、质量安全隐患严重、质量安全问题多次整改不力的工程列入重点监管项目，对重点监管项目、责任主体单位及有关人员按规定严肃处理。对项目施工全过程实行立体监管模式。把质量验收监督、施工安全评价（静态）与巡查监管（动态）有机结合，加大执法和处罚力度。

【监督程序】办理质量安全监督手续、编制质量安全监督方案、质量安全监督工作交底、五方责任主体行为监督检查、工程实体质量安全监督检查、工程竣工验收监督、编制工程质量监督报告。监督手续统一在市政务服务中心受理和办结。办理监督手续的前置条件是工程项目已完成招标投标工作，进场实施监督管理的前置条件是建设单位已办理《建筑工程施工许可证》。监督方式是巡回抽查，监督重点是五方责任主体的质量安全行为以及地基、基础、主体结构和主要使用功能。

【监督成果】1. 重点对施工和监理企业工程项目建立质量安全保证体系和机制运行和责任制的落实进行监督，重点检查项目部综合管理能力，全面提高项目部综合管理能力。2009责令8个项目部进行了全面整改，项目部管理能力明显增强。2. 加强监理工作质量监督。按照省建设厅关于监理工作质量评价的规定和要求，2009年10月组织对达州市城区受监工程监理工作质量进行首次专项检查和评价。共检查工程项目21个，受检监理单位10家，进一步促进了监理工作质量。3. 加强先进工艺推广实施。城区在建工程已全部采用大模板施工工艺，根治了多年来砼施工严重质量缺陷,有效控制住砼一般质量缺陷,工程实体质量显著提高。4. 加强高层建筑质量监督。拟定并报市规划和建设局印发了《高层建筑工程质量管理规定》,一是强化高层建筑地基基础验收的监督,确保地基基础质量;二是强化高层建筑主要结构的质量监督检测。对结构混凝土、承重墙体砌筑砂浆和钢筋保护层厚度实施监督检测,共监督检测工程52个、65次,发出砼、砂浆强度质量怀疑监督检测报告11份,及时发现并督促整改了结构质量安全隐患;三是实施高层建筑工程垂直度和沉降量有资质检测,进一步确保工程质量。5. 加强住宅分户验收监督。全面开展住宅分户验收工作,拟定并报市规划和建设局印发了《达州市住宅工程质量分户验收管理暂行办法》,规范分户验收的组织、程序和条件,迫使施工企业提高质量意识和管理水平,通过购房人参加分户验收并签认,质量投诉同期下降50%。6. 加强建筑节能监管。2009年7月份、8月份,市质监站组织对城区在建工程建筑节能施工质量进行专项检查,全面开展建筑节能监管工作。7. 加强群众投诉的处理。确定专人查询和接待群众有关诉求,主管领导负责组织处理,对群众通过书记信箱、市长热线、凤凰山下论坛以及上访、信访、电话等近百起投诉和反映,对旭日苑、憩园、华泰花园、滨江风景等工程质量安全投诉及时受理和处理,切实维护了群众的合法利益,化解了矛盾,维护了稳定,实现处理率100%。8. 加强施工前期安全监督。我站继续强化施工准备阶段的安全条件监督,重点检查安全体系和机制的运行和责任制的落实,重点检查项目部的健全和管理能力。现场安全条件和环境治理应符合规定,对不符合条件的必须整改合格后办理监督手续,依法强化了前置条件,为后期安全管理打下良好基础。9. 加强隐患排查治理监督。我站不断开展和深化施工安全专项治理,从严规范实体防护。2009年,深化治理手动简易自制吊篮、钢管扣件式卸料平台、钢管扣件式悬挑脚手架悬挑梁等重大安全隐患,效果非常明显。对安全网等安全防护用品实行使用备案管理,对7个建筑工地使用的不符合规定的安全网进行了强制拆除。10. 加强环境综合治理监督。严格执行达州市建筑工地环境治理有关规定,硬性实施,新建工程必须达到规定才办理监督手续。对在建工程进行多次专项检查整治,建筑工地围墙、大门、六牌一图、进出口及场内道路、车辆冲洗设施及排水沉渣等地面设施以及防护脚手架、防护栏杆等空中设施基本规范,粉尘治理效果明显,文明施工现场进一步规范。11. 加强建筑起重机械监管。建筑起重机械备案和使用管理已实现全省联网管理,全市产权备案塔式起重机568台,施工升降机5台,物料提升机3台。市城区办理使用登记75台,其中的塔式起重机72台,施工升降机3台,使用登记率100%,杜绝使用不合格建筑起重机械,规范了建筑起重机械市场。12. 加强重要时期监督。建立健全重要时期专项检查制度,每年开展"百日安全生产"活动、"安全生产月"活动、"质量月"活动以及汛期施工安全专项检查已经制度化。2009年又开展了"质量和安全年"、"三项建设、三项行动"活动,发出隐患整改通知65份,停工通知18份,有效遏制较大事故,一般事故明显减少。13. 大力推动企业创标创优。充分发挥创标创优工地建设的样板带动作用,认真宣传、大力提倡、积极服务于企业,不断引导和推动企业创标创优。2009年已有6个单位工程通过省级优质结构工程的评审,5个单位工程通过省级标准化工地的评审,另有11个单位工程已申报省级优质结构工程和省级标准化工地。14. 强化依法查处力度。切实增强严格执法意识,严肃查处违法违规行为。2008查处了达州市东华建司施工的通川区东岳信用社综合楼工程不按图施工,偷工减料,埋下严重质量隐患的违法行为。查处四川三鑫建司施工的福临苑工程违反质量验收程序,工序未经监理单位验收擅自隐蔽的行为,对监理单位制止不力提出批评,同时责令该工程停工整改,重新组织验收,并对施工单位通报。对四川三鑫建司施工的滨江·名都城工程重伤一人安全事故处以违章扣分和经济处罚。2009年对通川区阳平社区安置房违规加工HRP235级钢筋、通川区柏阁社区襄渝二线安置房拒不整改质量安全隐患等违法行为实施了行政处罚。

【领导名录】

站　长:张成高

(王　利)

燃气供应

【概况】达州拥有民用天然气用户11余万户(其中商业、集体用气户4 500多户),城市气化率达93%以上,居省内城市气化率前列。

2008 年完成销售安装收入9 400万元，完成供气量5 355.4万立方米，发展民用气7 147户，实现税金1 421万元，实现利润202 万元，实现国有资产保值增值率102%。全年完成管网维修改造1.54 千米；西外海棠湾CNG加气站重建竣工投入运行，缓解了全市加气站不足的矛盾；南外储配站迁建工程的前期手续基本办理完成；贯通南外杨柳垭至三岔路口Φ273供气主干管线，彻底改变以往冬季高峰期远端用户无气的历史。

2009 年完成销售安装收入11 840万元，完成供气量5 944万立方米，发展民用气8 120户，实现税金768 万元，实现利润283 万元，实现国有资产的保值增值率为104%，社会贡献率16.7%。完成储配站迁建工作的管线配套建设；南外储配站迁建工作在去年的基础上，今年已完成地质钻探及土石方测绘工作，完成土建部分招标和监理招标工作，基本完成征地拆迁工作，已开工建设涵洞；南外曹家梁储配站完成2号、4号球罐的开罐检测工作，确保了供气的安全；改造城区的旧管网1.56 公里；完成蒲家液化气站设施、设备的保养、检修工作，为恢复该站的生产工作打下了基础；完成了全城管网的探漏工作，共查出漏点250余处，已全部整改完毕，确保了全城供气工作的安全平稳；完成了北外肖公庙至罗江界供气主干管线的铺设工作；完成了南外三里坪至武警达州市支队教导队长为3.1公里管径是Φ108的供气主干管线建设，有力支持了国防部队建设。

【为民惠民工作】完成达县麻柳镇烂泥湖村、宣汉县天台乡天台村、莲花湖长岭村的帮扶工作、新农村建设工作，共计投入资金7万余元，帮扶万源市大竹镇万家岭村共计资金20余万元。扎实开展城乡环境综合治理工作，共计投入资金100余万元。

其间，民用气倒挂费用1 400余万元；减免各种涉及民生的和支持部队建设、监狱建设等费用900余万元；参加抗洪抢险等任务10余次，投入资金40余万元；进入社区、街道进行义务维修等活动50余人次，并长期进行安全用气常识等宣传工作，共计投入资金50余万元；办结人大代表建议、政协委员提案5件，回复书记信箱、市长热线、凤凰山下论坛共计200余件/次，处理信访、投诉50件次，办结率、回复率、满意率100%；办理群众反映的各种问题700余次，群众满意率99%。

【未来发展战略目标】为了适应达州市特大城市发展的需要，扩大产能，将在杨柳垭村二组新建储备站一座，该工程建6个5 000立方米的高压储气球罐，储气规模54.6 万 Nm^3/日，调峰能力20.2 万 Nm^3/日。

为了配合通川区开发张家坝战略，将从新储配站经三里坪、小河嘴过明月江至张家坝、由张家坝过洲河贯通罗江供气管线，不但为开发张家坝打下基础，而且还使我司形成环形供气管网，进一步增强供气水平，增加发展潜力和经济效益。

进--步做好三里坪区域的发展，加快向小河嘴发展的步伐。尽快完成对罗江镇达州市恒通燃气有限公司的收购工作，以此为桥头堡，加快向魏家、蒲家发展的步伐。加快新建两座CNG加气站的步伐。加快全城旧管网的改造工作，保障安全、降低损耗、增加效益。未来三年我司的年产值预计将超过两亿元。

【表彰情况】

1. 保持建设部“文明示范窗口”荣誉
2. 保持省级“文明单位”称号
3. 保持“模范职工之家”荣誉
4. 保持“省级卫生单位”称号
5. 四川省景气调查先进单位
6. 四川省建设厅“燃气安全先进集体”
7. 四川省城市燃气协会安全生产先进单位
8. 市财政局财务决算表编制先进单位、财务快报先进单位
9. 市工会优秀职工之家
10. 市规划和建设局城乡建设目标考核一等奖
11. 年建设系统档案管理先进单位
12. 年国有企业统计报表先进单位
13. 年度纳税先进单位
14. 年度国有资产统计报表先进单位
15. 年度达州市“安康杯”竞赛优胜企业
16. 年计量工作先进单位
17. 达州市“三八红旗手”先进集体
18. 市规划和建设局工会经审工作先进单位、工会工作竞赛先进单位、工会女工先进集体
19. 市社保局按时足额缴纳当期养老保险费企
20. 东城办事处“计划生育先进单位”、“爱国卫生先进单位”
21. 东综治委社会治安综合治理优秀单位
22. 市规划和建设局“庆五四、促效能、迎奥运”

知识竞赛一等奖

【领导名录】

总经理：胡卫国

（冯利宽）

给　排　水

【概况】达州市给排水总公司始建于1958年。经过50年的艰苦创业，现已发展成为集供排水、管道安装、材料销售、物业管理为一体的现代化园林式公用型企业。总公司分设南城公司、市污水处理厂、西晶集团八建司、市自来水物资供销有限公司，下设22个科室、厂队，职工持证上岗率达95%，技术人员比例达30%。生产主要采用原水——预沉——沉淀——过滤——消毒——沉淀——加压——用户的工艺流程。日供水能力17万吨（含南城5万吨）、日处理生活污水4万吨。供水人口近60万，水质综合合格率100%、服务压力合格率100%，供水普及率98%。供区范围内含老城区，东至小河嘴煤矿，西到河市、复兴，北连徐家坝，南接斌郎，并已向天然气能源化工基地扩展供水，覆盖面积达40余平方公里，大城市供水格局已成雏形。

【生产经营稳步发展】第一次实现总收入突破6 000万元大关，达到6 061万元。在2007～2009年的三年时间，实现总收入从3 000万元到6 000万元年均递增1 000万元的快速增长；国有净资产第一次跃上亿元台阶，达到1.0 045亿元，比上年同期7 871万元增加2 174万元，国有资本保值增值率达137.46%；企业总资产2.05亿元，比上年同期1.65亿元增加3 925万元。

【构建大城市供水格局】加快编制城市供水专业规划，对今后5～10年达城供排水进行科学合理的规划与布局：在西外组团新建15万吨/日规模水厂；将吴家沟水厂由5万吨/日扩建至10万吨/日供水能力；加上南城供水设施的同步配套建设，形成新增30万吨/日的供水能力，供区范围拓展至80平方公里，建成“工艺先进、布局合理、管理科学、双向供水、分区分压、安全可靠”的大城市供水系统。结合行业改革发展的有益经验，研究拟定了在达州市域范围内规划构建水务一体化企业集团的初步设想，以资产为纽带，采取整体收购、协议转让等多种市场化运作方式，整合各县市水务资源，增强融资能力，扩大经营规模，提高企业经济效益，满足大城市建设和发展的长期需求。

【加快供水设施建设】千方百计推进重点工程建设。通川区安全饮水工程土建第一、四标段已完工，第二、三标段均完成工程量的95%，第五、六标段已全面开工建设；加压泵站和边坡治理工程分别完成地质勘探、设计及招投标等前期工作。工程累计到位资金3 863万元，完成建设投资6 035万元，占工程概算7 935万元的76%。它的建成将惠及市民饮水安全。大力实施节能技术改造。对吴家沟水厂加压房1号水泵、凤翎水厂污水回收泵和生活泵进行节能改造。购置先进的管网探漏仪器，已在城区探明14个漏点，年降低水损120余万吨。从6月1日起调整了各净水厂的管网压力参数，改变了50年城区夜间减压供水的传统模式，解决了城区高楼层用户夜间供水压力不足的问题。

【表彰情况】

1. 2009年荣获“全国五一劳动奖状”、“中国水协抗震救灾恢复重建重要贡献单位”

2. 达州市“全市建设人才工作先进集体”、城乡建设目标考核一等奖等荣誉称号

【领导名录】

总经理：唐　军

（胡志安）

环 境 保 护

【基本情况】2008～2009年，全市环保系统认真贯彻落实国务院《关于落实科学发展观加强环境保护的决定》，紧紧围绕打造“一枢纽、两中心、三基地，建设秦巴地区经济文化强市”的战略目标，开拓创新，克难攻坚，开创了全市环保工作新局面，全市环境质量持续改善。工作上牢牢把握环境保护和污染防治两个重点，深入开展了“整治违法排污企业保障群众健康环保专项行动”，全市共出动执法人员16 043余人次，巡查排污企业5 857家，检查污染防治设施880台（套），立案查处各类环境违法行为236起，受理举报电话1 610个，全面完成了环境质量目标考核任务。积极开展了环境污染治理，狠抓主要污染减排，大力实施民生工程，不断改善生态环境质量。两年来，全市主要河流水质稳中趋好，出境断面

（团堡岭）、入境断面（江陵断面）、城市控制断面水质均好于国家Ⅲ类水域标准，达标率为100%。铜钵河、明月江、双龙河、洞耳河等小流域水质明显好转，多数河段水质达到Ⅲ类。全市城市集中式饮用水源水质良好，均符合地表水Ⅲ类标准要求，达标率为100%。全市没有发生环境污染事故。

【**污染物总量减排**】实施结构减排、工程减排、管理减排，认真落实减排监测和日常监管。2009年，省政府给全市下达了二氧化硫排放量削减7 000吨（与2008年相比，排放量下降5.39%），化学需氧量排放量削减700吨（与2008年相比，排放量下降1.51%），氨氮排放量控制在3 300吨内的总量减排目标。二氧化硫排放量全年实际削减13 479吨（与2008年相比，排放量下降10.38%），化学需氧量排放削减647.1吨（下降1.40%），氨氮排放量为2 766吨，有效地控制在3 300吨内，较好地完成了2009年度减排任务。

【**工业污染防治**】2008年，共投入1.3亿元治污资金，对纳入省市政府限期治理的18家重点工业污染源企业实施综合整治，实现了达标排放。2008年工业废水排放量为3 325.58万吨，排放达标率93.34%，工业废气排放量8 500.64吨，排放达标率97%，其中，SO_2排放达标率为95.95%，粉尘达标率为100%，工业固体废物产生量519.60万吨，综合利用率为99.89%。

2009年，共投入6 112万元治污资金，对纳入省市政府限期治理的9家重点工业污染源企业实施了综合整治，实现了达标排放。2009年工业废水排放量为3 423.41万吨，排放达标率为96.19%，工业废气排放量为6 823.68吨，排放达标率为99.67%；其中，SO_2排放达标率为95.75%，粉尘达标率为99.81%；工业固体废物产生量为530.45万吨，综合利用率为99.83%。

【**城市环境综合整治**】加大对工业污染源、道路运输扬尘、城区建筑企业夜间施工和娱乐场所的综合整治，加大了对煤油烟治理设施的监管，积极开展机动车尾气污染防治工作，全市环境空气质量不断改善。2008年，市城区环境空气质量达标天数353天，达标率96.4%；市城区环境噪声平均值54.1分贝，交通干线噪声平均值为67.4分贝。2009年，市城区环境空气达标天数为351天，达标率达96.2%，可吸入颗粒物由2007年的0.115毫克/立方米下降到2009年的0.074毫克/立方米，下降了1.11个百分点。空气质量明显好转。城市区域环境噪声为54分贝，较2008年下降0.1分贝。交通干线噪声为67.5分贝。2008年达州市城市环境综合整治定量考核取得较好成绩，在全省18个考核市州中排名第4位，公众对城市环境保护调查率为76.88%；2009年达州市公众对城市环境保护满意率86.49%；在全省18个考核市州中名列第4位，比2008年76.88%上升了9.61个百分点。

【**省级环保模范城市创建**】市政府发布《达州市创建四川省环境保护模范城市规划》，明确创模工作重点和实施进度安排。及时印发《达州市创建省级环保模范城市目标任务分解表》，对18个创模成员单位工作任务进行了分解落实。同时，邀请省环保局专家对达州市创模工作进行了现场调研和指导。研究制定了《达州市市级环保模范县城创建标准》和《达州市创建市级环保模范县城工作程序》，加强了对各县（市）创模工作指导，各县（市）先后制定了实施方案。目前，万源正在积极创建省级环保模范城市，开江、渠县、大竹已经市政府正式批复创建市级环保模范县城，开江已完成创模规划评审，渠县、大竹县正在编制创模规划，宣汉县创建市级环保模范县城申请正待市政府批复。

【**农村环境保护**】积极开展实施《农村小康环保行动计划实施方案》和《达州市生态市建设规划（2008～2020年）》，在各县（市、区）开展生活污水集中处理试点工作，积极推广"户分类、村收集、乡运输、县处理"的垃圾处理方式，提高垃圾无害化处理水平。全面开展畜禽污染治理工作，积极鼓励农村散养户建立沼气池，推行畜禽粪污"猪—沼—果（蔬）"综合利用模式，同时对规模化畜禽养殖企业实行限期治理，目前，已完成对18家规模化畜禽养殖场的限期治理。认真贯彻落实《达州市人民政府办公室关于贯彻落实"以奖促治"政策加快解决全市突出的农村环境问题的通知》（达市府办函[2009]275号）精神，积极争取中央和省上农村环保专项治理资金，有针对性地开展农村环境综合整治，实行"以奖促治"政策。2009年达州市开江县、宣汉县、万源市共争取中央农村环保村庄环境综合整治专项资金583万，解决了一批突出的村庄环境问题，调动了各县（市、区）村庄环境综合整治的积极性。积极开展土壤污染调查、矿山生态恢复工作以及农家乐污染综合整治。积极开展湖库污染调查和农村饮用水源保护工作，在全市依法划定了279个农村建制乡（镇）集中式饮用水源保护区（达市府发［2006］66号）。对5 000人以上集中式饮用水源二级保护区内的排污口实施了综合整治，依法取缔、关闭和搬迁了一批影响饮用水安全的排污口，同时在饮用水源保护区设定了界桩和标志牌。2009年度，全市32个重点湖库调查结果显示，具有饮用水源功能的有21个，对乡镇集中式饮用水源调查结果显示，水质达标率为93.2%。

【自然环境保护】积极开展生态市（县）建设和“生态细胞”创建工作。除通川区不单独编制生态县建设规划外，市本级、开江县、宣汉县、渠县和万源市生态市（县）建设规划已通过人大发布，大竹、达县生态县建设规划人大正在审议，即将发布。目前，达州市共成功创建省级环境优美乡镇1个（大竹县东柳乡）、省级生态村10个，创建省级生态小区22个（其中农业生态园区12个、自然生态小区6个、人居活动小区3个、工业生态园区1个）；命名市级生态村40个，生态家园492户。2009年度，完成72个乡镇环境优美乡镇的规划编制工作，正积极等待省上组织专家验收。完成申报国家级和省级生态村28个，生态小区8个，正等待省上命名。自然保护区和风景名胜区的建设管理是生态市建设的重要内容之一，是建设生态文明的有效途径。全市具有地文景观、水域风光、生物和天象与气候景观，建筑与设施、遗址遗迹、旅游商品、人文活动等8大类，26个亚类，88个基本类型。达州市现有国家AAA级旅游区3处（大竹五峰山、宣汉百里峡、万源龙潭河），AA级旅游区2处（达县真佛山、渠县龙潭—汉阙），国家级森林公园2处（大竹五峰山、达县铁山），省级森林公园3处（达县雷音铺、渠县大坡岭、宣汉观音山），国家及自然保护区1处（万源花萼山），省级自然保护区1处（宣汉百里峡），省级风景名胜区4处（达县真佛山、宣汉百里峡、万源八台山、渠县龙潭—汉阙）。全市现有全国重点文物保护单位4个（渠县汉阙、宣汉罗家坝遗址、渠县城坝遗址、开江陶牌坊）、全国爱国主义教育基地1个（万源保卫战战史陈列馆）、全省重点文物保护单位24处。有市级风景名胜区—通川区凤凰山。

【建设项目环境管理】为严格控制新的污染源，进一步加强对建设项目“三同时”的全过程管理。2009年，认真制定了《达州市环境保护局行政审批工作管理办法（试行）》、《达州市环境保护局行政审批窗口工作人员规则（试行）》、《达州市环境保护局行政审批专用章使用和管理办法（试行）》等制度，出台了《达州市环保局服务全市加快发展十条措施》，建立了行政审批专用章使用台账，积极开展了并联审批工作，推行了项目公示制度，对行政审批时限进行了再度压缩，较法定时间提速了70%。两年来，全市共审批新、扩、改建项目的环评文件541个，其中环境影响报告书24个，环境影响报告表169个，环境影响登记表348份。建设项目环境保护竣工验收214个，“三同时”执行率100%，出具和确认环境执行标准共64个，无未批先建、越权审批事件发生。

【核与辐射监管】两年来，全市已申报审批的Ⅲ类射线装置有145家，195台（套），已核发《辐射安全许可证》153家，加强了对涉源单位及射线装置使用单位的现场检查，出具各类核技术应用项目标准及环评审批48个，处理群众投诉3起，确保了核与辐射安全。

【环境执法】全市认真开展了饮用水源保护专项行动、“整治违法排污企业保障群众健康”环保专项行动、中高考禁噪专项行动、钢铁企业执法检查专项行动、天然气勘探开发及化工园区项目环境执法专项行动、造纸行业整治专项行动和核与辐射管理专项行动等7大专项行动。对全市范围内饮用水源地、钢铁企业、天然气井场、净化厂、集输管道工程和化工园区建设项目、造纸行业、核与辐射相关行业等开展了专项检查，严厉打击环境环境违法行为。环保、公安、文化、工商、城管等部门密切配合，加强了对工业企业噪声、建筑施工噪声、交通运输噪声和文化娱乐噪声的监管，严格新建项目环保准入，督促业主采取隔音降噪减振措施，加强夜间巡查，认真办理“12369”环境举报热线和“12345”市长热线，对21家娱乐场所、9家建筑工地责令整改，声环境质量逐步好转。2008～2009年，全市依法征收排污费2 358万元，处罚款135万元。加大环境信访办理，2008～2009年，共办理“12369”投诉1 913件，“12345”市长热线投诉306件，办理人大议案7件，政协提案13件。

【环境监测】2008年，完成国控、省控重点污染源监测107家（次），出具监测报告107份，共获监测数据4 425个。报送沿江、沿河化工企业排放有毒有害污染物专项监测报告7份，共获监测数据292个。编制全市地表水数据报告11份，获监测数据1 301个。编制饮用水数据报告23份，获监测数据442个。出具环境噪声监测报告12份，获监测数据2 814个。完成44个环境影响评价项目的水质、环境空气、环境噪声现状监测，共获监测数据8 835个。完成新扩改建项目竣工验收、污染限期治理项目竣工验收、在线监测竣工验收监测24家，共出具验收监测报告24份，获监测数据2 548个。共获水质自动监测数据14 070个，空气自动监测监测数据6 700个，城区空气质量月报11个，城区空气质量季报3个，城区空气质量半年年报1个，城区空气质量日报335个。2009年，积极向上争取了监测能力建设专项资金772万元，极大地提高了达州市环境监测装备水平。投资200多万元的达州市重点污染源在线监控平台建设已进入招标阶段。举行了两次处置应急突发环境污染事故实战演练，进一步完善了《达州市环境监测应急预案》。2009年共出监测报告159个，共完成服务性监测100个。在案件调查、污染源排查、监督性监测等工作中，高度重视监测结果的运用，通过调查性监测、监督性监测发现环境违法线索10起，立案调查企业4家。通过对钢铁、化工等高危行业的调查性监测，还发现了达县运达化工等存在较大潜在环境风险的隐患，有效的预防了环境安全隐患，严厉打击违法排污、超标排污的行为。

【环境宣传教育】一是充分利用党政网和互联网达州环保网站发布大量的环保新闻，发布信息520余条。二是向省厅、市委、市政府、市科发办、市效能办报送环保信息870条。三是深入开展“六五”世界环境日宣传活动，制作了余幅环境警示教育图片展板，深入到各县(市、区)、部分中小学、企事业单位进行巡展。组织召开了“责任与诺言”为主题的达州市“六五”世界环境日纪念大会，向志书记到会作了重要讲话。四是“两会”期间，制作节能减排宣传小卡片，印制《家庭节能减排60问》。开展了“家庭节能减排”和“平安奥运、法制同行”宣传活动。参加了“12·4”法制宣传活动，发出宣传手册5 000册(张)。五是两年来创建国家级绿色学校1所，省级绿色学校3所，市级绿色学校18所，国家级绿色社区1个，省级绿色社区5个，市级绿色社区14个，市级绿色教育基地2个。六是认真开展创模宣传教育，结合城乡环境综合整治，制作了大型固定标语牌50余幅、标语1 000余幅、宣传栏800余期，发放宣传资料2万余份，举办创模广场文艺演出。七是配合达州市人大积极开展“达州环保世纪行”宣传活动。

【领导名录】

局　长：唐廷教

副局长：杨跃华　李元周　饶　兵　陈　权

纪检组长：刘孝成

机关党委书记：丁　军

总工程师：喻　诣

（张　毅）

经济开发区建设

【概况】2008年，开发区累计完成各类建设投资36.6亿元，其中今年完成投资4.66亿元，占全年目标任务的103.5%。52家建设单位、83个项目(53个已竣工)顺利推进。1.截污干管Ⅰ、Ⅱ、Ⅲ期工程：Ⅰ、Ⅱ、Ⅲ期工程全长23 200米(包括通锦国际新城至海棠新村、火车站三岔路口至海棠新村段)等，管径0.8～1米，总投资资金10 200万元。2008年实施的人民广场段总投资约180万元，已完成800米，投资约150万元。因受市肉联厂拆迁的影响，剩余700余米暂无法实施。2.金龙大桥工程：总投资12 000万元，已累计完成投资6 477万元，占总投资的58.9%(其中2008年完成投资5 777万元)，完成全部桥墩、桥台的施工，正进行上部桥梁施工。3.金龙大道北延线Ⅱ期及土地初级开发工程：预计投资约42 150万元(含征地拆迁安置和工程预留金)，已完成投资约164万元，完成了施工便道、跨线桥的征地拆迁和项目部驻地建设；完善了向国家开发银行贷款手续。目前，市国土资源局正在对施工便道及A段道路K0+000－K0+1200(达州东火车站处)建设用地内管线、房屋进行拆迁。4.金龙大道北延线Ⅰ期工程：预计投资约6 531万元，已累计完成投资4 731万元，占总投资的73.9%(其中2008年完成投资2 400万元)，完成了480m道路管网、基层和沥青面层；280m长的土石方换填完成了70%。5.凤凰大道西延线Ⅰ、Ⅱ期工程：该工程全长约3 232米(从创达路桥公司至701仓库)，其中起点至襄渝铁路段570米、宽50米，其余道路宽40米，总投资约28 500万元。Ⅰ期工程今年5月在成都、重庆、达州媒体发布了招商公告,现正在进行招商准备。该道路建成后将为加快仓储物流园区的发展和进一步拉大城市发展空间创造良好条件。6. 西北环线工程:预计投资约9 100万元,已累计完成投资3 700万元,占总投资的40.7%(其中2008年完成投资1 948万元),完成了军分区段和军分区训练基地进出口道路管网、部分路面,现正在实施市审计局至疾控中心段管网工程,市创达公司处至市武警支队路段年底通车。7. 凤凰大道东延线安置房工程:该工程建筑面积27 480平方米,预计投资约2 356万元,已完成投资669万元,占总投资的28.3%,完成了A幢3个单元的主体结构,由于受用地范围内拆迁的影响,已延期安置。8. 金龙大道南延线及金山路平交路口工程:该工程长290米,宽30－60米,工程总投资948万元,完成投资932 万元。9. 管网连通工程(综合管沟及污水管道):该工程长800米,总投资约1 000万元,今年3月底开工,已完成金龙大道广电对面(靠达师校侧)和朝阳路与金龙大道路口(交警支队处)的管网连通。已累计完成投资约380万元。下步将实施金龙大道中段、金兰路、凤凰大道塔石立交处的综合管网断点连通。10. 市政景观通道工程:该工程长270米,宽92米,2007年11月初开工,10月1日对外开放,完成投资1 000万元。11. 开展前期工作的工程:根据市委、市政府1月3日会议精神,我委与市规划和建设局共同完成了开发区截污干管走向的初步规划;完成了截污干管Ⅰ、Ⅱ、Ⅲ期工程、白塔路西段、永兴路西段、金南大道、金南大桥、塔环路1号、塔环路2号、塔环路3号、塔石二路等项目的勘察、设计招标,待西外片区控制性祥规完成审批后,全面开展勘察、设计工作。

2009年,金龙大桥连接西外新区和化工产业园区,意义十分重大,面对时间紧、任务重的压力,精心组织,党政领导战酷暑、斗严寒,轮流坚守施工现场,解决施工难题,督促施工队伍加快工程进度,为金龙大桥8月18日提前建成通车提供了保障。

金龙大道北延线Ⅰ期道路周边用地单位多,先后入驻办公,部分建设用地已拍卖,加快建设显得尤为急迫。为降低造价,节约建设成本,必须抢抓晴好天气。根据市委、市政府领导现场办公会议精神,开发区管委会领导深入现场,多次协调解决资金等困难,督促施工单位倒排工期,昼夜施工,确保在天气转冷之前完成水泥稳定层和沥青路面的铺设、养护,为沿途市交警支队车辆检测中心、市消防支队、市审计局、翁福集团入驻办公创造良好的条件,道路周边单位对此感到十分满意。受建设用地拆迁补偿等多种因素影响,凤凰大道东延线安置房建设较为缓慢,被拆迁户不能按时安置,引起了多次集访。我委对此高度重视,为化解矛盾,理顺情绪,多次召开施工、监理单位等专项会议,协调、督促有关部门加快建设用地内的拆迁进度,相关领导和处(室)不定时地到工地检查、督促,及时解决水电气等配套设施安装问题。对施工单位提出了严格的质量和进度要求,一旦延误工期,将予以严厉的经济和行政处罚,目前正在加紧施工,A、C栋年底完工,B栋将在明年5月完工,为确保安置户按期入住打下了基础。由于金龙大道北延线Ⅱ期工程投资大、跨线桥施工难和技术要求高,投资单位受金融危机等多种因素的影响,去年完成便道施工后停工达一年之久,为督促施工单位尽快复工,我委多次与投资和施工单位商谈,协调解决影响复工的困难和问题,经过反复做工作,达成共识,于10月中旬正式复工,目前正在进行跨铁路线桥梁施工,进度较快。

【秦巴物流园区规划建设】凤凰大道西延线Ⅰ期工程和物流园区部分基础设施,公开招商,与相关投资单位进行多轮谈判。金南大桥(含金南大道)工程,已完成可研和初设方案评审。截污干管Ⅰ期(第一段)工程(通锦国际新城—人民广场—海棠新村),已完成设计,正进行预算评审。西北环线Ⅱ段(通锦国际新城背后段),已完成开工前期准备。截污干管Ⅰ期(第二段、第三段)Ⅱ期Ⅲ期、莲花湖控详区道路、白塔路西段、永兴路西段等项目已完成可研和初设方案。

【扩区规划编制工作】根据国家对开发区的产业发展和省上承接产业转移工作要求,按照市委、市政府提出的部署,相关部门编制了开发区扩区发展规划,省发改委已批复同意将开发区面积扩大至50平方公里,其中化工园区为30平方公里,为化工基地的建设、促进川东北经济区的发展创造了有利条件。现正在报告省发改委,以获得省政府的正式批示。

【领导名录】

主　任:王　伟

副主任:王飞虎　李玉明　王　可　林　钢

(张德超)

城市管理

【概况】2008年，为把市委、市政府的城管工作决策变成广大市民的自觉行动，建立广泛支持的群众基础，营造良好社会氛围，我们把强化宣传，提升市民文明素质作为重头戏和“开道车”。全年印发宣传资料12万余份、设立街头宣传咨询点12起次，设置城乡环境综合治理宣传标语30余幅，租用户外电子屏字幕配音滚动播报每日4次，扎制巡回游动宣传车9台次，配合新闻媒体开设宣传栏目1个、城乡环境综合治理专访2次，召集城管服务相对人座谈会23场次，深入社区楼院进家入户走访交流278人次，多形式、高频率、大规模、全方位宣传市民文明公约、市民行为规范和阶段性城管工作目标、方法措施及目的意义。通过强有力的宣传，市民群众法制意识、都市意识、公德意识不断增强，城市管理工作的社会氛围进一步好转。

2009年，达州城管执法工作在市委、市政府的坚强领导下，强化“以人为本、依法行政、严格管理、热情服务”的城管工作理念，努力探索“文明执法、整肃队伍、提高素质、构建和谐”新途径，以狠抓机关效能建设，强力推进城乡环境综合治理工作为抓手，扎实推进城市管理工作再上新台阶，保持了良好的市容市貌，进一步优化了地洁道畅、文明有序、安宁和谐的城市环境，坚持以服务达州经济社会发展为第一要务，以改善城市人居环境为根本出发点，切实加强党的建设和执法队伍建设，积极探索和不断完善城管执法长效机制，突出重点、全面履职，城管执法工作取得显著成效，为达州市创建省级卫生城市和城乡环境综合整治工作试点作出了重要贡献。

【治理粉尘　提高城市空气质量】2008年，对达州城区粉尘污染实施综合治理。一是充分发挥城市主要进出口5个公共洗车场的功能，在建立健全和奖惩办法的基础上，抽派城管队员和协管员现场督促，昼夜不间断为入城车辆提供冲洗轮胎、底盘附泥带沙免费服务。二是继续强力监督车辆加盖改装工作，城区运载建材、燃料、矿石等粉尘物品的车辆基本实行了加盖汽车专用蓬布密闭，渣土运输车辆全部实施了加硬盖密闭，向破损的渣土车发出限期修复通知27份。三是全天候加强路面巡查监管，全年现场纠正违章车辆1.68万台次，实施处罚4 300多台次，基本杜绝了运载粉尘物品车辆沿街路遗撒、飞扬、泄漏和脏车入城。四是拉网式排查城区废品收购、储存、分解、加工点及原煤、精煤、焦煤等燃料和砂石、水泥、石灰、滑石粉等建材销售点，发出《限期搬迁通知书》87份，动员大部分商家自行搬迁到城郊或筹备搬迁期间入室经营，达到了“收废不见废”、“加工整理不扬尘”的标准，对拒不整改的12处粉尘商品经销点、27处废品收购点、7处铁器加工作业点实施了强制关闭、搬迁。五是对城区道路两侧11处货物堆码场、洗修车作业场发送了《限期整改通知》，并现场督促硬化场地及与城市道路衔接口，强制取缔了不具备整改条件的洗车场点6处、占道堆码场点15处。六是加强城区在建工地管理，对29个未按规定硬化进出口、设置排水沟和沉沙井及出口洗车台的建筑工地发出了限期整改通知，阻止不按规定装载弃土的车辆出工地93台次；督促2个弃土场硬化了进出口道路；加强城市道路上管线敷设、植树、路面维修施工作业日常监管，及时纠正了弃土不即产即清、沿街路堆放行为32件次；取缔户外烧烤摊点400余个，收缴烤箱73个，捣毁沿街餐饮业违规燃煤的炉具300余个，纠正敞排油烟68起。

2009年，坚持以治脏治乱为重点。一是加大扬尘治理力度，在城区主要路口设立公共洗车场5个（老城区3个、南城2个），严格控制脏车入城，及时查处违章车辆，纠正和处罚脏车入城污染城市道路18 000起，保护了空气质量。二是切实加强对油烟、噪音扰民行为的执法管理，教育和处罚油烟、噪音扰民行为934起，取缔烧烤点89个，收缴烤箱139个，捣毁火炉子205个，纠正敞排油烟313起。净化了市民生活环境。三是强化环境卫生监管，组织和督促各街道、社区全面落实“门前三包”责任制，及时排查、清理生活建筑垃圾，及时清理小区卫生死角；督促环卫部门加强清扫保洁和垃圾清运工作，确保公共环境整洁。四是进一步加大执法管理力度，组织执法人员和协管员对不良卫生行为进行纠正和处罚，教育和纠正乱丢、乱吐、乱扔、乱倒行为13 000余人次，处罚8 300人次。

【管理经营行为　促交易秩序规范】2008年，治理以街为市、占道经营、沿街叫卖等城管难题。按照“疏堵结合、以疏为主”的思路，积极协调城区各农贸市场加强管理、改善市场环境条件，实行路段目标和领导包片责任制，蹲点值守与路面巡查相结合，教处并重，取缔严重扰民和阻碍交通的夜间占道农贸批发市场3处，纠正和处罚以街为市、沿街叫卖摊点1.36万起次、骑门摊8 900余件次，强制拆除夜间严重扰民的夜间大排档2家。对小街巷“五小”便民服务摊点实行了与主要街路接口“三米线”的管理制度。全城特别是主城区交易秩序一度混乱的局面得到了较大改善。

【人车分流 促交通秩序规范】2008年，随着城市机动车数量的猛增，城市交通拥堵愈加严重。在加强协管员队伍教育管理、改进管理方式的同时，调整力量，加强内部督查，斗硬责任落实和奖惩制度，加大了规范城区交通秩序的力度，至11月底，累计纠正行人乱穿马路8万余人次，其中，实施行政处罚4.5余人次；抽调精干力量，组织专门的“打摩”队伍，大力整治“摩的”非法客运，共查处非法营运摩托车570余辆，并对证据确凿、逾期拒不接受处罚的80台非法摩托车，依法进行集中公开销毁；拆除占道梯、台、池等违章建(构)筑物121处，制止和清除占道堆物作业、棋牌娱乐、拉场卖艺、看相算命等2 100余起次；护送倒街卧巷、沿街乞讨人员至救助站130余人次；纠正和查处占据人行道违章停放车辆120余起次。

2009年，坚持以提高管理水平为目的。一是加强车辆停放管理，将大型商场、酒店、银行、人行道、路口、市场周边、小区出入口等场所为监管重点，教育和处罚车辆乱停乱放车辆5 470起次。二是加强对占道经营行为的治理，严格审批占道宣传，并严格控制规模、音响强度外，原则上停止审批占道促销，强力宣传整治游商摊贩和跨店占道经营行为。全年取缔占道歌舞表演41次，纠正和处罚促销活动248起，查扣音箱12台，纠正商业游行活动63起，制止户外抽奖活动86起，全年教育、纠正和查处摊点10 000人次、骑门摊7 000。三是严厉打击摩托车非法载客，查处非法运营摩托车290辆。四是规范行人交通秩序，纠正乱穿马路1.3万人，处罚5 000人。四是加强对滨河路的管理，加大监管力度，取缔各种游击摊，制止噪音扰民行为，还市民一个休闲、安静的环境。

【管理促销活动 促户外商业宣传有序】2008年，户外无章无序的商业宣传活动，不仅有损达州城市形象，也干扰市民正常的工作和生活，我们在长效监管活动中，对违规违章者坚持规劝与处罚相结合，使一度混乱的户外占道商业宣传活动得到了有效遏制。至11月底，共强制取缔擅自占道搭设舞台进行歌舞表演36起次，纠正和处罚商户越门占道从事商品展销、促销活动27起次，查扣超标排放商业噪音的大功率音箱17台，纠正不按规定规模组织商业游行活动2起次，制止户外现场抽奖销售活动4起次，扣缴经多次规劝仍拒不纠正的乱摆乱放门店招徕广告牌匾290余块。

【治理“牛皮癣” 促城市立面净化美化】2008年，以制售各种假证假照、商业贷款、高薪招工、医治性病、出售迷魂药甚至枪支弹药为主要内容，在城市各种墙体、箱柜、杆桩、地面上到处乱喷涂、乱刻写的户外小广告，不仅扰乱社会经济、治安秩序，坑蒙、欺骗市民群众，也严重损害城市形象。由于制癣者昼伏夜出、灵活机动，抓获打击较难，因而成为全国各大城市的一大顽疾。对此，我们于7月、9月两次组织城管干部职工200余人次，突击清理主要街路“牛皮癣”广告3万余张，清除路面油漆喷涂广告700余处；加大对清“癣”保洁公司的监督与处罚，清除“牛皮癣”广告80万余张，处罚清洁公司责任金4 000余元；采取夜间巡查与发动群众抓获给奖的办法，现场抓获制“癣”者37人次、偷盗或故意损毁城市公共设施者12人次。为增强城市空间通透度，强制拆除撑杆搭篷200余个，过街横幅标语70余幅。

2009年，坚持以提升城市形象为目标，一是加强对城市农贸市场周边的整治，取缔占道批发市场21处，采取通夜值守的好巡查的办法，切实抓好对农贸市场周边的整治工作，取得明显效果；二是着力净化和改善城市空间立面环境，全面排查、清理、拆除破损、过期和违规设置的各类广告(店招)930块，拆除临街连接巷防护栏290个，花设置便民广告栏5个；聘请清洁公司全年清除“牛皮癣”广告53万份，组织2次城管干部职工200人清除“牛皮癣”3.8万，油漆喷涂广告2 030处，抓获制“癣”27人，偷盗、损毁公共设施者5人。奖励抓获制“癣”者有功人员49人。三是切实加强大街小巷管理，纠正沿路堆放行为238件，拆除梯、台、池36处，配合民政等部救助倒街卧巷乞讨人员51人。

【领导名录】

主　任：喻　东

（郑学军）

旅 游

【概况】2008年，全市旅游行业克服汶川大地震带来的不利影响和市场冲击，化不利因素为有利因素，一手抓抗震救灾，对口支援，一手抓经济发展，奋力推进，圆满完成了年初制定的目标任务。全年全市接待游客834.29万人次，同比增长5%；实现旅游总收入30.5亿元，同比增长12.13%，占全年目标任务29亿元的105%。2009年，在成功举办达州市第二届旅游产业发展推进大会下，全市接待游客750万人次，实现旅游总收入35.5亿元，同比增长同比增长11%和16.4%，完成全年目标任务33亿元的107.58%。

【政府主导旅游业发展】2008年，市委、市政府高度重视旅游业发展，在市委二届十次全会上提出了"建设秦巴地区文化旅游中心"的战略目标，召开市旅游产业发展领导小组会，统一思想，增强信心，明确工作目标和重点。特别是11月初市委、市政府召开的全市旅游产业发展推进会，在摸清实情、把握现状的基础上，提出了达州旅游发展的奋斗目标、当前任务、着力方向，同时调整充实了市旅游产业发展领导小组。为加快精品景区建设，构建达州旅游精品体系，市政府出台《关于加速培育精品旅游区推进旅游产业发展的实施意见》，明确打造精品景区的奖励政策和保障措施，进一步激发全市上下狠抓旅游景区建设的热情和积极性，为奋力推进旅游产业又好又快发展营造了良好氛围。2009年，市委、市政府召开了全市旅游工作会议，提出了全市2009年旅游工作的指导思想、目标任务和工作措施。市委、市政府主要领导、分管领导多次深入景区、企业检查指导旅游工作，地方党政和市级相关部门积极支持配合，确保了达州市第二届旅游产业发展推进大会的成功举办。市人大、市政协有关领导多次考察全市旅游景区景点，对旅游工作加强指导，掀起了全市上下大抓旅游的热潮，促进了全市旅游业的快速发展。

【旅游规划】2008年，坚持先规划后建设的原则，编制完成了《达州市城市中心旅游区规划》和《达州市建设秦巴地区文化旅游中心规划》，确保旅游产业发展的高标准、高起点和高水平。各县市区也加快规划的编制步伐，达县编制了《四川省达县真佛山旅游景区详细规划》和《达县石桥古镇列宁街风貌整治规划》，大竹完成《大竹清河古镇控详规划》初稿。2009年，按照达州市旅游发展总体规划、达州市红色旅游规划以及达州市城市中心旅游规划的要求，各县市区积极编制完善区域旅游发展规划和景区规划。市本级编制了《凤凰山景区修建性详细规划》、通川区编制了《犀牛山景区修建性详细规划》、开江县编制了《金山寺旅游景区修建性详细规划》、《金马山公园入口区控制性详细规划》和《宝泉塔景点控制性详细规划》，达县编制了《真佛山两苑一祠文化展示和装修工程规划》，渠县修编完成了《渠县龙潭汉阙风景名胜区总体规划》并编制《渠县龙潭风景区重点片区详细规划》，宣汉县编制了《百里峡旅游景区控制性详细规划》、《普光天然气工业暨巴人文化旅游区控制性详细规划》。截至2009年底，全市共编制各类旅游规划32个，其中市级和五县一市的区域旅游发展总规7个，景区规划22个，其它产品线路规划3个，为发展旅游业和景区建设提供了科学指导。

【抗震救灾】汶川县发生里氏8.0级强烈地震，给全行业的正常运行带来严重影响，全市旅游景区一度被迫停止接待，旅行社停止组团，部分景区和星级饭店受损，全市旅游行业因灾造成直接经济损失达954.8万元。面对困境，全市旅游行业坚定信心，迎难而上，积极科学应对灾害和困难，及时将工作重心调整到抗震救灾上来。成立了市旅游抗震救灾领导小组，立即启动应急预案，对本辖区、本单位进行拉网式排查，重点对旅游景区(点)的游览设备、旅游道路以及星级饭店特别是高层建筑饭店等公众聚集场所进行全面检查，及时排查各类安全隐患，并要求在未消除隐患前不得开放使用。在抗震救灾期间，全市旅游行业发扬"一方有难、八方支援"的精神，为重灾区踊跃捐款239 399元，献血达80余人次，树立了达州旅游人的良好精神风貌和形象。达州市金龙旅行社荣获全省旅游业抗震救灾先进集体，渠县旅游局局长高强、华夏大酒店服务员廖从芳获得全省旅游业抗震救灾先进个人称号。2009年，全市旅游行业以恢复重建和市场恢复启动为工作重心，根据制定的恢复重建规划，加强景区震后建设，利用广播、电视、报刊和网络等媒体大力宣传推介达州市旅游产品和特色，在"5·12"周年之际，各大景区推出免门票、5折游等优惠活动，重塑旅客对达州市旅游的安全信任感,恢复游客信心,促进达州市旅游业的迅速恢复。

【旅游投资和旅游招商引资】2008年,为充分发挥旅游项目支撑旅游发展的作用,按照市委、市政府要求,加大了真佛山、石桥列宁街、神剑园的项目包装,全市社会资金投入总计1.692亿元,其中,景区景点建设计1 260万元,宾馆建设计14 560万元,旅游娱乐场所计400万元,旅游商品开发计700万元。2009年,全市完成旅游招商引资2 800万元,完成目标任务的140%,主要用于犀牛山的游客接待中心及游步道修建、云雾山三国故道建设、百岛湖温泉度假共同规划、环评、征地等。2009年全市建设项目共计38个,主要包括旅游景区、旅游饭店、旅游餐饮、旅游购物场所等,投资总体规模为41 463万元,其中年度投资规模达1 000万元以上的项目12个。

【景区开发建设和质量等级评定】2008年,继续加强精品景区建设,加大A级旅游景区创建力度,多次深入宣汉观音山、渠县龙潭、万源龙潭河指导创A工作,渠县龙潭成功创建为国家3A级旅游景区,宣汉县观音山森林公园创建为国家2A级旅游景区。2009年,以“打造旅游精品、推进产业发展”为主题的达州市第二届旅游产业发展推进大会的成功举办,加速了精品景区的建设,市、县两级政府投入近8 000万元,打造达县真佛山和石桥列宁街,达县真佛山创建国家4A级旅游景区顺利通过国检,八台山、百里峡成功申报为大巴山国家级地质公园。截至2009年底,全市有在创国家AAAA级旅游景区1个,国家AAA级旅游景区4个,国家AA级旅游景区2个。

【红色旅游】2008年,达州市正式启动红色旅游项目建设,万源保卫战史陈列馆全国百个红色精典景区开展了前期工作,编制完成规划、可研、初涉及选址、征地、拆迁等工作。石桥列宁街风貌整治工程于2008年开工,2009年5月全面结束。2009年,为推进重点红色景区发展,投入文保专项经费近200万元,完成万源保卫战战史陈列馆、李家俊烈士故居、张爱萍故居、石桥列宁街牌坊等革命遗迹和纪念馆的抢救性维护。同时,继续加快红色项目旅游基础设施和公共服务设施建设,累计完成投资约5 706万元,重点对万源保卫战战史陈列馆改扩建工程、石桥列宁街风貌整治工程、神剑园景区的建设,神剑园一期工程主要建设工程全面完工,修缮了将军故居,新建了达州红军文化陈列馆及其公共服务设施。坚持项目建设与宣传促销并行的方式来培育红色旅游品牌,编印了《红色万源》、《红色宣汉》、《故事中的风景》等红色旅游宣传画册,创作了《走进石桥》、《将军树》等红色歌舞,协助中央电视台新闻中心军事部特别节目组、大型纪录片《梦怀青萍——记上将张爱萍》摄制组的拍摄任务。先后与重庆、巴中、广元、陕西、南充、广安等地签订《渝达旅游合作协议》、《川陕毗邻地区旅游合作协议》、《川东渝北区域旅游交流与合作协议》,这些红色旅游区域联合宣言,是川陕渝三省联合形成共同抓手,推进红色旅游不断向深层次发展,向高水平迈进的有力举措。

【旅游节、会活动】2008年,以“借节造势,以会促销,繁荣市场”为目的,先后在通川区、达县、宣汉举办了2008中国达州元九登高节旅游风光摄影图片展暨旅游咨询有奖竞猜活动、达州市第三届乡村旅游节暨清河古镇文化旅游节和达州市第三届百里峡漂流节,取得了良好的经济和社会效益。2009年,坚持“以节兴旅、以会促旅”的工作方针,重点举办了第三届元九登高节、达州市第四届乡村旅游节和达州市第四届百里峡漂流节,特别是2009年达州市第二届旅游产业发展推进大会的成功举办,加快了达县真佛山、石桥列宁街的建设,城乡综合环境发生了巨大的变化,极大地推动了旅游经济的发展。同时,组团参加了第一届中国西部旅游产业博览会、第十届西博会旅游交易会和2009中国国际旅游商品博览会等系列展会,为旅游企业开展贸易洽谈和经贸合作搭建了学习交流平台。

【旅游宣传】2008年、2009年,在完善“政府主导、部门联动、企业主体、市场运作”的旅游宣传促销机制上,面向重庆、成都、周边客源市场,创新营销方式和手段,强力塑造旅游品牌,提高达州旅游知名度,开拓客源市场,繁荣旅游经济。针对旅游旺季和节假日,充分利用电视台、电台、报纸、网络和周边部分地区的新闻媒体,全方位、多形式地加强达州旅游的整体形象宣传,塑造整体旅游形象,活跃了本地游市场,营造了旅游市场日渐繁荣的良好氛围。

【旅游市场主体培育】2008年,新发展2家星级酒店,凯悦酒店、万源大酒店被省星评委评定为三星级饭店,大竹东湖大酒店成功创建金叶级绿色饭店。新发展达州市茶马古道旅行社、达州市尚游旅行社、渠县欢丽天下旅行社3家国内旅行社,注销2家旅行社。对全市旅行社开展等级评定,通过严格审查,评定二级旅行社3家,三级旅行社11家。为帮助旅行社因地震带来的影响,向全市旅行社暂退旅行社质量保证金80%。2009年,旅游市场主体规模进一步壮大,新发展旅行社2家,分社5家。积极指导华夏康年大酒店申创四星级饭店,并通过省星评委的明查暗访。截至2009年底,全市共有星级饭店14家,其中三星级及以上饭店有9家,共有旅行社26家,旅行社分社5家。

【旅游市场和旅游安全管理】2008年,对全市旅行社、星级饭店和导游人员分别进行业务年检、复核检查和年审;及时妥善处理5起旅游投诉,加强地震期间和汛期旅游市场监管,在全市旅游行业开展"百日安全生产活动",全市全年无一起旅游安全责任事故发生。2009年,从维护旅游经营者和游客合法权益出发,依法治旅,在全市开展了质量强旅行动、城乡环境综合治理进景区行动、甲型H1N1流感防控等专项活动和旅游安全、旅游市场检查,特别是在节假日、汛期、冰雪和暴雨灾害期间,坚持24小时值班制度,确保"96927"旅游咨询电话24小时畅通。认真贯彻新颁布的《旅行社条例》及实施细则,对全市旅行社分社和服务网点进行集中清理。下发了一系列旅游安全和市场整治文件,组织检查组多次深入旅游景区、旅游饭店、旅行社和旅游车公司,进行旅游安全和旅游市场检查,有效打击了各类旅游违法违规行为。

【旅游人才队伍建设】2008年,举办导游笔试和口试模拟考前培训班,全市154人参加全国导游考试,目前全市共有80多名专兼职导游。针对乡村旅游人员、星级饭店管理人员、旅游统计人员,先后举办了讲解人员培训班、全市抽样调查培训班、星级饭店管理人员培训班,同时对旅游从业人员进行了普通话和安全知识培训。2009年,全市共有153人参加了导游考试,其中文149人,英语2人,日语1人,德语1人。举行全国旅游饭店服务技能大赛四川优秀选手服务技能达州市巡演仪式,来自全市20家旅游饭店经理及服务人员400人参加巡演仪式。举办了达州市首届旅游景区讲解员培训,真佛山创4A、神剑园景区讲解员专项培训。加强旅游柔性引才工作,积极与市委组织部联系,把旅游柔性引才列入全市计划中,通过积极沟通衔接,聘请四川大学旅游学院石应平教授为达州市旅游行业高级顾问,指导达州市旅游景区规划建设、行业管理和人才培训。

【领导名录】

局　长:李晓波

副局长:韦德安　陈晓红

(吴　焱)

财政 税收 国资管理

财　政

【概况】2008～2009 年度，财政部门紧紧围绕"一枢纽、两中心、三基地"和建设秦巴地区经济文化强市的发展思路，按照公共财政要求，突出"理财为民、推进跨越"的达州财政工作主题，全力抗击自然灾害，主动应对金融危机，克服了各种不利因素，化解了诸多矛盾，财政预算执行情况良好，财政收支再创新高，财政实力明显增强，重点支出得到有力保障，支持"民生工程"建设卓有成效，财政改革取得显著成绩，有力地促进了全市经济社会事业的协调发展。两年来，达州财政都实现了当年"收支平衡，略有节余"的目标。2008 年，一般预算收支滚存结余23 727万元，扣除按政策规定应结转下年继续安排使用的项目结转结余22 567万元，全市净结余1 160万元。2009 年，一般预算收支滚存结余31 099万元，扣除按政策规定应结转下年继续安排使用的项目结转结余27 727万元，全市净结余3 372万元。

【财政收入和支出】2008 年地方财政一般预算收入为184 600万元，经市二届人大常委会第二十六次会议审议通过，全市地方财政一般预算收入调整为192 752万元。经过努力，当年全市地方财政一般预算收入实际完成200 957万元，为预算（调整预算，下同）的 104.25%，同比增长（下同）26.93%，其中，税收收入完成137 097万元，为预算的 102.73%，增长 31.16%；非税收入完成63 860万元，为预算的 107.38%，增长 18.71%。上划中央"两税"收入完成141 662 万元，为上划目标的 106.04%，增长 30.42%。2008 全市财政一般预算支出实际完成1 045 135万元，为调整预算的 97.72%，增长 32.9%。

2009 年，地方财政一般预算收入为227 978万元，经市二届人大常委会第三十二次会议审议通过，全市地方财政一般预算收入调整为233 110万元。经过努力，当年全市地方财政一般预算收入实际完成234 138万元，为预算（调整预算，下同）的 100.44%，同比增长（全省统一口径）19.35%，其中：税收收入完成 170 466 万元，为预算的 100.61%，增长 24.34%；非税收入完成63 672 万元，为预算的 100.11%，增长 9.83%。全市地方财政一般预算收入中地税部门组织140 879万元，增长 28.66%；国税部门组织37 626万元，增长 7.27%；财政部门组织55 633万元，增长 9.71%。上划中央"两税"收入完成161 981 万元，为上划目标的 97.73%，增长 14.34%。2009 全市财政一般预算支出实际完成1 295 256万元，为调整预算的 97.9%，增长 23.93%。

【财源培植】两年来，面对政策性减收因素集中体现的不利影响，面对金融危机的巨大冲击，面对雪灾、地震等特大自然灾害的严峻考验，全市各级财政部门坚持把广辟财源、挖潜增收作为财政工作的第一要务，继续深入实践广义财政收入理念，创新工作思路、拓展增收渠道、强化增收举措，努力将经济社会发展的成果体现到财政收入上来。一是建立育财新模式。针对席卷全球的金融危机对达州市经济发展造成的巨大影响，一方面落实结构性减税政策、取消和停征139项行政事业性收费、落实企业解困和节日加班补贴资金，为企业减负“输血”；另一方面将培植财源、服务企业、加强财务会计监管有机结合起来，营造企业发展公平公正的财税法制环境，建立扶持企业发展的激励机制，搭建企业、财政良性互动平台，实现企业发展、财政增收的双赢局面。二是建立健全增收激励约束机制，确保了财政收入按预算进度均衡入库。三是实行不定期召开财税收入形势分析会，互通情况，共享数据，合力征收。四是强化非税收入管理。从制度机制上充分调动征管部门组织收入的积极性。同时依托信息化管理、银行代收、以票促收等多种手段，实行动态监管，确保应收尽收。五是主动出击，积极向上争取。近两年来，我们充分利用国家实施积极财政政策、拉动内需等机遇，采取“完善发展规划、加强项目储备、强化资金保障、建立激励机制、搭建信息平台”等措施，全力向上争取，取得了明显成效。2009年，通过努力新向上争取到位资金32亿元，超过全市地方财政一般预算收入的规模，极大增强了政府财力。

【支持社会事业发展】两年来全市继续加大对教育、卫生、文化、体育事业的投入。2009年，一是认真落实各项强农惠农政策。筹集良种补贴、粮食直补、农业综合直补资金49 344万元，把党和政府的温暖兑现到种粮农民手中；筹集资金4 302万元支持了农机补贴、家电下乡等政策的落实；投入资金677万元，打井22 566口，解决了90 264人的“用水难”问题；投入资金12 560万元，新解决了25.1万人的安全饮水问题；投入资金12 800万元，整治病险水库42座，修建水渠194公里，新增有效灌面2.9万亩；投入农业综合开发资金4 637万元，改造中低产田5.67万亩。二是拨付资金279 448万元支持了教育事业发展。为全市88.32万名农村义务教育阶段学生免除学杂费，对全市83.82万名农村义务教育阶段学生和城市困难家庭学生免费提供教科书，为4.7万名城市义务教育阶段学生免除学杂费，使11.15万余名农村贫困寄宿制学生享受了补助生活费政策。建成寄宿制学校34所，新建留守学生之家104个。将足额保障义务教育学校教师绩效工资作为财政工作的头等大事，积极向上争取资金28 049万元，地方财政安排56 332万元足额兑现了6.3万名义务教育学校教师绩效工资。三是拨付资金130 970万元支持了医疗卫生事业发展。深入推进了新型农村合作医疗改革，筹资标准从2008年的人均80元提高到100元，财政补助标准从2008年的人均70元提高到80元。2009年全市参加新型农村合作医疗农民494万人，参合率96.23%。在11个社区卫生服务机构全面开展了社区公共卫生服务，城市居民重点人群服务率达86.66%。在全市实施了农村孕产妇住院分娩补助政策，农村孕产妇住院分娩率达91.15%，孕产妇死亡率降至10万分之36.74，婴儿死亡率降至6.28‰。特别是应对H1N1，紧急拨付资金1 072万元，为11.34万名群众进行了预防接种，有效阻击了H1N1流行。四是拨付资金247 679万元支持了社会保障和就业工作。实施就业促进工程，全市实现城镇新增就业30 289人，下岗失业人员再就业16 243人。全年为15.36万城镇低保对象发放补助25 560万元，人均月补助141.72元；为32.17万农村低保对象发放补助20 823万元，人均月补助54.79元。全市新建、改扩建敬老院35所，新增床位3 400张，五保对象集中供养率达到34%。在全市启动了城镇居民基本医疗保险工作，覆盖人群53.5万人。实施扶贫解困工程，为8.2万名农村贫困人员改善了生活条件，将城市低保对象人均医疗救助标准提高到148.3元，将农村低保和五保对象人均医疗救助标准提高到160.5元，新建社区慈善爱心超市70个。市级财政安排810万元，为4 000名市属国有企业下岗职工解决了基本生活问题。五是拨付资金16 652万元支持了文化体育和广电传媒事业发展。促进了体育场地建设，支持了大型文化活动的开展和市文化艺术中心建设，完成“村村通”工程建设，使17.76万农户受益，实施了农村公益性电影放映工程、农家书屋工程、文化信息资源共享工程和送文化下乡活动，支持了非物质文化遗产和民间文化艺术的保护工作。六是筹集拨付资金37 567万元支持了百姓安居工程建设。解决了1 900户农村特困群众危房户的住房困难，新建廉租住房4 688套，为10 383名住房困难户发放租赁补贴，完成城市棚户区改造514户。七是筹集拨付资金137 274万元支持了道路畅通工程和环境治理工程建设。建成农村公路4 467公里，建成乡镇客运站(点)25个。限期治理14户工业企业，完成大中型养殖场示范沼气池工程2处，完成27个省级村庄人居环境治理。完成土地治理13.44万亩，建成高产、标准农田14.93万亩，综合治理水土流失面积149平方公里，完成天保、退耕还林、荒山改造林等1 184.38万亩。

【抗灾救灾及社会抚恤】2008 年雪灾期间，及时向各县（市、区）调度、拨付雪灾抢险救灾资金3 659万元。2008 年“5·12”地震发生后，迅速向地震灾区捐赠救灾款物8 134万元，并随后筹集拨付3 000万元启动了对绵阳游仙区魏城镇灾区的对口援建工作，向灾区人民献上了达州市人民的一片爱心。同时，启动紧急预案，开通资金拨付“绿色”通道，安排抗震救灾及灾后恢复重建资金42 085万元，保证了抗震救灾及灾后重建支出需要。

【支持新农村建设】2008 年，全市农林水事务支出126 697万元，增长 31.52%，实现了“三个明显高于”。各级财政按照“多予、少取、放活”的方针，加大投入，大力支持优势农业基地、农产品深加工、农民专业合作组织建设，支持了农田水利、土地整理、红层找水、农村沼气、农村通畅通达等重点工程建设，改善了农村生产生活条件，促进农业增产农民增收。

【促进经济发展和城市建设】在国内外经济环境发生重大变化的大背景下，采取多项积极措施促进经济持续健康发展，推动经济结构不断优化。2009 年，一是支持资源转化战略。筹集安排资金 3.7 亿元支持天然气能源化工基地建设和秦巴物流园区建设，打造达州的支柱产业和支柱财源。二是支持项目兴市战略。积极支持招商引资工作，结合达州的资源优势，充实达州的产业基础，大力引进一批有实力、有发展潜力的大集团、大企业。三是支持工业强市战略。市本级筹集拨付企业改制资金、技改资金、生产发展资金 3.6 亿元，促进了一批骨干企业技术改造和产业升级。四是支持了基础设施建设。市本级筹集资金 4.2 亿元，大力支持了襄渝二线、成达复线建设；建设了金龙大桥、长田坝隧道、凤凰山隧道、金龙大桥南北延线、野茅溪大桥；加快了环城路、达陕高速等重点工程的建设，达州交通枢纽地位进一步形成。五是支持了城乡环境综合治理。以争创国家级卫生城市、省级园林城市、省级环保模范城市和省级文明城市为契机，以实施净化、绿化、美化、亮化、居民行为规范“五大工程”为重点，市本级拨付城建资金17 742万元，进一步完善了中心城市功能，增强了承载能力和经济辐射能力，改善了人居环境和投资环境。

【深化改革，创新机制】在财政资金监管机制上不断创新突破，制定了《进一步加强政府非税收入管理的通知》《达州市市级政府采购预算管理暂行办法》《市级大额财政资金使用管理办法》和《关于加强市级党政机关和事业单位财务管理，严禁私设“小金库”的通知》等各项制度，力求管理精细化、科学化、规范化，努力构建一个规范、节约、高效的政府收支管理平台。继续深化财政改革，建立了科学、透明、严格的预算编制体系，全面推行了规范高效运行的国库集中收付制度改革，完善了公开、公平、公正的政府采购操作程序。不断强化财政监督，重点加强了对扩大内需、民生等财政专项资金的监督管理，加强了政府投资项目财政评审、会计基础管理工作，推进了惩治和预防腐败体系建设，开展了“小金库”治理工作。2009 年，全市扩大内需及灾后恢复重建专项检查项目 308 个，涉及资金 4.9 亿元，查出违纪资金 46 万元；开展“小金库”专项检查，查出违规金额 427 万元并进行了严肃处理。市本级完成政府采购金额7 636万元，节约资金1 165万元；市本级财政政府性工程评审 127 个，评审金额38 130万元，审减5 823万元。

【领导名录】

局　长：吴应刚

副局长：廖仕文　黄茂华　胡若东

（谭晓斌）

国家税务

【税收收入】2008 年，全市国税系统共组织税收收入 205,122 万元，完成年度计划的 102.05%，比上年同期增收 39,936 万元，增长 24.18%。其中：国内“两税”完成 172,294 万元，完成年度计划的 102.74%，比上年同期增收 36,619 万元，增长 26.99%；企业所得税完成 13,103 万元，完成年度计划的 106.79%，比上年同期增收 3,707 万元，增长 39.45%；储蓄存款个人所得税完成 7,660 万元，完成年度计划的 82.1%，比上年同期减少 2,639 万元，同比下降 25.62%；车辆购置税完成 12,065 万元，为年度计划的 103.12%，比上年同期增收 2,613 万元，增长 27.64%。全市国税系统预计将完成税收收入 223,000 万元，同比增长 26.60%。

2009 年，共组织税收收入 248,100 万元，增收 24,419 万元，增长 10.92%；高于全国增速 1.82 个百

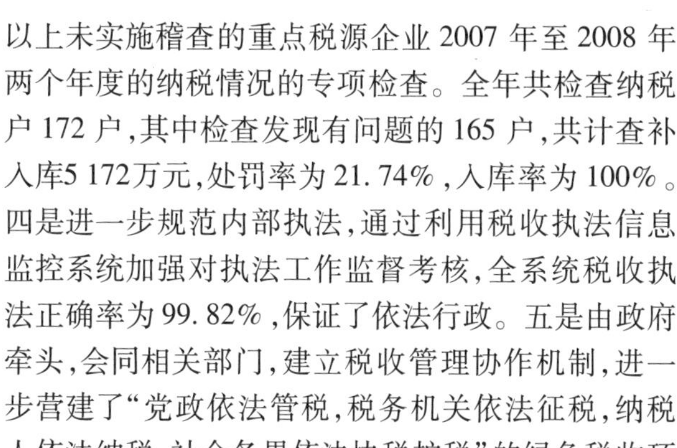

分点。其中,"两税"完成215,075万元,增长13.97%,增收26,363万元;企业所得税完成12,424万元,下降8.90%,减收1 214万元;储蓄存款利息个人所得税完成4 656万元,下降44.11%,减收3 674万元;车辆购置税完成15,944万元,增长22.64%,增收2 943万元。办理出口退税2 755万元,比上年同期增长295.27%。

【依法治税】2008年,一是扎实开展学习宣传新《企业所得税法》及《实施条例》活动。通过举税务人员和企业财务人员培训班和知识竞赛,利用网络、电视、电台、办税服务厅宣传、印发宣传资料和税收管理员上门宣传等方式,使税务人员和广大纳税人对新企业所得税法及实施细则、所得税优惠政策、过渡期税收政策、涉税注意事项等内容有了较为全面的掌握,确保了新法的顺利实施。二是扎实开展了第十七个税收宣传月活动。全市国税系统紧紧围绕"税收·发展·民生"税收宣传月主题,在4月份集中开展了一系列声势浩大、内容丰富、独具特色的税收宣传活动,起到了宣传国家税收法律法规、提高全民依法诚信纳税意识的积极作用,受到了省局表彰。三是扎实开展了对房地产业、采矿业和烟草行业的税收专项检查、部分行业企业的专项整治和税务稽查,累计查补税款2 567万元、罚款377万元、加收滞纳金263万元,起到了以查促管、以查增收、规范税收秩序、净化税收环境的作用。四是进一步规范内部执法,通过利用税收执法信息监控系统加强对执法工作监督考核,全系统税收执法正确率为99.82%,保证了依法行政。2009年,一是全市国税系统紧紧围绕"税收·发展·民生"税收宣传月主题,利用网络、电视、电台、印发宣传资料和税收管理员上门宣传等方式,扎实开展了第十八个税收宣传月活动,全年共发放宣传资料8 000余份,张贴了1 000余幅税收宣传画,接受群众咨询100余次,解答税收政策规定30多个,宣传活动扎实有效,受到省局表彰。二是深入学习宣传增值税全面转型政策、小规模纳税人征收率调低、企业所得税税率统一调至25%、车辆购置附加税1.6升以下排量减半征收等优惠政策,并大力兑现落实这些税收优惠政策,支持了企业和地方经济发展。三是强化税务稽查。组织精兵强将,开展了对全市大型连锁超市及电视购物企业、建筑安装业、办理出口货物退(免)税业务的重点企业、水泥和煤炭生产企业、煤炭洗选业、三年以上未实施稽查的重点税源企业2007年至2008年两个年度的纳税情况的专项检查。全年共检查纳税户172户,其中检查发现有问题的165户,共计查补入库5 172万元,处罚率为21.74%,入库率为100%。四是进一步规范内部执法,通过利用税收执法信息监控系统加强对执法工作监督考核,全系统税收执法正确率为99.82%,保证了依法行政。五是由政府牵头,会同相关部门,建立税收管理协作机制,进一步营建了"党政依法管税,税务机关依法征税,纳税人依法纳税,社会各界依法协税护税"的绿色税收环境。

【税收征管】2008年,一是强化重点税源管理。在普遍开展税源调查、分析、预测,摸清税源家底基础上,继续把年纳税50万元以上企业纳入重点监控管理,逐级落实管理责任,保证了煤炭、电力、钢材、建材、天然气劳务税收等行业税收有较大增长。二是强化增值税管理。第一,开展了新办商贸企业使用增值税专用发票和变更法人代表等情况的清理检查,有效防止了不法纳税人钻税收政策空子套取大量增值税专用发票实施虚开骗抵增值税的问题发生;第二,协调解决了中石化勘探南方公司在普光产生的劳务税收的征管难题,理顺了与油气田企业的关系;第三,按月开展了增值税收入分析工作,对增、减幅度较大和低税负行业及时查找原因,采取措施解决,使全市目前增值税一般纳税人税负达到了3.70%,高出全省平均水平0.75个百分点。三是强化了企业所得税管理。开展了对2007年度企业所得税的汇算清缴,共清缴入库企业所得税1 713万元;加大对新办企业所得税的征管力度,基本确保了国家税务总局关于从2002年以来新办企业所得税由各级国税机关征收政策的贯彻落实。四是强化了户籍管理和普通发票的管理。开展了对漏征漏管、虚假停歇业、非正常户的清理和普通发票使用管理情况的检查,针对清理检查发现的问题,出台了全市户籍管理办法和普通发票管理办法,起到了管住户籍、管好发票、加强个体税收管理的作用。五是强化了数据应用管理。围绕提高征管质量和效率目标,坚持按月通过市级"数据发布平台"发布综合征管软件产生的数据,搞好数据维护,按月召开税收业务工作例会,认真分析当月数据现状,对数据处于末位的,及时指导下级机关查找原因,进行末位说明,保证了全市征管指标普遍好于全省平均水平。六是强化了纳税评估。集中时间、人力开展了对全市水泥制造等行业23户企业的纳税评估,掌握了基层征管存在的问题和企业纳税难点,为下一步加强对这些行业企业的管理提供了第一手资料。2009年,一是强化对重点行业、重点税源的管理。坚持领导直接参与重点行业、重点企业的直线管理工作法,系统县局以上领导班子成员直接管户67户,管户面达100%,确保了重点税源较上年同期没有大的下滑。特别是在煤炭精细管理中,采用“双定法”,即根据各煤炭生产企业的生产和电力、炸药、钢轨等耗用情况,参照煤管局核定的设计生产能力和经委下达的电煤指标,综合确定各煤炭生产企业的核定产量,制定《达州市煤炭开采行业税源管理办法》,以量定产,以产定销,对不达核定产量的按核定产量预警,超过核定产量的按实际产量征收,强化征管。在今年煤炭行业市场低迷、停产整顿、产量下降、价格下滑的情况下,仍实现煤炭增值税69 641万元。二是强化分税种管理。开展了全市税源的普查工作,全面推进增值税转型政策的落实和所得税专项检查,出台了加强企业所得税管理的措施办法,摸清了管户,清理了管辖权,进一步扩大了企业所得税核定征收面和企业所得税预征率,确保了征收面达70%以上。三是强化欠税的清缴。我们坚持欠税公告、以票管税、强制执行、以退抵欠、以欠抵留、制定清欠计划等多种措施,大力追欠,在确保当期实现税款应收尽收的同时,清缴入库陈欠28 193万元。四是强化户籍管理。开展纳税户户籍清理工作,加强源泉控管。全市新增纳税登记户1 200户,增长4.41%,比全省增长比例高3.27个百分点。五是通过“三摸三定”(即摸清业主变化定征管对象、摸清产能变化定年度收入、摸清能耗变化定计税方法)以电核产、以产定销、以销控税等措施加强对建材、加工、预制场、石材厂、小酒厂、沙石、砖瓦等小税源的管理,向小税源要收入。全市沙石行业税收入库840.42万元,同比增长13.23%;砖瓦行业税收入库587.17万元,同比增长116.21%。六是开展普通发票专项治理。从全省普通发票监控情况看,达州市超限时使用户、验旧缴销金额大于核定额户、小规模企业连续三个月零申报户但购有发票户均排位靠前。特别是针对纳税人擅自转借普通发票难以根治的管理难题,要求纳税人刻制“发票开具专用章”,在新领票时由专人实行盖章领票,从源头上消灭了纳税人转借、代开、倒卖发票以及多证骗票的可能性,用“小印章”拴住发票“飞毛腿”,为以票控税奠定了基础。今年以来,全市个体双定户达起征点户数由2008年的9 344户增加到11 329户,新增1 985户,双定户达起征点比率达48.28%,提高了8.33个百分点,月均税额为381.47元,在全省考核中排名前三。七是强化纳税评估。集中时间、人力对煤炭开采和洗选业、水泥制造业、电力和热力的生产和供应三个行业进行重点评估,制定出了以“申报纳税为前提,预警值管理为控制,纳税评估作保障”的行业税收征管办法,以评促管、以评促收。全年共评估企业161户,查补增值税1 086万元,加收滞纳金及罚款31.2万元,调增应纳税所得额170万元,弥补亏损额802万元,补缴所得税46.7万元。八是强化数据管理。从今年运行看,达州市绝大多数征管数据指标数据质量持续良好,排名靠前。排名第一名的指标有查补总额入库率、延期纳税入库率和欠税200万元以上企业三个指标,排名前三名的指标有准期申报率、欠税增减率、一般纳税人连续三个月零申报率、纳税户占登记户比例、双定户月均定额等五个指标,其他指标排名也在前十。

【优化服务】2008年,一是积极争取普光气田所得税就地预缴政策。由于市委、市政府的高度重视,通过多方协调,今年上半年,国家税务总局正式行文明确了普光气田实现的所得税就地预缴60%的政策。二是全力为纳税人减负。借机关效能建设的强劲东风,在坚持过去行之有效的优化纳税服务措施办法的基础上,进一步按照上级要求精简优化了办税流程,对全市1 115户增值税一般纳税人实行了省局集中WEB网络申报纳税,每月有75%的增值税一般纳税人使用远程认证增值税进项发票,网络申报的纳税户数以及网络申报成功率排名全省前列,大大方便了纳税人,节约了纳税成本。三是积极兑现落实税收优惠。今年以来,我局全面兑现落实税收优惠,依法为享受增值税税收优惠政策的资源综合利用企业、民政福利企业共办理增值税税收优惠6 426万元,为享受企业所得税优惠的63户企业办理了企业所得税减免8 177万元,为12户企业办理了财产损失税前扣除2 667万元,为外贸出口企业办理了出口退免税371万元,有力地支持了地方经济的发展。

2009年,以深入扎实开展“坚持科学发展,共建和谐税收”活动为契机，坚持服务地方经济建设，服务纳税人，服务基层，服务社会，全系统服务理念得到了全新转变，服务体系日臻完善，服务手段更加丰富，服务成效更加显著，纳税遵从度、征纳和谐度、社会满意度不断提升，纳税服务质量和水平得到了进一步提升，纳税服务已逐渐成为税收工作的新亮点，全年累计落实减免退税近6亿元。其中：增值税转型新增固定资产允许抵扣进项税额减税20 172元；降低小规模纳税人征收率减税4 823万元；金属和非金属矿采选产品税率调整增加增值税进项抵扣减税16 464万元；供电环节预征率调整减税1 200万元；个人储蓄存款利息所得税暂缓征收减税3 818万元；1.6升以下小排量汽车减半征收车辆购置税2 403万元；民政福利企业退税5 958万元；综合资源利用企业退税757万元；落实西部大开发企业所得税优惠政策减收144万，落实农村信用社企业所得税减免1 097万元；落实免税车辆免征车辆购置税406万元；落实外商投资企业退税1 951万元，出口企业退（免抵）税805万元；极大地减轻了企业负担，增强了企业的发展后劲，为地方经济持续平稳较快发展，提供了强力支持。特别是依托行政效能建设，推进行政审批制度改革，强化办税服务厅建设，通过“两集中两到位”，重组机构，整合流程，开展“一窗通办”全职能窗口试点工作，形成了具有达州国税特色的“纳税人少进一趟城、纳税人只进一道门（政务中心），纳税人只找一个人（首席代表）”服务方式，有效地实现了“凡进必进”的目标，解决了以前“只接件不办理”、“只挂号不看病”的问题，极大地缩短了行政许可事项办结期限，提高平均承诺办结时限，即办件比例由85.3%上升到96.8%，按时办结率达100%，群众满意测评率达99%。

【领导名录】

局　长：罗　清

副局长：王成元　段代明　李述荣

（王盛成　杨泽义　杨述伟）

地 方 税 务

【基本情况】2008年、2009年，全市组织地方各项收入分别为192 392万元、246 367万元，比上年增长33.53%、28.05%。其中：税收收入分别为180 284万元、233 525万元，增长33.19%、29.53%；基金附加分别为12 108万元、12 842万元，增长38.79%、6.06%。分税种看：营业税分别为74 487万元、100 004万元，企业所得税分别为22 093万元、27 861万元，个人所得税分别为30 608万元、40 723万元，资源税分别为8 755万元、9 035万元，烟叶税分别为637万元、1 741万元，城市维护建设税分别为11 001万元、12 468万元，房产税分别为4 053万元、4 806万元，印花税分别为2 223万元、2 975万元，城镇土地使用税分别为5 430万元、5 092万元，土地增值税分别为4 059万元、7 241万元，车船税分别为1 895万元、2 141万元，耕地占用税分别为6 215万元、7 814万元，契税分别为8 828万元、11 624万元。

税收收入特点：一是地方税收连续高增长。2006～2009年连续四年平均增长33.43%。二是宏观税负持续提升。2008年、2009年，全市地方税收宏观税负分别为2.98%、3.47%，比上年提高0.33、0.49个百分点。2009年地税系统组织地方财政一般预算收入140 878万元，占财政一般预算收入60.17%，较2008年提高5.68个百分点。三是税收结构进一步优化。2008年、2009年企业所得税、个人所得税占税收总量比重持续提高，分别为29.23%、29.37%；全市股份制企业实现各项收入分别为84 672万元、120 289万元，同比分别增长44.51%、42.06%，增收贡献率53.98%、65.98%，占收入总量44.01%、48.83%。2008年全市纳税前50位的企业纳税总额52 769万元，同比增长46.17%，增收贡献率为42.37%，拉动税收增长14.21个百分点，占全市收入总量27.43%；2009年全市344户年纳税50万元以上的重点企业纳税总额为107 638万元，同比增长43.78%，增收贡献率为64.68%，占全市税收收入比重的43.69%。四是非即期因素影响显著。2008、2009年，通过清缴历年欠税、企业所得税汇算清缴等增加的地方税收分别占税收增量比重20%、35%。

【依法治税】2008年3月28日，在大竹召开全市地税系统实施依法治税战略经验交流推广会，进一步建立健全了税收执法岗责体系。同时制定了全市地税系统《税收行政执法责任制考核评议办法》，强化税收执法监督检查，加强税收执法内控机制建设，认真落实《政府信息公开条例》，坚持文明办税“八公开”。2009年，实施“依法治税战略推进年”，于4月

14 日召开全系统依法治税战略推进会，进一步明确深化依法治税战略目标措施。加强税收执法责任制的落实与考核，制定《税务行政处罚自由裁量权实施办法和执行标准》、《规范性文件日常清理办法》、《稽查案件审理工作建议暂行办法》、《行政审批过错责任追究办法》、《行政审批限时办结暂行办法》和《重大税务行政决策管理办法》。组织编印了《达州市地税局税收风险管理手册》，归集了 136 个风险点指标。主要依据税收执法、行政管理、履行社会职能分类，涉及税收执法风险类 13 方面 87 个风险点、行政管理风险类 7 方面 40 个风险点、税务社会职能类 3 方面 6 个风险点，确定每一个风险点的高、中、低 3 级预警指标。认真开展越权减免税和规范性文件清理，全系统没有越权减免税、扩大减免税范围、延长减免税时间发生和违反税收法律法规政策规定的减免税行为发生；清理废止地税成立以来规范性文件 123 件。通过开展各类税收日常检查、专项检查和专案检查，2008、2009 年，全系统查补入库各项收入分别为 3 417.81 万元、7 360.08 万元，其中：税款 2 392.02万元、6 493.23万元，滞纳金 136.05 万元、191.19 万元，罚款 889.72 万元、675.66 万元，有力地整顿和规范了税收秩序。

【信息管税】一是推进征管数据省级集中。扎实做好了资料采集、发票税票清理、数据迁移、上线培训、资料审核等各环节工作，完成了系统、组织机构、税务人员、岗位角色、税票清理、发票清理、级次科目国库初始化等工作，成功完成了数据上线的基础资料录入修改阶段和压力测试工作，2009 年 8 月 3 日成功上线；并充分利用税源数据信息，加强税收分析，开展纳税评估，建立健全了税收经济分析、企业纳税评估、税源监控和税务稽查良性互动机制。二是强化税源税基监控。2009 年在全市全面开展户籍清理，共采集、审核、录入34 960户纳税人信息，清理出“空头户”和“应注销未注销户”14 000余户，新增管户3 100户，全市共有38 270户纳入管理，全面摸清了税源家底；合理调整、划分征管范围，逐户核实重点税源，建立年纳税 100 万以上重点企业基础数据库和重点税源分布图；完善市、县、所三级税源监控机制，将各县(市、区)局的房地产、煤炭、制造业、天然气、餐饮娱乐业的前 20 名纳税大户纳入了市局重点监控范围，全市重点税源由过去不到 30% 上升到 40%，加强了重点税源监控管理。三是推行税政管理员制度。在宣汉地税局、通川区地税局等基层税务所明确税政管理员，建立税政执行反馈、工作检查、考核考评、管理员例会等制度，不断提高税政管理水平。四是强化以票控税。坚持普通发票管理“三清、四专、五防、六不准”规定，加强发票定点印制企业检查；全面使用防伪税控系统开具货运业发票，认真开展货物运输业自开票纳税人年检工作，取缔不符合条件的自开票纳税人 2 户，全市自开票纳税人 11 户、代开票纳税人4 618户均纳入正常税收管理；加大有奖发票宣传推广力度，杜绝税收流失。五是征管档案规范化。促进了征管资料“一户式”管理。

【纳税服务】一是深入开展“干部走访纳税人、服务经济保增长”活动，每位股长以上干部联系 2～3 户重点企业纳税人(企业)368 户，赠送《税收优惠政策》2 450本，助力企业发展；用足用活用好结构性减税等政策，积极参与达州资源转化、承接产业转移和工业强市、项目兴市战略调研，促进经济发展方式转变。认真落实西部大开发、下岗再就业、节能减排、地震灾害等税收优惠政策，2008 年减免各项税费 8 529.3万元，2009 年为10 960户纳税人减免各种税费20 641.24万元(直接减免税收3 064.91万元，随同期增值税减免城建税及附加2 250万元，财产损失税前扣除、弥补亏损等共计减免15 319.6万元，免收税务登记证工本费 6.73 万元)。二是践行全员服务、全心服务、全程服务、全面服务“四全服务”承诺，落实简化办税服务程序、简易纳税申报、简并税收征期的“三简管理”办法，积极开展预约服务、提醒服务、延时服务，推出了“四全服务车”、“牡丹地税卡”等便民措施，积极服务纳税人。4 月 29 日成功举办了有知名教授、专家、学者及达州各界人士共 400 余人参加的“达州房地产与税收”论坛，促进房地产业持续健康发展。三是积极参与“八大民生工程”建设，认真落实个体工商户不足5 000元起征点免征营业税、相关自主创业、再就业以及相关涉农税收优惠政策。2008 年筹措 5.8 万元帮助万源市皮窝乡观音阡村培育发展摩芋、木瓜“两大支柱”产业，捐资 4.8 万元为花楼乡购买 4 台变压器，出资 7 万元帮助赵家河村新建供水站，解决了村民吃水用电难问题。2009 年，以“就业创业牵线搭桥”主题宣传暨第 18 个税收宣传月活动启动仪式为平台，组织部分返乡农民工和下岗失业人员与 44 家招聘单位、纳税人代

表见面，现场签订意向性招聘用工合同538份，正式签订招聘用工合同60余份。通过定点帮扶、新农村建设和精神文明共建、向地震灾区捐赠以及资助留守儿童、贫困大学生等，共捐助资金19.6万元。

【税收宣传】围绕“税收·发展·民生”主题，2008年突出开展了“牡丹地税卡”发行、“绿色税收与环保同行”、拍摄《戴黑儿补税记》专题片、建立“税收教育基地”等特色宣传活动，其中，为纳税人发放“牡丹地税卡”活动项目被总局通报表彰为2008年全国税收宣传月活动优秀项目。2009年突出开展了“就业创业牵线搭桥”暨第18个税收宣传月启动仪式、“万名纳税人问卷调查”、“中国气都话税收”、“环保促文明·税宣进万家”、“企业所得税有奖知识竞赛”、“税收与旅发大会同行”、“税收宣传连锁站”、《家人话税收》访谈税宣专题片等税收宣传活动。同时，在抓好集中性税收宣传的同时，更加注重政务信息、调研和达州地税内外网站建设，努力构建税收宣传长效机制；加强日常宣传报道，取得了税收宣传的良好社会效应。

【地税文化】在达县地税局、宣汉地税局、市地税直属分局开展地税文化建设试点基础上，制定了全系统地税文化建设五年规划和2009年实施方案，召开全市地税系统文化建设推进会，举行了2009达州地税文化节启动仪式，全面启动地税文化建设；市局组织宣讲团到各县（市、区）局和市局直属单位开展地税文化巡回宣讲，着力建设先进的精神文化、完善的制度文化、良好的行为文化、一流的物态文化。以建国60周年和地税成立15周年为契机，市局成立“税收宣传艺术团”，创刊《达州地税》杂志，并于10月21日成功承办了2009中国西部地方税收协作会，来自陕、甘、宁、蒙、渝、川6省区市的23个市（州、区）地税局的负责人共260余人参加了会议，取得了“加强交流、增进友谊、促进协作、共谋发展”的良好效果；在国庆前后，开展了“迎国庆·展地税风采”演讲比赛、“地税杯”全市地税第二届书法艺术作品展和“魅力西部·和谐地税”大型文艺晚会，展示了达州地税的良好形象。

【领导名录】

局　长：陈坤林

副局长：赵渝明　杨泽远

（孙培东）

国 资 管 理

【概况】2008～2009年，全市国资监管部门和国有企业始终把发展作为第一要务，积极改进管理方式，切实规范管理行为，努力降低生产成本，不断拓宽发展空间，确保了全市国有经济平稳较快发展。2009年，全市纳入统计的66户国有及国有控股企业生产经营情况仍处于平稳运行态势，实现销售收入20.12亿元，同比减少7.9%，完成增加值4.33亿元，同比增长4.3%，实现税金1 956万元，同比增长14.7%，实现利润3 025万元。我委纳入考核的市电力公司等7户市属国有重点企业资产总额为13.48亿元，负债总额为8.28亿元，资产负债率为61.46%，所有者权益为5.19亿元，同比增长53.52%；7户市属重点国有企业2009年实现销售收入6.64亿元，同比增长了9.0%；实现税金1 102万元，同比增长了7.7%；实现利润2 354万元，同比增长了30.2%，比2009年的目标利润670万元增长了157%；国有资产保值增值率达到102%，圆满完成全年国有资产保值增值目标任务。

【国资监管制度建立】各级国资监管部门成立以来，制定出台了20多个规范性文件，这些规范性文件的实施，为企业国有资产的监管提供了强有力的政策依据，有效规范了国资监管工作。2009年，市上又出台了《达州市市属国有企业监事会暂行办法》，为向国有企业派驻监事提供了依据，为国有企业进一步建立现代企业制度奠定了坚实基础。各县（市、区）国资办也参照出台了相关的规范性文件，这些规范性文件的出台，促进了全市国资监管工作的制度化、规范化。

【国企改革】一是改革目标任务完成较好。截至2009年底，列入市委市政府改革目标任务的40户市属国有企业已有26户进入全面实施阶段，其中16户企业已基本完成改革任务，10户企业正在实施，余下14户企业已基本做好了各项准备工作，拟择机启动。二是攻坚破难成效显著。全面完成了川鼓公司、市五金站、新华印刷厂的改革工作；完成了川纺达棉厂和达棉总厂的政策性破产工作；成功实施了市热电厂、市建设水泥厂等污染企业的关闭工作；积极稳妥推进了公益公用性企业和资源型企业的股份制改革工作，完成了市中山煤业公司的产权有偿转让；委托中介机构对开江翰田坝煤矿的资产进行了清理评估和财务审计工作，为下步改革打下了基础；积极推进和实施了市电力公司与四川水电集团的战略重组工作。三是稳妥处理了国企改革中部分遗留问题。妥善处理了市属改革企业中个别领导人员因工作需要未及时退休的问题，处理了达棉总厂、川纺达棉厂退休人员应纳入而未纳入统筹费用的发放问题，协调处理了企业军转干部的信访问题，以及国有老企业职工生活用水、电、气管网与生产系统的分离和改造问题，同时还积极向省上争取资金解决了破产改制企业退休人员参加城镇职工基本医疗保险的问题；四是协调解决了职工住房问题。积极协调有关部门，为原达棉总厂、川纺达棉厂、华兴机械厂等企业职工修建了集资房，有效解决了职工住房问题；五是强化了融资平台建设。为更好地为达州市经济发展提供资金支持，筹备组建了达州发展（控股）有限公司。六是组建了达州市商业银行。按照服务地方、服务市民、服务中小企业的目标，积极筹备组建了地方股份制商业银行，为增进县域经济合作，培育、扶持、服务中小企业提供了有力保障。

【行政事业性资产监管】一是按照《达州市市级行政事业单位国有资产监督管理暂行办法》，进一步强化了国有资产的监督管理，尤其对市级行政事业单位国有资产的调剂使用，报损报废等工作进行了认真审核，努力确保国有资产发挥最大的使用效益，同时指导各县（市、区）国资办对所属行政事业单位国有资产的监管工作。二是扎实开展了市级行政事业单位资产清理核查工作。通过一查二看三纠正的办法，强化了资产占有单位的管理责任，并建立了资产卡片，为行政事业单位国有资产的信息化管理奠定了基础。三是制发市级行政事业单位国有资产登记表格，对各单位占有和使用国有资产情况进行了清理登记核实，据初步统计，市级国有房产总面积为879 821.26平方米，其中：办公用房645 617.9平方米，对外出租房206 965.8平方米，闲置用房24 448.72平方米。四是为了规范对市级行政事业单位国有资产管理，及时掌握国有资产增减变动情况，有效实施对国有资产的信息化管理，现已初步建立起市级行政事业单位资产信息化管理网络，将为市级行政事业国有资产的调剂使用、报损报废和国资统计起到积极的促进作用。

【产权管理工作】按照《达州市市属国有产权转让操作规程》，认真开展国有资产处置工作，确保了国有资产产权转让行为规范有序。在调查核实的基础上，提出资产划转方案，并按程序和规定报市政府审定后，先后将万福钢铁厂中和料场划拨给万源市沙滩镇中学用于灾后重建学校用地，将万通机械厂招待所资产整体移交宣汉县政府用于胡家派出所办公用房。在2008年，国有资产处置额高达8 686万元，资产增值率达155%；2009年，国有资产处置额高达1.27亿元，资产增值率达150%，实现了国有资产的保值增值目标。

【企业国有资产统计和财务快报】为及时准确了解和掌握全市企业国有资产增减变动、分布结构和运营效益，进一步强化企业国有资产监管。一是按照省国资委的要求，认真完成了企业年度决算报表的审计工作和国有资产统计报送工作。二是积极采取措施，努力建立健全全市财务快报工作体系，按月向省国资委报送企业财务快报。三是对市电力公司、房地产开发总公司等企业资产报废和损失进行了认真清理核实，并按照相关规定和程序对企业的呆坏账进行了处理。

【国企党建及党风廉政建设工作】一是抓好企业领导班子建设。严格按照《达州市国有及国有控股企业领导人员选拔任用管理暂行规定》、《达州市国有及国有控股企业领导人员任免办理程序的意见》，会同市委组织部调整、充实了市燃气总公司、市电力公司、市环城公路建设有限公司、市中山煤业公司、市给排水总公司、市公共汽车总公司等6户国有企业领导人员。二是认真组织实施了创“四好”班子建设活动。三是认真组织开展了国企领导人员培训工作。四是切实开展了国有企业党风廉政建设。向所监管企业下发了《关于开展创建“四强”党组织活动的意见》，要求市属国有及国有控股企业按照活动要求，切实抓好企业创“四好”班子活动建设、企业人才队伍建设，促进企业改革发展稳定。五是认真组织开展了国企领导人员培训工作以及“五五”普法依法治企先进单位评选推荐工作。六是与市电力公司等7户市属国有企业签订了党风廉政建设责任书，认真开展了治理商业贿赂和“四项清理”工作，加大了违法违纪案件的查办工作。七是认真接待并妥善处理群众来信来访工作，通过耐心细致的宣传解释和思想政治工作，基本做到了息诉息访。据初步统计，

2009年市国资委系统共接待群众来访2 500余人次、来信63件，其中3人以上的群访50余次，对群众反映的问题认真进行了调查核实，调查处理了相关问题。

【领导名录】

主 任：王能秋

副主任：游开元 梅 榕 梁 浩

（邓志平 詹智明）

国资经营

【国有资产经营】按市国资委的批复，成功处置了市环达丝绸公司59间非成套住房，并为购买户办结了产权手续；回购了地奥天府药业国有股700万元；完成了新达、华川等企业1 380户水电改造工程，维护了国有改制企业的稳定；办理了桂园小区、通达化工厂门市、生资苑原政协门市等资产过户、经营手续；2008～2009年共拨付改制资金11 900万元。

【产权交易】由市国有资产经营管理公司控股设立的达州公信产权交易公司是川东北地区唯一的国有产权交易平台。该平台是西南联交所会员单位，重庆联交所分支机构，具有包括央企在内的所有国有资产交易、鉴证资格。2008～2009年，完成了市建设水泥厂、市电影公司所属门市、市电力公司下属热电厂机器设备、市污水处理厂30年特许经营权及国有产权等资产交易，实现交易额19 724.48万元，超底价7 249.82万元，增值59%。

【投融资】市国有资产经营管理公司是市政府指定的中小企业融资平台公司，省开发银行授信额暂为2亿元。2008～2009年，公司深入100多户中小企业了解情况，查看资料，评估信用等级，查找分析企业发展前景和风险，在此基础上建立了达州市中小企业信息库。公司积极推荐达州市中小企业向省开行贷款，累计为11户企业贷款3 300万元。通过中小企业融资平台，向省开行支付利息619 809元。公司为达钢、文理学院等企事业单位担保3.42亿元。完成了入股市商业银行、体育馆建设融资4 800万元。为支持企业发展，公司为企业拆借资金5 600万元。公司参股的达州天然气发电项目已完成场地平整、军用光纤割接、周边房屋拆迁、通信设施规划等工作，完成投资6 000万元。

【债务处置】按照市政府的批示，公司从长城、信达、东方三家资产管理公司回购了涉及达州市140多家党政企事业单位的金融债务9.6亿元。经过艰苦努力的工作，为140多家涉债单位化解了债务，盘活抵押资产1.92亿元。据不完全统计，解除债务单位直接节约利息支出3 150万元，解除债务企业重新获得贷款4亿元。公司又借助“5·12”汶川地震的优惠政策，成功处置了达一中欠中国银行债务3 500万元，直接为达州市财政节约支出1 437万元，支持了达州市教育事业的发展。

【土地整理】为统筹城乡安排，建设社会主义新农村，大力推进农村土地综合整治工作，确保达州市耕地占补平衡，储备报征城市建设用地所需新增耕地指标，市政府决定由市国有资产经营管理公司筹融资参与投资土地整理项目。市政府根据市本级财务状况批准启动了四个土地整理项目，项目涉及开江县、达县、渠县三县20多个行政村，建设规模57 068亩，预计新增耕地指标5 886亩，预算总投资6 321万元。市国有资产经营管理公司与市财政局、市国土局一起协调项目所在县国土部门完成了四个项目外勘、测绘、调研、规划、初设等前期工作，完成前期投资500余万元。

【表彰情况】

1. 2008年、2009年公司档案工作获省一级标准单位
2. 2009年公司保密工作获省一级标准单位
3. 2008年公司扶贫工作获市先进单位
4. 2009年公司政研工作获市先进单位

【领导名录】

总经理：魏 清

副总经理：陈珏光

（王先刚）

投资融资

【概况】2008年，市投资公司紧扣“打造一枢纽、两中心、三基地，建成秦巴地区经济文化强市”的跨越式发展目标，发扬“团结拼搏、开拓进取、坚韧不拔、追求卓越”的公司精神，按照“服务跨越、搭建平台、做大做强”的公司跨越式发展目标，充分发挥公司“融资、投资、经营”三大平台作用，励精图治，开拓

创新,积极主动地开展工作,全年实现新增融资1.93亿元,争取贷款贴息资金1 620万元,市肉联厂安置房建设任务圆满完成,市肉联厂职工住宅拆迁工作接近尾声,较好地完成了全年目标任务。2009年,认真践行科学发展观,充分发挥“融资、建设、经营”三大平台职能作用,切实落实维稳第一责任,全力化解信访积案,各项工作取得了新的成效,全年新增融资2.81亿元,争取到位贷款贴息和补助资金1 900万元。为推进达州市经济和社会建设做出了贡献。

【强力推进平台建设,扎实深化融资工作】2008年,1.加强平台包装,构建偿债机制,切实做大做强融资平台。一是学习考察重庆、遂宁等地融资平台建设经验,借鉴省级推进平台整合经验,结合达州市平台现状,拟定上报了“1+N”模式融资平台建设实施方案。二是为确保及时足额偿还银行贷款本息,防范债务风险,维护政府和企业信用,公司积极研究明确贷款项目还本付息资金来源及归集管理的有效模式,明确与贷款项目一一对应的还款来源,构建偿债长效机制,确保达州市资本运作良性循环和政府诚信。三是加强平台包装,提升公司形象。通过对西迁注入资产和授权质押土地进行重新评估入账,扩大资产规模,降低负债率。努力争取招商共管资金、化工产业区征拆资金通过公司流转,扩大现金流量,解决贷款项目资本金问题。四是按照开行对融资平台的建设要求,积极加强对县级融资平台建设和争取开行贷款项目前期工作及申贷业务流程的指导,积极构建“市带县”融资体制,推进县域经济发展。2.积极拓展融资渠道,深化融资成果。继续坚持以开行为融资主线,全面深化开发性金融合作。一是以金龙大桥、长田坝隧道两项目成功向开行申请贷款1.88亿元。二是以达县管村镇村坪村、高寨村,大堰乡的卢岗村、双井村和金檀乡的龙凤村5个村道路项目向开行申请“三村建设”500万元贷款。三是抢抓国家扩大内需,实行适度宽松的货币政策的机遇,主动出击,扎实抓好七河路、金龙大道南延线北段、金龙立交桥、木瓜铺立交桥、凤凰大道西延线、快速通道西延线(含河市大桥)等项目申贷前期工作和评审对接,积极准备上报新项目。同时,还全面加强同其它金融机构的合作。一是加强同工商银行等各家商业银行保持紧密联系,及时掌握各家银行的信贷投放政策。二是以化工产业区特勤消防站项目向市城市信用社申请建设贷款2 600万元。3.抢抓机遇,积极争取贷款贴息资金。在市委、市政府领导的协调和市发改委的共同努力下,市投资公司向省发改委申报天然气化工产业区配套基础设施项目一期申请贴息资金1 620万元。

【经营城市工作开创新局面】坚持盘活城市国有存量、吸引增量并举,求真务实,开拓创新,全方位推进城市各种有形资产和无形资产的组团式、板块式市场化运作,努力积聚城建资金。1.学习考察树立组团式、板块式经营新理念。公司组织人员到成都、重庆等地学习考察经营城市工作,拓展视野,创新模式,结合达州市经营城市工作实际,提出了由单一项目经营向板块式、组团式整体经营转变,由直接拍卖经营权向深化经营、市场化运作的转变,延伸经营链条,提升经营层次,扩大经营实效。2.加大力度,积极盘活国有存量资产。一是抓好授权经营资产中不宜拍卖资产的租赁工作;二是按照市委、市政府的指示,认真做好新老城区国有存量闲置资产调剂工作,为市金融办公室、市司法局、市效能办、市人才交流中心等单位调剂办公用房约3 000平方米,有效缓解了办公用房紧缺压力;三是积极做好已处置资产的产权过户办理工作,协调做好对开行释押的原市三委三局、市安监局大院、市人大大院三宗国有房产已处置资产的产权过户办理工作。3.全面清理城市公共资源,努力实现经营工作大转变。一是按照市政府的批示,结合现场实际情况,对部分公交候车站亭进行了调整,进一步方便了市民出行,提升了城市形象。二是配合国资委全面清理行政事业单位闲置及经营性资产,为推进资产过户整合做好准备。

【拆迁建设工作有新进展】一是抓好市肉联厂职工住宅拆迁工作。受市政府委托,市投资公司负责实施文化广场(市政中心南广场)用地范围内原市肉联厂职工住宅的整体拆迁补偿安置工作。2008年度,签订拆迁补偿安置协议386户,占应签协议401户的96%,下剩15户。二是深入抓好市肉联厂安置房建设工作,组织施工、监理单位,优化施工组织方案,倒排工期,加强现场管理,严控造价,狠抓安全和质量,于2008年底竣工交付使用。三是协调施工单位和市财政评审中心,加快西迁工程项目的结算评审进度,化解工程结算评审过程的矛盾和分歧,维护稳定。

【融资工作大拓展】2009年,1.做实做强融资平台,强力推进政府类融资可持续发展。一是学习外

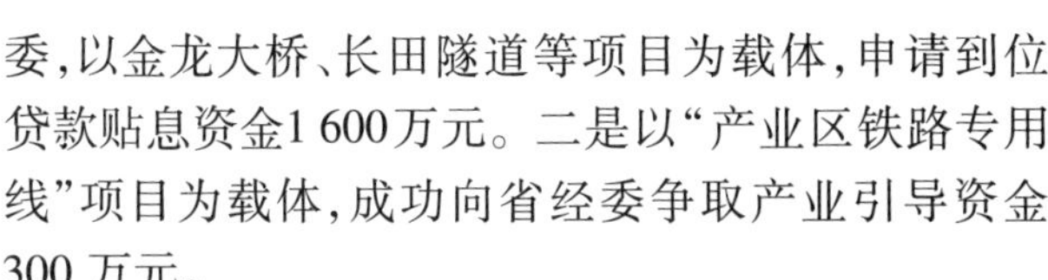

地平台建设经验，积极搭建新型投融资平台。为了进一步做实做强做大政府性融资平台，增强承债能力，争取更大的融资成效，市投资公司积极建言献策，经市政府批准，由市国资委牵头，按四川发展有限责任公司的组建模式，结合达州市实际，整合资源、资本、资产，组建达州发展（控股）有限责任公司。二是创新融资机制，构建良性的资本循环体系。积极推进偿债机制、项目储备、抵押物准备等融资长效机制建设。市政府已明确将产业区新增税收地方留成部分按照“先偿债，后分享”的原则，优先用于还本付息。并从2010年起将还本付息资金按一定数额纳入年度财政预算，进一步增强了金融机构合作的信心。按季加强储备申贷项目前期工作的调度指导，使其符合授信条件。强化贷款抵押物协调准备，为大额融资抵押做好了准备。三是加强县级融资平台建设指导，积极构建“市带县”的融资体制。2009市投次公司着重以万源融资平台建设为重点，指导其包装万源滨河大道项目，并及时上报开行申请贷款5 000万元。2.积极拓展融资渠道，全力深化开行合作。今年市投资公司继续坚持“巩固国家开发银行融资主线，全方位拓展融资渠道”的融资工作思路，主动加强同各家金融机构的合作，全年新增融资授信创历史新高。一是以七河路、金龙大道南延线北段、金龙互通式立交桥项目为载体，成功向开行申贷2.05亿元。二是“7·11”洪灾后，我司向开行争取应急类短期贷款5 000万元，为抢险救灾及灾后恢复重建提供了资金保障。三是以木瓜铺互通式立交桥、通川区安全饮水工程、万源滨河大道等项目为载体，向开行申请贷款1.6亿元。四是成功向市城市信用社申请市天然气能源化工产业区特勤消防站项目建设贷款2 600万元，解决了存量贷款到期问题，维护了信誉。五是以市投资公司、中山煤业的国有存量资产作为资产包，向四川发展（控股）有限责任公司申请借款5亿元。3.抢抓国家政策机遇，积极向上争取贷款贴息和补助资金。一是衔接省、市发改委，以金龙大桥、长田隧道等项目为载体，申请到位贷款贴息资金1 600万元。二是以“产业区铁路专用线”项目为载体，成功向省经委争取产业引导资金300万元。

【推行两个转变，经营工作大突破】2009年初，公司对经营城市工作提出由单一项目经营向板块式、组团式整体经营转变，由直接拍卖经营权向公司自行投资经营、市场化运作转变的工作思路。公司紧紧围绕达州市城市公共资源，建立城市经营资产项目库。以盘活城市国有存量资产、吸引增量为目标，拓展视野，开拓创新，规范推进城市各种有形资产和无形资产的市场化运作，确保国有资产保值增值。1.加强授权国有资产经营管理，确保保值增值。一是严格按照国有资产处置程序，充分结合市场行情，盘活闲置资产。二是结合市级行政事业单位办公用房的实际，按照市政府及市国资委的指示，市投资公司将金兰小区B3幢房屋面积5 800余平方米调剂给市委政法委、西外管委会等5家单位作办公用房，有力地缓解了相关单位办公用房紧张的局面。三是建立巡查管护制度。采取分块包干办法，对授权经营资产实行定期巡查，加强管护，确保国有资产安全。2.挖掘城市公共资源潜力，推进自主经营和板块式、组团式经营。对翠屏路灯箱广告和化工产业区内的广告经营权实行统一规划，市场运作，增加收益，丰富城市景观。3.面向市场，大刀阔斧推进公司市场化发展。与瓮福集团达州化工有限公司、达钢集团合资成立了股本金1.5亿元的达州瓮福物流有限责任公司，积极参与化工产业区铁路专用线的建设及经营。

【领导名录】

董 事 长：廖仕文
总 经 理：王飞虎
副总经理：张建明　黎　明　苟　耘

（夏　茹）

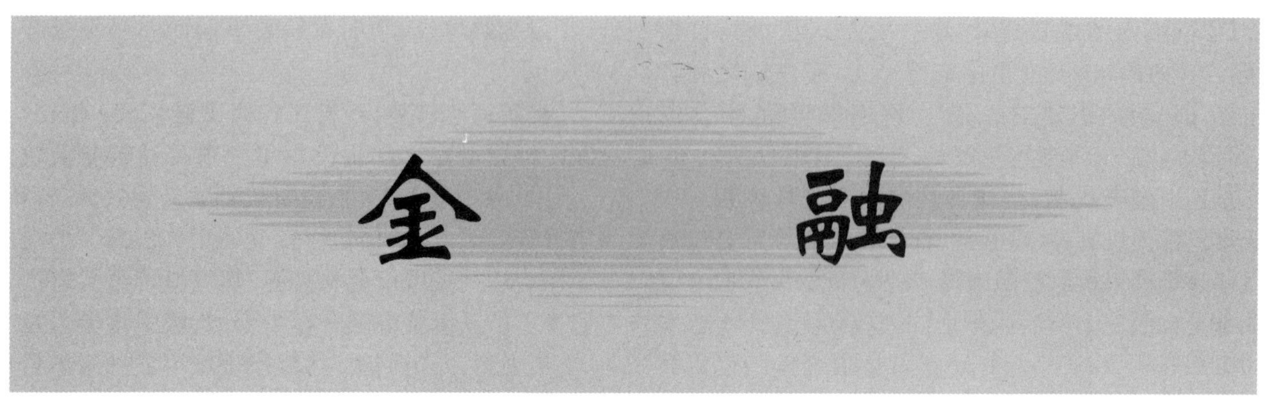

金　融

人民银行

【概况】中国人民银行达州市中心支行(以下简称达州中支)是中国人民银行的派出机构,下辖大竹县、渠县、开江县、宣汉县和万源市5个县级支行。达州中支认真履行《中国人民银行法》赋予的贯彻落实货币政策、维护金融稳定、提供金融服务职能,切实加强征信业管理和金融业反洗钱工作,有力地支持了地方经济发展,促进了辖内经济金融平稳健康发展。

【货币政策】2008～2009年,达州中支积极加强舆论引导,全面贯彻落实适度宽松货币政策措施。国家宏观调控政策出台后,达州中支及时向市委、市政府、市人大等部门汇报适度宽松货币政策,增进政府部门对宏观政策的了解。通过经济金融形势分析会、金融工作座谈会、县(市、区)长会、工业企业洽谈会、银企互动促进会等会议,加强与地方党委政府、金融机构、企业及社会各界沟通。利用社会媒体宣传"涉农金融产品和服务方式创新"、"小额担保贷款"、"助学贷款"等货币信贷相关政策,与达州人民广播电台共同策划了"推动农村金融产品和服务创新试点"宣传方案,积极宣传涉农创新产品相关内容。向政府提出了《关于2009年度达州市金融支持经济发展的建议》。根据总分行的货币信贷政策,结合达州市政府重点项目计划及建设能源化工基地长远规划,及时出台了《2009年达州市货币信贷指导意见》,引导金融机构找准国家重点产业振兴规划和达州产业建设发展的结合点,加大对天然气能源化工基地、冶金建材基地、特色农产品加工基地等重点工程、骨干项目的信贷支持力度,加大民生工程、"三农"、县域经济、消费领域等信贷投入,引导金融机构当年新增贷款主要用于中小企业和县域经济,加大对达州经济增长的信贷支持力度。2008年末,全市银行业金融机构人民币各项存款余额634.35亿元,比年初增加129.80亿元,同比多增63.04亿元;各项贷款余额219.83亿元,比年初增加37.77亿元,同比多增6.67亿元。2009年末,全市银行业金融机构人民币各项存款余额763.52亿元,比年初增加128.5亿元;人民币各项贷款余额299.51亿元,比年初增加79.46亿元,同比多增41.66亿元,信贷增速和增量创全市历史最好水平,全市居民消费贷款、涉农贷款和中小企业贷款较上年有大幅度增长。

【金融稳定】2008～2009年,密切关注辖内国有商业银行改制后的运行情况,加强对农行股份制改革和农发行商业化转型的调研反馈,强化对新型农村金融机构村镇银行的风险监测和预警,积极配合市委市政府和监管部门协调达州市城市信用社改制工作,促成达州市商业银行于年底顺利开业。在四川省内率先完成了全市农村信用社改革成效监测评估工作得到成都分行肯定。成功主办了川渝鄂陕豫毗邻地区金融稳定协调机制联席会议暨区域金融稳定论坛。积极做好金融维稳应急工作,完善业务及保障系统应急预案。配合地方党委政府和有关监管部门依法妥善处置宣汉县宏生公司和达州市汉唐实业公司非法吸收公众存款案件，确保了辖区金融稳定。

【**金融服务**】扎实做好基础工作，强化功能监管，促进了金融服务水平进一步提高。一是扎实做好金融统计工作，为宏观经济金融分析提供更多信息支持；二是建立了市级银行业金融机构支付结算工作联席会议制度，强化支付系统日常运行管理，认真办理支付结算及账户许可业务，联合公安部门开展了整治银行卡违法犯罪专项行动，促进了支付系统安全高效运行。三是强化国库核算和监督检查，严把预算支拨和退库关。四是强化货币发行调拨管理，确保了全市现金供应，2009 年累计投放现金 98.08 亿元，累计回笼 85.7 亿元，净投放现金 12.38 亿元。开展“直邮传真情、反假进万家”大型主题宣传活动，群众反假意识进一步提高。四是认真做好金融信息化管理工作。

【**征信管理**】切实做好中小企业信用体系建设工作，加强个人和企业信用数据库管理，做好应收账款质押登记公示系统维护和推广工作，提升企业和个人征信系统应用、维护和服务水平。会同相关部门制定了《达州市“模范守信中小企业培植计划”工作方案》，积极开展 130 户“模范守信中小企业培植计划”试点工作。在大竹高穴镇、开江采石桥村、万源官渡镇玛瑙溪村组织开展了农村信用体系建设试点，农村信用体系建设成效已经初步显现。组织开展金融生态环境示范县创建工作，全力打造良好金融生态环境。

【**反洗钱**】积极探索建立反洗钱非现场监管模式，进一步建立和完善了反洗钱工作机制，加强了与反洗钱联席会议成员单位之间信息沟通，指导金融机构做好反洗钱工作，配合政府有关部门做好打击经济犯罪、反恐等相关工作，依法开展对金融机构反洗钱现场检查工作。2008 ~ 2009 年，先后对达州市城市信用社、华西证券达州营业部、中国人寿达州分公司、永安财险达州支公司、通川区联社组织开展了反洗钱现场检查，完成了 9 家金融机构银行卡业务反洗钱专项检查。

【**外汇管理**】认真落实促进贸易投资便利化等改革措施，推广应用外汇信息系统建设，简化贸易收付汇手续，切实做好贸易出口收汇、进口付汇核销工作，积极支持辖区涉外主体正常经营活动。进一步加强非现场统计监测与外汇检查工作。完善了贸易信贷登记管理工作，强化对外债权债务管理。加强外商直接投资外汇管理，做好跨境资本的真实性和合规性审核。加大外汇政策宣传力度，组织开展了“诚信兴商宣传月”活动。2008 年末，达州市银行结售汇总额11 482万美元，外汇存款余额1 248万美元，外汇贷款新增 196.3 万美元，填补了 10 多年达州市无新增外汇贷款业务的空白。2009 年末，银行结售汇总额 11,034 万美元，外汇存款余额1 248万美元。

【**领导名录**】

行　　长：王阳星

副 行 长：肖启义　陈　莉

纪委书记：何爱云

工会主任：江建国

银行监管

【**概况**】2008 年，达州银监分局坚持以十七大、十七届三中全会精神为指导，围绕提高银行业竞争力和监管有效性，在防控风险、深化改革、服务民生等重点工作上狠下工夫，切实增强监管的科学性、主动性和责任性，强化分类监管和持续监管，推动达州银行业改革发展和监管取得新突破新进展，有力支持了达州经济平稳协调较快增长。截至 2008 年 12 月末，辖内银行业机构网点 690 个，银行业从业人员 6 141名。全市银行业机构各项存款余额 603 亿元，比年初增加 111.34 亿元，增长 22.64%；剔除农行股改剥离因素，各项贷款余额 255.48 亿元，比年初增加 39.2 亿元，增长 18.1%；按五级分类，不良贷款率比年初下降 18.51 个百分点；实现账面盈利 4.12 亿元，较上年增盈9 035万元。2009 年，达州银监分局围绕“保增长、防风险、强管理”三条主线和分局年初确定的“四个三”工作思路扎实工作，全市银行业信贷投放快速增长，案防成效继续巩固，不良贷款持续“双降”，运行质量稳步提升，积极支持了地方经济平稳较快发展。截至 12 月末，全市银行业机构网点 688 个，银行业从业人员5 989 人；各项存款余额 745.32 亿元，比年初增加 127.67 亿元，增长 20.67%，各项贷款余额 299.52 亿元，比年初增加 79.46 亿元，增长 36.11%；累计实现账面盈利 5.67 亿元，同比多盈 1.20 亿元。

【**支持地方经济发展**】2008 年，召开全市银行业机构负责人新春座谈会，要求优化信贷结构的同时全力支持宏观调控中必保的产业行业，避免信贷投放的异常波动。建立台账，统计跟踪并引导满足辖内重点项目、重点企业的金融需求。通过监测分析宏观调控背景下银行业风险表现及变化、召开风险分析例会、调研等多种形式向银行业机构提示风险，提出指导意见。至11月末，完成或参与完成政府背景贷款、生猪生产贷款、加速农业产业化进程等13个省局、市委市政府和分局重大课题的调研。作为成员单位，积极配合地方有关部门开展“双高”行业的清理检查。及时向市政府呈报《关于建议召开达州市经济金融和谐发展座谈会的报告》，全力促成会议于11月28日成功召开。省政府黄小祥副省长出席会议，人行成都分行、四川银监局、四川证监局、四川保监局及省级其他相关部门，20余家省级银行业机构，7个县（市、区）政府主要负责人参会。会上，省级银行业机构与达州市政府签订了支持地方经济发展的430亿元银政合作框架协议，市级银行业机构与达州市优势企业签订了173.31亿元融资协议，黄小祥副省长高度评价为“达州的经验值得好好总结，达州的做法应该很好地坚持”。认真贯彻落实中央经济工作会议精神和扩大内需促进经济增长的十条措施，出台《达州银行业机构支持地方经济又好又快发展的指导意见》。全市银行业新增贷款5.13亿元，投向体现了保重点、保中小、保三农、促消费等宏观调控政策要求，促进了地方经济又好又快发展。

【推进小企业贷款】2008年，召开“达州市银行业金融机构创新暨小企业工作会议”，明确全年小企业贷款增长目标，与各市级银行业机构负责人签订《小企业融资服务责任书》。多次调研的基础上向市政府呈报《关于搭建达州市中小企业融资平台的建议》，推动建立“两台一会”信用担保和融资机制。协助市委市政府建立小企业融资工作联席会议制度，与政府有关部门联动，依托政府公共网络平台，建立“达州市中小企业信息库”、“达州市优势项目库”，探索实现小企业信用资源查询、交流及共享。制定了《关于大力支持农业产业化龙头企业发展指导意见》，印发了《小企业金融服务政策文件选编》，出台了《小企业贷款工作进步度考核办法》，按季通报各银行业机构小企业授信进步度情况。截至10月末辖区小企业贷款余额达45.2亿元，比年初增加8.03亿元，授信户数2.91万户，比年初增加4 563户。

【银行业改革创新】2008年，分局坚持以监管促创新，积极督促、支持辖内银行业机构改革创新，提高市场竞争力。城市信用社改革取得突破性进展。董事长、总经理平稳调整，新班子勤勉履职，扭转了存贷款业务下滑、改制工作停滞不前的被动局面。增资扩股成效明显。亏损弥补取得进展。风险处置积极推进。督促采取分类处置、加大核销等多种手段提高已置换不良资产的清收处置进度。全年回购任务将按计划完成。农村信用社产权制度改革进展顺利。加强对万源、渠县统一法人社筹建工作的督促指导，确保顺利开业，全市7家县级统一法人社全部组建完成。加强与人行达州中支的沟通联系，召开专门会议研究央行专项票据兑付工作，联合开展渠县、大竹、达县联社票据兑付预审核现场检查，3家联社央行专项票据本金和利息全额到账，7家县级联社央行专项票据全部兑付。指导成功组建新型农村金融机构宣汉诚民村镇银行。核批时，既特事特办，又严把“四关”：把好出资人审查关、股本金到位关、营业网点安全关、高管准入关，确保10月8日顺利开业。开业后，持续有效监管，防止监管真空和监管重复。该行存款、贷款业务开局良好，在缓解试点地区农村金融供给不足方面作用逐步显现。农行、邮储、农发行改革力度加大。农行股改各项准备工作扎实推进。成功组建邮储银行达州市分行，136个分支机构全部开业。邮政储蓄向商业银行顺利过渡。农发行商业性贷款稳健开展。

【不良贷款“双降”工作】2008年，坚持“双降”工作不放松、导向不偏离、决心不动摇、力度不减弱，推行降控结合的不良贷款风险监管新措施，对不良贷款余额大、比率高的机构继续推进“双降”工作，对信贷资产质量较好的机构突出迁徙率和区间的双控。一是强化监测，风险分析和预警点面结合。建立完善了大型银行5 000万元、城市信用社500万元、农村信用社100万元以上大额贷款监测台账。按月监测分析发现潜在或现实影响贷款质量的因素以及贷款质量异动后，及时果断采取走访调查、风险提示、约见谈话等监管措施。二是多管齐下，不良贷款存量处置力度不断加大。督促引导银行业机构利用经济、行政、司法等手段加大清收盘活力度，狠抓大户的不良贷款处置工作。对不良贷款较多的农行、农村信用社重点监管，人盯机构，督促落实责任，加快清收处置进度。继续强化地方政府、监管部门、银行业机构三方合力，持续做好党政机关、国家公职人员及金融系统职工经营性到逾期贷款清收处置工作，累计清收本息9 013万元。三是严防新增，信贷风险管理从源头抓起。充分利用客户风险监测预警系统和大额不良贷款决策支持系统，按季向银行业机构反馈大额授信、零售违约客户及小企业违约风险信息。对全市民营企业贷款投放及风险状况、新增贷款、“两高一剩”行业贷款以及个人消费贷款等开展了专题调研或专项检查，摸清了相关行业和信贷业务的风险变化趋势，重点加大对房地产行业信贷风险的监测，组织银行机构开展了房地产授信风险自我评估，督促严格落实银监会有关房地产行业授信风险管理、个人住房按揭贷款管理的系列监管政策要求。2009 年，我分局按照四川银监局主动保增长、合作保增长、科学保增长、创新保增长的工作要求，围绕市委市政府“坚定信心、应对挑战，爬坡上行、加快发展”的工作部署，及时统一保增长的认识，督促指导全市银行业找准贷款投放与地方经济发展的结合点，积极支持地方经济平稳较快发展。春节前召开了市、县两级银行业机构主要负责人参加的银行业监管工作会议，专题部署保增长相关工作。印发《达州银行业机构支持地方经济又好又快发展的指导意见》。按照四川银监局王筠权局长 3 月 12 日莅临达州督导保增长提出的工作要求，及时成立保增长巡查督导工作领导小组，实行领导分县包片，深入全市 7 个县(市、区)督促指导银行业保增长工作。多次与银行机构高管人员座谈，督促科学制定 2009 年信贷投放计划，以分局局长名义向各银行省级分行主要负责人致函交换意见。创办“保增长防风险”信息专刊，建立保增长月度监测制度。积极推动辖内银行业机构开展银企项目对接工作，全面掌握银行信贷投向和银企对接情况。银行业支持煤炭行业整合发展座谈会、全市工业企业银企对接洽谈会成果丰硕，全市 7 个县(市、区)全部召开银政企合作会议，合作协议总金额近 280 亿元。2008 年“达州市经济金融和谐发展座谈会”签约金额 12 月末落实率 49.3%。全市银行业机构信贷投放创近年之最，新增存贷比 62.24%，有力的信贷支持推动了地方经济企稳回升。

【**案件风险防控**】2008 年，继续保持对案件防控的高压态势，本着“标本兼治、重在治本，查防结合、预防为主，区别对待、分类指导”的原则，健全制度，建立案防督办、巡查督导等九项内部管理制度，印发案防信息专项报送、案防协调联系、案件防控评价以及人员行为排查、岗位轮换、强制休假执行情况定期报送制度等四项制度。传导压力。“传达到基层，落实到一线”，全面贯彻落实银监会、省局先后 5 次召开的案件风险防控电视电话会议和 10 多次案防形势书面通报以及省局约见五大行高管谈话的精神和要求。明确各银行机构“一把手”对案件防范工作负总责，督促逐级签订《案件防控目标责任书》，建立“纵到底、横到边”的案防责任体系。部署开展“案防成效巩固年”活动，督促银行业机构以活动为载体，加大对高管和员工的教育培训力度，强化制度执行力建设，提高合规经营意识。指导银行业机构开展了员工行为及重岗人员风险、金库管理和现金守押情况、银行卡业务风险、存放同业款项、柜面业务操作风险、二手房按揭贷款他项权证对应房产真实性等 10 多项风险排查，持续跟踪问题整改情况。建立案件防控联动机制，充分发挥银行内部审计再监督作用，完善银行内审部门直接向监管部门报送信息制度。与公安部门加强工作协调，联合开展安全评估检查 2 次，特别是联合打击利用 ATM 诈骗犯罪活动成效显著。全市银行业机构无新发大要案件。2009 年，坚持保增长与防风险相结合，督促银行业机构理性面对信贷扩张，多策并举，探索推进风险管控措施，实现发展中防风险、稳定中防风险。一是降控结合，严格管控信贷快速增长下的信用风险。实行不良贷款“双降”、“双控”监管相结合，对农发行、农行、农村信用社仍实行“双降”考核，其余机构实行“双控”。做好新老贷款风险控制工作，重点督促银行机构严格信贷快速增长下的信用风险管理，切实防止不良贷款大幅反弹和快速反弹。加强风险提示，督促前瞻性制定风险控制预案，严把资产质量关，及时对信贷投放较快、票据业务快速增长的情况发出风险提示。加强风险检查，相继开展落实国家宏观调控政策及贷款“三查”情况、信用风险和重点业务风险、大型银行新发放贷款大户等专项现场检查，督促整改，切实纠正不审慎行为。加强风险化解，督促银行机构利用行政、司法等手段积极清收、处置不良贷款。达州市城市信用社党政机关及其工作人员到逾期贷款集中清收工作成效显著，清收转化涉及政府背景的企事业单位贷款 10 笔、本息 1.1 亿元，清收处置党政机关及其工作人员到逾期贷款

16笔、本息141.12万元。深入开展银行业集中清理执行积案活动,制定《达州银行业集中清理执行积案工作方案》,加强与市政法委、市中级人民法院的沟通协调,多次召开专题会议,多次深入重点机构调研督导,切实推动银行业执行积案集中清理工作,集中清收银行积案本息2 825万元,分局被表彰为"全省集中清理执行积案工作先进单位"。全市银行机构12月末不良贷款占比下降8.07个百分点。二是标本兼治,保持对银行业案件防控的高压态势。开展以"六大体系"为核心的"案防长效机制建设年活动",全市银行业安全运行无案件。坚持压力传导,层层签订《案件防控目标责任书》。建立存款、结算、授信、电子银行业务、银行卡业务等商业银行专业人才库。坚持风险排查。组织开展大额存款进出和承兑汇票案件风险专项排查,首次与税务管理部门联合开展对票据业务所附增值税发票真实性核查。坚持巡查督导。专项调查ATM风险管理现状。针对个别不法分子在辖内部分银行ATM机上张贴虚假告示,企图骗取客户资金的违法行为,紧急部署各行社采取措施,严密防控。督导农村信用社认真落实案件防控和治理"三年规划"。将支付密码器推广范围扩大至所有银行机构,国有商业银行整体推广率90.2%。坚持制度执行。组织编印《银行业操作风险防范手册》7 000册,发出《关于认真开展学习〈银行业操作风险防范手册〉活动的通知》,要求各行社员工熟读、高管精读,并将学习运用手册情况纳入现场检查和高管考核事项。建立实施"农村合作金融机构内控联席会议制度",搭建内部稽核审计与外部监管的信息平台。督导宣汉诚民村镇银行完善内控制度,加大执行力建设。对农村信用社、邮储银行网点主管和一线人员开展案防技能培训。三是审慎主动,稳妥抓好突发事件风险处置。强化处非工作。切实履行市处非办工作职责,加强与各县(市、区)政府的沟通,敦促建立处非工作长效机制,目前宣汉县、大竹县、达县处非工作机制初步建立。代市政府起草《达州市"打击非法集资"主题宣传活动总体方案》,全市集中开展了为期一个月的"打击非法集资宣传教育活动",取得明显成效。加强协调沟通,召开全市处置非法集资工作协调会。加强动态监测,注重信息互通。配合做好宏生、汉唐、忠信等重点案件处置工作,积极依法维护银行债权,处置宏生案的8条工作经验被省政府在全省推广。强化理财及代理保险业务监管。对大型银行理财业务开展情况及风险状况进行调查。督促指导各行社进一步规范销售行为,制定应急预案,完善应急机制,客户投诉事件稳妥处置并有所下降。加强信息科技风险监管。建立实施信息科技风险监管例会制度和季度分析报告制度。强化信访维稳工作。两次召开全市银行业维稳专题会议,研判形势,提出要求。督促银行业机构加强摸排,密切关注协解人员动态,严防进京越访、赴省集访,努力将矛盾化解在基层。对辖内法人银行机构安全保卫开展专项检查,督促建立健全责任制,狠抓制度执行,强化对重点岗位和重要环节的监控。

【督导银行业持续改善服务】2008年,督促指导不断提高金融服务能力和水平。印发《达州银监分局2008年创新监管工作重点》,高度重视并积极保护存款人和金融消费者的合法权益,认真开展商业银行奥运金融服务自查、暗访、整改活动,奥运金融服务零投诉。达州市城市信用社东城分社营业部被中国银行业协会授予"中国银行业文明规范服务示范单位"。下决心解决金融服务缺失问题。机构准入与金融服务紧密挂钩。针对通川区西外新区、万源市鹰背乡、大竹县四合乡、宣汉县边远乡镇金融服务缺失问题,要求有关银行机构讲政治、不讲客观,要化解、不要辩解,克服困难,抓紧解决。万源市鹰背乡信用社已恢复营业,受到当地群众及党委和政府高度赞誉。督导做好灾民农房重建信贷支持。分局成立巡查组,班子成员分片督导巡查,走访市县两级民政部门,全面摸清受损农房情况。督促认真落实信贷支持农房重建尽力、尽早、尽心、尽责的"四尽"要求。加强金融消费者教育。完善了"送金融知识下乡"长效机制。充分发挥银行网点的消费者教育阵地作用,要求在醒目位置张贴《四川银监局郑重提示》、《关于防范银行卡欺诈郑重提示》、《严厉打击非法集资》等宣传资料,督促履行风险提示义务。积极参与市委、市政府"法治同行"主题宣传活动。广泛开展银行卡、非法集资等金融知识和风险识别方法"三上"(上电视、报刊、宣传栏)活动。分局主要负责人做客达州电视台的"市长热线面对面之维护金融秩序"访谈节目多次重播,介绍非法集资行为的特征、性质和危害,引导依法理财、依法投资,社会公众反响强烈。通过《达州日报》、《达州晚报》、《达州广播电视报》等媒体正面引导公众对银行"排长队”、防止银行卡欺诈等问题的认识，得到广大群众积极评价。

2009年，督导银行业机构贯彻落实国家宏观调控政策，坚持“有保有压”。不遗余力推进中小企业金融服务。继续实行中小企业授信工作进步度考核。与各银行机构签订《2009年小企业融资服务工作目标责任书》。发出《关于切实做好中小企业金融服务工作的紧急通知》，重申小企业金融服务工作监管要求，将其与高管、机构、业务准入紧密挂钩。分局领导多次深入各行社督促设立中小企业专营机构，推进完善“六项机制”。按月监测统计中小企业贷款、小企业客户档案建立情况。12月末，全市银行业中小企业专营机构、“六项机制”基本建立；小企业客户档案比年初增加7 813户，中小企业贷款户数和余额分别比年初增加4 982户和37.5亿元，贷款增幅高于全部贷款平均增幅8.78个百分点。坚持不懈改善“三农”金融服务。与团市委共同推进青年创业小额贷款项目，印发《达州市青年创业小额贷款项目实施办法》，加大宣传推广力度，坚持按季统计监测，年末余额1.03亿元，支持青年创业人数全省第一。与人行达州中支联合推进农村金融产品和服务方式创新试点工作，三家试点机构农行大竹县支行以及通川区、宣汉县联社对已评级的信用户授信3.46亿元，通过“惠农卡”农户小额贷款、“兴业通”贷款、“百业兴”社区生产经营贷款等创新产品发放贷款余额达1.85亿元，带动其他涉农机构创新推出“四通两乐”、“农村城镇化贷款”等10余种信贷产品并通过其发放贷款余额达11.48亿元。在大竹县试点推广资阳“六方合作+保险”生猪“一体化经营”模式，在开江县试点林权质押贷款试点工作。着力解决空白网点乡镇金融服务缺失问题，一县一策制定规划，全面贯彻落实银监会、四川银监局相继召开的“金融机构空白乡镇金融服务工作推进会”精神，工行开江支行、邮储银行大竹县四合乡营业所等开业运营。通过延伸服务解决2各金融机构空白乡镇金融服务问题。督促指导农行全面推进“三农”事业部改革。支持宣汉诚民村镇银行设立南坝镇支行。支持邮储银行稳步扩大业务范围。督促银行机构解决服务热线存在的等待时间过长、服务水平亟待提高等六大问题。通过“送金融知识下乡进社区”、“12·4”法制宣传日等载体，普及金融知识，重点加强对非法集资、银行卡、理财业务等群众关心的金融热点、难点问题的宣传教育。搭建平台加大煤炭行业金融服务力度。结合市情，开展煤炭企业生产经营状况及融资需求情况专项调查，与市经委联动会商《达州市煤矿企业银行融资管理办法》并已提请市政府审定，引导鼓励银行机构创新支持煤炭行业整合发展。

【突发事件处置】2008年，一是非法集资处置工作成效明显。协助市委市政府制定《达州市处置非法集资局际联席会议制度》和《达州市处置非法集资实施办法》，监管办事处加强与各县（市、区）党政的沟通联系，初步构建了全市查处非法集资工作机制。不断加强非法集资风险教育培训，对市经委、担保公司、市属重点骨干企业相关人员开展以“打击非法集资”为内容的培训。建立《非法集资信息直报点制度》，梳理出达州市非法集资关注名单，加强非法集资监测预警。积极配合查处宏生公司、汉唐公司非法集资案，对其他疑似情况及时提请召开“达州市处置非法集资局际联席会议”研究处理，并及时向四川省处非办汇报。参与编写《银监会处置非法集资工作规程》，在全省处置非法集资培训会上作经验交流，9月由省局、省财办、省公安厅组成的省处置非法集资工作组莅临达州检查指导工作，对分局处非工作给予充分肯定。二是强化信息科技风险监管。2次组织召开银行业机构科技信息安全工作会议，指导开展奥运科技风险自查工作，督导落实奥运期间信息科技保障措施和办法，建立“5·12”汶川特大地震、奥运期间日报制度和巡查制度。三是科学应对自然灾害等其他突发事件。沉着应对雨雪冰冻灾害。全力以赴抗震救灾。“5·12”特大地震发生后，分局在四川银监局和地方党政的统一指挥下，及时启动应急预案，及时向全市银行业机构发出《全力以赴做好金融支持抗震救灾工作的紧急通知》，分局班子成员多次分头带队赴各县级银行业机构巡查，出台《达州市银行业机构高级管理人员抗震救灾工作考核办法》，协助召开“达州市支持灾后重建银企互动推进会”，全市银行业机构在确保人员安全的前提下，保开门、保服务、保信贷救灾，共发放救灾贷款6.1亿元。

【攻坚克难促改革】2009年，达州市城市信用社高管、亏损弥补和增资扩股等关键问题妥善解决，主要监管指标达到改制要求，达州市商业银行筹建申请银监会9月24日批复同意，经四川银监局对筹建工作的验收以及达州市商业银行筹建组对有关问题的整改落实，开业申请四川银监局12月15日批复同意并于12月23日挂牌开业。督促农村信用社以“监管评级达标升级”为抓手，筹划并推动农村商业银行筹建。指导城乡信用社完善资本补充机制，部署开展农村信用社股金合法合规性自查自纠工作，支持宣汉县、通川区等县级联社通过增资扩股提高资本充足率，改善股权结构，完善公司治理。积极支持推进大竹县村镇银行设立。农行股改平稳推进。

【表彰情况】

先进集体

1. 2007年统计信息工作综合一等奖(四川银监局)

2. 2007年统计单项一等奖(四川银监局)

3. 2007年调研单项一等奖(四川银监局)

4. 2007年分析单项二等奖(四川银监局)

5. 2007年信息工作先进单位(四川银监局)

6. 2008年度目标考核先进单位(四川银监局)

7. 2008年信息工作先进单位(四川银监局)

8. 2008年度监管统计信息工作综合二等奖(四川银监局)

先进个人

1. 2007年任红梅、周乾云获得“监管标兵”(四川银监局)

2. 2007年夏礼胜获得“知识型职工标兵”(四川银监局)

3. 2008年郑显峰获得“第二届职工摄影作品展一等奖”(银监会)

4. 2008年徐仁权获得“第二届职工美术书法作品展书法类优秀奖”(银监会)

5. 2008年冯杰获得“第二届职工摄影作品展优秀奖”(银监会)

6. 2008年唐阳孝获得“达州市首批有突出贡献的优秀专家”(达州市委市政府)

7. 2008年孔维文获得“2008年度干部考核先进个人”(四川银监局)

8. 2008年徐仁权获得“四川银监局系统青年岗位能手”(四川银监局)

9. 2008年施云获得“2008年‘监管标兵’”(四川银监局)

10. 2008年叶兴碧获得“2008年‘监管标兵’”(四川银监局)

11. 2008年席清波获得“全市政务督办工作先进个人”(达州市委市政府)

【领导名录】

局　长：孔维文

副局长：戴仲成　邹　虎

纪委书记：唐天和

(马江东　刘定琴)

工商银行

【概述】2008～2009年，面对“5·12”特大地震灾害和全球金融风暴，中国工商银行股份有限公司达州分行始终坚持“以市场为导向、以客户为中心”的经营思想，持续转变经营观念，不断深化“市场有多大，业务就做多大”的营销理念，全力推动各项业务持续稳健发展。两年累计净增各项存款25亿元，净增各项贷款22亿元，实现拨备前利润3.4亿元，截至2009年末，全行资产、负债总规模达到160亿，对外营业网点29个。继续保持了四川省“最佳文明单位”、“卫生先进单位”、“思想政治工作优秀企业”和达州市“社会治安综合治理模范单位”等荣誉，荣获达州市改革开放30年“十大突出贡献企业”称号。

【支持经济发展】始终坚持以支持达州经济社会发展为己任，积极参与和支持达州市重大项目建设和骨干企业生产经营资金及技术改造，重点落实了市政府与省工行签订的银政合作协议项目融资，先后与20户工业企业签订了20亿元金融服务框架合作协议。两年累计发放公司客户贷款54.5亿，累计办理票据贴现19.1亿元，有力支持了达州市法人客户生产经营资金需要。积极响应市委、市政府号召，切实加强小企业金融服务，新增小企业贷款1 370万元。

【持续拓宽服务渠道】两年间，投入资金对全辖营业网点进行了增设服务窗口、扩大服务功能、优化服务环境、规范服务行为等综合化改造，先后升格了7个二级支行，成立了开江支行，迁址了渠县南门支行。在全辖6个一级支行和学校、医院、社区等累计设立了15个金融自助服务区，在宣汉县石岭路增设了自助银行。累计安装ATM14台、存取款一体机6台，新增商务POS机203台，形成了全方位、高品质、多功能的金融服务网络。

【真情回馈广大客户】重视服务营销，把营销当作一种文化来做。在加快自身业务发展的同时，先后举办了“感动·感恩”迎新春答谢会、“玫瑰之约·名媛盛典”专场晚会、“感恩达州·放飞激情”2009工行春季感恩行动，主办了“迎新年·工行情”中央民族歌舞团大型歌舞晚会，真情回报社会各界朋友和广大客户对工商银行的支持与厚爱，让广大客户感受工商银行的营销文化，享受工商银行的发展成果。

【领导名录】

行　长：冯　强

副行长：黄　进　王　毅　郎　立

（周家胜）

农业银行

【概况】2008～2009年，农行达州分行深入学习实践科学发展观，坚持依法合规经营，以市场为导向，以价值创造为核心，深化股份制改革，创新工作方法和管理方式，实现经营战略转型良好开局。辖属6个县域支行、1个城区行，共有77个对外营业机构，在职员工1 338人。2008年本外币各项存款增加27.65亿元，余额146.5亿元；剥离不良贷款34.6亿元，各项贷款余额21.56亿元，实现拨备前利润6 625万元。2009年本外币各项存款增加24.4亿元，余额达170.9亿元；各项贷款增加9亿元，余额30.5亿元；实现拨备前利润12 588万元，实现拨备后利润10 940万元。

【三农业务】2008年全行深化和扩大服务“三农”试点，开展“三农”市场调研、推广“三农”金融产品、加快信贷体系建设、加强试点风险管控、推进县域行机构改革和队伍建设，开拓县域“蓝海”市场。在大竹、宣汉2个支行开展金融服务三农试点，推广发行惠农卡，试办小额农贷业务。2009年开展三农金融事业部改革试点，在思想认识、组织架构、信贷管理和单独核算等方面，积极探索，扎实推进，建立三农对公业务部和三农个人金融部，实行三农金融事业部资金“收支两条线”管理。深入开展服务“三农”工作调研，全面掌握全市“三农”客户市场状况及信贷需求，制定详实服务“三农”工作方案。积极营销市政基础设施建设贷款，支持壮大农业产业化龙头企业，重点扶持一批具有市场竞争优势及良好发展前景的成长型小企业，开展“整村（镇）推进、整县推进”农村金融创新服务工作。2009年“三农”县域新增存款17.29亿元，新增贷款3.98亿元。累计发放小企业贷款2.97亿元。累计发行惠农卡13.76万张，新增小额农户贷款3 600万元。实现中间业务收入4 970万元，实现拨备前利润9 403万元，拨备后利润9 016万元。

【零售业务】两年来加快网点转型步伐，根据城市规划、经济环境的变化，制订全行网点布局与建设规划，在未来3年内将逐步建成旗舰网点2个、精品网点23个、基础网点52个，离行式自助银行网点10个。制定《大堂经理管理办法》和《网点转型实施方案》，开展营业网点文明标准服务导入工作，实施“首问”责任制，网点整体服务质量和服务效率明显提高。扎实开展“大行德广，伴您成长，金钥匙春天行动”、“个贷进社区、进机关”、“青年创业小额贷款”、“幸福春天·贷您体验”和“激情仲夏，金彩生活”等系列零售业务营销活动，收效明显。充分运用优质客户管理系统查询、筛选、识别、维护和营销贵宾客户，召开“高端客户联谊会”，实行分层次营销。2009年全行存款余额10万元以上客户达12 747户。2008年个人存款净增24.08亿元，余额达120.19亿元。2009年个人存款净增16.89亿元，余额达137亿元。同时成立个贷中心，梳理精减个人贷款流程，严格执行限时办结制度。2009年全行个人贷款增加2亿元。

【对公业务】2008年为支持“5·12”汶川大地震灾后重建工作，累计发放抗震救灾专项贷款11 633万元。认真贯彻扩大内需促进经济增长的“国十条”、“省十一条”措施，及时掌握达州市政府重点支持的产行业和具体项目，明确支持重点。在达州经济金融和谐发展座谈会上，省分行与市政府签订了融资额100亿元的银政合作协议，市分行与企业签订了融资额度达32.11亿元的银企合作协议。2009年落实达州首届金融和谐发展座谈会银企合作协议贷款22.49亿元，落实进度70%，居同业首位，得到市委、市政府的高度肯定。先后向省分行推荐上报贷款项目14个、金额42亿元，获批项目4个，投放贷款7.78亿元。实行小企业金融服务专业化经营管理，市分行挂牌成立小企业业务部，在通川、大竹支行成立了小企业金融服务中心，实现小企业贷款“进得来、贷得快、贷得到”。全年累计发放小企业贷款

29 756万元,比年初增加14 791万元。同时通过项目拉动,对公存款也快速增长,2008 年对公存款增加3.57 亿元,余额达 26.31 亿元。2009 年对公存款净增 7.57 亿元,余额达 33.88 亿元。

【中间业务】两年来加快经营战略转型步伐,出台《产品营销计价考核办法》,对存贷款、柜员工量和代理保险、基金销售、电子银行、银行卡等中间业务产品计价考核,中间业务收入多元化经营成效显著。2008 年实现中间业务收入6 467万元,同比多增1 433万元。其中实现银行卡业务收入3 123万元,代理保险手续费收入2 080万元,保费规模居全省二级分行及本地同业第一。第三方存管开户数2 818户。实现投行业务收入 152 万元,电子银行业务收入 81 万元,网银个人注册客户总量、增量、电话手机银行客户数均位居全省农行二级分行第一。2009 年实现中间业务收入6 842万元,同比增加 374 万元。其中实现银行卡业务收入2 926万元,代理保险手续费收入1 871万元,实现投资银行业务收入 531 万元,电子银行业务收入 661 万元,结售汇收入 13 万元。

【股份制改革】2008 年成功剥离不良资产353 609万元,其中不良贷款346 786万元、贷记卡透支 235 万元、非信贷资产6 587万元,移交档案4 364册。完成固定资产确权、评估、审计等股改基础性工作。2009 年 1 月 16 日中国农业银行股份有限公司挂牌成立。中国农业银行达州市分行更名为中国农业银行股份有限公司达州分行,按三农业务、对公业务、个人业务、风险管理、资金计财、科技/产品、行政支持等七大板块设置了 15 个一级部门,3 个二级部门,完成分行本部组织架构落地工作。并规范了县级支行内设机构设置人员及领导职数,优化整合了城区机构。同时完成达县、通川、宣汉支行信贷独立审批人派驻工作。财务综合改革和资金管理体制改革工作也有序推进,大力推广了业绩价值管理系统,深化了全面成本管理,初步建立"三农"财务管理新体制。

【风险管理】2008 年,全行以"强化内控管理,全员防案件专项治理"活动为切入点,强化案防工作。坚持按月召开案防分析会,全员学习《中国农业银行员工行为守则》,全面实施员工违规行为积分管理办法,及时出台员工行为排查的"双线问责、双线责任追究"制度和会计主管移位制度。扎实开展党风廉政建设,全行继续推行领导干部工作日志、纪委电话查岗、领导干部外出报告请假制度、责任追究和查处制度。开展"讲党性、重品性、作表率"活动,从 2008 年 10 月起在全行广泛开展了深入学习实践科学发展观活动。2009 年开展"我为案防工作献一策"活动、"就事论理、就事论势、就点论面、就下论上、就他论我、就小论大"的"六论"教育活动和巡回案防宣讲教育活动,培育全员案防理念。扎实开展商业贿赂专项治理和侵害群众消费权益专项治理工作,建立工作人员廉政履职公开提示函制度。完成信贷客户分类分层管理,建立信贷风险预警处置长效机制。健全贷后管理例会制度,定期或不定期会诊贷款风险。开展为期 4 个月的合规教育检查活动,建立近 3 年来内外部检查问题整改库。扎实开展业务经营管理自查自纠,接受总行集中审计,推进总行集中审计发现问题的整改工作。创新财会监管手段,印制下发《员工每日必做》手册,开展会计主管移位和城区柜员岗位常规性移位检查,落实监控录像拷贝非现场监管。成功实现大竹、开江支行守押社会化,撤并 8 个网点金库。开展员工行为排查,对排查出的风险点及不稳定因素,落实稳控措施,实现全行无任何案件和责任性事故发生。

【科技支撑】2008 年完成业务、办公"两网合一"和线路改造为 2M 光纤的工程,开通了网上贷审会会议系统,建成七个县级支行远程视频系统,有效解决地理位置和交通等因素制约基层培训的问题。2009 年成功实现现金管理平台、新一代网上银行及对公客户信息系统投产切换工程,顺利实施柜员指纹系统论证上线工程。推广运用综合办公信息系统(二期),初步实现分行机关无纸化办公;完成全市农行 IP 地址改造,整合 OA 办公网络资源。强化安全技术管理,定期检查重点设施,保障安全生产。对接入局域网的计算机近 500 台 PC 全部无条件的安装趋势防毒软件,建立趋势防病毒管理通报制度,确保计算机运行安全。全行业务终端近 500 台,ATM 存取款机 84 台,自助终端 13 台,存折补登机 17 台,POS 商户近 200 台,各类业务系统近 60 个,未发生任何差错责任事故,生产运行考核跨入全省先进行列。

【领导名录】

行　长:左黎明(~2008.10)

副行长:刁　阳(2008.10 主持工作)

副行长:罗禄江　张　刚　刘小驹
　　　　袁智明(2008.10 ~)

郝 勇(2008.10~)

(汤洪宣)

农业发展银行

【概况】2008~2009年,中国农业发展银行达州市分行在市委、市政府和上级行党委的正确领导下,坚持以科学发展观统领全行工作,主动对接“三农”发展需求,不断强化信贷支农,着力提高业务经营绩效,扎实推进和谐银行建设,各项工作取得了明显效果。2008年,累计投放贷款45 774万元,同比增加10 241万元,增幅28.9%;年末各项贷款余额252 795万元,比年初净增940万元,增幅为0.37%;年末不良贷款余额164万元,比年初下降了27万元,不良贷款率0.06%,较年初下降了0.01个百分点。全行实现经营利润6 128万元,同比增盈1 077万元,创建行以来最好水平,人均创利达38万元。2009年,累计投放各类支农贷款9.6亿元,同比增幅达108.70%;年末贷款余额达314 270万元,比年初增加61 473万元,增幅达24.11%,贷款规模创建行以来新高。

【支持粮油购销】2008年累计发放粮油收购、流转、储备贷款20 969万元,同比增加2 821万元,增长13.5%,其中投放市、县粮油储备贷款12 112万元,增加4 721万元,增长39%,有效保护了农民利益,政府粮油宏观调控能力。2009年累计放各类收购贷款18 480万元,支持企业收购粮食7 359万千克;省政府11月启动中晚稻最低价收购后,累计代拨托市收购资金3.4亿元,支持收购农民余粮1.85亿千克,粮价由托市前的1.7元/千克上涨到托市开展后的1.84元/千克,较好的保护了种粮农民利益。

【支持灾后重建】汶川“5·12”特大地震发生,我行就16户粮油企业审批发放粮油贷款5 512万元,支持企业购进稻谷1 315万千克,小麦100万千克,油脂171万千克;向达州市政府确定的100户灾后重点支持企业100中的7户贷款11 000万元,贷款余额净增9 700万元,增长269.4%;支持贷款的国有粮食企业完成了救灾粮食10 000吨的调拨,按时完成了任务,较好地服务了全国、全省和我市抗震救灾工作。

【支持新农村建设】2008年,全行调查审批51笔涉农商业性贷款项目,金额65 690万元,其中总行、省分行审批11笔,金额50 600万元,同比增加38 300万元,增幅达311.4%,实际发放贷款10 950万元。2008年末,商业性贷款余额达到32 685万元,比年初增加16 315万元,增幅达99.66%。2009年累计发放商业性贷款80 346万元,支持了达县九节滩水电站,达州润发公司天然气输配工程,大竹、开江河道治理,宣汉通乡公路,通川区土地整治等地方党政重点规划和扶持的农业综合开发和基础设施建设项目发展壮大。2009年末,商业性余额97 990万元,比上年增加59 850万元,增幅达200%,占比上升18个百分点,商业性贷款余额业务发展取得突破性进展。

【支持农业小企业】2008年,全行共支持农业小企业66户,贷款增加额在全省农发行系统居第二,增幅居第一,在全市金融机构中名列前茅。2009年,全行累计发放农业小企业贷款7 650万元,比上年增加2 350万元,贷款涉及蔬菜种植、农产品基地建设、肉类加工和农业流通等行业,所支持的小企业实现销售收入4.3亿元,提供就业岗位1.42万个,带动了24.8万农户人均增收291元。

【领导名录】

行 长:陈家宇

副行长:张正位 黄 杰 张 勇

(罗 涛 贾 进)

中国银行

【资金实力不断增强】2008年,加大负债业务的工作力度,突出效益导向和市场竞争导向,注重提高市场份额,不断增强我行资金实力。一是大力抓好储蓄存款。重点抓好总量,以规模创效益。通过完善考核机制,实施产品创利提成,每季度开展业务竞赛活动,充分调动起了广大员工争抓储蓄存款的积极性。特别是重点抓好了一季度“开门红”,通过采取延长营业时间、增设营业柜台、主动营销客户等措施,促进了储蓄存款的快速增长,在一季度就超额完成了全年任务。二是把行政事业单位存款作为发展对公负债的重点来抓。针对重点客户,行领导亲自参与,重点突破,有的放矢地开展营销,抢占了较大市场份额。三是加强同业合作,利用同业存款和理财产品期限灵活、产品丰富等优势,通过产品的合理组合,满足客户需求,增强了竞争能力。截至2008

年12月末,我行各项人民币存款余额624 649万元,比年初新增144 346万元。其中:人民币储蓄存款余额382 821万元,比年初增长80 155万元;人民币对公存款余额207 822万元,比年初增长43 492万元;金融机构存款余额34 006万元,比年初增加20 669万元。

【贷款营销成效明显】2008年,通过进一步转变经营观念,突出资产业务的主导地位,加大重点目标客户的营销力度,加快授信资产投放速度。一是找准公司贷款的突破口,紧紧抓住达州市的发展机遇,大力营销能源、交通项目,累计投放公司贷款23 000万元。二是抓好零售贷款,不断做大做强零售贷款规模。抓住达州的优质客户、优质楼盘,把大的客户基本锁定在我行。2008年审批通过项目10多个,金额近3亿元。同时对零售贷款进行结构调整,根据发展形势,引入担保公司,大力做好汽车消费贷款和个人投资经营贷款,增强了综合回报。截至2008年12月末,我行零售贷款余额已达37 176万元,比年初增加10 666万元,增长额和完成任务比例均名列全省前列。三是大力抓好票据贴现。我行在对达州市场进行充分调查了解的基础上,从抓一个点到抓一个链进行转变,形成了一个大的固定的客户群。同时对办理票据贴现的相关业务流程进行优化,加快审批效率,提高工作效率,赢得了客户,争抢了市场。截至2008年12月末,我行票据贴现余额15 104万元,比年初增加11 546万元。

【中间业务收入快速增长】为提高中间业务收入,一是通过深化网点转型,加强人员培训,不断提高了网点销售能力,积极拓展市场。二是加大代售保险、代销基金的力度,通过举办竞赛活动、加大激励措施、实行定期督促等多种方式,促进了销售额的突破性增长。截至12月末,累计代销基金1.54亿元,实现基金手续费收入216万元,代售保险1.87亿元,实现代理保险手续费收入534万元。三是大力抓好银行卡收益,通过全行营销,部门联动,批量发卡,使银行卡收益和借计卡年费收入达到了422万元。四是不断扩大国际结算业务市场份额,提高市场占比,增加中间业务收入,国际结算业务量达1 406万美元,市场占比77%,实现国际结算业务收入124万元。2008年,共实现中间业务收入1 834.26万元,同比增加388.36万元,增幅26.86%。

【资产质量不断优化】2008年,一是加强存量资产的贷后管理,做好"正常类"贷款的维护工作,重点做好关注类贷款的风险控制,防止关注类贷款向不良贷款迁移。二是积极清收化解公司不良贷款。由于公司不良贷款余额较大,占比较高,积极清收化解公司不良贷款是提高我行资产质量的有效途径,通过采取各种措施和办法,加强与不良企业的沟通,增进银企间的相互理解,解决债务纠纷。截至12月末,不良授信资产总额4 520万元,比年初减少583万元;不良率由年初的6.88%下降到3.92%,下降2.96个百分点。

【内控建设不断加强】2008年,一是进一步完善相关内控制度。制定《达州分行2008年内控合规实施意见》、《达州分行2008年内控管理执行纲要》和《达州分行2008年内控管理体系执行纲要实施细则》。二是加强内控合规的学习、培训。为全辖员工印制《内控合规学习培训笔记本》,为各经营单位印制《自我培训记录本》。要求各级管理者要把内控合规的学习、培训纳入工作的议事日程,坚持每月对员工进行一次培训教育,每周进行一次内控制度等方面的学习,并针对自查发现的问题进行自我培训。三是对业务经理和事中监督实行集中管理。根据省分行的要求,对全辖26个营业网点的业务经理和事中监督进行集中管理,制定业务经理及事中监督岗位协议、绩效承诺书和绩效考核办法,通过有效的激励约束机制督促业务经理、事中监督认真履职,确保全行内控管理工作有效开展。四是加强业务操作风险监督检查。建立业务条线部门定期检查制度,并不断创新完善监督检查手段和方式,充分利用视频监控、事后监督、现场和非现场监督检查等手段,增加检查频率和检查工作的深度、广度,提高监督检查工作的质量和效率。五是积极推广使用内控合规管理系统。充分利用这一管理平台,把内控合规和风险控制的责任层层分解落实到每一个层级、每一个员工、每一个岗位。督促各经营单位根据"一线自查系统"的要求,对自身业务的风险隐患问题进行日常性的全面自查。在自查之后,及时做好自纠、自训工作,并将其纳入绩效考核。2008年,全辖ICCS系统中共计扣分2 407.28分,其中他查累计扣分1 245.33分,自查累计扣分1 161.95分。通过采取多种措施,不断加强内控建设,使合规管理水平及会计核算质量持续提高,风险防范能力得到增强。

【人力资源管理工作扎实推进】2008年,一是完善了考核机制,加大对各类员工的激励。按照省分行产品计价办法，充分用好用活这一激励措施，制定2008年达州分行本部网点和县支行绩效奖金考核激励方案。改变了分行本部网点的考核模式和县支行的考核模式，充分调动起了广大员工发展业务的积极性。二是按照网点转型相关要求，进一步调整了营销队伍结构，充实营销人员。三是加强教育培训。针对辖内部分员工入行时间较短、业务素质参差不齐等实际情况，按照"需要什么，学什么，缺少什么，补什么"的原则，一方面鼓励员工通过自我学习、自我开发提高业务素质和技能水平。另一方面，推出一系列措施，明确条线部门在培训工作中的组织协调、统筹安排职能。同时还外请营销专家对我行员工特别是一线临柜员工进行营销知识和技巧的培训；邀请行内技术能手传授经验，对员工进行多项业务技能的培训。通过一系列措施的有效实施，使教育培训质量得到很大提高。

【案件防范实现发生率为零的目标】2008年，为了达到有效防范案件的目的，一是落实了防案目标责任。采取层层签订目标责任书的办法，年初与所辖各分支行、分行各部门、各网点负责人签订《确保不发生案件责任书》，各行、部和网点负责人与所属全体员工签订《预防案件目标责任书》。二是加大安全隐患排查，对安全管理中存在的隐患问题能及时整改，并对管理人员给予了扣分处理。三是完成全辖26个网点的监控录像设施联网的改造，搭建监控联系控制查看平台，招聘两名人员值守监控中心，营业时间重点查看柜员业务操作和安全管理情况，夜间值班人员重点查看金库安全和全辖ATM机的安全运行情况，同时每月将查看情况进行通报，加强网点风险防范的管理。四是开展防抢劫演练，努力提高员工的安全防范意识。2008年11月，与保安公司押运人员联合组织防抢劫应急演练，通过演练进一步提高基层网点对突发事件预警和处置的能力。五是在"5·12"汶川大地震和奥运会期间，组织人员对金库、营业网点、重空库房、计算机房和职工住宅区的安全管理和消防安全进行了大排查，进一步加强特殊期间的安全管理。六是加大ATM机的管理，认真落实巡查，有效地防范不法分子利用ATM机诈骗作案。组织了巡查小组，在重大节假日和重点时间加大全行ATM机的夜间巡查，共出动88人次，全年未发生ATM机案件。七是加强与保安公司的沟通协调，共同确保守押工作安全运行。通过努力构建人防建设、制度建设、技防建设、监督检查、考核评价、责任追究"六位一体"的案件防控长效机制，紧紧围绕案件防范的目标，强化教育手段，创新方式方法，营造合规文化氛围，扎实构筑思想道德防线，实现全年案件发生率为零的工作目标，确保各项业务又好又快的发展。

【服务质量和水平得到明显提高】为进一步强化文明优质服务工作，一是加大对不规范的服务行为的惩处力度，从制度上来约束全辖员工的服务行为。二是大力推行"五个三"服务标准。三是以"服务奥运"为契机，开展好奥运宣传和服务工作，进一步强化各级管理者和广大员工的服务理念及服务意识教育。四是落实好"一把手"工程，把文明优质服务工作纳入各级"一把手"的绩效目标管理。五是加大对文明优质服务工作的检查力度，特别是加强对全辖网点的现场检查力度，坚持每月对分行本部网点进行一次检查，每季度对县支行进行一次检查。通过多种措施，促进文明优质服务水平的不断提升。六是广泛开展技能"百日大练兵"活动，全面提高员工素质。配置专用的技能培训室，为员工提供安全舒适的训练平台。通过广泛开展"百日大练兵"活动，全辖技能水平有明显提高。七是大力抓好"亮窗工程"。通过加大投入，对网点增添服务硬件设备，达到"统一化、标准化、规范化、固定化"的要求。同时，加大培训，使员工行为更加规范，综合素质进一步提升。八是加大网点改造、装修，改造、装修开江支行营业部、大竹支行营业部、渠县支行营业部、西外支行、通川支行、张家湾分理处、达盘分理处、荷叶街分理处等8个营业网点，使网点面貌焕然一新。

【资产业务发展】一是大力发展公司资产业务。我行紧紧围绕达州经济增长的优势产业、优势客户、优势项目，把能源、化工、建材、交通、城市基础设施、房地产等行业作为贷款投放的重点。通过加大营销力度，加快授信投放速度，不断做强公司资产业务，实现了公司资产业务的较快发展。二是大力抓好零售贷款。中国银行达州分行在做大传统房地产按揭贷款的同时，加大业务结构调整力度，积极拓展个人信用循环贷款、汽车消费贷款项目；同时优化内部操作流程，提高审批效率，提高市场竞争力；采取主动营销策略，召开房地产开发商和汽车经销商联谊会，做好营销维护，融洽合作关系，使我行零售贷款得到了"爆发式"的发展。

【负债业务发展】2009 年，加大负债业务的工作力度，突出效益导向和市场竞争导向，注重提高市场份额，不断增强资金实力。一是大力抓好储蓄存款。通过完善考核机制，实施产品创利提成，每季度开展业务竞赛活动，充分调动广大员工争抓储蓄存款的积极性，使储蓄存款得到较快增长。二是在继续做好行政事业单位存款营销工作的同时，依托公司资产业务的发展，较好地完成对公存款的任务计划，行政事业单位存款和企业存款得到均衡发展。三是继续加强同业合作，巩固同业存款市场份额。加强与达州市地方金融机构的合作，不断创新产品、搞好服务。

【中间业务发展】由于中国银行中间业务收入的市场份额占比较低，2009 年，在做好传统中间业务的基础上，通过深化网点转型，加了人员配置，提高中业产品的销售能力，积极拓展市场。加大代售保险的力度，通过举办竞赛活动、加大激励措施、实行定期督促等多种方式，促进销售额的较快增长。2009 年累计代售保险位居全省系统第一。大力抓好银行卡发卡，主要以网点客户经理、大堂经理、公司“个金”客户经理、理财经理、直销员 5 支专业队伍作为发卡的主力军，带动全行全员营销，推动银行卡业务快速发展。2009 年，贷记卡完成任务比例居全省系统第一。四是大力销售贵金属，大力推广网银、手机银行等新产品、新业务。五是以资产业务拉动中间业务收入。截至 2009 年 12 月末，实现中间业务收入2 667.54万元，较去年同期增加 833.28 万元，增速 45.43%。

【贷款不良率控制】2009 年，重点加强对正常、关注类贷款管理，认真做好存量资产的管理工作，严防新不良的冒升。采取利用国家政策、法律手段等多种方式，继续加大对公司不良贷款的清收处置，全力清收化解不良资产。截至 2009 年 12 月末，不良授信余额 378 万元，较年初下降4 142万元，不良率 0.17%，比年初下降 4.36 个百分点，资产质量得到较大优化。

【突出内控建设　增强风险防范能力】2009 年，进一步加强内控体系建设，对《达州分行内控管理体系执行纲要》进行补充和完善。明确以狠抓《达州分行内控管理体系执行纲要》、ICCS 系统内控管理工具、“人防、技防、机防”建设和激励约束机制建设等为工作要点。调整充实内部控制委员会。成立管理人员履职监督检查考核小组。加大内部控制考核力度，制定《2009 年内控体系建设考核方案》，对县支行、各部门、各营业网点、内控合规员制定了详细的内控考核指标，机构和部门内部控制体系建设考核主要从自查、检查职责履行情况、培训辅导情况、检查整改及效果、内控合规管理系统（ICCS）执行情况、反洗钱工作开展情况、违规风险成本、条线考核、落实案件防控工作情况和合规经营情况等 9 个方面进行考核，大大提高一、二道防线的内控防案质量。切实履行内控委员会职责。内控委员会召开会议 4 次，研究讨论议题 10 余项，通报 ICCS 系统的运行情况 4 次。严格自查和他查。按照《达州分行内控管理体系执行纲要》要求，各营业网点认真做好每日、每周、每月的固定自查和动态自查工作，针对发现的问题，认真及时地进行整改，并上报条线管理部门验证。同时各营业网点坚持每周例会制度，组织员工对上周存在的合规问题、“屡查屡犯”问题治理情况等进行分析、点评，并对涉及的相关内控制度和管理标准进行培训，不断提高员工业务知识水平，增强规章制度执行能力和风险防控能力，避免同质同类问题再次发生。同时开展多种形式的他查。2009 年，我行制定了《中国银行达州分行 2009 年内控检查计划》。按照检查范围、频率、检查内容、检查覆盖面的要求，各条线部门做到检查有方案、查前有培训、查时有责任、查后有评价，有效保证了检查效果。截至 2009 年 12 月末，开展各类条线常规检查、各种突出业务、重点业务专项检查共计 50 余次。全辖自查累计扣分1 257.42分，他查扣分1 389.45分。问题整改率达 99.6%。四是重视他查效果，深层次治理“屡查屡犯”问题。中国银行达州分行认真梳理检查结果，对检查发现的“屡查屡犯”问题，围绕总行、四川省分行的《“屡查屡犯”问题专项治理方案》，制定了《达州分行“屡查屡犯”问题专项治理方案》，共梳理问题 30 条，采取日治理、月汇报、季通报的方式在全辖范围内开展了“屡查屡犯”问题专项治理活动，使检查发现问题重复出现得到了有效控制。五是科学运用内控管理工具，提高管控效能。继续推广运行 ICCS 系统的 6 大子系统。通过有效运用 6 大子系统的自查、记录、评估、分析、监测、学习、培训、警示功能，并定期不定期地对 6 个系统的运行质量、存在的问题、扣分以及整改情况进行适时“督办整改”、每周“内控提示”、每月“评估通报”等分析形式，提高了内控防案质量。

【落实案防措施　杜绝案件事故发生】2009年，为了达到有效防范案件的目的，一是落实了防案目标责任。层层签订了《党风廉政建设责任书》和《确保不发生各类案件目标责任书》。二是加大安全隐患排查，对安全管理中存在的隐患问题能及时整改，并对管理人给予扣分处理。三是搭建监控联网控制查看平台，落实人员值守监控中心，加强网点风险防范的管理。四是组织了安全教育培训，努力增强员工的安全防范意识，提高员工对突发事件预警和处置的能力。五是加大ATM机的管理，认真落实巡查，有效防范不法分子利用ATM机诈骗作案。六是在全辖开展了员工思想行为排查工作。七是认真落实案件风险排查工作。2009年，我行前后三次共抽调检查人员47人次进行风险排查。在三次风险排查中，我行没有发现异常情况，各项业务风险得到强有力地控制。

【夯实基础建设　保障信息安全生产】2009年，实现信息系统安全、平稳、持续运行，一是加快了IT蓝图建设，实现了全辖140台业务PC机的系统切换投产工作，完成了全辖25个网点一类网双营运商网络的开通工作，搭建了90台IT蓝图综合业务系统培训环境，加强了IT蓝图培训工作的支撑力度；二是实现了全辖151台办公计算机桌面管理系统的推广上线，得到了省分行通报表扬；三是进一步完善了业务数据查询系统，为我行经营管理提供了有效支持；四是积极开发住房公积金联盟卡系统，满足了我行目标客户的个性化需求，提高了客户的忠诚度；五是加强了自助设备管理，对设备维护商、网点强化了管理力度，实现了我行ATM机开机率达到98%，有效地分流了客户；六是保障了网点转型科技支持工作，有效支持了网点装修、线路切换、设备的搬迁搭建等各项工作；七是强化了信息安全工作，坚持了每月对全辖计算机的安全检查，保障了我行中心机房和网络设备的平稳运行，为各项业务的发展提供了有力的科技支撑。

【提升营业网点形象】为进一步强化文明优质服务工作，我行一是加大了对不规范的服务行为的惩处力度，从制度上来约束全辖员工的服务行为。二是大力推行网点优化流程，配合“网点服务销售流程整合”，提升了内外部服务满意度。三是以“银行业协会柜面服务规范”为契机，开展好服务工作，进一步强化一线柜员推行“举手示意”服务标准。四是落实好“一把手”工程，把文明优质服务工作纳入了各级“一把手”的绩效目标管理。四是加大了对文明优质服务工作的检查力度，全面提升文明优质服务整体水平。特别是加强了对全辖网点的现场检查力度，坚持每月对分行本部网点进行一次检查，每季度对县支行进行一次检查，检查网点覆盖率达100%。通过多种措施，促进了我行文明优质服务水平的不断提升。六是广泛开展技能“百日大练兵”活动，全面提高员工素质。我行在“百日大练兵”活动中，进行了全行动员，激发了员工自觉练兵的积极性，在训练中每周进行一次技能测评，对测评成绩未达到三级能手的员工每次处罚现金100元，督促其尽快提高。并组织业务技能尖子到全辖进行了巡回辅导，提高了训练效果。组织开展了全辖第七届业务技能比赛，全辖5个参赛队通过比赛，交流了经验，提高了技能水平。七是加快网点装修改造，提升网点功能和对外形象。2009年，完成了对开江淙城中街分理处、南城支行、河市分理处、通锦国际分理处、渠县三汇分理处的装修改造。网点的改造使我行全功能型网点达到了6个，销售服务型网点达到13个，进一步提升网点的形象，给客户营造一个良好的办理业务环境。

【领导名录】

行　长：袁玉麟

副行长：段晓辉　杨素军

（蒋先龙）

建设银行

【概况】2008～2009年，各类存款余额连上70、80亿元台阶。2009年末余额达到85.7亿元，当年在当地四大商业银行中存款新增占比23.88%，其中对公存款较年初新增7.76亿元，新增份额37.23%，在四行连续两年排位第一，余额达到31.45亿元，排四行第二位。

【信贷业务取得突破性进展】围绕化工园区建设，加强重大项目的跟踪营销，加大贷款投放力度，积极支持华新水泥、瓮福集团、玖源化工等骨干集团型企业发展，两年累计新增贷款9.68亿元，2009年贷款余额达到15.48亿元。与此同时，加快中小企业贷款投放步伐,向四川天予植物药业有限公司、达州市仕兴车业、达州山力实业有限公司、万源川江贵华煤业有限公司、万源市中心医院、四川新达泵业有限责任公司等发放保理预付款及流动资金贷款4 150万元。

【资产质量持续提升】通过加强贷款管理,不良贷款持续实现"双降",资产质量稳步提高。2009年末不良贷款余额仅130.6万元,不良率百分之0.08,较2008年再降0.35个百分点。

【经营效益显著】大力增收和加强成本控制,促进经营效益的持续提高。全行共实现中间业务净收入6 500余万元,实现利润15 836万元,实现经济增加值7 258万元,连年大幅度增长;2009年末,该分行主要业务人均指标在全市四大银行排在前茅,其中人均一般性存款2 261万元,人均中间业务收入9.48万元,人均利润22万元,均排在四行之首。

【积极履行社会责任　文明建设卓有成效】以活动为载体,积极履行社会责任,强化文明细胞建设,构建和谐分行,创建文明行业,树立了现代企业良好的社会形象。两年来,该行组织实施了"抓服务,讲合规,促发展"主题活动,"共谋科学发展,共建和谐建行"谈心谈话活动,资助贫困高中生成长活动,"关爱员工,构建和谐"主题活动,银地银企共建活动,为达县中学贫困高中生争取捐助6万元,争取省分行支持,向通川区六中和魏兴中学捐赠了电脑40台,组织员工为汶川地震灾区捐款10.5万元,党员职工捐特殊党费2.3万元,支持新农村建设和定点扶贫捐助35 000元,助残、助困捐助20 000余元。与此同时,两年来,达州分行组织开展了创建市级文明行业活动,市分行牵头,各支行参与,全行员工积极行动,广泛开展健康有益的企业文化活动和社会公益活动,2009年7月,该行被市委正式命名为全市文明行业。

【领导名录】

行　长:赵登山

副行长:严　庄　王　苍

邮政储蓄银行

【概况】邮政储蓄银行达州市分行自2008年1月17日成立以来,认真贯彻落实党的十七大和十七届三中全会精神,树立科学的发展观,按照省分行"深化改革、加快发展、内强素质、外铸品牌"的工作思路,围绕"以发展为第一要务,以风险防控为第一责任,以构建和谐企业为第一使命"的工作要求,带领全行员工负重自强,开拓创新,攻坚克难,拼搏进取,实现了较好的开局。两年来,达州市分行不断深化对本行发展行情的认识,找准发展途径和突破口。准确把握"储蓄"、"信贷"、"对公"三条主线,调优目标,重点突破,实行"三大板块业务联动"战略,实现三大板块业务发展互动,走出以贷引存三大板块业务一体的新路。加大代收代发等中间业务的开发力度,抓好理财产品的销售工作,加强新业务和效益增长点的培植,增强发展后劲,逐步向全功能银行转变。

【个人业务新进展】抓住全球经济回暖的机会,迅速做大邮政储蓄存款规模,实现规模扩张。将现有客户进行分层管理,按照客户价值进行管理坚持规模发展和结构调整并举,通过代收、代发业务、个人理财业务、代理国债业务、商易通业务的开办拉动活期储蓄存款增长。09年末,全市储蓄存款余额达到108.24亿元,列达州市各家金融机构第三位,市场占有率达18.77%。

【公司业务新突破】做好"一个中心,两个支撑",即以项目营销为中心,做好前台服务和后勤保障两个支撑,在维护好已有客户的同时,不断开发新项目。截至09年末,全市开办对公业务网点8个,对公存款余额达到10.98亿元,新增存款8.88亿元。

【信贷业务新改善】积极融入地方,支持地域经济发展,在24个一类网点全面开办信贷业务的基础上,先后在16个二类网点开办了小额信贷业务,同时,相继开办了个人商务贷款、二手房按揭贷款和无交易转按揭贷款等新业务,积极跟进小企业信贷业务的试点工作,通过扩网点、抓培训、配资源、调结构、控风险,全行信贷业务呈现出多元化、规模化、规范化发展的良好势头。截至2009年末,两年累计发放个人贷款万余笔,金额6.5亿元。银政、银企共签订了50个亿的银政企对接项目框架协议,支持面涵盖市政基础设施建设等多方面。同时,积极开展信贷业务专项检查和复评工作,严格落实三查"制度";严格控制逾期率,加大逾期贷款催收力度,对30天以上的贷款由各县支行负责人挂牌催收并纳入年终考核,建立小额贷款逾期管理行长约见谈话机制。

【筑牢风险管理屏障】围绕“发展为第一要务，风险防控为第一责任，构建和谐企业为第一使命”的工作要求，坚持“内控优先”原则，在抓业务发展尤其是新业务发展的同时，注重防控风险，制定《中国邮政储蓄银行达州市分行风险报告制度实施细则（试行）》等细则，对全行风险管理架构、风险管理职责以及会议制度和报告制度进行了明确，风险管理框架初步建立。2009年，在“搭建机构、组织队伍的基础上”，以合规建设为主线，以开展“合规管理年”为突破口，以信贷业务风险评估为切入点，以反洗钱工作为重点，完善规章制度、规范业务流程、增强全行风险意识、实现部门间资源共享、培育良好的合规文化，将风险管理工作全面引向深入，贯穿各业务条线始终。下发《达州市分行“合规管理年”活动方案》，将“合规管理年”活动纳入各单位绩效考核范围；扎实开展“三项评价”，认真落实“四个办法”，对各县支行进行小额贷款业务风险评估、机构合规风险评价、反洗钱评价工作，并对查出的问题跟踪督促整改落实，有效提高了风险管控能力。其次，加大内审频次和力度，严格问责，在常规检查的同时，开展了“小额贷款人员排查和业务检查工作”、“案件风险排查”、“反洗钱”、“汇兑、代收付、商易通及卡类业务检查”、“小额贷款专项检查”、“银行业金融机构安全大检查”、“三个规定落实情况检查”、“ATM机专项检查”等专项检查。通过各项检查的开展，坚持标本兼治、综合治理、惩防并举、严查细抓内控风险点，全面落实防范要求，筑牢全员思想防线，突出抓好重点业务、重点岗位和重点环节的专项治理，严查细纠，防微杜渐，两年来，全市共出检千余次，检查面覆盖全市6个县支行、168个金融网点。认真落实员工违规积分管理办法，引导员工树立“制度高于一切”的理念和责任意识，持之以恒抓制度的落实和执行，增强全员防范的自觉性和主动性，逐步夯实内控管理基础，为业务发展提供了有力的保障。全行实现了经营安全零事故发生。

【打造特色管理体系】紧紧围绕商业银行的管理是商业银行实现经营目标强大支撑这一理念，对财务安排、人力资源管理、营销体系建设等各经营要素进行资源整合，实现资源优化配置，为业务的发展做好后台支撑。一是强化财务管理。强化制度管理，在上级行制定的财务管理制度规定的基础上，结合实际，制定出台《关于进一步强化全市财务管理的通知》等一系列财务管理办法，严格按照各项规章制度及财务授权规定，处理每一笔财务事项，以此提高依法合规的自觉性，不断提升财务管理水平；完善费用额度管理，提高费用资源配置的科学性、合理性和有效性，提高投入产出效率，充分发挥费用的激励约束作用，调动各单位积极性，促进业务发展和经营效益的提高；加强核算质量，严格审查原始凭证的各项要素、签批是否齐全，正确列支费用科目，按规定比例计提折旧摊销，规范台账核算内容管理，对固定资产、低值易耗品加强盘点，确保账、卡、簿、实物内容一致。二是完善人力资源管理。积极推进过渡性薪酬改革实施，对全市员工定编定岗，实行竞争上岗机制，努力推行扁平化用工管理模式，优化人力资源配置。同时，加快建立绩效考核激励机制，突出效益发展和激励约束相结合的原则，以风险控制前提下实现效益最大化为原则，建立符合本行实际的综合考核体系。三是加强营销体系建设。针对金融产品日益复杂化多样化特点，为准确全面地将产品推介给客户，满足不同层次客户的需求，着手组建一支专业素质的营销队伍，并制定相应的营销绩效考核，促进营销方式逐步由全员营销转向专业化营销。

【领导名录】

行　长：王维伦

副行长：邵　阳　邹青春

（蒲志远）

农村信用合作社

【概况】2008年，全市农村信用社各项存款139.9亿元，比上年增加26.7亿元，同比多净增17.2亿元，完成年计划（18.3亿元）的146%。各项贷款余额98.3亿元，净投放16.4亿元，同比多投放3.4亿元，增长26.2%，完成净投放计划（14亿元）的117%。按四级分类全市农村信用社不良贷款余额9.9亿元，比上年下降8 937万元，占比10.1%，比上年下降3.1个百分点；按五级分类全市农村信用社不良贷款余额25.1亿元，比上年下降4.5亿元，完成年计划（19 900万元）的226.1%；占比为25.5%，比上年下降10.5个百分点，完成年计划的143%。抵债资产下降1 776万元，完成年计划（1 000万元）的177.60%。核销呆账贷款6 394万元，完成年计划

(5 100)的125.4%。

2009年,以蜀信卡发行、ATM、POS机布设为契机,加大公司、个人账户的开立工作。全市农村信用社新增开户23 860户,仅此增加存款2.58亿元。抓外出农民工揽储工作。通过年头岁尾寄慰问信、召开座谈会,宣传农村信用社支付结算知识,尽最大可能开辟储源。抓以贷引存工作。加强贷款发放的非现金结算,采取捆绑服务等手段,加大以贷引存力度,增加派生存款。四是抓宣传引存工作。紧紧抓住"四川省农村信用社存款突破3 000亿元"、"达州市农村信用社存款突破150亿元"等有利时机,充分运用电视、报刊、网络等大众媒体,采取标语、传单、赠送资料等形式加强对储蓄、电子汇兑知识进行宣传,吸收存款。五是抓优质服务增存工作。以打造精品网点为契机,提高服务质量,切实改变服务态度,坚持做到早开门、晚关门,中午和节假日不关门,使存款稳中有升。全市农村信用社实现总收入101 392万元,比上年增收16 369万元,增长19.3%,其中:中间业务收入1 805万元,比上年增加1 463万元,中间业务收入占比为3.08%,完成年计划(1.2%)的247.8%。综合费用率36.2%,低于年计划(38%)1.8个百分点。成本收入比60.8%,低于年计划(78%)17.2个百分点。全年各项支出95 144万元,实现账面利润6 248万元,完成年计划(3 000万元)的208.3%,考虑消化历史包袱、核销呆账等因素,实现经营利润26 600万元,同比增加5 760万元。全面实现扭亏目标、首次实现社社盈余。年末,全市农村信用社各项存款余额171.84亿元,比年初净增31.92亿元,完成计划(23亿元)的138.78%,存款增幅为22.81%;各项贷款余额127.13亿元,净投放28.82亿元,完成年初计划(19亿元)的151.68%,增长29.32%,贷款增幅比2008年高9.31个百分点,存贷款规模快速扩张。不良贷款按五级分类余额为18.02亿元,较年初下降7.09亿元,完成年计划(1.56亿元)的454.54%,降幅为28.24%;不良贷款占比为14.17%,比年初下降11.37个百分点,完成年计划(5.47%)的207.86%,降幅为44.51%;抵债资产余额27 244万元,比年初下降1 823万元,完成年计划(1 500万元)的121.55%,降幅为6.27%。2009年,全市农村信用社实现总收入114 788万元,比上年增收13 395万元,其中:中间业务收入3 151万元,占比为4.23%;各项支出97 012万元,同比增加1 867万元。全市成本收入比55.68%,低于2008年8.34个百分点;实现账面利润17 776亿元,完成年计划(5 300万元)的335.39%,比上年同期增加11 528万元,7家县级联社全部盈利;2009年,全市农村信用社资产利润率0.96%,高于上年0.58个百分点,人均利润为6.95万元,比2008年增加值为4.26万元。考虑计提呆账准备13 538万元等因素,全市农村信用社实现经营利润33 306万元,创历史最好水平。此外,全市农村信用社采取有效措施,加大案防力度,全年零案件发生;深入推进各项改革工作,以筹建农商行工作有条不紊,转换经营机制、打造核心竞争力工程有效实施。

【深化改革　实现"两个100%"】全市7家县级联社100%实现以县为单位统一法人并挂牌开业,100%兑付专项中央银行票据5.03亿元,实现深化全市农村信用社改革试点工作阶段性目标。全市农村信用社自加压力,一鼓作气,在2007年已开业5家县级联社的基础上,将万源、渠县两家联社以县为单位统一法人改革作为重点,有的放矢,全面加快产权制度改革步伐。为此,市县联社专门组织工作组,专项督促、专项检查、专项落实相关工作,深入细致地抓好申报、筹建、开业等环节的落实和实施,积极争取省联社、地方党政、银监部门的帮助、指导,取得了明显成效。2008年12月5日,随着渠县联社统一法人社的顺利开业,历时4年时间的全市农村信用社县级联社统一法人的产权制度改革完美谢幕,为更高层级的产权制度改革准备了条件。二是全面实现央行专项票据兑付。全市农村信用社把央行票据兑付工作作为深化改革试点、加快发展步伐的重中之重,进一步加强"三会"制度建设,做好信息披露,强化外部约束,下大力气解决好产权制度改革不到位、经营机制缺陷、地方政府扶持政策不落实和资本充足率等不达标的问题,积极配合人民银行做好持续监测考核,及时发现,立即整改,确保按期足额兑付。2008年3月,万源、开江联社成功兑付央行票据7 558万元。12月4日,达州市最后一批央行票据——达县、渠县、大竹联社成功兑付,至此,全市农村信用社央行票据全部足额兑付,兑付总额5.03亿元,取得了该项工作的全面胜利。

【组织资金　壮大实力】全市农村信用社牢固树立"总量就是实力,份额就是地位,增存就是增效"的存款理念,采取多种措施确保各项存款快速稳定增长。一是强化考核。年初,市、县联社制定了详细考核办法,将存款净增纳入各县级联社2008年度业务经营目标考核内容,加大考核力度,极大地调动了员工揽存吸储的积极性和主动性,促进了存款业务的发展。二是突出宣传。全市农村信用社紧紧抓住元旦、春节前后外出务工人员返乡高峰和蜀信卡发行的有利时机,集中力量宣传办社宗旨、服务内容、产品类别,巩固并吸引了大批新老客户。三是强化营销。全市农村信用社开展全方位、多层次的吸存揽储工作,建立健全了联社领导抓系统大户、业务部门抓重点客户、普通员工抓一般客户的存款组织体系,形成了自上而下、层层抓营销的资金组织新格局。如宣汉联社充分利用达陕高速公路开工的有利时机,狠抓对土地赔付、拆迁安置资金的组织工作,组织存款近1.4亿元。四是创新服务。全市农村信用社细分存款市场,对农村个体经营户、专业户、养殖大户、企事业单位等开展流动服务、定点服务、上门服务,预约服务,提高吸储效率。同时,加强贷款企业账户管理,监督资金结算流向,促使企业资金及时、足额存入信用社。年末,全市农村信用社各项存款余额达1 399 217万元,比上年净增267 184万元,存款总量列居全省农村信用社第5位,列居达州市银行业金融机构第2位。

【支持地方经济发展】一是积极支持春耕备耕生产。全市农村信用社发放春耕备耕生产贷款39,359万元,有效满足农业生产资金需求,一方面,积极开展定点服务、上门服务和“四下乡”活动,以农户小额信用贷款证为载体,积极发放农户购买良种、化肥、农药、农膜等农用物资贷款,发放农户打井、修堰、修渠及农用机具设施贷款。另一方面,开设“春耕农贷专柜”,建立春耕备耕信贷绿色通道,在风险可控条件下,简化贷款手续,缩短业务流程,提高贷款审批效率,确保广大群众贷款方便,随用随贷。2008年,全市农村信用社支持生猪产业和春耕生产的先进事迹先后被中央电视台新闻联播、新闻30分栏目报道。二是积极支持农业产业化龙头企业发展。全市农村信用社将农业产业化龙头企业作为支持重点,积极给予资金、信贷、结算等服务,支持企业做大做强。通川联社投放贷款380万元支持达州市巨龙油脂有限公司从事植物油加工与销售业务,该公司按照“公司+基地+农户”模式运行,与农户签订产销及技术服务合同,发展订单农业,在宣汉县和达县、万源等51个乡镇、189个行政村发展优质油菜生产基地20万亩,涉及农户6万多户,为农民增收1 300多万元。宣汉联社发放贷款980万元支持四川巴人村食品公司从事综合性肉制品深加工,助其增加手撕牛肉、橄榄牛肉等知名品牌产量,增强了产品市场竞争能力。三是积极支持农民专业合作社及协会发展。宣汉县联社积极支持农村各类经济组织发展,支持了黄金乡槽枇杷专业合作社、庙安西瓜专业合作社、金星原兔业养殖专业合作社、石铁乡印盒山养殖专业合作社、海福奶牛协会等农村经济组织,其支持的“海福奶牛协会”已发展成为覆盖5个专业乡、8个专业村、59个专业社的全省知名“百强协会”,带动三镇两乡农民走出了一条“种草养牛、以牛换奶、以奶换钱”的路子。万源联社支持白沙镇往川坝村“旧院黑鸡”养殖,以“大面山旧院黑鸡生态养殖园”为代表带动全村养殖,形成了“项目引路,协会跑步,农民致富”的新格局。四是积极支持社会主义新农村建设。全市农村信用社密切跟踪各地新农村建设规划,集中信贷资金,突出支持重点,培育生猪、苎麻、蚕桑、药材、油橄榄等一大批特色产业,促进“一乡一业、一村一品”快速发展。全年累计发放社会主义新农村建设贷款23.5亿元,有力地支持了渠县大石村的柑桔、大竹县建福村的蚕桑、万源干溪村的食用菌、通川区肖公庙村的乡村旅游、开江的油橄榄等一批物色专业村建设,竭力支持了如达县赵家、大竹姚市、宣汉君塘等一批社会主义新农村建设示范片区建设。五是大力支持中小企业发展。一方面,针对中小企业融资需求“短、小、频、急”的特点,及时推出了为支持中小企业发展量身定做的中小企业“信用贷款及联保贷款”、“整贷零还贷款”、“积分贷款”、“循环贷款”等系列中小企业信贷产品,不断满足中小企业的融资需要。一年来,全市农村信用社累计发放贷款65 014万元,支持了达州市顺鑫鹏程食品公司、大竹金桥麻业公司、宣汉县新兴食品公司、四川好一新投资公司塔坨农贸市场、开江永发肉食品公司等一大批农业产业化龙头企业;累计发放贷款72 119万元,支持了达州市公共交通公司、宣汉县人民医院、万源市妇幼保健院、达县天华天然气压缩公司、达州市给排水公司等一大批涉及社会公共体系公司的快速发展;累计发放贷款47 142万元,支持了达州钢铁集团公司、四川金鹰电化公司、四川远大铁合金、新达泵业有限公司、大竹县川东电缆厂、渠县金钰电冶公司达州亿禾建材公司、中铁路桥集团川东水泥有限公司等工业企业发展；累计发放学校贷款21 501万元，支持了四川巨全双语学校、达县第三中学、达州新世纪学校、达州市广播电视大学等一大批学校的建设发展；共发放贷款近亿元，支持了达县宾馆、华夏康年大酒店等一批有档次宾馆建设改造，支持了万源天封旅游开发有限公司对龙滩河的旅游开发建设。另一方面，搭建服务平台，打造绿色通道。通过完善信贷授权机制，搭建营销平台，推行客户经理制，为中小企业客户提供贴身服务，不断增强支持中小企业服务功能。2008 年 11 月，在省金融办、达州市委、市政府举办的达州市金融经济和谐座谈会上，省联社王华理事长应邀到会并作专题发言（全省仅 3 家商业银行发言），并达成了全市农村信用社投入 70 个亿支持达州地方经济发展的意向协议。达州农村信用社秉承会议精神，首批选择 11 户地方中小企业予以重点支持，共签约信贷支持金额（即意向授信）12 亿元。2008 年末，全市农村信用社已对其中的 10 户企业发放了贷款，支持面达签约企业的 91%。

【存量资产盘活　提高资产质量】一是积极清收处置不良贷款。为促进全市农村信用社提高信贷资产质量和不良贷款“双降”，市县联社始终把清收处置和防范不良贷款工作当作重中之重来抓，综合运用打包清收、依法清收和责任清收等多种有效手段，加强不良贷款清收。2008 年，按四级分类全市农村信用社不良贷款余额 9.9 亿元，比年初下降8 937万元，占比 10.1，比年初下降 3.1 个百分点；按五级分类全市农村信用社不良贷款余额 25.1 亿元，比年初下降 4.5 亿元，完成省联社下达计划的 225%；占比为 25.5%，比年初下降 10.5 个百分点，完成年计划的 143%，资产质量进一步好转。全市农村信用处置抵债资产1 776万元。全市农村信用社累计清收未执结积案 47 件，涉及金额1 840.73万元。其中，确认并取得债权凭证的有 17 件，涉及金额 763.41 万元，有效维护了金融债权。

2009 年，全市农村信用社共计处置抵债资产 35 宗，金额 1,364 万元。全年共计清收专项票据置换贷款 93 笔，金额 286.9 万元，利息 89.6 万元。清收以前年度垫支的大额诉讼费 126.3 万元。年末，全市农村信用社资产质量明显好转，新增贷款劣变率为 0.01%，比全年任务（控比 0.6%）低 0.59 个百分点。

【强化增收措施，努力提高盈利水平】一是抓好信贷资金营运，增加收入来源。对 2007 年新增贷款坚持小额贷款按期收息不留尾巴，其他贷款按月或按季结息不拖欠，全市百元贷款收息 8.43 元，较上年同期增加 0.69 元，收息率明显提高。二是积极拓展新业务，培植收入新的增长点。继续加大房屋、汽车按揭业务拓展，巩固保险、代收代付、租赁等中间业务。2008 年，全市农村信用社实现中间业务收入1 805万元，较上年增加1 463万元，中间业务收入占比为 2.92%。三是充分运用富余资金，提高资金使用效益。在认真匡算资金头寸基础上，各县级联社加强同业合作，将富余资金在国有商业银行进行约期存款或存放同业，增加转存收益。宣汉联社全年仅转存款项便增加收入近 500 万元，渠县联社全年累计向同业机构共办理约期存款 27 笔，金额 9.05 亿元，增加利息 120 多万元。同时，积极购买理财产品，共购买“衡平信托同盈 1 号”、“天府稳健理财之票据计划 0801 期”等各项理财产品近 9 亿元，同比增加收益 850 万元。此外积极开办票据业务和代理保险业务。达县、渠县、大竹、宣汉四家联社积极创造条件，全年共办理票据贴现 248 232 万元，同比增加 208 711 万元。大力拓展代理业务。全年共代理销售保险产品 32 631 万元，完成计划的 234.94%，获得代理保险手续费收入 1 071 多万元，完成计划的 214.2%，占全年各项总收入的 1.06%。四是加强非信贷资产管理，降低非生息资产占比。对现金库存实行限额控制，对应收账款实行报批列账，对历年应收账款进行全面清理，降低了非生息资金占用，提高了信贷资金增盈能力。

2009 年实现代理保费 27 117 万元，手续费收入 1 234 万元。万源联社利用农村信用社库房及安全设施，适应为客户保管贵重物品和单证的优势，代工行、农发行押运保管现金，年创收 30 余万元。全市农村信用社抓住蜀信卡发行、结算渠道畅通的机会，在人口密集地带增设 ATM 机、POS 机，增加手续费收入。2009 年，全市农村信用社实现中间业务占比为 4.23%，较上年增加 2.69 个百分点。中间业务收入净增1 531万元。

【防范财务风险】一是落实目标任务。对各县级联社 2008 年度财务收支计划进行认真预测，并及时下达 2008 年度经营目标任务。各县级联社因地制宜,认真测算,将经营目标任务及时分解到社、到人。二是建立激励机制,充分调动员工工作积极性,促进业务发展。如开江联社针对过去"平常不努力,年终打突击"的工作现象,采取年初细分考核办法,按月下达任务,斗硬考核。达县联社聘请计算机专业人员编写财务核算工具,为辖内网点实行简易核算,收到较好成效。三是规范基础工作,降低经营成本。市联社组织清理和规范登记簿,制定并下发了SC6000营业网点手工保留内容;规范综合业务系统重要空白凭证管理等基础工作,有效降低经营成本。四是继续加强财务核算与管理,制定财务授权管理,进一步完善市联社本部财务核算与管理工作,明确开支范围,严格审批流程。五是加强反洗钱考核,防范洗钱犯罪,加大报表工作考核力度。年末,全市农村信用社实现各项收入101 392万元,同比增加16 369万元,增长19.3%;各项支出95 144万元,同比增加17 273万元,增长22.13%,注明其中利息支出增加数;综合费用率36.2%,收入成本比为60.8%。两项数据完成计划情况?

【防范信贷风险】完善小额农贷发放、管理、收回、考核责任制,增强信贷人员放好贷款、管好贷款的责任意识,并加大了对各种违规放贷的处罚力度,增强了信贷人员依法合规办贷的自觉性,确保了小额农贷放得出、用得活、收得回。做好风险提示工作。市县联社认真履职,扎实开展新增贷款行业、国家宏观调控政策、贷款抵(质)押风险、资产处置及风险变动趋势等风险提示工作,从源头上做好了资产风险防范及管理工作。2008年,市联社先后对各县联社上报的13个贷款(授信)项目进行风险提示,涉及金额22 368万元。建议通过的有10个,被否决的有3个;被否决贷款金额4 800万元,占比21.46%。2009年先后对各县联社上报的12笔贷款(授信)项目进行风险提示,涉及金额25 700万元。并及时组织开展政府性贷款清理。

【监督管理】市联社多次召开全市农村信用社案件防控工作专题会议,对案防工作进行安排、部署,落实案防责任。加强员工思想政治教育。开展各类学习教育活动,坚持重要岗位轮换和强制休假制度,加强操作风险排查,对所有案件苗头做到一查到底,一追到底,促进全体员工认真履行岗位职责。2008年,对所辖营业网点进行专项稽核2,987社次,对146名违规操作人员给予了经济处罚,市联社对问题较严重的10名违规操作人员进行了下岗学习处理,有效防范SC6000综合业务系统操作风险,将案件隐患消灭在了萌芽状态,同时对决算工作真实性和SC6000业务操作进行了专项稽核。四是全面开展贷款本息核对,强化后续稽核。各县级联社"一把手"为2007年新增贷款的本息对账工作的第一责任人,认真、及时开展工作。全年各营业网点贷款本息对账87,523户、金额245 700.80元。同时进一步加大了整改落实力度,确保贷款风险得到有效化解。并对抗震救灾捐赠款物进行专项稽核。年末,全市农村信用社捐款捐物和特殊党费共计293.1万元,其中:捐物13.08万元。无任何贪污私分、截留克扣、挤占挪用和奢侈浪费等违法违纪行为。全年共开展序时稽核3,332社次,对查出的问题提出明确的处理意见。

2009年,对所辖营业网点共实现序时稽核3 741社次,业务、网点、时间覆盖均达100%,共提出稽核建议2 043条,下发稽核处理决定书1 229份,对751名违规操作人员给予经济处罚12.83万元,免职处理2人、下岗学习1人。同时,市县联社还有针对性地对所辖营业网点共进行专项稽核2 527社(次),主要开展2008年度经营成果真实性检查、信贷业务、抵债资产、固定资产、财务收支等专项稽核。此外,按照省联社《关于四川省审计厅2008年审计农村信用社发现问题督办的通知》要求,于9月20~24日组成4个督查督办工作小组,到相关联社现场督查。督查督办各类问题18个,整改问题16个,问题整改率达89%。各营业网点贷款本息对账92 442户、346 823万元。4月9日,稽核管理系统在达州市成功上线试运行,通过"运用→反馈问题→修改问题→再运行"方式,逐步达到完善系统的目的。全市系统异常监控出的各类问题365 967条,各县级联社均按要求进行及时查证。

【蜀信卡营销】自蜀信卡发行以来,全市农村信用社高度重视,明确责任,全员上阵,全员营销,注重实效,全力打造农村信用社蜀信卡品牌,提升市场占有率。2008年4月18日,在达州市中心广场举行声势浩大的《四川省农村信用社蜀信卡·达州发行仪式》,引起达城市民的广泛关注,为蜀信卡营销营造了浓厚氛围。在此基础上,市联社及时制订营销考核办法,层层挂钩考核,调动了全员营销的积极性和主动性,推动了蜀信卡营销。自2008年7月以来,全市农村信用社蜀信卡发行总量一骑绝尘,一直位居全省首位。9月2日,达州市农村信用社蜀信卡营销率先突破50万张,完成了自订目标任务,其营销蜀信卡的经验在全省交流。年末,蜀信卡发行总量661 875万张,名列全省第一。

2009年,加大蜀信卡发卡力度,加快POS机和ATM机布设步伐。全市农村信用社开展蜀信卡营销宣传专项活动10余次,全年发行蜀信卡、家园卡、员工卡共计40余万张,发卡总量名列全省前茅。为优化用卡环境,拓展中间业务,全市农村信用社安装上线ATM机25台。市联社积极指导各县级联社发展特约商户,审查开户资料,全力做好POS机上线准备工作,全年共安装上线POS机98台,优化了蜀信卡用卡环境。

【创新贷款品种　搭建营销平台】2008年,开办农民工返乡创业贷款。全年共计发放贷款12 766万元支持近6 000户返乡农民工就业、创业。万源联社在了解失业返乡农民工郭本菊的情况和贷款需求后,及时给郭本菊办理抵押贷款25万元,帮其在海拔1 000多米的万源市茶垭乡邱家坪村创办了150亩反季节蔬菜基地,年创利50万元以上。二是积极开办青年就业创业小额贷款。全市农村信用社开办了产销通、创业通、致富通、农家乐、兴业通等5个青年创业小额贷款品种。5月21日,达州市农村信用社参加青年创业小额贷款项目启动仪式并现场发放青年创业小额贷款21万元。三是创新开办土地流转和林权抵押贷款。全市农村信用社抓住农村土地流转、林权改革等一系列农村改革契机,支持土地流转类贷款300余笔,3 300万元,发放林权抵押以及小额贷款1 150笔,金额1 630万元。四是开办住房、汽车按揭贷款。7家县联社加大了汽车按揭贷款投放力度,年末,余额近19.98亿元。达县、宣汉、通川等联社在开办住房按揭贷款的基础上,试点开办了二手房按揭贷款、汽车合格证质押贷款,极大的拓展了个贷业务,抢占了城区市场。2009年,累计发放住房按揭贷款5.28亿元,二手房按揭贷款8 836万元。五是开展担保公司贷款。稳步推进担保创新,积极稳妥引进有实力的担保公司,切实解决中小企业、农户、个体工商户融资担保难问题,培育社会信用体系,为贷款营销搭建平台。2009年,全市农村信用社累计发放5.6亿元的担保公司担保贷款。六是全面推广社区授信贷款。将农户小额贷款移植到社区,对社区居民授信,支持其从事生产以及经商发展。在宣汉试点的基础上,7家联社已全面推开。

2009年,突出支持春耕备耕生产贷款投放。各级农村信用社开设"春耕农贷专柜",建立春耕备耕信贷绿色通道,简化贷款手续,确保广大群众贷款方便,通过开展定点服务、上门服务和送贷款下乡活动等方式,发放农户购买良种、化肥、农药等农用物资贷款,打井、修堰、修渠及农用机具设施贷款。全市农村信用社发放春耕备耕生产贷款76 120万元,受益农户88 425户,有效满足农业生产资金需求,帮助他们购回化肥、农膜、种子、农药等生产物资115 352吨,农用机具23 644件,修复、修建农田水利基础设施992处。二是突出支持农业产业化龙头企业贷款投放。将农业产业化龙头企业作为支持重点,积极给予资金、信贷、结算等服务,支持巴人村食品、云蒙米业、桂花米业等涉农食品加工业发展。三是突出支持社会主义新农村建设贷款投放。密切跟踪各地新农村建设规划,筹措信贷资金15个亿,培育生猪、苎麻、蚕桑、药材、油橄榄等一大批特色产业,大力推进新农村建设。2009年累计发放社会主义新农村建设贷款15 760万元,有力地支持了渠县大石村的柑桔、大竹县建福村的蚕桑、万源干溪村的食用菌、通川区肖公庙村的乡村旅游等一批特色专业村建设,支持了如达县赵家桂花村、宣汉君塘等一批社会主义新农村建设示范片区建设。四是突出支持中小企业的信贷投放。针对中小企业融资"短、小、频、急"的特点,全市农村信用在量身定做中小企业"信用贷款及联保贷款"、"整贷零还贷款"、"积分贷款"、"循环贷款"等系列信贷产品的基础上,加大信贷投放,不断满足中小企业的融资需要。一年来,全市农村信用社累计发放贷款113 074万元,支持了达钢集团、大竹金桥麻业公司、宣汉县新兴食品公司、四川好一新投资公司塔坨农贸市场、开江永发肉食品公司等一大批中小企业。此外,通过完善信贷授权机制,搭建营销平台,打造绿色通道等方式,为中小企业客户提供贴身服务,不断增强为中小企业服务功能。5月22日,在达州市政府金融办、市经委、市人行共同举办的达州市银企对接洽谈会上,达州农村信用社选择7户地方中小企业予以重点支持,市联社与川东水泥、星光门业、大竹轴承等7家中小企业签订授信13 950万元的银企合作协议,为达州应对金融危机、企稳回升做出了积极努力。年末,全市农村信用社各项贷款净投放28.82亿元,占全市银行业金融机构投放总额的36.21%,比上年多投放12.43亿元,增长29.31%,其中:农业贷款余额73亿元,比年初净增15.66亿元,增长27%。贷款总量位居全省农村信用社第五位,居全市银行业金融机构首位。

【稳步实施劳动用工改革】2009年4月18～25日,各县分别召开转换经营机制、打造核心竞争力改革动员大会,进行中层干部及信用社主任竞聘,5月中旬完成对员工的选聘。全市66名员工新竞聘为信用社负责人,58名信用社主任落聘。同时,各县联社建立和完善工优胜劣汰机制,对不能胜任岗位的员工,通过待岗、内部退养和自愿辞职等方式进行分流。启动和推行上岗资格认证制度。凡参加由市联社组织的岗位资格考试合格者,方可取得上岗资格证书,并可参加相应岗位的竞争上岗。凡未取得上岗资格证书的员工,不能参加竞争上岗,并纳入待岗管理。优化柜面人员配置,推行柜员制。借助SC6000系统平台相关功能支持,各县城区机构在确保安全、防范风险的前提下,全面推行柜员制,进一步提高门柜办事效率,提升金融服务水平。2009年,全市共有75个网点实施柜员制,推行面达23%。

【打造精品网点】按照省联社统一行业标识和VI形象设计要求,制定设施改造方案,各县联社对所辖网点实行统一规划、分步实施。2009年,全市完成159个网点的VI形象改造,占网点总数49.69%。全市总计改造网点298个,占网点总数的93.13%。新打造精品营业网点18个,在服务的硬、软件实现与其他商业银行的同台竞争。4月,市联社重点打造的精品网点——达县联社营业部盛装开业。年末,该营业部各项存款6.35亿元,各项贷款12.91亿元,分别比年初增加3.0亿元和3.7亿元。

商业银行

【基本情况】2008～2009年,原达州市城市信用社改制组建为达州市商业银行。2008年末,各项存款余额236 574万元,比年初增加69 947万元(其中储蓄存款增加25 214万元,对公存款增加44 733万元),增幅41.98%。各项贷款余额131 599万元(其中票据贴现22 444万元),比年初增加43 799万元,增长49.88%;不良贷款余额2 500万元,比年初下降366万元,不良贷款占比2.1%,比年初下降1.16个百分点;全年实现拨备前利润1 100万元。2009年末,全行资产总额198 966万元,负债总额176 584万元,各项存款余额166 606万元,各项贷款余额87 800万元,实现利息收入8 001万元,不良贷款余额2 865万元,不良贷款占比3.22%,全年提取拨备708万元,拨备覆盖率达77%,实现拨备前利润1 774万元,实现拨备后利润1 066万元。

【支持地方经济建设】以支持地方经济建设为己任,重点支持服务中小企业。一是组建小企业金融服务中心,专司小企业(含个体工商户)金融服务职能。二是加强横向合作,增强融资功能和渠道。先后与通川、渠县、大竹、开江、宣汉、万源等县(区、市)人民政府签定了《银政合作协议》,与达州市中小企业信用担保有限公司等10家担保公司签定了《银保合作协议》,与7家中小企业签订了“中小企业成长贷款计划”。三是强化项目贷款投放和流动资金支持,加大对城市基础设施建设、公用事业单位的信贷支持力度;加强了住房建设贷款支持。

【领导名录】

董事长:刘　邻
行　长:朱光琼
监事长:周乾云
工会主席:李运成
副行长:杨丽娟　杨廷军　刘锐

(田道全　蒋世斌)

华西证券

【概况】2008年、2009年取得了辉煌的业绩,分别实现交易量178.39亿元、393.67亿元,川内营业部交易量排名分别跃升至42名、36名。

【客户服务体系建设】华西证券达州营业部紧紧依靠华西证券有限责任公司强大的研发团队力量,转变经营思路,以服务赢得客户,赢得市场,积极开展客户服务体系建设。在分析客户资产结构、规模、投资偏好的基础上,推出“华彩人生”服务产品,为客户提供个性化的定制服务方案,满足客户的多样化需求,实现服务的准确、及时和快捷。同时加强投资者教育工作,强化客户证券基础知识、投资方法的培训,每周定期一次客户培训会,每月一次交流会,每季一次投资报告会,高密度、多层次、全方位的学习培训增强了投资者的意识和投资技能,确保客户资产保值、增值。

【渠县服务部升级】2009 年,达州营业部下辖渠县服务部开展了升级为营业部的准备工作,按照法律法规和监管机关的要求,以规范严格、计划严谨、实施到位,做到升级、业务两不误,顺利通过升级验收,为达州新增了一家合格的证券经营机构。

【市场营销】营业部市场营销稳步推进,快速发展,2008 年和 2009 年取得了优异的业绩,开发新客户 1 万余名,与工行、农行、中行、建行建立了紧密的银证合作关系,加强与各银行网点的合作,利用银行渠道及资源开展驻点营销工作,目前已进驻网点 39 个。同时开展服务进社区活动,将证券投资服务送到客户家门口。

【奉献社会　扶贫济困】达县罐子乡峰顶山村和达县大堰乡金黄村作为华西证券的定点扶贫村,倾注了公司大量的心血,2008 年向两个贫困村捐赠扶贫款 2.5 万元,慰问贫困户 20 户慰问金 0.6 万元,慰问贫困学生 10 名慰问金 0.4 万元。2009 年向达县大堰乡金黄村定点投入 20 万元修建“华西扶贫桥”并已顺利竣工通车,彻底解决了几千人的出行问题。

【领导名录】

总 经 理: 何全奎

副总经理: 王从志

（刘　江）

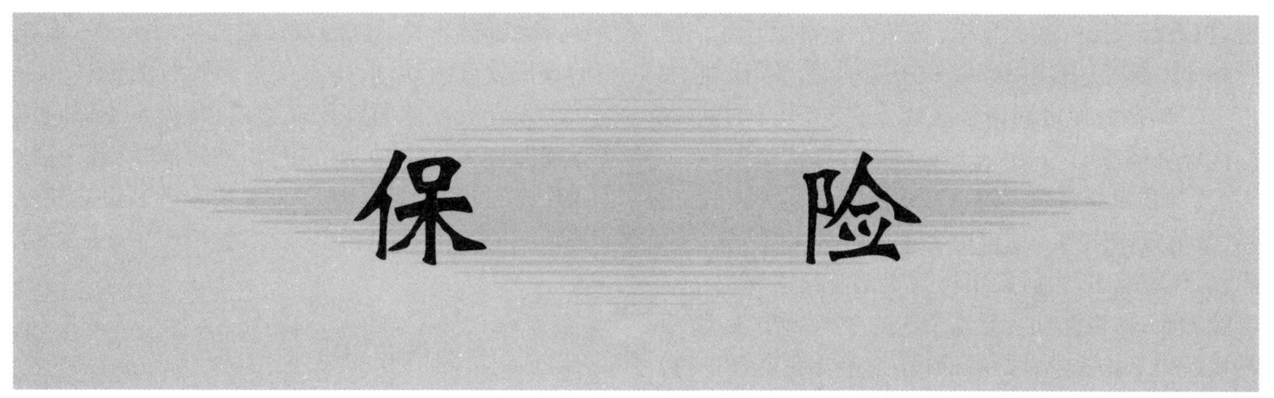

保险业管理

【概况】2008 年,总保费收入 32.34 亿元,在全省排名第二;同比增长 77.09%,赔款(含给付)4.24 亿元。保险密度为 493 元,保险深度为 5.35%。2009 年,全市实现保费收入 32.85 亿元,同比增长 1.59%,位居全省第三位。其中:财产险保费收入 5.48 亿元,同比增长 31.49%,占总保费比例 16.68%;人身险保费收入 27.37 亿元,同比减少 2.84%,占总保费比例 83.32%;09 年达州市保费深度为 4.81%,同比降低 0.54%;保费密度为 511.71 元,同比增加 18.71 元。

【保险市场主体增加】2008 年全市经营的市级保险公司有 16 家,到 2009 年底,市级保险公司已达 18 家,新进入 2 家,其中:财险公司 5 家,寿险公司 13 家。市辖县级产、寿险分支机构 80 家,其中:寿险 52 家、财险 28 家,同比增加 8 家。筹建待批的产、寿险分支机构 5 家,其中:寿险 3 家、财险 2 家。成都大童保险代理公司达州分支机构已验收待批,安邦财险已完成前期市场调查。达州保险业正在逐步向市场开放,功能互补,公平竞争、共同发展的保险市场体系过渡。

【财险业务份额提升】2008 年全市财产险保费收入 4.17 亿元,市场份额占比 12.89%,同比增加了 22.32%。2009 年,全市财产险保费收入 5.48 亿元,同比增加 1.31 亿元;市场份额占比 16.68%,同比提升了 3.79 个百分点。各财险公司市场份额占比“两升三降”:平安财险上升 5.21 个百分点、太保财险上升 1.43 个百分点;中华联合下降 3.72 个百分点、永安财险下降 1.84 个百分点、人保财险下降 1.08 个百分点。

【寿险业务结构趋优】2008 年,人身险保费收入 28.12 亿元,市场份额占比 87.11%,同比增长 89.64%。2009 年,人身险保费收入 27.37 亿元,同比下降 2.84%,市场份额下降 3.79 个百分点。各寿险公司积极落实保监会围绕效益调结构的要求,三大业务结构“一增两减”:个人业务收入 7.83 亿元,同比增加 0.79 亿元,增长 11.50%;团体业务收入 0.41 亿元,同比减少 16.01%;银邮代理业务收入 17.63 亿元,同比减少 1.53 亿元,下降 7.39%。寿险险种结构逐步向业务持续性、稳定性、效益性转变。

【理赔服务得到改善】2008 年,赔款(含给付) 4.24 亿元;其中财险赔款 2.13 亿元,寿险给付 2.10 亿元。2009 年,财险公司推出了“理赔快速通道”、“小额赔款现场赔付”、“理赔到卡”等举措,加快理赔结案速度,便捷诚信理赔服务。财产险赔款 2.78 亿元,处理赔案 7.23 万件,同比赔款、赔案分别增加 0.82 亿元、1.03 万件。其中:车险赔款 2.04 亿元,处理赔案 4.75 万件,同比赔款、赔案分别增加 0.64 亿元、0.33 万件。社会关心的理赔问题得到进一步改善。

【社会服务功能增强】2009 年,全市保险业共承担各类风险责任8 258.16亿元,支付各项赔款和给付保险金 5.34 亿元,同比增加 1.11 亿元,保险补偿功能不断增强;人保财险积极开办政策性农业保险,为广大农民群众提供保障;各财险公司加强代扣车船税,积极配合搞好税源管控;各寿险公司做好死伤医疗给付,给付保险金4 313.01万元,同比增加1 340.58万元,促进和谐社会建设;协会认真组织保险代理资格考试7 223人,积极促进社会就业。

【加强自律管理　规范市场秩序】协会把规范市场、诚信自律作为一项重中之重的任务来抓,统一思想,抓住重点,着力解决市场反映的突出问题。在财产险方面:积极落实保监会进一步规范财产保险市场秩序的工作要求,敦促各财险公司开展自查自纠,做好检查和整改工作。以车险为规范重点,2009年4月28日,执行川保协〔2009〕36号文件,制定了道路客运承运人责任保险自律公约补充约定,统一了该险种业务经营标准。同年8月18日,规范了货车、私家车手续费交强险、商业险支付标准,提升了车险盈利空间。在人身险方面:以保险代理从业人员管理为重点,进一步规范无序流动行为。同年12月4日,组织召开了营销从业人员管理研讨会,讨论通过了《达州市保险行业协会保险营销从业人员管理自律公约》,为加强保险营销从业人员管理,规范保险代理行为,避免营销从业人员无序流动,遏制恶性挖角行为,细化了管理规范和流程办法。

【落实自律规范　引导有序竞争】一是结合自律工作需要召开专委会会议,对业务自律进行前期研究和可行性论证,形成有利于科学发展的自律规范和办法,积极探索和建立行业自律的长效机制。一年来,共召开了8次机动车险自律工作会议,2次寿险自律工作会议。二是加大自律检查力度,开展了3次机动车辆险自律检查,对执行自律公约好的公司进行了表扬,对个别违反自律公约的公司进行了处罚。各公司诚信自律和自我约束意识不断增强,依法合规方向更加明确,业务经营方式更为科学,市场运行态势更趋良好。

【开展纠风工作　提升行业形象】一是依据市府办2009年纠风工作的实施意见和市纠风办深入开展公共服务行业侵害群众消费权益专项治理的要求,10月中旬,协会配合市金融办,对17家保险公司进行了纠正行业不正之风工作大检查,重点明查暗访了保险行业服务质量、展业宣传、信访投诉和依法理赔等方面的情况,总体上保险服务质量有了质的提升,基本上未发现服务质量上的大问题。二是根据四川保监局打击"三假"宣传工作要求,组织各会员单位于2009年10月14日至11月30日,在辖区所属保险机构开展了打击假保险机构、假保单、假赔案的宣传教育活动,取得了维护保险行业信誉和保险当事人合法权益的宣传教育效果,提高了保险消费者和保险从业人员的风险辨识和防范"三假"违法犯罪行为的能力,为打击"三假"长效机制建立奠定了基础。

人保财险

【概况】2008年,实现商险保费收入22 350万元,完成省公司年计划的111.28%,同比净增4 414万元,增长24.61%;实现利润822.48万元;全年实现农险保费收入3 589万元,实现利润820万元。2009年,实现商险保费收入27 679万元,完成省公司年计划的129.86%,同比净增5 328万元,增长29.21%,表结亏损3 818万元;实现农险保费收入5 837万元,同比净增2 248万元,增长62.64%,表结利润1 071万元。

【增强业务发展指导和承保管理工作】2008～2009年,出台《2008年产品线分险考核奖励办法》、《中国人民财产保险股份有限公司达州市分公司机动车辆保险承保管理办法》、《达州人保财险煤矿业雇主责任险承保管理办法》、《车险业务结构治理方案》、《财产险业务承保管理办法》、《责任意外健康险业务承保管理办法》。强化核保管理力量,加强对基层公司业务发展的督导,促进业务发展,提高业务质量,强化风险管控。

【创新思路推进业务稳步发展】2008年,为提高对终端客户的掌控力度,出台了《关于推行客户经理制的指导意见》,推行新型客户经理制,逐步落实"三个一"工程(一对一的客户服务关系、一站式服务模式、一体化的服务内容),最终目的达到全客户、全环节、全覆盖。为推行财务专管员制度,出台了《县支公司网上银行开户管理办法》,强化专管员的管理约束机制和对基层公司财务工作的服务与监督。2009年,车险在提高续保率的基础上,在新车市场和竞回业务上做文章,发展优质业务,确保了25.01%的增幅。财产险按照"保持规模、优化结构、提升效益"的发展思路,在取得达钢、达县农村信用联社、达州电力公司、长源电力、弘盛电力、江口电站、新桥电力、华新水泥等大客户企财险业务成功续保的基础上，新增达钢甲醇项目、柏杨溪水电站、罗江水电站财产综合险等优良业务。家财险抓住国家房贷新政出台、房地产销售大幅回暖的市场商机，密切与商业银行的房贷险业务合作，成功扭转业务持续下滑的颓势，家财险保费同比增加683.03%。在学平险、校园责任险、社保补充医疗健康险稳固发展的基础上，推广了农村建筑意外伤害险。2008 年，为推进农村保险工作，各公司确定了 1 名农村保险专管副经理，设立了 39 个经保监局批设的标准化农村营销服务部，197 个政策性农业保险服务（代办）站，组建由公司理赔服务人员、当地畜牧、农技人员等参与的农险理赔工作小组、专家定损小组，负责农险业务组织协调、业务培训、投保理赔等工作。2009 年稳健农村保险工作，面对全市新增 2 个扩权试点县的具体情况，及时与各级政府、财政等部门汇报和沟通，在考虑持续经营的基础上，提出了公司的承保意见，加强营销政府的力度，政策性农业保险在稳定承保规模的基础上，实现了独家承办。

【理赔管理工作稳步进行】2008 年组织 4 次集中清理未决赔款，共注销垃圾数据4 114件，同时对估损金额进行了调整，估损偏差率仅为 0.2%。出台《提高车险理赔工作效率实施细则》，快速结案，2008 年案件处理率 98%，车险理赔周期提速 20%，均达到省公司要求。加大了对保险诈骗的查证力度，共拒赔 75 笔，减损 349 万元。加强了与交警、法院的衔接，通过严格伤残评定、责任划分、户口认定等，有效维护了公司合法权益，2008 年仅城区，一审诉讼 74 笔，判决 56 笔，胜诉率 85.7%，二审诉讼 8 笔，判决 4 笔，胜诉率 100%，为公司减损 217 万元。2009 年，全力推行新的车险理赔处理系统的运用，加强对车险、责任险未决赔款的集中清理，共清理注销垃圾数据7 563件，并根据案件进展情况及时调整估损金额，未决赔案数据渐趋准确。

中 国 人 寿

【业务指标】2008 年，全市系统实现总保费收入 90 811万元（含集团业务3 791 万元），同比增长 38.6%。其中首年个险期交保费9 525万元，占年计划的 99.2%，同比增长 8.5%；短期险保费5 839万元，占年计划的 98.1%，同比增长 3.9%；中介趸交保费41 323 万元，占年计划的 154%，同比增长 88.2%；卡式业务保费1 044.6万元，占年计划的 104.4%，同比增长 13.1%；中介期交保费1 082万元，占年计划的154.5%，同比增长135.2%。该年度公司被达州市改革开放三十周年“双十大”评选组委会授予“十大突出贡献企业”称号。

2009 年，实现总保费收入95 760.38万元（含集团业务万元），同比增长6.22%。首年个险期交保费7 366.84万元，其中 10 年期以上业务4 843.58万元，占 65.75%；5 ~ 9 年期业务2 500.26 万元，占 33.94%。短期险保费6 477.22 万元，同比增长 10.93%。其中卡式业务保费1 377.5万元，同比增长 26.30%。中介趸交保费42 049.68万元，同比增长 2.50%；中介期交保费1 933.51 万元，同比增长 78.70%。在省公司年终考核中进入 B 类公司行列，被中国人寿集团公司评为全国系统精神文明建设先进单位。

【拓展农村业务】公司拥有遍布城乡的机构网点和营销员队伍，在拓展农村保险业务方面拥有独特条件和先发优势，有新简易人身险等一系列适合农村特点和消费水平的保险产品，公司利用这一优势，积极创新销售和服务方式，加大“保险村”建设力度，满足城乡人民群众的保险保障需求，提高了农民的医疗保障水平，减少了“因病致贫、因病返贫”的现象。

【建立和完善多层次社会保障体系】公司积极发展个人、团体养老保险、企业年金保险业务，加大了健康险发展力度。适应市场变化，在巩固传统口子型业务的基础上，调动公司资源做好大客户、大业务的公关工作，并积极探索服务“新农合”和各种补充医疗保险的路子。

【拓展个人保险市场】以基本法为纲领，通过有效增员壮大组织规模，通过培训提高人员素质，追求核心竞争力提升。经过两年的努力，队伍规模进一步扩大，人员素质进一步提升，可持续发展能力进一步增强。

【开辟理赔绿色通道，提高理赔时效】一是整合理赔队伍，向医院派驻理赔代表，提升理赔服务水平。二是投资建设“医保通”，开辟理赔绿色通道，切实解决了理赔难的问题。三是实行了小额理赔案件

"立等可取"。四是实行理赔服务承诺。

【领导名录】

总经理：骆首中

副总经理：雷亚平　黎　强　张　明

平 安 财 险

【概述】中国平安财产保险股份有限公司达州中心支公司于2003年9月28日成立。在发展历程中，公司遵循"专业·价值"的经营理念，不断改革创新，努力提升业务技能和经营管理水平，始终本着"服务客户、回馈社会"的责任感，以"合规经营、服务优先、健康超越"的经营方针，在同业中率先实行核保核赔制度；率先引进风险控制体系；分险种核算管理；全国通赔车险理赔服务。经营的险种包括机动车辆保险、财产保险、家庭财产保险、建筑工程险、公众责任保险、医疗事故责任保险等主险127个，附加险200个。公司在达州市宣汉县、渠县、万源市设立分支机构，达州市同城业务由中心支公司经营。全市有从业人员100余人，2009年业务规模发展到9 600万元，承担了4 000亿元的保险保障，支付各类保险赔款3 500万元。

【重大理赔】2009年7月11日凌晨2点开始，一场大面积强降雨袭击达州市，全市48个乡镇降雨超过100毫米，此次暴雨洪灾造成全市158个乡镇、182.96万人受灾，13.49万人被紧急转移，11 782间房屋受损，8 582间倒塌，因灾伤病56人，死亡1人，失踪2人。直接经济损失6.11亿元。暴雨灾害发生时，平安产险达州中心支公司及时启动应急预案，迅速反应，上下联动，组织有力，主动配合当地政府开展救援抢险工作，保质保量提供快捷的理赔服务，累计赔款1 000余万元，受到广大客户的一致好评，树立了良好的品牌形象。

【服务特色】2009年，平安产险郑重承诺，向所有车险客户提供"万元以下，资料齐全，三天赔付"的便捷服务，此举刷新了业内全国统一快速赔付的金额上限。

自平安产险推出"万元以下资料齐全3天赔付"承诺服务以来，达州中心支公司全年以一流的执行力和高效的运作力，全年以99.32%的达成率高标准地履行承诺服务。

平 安 寿 险

【主要业务】中国平安人寿达州中心支公司稳健发展，始终秉承"诚信第一，效率第一，客户至上，服务至上"的公司宗旨，为客户提供了全国通赔通缴、定点医院、移动保全等差异化服务，还在行业内率先推出了海内外急难援助服务、保单贷款、回馈客户的客户服务节等许多增值服务，为广大客户提供平安的全方位五星服务。

【领导名录】

总经理：杨元辉

太平洋保险

【概述】太平洋寿险达州中心支公司是太平洋寿险四川分公司2007年1月在达州设立的地市级机构。2007年、2008年、2009年连续三年稳居达州寿险市场第二。

中华联合保险

【概述】中华联合财产保险股份有限公司达州中心支公司2003年11月经四川保监局批准，于12月8日开业。2008年，完成保费收入5 082万元，年末简单赔付率54.04%，综合赔付率48.25%。2009年，调整险种结构，一是车险中的非效益车型业务得到遏制和剔除；二是非车险保费稳中有升，非车险的占比进一步提高；三是经营费用下降，严格管控的能力得到提升。全年有效消化了大量的存量风险，为稳健经营打牢了坚实的基础。

【积极稳妥开展农险业务】2008年，中华联合财产保险股份有限公司达州中心支公司作为达州市政府指定参与农业保险试点工作的两家财产保险公司之一，按照达州市政府和四川分公司对全年农险工作的实施意见，在达州市辖区内的通川区、宣汉县重点抓好能繁母猪、玉米、水稻三个品种的政策性保险工作，为支持达州市"三农"工作做出贡献。

【领导名录】

总 经 理：张鸿昌
副总经理：唐顺力　唐　荣

（谭小锋）

人保寿险

【概况】中国人民人寿保险股份有限公司达州中心支公司（简称：人保寿险达州中支）是中国人民保险集团股份有限公司旗下中国人民人寿保险股份有限公司四川省分公司首批在全川范围内设立的地市级机构之一，经四川保监局川保监复[2008]268号批准开业。公司地址：达州市通川区大西街193号。经营范围：（一）除法定保险以外的下列业务：人寿保险、健康保险和意外伤害保险等保险业务；（二）上述保险的再保险业务；（三）在中国保险监督管理委员会批准的范围内，代理中国人民财产保险股份有限公司和中国人民健康保险股份有限公司的保险业务。内设总经理室、综合部、合规监察部、个人保险部、银行保险部、团体保险部、互动业务部和客户服务中心等职能部门。同时健全了基层党、团、工会组织，积极开展党、团、工会活动。

宣汉县、万源市、大竹县、开江县、渠县设立了县（市）支公司，通川区、达县由达州中支营销本部提供保险服务。公司通过个人保险、银邮代理、团体保险、互动业务等多种营销渠道，向广大客户提供咨询、出单、承保、核保、查勘、定损、理赔等全面、便捷、高效的服务，全方位满足客户的不同需求。截至2009年底，给付各类赔款104件，赔付金额148.18万元。

【领导名录】

总经理：张　谦

阳光人寿险

【概述】阳光人寿保险股份有限公司达州中心支公司2009年4月14日设立。有中心支公司本部、达县和宣汉3个营销服务部。全市有从业人员420余人，其中营销代理人400余人。2009年业务规模已达2 300万元。承担了0.7亿元的保险保障，给付各类保险赔款20万元。

嘉禾人寿险

【概述】嘉禾人寿保险股份有限公司达州中心支公司于2007年5月28日成立。设有中心支公司本部、达县、宣汉县、大竹县、渠县5个营销服务部。全市有从业人员311余人，其中营销代理人275余人。业务规模已上2亿。承担了3亿元的保险保障，给付各类保险金300万元。

教育

教育工作

综述

【**概述**】2008～2009 年，全市幼儿入园率达到 75%，小学入学率达到 99.83%，初中适龄人口入学率达到 97.65%，初中毕业生升入高中阶段比例达到 76.58%，初中辍学率 2.99%，15 周岁人口中文盲率严格控制在 1% 以内。全市中等职业学校与普通高中招生比例为 54:46。全市有国家示范性普通高中 4 所，省示范性普通高中 3 所；有国家级重点中职学校 7 所，省级重点中职学校 3 所，市级重点中职学校 4 所；有省级重点专业 6 个，市级重点专业 22 个，实训基地 8 个。2008～2009 年教育事业基本情况见附表一。

【**基础教育**】义务教育区域均衡发展，实施“四百工程”（即从 2007 年开始，全市在 3 年内创建 100 所示范乡镇中心校、100 所示范村小、100 所示范乡镇成人学校，100 所优质学校帮扶 100 所农村薄弱学校）。2009 年 5 月在达县召开义务教育区域均衡发展现场会，及时推广全市义务教育区域均衡发展的经验，推进义务教育区域均衡发展。2008～2009 年，全市申报创建示范中心校 64 所、示范村小 134 所，确定了 132 所城镇优质学校结对帮扶 187 所农村薄弱学校。

学前教育发展。2008 年 3 月组织 40 余名园长赴成都考察；同年 4 月，邀请浙江省幼儿教育专家到达州举办了“达州市幼儿教育课程改革培训会”。2008 年 10 月市教育局制发了《关于进一步规范幼儿园管理的通知》，2009 年 6 月下发了《关于加强幼儿园收费管理的通知》，促进全市幼儿教育工作科学发展。2009 年 11 月召开了全市幼儿园园本教研现场会推进幼儿园课程改革。实施示范园“1351”（每个县、市、区至少建省级示范园 1 所、市级示范园 3 所、县级示范园 5 所，每个乡镇建好中心幼儿园 1 所）工程，全市共创建 8 所省级示范园、22 所市级示范园、91 所合格乡镇中心幼儿园。

深化基础教育课程改革，规范办学行为，实施素质教育。2009 年 9 月，市政府出台了《关于规范中小学办学行为深入推进素质教育的实施意见》；市教育局于 6 月下发了《关于进一步加强全市中小学开学、放假和国家法定节假日时间管理的通知》，9 月制定了《关于学习贯彻达州市人民政府办公室〈关于规范中小学办学行为深入推进素质教育的实施意见〉的通知》，12 月下发了《关于重申进一步规范中小学办学行为的紧急通知》，切实规范办学行为。2010 年 1 月，市政府下发了《关于深入推进素质教育的实施意见》《关于进一步规范中小学办学行为的若干规定的通知》（合称“双 20 条”），加强中小学管理，规范办学行为，切实减轻学生课业负担。规范达州市城区义务教育阶段学校招生办法。实施中小学电子学籍管理工作，规范中小学学生学籍管理。坚持德育为首，落实班主任工作职责，加强德育基础工作，扎实开展民族团结、公民道德、法制、环保和心理健康教育。加强学校体育、卫生、艺术、科技和劳技教育，全市举办了第9、10届中小学生田径运动会、第2届“阳光伙伴”活动、第6届中小学生艺术节、中等职业学校技能竞赛、四川省中小学生人才大赛（达州赛区），通过开展科技活动、社会实践、社区服务、社团活动等，丰富了学生课余生活。

中小学生综合素质有新的提高，2008年选送70件作品参加四川省第23届科技创新大赛，62件作品获奖，市教育局获“优秀组织奖”和“最佳展位奖”；市教育局获全国第13届青少年爱国主义读书教育活动“组织特等奖”、全省第16届科技辅导员论文征集活动“优秀组织奖”。2009年，在第24届四川省青少年科技创新大赛中，全市选送的各类青少年科技作品100个，88个获奖，获奖率占送省总数的88%；科技辅导员科教创新作品19个，18个获奖，获奖率94.7%，居全省第一；教师优秀科技活动方案3个，分别获一、二、三等奖，获奖率100%；在山东省济南市举办的第24届全国青少年科技创新大赛上，全市选送的7件青少年和教师科技创新作品，分别获金奖1个、银奖1个、铜奖3个，获奖率72%；达州市教育局被省科协、省教育厅等七部门评为“优秀组织奖”、“最佳展位奖”。

【职业教育】推进职业教育攻坚工作，2008年市政府出台了《达州市人民政府关于实施〈四川省人民政府关于实施职业教育三年攻坚计划的决定〉的意见》，实施校企合作、师资队伍建设、骨干示范学校建设、职业教育助学奖、实训基地建设、提升劳动力素质“六项行动计划”。全市各中职学校抓住契机，加强基础能力建设，改善办学条件，全市职业教育发展快速。2008年，全市中职招生37 287人，中职在校生达到83 660人；2009年全市中职招生42 447人；2008、2009年中职毕业生就业率达97%。2009年，大竹县职业中学、四川省电子商务学校，被教育部认定为“国重”中职学校；宣汉职业中专学校、宣汉县毛坝职业技术学校、宣汉县昆池职业中学、万源市职业中学、达县职业高级中学和大竹县职业中学新（迁）建工作加快，新增达州天元职业技术学校、达州升华职业技术学校2所民办中职校。截至2009年12月，达州市共有“国重”中职校7所，“省重”中职校3所，“市重”中职校4所。开江职业中学机械加工技术专业、宣汉职业中专学校电子与信息技术专业、达州凤凰职业技术学校通信技术专业、达州中医学校护理专业等一批省市重点中职专业，大竹县职业中学电子技术应用专业、宣汉县昆池职业中学农学专业、达县职业高级中学电子电工自动化技术专业、达州市职业高级中学计算机专业等省市级实训基地均已建成。加强乡镇成人教育，2009年完成了101所市（县）级示范乡镇成人教育学校分年度建设计划，新增了32所市（县）级示范乡镇成人学校（市级20所、县级12所）。积极开展各种形式的职业培训，重点抓好农村劳动力转移和农村实用技术的培训。全市2008年、2009年农村劳动力转移培训分别完成21.7万人次、23万人次；2008年、2009年系统使用技术培训37.5万人次、141.4万人次。2009年，职工教育培训4.59万人次。

实施藏区“9+3”免费职业教育计划。2009年，按照省委、省政府统一部署，全市接收藏区学生545人。制定了《达州市实施藏区“9+3”免费职业教育计划工作预防和处置突发事件专项应急预案》、《达州市实施藏区“9+3”免费职业教育计划内地中职学校新生军训与入学教育的指导意见》、《达州市关于返送藏区“9+3”小学文化程度学生中可能出现问题的处置预案》；9月上旬，市委、市政府对达州市职业高级中学、达县职高、四川省电子商务学校、宣汉职业中专学校、大竹职中、渠县职中等6所实施学校接收藏区学生的思想准备、物质准备、教学准备、管理准备等工作进行检查督促，市教育局组织了两个工作组和6个督导检查组，分别进驻各县、区和省市属学校进行督导检查，协调当地政府、教育部门和学校开展工作，加大经费的保障力度，推动工作顺利开展。截至2009年12月，已经送回阿坝州文化补习学生79人、学生自动退学6人、勒令退学2人、开除4人。截至12月底，全市共有藏区“9+3”免费职业教育在校学生454人，其中男生244人、女生210人，藏族307人、羌族86人、汉族53人、回族8人。

【民办教育】2008年，对义务教育阶段民办学校进行专题调研，形成《达州市教育局关于切实解决达州民办学校经费困难促进民办教育健康发展的情况汇报》；成功举办了以“民办教育展风采，打造特色铸辉煌”为主题的全市民办教育成果展示会，开展民办学校校长论文评选活动。2009年，开展民办教育学校办学水平评估和诚信民办学校、优秀民办学校校（园）长活动。截至2009年12月，全市经教育行政部门审批的各级各类民办学校826所,在校生16.28万人(其中:基础教育13.08万人,职业教育3.2万人),民办学校在校生占全市在校生总数的11%,教职工总数达6 380人。为逐步规范民办学校办学行为,市教育局制定《全市民办教育机构办学水平评估细则(试行)》,开展全市民办教育机构办学水平评估工作,对全市870所民办学校(教育机构)的办学水平进行了评估(其中:优秀183所,合格542所,限期整改133所,不合格12所)。举办首届全市民办学校诚信办学活动,达州铭仁园私立中学、达州外国语学校、达州耀华学校被评为"诚信办学示范学校";开展了全市民办学校优秀校(园)长评选表彰活动,表彰了10名民办学校优秀校(园)长。

【开展"师德建设年"活动】2009年3月27日,制发《达州市教育局关于开展"师德建设年"活动的实施意见》,在全市教育系统开展以"弘扬师德精神,构建和谐校园"为主题的"师德建设年"活动。开展达州市"强师德、铸师魂"师德标兵事迹巡回报告会活动,6名师德标兵代表赴各县、市、区开展先进事迹报告;举办达州市师德论坛,邀请西华师范大学教授冯文全做主题报告;教师节评选表彰了20个"达州市师德先进集体"、10名"达州市师德标兵"和40名"达州市师德先进个人"。

表15 2008年教育事业基本情况表

	学校数(所)	毕业生数(人)	招生数(人)	在校生数(人)	教职工数(人)	
					合计	其中:专任教师
一、基础教育						
1.普通中学	391	129 694	140 332	405 770	21 009	18 460
高中	44	29 228	34 932	91 544	5 201	4 438
其中:民办	5	1 847	1 475	3 999	270	222
初中	347	100 466	105 400	314 226	15 808	14 022
其中:民办	23	2 537	4 713	13 172	437	360
2.小学	1 848	106 622	97 170	580 801	24 306	22 404
其中:民办	116	5 771	6 305	32 063	837	641
3.幼儿园	507	99 520	105 973	143 611	2 643	1 689
其中:民办	476	64 437	37 879	56 702	2 138	406
二、中等职业教育						
1.职业高中	15	5 677	20 612	37 995	1 180	945
2.普通中等专业学校	17	8 870	15 596	40 511	1 768	1 178
3.成人中等专业教育	1	372	241	856	45	26

表16 2009年教育事业基本情况表

	学校数(所)	毕业生数(人)	招生数(人)	在校生数(人)	教职工数(人)	
					合计	其中:专任教师
一、基础教育						
1.普通中学	390	129 361	130 755	399 601	21 153	18 884
高中	42	27 370	31 033	96 994	5 156	4 407
其中:民办	4	1 310	1 495	3 760	254	206

续表

	学校数（所）	毕业生数（人）	招生数（人）	在校生数（人）	教职工数（人）	
					合计	其中：专任教师
初中	348	101 991	99 722	302 607	15 997	14 477
其中：民办	28	3 904	4 833	14 015	437	360
2. 小学	1 714	100 058	90 721	567 743	24 110	22 444
其中：民办	108	4 725	6 180	33 895	909	694
3. 幼儿园	516	100 880	88 620	145 280	3 243	2 189
其中：民办	485	34 889	36 858	60 423	2 627	1 712
二、中等职业教育						
1. 职业高中	16	8 098	23 366	48 288	1 009	848
2. 普通中等专业学校	17	11 713	17 941	43 520	1 815	1 273
3. 成人中等专业教育	1	343	1 426	2 056	43	25

【领导名录】

局　长：杨大荣

副局长：熊贵生　谢丽明（女）　张让文　彭　刚

纪委书记：陈清华

机关党委书记：王　军

（王正明）

大学中专招生

【考试工作】市招办2008年报考普通高校33 895人，录取23 057人，录取率为68%；报考成人高校6 010人，录取5 016人，录取率为83.5%；中职学校录取38 617人，硕士研究生报考349人。2009年报考普通高校32 451人，录取22 290人，录取率为69.3%；报考成人高校7 141人，录取5 575人，录取率为78.1%；中职学校录取45 213人，硕士研究生报考295人。

【领导名录】

主　任：胡　健

副主任：向　轩　李恒荣

（唐　戍）

自学考试

【基本情况】2008年全年学历教育考试共有11 588人次报考21 807科次；354人获得毕业文凭（其中专科84人，本科270人）；办理转免考手续365人590科次，转出省外58人。非学历教育证书考试：全国计算机等级考试1 438人报名，获得等级证书328人；剑桥少儿英语等级考试107人报考，获得等级证书106人；全国英语等级考试383人报名，获得等级证书243人；全国大学英语四、六级考试6 997人报名考试。

2009年全年学历教育考试共有12 584人次报考24 489科次；共有492人获得毕业文凭（其中专科177人，本科315人）；办理转免考手续225人797科次，转出省外56人。非学历教育证书考试：全国计算机等级考试1 798人报名，获得等级证书671人；剑桥少儿英语等级考试171人报考，获得等级证书165人；全国英语等级考试621人报名，获得证书265人；全国大学英语四、六级考试8 582人报名考试。

学历教育考试参考人数和科次2009年较2008年分别上升8.6%和12.3%名列全省前十位。非学历教育证书考试参考人数2009年与2008年相比，全国英语等级考试参考人数增长62%，剑桥少儿英语等级考试参考人数增长59.8%，全国计算机等级考试参考人数增长25%，大学英语四、六级考试参考人数增长22.7%。

【对自学考试试卷“严防死守”】按照国家秘密载体保密管理规定和《四川省教育统一考试安全保密管理办法》规定，本市做好自学考试各个环节的保密管理工作。一是完善试卷保密室的值守条件，按规定加装了铁质防护栏，试卷保密室达到规定要求；

二是对涉及试卷运送、守护、分发收合人员上岗前的保密教育,落实保密工作责任,严格执行保密纪律;三是运送试卷有专人专车并严禁无关人员搭乘;四是分发、交接试卷手续齐全;五是24小时守护试卷不少于4人,且有公安局、保密局人员参与全程守护、巡查值班记录清楚完整;六是保密室、保密柜钥匙分别由2人以上保管,保密室门钥匙掌管者不得参与试卷值班守护,确保了国家教育考试试卷的安全和保密。

【端正考风　严肃考纪】一是加强考生的诚信教育,强化监考人员的选聘和管理,落实责任,加大巡考力度;二是在考点设立了社会监督举报箱,公示了省、市考办举报电话,对举报出违纪舞弊的人和事做好记录,认真调查,实事求是地严格按照教育部18号令的规定严肃查处。2008年共查处违纪舞弊事件30起,2009年共查处违纪舞弊事件24起,有效地维护了国家教育考试的严肃性和权威性,为考生搭建了公平、公正竞争的平台。

【以自考本科专业为主　稳步发展自学考试学历教育】贯彻落实《四川省高等教育自学考试专业建设与管理工作规程》,与省同步开考适应全市经济建设和社会发展需要的本科专业;在教师教育网络联盟框架内,发展师范教育类本科自学考试,面向全市中小学教师开展中小学教师培训课程自学考试。鼓励普通高校、成人高校和高职院校在校生参加自学考试。在报考人数、报考科次上保持全省前十位。

【非学历教育证书考试】坚持自学考试学历教育与非学历教育证书考试并重并举原则,认真贯彻四川省非学历教育证书考试工作会议精神,抓好已在本市开考的全国计算机等级考试、全国英语等级考试、剑桥少儿英语等级考试;做好非学历教育证书考试与自学考试学历教育课程替代的宣传和办理工作;继续抓好全国大学英语四六级考试的组织管理工作;按省教育考试院部署组织实施好中小学教师教育技术水平考试。

【领导名录】

主　任:陈　勇

副主任:梁晓佳　王　伟(女)

(吴　丰)

教育科研

【教育科研工作】2008～2009年,市教科所加强对科研课题的全程指导,提高了全市的科研课题研究水平。组织申报省普教科研资助金课题和四川省政府教学成果奖,立项数与获奖数均列全省前茅。一是积极组织省、市级教育科研课题立项工作。2008年,通过市教科所组织论证、指导、研究和推荐上报省级立项课题15项,其中5项被省上批准立项;全市申报立项课题共计120项,通过专家评审,确定市级立项课题83项。二是做好四川省第四届普教教学成果、达州市第二届教学成果奖的评选与推荐工作。通过组织调研、论证、遴选,推出31项成果参加省政府教学成果奖评选,其中获一等奖2项,二等奖4项,三等奖13项(其中市教科所参与的《初中学生数学学习思维过程的有效性研究》为一等奖);全市申报市政府第二届教学成果奖共计98项,经专家组和市教育局、市政府评委会评审、市政府第132次常务会议通过,确定一奖9项,二等奖23项,三等奖30项(其中市教科所参与主研的《山区中学女生青春期教育的研究与实践》、《农村初中基于劳动实践基地的劳动教育研究》为一等奖)。三是充分发挥教育科研示范校的积极作用。2008年、2009年市教育局授予全市22所中小学为教育科研示范校。

【教学研究与管理】2008～2009年,市教科所学科教研员深入全市中小学校480所(次)进行调研与视导,共计听课、评课、上课达4 700余节。在此期间,结合全市学科教学实际,开展课题(专题)研究59项(个),开展专题讲座68次,各学科教研员先后撰写调研报告、分析报告、论文等,共计31篇,先后上报省教科所、市教育主管部门或在有关学术正式刊物上发表。同时,组织全市相关学科教师课堂教学展评活动。两年内,先后开展了中小学共计16个学科教师课堂教学展评和部分学科青年教师赛课活动,全市参评教师共计850人/次;根据省教科所的统一安排,市教科所先后组织了全市中小学13个学科文化及专业课等学科青年教师赛课活动,共计参赛选手119名,其中13名教师被推荐参加全省青年教师赛课活动;积极组织相关学科科研成果,教研论文、教案、课例评选活动。还先后组织了全市中小学"迎奥运、促和谐"英语征文等14个学科成果、论文、教案、课例征集与评选，共征集文章、课例966篇，其中向省上推荐参评有39篇。。按省上统一要求，先后组织了全市中小学英语、中学物理、数学、生物、化学竞赛，举办了第十三届“华罗庚杯”少年数学、全市小学师生迎奥运讲普通话、写规范字等知识竞赛活动，参赛学生共计13万余人次。先后组织了高三语文等9个学科任课教师研讨会，初中毕业班各科及高中、中专招生考试研讨会，参会人数共计1 200人次；加强对全市教育教学质量的评估与管理工作。2008~2009年，先后组织了全市高中毕业年级“零、一、二、三”适应性诊断测试，全市普通高中非毕业会考一、二年级教学质量测试工作，通过测试，先后拟定教学质量分析报告3篇。

【基础教育课程改革】2008~2009年，为深入扎实推进课程改革，市教科所进一步建立和完善了义务教育阶段教学质量评估机制，继续加强对农村义务教育课堂教学的研究与指导，形成义务教育阶段19个学科的课堂教学评价标准，并铅印成册；组织全市义务教育新教材教师培训工作，根据省上的统一安排，全市义务教育阶段部分学科教材版本进行调整后，再次进行新教材教师的培训，由市教科所先后组织九年级思想品德、八年级物理、初中化学、中小学数学、中等职业文化课等学科新课程与新教材教师培训活动，共计培训教师1800余名；2008年开展全市普通高中普查、撰写学科分析报告10余篇，为未来高中课改提供了第一手材料准备；2009年开展“十佳课改之星”及“课改工作先进个人”评选活动，全市共评选课改之星10名，课改工作先进个人20名。

【表彰情况】

教科所办公室2008、2009年分别被市总工会、四川省总工会授予“工人先锋号”称号

【领导名录】

所　　长：旷　明

副 所 长：郑　煜　成　炜

工会主席：陈　斌

（文守权）

电化教育

【教育信息化建设】2008年1月，举办网络公文收发系统应用培训班，共培训30人。5月，在“达州教育网”上发布反映本市教育系统干部职工奋力抗灾、积极支援重灾区和教育教学风貌的工作动态图文新闻1 397条、视频新闻322条。6月，启动中小学学生学籍信息化管理工作，市级平台的建设实行公开招标。

2009年10月，完成达州市“十佳”优秀教育网站评选活动。各县、市、区共推选51个教育网站参加评比，评出小学、中学“十佳”教育网站10个，优秀教育网站21个。全面完成中小学学生学籍管理信息系统市、县平台建设工作。对各县、市、区电教馆网管人员进行了网络公文收发应用培训，使电教馆系统在全市教育系统中率先实现了网上公文收发。

【教育技术科研工作】2008年9月，推荐37篇论文参加2008年全国教育技术学术研讨活动，市电教馆获得组织奖。年内，组织开展了98项“十一五”市级以上（含市级）教育技术科研课题中期检查评估，重点对42项课题的研究实施过程进行检查评估。开展了达州市第十二届优秀电教科研成果评审活动，共评选一等奖32项（课题类20项、论文类1项、课件类11项），二等奖56项（课题类21项、论文类19项、课件类16项），三等奖80项（课题类17项、论文类43项、课件类20项）。7月中旬举办了“达州市第二届中小学信息技术教育”论文评选活动。共收到论文277篇，经评审，184篇作品获奖，其中一等奖6篇、等奖21篇、三等奖157篇。

2009年，率先在全省开展国家级课题《学科电影课研究》项目研究，共有65所电影课实验学校、66项电影课子课题获中国教育技术协会批准，第二批电影课实验学校和电影课子课题正在申报之中。开展“十一五”第二批达州市教育技术科研课题申报工作，对申报课题的研究方向、目标和内容进行了修正指导，共立项“十一五”第二批达州市教育技术科研课题33项。举办达州市第十三届优秀电教科研成果评审活动，共有112项成果获奖；做好四川省第十二届优秀电教科研成果评审活动推荐申报，共推荐28项成果参加省上评审，并全部获奖，其中一等奖3项。完成“十一五”全国教育技术研究专项课题《农村现代远程教育工程与西部农村区域经济和社会发展研究》的研究任务，顺利通过了中央电化教育馆结题成果鉴定，并荣获四川省第十二届优秀电教科研成果一等奖。

【远程教育】2008年3月，开展对各县、市、区的

农村远程教育项目工作的检查。4月,在达县碑庙中学召开全市农村中小学现代远程教育资源应用研讨会。5月,2007年度农村远教工程顺利通过省级验收。5~7月,举办农村中小学现代远程教育三种模式应用教学竞赛,有600多名教学一线教师参加,取得了良好的效果。7~9月组织全市电教系统对农村中小学现代远程教育项目工程设备进行一次震后检查及维护。

2009年,启动农村中小学现代远程教育"班班通"建设,制定了《达州市农村中小学现代远程教育"班班通"建设指导意见》。在全市举办远程教育资源应用说课竞赛,涉及中小学各个学科,覆盖远程教育三种模式,共700多教师参加。完成达州市(宣汉)2007年度农村中小学现代远程教育项目(补充)省级验收。抓好远程教育"三种模式"课堂教学应用,举办了达州市中小学现代教育技术教学应用优秀课例评选活动(初中语文、小学数学),要求参评课例利用远程教育资源在多媒体环境下进行教学,共有14节课例获奖,其中一等奖6节,二等奖7节,三等奖1节。

【中小学生信息技术教育实践活动】2008年3月,组织推荐12件学生电脑作品参加四川省中小学电脑制作活动,全部获奖,其中获二等奖4项、三等奖8项。5~7月组织推荐各类节目、小主持人、论文等21项(人)参加省上评选,各类节目获银奖5项,铜奖5项;小主持人获铜奖1人;论文获一等奖1项,三等奖2项。组织推荐56件教师作品参加四川省教师软件大赛,有36项获奖,其中获一等奖5项,二等奖10项,三等奖21项,达州市荣获最佳组织奖。获奖数量和等级居全省第二。

2009年,组织学校参加四川省中小学电脑制作活动及第十届全国中小学电脑制作评选活动,全市共推荐了76件学生电脑作品参加省上评选,获一等奖1项、二等奖19项、三等到奖39项。组织全市中小学校参加四川省第四届中小学校园电视台和优秀校园电视节目评选活动,有3项作品推荐参加第六届全国中小学校园电视和优秀节目评选。全市共推荐了71件优秀多媒体教育软件作品参加省上大赛。获一等奖6件,获二等奖17件,获三等奖29件。其中,有9件作品推荐参加第十三届全国多媒体教育软件大赛,获二等奖1件,三等奖4件。

【现代教育技术示范学校建设】2008年9~10月,达县第三中学、宣汉县南坝中学、大竹县观音中学被省教育厅命名为四川省现代教育技术示范学校;开江县讲治中学、永兴中学、甘棠初级中学和大竹县第二中学、文星中学、青年路小学以及宣汉清溪宏文学校和万源市火车站小学等8所学校创建为达州市现代教育技术示范学校;组织开展了省、市现代教育技术示范学校工作检查,对全市64所现代教育技术示范学校进行检查评估。11月,利用"达州教育网"举办了省、市现代教育技术示范校工作展示评比活动,共有7所学校获一等奖,18所学校获二等奖,18所学校获三等奖。

2009年5月,在达州市通川区第十三小学召开了达州市中小学现代教育技术示范学校工作研讨会;举办了省、市现代教育技术示范校工作展示评比活动。抓好现代教育技术示范学校创建发展,指导达州市通川区第十三小学、大竹县职业中学、大竹县石河中学创建四川省现代教育技术示范学校,完成了推荐申报工作;对大竹、开江、宣汉7所学校创建达州市现代教育技术示范学校进行了评估验收,进一步提升了学校的办学质量和效应。

【教育宣传】2008年,向省教育电视台报送反映本市教育发展的新闻295条;组织编印《达州现代教育技术》杂志7期,刊用文章360余篇;组织编印《达州信息技术》简报10期,刊用消息30余条。

2009年,向省电视台报送反映本市教育发展的新闻374条;"达州教育网"编发动态信息745条;组织编印《达州现代教育技术》杂志7期,刊用文章300余篇;组织编印《达州信息技术》简报3期,刊用消息10余条。开展了"全市首届校园电视小专题"评选活动。

【表彰情况】

1. 达州市电教馆连续两年被省电教馆评为综合目标考核一等奖

2. 达州市电教馆获中国教育技术协会电影专业委员会优秀组织奖

【领导名录】

馆　长:李雍(~2009年10月)　张栩铭(2009年10月~)

副馆长:周渠明　廖亚文

(廖亚文　刘仕均)

教育装备

【装备工作】2008 年,出台了《关于进一步加强中小学教育技术装备工作的意见》,明确要求各中小学校的公用经费必须安排 8% 以上的比例用于教育技术装备的配备和补充完善。2008～2009 年,全市教育装备工作的重点由重仪器设备的管理和效益的发挥转移到抓教学仪器设施设备的配备上,全市投入装备经费5 000余万元,创本市近年来的历史新高。同时,还开展了教学仪器设备的质量验收培训与检测工作,2009 年对通川区、开江县招标仪器组织了质量验收。

【实验教学研究】2008 年,举办第二届幼儿教具评选活动。共收幼儿玩教具 91 件,向省报送 21 件,获省一等奖 2 件,二等奖 6 件,三等奖 11 件,本市荣获省组织工作奖。2009 年,组织开展全市第十届自制教具评展活动,共有 229 件作品参评,其中一等奖 36 件,二等奖 58 件,三等奖 85 件。达县、大竹、通川区荣获组织奖。推荐 24 件作品参加省上评选,其中获得省一等奖 1 件,二等奖 11 件,三等奖 11 件。其中,通川区第七中学的龙元智老师制作的《多功能绘图尺》获全国第七届华师京城杯自制教具一等奖,通川区罗江八一希望小学的曹本杰老师制作的《透镜成像显示器》获全国第七届华师京城杯自制教具二等奖。同时举行教育装备论文的评选活动,共收论文 175 篇,其中一等奖 28 篇,二等奖 43 篇,三等奖 60 篇,达县、万源、开江三县荣获组织奖,选送 28 篇送省参评,获得省评一等奖 2 篇,二等奖 7 篇,三等奖 8 篇。2009 年 3 月,市装备所主研的《经济欠发达地区中小学图书馆(室)规范化建设研究》课题获达州市人民政府第二届"教学成果奖"一等奖。全市有 5 个教育装备研究课题相继通过结题验收。

【"两项"考试】根据省教育厅、达州市教育局关于高中招生实验操作考试的有关文件要求,本市 2008 年初中实验操作考试于 5 月 5 日～6 月 10 日进行。全市共有 5 万多名学生参考,合格率达 81.4%。高中信息技术毕业会考全市有29 132人参考,合格人数18 878人,合格率 64.8%。全市有 4 所高完中参加网考。2008 年,本市的"两项"考试工作得到了省教育厅技装处的高度肯定,其作法在省装备工作会上作大会交流。

2009 年,为了切实做好本市高中阶段统一招生实验操作考试和高中实验操作考核工作,市教育局出台了《关于进一步加强达州市高中阶段统一招生实验操作考试和高中实验操作考核的通知》(达市教技〔2009〕4 号)。全市严格按照通知要求组织初、高中理科实验操作考试。全市参加初中实验操作考试设置考点 139 个,参考学生人数为 5 万多人,合格率为 81.4%;高中理科实验操作考核第一次纳入全省统一组织,参加高中理科实验操作考核的学校共 44 所,全市参考学生人数为26 903人,合格率 99%。高中信息技术毕业会考达州市参加网考人数为12 000人,网考学校由原来的 4 所增加为 8 所,合格率为 80%,全市参加机考人数为 17 000 人,合格率为 78%。

【装备示范校建设】2008 年按新标准(2000 标准)装备合格学校 30 所,其中中学 17 所,小学 13 所,新装备实验室 140 间、微机 910 台,建网络教室 22 间。新创市级实验教学示范校 21 所,省级 1 所。2009 年按标准装备合格学校中学 5 所,小学完成 5 所。装备微机学校 13 所,微机 650 台,建网络教室 13 间。新创市级实验示范校 25 所,省级实验示范校 1 所,到 2009 年底,全市已有市级实验示范学校 103 所,省级 11 所。

【教育装备队伍建设】为配合课程标准的进一步实施,促进初中实验教师对新课标的落实,加强初中实验教学和管理,2008 年举办了初中物理实验教师培训班,150 余人参加了培训。同时在 2008 年和 2009 年分别开展了初中物理和化学教师的实验教学赛课活动,推荐 3 名教师到省参赛,获得省二等奖 1 名。此外,还召开了第四届中小学图书馆(室)现代化建设与利用研讨会,共有 70 余人参会。组织了全市中小学图书管理员培训,180 余人参加了培训。

【领导名录】

所　　长:李　敏

副 所 长:喻　宇(女)

工会主席:何　伟

(何晓娅)

学校规划设计

【教育经费投入】2008～2009 年全市教育经费总投入 61.63 亿元,,其中:预算内教育经费投入

54.53亿元,征收教育费附加0.93亿元。投入资金3.20亿元,改扩建校舍44.5万平方米,投入资金1.63亿元新建校舍16.28万平方米,使全市校舍总面积达到653万平方米。

【重点项目成效显著】2008～2009年,完成实施学校灾后重建项目306个,建设面积20.94万平方米,投资22 318万元,完成100%;完成新增中央预算内投资教育项目37个(其中:初中校舍改造工程项目31个,中等职业教育学校建设项目4个,特殊教育学校建设项目2个),建设面积8.84万平方米,完成投资10 446万元(其中:中央预算内投资8 758万元,地方投资930万元,学校自筹758万元),完成100%;实施新农村卫生新校园项目62个,面积8 200平方米,投资1 195万元,完成100%;实施重点建设项目——达州职业技术学院主校区图书楼及食堂建设,完成投资1 000万元,占年计划的100%。大力实施校舍安全工程,全市校舍安全排查学校2 143所,占应排查总数的100%。鉴定学校1 882所,鉴定学校和鉴定面积均达到应鉴定的100%,共鉴定出危房校舍面积190万平方米(其中:B级100.68万平方米,C级65.10平方米,D级24.22万平方米)。根据排查鉴定结果,编制了《达州市中小学校舍安全工程总体规划》及分年度实施计划。09年启动实施校舍安全工程项目624个,面积51.46万平方米,投资4.82亿元,完成100%。

【保障机制进一步完善】一是农村义务教育经费保障机制改革工作进一步落实。2008～2009年落实并足额下达了农村义务教育公用经费。全部免除农村义务教育阶段学生的学杂费,为全部农村义务教育阶段学生免费提供教科书,进一步提高农村义务教育阶段学校生均公用经费基本标准,将农村小学、初中生均公用经费拨款标准分别由2008年的263元、403元提高到2009年的300元、500元。

二是农村义务教育投入大幅增加。按照中央、省委、省政府以及市委、市政府安排部署,2009年本市提高了农村义务教育经费保障水平,资金规模达到了174 098.21万元。176.63万余名学生受益。安排19 683.21万元,为171.99万名农村义务教育阶段学生免费提供教科书;安排60 335万元,进一步提高农村义务教育阶段学校生均公用经费基本标准;安排16 640万元,对23.70万名农村义务教育阶段家庭经济困难寄宿生补助生活费;安排12 060万元,用于农村义务教育阶段中小学校校舍维修改造长效机制;安排9 386万元,对51所农村初中校舍进行改造;安排6 538万元,对71所农村中小学校舍进行维修改造;安排1 120万元,对64所农村中小学实施新农村卫生新校园工程;安排2 205万元,对30所农村义务教育阶段学校实施了留守儿童寄宿制建设工程;安排1 600万元,对2所中职学校实施了职业教育学校建设工程;安排44 531万元,化解农村义务教育阶段学校"普九"债务。截至12月底,达州市"普九"债务化解工作完满完成,共化解"普九"债务99 401万元(其中:系统内债务83 727万元,系统外债务15 674万元)。

三是城市义务教育经费保障机制改革政策进一步落实。2009年,落实城市义务教育保障机制资金1 823.88万元,4.71万名学生受益,经费保障能力大大增强。按照小学340元/生/年,初中440元/生/年,安排1 785万元,为4.71万人免除了城市义务教育阶段学校学生的学杂费;继续为城市低保家庭子女免费提供教科书,安排资金38.88万元,0.32万名学生受益。

【民生工程深入人心】2008～2009年,全市为176.63万名义务教育阶段学生免除学杂费;为171.99万名义务教育阶段学生免费发放教科书(其中:为0.64万名城市低保家庭经济困难学生免费发放了教科书),做到了应免尽免;为23.70万名义务教育阶段贫困寄宿生补助了生活费;为8.02万人次中等职业教育1至2年级农村学生提供助学金5 900万元;为4 469名县镇、农村公办普通高中家庭特别困难学生提供资助446.90万元;为1 966名普通高校家庭经济困难学生资助伙食费31.46万元;首次全面启动了生源地信用助学贷款工作,全市共成功办理助学贷款813人,贷款金额454.47万元。

【科学编制教育事业发展规划】编制《达州市学校灾后重建规划》、《全市初中校舍改造工程二期规划》、《达州市中等职业教育学校、农村中小学教师周转房规划》、《达州市中小学校舍安全工程总体规划》、《达州市城区教育事业发展规划》。

【向上争取资金成效显著】2008～2009年,全市向上争取教育资金203 215.15万元,其中:义务教育公用经费62 158.88万元,中职资助金5 900万元,农村义务教育阶段贫困寄宿生生活补助资金15 890万元,免费教科书专项资金19 683.21万元,普通高中家庭经济困难学生资助金446.90万元，普通高校家庭经济困难学生资助伙食费31.46万元，汶川地震重灾区中等职业学校家庭经济困难学生免学费补助资金54.5万元，高等职业学校国家奖学金、国家励志奖学金270.2万元，“普九”化债资金44 531万元，新农村卫生新校园建设资金1 120万元，留守儿童寄宿制学校建设资金2 205万元，农村中小学校舍维修改造资金12 060万元，初中校舍改造工程专项资金9 386万元，职业教育学校建设专项资金1 800万元，职业教育实训基地和县级职教中心建设专项资金1 200万元，港澳援建资金3 543万元，灾后重建资金16 297万元，校舍安全工程专项资金6 538万元，救灾资金100万元。

（谢孝军）

重点学校

四川文理学院

【概况】至2009年，学院有南坝和莲湖两个校区，占地总面积近800亩，校舍面积20多万平方米，拥有多媒体教室和电子阅览室60多间，馆藏图书96万余册，电子图书22万余册，中外文期刊1 500多种。有普通本专科在校学生9 594人，成教函授学生2 315人，在职教职工631人，其中专任教师458人，正高职称31人，副高职称127人，客座教授32人，外籍教师4人。设有中文、外语、社会科学、数学与财经、物理与工程技术、化学与化学工程、音乐、美术、计算机科学、初等教育、体育、教育科学与技术、管理、文化与传媒、思想政治教育教学部等15个系（部），举办有23个本科专业，32个专科专业和60多个成人高等教育专业，主要面向四川、重庆、云南、贵州、陕西、江西、湖南、湖北、新疆、青海、黑龙江、海南、山东、河南、广西、河北、山西、江苏、福建、广东、海南、安徽、甘肃等20多个省（市、自治区）招生，是一所融文理工经管学科于一体的省属普通高校。

建校30多年来，学院始终坚持社会主义办学方向，坚持“以质量求生存、以改革促发展”，坚持“质量兴校、科研强校、人才立校、特色名校”和“以人为本、以德为先”的办学理念，扎根革命老区，为地方经济和社会事业发展培养了30 000多名合格大学毕业生，在社会上享有良好的办学声誉。2008年被中共四川省委、四川省人民政府授予“最佳文明单位”称号；荣获四川省大学生志愿服务西部计划“先进集体”称号。

学院鼓励师生从事科研和学术活动，提高科学研究水平和服务地方经济社会的能力。近年来，学院获得国家级科研项目2项，省级以上科研项目150多项，省级教学改革项目8项，教职工在国内外公开刊物上发表学术论文1 700余篇，出版专著12部，获得市厅级以上科研奖励59项，省级教学成果奖4项，7人获曾宪梓教育基金教师奖。

【学习科学发展观活动成效显著】2009年3月5日，按照中央学习实践科学发展观领导小组的相关要求和省委教育工委、省教育厅的安排部署，学院启动学习实践科学发展观活动，成立了学习实践活动领导小组。活动中，学院充分发挥自身优势，整合资源，培育特色，先后于3月5日、6日和10月21日派出以副院级领导带队的三批灾区援建工作组，前往地震重灾区广元市青川县，开办“农村小学教师培训”、“中小学班主任培训”和“学校干部培训”共计12期。同时，学院还充分发挥智力和人才优势，深入地方调研，创新“三村建设”模式，为地方新农村建设服务。同年7月22日，中央学习实践活动领导小组办公室简报点名表扬了我院深入学习实践科学发展观、积极为灾后恢复重建和地方经济社会发展作贡献的典型事迹。《简报》指出，四川文理学院等省属高校在学习实践活动中，紧紧围绕省委提出的“加快建设灾后美好新家园，加快建设西部经济发展高地”要求，以服务为宗旨，以贡献求发展，主动对接地方经济社会发展需要，充分发挥自身优势，积极投身灾后恢复重建和地方经济社会发展，用实际行动践行科学发展观。

【学科专业建设稳步发展】调整学科专业结构，大力发展地方经济社会所需的学科专业。2008年9月15日，初等教育系学前教育专业首届学生入校。2009年2月9日，教育部批准增设小学教育、数字媒体技术、财务管理、物业管理、文化产业管理等5个本科专业，并于本年秋季开始招生。6月19日，学院进一步整合资源，将原中文系的文化产业管理专业、教科系的广播电视编导专业和音乐系的播音主持专业从所在系脱离出来，组建文化与传媒系。

【**素质教育硕果累累**】为适应国家高等教育发展重心由规模发展向提高教育教学质量、走内涵发展道路转移的新形势，根据教育部2007年1、2号文件精神和学院首届教学工作会议精神，学院积极探索素质教育模式，推进大学生思想政治、道德行为、专业素质和综合能力稳步提升。2008年2月28日，在宣汉地方海事处实习的美术系2008届毕业生王彬奋不顾身勇救落水儿童，得到宣汉当地人民群众的高度称赞。10月27日，社科系大一学生卢智君将拾到的一张处于存取状态的银行卡交给银行，28日起，《达州晚报》、《华西都市报》、《西江都市报》、人民网、中新社、华网、红网、新浪网、北京电视台、辽宁电视台、安徽电视台等150余家新闻媒体相继报道了卢智君拾金不昧的感人事迹，在全社会和各大高校引起强烈反响。11月26日，我院计科系2005届毕业生刘江同学入选大学生志愿服务西部计划全国项目，同日，《中国青年报》头版头条对刘江的突出事迹作了专题报道。2009年4月29日，中文系2006级学生贾飞入围"2008中国大学生年度人物"前100强。12月14日，教育科学与技术系2007年毕业生、现任开江县永兴镇糖房坝村村主任助理邱达刚被达州市委授予"十佳大学生村干部"称号。

2008～2009年度，学院在全国和四川省举办的大学生艺术节、艺术体操比赛、数学建模竞赛、教学成果汇报演出、野外创作和习作展、DV创作大赛、电子设计大赛、CCTV英语演讲比赛、书画摄影等赛事中多次取得优异成绩。2008年7月28日，音乐系学生三郎尔甲、许婉婷、谯珊组成的"藏人缘组合"在全国第二届华语音乐大赛中取得优异成绩，并晋级总决赛。10月23日，在四川省第五届大学生艺术节上，11件作品获一等奖，7件作品获二等奖，5件作品获三等奖。12月5日，组队参加第四届"英派斯杯"四川省学生健康活力大赛，女生团队获拉拉队舞蹈拉拉操一等奖，男生团队获健康活力健身操规定套路二等奖。2009年4月17日，体育系学生杨玲等18人参加四川省第一届全民运动会健美操比赛暨2009年四川省青少年健美操锦标赛，分别夺得大众组6级和大众组4级团体金牌。8月26日，数学与财经系2006级数学与应用数学专业学生赵伟设计的笔记本电脑架获国家知识产权局授予的实用新型专利权。9月9日，参加全国教育系统"祖国万岁"歌咏活动，被教育部授予"优秀组织奖单位"称号。10月24日，体育系宋娇等12名同学参加2009年"浩沙杯"全国万人健美操大赛四川分赛，分获四川分赛区总冠军和二等奖。11月15日，学院亚运会拉拉队成功晋级南北对抗赛。12月18日，组队参加"浩沙杯"2009年全国万人健美操大赛总决赛获大专院校组大众四级全国三等奖。

【**教学科研实现新突破**】2008～2009年度，贯彻教育部2007年1、2号文件精神，继续推进教学科研质量工程，教学科研水平和质量实现新突破。2008年1月23日，学院28项成果获得达州市2004～2005年度社会科学优秀成果奖，其中外语系汪成慧教授的专著《俄汉语言文化对比研究》等四项成果获一等奖。2009年12月30日，王道坤教授的《协商民主在中国的适用性条件及其前景》等27项文社科成果荣获达州市第十次哲学社会科学优秀成果奖。科研立项方面，邓杰博士主持申报的课题《基督教与民国时期川康民族地区地方疾病防治研究》和刘长江教授主持申报的《中国封建司法行政体制运作研究》分别获准立为2008年度和2009年度国家哲学社会科学基金西部项目。2008年12月28日，学院申报的四川省革命老区发展研究中心顺利通过省教育厅人文社科重点研究基地评审。2009年10月30日，化工系特色植物开发研究实验室通过省高校重点实验室评审专家组验收，被批准为省级重点实验室。

【**学术交流如火如荼**】学院进一步活跃学术空气，开设学术讲座，积极承办各级学术会议。2008年10月25日，四川省数学会2008年学术年会在我院隆重召开，中国科学院院士、第十一届全国政协常委、四川大学长江数学研究中心首席科学家刘应明教授等149名专家学者出席会议。11月6日，四川省政治学会2008年学术年会在我院召开。2009年2月10日，由国家体育总局手曲棒垒管理中心主办、我院承办的第二届国家曲棍球奥林匹克后备人才基地冬令营在我院新校区胜利闭幕，来自北京、上海、天津、辽宁等12个省市的24支代表队参加了比赛。5月22日，四川省比较文学学会成立二十周年暨第八届学术年会在我院召开。10月13日，由省、市文联和美协等单位主办，我院美术系承办的"四川文理学院美术系第二届教师作品双年展，2009年成都·达州城市之间美术作品展"在我院开展，来自北京、成都、重庆等省内外70多名艺术家参观了展览，并与美术系师生交流。11月2日，四川省高校文科学报研究会2009年年会在我院隆重召开。12月27日,我院与中国"两弹一星"研究会人物研究专业委员会联合举办的"神剑·乡魂——纪念张爱萍将军诞辰100周年学术论坛"在我院开坛。2008～2009年度,共计有国内外学者专家30余人次应邀来我院作学术讲座。

【**积极谋求交流合作**】2008年1月2日,副院长成良臣教授一行七人到四川省鼓风机制造有限责任公司进行实地考察,双方就校企合作研发的有关问题进行了初步探讨。1月8日,院长孟兆怀、科研处处长刘长江随同达州市市委副书记、市长罗强率领的达州市政府代表团先后到西南石油大学、成都理工大学考察,并与受访学校就市校合作事宜举行了座谈。7月3日,达州市科技局、达州市食品药品监督管理局和四川川环科技股份有限公司的领导及专家一行来我院开展校企合作交流。8月22日,韩国湖原大学国际交流教育中心孙仲涉课长来我院考察,谋求交流合作。2009年3月27日,中国石油大学副校长徐春明教授一行来我院商谈合作事宜,经过初步洽谈,双方拟在研究生教育、化工人才培养、联合申报科研项目等方面展开合作。4月2日,学院与达州市科技局签定信息化建设合作协议,双方就搭建信息化平台进行了广泛交流,并达成了多方面的共识。

【**表彰**】2008年2月28日,学院纪委、监审处被授予"全省教育纪检监察先进集体"。11月21日,图书馆现代技术部被省图情工委授予"四川高校图书馆优秀部室"称号。12月15日,学院被中央宣传部、中央文明办、教育部、共青团中央、全国学联授予"2008年全国大中专学生志愿者暑期'三下乡'社会实践活动先进单位"称号。同时被评为四川省抗震救灾大学生志愿服务工作先进集体。我院组建的"关爱女孩"实践服务团、"服务新农村"支教服务团、"大学生就业见习"实践服务团等三个团队被评为四川省抗震救灾大学生志愿服务工作优秀团队。12月19日,学院被评为省高校"平安校园"建设先进集体。2009年2月28日,学院被评为2009年度消防安全诚信承诺暨消防安全标准化管理省级先进单位,是全省唯一受表彰的高校。

【**领导名录**】

党委书记:李万斌

院　　长:孟兆怀

（秦静）

职业技术学院

【**师德建设**】2009年,学院认真贯彻落实市政府《关于进一步加强和改进师德师风建设的意见》,扎实开展"师德师风建设年"活动,大力宣传先进典型活动,提高了教师师德素养。龚嘉镇等5名教师分别被推荐为省、市优秀教师,同时学院表彰了25名优秀教师、25名优秀教育工作者以及7个先进集体。

【**加强校际合作　提升办学水平**】2009年2月,成都航空职业技术学院曾方教授来本院进行了为期一周的教学示范。4月,与绵阳职业技术学院签订对口支援协议。12月,成都电子机械高等专科学院党委书记一行8人来学院就基层组织建设、师资队伍建设、岗位设置等方面进行了深入探讨和探索。2009年12月,学院召开了2009年"校企合作、工学结合"研讨会,邀请了瓮福达州化工有限公司等15家省内外企业的高层主管参会,深入洽谈了校企合作有关事宜并签订了校企合作框架协议,为学院今后的"校企合作、工学结合"进一步奠定了基础。

【**建股份制合作医院**】2009年5月,学院正式与成都中海医药有限公司签订了附属医院股份制合作协议,建立了股份制合作医院章程,顺利实施资产交接。9月,新的股份制合作医院正式运行。

【**成功申报中央财政支持的国家级护理实训基地建设项目**】2009年11月,学院成功通过财政部、教育部评审获得2009年度中央财政支持的职业教育实训基地建设项目专项资金支持,经费300万元(其中:中央财政拨给180万元,地方配套120万元),这笔资金将专项用于学院护理实训基地建设项目仪器设备购置,改善护理实训条件。

【**召开"校企合作、工学结合"研讨会**】2009年12月,学院召开了2009年"校企合作、工学结合"研讨会,邀请了瓮福达州化工有限公司等15加省内外企业的高层主管参会,深入洽谈了想起合作有关事宜并签订了校企合作框架协议,为学院今后的"校企合作、工学结合"奠定了基础。

【**领导名录**】

党委书记:潘道兰(女)

院　　长:朱占峰

党委副书记、纪委书记:王仲谦

党委副书记:潘传中

副院长：汪　洋　钟廷国　罗忠明　卿　勇

（张光勇）

电大财贸校

【概况】学校占地面积80亩，建筑面积5万平方米；学校办学功能完善，设施设备齐全，师资力量雄厚，教职工218人，教学班66个，在籍生3 200余人，大中专专业40余个。办学53年来，学校把加快成人和职业教育发展与繁荣经济、人才培养、促进就业、维护稳定、建设先进性文化紧密结合起来，为国家和社会培养了5万余名高素质劳动者和专业技能人才。

【勃发生机显成效】2008～2009年，中职招生885人，成人招生1 530人，短期培训1 006人，经济社会效益明显提升。通过开展教育教学质量年活动，学生专业技能考核合格率达95%，计算机过级率达98%，普通话过级率达100%，专业资格证书率达89.2%。顺利通过创建省级文明单位工作的考评验收，全面夺取了“5·12”特大地震灾害防震避灾的重大胜利。圆满完成内部人事制度改革和汶川玉龙小学来达复学安置任务和返乡工作，认真组织全国试点高校达州考生网络考试。学习实践科学发展观活动得到了市委学组办和市委指导检查二组的肯定，师德师风建设取得明显成效。切实做好广播电视大学创办成立30周年庆祝活动。创建省级重点中职学校工作取得实质性进展和阶段性胜利，成功争取并如期建设教学实训楼国投项目。抓实抓牢安全稳定工作，做好甲型H1N1流感防控工作，巩固并保持了“省级消防安全诚信承诺先进单位”荣誉称号，消防、交通、安全无重特大事故。

【“双创”促跨越　文明谱新篇】2008年度，学校党政坚持把创建省级文明单位和省级重点中职学校作为全年的重点工作，统一思想，坚定信心，加强领导，明确责任。切实做到开展工作有方案，活动促进有特色，坚持做到创建活动与思想政治学习活动相结合，与学校教育教学、服务管理、安全保卫工作相结合。一方面通过政治、业务学习及大小会议宣传动员，统一思想认识，使广大师生员工认清形势，更新理念，积极参与创建活动，掀起创建热潮。另一方面通过“文明科室、文明班级、文明寝室、文明家庭”争优评先活动、校园文化活动和志愿者文明劝导活动营造创建浓烈氛围，办好简报、校报校刊、专题板报、创建文明单位汇编资料编撰、文明创建活动宣传片等，加强宣传声势，高扬时代旋律。经过全校师生的共同努力，2008年度成功创建省级文明单位，2009年初，创建省级重点中职校工作取得阶段性胜利。

【勇担重责树形象】2008年“5·12”特大地震发生后，学校在面临资金和债务压力的情况下，以高度的政治敏锐性和责任感，毅然接受安置了汶川灾区玉龙小学200余名师生来达复学任务。学校全体师生伸出援助之手对其定点帮扶，争当爱心家庭，先后为灾区捐款近5万元，利用校园平台，联系社会各界为灾区师生捐款近20万元。

【表彰情况】

先进集体

1. 2008年获得“省级文明单位”、“省级先进劳务开发培训基地”、“省电大技能竞赛团体三等奖”、“共青团工作特等奖”等荣誉称号

2. 2009年获得“达州市青年就业创业培训基地”荣誉称号

先进个人

秦珍琼、符华琴2009年被评为市级“师德优秀教师”

【领导名录】

党委书记：谭　浩

校　　长：杜　勇

副校长：杨　萍（女）　罗光明　李钟声

纪委书记：宋仕斌

（叶　军　谭松馥）

电子商务学校

【专业设置】学校已构建起文理科兼容、中等与高等学历教育并举的办学格局，设立会计电算化、电子商务、市场营销、旅游服务与管理、计算机及应用、电子技术应用、计算机网络技术、电脑美术设计、机电一体化、数控技术等10个常设中职学历教育专业，并与四川理工学院联合举办了工商管理、会计电算化、计算机信息管理3个大专学历教育专业。

【设施设备】学校占地104.2亩，建筑面积4.2万平方米，馆藏图书12万余册。拥有现代语音室、计算机室（有高、中档微机500台套）、电子阅览室、财会模拟实验室、电工电子与电力拖动综合实验室、

单片机实验室、数控与机电一体化实验室、多功能校园网、电视监控(会议)中心、调频发射台、多媒体投影及闭路电视系统等先进的电化教学设施。

【教育特色】坚持职教本位,构建适宜的教育教学模式,突出“工学交替产业兴学”。着力打造专业建设市场化,课程设置职业化,教育教学兴趣化“三化特色”。确立“以德立身,有为有位”的校训和科学的核心价值观,营造出教书育人、管理育人、服务育人的良好的校园氛围,突出“以德为重,以人为本,严格管理”的学生管理特色。

【创建国家级重点学校】2008 年 9 月 22 日至 28 日由四川省教育厅组成的“国重”中职学校专家评估组按照《国家级重点中等职业学校条件》和《国家级重点中等学校评估指标体系》对学校评估后,教育部于 2009 年 1 月 9 日认定为国家级重点中等职业学校。

【藏区“9 +3”免费教育】2009 年由四川省教育厅指定为藏区“9 +3”免费职业教育计划工作培养学校。学校成立了藏区“9 +3”免费职业教育计划工作领导小组,共招收新生 109 名,遍及阿坝州 13 个县区,实际到校 104 名。

【领导名录】

党委书记、校长:张　瑜

党委副书记:肖昌华

副校长:谢光银　秦明功　于忠诚

(叶　平　朱彬权)

中医学校

【概述】学校有中医、护理、针灸推拿、中药、中医康复保健、中医骨伤、卫生保健 8 个专业。办学层次有 5 年制普通大专、3 年制普通中专、高中起点 2 年制普通中专,乡村医生中专、成教本、专科学历教育等。有学生8 266余人,教职工 205 余人,其中正副主任医师、高级讲师 20 人,主治医师、讲师 71 余人。学校集教学、临床、科研为一体,设达州市中医药研究所、达州市卫生干部培训学校、成都中医药大学达州教育中心、四川省全科医学培训站,建有附属医院,学校电脑培训部系四川省计算机等级考试考点。学校有解剖、微寄、针灸推拿、中药鉴定、中药标本、西医综合、西医临床、护理等 12 个实验室。在南充、广安、巴中、达州等地建立了 28 个市、县级实践教学医院。

大竹县中等卫生职业学校成立于 1978 年 5 月。1988 年 2 月 8 日,经原达县地区行署批准成立大竹县中等卫生职业学校,1993 年经四川省卫生厅验收达到合格县级卫校。1997 年 7 月,耗资 380 万元购买了原四川省航天工业学校的房屋、土地等不动产,新校址占地面积达26 640平方米,建筑面积14 523平方米,固定资产达1 000多万元。大竹县中等卫生职业学校有教职工 39 人,在校学生 950 余人,被誉为“花园式学校”。

【创建四川省达州中医药高等专科学校】2008 年 2 月,经市委、市政府研究决定,大竹县中等卫生职业学校并入四川省达州中医学校。在此基础上,开始筹备创建四川省达州中医药高等专科学校。

2008 年学校制定《四川省达州中医学校发展规划》和《创建四川省达州中医药高等专科学校工作计划》,2009 年学校成立项目办公室,完成在大竹新建校区征地 206 亩的规划勘测工作,并由大竹县国土局出具了用地预审函。高标准,高起点地对大竹新校区建设进行规划,并将规划报市卫生局和市政府审批。将大竹校区改扩建工程项目报经省发改委立项,为创建达州中医药高等专科学校奠定基础。经过努力,已争取到省教育厅中等职业学校实验基地建设项目专项资金 300 万元。

【招生规模逐年增加】2008 年,普通中专招收 2 943 人,成教招生 380 人;2009 年,普通中专招收 3 904人,成教招生 425 人。通过对外走出去、迎进来的思路,不断扩大招生规模和层次,开展多层次(由单一的普通中专学历教育发展成为由五年制普通专科、乡村医生成人学历教育)、多渠道(与各市、州中等专业学校联合办学、优势互补,与华西医大、成都中医药大学、泸州医学院联合举办成人教育)、多形式(脱产、办脱产、讲座)办学,先后培养了 2 万余名合格的高、中等中医药卫生人才,98% 的毕业生能找到满意的工作,绝大多数成为医疗卫生单位的骨干,并有 200 多人成为县、乡医疗卫生机构的负责人。

【教育教学硬件完善,教学质量稳步提高】2008 ~2009 年,学校投入资金 300 万元,添置了护理实验设备、多媒体教学设备、电脑办公设备等,使教学硬件达到标准,为教学的现代化提供了有利支持。为创建四川省达州中医药专科学校,学校不断强化教师素质,提高教师水平,鼓励在职教职工外出学习、进修、深造,并出台相应奖励办法,新引进的人才中本科生比例达到98%,为人才兴校提供了强有力的保障。

针对学校实际情况,学校对(五年制普通大专、三年制普通中专)教学大纲进行了修订,使之更加科学合理,适合校情。正式实行学年学分制,学生必须获得规定学分方可毕业,学校学籍管理工作达到了规范化、科学化。强化实践教学工作,广泛与各实习医院密切联系,稳定实习点,并拓展新的实习单位。加大投入,多媒体设备达到了20套,基本能满足多媒体教学,极大地改善了教学硬件,丰富了教学方法,对提高教学质量起到了积极作用。鼓励、支持实践教学的开展,全年上实验课800余学时,使用标本、模型3 000件次,参观中药标本3 500人次。

【领导名录】

校　　长:唐宗琼(女)
副 校 长:朱友弟
纪委书记:彭仁江
工会主席:程　琳(女)

达州市第一中学

【学生体育工作】坚持"体教结合",出色承办市"十运会"。一是成功举办了一年一届全校冬季大型综合性田径运动会,全校师生踊跃参与,工作人员精心组织,运动会秩序井然,安全、文明、有序,同学们团结拼搏、热情高涨,赛出了风格,赛出了水平,充分展示了教育管理、班级建设的效果和体育运动风采。二是2009年4月17日至20日,成功承办了达州市第十届中小学生"中国电信杯"田径运动会。本校作为本次运动会的东道主,在这次运动会上喜获丰收,获得奖牌4块。

【教育教学质量全面提升】2008年高考本科上线1 166人,比2007年增长8%。本科一批次上线252人,居全市重点中学前列,比2007年增长5.4%;2009年高考本科上线1 058人,中考也取得了可喜成绩,自达州市中考制度改革以来,本校初三学生在升学考试中获全科等级A+1的人数逐年上升。

【领导名录】

党委书记:胡治中
副 校 长:官仲元　张思军　王亚西　张震宇
纪委书记:吴文灵(女)
工会主席:尧　勇

(熊　彬)

达州市职业高中

【联合办学】在各级党政的关心支持下,在教育主管部门的具体指导下,学校一班人锐意进取、开拓创新,不断吸收国内外职业教育办学的先进经验,不断拓宽办学渠道,广泛开展联合办学,走出了一条特色办学之路。学校先后与北京六亭饭店、上海朝阳动画有限公司等30多家企业实行联合办学,积极推行"2+1"培养模式,不仅锻炼了学生的实践能力,使毕业生更加适应企业需要,又有效提高了毕业生就业率,增强了学校办学的灵活性,扩大了学校规模,提升了学校声誉。同时,学校还主动与政府相关部门配合,积极开展下岗职工再就业培训、企事业单位在职职工提高培训、农村劳动力转移培训,每年短期培训各类人员均在1 000人以上。

【教改工作】学校不断深化教育教学改革,全面提高教育质量。近年来,学校实施"宽基础、活模块、重实践"的教学模式,在专业课教学中积极推广"双元制"教学模式,对学生毕业实行"双证制",要求学生在各科成绩合格的同时,还要通过劳动部门组织的专业技能等级鉴定,取得中级以上专业等级证书才能毕业。同时,学校还积极推行弹性学制、学分制、半工半读制度,为学生、特别是贫困学生创造更加宽松的学习环境。为了适应社会技术进步和劳动力市场的变化,学校及时调整专业设置,增强了专业的社会适应性。学校先后增设了计算机应用与维修、广告设计与制作,改造了财会、幼师等一批老专业,把工艺美术专业打造成了省级骨干示范专业。学校还根据对毕业生的跟踪调查,围绕市场需求对各专业教学计划进行滚动修改,及时改革专业课程体系,更新课程设置,确保了培养的学生就业对路。

【就业围着市场转】促进学生就业是职业教育的最终目的,为此,学校积极推动职业教育从计划培养向市场驱动转变,从传统的升学导向向就业导向转变,推动职校更好地面向社会、面向市场。在毕业生就业安排上,学校提出了"以出口拉动进口"的办学思路。在采取订单式培养、直接为企业培养需求人才的同时,学校招生就业处专门负责毕业生就业指导和就业推荐,每年均要组织3~6次双选会。学校还定期举办心理健康讲座、择业讲座，开展创业教育，提高学生职业素质和适应社会的能力。与各地人才市场和部分强势企业加强联系，签订就业安置协议，巩固和拓宽就业渠道。与一些企事业单位建立校外实习基地，有计划、有步骤地对毕业生进行跟踪调查和跟踪扶持。近年来，学校毕业生平均就业率达98%以上，良好的就业形势有效地拉动了学校的招生，学校每年招生都在1 000人以上。

【达州市职业教育中心挂牌】依托学校一流的教学设备、雄厚的师资力量，2008 年 3 月，达州市职业教育中心挂牌本校。

【汶川县漩口镇百花小学异地复课圆满成功】“5·12”汶川地震发生后，汶川县漩口镇百花小学按照省上统一部署，整体搬迁到本校异地复课，全校师生员工全力以赴克服一切困难，圆满完成百花小学异地教学任务。

【成功申报计算机技术及应用省级重点骨干专业】继获得日本政府价值1 200多万元的无偿援助后，2008 年底，学校计算机应用及软件技术实训基地获得中央财政 260 万元的支持，完善 30 多个现代化实训实作室设施设备，建成校园网、校园电视台，开办了职业教育网站，开放了电子阅览室，校园网络终端遍及每一个多媒体教室、实验实作室，依托先进的计算机设施设备，2009 年 1 月，学校计算机技术及应用专业继工艺美术专业被评为省级重点骨干专业。

【9 +3 免费职业教育工作有序进行】2010 年 9 月，本校作为首批实施“藏区 9 +3 免费职业教育计划”的中等职业学校，高度重视，周密部署，全方位、多角度为 107 名藏区学生创造了良好的学习、生活环境，让藏区学生深切感受到了党和政府的关怀。

【领导名录】

校长、党总支副书记：罗玉文

党总支书记：陈再树

副校长：王　强　余隆军　张　竹　杨春城

（唐亚萍）

特殊教育学校

【概述】达州市特殊教育学校以聋哑、智障儿童为教育对象，实施九年义务教育。该校前身是 1983 年成立的达县市社会福利厂聋哑职工夜校，成立之初只有 1 名教师，20 余名该厂聋哑职工，10 余名聋哑儿童，学校教师后来增加到了 3 名。1986 年 5 月，该校划归达县市教育局管理，成立了达县市聋哑学校，成立时有教职工 6 名，学生 30 余名，期间又更名为达川市聋哑学校，2000 年上划归达州市教育局直属管理，更名为达州市聋哑学校，2007 年 8 月 15 日更名为达州市特殊教育学校（达市编发〔2007〕83 号）。

【办学成绩】该校以爱的教育为基础，以“育人为本，助残为乐”为宗旨，秉承“特教特办，办出特色”的办学理念。学校在各级残运会上获得骄人成绩；排练的大型聋人舞蹈《小燕子》《梦》分别获国家、省、市优胜奖、一等奖、二等奖。教师在省、市特校教学技能比赛中获得省、市一、二等奖。承担的科研课题先后获省一等奖、达州市第三届基础课程改革优秀成果二等奖。学生董斌参加了 2008 年的达州市第一届残运会。获得了乒乓球第 2 名，跳远第 3 名。2009 年上学期，参加省孤独症儿童绘画展，学校被评为组织奖 1 个；学生作品获得省级一等奖 1 个，二等奖 1 个，三等奖 7 个。

暑假期间，该校参加了残联组织的第七届全国残疾人艺术汇演，报送的戏剧小品《礼物》于 11 月获得了第七届全国残疾人艺术汇演组委会颁发的表演奖铜奖。同月获得了达州市人民政府残疾人工作委员会颁发的“达州市残疾人之家”荣誉证书。

【专业设置】该校是九年一贯制学校，目前只开设了聋班。针对学校高年级学生，该校重点开展了职业技术教育，开设有毛线绣、绸缎绣等刺绣、编织等职业技术专业课程，该校还和达州市职高联合开设有聋教电脑美术、广告设计、计算机网络管理等专业，与达州市兴萍制衣厂联合开设了聋教缝纫专业。

【表彰情况】

2009 年 12 月获得了 2005 ~ 2009 年“四川省特奥工作先进单位”称号

【领导名录】

校　长：杨　伟

副校长：黄兴兰（女）

（杨　伟）

市政府机关幼儿园

【概述】达州市政府机关幼儿园始建于 1951 年，位于通川中路 72 号，占地面积4 163.2平方米，建筑面积6 448.4平方米,户外活动场地500平方米。其新建和发展经历了以下几个阶段:达县专区托儿所、达县专区健康幼儿园、达县地区革命委员会直属机关幼儿园、达县地区行政公署直属机关幼儿园、达州市政府机关幼儿园。至2009年,有17个教学班,幼儿680人。

【业务工作】坚持"科研兴园,科研促教"发展战略,持续深入开展教育科研,全面提升教育质量。参加"全国教育部'十五'规划重点科研课题——学前双语师资培训研究",2008年4月顺利通过四川课题组结题鉴定。"幼儿智慧均衡加速发展计划"子课题"幼儿在科学活动中对自然现象的探索",历时3年,于2008年5月获得结题证书。

遵照《幼儿园教育指导纲要》开展保教工作,积极推进素质教育改革。2008年1月,本园体操队获"通川区少儿艺术体操比赛"一等奖。2008年7月,体操队获"达州市首届运动会幼儿基本体操比赛"规定操一等奖和自编操二等奖。2008年10月,体操队参加全国排球联赛开幕式红旗操表演。2009年4月,举行"全园自制玩教具比赛","多功能魔术圈"等9件作品获奖。6月12日、6月30日选送4件优秀作品分赴通川区、达州市参加比赛,4件作品全部获奖。2009年4月,举行"我眼中的文明行为"命题绘画比赛,组织大班、大大班孩子参观无偿献血点、聆听"无偿献血知识讲座",邀请成都木偶剧团来园表演。5月底,开展"六一"庆典活动。2009年6月,组织大大班幼儿参观小学校,帮助其做好进入小学的心理准备。2009年12月,开展全园"迎新春师生同乐"活动。

【园务管理】加强单位制度建设,2009年4月1日出台新的《职工目标考核量化方案(试行)》。配置了"幼儿园门监安全智能管理系统",使儿童出入实现数字化管理。2008~2009年度,7次举办全园家长会及专题讲座,4次开展"家长开放日"活动,深入广泛向家长宣传先进幼教理念、策略、方法,增进家园友谊、互信,逐步实现优质家园共育。

【领导名录】

园　长:王　玲

(孙海燕)

科学技术 文化 档案

科学技术

【概述】2008 年全市共培育省级创新型企业 13 家,省级产学研创新联盟 2 个;全年申请专利 197 件,占省下达任务的 145%;实施国家重点新产品计划项目 1 项,省级重点科技项目 12 项、市级重大科技专项计划项目 6 项,争创省科技进步先进市活动顺利推进,大竹县被确定为四川省科技富民强县试点县。2009 年,全市共培育高新技术企业 3 家(新口径),省级创新型企业 20 家,省级产学研创新联盟 2 个,省市重点实验室 3 个;建立省级农业科技园区 3 个;承担国家重点科技项目 4 项、省级重点科技项目 23 项,争取资金 897 万元;安排市级重大科技专项计划项目 7 项、重点科技项目 45 项、专利资助资金项目 6 项,总经费 575 万元;全年申请专利 170 件;通川区、渠县新增为全省科技富民强县试点县;“科技活动周”、“科普活动月”、“金秋科技下乡”等科学技术普及活动全面开展,全市科技对经济增长的贡献率逐年提高。

【全国硫化工科技论坛暨产业推进会】2008 年 4 月 18 ~ 20 日,中国硫酸工业协会、四川省科技厅、达州市委、市政府共同举办了全国硫化工科技论坛暨产业推进会。四川省人民政府副省长李成云,四川省政协副主席、省工商联主席、西南石油大学副校长陈次昌,省科技厅厅长唐坚出席论坛,国内外大学、科研院(所)、企业的 35 名教授、研究员、高级工程师,美国雪佛龙公司、法国道达尔石油有限公司、加拿大考斯特技术公司等国内外 57 家企业代表等共计 280 余人与会。会上,瓮福集团有限责任公司磷硫化工基地建设等项目正式签约,投资总额达 50 亿元。

【市校(院)科技合作】达州利用市校合作机制,组织企事业单位与高等院校、科研院所就硫磺综合开发利用、农副产品深加工、万源富硒茶叶及渠县杂卤石资源开发利用等开展广泛的技术合作与交流,解决本市产业发展中的关键和共性技术难题。中国石油大学(北京)等高校和市科技情报研究所对硫磺的综合利用进行了分析研究,编制完成不溶性硫磺、聚苯硫醚、硫脲等 10 个硫化工产品研究报告。成都理工大学通过市校合作开展的“万源市硒的地球化学特征及开发价值研究”为万源市打造中国天然富硒农产品基地提供了科学依据。2008 年 1 月 8 日,市政府率队赴中国石油大学、成都理工大学召开了市校合作座谈会。1 月 9 日,由四川省人民政府新闻办主持,省科技厅、省农业厅、市政府联合在成都锦江大礼堂举行了“达州万源市建设中国天然富硒农产品基地新闻发布会”,原四川省人民政府副省长郭永祥莅临会议并作了讲话。

【企业技术创新】达州加快实施技术创新工程,突出重点,加快推进企业的自主创新能力建设,促进产业优化升级。2008 年,四川省渠县八仙桥畜牧科技有限责任公司被省科技厅认定为省级高新技术企业;依托省级高新技术企业川环科技公司组建的“四川省汽车特种橡胶制品工程技术研究中心”通过了科技厅的验收,总投资3 000万元的中心大楼及实验设备已正式启用,启动了重点实验室建设工作;依托四川川环科技股份公司和四川省汽车特种橡胶制品工程技术研究中心建设的汽车特种高分子材料工程四川省重点实验室,通过了省科技厅评审,实现了达州省级重点实验室建设零的突破。制定了《达州市重点实验室管理办法(试行)》,批准了达州市首家市级重点实验室"食品药品标准与检测达州市重点实验室"。同时,组织企业积极开发国家级省级重点新产品。四川川环科技股份公司开发的"国Ⅲ、国Ⅳ汽车超低渗透环保燃油管"被省政府授予四川省高新技术创新产品;四川鼓风机制造公司研制的"HR 系列罗茨鼓风机"是自主开发的具有国内先进水平的产品,列入 2008 年四川省支撑计划项目;地奥天府药业的"地榆升白片"是本市第一个原创性中药新药,单品种年销售收入5 600万元,利税1 300万元。启动节能减排重大科技专项,举办达州市节能减排国际研讨会,达钢"高炉煤气余压发电(TRT)节能技术"已纳入重大科技专项予以支持。2009 年,科技部等单位确定四川川环科技股份有限公司为第三批国家级创新型试点企业。截至 2009 年底,达州已有国家级创新型试点企业 1 家,省级创新型示范企业 1 家、试点企业 6 家、培育企业 13 家。四川川环科技股份有限公司研制的"柔性 FTPV 超低渗透环保燃油管"、四川鼓风机制造公司研制的"HR 系列罗茨鼓风机"等 4 项新产品列入省级重点新工艺产品后补助,每项产品补助资金 30 万元。"柔性 FTPV 超低渗透环保燃油管"还获得 150 万元国家新产品补助资金。2009 年 9 月,依托达州质量技术监督检验测试中心建立的天然气及盐卤化工达州市重点实验室,通过了专家评审。同年 11 月 28 日,该实验室在市质量检测中心挂牌成立。

【农业科技】2008 年,编制"科技进村惠民行动实施方案",落实了市农科所—达县碑高乡石佛庙村,通川区蔬菜研究所—通川区蒲家镇朱仙村、钟庙村,达州官田种猪选育有限公司—达县马家乡南新桥村三个实施主体和示范点。在达县碑高乡石佛庙村实施的"千亩苎麻高产高效技术示范"项目已经试验 12 个种植模式,其中马铃薯—玉米—苎麻、萝卜—玉米—苎麻、西葫芦—玉米—苎麻、莴笋—玉米—苎麻 4 种模式的前期作物已收获,亩平产值达到1 648.76元。2009 年,在通川区、大竹县、万源市建立省级农业科技园区(试点)3 个。由四川智鹏麻业、市农科所等单位申报的"达州市苎麻产业集群发展科技试点"项目列入了四川省统筹城乡发展科技行动重点项目。由大竹县生产力促进中心承担的"优质苎麻产业化最新技术集成转化"项目列入国家科技富民强县专项。市农科所承担的"杂交苎麻川苎 8 号试验示范及应用"项目顺利通过了省科技厅、财政厅组织的专家验收,在杂交苎麻种子生产、高产栽培形成了多项创新技术,实现了川苎 8 号春秋双季制种,累计种植面积达到 91.7 万亩,新增社会效益 2.67 亿元。

【知识产权】达州专利申请量保持连年高速增长,是全省目标任务完成最好的市州之一。同时本市大力推进专利技术实施,具有节省投资、减少土地占用、节能降耗、减排、改善劳动条件等特点的"平顶窑"专利,在不到半年的时间内,已成功改建和新建平顶砖窑 4 个。"污水处理系统"专利技术,投资少、占地小、处理效果好,通过其处理的洗煤、矿产开采废水,固体悬浮质含量达到国家排放标准,已推广到达县、通川区及贵州等地。"纳米材料内外墙乳胶漆"、"自来水臭氧发生装置"已分别在陕西西安和广东顺德等地建立生产基地。2009 年,围绕"尊重知识产权,维护市场经济秩序"这一主题,认真开展专利执法活动,并组建了达州市发明协会,共有单位会员 33 个,个人会员 117 名。

【科技进步考核】2009 年,成立了达州市科技进步考核工作领导小组和科技进步考核专家组,组织科技、组织、人事、财政、经委、统计等方面的专家对各县(市、区)2007 ~ 2008 年度科技进步工作进行了专项考核。有 6 个县(市)三项一票否决指标达到了考核标准,其它指标达到了四川省县(市、区)科技进步考核要求,顺利通过了 2007 ~ 2008 年度科技进步考核。

【科技人才】2008 年,按照《达州市人民政府聘请高级科技顾问工作规则》的要求,开展了首期聘请工作,积极联络、聘请包括 3 名院士在内的知名专家学者 10 人为达州市人民政府高级顾问,组成高级专家组,并依托高级专家组,组织顾问团成员针对市委、市政府的重点、热点、难点问题,积极献计献策。同时利用顾问团的人才网络优势,积极主动联络邀请国际国内相关领域知名专家来达,为天然气和硫化工产业发展建言献策。为调动全市科技人员积极性,2009 年,市科技进步奖一二三等奖的奖励标准分别由2万、1万、0.5万元提高到3万、2万、1万元。对科技顾问团的专业组结构进行了大胆改革，将原有5个专业组（发展战略、工业、农业、城建环保、科教文卫）精简合并为3个组（工业农业、综合发展、社会事业），顾问人数51名。

【领导名录】

局　长：李继开

副局长：夏秉科　顾万东　许明新

文 化 工 作

综　　述

【公共文化服务体系建设】2008年，公共文化服务体系稳步推进。一是文化基础设施建设取得突破性进展。作为2008年达州市十大“民生工程”之一的达州市文化艺术中心建设工作进展顺利。博物馆一期主体工程已于10月顺利完成封顶。二是农村公益性电影放映工程全面实施。成立了达州市农村数字电影院线有限责任公司，并于4月10日召开了股东大会，讨论通过了《公司章程（草案）》，全年全市放映农村公益性电影33 480场，受益群众近430万人（次）。三是农村公共文化服务体系建设进一步加快。根据省市要求，本市对2008年乡镇综合文化站、文化信息资源共享工程县级支中心工程进行了认真规划和督查，启动了渠县、大竹县、宣汉县3个文化信息资源共享工程县级支中心的建设，新建和改建乡镇综合文化站11个。四是“送文化”下乡活动深入开展。2008年，组织市直文化单位开展较大规模的“送文化”下乡共12场（次），展出各种文物、非物质文化遗产宣传挂图、科技资料360余幅（次），印发科技宣传资料12万余（份），赠送科技图书1.2万余册。五是群众文化活动空前活跃。2008年，市文化局组织市文化馆编排了广场群众健身操，在中心广场视频播放，免费为群众辅导学习，全年受益群众达75万余人次，受到了省文化厅领导的高度评价并在全省推广。六是积极办好“川、陕、甘毗邻地区图书情报协作网第八届年会”暨“中国西部少数民族地区情报信息协作网第十七届年会”，会议于9月22~25日召开，共有3省1市22个市（州）150余名代表参加。七是全面完成文化馆全国评估定级工作，其中万源市文化馆、大竹县文化馆被评为国家一级文化馆，渠县文化馆、宣汉县文化馆被评为国家三级文化馆。

2009年，以构建四级公共文化网络为抓手，全面提升公共文化服务能力。一是扎实推进基层文化“3211工程”建设。市文化馆、市图书馆硬件和软件设施进一步加强。市博物馆外装招标工作完成，12月中旬开工，陈列布展方案已送省文物局进行审核，截至11月底，完成投资额930万元，完成了土建工程量的86%。全面完成了全国公共图书馆第四次评估定级工作。市图书馆基本实现了图书管理自动化，初步完成计算机编目工作。全市66个乡镇综合文化站建设任务扎实推进。同时，新下达的89个乡镇综合文化站建设任务已全面进入前期准备工作阶段。全市新组建了80个村（社区）文化活动室。二是文化信息资源共享工程县级支中心建设有序推进。建成了渠县、大竹县、宣汉县3个县级支中心，启动了达县、开江县2个县级支中心的建设。6月上旬，全市正式启动了文化信息资源共享工程和农村党员干部现代远程教育共建共享工程建设，通过与农村党员干部远程教育网的资源整合，进一步提升公共文化服务能力。三是基层文化创建活动成绩斐然。9月，达县、大竹县通过了文化部组织的全国文化先进县复查验收，巩固了创建成果。全市共有全国文化先进县2个、省级文化先进县2个、市级文化先进县1个，省级文化先进乡镇36个、市级文化先进乡镇62个，全国民间文化艺术之乡4个、省级民间文化艺术之乡8个、市级民间文化艺术之乡19个，省级示范性乡镇宣传文化服务中心12个。渠县是我国主要的汉阙分布地区，5月上旬，经中国文物学会专家组考察、论证，6月该县被授予“中国汉阙之乡”称号。

【文艺创作硕果满枝】达州连续14年获得全省文学创作一等奖，并荣获中国文学戏剧学会颁发的“全国戏剧文学优秀组织奖”，“巴山作家群”誉满省内外。

2008年，全市文艺创作以深刻反映喜迎“奥运”和“纪念改革开放30周年”为主要内容，共组织创作、出版（发表）长篇小说（小说集）8部，散文集、诗歌集、（综合）文集10部，中短篇小说、诗歌、散文、报告文学等作品1 600余篇（首），举办各类文化艺术展演活动28场(次)。一是"巴山作家群"创作优势十分突出。谭力、雁宁、杨贵云、宋歌创作影视文学剧本《东方朔》、《双城变奏》、《去延安》、《猎狐》、《风起赤水河》、《铁血》等6部共190余集,其中一部分已播映。由谭力担任总编剧的45集古装电视连续剧《东方朔》在中央电视台八套黄金时段播出,创下今年央视八套古装剧收视率之冠。二是创作作品高层获奖创历史新高。谭仕海创作的戏剧小品《下访》、梅光辉创作的歌曲《枫叶红了》获四川省第十四届"群星奖"一等奖;王代隆创作的电影文学剧本《古蜀王国三星堆》和40集电视连续剧《鹃啼金沙》得到了省政府和省级有关部门的高度重视;创办宋小武创作的《达州赋》,入选光明日报《百城赋》栏目并全文刊发;宋大清创作的反映山村教师扎根山区教学的大型歌舞剧《偷青》、张尚全创作的反映新农村建设的方言剧《一刀两断》等4个剧(节)目被省文化厅确定为2008年四川省重点剧(节)目。今年初,四川省文化厅首次对全省11位重点作者和10部重点作品签约,本市作家张卫国及作品大型方言话剧《村官》、张尚全及作品无场次儿童曲艺·歌舞剧《温暖阳光》名列其中,本市签约人数和剧本数均列全省第一。三是市政府设立了"达州市文艺创作政府奖"。今年5月,市政府对谭力等25位作家、文艺家授予了首届"达州市文艺创作政府奖"称号。

2009年,全市共创作各类作品近5 000件(篇、部)。谭力继创作电视连续剧《特殊使命》后,又于国庆前后在央视八套黄金时段推出29集电视剧《特殊争夺》,谭力担任总编剧的30集电视剧《江姐》经拍摄完毕、20集电视剧《王瑛》开机拍摄;田雁宁创作的电视连续剧《杀出绝地》分别在央视一、二、四频道热播,30集电视剧《远古大帝》、30集电视剧《红姑》和30集电视剧《面具》均开机拍摄;宋歌创作的反映成昆铁路建设的大型电视连续剧《铁血》全部制作完毕;贺享雍出版了《贺享雍文集》共五卷,并成功举行达州首发式;龙懋勤的中篇小说《本是同根生》荣获第六届四川文学奖;杨贵荣完成了以汶川大地震为题材的长篇小说《中国的天》;吴海的诗词《楼兰三叹》荣获联合国教科文组织"人类贡献奖·首届中国文学奖"金奖;由严西秀(成都市曲艺团编剧)和张尚全共同创作的全省首批重点签约作品——大型儿童音乐剧《温暖阳光》正式搬上舞台,震撼强烈;市艺术剧院组织创作的话剧小品《月圆之时》、诗情小品《巴山红叶》参加全省第十二届戏剧小品大赛,并荣获大赛多项奖项。组织全市文艺工作者创作各类美术书法摄影作品1万余件,其中参加国家、省级以上重大艺术展览活动并获奖的精品力作达300余件。

【展演活动丰富多彩】2008年,全市开展各类文艺演出300多场(次),举办大型书法、美术、摄影展20余次,展出各类作品1 200余幅。一是组织承办了各类大型文化活动。重点是2008年"和谐达州"交响音乐会、春节团拜会、元宵节文艺演出、庆祝"两会"召开的"春满达州"和庆祝建军80周年文艺晚会,与有关单位共同承办了"冬日暖阳——关注农民工"和"冬日暖阳——走进高墙"专题文艺演出;1~3月根据省上统一安排,在全市组织开展了"文艺直通车到基层百场巡演"活动,累计观众人次达5万人以上。9月上旬我局还成功举办了苴却砚根艺奇石展,吸引了众多市民前来鉴赏。二是牵头承办了2008中国·达州"元九"登高节。登高节期间,举办各类文化、体育、旅游活动20余项,登高群众达35万人次,得到了市委、市政府和省文化厅领导的一致认可和广大群众的高度赞扬。

2009年,全市各级文化部门共举办广场文艺演出300余场。市城区举办了迎新春腊梅精品展、"红歌连连唱"、第八届迎新春卡拉OK大家唱歌咏赛等活动。特别是由市文化局牵头承办的2009中国·达州"元九"登高节,参与群众达35万人次,开展各类文化体育活动14项。全市各级文化部门共开展"送文化下乡"活动300余场次,受益群众450万人次。市文化馆组织队伍参加"千人秧歌"大巡游;市图书馆每季度举办1次"气都讲坛"公益讲座;大竹县多年坚持开展"百场文化下乡"活动;万源市每年举办一届"红色文化月"活动;宣汉县定期举办群众"红歌演唱会";开江县每逢重大节庆都要举办民间艺术展演;达县开展了第二届达州市旅游节文艺表演活动;渠县、通川区等地也积极组织文化单位开展送戏下乡、送书下乡等活动,切实丰富了基层人民群众的精神文化生活。举办"中国电信·天翼3G杯"第三届达州市艺术节,历时3个月,共有61个舞台艺术节目、36件广播电视文艺作品和205件美术书法摄影精品参加决赛,共评出优秀组织奖7个、组织奖8个、特别荣誉奖1个、金奖16个、银奖27个、铜奖61个、优秀奖64个、优秀演员奖20个、演员奖28个。

【文化遗产保护】2008年4月，省政府办公厅全面报道了宣汉县罗家坝遗址第三期考古发掘成果。万源保卫战战史陈列馆作为全国爱国主义教育基地被省政府确定为首批免费开放的13个博物馆之一，并于4月1日正式向社会免费开放。全面完成了第二次非物质文化遗产资源普查工作。“申遗”工作取得重大突破，宣汉川东土家族薅草锣鼓，渠县刘氏竹编工艺、渠县三汇彩亭会于2008年3月被国务院公布为第二批国家级非物质文化遗产保护名录。市政府公布了第二批达州市非物质文化遗产保护名录6大类14项。全国第三次文物普查工作取得阶段性成果，全市县域田野调查启动率达100%。全市新发现文物点129处、复查文物点262处，完成田野调查乡镇101个，已落实到位普查经费81.5万元。达县石桥镇、渠县三汇镇、渠县临巴镇和宣汉马渡乡等4个乡镇被文化部命名为“中国民间文化艺术之乡”。11月，还授予达县北山乡等19个乡(镇)为第一批达州市民间文化艺术之乡。

2009年，达州扎实推进第三次全国文物普查工作，田野调查乡镇覆盖率100%、到达率85%，普查文物点5 114处，提前超额完成了省上下达的5 000处的普查任务，普查工作走在全省前列，受到省文物局的表彰，“三普”二阶段—田野调查工作全面完成。按时按质完成了第七批全国重点文物保护单位申报、《四川省博物馆指南·达州分册》编撰、各级文物保护单位及管理机构信息数据库系统建设和万源保卫战战史陈列馆、渠县博物馆、宣汉县王维舟纪念馆年检等工作。开展了“5·18国际博物馆日”、中国第四个“文化遗产日”等系列宣传活动。协助中央电视台和市级有关部门拍摄了高质量的七集《走遍中国·达州》专题片。成立了达州民间收藏品交易市场。6月，达州组团参加了第二届中国成都国际非物质文化遗产节，设立了达州展览馆，有21个项目参加展览，其中4个项目参加现场展示，并被文化部授予中国文化遗产保护最高荣誉奖——太阳神鸟奖。完成了全市非物质文化遗产资源普查工作，摸清了10大类258个小项非物质文化遗产的资源分布状况，按时向省文化厅提交了自查报告。完成了第三批国家级非物质文化遗产代表性传承人和第四批四川省非物质文化遗产代表性传承人申报工作。王幺贡爷系列故事、蚌鹤舞、钱棍、土家余门拳、豆笋制作技艺、达州元九登高节、石桥烧火龙节等被省人民政府公布为第二批四川省非物质文化遗产名录。

【文化市场健康有序】2008年，开展省厅确定的网吧信用等级评比试点工作中，宣汉县顺利完成试点任务。开始组织建设网吧视频管理系统。切实加强了对文化市场的监管，坚决查处网吧违规经营行为，切实做到发现一家，查处一家，决不手软；深入开展了歌舞娱乐场所的“阳光工程”，按要求开展了阳光娱乐主题宣传周活动；狠抓了对文化市场的准入和安全防事故工作。全市共出动文化执法人员5 900余人(次)，出动执法车辆2 100余台(次)，检查网吧、歌舞娱乐、音像制品等经营场所上万家(次)，受理群众举报案件248件，承办省厅和市长热线、书记信箱等督办案件30余件，做到了件件有落实。对违规经营单位行政处罚390起，立案查处69起，停业整顿21家，网吧依法实施行政罚款顶格处罚9家，登记保存侵权“私服”网络服务器4台，盗版、刻录音像制品20 000余盘，行政处罚没款达80余万元。

2009年，全市完成了达州主城区，各县、市城区网吧视频监控终端的布线任务，共287家网吧安装视频管理设备，达州市网络文化市场视频管理中心和通川区、达县分中心分别竣工并正式投入运行，完成省定网吧视频管理系统建设年度目标任务；建立网吧信用等级评定制度，通过业主自评、网吧协会初评、稽查队评审的方式，按照A、B、C、D四类对辖区网吧逐一进行了等级评定，并取得了较好的成效。同时，不断完善行政执法检查日志制度、网吧市场明察暗访制度，落实12318文化市场举报制度；在原有的网吧义务监督队的基础上，又选拔聘任了500余名以“五老”志愿者为主的网吧义务监督员，根据实际情况和需要，为每一个网吧配备1~2名义务监督员，实行持证上岗，在寒暑假、节假日、重大政治活动期间等重点时段，开展了整治互联网低俗之风、暑期网吧专项行动、国庆保平安促稳定等集中整治行动，切实规范网吧经营行为。据统计，全市共出动执法人员4 200余人(次)，开展网络文化市场专项整治9次，检查网吧经营场所7 800余家(次)，从严处罚违规接纳未成年人上网网吧经营场所64家，罚款近70万元。加大电子游戏经营场所稽查力度，对非节假日违规接纳未成年人玩游戏和利用游戏机开展游戏赌博的违规行为进行严厉查处。全年共查处违规电子游戏经营场所34家次，没收电子游戏赌博机60余台。同时，文化、环保、公安等部门开展了中、高考期间噪音治理专项执法检查行动9次,共检查歌舞娱乐场所1 140家次。积极开展查处取缔无证无照文化经营场所、净化校园周边环境、安全生产“三项行动”等专项整治行动7次,共出动宣传车辆30余台次,出动执法人员6 400余人次,检查网吧、音像、出版物经营、歌舞娱乐、网吧等场所7 090余家次,查处安全隐患390家,停业整顿42家,要求限期整改348家,登记保存播放器25台、点歌系统1套、电脑102台、游戏机505台,查缴保存盗版音像制品、电脑软件、书报刊1万余盘(册)。

【新闻出版管理】2008年,一是扎实推进农家书屋工程,服务新农村文化建设。全市申报286家农家书屋,已投资新建263家。二是做好“扫黄打非”工作,积极开展各种专项整治行动。全年开展奥运前出版物集中整治专项行动、专项整治网络侵权行动、打击非法报刊专项行动、中小学教学用书专项检查等各种专项治理大行动,全市共收缴各类非法出版物20万余件,非法报纸期刊1万余份,非法音像制品1.5万余件,盗版计算机软件3万余件;整治书刊摊点268家(次),音像电子出版物经营场所640家(次),印刷企业350家(次),打字复印单位450家(次);处罚违规印刷复制企业、网站20家;取缔关闭印刷复制企业和非法网站8家;查办各类违规经营案件50余起。

2009年,一是深入推进农家书屋工程,在各县市自查的基础上,对2008年的农家书屋建设情况进行了的抽查验收,完成了900家农家书屋的申报工作。开展“农民读书节”和“我为书屋添书香”爱心捐赠公益活动,成功举办1期川东北片区农家书屋管理人员培训班。二是认真开展本市第二批试点企业的软件正版化工作,并牵头组织相关部门和技术人员对试点企业进行检查验收。推荐上报达州通洲商业集团为达州第二批试点企业,帮助并督促完成正版软件替换工作。以查处网络侵权、计算机预装盗版软件、发行使用盗版教材教辅读物等为重点,严厉打击各种侵权盗版行为。全市共检查出版物经营场所1 550个,取缔违规经营单位10家,行政处罚违规经营单位25家,调解著作权纠纷3起,查办侵权盗版出版物案件15起,其中省局移交案件1件,配合公安案件处理2起,查缴侵权盗版制品9万余件。从维护版权所有人的权益出发,面向社会广泛宣传版权保护的相关政策法规,切实做好版权服务,全年接受版权登记5件。三是认真开展“扫黄打非”工作。全年开展查整治低俗音像制品、打击网络侵权和非法报刊等各种专项治理行动8次,检查各类新闻出版单位1 750家(次);收缴各类非法出版物20万余件;开展集中销毁非法出版物1次,销毁非法出版物5万余件;受理新闻出版案件85件,处罚违规店摊、印刷复制企业和网站20家;取缔关闭店摊、印刷复制企业和非法网站8家;查办各类违规经营案件75起。

【表彰情况】

先进个人:

宣汉县东乡镇农村电影放映队和达州银都影业公司电影放映员童小明被国家广电总局表彰为全国农村电影放映工作先进集体和先进个人

先进集体:

1.2006~2007年四川省版权行政执法有功集体(四川省扫黄领导小组)

2.2006~2007年四川省版权工作先进集体(四川省版权局)

3.2007年度全省文化文物事业统计工作先进单位(四川省文化厅)

4.2007年度全市维稳综治工作先进集体(市委、市政府)

5.2007年度全市政务督办工作先进集体(市政府)

6.2007年度全市统计工作先进单位(市政府)

7.2007年度全市定点扶贫工作先进集体(市委、市政府)

8.2007年度全市“十大惠民”行动先进单位(市委、市政府)

9.北京奥运会网上宣传管理工作先进单位(四川省委宣传部等)

10.获2008年度全省文化市场平安建设先进单位(四川省文化厅)

11.获2008年度全省文化文物事业统计工作先进单位(四川省文化厅)

12.获2008年度四川省迎奥运保稳定和抗震救灾“扫黄打非”工作先进集体;2008年四川省“扫黄打非”工作有功集体(四川省“扫黄打非”工作领导小组)

13.获达州市“四好”领导班子(达州市委)

14.获2008年度定点扶贫工作先进集体(达州市委)

15. 获2008年度全市政务督办工作先进集体(达州市政府)

16. 获2008年度全市政务服务工作先进集体(达州市政府)

17. 获2009年四川省人口文化展评组织奖(四川省委宣传部)

18. 获2009年第二届秦巴地区(达州)商品交易会先进单位(达州市政府)

19. 获2009年度达州环保世纪行先进单位(达州市政府)

20. 获第二次全国经济普查先进集体(达州市政府)

21. 获2009年度全市政务督办工作先进集体;2009年度政务督办工作先进集体二等奖(达州市政府)

22. 获第二届中国成都国际非物质文化遗产节太阳神鸟铜奖(文化部)

23. 获第六届中国戏剧文学奖优秀作品推荐奖(中国戏剧文学学会)

【领导名录】

局　　长：陈先杰

副 局 长：江国银　戴　鸿　曾　军

纪委书记：吴红英

机关党委书记：雷传明

(陈锐芳　杨晓斌)

艺术剧院

【文艺演出】2008年新春音乐会,得到市委、政府领导的高度赞扬,“5·12”特大地震后我院组织创作抗震救灾各类节目,多次进行义演募捐,募得捐款100多万元,并与雪花啤酒、市自来水公司、达州电业局、商务局及达州兰花节、渠县黄花节等合作推出多台大型演出节目。2009城乡综合治理广场文艺演出;街头文艺宣传演出;大巴山民歌会演出;中石化和化工协会二届五次理事会暨能源化工高峰论坛文艺演出;有达州市“十大突出企业及十佳个人”颁奖晚会演出;团市委“青春礼赞”纪念五四运动90周年暨第五届十大杰出青年颁奖晚会演出;还为汶川玉龙小学“5·12”周年纪念慰问演出;参加了第三届达州市艺术节及四川省第十二届小品比赛;为秦巴地区第二届物交会展演了超时空民俗歌舞“梦里巴人”及2009电视宣传工作会议演出;为达州建市十周年进行了专场演出;2008年歌舞团完成各种不同类型的演出61场。完成9台优秀剧目,新编节目12个;杂技团年完成演出190场(含学员队),其中出国演出100场。2009年歌舞团完成各种不同类型的演出56场,杂技团完成190场(含学员队),圆满地完成了组织上所交给的各项演出任务。

【文艺创作】2008年,市艺术剧院筹办达州首次新年交响音乐会,为团市委策划“五月花海”广场文艺演出,为市委策划第二届“清风颂”廉政文艺晚会演出,参加爱在达州“慈善企业之星”颁奖晚会,及全省图书馆会议演出,以及“四川省文艺直通车到基层”慰问演出团等。2009年,第三届达州市艺术节上本院编排的舞蹈“天上人间”获表演金奖、编导银奖;小品“月圆之时”获表演银奖、编导银奖;情景诗“巴山红叶”获表演银奖、导演银奖;器乐合奏曲“春江花月夜”获演奏金奖;器乐曲“川之韵”获演奏银奖、作曲银奖;器乐曲“巴渠叙事”获演奏铜奖;19名演员获优秀演员奖。在2009年四川省小品比赛中,达州参赛的小品“月圆之时”获优秀演出奖、优秀导演奖、优秀编剧奖及个人优秀演员奖。

2009年歌舞团共创作小品11个,歌词12首,歌曲12首,舞蹈音乐8个,新编舞蹈10个,器乐作品10余首。

【表彰情况】

2009年,范建被文化部、人力资源和社会保障部联合表彰为全国文化系统先进工作者。

【领导名录】

院　长：陈先杰

副院长：唐荣健　李仁会　范　建

(沈首刚)

文　化　馆

【组织工作扎实有效】2008~2009年市文化馆组织美术、书法、摄影作品向全国、省级、市级展览、报刊等推荐报送作品上千件。组织美术作品近500件,其中入选全国1件,160余件入省级展览,并在省级以上刊物上发表、选编,获省展二等奖1件。组织书法作品600件,向省以上展览、报刊推荐选送书法作品、论文400余件(篇),其中入选国展10件,入围国展2件,4件获全国奖、4件获省级奖,入选省展40

余件，出版专著2部，义卖义捐书法作品近100件，募捐奖金近50万元。组织本市书画家参加“我们和灾区人民在一起”现场义卖义捐活动，其中市文化馆2位作者创作的3幅书法作品募得捐款25 000元；组织全市书法家共创作近100幅书法精品，捐给省红十字会等单位义卖近20万元；组织书法家送温暖三下乡活动；参与市委、市政府组织的“纪念张爱萍将军百年诞辰全国书法摄影大赛”的启动、组织、评审、布展、拆展等工作；组织专人赴张爱萍故居“神剑园”指导刻字、悬挂匾牌、评选将军作品、布置红军文化陈列馆等相关工作；组织全市书法家参加各种活动近50余人次。组织摄影作品1 400余件，向全国、省展、刊物推荐作品1 300余件，其中5件入国家级并获奖，4件获省级奖，140余件入省展，近200件入选市级展，近660件在全国各报刊、网站发表；先后为《达州文化》等杂志，推荐提供了大量照片。美术、书法、摄影组织推荐50件作品参加四川省文化厅举办的“墨痕”—四川省群文美术书法摄影作品展，其中10件作品入编精品集；组织作者参加达州市第三届艺术节美术书法摄影精品展。音乐、舞蹈、戏剧、曲艺组织工作：组织推荐小品《原来如此》参加省纪委文艺调演并获一等奖，组织小品《良苦用心》参加四川省煤电集团文艺调演二等奖。2009年5月召开了全市文化馆戏剧小品作品研讨会，共收到了作品近二十个，会上对作品进行了交流讨论。组织中老年队伍参加“庆七一全民健身”千人秧歌大巡演；组织中老年腰鼓队，参加第三届达州市艺术节开幕式表演。群文理论和信息交流工作：围绕中国群文学会、中国文化报“城乡特色文化研讨及展示会”、“打造新时期群众文化品牌”等活动，组织推荐全市群文论文12篇，其中获全国二等奖2篇、三等奖2篇；组织推荐达州市“巴渠风情广场健身舞蹈”广场活动送省群文学会参加“首届全国群众文化品牌”评选活动，经省评定，送北京参评。

【再创精品力作】2008～2009年，市文化馆创作上档次的美术、书法、摄影、编排的声乐、舞蹈节目、小品、撰写群文理论文章及其它文艺作品（节目）共计131件（个、篇）其中美术3件、书法56件、摄影20件、声乐舞蹈节目28个、戏剧曲艺小品12个、群文理论文章12篇。获国家级8件（个、篇）获省级5件（个、篇）。

【广场文化活动】2008～2009年，市文化馆继续开展广场文化活动，与市文化局、市文联、市文广电局联合精心打造的更具有巴渠文化特色的“广场健身舞示范片”，在达州电视台《城市公共频道》每天早、晚滚动播出。2008～2009年，整理、创作、编排广场舞示范片7期，16个节目，收集整理、创作了近三十首具有巴渠特色的民间音乐，为广场舞蹈储备了丰富的音乐资料。

【展演活动】2008～2009年开展了一系列重大展演活动，协办了“‘魅力达州’美术书法摄影精品展”；配合参与了“我们和灾区人民在一起为汶川大地震赈灾现场义卖义捐”活动，募集善款101 921.7元，其中马骏华馆长募得捐款20 000元；主办了“达州人在行动”抗震救灾摄影图片展；承办了市委宣传部、市文化局、市广电局等单位主办的第三届达州市艺术节美术书法摄影精品展暨达州市建市十周年文艺成果展；举办了达州市迎春摄影作品展；配合完成市委、市政府主办的中国·达州“元九”登高节美术书法摄影精品展；策划并承办了市委组织部主办、市文化局协办的“达州市学习实践科学发展观活动图片展”；协办了市体育局、市文联联合主办的纪念改革开放三十周年、庆祝建国六十周年达州市体育书法摄影作品展；协办了市政协主办的“凝心聚力助发展”、“我为达州添风采”—政协履职成果暨委员书画摄影作品展；配合完成省美协等单位主办的庆祝中华人民共和国建国60周年暨达州市建市10周年“成都·达州城市之间”美术作品展。小品、广播剧参加了市委、市政府、市委宣传部、市文化局、宜宾市委、市政府等单位主办的“相约达州—达钢战略合作”、“2008宜宾市春节联欢”等等活动；参加了“达州市两代会文艺晚会”、市第二届“清风颂”文艺晚会、“庆奥运、迎国庆”、“达州电视台建台二十周年文艺晚会”、“市第三届艺术节”、“送文化下乡”、“送文化进高墙”等各类活动33余场，观众数万人。

【阵地培训、社会辅导有序开展】2008～2009年举办舞蹈、声乐、美术、书法培训班各6期，共培养学员500人次，其中90%的学员在2008、2009年社会艺术水平考级中顺利晋级，声乐、舞蹈学员参加各类演出活动10余次；部分书法美术学员作品在《达州晚报》选刊上发表；在学校、社区各种艺术培训每年达300余人次。

【表彰情况】

先进集体

2009年获第二届中国成都国际非物质文化遗产节先进单位（达州市人民政府）

先进个人

1. 2008年马骏华、肖光泉、谭仕海3位同志获“达州市首届政府创作奖”（达州市人民政府）

2. 2009年谭仕海、杨思思获达州市第十五届“科技之春”科技月先进个人（达州市委、市政府）

【领导名录】

馆　长：马骏华（兼）

（杨　践）

图　书　馆

【创办“气都讲坛”】市图书馆与市社科联共同创办了“气都讲坛”科普活动项目。至2009年，在社区、学校、部队、农村、和特殊群体单位举办了五期公益性文化讲座。达州电视台、达州日报、达州晚报等媒体分别作了宣传报道。

表17　“气都讲坛”情况统计表

期别	主题	主讲	时间	地点	宣传报道
1	和谐家庭与孩子成长	达州市心萍心理应用研究所　秦萍	2007.04.12	达州市通川区大北街社区	《达州日报》2007.04.15;《川图导报》2007.06月版;达州电视台16日“直播达州”栏目播出
2	经营幸福家庭创建和谐社区	四川文理学院　何树德	2008.05.08	达州市通川区牌楼社区	图片文字报道《达州日报》2009.05.10
3	阅读的快乐	达州市创办　宋歌	2009.04.16	达州市通川区七小	“市社科联组织专家深入校园——举办专题文化讲座”《达州日报》2009.04.19
4	知识伴我走进新生活——消除心影　戒除毒瘾	重庆市协和心理顾问事务所　谭刚强	2009.06.19	达州市戒毒所	“心理专家为戒毒人员支招”《达州晚报》2009.06.22;《达州日报》2009.06.25

【热情服务读者】2008～2009年共订报纸100余种，期刊400多种，采购新书10 000余册，收集地方文献370种580多册；编辑《达州图情信息》12期；接待读者13 000人次；书刊借阅276 000册，图书流动率、报刊利用率较往年相对提高，图书外借、报刊阅览、少儿阅览节假日照常对外开放。

【评估定级】2009年，根据文化部《关于开展全国第四次县以上公共图书馆评估定级工作的通知》精神，市图书馆精心组织业务骨干，对照评估标准和要求，自查自评，准备资料。经考核专家组检查验收，达州市图书馆被文化部授予“三级图书馆”。

【落实共享工程】2008年，在电子阅览室原2兆光纤的基础上增加到10兆光纤。加快了馆际网的快速接收运用，确保了读者在线阅读。2009年，市图书馆积极争取资金购买了《金盘图书馆自动化控制管理系统（GDLISXP）》和成都兴盛TB－8型双通道数字图书自动检测系统，条形码扫描仪，图书馆借阅证及辅助耗材等。同时，对地方文献、工具书、开架外借图书进行了计算机编目，建立了馆藏文献数据库。使图书馆管理走向了科学化、自动化，同时能快捷、方便地为读者提供更好的服务。

【开展各项活动】一是联合达县图书馆在市中心广场开展了以“倡导全民读书，构建阅读社会”为主题的“4·23世界读书日”宣传服务活动；二是参加了市社科联组织的“科技下乡服务团”到达县魏兴、盘石、道让等乡镇开展科普宣传活动；三是认真开展了“文化共享奥运行”服务活动；四是主动配合通川区八小“我为校园添书香”教师集中读书活动；五是举办了“庆五一，迎奥运”书画展；六是开展了内容丰富、形式多样的图书馆服务宣传周活动和全民阅读推广活动。七是开展了“送书进军营”活动，向市武警支队通川区中队赠送了价值2 500余元，500余册军事、文学、科技图书。八是举办了为期两天的“达州市公共图书馆计算机编目业务培训”。九是利用共享工程设备和数字化视频资料开展送电影到部队、学校、社区服务活动。

【领导名录】

馆　长：师智勇

副馆长：刘礼全　廖启刚

（肖　俊）

文物管理

【文物安全保卫】2008 年,配合通川区公安分局破获文物走私案一起,配合开江县公安局查处永兴镇箭口垭村破坏宋代古墓葬案一起;2009 年,配合市公安局、通川区公安分局查处文物走私诈骗案 2 起,收缴鉴定文物 100 多件。

【文物保护抢救性维修】协助指导完成了达县真佛山、石桥列宁街、开江金山寺、宝泉塔、宣汉姚氏宗祠、万源李家俊故居、通川区张爱萍故居、渠县文庙(一期)、大竹清河街道建筑群等重点文物保护单位的维修。2008 年 4 ~5 月,完成了全市珍贵文物数据库建设的复查修改完善。2008 ~2009 年,配合达州市天然气开发利用和铁路、高速公路等一批重点建设工程,协同省文物考古研究院完成了国电万源电厂(二期)、宣汉南坝周家梁净化厂及其管道、万源罗文净化厂、达陕高速公路(达州段)、宣汉白岩滩水库、达万高速公路、达巴铁路、达巴高速公路(达州段)的文物调查勘探发掘,发掘面积6 000多平方米,调查清理古遗址、古墓葬、古建筑、古窑址等 239 座(处),出土文物10 000多件(片)。

【第三次全国文物普查】2008 ~2009 年,集全所之力投入了第三次全国文物普查工作,除承担了普查办公墓经常性的宣传报道、数据统计上报等日常性工作,还具体承担了对各县(市、区)普查工作人员的业务培训和实地文物调查阶段的指导以及调整登录数据的审改验收,截至 2009 年底,本市第三次全国文物普查实地文物调查阶段工作顺利完成,先后通过省、市普查办专家组验收并给予了充分肯定。全市调查登记文物点6 400多处,其中新发现5 000多处,如万源市井溪乡新石器时期遗址、石塘乡川陕古道、罗文镇鱼肚坝遗址等;宣汉县黄金镇鸡鸣石坝遗址、水土坝汉代遗址、桃花乡桃花贡米遗址、下八乡周家梁遗址等;渠县汇东乡曾家祠堂、大义乡人民公社时期公共食堂旧址及彩绘壁画、水口乡苏维埃政府旧址、王以合夫妇墓、周家寨遗址、石坝湾库官遗址等;大竹县二郎乡柳城寨石刻、竹阳镇高峰寺摩崖造像等;通川区盘石乡清代禁伐碑等;达县龙会乡汉代遗址、檀木镇明代摩崖造像等;开江县广福镇川东游击军指挥部旧址、水洞门摩崖造像,普安镇李靖垭魁阁门等就是在这次普查中新发现的重要文物点。

【领导名录】

所　长:马幸辛

副所长:王　平

文化稽查

【概述】2008 ~2009 年,是达州文化市场执法队伍建设和文化市场执法监管全面、集中、创造性展开并取得可喜成果的两年。2008 ~2009 年,全市共出动文化执法人员360 732人次、检查266 362家次,受理举报5 148件,立案调查 557 件,办结案件 549 件,收缴非法音像制品49 563盘,没收电子游戏赌博机 190 余台,罚款共计2 450 000元,停业整顿 340 家,破获 14 起文化市场大要案。

【规范网络文化市场秩序】一是抓重点时段执法检查。会同公安、工商等职能部门采取突击检查、日常监管与技术监控“三结合”的方法,以居民楼、住宅小区、学校周边地带为重点区域,以节假日、上下午放学、夜间为重点时段,以查处接纳未成年人和超时经营为重点任务,点面结合,以点带面,层层设防,处处把关,布下天罗地网围歼“问题网吧”。对网吧经营场所开展了集中反复拉网式检查,消除“死角”和难点,全面梳理清查,以是否接纳未成年人、是否安装文化管理软件、是否进行上网人员登记作为整治工作重点,狠抓违规经营互联网上网服务营业场所案件的查处。针对部分网吧接纳未成年人且容留其过夜、经营含有不健康电脑游戏、家长及社会反映强烈等突出问题,文化执法人员采取集中检查与分散检查相结合、疏导教育与行政处罚相结合、日常管理与重点打击相结合、长效管理与专项治理相结合、定点检查与抽查相结合,使这些重点区域时刻处在文化市场监管之中。二是抓长效监管机制:继续完善网吧管理八条监管措施,着重点放在社会监督机制和行业自律上。“信息有人报,法规有人讲,违法有人管,工作有人干”。这是达州市积极推行老干部、老战士、老专家、老教师、老模范“五老”自愿者及家长、老师、人大代表、政协委员、团市委、街道社区以及关心未成年人健康成长的社会各界人士参加的文化市场义务监督员队伍带来的可喜新变化。2008 ~2009 年,各地相继成立了网络文化行业协会。网吧协会充分发挥了行业管理职能,做好了本片区网吧业主的工作,起到行业自律,规范网吧经营者行为,防止发生接纳未成年人的作用。

【打扶结合促进音像市场健康发展】2008～2009年，继续进行音像市场法制宣传活动，展开了反盗版天天行动以及文化市场执法检查行动，加大了对车站、码头、机场、校园周边等区域的执法力度，严厉打击非法经销盗版音像制品的行为。以整顿音像以及清理人员流动量大的餐馆附近、超市旁、旺铺门前的游商为重点，打击盗版、刻录以及万能 DVD 格式压缩碟为主要内容，对音像场所进行了多次检查。

【歌舞娱乐场所市场监管】一是建立完善长效机制。把歌舞娱乐场所噪音防治工作纳入文化市场日常监管的内容，检查歌舞娱乐场所必检查其边界噪音是否达标，并记录在案。对那些屡禁不止，整改走过场，反弹严重的，群众强烈不满的场所，要移交环保部门依法查处，直至吊销其经营资格。抓几个典型案例，震慑违法经营者。二是抓娱乐场所综合整治。在抓“禁噪”工作的同时，加强歌厅、舞厅、迪吧、电子游戏经营场所的管理，认真落实了各项监管措施，组织执法人员积极配合公安机关做好打击娱乐场所中的“六害”工作。同时，积极会同公安、工商部门加大了电子游戏经营场所的监管，开展打击电子游戏赌博机专项执法检查行动，有效地防止了电子游戏赌博机死灰复燃。

【规范演出市场秩序】各县、市、区文化稽查队认真履行了职责，加强对组台演出、城市周边农村集贸市场演出、特别是各地节会举办的演出活动的监管，无证无照演出团坚决不得演出，对演出团体的演出内容严格把关，对其演出情况进行全程监督，一有违规演出行为及时查处。同时，加强对高档娱乐场所演出活动的监管，把违法演出杜绝在演出之前。2008～2009 年，各地没有发生违规演出事件。

【强化安全工作】在每年年初分别与网吧、歌舞娱乐经营法人（负责人）签定消防安全责任书，将责任落实到经营户，细化到个人，实行谁经营谁负责的追究制度。抓安全检查，坚持了把消防安全工作纳入日常文化市场检查中，对检查中发现的安全隐患及时进行整改，重点对人员密集的网吧、歌舞厅、迪吧等重点防火灾单位的消防安全措施是否落实，消防安全应急预案是否完善，重点部位的防范是否到位进行了认真排查，严格做到“四清”、“三掌握”。2008～2009 年，与公安消防、安监部门联合开展娱乐场所安全专项治理行动 40 余次，共查处消防安全隐患1 247起，并责令当场予以改正。确保了文化娱乐场所无火灾、无垮塌、无爆炸、无伤亡“四无”要求。

【领导名录】

支队长：贺学利

（周龙刚）

档　案

【基本情况】截至 2009 底，全市有档案行政管理部门 8 个，各级各类档案馆（含达州市城乡建设档案馆）9 个。

全市各级各类档案馆馆藏档案2 525个全宗，727 683卷，另231 116件，案卷排架长度7 918米；录音、录像、影片档案 693 盘；磁带 2 盘，磁盘 57 张，光盘 164 张；照片档案35 200张；底图1 638张；资料109 913册。市、县国家综合档案馆馆藏档案1 585个全宗（市馆 157 个），714 183卷（市馆97 259卷）。案卷排架长度7 141米（市馆 973 米），录音、录像、影片档案 83 盘（市馆 61 盘），照片档案35 180张（市馆12 607张），光盘 164 张（市馆 8 张），底图1 638张（市馆1 303张）；资料109 263册（市馆24 966册）。

大型企业档案室（达竹煤电集团）馆藏档案 10 个全宗、69 832卷、40 236件，录音录像带 230 盘，照片档案6 260张，底图12 605张，电子档案 217 盘。

全市各级各类档案馆总建筑面积14 761平方米（市馆2 411平方米），其中库房面积8 876平方米（市馆1 285平方米），技术用房面积 791 平方米（市馆 100 平方米）；馆内设备有缩微摄影机 1 台，微机 76 台（市馆 18 台），复印机 10 台（市馆 1 台），集中式空调 1 套，空调机 81 台（市馆 20 台），去湿机 46 台（市馆 7 台），消毒设备 5 台（市馆 1 台）。

新建达州市档案馆已完成了项目的立项、选址等前期工作。

【档案业务建设】一是 7 个县、市、区均已完成了乡镇、村文件材料归档范围和保管期限表的制定工作。以控制库房温湿度为中心，以防火、防盗、防虫害为重点，添置了温湿度调控、防盗报警、消防灭火等档案安全保管保护设备，档案的保管条件进一步改善。二是积极争取各级财政对馆藏国家重点档案抢救经费的投入，全市应抢救国家重点档案65 635卷、204 件（市馆9 615卷），至 2009 年全市已抢救国家重点档案31 184卷、204件(市馆2 000卷),占应抢救数的47.5%。三是开展对企业和科技事业单位档案工作规范化管理的考评、复查工作。截至2009年,全市共有13个企业和科技事业单位实现了规范化管理。四是积极开展新农村建设档案工作示范县、乡、镇创建活动。2009年9月,市档案局组成调研组,深入到渠县、大竹县、开江县、通川区、宣汉县等县的9个乡镇和10个行政村,对新农村建设档案工作进行了深入调研,形成了《达州市档案局关于达州市新农村建设档案工作情况的调研报告》。在达县开展了新农村建设档案工作示范县创建活动。在大竹、宣汉等5个县、市、区开展了新农村建设档案工作示范乡镇创建活动。

【档案信息化工作】全市著录案卷级245 719(市馆15 976)条,文件级366 861(市馆82 992)条;全文数字化20 241件。向省局现行文件中心上传可公开的本级现行文件416份。全市应用档案管理软件1 300余套,新增计算机管理档案单位50个。加强档案信息资源数据库建设,2009年,全市收集、整理档案利用典型事例165条,上报省局90条,被四川档案资源网采用信息14条。

【档案开放利用】截至2009年底,全市国家综合档案馆共开放档案1 211个全宗,272 330卷。其中,开放建国前档案57个全宗(市馆7个),开放档案61 144卷(市馆5 348卷),另204件,开放建国后档案2 094个全宗(市馆102个),开放档案224 686卷(市馆10 738卷),备有开放档案目录案卷级16.2万条(市馆1.61万条),文件级1.18万条;市、县综合档案馆有案卷目录3 297本(市馆351本),全引目录793本(市馆111本),归档文件目录212本(市馆3本),专题目录182本(市馆8本),重要文件目录25本,卡片5 228张,编制机读目录案卷级34.25万条(市馆2.29万条),文件级133.58万条(市馆6.1万条);2009年接待利用者34 001人次(市馆504人次),举办档案展览4次,利用档案资料76 712卷册次(市馆3 204卷册次),件107次,复制档案资料100 566页(市馆12 584页);编研内部参考资料9种34万字。

【领导名录】

局(馆)长:张宗贵

副局(馆)长:王　云

纪检组长:龚乃桢

(高　峰)

气　　象

【概况】2008～2009年全市气象干部职工艰苦奋斗、恪尽职守,天气预报准确及时,气象服务积极主动,基础业务目标全部完成,灾后恢复重建稳步推进,气象现代化建设再上新台阶。

【基础业务与气象服务】2008～2009年,地面测报、高空观测、报表审核、农气观测、农村气象服务网雨量资料发(转)报、气象信息传输、气象技术装备等基础业务指标全面完成;共荣获"全国质量优秀测报员"12人次,百班无错161人次,全省优秀值班预报员11人次。

共对外发布重要天气消息24期,重要天气趋势预报6期,专题天气预报64期,气象信息快报62期,预警信号54期。为市委市政府紧急部署防灾减灾工作,最大限度减轻灾害损失起到了重要作用。

积极开展为农气象服务。撰写《气候影响与评价》、《农业气象产量预报》、《农情监测报告》、《农气月报》、《灾情快报》、《农业气象专题报告》、《重大气象灾害评估报告》等服务材料200余期,被市委、市政府采用近120余条。

【气象现代化建设】新建区域气象站46个,完成达州多普勒天气雷达塔楼工程建设、"12121"电话系统升级、L波段探空雷达建设、气象视频会商系统等任务。2009年底全市共有区域气象站130个,土壤墒情自动观测站6个,台站实景监控系统3套,气象电子显示屏24个,气象视频会商系统2套。

【气象科研与科普】《使用数字探空仪中出现的问题及对策和建议》获得2008年度全国探测技术年会优秀论文奖;气象台3篇论文在鄂豫川陕四省十市气象协作区会议上分获二等奖和优秀论文奖。两年共接受气象科技服务咨询5 000余人次,发放气象宣传资料50 000多份(册),出版《气象历书》10万册。

【气象行政执法和测场保护】制定《达州市气象局全面推进依法行政五年规划实施方案》,出台了《达州市人民政府关于切实加强防雷减灾工作的通知》,完善了行政审批、许可档案,编制了办事指南,建立了系留气球升放活动网上申报审批平台,两年审批项目达600余件。认真贯彻落实《气象法》,加强了测场环境保护工作。

【气候评价与主要气候事件】2008年春暖、夏凉、秋雨、冬冷。年平均气温16.7℃,降水1 317.0毫米。2009年,春长夜雨多、夏凉多雨日、秋短入秋晚、冬早且干旱。年平均气温17.0℃,降水1 081.4毫米。综合评价两年气温、降水正常,日照偏少,年景偏好。主要气象灾害是低温与暴雨洪涝,因气象灾害死亡、失踪6人。

【暴雨与洪涝】暴雨:2008年主要有"4·19"、"4·21"、"5·26"、"8·13"、"8·14"、"9·17"6场区域暴雨,尤以"9·17"暴雨最为严重;2009年主要有"6·7"、"6·29"、"7·11"、"9·19"4场区域暴雨,尤以"7·11"暴雨最为严重。

洪涝:2008年9月17日达县因洪涝9个乡镇、9.6万人受灾,直接经济损失3 805万元。2009年5月9~14日,达州有78个乡镇28.2万人不同程度受灾,直接经济损失8 115万元,因灾死亡3人、伤2人;7月9~13日万源市井溪镇过程雨量高达525.9毫米,宣汉龙泉乡为494.2毫米,全市158个乡镇、182.96万人受灾、因灾伤病56人,死亡1人、失踪2人,直接经济损失6.11亿元。

【寒潮】2008~2009年共出现6场区域寒潮。2008年1月10~13日全市寒潮(除开江),万源降幅8.4℃最大;12月3~5日万源、宣汉寒潮,万源降幅10.1℃最大;12月20~23日全市寒潮,万源降幅11.1℃最大。2009年2月13~17日全市寒潮,大竹降幅8.2℃最大;2月24~27大竹、渠县寒潮,渠县降幅6.6℃最大,11月13~16日万源、宣汉、达县寒潮,万源降幅10.9℃最大。

【干旱】2008年万源夏旱;万源、渠县伏旱;万源、大竹、渠县冬干。2009年万源春旱;万源、达县、渠县夏旱,其中达县严重夏旱;达县、开江、大竹、渠县伏旱;全市秋旱(除万源);全市严重冬干。综合两年无区域严重干旱。

【大风与冰雹】大风:2008年5月2日渠县,6月1日万源,6月11日宣汉,8月1日开江出现瞬间大风共4次。2009年8月22日开江,9月20日万源,11月11日万源共3次大风,两年无区域大风。雷电:2008年5月26日,达州市公安局110指挥中心遭受雷击,造成计算机主板受损,监控服务系统信号中断五小时;达州市44队车站,因雷击4台电脑主机被损。冰雹:2008年6月26日下午,宣汉峰城镇、桃花乡、漆树土家族乡、老君乡、南坪乡遭受暴风雨、冰雹袭击;11月26日下午3时27分,宣汉出现最大直径9毫米冰雹,整个过程持续2分钟。

【降雪结冰及低温连阴雨】降雪结冰:2008年1月降雪除渠县4天外,其余各县在10~16天;1月霜(冻)日数万源、开江分别为8天和7天,其余为1~3天;结冰日数,万源、开江分别为23天和11天,其余为3~6天;最长出现在万源13~30日连续结冰18天,结冰厚度最高14厘米;12月22日达州北部和高山地区降了小雪,万源部分高山公路出现了道路结冰。2009年11月16~19日万源、宣汉部分高山地区出现降雪天气。连阴雨:2008年8月6~16日全市出现8~11天低温连阴雨;10月18~22日万源5天连阴雨,24~31日除万源外其余各地出现了8天连阴雨;11月13~19日渠县出现7天连阴雨;大竹14~19日出现6天连阴雨;2009年5月8~18日全区出现8~10天的连阴雨,22~28日全区(渠县除外)出现6~7天的连阴雨;10月7~13日万源连续7天,渠县7~11日连续5天连阴雨。

【大雾与浮尘】大雾:达渝高速因大雾封闭的日期2008年有2月22日,3月6日,12月8日,13日等。2009年有10月30日,11月23日,25日,12月25日等。浮尘:2009年4月24日达州市出现浮尘,万源还出现了扬沙。

【表彰情况】

2008年

1.达州市气象局荣获全市抗震救灾先进集体

2.2007年度全市十大惠民行动先进单位三等奖

3.2007年荣获全省气象部门人工影响天气工作目标管理三等奖

4.全市统计工作先进集体

5.大竹县气象局荣获全国气象部门局务公开示范点

6.龚成益荣获全省气象部门2007年度人工影响天气先进个人

7.张利平荣获全市定点扶贫工作先进个人、四川省气象部门第二批抗震救灾先进个人、市抗震救灾先进个人

8.吴海周获全省气象部门2008年气象服务先进个人

9.罗鸣获四川省气象部门会计工作先进个人

10.刘全安获2007年度全市政务督办工作先进个人

11. 王正飞荣获2008年度全省优秀值班预报员

12. 肖鹏荣获四川省预报技能竞赛“个人全能”第六名

2009年

1. 达州市气象局荣获全省气象部门2008年度人工影响天气先进集体

2. 达州市气象局荣获达州市第十五届“科技之春”先进集体

3. 达州市气象局(台)简史荣获优秀文稿

4. 达州市气象局荣获省二届天气预报技能竞赛团体六名

5. 达州市气象局荣获重大气象服务先进集体

【领导名录】

局　长：刘志刚

副局长：杜海东　杨德胜　杨　辉

纪检组长：李维华

水　文

【水文基本建设和技术设备投入成效显著】达州水文局工作范围是达州市、巴中市渠江流域、广安市渠江流域干流段、汉江流域任河四川段,流域管辖面积39 220平方公里。“十一五”以来多渠道筹资进行基础设施建设和设备技术改造,累计完成投资超过2 000万元,全局已基本实现直属基层测站两靠战略,完成迁建站23处,占总站数的90%以上,目前由市政府投资修建的达县水文站已建成,已投入运行。

国家防汛指挥系统达州水情分中心项目、达州市地方报汛站水情遥测系统、三峡水库梯级调度遥测系统已基本建成。相继引进了电波测速仪,超深波测深仪、全站仪、气泡式水位计、ADCP流速仪、GPS全球定位仪、水文数据固态存储器等数字化现代技术装备,计算机在分中心和基层测站得到普遍应用。

【国家防汛指挥系统达州水情分中心项目】在连续遭受2004年“9·3”、2005年“7·8”、2007年“7·5”特大暴雨洪水发生后,达州水文局积极向水利部、省防汛办、省水文局等部门汇报达州水文工作为适应流域内防汛抗旱需要实现信息现代化的紧迫性和重要性,破例将达州水情分中心纳入了水利部利部国家防汛抗旱指挥系统一期工程进行建设。该项目于2008年正式实施,2009年1月,达州水情分中心系统设备安装调试全面完成,并投入正式运行。整个系统采用先进的水文仪器设备,通过北斗卫星、GPRS/短信等通信手段以及计算机、网络技术,全面实现水位、雨量等水文要素的自动采集、存储、传输;同时建立水情分中心信息接收、处理、分析系统,提供全方位的水情信息,为洪水预报、水情监视以及会商决策提供支持。

【地方报汛站水情遥测系统】国家防汛抗旱指挥系统达州水情分中心项目中央报汛站点在达州境内只有14处,不能完全满足本市应对防汛抗旱等自然灾害的严峻形势。根据市委、市政府主要领导的指示,决定建设地方报汛站水情遥测系统。站点是在现有水文、雨量站网以及气象局已经建设的雨量报汛站网的基础上,按站网设计规范和洪水预报需求,同时考虑到州河流域梯级调度以及全市各县市防洪形势的需要,在县城、重点场镇、电站、支流上设立的,共计40个(其中万源市8个;宣汉县8个;达县10个;大竹县7个;渠县2个;开江县2个;通川区3个),采集要素增加了气温。该系统为国家防汛抗旱指挥系统达州分中心中央报汛站的地方配套建设项目,是达州水情分中心建设的一个延伸,技术上与达州水情分中心完全无缝衔接。

该项目总投资约400万元,全额由市财政投入,市级和各县、市(区)按照2:8的比例进行分摊。

该项目于2008年6月确定建设,同年10月市发改委正式立项,2009年6月份全面建成,7月15日通过验收。

【巴中水文巡测队建设】在省水文局和巴中市委市政府、巴中市水务局及相关部门的关心支持下,2008年9月,省水文局批复达州水文局巴中水文巡测队正式成立。这是达州水文局成立的一内设科级机构,受达州水文局和巴中市政府的双重领导,负责与巴中市政府的各项工作衔接。巴中巡测队的成立,有效地加强了巴中辖区内水文测站的管理,积极的通过水文测验、预测预报、水资源论证、水质量监测等工作服务于巴中全市,并实践探索山区流域跨市州水文管理的新体制。

【领导名录】

局　长：吴　敏

副局长：吴海涛　罗松政　刘　军

(朱逢琳)

卫生 体育

卫　生

综　述

【**概述**】至2009年底，全市有各类医疗卫生机构3 943个，在职人员17 596人，其中卫生专业技术人员达到14 445人，编制床位14 661张，实际开放床位19 055张，固定资产总值17.97亿元，房屋建筑面积145万平方米，每千人拥有病床2.9张，每千人拥有卫生技术人员2.22人。有村卫生站2 879个，拥有乡村医生6 903人。2009年全市财政一般预算支出中卫生投入1.84亿余元，占财政一般预算支出的1.42%（其中：市级财政投入1 791.2万元，县市区级财政投入1.66亿余元）。

【**甲型H1N1流感防控**】2009年，成立了应对甲型H1N1流感工作领导小组，由局长任组长，副局长任副组长，局机关相关科室和局直属医疗卫生单位负责人为成员。领导小组下设了应对甲型H1N1流感技术指导专家组和医疗救治专家组。建立了储备库，储备应急药品、物资、器械等价值达300万元。针对重点人群开展甲型H1N1流感疫苗接种。全面加强防治知识宣传，印发20 000册甲型H1N1流感防治手册，通过报纸、电视台等媒体广泛开展了预防甲型H1N1流感的宣教工作，开辟了电视专家访谈、医疗救治、知识宣传等栏目。全市共监测、检验咽拭子772份样品，确诊183例阳性病例，无死亡病例。

【**食品卫生管理**】2008年积极开展卫生监督网格化管理工作。在食品、化妆品、消毒产品、生活饮用水、公共场所、学校卫生、医疗机构等领域实行了卫生监督网格化管理，建立起了“纵横交错、全面覆盖、分级管理、层层负责、网格到底、责任到人”的食品卫生网格化监管网络，做到了家底清、情况明、责任落实。制定了《达州市卫生监督网格化划分及工作职责》，建立卫生监督网格化管理责任制，做到任务包干，责任到人。开展了春、秋季开学前学校食品卫生专项执法检查、学校周边食品卫生安全专项整治、餐饮业专项整治等重点行动，确保食品安全。共处罚253户，其中警告136户，停业整顿52户，罚款25户，销毁不合格食品与调味品0.57吨。2009年全市在旅游黄金周及节假日前及期中共出动食品卫生监督员1 712人次，检查旅游景区26个，共检查单位数2 369个，警告187户，罚款3.5万元，取缔无证经营3家，停止经营2家。在餐饮消费环节食品安全的专项整治活动中共出动食品监督员9 200人次，检查供餐单位4 277家，其中发现存在不同问题的有670家，经整改验收合格665家，实施行政处罚28家，共罚款9万元。

【**母婴保健执法**】2008年，对全市开展母婴保健技术服务的348家医疗保健机构进行了专项检查，其中综合医院77家、妇幼保健院8家、中医医疗机构8家、民营医疗机构21家、乡镇卫生院230家。行政警告82家，行政处罚35家。加强对医疗机构监督管理工作，深入开展了“医疗安全百日行动”，对市注册医疗机构依法执业情况进行检查清理，纠正违规行为。市综治办、市公安局、市卫生局联合出台了《关于维护医院正常医疗秩序的通告》。

【医疗市场监管】2008 年，开展“坚决打击取缔滨河路巫医游医”和“规范医疗市场、保护市民安全就医”行动，取缔非法草药治病摊点 8 起，取缔非法牙医摊点 20 起，收缴牙科器械 10 余件；取缔非法针灸、火罐摊点 3 起，没收银针、火罐共 16 套。全市查处违法行医案件 622 起，其中无证行医 181 起，取缔无证行医 175 家，没收药品器械 233 件，价值 13.73 万元。查处医疗卫生单位聘用非卫生技术人员从事诊疗活动 119 起，超范围开展诊疗活动 105 起，罚款共计 79.182 万元。2009 年，规范医疗机构的依法执业行为，严厉打击非法行医行为。共出动卫生执法人员2 896人次，车辆 160 余台次，共检查农村集贸市场 131 个，社区街道 250 个，药店 677 个。查处无证行医 215 起，查处非法医疗广告 18 起，查处非法义诊 3 起，取缔无证行医 215 家，共立案 75 家，没收违法所得12 106元，罚款143 800元。

【医疗纠纷】2008 年，组织调解医疗纠纷 42 起，市医学会全年共受理医疗事故争议案 46 例，完成鉴定 51 例，中止 5 例。2009 年，共受理医疗事故争议 90 起，组织行政调解 120 余起次，调解终结 80 起。其中组织尸检 4 件、移送市医学鉴定 5 件，移送南充医学会鉴定 1 件，移送重庆司法鉴定中心鉴定 1 件。

【三鹿奶粉事件】2008 年，全市筛查食用含三聚氰胺奶粉患泌尿系结石症婴幼儿累计150 725人。

【执业医师资格考试】2008 年度全市参加全国医师资格医学考试报名人员3 312人，审核通过人员3 250人，实践技能考试合格2 361 人，合格率为 72.65%。2009 年，全市参加全国医师资格医学考试报名人员3 800人，审核通过人员3 437人，实践技能考试合格2 438人，合格率为 70.9%。

【麻醉药品管理】2008 年，严格执行医疗机构麻、精药品的准入管理，全市已取得麻醉药品和第一类精神药品使用卡的医疗机构 232 家，197 名执业医师取得了麻醉药品和精神药品处方医师资格。

【职业卫生】2008 年，联合安监、劳动、公安、工会等部门开展了达州市职业卫生专项整治行动，对全市煤矿、制药、化工、轻工、水泥生产等企业进行专项监督检查，共监督检查 241 家，其中，粉尘类 200 家、有机溶剂类 6 家、其它 35 家。开展送法进企业活动。卫生执法监督执法人员深入达钢集团公司开展现场咨询活动。现场接受咨询人员 500 余人次，发放职业卫生宣传资料1 000余份，职业病防治挂图 20 张，展板 10 块。2009 年，开展了《职业病防治法》宣传周活动，联合市安监局，召开了职业卫生安全协调会议。开展了职业卫生日常监督检查，共检查市直管用人单位 8 家，责令限期整改 1 家。

【传染病防控】2008 年重点抓了艾滋病、结核病、乙型肝炎、狂犬病、乙脑等重点传染病的防制工作，加强传染病网络直报系统管理和数据维护。全市无甲类传染病及非典、人间禽流感病例报告。截至 2008 年 10 月，全市共发生传染病16 565例，较去年同期（21 051例）下降 21.31%。全市报告艾滋病疫情 304 例（其中艾滋病病人 148 例，死亡 68 例）。全市诊断活动性肺结核病人11 579例，免费治疗4 712例。痰涂片检查17 073例，其中初治涂阳2 296例，复治涂阳 447 例，免费涂阴1 969例，分别占全年目标任务的 90.39%、108.23% 和 96.47%；共报告发生狂犬病 4 例，与 2007 年同期相比下降了 77.78%；乙脑发病 53 例；手足口病 180 例。2009 年，重点抓了艾滋病、结核病、乙型肝炎、狂犬病、乙脑等重点传染病的防制工作，进一步加强传染病网络直报系统管理和数据维护。全市无甲类传染病及非典、人间禽流感病例报告。全市共发生传染病13 699例，发病率 240.57/10 万，较去年同期下降 21.68 个百分点。

【免疫规划】2008 年，制定了《达州市扩大国家免疫规划实施计划》和《达州市扩大国家免疫规划实施方案》，积极争取市级财政补助经费，2008 年市本级解决经费 21.36 万元，完成了全年免疫规划工作的各项目标任务。2009 年，完成了全市一、二类疫苗 150 万余人份的组织、供应和接种工作，保证了疫苗冷链运输、专人保管、送苗及时到位。免疫相关传染病得到了有效控制。全市无白喉、脊灰病例报告，麻疹、百日咳、新生儿破伤风发病率均控制在国家规定的范围内。

【新型农村合作医疗】2008 年启动了通川区新型农村合作医疗工作，全市 7 个县市区全部实行了“新农合”制度，共有 490 余万人参加了新型农村合作医疗，参合率达到 95.18%，高于全省平均率 3 个百分点。全市共补偿农民住院256 207人次，住院总额达48 502.73万元，补偿金额17 214.06万元；家庭门诊报销1 307 300人次，补偿金额2 344.88万元。制定了《达州市新型农村合作医疗责任追究制度》，加强对新农合资金监察审计，严密监控和防范截留、挤占、挪用、贪污新型农村合作医疗基金的、对擅自改变新型农村合作医疗资金用途等违规行为。督促医疗机构诊断准确、划价准确、结算准确，合理检查、合理用药、合理住院、合理手术、合理转院，不断规范医疗卫生服务行为。加强了定点医疗机构管理和新农合管理人员培训工作。对全市乡级定点医疗机构和市级新型农村合作医疗定点机构人员进行了专题培训。加快了网上报账的进度，大竹县和开江县已经建立了网络信息平台，实行了网上报账，其余县市区正在推进此项工作，极大地方便了群众。

2009 年，全市参合人数达到4 942 402人，参合率达 96.23%，全市共筹集资金47 450.47万元，位居全省前列。全市共补偿农民住院402 864人次，住院总额达88 425.57万元，补偿金额35 805.96万元；家庭门诊报销1 985 784人次，补偿金额6 718.72万元。较 08 年同期比较农民受益程度提高了 5 个百分点。2009 年全市有38 605名农村孕产妇住院分娩，住院总费用6 468.97万元，其中中央补助孕产妇住院分娩项目资金1 206.19万元，新农合补助资金2 906.93万元。

【社区卫生服务】2008 年，新建社区卫生机构 5 个(四个中心一个站)，覆盖城市非农业人口的 85%，即大竹县 14 万人，渠县 14.9 人，宣汉县 13.9 万人，通川区 5.7 万人；达县南城社区卫生服务中心作为市上 2008 年的“民生工程”覆盖 12 万人。2009 年，着力深化社区卫生服务内涵建设，大力实施社区公共卫生“六免”“五进”服务活动，全面开展社区卫生公共卫生服务，2009 年全市共服务人口 90 余万人，占总服务人口的 87%。

【中医药】2008 年，认真贯彻省、市党委、政府关于发展中医药的决定，推进基层中医药工作。选派培训了 200 名乡镇卫生院中医骨干；开展了农村和社区中医情况调查；完成了1 249名中医药人才执业资格考试的组织工作；宣汉县确定为全省农村中医工作先进县建设单位；开江县中医院被授予全省重点中医专科建设单位，认真督导大竹县创建国家中医工作先进县。2009 年，选派 212 名中医药人员参加全省乡镇卫生院中医药临床技术骨干培训班；积极开展《国家基层常见病多发病中医药适宜技术推广项目》工作，共选派 40 名师资参加了全省的集中培训；全市层层培训县、乡、村、社区各类推广技术人员近8 000人次；完成了1 353名中医药人才执业资格考试及 747 名中医药人员四部经典著作统考的组织工作；大竹县成功建成全国农村中医工作先进县。

【卫生人才建设】2008 年，有 320 人认定中医医师资格。完成了 2008 年2 700人(其中机考 300 人)初中级卫生专业技术资格考试工作。完成 293 名医疗卫生人员卫生高级职称评审材料审核报送工作。市中心医院和市中西医结合医院招聘硕士及以上人才 8 人、本科生 27 人。选拔和推荐科技拔尖人才，有 3 名医疗卫生人才被市政府评为第二批达州市学术技术带头人，1 人被省卫生厅评为第七批学术技术带头人，2 人被市委、市政府评为“达州市首批有突出贡献的优秀专家”称号，有 2 人为首批四川省优秀中青年中医师。2009 年，组织了 2009 年初中级卫生专业技术资格4 000余人考试工作，完成了全市 166 名卫生高级职称评审材料的审核报送工作。组织市中心医院、市二医院通过自主引入方式，邀请华西医大、重庆医大、川北医学院的专家教授 16 人，开展会诊、技术指导和学术讲座，实施国家、省“乡镇卫生院招聘执业医师”项目，全市的 15 个乡镇卫生院招聘执业医师 20 人。

【妇幼卫生年活动】2008 年，按照省政府《关于进一步加强妇幼卫生工作的决定》和市政府《关于进一步加强妇幼卫生工作的决定的意见》，制定了“妇幼卫生年”宣传活动实施方案，组织卫生系统2 600多人参加全省的妇幼卫生知识答题竞赛活动；复查了部分县级以上综合医院的爱婴医院；加强了妇幼保健机构和人员准入管理和产科医疗质量管理；加强了母婴保健法律证件的管理，举办了出生医学证明软件管理软件使用培训，全市具备签发出生医学证明的单位全部实行了计算机管理，接受省上的母婴保健专项执法检查，获得好评。举办了中心卫生院以上的“产科医生高危孕产妇管理和生命支持系统技术培训班”，加强了高危孕产妇管理。通过新农合和降消项目对孕产妇住院分娩给予适当补助，在宣汉县开展农村孕产妇顺产免费试点工作。加强了降消项目工作，渠县、宣汉、万源、开江县、达县开展降消项目。全年孕产妇死亡率 52.78/10 万，婴儿死亡率 8.31‰，5 岁以内的儿童死亡率 11.07‰。

【卫生科技教育】2008 年，批准市级医学科研立项 10 项，配合科技局完成市级医学成果鉴定 16 项，获达州市政府科技成果进步奖13项,占全市获奖总数的32%。其中,一等奖1项,二等奖2项,三等奖10项。推广应用新成果、新技术10项。市中西医结合医院耳鼻咽喉头颈外科为四川省医学重点专科建设项目。组织市直医疗卫生单位在渠县渠江镇、青溪乡,达县双龙乡开展大型义诊义治活动。全面推进全科医学岗位培训工作,参考合格率为100%。全市卫技人员继教学习参加率达95%,学分达标率为85%以上。启动专科医师规范化培训工作。2009年,批准市级医学科研立项16项,配合科技局完成市级医学成果鉴定8项,获四川省政府科技成果进步奖1项,达州市政府科技成果进步奖8项。推广应用新技术新成果10项,48名卫技人员参加省卫生厅举办的适宜技术的推广培训。市中心医院呼吸内科于8月顺利通过省卫生厅组织的专家组的验收。市中心医院麻醉科列为全省重点专科建设项目。开展"科普宣传月"和"科技活动周"活动,组织20多名医学专家开展义诊和送医送药,义诊义检200多人次,发放防病治病的宣传资料3 000多份。全面启动了西医类全科医师、社区护士和中医类全科医师岗位培训计划,共有263名经过岗位培训的学员参加了综合理论考试。

【领导名录】

局　长:朱丰年

副局长:王国庆　李　钧　唐启烈

市中心医院

【概况】达州市中心医院始建于1921年,是国家"三级甲等"综合医院、全国500家大型医院、国际"爱婴医院"、四川省"十佳城市医院"、省级"文明单位",是集医疗、教学、科研、预防、保健为一体的川东北地区大型综合性医院,担负着达州市647万和巴中、广安、万州、安康等毗邻地区1 000多万人口的防病治病任务。

全院占地面积8.7万平方米,建筑面积9.84万平方米。医院总资产4.15亿元,编制病床910张,在建中的市传染病医院计划设置病床120张。拥有德国核磁共振仪、螺旋CT机、血管造影机等1亿多元的先进诊断治疗设备,其中万元以上设备达620多台(件)。

医院分设住院部、门诊部、第二门诊部(原火车站分院)和在建中的市传染病医院。住院部设有泌尿外科、肝胆外科、神经外科、骨科、心胸外科、普通外科、烧伤整形科、妇科、耳鼻咽喉科、肛肠科、消化内科、神经内科、呼吸内科、心内科、感染科、肿瘤科、内分泌及血液内科、肾病内科共18个病区20个专业,其中呼吸内科为省级甲级重点专科,耳鼻咽喉科、骨科、呼吸内科、心胸外科、泌尿外科5个科室为市级重点专科,肝胆外科、神经外科、肿瘤科等15个专业为市级重点学科,消化内科、烧伤整形科等4个专业为市级特色专科,骨科、麻醉科已被省卫生厅立项为省级"甲级重点专科"建设项目。新建的门诊综合大楼除设有中西医内、外科、儿科、康复、皮肤、专家门诊、口腔、耳鼻咽喉、眼科、妇科、产科、乳腺、心理咨询等29个专业门诊外,还设有急诊科、儿科、产科、眼科、中医科、综合病房(VIP)(包括风湿专业)6个病区和体检中心、医学美容中心、激光治疗中心。同时,全院设有高压氧、血透、放疗、影像、介入、检验、功能、病理、核医学、输血科、钴60室等20多个检查治疗科室。

医院的技术水平和服务质量在达州市处于领先地位。全院技术人员占职工总数的87.5%,其中正高级技术人员43人、副高级技术人员174人,中级技术人员400多人。博士研究生3人,硕士研究生28人,大学文化860余人;享受国务院政府专家津贴2人;省、市级名中医5人;市级学科带头人20多人。内科开展的心脏球囊扩展术、除颤术、心内膜活检、人工起搏、记忆合金支架植入治疗支气管狭窄、介入治疗等技术项目,外科开展的各式胃、肠、脑、体外循环心内直视手术、肢体再植术、肾移植等多种高难度手术,在川东北地区独具特色,其中耳鼻咽喉专业开展的"经视神经管减压颅面联合"手术,经国内外专家鉴定属国内首创。

医院不仅是四川大学华西医院的网络协作医院、重庆医科大学的教学医院,同时也是解放军第三军医大学、川北医学院、达州职业技术学院等大中专院校的教学实习基地,每年带教实习人员300多人,同时为基层医疗单位每年带教进修人员200多人。医院还具有较强的科研技术能力,近5年来全院开展新技术新项目200多项,获省级科研成果2项,市级科研成果30多项,参加国际国内学术会议交流论文500多篇,在省级以上科技期刊杂志上发表论文630多篇。

医院在医疗市场中具有较强的核心竞争力，医院先后获得全国“扶残助残”先进集体、全国“计划生育”先进集体、全国“卫生文明建设”先进集体；全省“劳模”先进单位、全省“院务公开”先进单位、全省“优质服务竞赛活动”先进集体、全省“职业道德建设”先进单位等100多项荣誉。

2008年全年诊治门诊病人534 940人次，完成计划的111.5%，较上年同期增长11.3%；收治住院病人31 067人次，完成年度计划的115.1%，较上年同期增长14.3%；病床使用率122.5%（标准要求>93%）；病床周转率28.8次/年（标准要求≥17次/年）；出院病人平均住院天数15.0天（标准要求≤18天）；出院者占床日数466 717个，完成年度计划的122.8%；医院业务总收入较上年增长了22.3%。

2009年全年诊治门诊病人587 096人，完成年度计划的117.42%，较上年同期增长9.75%；收治住院病人33 979人次，完成年度计划的113.26%，较上年同期增长9.73%；病床使用率140.61%（标准要求>93%）；病床周转率30.7次/年（标准要求≥17次/年）；出院病人平均住院天数15.6天（标准要求≤18天）；出院者占床日数530 106个，完成年度计划的129.29%；医院业务总收入较上年同期增长了27.6%；各项医疗质量指标均达到了国家“三级甲等”综合医院的标准。

【深化内部改革】按照新的《劳动合同法》的要求在全院实行了聘用制；制定了年休假制度；着力做好省（市）特色专科和省（市）重点专科的申报评审工作，为项目建设科室在人、财、物等方面实行政策倾斜，完成了呼吸内科省级甲级重点专科的评审工作和骨科、麻醉科省级甲级重点专科中期评审和申报工作；加强了对外医疗服务联系和健康检查工作，与达州市多家单位签订了医疗合作协议，积极与中石化等驻达建设部门联络达成医疗救护、健康检查协议；引进华西中央厨房管理模式对医院食堂进行管理；完成了绩效分配方案的前期调研和数据收集，为新的质量考评体系和绩效分配方案的制定提供依据；对消毒供应中心实施了标准化改造。

【持续改进不断提高医疗护理质量】制定《医患纠纷处置工作流程》等一系列制度，规范了医疗行为和医患关系调处程序；按照卫生部制定的《医院管理评价指南》，继续完善各项管理制度，进一步深化和扩展“以病人为中心”的服务理念；贯彻“三严”作风，强化“三基”训练，定期对医护人员进行技能操作培训和考试；严格执行《处方管理办法》和病历管理的相关制度，定期进行抽查、评价处方和病历；加强麻醉、精神药品管理，对药品实行限量采购（使用），开展合理用药评价；严格遵守献血、输血的相关法律法规，坚持重管理、严法规、守规章、强素质、抓质量，确保了临床用血安全；制定了《医院感染暴发事件应急预案》和《新生儿消毒隔离制度》两个院感管理制度；认真抓好了甲型H1N1、手足口病等传染病的医院感染防控工作。

【加快人才队伍建设】2008年引进硕士研究生4人，博士生1人，2009年引进硕士研究生6人，博士生1人，完成了2010年研究生招聘工作，初步拟聘研究生42人，已与其中10多人签订就业协议；投入经费232万元用于职工学习培训；有计划邀请省内外专家来院进行教学讲座和学术交流，同时，组织业务骨干到四川大学华西医院等医院进行教学观摩和业务联系，接受新技术、新技能培训；制定了《科研项目管理办法》等一系列制度；召开了科技工作大会，表彰了在论文发表、科技创新、科研成果、教学及省级重点专科建设等方面成绩显著的先进集体和先进个人。

【加强医院行风建设】认真抓好宣传教育，不断提高领导干部廉洁自律意识；制定了《达州市中心医院政府采购实施办法》；对所有轮岗人员和拟任干部进行诫勉谈话，签订了《廉洁从政承诺书》；邀请主管局纪委领导和市检察院法律专家分别做了党风廉政建设和法律法规知识专题讲座。

【加强精神文明和医院文化建设】强化“首问负责制”和“一站式”服务意识，在各科室开展“微笑服务”活动；在甲型H1N1防控期间，增设小儿、成人发热门诊、挂号、收费、取药特殊窗口；2008年举行了“迎奥运，庆5.12护士节”联谊会，2009年举办了以“唱院歌、颂院训、弘扬医院精神”为主题的“庆祝建国60周年、建院88周年”文艺晚会，工、青、妇积极组织职工开展迎春联欢晚会、感恩教育歌咏比赛、“构建和谐医院、创建平安科室”演讲比赛等丰富多彩的文化活动，陶冶了职工情操。

【强化经济管理和监察审计工作】认真贯彻国家物价政策，严格执行医疗收费标准，完善价格公示制度，完成了医疗收费项目的价格调整和申报；制定《全成本核算管理制度》全面实施成本核算；成立固定资产清理领导小组,加强了医院固定资产的清理;强化监察审计职能,加强对后勤物资、医用设备、耗材、医用试剂等采购合同签订的全程监督;2008年内部审计38项,报审金额575万余元,审计金额215万余元,审减率10.36%;2009年报审金额580万余元,审计金额397万余元,审减额183万元,审减率31.6%。

【社会公益事业完成情况】落实卫生部“万名医师支援农村卫生工程”、达州市“百名医师支援乡镇卫生院”工作,派出5名骨干医师到基层医院开展医疗工作;培训全科医师65人;参加卫生“三下乡”及其他专题义诊、公益活动,共义诊2 700余人次,发放宣传资料约9 300份;完成两名援外医务人员的选拔,1名管理干部下派青川县卫生局挂职锻炼,3批18人次支援地震灾区康复医疗工作;重视医院的定点扶贫工作,医院主要领导和分管领导先后深入扶贫点调研扶贫项目,配合河口镇镇政府将东林坝村3.6公里村级公路改造纳入“通达工程”项目,并为村委会送去了一些办公用品改善办公条件;全面完成了上级下达的目标管理任务。

【表彰情况】

1.呼吸内科被授予四川省“工人先锋号”(四川省总工会)

2.抗震救灾先进集体(四川省人事厅、四川卫生厅、四川省中医药管理局)

【领导名录】

院　　长:周培建

副 院 长:王　平　王旭　王刚　曾凡伟

纪委书记:李岚昆

工会主席:徐高社

(袁天骄)

中西医结合医院

【概述】医院始建于1953年,是集医疗、教学、科研、预防、康复于一体的国家“三级甲等"中西医结合医院。占地6.3 365万m^2,建筑面积9.9 983m^2;其中,医用建筑面积7.3 240m^2。固定资产3.9亿元;其中,医用设备1.4亿元。拥有德国西门子双源螺旋CT、西门子ANanto1.5T核磁成像系统、西门子数字平板血管造影系统、准分子激光治疗系统、西门子直线加速器、西门子数字X线系统、西门子直线成像X线系统、彩色多普勒诊断仪等一批高新科技医疗设备。设有临床科室28个(35个专业)、医技科室16个、综合ICU室1个和13个职能科室。有省级重点专科2个、重点学科14个、特色专科17个。

2008年完成门诊321 952人次,为年度计划的106.7%;收入住院治疗18 645人次,为年度计划的108%;手术7 740台,为年度任务的104.6%。病床使用率97.6%(标准≥85%);出院病人平均住院天数10.5天(标准≤18天);诊断符合率97.3%(标准≥95%);无菌手术切口甲级愈合率96.89%(标准≥97%);抢救成功率97.5%(标准86%),死亡率0.9%(标准1.2%)。

2009年完成门诊348 876人次,为年度计划的115.7%,较上年同期增长5%;收入住院治疗19 258人次,为年度计划的95.8%,较上年同期增长3%;手术7 732台,为年度任务的104.5%,较上年同期增长0.1%。病床使用率101.1%(标准≥85%);出院病人平均住院天数10.6天(标准≤18天);诊断符合率97.2%(标准≥95%);无菌手术切口甲级愈合率96.9%(标准≥97%);抢救成功率98.3%(标准86%),死亡率0.8%(标准1.2%)。业务总收入比上年同期增长6%。

【科技强院】建有中西医结合神经脊柱研究所,下设脊柱疾病、临床腰腿痛、神经疾病、中西药物等4个研究室和5个实验室。投资28万元建有远程诊断室和医院网站,与川大华西专家教授对疑难病例会诊、现场答疑;向全国著名专家求索先进技术和经验;聘请北京、华西、重庆医大专家入院专题讲座,直面解决难题、增强科研力度,开展单病种新技术:甲级的4个、乙级12个、丙级67个;科研立项14项,获省级科技进步三等奖2项,获市级科技进步一等奖5项、二等奖8项、三等奖4项;撰写论文210篇,国际交流2篇,国家交流8篇,省级交流18篇。

【表彰情况】

先进集体

1.全国三八红旗集体(中华全国妇女联合会2008年3月)

2.扶贫工作先进集体(中共达州市委、市府2008年5月)

【领导名录】

党委书记、院长:任万武

副书记:高显彬

副院长：张廷权　杨　清　罗　云　王　毅

（刘长培）

疾病预防

【基本情况】2008～2009年市疾控中心坚持以邓小平理论和"三个代表"重要思想为指导，以科学发展观统领各项工作，认真落实省、市委"加快发展、科学发展、又好又快发展"的战略决策，以保障全市人民身体健康、促进达州经济社会又好又快发展为目标，以预防控制艾滋病、结核病、乙肝、狂犬病等重点传染病和危害达州市人民健康的疾病为抓手，不断加大科学管理、科技创新和人才培养力度，开拓进取、勇于拼搏、求真务实、扎实工作，疾控能力建设再上台阶，疾控工作质量和水平得到进一步提升，圆满完成了年度工作任务。全市法定传染病报告发病率2008年下降26.03%，2009年下降21.68%。2008～2009年全市无甲类传染病、非典和人间禽流感病例报告。取得了脊灰已15年、白喉16年无病例报告的好成绩，获省、市各种奖励57项，其中市委市政府和省以上表彰奖励25项。

2008年处置传染病疫情传染病疫情、食物中毒和突发公共卫生事件等22起；重点传染病艾滋病、结核病超额完成省下达的各项任务；全市狂防工作获省检查组99分的优异成绩，中心被市人民政府表彰为狂犬病防制工作先进集体；全市基础免疫和加强免疫接种率分别保持在较高水平，免疫相关传染病得到了有效控制；市疾控中心国债项目竣工投入使用，2008年7月完成西迁，同时在原办公地点设置便民服务中心，极大地方便了群众；人才建设取得丰硕成果，一名经组织多年培养的后备干部被市人民政府正式任命为中心副主任，一名主任医师被省卫生厅正式命名为省第七批学术和技术带头人，被市政府命名为达州市有突出贡献的专家；实验室能力建设进一步加强，多个实验能力验证项目获得国家和省表彰；一项科研成果荣获市人民政府科技进步三等奖。抗震救灾工作先后被共青团省委、中共达州市委市人民政府表彰为抗震救灾先进集体。

2009年市疾控中心43项业务指标超额完成省、市下达的任务，重点抓好了甲型H1N1流感的防制工作；建立健全了国家突发公共卫生事件应急反应体系远程视频会商系统，进一步提升了应急反应能力，处置传染病疫情、食物中毒和突发公共卫生事件等55起；艾滋病、结核病和乙肝等重点传染病工作稳步推进，多项指标超额完成；狂防工作重点督导了疫点县疫点乡（镇），对开江县和达县等地报告的狂犬病死亡事件进行了调查；达州市慢病防治工作得到了省卫生厅和省疾控中心的高度赞扬，在全省工作会上进行了经验介绍；启动以"和谐我生活，健康达州人"为主题的全民健康生活方式；全市扩大国家免疫和加强免疫接种率分别保持在较高水平，免疫相关传染病得到了有效控制；实验室建设先后获得国家和省表彰奖励10项。

【法定传染病发病情况】2008～2009年认真抓好《传染病防治法》及其实施办法的贯彻落实，切实加强疫情管理，严格疫情监测，全面落实防治措施，狠抓艾滋病、结核病、乙肝等重点传染病防制工作；采取多种形式加强全市疫情网络直报管理和卡片审核工作，全力做好网络直报系统的管理和维护。2008年成功监控到渠县误报的白喉、宣汉误报的丝虫病、市第四人民医院误报的不明原因肺炎病例，及时科学处置，避免了社会恐慌。2009年重点抓好了甲型H1N1流感的防制工作。

根据全市7县市区传染病疫情订正年报数据统计，2008年全市共发生乙丙类传染病22种17 346例，发病率为304.63/10万，与去年同期比较，发病下降26.03%，超额完成省、市下达的任务（下降25%）。发病数以肺结核（8 204例，占47.30%）、病毒性肝炎（5 296例，占30.53%）、其它感染性腹泻（1 437例，占8.28%）、流行性腮腺炎（693例，占4.00%）和梅毒（491例，占2.83%）等病为多。在所发生的17 346例法定传染病中，乙类传染病16种，14 882例，占发病总数的85.79%；丙类传染病6种2 464例，占发病总数的14.21%。全市无甲类传染病及非典、人间禽流感病例报告。

根据全市7县市区传染病疫情订正年报数据统计，2009年全市共发生乙丙类传染病24种14 776例，发病率为259.22/10万，与去年同期比较，发病下降21.68%。发病数以肺结核（6 731例，占45.55%）、病毒性肝炎（4 003例，占27.09%）、其它感染性腹泻（1 411例，占9.55%）、流行性腮腺炎（769例，占5.20%）和梅毒（440例，占2.98%）等病为多。在所发生的14 776例法定传染病中，乙类传染病16种，12 022例，占发病总数的81.36%；丙类传染病8种2 754例,占发病总数的18.64%。全市无甲类传染病及非典、人间禽流感病例报告。

2008~2009年全市无甲类传染病、非典和人间禽流感病例报告。

【重点传染病—霍乱防制】2008~2009年,分别完成5 828份、8 361份霍乱各类样品监测,均未检出霍乱弧菌;2009年对大竹县报告的可疑霍乱疫情进行了调查处理,根据流行病学调查等资料排除诊断,有力地维护了社会稳定。

【重点传染病—性病艾滋病防制】2008~2009年,继续抓好大竹县艾滋病哨点监测和通川区、大竹县、达县三县区的行为监测等综合监测工作,圆满完成了卫生部、省卫生厅下达的以及与香港中文大学合作开展的等三项艾滋病监测工作任务;对重点人群采取了大众宣传、针具交换、美沙酮维持治疗、娱乐场所干预、安全套推广、自愿咨询检测等综合防治措施。全面落实国家"四免一关怀"政策。加强了对市中心血站库存血的病原因子监测,切实保证用血安全。两年监测市中心血站库存血155份,均未检出HIV、梅毒、HBV、HCV感染因子。

【重点传染病—结核病防制】按照国家、省、市《结核病防治十年规划》要求,以巩固100%的DOTS覆盖率、新发涂阳病人发现率75%、涂阳病人治愈率85%以上等三大目标为重点抓好了结核病综合防治工作,狠抓了涂阳病人的发现和治疗转归以及"九率"指标完成工作,加强了全市结核病防治工作督导和培训工作,促进了全市结核病控制项目平衡发展。两年全市共接诊可疑结核病人29 699人,诊断为活动性肺结核病人11 466例,免费治疗11 165例。

【狂犬病防制】2008~2009年,市委、市政府高度重视狂犬病防治工作,组织开展了全市狂防工作专项督查,重点督导了疫点县疫点乡(镇)和通川区的狂防工作,督促疫点防控工作的落实;2008年全市狂防工作在迎接省检查组的检查中,获得了99分的优异成绩;2009年对开江县和达县等地报告的狂犬病死亡事件进行了调查。

【甲型H1N1l流感防治工作】2009年5月全球发生甲型H1N1流感疫情,达州市未雨绸缪,多方筹措资金,积极购买设备,建成国家流感网络实验室,同时加大了培训力度,储备了物资和人才,为防控工作打下了基础。同年9月10日,达州市发生首例甲型H1N1流感病人后,卫生部门高度重视,迅速启动应急预案,开通24小时咨询电话(12320),全天候接受市民防治知识咨询,在电视、晚报等多种新闻媒体上滚动宣传防治知识,同时接受《达州对话》栏目专访,让市民掌握防病知识、清楚疫情动态、看到政府采取的有效防控措施,极大地消除了恐慌情绪。及时按照国家方案和达州市的预案进行了流行病学调查、病人咽拭子样的采集、环境的消杀、病人的定点或居家隔离治疗,同时还根据疫情的发展,适时调整防控策略,全市疫情得到有效控制,无死亡病例。截至12月31日,达州市检测流感样病例标本776份,确诊甲型H1N1流感病人233例,其中巴中51例,达州182例。疫情低于全省水平。

【免疫规划工作】2008~2009年,分别完成150万、165万全市Ⅰ类、Ⅱ类疫苗的计划、组织、供应及接种工作。全市适龄儿童"五苗"常规免疫报告单苗接种率均达95%以上,基础免疫和加强免疫均达到了省卫生厅规定的指标要求。免疫规划相关传染病报告发病率控制在国家规定范围。项目乙肝疫苗、流动儿童计划免疫和安全注射管理进一步加强,全市无注射感染事故和预防接种事故发生。积极开展AFP病例监测和报告工作,两年完成AFP病例监测、报告51例,其调查、采便、送检及时率、随访合格率均为100%,所有AFP病例经四川省脊灰实验室检测均为非脊灰AFP。

【卫生监测工作】2008~2009年,加大食品、饮水、学校、公共场所和化妆品五大卫生监测工作力度,提高了健康相关产品和公共场所的卫生质量;进一步加强了学校传染病监测管理工作,对通川区中小学进行了卫生安全和传染病管理督查,召开了通川区中小学校长和校医传染病防治工作会,消除了学校的卫生和传染病安全隐患。两年完成从业人员预防性健康检查13 900人,查出职业禁忌人员313人,发放健康证明13 587份,完成食品监测381件,合格率92.96%,监测市政集中式供水298件,合格率100%.职业卫生切实抓好岗前、岗中和离岗体检,两年共体检5 398人,诊断出各期尘肺病人179例,无职业中毒病例。认真抓好全市"四害"密度监测工作,配合市爱卫办做好创建国家卫生城市相关监测工作。切实开展消毒器械、一次性医疗卫生用品、医疗服务机构和个体诊所、托幼机构的消毒效果监测工作杜绝院内感染。

【抗震救灾工作】2008年5月12日,汶川发生

8.0级特大地震。中心党政一班人面对突如其来的灾难,临危不惧,高度重视,在达州市委市政府和市卫生局的坚强领导下,迅速启动救灾防病应急预案,及时调整工作重点,先后派出了10支专业队伍奔赴地震灾区青川县和汶川县映秀镇,中心干部职工发扬特别能吃苦、特别能战斗、特别能奉献的疾控精神,不顾个人安危、不畏余震、不怕流血牺牲,舍小家顾大家,恪尽职守、无私奉献,在灾区大力开展爱国卫生、环境消杀、饮水消毒、食品卫生保障和疫情监测等灾后疾病预防控制工作,支援的"5·12"地震中心汶川县映秀镇和地震重灾区广元市青川县无突发公共卫生事件和传染病爆发疫情报告,圆满完成了各级党政下达的抗震救灾防病任务,受到了当地抗震救灾指挥部的高度赞扬和评价,赢得了当地群众好评,先后被共青团省委、中共达州市委市人民政府表彰为抗震救灾先进集体。

据统计,中心派出的队伍在灾区共消毒(含指导消毒)面积642.3万余平方米,杀虫面积52万余平方米,对511个厨房、2 674个厕所、74个污水坑、290个垃圾点、338处水源、30个集中安置点进行了彻底消毒处理,卫生学处理尸体694余具,出动喷雾器636台次,疾病监测及健康教育125 702人次,培训防疫人员1 487人次,诊治病人56人次,卫生防病知识宣传28 700余人次,发放宣传资料4.99万余份。运送灾民864余人次、消杀药品1 000余件、消杀器材300余台,运送发放食品500余件,运送官兵和国外救援人员100余人次。为防止群聚引发传染病流行,组织专业技术人员对达州市大中专院校和车站等地进行了消毒,消毒面积达12万余平方米。

【抗洪救灾工作】2008年7月7日,中心根据市政府办公室重要天气通知得知达州市即将再次受到洪灾袭击后,立即启动救灾防病应急预案,挤出资金做好救灾防病药械、物资、技术等应急准备。11日晚特大洪灾来袭时中心派出的两个消杀组已在滨河路待命。12日凌晨3时,两个消杀组分别从滨河路市电力公司和南门口处分别向西对水淹地面和铺面进行了两次全覆盖的预防性消毒,重点加强了公共厕所、垃圾场站等重点部位的环境消杀,不放过每一个死角,还市民一个清洁卫生的休闲娱乐场所。据统计,共出动车辆7台次,出动机动喷雾器10台次,出动各类专业技术人员19人次,使用液体消毒剂500升和消毒灭菌片192瓶。

【抗击特大冰雪灾害及极端气候公共卫生应急工作】2008年2月,达州各地遭受罕见的特大冰雪灾害。灾情发生后,为确保达州市大灾之后无大疫,及时印发了《关于加强救灾防病工作的紧急通知》,指导各地科学抗击雪灾,编写了防雪防冻知识简介在汽车西、北客站反复播放。按照《传染病防治法》等法律法规规定,进一步加大了疫情监测力度,同时派出了督导组到各县市督导传染病防制工作,确保了全市无突发公共卫生事件和传染病爆发疫情发生。

2009年11月,我国部分地区普降大到暴雪,并遭受强对流天气,气温大幅度下降。中心根据省、市卫生行政部门的部署,坚持24小时疫情值班,全力做好公共卫生应急准备,防止突发公共卫生事件发生,保障全市人民身体健康。

【"健康快车"保障工作】2009年3月,"健康快车"入驻达州,为达州市白内障患者开展复明手术。中心先后多次对"健康快车"车内环境、手术室和外环境开展了认真的、彻底的环境消杀,同时派出了一辆工作专用车供"健康快车"工作组乘用,保障了"健康快车"活动在达州市的顺利开展。被市政府表彰为先进单位。

【全力保障藏区和灾区学生身体健康】2009年9月,藏区700名中职学生到达州市学习。为全力做好疾病预防控制保障工作,我中心派出了年富力强的专业技术骨干前往省里迎接并全程做好保障工作,并指导学校认真做好环境消杀和疾病预防工作。同年4月,到达州市异地复课的地震灾区汶川百花小学发生腮腺炎疫情,我中心及时进行了调查处理,对学校外环境进行了消杀,大力开展健康教育工作,指导校方进行了预防性服药。

【推进疾病预防控制绩效考核】为逐步推进全市疾控事业现代化、规范化、科学化建设,科学评价达州市疾控工作的落实程度和效率,2009年8月上旬举办了疾控工作绩效考核骨干培训班,对全市卫生、疾控系统的业务骨干进行了培训,成立了绩效考核领导小组和技术指导组,并先后深入宣汉县、大竹县指导绩效考核工作。12月上旬,中心派出专家组对宣汉县、大竹县的疾控工作绩效考核进行了评估,两县考核结果均合格,并将考核结果总结上报市卫生局。

【国债项目建设工作】2008年6月,国债项目完成全部建设任务,7月竣工投入使用,2009年3月完成项目审计工作,累计完成投资1 149万余元。中德政府合作第二期医疗贷款项目继续实施,完成了项目设备确认和接受前的准备工作;2009年下半年,项目设备陆续到位。

【表彰情况】

1. 共青团四川省委表彰四川省抗震救灾优秀团组织

2. 四川省疾控中心表彰2007年度二类疫苗管理先进单位优秀奖

3. 市委、市政府表彰抗震救灾先进集体

4. 市委、市政府表彰达州市平安示范单位

5. 市政府表彰2007年度狂犬病防制工作先进集体

6. 四川省疾控中心表彰2008年二类疫苗供应管理先进单位

7. 四川省结核项目办表彰四川省2009年结核病防治健康宣传作品选送信息作品,获三等奖

8. 四川省麻风防治协会表彰2008年度四川省麻风疫情监测二等奖

9. 市政府表彰2009年"健康快车"工作先进单位

10. 市政府表彰2008年度达州市科学技术三等奖

11. 市政府表彰2008年度狂犬病防制工作先进集体

【领导名录】

书记、主任:王仁凡

副书记:冯宁海

副主任:胡先友　王　卓(2008年7月~)

市中心血站

【采供血情况】2008年采集21 582人次,采血量705万毫升(其中400毫升7 559人,占总人次的34.6%),机采血小板253人;向医疗用血单位提供全血5.97万毫升,红细胞制品31 996个单位,临床用血浆310.57万毫升,血小板381.3个治疗量(其中机采250个,浓缩131.3个),成分输血比例为99.2%。2009年采集21 208人,采血量773.97万毫升(其中400毫升13 935人,占总人次的64.7%),机采血小板282人;向医疗用血单位提供全血3.88万毫升,红细胞制品36 692.5个单位,临床用血浆327.3万毫升,血小板694个治疗量(其中机采294个,汇集400个),成分输血比例为99.65%。血液品种居全省第一,用血量和业务收入居全省第二。

【无偿献血】2008年开展大型无偿献血宣传活动6次,报纸电视宣传报道75次,投入经费18万元。2009年开展宣传活动7次,报纸电视宣传报道80次,投入经费20万元。先后启动了滨江休闲美食商会"正月十八献血日"活动和达县南外好吃街"八月八日好吃街献血日"活动,形成了"血站搭台,企业唱戏"双方共赢的良好态势。在达州晚报上开辟了"红馆献血之窗"专栏,刊登献血科普信息、文章42篇。在达县宾馆门口民俗摄影宣传栏开展了为期一个月的无偿献血宣传展出。2009年9月主办了由中国残疾人艺术团在市中心广场演艺大厅演出的"献血—爱心感动世界"大型文艺晚会。达州市获得卫生部、中国红十字总会,总后勤部卫生部2006~2007年无偿献血先进市,同时获得无偿献血奉献奖金奖1人,银奖2人,铜奖12人。

【科教兴站】2008年开展了血液辐照项目,购置了血液辐照设备,通过了四川省辐射环境监测站的检查和验收,目前临床用血辐照率达100%,大大降低了输血不良反应的发生。2009年在进行了临床前的理化分析、数据收集整理和可行性报告后,正式开展了汇集血小板项目,弥补了机采血小板的不足,满足了临床用血小板的需求。

【领导名录】

站　　长:谭德高

副 站 长:吴应勋　唐海东

工会主席:王知秋

(任德权　张佳春)

爱国卫生工作

【创建国家卫生城市工作】2008年,认真贯彻市委、市政府《关于深入实施城乡环境综合治理工程的决定》和《达州市深入实施"城乡环境综合治理工程"规划(2008~2010年)》,在达州中心城区启动创建国家卫生城市工作。市委、市政府制定了《达州市创建国家卫生城市实施方案》和《达州市创建国家卫生城市工作规划(2008~2010年》,成立了以市委书记、市人大常委会主任李向志,市委副书记、市长何

健任组长的创建国家卫生城市工作领导小组。认真开展了“净化、绿化、亮化、美化、居民行为规范化”五大工程。2009年，达州中心城区顺利通过了省级卫生城市复查；开江县成功创建成为市级卫生县城；达县河市镇成功创建成为达州第一个省级卫生镇。达州中心城区创建国家卫生城市和大竹县、万源市、宣汉县创建省级卫生城市（县城）工作有序开展。全年，全市7个县市区共复查各级各类卫生单位、卫生村、卫生场镇共1 365个。新创省级卫生单位22个，省级卫生村6个，卫生镇1个，无吸烟单位1个；创建市级卫生单位68个，市级卫生场镇16个，卫生村18个。

【农村改水改厕工作扎实推进】2008年，全市完成改水受益人口8万人，改厕3.6万户。在全市7个县市区开展了农村饮用水水质卫生监测工作，对83个农村集中式供水工程的枯水和丰水期水质情况进行监测，完成了332份监测数据，并按时上报。截至2008年底，全市农村累计完成改水任务532.52万人，累计受益率达92.91%，新增自来水受益人口3.56万人，受益率达41.04%，农村累计改厕74.95万户，卫生厕所普及率50.85%。2009年，对81个农村集中式供水工程枯水期和丰水期水质进行了监测，按时上报监测水样324份。完成了在开江县永兴镇箭口垭村实施的联合国儿基会（CES）200户改厕项目和在万源市、宣汉县、开江县、大竹县实施的2008年度中央补助农村改厕项目1 100户任务，并通过省爱卫会专家组验收。截至2009年底，全市农村自来水覆盖率达43.64%，农村卫生厕所普及率达59.98%。

【健康教育宣传工作】2008年，深入开展爱国卫生宣传进社区、学校、机关和单位活动，对全市50个城市社区主任进行了培训。在达县实施了中国公民健康素养监测调查项目，对500名城镇居民进行了入户调查。在达县、宣汉县、开江县、渠县开展了健康素养综合干预项目，每个县开展农民健康监测人数4 250人，发放中国公民健康知识读本2 000册。开展了以“无烟青少年”为主题第二十个世界无烟日宣传活动。举办了达州市首届农民健康知识大赛。达县、宣汉县、开江县、渠县四个项目县的八支代表队通过激烈竞赛，达县代表二队获得一等奖。在全省农民健康知识竞赛上，代表达州参赛的达县、开江两只代表队荣获三等奖，市爱卫办荣获大赛组织奖。

2009年，加强了公民健康素养基本知识与技能宣传，圆满地完成了中国公民健康素养监测和干预项目工作，达县完成入户公民健康调查问卷500户任务，开展健康素养干预巡展巡讲活动15场次，印制宣传资料3万多份，制作展板20块。积极组织开展了爱国卫生和创卫活动进社区、进学校、进机关、进单位、进家庭主题活动。印发了《健康教育知识问答》、《健康之路》、《健康66条》、《甲型H1N1型流感防治知识手册》等宣传资料100 000余份，制作卫生科普宣传标语40幅，举办卫生知识讲座240余次。在达县赵家镇桂花村、飞马村实施了四川省“亿万农民健康促进行动”试点县工作，并通过了省专家组评估。在全市开展了主题为“烟草健康警示”的世界无烟日活动和控烟宣传活动。

【除四害】2008年全市开展春秋两季灭鼠和环境消杀灭工作活动，共投放灭鼠毒饵31 000千克，有效降低了鼠密度。开展了以防控手足口病为重点的城乡爱国卫生突击活动和切实做好5·12地震灾后疾病防控工作，明确要求各县、市、区爱卫会抓好环境卫生整治和灾后鼠传疾病防控工作。在渠县召开了全市灾后鼠传疾病防控工作会议，安排部署了灾后卫生消杀和灭鼠工作，培训全市除四害骨干力量150余名。万源市灭鼠单项达标工作通过省爱卫会考核。2009年，全市统一开展了春秋两季灭鼠活动，共投放灭鼠毒饵30多吨。集中开展环境卫生消杀灭工作，特别是针对2009年甲型H1N1流感防控工作，加强了对学校、车站、广场等重点人群聚集场所的消杀工作，有效地防止流感的暴发流行。培训了除四害技术骨干120多人。达州中心城区灭鼠工作通过省爱卫会复查，万源市灭蟑螂、宣汉县灭蝇、大竹县灭鼠和灭蝇单项达标工作通过省爱卫会考核。

【爱国卫生活动蓬勃开展】2009年3月，开展“万人爱国卫生义务劳动”，市委书记、市人大常委会主任李向志，市委副书记、市长何健等市委、市人大、市政府和市政协的领导带头参加。4月，在市中心广场成功举办了以“开展城乡环境综合治理、保护人民群众身体健康”为主题的第二十一个全国爱卫月活动，活动期间，全市共出动17万人次，清运垃圾680多吨，清理卫生死角320处，疏通阴阳沟渠7万米，发放宣传资料12万份。部署开展了元旦、春节、五一、国庆等节假日卫生活动。坚持开展了城乡环境综合治理活动，“劝导不文明行为及爱国卫生义务劳动”和卫生专项整治行动。

【领导名录】

负责人：李　钧

（刘明军）

卫生执法监督

【卫生监督体制改革】全市核定卫生行政执法编制293人，在岗人数149名。推进县级卫生监督机构在农村中心场镇派驻工作，狠抓协管员制度落实。全市设立乡镇卫生监督派驻机构47个，聘用卫生监督协管员337名。推行卫生监督工作网格化监管模式。在食品、化妆品、消毒产品、生活饮用水、公共场所、学校卫生、医疗机构等领域实行了卫生监督网格化管理，建立起“纵横交错、全面覆盖、分级管理、层层负责、网格到底、责任到人”的卫生监督网格化监管模式。

全市卫生监督机构利用卫生监督业务软件开展卫生监督工作。完成卫生监管单位基础档案录入，日常卫生监督、卫生行政许可、卫生行政处罚、卫生监督公务交换等信息化建设。

【卫生监督执法】认真贯彻落实党的十七大和十七届四中全会精神，紧紧围绕全省卫生监督工作会议和全市卫生工作会议精神，按照“夯实基础、完善机制、落实职责、增强力度、服务大局”的工作思路，以深入开展学习实践科学发展观活动为契机，进一步深化卫生监督体制改革，加强基层卫生监督体系建设，强化卫生监督队伍管理，规范卫生行政执法行为，努力提高卫生监督综合执法的能力和水平。继续推行卫生监督工作网格化监管模式，切实履行卫生监督职责。围绕社会和群众关注的问题，深入开展医疗服务监督和公共卫生监督，加大执法力度，维护了医疗卫生服务秩序和人民群众健康权益。

【表彰情况】

2008年

1. 中共达州市委、市政府授予抗震救灾先进集体

2. 四川省卫生执法监督总队、四川省卫生执法监督系统政研会授予思想政治工作先进单位

3. 王堪获中共达州市委、市政府食品卫生监督先进个人

4. 靳松荣获卫生部、国家中医药管理局、总后卫生部抗震救灾先进个人

2009年

1. 省爱国卫生运动委员会授予省级卫生单位

2. 省文明办授予省级文明单位

3. 王堪获市政府食品安全工作先进个人

【领导名录】

书记、支队长：王　堪

（王　淳）

妇幼保健

【妇女保健】主要开展妇女青春期、孕产妇、更年期、老年期各种保健、乳腺保健、优生遗传咨询、男女不育不孕、妇科病（宫颈癌）普查普治等多项业务。2008年完成妇女保健12 491人次，2009年完成妇女保健12 143人次。2008年、2009年完成了13个企事业单位近1 000余名女职工健康体检工作，为她们解除了后顾之忧；为强化母子系统管理，本院孕妇学校开课116次，孕妇听课1 857人次，并深入到各个社区进行为期半年的孕产妇系统管理指导，将系统的管理模式带到基层，为孕产妇服务。至2009年全市孕产妇系统保健管理率达81.59%，高危妊娠管理率达99.99%，住院分娩率达89.09%，新法接生率达98.90%。

【儿童保健】儿童保健中心是本市市级特色专科，其中儿童计划免疫门诊为市级儿童计划免疫示范门诊。主要开展生长发育监测、听力视力筛查、儿童心理行为保健、营养专科、疾病缺陷矫正、婴儿水疗抚触、婴幼儿早期教育、智力测试、儿童计划免疫等服务项目。每年建卡建证儿童1 000余人，计划免疫13 000余人次。2008年完成散居儿童保健服务29 437人次，2009年完成32 730人次；2009年完成市辖区13所幼儿园集体儿童管理和健康指导4 530人次，视力筛查1 496人次；在甲型H1N1流感流行期间，派专职托幼机构卫生保健管理人员深入园区积极宣传和防治，未发生传染病流行事件。

2009年健康教育宣传及参加社会公益活动持续开展，重新制作儿童保健中心银卡、普卡两种贵宾服务卡1 000本，全年为528人办理了贵宾卡；制作儿保中心各专业组宣传资料3 000份；在全国爱耳日、预防接种日、助残日、世界艾滋病日均派出医务人员进行宣传服务。

【基层保健】2008～2009年先后派出技术骨干335人次深入七个县(市、区)的乡(镇)村、托幼园所、社区和辖区及企事业单位开展母子系统保健、“降消”项目督导、集体儿童保健及体检、妇女卫生信息质控调查、集体儿童保健及体检、妇女病普查普治、爱婴医院管理与培训、基层产科建设等保健业务技术指导工作。举办了全市产科急救培训班,培训各县(市、区)及中心乡(镇)医疗保健机构产儿科人员199人;通过“降消”项目开展孕产妇保健及住院分娩贫困救助,切实抓好产科急救绿色通道建设;两年共完成52例孕产妇死亡评审工作,并提出了防控措施,为降低达州市孕产妇死亡率发挥了积极的作用。

【重大公共卫生】协助市卫生局做好农村孕产妇住院分娩补助项目、农村育龄妇女增补叶酸项目工作,2009年全市农村孕产妇住院分娩补助32 770人,84.12%,补助资金1 251.94万元。

【降消项目】降低孕产妇死亡率和消除新生儿破伤风(降消)项目,着重在孕产妇系统管理、住院分娩、贫困救助、人员培训、孕产妇急救、专家驻县监督指导、卫生宣教(社会动员)、设备配备、房屋基本建设及维修等9个方面进行项目实施。“降消”项目2008年增补达县,2009年增加通川区、大竹县,覆盖人口由2000年的三个项目县296万人扩大到2009年七个项目县676万人,2008～2009年中央、省、市、县投入83.7万元,项目取得显著进展,孕产妇死亡率从2008年的50.07/10万降至2009年的37.64/10万,新生儿破伤风发生率降至1‰以下。全面完成项目关键性指标任务。

“降消”项目持续发挥效益,特别是2009年实施农村孕产妇住院分娩项目以来,本市孕产妇死亡率由“十五”期平均数85.74/10万,降至2009年的37.64/10万,达历史最低水平。婴儿死亡率由项目初始的29.15‰下降到2009年6.28‰,新生儿疾病筛查率达76.74%,住院分娩率达89%,全面完成了妇幼卫生政务目标任务。

【领导名录】

院　长:王体华

(李映敏)

第四人民医院

【概述】2008～2009年是医院稳定发展时期,医院的各项业务都得到了长足发展。2008年度年门诊31 533人次,2009年度门诊33 936人次,增长7.6%;2008年收治住院病人1 630例,2009年收治住院病人1 663例,增长2%;治愈好转率分别为95.12%、95.56%;开放病床使用率分别为64.89%、65.06%;病床周转率分别为20.37次/年、20.79次/年;病人平均住院日分别为11.39天、11.65天;住院总日数分别为18 949日、18 998日;住院危重、急诊危重病人抢救成功率分别为80.16%、82%;入出院诊断符合率分别为99.33%、99.45%;手术前后诊断符合率分别为96%、99%;院内感染率分别为0.63%、0.42%;医疗事故发生率均为0;疫情报告率均为100%;病人满意率分别为95%、96%。

【领导名录】

院　长:余宗奎

(赵明忠)

体　育

【概述】2008～2009年,达州成功争创为全国青少年校园足球活动布局城市、国民体质监测试点城市,市体育中心被命名为国家高水平体育后备人才训练基地、国家级全民健身活动中心,全市体育彩票发行15年来年度销量首次突破1亿元大关。通过广泛调研,科学确定全市竞技体育以发展小级别、女子项目为重点,打造举重、曲棍球两大优势项目。成功组建市举重队、市男子曲棍球队。

【全民健身活动广泛开展】2008～2009年,成功举办市第三、四届迎新年健身长跑,2009中国达州元九登高节登山比赛,2008年川东北协作区门球比赛,2008～2009周末业余足(篮)球联赛,市第四、五届老年人运动会,万人乒乓球大赛,市首届全民健身节系列活动,元九登高节趣味运动会,千人健身秧歌巡展表演等影响广泛、示范性强、有创意、群众喜闻乐见的大型全民健身活动。圆满承办全国少儿足球邀请赛、全国围棋甲级联赛、第二届国家曲棍球奥林匹克后备人才基地冬令营比赛、全国运动健身科学指导系列活动(达州站)、全国篮球俱乐部青年联赛、全国女子排球锦标赛等国家、省级赛事。高质量协办四川省组织系统"迎奥运"乒乓球川东(达州)片区赛。两年来,组织举办各类群众体育活动380余项,惠及110余万人次,实现了"年年有主题、月月有活动、周周有安排、个个有特色"的工作目标。

【首个"全民健身日"庆祝活动隆重举行】2009年8月8日,本市举行庆祝全国首个"全民健身日"系列活动,包括全民健身节目展示、万人乒乓球大赛、全民健身篮球赛、体育书法摄影作品展以及体育法律法规宣传等。有384名优秀乒乓球运动员参加万人乒乓球大赛决赛,展出体育书法摄影作品100余件、制作健身知识展板43块,发放宣传资料1 000余份,现场参与群众3 000余人。各县市区积极响应,广泛开展各类体育活动45项(次)。

【参加四川省第一届全民健身运动会】2009年,组队参加四川省第一届全民健身运动会,派出运动员493名,参加比赛项目22个,获得团体第一名10个、个人第一名10个。

【青少年体育健康持续发展】贯彻"健康第一"指导思想,倡导"全国亿万学生阳光体育运动",圆满承办2008年全省排球传统校、布点校、试点校比赛,2008年四川省青少年男子足球锦标赛,四川省中学生男子篮球锦标赛、四川省女子中学生足球锦标赛、2008、2009达州市小学生"萌芽杯"和"贝贝杯"足球赛,市第九、十届中小学生田径运动会,市中学生足球赛等赛事活动。

【举办达州市第一届运动会】达州市第一届运动会开、闭幕式分别于2008年8月2日、8月6日在市体育馆和达州宾馆隆重举行。市一运会设成年组、残疾人组、青少年组,历时3个多月,有4 000余名运动员参加了近30个项目的比赛,产生412枚金牌、386枚银牌、370枚铜牌。

【体育惠民成效明显】一是继续推动"农民体育健身工程"、全民健身路径建设,新建"农民体育健身工程"147个、全民健身路径70条、乡镇农民体育健身中心1个,促进城乡体育一体化。二是深入实施体育"三下乡"活动,举办科学健身知识讲座17场。三是努力推进体育人才队伍建设,全市新增社会体育指导员以及体育人才骨干500余名。四是深入贯彻《公共文化体育设施条例》,大力探索学校体育设施路子,着力提高公共体育设施开放率,各级体育系统场馆实现了最大程度开放,市体育中心作为"全民健身活动中心"功能发挥出色。

【参加四川省青少年锦标赛】2008~2009年,圆满参加一年一度全省青少年锦标赛,先后派出50余支队伍1 500多名运动员,累获金牌40枚、银牌46枚、铜牌52枚、总分3 031分。

【表彰情况】

市体育局被国家体育局总局表彰为"全国群众体育先进单位"。

【领导名录】

局　长:余隆海

副局长:张　强　罗　波

(柯文川)

附　　录

达州市第二次全国经济普查主要数据公报

（第一号）

达　州　市　统　计　局
达州市人民政府经济普查领导小组办公室

2010 年 3 月

国务院决定 2008 年开展第二次全国经济普查。普查目的是全面掌握我国第二产业和第三产业[1]的发展规模及布局，了解我国产业组织、产业结构、产业技术的现状以及各生产要素的构成，摸清我国各类企业和单位能源消耗的基本情况，建立健全覆盖国民经济各行业的基本单位名录库、基础信息数据库和统计电子地理信息系统，为加强和改善宏观调控、科学制定中长期发展规划提供科学准确的统计信息支持。这次普查的标准时点为 2008 年 12 月 31 日，时期资料为 2008 年度。普查对象是在我国境内从事第二产业和第三产业的全部法人单位、产业活动单位和个体经营户[2]。普查主要内容包括单位基本属性、从业人员、财务状况、生产经营情况、生产能力、能源消耗、科技活动情况等。[3]达州市的经济普查工作，严格按照《全国经济普查条例》、《四川省人民政府关于开展第二次全国经济普查的通知》文件精神和省政府经济普查办公室的统一部署，在各级党委、政府领导下，建立健全了组织机构，逐级落实了普查人员、经费、责任、措施，广泛开展了宣传动员，坚持实事求是，严格依法普查，高质量、高效率地完成了经济普查主要工作任务，普查数据通过省政府经济普查办公室的审核检验。现将我市第二次全国经济普查第一号公报发布如下：

一、单位基本情况

1. 基本单位总量。2008 年末，全市共有从事第二、三产业的各类法人单位14 301个，与 2004 年第一次全国经济普查相比，增加1 368个，增长 10.6%；产业活动单位16 526个，增加1 203个，增长 7.9%；个体经营户 18.24 万户，增加 4.7 万户，增长 35.12%。在法人单位中，企业法人单位为4 355个，事业法人单位为4 445个，机关法人单位（国家机关和政党机关）为 922 个，社会团体法人单位为 790 个，其他法人单位为3 789个（详见表 18）。

表18　达州市法人单位、产业活动单位数量表

	单位数(个)	比重(%)	比2004年(+-%)
一、法人单位	14301	100.00	10.58
企业法人	4355	30.45	47.13
事业法人	4445	31.08	-9.04
机关法人	922	6.45	10.82
社团法人	790	5.52	5.33
其他法人	3789	26.49	8.13
二、产业活动单位	16526	100.00	7.85
其中：第二产业	2313	14.00	40.01
第三产业	14213	86.00	4.30

2.单位地区分布。从县市区分布看，法人单位最多的是达县，共有法人单位3 212个，占全市的22.46%。然后依次是大竹县、渠县、宣汉县、通川区、万源市，开江县最少，只有967个，占6.76%。产业活动单位在县市区的分布与法人单位基本一致(详见表19)。

表19　达州市法人单位、产业活动单位县市区公布情况表

	法人单位			产业活动单位		
	数量(个)	比重(%)	比2004年(+-%)	数量(个)	比重(%)	比2004年(+-%)
合　计	14301	100.00	10.58	16526	100.00	7.85
通川区	1985	13.88	6.84	2450	14.83	1.83
达　县	3212	22.46	18.48	4023	24.34	14.42
宣汉县	2145	15.00	11.08	2494	15.09	13.52
开江县	967	6.76	7.68	1043	6.31	-9.93
大竹县	2284	15.97	9.44	2508	15.18	5.91
渠　县	2187	15.29	7.47	2403	14.54	10.18
万源市	1521	10.64	7.64	1605	9.71	7.21

3.产业活动单位行业分布。全市产业活动单位中，从事制造业的单位1 306个，占7.9%，比2004年增长24.86%；批发和零售业1 209个，占7.32%，比2004年减少3.05%；教育1 314个，占7.95%，比2004年增长12.12%；公共管理和社会组织8 174个，占49.46%，比2004年减少2.3%。以上四个行业合计占全市产业活动单位的72.63%(详见表20)。

表20　达州市产业活动单位行业分布情况表

	产业活动单位(个)	比重(%)	比2004年(+-%)
总　计	16526	100.00	7.85
采矿业	518	3.13	30.15
制造业	1306	7.90	24.86
电力、燃气及水的生产和供应业	332	2.01	50.23
建筑业	157	0.95	20.77
交通运输、仓储和邮政业	264	1.60	57.14
信息传输、计算机服务和软件业	404	2.44	119.57
批发和零售业	1209	7.32	-3.05
住宿和餐饮业	298	1.80	111.35

续表

	产业活动单位(个)	比重(%)	比 2004 年(+ -%)
金融业	471	2.85	41.44
房地产业	267	1.62	59.88
租赁和商务服务业	383	2.32	-7.26
科学研究、技术服务和地质勘查业	228	1.38	-9.16
水利、环境和公共设施管理业	118	0.71	32.58
居民服务和其他服务业	93	0.56	126.83
教育	1314	7.95	12.12
卫生、社会保障和社会福利业	740	4.48	-4.64
文化、体育和娱乐业	250	1.51	38.89
公共管理和社会组织	8174	49.46	-2.30

4. 企业法人单位情况。2008 年末,全市企业法人单位 4 355 个,比 2004 年增加 1 395 个,增长 47.13%。其中,国有企业 287 个,减少 35 个,下降 10.87%;集体企业 279 个,减少 195 个,下降 41.14%;股份合作企业 51 个,增加 8 个,增长 18.6%;联营企业、有限责任公司和股份有限公司共 439 个,增加 97 个,增长 28.36%;私营企业3 230个,增加1 519个,增长 88.78%;其他内资企业 64 个,增加 5 个,增长 8.47%(详见表 21)。

表 21 达州市企业法人单位登记注册类型分布情况

企业法人单位数	比重(%)	比 2004 年(+ -%)	
合计	4355	100.00	47.13
内资企业	4350	99.89	47.41
国有企业	287	6.59	-10.87
集体企业	279	6.41	-41.14
股份合作企业	51	1.17	18.60
联营企业	18	0.41	12.50
有限责任公司	328	7.53	18.84
股份有限公司	93	2.14	86.00
私营企业	3230	74.17	88.78
其他企业	64	1.47	8.47
港、澳、台商投资企业	3	0.07	-50.00
港、澳、台商独资经营企业	3	0.07	-50.00
外商投资企业	2	0.05	-33.33
中外合资经营企业	1	0.02	-50.00
外资企业	1	0.02	0.00

二、单位从业人员状况

2008 年末,全市第二、三产业的全部法人单位、产业活动单位吸纳从业人员 49.75 万人,与 2004 年第一次全国经济普查相比,增加 9.89 万人,增长 24.82%。其中,第二产业的单位从业人员为 26.43 万人,增加 6.49 万人,增长 32.55%;第三产业的单位从业人员为 23.32 万人,增加 3.4 万人,增长 17.07%。在单位从业人员中,女性 12.04 万人,占从业人员的 24.19%。

在单位从业人员中,采矿业 5.93 万人,占 11.91%,比 2004 年增长 39.30%;制造业 6.86 万人,占 13.79%,增长 11.05%;建筑业 12.32 万人,占 24.76%,增长 49.95%;公共管理和社会组织 7.71 万人,占 15.5%,增长 20.12%;教育 5.69 万人,占 11.44%,增长 8.04%;批发和零售业 1.77 万人,占 3.56%,增长 1.34%(详见表 22)。

表22　达州市法人单位从业人员的行业分布情况

	单位数（个）	比重（%）	比2004年（+－%）	从业人员（人）	比重（%）	比2004年（+－%）
总　计	14 301	100.00	10.58	497 545	100.00	24.82
采矿业	502	3.51	31.07	59 265	11.91	39.30
制造业	1 278	8.94	39.52	68 636	13.79	11.05
电力、燃气及水的生产和供应业	217	1.52	88.70	13183	2.65	1.97
建筑业	145	1.01	20.83	123 194	24.76	49.95
交通运输、仓储和邮政业	229	1.60	68.38	13 608	2.74	28.11
信息传输、计算机服务和软件业	231	1.62	200.00	3 670	0.74	23.90
批发和零售业	927	6.48	32.81	17 696	3.56	1.34
住宿和餐饮业	193	1.35	82.08	6 721	1.35	58.93
金融业	43	0.30	－37.68	13 723	2.76	21.13
房地产业	259	1.81	60.87	7 612	1.53	54.28
租赁和商务服务业	341	2.38	－0.87	4 968	1.00	62.14
科学研究、技术服务和地质勘查业	218	1.52	－9.92	4 180	0.84	－4.87
水利、环境和公共设施管理业	94	0.66	9.30	3 103	0.62	－5.34
居民服务和其他服务业	92	0.64	155.56	1 365	0.27	71.48
教育	1 309	9.15	29.09	56 934	11.44	8.04
卫生、社会保障和社会福利业	732	5.12	－3.05	19 640	3.95	15.64
文化、体育和娱乐业	250	1.75	110.08	2 945	0.59	32.54
公共管理和社会组织	7 241	50.63	－4.17	77 102	15.50	20.12

在单位从业人员中，企业法人从业人员33.2万人，占单位从业人员的66.73%，比2004年增加8.04万人，增长31.96%。从行业分布来看，从业人员主要集中在建筑业、制造业和采矿业，建筑业12.32万人，占37.1%；制造业6.86万人，占20.67%；采矿业5.93万人，占17.85%（详见表23）。

表23　达州市企业法人单位从业人员行业分布情况

	单位数（个）	比重（%）	从业人员（人）	比重（%）
总　计	4 355	100.00	332 048	100.00
采矿业	502	11.53	59 265	17.85
制造业	1 278	29.35	68 636	20.67
电力、燃气及水的生产和供应业	217	4.98	13 183	3.97
建筑业	145	3.33	123 194	37.10
交通运输、仓储和邮政业	192	4.41	11 614	3.50
信息传输、计算机服务和软件业	220	5.05	3 459	1.04
批发和零售业	927	21.29	17 696	5.33
住宿和餐饮业	193	4.43	6 721	2.02
金融业	39	0.90	13 375	4.03
房地产业	259	5.95	7 612	2.29
租赁和商务服务业	161	3.70	3 368	1.01
科学研究、技术服务和地质勘查业	34	0.78	453	0.14
水利、环境和公共设施管理业	10	0.23	333	0.10
居民服务和其他服务业	63	1.45	1 140	0.34
教育	31	0.71	458	0.14
卫生、社会保障和社会福利业	33	0.76	673	0.20
文化、体育和娱乐业	51	1.17	868	0.26

三、个体经营户基本状况

1. 个体经营户总量。2008 年末，全市共有个体 18.24 万户，比 2004 年增加 4.7 万户，增长 35.12%；从事个体经营人员 47.25 万人，比 2004 年增加 15.03 万人，增长 46.65%；2008 年末个体经营户从业人员平均每户 2.59 人，比 2004 年增加 0.3 人，增长 12.55%。

2. 个体经营户行业分布。全市从事批发和零售业的个体经营户最多，达 9.2 万户，占 50.45%；其次是交通运输、仓储和邮政业 2.47 万户，占 13.53%；第三是住宿和餐饮业 1.99 万户，占 10.93%；第四是制造业 1.71 万户，占 9.38%；第五是居民服务和其他服务业 1.38 万户，占 7.56%（详见表 24）。

表 24　达州市个体经营户行业分布情况

	个体经营户数		期末从业人员数	
	数量（个）	比重（%）	数量（人）	比重（%）
合计	182 403	100.00	472 535	100.00
采矿业	643	0.35	4 493	0.95
制造业	17 109	9.38	52 692	11.15
电力、燃气及水的生产和供应业	77	0.04	225	0.05
建筑业	4391	2.41	56 435	11.94
交通运输、仓储和邮政业	24 677	13.53	45 429	9.61
信息传输、计算机服务和软件业	724	0.40	1 942	0.41
批发和零售业	91 982	50.43	189 235	40.05
住宿和餐饮业	19 933	10.93	65 070	13.77
金融业	8	0.00	17	0.00
房地产业	17	0.01	109	0.02
租赁和商务服务业	1 116	0.61	2 772	0.59
科学研究、技术服务和地质勘查业	20	0.01	33	0.01
居民服务和其他服务业	13 788	7.56	34 915	7.39
教育	473	0.26	1 865	0.39
卫生、社会保障和社会福利业	5 396	2.96	10 687	2.26
文化、体育和娱乐业	2 049	1.12	6 616	1.40

注释：

[1]三次产业的划分：

第一产业是指农、林、牧、渔业。

第二产业是指采矿业，制造业，电力、燃气及水的生产和供应业，建筑业。

第三产业是指除第一、二产业以外的其他行业，具体包括：交通运输、仓储和邮政业，信息传输、计算机服务和软件业，批发和零售业，住宿和餐饮业，金融业，房地产业，租赁和商务服务业，科学研究、技术服务和地质勘查业，水利、环境和公共设施管理业，居民服务和其他服务业，教育，卫生、社会保障和社会福利业，文化、体育和娱乐业，公共管理和社会组织，国际组织。本次普查未包括国际组织。

[2]单位的划分：

法人单位是指具备以下条件的单位：

（1）依法成立，有自己的名称、组织机构和场所，能够独立承担民事责任；

（2）独立拥有和使用（或授权使用）资产，承担负债，有权与其他单位签订合同；

（3）会计上独立核算，能够编制资产负债表。

法人单位包括企业法人、事业单位法人、机关法人、社会团体法人和其他法人。

产业活动单位是指具备以下条件的单位：

（1）在一个场所从事一种或主要从事一种社会经济活动；

（2）相对独立组织生产经营或业务活动；

（3）能够掌握收入和支出等业务核算资料。

个体经营户是指除农户外，生产资料归劳动者个人所有，以个体劳动为基础，劳动成果归劳动者个人占有和支配的一种经营单位。

[3]从业人员：

是指 2008 年 12 月 31 日在第二、三产业单位和个体经营户在岗的从业人员。未包括上述范围之外的从业人员。

单位从业人员是指在本单位工作并取得劳动报酬或收入的年末实有人员数。包括:在各单位工作的外方人员、港澳台方工作人员、兼职人员、再就业的离退休人员、借用的外单位人员和第二职业者。但不包括离开本单位仍保留劳动关系的职工。

达州市第二次全国经济普查主要数据公报

(第二号)

达　州　市　统　计　局
达州市人民政府经济普查领导小组办公室

2010年3月

根据第二次全国经济普查结果,现将我市第二产业的主要数据公布如下:

一、工业

(一)企业单位数和从业人员

2008年末,全市共有工业企业法人单位1997个,从业人员14.1万人,分别比2004年末增长41.65%和22.4%。工业个体经营户1.78万户,从业人员5.74万人,分别比2004年末减少1.1%和4.8%。

(二)主要工业产品产量

2008年,全市法人工业企业主要工业产品产量见表25。

表25　法人工业企业主要工业产品产量

产品名称	计量单位	企业单位数(个)	本年生产量
原煤	万吨	232	1 351.13
硫酸(折100%)	万吨	1	5.78
水泥	万吨	20	460.18
生铁	万吨	9	206.17
粗钢	万吨	1	202.36
钢材	万吨	7	202.07
发电量	万千瓦小时	60	580 661.51

(三)资产负债和所有者权益

2008年末,工业企业法人单位资产合计290.42亿元,比2004年末增长134.78%;负债合计185.05亿元,比2004年末增长147.69%;所有者权益合计[1]105.37亿元,比2004年末增长115.09%,资产负债率63.72%。

(四)主营业务收入和利润总额

2008年,全市工业企业法人单位主营业务收入578.17亿元,比2004年增长335.7%。其中,规模以上工业[2]551.65亿元,占95.41%。

工业企业法人单位利润总额20.14亿元,比2004年增长285.1%。其中,规模以上工业15.29亿元,占75.92%。

(五)企业科技活动

2008年末,规模以上工业企业中开展科技活动[3]的企业有144个,占36.18%;开展研究与试验发展(R&D)活动的企业有19个,占4.77%。在大中型企业中,开展科技活动的企业22个,占全部大中型企业个数的61.11%,开展R&D活动的企业6个,所占比重为16.67%。

2008 年末,规模以上工业企业有科技活动人员 2 626人;企业投入的科技活动经费为 6.19 亿元。

二、建筑业

(一)企业单位数和从业人员

2008 年末,全市共有建筑业法人企业单位 145 个,从业人员 12 万人,分别比 2004 年增长 16.67%,45.99%;建筑业个体经营户4 391户,从业人员 5.64 万人,分别比 2004 年增长 96.2%,26.17%。

建筑业企业法人单位中,房屋和土木工程建筑业占 77.14%;建筑安装业占 4.29%;建筑装饰业占 15%;其他建筑业占 3.57%。

建筑业企业法人单位从业人员中,房屋和土木工程建筑业占 98.91%;建筑安装业占 0.56%;建筑装饰业占 0.38%;其他建筑业占 0.15%(详见表 26)。

表 26　建筑业企业法人单位和从业人员的行业分布

指标名称	合　计				资质内企业		资质外企业	
	从业人员(人)	企业数(个)	比重(%)	从业人员(人)	比重(%)	企业数(个)	从业人员(人)	企业数(个)
总　计	145	100.00	119 992	100.00	100	118 824	45	1 168
房屋和土木建筑业	108	77.14	118 682	98.91	89	118 074	19	608
建筑安装业	6	4.29	673	0.56	2	637	4	36
建筑装饰业	21	15.00	456	0.38	3	79	18	377
其他建筑业	10	3.57	181	0.15	6	34	4	147

(二)建筑业总产值

2008 年,建筑业企业法人单位的建筑业总产值 110.85 亿元,比 2004 年增长 135.45%。其中,资质内企业[4]完成 109.32 亿元,增长 143.37%;资质外企业完成 1.53 亿元,减少 29.17%。

在建筑业企业法人单位的建筑业总产值中,房屋和土木工程建筑业占 98.93%;建筑安装业占 0.35%;建筑装饰业占 0.56%;其他建筑业占 0.16%(详见表 27)。

表 27　建筑业企业法人单位建筑业总产值的行业分布

指标名称	建筑业总产值(千元)			
	合计	资质内企业	资质外企业	比重(%)
总　计	11 085 497	10 932 170	153 327	100.00
房屋和土木工程建筑业	10 966 628	10 894 491	72 137	98.93
建筑安装业	38 756	29 457	9 299	0.35
建筑装饰业	62 504	6 444	56 060	0.56
其他建筑业	17 609	1 778	15 831	0.16

(三)房屋建筑面积及竣工价值

2008 年,总承包和专业承包建筑业企业[5]房屋建筑施工面积 1260.6 万平方米,房屋建筑竣工面积 528.35 万平方米,竣工价值 64.71 亿元,分别比 2004 年增长 63.91%、34.32%、188.76%。

(四)资产负债和所有者权益

2008 年末,全市总承包和专业承包建筑业企业的资产合计为 33.28 亿元,比 2004 年增长 31.61%;负债合计为 13.11 亿元,增长 33.82%;企业所有者权益合计为 20.17 亿元,增长 30.21%。资产负债率为 39.4%(详见表 28)。

表 28　总承包和专业承包建筑业企业法人单位资产负债和所有者权益行业分布　(单位:千元)

指标名称	资产总计	比 2004 年(+-%)	负债合计	比 2004 年增长(%)	所有者权益合计	比 2004 年(+-%)
总　计	3 328 031	31.61	1 311 232	33.82	2 016 799	30.21
房屋和土木建筑业	3 264 616	34.05	1 288 195	37.36	1 976 421	27.60
建筑安装业	45 854	1.66	13 371	-17.76	32 483	12.60
建筑装饰业	11 407	-25.42	4 445	-39.74	6 962	-12.08
其他建筑业	6 154	-81.37	5 221	-71.67	933	-93.61

（五）工程结算收入和利润总额

2008年，全市总承包和专业承包建筑业企业法人单位工程结算收入93.85亿元，比2004年增长130.56%，其中，房屋和土木工程建筑业占99.6%，建筑安装业占0.31%，建筑装饰业占0.07%，其他建筑业占0.02%；利润总额4.24亿元，其中，房屋和土木工程建筑业占100.21%，建筑安装业占0.1%，建筑装饰业占0.03%，其他建筑业占-0.34%（详见表5）。[6]

表29 总承包和专业承包建筑业企业法人单位工程结算收入和利润总额 （单位：千元）

指标名称	工程结算收入	比重（%）	比2004年（+-%）	利润总额	比重（%）	比2004年（+-%）
总　计	9 385 386	100.00	130.56	424 024	100.00	126.89
房屋和土木建筑业	9 347 707	99.60	133.82	424 920	100.21	131.47
建筑安装业	29 457	0.31	55.65	436	0.10	-11.38
建筑装饰业	6 444	0.07	-58.87	124	0.03	-83.94
其他建筑业	1 778	0.02	-95.37	-1456	-0.34	-171.06

注释：

[1]所有者权益合计：是指所有者在企业资产中享有的经济利益，即企业资产减去负债后的余额。所有者权益包括实收资本（或股本）、资本公积、盈余公积和未分配利润等。

[2]规模以上工业企业：是指全部年主营业务收入500万元及以上的法人工业企业。

[3]开展科技活动的企业：是指有组织地开展科研和技术开发活动，并有相应经费支出的企业。

[4]资质内建筑业企业：是指依据建设部《建筑业企业资质管理规定》（中华人民共和国建设部令2001年第87号）及《建筑业企业资质等级标准》（建〔2001〕82号），已经领取《建筑业企业资质证书》的企业。资质外建筑业企业指虽然没有领取《建筑业企业资质证书》，但实际从事建筑生产经营活动的建筑业企业。

[5]总承包和专业承包企业：总承包企业是指具有施工总承包资质，可以对工程实行施工总承包或者对主体工程实行施工承包的建筑业企业。专业承包企业是指具有专业承包资质，可以承接总承包企业分包的专业工程或者建设单位按照规定发包的专业工程的建筑业企业。不包括资质以外的建筑业企业和个体经营户。

[6]表中的合计数和部分计算数据因小数取舍而产生的误差，均未作机械调整。

达州市第二次全国经济普查主要数据公报

（第三号）

达　州　市　统　计　局

达州市人民政府经济普查领导小组办公室

2010年3月

根据第二次全国经济普查结果，现将我市第三产业的主要数据公布如下：

一、交通运输、仓储和邮政业

（一）单位数和从业人员

2008年末，全市共有交通运输、仓储和邮政业企业法人单位229个，比2004年末增加118个；从业人员1.18万人,比2004年末增长57.08%。交通运输、仓储和邮政业的行政事业法人单位35个,比2004年末减少1个;从业人员1811人,比2004年末减少62.05%。个体交通运输经营户2.47万户,从业人员4.54万人,分别比2004年增长35.74%,30.9%。

在交通运输、仓储和邮政业企业法人单位中,交通运输业[1]占93.78%,仓储业占4.15%,邮政业占2.07%;在企业法人单位从业人员中,交通运输业占81.46%,仓储业占3.94%,邮政业占14.6%(详见表30)。

表30 交通运输、仓储和邮政业企业法人单位和从业人员

指标 名称	企业数 (个)	比重 (%)	比2004年 (+-%)	从业人员 (人)	比重 (%)	比2004年 (+-%)
交通运输、仓储和邮政业	229	100.00	91.09	11 797	100.00	57.08
道路运输业	164	66.32	236.84	6 936	58.79	72.49
城市公共交通业	10	5.18	150.00	1 036	8.78	524.10
水上运输业	9	4.66	-10.00	411	3.48	-18.45
航空运输业	1	0.52		68	0.58	
装卸搬运和其他运输服务业	33	17.10	-23.26	1 159	9.82	-8.67
仓储业	8	4.15	60.00	465	3.94	64.89
邮政业	4	2.07	300.00	1 722	14.60	35.80

(二)营业收入和营业利润

2008年,交通运输、仓储和邮政业企业法人单位营业收入10.52亿元,比2004年增长140.9%。在营业收入中,交通运输业、仓储业和邮政业分别占75.92%、8.39%和15.68%。

2008年,交通运输、仓储和邮政业企业法人单位营业利润1.97亿元,比2004年增长402.69%。在营业利润中,交通运输业、仓储业和邮政业分别占90.68%、6.45%和2.87%(详见表31)。

表31 达州市交通运输、仓储和邮政业企业法人单位营业收入和营业利润 (单位:千元)

指标 名称	营业 收入	比重 (%)	比2004年 (+-%)	营业 利润	比重 (%)	比2004年 (+-%)
交通运输、仓储和邮政业	1 051 591	100.00	140.90	196 904	100.00	402.69
道路运输业	601 485	57.20	181.33	146 118	74.21	303.50
城市公共交通业	40 399	3.84	555.51	2 483	1.26	1 432.72
水上运输业	43 069	4.10	510.82	11 084	5.63	485.84
航空运输业	14 679	1.40		862	0.44	
装卸搬运和其他运输服务业	98 788	9.39	1.94	18007	9.15	283.29
仓储业	88 280	8.39	455.99	12698	6.45	214.27
邮政业	164 891	15.68	70.47	5652	2.87	-49.14

二、批发和零售业

(一)企业法人单位数和从业人员

2008年末,全市共有批发和零售业企业法人单位927个,从业人员1.77万人,分别比2004年末增长31.23%和2.93%。

在批发和零售业企业法人单位中,批发业481个,零售业446个,分别占52.51%和47.49%。

在批发和零售业企业法人单位从业人员中,批发业占49.55%,零售业占50.45%(详见表32)。

在批发和零售业企业法人单位中,国有企业90个,占9.83%,集体企业81个,占8.84%,私营企业655个,占71.51%。

在批发和零售业企业法人单位从业人员中,国有企业占20.73%,集体企业占7.36%,私营企业占50.57%。

2008年末,全市批发和零售业个体经营户91982户、从业人员18.92万人,分别比2004年增长51.94%、79.73%。

(二)企业资产和主营业务收入

2008年末,全市批发和零售业企业法人单位资

表 32　达州市批发和零售业企业法人单位和从业人员情况

指标 代码	法人企业 （个）	比重 （%）	比 2004 年 （+ -%）	从业人员 （人）	比重 （%）	比 2004 年 （+ -%）
总　计	927	100.00	31.23	17 696	100.00	2.93
一、批发业	481	52.51	12.12	8 769	49.55	-7.08
农畜产品批发	101	11.03	7.45	2393	13.52	22.40
食品、饮料及烟草制品批发	49	5.35	28.95	1795	10.14	-31.77
纺织、服装及日用品批发	21	2.29	10.53	403	2.28	144.24
文化、体育用品及器材批发	6	0.66	100.00	56	0.32	36.59
医药及医疗器材批发	33	3.60	135.71	934	5.28	75.56
矿产品、建材及化工产品批发	154	16.81	-16.30	1869	10.56	-43.23
机械设备、五金交电及电子产品批发	79	8.62	36.21	794	4.49	47.86
贸易经纪与代理	4	0.44	0.00	27	0.15	-15.63
其他批发	34	3.71	126.67	498	2.81	97.62
二、零售业	446	47.49	61.71	8 927	50.45	15.11
综合零售	80	8.73	48.15	3 788	21.41	-9.96
食品、饮料及烟草制品专门零售	25	2.73	-10.71	765	4.32	79.58
纺织、服装及日用品专门零售	46	5.02	35.29	520	2.94	16.59
文化、体育用品及器材专门零售	22	1.20	37.50	64	0.36	-64.44
医药及医疗器材专门零售	75	8.19	226.09	544	3.07	-10.82
汽车、摩托车、燃料及零配件专门零售	96	10.48	159.46	1 755	9.92	180.80
家用电器及电子产品专门零售	48	5.24	-4.00	967	5.46	25.26
五金、家具及室内装修材料专门零售	29	3.17	11.54	338	1.91	26.59
无店铺及其他零售	25	2.73	177.78	186	1.05	-16.22

产总计 38.26 亿元，比 2004 年末减少 0.05%。其中，批发业法人单位资产 26.23 亿元，比 2004 年减少 8.68%；零售业法人单位资产 12.03 亿元，比 2004 年增长 25.87%。

全市批发和零售业企业法人单位主营业务收入 80.95 亿元，比 2004 年增长 111.46%。其中，批发业 49.74 亿元，零售业 31.21 亿元，分别比 2004 年增长 73.19% 和 226.44%（详见表 33）。

表 33　达州市批发和零售业企业法人单位资产和主营业务收入情况　（单位：千元）

指标 名称	资产 总计	比 2004 年 （+ -%）	主营业务 收入	比 2004 年 （+ -%）
总　计	3 825 892	-0.05	8 094 560	111.46
一、批发业	2 622 645	-8.68	4 973 903	73.19
农畜产品批发	777 900	-44.36	894 520	-36.01
食品、饮料及烟草制品批发	630 712	6.15	1 774 832	198.70
纺织、服装及日用品批发	54 991	69.73	89 940	177.59
文化、体育用品及器材批发	34 583	84.30	11 678	-37.77
医药及医疗器材批发	140 547	135.91	400 088	571.56
矿产品、建材及化工产品批发	688 099	5.10	1 216 461	85.80
机械设备、五金交电及电子产品批发	231 663	169.30	476 053	453.40
贸易经纪与代理	9 290	51.50	2 836	-53.75

续表

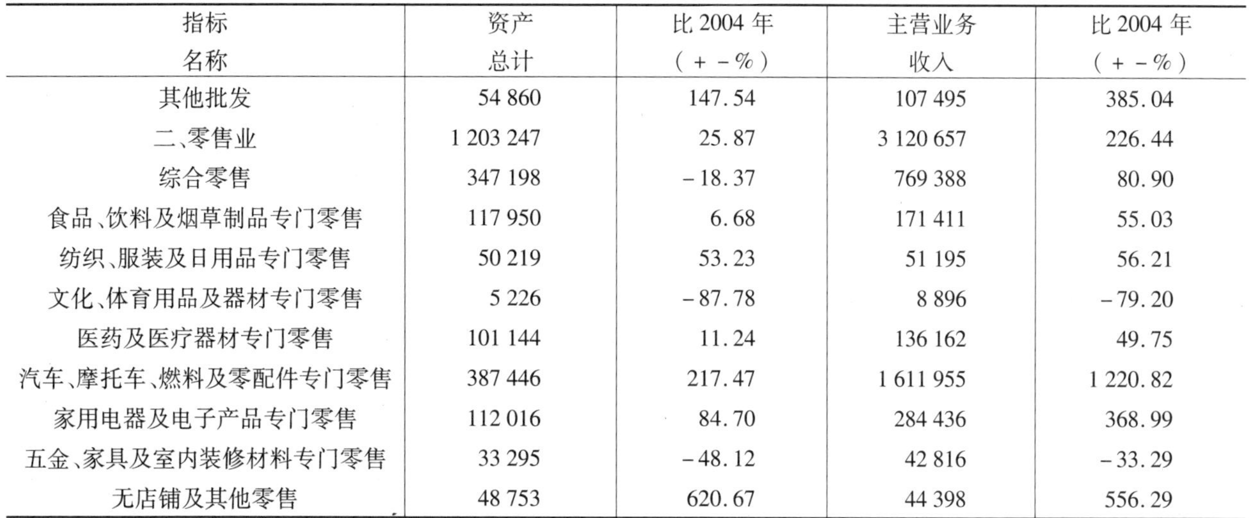

指标名称	资产总计	比2004年(+-%)	主营业务收入	比2004年(+-%)
其他批发	54 860	147.54	107 495	385.04
二、零售业	1 203 247	25.87	3 120 657	226.44
综合零售	347 198	-18.37	769 388	80.90
食品、饮料及烟草制品专门零售	117 950	6.68	171 411	55.03
纺织、服装及日用品专门零售	50 219	53.23	51 195	56.21
文化、体育用品及器材专门零售	5 226	-87.78	8 896	-79.20
医药及医疗器材专门零售	101 144	11.24	136 162	49.75
汽车、摩托车、燃料及零配件专门零售	387 446	217.47	1 611 955	1 220.82
家用电器及电子产品专门零售	112 016	84.70	284 436	368.99
五金、家具及室内装修材料专门零售	33 295	-48.12	42 816	-33.29
无店铺及其他零售	48 753	620.67	44 398	556.29

三、住宿和餐饮业

(一)企业法人单位数和从业人员

2008年末,全市共有住宿和餐饮业企业法人单位193个、从业人员6721人、全年营业额4.47亿元,分别比2004年末增长82.08%、58.93%和182.85%。

在住宿和餐饮业企业法人单位中,住宿业81个,餐饮业112个,分别占41.97%和58.03%。在住宿和餐饮业企业法人单位从业人员中,住宿业占48.78%,餐饮业占51.22%(详见表34)

表34　达州市住宿和餐饮业企业法人单位和从业人员

指标名称	法人企业数(个)	比2004年(+-%)	从业人员数(人)	比2004年(+-%)	营业额(千元)	比2004年(+-%)
总　计	193	82.08	6 721	58.93	447 902	182.85
一、住宿业	81	50.00	3 278	27.30	227 667	158.27
旅游饭店	22	144.44	1 422	24.52	100 030	109.89
一般饭店	56	51.35	1 818	43.49	124 469	272.75
其他住宿服务	3	-62.50	38	-77.11	3 168	-55.38
二、餐饮业	112	115.38	3 443	108.16	220 235	213.71
正餐服务	84	127.03	2 871	165.10	183 746	242.40
快餐服务	7	250.00	105	275.00	7 452	843.29
饮料及冷饮服务	12	300.00	119	138.00	5 169	-24.56
其他餐饮服务	9	-10.00	348	-29.41	23 868	168.27

在住宿和餐饮业企业法人单位中,国有企业5个,占2.75%,集体企业10个,占5.49%,私营企业167个,占91.76%。

在住宿和餐饮业企业法人单位从业人员中,国有企业占6.37%,集体企业占5.46%,私营企业占88.17%。

在住宿和餐饮业企业法人单位全年营业额中,国有企业占6.92%,集体企业占2.85%,私营企业占90.23%。

2008年末,全市住宿和餐饮业个体经营户19933户,从业人员6.5万人,分别比2004年增长62.14%和85.77%

(二)企业资产和主营业务收入

2008年末,全市住宿和餐饮业企业法人单位资产总计为8.22亿元,比2004年末增长99.4%。主营业务收入4.36亿元,比2004年增长202.88%。其中,住宿业2.2亿元,餐饮业2.16亿元,分别比2004年增长190.45%和216.74%(详见表35)。

表35 达州市住宿和餐饮业企业法人单位资产和主营业务收入情况 (单位:千元)

指标名称	资产总计	比2004年(+-%)	主营业务收入	比2004年(+-%)
总计	821921	99.40	435824	202.88
一、住宿业	549734	103.33	220219	190.45
旅游饭店	298607	84.43	97239	173.56
一般饭店	244272	174.28	120352	261.87
其他住宿服务	6855	-64.67	2628	-62.55
二、餐饮业	272187	91.93	215605	216.74
正餐服务	237179	106.06	179607	247.79
快餐服务	8720	267.93	7401	836.84
饮料及冷饮服务	6256	54.01	4819	-29.15
其他餐饮服务	20032	-1.25	23778	169.07

四、房地产业

(一)企业单位数和从业人员

2008年末,全市共有房地产业企业259个,比2004年末增加98个。其中,房地产开发业147个,物业管理企业76个,其他房地产18个,分别比2004年末增加50个、39个和9个。

2008年末,全市房地产业企业的从业人员合计7612人,比2004年末增加2678人。其中,房地产开发业4805人,物业管理企业2157人,中介服务业410人,其他房地产240人,分别比2004年末增加2193人、1205人、214人、66人。

(二)主营业务收入、实收资本和营业利润

2008年,全市房地产企业的主营业务收入35.64亿元,比2004年增长145.79%,其中,房地产开发业32.38亿元,比2004年增长126.43%。房地产企业实收资本24.32亿元,营业利润4.6亿元,分别比2004年增长99.18%和123.67%。

五、其他第三产业

2008年末,全市共有从事其他第三产业[2]的法人单位数10551个,比2004年末增加399个。从业人员18.76万人,比2004年末增加4万人。其中,企业法人单位642个,从业人员2.41万人,行政事业及其他非企业法人单位9909个,从业人员16.35万人(详见表7)

2008年末,其它第三产业个体经营户2.36万户,比2004年减少0.42%;从业人员5.88万人,比2004年增长39.34%。[3]

表36 达州市其他第三产业法人单位和从业人员

指标名称	法人单位数(个)				从业人员			
	企业	比2004年(+-%)	行政事业及其他	比2004年(+-%)	企业	比2004年(+-%)	行政事业及其他	比2004年(+-%)
合　计	642	169.75	9 909	-0.05	24 127	436.16	163 503	14.24
信息传输、计算机服务和软件业	220		11		3 459		211	
金融业	39		4		13 375		348	
租赁和商务服务业	161	8.05	180	-7.69	3 368	74.96	1 600	40.47
科学研究、技术服务和地质勘查业	34	3.03	184	-11.96	453	-63.11	3 727	17.72
水利、环境和公共设施管理业	10	100.00	84	3.70	333	776.32	2 770	-14.51
居民服务和其他服务业	63	200.00	29	93.33	1 140	94.21	225	7.66
教育	31	210.00	1 278	27.29	458	167.84	56 476	7.52
卫生、社会保障和社会福利业	33	266.67	699	-6.30	673	250.52	18 967	12.95
文化、体育和娱乐业	51	363.64	199	84.26	868	141.78	2 077	5.81
公共管理和社会组织			7 241	-4.17			77 102	20.12

注释

[1]交通运输业:包括铁路运输业、道路运输业、城市公共交通业、水上运输业、航空运输业、管道运输业、装卸搬运和其他运输服务业。

[2]其他第三产业:包括信息传输、计算机服务和软件业;金融业;租赁和商务服务业;科学研究、技术服务和地质勘查业;水利、环境和公共设施管理业;居民服务和其他服务业;教育;卫生、社会保障和社会福利业;文化、体育和娱乐业;公共管理和社会组织。

[3]表中的合计数和部分计算数据因小数取舍而产生的误差,均未作机械调整。

中共达州市委　达州市人民政府
关于表彰抗震救灾先进集体和先进个人的决定

(达市委发〔2008〕25号)

5月12日,四川省汶川地区发生8.0级特大地震,人民群众生命财产遭受惨重损失。受地震波及,我市各地不同程度受灾。面对突如其来的特大自然灾害,在党中央、国务院和省委、省政府的坚强领导下,市委、市政府团结带领全市人民,万众一心,自强不息,顽强奋战,取得了抗震救灾的阶段性重大胜利,保持了经济社会持续健康发展的良好势头。

灾情发生后,全市各级党政认真贯彻党中央、国务院和省委、省政府的决策和指示精神,全面落实市委、市政府各项部署,把抗震救灾作为当前最紧迫的重大政治任务,紧急行动,科学应对,靠前指挥,统筹兼顾,动员和组织广大干部群众,坚持"两手抓"、夺取"双胜利",众志成城抗震救灾,坚定不移推进发展,确保了抗震救灾工作有力、有序、有效地深入开展,确保了全市经济持续较快发展和社会大局稳定。在抗震救灾的关键时刻,全市上下积极响应党中央、国务院和省委、省政府的号召,大力弘扬"一方有难、八方支援"的优良传统,全力以赴支援重灾区。特别是奋战在抗震救灾第一线的党员干部、政法干警、武警消防官兵、民兵预备役人员、救灾志愿者以及交通、卫生、城建、质检、环保、国土、电力、通讯、气象、水文、矿山救护等人员,视灾情为命令,视时间为生命,不畏艰险,不怕牺牲,冲锋在前,无私奉献,积极参与搜救被困群众、救治伤员、防控疫情、抢修基础设施及灾后重建等工作,出色地完成了市委、市政府交给的光荣任务,为支援重灾区抗震救灾作出了重要贡献,谱写了一曲曲大爱无疆的英雄赞歌。

在这场特殊战斗的考验中,涌现出了一大批可歌可泣的英雄人物和先进集体。为表彰先进,鼓舞斗志,进一步弘扬"万众一心、不屈不挠、友爱互助、自强不息"的伟大抗震救灾精神,激励全市人民奋力夺取抗震救灾和经济社会发展"双胜利",市委、市政府决定,授予达县人武部等55个单位"抗震救灾先进集体"称号,授予肖国平等110名同志"抗震救灾先进个人"称号(名单附后)。希望受到表彰的先进集体和先进个人,珍惜荣誉,再接再厉,再立新功。全市各级各部门各单位和广大干部群众要向受表彰的先进集体和先进个人学习。学习他们胸怀全局、心系灾区、无私奉献的崇高品质,学习他们连续作战、不畏艰险、不胜不休的拼搏精神,学习他们挺身而出、勇挑重担、不怕牺牲的英雄气概,学习他们恪尽职守、奋发有为、开拓进取的敬业精神。

市委、市政府号召,全市上下要以先进为榜样,始终坚持以邓小平理论和"三个代表"重要思想为指导,以科学发展观统揽全局,紧紧围绕深入贯彻落实省委九届四次全会、市委二届十次全会决策和部署,抢抓机遇,团结拼搏,锐意创新,扎实工作,奋力夺取抗震救灾和经济社会发展"双胜利",为推动达州加快发展、科学发展、又好又快发展,加速建设秦巴地区经济文化强市而努力奋斗!

附:抗震救灾先进集体、先进个人名单

一、先进集体(55个)

达县人武部
宣汉县人武部
渠县人武部
达州陆军预备役炮兵旅
达州陆军预备役炮兵旅152加榴炮一营三连
达州陆军预备役炮兵旅152加榴炮二营四连
达州陆军预备役炮兵旅130加农炮一营三连
达州陆军预备役炮兵旅130加农炮二营五连
达州陆军预备役炮兵旅122火箭炮营二连
达州陆军预备役炮兵旅100滑膛炮营一连
武警达州市支队
武警达州市支队一中队
武警达州市支队达县中队
通川区民兵应急分队
大竹县星火禽业协会
开江县卫生局
宣汉县天台乡天台村党支部、村委会
达县民政局
渠县民政局
万源市公安局
达州市广播电视局
达州日报社
大竹县实验小学
达州市公安局
武警达州市消防支队
达州市公安局交通警察支队
中共达州市委组织部
达州质监局
达州市国土资源局
达州市环境监测站
达州市红十字会
汶川县三建司映秀项目达县农民工群体
达州市电力公司
达州市水利局
达州市气象局
达州钢铁集团有限责任公司
四川省电力公司达州电业局
成都地奥集团天府药业股份有限公司
中共达州市直属机关工委
达州市民政局
四川达竹煤电(集团)有限责任公司
达州市规划和建设局
达州市建设工程质量安全监督站
达州市交通局
通川区公路运输管理所
四川达州运输(集团)有限公司
达州市新达洲汽车运输有限公司
达州市卫生局
达州市疾病预防控制中心
达州市卫生执法监督所
渠县人民医院
达州市给排水总公司抗震救灾青年志愿者突击队
四川一新投资实业有限责任公司
中国电信达州分公司
中国联通达州分公司

二、先进个人(110名)

肖国平　四川达竹煤电(集团)公司矿山救护大队大队长

陈　豪　江苏省昆山市辖区宣汉县流动党支部书记

吴　鹏　达州市给排水总公司八建司班长

邓尚来　达州市万达汽车运输有限责任公司驾驶员

李术军　达州运输(集团)有限公司汽车44队驾驶员

魏材桦　达县斌郎乡安监员

宋文述　开江县骑龙乡沙河村农民、个体车主

吴　三　万源市青花镇龙坝村村委会主任

兰选才　汶川县三建司映秀项目达县农民工、作业班班长

陈曰友　达州市中贸粮油总公司加工组组长

周永开　原中共达县地委副书记、离休干部

彭　军　中国电信达州分公司网络部员工

刘海涛　中国移动达州分公司传输设备维护员

陈科宇　中国联通达州分公司网络部局房专业负责人

宋婧(女)　共青团大竹县委副书记、青年志愿者

陈文军　万源市第二人民医院医生、青年志愿者

宋　锋　四川省电力公司达州电业局团委书记、青年志愿者

陈心萍(女)　中共达州市委干休所职工、青年

志愿者

叶浩平　万源市工商局职工、青年志愿者

何成伟　达州军分区司令部参谋

邹　鹏　达州军分区政治部干事

毛　健　达州军分区后勤部助理员

胡昌益　达州军分区医疗所医师

程前明　通川区人武部政工科科长

王晓军　达县南外镇武装部副部长、民兵应急连副连长

张　杰　中共宣汉县天生镇党委书记

孙显金　开江县人武部后勤科科长

黄　杰　大竹县人武部军事科参谋

奉十蔚　渠县人武部后勤科科长

张宗昭　中共宣汉县委副书记，达州陆军预备役炮兵旅政治部副主任、100 滑膛炮营教导员

王成军　中共达县县委常委、县政府副县长，达州陆军预备役炮兵旅副参谋长、130 加农炮一营教导员

苟小莉(女)　中共通川区委常委、区政府副区长，达州陆军预备役炮兵旅副参谋长、130 加农炮二营教导员

陶先林　中共大竹县委常委、政法委书记，达州陆军预备役炮兵旅副参谋长、152 加榴炮一营教导员

方　波　中共宣汉县委常委、政法委书记，达州陆军预备役炮兵旅后勤和装备部副部长

何　东　达州陆军预备役炮兵旅教导队队长

杨永平　达州陆军预备役炮兵旅后勤和装备部军运油料科科长

夏俊杰　中共宣汉县东乡镇党委书记，达州陆军预备役炮兵旅 100 滑膛炮营三连指导员

王清平　渠县渠江镇副镇长、武装部部长，达州陆军预备役炮兵旅 122 火箭炮营指挥连副连长

谭旭东　大竹县二郎乡副乡长、武装部部长，达州陆军预备役炮兵旅 152 加榴炮二营四连一排排长

冷贵梅　大竹县东柳乡解放村村委会主任，达州陆军预备役炮兵旅 152 加榴炮一营一连炊事班班长

冯　亮　达县国土资源局赵家镇国土所职工，达州陆军预备役炮兵旅 130 加农炮一营二连战士

杨宗桃　通川区朝阳街道办事处职工，达州陆军预备役炮兵旅 130 加农炮二营通信排战士

汤　军　渠县有庆镇“三支一扶”志愿者，达州陆军预备役炮兵旅 122 火箭炮营二连战士

刘　智　武警达州市支队政治部主任

吴昌旭　武警达州市支队司令部通信科科长

卢登青　武警达州市支队司令部作训科参谋

田健库　武警达州市支队司令部机要科参谋

张　黎　武警达州市支队政治部组织科科长

白　山　武警达州市支队政治部组织科干事

邱　军　武警达州市支队政治部干部科干事

张礼波　武警达州市支队后勤部军需科科长

朱家国　武警达州市支队后勤部军需科助理员

何　峰　武警达州市支队一大队大队长

邓先林　武警达州市支队教导队教导员

黄伍旗　武警达州市支队卫生队主治医师

李甜田　武警达州市支队卫生队主治医师

欧阳叶　武警达州市支队警通中队副中队长

王华杰　武警达州市支队第一中队士官

余龙飞　武警达州市支队第二中队班长

莫万苏　武警达州市支队通川区中队战士

侯大先　通川区劳动和社会保障局副局长

刘　良　渠县财政局副局长

张家胜　中共宣汉县隘口乡党委委员、乡政府副乡长

文谟统　四川川环科技股份有限公司党支部书记、董事长

何恩源　达县广播电视台新闻工作者

李　均　宣汉县广播电视台记者

龚　俊　达州日报社达州晚报记者

胡　雷　达州电视台时政新闻部副主任

黄呈鑫　开江县人口和计划生育服务站站长

李德培　原华强电子公司退休职工

冉龙介　达州市公路运输管理处职工

杜国仁　武警达州市消防支队副支队长

李　昭　武警达州市消防支队通川区中队战士

文有志　达州市公安局刑事技术中心副主任

李　军　达州市公安局指挥中心副主任

罗光清　达州市公安局巡警支队一大队教导员

侯定明　达州市公安局巡警支队政工科科长

彭琳杰　达州市公安局科技通信处科员

赵　泓　达州市人民检察院技术处副处长

陈晓佶　开江县人民法院任市人民法庭书记员

杨兴胜　渠县司法局渠南司法所所长

李双均　达州市美容美发协会副会长

王贤雷　达州市矿山(危化)救援大队副大队长

张国煌　达州市审计局副局长

于廷明　达州市总工会经济保障部副部长

文　洪　达州市环境监测站副站长

李顺波　达州市商务局市建科科长

王成元　达州市国家税务局副局长

王　兵　达州市水利局水利科科长

张学军　达州市畜牧食品局动物卫生检疫站科员、助理兽医师

张利平　达州市气象局农经网中心副主任

江善明　达州钢铁集团有限责任公司党委书记、副董事长、总裁

李友权　达州市富源矿产有限公司党委书记、董事长、总经理

刘永好　四川美好企业集团有限公司董事长

钟　强　成都地奥集团天府药业股份有限公司党委书记、总经理

张登全　达州市民政局副局长

周忠林　宣汉县民政局党组书记、局长

刘天银　达州市建筑设计研究院总工程师

李世军　达州市环境卫生管理处纪检组长

梁万勇　达州市交通局科员

程世银　达州市公路运输管理处副处长

蔡文胜(女)　达州市公路运输管理处货运科科长

邓卫东　通川区公路运输管理所西外站站长

白学松　达州市中心医院消化内科副主任医师

周明森　达州市第二人民医院脑外科主任

唐　捷　达县疾病预防控制中心艾滋病防治科科长、全球基金达县艾滋病项目办官员

肖　刚　宣汉县人民医院急诊科副主任

邱存大　大竹县卫生局爱国卫生运动委员会办公室主任

向文旭　达州市旭能工贸有限公司董事长

赵相革　四川省旭阳水泥有限责任公司董事长

中共达州市委办公室

2008年6月27日

《达州年鉴》(2010)索引

索引说明

一、本索引为《达州年鉴》(2010)的内容分析索引。正文(包括条目、文献、资料、图片和表格)中具有独立检索意义的完整资料,可以通过本索引进行检索。

二、索引款目后的数字表示内容所在的页码。

三、内容有交叉的款目,为方便读者检索,在本索引中重复出现。

A

B

C

D

E

F

G

H

J

K

L

M

N

P

Q

R

S

T

W

X

Y

Z